I0024924

OEUVRES COMPLÈTES

DE

N. MACHIAVELLI

TOME DEUXIÈME

Paris. — Imprimerie de P.-A. BOURDIER et Ce, rue des Poitevins, 6

ŒUVRES COMPLÈTES

DE

N. MACHIAVELLI

AVEC NOTICE BIOGRAPHIQUE

PAR J. A. C. BUCHON

TOME DEUXIÈME

OUVRAGES DRAMATIQUES. — POÉSIES DIVERSES.

ŒUVRES DIVERSES EN PROSE. — LÉGATIONS ET MISSIONS.

CORRESPONDANCE.

PARIS

GARNIER FRÈRES, LIBRAIRES-ÉDITEURS

6, RUE DES SAINT-PÈRES ET PALAIS-ROYAL, 215.

1867

OUVRAGES DRAMATIQUES.

I.

LA MANDRAGORE,

COMÉDIE EN CINQ ACTES ET EN PROSE.

COMPOSÉE VERS 1504.

PERSONNAGES.

CALLIMACO.
SIRO.
MESSER NICIA.
LIGURIO.
SOSTRATA.
FRÈRE TIMOTEO.
UNE FEMME.
LUCREZIA.

La scène se passe à Florence.

CANZONE [1]

CHANTÉE PAR DES NYMPHES ET DES BERGERS.

Courte est la vie; innombrables sont les douleurs que nous supportons tous sous le faix de cette laborieuse existence! Consumons donc ce peu d'années, dociles aux désirs qui nous emportent. Apparemment il ne connaît pas les déceptions du monde, il ne sait pas sous quels malheurs, sous quelles étranges fatalités sont opprimés presque tous les mortels, celui qui se sèvre lui-même du plaisir pour vivre dans les chagrins et les angoisses.

C'est pour échapper à ces ennuis que, nymphes joyeuses et jeunes gens que nous sommes, nous avons choisi une douce solitude toujours embellie d'allégresse et de fêtes. Nous venons ici aujourd'hui pour réjouir de nos harmonieuses chansons cette fête riante et cette douce compagnie.

Ce qui nous attire aussi dans ces lieux, c'est le nom de celui qui y gouverne [1] : en lui resplendissent tous les biens qu'on voit réunis sur le front de l'Éternel. Comblés de cette faveur suprême, parmi tant de félicités, jouissez, soyez contens, et remerciez qui vous a fait ce bonheur.

[1] Ce chant et les quatre autres placés dans les entr'actes ne furent pas composés à la même époque que la comédie; ils lui sont de beaucoup postérieurs. Macchiavelli, qui les envoie à Guicciardini avec une lettre datée du 5 janvier 1525 (c'est-à-dire 1526, car alors l'année commençait en mars), lui annonce qu'il venait de les composer pour l'ornement de la représentation que Guicciardini préparait alors à Modène, et dont il est fait mention dans la correspondance entre celui-ci et l'auteur de la *Mandragore*.

Les *canzoni* n'ont paru dans aucune des éditions de *la Mandragore* publiées avant celles de 1782. Deux de ces *canzoni* se retrouvent dans la *Clizia*.

[1] Quel est donc cet homme dont Macchiavelli fait presque une divinité? C'est sans doute Clément VII, au nom duquel Guicciardini gouvernait Modène. L'emphase des vers italiens :

In cui si veggon tutti
I beni accolti in la sembianza eterna,

désigne assez bien le pape. Macchiavelli n'a pas songé sans doute à les appliquer à Guicciardini, même par reconnaissance de la galanterie qu'il lui faisait d'une représentation de *la Mandragore*. M. Artaud se trompe lorsqu'il conjecture que c'est ici une allusion à Laurent II : ce n'était pas à Florence qu'il était question cette fois de jouer *la Mandragore*; et d'ailleurs Laurent II était mort en 1519. C'est donc sans convenance comme sans fidélité que les traducteurs ont rendu les mots *sembianza eterna* par *le visage* ou *le front des dieux*.

PROLOGUE.

Dieu vous garde, bons auditeurs, puisque cette bonté vient de ce que nous vous sommes agréables. Si vous continuez à nous épargner les murmures, nous voulons vous faire entendre une aventure toute nouvelle arrivée en ce pays. Regardez cette décoration qui se déploie sous vos yeux: voilà votre Florence. Une autre fois ce sera Rome ou Pise. Quant à l'aventure, c'est à se disloquer la mâchoire à force de rire.

Cette porte que vous voyez là, à ma main droite, c'est celle de la maison d'un docteur qui a appris force lois dans Boëce. Cette rue qui s'ouvre à ce coin est la rue de l'Amour, où celui qui tombe une fois ne se relève plus. Et puis, si vous ne vous en allez pas trop tôt, vous pourrez connaître, à la robe d'un moine, quel est le prieur ou l'abbé qui habite l'église placée du côté opposé.

Un jeune homme, Callimaco Guadagni, venu de Paris tout récemment, demeure là, à cette porte sur la gauche. Parmi tous les autres bons compagnons celui-ci a fait ses preuves, et donné des exemples qui lui ont mérité l'honneur et le prix de galanterie. Une jeune femme, la sagesse même, en fut passionnément aimée : vous verrez comment il s'y prit pour la tromper; et je voudrais, mesdames, que vous fussiez trompées comme elle.

La pièce se nomme *la Mandragore*. Pourquoi? Vous le verrez bien, je suppose, en l'entendant réciter. L'auteur n'est pas homme de grande renommée; pourtant, s'il ne réussit pas à vous faire rire, il consent à payer la gageure. Un amant qui se désole, un docteur peu rusé, un moine mal morigéné, un parasite, enfant gâté de la malice, voilà pour aujourd'hui votre passe-temps.

Et si ce sujet vous semblait trop frivole et peu digne d'un homme qui veut paraître sage et grave, excusez-le, dans la pensée qu'il s'étudie à rendre plus doux, par ces vaines imaginations, ses jours de douleur; car il ne sait plus où tourner son visage suppliant : on lui interdit de montrer dans d'autres travaux un autre talent, et il n'est point de récompense pour ses peines perdues [1].

La seule récompense qu'il se promette, c'est que chacun se tienne à l'écart et ricane dans sa barbe en critiquant ce qu'il voit et ce qu'il entend. C'est sans doute grâce à cette triste manie que le siècle présent dégénère en toutes choses de l'antique vertu; car voyant partout la médisance, le monde dédaigne de prodiguer sa fatigue et ses sueurs pour élever, à travers mille obstacles, une œuvre que voilera le brouillard, que les vents ravageront.

Cependant si quelqu'un, en médisant de l'auteur, s'imaginait le saisir par les cheveux, l'étourdir ou lui faire quitter la partie, j'avertis ce quidam que l'auteur aussi entend la médisance, que ce fut son premier métier [2], et que d[...] tous les pays du monde où le *si* résonne il n'estime âme qui vive, bien qu'il fasse escorte à qui peut porter un manteau meilleur que le sien.

Mais laissons la médisance à qui veut médire. Revenons à notre affaire, afin que l'heure ne nous devance pas. Il ne faut pas faire compte des paroles, ni prendre pour un monstre une chose si incertaine qu'on ne sait encore si elle existe ou non. Callimaco sort; il a avec lui Siro, son domestique, et il va dire ce dont il s'agit. Que chacun soit donc attentif, et ne demande pas pour l'instant un autre argument.

ACTE PREMIER

SCÈNE I.

CALLIMACO, SIRO.

CALLIMACO. Reste, Siro : j'ai deux mots à te dire.

SIRO. Me voilà.

CALLIMACO. Je gage que tu t'es bien étonné de mon soudain départ de Paris; et tu t'étonnes maintenant de ce que, depuis un mois que je suis ici, je n'y ai encore rien fait du tout.

SIRO. C'est vrai.

CALLIMACO. Si jusqu'à présent je ne t'ai pas dit ce que je vais te confier, ce n'est pas assurément que je me méfie de toi; mais c'est qu'à mon avis les choses qu'on veut tenir secrètes, il ne faut jamais les révéler sans nécessité. Maintenant que je présume avoir besoin de ton aide, je te vais tout dire.

SIRO. Je suis votre valet; et c'est le devoir des valets de ne jamais questionner leurs maîtres et de ne point se mêler de leurs affaires; mais quand les maîtres jugent à propos de les leur confier eux-mêmes, alors nous devons les servir avec fidélité. J'ai toujours fait et je ferai toujours ainsi.

CALLIMACO. Je le sais. Je pense que tu m'as entendu dire mille fois (et il ne m'importe guère que tu l'entendes pour la mille et unième) qu'ayant à peine dix ans, orphelin de père et de mère, je fus envoyé par mes tuteurs [à] Paris, où j'ai demeuré vingt années. J'y étais depuis dix seulement, lorsque le passage du roi Charles en Italie fut le prélude des guerres qui ont ruiné cette contrée. Ce fut alors que je ré-

[1] Ce prologue a évidemment été composé longtemps après la comédie, et peut-être en 1515, lorsqu'elle dut être jouée devant Léon X, à qui Macchiavelli n'était pas fâché de rappeler ses disgrâces et l'abandon où on le laissait.

[2] Allusion aux premières poésies de l'auteur, sa *Première Décennale*, espèce de satire politique où les personnages historiques du temps sont rudement flagellés. La composition de *la Mandragore* dut suivre de près la *Première Décennale* (1504).

solus de me fixer à Paris, et de ne plus revoir ma patrie, espérant vivre là plus paisible qu'ici.

SIRO. C'est en effet ce que vous m'avez déjà dit.

CALLIMACO. Ayant donné l'ordre de vendre ici tous mes biens, excepté ma maison, je pris donc le parti de rester en France, où j'ai vécu dix autres années le plus heureux du monde.

SIRO. Je sais cela.

CALLIMACO. Je faisais trois parts de mon temps : études, plaisirs, affaires, tout cela marchait de front ; et je m'en tirais de sorte qu'aucune de ces choses ne nuisait à l'autre. Par ce moyen je vivais, comme tu sais, parfaitement en repos, rendant service à chacun, attentif surtout à ne blesser personne, et je puis dire ami de tous, du bourgeois et du gentilhomme, de l'étranger et de l'homme du pays, du pauvre et du riche.

SIRO. C'est la vérité.

CALLIMACO. Mais alors il passa par la tête à la fortune que j'avais trop de bon temps, et elle fit arriver à Paris un certain Camillo Calfucci.

SIRO. Je commence à deviner votre affaire.

CALLIMACO. Celui-là donc, comme les autres Florentins, venait souvent dîner chez moi. Un jour que d'aventure la conversation tomba sur les femmes, une discussion s'engagea sur le fait de savoir où étaient les plus belles, en Italie ou en France ; et comme, pour être si petit quand je quittai l'Italie, je ne pouvais rien dire des Italiennes, un autre Florentin qui était là prit parti pour les Françaises ; et après force propos échangés de part et d'autre, Camillo, un peu fâché, s'écria que, quand même toutes les femmes d'Italie seraient des monstres, une sienne parente était à elle seule capable de rétablir leur réputation.

SIRO. Maintenant je vois tout à fait ce que vous avez à me dire.

CALLIMACO. Il nomma madame Lucrezia, femme de messer Nicia Calfucci, et il fit une si ravissante peinture de sa beauté et de ses grâces que nous en restâmes tous stupéfaits. Pour moi, je sentis s'éveiller dans mon cœur un désir si passionné de la voir que, laissant là tout autre projet et ne songeant plus ni à la guerre ni à la paix d'Italie, je me hâtai d'arriver ici ; et j'ai trouvé, chose rare ! que la renommée de madame Lucrezia est bien au-dessous de la vérité. Maintenant je brûle d'un si vif désir de lui plaire, que je ne sais à quel saint me vouer.

SIRO. Si vous m'aviez dit cela à Paris, j'aurais su quoi vous conseiller ; mais à cette heure je ne sais que vous dire.

CALLIMACO. Je ne t'ai pas fait cette confidence pour avoir tes conseils, mais pour soulager mon cœur, et afin que tu mettes ton génie à l'œuvre pour m'aider au besoin.

SIRO. Je suis tout prêt. Mais qu'espérez-vous ?

CALLIMACO. Hélas ! rien ou peu de chose. Et je te dirai d'abord que j'ai contre moi son naturel, l'honnêteté même, et tout à fait ennemi de l'amour ; un mari fort riche et qui se laisse entièrement gouverner par elle ; qui, s'il n'est pas jeune, n'est pas non plus si vieux qu'il le paraît. De plus, elle n'a ni parents ni voisins chez qui elle aille en veillée, où elle rencontre ces fêtes et tous ces plaisirs dont les personnes de son âge se divertissent d'ordinaire. Pas une ouvrière qui entre chez elle ; pas une femme de chambre, pas un domestique que sa sévérité ne fasse trembler : de sorte qu'il n'y a là aucun moyen de séduction.

SIRO. Que voulez-vous donc faire ?

CALLIMACO. Il n'y a jamais rien de si désespéré qui ne laisse encore une lueur d'espérance, quelque vaine et faible qu'elle soit ; et puis la ferme volonté et le désir de réussir ne permettent pas le désespoir.

SIRO. Enfin, quel motif avez-vous de vous flatter ?

CALLIMACO. J'en ai deux : l'un, c'est la simplicité de messer Nicia, qui, bien qu'il soit docteur, est le plus crédule et le plus sot homme de Florence ; l'autre, c'est l'extrême désir qu'ils ont d'avoir des enfants. Car, après six ans de mariage, se voyant encore sans lignée, riches qu'ils sont, ils en meurent d'envie. Nous aurions bien une troisième ressource, la mère de Lucrezia, bonne commère dans son temps ; mais elle est riche, et je ne sais comment la prendre.

SIRO. Avez-vous déjà fait quelque tentative ?

CALLIMACO. Oui, mais presque rien.

SIRO. Et quoi ?

CALLIMACO. Tu connais Ligurio, qui vient tous les jours dîner chez moi. Il a été jadis courtier de mariages ; depuis il s'est mis à quêter soupers et dîners ; et comme c'est un drôle de corps, messer Nicia a contracté avec lui une étroite liaison. Ligurio le pipe, et s'il ne dîne pas chez lui, il lui emprunte parfois de l'argent. Je m'en suis fait un ami ; je lui ai confié mon amour, et il m'a promis de travailler pour moi des mains et des pieds.

SIRO. Prenez garde qu'il ne vous dupe : ces écornifleurs n'ont pas coutume d'être gens de bonne foi.

CALLIMACO. C'est vrai. Néanmoins, quand quelque chose est dans l'intérêt d'un homme, il y a lieu de croire que, si vous lui en faites confidence, il vous servira loyalement. Je lui ai promis une bonne somme d'argent s'il réussit, et s'il ne réussit pas il n'en perdra ni un dîner ni un souper, car dans aucun cas je ne veux manger seul.

SIRO. Et jusqu'à présent que vous a-t-il promis de faire?

CALLIMACO. Il m'a promis de persuader à messer Nicia d'aller aux eaux avec sa femme dans ce mois de mai.

SIRO. Et qu'est-ce que cela vous fait à vous ?

CALLIMACO. Ce que cela me fait! Ce lieu pourrait la rendre tout autre pour moi : ce ne sont là que divertissements. Je m'y rendrais ; j'y mènerais avec moi toutes sortes de plaisirs, je n'oublierais rien pour paraître magnifique, et je ferais en sorte de m'insinuer dans l'intimité de la femme et du mari. Que sais-je? d'une chose en naît une autre, et le temps vient à bout de tout.

SIRO. Voilà qui me plaît assez.

CALLIMACO. Ligurio m'a quitté ce matin en me disant qu'il causerait de cette affaire avec messer Nicia, et qu'il viendrait m'en rendre compte.

SIRO. Les voici ensemble.

CALLIMACO. Je veux me tenir un peu à l'écart, afin de prendre mon temps pour parler à Ligurio quand il va quitter le docteur ; toi cependant, va à la maison faire ta besogne, et si j'ai quelque chose à t'ordonner, tu le sauras.

SIRO. J'y vais.

SCÈNE II.

MESSER NICIA, LIGURIO.

NICIA. Je crois que tes conseils ne sont pas mauvais, et j'en ai causé hier soir avec ma femme. Elle m'a dit qu'elle me donnerait réponse aujourd'hui ; mais, à te parler franchement, je n'y vais pas de bon cœur.

LIGURIO. Pourquoi ?

NICIA. Parce que je ne m'écarte pas volontiers de mon gîte[1]. Et puis, transplanter femme, valets, bagages, cela ne me va pas; sans compter qu'ayant parlé hier soir à plusieurs médecins, l'un m'a dit d'aller à San-Filippo[2], l'autre à la Porretta[3], l'autre à la Villa[4]. Veux-tu que je te dise? tous ces gens-là m'ont la mine d'être des buses, et ces docteurs en médecine ne savent rien de rien.

LIGURIO. Ce qui vous intrigue le plus, c'est ce que vous m'avez dit d'abord, car vous n'avez pas coutume de perdre de vue le clocher de votre village.

NICIA. Tu ne sais ce que tu dis : quand j'étais plus jeune, j'étais un coureur fieffé ; il ne se faisait pas une foire à Prato[5] que je n'y allasse; il n'y a pas un château aux environs que je n'aie visité; et je te dirai bien plus : j'ai été à Pise et à Livourne, moi qui te parle.

[1] Ce n'est ici qu'un équivalent. *La Mandragore* est toute remplie de locutions florentines, de proverbes inconnus ailleurs qu'à Florence, d'usages propres à ce peuple, et d'allusions aux choses qu'il aimait et dont il s'occupait. *Mi spicco mal volentieri da bomba*, dit le docteur. *Bomba* était un lieu privilégié dans le jeu appelé *pome*, lieu d'où l'on partait et où il fallait revenir. *Il pome* était une sorte de lutte, ancien divertissement des jeunes gens de Florence, surtout au printemps. On en trouve la description dans les vieux auteurs florentins. Il y a dans le mot *bomba*, et dans l'allusion au jeu du *pome*, une finesse qu'on ne peut faire comprendre que par une explication. C'est un indice de la niaiserie du docteur, qui ne veut pas quitter le but de peur de ne pouvoir le ratteindre. Pourtant il n'y avait point de jeu si l'on ne quittait le but, puisque le fin du jeu était d'y revenir.

[2] Les eaux de *San-Filippo* sont situées sur le territoire de Sienne, et étaient la propriété des moines de l'abbaye de Montamiata. Quoiqu'elles aient conservé de la réputation pour la guérison de certaines maladies, ce n'est plus aujourd'hui qu'un assez misérable établissement.

[3] La Porretta est un village entre Bologne et Florence, à peu de distance de la frontière de Toscane, du côté de Pistoie. Il y a encore là des bains fort connus. Les sources sont sulfureuses, et l'eau s'enflamme, dit-on, à l'approche de la lumière.

[4] *I bagni alla Villa* sont encore renommés aujourd'hui : c'est un des beaux établissements thermaux de la principauté de Lucques, et l'on y envoie encore les dames qui sont dans le cas de *Madonna Lucrezia*; car, selon les médecins du pays, *tardos ad Venerem excitant*. Aussi le poëte Monti, voulant peindre la *Fécondité*, l'a assise sur les bords de ces eaux célèbres.

[5] A trois lieues de Florence.

LIGURIO. Vous avez donc vu la Carrucola de Pise?

NICIA. Tu veux dire la Verrucola [1]?

LIGURIO. Ah! oui, la Verrucola. Et à Livourne, avez-vous vu la mer?

NICIA. Si je l'ai vue! tu le sais bien.

LIGURIO. Cela est-il bien plus grand que l'Arno?

NICIA. Bon! plus de quatre fois, plus de six, plus de sept, Dieu me pardonne! Figure-toi qu'on ne voit que de l'eau, et puis encore de l'eau, et puis toujours de l'eau.

LIGURIO. Eh! vraiment je m'étonne que vous, qui avez vu tant de pays [2], vous fassiez si grand embarras d'une promenade aux bains.

NICIA. Tu es ingénu comme l'enfant qui tette! Tu crois donc que ce n'est rien de mettre sens dessus dessous toute une maison? Cependant j'ai tant d'envie d'avoir un petit enfant que je suis prêt à tout faire. Mais dis-en toi-même deux mots à ces docteurs; vois où ils me conseillent d'aller. Moi je m'en vais retrouver ma femme, et nous nous reverrons.

LIGURIO. C'est bien dit.

SCÈNE III.

LIGURIO, CALLIMACO.

LIGURIO. Je ne crois pas qu'il y ait dans le monde un plus grand imbécile que celui-là; et il est comblé des faveurs de la fortune! Il est riche; il a une femme belle, sage, accomplie, une femme capable de gouverner un royaume. Ma foi! il se vérifie rarement dans les mariages le proverbe qui dit: *Dieu fait les hommes, et les hommes s'apparient*; car souvent on voit qu'à un homme de mérite échoit une sotte, tandis qu'au contraire une femme sage a un fou pour mari. Du moins, de la folie de celui-ci nous tirerons cet avantage que Callimaco doit avoir bon espoir. Mais le voici. Holà! Callimaco, qui est-ce que tu guettes ici?

CALLIMACO. Je t'avais aperçu avec le docteur, et j'attendais que tu le quittasses pour apprendre ce que tu avais fait.

LIGURIO. Vous savez quel homme c'est, de peu de sens, de moins de courage encore: il ne se résigne pas volontiers à s'éloigner de Florence. Cependant je l'ai un peu remonté, et il m'a dit enfin qu'il fera tout ce qu'il faut. Je crois bien que quand nous le voudrons nous vous le mènerons aux eaux; mais je ne sais pas si nous en ferons mieux nos affaires.

CALLIMACO. Pourquoi?

LIGURIO. Que sais-je, moi? Toutes sortes de gens vont à ces bains: il pourrait s'y trouver quelqu'un à qui madame Lucrezia plairait comme à toi, plus riche et de meilleure façon que toi: tu risquerais alors d'avoir pris bien de la peine pour autrui; et il pourrait arriver, ou que le nombre des rivaux la rendît plus fière, ou que, mieux apprivoisée, elle prît goût pour un autre et non pour toi.

CALLIMACO. Je sens bien que tu dis vrai, mais que faire? quel parti prendre? de quel côté me tourner? Il me faut absolument faire quelque tentative grande, périlleuse, qui m'apporte dommage ou honte, n'importe; mieux vaut mourir que de vivre comme je vis. Si je pouvais dormir la nuit, si je pouvais prendre quelque nourriture, si je pouvais goûter quelques distractions dans le monde, si je pouvais trouver plaisir à quoi que ce soit, j'aurais plus de patience et j'attendrais l'occasion; mais il n'y a pas de remède, et si un projet quelconque ne me berce d'un peu d'espoir, je suis un homme mort. Mourir pour mourir, que veux-tu que je craigne? Et me voilà prêt à prendre une résolution extrême, terrible, désespérée.

LIGURIO. Que dis-tu là! Calme un peu cet emportement.

CALLIMACO. Tu vois bien que pour le calmer il ne me vient pas d'autres idées en tête. C'est pourquoi il est nécessaire de persister dans le projet de l'envoyer aux bains, ou d'imaginer quelque autre expédient qui puisse me repaître d'une espérance, sinon réelle, chimérique du moins, qui nourrisse dans mon âme une pensée de consolation et soulage mes tourments.

LIGURIO. Tu as raison, et je m'y vais employer.

CALLIMACO. A la bonne heure! Je sais pourtant que tes pareils vivent des piéges qu'ils ten-

[1] C'est une pointe de montagne qui s'élève sur la chaîne des monts Pisans, à trois milles de Vico, et qui a pris son nom pittoresque du mot latin *verruca* (verrue).

[2] Il y a dans le texte: *avendo voi pisciato in tanta neve*, «vous qui avez pissé dans tant de neige» C'est une phrase proverbiale qui signifie: Avoir tant couru le monde, avoir une si grande expérience des choses de la vie, qu'il est malaisé d'être trompé.

dent; néanmoins, je ne crois pas que tu sois de ceux-là. D'ailleurs, si tu cherchais à me tromper, je m'en apercevrais et je tâcherais d'en faire mon profit : tu perdrais dès aujourd'hui l'entrée de ma maison, et pour l'avenir la récompense que je t'ai promise.

LIGURIO. Ne doute pas de mon dévouement. Lors même que mon avantage ne s'y trouverait pas, j'ai une si vive sympathie pour toi que je souhaite presque autant que toi-même l'accomplissement de tes désirs. Mais laissons tout cela. Le docteur m'a chargé de trouver un médecin qui lui dise à quels bains il vaut mieux aller : sois ce médecin, et laisse-toi conduire à mon gré. Tu diras que tu as appris la médecine, que tu as pratiqué à Paris. Simple comme il est, il le croira facilement; d'ailleurs tu as étudié, et tu pourras lui bredouiller quelques mots de latin.

CALLIMACO. A quoi cela nous servira-t-il?

LIGURIO. Cela nous servira à l'envoyer aux bains que nous voudrons, ou à prendre quelque autre moyen auquel j'ai déjà songé, et qui sera, à mon avis, plus prompt, plus certain et plus facile que les bains.

CALLIMACO. Que veux-tu dire?

LIGURIO. Je dis que, si tu as un peu d'audace et quelque confiance en moi, je te garantis l'affaire faite avant demain à pareille heure; et lors même qu'il serait homme (ce qui n'est pas) à s'enquérir si tu es ou non médecin, la brièveté du temps et la nature même de la chose feront qu'il ne s'en doutera pas, et qu'il n'aura pas le loisir de traverser notre projet, quand même il s'en douterait.

CALLIMACO. Tu me rends la vie! Mais c'est là une trop belle promesse, et peut-être tu me repais de folles espérances. Comment feras-tu?

LIGURIO. Tu le sauras quand le moment sera venu; à cette heure il est inutile que je te le dise : ne perdons pas en paroles un temps qui nous manque déjà pour l'action. Rentre à la maison et m'y attends; pour moi, je vais trouver le docteur, et si je te l'amène, tu seras attentif à mes paroles et tu y accommoderas les tiennes.

CALLIMACO. Je n'y manquerai pas, quoique tu me remplisses d'une espérance qui, je le crains bien, va s'évanouir en fumée.

CANZONE.

Celui qui n'a point éprouvé ton irrésistible puissance, Amour, espère en vain rendre un témoignage fidèle de ce qu'il y a au ciel de plus délicieux. Il ne sait pas comment on vit et on meurt tout ensemble; comment on court à sa perte et on fuit son bonheur; comment on aime un autre plus que soi-même; combien souvent la crainte et l'espérance glacent et consument le cœur; il ignore enfin combien les dieux et les hommes redoutent également les traits dont tu es armé.

ACTE DEUXIÈME.

SCÈNE I.

LIGURIO, MESSER NICIA; SIRO, qui parle de l'intérieur.

LIGURIO. Comme je vous ai dit, je crois que c'est Dieu qui nous a envoyé cet homme afin de combler tous vos vœux. Il a fait à Paris les plus curieuses expériences; et ne vous étonnez pas s'il n'a point professé son art à Florence : d'abord il a du bien, et puis il est à tout moment sur le point de retourner à Paris.

NICIA. Parbleu! mon cher ami, voilà qui presse! je ne voudrais pas qu'il m'engageât dans quelque affaire pour me laisser ensuite sur l'écueil.

LIGURIO. Oh! ne vous embarrassez pas de cela; craignez seulement qu'il ne veuille pas entreprendre cette cure. Mais s'il s'en charge une fois, il ne vous quittera pas qu'il n'en ait vu la fin.

NICIA. Sur ce point je m'en rapporte à toi; mais pour ce qui est de la science, je te dirai bien si c'est un homme de doctrine : il me suffit de lui dire deux mots; ce n'est pas à moi qu'il vendra des vessies pour des lanternes.

LIGURIO. Et c'est aussi parce que je vous connais que je vous mène à lui afin que vous le tâtiez un peu; et lorsque vous aurez causé avec lui, s'il ne vous semble pas, à son air, à sa science et à son langage, un homme digne qu'on se livre aveuglément à lui, dites que je ne suis pas Ligurio.

NICIA. Eh bien donc! allons, sous la protection de notre bon ange. Mais où demeure-t-il?

LIGURIO. Sur cette place, la porte en face de vous.

NICIA, à Ligurio qui va pour frapper. Bon. Que cela nous réussisse!

LIGURIO. C'est fait.

SIRO. Qui est là?

LIGURIO. Callimaco y est-il?

SIRO. Il y est.

NICIA. Pourquoi ne dis-tu pas maître Callimaco?

LIGURIO. Il ne s'inquiète pas de ces bagatelles.

NICIA. Il ne faut point parler ainsi : rends-lui ce qu'on lui doit; et s'il ne le trouve pas bon, c'est son affaire.

SCÈNE II.

CALLIMACO, MESSER NICIA, LIGURIO.

CALLIMACO. Qui est-ce qui me demande?

NICIA. *Bona dies, domine magister.*

CALLIMACO. *Et vobis, domine doctor.*

LIGURIO. Qu'en dites-vous?

NICIA. Fort bien, par ma foi!

LIGURIO. Si vous voulez que je reste ici avec vous, vous parlerez de manière que je puisse vous comprendre; autrement nous nous chaufferons à deux feux.

CALLIMACO. Quelle bonne affaire vous amène?

NICIA. Que vous dirai-je? je m'en vais cherchant deux choses qu'un autre fuirait peut-être : des embarras pour moi et pour d'autres. Je n'ai pas d'enfants et j'en voudrais; c'est pour me donner ce souci que je viens vous déranger.

CALLIMACO. Il me sera toujours fort agréable de vous obliger, ainsi que tous les honnêtes gens, tous les hommes de bien tels que vous : et si dans Paris j'ai consacré tant de veilles à l'étude, c'est surtout pour être utile à vos pareils.

NICIA. Grand merci; et si vous aviez aussi besoin de mon ministère, je suis tout à votre service. Mais revenons *ad rem nostram*. Avez-vous examiné si les bains conviendraient pour disposer ma femme à devenir grosse? car je sais que Ligurio vous a conté de quoi il s'agit.

CALLIMACO. C'est vrai; mais pour vous satisfaire il faut savoir la cause de la stérilité de votre femme, et il peut y en avoir plusieurs; *nam causæ sterilitatis sunt, aut in semine, aut in matrice, aut in instrumentis seminariis, aut in virgâ, aut in causâ extrinsecâ*[1].

NICIA. Voilà le plus habile homme qu'il soit possible de trouver!

CALLIMACO. Il pourrait aussi se faire que cette stérilité eût pour cause une certaine impuissance de votre part, auquel cas le mal serait incurable.

NICIA. Impuissant! moi! Vous me faites rire! Je ne crois pas que dans Florence il y en ait un plus vert et plus gaillard que moi.

CALLIMACO. Si ce n'est point là la cause, soyez tranquille : nous vous trouverons quelque remède.

NICIA. Y aurait-il quelque autre expédient que les bains? Je voudrais bien m'éviter cet embarras, et ma femme ne s'absenterait pas volontiers de Florence.

LIGURIO. Oui, il y en a d'autres, c'est moi qui vous le garantis. Callimaco est d'une circonspection qui va jusqu'à l'excès. (A Callimaco.) Ne m'avez-vous pas dit que vous savez composer une potion dont l'effet est immanquable pour rendre une femme grosse?

CALLIMACO. Oui, mais j'y regarde à deux fois avec les gens que je ne connais pas, car je ne voudrais pas passer pour un charlatan.

NICIA. Soyez tranquille sur ce point : vous m'avez si bien émerveillé qu'il n'est chose au monde que je ne fusse prêt à croire ou à faire sur votre garantie.

LIGURIO. Il conviendrait, je pense, que vous vissiez les urines.

CALLIMACO. Sans nul doute; c'est le moins qu'on puisse faire.

LIGURIO. Appelez Siro : qu'il aille pour cela avec le docteur, et qu'il revienne sur-le-champ; nous l'attendrons à la maison.

CALLIMACO. Siro, va avec monsieur. Et vous, docteur, si vous le trouvez bon, revenez incontinent, et nous aviserons à quelque chose de souverain.

NICIA. Comment, si je le trouve bon! Je reviens tout aussitôt, car j'ai plus de foi en vous que les Hongrois dans leur épée.

[1] L'auteur a eu une double intention en faisant parler ici son personnage en latin : il lui donne plus d'importance aux yeux du docteur imbécile, et il jette un voile léger sur des paroles bien assez faciles à comprendre sans traduction.

SCÈNE III.

Messer NICIA, SIRO.

NICIA. Parbleu! ton maître est un bien habile homme!

SIRO. Plus que vous ne pourriez dire.

NICIA. Le roi de France en doit faire grand cas!

SIRO. Fort grand.

NICIA. C'est pour cela qu'il se plaît si bien en France?

SIRO. C'est pour cela.

NICIA. Il a bien raison. Dans ce pays-ci il n'y a que des cancres; le mérite n'y est nullement prisé. Si ton maître demeurait ici, ils ne le regarderaient seulement pas. J'en sais quelque chose, moi qui ai rendu tripes et boyaux pour apprendre deux *h*[1]; et si j'attendais après ma science pour dîner, j'aurais le temps de tirer la langue, tu peux m'en croire.

SIRO. Gagnez-vous bien cent ducats l'an?

NICIA. Pas cent livres, pas cent sous[2], vois-tu! C'est que dans cette ville celui qui n'a pas de quoi vivre selon son rang ne trouve pas un chien qui jappe après lui, et nous ne sommes bons à rien si ce n'est à aller aux enterrements, aux assemblées de mariage, ou bien à nous dandiner tout le long du jour sur le banc du proconsul[3]. Mais je ne leur en veux pas : je n'ai besoin de personne; je voudrais seulement que plus pauvre que moi me ressemblât. Cependant je ne serais pas bien aise qu'on m'eût entendu : ils pourraient bien me camper sur le dos quelque amende ou quelque bosse qui me ferait suer.

SIRO. N'ayez pas peur.

NICIA. Nous voilà au logis. Attends-moi ici : je reviens tout à l'heure.

SIRO. Allez.

SCÈNE IV.

SIRO, seul.

Si tous les docteurs étaient bâtis comme celui-ci, que ferions-nous donc, nous autres, si ce n'est des extravagances[1]? Est-ce que ce coquin de Ligurio et mon écervelé de maître le mèneraient par le nez à quelque affront? Véritablement j'en serais fort aise, pourvu toutefois qu'on n'en sût rien; car si l'affaire venait à s'ébruiter, il pourrait bien y aller de la vie pour moi, et pour mon maître de la vie et de la bourse. Le voilà déjà devenu médecin; je ne sais quel est leur projet, ni où tend leur fourberie. Mais voici le docteur qui revient avec une fiole

[1] L'expression est basse et grossière : on a dû la choisir pour rendre le langage grossier du docteur; et encore nous restons au-dessous de l'énergie de l'italien : *Io... che ho cacato le curatelle per imparar due hac.* J.-B. Rousseau a traduit sans traduire : «Il n'y a point du légiste, sans vanité, mieux alimenté de paragraphes que moi.» Periès a dit : «Moi qui ai sué sang et eau pour apprendre deux *hac*.» Cette dernière version est moins éloignée du texte; mais *suer sang et eau*, qui donne le sens de l'italien, ne reproduit point la physionomie du langage trivial du docteur. Nous pourrions faire la même remarque sur plus d'un passage : nous nous bornons à montrer par ce seul exemple quel a été notre système de traduction. C'est au lecteur à décider entre nos devanciers et nous. On voit que Periès a traduit mot à mot *due hac* : cela est inintelligible sans une explication. *Hac*, qu'on lit dans le texte de Macchiavelli, est la vieille forme du mot *acca*, nom de la lettre *h* dans l'alphabet italien; et la phrase «apprendre deux *h*» signifie en langage florentin, selon les académiciens de la Crusca : «apprendre quelques bribes de science,» *imparare qualche piccola particella di dottrina.*

[2] L'italien dit *grossi*. Le *grosso* était un demi *giulio* et valait environ trois sous.

[3] J.-B. Rousseau a traduit : «Toute la vie d'un docteur se passe à assister à des thèses ou à se chauffer au soleil dans la place publique;» Periès... «ou à demeurer tout le long du jour sur les bancs de l'audience, à faire les damoiseaux.» Ni l'un ni l'autre n'a su ce que c'était, du temps de Macchiavelli, que la *panca del proconsolo.* Nous l'apprenons d'*Anton. Francesco* Doni, grand ami de l'Arétin et auteur beaucoup plus fécond qu'estimé. Dans un de ses livres intitulé *I Marmi*, lequel tire son nom des marbres qui décoraient la place de *Santa Liberata*, entre la cathédrale *Santa-Maria del Fiore* et *San-Giovani*, Doni vante la délicieuse fraîcheur qu'on y goûtait, et qui en faisait un lieu de réunion plus agréable que les promenades de Naples, de Rome et de Venise. «Là, dit-il, les Florentins ont des escaliers de marbre dont le dernier degré forme une espèce de terrasse, où la jeunesse se réunit pour prendre le frais pendant les ardentes chaleurs; là se tiennent d'agréables conversations; là se racontent de plaisantes histoires; là on envoie la raillerie à qui la craint; là se publient toutes les nouvelles du monde.» Là aussi était la *panca del proconsolo;* et c'est faute d'avoir cherché cette information que l'un des traducteurs fait *chauffer au soleil* des gens qui prennent le frais, et que l'autre transforme un rendez-vous de plaisir en un tribunal.

[1] *Noi faremmo a'sassi pe'forni* : c'est une locution proverbiale tout à fait intraduisible; Macchiavelli l'explique lui-même dans une lettre à Guicciardini, qui ne la comprenait pas : «*fare a'sassi pe'forni*, dit-il, ne signifie pas autre chose que : faire des actions d'insensé.»

d'urine. Qui ne crèverait de rire à voir cet oison bridé?

SCÈNE V.

MESSER NICIA, SIRO.

NICIA, parlant du côté de sa maison. J'ai fait en toute occasion à ta fantaisie, et je veux pour le coup que tu fasses à la mienne. Si je croyais n'avoir pas d'enfants, j'aimerais mieux avoir épousé une paysanne. Ah! te voilà, Siro. Suis-moi. Que de peine j'ai eue à décider ma sotte de femme à me donner cette urine! Ce n'est pas qu'elle n'ait grande envie d'avoir des enfants, car elle en est encore plus soucieuse que moi; mais dès que je veux lui faire faire quelque chose, c'est une histoire.

SIRO. Ayez patience : c'est avec de bonnes paroles qu'on vient à bout des femmes.

NICIA. Que veux-tu dire avec tes bonnes paroles? elle ne cesse de me faire endiabler. Va promptement dire à ton maître et à Ligurio que je suis ici.

SIRO. Les voilà qui sortent.

SCÈNE VI.

LIGURIO, CALLIMACO, MESSER NICIA.

LIGURIO. Le docteur sera facile à persuader; toute la difficulté viendra de la femme, mais nous y pourvoirons.

CALLIMACO. Avez-vous l'urine?

NICIA. C'est Siro qui l'a.

CALLIMACO. Donne donc. Oh! cette urine dénote faiblesse de reins.

NICIA. Elle me semble toute trouble; et pourtant elle me l'a donnée à l'instant même.

CALLIMACO. Ne vous en étonnez pas; *nam mulieris urinæ sunt semper majoris grossitiei et albedinis et minoris pulchritudinis quàm virorum. Hujus autem, inter cætera, causa est amplitudo canalium, mixtio eorum quæ ex matrice exeunt cum urinâ.*

NICIA. Par la vertu de saint Puccio! la science de cet homme-là me semble de plus en plus merveilleuse! Voyez comme il raisonne pertinemment sur ces matières!

CALLIMACO. J'ai peur que votre femme ne soit mal couverte la nuit : c'est là une cause de la crudité de l'urine.

NICIA. Elle a pourtant une bonne courtepointe, mais elle est quelquefois à genoux des quatre heures entières à enfiler des patenôtres avant de se mettre au lit; c'est une sotte à se laisser geler.

CALLIMACO. Enfin, docteur, vous avez ou non confiance en moi; mon remède est bon ou il ne l'est pas. Quant à moi, je vous donnerai le remède : si vous avez confiance, vous le prendrez; et si, d'aujourd'hui en un an, votre femme n'a pas un petit enfant dans ses bras, je consens à vous donner deux mille ducats.

NICIA. Dites donc : je suis homme à vous faire honneur de tout, et je vous crois plus que mon confesseur.

CALLIMACO. Il faut que vous sachiez qu'il n'est rien de plus sûr, pour faire devenir une femme grosse, qu'une certaine potion composée de mandragore. C'est une chose dont j'ai fait maintes fois l'expérience et qui n'a jamais manqué. Sans cela la reine de France serait stérile, et je ne sais combien d'autres grandes dames de ce royaume.

NICIA. Est-il bien possible!

CALLIMACO. C'est comme je vous le dis; et le hasard vous sert si bien que j'ai ici avec moi tous les ingrédients qui entrent dans cette potion, et vous pourrez l'avoir dès que vous voudrez.

NICIA. Quand faudra-t-il la prendre?

CALLIMACO. Ce soir, après souper. Le croissant est dans une phase favorable, et le temps ne saurait être plus propice.

NICIA. Voilà qui va bien. Ordonnez la potion : je la lui ferai prendre.

CALLIMACO. Il faut maintenant vous avertir d'une petite chose : c'est que l'homme qui le premier a affaire avec une femme après qu'elle a pris cette potion meurt dans la huitaine, et rien au monde ne l'en peut sauver.

NICIA. Malepeste! Je ne veux pas de cette drogue-là; ce n'est pas à moi que vous la ferez avaler. Parbleu! vous me la baillez bonne!

CALLIMACO. Là, là, remettez-vous : il y a du remède.

NICIA. Et lequel?

CALLIMACO. C'est de faire coucher aussitôt avec elle un homme qui, dans une seule nuit, tirera à lui tout le venin de cette mandragore : ensuite il n'y aura plus de danger pour vous.

NICIA. Je n'en veux, parbleu ! rien faire.

CALLIMACO. Pourquoi donc ?

NICIA. Parce que je ne veux pas faire de ma femme une catin et de moi un cocu.

CALLIMACO. Que dites-vous donc là, docteur ! Je ne vous trouve pas si sensé que je croyais. Comment ! vous reculez pour faire une chose qu'ont faite le roi de France et tout ce qu'il y a là de plus grands seigneurs !

NICIA. Qui diable voulez-vous que je trouve qui fasse une telle folie? Si je le dis à ma femme, elle n'y voudra jamais consentir ; si je ne le lui dis pas, c'est une trahison. Et puis c'est un cas à avoir affaire au tribunal des Huit ; je n'y veux pas risquer quelque condamnation.

CALLIMACO. Si vous n'avez pas d'autre inquiétude, laissez-moi conduire tout cela.

NICIA. Comment ferez-vous?

CALLIMACO. Je vais vous le dire. Je vous donnerai la potion ce soir après souper : vous lui en ferez boire, et aussitôt vous la mettrez au lit ; ce sera vers les quatre heures de nuit [1]. Ensuite nous nous déguiserons, vous, Ligurio, Siro et moi, et nous nous mettrons à chercher au Marché-Neuf, au Marché-Vieux, de tous côtés. Le premier drôle que nous trouverons flânant, nous lui envelopperons la tête, nous le mènerons chez vous à grands coups de bâton, et nous l'introduirons dans votre chambre au milieu de l'obscurité. Ensuite nous le mettrons dans le lit en lui disant ce qu'il aura à faire ; il n'y aura pas la moindre difficulté. Le matin venu, avant le jour vous mettrez cet homme à la porte ; vous ferez baigner votre femme, et vous ferez avec elle tout ce qui vous plaira sans aucun péril.

NICIA. Allons, puisque tu dis que le roi, les princes et les seigneurs y ont passé, j'en suis content ; mais surtout que les Huit n'en sachent rien.

CALLIMACO. Qui voulez-vous qui l'aille dire ?

NICIA. Il reste un obstacle, et d'importance encore.

CALLIMACO. Lequel?

NICIA. C'est de faire consentir ma femme, et je ne crois pas qu'elle s'y décide jamais.

CALLIMACO. Cela se peut ; mais si j'étais le mari, je saurais bien la faire obéir à ma guise.

[1] Selon la manière italienne de commencer à compter au coucher du soleil, quatre heures de nuit c'est dix heures chez nous.

LIGURIO. Je sais un expédient.

NICIA. Quoi ?

LIGURIO. Si nous mettions en jeu le confesseur?

CALLIMACO. Oui, mais qui décidera le confesseur ?

LIGURIO. Toi, moi, notre malice, la leur.

NICIA. Je soupçonne, sans compter les autres difficultés, qu'elle ne voudra point aller parler à son confesseur, précisément parce que ce sera moi qui le lui aurai conseillé.

LIGURIO. Il y a encore remède à cela.

CALLIMACO. Dis donc.

LIGURIO. C'est de l'y faire conduire par sa mère.

NICIA. Oui-dà : elle a confiance en sa mère.

LIGURIO. Et moi je sais que la mère est de notre avis. Or sus, ne perdons pas de temps, il se fait tard. Toi, Callimaco, va faire un tour de promenade, et n'oublie pas de nous attendre à la maison ce soir, à la deuxième heure, avec la potion toute préparée. Le docteur et moi nous irons chez la mère pour la persuader ; je la connais. Nous verrons ensuite le moine, et nous vous informerons de tout ce que nous aurons fait.

CALLIMACO, à Ligurio. Au nom de Dieu ! ne me laisse pas seul, Ligurio.

LIGURIO. Qu'est-ce ? te voilà tout déconfit !

CALLIMACO. Où veux-tu que j'aille maintenant ?

LIGURIO. Par ici, par là, de ce côté, de l'autre ; Florence est si grande !

CALLIMACO. Je suis mort !

CANZONE.

Bienheureux qui naît simple et facile à tout croire ! Chacun peut s'en convaincre : celui-là n'est ni poussé par l'ambition, ni ému par la crainte, sources trop ordinaires d'ennuis et de douleurs. Dans son ardent désir d'avoir des enfants, ce bon docteur croirait volontiers que les ânes volent. Il a mis en oubli tous les autres biens de ce monde, et vers ce bonheur seul tendent tous ses vœux.

ACTE TROISIÈME

SCÈNE I.

SOSTRATA, MESSER NICIA, LIGURIO.

SOSTRATA. J'ai toujours ouï dire que, de deux maux, c'est le fait d'un homme prudent de choisir le moindre. Si vous n'avez pas d'autre moyen d'avoir des enfants, il faut prendre celui-ci, pourvu qu'il ne charge pas la conscience.

NICIA. C'est comme je vous le dis.

LIGURIO. Vous irez voir votre fille, tandis que le docteur et moi nous irons trouver le frère Timoteo, son confesseur : nous lui exposerons le cas, afin que vous n'ayez pas à l'expliquer. Vous verrez ce qu'il vous dira.

SOSTRATA. C'est bien. Voici votre chemin: pour moi, je vais voir Lucrezia; et quoi qu'il arrive, je la conduirai au frère.

SCÈNE II.

Messer NICIA, LIGURIO.

NICIA. Tu t'étonnes peut-être, Ligurio, qu'il faille tant de cérémonies pour décider ma femme; mais si tu savais les choses, tu ne t'en étonnerais guère.

LIGURIO. Mais c'est sans doute que toutes les femmes sont méfiantes.

NICIA. Point du tout : c'était la plus douce et la plus facile personne du monde; mais une voisine lui ayant mis en tête qu'elle deviendrait grosse si elle faisait vœu d'entendre, quarante jours de suite, la première messe au couvent des Servites, elle fit ce vœu et elle y alla bien une vingtaine de fois. Croirais-tu bien qu'un de ces gros moines se mit à rôder autour d'elle? de sorte qu'elle n'y voulut plus retourner. C'est dommage pourtant que ceux qui devraient nous donner bon exemple fassent de ces choses-là, n'est-il pas vrai?

LIGURIO. Comment diable! il n'est que trop vrai.

NICIA. Depuis ce temps-là elle se tient sur le qui-vive, les oreilles dressées comme un lièvre; et au moindre mot ce sont mille difficultés.

LIGURIO. Je ne m'étonne plus. Mais comment a-t-elle accompli son vœu?

NICIA. Elle s'en est fait relever.

LIGURIO. Fort bien. Or çà, si vous avez là vingt-cinq ducats, donnez-les-moi; car il est bon en pareil cas de délier les cordons de la bourse, de mettre d'abord le frère dans nos intérêts et de lui laisser l'espoir de mieux encore.

NICIA. Prends-les donc; cela ne m'inquiète guère: je ferai quelque économie d'un autre côté.

LIGURIO. Ces moines sont rusés et matois; et c'est raison, puisqu'ils savent nos péchés et les leurs: celui qui n'a pas l'habitude de les fréquenter pourrait bien se tromper en s'imaginant les mener où il veut. Aussi, je crains qu'en causant vous ne gâtiez vos affaires; car un homme comme vous, qui passe toute sa vie dans son cabinet, entend ses livres, mais ne comprend rien aux choses du monde. (*A part.*) Le pauvre homme est si bête que je tremble qu'il ne vienne tout brouiller.

NICIA. Dis-moi ce que tu veux que je fasse.

LIGURIO. Je veux que vous me laissiez parler, et que vous n'ouvriez la bouche que quand je vous ferai signe.

NICIA. Très-volontiers. Quel signe feras-tu?

LIGURIO. Je fermerai un œil, je mordrai mes lèvres. Je vous en supplie, faites bien comme je dis. Combien y a-t-il que vous n'avez parlé au frère?

NICIA. Voilà plus de dix ans.

LIGURIO. C'est bon: je lui dirai que vous êtes devenu sourd. Vous ne répondrez pas et vous n'ouvrirez pas la bouche, à moins que nous ne parlions bien haut.

NICIA. Soit.

LIGURIO. Ne vous tourmentez pas si je dis des choses qui ne vous paraissent pas s'accorder avec ce que nous voulons : tout n'ira pas moins au but.

NICIA. A la bonne heure.

SCÈNE III.

FRÈRE TIMOTEO, UNE FEMME.

TIMOTEO. Si vous voulez vous confesser, vous n'avez qu'à dire.

LA FEMME. Non, pas pour aujourd'hui : on m'attend, et il me suffit de m'être un peu soulagée tout en courant. Avez-vous dit ces messes de Notre-Dame?

TIMOTEO. Oui, ma chère sœur.

LA FEMME. Tenez, voilà un florin : vous direz tous les lundis, pendant deux mois, la messe des morts pour l'âme de mon mari. Encore qu'il ne fût pas trop bon, la chair est toujours faible, et quand parfois j'y pense, je ne puis faire que je ne sente là quelque chose. Mais croyez-vous qu'il soit en purgatoire?

TIMOTEO. Sans nul doute.

LA FEMME. Je ne voudrais pas en répondre : vous savez ce qu'il me faisait quelquefois. Oh!

combien je m'en suis plainte à vous ! Je m'éloignais autant que je pouvais, mais il était si importun, hélas ! Seigneur, mon Dieu !

TIMOTEO. Tranquillisez-vous : la miséricorde de Dieu est grande, et quand la volonté de se repentir ne manque pas à l'homme, le temps ne lui manque jamais.

LA FEMME. Croyez-vous que le Turc passe cette année en Italie ?

TIMOTEO. Oui assurément, si vous ne faites pas dire des prières.

LA FEMME. Ah ! le bon Dieu nous assiste ! J'ai grand'peur de ces diables-là qui vous empalent les pauvres femmes. Mais j'aperçois dans l'église une fille qui a du lin à moi : je vais lui parler. Je vous souhaite le bonjour.

TIMOTEO. Allez, portez-vous bien.

SCÈNE IV.

FRÈRE TIMOTEO, LIGURIO, MESSER NICIA.

TIMOTEO. Les femmes sont les personnes les plus charitables et les plus ennuyeuses du monde : qui les évite n'a pas l'ennui, il n'a pas le profit non plus ; qui les cherche a le profit et l'ennui tout ensemble. Mais enfin, il n'est que trop vrai, il n'y a point de miel sans mouches. (Apercevant messer Nicia et Ligurio.) Que faites-vous là, gens de bien ? Mais n'est-ce pas messer Nicia que je vois là ?

LIGURIO. Parlez haut : il est si sourd qu'il n'entend mot.

TIMOTEO. Soyez le bienvenu.

LIGURIO. Plus haut.

TIMOTEO. Le bienvenu !

NICIA. Et vous le bien trouvé, père.

TIMOTEO. Comment vous portez-vous?

NICIA. Fort bien.

LIGURIO. Parlez à moi, père ; car si vous vouliez vous faire entendre de lui vous mettriez toute la place en rumeur.

TIMOTEO. Que voulez-vous de moi ?

LIGURIO. Messer Nicia, et un autre homme de bien que vous verrez tout à l'heure, ont quelques centaines de ducats à faire distribuer en aumônes.

NICIA. Malepeste !

LIGURIO, bas à messer Nicia. Taisez-vous, de par tous les diables ! Il n'en aura pas grand'-chose. (Haut.) Ne vous étonnez pas, mon révérend, de tout ce qu'il pourra dire, car il n'entend rien. Quelquefois il s'imagine qu'il a entendu et il répond tout à rebours.

TIMOTEO. Poursuivez et laissez-le dire ce qu'il voudra.

LIGURIO. De cet argent-là j'en ai sur moi une partie, et c'est vous qu'ils ont choisi pour en faire la distribution.

TIMOTEO. Hélas ! très-volontiers.

LIGURIO. Seulement il est nécessaire, avant qu'on fasse ces aumônes, que vous nous aidiez dans un cas difficile survenu au docteur. Vous seul pouvez nous servir, et il y va de l'honneur de sa maison.

TIMOTEO. Qu'est-ce qu'il y a ?

LIGURIO. Je ne sais si vous connaissez Camillo Calfucci, neveu de monsieur le docteur.

TIMOTEO. Oui, je le connais.

LIGURIO. Eh bien, il y a un an qu'ayant été en France pour quelques affaires, Camillo Calfucci, qui est veuf (sa femme est morte il y a quelque temps), laissa une grande fille, bonne à marier, ma foi ! dans un couvent auquel il la confia. Il n'est pas nécessaire de vous dire maintenant le nom de ce couvent.

TIMOTEO. Qu'est-il arrivé ?

LIGURIO. Il est arrivé, soit par négligence des nonnes, soit par un coup de tête de la jeune fille, qu'elle se trouve aujourd'hui enceinte de quatre mois ; de sorte que, si on ne remédie avec prudence à ce malheur, le docteur, les religieuses, la jeune fille, Camillo, toute la maison des Calfucci, vont être déshonorés. Et le docteur fait tant de compte de ce déshonneur qu'il a fait vœu, si l'on parvient à étouffer l'affaire, de donner trois cents ducats pour l'amour de Dieu.

NICIA. Quel diable de galimatias !

LIGURIO, au docteur. Paix donc ! (Haut.) Or c'est à vous qu'il les remettra ; et vous seul avec l'abbesse pouvez porter remède à ce malheur.

TIMOTEO. Et comment cela ?

LIGURIO. En persuadant à l'abbesse de faire prendre à la jeune fille une potion pour la faire avorter.

TIMOTEO. Le cas demande réflexion.

LIGURIO. Voyez, si vous faites cela, que de bien il en résultera : vous conservez l'honneur d'un couvent, d'une jeune personne, de ses parents ; vous rendez une fille à son père ; vous obligez monsieur le docteur que voilà, ainsi que toute sa parenté; vous faites tant d'aumônes qu'il se peut faire avec ces trois cents ducats; et, de l'autre côté, vous ne faites tort qu'à une masse de chair qui n'a pas encore vie, qui ne sent rien, et qui peut se détruire de mille manières. Pour moi, je crois que ce qui fait le bien de tant de personnes, ce dont tant de personnes ont à se réjouir, ne peut jamais être qu'un bien.

TIMOTEO. Dieu soit loué! On fera ce que vous souhaitez; il faut tout faire pour l'amour de Dieu et par charité pour le prochain. Dites-moi le nom du couvent; donnez-moi la potion, et aussi, si vous le voulez, quelque peu de cet argent pour commencer les bonnes œuvres.

LIGURIO. Je vois bien que vous êtes en effet ce bon religieux que l'on m'a dit. Prenez déjà ce peu d'argent. Le couvent, c'est... Mais attendez : voici dans l'église une femme qui me fait signe. Je reviens tout à l'heure. Ne quittez pas messer Nicia. Je n'ai que deux mots à dire.

SCÈNE V.

FRÈRE TIMOTEO, MESSER NICIA.

TIMOTEO. Cette jeune fille, à combien est-elle de son terme?

NICIA. Je suis tout ébaubi!

TIMOTEO, élevant la voix. Je vous demande de combien elle est enceinte.

NICIA. Que le diable l'emporte!

TIMOTEO. Et pourquoi?

NICIA. Pour qu'il nous en débarrasse.

TIMOTEO. J'ai tout l'air d'être dans la nasse. J'ai affaire avec un fou et un sourd : l'un se sauve, l'autre n'entend rien. Mais si ce ne sont pas là des *quarteruoli*[1], j'en tirerai plus de profit qu'eux. Voici Ligurio qui revient.

SCÈNE VI.

LIGURIO, FRÈRE TIMOTEO, MESSER NICIA.

LIGURIO, à Nicia. Docteur, continuez à vous taire. (Au frère Timoteo.) Voilà de grandes nouvelles, mon révérend!

TIMOTEO. Qu'est-ce?

LIGURIO. Cette femme à qui je viens de parler m'a dit que notre jeune fille a fait tout naturellement une fausse couche.

[1] Ce sont des jetons qui figurent des florins d'or.

TIMOTEO, à part. Fort bien! l'aumône est à tous les diables.

LIGURIO. Que dites-vous?

TIMOTEO. Je dis que vous n'en êtes que plus obligé à faire les aumônes que vous savez.

LIGURIO. Les aumônes se feront quand vous voudrez; mais il faut que vous rendiez un autre service au docteur.

TIMOTEO. De quoi s'agit-il encore?

LIGURIO. D'une chose moins grave, où il y a moins de scandale à risquer, plus agréable pour nous, et à vous plus utile.

TIMOTEO. Dites ce que c'est. Je suis déjà engagé avec vous, et il me semble qu'il y a entre nous une liaison si intime qu'il n'est rien que je ne fasse.

LIGURIO. Je vais vous dire l'affaire dans l'église, entre vous et moi. Que le docteur ait la complaisance de nous attendre ici : nous revenons à l'instant.

NICIA. Comme a dit le crapaud à la herse[1].

TIMOTEO. Allons.

SCÈNE VII.

MESSER NICIA, seul.

Est-il jour? est-il nuit? suis-je éveillé ou rêvé-je? Suis-je donc ivre (et je n'ai pas encore bu une goutte aujourd'hui) pour me prêter à tous ces bavardages? Nous convenons de dire une chose au frère et il en dit une autre; ensuite il veut que je fasse le sourd. Et plût au ciel que je me fusse enduit les oreilles comme le Danois[2], pour ne point entendre les sottises qu'il a dites, Dieu sait à quel propos! Je me trouve vingt-cinq ducats de moins, et de mon affaire on n'en a pas encore dit un mot. Ils m'ont planté là comme un badaud, à garder le mulet. Mais les voici qui reviennent. La peste les étouffe s'ils n'ont pas encore arrangé mon affaire!

SCÈNE VIII.

FRÈRE TIMOTEO, LIGURIO, MESSER NICIA.

TIMOTEO. Tâchez de décider vos femmes à venir : je sais ce que j'ai à faire; et si mon crédit

[1] C'est une manière d'envoyer au diable les deux interlocuteurs, dont messer Nicia est fort ennuyé. Macchiavelli, dans une de ses lettres à Guicciardini, donne l'explication de ce proverbe qui signifie proprement : « Plaise à Dieu que vous n'y reveniez pas! »

[2] C'est un personnage de Boccace, qui se bouchait les oreilles avec de la poix pour ne pas entendre les mauvaises raisons de sa femme.

ne me manque, nous conclurons cette alliance pas plus tard que ce soir.

LIGURIO. Messer Nicia, frère Timoteo est disposé à tout faire pour vous. Il s'agit seulement de persuader à ces dames de venir.

NICIA. Tu me ressuscites, en vérité! Sera-ce un garçon?

LIGURIO. Un garçon.

NICIA. J'en pleure de tendresse.

TIMOTEO. Entrez dans l'église; j'attendrai ici vos dames. Tenez-vous à l'écart afin qu'elles ne vous voient pas; et aussitôt qu'elles seront parties je vous conterai ce qu'elles m'auront dit.

SCÈNE IX.

Frère TIMOTEO, seul.

Je ne sais qui attrape l'autre. Ce coquin de Ligurio s'en est venu me tâter le pouls avec sa première histoire; de sorte que si je n'eusse pas consenti, il restait maître de ne pas me dire la véritable; et pour ce qui est de la fausse, ils s'en moquaient. Il est bien vrai que j'ai été pris pour dupe; mais bast! j'ai mon profit dans cette duperie : messer Nicia et Callimaco sont cossus, et par divers moyens je tirerai bon parti de l'un et de l'autre. Il faudra bien que la chose reste secrète : il y va, à la dire, autant du leur que du mien. Ma foi! arrive que pourra! je ne m'en repens pas. A la vérité, je crains quelque difficulté, car madame Lucrezia est sage et vertueuse. Je la prendrai par sa bonté même, et les femmes ont peu de cervelle. S'il s'en trouve une qui sache dire deux paroles, on la cite comme un prodige, car au pays des aveugles les borgnes sont rois. Mais la voici avec sa mère. Quant à celle-ci, c'est une bonne bête, et qui me sera d'un grand secours pour conduire l'autre à ma fantaisie.

SCÈNE X.

SOSTRATA, LUCREZIA.

SOSTRATA. Tu crois, j'espère, ma chère fille, que je prise ton honneur autant que personne au monde, et que je ne te conseillerais pas une chose qu'il ne serait pas convenable de faire. Je t'ai dit et je te répète que si frère Timoteo t'assure que ce n'est pas un cas de conscience, il le faut faire sans t'en embarrasser autrement.

LUCREZIA. Je me suis toujours doutée que le désir de messer Nicia d'avoir des enfants nous ferait faire quelque sottise, et c'est pour cela que toutes les fois qu'il m'a parlé d'un nouvel expédient, il a toujours éveillé mes soupçons : aussi je me suis tenue sur mes gardes, surtout depuis qu'il m'arriva ce que vous savez pour être allée aux Servites. Mais de toutes les choses qui lui ont passé par la tête celle-ci me paraît la plus étrange : vouloir que je me soumette à une chose si infâme; consentir qu'un homme meure pour me déshonorer! Non, quand je serais seule au monde et qu'il n'y aurait que moi pour faire revivre la nature humaine, je ne croirais jamais qu'une telle action fût permise.

SOSTRATA. Pour moi, je ne sais pas faire de si belles phrases, mon enfant. Tu parleras au frère, tu verras ce qu'il te dira, et tu feras ensuite ce qui te sera conseillé par lui, par nous, par tout ce qui te veut du bien.

LUCREZIA. Je souffre le martyre!

SCÈNE XI.

Frère TIMOTEO, LUCREZIA, SOSTRATA.

TIMOTEO. Soyez les bienvenues. Je sais ce que vous voulez de moi; messer Nicia me l'a dit. En vérité, voilà plus de deux heures que je suis collé sur mes livres pour étudier le cas, et, après un examen approfondi, je trouve bien des choses, tant en général qu'en particulier, qui plaident pour nous.

LUCREZIA. Parlez-vous tout de bon ou si vous plaisantez?

TIMOTEO. Ah! ma chère dame! sont-ce là des choses sur lesquelles on puisse plaisanter? Est-ce donc d'aujourd'hui que vous me connaissez?

LUCREZIA. Non, mon père, mais c'est que voilà bien la chose la plus révoltante qu'on ait jamais ouïe!

TIMOTEO. Ma fille, j'en demeure d'accord; mais je ne veux pas que vous en parliez de la sorte. Il est beaucoup de choses qui de loin paraissent terribles, insupportables, sans exemple, et lorsque ensuite vous les examinez de près, vous les trouvez praticables, faciles et nullement étranges. Aussi a-t-on coutume de dire que la crainte est toujours plus grande que le mal; et notre affaire est de cette nature-là.

LUCREZIA. Dieu le veuille!

TIMOTEO. Pour en revenir donc à ce que je vous disais, il y a dans les choses de conscience une règle générale : c'est que là où vous voyez un bien certain et un mal incertain, il ne faut jamais laisser échapper ce bien dans la peur de ce mal. Ici le bien est certain : vous deviendrez grosse, vous acquerrez une âme à notre Seigneur Jésus-Christ. Le mal incertain, c'est que l'homme qui couchera avec vous après que vous aurez pris la potion vienne à mourir; mais il y en a dans ce cas-là qui ne meurent pas. Cependant, comme la chose est douteuse, il est bon que messer Nicia ne s'expose pas à ce péril. Quant à l'action en elle-même, c'est un conte de s'imaginer que ce soit un péché. Qui est-ce qui fait le péché? c'est la volonté, ce n'est pas le corps. Déplaire à son mari, voilà le péché; et vous, vous complaisez au vôtre; il y trouve son plaisir, et vous, vous vous mortifiez. D'ailleurs, c'est le but qu'il faut considérer en toutes choses : votre but, c'est de remplir une place dans le paradis et de contenter votre mari. La Bible dit que les filles de Loth, croyant être restées seules au monde, eurent commerce avec leur père; et pourtant elles n'ont pas péché : pourquoi? c'est que leur intention fut bonne.

LUCREZIA. Ah! que me persuadez-vous là!

SOSTRATA. Laisse-toi persuader, ma fille. Ne sais-tu pas bien qu'une femme qui n'a pas d'enfants n'a pas de maison? Son mari mort, elle reste comme une misérable abandonnée de chacun.

TIMOTEO. Je vous jure, ma chère dame, par ce sacré cœur, que vous ne devez pas vous faire plus de scrupule d'obéir en ceci à votre mari que de manger de la viande le mercredi, péché qui s'en va avec de l'eau bénite.

LUCREZIA. A quelle extrémité me conduisez-vous, mon père!

TIMOTEO. A une extrémité qui sera cause que toute votre vie vous prierez Dieu pour moi, et dont vous serez plus charmée l'année prochaine qu'aujourd'hui.

SOSTRATA. Elle fera tout ce que vous voudrez. Je veux la mettre moi-même au lit ce soir. De quoi as-tu peur, pauvre sotte? Il y a dans cette ville cinquante femmes qui en lèveraient les mains au ciel.

LUCREZIA. Allons, je me résigne; mais je ne crois pas que vous me trouviez en vie demain matin.

TIMOTEO. Rassurez-vous, ma fille. Va, je prierai Dieu pour toi; et je vais dire l'oraison de l'ange Raphaël pour qu'il t'accompagne. Allez à la garde de Dieu et préparez-vous à ce mystère, car il se fait déjà tard.

SOSTRATA. Adieu, père; la paix soit avec vous.

LUCREZIA. Que le bon Dieu ait pitié de moi et aussi Notre-Dame! qu'il ne m'arrive point quelque malheur!

SCÈNE XII.

FRÈRE TIMOTEO, LIGURIO, MESSER NICIA.

TIMOTEO. Eh! Ligurio, venez çà.

LIGURIO. Comment cela va-t-il?

TIMOTEO. Bien : les voilà qui retournent au logis disposées à faire tout ce qu'il faut; et il n'y aura plus de difficulté, car sa mère ne la quittera pas et veut elle-même la mettre au lit.

NICIA. Est-ce bien vrai ce que vous dites là?

TIMOTEO. Merveille! vous voilà guéri de votre surdité!

LIGURIO. Oui, par la grâce de saint Clément.

TIMOTEO. Cela mériterait bien un petit *ex-voto*, qui ferait du bruit et amènerait la foule; je ferais par ce moyen quelque profit avec vous.

NICIA. N'embrouillons pas les affaires. Ma femme ne refusera donc pas de faire ce que je veux?

TIMOTEO. Non, vous dis-je.

NICIA. Je suis l'homme le plus joyeux du monde!

TIMOTEO. Je le crois : vous donnerez la béquée à un joli petit garçon, et vous ferez les cornes à ceux qui n'en ont pas.

LIGURIO. Or çà, mon père, retournez à vos oraisons, et nous irons vous chercher si nous avons encore besoin de vous. Pour vous, docteur, allez auprès de votre femme et maintenez-la dans ses bonnes résolutions, tandis que j'irai rejoindre Callimaco afin qu'il n'oublie pas la potion. Arrangez-vous ensuite de sorte que nous nous retrouvions ce soir à la première heure, pour convenir de ce que nous aurons à faire vers la quatrième.

NICIA. Fort bien. Adieu.

TIMOTEO. Portez-vous bien.

CANZONE.

Qu'elle est douce la ruse qui conduit au but qu'on désire avec passion! comme elle nous dépouille de nos chagrins et change en douceur toute saveur amère Rare et souverain remède! tu montres la route directe à l'âme qui erre incertaine. Dans les faveurs dont nous comble l'amour, tout ce que tu as de piquant est un attrait de plus. Pierres, poisons, enchantements, tout est vaincu par ta divine adresse.

ACTE QUATRIÈME.

SCÈNE I.

CALLIMACO, seul

Je meurs d'envie de savoir ce qu'ils ont fait. Se peut-il que je n'entende pas parler de Ligurio! Nous voici à la vingt-troisième heure... Que dis-je? les vingt-quatre sont passées. Dans quelle anxiété d'esprit n'ai-je pas été abîmé!.... Hélas! j'y suis encore. Il n'est que trop vrai, la fortune et la nature tiennent nos comptes en balance : il ne nous arrive jamais un bonheur qu'il ne surgisse aussitôt quelque infortune en compensation. Plus mon espoir s'est accru, plus ma crainte augmente... Malheureux que je suis! le moyen que je vive assailli de tant d'inquiétudes, et tiraillé de tous côtés par tant de craintes et d'espérances! Je suis un vaisseau battu de deux vents opposés, et d'autant plus en péril qu'il est plus près du port. La simplicité de messer Nicia me met en espoir; la sagesse et la froideur de Lucrezia me pénètrent de crainte. Hélas! il n'est plus de repos pour moi. Je cherche quelquefois à me vaincre moi-même, je me reproche ma folie et je me dis à part moi : «Que fais-tu! as-tu perdu l'esprit. Quand tu réussirais, qu'en serait-il? tu reconnaîtras ta sottise, tu te repentiras de tant de peines, de tant d'inquiétudes perdues. Ne sais-tu pas combien il y a peu de bonheur dans les choses que l'homme désire, si l'on songe à ce que son imagination lui en promet? D'ailleurs, le pis qu'il peut t'en revenir, c'est de mourir et d'aller en enfer. Tant d'autres sont morts avant toi et il y a en enfer tant de gens de bien! As-tu honte d'y aller aussi, toi? Fais face à la fortune, fuis ton malheur; et si tu ne le peux fuir, supporte-le en homme. Ne t'abaisse point, ne faiblis pas comme une femme.» C'est ainsi que je tâche de me donner du cœur; mais je ne me tiens pas ferme. Assailli que je suis de tous côtés du désir de la posséder un seul jour, je me sens bouleversé des pieds à la tête : les jambes me tremblent, mes entrailles se troublent, mon cœur bat comme s'il allait s'élancer de ma poitrine, les bras me tombent, ma langue est muette, mes yeux ont des éblouissements et la cervelle me tourne... Si je pouvais du moins trouver Ligurio, j'aurais avec qui exhaler mon tourment... Mais le voici qui accourt vers moi. Ce qu'il va me dire me rendra un souffle de vie ou me fera tout à fait mourir.

SCÈNE II.

LIGURIO, CALLIMACO.

LIGURIO, sans apercevoir Callimaco. Je n'ai jamais tant désiré de rencontrer Callimaco, et je n'ai jamais eu tant de peine à le trouver. Si je lui portais de mauvaises nouvelles je l'aurais rencontré tout d'abord. J'ai été au logis, sur la place, au marché, au banc des Spini[1], à la galerie des Tornaquinci[2], et je ne l'ai pas trouvé. Ces amoureux ont du vif-argent sous la plante des pieds et ils ne peuvent durer nulle part.

CALLIMACO. Ce Ligurio va de côté et d'autre... Il regarde par ici : c'est moi qu'il cherche assurément. Qu'est-ce que je fais donc, que je ne l'appelle pas? Il me paraît joyeux pourtant. Ligurio! holà! Ligurio!

[1] C'était un vaste banc de maçonnerie adossé au palais des Spini (famille éteinte aujourd'hui). Le palais existe encore : il est en face du *casino dei Nobili*. Ces bancs étaient des lieux de réunion pour les citoyens de toutes les classes, qui s'y rassemblaient comme on fait aujourd'hui dans les cafés. (Voir la note sur le *banc du proconsul*, page 8.)

[2] Ces galeries ou portiques, appelés *loggie*, étaient fort de mode en Italie aux quinzième et seizième siècles, et ne sauraient être oubliées dans l'histoire des mœurs de cette époque, où le peuple italien conservait quelque chose de cette vie de place publique des anciens. Au temps de la république de Florence, les familles les plus distinguées considéraient une *loggia* comme une partie obligée de leur demeure. Le savant bénédictin Vincenzio Borghini, dans ses notes manuscrites conservées à la bibliothèque Magliabechi, et qui fournissent de curieux documents sur l'histoire de Florence au temps où il vivait (le seizième siècle), compte quinze *loggie* célèbres, parmi lesquelles il n'a garde d'oublier *la loggia de' Tornaquinci*. On en voit encore les traces, dit l'*Osservatore florentino*, sous la terrasse du palais Corsi. Un architecte renommé du siècle précédent, Alberti, qui avait construit celles du palais Ruccellai, où Macchiavelli, ami de cette famille illustre, avait goûté de doux et de savants loisirs, dit, dans son livre sur l'architecture, à quel usage ces édifices étaient destinés : «Les pères s'y réunissent pour se dérober à la chaleur et traiter leurs affaires; la jeunesse, qui y prend ses divertissements, s'accoutume à plus de retenue, par respect pour la présence des patriciens.» Les affaires les plus graves comme les plus frivoles étaient traitées sous ces portiques, et les chefs de famille y concluaient le mariage de leurs enfants, comme ils y jouaient aux échecs et à d'autres jeux du temps.

LIGURIO. Eh! Callimaco! Eh! où diable étais-tu donc ?

CALLIMACO. Quelles nouvelles ?

LIGURIO. Excellentes.

CALLIMACO. Excellentes! en vérité?

LIGURIO. Divines!

CALLIMACO. Lucrezia consent ?

LIGURIO. Oui.

CALLIMACO. Le moine a fait notre affaire ?

LIGURIO. Il l'a faite.

CALLIMACO. O bienheureux moine! je prierai Dieu éternellement pour lui.

LIGURIO. Délicieux! comme si Dieu vous récompensait du mal ainsi que du bien! Le moine voudra autre chose que des prières.

CALLIMACO. Que voudra-t-il ?

LIGURIO. De l'argent.

CALLIMACO. On lui en donnera. Combien lui as-tu promis ?

LIGURIO. Trois cents ducats.

CALLIMACO. C'est bon.

LIGURIO. Le docteur en a déjà déboursé vingt-cinq.

CALLIMACO. Et comment ?

LIGURIO. Suffit qu'il les ait déboursés.

CALLIMACO. Et qu'a fait la mère de Lucrezia ?

LIGURIO. C'est elle qui a fait presque tout. Comme elle a compris que sa fille allait avoir une bonne nuit sans péché, elle n'a cessé de prier, de commander, d'encourager Lucrezia; si bien qu'elle l'a conduite au moine, et là ils ont travaillé de sorte que Lucrezia a consenti à tout.

CALLIMACO. O Dieu! par quels mérites ai-je pu obtenir tant de bonheur? Je mourrai de joie!

LIGURIO. Quelle espèce d'homme est-ce donc là ? Il veut toujours mourir, tantôt de joie, tantôt de douleur. La potion est-elle prête?

CALLIMACO. Oui.

LIGURIO. Que lui enverras-tu ?

CALLIMACO. Un verre d'hippocras merveilleux pour réconforter l'estomac et réjouir le cerveau... Ciel! ô ciel! je suis perdu!

LIGURIO. Qu'est-ce donc ? qu'y a-t-il encore ?

CALLIMACO. Je suis perdu sans ressource!

LIGURIO. De quoi diable s'agit-il donc?

CALLIMACO. Il n'y a rien de fait; je me suis pris moi-même dans la souricière[1].

[1] L'italien dit : « Je me suis muré dans un four. » Nous avons préféré notre proverbe, qui rend fidèlement la pensée, et qui pour nous a plus de force.

LIGURIO. Pourquoi ? Que ne t'expliques-tu ? Ote donc tes mains de dessus ton visage.

CALLIMACO. Tu ne te souviens pas que je suis convenu avec messer Nicia que toi, lui, Siro et moi nous irions nous saisir de quelqu'un pour le faire coucher avec sa femme ?

LIGURIO. Qu'importe ?

CALLIMACO. Comment, qu'importe! Si je suis avec vous, je ne pourrai pas être celui que vous prendrez; et si je n'y suis pas, il se doutera de la fourberie.

LIGURIO. Tu as raison; mais n'y a-t-il point de remède ?

CALLIMACO. Je ne crois pas.

LIGURIO. Si fait, il y en aura.

CALLIMACO. Et lequel ?

LIGURIO. Laisse-moi un peu y penser.

CALLIMACO. C'est comme cela que tu me tires d'inquiétude! Me voilà bien, vraiment, si c'est à cette heure que tu te mets à y penser!

LIGURIO. Je l'ai trouvé!

CALLIMACO. Quoi ?

LIGURIO. Je vais faire en sorte que le moine qui nous a aidés jusqu'à présent fasse encore le reste.

CALLIMACO. De quelle façon ?

LIGURIO. Nous devons tous nous déguiser : je ferai travestir le moine; il contrefera sa voix, son visage, ses manières, et je dirai au docteur que c'est toi; il le croira.

CALLIMACO. Voilà qui me plaît; mais que ferai-je, moi ?

LIGURIO. Aie soin de te mettre une casaque sur les épaules, prends un luth dans ta main, et viens du côté de sa maison en fredonnant une chansonnette.

CALLIMACO. A visage découvert?

LIGURIO. Sans doute : si tu mettais un masque, cela lui donnerait quelque soupçon.

CALLIMACO. Il me reconnaîtra.

LIGURIO. Il ne te reconnaîtra pas : il faut te disloquer le visage, ouvrir la bouche et faire un museau pointu, grincer les dents, fermer un œil. Essaie un peu.

CALLIMACO. Est-ce comme cela?

LIGURIO. Non.

CALLIMACO. Et comme cela?

LIGURIO. Pas tout à fait.

CALLIMACO. De cette manière?

LIGURIO. Oui, très-bien; retiens bien cela

J'ai chez moi un nez postiche : je veux que tu l'appliques sur le tien.

CALLIMACO. Fort bien ; et ensuite ?

LIGURIO. Aussitôt que tu paraîtras au coin de la rue nous serons là : nous t'arracherons ton luth, nous te saisirons, nous te ferons faire dix tours, nous te mènerons dans la maison, nous te mettrons au lit. Quant au reste, il faudra bien que tu le fasses de toi-même.

CALLIMACO. Oui ; mais après tout cela il y a encore la manière de s'y prendre.

LIGURIO. Tu t'y prendras comme tu l'entendras. Quant à faire ce qu'il faut pour que tu y puisses retourner, c'est toi et non pas nous que cela regarde.

CALLIMACO. Que faut-il faire ?

LIGURIO. La gagner à toi cette nuit, et te faire connaître avant de la quitter. Découvre-lui le stratagème, montre-lui la passion que tu sens pour elle, dis-lui tout le bonheur que tu lui promets, fais-lui bien comprendre que sans honte elle peut rester ton amie, tandis que son inimitié pourrait entraîner son déshonneur. Il est impossible qu'elle ne s'accorde pas avec toi et qu'elle veuille que cette nuit soit la dernière.

CALLIMACO. Le crois-tu ?

LIGURIO. J'en suis certain. Mais nous avons déjà perdu assez de temps et nous voici à la dernière heure. Appelle Siro, envoie la potion à messer Nicia, et attends-moi [illegible] is. Je vais aller trouver le moine : nous le fe[illegible] déguiser, nous l'amènerons ici, nous irons ensuite chez le docteur et nous ferons tout ce qu'il faudra faire.

CALLIMACO. C'est bien dit. Dépêche-toi !

SCÈNE III.

CALLIMACO, SIRO

CALLIMACO. Holà ! Siro !

SIRO. Monsieur ?

CALLIMACO. Approche.

SIRO. Me voici.

CALLIMACO. Prends ce gobelet d'argent qui est dans l'armoire de ma chambre et qui est couvert d'un morceau d'étoffe, apporte-le-moi ; et prends garde surtout de le répandre en chemin.

SIRO. Tout à l'heure. (Il sort.)

CALLIMACO. Voilà dix ans que ce garçon-là est à moi et il m'a toujours servi fidèlement : je puis me fier encore à lui dans cette occasion. Quoique je ne lui aie rien dit de notre ruse, il la devine, car il est malin en diable ; et je vois qu'il s'y prête volontiers.

SIRO, *apportant le gobelet*. Voilà ce que vous demandez.

CALLIMACO. C'est bien. Dépêche-toi : va chez messer Nicia et dis-lui que c'est là cette drogue que sa femme doit prendre aussitôt après le souper, et que plus tôt elle aura soupé mieux ce sera ; dis que nous nous trouverons au coin de la rue à l'heure convenue, et qu'il fasse en sorte de s'y trouver lui-même. Va vite.

SIRO. J'y cours.

CALLIMACO. Écoute ici. S'il veut que tu l'attendes, attends-le et reviens avec lui ; s'il ne le demande pas, retourne promptement ici dès que tu lui auras donné cela et que ta commission sera faite.

SIRO. Oui, monsieur.

SCÈNE IV.

CALLIMACO, *seul.*

J'attends que Ligurio revienne avec le moine, et il dit bien vrai celui qui dit qu'il est cruel d'attendre. Quand je pense où je suis maintenant et où je pourrai être d'ici à deux heures, je maigris de dix livres par minute, dans la crainte où je suis qu'il ne survienne quelque chose qui traverse mon projet. Si cela arrivait, cette nuit serait la dernière de ma vie ; car je me jetterais dans l'Arno, je me pendrais, je me précipiterais par la fenêtre, ou je me donnerais un coup de poignard sur sa porte ; enfin je serais capable de tout pour me débarrasser de la vie. Mais j'aperçois Ligurio ; c'est bien lui. Il amène avec lui un pauvre diable qui me paraît boiteux et bossu : c'est certainement le moine travesti. O moines ! moines ! Connaissez-en un, vous les connaissez tous. Quel est cet autre qui les aborde ? Il m'a bien l'air de Siro, qui a déjà fait son message au docteur. C'est lui en effet. Attendons-les ici pour nous concerter avec eux.

SCÈNE V.

SIRO, LIGURIO, FRÈRE TIMOTEO *déguisé*, CALLIMACO.

SIRO. Qui donc est là avec toi, Ligurio ?

LIGURIO. C'est un brave homme.

SIRO. Est-il boiteux, ou s'il en fait semblant?

LIGURIO. Mêle-toi d'autre chose.

SIRO. Oh! il a la mine d'un grand vaurien.

LIGURIO. Eh! tais-toi! tu nous romps la tête. Où est ton maître?

CALLIMACO. Me voici. Soyez les bienvenus.

LIGURIO. Callimaco, fais un peu la leçon à cet extravagant de Siro : il a déjà dit mille sottises.

CALLIMACO. Siro, écoute ici. Je t'ordonne de faire ce soir tout ce que te dira Ligurio, et prends bien garde que, lorsqu'il te commandera quelque chose, c'est comme si c'était moi. Du reste tout ce que tu vois, entends ou devines, il faut le tenir dans le plus grand secret si tu t'inquiètes un peu de ma fortune, de mon honneur, de ma vie, et aussi de ton intérêt.

SIRO. Je n'y manquerai pas.

CALLIMACO. As-tu donné le gobelet au docteur?

SIRO. Oui, monsieur.

CALLIMACO. Qu'a-t-il dit?

SIRO. Que tout sera comme il est convenu.

TIMOTEO. Est-ce là Callimaco?

CALLIMACO. Pour vous obéir. Nos conditions sont faites; vous pouvez disposer de moi et de toute ma fortune comme de vous-même.

TIMOTEO. On me l'a dit et je le crois; aussi je me suis employé à faire pour vous ce que je n'aurais pas fait pour âme qui vive.

CALLIMACO. Vous n'y perdrez pas vos peines.

TIMOTEO. Il suffit de votre bienveillance.

LIGURIO. Laissons là les cérémonies. Nous allons nous déguiser, Siro et moi; toi, Callimaco, viens avec nous pour te mêler un peu de tes affaires. Le frère nous attendra ici; nous reviendrons sur-le-champ, et puis nous irons ensuite chercher messer Nicia.

CALLIMACO. C'est bien dit. Allons.

TIMOTEO. Je vous attends.

SCÈNE VI.

FRÈRE TIMOTEO, seul, déguisé.

On dit bien vrai, que la mauvaise compagnie conduit à la potence; et bien souvent mal vous arrive pour être trop facile et trop bon comme pour être trop méchant. Dieu sait si je pensais à faire tort à personne : je me tenais dans ma cellule, je disais mon bréviaire, je m'occupais de mes pénitents : il a fallu que cet endiablé de Ligurio soit venu à moi. Il me fait tremper le bout du doigt dans un tout petit péché, et puis j'y ai plongé le bras, et puis enfin tout le corps. Dieu sait comment je m'en tirerai! Ce qui me console, c'est que quand beaucoup de gens sont intéressés dans une affaire, beaucoup s'intriguent pour le succès. Mais voici Ligurio et le valet qui reviennent.

SCÈNE VII.

FRÈRE TIMOTEO; LIGURIO, SIRO, déguisés.

TIMOTEO. Soyez les bien revenus.

LIGURIO. Nous trouvez-vous bien comme cela?

TIMOTEO. Très-bien.

LIGURIO. Il ne manque plus que le docteur : allons chez lui; voilà que la troisième heure est sonnée. Allons, allons!

SIRO. Qui donc ouvre sa porte? est-ce lui ou son valet?

LIGURIO. Parbleu! c'est bien lui. (Riant.) Ha! ha! ha!

SIRO. Tu ris!

LIGURIO. Le moyen de ne pas rire? il a jeté sur son dos une robe de chambre étriquée qui ne lui couvre pas seulement le derrière. Que diable a-t-il sur la tête? on dirait d'un camail de moine. Il a, ma foi! une flamberge sous sa jaquette! Ha! ha! ha! Il marmotte je ne sais quoi. Tirons-nous un peu à l'écart, et nous allons encore apprendre quelques tribulations que lui fait endurer sa femme.

SCÈNE VIII.

MESSER NICIA, travesti.

Que de simagrées ma folle n'a-t-elle pas faites! Il a fallu envoyer la femme de chambre chez sa mère et le domestique à la campagne. Quant à cela je l'approuve; mais ce que je n'approuve pas, c'est toutes les grimaces dont elle nous a régalés avant de vouloir se mettre au lit : « Je ne veux pas... Que vais-je devenir?... Que me faites-vous faire!... Hélas! maman... » Et si sa mère ne lui eût pas chanté sa gamme elle n'entrait pas au lit. Que la fièvre la serre! J'aime assez que les femmes soient un peu sauvages, mais voilà qui passe la permission. Elle nous a fait tourner la tête, cette cervelle de linotte. Et puis, que quelqu'un s'avise de dire : *A la pe-tence la plus sage de Florence!* Elle s'écrierait : « Que t'ai-je fait ? » Je sais bien que *la Pasquina entrera dans Arezzo*[1], et avant que je quitte la partie, je pourrai dire comme madonna Ghigna : « Vu, de mes propres mains vu[2]. » (*Se regardant.*) Je ne suis pourtant pas mal comme cela. Qui pourrait me reconnaître ? Je parais plus grand, plus jeune, plus leste ; il n'y a pas de femme dans la ville qui ne m'accordât ses faveurs, rien que pour ma bonne mine. Mais où trouver nos gens ?

SCÈNE IX.

LIGURIO, MESSER NICIA, FRÈRE TIMOTEO, SIRO.

LIGURIO. Bonsoir, monsieur le docteur.

NICIA. Oh ! hé ! holà !

LIGURIO. N'ayez pas peur : c'est nous.

NICIA. Oh ! vous voilà tous. Si je ne vous eusse reconnus tout d'abord, je vous allais donner de mon épée tout à travers le corps. Toi, tu es Ligurio ? Et toi, Siro ? Et cet autre, c'est le médecin ? Hem ?

LIGURIO. Oui, docteur.

NICIA. Tiens ! oh ! qu'il est bien déguisé ! Le plus fin s'y tromperait[3].

LIGURIO. Je lui ai fait mettre deux noix dans sa bouche, afin qu'on ne puisse le reconnaître à la voix.

NICIA. Sot que tu es !

LIGURIO. Et pourquoi ?

NICIA. Que ne me l'as-tu dit d'abord ? j'en aurais mis deux aussi, moi. Tu sais de quelle conséquence il est de ne pas être reconnu au parler.

LIGURIO. Tenez, mettez cela dans votre bouche.

NICIA. Qu'est cela ?

LIGURIO. Une boule de cire.

NICIA. Donne tout de suite... (*Il tousse et crache.*) Ça, pu, ca, co, co, cu, spu !... Que la peste t'étouffe, maudit bourreau !

LIGURIO. Je vous demande mille pardons : je vous ai donné par mégarde une chose pour l'autre.

NICIA. Ca, ca, pu, pouah !... Qui donc est-ce là ?

LIGURIO. Rien qu'un peu d'aloès.

NICIA. Va-t'en au diable ! Spu !... spu ! (*A frère Timoteo qu'il prend pour Callimaco.*) Vous ne dites rien, maître ?

TIMOTEO. Ligurio m'a mis dans une colère !..

NICIA. Oh ! oh ! comme vous contrefaites bien votre voix !

LIGURIO. Ne perdons pas ici le temps. Je veux être le général et régler l'ordre de bataille : Callimaco sera placé à la corne droite, moi à la corne gauche ; le poste du docteur sera entre les deux cornes ; Siro fera l'arrière-garde pour donner secours au corps qui fléchirait ; le mot d'ordre sera *saint Coucou*.

NICIA. Quel est ce saint-là, saint Coucou ?

LIGURIO. C'est le saint le plus fêté de France. Allons vite ! Mettons une vedette dans ce coin... Écoutons... J'entends un luth.

NICIA. C'en est un vraiment. Que faisons-nous ?

LIGURIO. Il faut envoyer en avant un éclaireur pour reconnaître qui c'est, et selon son rapport nous agirons.

NICIA. Qui enverrons-nous ?

LIGURIO. Marche, Siro. Tu sais ce que tu as à faire : considère, examine, reviens vite et fais ton rapport.

SIRO. Je pars.

NICIA. Je ne voudrais pas que nous allassions prendre quelque butor, quelque vieillard faible et souffreteux, et que nous fussions obligés de recommencer demain la même comédie.

LIGURIO. Ne vous embarrassez pas : Siro est un habile garçon. Le voilà qui revient. Qu'as-tu trouvé, Siro ?

SIRO. Le plus beau jeune homme que vous

---

[1] Nous ignorons l'origine et la signification exacte de cette phrase proverbiale. Ce qu'il y a ici de plus clair, c'est qu'elle offre une allusion licencieuse. Rousseau a passé la phrase ; Periès l'a traduite mot pour mot : l'infidélité est égale.

[2] Ce même proverbe se trouve aussi dans les recueils, avec une variante : « *Come disse messer Ghigna* : *veduta con queste mani.* » (*Proverbj italiani raccolti da Orl. Pescetti.*)

[3] Il y a encore là quelque chose de florentin que personne n'a compris. Le texte dit : *Ei non lo conoscerebbe. Va qua tu.* Cela n'a pas de sens ; aussi nos deux devanciers ont-ils traduit au hasard. Pour parvenir à entendre ce passage il faut d'abord ôter le point, qui est une faute évidente d'impression, quoiqu'elle se trouve dans plusieurs bonnes éditions de *la Mandragore* que nous avons consultées ; il faut ensuite expliquer *Va qua tu*. Nous avons trouvé dans le recueil de Pescetti un proverbe qui, pour indiquer quelque chose de fort obscur, dit : *Ei non l'intenderebbe Vacquatù ovvero Scarinzo*, « Vacquatù ou Scarinzo ne le comprendrait pas. » On voit que ces deux noms sont mis pour ceux de quelque célèbre sorcier, de quelque OEdipe habile à comprendre ce que personne ne comprend. Ainsi expliqué, le sens n'est nullement douteux ; mais il reste à savoir ce qu'étaient *Vacquatù* et *Scarinzo*. Nous l'avons cherché en vain.

avez jamais vu. Il n'a pas vingt-cinq ans. Il s'en vient tout seul, affublé d'un manteau et jouant du luth.

NICIA. Si tu dis vrai, c'est justement notre affaire. Mais prends garde! car c'est toi qui en aurais les éclaboussures.

SIRO. C'est comme je vous l'ai dit.

LIGURIO. Attendons qu'il se montre à ce coin, et aussitôt nous tomberons sur lui.

NICIA. Mettez-vous par là, maître. Vous me faites l'effet d'une bûche de bois. Le voilà!

SCÈNE X.

LIGURIO, MESSER NICIA, FRÈRE TIMOTEO, SIRO, CALLIMACO.

CALLIMACO, chantant. « Que le diable te visite au lit, puisque je n'y puis aller moi-même. »

LIGURIO. Tenez-le ferme. Rends ce luth.

CALLIMACO. O mon Dieu! qu'ai-je fait?

NICIA. Tu le sauras. Couvre-lui la tête, enveloppe-lui le visage.

LIGURIO. Fais-lui faire une pirouette.

NICIA. Fais-lui en faire une autre, une autre encore; pousse-le dans la maison.

TIMOTEO. Messer Nicia, je vais me reposer: la tête me fait mal à mourir; et si vous n'avez pas besoin de moi, je ne reviendrai pas demain matin.

NICIA. Eh bien! soit, maître, ne revenez pas; nous ferons le reste nous-mêmes

SCENE XI.

FRÈRE TIMOTEO, seul.

Les voilà enfournés dans la maison; et moi je vais rentrer au couvent. (Aux spectateurs.) Pour vous, messieurs, trêve à la critique: personne, je vous assure, ne dormira cette nuit: de manière que l'action ne sera pas interrompue. Je dirai mon office; Ligurio et Siro souperont, car ils n'ont pas mangé d'aujourd'hui; le docteur ira de la chambre à la salle, pour que la cuisine se vide. Callimaco et Lucrezia ne dormiront pas non plus, car je sais fort bien que si j'étais l'un et que vous fussiez l'autre, nous n'aurions envie de dormir ni vous ni moi.

CANZONE

O douce nuit! ô saintes et paisibles heures nocturnes qui favorisez les amants passionnés! tant de délices sont réunies sous vos ombres protectrices que seules vous donnez à l'âme une céleste béatitude: seules vous couronnez les amants des récompenses méritées par leurs longs tourments. C'est vous, heures fortunées, qui faites brûler d'amour les cœurs les plus glacés.

ACTE CINQUIÈME

SCÈNE I.

FRÈRE TIMOTEO, seul.

Je n'ai pu fermer l'œil de toute la nuit, tant je suis aiguillonné du désir de savoir comment Callimaco et les autres s'en sont tirés. Pour tuer le temps je me suis occupé de mille choses: j'ai dit mes matines, j'ai lu une Vie des saints Pères, j'ai été dans l'église, où j'ai rallumé une lampe éteinte et mis un voile neuf à une madone qui fait des miracles. Combien de fois n'ai-je pas recommandé à ces moines de la tenir propre! Soyons surpris, après cela, que la dévotion tombe en décadence! Je me souviens d'un temps où j'ai vu jusqu'à cinq cents *ex-voto*; aujourd'hui il n'y en a pas vingt. C'est notre faute aussi: nous n'avons pas su maintenir sa réputation. Nous avions coutume, tous les soirs après complies, d'y aller en procession, et de faire chanter laudes en son honneur tous les samedis; nous lui faisions toujours des présents nous-mêmes, afin qu'on y vît sans cesse des images nouvelles, et dans la confession nous ne manquions pas d'exhorter les hommes et les femmes à y faire quelques vœux: maintenant on néglige tout cela, et puis nous nous étonnons que tout aille froidement! Oh! qu'il y a peu de cervelle dans la tête de nos chers frères! Mais j'entends un grand bruit dans la maison de messer Nicia: ce sont eux, par ma foi! et ils mettent dehors le prisonnier. Je suis arrivé à temps. Ils se sont amusés à la bagatelle jusqu'au dernier moment: voilà qu'il se fait jour. Écoutons un peu ce qu'ils vont dire, sans nous montrer.

SCÈNE II.

MESSER NICIA, CALLIMACO, LIGURIO, SIRO.

NICIA. Prends-le de ce côté, moi de l'autre: et toi, Siro, tiens-le bien derrière par le manteau.

CALLIMACO. Ne me faites pas de mal.

LIGURIO. N'aie pas peur ; va-t'en.

NICIA. N'allons pas plus loin.

LIGURIO. Vous avez raison, laissons-le décamper. Faisons-lui faire deux pirouettes afin qu'il ne puisse savoir d'où il sera sorti. Fais-le tourner, Siro.

SIRO. Voilà.

NICIA. Encore un tour.

SIRO. C'est fait.

CALLIMACO. Et mon luth?

LIGURIO. Va-t'en, coquin, décampe vite. Si je t'entends souffler un mot, je te casse la tête.

NICIA. Le voilà parti : allons quitter nos travestissements. Il nous faut sortir tous de bonne heure, afin qu'il ne paraisse pas que nous ayons été sur pied cette nuit.

LIGURIO. C'est bien dit.

NICIA. Allez, vous et Siro, trouver maître Callimaco, et dites-lui que tout a été à merveille.

LIGURIO. Que pouvons-nous lui dire? nous ne savons rien. Oubliez-vous qu'aussitôt entrés dans la maison, nous avons été boire à la cave? Vous et votre belle-mère vous êtes restés aux mains avec lui, et nous ne vous avons revu que tout à l'heure, quand vous nous avez appelés pour le mettre dehors.

NICIA. C'est vrai. Oh! j'en ai de belles à vous conter! Ma femme était au lit. Il faisait noir comme dans un four. Sostrata m'attendait auprès du feu. Je montai avec mon gros gaillard, et afin de le mettre en état de bien faire, je le menai dans une petite dépense que j'ai au-dessus de la salle à manger. Il n'y avait là qu'une espèce de lumière obscure et qui ne jetait qu'une lueur blafarde, de sorte qu'il ne pouvait distinguer mon visage.

LIGURIO. Prudemment avisé!

NICIA. Je lui ai dit de se déshabiller : il rechignait; je lui ai montré les dents comme un dogue : oh! alors, il n'a rien eu de plus pressé que de quitter ses habits, et il s'est mis tout nu. Il est laid de visage : il a un nez énorme et une bouche tout de travers; mais tu n'as jamais vu des chairs plus belles : blanc, délicat, potelé! Quant au reste, il n'en faut pas parler.

LIGURIO. C'est fort mal raisonner, car il était essentiel de l'examiner de tout point.

NICIA. Me prends-tu pour un nigaud? Puisque j'avais mis la main à la pâte, j'ai voulu toucher le fond de la chose et voir s'il était bien sain. S'il eût eu quelque galanterie où en serais-je, moi? Tu peux nous le dire.

LIGURIO. Vous avez parfaitement raison.

NICIA. Après m'être assuré que tout était en bon état, je l'ai tiré après moi, et au milieu de cette obscurité je l'ai conduit dans la chambre. Je l'ai fait mettre au lit, et avant de sortir j'ai voulu toucher au doigt si la chose allait bien. C'est que, vois-tu, je ne suis pas accoutumé à me laisser donner des vers luisants pour des lanternes[1].

LIGURIO. Parbleu! vous avez gouverné cette affaire avec une grande prudence!

NICIA. Après avoir bien tâté et bien examiné tout cela, je suis sorti de la chambre, j'ai fermé la porte, j'ai été trouver ma belle-mère qui était toujours auprès du feu, et nous avons passé toute la nuit à causer.

LIGURIO. Et sur quoi roulait la causerie?

NICIA. Sur la niaiserie de Lucrezia, qui aurait bien mieux fait de consentir tout d'abord sans tant d'allées et de venues. Ensuite nous avons parlé du petit enfant que j'aurai : il me semble déjà le tenir dans mes bras, ce cher petit poupon. Si bien, que j'ai entendu sonner la treizième heure, et, craignant que le jour ne nous surprît, je suis entré dans la chambre. Croirais-tu que je ne pouvais venir à bout de faire lever ce ribaud-là?

LIGURIO. Je le crois!

NICIA. Le jeu[2] lui plaisait. Cependant il s'est

[1] Nous avons été plus d'une fois tentés, dans le cours de cette traduction, de rapprocher la pensée de La Fontaine et celle de Macchiavelli, de mettre quelques-uns de ces vers si piquants à côté de cette prose si comique. Cédons une seule fois à ce désir : on verra si nous nous sommes trompés en reconnaissant à La Fontaine le mérite d'avoir quelquefois ajouté des traits pleins de verve à la plaisanterie de Macchiavelli. Voici les vers du conteur qui se rapportent à cette situation :

> Et ne pensez, ce lui dis-je Lucrèce,
> Ni l'un ni l'autre en ceci me tromper ;
> Je saurai tout : Nice se peut vanter
> D'être homme à qui l'on n'en donne à garder.
> Vous savez bien qu'il y va de ma vie :
> N'allez donc point faire la renchérie ;
> Montrez par là que vous savez aimer
> Votre mari plus qu'on ne croit encore.

[2] Il y a dans l'italien *l'unto*, mot qu'on oppose quelquefois à *quaresima* (carême), et il aurait fallu traduire *le gras* pour rendre la grossièreté du docteur, à qui Macchiavelli conserve très-bien d'un bout à l'autre sa physionomie. C'est ce que n'a pas fait Périès, qui met à la

levé, je vous ai appelé, et nous l'avons mis dehors.

LIGURIO. La chose s'est fort bien passée.

NICIA. Que dirais-tu qui me fait de la peine dans tout cela ?

LIGURIO. Quoi?

NICIA. Ce pauvre jeune homme qui s'en va mourir si vite, et à qui cette nuit coûtera si cher.

LIGURIO. Parbleu ! vous vous tourmentez de peu de chose! Ce sont ses affaires.

NICIA. Tu as raison. Mais comme il me tarde d'aller trouver maître Callimaco, et de me réjouir avec lui!

LIGURIO. Il sortira d'ici à une heure. Mais il fait déjà grand jour : nous allons quitter nos déguisements. Et vous, que devenez-vous ?

NICIA. J'irai aussi chez moi mettre des habits plus propres; je ferai lever et laver ma femme, je la conduirai à l'église comme pour faire des espèces de relevailles. Je voudrais que vous pussiez vous trouver là avec Callimaco, afin de parler au moine pour le remercier, et le récompenser du service qu'il nous a rendu.

LIGURIO. Fort bien; c'est ce que nous ferons.

SCÈNE III

FRÈRE TIMOTEO, seul.

J'ai tout entendu, et rien ne me semble plus divertissant que la sottise de ce docteur. Mais ce qui m'a surtout réjoui, c'est la conclusion. Puisqu'ils doivent venir me trouver au couvent, je ne veux pas rester ici, et je les attendrai dans l'église, où je tirerai mieux parti de ma marchandise. Mais qui sort de cette maison? Il me semble que c'est Ligurio. Callimaco doit être avec lui. Je ne veux pas qu'ils me voient, j'en ai dit la raison. D'ailleurs, quand même ils ne viendraient pas me trouver, je serai toujours à temps d'aller les trouver, moi.

SCÈNE IV.

CALLIMACO, LIGURIO.

CALLIMACO. Comme je t'ai dit, mon cher Ligurio, jusqu'au matin, vers la neuvième heure, le chagrin ne m'a point quitté: et quoique je goûtasse des plaisirs ineffables, je n'étais point heureux. Mais enfin, je me fais connaître à elle, je lui révèle tout l'amour que je lui porte, je lui explique combien il nous est facile, grâce à la sottise de son mari, de vivre heureux et sans déshonneur, lui promettant, si Dieu disposait de lui, de la prendre pour femme. Elle, de son côté, avait compris, outre toutes mes raisons, quelle différence il y a entre ma compagnie et celle de messer Nicia, entre les baisers d'un jeune amant et ceux d'un vieux mari; et elle s'est prise à dire en soupirant : « Puisque ta ruse, l'extravagance de mon mari, la simplicité de ma mère et la malice de mon confesseur m'ont induite à faire ce que je n'eusse jamais fait de moi-même, je veux penser que c'est l'effet d'une céleste providence qui a voulu que tout fût ainsi, et je n'ai point la présomption de refuser ce que le ciel veut que j'accepte. Je te considère donc désormais comme mon seigneur, mon maître, mon guide. Sois mon père, mon défenseur, mon unique félicité, car je t'aime; et ce que mon mari a voulu pour une nuit, moi maintenant je veux qu'il l'ait toujours. Deviens donc son compère. Présente-toi ce matin à l'église; tu viendras ensuite dîner avec nous. De partir ou de rester, c'est toi qui en seras le maître; et nous pourrons à toute heure et sans soupçon nous trouver ensemble. » A ces mots j'ai pensé mourir de joie; je n'ai point trouvé de paroles pour exprimer tout ce que j'aurais voulu lui dire. Mais je sens que je suis le plus heureux des hommes; et si ce bonheur ne m'est point ravi par la mort ou par le temps, je ne changerais pas mon sort contre celui des saints du paradis.

LIGURIO. Je me réjouis avec toi de ta félicité. Ce que je t'avais prédit est arrivé de point en point. Mais que faisons-nous maintenant ?

CALLIMACO. Allons du côté de l'église : je lui ai promis d'y être; elle y doit venir elle-même avec sa mère et le docteur.

LIGURIO. J'entends du bruit à la porte : ce sont elles; elles sortent, et le docteur les suit.

CALLIMACO. Entrons dans l'église, et nous attendrons.

place d'un gros mot une expression délicate : « l'appât l'avait séduit. » Quant à Rousseau, il a fait un lourd contre-sens, qu'on ne saurait attribuer à la pudeur de sa plume.

SCÈNE V.

Messer NICIA, LUCREZIA, SOSTRATA.

NICIA. Lucrezia, je crois qu'il faut régler sa conduite avec la crainte de Dieu, et non à l'étourdie.

LUCREZIA. Que faut-il faire encore?

NICIA. Voyez comme elle répond! On dirait d'un coq sur ses ergots.

SOSTRATA. Ne vous en étonnez pas : elle est un peu fâchée.

LUCREZIA. Que voulez-vous-dire?

NICIA. Je dis qu'il convient que j'aille devant pour parler au frère et le prévenir qu'il vienne à ta rencontre sur la porte de l'église, afin de faire la purification, car ce matin c'est absolument comme si tu venais de renaître.

LUCREZIA. Que n'y allez-vous donc?

NICIA. Te voilà bien fière aujourd'hui! Hier soir elle semblait à moitié morte.

LUCREZIA. C'est grâce à vous, vraiment.

SOSTRATA. Allez chercher le frère. Mais c'est inutile : le voici qui sort de l'église.

NICIA. C'est, parbleu! vrai.

SCÈNE VI.

Frère TIMOTEO, messer NICIA, LUCREZIA, LIGURIO, CALLIMACO, SOSTRATA.

TIMOTEO. Je suis sorti parce que Callimaco et Ligurio m'ont dit que le docteur et ces dames viennent à l'église.

NICIA. *Bona dies*, père.

TIMOTEO. Soyez les bienvenus, et grand bien vous fasse, ma fille; et que le bon Dieu vous accorde la grâce de mettre au monde un beau petit garçon.

LUCREZIA. Dieu le veuille!

TIMOTEO. Il le voudra sans nul doute.

NICIA. J'aperçois dans l'église Ligurio et maître Callimaco.

TIMOTEO. Oui, docteur.

NICIA. Faites-les venir.

TIMOTEO. Approchez.

CALLIMACO. Dieu vous garde.

NICIA. Maître, donnez çà la main à ma femme.

CALLIMACO. Très-volontiers.

NICIA. Lucrezia, voilà celui qui sera cause que nous aurons un bâton de vieillesse pour nous soutenir

LUCREZIA. J'en suis bien heureuse! Il faut qu'il soit notre compère.

NICIA. Tu es adorable maintenant! Je veux que lui et Ligurio viennent ce matin même dîner avec nous.

LUCREZIA. Fort bien.

NICIA. Je veux leur donner les clefs de la chambre de la terrasse qui est au-dessus de la galerie, afin qu'ils puissent venir nous voir à leur commodité; car ils n'ont pas de femme à la maison et ils vivent comme des ours.

CALLIMACO. Je l'accepte, et j'en ferai usage dans l'occasion.

TIMOTEO Aurai-je quelque argent pour les aumônes?

NICIA. Vous le savez bien, *domine;* on vous l'enverra aujourd'hui.

LIGURIO. Et personne ne se souviendra-t-il de Siro?

NICIA. Il n'a qu'à dire : ce que j'ai est à lui. Pour toi, Lucrezia, combien veux-tu que je donne d'écus [1] au frère pour les relevailles?

LUCREZIA. Donnez-lui-en dix.

NICIA. Peste!

TIMOTEO. Pour vous, madonna Sostrata, vous avez, que je crois, enté un jeune rejeton sur une vieille souche.

SOSTRATA. Qui ne serait toute joyeuse?

TIMOTEO. Entrons tous dans l'église, et nous dirons l'oraison accoutumée. Ensuite, après l'office, vous irez dîner à votre fantaisie. (*Aux spectateurs.*) Pour vous, messieurs, n'attendez pas maintenant que nous sortions : l'office est long; moi je resterai dans l'église, et eux retourneront au logis par la porte latérale. Bonsoir.

[1] *Grossoni. Le grossone est la même chose que le grosso*

FIN DE LA MANDRAGORE

II.

CLIZIA,

COMÉDIE EN CINQ ACTES ET EN PROSE.

PERSONNAGES.

CLEANDRO, fils de Nicomaco.
PALAMEDE, jeune gentilhomme.
NICOMACO, vieillard.
PIRRO, domestique de Nicomaco.
EUSTACHIO, régisseur de Nicomaco.
SOFRONIA, femme de Nicomaco.
DAMONE, bourgeois.
DORIA, servante de Sofronia.
SOSTRATA, femme de Damone.
RAMONDO, Napolitain, père de Clizia.

CANZONE

CHANTÉE PAR UNE NYMPHE ET DEUX PASTEURS.

Cette foule amie qui s'est réunie dans ces lieux atteste combien il est joyeux le jour où nous ressuscitons et mettons en action une antique aventure. Nous qui passons notre vie dans les forêts et les bocages, moi nymphe et nous bergers nous sommes aussi venus au milieu de vous, chantant ensemble nos amours. Jours sereins et paisibles! heureux et beau pays où résonnait le bruit de nos chants! Aussi, pleins d'une joyeuse allégresse, nous mêlerons à vos jeux la douce harmonie de nos voix. Et puis, moi nymphe et nous bergers, nous vous quitterons pour retourner à nos premières amours.

PROLOGUE.

Si les mêmes hommes revenaient dans le monde comme y reviennent les mêmes événements, il ne se passerait jamais cent années sans que nous ne nous retrouvassions ensemble une autre fois, à faire les mêmes choses que maintenant. Cette réflexion m'est survenue parce que jadis dans Athènes, antique et illustre cité de Grèce, il y avait un homme noble qui, n'ayant qu'un fils unique, reçut d'aventure dans sa maison une toute petite fille qu'il éleva, jusqu'à l'âge de dix-sept ans, dans les principes d'une vertueuse éducation. Il arriva ensuite que lui et son fils en devinrent en même temps amoureux. La rivalité de ces amours produisit de nombreux et d'étranges incidents, dont le dénoûment fut que le fils l'obtint pour femme, et vécut avec elle longtemps et le plus heureux des hommes.

Il faut que vous sachiez qu'une aventure tout à fait semblable est arrivée aussi à Florence il y a peu d'années. Or notre auteur, voulant mettre pour vous en scène l'une de ces deux aventures, a choisi la florentine, pensant que vous prendriez plus de plaisir à celle-ci qu'à l'autre; car Athènes est en ruine: on n'y reconnaît plus ni la ville, ni les places, ni aucun lieu; et puis ses habitants parlaient grec; et vous, vous ne comprendriez pas cette langue. Acceptez donc l'aventure arrivée à Florence; et ne vous attendez pas à reconnaître ni la famille ni les individus, car pour échapper au blâme l'auteur a changé les vrais noms en noms imaginaires.

Il n'est pas mal, avant de commencer la comédie, que vous voyiez les personnages, afin de les reconnaître plus facilement pendant la représentation. — Allons, vous autres, sortez tous, que le peuple vous voie. — Les voici. Voyez comme ils sont aimables! — Mettez-vous là en rang, l'un près de l'autre. — Vous voyez: ce premier est Nicomaco, vieillard tout brûlant d'amour. Celui qui se trouve près de lui est Cleandro, son fils et son rival. Cet autre se nomme Palamede, c'est l'ami de Cleandro. En voici deux qui suivent: l'un est Pirro, domestique, l'autre Eustachio, régisseur; et chacun d'eux voudrait devenir le mari de celle dont leur maître est amoureux. Cette femme qui vient ensuite est Sofronia, épouse de Nicomaco. Celle d'après est Doria, sa servante. De ces deux derniers qui restent l'un est Damone, l'autre Sostrata, sa femme. Il y a encore un autre personnage; mais celui-là devant venir de Naples, nous ne vous le montrerons pas. Je pense qu'il n'en faut pas davantage, et que vous les avez assez vus. — Le peuple vous congédie: rentrez.

Cette pièce se nomme *Clizia*, parce que c'est le

nom de la jeune fille qu'on se dispute. N'espérez pas la voir : Sofronia qui l'a élevée juge qu'il ne serait pas décent de la laisser sortir ; de sorte que s'il y a ici quelqu'un qui veuille lui faire sa cour, il prendra patience.

Il me reste à vous dire que l'auteur de cette comédie étant un homme de mœurs irréprochables, il se voudrait mal si en la voyant représenter vous y trouviez quelque obscénité. Il ne croit pas qu'il y en ait ; cependant si vous étiez d'un autre avis, voilà son excuse : on a imaginé les comédies pour instruire les spectateurs et pour les amuser. Tous les hommes, et surtout les jeunes gens, s'instruisent à contempler l'avarice d'un vieillard, les fureurs d'un amoureux, les fourberies d'un valet, la gourmandise des parasites, la lésinerie d'un pauvre, l'ambition d'un riche, les cajoleries d'une courtisane, et la foi peu sincère de tous les hommes ; toutes choses dont la comédie offre de nombreux exemples, et qu'elle peut représenter avec la plus rigoureuse décence ; mais pour amuser il faut exciter le rire chez les spectateurs, ce qui ne se peut faire en conservant toujours un langage grave et sévère, car que faut-il pour provoquer le rire? des balourdises, des épigrammes ou des paroles d'amour. Il est donc nécessaire de peindre des personnages simples, médisants ou amoureux ; aussi les comédies où abondent ces trois sortes de comiques sont fécondes en gaîté, tandis que celles qui en sont dépourvues ne trouvent personne qui les accompagne de joyeux applaudissements. Or notre auteur, jaloux de plaire et de faire rire de temps en temps les spectateurs, n'ayant point d'ailleurs introduit dans cette comédie des personnages imbéciles, et s'étant abstenu des médisances, il lui a bien fallu recourir aux personnages amoureux et aux incidents qui naissent de l'amour. Ainsi donc s'il se rencontrait quelques traits un peu licencieux, tout cela serait dit de sorte que ces dames pourront l'entendre sans rougir. Daignez donc nous prêter des oreilles bienveillantes, et si vous nous êtes spectateurs agréables, nous nous efforcerons d'être pour vous d'agréables acteurs.

ACTE I.

SCENE I.

PALAMEDE, CLEANDRO.

PALAMEDE. Eh! te voilà sorti de bonne heure!

CLEANDRO. Mais toi-même, d'où viens-tu de si bonne heure aussi?

PALAMEDE. De conclure une certaine affaire.

CLEANDRO. Et j'en vais faire une de mon côté ; ou, pour mieux dire, tâcher d'en faire une, car je ne suis rien moins que sûr de la terminer.

PALAMEDE. Est-ce une chose qui se puisse dire?

CLEANDRO. Je n'en sais rien ; mais ce que je ne sais que trop, c'est qu'il n'est pas facile d'en venir à bout.

PALAMEDE. Eh bien donc je te quitte, car je vois que tu ne te soucies guère qu'on t'accompagne ; et, à te dire vrai, j'ai toujours évité ta société, parce que toujours tu m'as semblé chagrin et bizarre.

CLEANDRO. Bizarre, non ; mais amoureux.

PALAMEDE. Ah ! fort bien : je te comprends à merveille maintenant.

CLEANDRO. Palamede, mon ami, ce que tu sais et rien c'est à peu près la même chose. Jusqu'ici j'ai toujours été malheureux, et je le suis maintenant plus que jamais.

PALAMEDE. Comment donc?

CLEANDRO. Ce que je t'ai caché par le passé je vais te le dire aujourd'hui, car je suis réduit à cette extrémité qu'il me faut demander secours à chacun.

PALAMEDE. Si je n'avais pas grande envie de rester avec toi d'abord, je le veux bien moins encore à cette heure, car j'ai toujours ouï dire qu'il faut fuir trois sortes de personnes : les chanteurs, les vieillards et les amoureux. Si tu as affaire à un chanteur et que tu l'entretiennes de quelque chose, quand tu crois qu'il t'écoute il te lâche un *ut, re, mi, fa, sol, la* et te régale de ses gargouillades ; si tu rencontres un vieux, il s'en va fourrer son nez dans toutes les églises qui se trouvent sur son chemin, et le voilà qui marmotte un *Pater noster* à chaque autel. Mais de ces deux-là l'amoureux est de beaucoup le pire : ce n'est pas assez, quand tu lui parles, qu'il se mette à bayer aux corneilles, il faut qu'il te remplisse les oreilles d'un tas de fadaises et de toutes ses lamentations, jusqu'à ce qu'il t'ait forcé à avoir pitié de ses douleurs. S'il vit avec une courtisane, elle le ruine ou elle l'a mis à la porte : c'est toujours quelque nouveau grief ; s'il aime une honnête femme, ce sont mille désirs, mille jalousies, mille dépits qui le rendent fou ; il ne manque jamais de sujets de désespoir. Ainsi donc, mon cher Cleandro, tu me trouveras toutes les fois que tu auras besoin de moi ; mais quant à tes doléances, elles me feraient fuir à mille lieues.

CLEANDRO. Et voilà justement pourquoi j'ai toujours tenu mes amours secrètes, pour n'être pas délaissé comme un ennuyeux ou berné comme un ridicule. Je ne l'ignore pas, il y en a plus d'un qui, sous couleur de nous plaindre, nous font jaser et se rient de nous derrière nos épaules. Mais puisque la fortune m'a mis dans un embarras auquel je ne vois point de remède, je te veux tout confier, et pour soulager mon cœur et aussi pour avoir ton aide au besoin.

PALAMEDE. Allons, puisque tu le veux, me voilà prêt à t'entendre, et à braver embarras et périls pour te servir.

CLEANDRO. J'y compte. Je pense que tu connais cette jeune fille qui a été élevée chez nous.

PALAMEDE. Je l'ai vue. D'où donc vous est-elle venue ?

CLEANDRO. Je vais te le dire. Voilà douze ans, quand le roi Charles passa en 1494 par Florence, allant avec sa grande armée à la conquête de Naples, un gentilhomme nommé Bertrand de Gascogne, de la compagnie du duc de Foix, logea chez nous. Ce gentilhomme fut reçu avec courtoisie par mon père, et comme c'était un homme d'honneur, de son côté il traita ma famille avec égards et distinction. Or, tandis que la plupart de ceux qui avaient à loger ces Français se mettaient en guerre avec eux, celui-ci et mon père se sont liés d'une intime amitié.

PALAMEDE. Vous avez été bien plus heureux que les autres ; car ceux qu'on mit chez nous nous firent bien du mal.

CLEANDRO. Je le crois, mais il n'en fut pas ainsi pour nous. Ce Bertrand partit pour Naples avec son roi, comme tu sais. Charles avait à peine fait la conquête de ce royaume qu'il fut contraint de battre en retraite, le pape, l'empereur, les Vénitiens et le duc de Milan s'étant ligués contre lui. Il laissa pourtant une partie de son monde à Naples, et avec le reste il gagna la Toscane. Arrivé à Sienne, il apprit que la ligue avait sur le Taro une armée formidable qui l'attendait pour lui livrer bataille à la descente des montagnes : il jugea convenable de ne point s'amuser en Toscane et il passa en Lombardie, non par Florence, mais par la route de Pise et de Pontremoli. Bertrand, ayant eu vent du projet des ennemis et ne doutant pas, comme en effet il arriva, qu'il faudrait en découdre avec eux, ne voulut pas exposer à de tels périls cette même jeune fille, qu'il avait eue à Naples dans sa part du butin. Elle devait avoir alors environ cinq ans ; elle était déjà belle et toute gracieuse. Bertrand la confia à un sien domestique et l'envoya à mon père, le suppliant de la garder, par amitié pour lui, jusqu'à ce qu'il la fît redemander dans un temps plus opportun. Il ne fit point savoir si elle était noble ou roturière ; seulement il écrivit qu'elle se nommait Clizia. Mon père et ma mère, qui n'avaient que moi d'enfants, la prirent bientôt en grande amitié....

PALAMEDE. Et toi, tu en seras tombé amoureux.

CLEANDRO. Laisse-moi donc dire. Et ils la traitèrent comme leur propre fille. Moi, qui avais alors dix ans, je commençai à jouer avec elle comme font les enfants, et je lui vouai le plus tendre amour. Cet amour crût avec l'âge, de sorte que, lorsqu'elle eut atteint sa douzième année, mon père et ma mère commencèrent à avoir les yeux sur mes mains, et dès que je lui disais un mot en cachette, la maison s'en allait sens dessus dessous. Cette dure contrainte n'a fait qu'irriter mon amour, car c'est l'ordinaire : moins on peut avoir une chose et plus on la désire. Enfin j'en ai été et j'en suis encore si désolé que je serais en enfer que je ne souffrirais pas davantage.

PALAMEDE. Bertrand ne vous l'a-t-il jamais fait redemander ?

CLEANDRO. Nous n'en avons plus eu de nouvelles ; nous pensons qu'il a péri à la journée du Taro.

PALAMEDE. Cela est probable. Mais dis-moi : que veux-tu faire ? où en es-tu ? la veux-tu prendre pour femme, ou la voudrais-tu pour maîtresse ? Qu'est-ce qui t'en empêche, vivant dans la même maison ? Se peut-il que tu ne trouves pas quelque expédient ?

CLEANDRO. Ce n'est pas tout, et j'ai à te dire encore des choses qui pourraient bien tourner à ma honte. Néanmoins je ne veux rien te cacher.

PALAMEDE. Dis donc.

CLEANDRO. Il me prend envie de rire, et

pourtant j'y ai du mal, comme dit l'autre : mon père aussi en est devenu amoureux.

PALAMEDE. Nicomaco !

CLEANDRO. Oui, Nicomaco.

PALAMEDE. Et Dieu l'a permis !

CLEANDRO. Dieu l'a permis, et les saints aussi.

PALAMEDE. Oh ! voilà la plus gaillarde aventure que j'aie jamais ouï raconter!... C'est une maison qui se perd, voilà tout. Comment vivez-vous ensemble? que faites-vous? à quoi pensez-vous? Ta mère se doute-t-elle de tout cela?

CLEANDRO. Ma mère le sait, la femme de chambre et les valets le savent : c'est un embrouillamini que notre aventure.

PALAMEDE. Dis-moi enfin à quel point en est maintenant la chose.

CLEANDRO. Je vais te le dire. Quand même mon père n'en serait pas amoureux, il ne me l'accorderait jamais pour femme : mon père est avare, et elle est sans dot ; il craint aussi qu'elle ne soit pas noble. Quant à moi j'en ferai ma femme, ma maîtresse, tout ce qu'on voudra pourvu qu'elle soit à moi. Mais ce n'est pas de cela qu'il s'agit à cette heure : je ne veux que te dire où nous en sommes.

PALAMEDE. Voilà qui me fera plaisir.

CLEANDRO. Lorsque mon père s'en vit amoureux (il doit y avoir de cela environ une année), désirant se passer une fantaisie, qui le fait vraiment extravaguer, il s'imagina qu'il n'y avait pas d'autre moyen que de la marier à quelqu'un qui ensuite lui en laisserait part ; car tâcher de l'avoir avant son mariage lui semblerait chose coupable et immorale ; et ne sachant où donner de la tête, il a choisi Pirro, notre domestique, comme celui à qui il pouvait le mieux se fier en pareille circonstance ; et il mène l'affaire si secrètement, qu'il ne s'en est pas fallu de l'épaisseur d'un cheveu qu'il ne soit arrivé à la conclusion avant que personne s'en soit douté. Mais Sofronia, ma mère, qui un peu auparavant s'était aperçue de cette belle passion, a deviné la ruse, et animée d'un dépit jaloux, elle a mis toute son adresse à la déjouer. Ce qu'elle a pu faire de mieux, c'est de mettre un autre mari sur le tapis et de refuser celui que mon père avait choisi : elle déclare enfin qu'elle veut la donner à Eustachio, notre régisseur. Quoique Nicomaco ait ici plus d'autorité, néanmoins l'astuce de ma mère et un peu d'aide de notre part (car sans qu'il y paraisse nous la servons de notre mieux) ont tenu l'affaire en suspens plusieurs semaines. Cependant Nicomaco nous serre de près, et il a résolu, en dépit de la mer et des vents, de faire aujourd'hui ce mariage; il veut que Pirro l'épouse ce soir même, et il a pris à loyer cette petite maison où demeure Damone notre voisin; il parle même de l'acheter pour Pirro, de la garnir de marchandises, de lui ouvrir une boutique, de le faire riche enfin.

PALAMEDE. Et que t'importe à toi que Pirro l'ait plutôt qu'Eustachio ?

CLEANDRO. Comment, que m'importe ! Ce Pirro est le plus grand maraud qu'il y ait à Florence. Outre qu'il l'a vendue à mon père, c'est un homme qui m'a toujours pris en haine; aussi aimerais-je mieux que ce fût le grand diable d'enfer qui l'eût. J'ai écrit hier au régisseur de se rendre à Florence, et je m'étonne qu'il n'y soit pas arrivé dès hier soir. Je veux rester ici pour voir si je ne l'apercevrai pas bientôt. Mais toi, que vas-tu faire ?

PALAMEDE. Je vais terminer certaine affaire.

CLEANDRO. Allons, porte-toi bien.

PALAMEDE. Adieu. Arrange-toi le mieux que tu pourras; et si tu veux quelque chose de moi, tu n'as qu'à parler.

SCÈNE II.

CLEANDRO, seul.

Ma foi, il a dit bien vrai celui qui a dit que l'amoureux et le soldat se ressemblent : le capitaine veut que les soldats soient jeunes, les dames aiment assez que leurs amants ne soient pas vieux ; c'est une chose hideuse qu'un vieillard soldat, un vieillard amoureux est chose plus hideuse encore ; les soldats redoutent la colère de leur capitaine, les amants ne craignent pas moins celle de leur maîtresse ; les soldats dorment sur la terre à la belle étoile, les amants sur ces bancs de pierre qui sont aux portes ; les soldats font une guerre à mort à leurs ennemis, les amants à leurs rivaux; pour triompher dans une entreprise qui doit leur donner la victoire les soldats marchent au milieu des ténèbres de la nuit, par le froid de l'hiver, à travers la boue, exposés à la pluie et aux vents ; par de semblables moyens, au prix d'incommodités semblables, plus grandes même, les amants s'efforcent de conquérir leur maîtresse. La discrétion, la foi, le courage sont également nécessaires dans la guerre et dans l'amour ; les périls sont égaux, et le plus souvent les destins sont pareils : le soldat meurt dans un fossé, l'amant meurt désespéré. J'ai grand'peur qu'il n'en soit ainsi pour moi : j'ai ma maîtresse dans la maison que j'habite, je la vois quand je veux, je mange tous les jours avec elle, et ce m'est, je crois, un tourment de plus : car plus l'homme est près de l'objet de son désir, plus il le souhaite avec passion et plus est grand le tourment de n'en pouvoir jouir. Mon affaire maintenant c'est de songer à contre-carrer ce mariage ; ensuite de nouveaux incidents nous apporteront de nouveaux conseils et de nouvelles fortunes. Est-il donc possible qu'Eustachio ne vienne pas encore de la villa ! Ne lui ai-je pas écrit d'être ici dès hier soir ? Mais je le vois paraître de ce côté. Eustachio ! holà ! Eustachio !

SCÈNE III.

CLEANDRO, EUSTACHIO.

EUSTACHIO. Qui m'appelle ? Eh ! Cleandro !

CLEANDRO. Tu as eu bien de la peine à arriver !

EUSTACHIO. Je suis ici d'hier soir, mais je ne me suis pas montré, parce qu'un peu avant d'avoir reçu ta lettre j'en avais eu une de Nicomaco, qui me chargeait d'une montagne d'affaires : c'est pourquoi je ne voulais pas me présenter devant lui avant de t'avoir vu.

CLEANDRO. Tu as bien fait. Je t'ai ordonné de venir parce que Nicomaco presse les noces de ce Pirro, lesquelles, comme tu sais, ne plaisent guère à ma mère. Or, puisqu'il faut que cette jeune fille fasse le bonheur de quelqu'un de chez nous, je voudrais qu'on la donnât à qui la mérite le mieux ; et vraiment ta situation est un peu meilleure que celle de Pirro qui, entre nous, est un misérable.

EUSTACHIO. Je te remercie. A dire vrai, je n'avais pas idée de prendre femme ; mais puisque toi et madame vous le voulez, je le veux aussi, moi. Pourtant je ne voudrais pas me faire un ennemi de Nicomaco, parce que, après tout, le maître c'est lui.

CLEANDRO. Ne t'inquiète pas : ma mère et moi ne sommes pas pour te faire défaut, et nous te tirerons de tout danger. Je voudais bien que tu allasses te requinquer un peu : tu as là un balandras qui ne te tient pas sur le dos : ton chapeau est tout plein de poussière, et ta barbe est à faire peur. Va-t'en chez le barbier ; débarbouille-toi le visage et brosse tes habits, afin que Clizia ne te repousse point comme un saligaud.

EUSTACHIO. J'aurai de la peine à faire de moi un blondin.

CLEANDRO. Fais toujours ce que je te dis, et puis va m'attendre dans l'église, ici près. Moi je vais faire un tour à la maison pour voir ce que médite notre vieillard.

CANZONE.

Celui qui n'a point éprouvé ton irrésistible puissance, Amour, se flattera en vain de rendre un témoignage fidèle de ce qu'il y a au ciel de plus délicieux. Il ne sait pas comment on vit et on meurt tout ensemble, comment on fait le mal et on fuit le bien ; comment on aime un autre plus que soi-même ; combien souvent la crainte et l'espérance glacent et consument le cœur ; il ignore enfin combien les dieux et les hommes redoutent également les traits dont tu es armé.

ACTE II.

SCÈNE I.

NICOMACO, seul.

Que diable ai-je ce matin dans les yeux ? On dirait que ce sont des éblouissements qui m'empêchent de voir clair : et hier soir j'aurais vu un poil sur un œuf. Est-ce que j'aurais bu un peu plus que de raison ? Peut-être que oui. Bon Dieu ! que cette maudite vieillesse nous apporte d'ennuis ! Mais pourtant je ne suis pas encore si vieux que je ne puisse rompre une lance avec Clizia. Est-il possible que j'en sois devenu si éperdument amoureux ! Et ce qu'il y a de pis, c'est que ma femme s'en est aperçue ; elle a deviné pourquoi je veux donner cette jeune fille à Pirro ; enfin l'affaire ne marche pas de soi-même. Cependant il faut que j'avise à gagner ma partie. Pirro ! holà ! Pirro ! viens çà ; sors donc !

SCÈNE II.

PIRRO, NICOMACO.

PIRRO. Me voici.

NICOMACO. Je veux, quoi qu'il arrive, que tu prennes femme ce soir.

PIRRO. Je la prendrai tout à l'heure.

NICOMACO. Calme-toi un peu; chaque chose à son tour, comme dit l'autre. Il faut aussi conduire les affaires de sorte que tout n'aille pas sens dessus dessous en un jour. Ma femme ne s'arrange pas de cela; Eustachio veut aussi de Clizia; il me paraît même que Cleandro le protége; et il s'est mis à dos Dieu et le diable. Mais demeure ferme dans la résolution de l'épouser. Sois tranquille : je suis bon pour leur faire tête à tous; au pis aller je te la donnerai malgré eux; et puis, qui voudra grogner grogne.

PIRRO. Au nom de Dieu, dites-moi donc ce que vous voulez que je fasse.

NICOMACO. Je veux que tu ne t'éloignes pas d'ici, afin que tu sois là si j'ai besoin de toi.

PIRRO. Je n'y manquerai pas. Mais j'avais oublié de vous dire une chose.

NICOMACO. Quoi ?

PIRRO. Eustachio est à Florence.

NICOMACO. Comment, à Florence! Qui te l'a dit?

PIRRO. Messer Ambrogio, notre voisin des champs; et il a ajouté qu'ils étaient entrés ensemble hier soir en ville.

NICOMACO. Eh quoi! hier soir! Où donc a-t-il passé la nuit ?

PIRRO. Qui le sait ?

NICOMACO. C'est fort bien! Va-t'en; fais ce que je t'ai dit. Sofronia aura fait venir Eustachio, et le maraud a eu plus d'égard pour ses lettres que pour les miennes; car enfin je lui avais écrit de faire mille choses, et je suis un homme ruiné s'il ne les a faites. Ah! par Dieu! je lui revaudrai ça! Si encore je savais où il est et ce qu'il fait! Mais voici Sofronia qui sort du logis.

SCÈNE III.

SOFRONIA, NICOMACO.

SOFRONIA, *à part*. J'ai enfermé dans la chambre Clizia et Doria. Il me faut préserver cette jeune fille de mon fils, de mon mari et des domestiques : chacun l'assiége en même temps.

NICOMACO. Sofronia, où vas-tu?

SOFRONIA. A la messe.

NICOMACO. Eh! nous sommes en carnaval. Que feras-tu donc en carême ?

SOFRONIA. Je crois qu'il convient de faire le bien en tout temps: et il est d'autant mieux de le faire dans ces jours-ci que les autres font le mal; et je pense que pour faire le bien il ne faut pas nous y prendre du mauvais côté.

NICOMACO. Comment! et que voudrais-tu qu'on fît ?

SOFRONIA. Je veux qu'on ne s'amuse pas à des fariboles: et puisque nous avons chez nous une jeune fille belle, bonne, pleine d'esprit, puisque nous avons pris la peine de l'élever, je veux qu'on ne la jette pas, pour ainsi dire, à la rue: car plus on nous a approuvés jusqu'à présent, plus on nous blâmerait maintenant en voyant que nous la donnons à un stupide coquin qui ne sait rien faire, si ce n'est raser assez mal, ce qui ne ferait pas vivre une mouche.

NICOMACO. Sofronia, ma femme, vous êtes dans l'erreur. C'est un jeune garçon de bonne mine; et s'il n'est pas très-habile, il a des dispositions à apprendre, et il aime tendrement Clizia. Or ce sont là trois grandes qualités dans un mari : jeunesse, beauté, amour. Il ne me semble pas qu'on puisse rien avoir de mieux : et de tels partis on n'en trouve pas à toutes les portes. S'il n'a pas de bien, tu sais que le bien va et vient, et ce garçon-là est de ceux qui sont capables de le faire venir. D'ailleurs je ne l'abandonnerai pas; et à te dire vrai, j'ai l'idée de lui acheter cette maison que je viens de louer à Damone, notre voisin; je veux la fournir de marchandises; et de plus, quand il m'en coûterait quatre cents florins pour le faire...

SOFRONIA. Ah! ah! ah!

NICOMACO. Tu ris!

SOFRONIA. Qui ne rirait pas ?

NICOMACO. Que veux-tu dire? Pour le faire maître d'une bonne boutique je ne suis pas homme à y regarder.

SOFRONIA. Est-il donc bien possible qu'avec cet étrange projet tu ailles enlever à ton propre fils plus qu'il ne convient, et donner à cet homme plus qu'il ne mérite! Je ne sais qu'en dire, mais je soupçonne qu'il y a là-dessous quelque chose.

NICOMACO. Que veux-tu qu'il y ait ?

SOFRONIA. Si c'était quelque chose que tu ignorasses je te le dirais; mais comme tu le sais, je ne te le dirai pas.

NICOMACO. Qu'est-ce que je sais ?

SOFRONIA. Laisse donc! Dis : qui te pousse à la donner à cet homme? et ne pourrait-on pas la mieux marier avec cette dot, ou même avec une dot moindre?

NICOMACO. Oui, je le crois. Cependant l'affection que je porte à l'un et à l'autre m'engage à les unir, et les ayant élevés tous deux, je veux que tous deux aussi partagent mes bienfaits.

SOFRONIA. Si c'est là réellement le motif qui te fait agir, n'as-tu pas élevé aussi Eustachio, ton régisseur?

NICOMACO. Sans doute; mais que veux-tu qu'elle fasse de ce garçon qui n'a pas le moindre agrément, qui est habitué à vivre à la campagne au milieu des bœufs et des moutons? Ah! si nous la lui donnions elle en mourrait de douleur.

SOFRONIA. Et avec Pirro elle mourra de faim. Souviens-toi bien que les agréments d'un homme consistent à avoir quelque talent, à savoir faire quelque chose, comme le sait Eustachio, qui a l'habitude des affaires, qui fréquente les marchés, qui s'entend aux économies, à avoir soin du bien des autres et du sien, qui est un homme enfin qui vivrait sur l'eau. D'ailleurs tu sais qu'il possède un bon capital. Pirro, au contraire, ne bouge pas du cabaret, il est toujours au jeu, il trouve à tout des difficultés, et il mourrait de faim au milieu de l'abondance.

NICOMACO. Ne t'ai-je pas dit ce que je veux lui donner?

SOFRONIA. Ne t'ai-je pas répondu que c'est autant de jeté par la fenêtre? Voici ma conclusion, Nicomaco : tu as fait des dépenses pour nourrir Clizia, et moi j'ai eu la peine de l'élever : ainsi donc j'ai ma part ici, et je prétends savoir comment tout cela va se passer; ou bien je dirai tant de mal et je ferai un si bel esclandre que tu ne seras pas à ton aise, et que je ne sais pas comment tu oseras lever la tête. Va, cache-toi sous un masque pour parler de tout cela.

NICOMACO. Que me dis-tu là! es-tu folle? Maintenant tu me fais venir l'envie de la lui donner quoi qu'il arrive. Je veux qu'il l'épouse ce soir et il l'épousera, dusses-tu t'en arracher les yeux.

SOFRONIA. Il l'épousera, ou il ne l'épousera pas.

NICOMACO. Tu me menaces de ton bavardage : tache plutôt que je ne parle pas. Tu crois peut-être que je suis assez aveugle pour ne pas deviner le jeu de tes tours de gibecière? Je savais bien que les mères souhaitent que leurs fils soient heureux; mais je ne savais pas qu'elles voulussent donner les mains à leurs débauches.

SOFRONIA. Que dis-tu! quelle débauche y a-t-il là?

NICOMACO. Eh! mon Dieu! ne me fais pas parler : tu entends et j'entends aussi; chacun sait quel jour vient la Saint-Blaise. Faisons, je t'en prie, les choses de concert, car si une fois nous nous mettons à nous contre-carrer, nous allons être la fable de tout le monde.

SOFRONIA. Mets-toi où tu voudras te mettre : cette jeune fille ne sera pas sacrifiée, ou je jetterai sens dessus dessous la maison et Florence.

NICOMACO. Sofronia, Sofronia, celui qui t'a donné ce nom ne rêvait pas, ma foi! car tu n'es qu'un soufflet (*soffione*) plein de vent.

SOFRONIA. Au nom de Dieu!.. Mais je veux aller à la messe. Nous nous reverrons.

NICOMACO. Écoute un peu : y aurait-il moyen d'arranger cette affaire et de ne pas nous faire prendre pour des fous?

SOFRONIA. Non pas des fous, mais bien des misérables.

NICOMACO. Il y a dans ce pays tant de gens de bien! nous avons tant de parents, et l'on trouve tant de bons religieux! faisons-les juges de ce dont nous ne pouvons tomber d'accord, et par ce moyen toi ou moi nous connaîtrons notre erreur.

SOFRONIA. Faut-il commencer par aller nous-mêmes publier nos extravagances?

NICOMACO. Si nous ne voulons pas prendre des amis ou des parents, prenons un religieux : nous ne publierons rien et nous lui soumettrons l'affaire en confession.

SOFRONIA. Et à qui nous adresserons-nous?

NICOMACO. Nous ne pouvons mieux nous adresser qu'à frère Timoteo, le confesseur de notre maison : c'est un petit saint, et il a déjà fait certain miracle.

SOFRONIA. Lequel?

NICOMACO. Comment lequel! Ne sais-tu pas que par son intercession madame Lucrezia, femme de messer Nicia Calfucci, est devenue grosse, de stérile qu'elle était auparavant?

SOFRONIA. Beau miracle! un moine faire devenir une femme grosse! Le miracle serait qu'une femme eût fait un enfant au moine.

NICOMACO. Est-il possible que tu me contredises toujours avec tes balivernes!

SOFRONIA. Je veux aller à la messe, et je ne veux confier mon affaire à personne.

NICOMACO. Va donc. Je t'attendrai à la maison. (*A lui-même.*) Je pense que je ferai sagement de ne pas trop m'éloigner, de peur qu'ils ne fassent esquiver Clizia.

SCÈNE IV.

SOFRONIA, *seule.*

Certes, pour qui a connu Nicomaco il y a un an et le fréquente aujourd'hui, il y a de quoi rester stupéfait à voir la complète métamorphose qui s'est opérée en lui. C'était alors un homme grave, ferme, réservé. Il employait son temps honorablement : levé le matin de bonne heure, il entendait la messe, et s'occupait de la provision du jour; ensuite il expédiait les affaires qu'il pouvait avoir à la place, au marché et auprès des magistrats; quand il n'en avait pas, il se livrait à d'intéressantes conversations avec quelqu'un de ses concitoyens, ou bien, retiré chez lui dans son cabinet, il établissait ses écritures et mettait ses comptes à jour : et puis le dîner de famille lui offrait un agréable passe-temps; le dîner fini, il s'entretenait avec son fils, lui donnait de sages avertissements, lui enseignait à connaître les hommes, et par quelques exemples anciens ou modernes lui apprenait la vie; il sortait ensuite, et consacrait sa journée aux affaires ou à des délassements sérieux et honorables; le soir venu, l'*Ave Maria* le trouvait toujours au logis; il passait quelques instants avec nous au coin du feu si c'était l'hiver, et puis se retirait dans son cabinet pour donner encore un coup d'œil à ses affaires; enfin à la troisième heure il prenait gaiement place au souper. Cette vie régulière était un exemple pour tout le monde dans la maison, et chacun eût été honteux de ne le pas imiter; aussi l'ordre et le bonheur y régnaient ensemble. Mais depuis que la fantaisie de cette jeune fille lui a passé par la tête ses affaires sont négligées, ses biens se détériorent, son commerce se perd; il crie toujours et sans savoir pourquoi; il entre et sort mille fois par jour et il serait bien embarrassé de dire ce qu'il fait; il ne revient jamais aux heures fixées pour le dîner et le souper; si vous lui parlez, il ne vous répond pas ou vous répond tout de travers. Les valets qui voient cela font de lui mille railleries, et son propre fils a mis bas tout respect; chacun agit à son caprice, et enfin personne ne se gêne pour faire ce qu'il lui voit faire à lui-même. Ce que je crains maintenant, c'est de voir cette pauvre maison tombe[illegible]létement en ruines si Dieu ne nous donn[illegible]rs. Je veux pourtant aller à la messe, et [illegible]ommander à Dieu de toute la force de mon [illegible] Mais voici Eustachio et Pirro qui se chamaillent. Beaux maris vraiment pour Clizia!

SCÈNE V.

PIRRO, EUSTACHIO

PIRRO. Que viens-tu faire à Florence, mauvaise pièce?

EUSTACHIO. Ce n'est pas à toi que j'en veux rendre compte.

PIRRO. Te voilà bien requinqué! tu me fais l'effet d'un privé badigeonné à neuf.

EUSTACHIO. Je ne sais comment il se fait que les enfants ne jettent pas des pierres après toi, fou sans cervelle.

PIRRO. Nous verrons bientôt qui aura le plus de cervelle de toi ou de moi.

EUSTACHIO. Prie le bon Dieu que le patron vive longtemps : sans lui tu irais mendier ton pain.

PIRRO. As-tu vu Nicomaco?

EUSTACHIO. Pourquoi veux-tu savoir si je l'ai vu ou non?

PIRRO. Ce sera bientôt ton affaire de le savoir, car s'il ne change pas de sentiment tu peux t'en retourner au plus vite à la campagne, ou bien il t'y fera conduire par les archers.

EUSTACHIO. Mon arrivée à Florence te donne donc bien du fil à retordre?

PIRRO. Elle en donnera plus à d'autres qu'à moi.

EUSTACHIO. Laisses-en donc le souci aux autres.

PIRRO, *à part.* En attendant nature pâtit.

EUSTACHIO. Tu regardes et tu ricanes!

PIRRO. Je regarde que tu ferais un beau mari!

EUSTACHIO. Or donc, sais-tu ce que je te veux dire? Le duc aussi élevait des murailles [1]. Si

[1] Il y a ici une allusion et un jeu de mots qu'il faut expliquer. Il paraît que *le duc* c'est Gauthier, duc d'Athènes, dont Macchiavelli a raconté les aventures dans son histoire de Florence, années 1325 à 1342. Ce duc, à qui le

elle te prend, nous la verrons bientôt courir les carrefours. Mieux vaudrait pour elle que Nicomaco la noyât dans son puits : au moins la pauvre fille mourrait tout d'un coup.

PIRRO. Ah! vilain manant parfumé de fumier! Crois-tu donc avoir un museau à dormir aux côtés d'une fille si délicate ?

EUSTACHIO. Elle aura vraiment un beau museau avec toi! Si sa triste destinée te la livre, ou d'ici à un an elle deviendra une fille de joie, ou elle sera morte de douleur. Dans le premier cas tu serais parfaitement d'accord avec elle ; et tu as bien la mine d'être un cocu complaisant.

PIRRO. Laisse faire! que chacun aiguise ses quolibets : nous verrons à la fin qui aura mieux dit. Je rentre à la maison, car il me faudrait te casser la tête.

EUSTACHIO. Et moi, je vais retourner à l'église.

PIRRO. Tu fais prudemment de ne pas t'écarter des lieux de franchise.

CANZONE.

Autant l'amour est gracieux dans un jeune cœur, autant il vous repousse dans l'homme qui a vu se faner les fleurs de l'âge. C'est de son accord avec les années que naît tout le charme de l'amour. On le fête dans le frais printemps de la vie ; dans la vieillesse on le prise peu de chose ou rien du tout. Ainsi donc, vieillards amoureux, ce que vous avez de mieux à faire, c'est de laisser les galantes entreprises à l'ardente jeunesse, qui, disposée aux prouesses d'amour, peut faire plus d'honneur à ce dieu qu'elle appelle son maître.

ACTE III.

SCÈNE I.

NICOMACO, CLEANDRO.

NICOMACO. Cleandro! Eh! Cleandro!

CLEANDRO. Monsieur ?

NICOMACO. Viens ici, sors de là-dedans, te dis-je. Que fais-tu toute la journée dans la maison ? N'as-tu pas honte d'ennuyer ainsi cette jeune fille? Dans ces jours de carnaval les jeunes gens de ton âge vont se promener, ils vont voir les masques ou jouer au ballon. Tu es un de ceux qui ne savent rien faire, et je ne sais en vérité si tu es mort ou vif.

CLEANDRO. Toutes ces choses ne me divertissent pas, et ne m'ont jamais diverti. J'aime mieux rester seul que fréquenter toutes ces sociétés ; et je restais d'autant plus volontiers à la maison que, vous y voyant rester vous-même, je me trouvais là tout prêt à faire ce que vous auriez pu désirer.

NICOMACO. Voyez donc ce qu'il va s'imaginer! Tu fais le bon fils! Je n'ai pas besoin de t'avoir sans cesse à mes trousses ; je paye deux domestiques et un régisseur pour n'avoir rien à t'ordonner.

CLEANDRO. Eh! mon Dieu! ne voyez-vous pas que ce que je fais c'est à bonne intention ?

NICOMACO. Je ne sais pas quelle est ton intention : mais je sais que ta mère est une folle qui ruinera cette maison. Ce que tu aurais de mieux à faire ce serait d'y porter remède.

CLEANDRO. Ou elle, ou d'autres.

NICOMACO. Qui, d'autres ?

CLEANDRO. Je ne sais.

NICOMACO. Je le crois bien que tu ne le sais pas. Mais que dis-tu de toutes ces affaires relatives à Clizia ?

CLEANDRO, à part. Ah! nous y voilà enfin.

NICOMACO. Que dis-tu? Parle haut, qu'on t'entende.

CLEANDRO. Je dis... que je ne sais qu'en dire.

NICOMACO. Ne te semble-t-il pas que madame ta mère fait une étrange bévue de ne pas vouloir que Clizia soit la femme de Pirro ?

CLEANDRO. Je n'entends rien à tout cela.

NICOMACO. Je sais à quoi m'en tenir : tu as pris son parti, et il se mitonne là-dessous autre chose que des contes. Tu trouverais mieux sans doute qu'elle épousât Eustachio?

CLEANDRO. Je ne sais. Je vous dis que je n'entends rien à tout cela.

NICOMACO. Et à quoi diable entends-tu quelque chose ?

CLEANDRO. Pas à cela du moins.

NICOMACO. Tu t'es bien entendu pourtant à

peuple avait donné la souveraineté par acclamation, fut chassé par le peuple quelques mois après, malgré les fortifications qu'il avait elevées pour sa défense ; ce que Macchiavelli rappelle par ces mots mis dans la bouche d'Eustachio : *Ed anche il duca murava*, « le duc aussi élevait des murailles. » Et puis Eustachio continue : *Ma se la prende te, la sarà salita in su muricciolí*, « mais si elle te prend, elle sera bientôt montée sur les bancs de pierre. » Les *muricciolí* étaient de petits bancs en maçonnerie qui se construisaient d'ordinaire auprès de la porte des palais et des grandes maisons. On y trouvait parfois les filles des rues, sur la brune ; et le jeu de mots est, comme on voit, entre *murava* et *muricciolí*. C'est ce que nous n'avons pu faire comprendre par un équivalent.

faire venir Eustachio à Florence, à le tenir caché afin que je ne le visse pas, et à me tendre des piéges pour faire manquer ce mariage. Mais toi et lui je vous jetterai entre quatre murs; je rendrai sa dot à Sofronia, et je la renverrai. Je veux être maître chez moi. Ouvrez donc bien tous vos oreilles : j'entends que ce mariage se fasse ce soir, ou moi-même, si je n'ai pas d'autre moyen de vous faire obéir, je mettrai le feu à la maison. J'attends ici ta mère pour voir si nous pourrons enfin être d'accord; et si cela ne se peut, quoi qu'il arrive j'en veux venir à mon honneur; car je n'entends pas que les oisons mènent boire les oies. Cependant si tu te veux du bien à toi-même et si tu désires la paix de la maison, va la prier qu'elle fasse à ma guise. Tu la trouveras à l'église, et je vais vous attendre elle et toi au logis. Si tu vois ce coquin d'Eustachio, dis-lui de me venir parler; autrement ses affaires iront mal.

CLEANDRO. J'y vais.

SCÈNE II.

CLEANDRO, seul.

Ah! quelle misère d'être amoureux! Dans quels tourments je consume ma vie! Je sais bien que quand on aime une personne aussi belle que Clizia on a nécessairement grand nombre de rivaux, et avec eux mille douleurs; mais je n'ai jamais ouï dire qu'il fût arrivé à personne d'avoir son père pour rival; et tandis qu'une foule de jeunes gens trouvent des consolations près de leur père, moi je ne trouve auprès du mien que la cause et la source de mon malheur! Si ma mère me favorise, elle ne le fait pas pour favoriser son fils, mais pour contrecarrer le projet de son mari; je ne puis même dans cette circonstance lui découvrir franchement mes sentiments, car elle s'imaginerait tout aussitôt que j'ai fait avec Eustachio le même marché que mon père avec Pirro; et si elle se mettait une fois cela dans la tête, ce serait pour elle un cas de conscience de laisser tout aller à la dérive, et elle ne s'en inquiéterait plus : alors je serais perdu tout à fait, et mon désespoir serait si grand que je crois que j'en mourrais. Voici ma mère qui sort de l'église : je vais l'aborder pour savoir ce qu'elle a imaginé, et apprendre quels obstacles elle dispose contre les desseins du vieux.

SCÈNE III.

CLEANDRO, SOFRONIA.

CLEANDRO. Dieu vous garde, ma mère.

SOFRONIA. Ah! Cleandro, viens-tu de la maison?

CLEANDRO. Oui, madame.

SOFRONIA. Y es-tu resté tout le temps depuis que je t'y ai laissé?

CLEANDRO. Oui.

SOFRONIA. Où est Nicomaco?

CLEANDRO. A la maison, et pour toute chose au monde il n'en serait sorti.

SOFRONIA. Laisse-le faire, au nom de Dieu! Le goinfre compte d'une manière et le tavernier d'une autre. T'a-t-il dit quelque chose?

CLEANDRO. Un tas de brutalités, et je crois en vérité qu'il a le diable au corps : il veut nous mettre entre quatre murailles, Eustachio et moi; pour vous, il veut vous rendre votre dot et vous jeter à la porte; il ne menace de rien moins que de mettre le feu à la maison. Il m'a ordonné de vous aller trouver et de vous persuader de consentir à ce mariage; autrement il ne fera pas bon pour vous.

SOFRONIA. Mais toi, qu'en dis-tu?

CLEANDRO. J'en dis la même chose que vous; car j'aime Clizia comme une sœur, et j'aurais regret jusqu'au fond de l'âme qu'elle tombât dans les mains de Pirro.

SOFRONIA. Je ne sais pas comment tu l'aimes; mais persuade-toi bien cela, que si je croyais ne la tirer des mains de Nicomaco que pour la mettre dans les tiennes, je ne m'en mêlerais aucunement. Toutefois je pense qu'Eustachio la voudra pour lui, et que ton amour pour ton épouse (car nous sommes sur le point de te marier) pourra en effacer un autre.

CLEANDRO. Vous avez raison, et je vous prie de faire tout ce que vous pourrez afin que ce mariage n'ait pas lieu. S'il n'y a pas d'autre moyen que de la donner à Eustachio, qu'on la lui donne; mais, s'il était possible, il serait mieux encore, selon moi, de la laisser comme elle est maintenant : elle est bien jeune encore et elle a du temps devant elle. Le ciel lui fera peut-être retrouver ses parents; et si par hasard ils étaient nobles, ils vous auraient certes peu d'obligation de l'avoir mariée à un valet ou à un paysan.

SOFRONIA. Tu dis bien, et j'y avais déjà pensé; mais la rage de ce bonhomme m'a toute désorientée. Néanmoins il me roule tant de choses dans la tête que quelqu'une, j'espère, déjouera son dessein. Je veux entrer au logis, car je vois Nicomaco rôder autour de la porte. Toi, va dans l'église, et dis à Eustachio qu'il vienne à la maison et qu'il n'ait aucune crainte.

CLEANDRO. Je vais le faire.

SCÈNE IV.

NICOMACO, SOFRONIA.

NICOMACO, à lui-même. Voici ma chère femme qui revient : je veux un peu plaisanter pour voir si je pourrai l'amadouer avec de bonnes paroles. (Haut.) Eh ! mon enfant, d'où te vient donc cette tristesse quand tu revois tes amours? Reste un instant avec moi.

SOFRONIA. Laisse-moi aller.

NICOMACO. Un instant, je t'en prie.

SOFRONIA. Je ne veux pas : tu m'as l'air ivre.

NICOMACO. Je vais suivre tes pas.

SOFRONIA. Es-tu devenu fou?

NICOMACO. Fou de te trop aimer !

SOFRONIA. Je ne veux pas que tu m'aimes.

NICOMACO. Tu ne penses pas ce que tu dis.

SOFRONIA. Tu m'ennuies à mourir, fâcheux que tu es !

NICOMACO. Je voudrais bien voir que tu disses la vérité !

SOFRONIA. Tu peux m'en croire.

NICOMACO. Eh! jette un regard sur moi, ma chère âme.

SOFRONIA. Je te vois, et je te sens aussi : tu embaumes! En vérité, tu me reviens à merveille !

NICOMACO, à part. Diantre! elle s'en est aperçue! Maudit soit le coquin qui m'a apporté cela!

SOFRONIA. D'où te sont venues ces odeurs qui te parfument ainsi, vieux fou?

NICOMACO. Il a passé par ici un homme qui en vendait : je les ai maniées, et il en est resté quelque chose après moi.

SOFRONIA. Il a été preste à trouver la menterie! N'as-tu pas honte de ce que tu fais depuis un an? tu ne fréquentes plus que de jeunes écervelés; tu vas toujours à la taverne; tu es toujours fourré dans des maisons de femmes; tu perds follement ton argent au jeu : voilà de beaux exemples que tu donnes à ton fils!

NICOMACO. Là, là, ma femme, pas tant de reproches à la fois; garde quelque chose pour demain. Mais n'est-il donc pas plus raisonnable que ce soit toi qui agisses à ma fantaisie plutôt que moi à la tienne?

SOFRONIA. Oui, pour les choses honnêtes.

NICOMACO. N'est-ce donc pas une chose honnête que de marier une jeune fille?

SOFRONIA. Oui, quand on la marie convenablement.

NICOMACO. Et ne sera-t-elle pas convenablement mariée en épousant Pirro?

SOFRONIA. Non.

NICOMACO. Pourquoi?

SOFRONIA. Pour les raisons que je t'ai déjà dites.

NICOMACO. Je connais ces affaires-là mieux que toi. Mais si je faisais si bien auprès d'Eustachio qu'il ne la voulût pas?

SOFRONIA. Et si je faisais si bien auprès de Pirro qu'il ne la voulût pas non plus?

NICOMACO. Essayons donc l'un et l'autre dès ce moment, et celui de nous deux qui persuadera son homme aura gagné la partie.

SOFRONIA. J'y consens. J'entre à la maison et je vais parler à Pirro; toi, parle à Eustachio: le voilà qui sort tout à point de l'église.

NICOMACO. Je n'y manquerai pas.

SCÈNE V.

EUSTACHIO, NICOMACO

EUSTACHIO, à lui-même. Puisque Cleandro m'a dit d'aller à la maison et de ne pas m'inquiéter, je veux faire bonne contenance et entrer.

NICOMACO, à lui-même. J'avais une ribambelle de sottises à dire à ce maraud, et je ne le pourrai puisque j'ai à lui demander quelque chose. (Haut.) Eustachio!

EUSTACHIO. Oh! mon maître!

NICOMACO. Depuis quand es-tu à Florence?

EUSTACHIO. Depuis hier soir.

NICOMACO. Il t'a fallu une longue réflexion pour te laisser voir ! Où donc as-tu été?

EUSTACHIO. Je m'en vais vous dire : dès hier matin je me suis senti souffrant; la tête me faisait mal; j'éprouvais des douleurs dans l'aine, et je crois bien que j'avais la fièvre. Or, comme dans ce moment-ci on parle de la peste, j'en eus grand'peur. Hier soir je suis venu à Florence, et je suis resté à l'auberge : je n'ai pas voulu me présenter, de peur, si pourtant c'était la peste, de compromettre votre santé ou celle de votre famille. Mais, grâce à Dieu, tout cela est passé et je me sens fort bien.

NICOMACO, à part. Il me faut faire semblant de le croire. (Haut.) Tu as bien fait. Tu es bien guéri maintenant?

EUSTACHIO. Oui, messer.

NICOMACO, à part. Mais non de ta méchanceté. (Haut.) Je suis bien aise que tu sois ici. Tu sais la querelle qui s'est élevée entre moi et ma femme sur le fait de choisir un mari pour Clizia : elle veut te la donner, et moi je voudrais la donner à Pirro.

EUSTACHIO. Vous voulez donc plus de bien à Pirro qu'à moi?

NICOMACO. Dis plutôt que je veux plus de bien à toi qu'à lui. Écoute un peu : que veux-tu faire d'une femme? Tu as bien maintenant trente-huit ans, et une fille n'est pas ton fait. Qu'y aurait-il d'étonnant si, après quelques mois de mariage, elle cherchait un plus jeune que toi? Tu vivrais alors désespéré; je ne pourrais plus avoir confiance en toi : tu perdrais le jugement, tu deviendrais misérable, et bientôt elle et toi vous iriez mendier votre pain.

EUSTACHIO. Dans ce pays, qui a belle femme ne devient pas pauvre. De son feu et de sa femme on peut être libéral avec chacun, car plus on en donne plus il en reste.

NICOMACO. Est-ce donc pour me contrarier que tu veux faire ce mariage?

EUSTACHIO. Du tout : je veux le faire pour me faire plaisir à moi.

NICOMACO. Allons, va-t'en ; retourne à la maison. J'étais bien sot de m'imaginer avoir une bonne réponse de ce manant! Mais je changerai de gamme avec toi : prépare-toi à me rendre tes comptes, et va-t'en à la grâce de Dieu. Souviens-toi bien que tu as en moi un ennemi capital et que je te ferai du pis que je pourrai.

EUSTACHIO. Ma foi, je ne m'embarrasse de rien pourvu que j'aie Clizia.

NICOMACO. Tu auras la potence!

SCÈNE VI.

PIRRO, NICOMACO.

PIRRO, parlant du côté de la maison. Avant que je fasse ce que vous me demandez je me laisserai écorcher vif.

NICOMACO, à part. Cela va bien : Pirro tient sa parole. (Haut.) Qu'as-tu? avec qui es-tu en querelle?

PIRRO. Je querelle en ce moment avec qui vous querellez sans cesse.

NICOMACO. Que dit-elle? que veut-elle?

PIRRO. Elle me prie de ne pas prendre Clizia pour femme.

NICOMACO. Et que lui as-tu répondu?

PIRRO. Que je me laisserais assommer avant de la refuser.

NICOMACO. Bien répondu, ma foi!

PIRRO. Si j'ai bien répondu je crains d'avoir mal fait, car je me suis rendu ennemis votre femme, votre fils et tout le monde de la maison.

NICOMACO. Que t'importe? Sois bien avec le Christ et moque-toi des saints.

PIRRO. Oui, mais si vous veniez à mourir les saints me traiteraient fort mal.

NICOMACO. Ne crains rien : je te ferai un sort tel que les saints ne pourront pas te donner beaucoup d'inquiétude (et quand ils le voudraient, les magistrats et les lois te défendraient), pourvu que grâce à toi je puisse coucher avec Clizia.

PIRRO. Je crains que vous ne le puissiez pas, tant je vous vois enflammé de colère contre votre femme.

NICOMACO. J'ai songé qu'il serait bon peut-être, pour sortir enfin de toutes ces folles querelles, de tirer au sort à qui nous donnerons Clizia : ma femme serait bien obligée d'en passer par là.

PIRRO. Et si le sort m'est contraire?

NICOMACO. Dieu fera, j'espère, que cela n'arrivera pas.

PIRRO, à part. Vieux fou! Il veut que Dieu prête la main à ses débauches! (Haut.) M'est avis que, si Dieu se mêle de telles choses, Sofronia aussi peut espérer en Dieu.

NICOMACO. Eh bien! qu'elle espère. Si pourtant le sort m'était défavorable, j'ai déjà trouvé le remède. Va, appelle-la, et dis-lui de venir ici avec Eustachio.

PIRRO, allant vers la porte de la maison. Sofronia, venez, ainsi qu'Eustachio, parler à monsieur.

SCÈNE VII.

SOFRONIA, EUSTACHIO, NICOMACO, PIRRO.

SOFRONIA. Me voici : qu'y a-t-il de nouveau?

NICOMACO. Il faut pourtant prendre un biais dans cette affaire. Tu vois que ces deux prétendus ne peuvent s'accorder : il convient donc que ce soit nous qui nous accordions ensemble.

SOFRONIA. Tu as une rage d'en finir vraiment extraordinaire! Ce qui ne se fera pas aujourd'hui se fera demain.

NICOMACO. Je le veux faire aujourd'hui.

SOFRONIA. Que cela se fasse donc. Voici justement les deux rivaux. Mais quel expédient as-tu trouvé?

NICOMACO. J'ai pensé, puisque nous ne pouvons tomber d'accord, qu'il faut s'en remettre à la fortune.

SOFRONIA. Comment, à la fortune?

NICOMACO. Il n'y a qu'à mettre dans une bourse leurs noms, et dans une autre le nom de Clizia et un billet blanc : on tirera le nom d'un de ces deux hommes, et celui auquel Clizia écherra la prendra; l'autre prendra patience. Qu'en penses-tu? Eh! tu ne réponds rien!

SOFRONIA. Va pour cela, je le veux bien.

EUSTACHIO, à Sofronia. Prenez garde à ce que vous faites!

SOFRONIA. J'y prends garde, et je sais très-bien ce que je fais. Entre à la maison : écris les billets, et apporte deux bourses. Je veux sortir enfin de cet embarras... (A part.) pour en rencontrer peut-être un plus grand.

EUSTACHIO. J'y vais.

NICOMACO. De cette manière nous finirons par nous entendre. Pirro, prie Dieu pour toi.

PIRRO. Pour vous.

NICOMACO. Tu dis bien, pour moi : j'aurai en effet grand plaisir à ce que tu l'obtiennes.

EUSTACHIO. Voilà les bourses et le destin

NICOMACO. Donne ici. Ce billet, que dit-il? *Clizia;* et cet autre? Il est blanc. Fort bien. Mets-les dans la bourse par ici. Que dit celui-ci? *Eustachio;* et celui-là? *Pirro.* Plie-les et mets-les dans l'autre bourse. Ferme-les bien et tiens bien les yeux dessus, Pirro, afin que rien ne passe dans la gibecière : il y a des gens qui savent jouer des gobelets.

SOFRONIA. Gens qui se méfient ne valent rien.

NICOMACO. Ce sont des mots, ça : tu sais bien qu'on ne trompe que les gens confiants. Mais qui choisirons-nous pour tirer?

SOFRONIA. Fais tirer qui tu voudras.

NICOMACO, appelant. Viens ici, mon enfant!

SOFRONIA. Il faudrait qu'il fût puceau.

NICOMACO. Puceau ou non, je n'y ai pas mis le nez. A l'enfant. Tire de cette bourse un billet quand j'aurai dit certaine oraison. (Il se met en prière.) O sainte Apolline, et vous tous, saints et saintes qui protégez les mariages, accordez à Clizia cette grâce, que le nom qui sortira de cette bourse soit celui que nous désirons si ardemment d'en voir sortir! (A l'enfant.) Tire maintenant en invoquant le nom de Dieu. Donne ici... Ah! je suis mort! *Eustachio!*

SOFRONIA. Qu'as-tu donc? ô mon Dieu, fais ce miracle pour le désespérer!

NICOMACO, à l'enfant. Tire de cette autre bourse. Donne ici... Blanc! Oh! voilà qui me ressuscite! nous l'emportons! Pirro, fais-en ton profit; Eustachio est mort! Sofronia, maintenant que Dieu a voulu que Clizia fût à Pirro, le veux-tu aussi, toi?

SOFRONIA. Je le veux.

NICOMACO. Allons, prépare les noces.

SOFRONIA. Es-tu si pressé? Ne pourrait-on pas différer jusqu'à demain?

NICOMACO. Non, non, non! n'entends-tu pas que je dis non? Pourquoi veux-tu imaginer quelque traquenard?

SOFRONIA. Voulons-nous faire les choses comme les brutes? ne doit-elle pas entendre la messe du mariage?

NICOMACO. La messe de la fête? Elle la peut entendre un autre jour. Ne sais-tu pas bien qu'on donne l'absolution à qui se confesse après comme à qui se confesse avant?

SOFRONIA. Je crains qu'elle n'ait l'ordinaire des femmes.

NICOMACO. Elle aura l'extraordinaire des hommes. Je veux qu'il l'épouse ce soir. On dirait que tu n'entends pas!

SOFRONIA. Eh bien! qu'il l'épouse et qu'il aille au diable! Rentrons au logis, et va toi-même faire cette ambassade auprès de la pauvre enfant; mais tu n'en auras pas les gants.

NICOMACO, à part. J'en aurai mieux que cela. Rentrons.

EUSTACHIO. Je ne veux pas rentrer avec eux : il faut que j'aille trouver Cleandro, afin qu'il voie s'il y a quelque moyen de parer ce coup.

CANZONE.

Insensé celui qui à tort ou à raison a blessé une femme, et espère en obtenir merci par larmes ou prières! Lorsque la femme descend dans cette vie mortelle avec son âme également soumise aux passions, l'orgueil, l'adresse, l'oubli du pardon, la fourberie, la cruauté lui servent d'escorte, et lui donnent un si puissant secours que dès qu'elle a voulu son désir est satisfait. Excitée par un dépit cruel ou travaillée de jalousie, un regard lui suffit, et toute force mortelle cède devant sa force.

ACTE IV.

SCÈNE I.

CLEANDRO, EUSTACHIO.

CLEANDRO. Comment se peut-il que ma mère ait été si peu avisée que de s'en être ainsi remise au sort pour une chose capable de ternir tout l'honneur de notre maison?

EUSTACHIO. C'est pourtant comme je vous l'ai dit.

CLEANDRO. Je suis bien malheureux, bien infortuné! il faut que je rencontre justement quelqu'un qui me retienne assez longtemps pour que ce mariage se soit conclu sans que je le sache, que les noces aient été fixées, que tout enfin ait réussi au gré de notre vieillard! O fortune! tu as coutume pourtant, femme que tu es, d'être amie aux jeunes gens; et cette fois tu t'es faite l'amie des vieux! N'as-tu pas honte d'avoir voulu qu'un visage si tendre fût sali par une bouche si dégoûtante, que de si tendres appas fussent flétris par l'approche de mains si tremblantes, de membres si ridés et si sales! car ce n'est pas Pirro, mais Nicomaco (je le sais trop bien) qui la possédera. Tu ne pouvais me faire une plus cruelle injure : tu m'enlèves d'un même coup ma bien-aimée et ma fortune! car pour peu que cette belle passion se prolonge, Nicomaco est capable de laisser à Pirro, et non à moi, la meilleure part de son bien. Je crois qu'il y a mille ans que je n'ai vu ma mère, tant j'ai besoin de me plaindre avec elle de cette déplorable résolution, et de me soulager par mes plaintes!

EUSTACHIO. Console-toi, Cleandro : il m'a paru qu'elle rentrait au logis en riant sous cape. Je crois pouvoir être certain que le vieux ne cueillera pas le fruit qu'il espère. Mais le voilà qui sort avec Pirro. Comme ils sont gaillards!

CLEANDRO. Rentre à la maison, Eustachio. Moi je veux me tenir un peu à l'écart, pour entendre ce qu'ils complotent et voir si je n'en pourrais pas tirer parti.

EUSTACHIO. J'y vais.

SCÈNE II.

NICOMACO, PIRRO; CLEANDRO, parlant à part dans toute cette scène.

NICOMACO. Parbleu! l'affaire a bien été! As-tu vu comme ils sont tout déconfits là dedans, comme madame ma femme est vexée? Tout cela redouble ma joie. Mais je serai bien plus joyeux encore quand je tiendrai Clizia dans mes bras, quand je la caresserai, la baiserai, la presserai. O noces délicieuses! je meurs d'envie d'y être! Cette obligation que je contracte avec toi je te la payerai au double.

CLEANDRO. Vieil insensé!

PIRRO. Je le crois; mais ce que je ne crois pas, c'est que vous puissiez rien faire ce soir : je ne vois aucune facilité pour cela.

NICOMACO. Comment, tu ne crois pas! Je vais te dire de quelle façon j'ai imaginé de gouverner l'affaire.

PIRRO. Vous me ferez plaisir.

CLEANDRO. Et à moi davantage, car je pourrai entendre des choses qui gâteront les affaires des autres et raccommoderont les miennes.

NICOMACO. Tu connais Damone, notre voisin, dont j'ai pris la maison à loyer pour ton compte?

PIRRO. Je le connais.

NICOMACO. J'ai résolu que tu la mènes ce soir dans cette maison, quoique Damone y habite encore et qu'il ne l'ait pas débarrassée : je dirai que je veux que tu la conduises dans la maison où elle doit rester.

PIRRO. Eh bien, qu'en résultera-t-il?

CLEANDRO. Dresse les oreilles, Cleandro!

NICOMACO. J'ai ordonné à ma femme de prier

Sostrata, la femme de Damone, de l'aider à tout disposer pour la noce et à parer la nouvelle mariée; et je dirai à Damone de faire en sorte que sa femme y vienne. Cela fait, et après le souper, l'épousée sera conduite par ces dames dans la maison de Damone, et mise au lit avec toi. Je prétexterai de rester avec Damone à l'auberge; Sostrata viendra ici, chez moi, avec Sofronia. Toi, resté seul dans la chambre, tu éteindras la lumière, tu badauderas quelque peu dans l'appartement en faisant mine de te déshabiller. Moi cependant je me glisserai en catimini dans la chambre, je me déshabillerai et je me coucherai à côté de Clizia; et cependant tu te placeras tout doucement sur le canapé. Le matin, avant le jour, je sortirai du lit comme si je voulais satisfaire un besoin; je me rhabillerai, et tu te mettras au lit.

CLEANDRO. O vieux libertin! que je suis heureux d'avoir surpris ton dessein! Mais c'est pour ton malheur que je l'ai découvert!

PIRRO. Il me semble que vous avez très-bien réglé tout cela. Mais il convient que vous vous armiez de manière à paraître jeune, car je crains que la vieillesse ne se reconnaisse même dans l'obscurité.

CLEANDRO. Il me suffit de ce que j'ai entendu: je veux aller en informer ma mère.

NICOMACO. J'ai pensé à tout. Je compte, à te dire vrai, souper avec Damone, et j'ai commandé un souper à ma façon: je prendrai d'abord une dose électuaire qu'on appelle *satyrion*.

PIRRO. Quel nom bizarre est-ce là!

NICOMACO. Les effets sont plus bizarres encore: imagine-toi que c'est un électuaire qui pour l'affaire en question ferait rajeunir non pas seulement un homme de soixante et dix ans comme moi, mais un octogénaire. L'électuaire avalé, je mangerai peu, mais toutes choses bien substantielles: d'abord une salade d'oignons cuits; ensuite un mélange de fèves et d'épices.

PIRRO. Que fait cela?

NICOMACO. Ce que cela fait? Ces oignons, ces fèves, ces épices, qui sont choses échauffantes et venteuses, feraient faire voile à une caraque génoise. De plus, il faut un beau pigeonneau bien dodu, rôti à point et un peu saignant.

PIRRO. Gare à l'indigestion! Il faudra assurément qu'on vous le mâche ou que vous l'avaliez tout entier, car je ne vous vois dans la bouche ni assez de dents ni des dents assez solides pour un tel morceau.

NICOMACO. Je ne m'inquiète pas de cela: je n'ai pas beaucoup de dents, c'est vrai; mais les mâchoires, vois-tu? on les dirait d'acier.

PIRRO. Je pense que quand vous serez parti et que je me coucherai à mon tour, je pourrai me dispenser de toucher Clizia; car j'ai bien la mine de trouver la pauvre petite toute brisée.

NICOMACO. Qu'il te suffise que j'aurai fait ta besogne, et celle d'un bon compagnon.

PIRRO. J'ai certes à remercier Dieu, qui m'a donné une femme de telle sorte que je n'aurai à m'embarrasser ni de lui faire des enfants, ni de pourvoir à ses dépenses.

NICOMACO. Va à la maison: presse la noce. Je vais dire quelques mots à Damone que je vois sortir de son logis.

PIRRO. Je vais le faire.

SCÈNE III.

NICOMACO, DAMONE.

NICOMACO. Mon cher Damone, voici le moment de me montrer si tu as de l'amitié pour moi: il faut que tu vides la maison et qu'il n'y reste ni ta femme ni personne, afin que je gouverne l'affaire en question comme je te l'ai dit.

DAMONE. Je suis prêt à faire tout au monde pour t'être agréable.

NICOMACO. J'ai dit à ma femme qu'elle priât ta Sostrata de venir l'aider à tout disposer pour la noce: fais en sorte qu'elle vienne aussitôt qu'on l'avertira, et surtout que la servante vienne avec elle.

DAMONE. Tout est arrangé: fais-la avertir quand tu voudras.

NICOMACO. Je veux aller jusque chez l'apothicaire pour une petite affaire. Attends, je te prie, que ma femme sorte, et appelle la tienne. La voilà qui vient: fais attention. Adieu.

SCÈNE IV.

SOFRONIA, DAMONE.

SOFRONIA, à elle-même. Je ne m'étonne pas que mon mari me pressât d'inviter Sostrata, la femme de Damone: il voulait que la maison fût libre pour y prendre ses ébats à son aise. Mais voici Damone (ô miroir de la ville et colonne du quartier !), qui prête sa maison pour une action si honteuse et si coupable! Je les traiterai de sorte qu'ils rougiront d'eux-mêmes, et je veux commencer par berner celui-ci.

DAMONE, *à part.* Je m'étonne que Sofronia se soit arrêtée là-bas et ne vienne pas appeler ma femme. Mais la voici qui s'avance (*Haut.*) Dieu vous garde, Sofronia.

SOFRONIA. Et toi pareillement, Damone. Où est ta femme ?

DAMONE. Elle est à la maison, et toute prête à venir si tu l'appelles, car ton mari m'en a fait la demande. Irai-je la chercher ?

SOFRONIA. Non, non : elle doit avoir affaire.

DAMONE. Elle n'a aucune affaire, je t'assure.

SOFRONIA. Laisse-la : je ne veux pas la déranger. Je l'appellerai quand il faudra.

DAMONE. Ne préparez-vous pas la noce ?

SOFRONIA. Oui, nous la préparons.

DAMONE. Et n'as-tu pas besoin qu'on t'aide?

SOFRONIA. Il y a là-dedans tout un monde maintenant.

DAMONE, *à part.* Que faire à présent ? Ce vieux fou baveux, chassieux et édenté m'a fait faire une lourde sottise ; il me fait offrir ma femme pour aider celle-ci, qui n'en veut pas Elle va croire que je mendie un dîner et me tiendra pour un misérable.

SOFRONIA, *à part.* J'ai déjà renvoyé celui-là bien embarrassé. Voyez comme il s'en va penaud et tout serré dans son manteau ! Il me reste maintenant à berner aussi un peu mon barbon. Le voici qui revient du marché : je veux mourir s'il n'a acheté quelque chose pour paraître gaillard et pour se parfumer.

SCÈNE V.

NICOMACO, SOFRONIA.

NICOMACO, *sans voir sa femme.* J'ai acheté l'électuaire, et de certains onguents propres à faire ressusciter les gens. Quand on va bien armé à la guerre, on y va avec moitié plus de courage... Mais j'aperçois ma femme. Diantre ! elle m'aura entendu.

SOFRONIA, *à part.* Oui, je t'ai entendu, à ton dam et à ta honte si je vis seulement jusqu'à demain matin.

NICOMACO. Tout est-il prêt ? As-tu prié la voisine de venir t'aider ?

SOFRONIA. Je l'en ai priée comme tu as dit; mais Damone, ton cher ami, lui a soufflé je ne sais quoi dans l'oreille; de sorte qu'elle m'a répondu qu'elle ne pouvait pas venir.

NICOMACO. Cela ne m'étonne pas : tu es un peu revêche, et tu ne sais pas t'y prendre avec les gens quand tu veux quelque chose d'eux.

SOFRONIA. Que voulais-tu donc ? que j'allasse lui passer la main sous le menton ? Ce n'est pas ma coutume d'aller faire des caresses aux maris des autres. Appelle Sostrata toi-même, puisque tu trouves plaisir à t'adresser aux femmes d'autrui. Pour moi, je vais dans la maison mettre ordre au reste.

SCÈNE VI.

DAMONE, NICOMACO.

DAMONE. Voyons si ce bel amoureux est revenu du marché. Ah ! le voilà devant la porte. Je venais justement te parler.

NICOMACO. Et moi à toi, homme sur qui on ne peut compter. De quoi t'avais-je prié ? pourquoi t'ai-je demandé un bon office ? Tu m'as bien servi vraiment !

DAMONE. Eh bien ! qu'est-ce à présent ?

NICOMACO. Tu as bien envoyé ta femme ! tu as bien éloigné tout le monde de chez toi ! C'est un plaisir ! de sorte que grâce à toi je suis mort et perdu !

DAMONE. Va te faire pendre ! Ne m'avais-tu pas dit que ta femme appellerait la mienne ?

NICOMACO. Elle l'a appelée aussi, mais ta femme n'a pas voulu venir.

DAMONE. Tout au contraire c'est moi qui l'ai offerte, et ta femme n'a pas voulu qu'elle vînt. Tu me fais ainsi berner, et puis tu viens te plaindre de moi ! Que le diable emporte toi, tes noces et tout le monde !

NICOMACO. Enfin veux-tu qu'elle vienne ?

DAMONE. Eh ! oui, je le veux, par tous les diables ! elle, la servante, la chatte et tout ce qu'il y a dans la maison. Va, si tu as autre chose à faire : j'entre chez moi, et tout à l'instant je fais venir ma femme par le jardin. (*Il sort.*)

NICOMACO. Voilà un homme qui est véritablement mon ami, et tout ira bien maintenant... Eh ! mon Dieu ! quel est ce bruit que j'entends dans ma maison ?

SCÈNE VII.

DORIA, NICOMACO.

DORIA. Je suis morte! je suis morte! Fuyez, fuyez! arrachez-lui le couteau des mains! Sauvez-vous, Sofronia!

NICOMACO. Qu'est-ce que tu as, Doria? Qu'y a-t-il donc?

DORIA. Je suis morte!

NICOMACO. Et pourquoi es-tu morte?

DORIA. Je suis morte, et vous êtes perdu!

NICOMACO. Mais dis-moi ce que tu as.

DORIA. Je ne peux, tant je suis saisie! J'étouffe! éventez-moi un peu avec votre manteau.

NICOMACO. Eh! dis donc ce que tu as, ou je te vais casser la tête!

DORIA. O mon cher maître! ne soyez pas si méchant.

NICOMACO. Dis-moi ce que tu as, et quel est ce bruit qu'on fait là-dedans.

DORIA. Pirro avait donné l'anneau à Clizia, et était allé reconduire le notaire jusqu'à la porte de derrière : voilà que tout à coup Clizia, poussée par je ne sais quelle fureur, saisit un poignard, et tout échevelée, toute hors d'elle-même : « Où est Nicomaco? où est Pirro? » s'écrie-t-elle, « je les veux assassiner! » Cleandro, Sofronia, tout le monde veut la saisir, et nous n'en pouvons venir à bout. Elle s'est remparée dans un coin de la chambre, et crie qu'elle veut vous tuer quoi qu'il arrive. Chacun saisi de peur s'enfuit de côté et d'autre; Pirro s'est sauvé dans la cuisine et s'est caché derrière le panier aux volailles. On m'envoie vous avertir de ne pas entrer dans la maison.

NICOMACO. Je suis le plus malheureux des hommes! Et on ne peut lui arracher ce poignard des mains?

DORIA. Non, pas jusqu'à présent.

NICOMACO. Et qui menace-t-elle?

DORIA. Vous et Pirro.

NICOMACO. Quel malheur est-ce là! Allons, mon enfant, je t'en prie, rentre dans la maison, et fais en sorte, avec de bonnes paroles, de lui ôter cette folie de la tête et qu'elle laisse ce poignard. Je te promets de t'acheter une belle paire de pantoufles et un mouchoir. Va, mon amour.

DORIA. J'y vais, mais gardez-vous d'entrer à moins que je ne vous appelle.

NICOMACO. Malédiction! Malheureux que je suis! Que de choses viennent à la traverse pour attrister une nuit que j'espérais si fortunée! (Parlant du côté de la porte.) A-t-elle quitté le poignard? puis-je entrer?

DORIA, de l'intérieur. Non, pas encore; ne venez pas.

NICOMACO. O Dieu! Que va-t-il arriver? (Vers la porte.) Eh bien, puis-je y aller?

DORIA, ouvrant. Venez, mais n'entrez pas dans la chambre où elle est. Prenez garde qu'elle ne vous aperçoive. Allez à la cuisine retrouver Pirro.

NICOMACO. J'y vais.

SCÈNE VIII.

DORIA, seule.

Mystifions-nous assez ce pauvre vieux! C'est une bonne farce à voir que ce qui se passe ici dedans : le vieux et Pirro sont tout tremblants dans la cuisine; dans la salle sont ceux qui apprêtent le festin, et dans la chambre les dames, Cleandro et le reste de la maison. Ils ont déshabillé notre domestique Siro et revêtu Clizia de ses habits, tandis que des habits de Clizia ils ont revêtu Siro : ils veulent que ce Siro fasse l'épousée à la place de Clizia; et pour que le vieux et Pirro ne découvrent pas la manigance on les a confinés dans la cuisine, sous prétexte que Clizia a le transport au cerveau. Quel bon tour! Il y a de quoi rire en vérité. Mais voici Nicomaco et Pirro qui sortent.

SCÈNE IX.

NICOMACO, DORIA, PIRRO.

NICOMACO. Que fais-tu ici, Doria? Clizia est-elle calmée?

DORIA. Oui, monsieur; et elle a promis à Sofronia de faire ce que vous voudrez. A la vérité Sofronia pense qu'il serait prudent que vous et Pirro ne parussiez pas encore devant elle, de peur qu'elle ne retombe dans son accès. Une fois qu'elle sera mise au lit, si Pirro ne sait pas l'apprivoiser, alors tant pis pour lui.

NICOMACO. Sofronia est de bon conseil; nous ferons cela. Maintenant va-t'en à la maison; et puisque tout est prêt, fais qu'on se mette tout de suite à souper. Pirro et moi nous souperons chez Damone. Dès qu'on aura soupé qu'on conduise Clizia chez elle. Fais vite, Doria, pour l'amour de Dieu! La troisième heure est déjà sonnée, et il ne convient pas de passer la nuit entière à tout ceci.

DORIA. Fort bien, j'y vais.

NICOMACO. Toi, Pirro, demeure ici; je vais boire un coup avec Damone. Ne rentre pas dans la maison, de peur que Clizia ne retombe dans sa fureur. S'il arrive quelque chose de nouveau, viens vite me le dire.

PIRRO. Allez; je ferai comme vous l'ordonnez. (Seul.) Allons, puisque mon maître veut que je reste sans femme et sans souper, c'est fort bien! Je ne crois pas qu'en toute une année il puisse arriver tant de choses qu'il en est survenu aujourd'hui. Je crains qu'il ne m'en arrive encore d'autres, car j'ai entendu dans la maison certains éclats de rire qui ne me plaisent pas. Mais voici une torche allumée : la noce est sur le point de sortir et la mariée va paraître : je cours avertir le bonhomme. Eh! Nicomaco! Damone! descendez! voilà l'épousée qui arrive.

SCÈNE X.

NICOMACO, DAMONE, SOFRONIA, SOSTRATA; SIRO, habillé en femme et faisant semblant de pleurer.

NICOMACO. Nous voici. Viens à la maison, Pirro, car je crois qu'il est à propos qu'elle ne te voie pas. Toi, Damone, cache-moi en te mettant devant moi, et parle avec ces femmes. Les voici toutes dehors.

SOFRONIA. Pauvre fille! la voilà qui s'en va en pleurant! Vois: elle n'ôte pas son mouchoir de dessus ses yeux.

SOSTRATA. Elle rira demain matin: les jeunes filles n'en font pas d'autre. Dieu vous donne le bon soir, Nicomaco, et vous, Damone.

DAMONE. Soyez les bienvenues. Montez là-haut, mesdames: mettez cette jeune fille au lit et revenez ici. Pendant ce temps-là Pirro sera à ses affaires.

SOSTRATA. Allons, à la grâce de Dieu!

SCÈNE XI.

NICOMACO, DAMONE.

NICOMACO. Elle s'en va toute mélancolique. Mais as-tu vu comme elle est grande? Il faut qu'elle se soit donné de la taille avec ses souliers.

DAMONE. Il me semble aussi en effet qu'elle est plus grande qu'à l'ordinaire. Nicomaco, tu es un heureux coquin! l'affaire est arrivée où tu voulais. Comporte-toi bien; autrement tu ne pourrais pas y revenir.

NICOMACO. Ne t'inquiète pas : je suis bon pour faire tout ce qu'il faut; depuis que j'ai mangé je me sens brave comme une épée. Mais voici nos femmes qui reviennent.

SCÈNE XII.

NICOMACO, SOSTRATA.

NICOMACO. L'avez-vous mise au lit?

SOSTRATA. Oui, nous l'y avons mise.

DAMONE. C'est bien; nous ferons le reste. Toi, Sostrata, va coucher avec Sofronia, et Nicomaco restera ici avec moi.

SOFRONIA. Allons-nous-en : il y a mille ans qu'ils nous voudraient voir parties.

DAMONE. Nous pourrions vous en dire autant. A propos, prenez garde de ne pas vous faire mal.

SOSTRATA. Prenez garde vous-mêmes : c'est vous qui avez les armes, et nous, nous sommes désarmées.

DAMONE. Allons à la maison.

SOFRONIA. Et nous aussi. (A part.) Va, va, Nicomaco: tu vas faire une rencontre à laquelle tu ne t'attends pas; et ta femme sera comme la cruche de *Santa-Maria in pruneta*.

CANZONE.

Qu'elle est douce la ruse qui conduit au but qu'on désire avec passion! comme elle nous dépouille de nos chagrins et change en douceur toute saveur amère! Rare et souverain remède! tu montres la route directe à l'âme qui erre incertaine. Dans les faveurs dont nous comble l'amour, tout ce que tu as de piquant est un attrait de plus. Pierres, poisons, enchantements, tout est vaincu par ta divine adresse.

ACTE V.

SCÈNE I.

DORIA, seule.

Je n'ai jamais tant ri, et jamais, je crois, je ne rirai de si bon cœur; dans notre maison on n'a rien fait que rire tant que la nuit a été longue : Sofronia, Sostrata, Cleandro, Eustachio, tout le monde pouffait de rire. Nous mesurions les instants et nous disions: « Maintenant Nicomaco entre dans la chambre: maintenant il se déshabille; maintenant il se couche à côté de l'épousée; maintenant il engage la bataille; maintenant il est rudement repoussé. » Et tandis que nous nous amusions à ces propos, arrivent Siro et Pirro : c'est alors que les éclats de rire ont redoublé; et ce qu'il y avait de plus beau à voir, c'était Pirro riant plus encore que Siro; si bien que je ne crois pas qu'il soit donné à personne, dans toute cette année, d'avoir un si bon et si joyeux divertissement. Voilà le jour, et ces dames m'ont envoyée à la découverte pour observer notre bonhomme et voir comment il supporte cette mésaventure. Mais je le vois qui sort avec Damone. Je veux me tenir à l'écart, pour les écouter et rire encore un peu à leurs dépens.

SCÈNE II.

DAMONE, NICOMACO, DORIA.

DAMONE. Que s'est-il donc passé toute cette nuit? Tu ne dis mot! Quelle remue-ménage avez-vous donc fait? Se vêtir, ouvrir les portes, descendre du lit, y monter! vous n'avez pas été un instant en repos. Que signifie tout cela? Et moi qui couchais dessous, au rez-de-chaussée, je n'ai pas pu fermer l'œil. Enfin je me lève de dépit, et je te trouve déjà sorti et tout bouleversé! Tu es muet, on dirait que tu es mort: que diable as-tu?

NICOMACO. Mon bon ami, je ne sais où fuir, où me fourrer, où cacher ma honte d'être allé de moi-même me jeter dans ce maudit piége. Je suis à jamais déshonoré, je suis perdu sans ressource, et je n'oserai plus me montrer désormais à femme, enfants, parents ni domestiques. J'ai eté moi-même chercher ma honte, et ma femme m'a aidé à la trouver; si bien que me voilà la fable de toute la ville. Et ce qui me désole davantage, c'est que toi aussi tu as ta part de mon malheur, car chacun saura bientôt que tu prêtais la main à tout cela.

DAMONE. Qu'est-il donc arrivé? as-tu cassé quelque chose?

NICOMACO. Que veux-tu que j'aie cassé?... Eh! plût au ciel que je me fusse cassé le cou!

DAMONE. Mais enfin que s'est-il donc passé? pourquoi ne me le dis-tu pas?

NICOMACO, pleurant. Uh! uh! uh!... J'étouffe de douleur, et je crois que je ne pourrai jamais te faire ce récit.

DAMONE. Allons, tu as l'air d'un enfant! Que diable cela peut-il être?

NICOMACO. Tu sais le plan convenu: et moi, d'après ce plan, je suis entré dans la chambre, je me suis tout doucement déshabillé; et, grâce à l'obscurité, je me suis couché près de la nouvelle épouse, à la place de Pirro qui s'était mis à dormir sur le canapé.

DAMONE. Fort bien. Et ensuite?

NICOMACO. Uh! uh! uh!... M'étant approché d'elle comme font les nouveaux mariés, je voulais caresser sa gorge; mais elle m'a saisi la main, et elle ne me lâchait plus. J'ai voulu l'embrasser; et elle, de son autre main, m'a rudement repoussé le visage en arrière. J'ai voulu la prendre dans mes bras: alors elle m'a lancé un coup de genou qui m'a presque brisé une côte. Quand j'ai vu que la force me réussissait mal, j'ai eu recours aux prières, et avec de douces et amoureuses paroles, mais à demi-voix afin qu'elle ne pût me reconnaître, je l'ai suppliée de faire mon bonheur. Je lui disais: « Hélas! ma chère âme, tu veux donc me désespérer? Hélas! cher amour, pourquoi me refuses-tu ce que les autres femmes accordent si volontiers à leurs maris?... » Uh! uh! uh!

DAMONE. Essuie-toi un peu les yeux.

NICOMACO. Ma douleur est si grande que je ne sais que devenir, et je ne puis retenir mes larmes. J'ai essayé d'échanger quelques paroles: elle n'a pas plus voulu parler que faire autre chose. Moi, voyant cela, j'en suis venu aux menaces, je me suis mis à lui dire des injures, et que je lui ferais... et que je lui dirais... Imagine-toi que tout d'un temps elle replie ses jambes, et me lance une couple de coups de pieds tels, que si la couverture du lit ne m'eût retenu elle m'envoyait au beau milieu de la chambre.

DAMONE. Est-il bien possible!

NICOMACO. Très-possible, je te jure. Après cela elle s'est campée sur le ventre, et s'est si bien collé la poitrine contre le matelas que toutes les machines de l'opéra n'auraient pas été capables de la retourner. Pour moi, voyant que force, prières menaces rien ne me servait, je lui ai tourné le dos de désespoir et j'ai résolu de la laisser tranquille, me disant que vers le matin elle pourrait bien changer d'idée.

DAMONE. Bien ça. Tu devais dès l'abord prendre ce parti, et ne pas vouloir qui ne te voulait pas.

NICOMACO. Attends : l'histoire n'est pas finie là, et j'arrive au plus beau. Soit douleur, soit fatigue, et tout accablé de mon chagrin, je me suis mis un peu à sommeiller. Croirais-tu bien que tout d'un coup je sens comme une estocade dans le flanc, et en même temps, ici, au bas de l'échine, cinq ou six coups de possédé. Encore à moitié endormi, j'y porte vite la main, et je trouve quelque chose de dur et d'aigu. Saisi d'épouvante, je me jette à bas du lit, songeant à ce poignard dont Clizia avait voulu me percer le jour d'auparavant. A ce bruit Pirro qui dormait s'est éveillé, et moi, obéissant à la peur plus qu'à la raison, je lui criai qu'il allât vite chercher de la lumière, et que cette fille était armée pour nous égorger tous les deux. Pirro court, revient avec sa chandelle; et que voyons-nous? Au lieu de Clizia c'était Siro, mon valet, qui se dresse tout nu sur le lit, qui par moquerie.... Uh! uh! uh!... me faisait la grimace... Uh! uh! uh! uh!... et me montrait les cornes par derrière.

DAMONE. Ah! ah! ah!

NICOMACO. Et quoi! Damone, tu ris de cela!

DAMONE. Cette aventure me chagrine beaucoup, je t'assure; et pourtant je ne puis m'empêcher de rire.

DORIA, à part. Allons vite raconter tout ceci à ma maîtresse, pour la faire rire de plus belle.

NICOMACO. Voilà justement le pis de l'affaire: chacun en rira, c'est à moi seul d'en pleurer. Il n'y a pas jusqu'à Pirro et Siro qui devant moi-même, en se disant mille injures, riaient aussi aux éclats; et puis, à moitié habillés, ils sont sortis. Je suis sûr qu'ils sont allés rejoindre les femmes, et qu'en ce moment ils rient tous à qui mieux mieux. Enfin tout le monde rit, et Nicomaco pleure.

DAMONE. Tu dois être persuadé, je pense, de toute la contrariété que j'éprouve et pour toi, et pour moi qui, grâce à l'amitié que je te porte, me suis fourré dans toute cette intrigue.

NICOMACO. Que me conseilles-tu de faire? Je t'en supplie, ne m'abandonne pas, pour l'amour de Dieu!

DAMONE. Il me semble qu'il convient, si tu ne trouves rien de mieux, de te remettre entièrement dans les mains de Sofronia, et de lui dire que désormais elle fasse ce qu'elle voudra et de Clizia et de toi. Elle devrait bien, elle aussi, ménager ton honneur: tu es son mari après tout, et il ne peut tomber sur toi quelque honte sans qu'elle en ait sa part. La voici qui sort : allons, parle-lui; et cependant je m'en vais aller à la place et au marché afin de savoir si on parle de l'aventure, et je te mettrai de mon mieux à couvert.

NICOMACO. Fais cela, je t'en conjure.

SCÈNE III.

SOFRONIA, NICOMACO.

SOFRONIA, à elle-même. Doria m'a dit que Nicomaco est dehors et que c'est pitié de le voir. Je voudrais lui parler, pour savoir ce qu'il me pourrait dire de ce nouvel accident. Le voilà par ici. Oh! Nicomaco!

NICOMACO. Que veux-tu?

SOFRONIA. Où vas-tu donc si matin? Sors-tu de la maison sans dire un seul mot à l'épousée? As-tu su comment elle s'est comportée cette nuit avec Pirro?

NICOMACO. Je n'en sais rien.

SOFRONIA. Qui donc le saura si tu ne le sais pas, toi qui as bouleversé Florence pour conclure ce mariage? Maintenant qu'il est conclu, tu fais l'ignorant et le mécontent!

NICOMACO. Mon Dieu, laisse-moi tranquille; ne m'ennuie pas davantage.

SOFRONIA. C'est toi qui m'ennuies vraiment : quand tu devrais me consoler, c'est moi qui te console; quand tu devrais t'occuper de ce dont ils ont besoin, c'est sur moi que cela retombe! Tu vois, je leur porte des œufs.

NICOMACO. Tu ferais mieux de ne pas tant te moquer de moi; il devrait bien te suffire de l'avoir fait toute cette année, et hier, et cette nuit plus que jamais.

SOFRONIA. Je n'ai jamais voulu me moquer de toi : c'est toi-même bien plutôt qui as voulu te faire un jeu de nous autres, et qui t'es trouvé à la fin le jouet de toi-même. Comment n'as-tu pas eu honte, après avoir élevé chez nous une jeune fille dans des mœurs honnêtes et comme on doit élever une personne bien née, de la vouloir marier ensuite à un mauvais domestique, un bon à rien, parce qu'il consentait à te laisser coucher avec elle ! Croyais-tu donc avoir affaire à des aveugles, ou à des gens incapables de traverser l'infamie de tes desseins ? Je l'avoue, c'est moi qui ai conduit toutes ces mystifications que l'on t'a faites; et il n'y avait pas d'autre moyen de te faire rentrer en toi-même que de te prendre en flagrant délit vis-à-vis tant de témoins que tu ne pusses échapper à la honte. et que cette honte te fît faire ce que n'aurait pu te faire faire aucune autre chose. Si tu veux abjurer tes folies et redevenir le même Nicomaco que tu étais il y a un an, nous redeviendrons, nous aussi, ce que nous étions, et l'aventure ne sera pas ébruitée; et quand même on finirait par en savoir quelque chose, il arrive à bien d'autres de faire des fautes et de se corriger.

NICOMACO. Ma chère Sofronia, fais ce que tu voudras. Je suis tout prêt à me conformer à tes avis pourvu qu'on ne sache rien de tout cela.

SOFRONIA. Si telle est ton intention, tout est arrangé.

NICOMACO. Où est Clizia ?

SOFRONIA. Hier, aussitôt après le souper, revêtue encore des habits de Siro je l'ai envoyée dans un couvent.

NICOMACO. Et Cleandro, qu'a-t-il dit ?

SOFRONIA. Il ne se sent pas de joie que ce mariage ait été rompu ; mais il est bien contrarié de ne pas voir comment il pourra obtenir Clizia.

NICOMACO. Je te laisse maintenant le soin des affaires de Cleandro. Néanmoins, si on ne peut parvenir à connaître de quels parents cette fille est née, il ne me semble pas à propos de la lui donner.

SOFRONIA. Et il ne me le semble pas non plus à moi. Il convient de différer de la marier jusqu'à ce qu'on sache quelque chose sur sa destinée, ou que cette fantaisie soit sortie de la tête de Cleandro. En attendant on fera annuler le mariage de Pirro.

NICOMACO. Gouverne tout cela à ton gré. Pour moi, je vais me reposer, car je ne me tiens pas debout, tant je suis accablé de la fatigue de cette maudite nuit. Je vois d'ailleurs sortir de la maison Cleandro et Eustachio, et je ne veux pas les aborder. Toi, dis-leur l'arrangement que nous venons de faire; qu'il leur suffise d'avoir triomphé, et qu'ils ne s'avisent pas de venir me parler de cette aventure.

SCÈNE IV.

CLEANDRO, SOFRONIA, EUSTACHIO.

CLEANDRO. Tu as entendu comme le bonhomme est allé se renfermer à la maison. Il faut qu'il ait reçu une mercuriale de Sofronia : il a l'air tout penaud. Approchons-nous pour savoir ce dont il s'agit. Dieu vous garde, ma mère. Eh bien, que dit Nicomaco ?

SOFRONIA. Il est tout honteux, le pauvre homme : il se voit déjà vilipendé. Il m'a donné carte blanche, et veut qu'à l'avenir je mène tout à mon idée.

EUSTACHIO. Alors tout ira bien : j'aurai Clizia.

CLEANDRO. Doucement, doucement : ce n'est pas un morceau pour toi.

EUSTACHIO. Eh bien ! en voilà une bonne ! Moi qui croyais avoir gagné, j'aurai perdu comme Pirro !

SOFRONIA. Ni toi ni Pirro vous ne l'aurez; tu ne l'auras pas non plus, Cleandro : jentends qu'elle reste comme elle est.

CLEANDRO. Permettez du moins qu'elle revienne à la maison et que je ne sois pas privé de sa vue.

SOFRONIA. Elle y reviendra ou n'y reviendra pas, comme il me plaira. Allons, nous autres, remettre la maison en ordre; toi, Cleandro, regarde si tu ne verrais pas Damone : il est bon de lui parler pour convenir du meilleur moyen de cacher ce qui est arrivé.

CLEANDRO. Voilà qui va mal pour moi.

SOFRONIA. Cela ira mieux une autre fois.

SCÈNE V.

CLEANDRO, seul.

Au moment où je crois toucher au rivage, la fortune me rejette dans la haute mer et au milieu des flots soulevés par la tempête. J'avais à lutter auparavant contre l'amour de mon père : maintenant c'est contre l'ambition de ma mère qu'il faut que je lutte; elle était avec moi contre lui, et me voilà seul contre elle ; j'avais une lueur d'espoir d'abord : à présent je n'en ai plus.

Certes j'ai à me plaindre de mon mauvais sort, car je suis né pour être malheureux ; et je puis bien dire que, depuis que cette jeune fille est entrée dans la maison, je n'ai connu d'autre bonheur que celui de penser à elle, et les plaisirs ont été pour moi si rares que je compterais facilement les jours marqués par eux. Mais qui vois-je venir à moi ? Serait-ce Damone ? C'est lui-même. Comme il est joyeux ! Qu'est-ce, Damone ? quelle nouvelle apportez-vous ? d'où vient cette grande joie ?

SCÈNE VI.

DAMONE, CLEANDRO.

DAMONE. Ah ! certes je ne pouvais apprendre de meilleures nouvelles, ni plus heureuses, ni que j'apportasse plus volontiers.

CLEANDRO. Qu'est-ce donc?

DAMONE. Le père de votre Clizia est arrivé en ce pays : il se nomme Ramondo; c'est un gentilhomme napolitain fort riche, et qui ne vient que dans le but de retrouver sa fille.

CLEANDRO. Comment sais-tu cela?

DAMONE. Je le sais parce que je lui ai parlé, que j'ai tout entendu de moi-même, et qu'il n'y a pas le moindre doute.

CLEANDRO. Comment cela se fait-il? Je suis fou de joie !

DAMONE. Je veux que vous sachiez tout de lui-même : appelle Nicomaco et ta mère Sofronia.

CLEANDRO. Sofronia ! Nicomaco ! descendez pour parler à Damone.

SCÈNE VII.

NICOMACO, CLEANDRO, DAMONE, SOFRONIA, RAMONDO.

NICOMACO. Nous voici. Quelles bonnes nouvelles ?

DAMONE. Je disais que le père de Clizia, appelé Ramondo, gentilhomme napolitain, est venu à Florence pour chercher sa fille : je lui ai parlé, et je l'ai disposé à l'accorder pour femme à Cleandro, si tu veux.

NICOMACO. S'il en est ainsi, j'en suis charmé. Mais où est-il ?

DAMONE. A l'hôtel de *la Couronne;* et je l'ai engagé à venir ici. Je l'aperçois là-bas : c'est cet homme suivi de ces valets. Allons à sa rencontre.

NICOMACO. Allons. Dieu vous garde, homme de bien.

DAMONE. Voici Nicomaco et voici sa femme qui ont si honnêtement élevé ta fille; voilà aussi leur fils, et il sera ton gendre si tu le veux agréer.

RAMONDO. Soyez tous les bien trouvés. Je remercie Dieu de m'avoir fait tant de grâce que de revoir ma fille avant de mourir, et de pouvoir témoigner ma reconnaissance à cette honnête famille qui l'a traitée si honorablement. Quant au mariage, rien ne peut m'être plus agréable que de maintenir par une belle union une amitié commencée entre nous par vos services.

DAMONE. Entrons, et Ramondo vous apprendra de point en point toute l'aventure. Vous vous occuperez ensuite de ces heureuses noces.

SOFRONIA. Entrons. Et vous, spectateurs, vous pouvez aller chacun chez vous, car sans sortir de céans nous disposerons tout pour ces noces nouvelles. Celles-ci seront femelles, et non mâles comme celles de Nicomaco.

CANZONE.

O vous, âmes généreuses qui, silencieuses et attentives, avez écouté cet exemple honnête et modeste, règle sage et aimable de notre vie humaine, par lui vous avez appris ce qu'on doit éviter, et quel chemin il faut suivre pour monter droit au ciel; sous ce voile diaphane vous avez vu plus de choses qu'un long discours ne vous en pourrait dire ; et nous faisons des vœux pour que vous en retiriez tout le fruit que mérite votre courtoisie si parfaite.

FIN DE CLIZIA.

III.

FRÈRE ALBERIGO[1],

COMÉDIE EN TROIS ACTES ET EN PROSE

PERSONNAGES.

AMERIGO, vieux bourgeois.
CATTERINA, sa jeune femme.
MARGHERITA, servante.
ALFONSO, compère d'Amerigo
FRÈRE ALBERIGO, ami d'Amerigo.

ACTE PREMIER.

SCÈNE I.

MARGHERITA, seule.

Il n'y eut jamais de femme plus malencontreuse que moi : l'un me poursuit et me tourmente, l'autre me presse et me sollicite ; celui-ci me promet, celui-là veut me donner ; et moi qui ne sais pas refuser, je les tiens tous deux en espérance. Mon maître est amoureux de sa commère, et il s'est mis en tête de se servir de moi pour messagère et de me faire travailler en sa faveur. Moi, pour gagner de mon mieux ses bonnes grâces, je lui fais croire que la commère l'aime, qu'elle est prête à tout faire pour lui et qu'il ne lui manque rien que l'occasion. Le pauvre benêt prend pour bon tout ce que je lui conte, et cependant je n'en ai pas parlé à la commère, dans la crainte que ma maîtresse, sa femme, ne vienne à le savoir. D'autre part, voilà frère Alberigo qui s'est emmouraché de ma maîtresse, et qui s'imagine que je le sers auprès d'elle, quoique je ne lui en aie pas soufflé le mot. Néanmoins je les repais tous deux de mensonges et de contes en l'air, sans qu'ils y aient encore rien gagné. Mais qu'est-ce ? Oh ! oh ! voici notre bonhomme qui vient tout exprès pour me répéter dehors l'éternel radotage que tout à l'heure, là-dedans, il m'a fait sur son amour.

[1] Cette comédie ne porte pas de titre dans l'original.

SCÈNE II.

AMERIGO, MARGHERITA.

AMERIGO. Où diable s'est-elle fourrée maintenant ?... Oh ! oh ! n'est-ce pas elle que j'aperçois ? Holà ! ho ! tu n'entends pas, Margherita?

MARGHERITA. Que vous plaît-il, monsieur ?

AMERIGO. Dis-moi : où vas-tu de si bonne heure?

MARGHERITA. Au marché, acheter des choux et des oignons pour le dîner.

AMERIGO. Laisse là le dîner et les oignons : je ne veux pas que tu fasses rien autre chose que ce que je t'ai ordonné tout à l'heure. Tu vois : je me suis confié à toi, et tu me dis qu'elle m'aime à la folie : que tardes-tu donc d'avancer un peu nos affaires ? En vérité, mon enfant, je n'en puis plus.

MARGHERITA. Avez-vous mal quelque part ?

AMERIGO. Eh ! non.

MARGHERITA. Auriez-vous la fièvre ?

AMERIGO. Méchante ! tu sais bien....

MARGHERITA. Et quoi donc ?

AMERIGO. Celle pour qui je suis mort d'amour.

MARGHERITA. Si vous êtes mort, vous n'avez plus besoin de rien.

AMERIGO. Je ne dis pas que je suis mort comme celui qui n'a plus de souffle, mais comme celui à qui l'amour ôte son libre arbitre et qui n'est plus maître de lui-même.

MARGHERITA. Ma foi, mon cher maître, je ne comprends rien à cela.

AMERIGO, à lui-même. C'est moi qui suis une buse en effet : je ne m'aperçois pas que je vais me lancer dans les sublimités de la philosophie avec une servante ! (Haut.) Sache seulement que j'ai besoin de ton aide; et ce que de sa part tu m'as mille fois promis, il faut qu'il m'arrive une fois enfin.

MARGHERITA. Je vais m'ingénier de mon mieux, mon cher maître; et laissant là la poirée et les poireaux, je cours de ce pas chez elle pour votre affaire.

AMERIGO. Oui; et surtout souviens-toi bien, je t'en prie, d'appuyer sur mes qualités et sur mes gracieuses manières, comme je te l'ai dit tout à l'heure à la maison. N'oublie pas non plus que je laisse pour elle ma femme, qui est pourtant jeune et belle. Offre-lui de l'or, des chaînes, des parures. Et toi-même, si tu désires quelque chose, tu n'as qu'à parler. Mais surtout que ma femme n'ait pas le moindre vent de tout cela, si ta vie et ma bienveillance te sont chères!

MARGHERITA. Quant à cela reposez-vous sur moi.

AMERIGO. Or sus, il faut que j'aille jusqu'au tribunal de commerce pour certaines affaires, et je reviendrai le plus tôt que je pourrai. Pendant cela, toi va chez elle : dis-lui tout ce que tu sais et viens me rapporter la réponse.

MARGHERITA. Je n'y manquerai pas. Mais auparavant je vais remettre ce panier à la maison, prendre mes sabots, et un gros mantelet pour n'être pas mouillée s'il pleut.

AMERIGO. Va donc, dépêche-toi. Et pendant ce temps-là je cours à la place.

MARGHERITA. Allez; que Dieu vous conduise. (Seule.) Le ciel me soit en aide! Que dois-je faire maintenant? (Elle soupire.) Ah! ah! on a bien de la peine à gagner sa pauvre vie!

SCÈNE III.

CATTERINA, MARGHERITA.

CATTERINA. Margherita! Tu n'entends pas, Margherita?

MARGHERITA. Oh! oh! c'est ma maîtresse qui m'appelle.

CATTERINA. Margherita! Es-tu sourde?

MARGHERITA. Oh! madame, que vous plaît-il?

CATTERINA. Viens un peu ici.

MARGHERITA. Que voulez vous?

CATTERINA. Qu'est-ce que j'ai entendu là? De quoi parlais-tu avec mon mari? Qu'est-ce que c'est que cet amour qui le rend si bête? N'a-t-il pas honte, vieillard à moitié tombé en enfance, de se passionner pour sa commère! Et toi, petite carogne, tu lui promets de l'aider, et déjà, s'il faut t'en croire, tu as fait pour cela tous tes efforts! Est-ce là la récompense du bien que je t'ai fait?

MARGHERITA, pleurant. Uh! uh!... Hélas! ma chère maîtresse, je vous demande pardon.

CATTERINA. Vous n'êtes toutes bonnes qu'à ce métier-là.

MARGHERITA. Je vous assure que voilà près de deux mois qu'il a commencé à me persécuter pour cela; et moi, par attachement pour vous, je n'en ai pas dit un mot à la commère.

CATTERINA. Ah! petite dessalée! n'ai-je pas entendu ce que tu as dit tout à l'heure dans la maison lorsque tu ne savais pas que j'écoutais?

MARGHERITA. Ce que j'ai dit c'était seulement pour le contenter, mais soyez bien sûre que de tout cela il n'y a pas un mot de vrai.

CATTERINA. Comment, pas un mot!

MARGHERITA. Non certainement.

CATTERINA. Ainsi donc tu lui en donnes à garder comme à un butor!... Mais que dis-je? il est plus sot qu'un oison. Ah! que je suis mal tombée quand mes oncles, contraints par la pauvreté, m'ont donnée à ce vieillard sans cervelle qui a l'audace de faire l'amour à sa commère! Mais dis-moi un peu : que lui as-tu promis?

MARGHERITA. D'aller l'entretenir et de le lui recommander.

CATTERINA. Et si je ne t'avais pas surprise, que voulais-tu faire?

MARGHERITA. Rien. J'aurais fait semblant d'y avoir été, et je lui aurais donné à croire quelque bourde.

CATTERINA. Pauvre homme! Je ne m'étonne pas si depuis quelque temps il ne me réveille plus comme il faisait toutes les nuits, et s'il me sèvre de ses caresses accoutumées. Par la croix-Dieu! ils voudraient nous enterrer toutes vives, nous autres pauvres femmes, aussitôt que nous sommes nées! Ainsi donc jeune comme je suis, je languirai à jeun tandis que mon vieux mari cherche à se pourvoir ailleurs! Non certes, il n'en sera pas ainsi; et puisque les choses en sont là, je veux de mon côté faire quelque conquête.

MARGHERITA. Voilà parler, ça, ma chère maîtresse! Tandis que vous êtes fraîche, jeune et belle, usez de la vie de manière que vous n'ayez pas à vous plaindre plus tard de vous-même, et que le corps n'ait point de reproches à faire à l'esprit.

CATTERINA. Mais comment veux-tu que je fasse? Je ne suis pas non plus femme à courir les rues et à me jeter à la tête de quelqu'un.

MARGHERITA. Ah! ma bonne maitresse, si vous saviez ce que je sais, moi!

CATTERINA. Que sais-tu? Dis donc tout de suite.

MARGHERITA. Dieu m'en garde! Hélas! non, non, vraiment! Vous le prendriez mal peut-être; et c'est pour cela que je vous en fais mystère depuis plusieurs mois.

CATTERINA. Allons, dis promptement, je veux le savoir; j'en meurs d'envie! . Dis donc!

MARGHERITA. Un jeune homme, le plus beau de la ville en vérité, est perdu d'amour pour vous.

CATTERINA. Bonne nouvelle, mon enfant! Mais en es-tu bien certaine?

MARGHERITA. Plus que certaine, je vous assure.

CATTERINA. Et quand donc cela a-t-il commencé?

MARGHERITA. Voilà déjà longtemps.

CATTERINA. Pourquoi ne me l'avoir pas dit?

MARGHERITA. Je n'osais vraiment, et c'était scabreux pour moi : vous me paraissiez une sainte Élisabeth, qui était cousine de notre Sauveur.

CATTERINA. Ne sais-tu point qu'on ne peut pas faire plus de plaisir aux femmes que de leur dire qu'on les chérit, qu'on les adore, surtout à celles qui me ressemblent? Que si quelquefois nous nous en montrons irritées et indignées en apparence, nous en sommes secrètement bien heureuses. Mais rentrons sur-le-champ à la maison afin que personne ne vienne nous interrompre, car je veux entendre tout à mon aise le récit des moindres particularités : et ce qu'il est, et ce qu'il t'a dit, et ce que tu lui as répondu.

MARGHERITA. Allons; je vais vous rendre joyeuse et contente, ma maîtresse; il y a là du bonheur pour vous si vous voulez écouter mes avis.

CATTERINA. Viens. Je ne me sens pas de joie!

ACTE II

SCÈNE I.

CATTERINA, MARGHERITA

CATTERINA. Je t'avoue que j'espérais mieux de cette aventure.

MARGHERITA. Et pourquoi?

CATTERINA. Vois-tu? ces moines n'ont jamais été de mon goût; et j'ai bien peur, si je m'empêtre avec eux, d'y perdre ma dévotion.

MARGHERITA. Vraiment, dévotion est bien trouvé! Et avec qui voulez-vous donc vous empêtrer? avec quelque blondin qui l'ira conter à tout le monde? Ne savez-vous pas que c'est leur coutume, et que vous risquez de devenir la fable de toute la ville?

CATTERINA. Je ferais en sorte de bien le connaître avant que d'aller plus loin.

MARGHERITA. Ils sont tous de la même pâte, et vous en seriez la dupe. Et puis je vous dirai plus : ils se vantent souvent de ce qu'ils n'ont même pas fait : songez à ce qu'ils diraient s'il y avait quelque chose de vrai! Avec les moines, au contraire, vous êtes en sûreté, car plus qu'à vous-même le secret leur est utile.

CATTERINA. A la bonne heure, en ceci tu as raison; mais, sans parler du reste, cette odeur de sauvagine qu'ils répandent me soulève le cœur, rien que d'y penser.

MARGHERITA. Eh! eh! pauvre petite! Les moines, eh! il n'y a pas de race mieux faite pour le service des dames. C'est peut-être avec le nez que vous voulez prendre du plaisir? Hélas! l'eau me vient à la bouche toutes les fois que je pense à un moine, mon bon ami : ô quelle bonne nature d'homme c'était! Je sais bien quelle différence il y avait entre lui et mon mari!

CATTERINA. Qu'est-il devenu?

MARGHERITA. Il est mort de la peste. Mais laissons cela. Essayez-en une fois, et ensuite vous m'en direz des nouvelles!

CATTERINA. Tu as allumé dans mon sein un désir qui m'agite et me consume. Va le voir tout de suite : fais qu'il m'aide à éloigner mon mari de son amour pour la commère; et quand il en sera venu à bout, qu'il dispose de moi à son plaisir.

MARGHERITA. Maintenant, ma chère maîtresse, je vois que vous êtes sage et prudente ainsi que je l'ai toujours pensé.

CATTERINA. Écoute : il ne faut pas qu'il paraisse que cela vienne tout à fait de moi : fais-lui comprendre que je consens seulement à le récompenser d'un service rendu.

MARGHERITA. Vous avez parfaitement raison; et je ne crois pas qu'il y ait au monde une femme plus habile et plus accorte que vous.

CATTERINA. Cours, hâte-toi : trouve-le sur-le-champ, et parle-lui comme il faut.

MARGHERITA. Comptez sur moi, ma chère maîtresse; et que le bon Dieu vous bénisse!

CATTERINA. Or donc je rentre à la maison, et je t'attendrai : fais en sorte de revenir promptement me donner une réponse.

MARGHERITA. Je ne perdrai pas de temps. (Seule.) Oh! oh! voyez un peu où je l'ai amenée sans nous en douter! Je sais que j'ai de l'argent à gagner avec ce gros moine; laissons-le seulement s'engager avec moi. Mais le voici justement qui vient par ici, et par bonheur il est seul. Frère Alberigo, vous voilà tout transporté de colère : où allez-vous si furieux?

SCÈNE II.

FRÈRE ALBERIGO, MARGHERITA.

FRÈRE ALBERIGO. Je viens de visiter un malade. Mais dis-moi : comment se porte ta maîtresse?... Que dis-je? ma vie!

MARGHERITA. Hélas! si vous saviez! elle est à moitié morte de désespoir.

FRÈRE ALBERIGO. Qu'a-t-elle donc?

MARGHERITA. Ma foi! mille tourments.

FRÈRE ALBERIGO. Quels sont ces tourments? Dis donc! tu me fais mourir!

MARGHERITA. Son mari s'est amouraché de sa commère.

FRÈRE ALBERIGO. Comment, de sa commère!

MARGHERITA. Vous ne savez pas? de la femme d'Alfonso.

FRÈRE ALBERIGO. Ah! ah! oui, oui, vraiment! Voyez le sot animal! il laisse de côté le pain de pur froment pour courir après du pain de seigle! Mais elle n'a pas de cœur si elle ne sait s'en venger à mesure comble. Va, dis-lui de ma part que si elle pense que je puisse lui être bon à quelque chose, elle n'a qu'à disposer de moi.

MARGHERITA. Hélas! elle se recommande en effet à vous.

FRÈRE ALBERIGO. Plût au ciel! Dis-tu bien vrai?

MARGHERITA. Je vous assure; je n'ai jamais parlé plus sérieusement.

FRÈRE ALBERIGO. Et que veut-elle que je fasse?

MARGHERITA. Que vous l'aidiez comme vous pourrez.

FRÈRE ALBERIGO. En quoi?

MARGHERITA. A la délivrer de cet ennui par un moyen quelconque, et à guérir son mari de l'amour qu'il a pour cette femme.

FRÈRE ALBERIGO. J'entends; mais si je la satisfais, quelle récompense dois-je en espérer?

MARGHERITA. Je suis chargée de vous offrir, dans le cas où vous réussiriez, tout ce que vous pourriez lui demander vous-même, et qui dépendra d'elle.

FRÈRE ALBERIGO. Laisse-moi ce soin; retourne vers elle : rassure-la, et dis-lui qu'avant que cette journée soit écoulée je ferai jouer en sa faveur tels ressorts, qu'elle m'en remerciera à jamais.

MARGHERITA. Je lui dirai cela.

FRÈRE ALBERIGO. Adieu donc; que le Seigneur t'accompagne.

MARGHERITA. Père, donnez-moi la bénédiction.

FRÈRE ALBERIGO. Va, et que le bon Dieu soit avec toi. (Seul.) Si j'ai bien entendu ce qu'elle m'a dit, je vais aujourd'hui avancer comme il faut mes affaires. Cet Alfonso, mari de la femme qui a éveillé la passion de son Amerigo, est un de mes meilleurs amis. Oh! diable! le voici justement qui vient par ici. Hélas! mon Dieu! je n'ai pas eu seulement une minute pour penser à toute cette affaire. Pourtant j'ai là dans ma tête je ne sais quelle idée que je vais m'étudier à mettre à exécution. Allons à sa rencontre et saluons-le. Dieu vous garde, mon cher Alfonso.

SCÈNE III.

ALFONSO, FRÈRE ALBERIGO.

ALFONSO. Eh! frère Alberigo, comment vous portez-vous?

FRÈRE ALBERIGO. Bien, pour vous servir.

ALFONSO. Où donc allez-vous ainsi tout seul?

FRÈRE ALBERIGO. Je cherchais quelqu'un à

qui j'avais à demander un petit service, et je n'ai pu le rencontrer.

ALFONSO. Si c'est quelque chose que je puisse faire, employez-moi en ami.

FRÈRE ALBERIGO. Tu pourras peut-être bien faire mon affaire. Mais, dis-moi : ta femme est-elle chez toi ?

ALFONSO. Non, père : avant hier elle est allée chez sa mère, où elle restera plusieurs jours.

FRÈRE ALBERIGO. Et toi ?

ALFONSO. Moi j'y suis avec elle.

FRÈRE ALBERIGO. Ainsi votre maison ?...

ALFONSO. Elle est déserte maintenant.

FRÈRE ALBERIGO. Fort bien ! cela ne pouvait se présenter plus à propos.

ALFONSO. Usez-en, et de moi aussi si je puis vous être bon à quelque chose.

FRÈRE ALBERIGO. Je vais te dire : une sœur à moi est arrivée de Fegghine avec sa belle-mère, pour passer ici quelques jours chez un de nos parents qui est tisserand, ainsi qu'elles ont coutume de faire à peu près tous les ans. Cependant ce parent, pour diminuer son loyer, a changé de demeure et s'est logé avec un autre locataire ; de sorte qu'il n'a pas pu les recevoir comme par le passé, et elles ont eu recours à moi. Mais vous savez qu'il ne convient pas de loger des femmes dans un couvent, et cela est même défendu : je désirerais donc me servir de ta maison pour un jour ou deux tout au plus.

ALFONSO. Volontiers et de grand cœur. Une chose me contrarie pourtant : c'est qu'il n'y ait là personne ; mais si vous voulez, j'enverrai une servante.

FRÈRE ALBERIGO. Rien, rien ; c'est inutile.

ALFONSO. Comment ferez-vous ? vous n'y trouverez pas une bouchée de pain.

FRÈRE ALBERIGO. Nous y en porterons.

ALFONSO. Je mets à votre disposition l'huile, le sel, le vin, le bois et autres provisions.

FRÈRE ALBERIGO. Grand merci : il me suffit du logement ; j'enverrai du reste tout ce qui sera nécessaire.

ALFONSO. Je ne suis pas homme à paroles inutiles : voilà la clef.

FRÈRE ALBERIGO. Je l'accepte, en te priant de disposer également de moi au besoin. Je te l'ai dit, ce n'est que pour un ou deux jours seulement.

ALFONSO. Comme il vous plaira : gardez-la une semaine si vous voulez ; je n'aurai pas même besoin d'y venir pour quoi que ce soit. Servez-vous de tout ce qu'il y a. Les lits sont en état : mettez-vous à votre aise, faites à votre fantaisie.

FRÈRE ALBERIGO. C'est assez : je ne veux pas vous déranger plus longtemps de vos affaires

ALFONSO. Au revoir.

FRÈRE ALBERIGO. Va à la garde de Dieu. (Seul.) La fortune commence à m'être favorable, et il me paraît certain que mon projet aura un bon succès : l'amitié d'Alfonso ne me sera pas inutile. Mais voici justement la servante qui revient.

SCÈNE IV.

MARGHERITA, FRÈRE ALBERIGO.

MARGHERITA. Eh bien, père, avez-vous imaginé quelque chose pour rendre service à ma maîtresse ?

FRÈRE ALBERIGO. C'est une affaire faite, pourvu qu'elle veuille suivre mes avis.

MARGHERITA. Elle fera tout ce qu'il vous plaira, ne craignez rien.

FRÈRE ALBERIGO. Va, appelle-la un instant ; et ici, sur la porte, je l'instruirai de ce qu'elle doit faire.

MARGHERITA. C'est bien ; j'y vais.

FRÈRE ALBERIGO, seul. Fortune, sois-moi propice cette fois ! Ah ! si je puis mettre à exécution ce projet qui enflamme mon imagination, je serai l'homme le plus content, le plus heureux qu'il y ait sous le ciel !

SCÈNE V.

MARGHERITA, FRÈRE ALBERIGO, CATTERINA.

MARGHERITA. Père ! holà, père !

FRÈRE ALBERIGO. Qui m'appelle ?

MARGHERITA. C'est moi, père. Approchez : la voilà qui est venue vers vous.

FRÈRE ALBERIGO. Ah ! madame Catterina, j'ai appris les chagrins qu'on vous donne, et je m'en afflige avec vous.

CATTERINA. En vérité, ce monde est plein de perfidies.

FRÈRE ALBERIGO. Mais en de telles circonstances il faut prendre patience et avoir recours au Seigneur ; surtout il faut s'appliquer à toujours fuir le mal et à faire le bien. Fuir le mal, c'est agir de manière que votre mari ne songe plus à sa commère; faire le bien, c'est vous charger vous-même de le guérir de ce vice: et cela vous sera facile si vous avez confiance en moi, et si vous vous laissez guider par mes avis.

CATTERINA. Hélas! mon père, pourvu que je le puisse, soyez sûr que j'en ai encore plus envie que vous.

FRÈRE ALBERIGO. Eh bien, soyez tranquille.

CATTERINA. Écoutez-moi : il conviendrait, mon père, d'entrer au logis, de peur de donner à penser à quelqu'un.

MARGHERITA. Elle a raison, vraiment, ma sage maîtresse.

FRÈRE ALBERIGO. Entrons.

MARGHERITA. Passez par ici. Maintenant, que le bon Dieu arrange tout pour le mieux!

SCÈNE VI.

AMERIGO, seul.

Oh! comme cela viendrait à propos si je pouvais aujourd'hui avoir un rendez-vous de la commère! Après tout, il est bien vrai le proverbe qui dit que la mauvaise compagnie nous conduit au gibet : j'ai fait ce matin ce que je n'avais pas fait depuis deux ans, et cela à l'instigation de quelques amis. Je ne serais pas même revenu dîner, si ce n'est que je n'ai pas voulu me faire attendre toute la matinée. C'est qu'aussi notre déjeuner a été splendide, et cette malvoisie tient de la place : je puis dire que, pour une fois, je m'en suis rempli comme il faut. Néanmoins je suis revenu, car il me semble qu'il y a mille ans que j'attends pour savoir ce qu'a fait la servante. Mais je veux en être instruit à l'instant : frappons. Je suis sorti depuis trop longtemps pour qu'elle n'ait pas eu le temps de revenir. Tic, tac, holà! Tic, tac! Que diable! sont elles mortes?

SCÈNE VII.

MARGHERITA, AMERIGO.

MARGHERITA. Maître, soyez le bienvenu.

AMERIGO. Depuis quand es-tu revenue?

MARGHERITA. A l'instant même.

AMERIGO. Quelle réponse m'apportes-tu?

MARGHERITA. Bonne.

AMERIGO. Plût au ciel!

MARGHERITA. Excellente, vous dis-je : elle est prête à faire tout ce qu'il vous plaira, tant j'ai su la rendre sensible à votre amour.

AMERIGO. O bonheur! Conte-moi, conte-moi, explique-moi tout de point en point.

MARGHERITA. Écoutez : madame Catterina est là-haut, et s'apprête pour aller chez madame Vaggia qui l'a invitée à dîner; elle veut que je l'accompagne et m'a dit que je vinsse vous avertir de ne pas l'attendre.

AMERIGO. Mais enfin que me veux-tu dire?

MARGHERITA. Je ne voudrais pas qu'elle vînt à m'appeler et à interrompre notre entretien au plus bel endroit.

AMERIGO. Que faut-il donc faire à ton avis?

MARGHERITA. Allez-vous-en à Sainte-Croix : attendez-moi là ; et aussitôt que je l'aurai conduite j'irai vous y rejoindre et je vous instruirai de tout.

AMERIGO. Merveilleusement trouvé! Sans songer à autre chose je vais là tout de suite et je t'attendrai. Prends bien garde de ne pas tarder trop longtemps.

MARGHERITA. Aussitôt débarrassée, je suis à vous.

AMERIGO. Or sus, prends bien garde d'oublier.

MARGHERITA. Laissez-moi faire. (Seule.) Sortez maintenant, ma chère maîtresse : il s'est éloigné. Oh! oh! béni soit l'archange de Tobie de ce qu'il est parti!

SCÈNE VIII.

CATTERINA, MARGHERITA, FRÈRE ALBERIGO.

CATTERINA. Viens à la maison, Margherita.

FRÈRE ALBERIGO. Va vite.

MARGHERITA. Me voici tout à point.

CATTERINA. Mon père, n'oubliez pas l'affaire.

FRÈRE ALBERIGO. Ne craignez rien. (Seul.) Certainement c'est une grande vérité que les femmes sont des têtes sans cervelle, crédules, changeantes, et bien plus encore qu'on ne le dit. Comme je vais attrapper l'innocente entre l'huis et la muraille! Vite, vite, sortons : il me semble les entendre; vite! qu'elles ne m'aperçoivent pas!

SCÈNE IX.

CATTERINA, MARGHERITA.

CATTERINA. Allons, allons! Voilà un siècle que je voudrais déjà être à cette fête.

MARGHERITA. Maîtresse, n'oubliez pas ensuite que vous serez l'obligée du frère.

CATTERINA. Je m'en souviens mieux encore que toi; et je lui en veux de ne m'en avoir pas soufflé le mot.

MARGHERITA. Soyez sûre qu'il attend à vous avoir rendu service pour vous en demander la récompense.

CATTERINA. A la bonne heure. Toi, ne va pas oublier ce que je t'ai dit et ce que nous avons arrangé.

MARGHERITA. N'ayez pas peur, et songez seulement à ce que vous avez à faire.

CATTERINA. Assez de paroles comme cela. Prenons de ce côté, par le plus court.

MARGHERITA. Oui, madame.

ACTE III.

SCÈNE I.

MARGHERITA, seule.

Agir de la sorte! Ah! qui jamais l'aurait cru? Les moines! oh! les moines sont plus malins que le diable! Voyez un peu l'honnête homme! voyez la perfidie, et par quelle voie il l'a conduite et attirée à ses fins! Il nous avait dit à la maison qu'il avait trouvé un excellent moyen de délivrer ma maîtresse de toute inquiétude, et de guérir son mari de l'amour qu'il portait à la commère; et quel était ce moyen? Nous devions aller dans la maison d'Alfonso dont il nous a donné les clefs, qu'il tenait, nous a-t-il dit, d'Alfonso lui-même pour je ne sais quelle affaire. Madame Catterina devait se mettre dans le lit où la commère se couche d'habitude; et nous étions convenus que je dirais à Amerigo qu'aujourd'hui la circonstance était propice; qu'Alfonso s'étant absenté et ne devant revenir qu'à la nuit, la commère consentait enfin à combler ses vœux. Nous étions bien assurés que le bonhomme, se confiant à ma fidélité non suspecte, irait les yeux fermés à ce rendez-vous. Sa femme, ainsi couchée dans une chambre dont les fenêtres ne devaient être qu'entr'ouvertes, pouvait, grâce à l'obscurité, le recevoir comme si elle eût été la commère. Ensuite, après que le bonhomme aurait une seule fois secoué la couverture, elle devait se découvrir et se faire connaître, le grondant, l'accablant de reproches, l'invectivant et le poursuivant de ses cris jusque dans la rue. Le frère ajoutait que pour le reste on pouvait s'en rapporter à lui. Ma maîtresse et moi nous nous mettons en route, nous arrivons à la porte, nous ouvrons, nous entrons; nous montons d'abord dans la salle, ensuite dans la chambre, et nous ne voyons âme qui vive. Ma maîtresse se déshabille promptement, et sans autre cérémonie se met au lit; elle m'ordonne de tenir la fenêtre à demi fermée, de manière à laisser entrer assez de lumière pour qu'on puisse apercevoir le lit; d'aller ensuite avertir son mari en laissant la porte entr'ouverte, et de presser enfin de mon mieux la conclusion de l'aventure. Ses ordres exécutés, je pars; mais je suis à peine au milieu de l'escalier, juste sur le pallier je rencontre le saint moine tout joyeux et transporté d'allégresse. Moi qui ne m'attendais pas à le voir et qui le rencontrais en face si à l'improviste, j'allais jeter un cri d'effroi; mais il me ferme tout soudain la bouche avec une poignée d'écus, et me dit que le jour qu'il a tant désiré est enfin venu. Il me fait comprendre ensuite qu'il faut que je sorte promptement, et que je reste au moins une heure à trouver mon maître afin qu'il ait le temps, lui, de chevaucher plus de deux milles. Je le laisse et je fais semblant de sortir; mais j'aurais été bien fâchée de ne pas voir la fin, et de ne pas entendre ce qu'en allait dire ma maîtresse. Dès que je supposai que le frère était dans la chambre je vins tout aussitôt dans la salle, et tout doucement, tout doucement je m'approchai de la porte. Par une fente qui bâillait un peu j'ai vu ce gros moine qui s'était déjà dépouillé de sa robe et qui marchait droit au lit. Ma maîtresse, bonne dame, ma foi! s'est bien gardée de dire un mot: tout au contraire vous auriez dit une petite truie qui se sent gratter. Bientôt j'ai entendu des espèces de gémissements, comme ceux de ces gros matous qui vont la nuit à leurs amours. Alors je m'en suis allée, car je me sentais tout en feu encore une demi-heure après. Je suis allée trouver

Amerigo à Sainte-Croix où il m'attendait, et je lui ai dit ce qu'il avait à faire. Lui était aux anges Il s'est mis promptement en route, et vous pouvez compter qu'il est maintenant à son affaire. Mais diantre! s'il allait trouver le pauvre moine à cheval et sur sa bête, comment cela finirait-il? Mais je suis bien sotte d'aller songer à cela, comme si ces moines n'étaient pas maîtres passés dans tous ces bons tours. Cependant entrons maintenant chez nous; je me sens défaillir de besoin : allons manger quelque chose.

SCÈNE II.

FRÈRE ALBERIGO, seul.

A peine si j'ai eu le temps de passer ma robe. Un peu plus, il me trouvait sur la couche en flagrant délit. Mais grâce à Dieu je suis sorti sans encombre : m'échappant par la porte de l'antichambre, je suis arrivé sur un perron, et de là je suis descendu par l'escalier dans la cour; ensuite traversant un vestibule, je suis arrivé à la porte et me voilà dehors. Cette imbécile de Margherita avait bien affaire de se tant presser! Maladroite! Mais oh! oh! qui vois-je là! que veut cet autre maintenant? Eh! Alfonso, où vas-tu donc de ce pas?

SCÈNE III.

FRÈRE ALBERIGO, ALFONSO.

ALFONSO. Père, je vous cherchais pour vous dire où est la clef du caveau, afin que vous puissiez avoir du vin. Je suis fâché de n'y avoir pas songé tantôt.

FRÈRE ALBERIGO. Fort bien, et je vous remercie, quoique je n'en aie pas eu besoin.

ALFONSO. Comment donc! ne sont-elles pas encore venues?

FRÈRE ALBERIGO. Si fait vraiment, mais elles avaient apporté un flacon qui leur a suffi pour dîner.

ALFONSO. Eh bien, si elles en avaient besoin pour ce soir, cette clef est sur la fontaine de la salle, à côté de cette mesure où sont peintes les armes des six boules [1].

FRÈRE ALBERIGO. Grand merci. Quand pourrai-je reconnaître tant d'obligeance?

ALFONSO. Ce n'est rien auprès de ce que je voudrais faire pour vous. Mais c'est assez de paroles. Je vous dirai que je n'ai pas encore dîné : je m'en vais et vous laisse, car je fais attendre de nombreux convives.

FRÈRE ALBERIGO. Va donc. Diantre! ce n'est pas poli de faire attendre son monde après l'heure fixée. Adieu.

ALFONSO. Vous avez bien raison.

FRÈRE ALBERIGO. Je me recommande toujours à toi. (Seul.) Avez-vous vu! si par malheur cet homme fût arrivé un peu plus tôt et ne m'eût pas rencontré, dans quel mauvais cas je me trouvais! Au diable les clefs et les caveaux! Cependant, grâce à Dieu, tout va à souhait jusqu'à présent.

SCÈNE IV.

MARGHERITA, FRÈRE ALBERIGO.

MARGHERITA, à part. Oh! oh! voici le frère!

FRÈRE ALBERIGO, se parlant à lui-même. Et de cette façon, j'espère une bonne et joyeuse issue.

MARGHERITA. Appelons-le. Eh! père!

FRÈRE ALBERIGO. Qui m'appelle? Oh! Margherita!

MARGHERITA. Boutez dessus, et grand bien vous fasse!

FRÈRE ALBERIGO. Pardieu! je puis dire que tu es une aimable personne et une femme discrète! on peut se reposer sur ta prudence! Je n'ai eu que trop de confiance en toi.

MARGHERITA. Oh! oh! et qu'ai-je donc fait? à quoi donc ai-je manqué?

FRÈRE ALBERIGO. Vraiment tu me l'as envoyé trop vite, et il ne m'a pas été facile de sortir. Cependant les choses n'ont pas mal été.

MARGHERITA. Par ma foi! j'ai pourtant lanterné un moment avant d'aller le trouver à Sainte-Croix, et je me suis mise d'abord à dire mon chapelet. Je l'avais dit à moitié quand il m'a aperçue; et alors il m'a appelée. Je l'ai instruit de tout, et la clef m'a servi de témoignage: il l'a reconnue, et il s'est alors fié à moi comme si j'étais la bouche de la vérité.

FRÈRE ALBERIGO. Oh! puisque tu parles de la clef, tu ne sais pas ce que j'ai fait?

MARGHERITA. Et qu'avez-vous fait?

FRÈRE ALBERIGO. La plus grande balourdise du monde. Comme tu sais, je vous ai laissé les clefs de la maison de la commère; et puis, voulant entrer avant vous, je ne me suis aperçu que

[1] Ce sont les armes des Médicis, où étaient figurées six boules (*palle*).

je ne le pouvais pas qu'au moment où je me suis trouvé à la porte, et quand je l'ai vue fermée.

MARGHERITA. Et comment vous y êtes-vous pris pour entrer?

FRÈRE ALBERIGO. La fortune a voulu que, parmi ce trousseau de clefs, je sois tombé sur une qui a ouvert.

MARGHERITA. Certes vous avez du bonheur. Maintenant le bonhomme doit être aux mains, et nous ne pouvons pas tarder à entendre le grabuge. Mais j'ai cent choses à vous demander: comment l'affaire a-t-elle été? que dites-vous de ma maîtresse?

FRÈRE ALBERIGO. C'est la meilleure femme, la femme la plus accorte de Florence.

MARGHERITA. Voilà qui me réjouit; vous en devez être bien content!

FRÈRE ALBERIGO. Je lui ai mis en tête un plan qui, si elle consent à le suivre, sera, j'imagine, fort bon pour elle.

MARGHERITA. Et il sera bon aussi pour vous, n'est-ce pas?

FRÈRE ALBERIGO. Tu peux bien en être sûre, car je ne m'embarrasserais pas tant de son plaisir si je n'y trouvais mon profit.

MARGHERITA. Je suis si joyeuse de tout ceci, père, que je ne pourrai jamais trouver des paroles pour le dire.

FRÈRE ALBERIGO. Je t'en dois bien quelque chose.

SCÈNE V.

CATTERINA, AMERIGO, MARGHERITA, FRÈRE ALBERIGO.

CATTERINA. Voyez la belle conduite! Vieux fou! vous courez donc après des maîtresses!

MARGHERITA, à frère Alberigo. Écoutez un peu: qu'est-ce que j'entends?

FRÈRE ALBERIGO, à Margherita. Diantre! sauve-toi vite, afin qu'ils ne nous voient pas.

CATTERINA. Et c'est la commère encore qu'il vous faut! Vous devriez vous aller cacher.

FRÈRE ALBERIGO, à Margherita. Toi, va à la maison. Cependant je vais faire un petit détour, et je surviendrai quand il sera temps.

CATTERINA. Allez-vous-en à tous les diables! J'ai si bien fait pourtant que je l'ai surpris la main au plat!

AMERIGO. Puisse-t-il t'en advenir malheur, femme du diable!

CATTERINA. Quoi donc! vous vous imaginiez peut-être que je dormais?

AMERIGO. La bonne affaire, si tu pouvais t'endormir pour toujours!

CATTERINA. Si vous aviez vu comme il se montrait bien disposé! Voilà donc le beau motif qui faisait que vous ne pouviez plus me souffrir!

AMERIGO. Tu as toujours été et tu seras toujours importune, méprisante, envieuse, désagréable, et ennemie de mon bonheur.

CATTERINA. Ah! à peine avez-vous entendu de moi une parole de mauvaise humeur. Mais, par la croix de Jésus-Christ! on devrait bien vous faire ce que vous méritez.

AMERIGO. Voyez: la voilà encore qui se fâche.

CATTERINA. Oui certes, je me fâche; il ne vous semble pas que j'en aie d'assez bonnes raisons?

AMERIGO. C'est à moi de me plaindre, moi qui comptais sur la plus belle journée que j'aie eue dans toute ma vie, et qui n'en ai jamais eu de plus infortunée.

CATTERINA. Il a encore le front de le dire tout haut!

AMERIGO. Je le dis tout haut, assurément.

CATTERINA. Voyez l'honnête homme! Et savez-vous avec quelle tendresse, avec quels transports, cavalier tout frais, il venait à la joute? Beau champion, mais seulement dans le champ des paroles et des trêves; et quant à cette autre chose, la plus essentielle de toutes, il lui faut des frictions pour qu'il en puisse faire usage; et, à la vérité, il peut bien y trouver à dire, puisqu'il a fait un double service.

AMERIGO. Voyez un peu où j'en suis, et ce qu'elle me dit, et ce qu'elle m'a fait, cette maudite femme!

CATTERINA. Tout ceci n'est encore que sucre: attendez un peu que j'avertisse le mari de la commère ainsi que mes oncles, et vous verrez certes un autre jeu!

AMERIGO. Hélas! ma femme, veux-tu donc me perdre et me déshonorer tout à fait?

CATTERINA. Hélas! mon mari, voulez-vous donc me désoler, et me faire vivre ainsi dans le désespoir? Dieu sait s'il y a dans tout Florence une femme plus fidèle et plus indignement traitée!

AMERIGO. Comment as-tu fait pour m'attraper dans ce filet? Dis-le-moi, je t'en prie.

CATTERINA. Je jure Dieu que cette misérable Margherita en portera la peine!

AMERIGO. Je te demande et je suis curieux de savoir comment tu as fait pour me prendre à ce piége. N'aurais-tu pas été sorcière ou conjuratrice des diables?

CATTERINA. J'ai été, s'il faut vous le dire, ce que je suis.

SCÈNE VI.

FRÈRE ALBERIGO, CATTERINA, AMERIGO.

FRÈRE ALBERIGO, à part. Il est temps de me présenter, afin de les mettre promptement d'accord.

AMERIGO. Je ne puis deviner comment sans sorcellerie tu m'as pu découvrir.

CATTERINA. Fi donc! que la peste puisse t'étouffer! Pouvez-vous bien croire cela de moi!

FRÈRE ALBERIGO. Qu'est-ce? quel bruit est-ce là! Perdez-vous la tête?

AMERIGO. Père, vous le voyez, cette femme est une pécore!

CATTERINA. Et vous êtes un..... J'ai presque lâché le mot.

FRÈRE ALBERIGO. Allons, Amerigo, il faut avoir quelques ménagements dans ces sortes de choses, et que celui qui a le plus de bon sens s'en serve ici.

AMERIGO. Mon cher Alberigo, elle est si fâcheuse et de si méchante humeur que les anges n'y résisteraient pas.

CATTERINA. Ah! mon père, sans le respect que je vous porte, je vous dirais le bel honneur qu'il m'a fait.

AMERIGO. Et un bel honneur aussi tu m'as fait, toi!

FRÈRE ALBERIGO. Qu'est-ce que cela signifie?

CATTERINA. J'ai bien envie de le dire, et de lui rendre la justice qu'il mérite.

AMERIGO. Eh bien! quand tu l'auras dit, qu'en sera-t-il? de par tous les diables!

CATTERINA. Suffit, mais je le dirai à ses parents et aux miens.

FRÈRE ALBERIGO. Ne vous laissez pas ainsi dominer par la colère.

CATTERINA. Je ne puis pas me contenir que je ne l'aie dit: croiriez-vous bien qu'il est amoureux de sa commère?

FRÈRE ALBERIGO. Comment! de la femme d'Alfonso?

CATTERINA. Écoutez un peu.

AMERIGO. Achève donc; que peux-tu me faire désormais?

CATTERINA. L'honnête homme avait si bien poussé l'affaire qu'il pensait en venir aujourd'hui au dénoûment; mais j'ai si bien travaillé, par mon adresse et par des moyens qu'il serait trop long de raconter, qu'après avoir éventé la mèche je l'ai conduit en un lieu où, se croyant avec la commère, il s'est trouvé dans mes bras; et puis nous sommes aussitôt sortis de l'endroit où la trame avait été ourdie.

AMERIGO. Eh bien! est-ce là, après tout, un péché qui offense le Saint-Esprit? Père, vous avez entendu: suis-je donc le premier?

FRÈRE ALBERIGO. Bon Dieu! que dites-vous! si une pareille chose venait à s'ébruiter, vous seriez perdu de réputation.

CATTERINA. Je veux que mes oncles le sachent.

FRÈRE ALBERIGO. Ne parlez pas ainsi, car à coup sûr vous vous en repentiriez.

AMERIGO. Qu'en sait-elle?

FRÈRE ALBERIGO. Ah, ah! Amerigo, vous devriez désormais laisser là toutes ces sottises et ces niaiseries de jeune homme, qui conviennent mal à votre âge. Et vous aussi, madame Catterina, pour l'avantage de votre maison et pour ne pas encourir une mauvaise réputation, vous ne devez plus parler de tout ceci; et je veux que vous viviez en bonne intelligence, et que vous soyez mieux d'accord que jamais.

CATTERINA. Soit ainsi que vous l'exigez, mais à cette condition, que je n'entendrai plus jamais parler de la commère.

FRÈRE ALBERIGO. A la bonne heure. Vous, Amerigo, souvenez-vous que pécher tient à la nature humaine, se corriger à celle des anges, mais persévérer, c'est vraiment le fait du démon. Aussi seriez-vous toujours en péché mortel si vous continuiez à mener ce train de vie. Je veux donc que, pour l'amour de Dieu d'abord, de moi ensuite, enfin pour votre propre intérêt et votre honneur, vous consentiez à rompre cette liaison et à ne songer qu'à votre femme, qui en vérité est une personne vertueuse, une femme de bien, qui vous aime plus que tout au monde et n'a rien de plus cher que vous.

CATTERINA. Dieu sait l'amour que je lui porte à cet homme trop ingrat, et comme je lui garde ma foi!

FRÈRE ALBERIGO. Ne pleurez pas, madame

Catterina. Certes, Amerigo, vous pouvez vous vanter d'avoir la jeune épouse la plus sage et la plus chaste, je ne dis pas de Florence, mais de tout l'univers.

AMERIGO. Et j'en rends grâces à Dieu. Cependant, vous le savez, mon père, nous sommes tous fragiles. Enfin je vous confesse ma faute, et j'accepte de grand cœur la pénitence que vous voudrez me prescrire; je promets d'oublier entièrement cet autre amour et de ne songer désormais qu'à mon ménage. Mais je désirerais d'abord qu'elle me dit comment elle a fait pour me surprendre ainsi.

FRÈRE ALBERIGO. Cela serait hors de propos, et tout à fait en contradiction avec notre but. Mais faites-moi une grâce, et je l'exige de tous deux à la fois.

AMERIGO. Pourvu que cela me soit possible.

FRÈRE ALBERIGO. Tout ce que je veux, c'est que vous preniez la résolution de ne jamais parler de tout ceci, que vous vous persuadiez qu'il n'est rien arrivé du tout, et que vous retourniez l'un et l'autre à vos affaires de chaque jour. Êtes-vous contents?

CATTERINA. Parfaitement contents.

AMERIGO. Mais qu'au moins elle n'en dise rien à Margherita.

FRÈRE ALBERIGO. C'est trop juste. (A Catterina.) Ne me le promettez-vous pas?

CATTERINA. Oui, mon père, pourvu que je sorte de tous ces ennuis.

FRÈRE ALBERIGO. Après vous être ainsi pardonné vos torts l'un à l'autre, puisse la paix rester avec vous!

AMERIGO. Soyez mille fois beni, père, car sans Votre Paternité j'étais mal dans mes affaires.

CATTERINA. Et moi donc! Hélas, mon Dieu! que le Seigneur vous récompense!

AMERIGO. Et désormais, puisque j'ai reconnu en vous tant de savoir et de bonté, je veux qu'aussi bien qu'Alfonso vous soyez notre ami.

CATTERINA. Je le veux aussi pour ma part.

AMERIGO. Et je désire que vous soyez mon confesseur.

CATTERINA. Je veux aussi me confesser à lui.

AMERIGO. Vous ne répondez pas! Que vous semble de ce que nous venons de dire?

FRÈRE ALBERIGO. J'en suis fort satisfait: et vous me trouverez toujours prêt, pour l'amour du Seigneur d'abord, et ensuite par le devoir de mon ministère, à faire tout ce qu'il faut pour le salut de vos âmes.

CATTERINA. Dieu vous en récompense pour nous! (A son mari.) Vous, venez donc maintenant, car l'heure du dîner est passée.

AMERIGO. Écoute: si tu l'invitais à venir prendre quelque chose avec nous?

CATTERINA. Il est si tard que je m'imagine que les frères ont fini de dîner: ainsi donc, mon père, si en effet vous n'avez point pris votre repas, daignez venir faire collation avec nous.

FRÈRE ALBERIGO. J'ai eu ce matin quelques affaires particulières qui m'ont retenu hors du couvent, de sorte que je suis encore à jeun.

AMERIGO. Eh bien, justement! venez donc.

CATTERINA. Vous ne pouvez aller en aucun lieu où vous soyez reçu avec plus de plaisir.

FRÈRE ALBERIGO. Je ne puis vous refuser, et je le pourrais que ce serait mal à moi, tant vous m'invitez cordialement. Allons.

AMERIGO. Suivez-moi; vous me comblez de joie!

CATTERINA. Nous avons bien des grâces à rendre à Dieu!

FRÈRE ALBERIGO. Et à sa mère aussi. Pour vous, spectateurs, si vous vouliez rester ici jusqu'à ce que vous nous vissiez sortir, vous attendriez trop longtemps, parce qu'après la collation j'ai résolu de leur faire un petit sermon, et de leur montrer par le raisonnement, par les exemples, par l'autorité et par les miracles, que rien n'est plus nécessaire au salut des âmes que la charité; prouvant, avec l'apôtre saint Paul, que celui-là n'a aucune vertu qui n'a pas la charité. Ainsi donc si vous voulez m'en croire, vous vous en irez avec la paix du Seigneur. *Valete.*

FIN DE FRÈRE ALBERIGO.

IV.

L'ENTREMETTEUSE MALADROITE,[1]

COMÉDIE EN CINQ ACTES ET EN VERS

PERSONNAGES.

APOLLONIA, entremetteuse.
MISIS, vieille, amie d'Apollonia.
CATILLUS, mari jaloux de Virginia.
DROMOS, valet de Catillus.
SATURIUS, parasite, ami de Camillus.
CAMILLUS, amant de Virginia et mari de Pamphila.
DULIPPUS, valet de Camillus.
DORIA, servante de Virginia.
VIRGINIA, femme de Catillus.
SOSTRATA, mère de Virginia.
PAMPHILA, femme de Camillus.
CHREMÈS, ami de Camillus et oncle de Pamphila.
UNE SERVANTE de Pamphila.

La scène se passe à Rome avant l'ère chrétienne.

CTE I.

SCÈNE I.

APOLLONIA, seule.

Je ne crois pas qu'il y ait sous le soleil une femme assez dure, assez obstinée, assez cruelle pour ne pas se rendre, ainsi que je l'ai fait aujourd'hui, aux prières, aux présents et aux promesses brillantes. J'ai été forcée de céder à Camillus, ce à quoi je n'avais jamais pu me décider jusqu'à présent. Mais, comme dit le proverbe, le sage change souvent; et ce n'est pas seulement notre sexe fragile qui mérite ce reproche.

C'est la marque d'un bon cœur de compatir aux maux de ceux qui sont affligés; et ce pauvre malheureux meurt cent fois le jour pour un objet qu'il chérit plus que lui-même. Il ne veut que ce que veut son amante; il lui parle, il lui écrit, il s'en occupe sans cesse. Mais puisqu'il est aimé, ainsi qu'il l'assure, je veux tâcher de combler promptement ses désirs.

Cependant une femme de condition et bien née, à laquelle ne manquent ni la parure ni l'argent, sans cesse entourée de servantes et de valets, d'une belle-sœur ou d'une mère, et qui a mille yeux sans cesse ouverts sur sa conduite, n'est pas aussi facile à mener que je le lui ai fait entrevoir : il faut user d'industrie, y mettre le temps nécessaire, et cacher le mal sous le voile des bonnes œuvres; car le mal se dérobe souvent sous l'apparence du bien.

Aussi, plus j'y pense en moi-même, plus l'entreprise me semble difficile ; et si j'avais encore à dire oui, je n'entrerais pas dans ce labyrinthe. Ce n'est pas la peur du péché qui me retient, mais celle d'un mal plus cuisant qui peut m'arriver; car si je me repens, n'est-il pas à craindre qu'il ne se repente lui-même et qu'il ne tienne pas ses promesses.

Il faudrait donc rendre ce qu'il m'a donné! Riche et charmant présent, pourrai-je jamais te laisser! Il est trop dur de restituer le bien d'autrui lorsqu'il est devenu notre propriété. Je veux perdre la vie avant d'abandonner un présent qui peut à lui seul me faire vivre une année; car mon jardin ne porte plus de fruit, il est aujourd'hui entièrement desséché.

SCÈNE II.

MISIS, APOLLONIA.

MISIS. Que ne peut aujourd'hui l'avarice! Malheur à toi, qui t'exposes à perdre ton âme pour recevoir un misérable présent, et qui et

[1] Cette comédie est sans titre dans l'original.

laisses séduire par les prières d'autrui et ses promesses trompeuses! Tu as beau le servir avec zèle et bonne foi, s'il n'obtient pas l'objet de ses désirs n'espère pas la récompense; loin même de te témoigner sa reconnaissance, à peine s'il voudra te regarder.

APOLLONIA. Commence par te blanchir toi-même de la tête aux pieds.

MISIS. Pourquoi?

APOLLONIA. Ne t'ai-je rien vu porter par-dessous?

MISIS. C'est autre chose que tu m'as vu là-dessous.

APOLLONIA. Tu plaisantes; et cependant l'année n'est pas encore écoulée.

MISIS. C'est toi qui te trompes, car il n'y a que quelques mois; et lorsque je pouvais en manger je ne le refusais jamais. Mais je conviens que j'avais tort alors; et malheur à celui qui ne s'amende jamais!

APOLLONIA. Moi aussi j'avais quitté mon métier; je l'avais bien promis à mon fils et je comptais tenir ma parole jusqu'à la mort; mais que veux-tu? la nécessité, qui ne connait pas de loi, m'a de nouveau réduite à ce point. Je n'ai que ce moyen de faire vivre mes pauvres filles et de vivre moi-même; et tout est permis lorsqu'il s'agit de l'existence, d'autant plus qu'un autre métier serait trop pénible.

MISIS. Il vaudrait bien mieux vivre cependant du travail de tes mains, ou de quelque honnête industrie.

APOLLONIA. Admire mon malheur: je ne puis trouver nulle part ni à faire de la toile ni à filer.

MISIS. Il y a cependant encore des âmes charitables.

APOLLONIA. Il est vrai, mais seulement parmi celles qui sont à la fleur de l'âge, et non chez celles qui sont vieilles comme nous.

MISIS. Ah! le monde a bien peu d'humanité! Mais, dis-moi: tes filles ne font-elles rien encore?

APOLLONIA. Elles sont trop jeunes pour que je les expose à la fatigue; cependant elles me rendent déjà quelques petits services.

MISIS. Et c'est là tout ce que tu leur enseignes?

APOLLONIA. Le temps leur apprendra suffisamment le reste. Je veux en faire des dames de distinction: et si la suite répond aux dispositions qu'elles montrent, elles seront le bâton de ma vieillesse. Mais laissons de côté ce discours. Comment cela va-t-il?

MISIS. Couci-couci.

APOLLONIA. Loges-tu toujours au même endroit?

MISIS. Non; il y a déjà longtemps que j'ai changé de demeure: je suis maintenant dans la Voie-sacrée; et j'ai d'assez bons voisins.

APOLLONIA. Dis-moi: demeures-tu loin de la femme d'un nommé Catillus?

MISIS. Non; mais tu veux dire Camillus?

APOLLONIA. Oui. Camillus.

MISIS. Elle reste à main droite du Capitole, la troisième ou quatrième porte; je demeure en face, dans une maison neuve où il y a un portique.

APOLLONIA. Est-ce une belle femme?

MISIS. Pas trop, à mon avis.

APOLLONIA. Aimable?

MISIS. Plût aux dieux qu'elle le fût! elle ferait revenir son mari de son erreur.

APOLLONIA. A quel propos? Est-ce qu'il ne l'aime pas?

MISIS. Non.

APOLLONIA. D'où cela vient-il?

MISIS. De ce qu'il aime ailleurs comme tant d'autres.

APOLLONIA. Elle est donc mécontente?

MISIS. Peux-tu le demander!

APOLLONIA. Aime-t-elle à donner au dehors à filer, à tisser ou à cuire, comme c'est l'usage?

MISIS. Non: elle laisse faire toutes ces choses à sa mère.

APOLLONIA. A quoi s'amuse-t-elle?

MISIS. A regarder du matin au soir par la fenêtre, à écouter les nouvelles et les sérénades, à apprendre à faire des pommades, à dormir et à coudre des gants.

APOLLONIA. Sa mère fréquente-t-elle beaucoup les temples?

MISIS. Peu; car c'est une excellente ménagère, et qui sait où le diable a la queue.

APOLLONIA. Son mari vit-il encore?

MISIS. Non.

APOLLONIA. Comment fait-elle donc?

MISIS. Comme toutes celles qui n'en ont plus: elle a son intendant qui pourvoit à tous ses besoins; et lorsqu'il lui fait faute, l'ami et le parent ne la laissent manquer de rien.

APOLLONIA. Est-ce qu'on vit encore aujourd'hui de cette manière ? Je voudrais savoir si elle est intéressée.

MISIS. Est-ce que tu ne connais pas notre naturel? Elle accepterait la moindre chose ; elle préférerait cependant les plus grandes.

APOLLONIA. Est-elle bien avec son gendre ?

MISIS. Comme sa fille, qui ne peut le souffrir. Les nouveaux époux se tiennent comme des sangsues ; ils sont entre eux comme chien et chat. Mais l'heure du dîner approche, et il n'y a à la maison que le chien, qui, comme moi, n'aboie le plus souvent que de faim : je ne puis rester plus longtemps avec toi ; demeure donc en paix : moi je vais de ce pas au marché acheter quelques provisions.

APOLLONIA. Adieu. J'espère que nous nous reverrons quelquefois.

SCÈNE III.

APOLLONIA, seule.

Le bon jour commence le matin, et quand le commencement est bon, d'ordinaire la fin n'est pas mauvaise. Misis ne pouvait venir plus à propos. Si je ne suis pas une imbécile, j'espère bientôt conclure mon marché; car la bonne vieille ne pouvait me donner de meilleurs renseignements. Celui que le sort favorise, et qui a le sens commun, vient à bout de tout ce qu'il entreprend. Elle m'a appris tout ce que je voulais savoir. La seule chose qui me déplaise, c'est d'avoir affaire à une étourdie : c'est là ce qui plus que toute autre chose me donne à réfléchir; car avec les personnes de cette espèce on n'est jamais sûr de rien ; elles sont si bavardes qu'elles ne peuvent garder un secret; elles sont bien jalouses, mais elles ne feraient pas un pas pour se venger. Ces coquettes finissent toujours mal, et sont cause que leurs amants finissent mal également : aussi, malheur à qui en devient amoureux ! Il est vrai que si elles avaient l'ombre de la raison, elles ne prêteraient ni l'oreille ni les yeux au premier venu comme elles le font; car la femme qui a un grain de cervelle ne saurait souffrir autour d'elle tous ces étourneaux. Ainsi il vaut bien mieux que celle-ci soit un peu légère si je veux l'amener à mes fins. Je vais aller la trouver, et pour qu'elle me remarque davantage je lui porterai de la toile et du lin, avec une belle quenouille bien longue, parce que c'est un instrument qu'aiment beaucoup les dames et les demoiselles; j'irai ensuite retrouver Camillus. Mais que vient faire ici cet autre avec sa mine allongée ? Qui que ce soit n'importe, je vais continuer mon chemin.

SCÈNE IV.

CATILLUS, DROMOS.

CATILLUS. Combien sont aveugles les mortels qui, dans l'espoir de goûter le bonheur, recherchent le commerce des femmes ! Et pour combie de malheur, chacun met son plaisir à posséder la plus belle. Telle est aujourd'hui la cause de mes chagrins.

DROMOS. Et pourquoi ?

CATILLUS. Je vais te le dire : j'ai eu aussi la sottise de vouloir une épouse aimable et belle, qui brillât entre toutes les femmes comme le soleil au milieu des autres astres, et je m'en suis repenti déjà mille fois.

DROMOS. Qui vous forçait à prendre une femme semblable ?

CATILLUS. C'est que je n'en avais jamais vu qui me plût davantage.

DROMOS. De quoi vous plaignez-vous donc ?

CATILLUS. Je me plains de ce qu'elle est si belle qu'on ne peut la voir sans en être charmé, et de ce qu'elle me préfère le premier venu, qu'il soit aimable ou non, ignorant ou savant.

DROMOS. Ce n'est pas d'elle mais de vous que vous devez vous plaindre : une belle ordinairement recherche ce qui lui ressemble.

CATILLUS. Je ne suis cependant ni décrépit, ni aveugle, ni boiteux, et j'ai comme les autres tous mes membres en bon état.

DROMOS. Vous n'êtes pas repoussant, mais j'en ai vu de plus beaux que vous.

CATILLUS. Il est vrai. Cependant que me manque-t-il?

DROMOS. Cette épaule gauche est un peu plus grosse que l'autre; mais qu'importe ? un habit aujourd'hui couvre tous les défauts.

CATILLUS. C'est bien peu de chose ; et elle a tant baissé que quand j'irai me baigner on ne s'en apercevra pas.

DROMOS. Elle s'en ira donc bientôt tout à fait ?

CATILLUS. Je m'afflige cependant, mon pauvre Dromos, de ce que ma femme me maltraite ainsi. Si elle ne m'aime pas, elle devrait du moins ne pas me montrer tant d'aversion.

DROMOS. C'est bien vrai.

CATILLUS. Ni faire ce qu'elle fait.

DROMOS. Avez-vous aperçu quelque chose?

CATILLUS. Je ne veux pas parler.

DROMOS. Hélas! mon cher maître, vous le savez, il ne faut rien avoir de caché pour un fidèle serviteur; on doit lui découvrir et le doux et l'amer : le récit de nos maux nous soulage, et celui de notre joie ajoute encore à notre contentement. N'ayez donc pas de secrets pour moi.

CATILLUS. Elle fait la coquette avec tous ceux qui viennent céans, les uns sous prétexte qu'ils sont amis de la maison, et les autres qu'ils sont ses parents; et moi je ne sais plus à qui me fier.

DROMOS. Que voulez-vous? c'est l'usage. Avez-vous autre chose à me raconter?

CATILLUS. Elle a plus de cassolettes, de flacons, de vases, plus de chiffons rouges, blancs, bariolés, que n'en ont les apothicaires, plus de parfums que n'en renferme l'Arabie ou l'île de Chypre.

DROMOS. Elle a donc besoin de ces odeurs?

CATILLUS. Pourquoi?

DROMOS. Parce que sans cela peut-être elle ne sentirait pas bon.

CATILLUS. Il lui faut tous les jours au moins une robe et deux garnitures, avec la queue la plus longue qu'il soit possible; elle veut avoir la tête toujours ornée d'or et de pierreries; elle me ruine en bijoux : mes revenus ne peuvent y suffire; et elle a déjà mangé toute sa dot, quoiqu'elle fût assez considérable.

DROMOS. Ne vous tourmentez pas : il existe une loi qui met un frein à tous ces excès.

CATILLUS. Que parles-tu de frein? Les femmes ont si peu de retenue, et nous si peu de raison, que nous passons par toutes leurs fantaisies.

DROMOS. Ne vous plaignez donc pas de la vôtre.

CATILLUS. Je dois donc me plaindre de moi? Elle sort de bonne heure du logis, rentre tard, et ne daigne pas m'adresser la parole. Est-ce la conduite d'une honnête femme?

DROMOS. Demandez-lui d'où elle vient.

CATILLUS. Est-ce que la plus sotte ne sait pas trouver un mensonge? Elles ont toutes le talent de nous en faire accroire : elles sont allées chez leur père, chez la couturière, au temple, enfin dans tous les lieux qu'on ne peut leur reprocher de fréquenter.

DROMOS. Il faut gagner la servante qui l'accompagne.

CATILLUS. A quoi bon? elle l'a mise la première dans ses intérêts.

DROMOS. Il faut la renvoyer.

CATILLUS. Et qui la servira?

DROMOS. Une autre servante.

CATILLUS. J'en changerais mille fois qu'elles se gâteraient toutes. Cependant celle-ci m'a dit que ma femme voyait d'un doux œil un certain jeune homme dont elle n'a pas su, ou plutôt dont elle n'a pas voulu me dire le nom; mais les femmes sont toujours femmes : je veux que tu la surveilles avec attention, et que tu me fasses part de ce que tu auras vu.

DROMOS. Je ferai tout ce qui peut vous être agréable.

SCÈNE V.

DROMOS, seul.

O quelle chienne de vie que celle des jaloux! combien de sages elle fait passer pour fous! Mais a-t-elle quelquefois rendu sage un fou? On ne peut jamais manger un bon morceau; il faut toujours vivre seul en loup-garou : il y aurait autant de plaisir à être pendu. Souvent on reste sur pied toute la nuit pour écouter les paroles de sa femme; car on a surpris quelques femmes qui redisent en rêvant ce qu'elles ont fait le jour. Les jaloux sont de pauvres imbéciles, ignorants, envieux, récalcitrants, bizarres, et qui n'offrent jamais rien de bon; si leur femme a mal aux dents, ils croient empêcher qu'on ne les lui arrache! Pauvres insensés! La femme peut tout ce qu'elle veut. Gardez-la avec soin, enfermez-la sous mille verrous, tenez ouverts sur ses pas tous les mille yeux d'Argus : sa malice est si grande, son caractère si diabolique, la guerre qu'elle vous fait si acharnée, qu'il vous en faudra toujours passer par où elle voudra. Que de mines, que de grimaces elle met en usage contre son mari! Elle lui sourit gracieusement; elle semble mourir d'ennui lorsqu'elle ne le voit pas; s'il sort elle l'attend pour lui mettre son manteau; elle le rend plus propre, elle arrange sa chemise ou ses cheveux, le prend par la main en lui recommandant de revenir bien vite; et il a la sottise de la croire. O homme sans jugement! trop souvent votre retour est loin de lui plaire; mais on ne voit plus rien lorsqu'on est aveuglé. Comme la rouille dévore le fer, et la lèpre l'homme, ainsi la jalousie ronge le jaloux; et je ne connais pas au monde de vice plus honteux. Le jaloux redoute ce qu'il ne devrait pas craindre, et néglige ce qui lui importe le plus. Tout lui porte ombrage, jusqu'aux mouches; et ne vous imaginez point que les marchands de lin, de velours ou de toile, ni que le pourvoyeur, l'intendant, ou le prêtre lui-même puissent mettre le pied dans la maison : la manière un peu rude dont il les reçoit leur fait trop entendre ce qu'il est. Si sa femme désire une robe, il faut qu'elle fasse la couturière; les souliers ou les pantoufles ne sont jamais faits sur son pied; si elle veut recevoir ses parents ou ses amis, elle n'a d'autre lumière que celle de la lune; elle ne parle jamais à personne; elle ne tient ni les clefs, ni la bourse, ni l'argent; elle ne s'amuse jamais à jouer; elle ne va à aucune fête; elle n'entend de musique que dans les temples; et personne ne se hasarderait à entrer au logis, ou à se présenter même à la porte, s'il ne voulait entendre chanter sur un autre ton. Je sais que mon jaloux se méfie même de moi; pourtant je ne brille point par la figure : s'il m'arrive d'aller lui parler tandis qu'il est au lit, il ne veut pas que je passe le seuil de la porte. O le pauvre sot animal que mon maître, qui ne sait pas que les femmes s'acharnent surtout à obtenir les choses qu'on leur refuse! Mais je vais faire ce qu'il m'a commandé, et je reviens sur-le-champ.

ACTE II.

SCÈNE I.

SATURIUS, CAMILLUS.

SATURIUS. Mais si Virginia se montre aussi satisfaite que tu le dis, elle a donc dû recevoir quelque bonne nouvelle, et d'un autre que de toi. De plus, les dames jouent volontiers de la prunelle.

CAMILLUS. Et surtout elle : autant elle voit de galants, autant elle en flatte. Elle les regarde d'un œil si fixe qu'on dirait qu'elle se fond, qu'elle se consume, qu'elle est dans les flammes. Que fait maintenant Apollonia?

SATURIUS. Elle ne reste pas muette.

CAMILLUS. Crois-tu qu'elle parle de moi?

SATURIUS. Oui, elle parle de toi.

CAMILLUS. Fera-t-elle pour moi quelque chose?

SATURIUS. Et elle ne s'oubliera pas.

CAMILLUS. Je voudrais qu'elle revînt plus promptement.

SATURIUS. Puisqu'elle ne revient pas, c'est que Virginia lui cède.

CAMILLUS. Et moi je crains qu'elle ne cède point, car une femme ne se rend point ainsi à la première attaque.

SATURIUS. Toutes les femmes aiment le chatouillement; mais elles feignent de ne pas vouloir ce qu'elles désirent le plus : elle font d'abord les sauvages, se montrent fières, honnêtes et pleines de pudeur, ne s'arrêtent jamais que lorsqu'elles y sont forcées; mais ont-elles une fois cédé à leur amant, elle ne font que se plaindre du temps qu'elles ont perdu.

CAMILLUS. Et d'où sais-tu toutes ces belles choses?

SATURIUS. Je ne suis pas un imbécile, et je n'ignore point tout ce que les femmes ont coutume de faire.

CAMILLUS. Je n'en crois rien, car tu ne fréquentes pas beaucoup leur société. Elles sont fines, il est vrai, mais non aussi fausses que tu le dis.

SATURIUS. Fussent-elles toutes brûlées pour ce défaut!

CAMILLUS. Sans en excepter Virginia?

SATURIUS. Je veux bien l'épargner pour l'amour de toi, mais je ne fais qu'un seul fagot de toutes les autres.

CAMILLUS. Cette Apollonia, comment entend-elle le métier?

SATURIUS. Tout doucement : elle n'est bonne qu'à rester à la cuisine.

CAMILLUS. Le fait-elle pour de l'argent ou pour son plaisir?

SATURIUS. Non : c'est d'après un vœu qu'elle fit pendant une maladie.

CAMILLUS. Elle sert donc tout le monde?

SATURIUS. Toute femme, quoique de bonne maison, peut mal servir plus de deux amants à la fois, si elle ne veut pas bientôt être chansonnée par toute la ville.

CAMILLUS. Dis-moi : combien ta messagère remplit-elle de rôles?

SATURIUS. Autant qu'en a ma voisine. A la faveur de son âge et de son habillement elle veut paraître grave, fidèle et discrète; elle affecte l'air dévot, a la repartie piquante, la parole facile; elle est dissimulée, plaisante, pleine d'astuce; et moins on la connaît meilleure on la trouve.

CAMILLUS. Je suis étonné que mon valet ou Apollonia ne revienne point : cela commence à m'inquiéter.

SATURIUS. Ton valet n'a pas encore cuvé son vin.

CAMILLUS. Mais si fait bien toi?

SATURIUS. Est-ce que tu trouves que la cervelle me tourne? Je suis accoutumé dans nos repas à boire de manière qu'à peine ai-je le vin dans le corps qu'il se trouve cuvé; et, à te dire vrai, j'ai toujours exercé avec plaisir le métier de boire et de manger. En effet, hors ce bel art, je n'ai trouvé, en ces temps de malheur, rien qui méritât d'être apprécié; et ce n'est pas sans raison, car il a pour but toute notre existence : l'utile et l'agréable. Si tu t'alambiques le cerveau à chercher la fin de toutes les sciences et de toutes les doctrines, tu verras qu'elle est la même pour toutes. Or celui qui pratique bien la mienne possède toutes les autres; car le ventre seul, comme dit la satire, est le maître de tous les arts; lui seul aiguise l'esprit. On se moque aujourd'hui des poëtes; les historiens passent pour menteurs; on ne comprend pas les philosophes; les astrologues sont plus menteurs qu'une pie; la musique est sans nulle valeur...

CAMILLUS, l'interrompant. Voici Dulippus qui revient : il me paraît tout joyeux. Tu me rendras service de te taire.

SCÈNE I.

CAMILLUS, SATURIUS, DULIPPUS.

DULIPPUS. Mon cher maître, que le grand Jupiter vous sauve.

CAMILLUS. Quelles nouvelles apportes-tu? Sont-elles bonnes?

DULIPPUS. Excellentes.

CAMILLUS. Remercie ton étoile si ce que tu dis est vrai!

DULIPPUS. Vous savez bien que je ne me permettrais pas de vous dire un mensonge.

SATURIUS. Il veut dire un seul; il s'est exprimé correctement.

CAMILLUS. Parle promptement enfin, parle, ne tarde pas davantage.

DULIPPUS. J'ai vu votre Virginia qui se rendait au temple : elle était belle comme un astre.

CAMILLUS. Dis plutôt que c'était un soleil. Quel bonheur est le mien si mon affaire va bien!

DULIPPUS. Elle ne peut aller autrement.

CAMILLUS. Et que disait-elle?

DULIPPUS. Il m'a été impossible d'entendre ce qu'elle disait; mais à son air, à ses gestes, au son de sa voix, j'ai compris facilement qu'elle était plus aise qu'à l'ordinaire.

CAMILLUS. A-t-elle prononcé mon nom?

DULIPPUS. Je ne crois pas l'avoir entendu.

SATURIUS, à part. Je suis vraiment étonné qu'il n'ait pas dit oui.

DULIPPUS. Mais il me semblait bien que ses yeux disaient : «Où se trouve maintenant mon aimable seigneur? où est Camillus?»

SATURIUS. Je n'avais jamais entendu dire que l'on parlât avec les yeux.

CAMILLUS. Qui vois-je là-bas dans la rue? N'est-ce point Apollonia?.. Non... Oui, c'est bien elle.

DULIPPUS. Allez à sa rencontre, saluez-la d'un air riant et placez-la à côté de vous; prenez-la par la main et serrez-la-lui quelque peu : tout vieux que l'on soit on se sent encore; traitez-la généreusement et ne soyez point avare de promesses, car la femme par sa nature veut beaucoup.

SATURIUS, à part. Il l'endoctrine comme un enfant! Un valet doit bien tout savoir, mais il faut qu'il soit muet; et celui-ci ne cesse de parler.

SCÈNE III.

CAMILLUS, SATURIUS, DULIPPUS, APOLLONIA.

CAMILLUS. Bonjour, tout mon espoir et mon unique salut.

APOLLONIA. Maître, que le ciel préserve ce que vous aimez le mieux.

SATURIUS, à part. Voyons s'ils s'épargneront les beaux compliments.

CAMILLUS. J'attends avec bien de l'impatience que tu parles.

APOLLONIA. Et personne plus que moi ne désire vous parler. Quand j'aurais cent langues, elles ne suffiraient pas pour vous dire avec quel art, avec quelles précautions je suis parvenue à aborder la question de votre amour, et quels moyens j'ai employés pour parvenir à en causer avec elle.

SATURIUS, à part. Celle-ci du moins commence à mettre les paroles sur l'air.

APOLLONIA. Elle avait avec elle un tout jeune chien, qui est venu me caresser lorsque je me suis approchée: j'ai regardé cela comme d'un bon augure. Elle était habillée de blanc...

DULIPPUS. Nous voulons savoir autre chose que la robe.

CAMILLUS. Hélas! que tout ce qui regarde l'objet aimé a de douceur! qu'il est doux de connaître et la couleur de ses vêtements, et chaque geste, et chaque mouvement, et ses paroles, et même ses pensées; de savoir si elle veille ou si elle dort!

SATURIUS, à part. Ne semble-t-il pas que le pauvre aveugle le soit plus que tous les autres!

CAMILLUS. Saturius, que dis-tu tout bas?

SATURIUS. Je dis que tu n'es pas aveugle comme les autres amants, et que tu viens de parler à merveille.

APOLLONIA. Laissez-moi donc en venir à la conclusion. Comme elle ne me connaissait pas, j'ai été obligée de lui dire mon nom, et une infinité de choses qu'il est inutile de répéter.

CAMILLUS. Non, je t'en prie en grâce, répète-nous tout ce que tu lui as dit.

DULIPPUS. Sont-ce là toutes les nouvelles que tu nous apportes?

APOLLONIA. Tu es bien impatient.

CAMILLUS. Laisse-la donc parler.

APOLLONIA. Tout en causant tantôt d'un jeune homme, tantôt d'un autre, j'ai prononcé par hasard votre nom : aussitôt elle fixe les yeux sur moi, change de visage, et pousse un soupir si brûlant qu'elle m'a presque mis le feu à la figure; et il m'a semblé qu'en même temps elle a répété votre nom.

SATURIUS, à part. Il va encore donner dans ce panneau.

CAMILLUS. Et ensuite elle ne t'a rien dit de plus?

APOLLONIA. Elle m'a demandé comment je vous connaissais, s'il y avait longtemps que nous étions amis; et je lui ai répondu que j'avais été votre chère nourrice.

CAMILLUS. Oh! quelle réponse adroite et prudente!

SATURIUS, à part. Elle lui en fait joliment accroire.

APOLLONIA. Aussitôt elle a baissé la voix, et sous divers prétextes elle a éloigné adroitement tous ceux qui se trouvaient près d'elle. Cela m'a donné courage, et j'ai osé lui dire alors : « Camillus meurt pour vous d'amour. »

SATURIUS, à part. Voyez comme elle se tire adroitement d'affaire!

APOLLONIA. Elle m'a répondu : « Son mal me touche infiniment; mais je suis bien fâchée de ne pouvoir y apporter remède. »

SATURIUS, à part. Allons, je vois que la fête aura lieu.

APOLLONIA. Je lui ai demandé pourquoi. Elle m'a répondu : « Parce que le sort qui nous gouverne, en m'unissant à celui que je ne puis souffrir, m'a séparée de ce que j'aurais eu de plus cher au monde. » — « Madame, » lui ai-je dit alors, « on peut corriger par la prudence la malignité du sort : rien n'est impossible à qui veut fermement; et d'ailleurs en ce monde plus on en prend, plus on en a. »

CAMILLUS. On ne pouvait pas mieux répondre.

SATURIUS, à part. Il est si difficile en effet de se faire à soi-même de belles réponses!

CAMILLUS, à Saturius. Mais tais-toi donc un peu. (A Apollonia.) Et ensuite?

APOLLONIA. Elle a poursuivi en ces termes : « Eh quoi! Camillus ferait une pareille injure à mon mari, lui qui le chérit comme un autre lui-même! »

SATURIUS. Ce n'est pas seulement à ses amis, c'est à ses parents mêmes que l'on s'adresse.

APOLLONIA. « Oh! Camillus est tout amour, » ai-je répondu; « et puisqu'il est aimé, il est bien naturel qu'il aime non-seulement votre mari, mais vous et vos parents. » — Et elle : « Je suis bien sûre qu'il ne voudrait pas que sa femme fît ce qu'il veut que je fasse. »

SATURIUS. Qui sait? Il y a des gens qui aiment u'on les aide.

APOLLONIA. J'ai continué de la presser; et elle n'a répondu : « N'en dites pas davantage, mon onneur me défend de vous prêter l'oreille. » e lui ai dit que je ne prétendais pas souiller on honneur ; mais que je cherchais seulement à savoir que vous ne lui déplaisiez pas; à uoi elle m'a répondu que les amants couvraient oujours du voile de l'honnêteté leurs desseins es moins honnêtes...

SATURIUS. La voilà qui embrouille bien l'affaire.

APOLLONIA. « Ils promettent, ils jurent, et e tiennent ensuite ni leurs serments ni leurs romesses. Ils font bien pis encore : ils vous hansonnent ou vous rendent la fable d'un hacun, et se vantent à l'un et à l'autre des aveurs que souvent ils n'ont jamais obtenues. »

SATURIUS. Elle parlait là en femme d'une rande expérience.

APOLLONIA. J'ai tâché de la convaincre que ous étiez discret plus que personne au monde, t qu'elle n'avait rien à redouter avec vous.

SATURIUS. Loin d'en dire davantage, je n'aurais pu en dire autant.

APOLLONIA. Elle a ajouté alors : « Il n'y a rien e si caché sous le ciel qui ne se découvre à la n. » — « Oui, quand la chose est mal conduite, » épondis-je; « et il faut convenir qu'il n'existe as une femme qui quelquefois, plus ou moins, 'ait trouvé dans un époux un motif de sécurité... »

SATURIUS. Ainsi ma mère fut une... Ah! parleu! cette vieille juge donc des autres par elle-même?

APOLLONIA. « C'est une chose claire, manifeste t notoire, » ajoutai-je ; « mais savez-vous pouruoi l'une passe pour sage, pour raisonnable, our honnête, pour pure de mœurs; l'autre pour olle, légère, sans frein et sans pudeur? C'est ue la première est discrète, prudente et dissimulée; la seconde babillarde, sans expérience t sans esprit... »

SATURIUS. Ainsi celles qu'on estime le plus ont celles qui valent le moins.

APOLLONIA. « Mais votre Camillus, » lui dis-je, est si aimable, il vous aime tant qu'il ne peut ien vouloir que ce que vous voulez vous-même. » Et pour abréger mon discours...

SATURIUS. Voyez un peu quel abrégé!

APOLLONIA. J'ai combattu si bien toutes ses raisons, je l'ai tant pressée, qu'elle a pris le lin et la toile ; et je crois qu'elle prendra encore le manche de la quenouille. Or, vous savez que qui accepte s'oblige à faire ce que vous désirez

CAMILLUS. Je suis parfaitement content.

APOLLONIA. Je voudrais que vous eussiez entendu ses paroles...

SATURIUS. Ne va-t-elle pas recommencer?

APOLLONIA. Et vu tout ce qu'il m'a fallu faire pour la convertir.

CAMILLUS. J'en imagine plus encore que tu ne m'en dis ; mais je te conjure de finir.

APOLLONIA. A quel propos? Vous imaginez-vous qu'il me reste quelque chose à ajouter?

CAMILLUS. Je conserve encore un scrupule.

APOLLONIA. Quel scrupule?

CAMILLUS. Dis-moi : es-tu convenue avec elle du moment, de la manière, du lieu où je pourrais l'entretenir?

APOLLONIA. Je ne lui ai point encore parlé de cela, parce qu'elle veut, pour être plus assurée de votre tendresse, que vous lui écriviez de votre main un petit billet.

CAMILLUS. Je l'aurais déjà fait et je te l'aurais donné volontiers si la crainte de déplaire, qui a tant d'empire sur les véritables amants, n'eût arrêté ma main téméraire. Ne le prends donc pas en mauvaise part.

APOLLONIA. Je l'entends bien ainsi.

SATURIUS. Camillus, tu ne me parais pas fort habile.

CAMILLUS. Pour quelle raison?

SATURIUS. Pour quelle raison? Tu devais consulter l'astrologue pour savoir dans laquelle de ses demeures se trouvait Vénus.

APOLLONIA. A quoi bon?

CAMILLUS. Il a raison, c'est un point extrêmement important : Vénus est la fidèle compagne des amants, comme l'étoile polaire est celle des matelots.

APOLLONIA. Mais on ne va point ici sur mer et l'on n'a rien à craindre des écueils, comme vous paraissez le croire : le chemin est tout à fait uni.

CAMILLUS. Ceci n'est point un morceau pour toi. C'est de la faveur ou de la rigueur des cieux que dépend en effet le succès de mon entreprise.

APOLLONIA. Soyez convaincu au contraire que c'est ma langue seule, ainsi que l'amitié que j'ai pour vous et les petits mensonges que je me permettrai, qui peuvent vous faire réussir.

CAMILLUS. Non, dis-lui plutôt la vérité.

APOLLONIA. Apprenez-moi ce que vous voulez que je fasse. Faut-il lui dire que vous brûlez?

CAMILLUS. Oui.

APOLLONIA. Et où se trouve votre flamme?

CAMILLUS. Dans mon sein.

APOLLONIA. Et qui peut s'en apercevoir?

CAMILLUS. Elle-même.

APOLLONIA. Comment?

CAMILLUS. Par mes yeux et par les soupirs que j'exhale.

SATURIUS. Tu veux donc lui brûler le visage?

CAMILLUS. Je veux faire fondre les glaces de son indifférence au feu de mes soupirs.

APOLLONIA. Maître, ce sont des choses fort bonnes à dire à la veillée.

CAMILLUS. Dis-les-lui quand tu le jugeras à propos.

APOLLONIA. C'est la lettre surtout qui est le point important. Y avez-vous mis tout ce qui est nécessaire?

CAMILLUS. Si elle peut lire ce qu'elle contient et qu'elle y fasse attention, les larmes vont couler si abondamment de ses yeux que tu auras toi-même pitié d'elle.

APOLLONIA. Je sais que vous n'aimez pas qu'on perde tant de temps : ainsi je m'en vais.

CAMILLUS. Adieu donc.

APOLLONIA. Mon cher maître, que le ciel comble vos désirs.

SCÈNE IV.

CAMILLUS, SATURIUS, DULIPPUS.

CAMILLUS. Saturius, si je puis réussir dans mon projet, ce jour sera le plus heureux de tous tes jours.

SATURIUS. Qu'il soit ce qu'il pourra, mon seul chagrin est d'être à jeun. Je suis fâché aussi d'une erreur que tu as commise; car ta lettre ne produira aucun fruit.

CAMILLUS. Pourquoi?

SATURIUS. Je vais te le dire. Que contenait-elle?

CAMILLUS. J'y parlais de mes larmes, de mes soupirs, de mes espérances, de manière à lui inspirer de la pitié pour mon martyre.

SATURIUS. Y avait-il autre chose?

CAMILLUS. J'y peignais l'état de mon misérable cœur.

SATURIUS. Y parlais-tu d'or ou d'argent?

CAMILLUS. Non. Est-ce qu'il est d'usage de parler de ces choses-là?

SATURIUS. Cela n'eût-il pas achevé de peindre ton amour? Ne sais-tu pas que, comme un corps ne peut vivre sans une âme, ainsi ton billet à Virginia, n'étant point une cédule, ne produira sur elle aucun effet?

CAMILLUS. Qu'en penses-tu, Dulippus?

DULIPPUS. Que les femmes, comme je vous l'ai déjà dit, sont avares, quoiqu'il y en ait quelques-unes parmi elles qui dansent sans musique.

SATURIUS. Tu as bien raison. Mais où s'en trouve-t-il aujourd'hui de semblables? Je ne puis en faire danser une seule sans argent, et il ne me sert de rien d'être beau.

DULIPPUS. Si Narcisse avait été aussi beau que toi, Écho ne pleurerait pas son infortune.

CAMILLUS. Infortuné que je suis! sort cruel qui me poursuit! imprudence fatale! cœur aveugle qui cause tous mes maux! Hélas! je perds donc celle que je regardais déjà comme ma conquête! je perds celle qui avait tant de grâces à mes yeux, qui faisait tout mon bien, l'unique objet de mon amour! Hélas! que deviendra désormais mon âme?

DULIPPUS. Allons, mon cher maître, ne vous mettez pas en peine; vous ne pouvez manquer de réussir. Croyez que celle qui a ouvert l'oreille à un amoureux message a déjà, comme on dit, pris goût au sel.

CAMILLUS, à Saturius. Et toi, qu'en penses-tu?

SATURIUS. Que c'est assez leur ordinaire; mais qu'il y en a aussi qui se trouvent enveloppées par d'autres dans des intrigues qu'elles ne soupçonnaient pas.

CAMILLUS. Saturius, réponds-moi; mais dis surtout la vérité...

DULIPPUS. Toute autre chose lui serait moins difficile.

CAMILLUS. Virginia est-elle satisfaite de son mari? Crois-tu que je la contenterai davantage?

SATURIUS. Veux-tu que je te parle franchement? Je suis persuadé que tu lui plairas beaucoup plus : c'est une femme d'un esprit grand et élevé, qui fait plus de compte du nom de sa maîtresse que si son mari lui eût donné un royaume. Et aujourd'hui ce n'est pas une bagatelle qu'un amant estimable!

CAMILLUS. Suis-je par hasard du nombre?

SATURIUS. Le premier et le plus excellent.

DULIPPUS, à part. Celui-ci va gonfler de vent notre maître.

SATURIUS. Que marmottes-tu entre tes dents?

DULIPPUS. Je dis que je suis bien aise que Virginie l'aime, et que cela nous sera avantageux.

SATURIUS. Les serviteurs sont toujours enclins à tomber sur les étrangers ; et Dulippus voit avec chagrin que je vienne manger chez toi.

CAMILLUS. Avant de nous mettre à table j'ai envie d'aller jusqu'au temple. Cela pourrait te fatiguer : en attendant mon retour, prépare tout pour le dîner.

SATURIUS. Tout sera apprêté avec le plus grand soin. Camillus. Mais, dis-moi : combien de temps veux-tu que je t'attende?

CAMILLUS. Jusqu'à ce que l'heure du repas soit arrivée.

SATURIUS. A mon avis, je crois qu'elle est déjà passée.

CAMILLUS. Certainement non, si tu regardes le soleil.

SATURIUS. C'est mon ventre que je consulte.

DULIPPUS. Et ton ventre est ton dieu.

SATURIUS. Quand on se met tard au lit, il faut se lever tard et dîner tard : c'est ce qui fait que personne ne peut venir manger avec nous; et cette conduite n'est pas dépourvue d'adresse.

CAMILLUS. Sais-tu que tu m'offenses?

SATURIUS. Sais-tu que tu ne m'offenses pas moins quand tu veux que je règle mon dîner sur les horloges et les étoiles?

CAMILLUS. Dulippus, allons-nous-en.

DULIPPUS. Allons-nous-en; car avant que ce raisin mal cuit se changeât en moût, je ne pourrais m'empêcher de faire fermenter la cuve.

SATURIUS. Vois à quelles choses désagréables tu m'exposes!

DULIPPUS. Va, mon maître n'attache de prix qu'à ton départ.

SATURIUS. Comme si cela n'avait aucune importance pour ton maître! Ne sait-il pas que la vie et la mort dépendent de cet arrangement de la vie, et que s'il le suivait sans y manquer, il aurait comme moi la face colorée?

CAMILLUS. Écoute-moi.

SATURIUS. Je ne veux plus écouter aucune de tes exhortations.

CAMILLUS. Pourquoi?

SATURIUS. Parce que ce serait la même chose.

CAMILLUS. Veux-tu permettre que je te parle?

SATURIUS. Non; parle avec les morts, qui ne pensent plus ni à boire ni à manger.

CAMILLUS. Vas-tu te mettre en colère?

SATURIUS. Eh! qui ne s'y mettrait pas, lorsque je me vois aujourd'hui molester à ce point? Crois-tu que je n'aie qu'un seul endroit où je puisse aller manger?

CAMILLUS. Je sais que chacun te reçoit avec plaisir à cause de ton esprit et de ta gaîté; et moi, plus qu'aucun autre, je t'apprécie, je t'honore et je t'estime.

SATURIUS. Tu le prouves bien mal en voulant m'accoutumer ainsi à jeûner.

CAMILLUS. Allons, tranquillise-toi : tu seras bientôt consolé. Plus on désire manger, et plus ce qu'on mange est agréable et profitable.

SATURIUS. Oui, pour ceux qui ont des estomacs froids et délicats, faibles, remplis de vents, dégoûtés, comme sont ceux de la plupart des savants, qui ont la gravelle, qui sont étiques, et dont la tête est chauve et les yeux chassieux.

CAMILLUS. De parasite, te voilà devenu bien bon médecin. Allons-nous-en, Dulippus, car tu le vois qui bout d'impatience; et le temps s'enfuit comme le vent.

SCÈNE V.

SATURIUS, seul.

Quelle misérable vie que celle des amants! mais bien plus triste encore est celle des malheureux qui ont à supporter leurs caprices! J'aimerais mieux mourir que d'imiter ces écervelés : ils veulent et ne veulent plus; ils courent et se reposent; tantôt tristes, tantôt gais, aujourd'hui bien portants, et demain malades. L'amour renferme tous les contrastes : les soupçons, l'injure, l'inimitié, les trêves, les guerres, la paix, la concorde, la colère et les promesses trompeuses. Veut-on le soumettre à la raison : c'est vouloir tout bonnement se faire regarder par chacun comme un fou. Jamais dépit ne fut si puissant sur un cœur amoureux, qu'un soupir froid et tardif, une seule larme, une prière, un léger signe, un sourire, un salut, un regard dissimulé ne puissent le changer entièrement et ne parviennent à l'attendrir. Et puis, dites qu'un amoureux a du courage! Celui qui aime ne peut songer qu'au cher objet de son amour : c'est là qu'est tout son bien, qu'aboutissent tous ses désirs; il oublie tous les autres soins, toutes ses autres affaires, pour ne s'occuper que de son amour; et il y en a même qui oublient jusqu'au soin de manger, sans réfléchir qu'ils se perdent en cherchant à gagner autrui. Voilà ce qui me fait le plus de peine, car mon pauvre corps souffre le martyre s'il ne se nourrit pas aussitôt que l'appétit me sollicite. Ils ne mangent jamais que lorsqu'ils y sont forcés; et c'est ainsi que moi et leurs serviteurs nous portons la peine de leurs folles amours. C'est une grande folie que d'aimer ici-bas quelqu'un plus que soi-même; c'est se livrer à de vains désirs, à une ardeur inutile, aux chagrins, aux espérances trompeuses, à un malheur certain, au mépris de sa propre existence, que de suivre plutôt les pas d'un malheureux dont le cœur est enchaîné que de celui qui aime à le nourrir et à le tenir en bon état. Hommes aveugles et insensés, qui vous laissez imposer le frein le plus dur par une misérable créature dans laquelle on ne trouve ni vertu ni esprit! car de la plus laide à la plus belle, il n'y a de différence que la couleur et la grandeur; mais quand la lumière est éteinte toutes les beautés se ressemblent, et toutes les femmes sont bâties sur le même patron; celui qui en essaye une peut se vanter de les avoir toutes essayées. Mais je rentre au logis, car si Camillus ne trouvait pas tout bien apprêté il me dirait quelques sottises dont je pourrais me trouver mal.

ACTE III

SCÈNE I.

SATURIUS, seul.

Quelle chaleur il fait aujourd'hui! tout est en sueur, jusqu'à l'air. Cette saison me paraît à rebours; car, si je ne me trompe, nous sommes au milieu de l'hiver, et il fait brûlant comme au mois de juillet. Je crois que c'est le bissexte qui est cause de tout ce dérangement. Quel est donc ce soleil qui brille? Je crois plutôt que c'est la lune. Il me semble que le ciel s'obscurcit; ma tête, mes bras, mes jambes semblent m'abandonner, tant mes yeux sont appesantis par le sommeil. Je ne suis cependant ni fou ni aveugle; et si au premier aspect je parais un peu échauffé, je suis réellement tout de glace. Oh! que de monde j'embrasse! Entendez-vous le tonnerre! Il me semble qu'il pleut... Que Jupiter puisse arriver, et tous ceux qui sont là-haut!... Qui vient de fermer cette porte? Je voudrais bien le tenir... Que veut dire ceci? je ne puis me tenir sur mes jambes. Qui me tire ainsi? Ce n'est pas seulement le ciel qui tourne, je crois que la terre tourne aussi : j'ai manqué de me jeter par terre. Ne riez pas tant, vous êtes aussi ivres que moi. Allons, chantons une petite chanson : Oh! que le vin était bon! Vous qui en avez goûté, dites-moi : comment l'avez-vous trouvé? Je sais que ce n'est pas de la piquette, mais de l'excellent muscat ou de la malvoisie. Et c'est à ma barbe que l'on dit cela! Je ne sais comment me reposer, et je ne puis me soutenir... Oh! quel son agréable! quel doux concert! C'est proprement l'onguent bon pour mon mal... Oh! oh! je le disais bien, ma cervelle court la campagne... Mais, comme toutes les fois que le feu s'échappe par en bas la chaleur manque à la marmite, et que l'écume se précipite au fond, ainsi ma cervelle qui surnageait revient à sa place, et tout reprend pour moi son aspect ordinaire. Maintenant le soleil me paraît clair et net. Camillus sera charmé sans doute que j'aie mis tout en ordre pour le dîner. J'espère en avoir quelque gloire, quoique ce que l'on fait vite soit ordinairement mal fait... Camillus ne revient pas encore... Mais qu'il reste tant qu'il lui plaira, mon estomac maintenant me laisse tranquille; je ne l'entends plus se plaindre, car il cesse de murmurer aussitôt qu'il est bien rempli. Ainsi je ne mourrai pas de faim, car j'ai mangé comme un pauvre diable affamé. Camillus s'est bien trompé s'il a cru que je resterais à l'attendre sans manger et sans goûter les plats. Mais il a eu un grand tort : c'est d'avoir fait mettre de si bonne heure le dîner sur le feu. Lorsque le rôti est à point, il ne faut pas le laisser refroidir; rien ne le gâte plus que de le faire réchauffer : ce qui doit être succulent et juteux se brûle et se dessèche. C'est un point essentiel dans cet art, et dont il ne faut instruire que les véritables gourmands et les amateurs éclairés. Je n'ai jamais vu de chapons dont les croupions fussent aussi beaux! N'est-ce pas un véritable péché que de les voir perdre ainsi? Hélas! il n'y a plus de remède! il faut prendre son mal en patience. Mais Camillus n'a pas encore compris toute l'utilité de cette philosophie, la seule maîtresse du bien-vivre. Les princes eux-mêmes recherchent aujourd'hui mes semblables; et lorsqu'ils ont trouvé quelque homme habile dans ce bel art, ils veulent qu'on ait pour lui l'estime que méritent les personnages les plus éminents; ils ne regardent point au salaire, car l'argent employé pour la table n'est sujet à aucune loi ni à aucune mesure; et leur principale étude, l'aiguillon qui stimule le plus leur esprit, est de pouvoir vivre au sein des voluptés. Et, pour vous faire part d'un secret connu de peu de monde, le plaisir ne peut loger chez un homme dont l'estomac est vide, attendu que le besoin est le père de la tristesse... Mais quelle est cette femme tout affligée qui à cette heure sort de la maison? Elle doit être fille, ou amoureuse... Si je l'ai bien vue, ce doit être la suivante qui veille si bien sur Virginia. Cachons-nous près d'ici afin d'entendre ce qu'elle va dire.

SCÈNE II.

DORIA, seule.

Que nos maîtresses sont folles! Elles sont plus vaines et plus légères que la feuille emportée par le vent; tandis qu'elles pourraient faire tout ce que bon leur semble sans donner lieu à la médisance. Entendent-elles marcher ou cracher derrière elles, vite elles se retournent, comme si on les appelait par leur nom et qu'on les saluât; les couvrît-on d'or, elles ne sauraient tenir leur amour caché. J'ai vu aujourd'hui au temple des choses... des choses qui n'appartiennent qu'à des amants qui ont perdu la tête : l'un essuyait ses yeux pleins de larmes, l'autre poussait des soupirs enflammés; celui-ci se frottait le front et les cheveux, celui-là soufflait par la bouche, l'autre par le nez; plusieurs se mordaient les lèvres, les gants et les doigts, sans faire attention à ceux qui les entouraient. C'est nous qui jouissons des vrais plaisirs de l'amour, parce qu'il nous faut des actions et non des paroles. Lorsque chacun dort et que nous sommes seules dans la maison, nous introduisons alors l'ami tout doucement, tout doucement; et il reste à nos côtés jusqu'à ce que le jour paraisse. Il part alors, et ne vient pas tout le long du jour tourner autour de nous, comme on voit les galants auprès de nos maîtresses, pour nous conter des sornettes; et il n'est pas de ceux qui vont au colombier avec le tambour. Si nos maîtresses n'entendent pas leur porte retentir chaque jour du bruit des chants et des sérénades, si chaque jour elles ne reçoivent mille messagers, si elles ne sont courtisées en tout lieu, jamais vous n'obtiendrez d'elles l'objet de vos désirs. Non-seulement elles ne veulent pas que vous leviez les yeux sur une autre femme, il faut que vous disiez à chacun que vous vous consumez et que vous mourez pour elles; car si votre amour n'est connu d'un chacun, n'espérez pas qu'elles aient jamais pitié de vous. Mais, qui sort du logis? N'est-ce point Catillus? C'est lui-même... Malheureuse que je suis! que vais-je faire? Lui dirai-je la vérité? le tromperai-je? Je ne sais encore quel parti prendre... Cachons-lui tout; mais prenons un air assuré et ne paraissons point étonnée. Qu'il fasse ce qu'il voudra, je ne dirai rien dont je puisse avoir par la suite à me repentir.

SCÈNE III.

DORIA, CATILLUS.

DORIA. Dieu vous garde, mon maître.

CATILLUS. Que fais-tu ici?

DORIA. Je rentrais au logis.

CATILLUS. Où est Virginia?

DORIA. Je viens de la laisser au temple.

CATILLUS. Qui est avec elle?

DORIA. Sa mère et Lisisca.

CATILLUS. Approche, et parle-moi; mais dis moi bien franchement la vérité, autrement cela se passera mal entre nous.

DORIA. Mon maître, si vous me surprenez jamais à vous dire un mensonge, je veux que vous me mettiez sur-le-champ à la porte.

CATILLUS. N'y avait-il pas dans le temple quelque étourneau qui voltigeait autour de ma femme?

DORIA. Je n'en ai aperçu aucun.

CATILLUS. J'ai bien de la peine à te croire. Mais

peut-être me suis-je mal expliqué. Dis-moi : quelqu'un faisait-il les yeux doux à ma femme?

DORIA. Oui, j'ai vu quelqu'un la regarder bien souvent.

CATILLUS. Et elle, que faisait-elle?

DORIA. Oh! oh!

CATILLUS. Que faisait-elle? réponds.

DORIA. Elle restait tranquille

CATILLUS. Ah! tu balances à répondre! Prends garde que je n'appelle le bâton à mon aide. Regardait-elle quelqu'un?

DORIA. Oui, celui qui la regardait.

CATILLUS. Et souvent?

DORIA. Souvent.

CATILLUS. Et ensuite, que faisait-elle?

DORIA. Je n'ai point vu autre chose.

CATILLUS. Se touchait-elle toujours le visage à la même place, ou lui as-tu vu faire quelque autre signe?

DORIA. Il me semble que oui.

CATILLUS. Avec les yeux, la tête ou les mains?

DORIA. Je ne me le rappelle pas bien.

CATILLUS. Tu ne veux donc pas parler?

DORIA. C'est vous qui me faites perdre la mémoire.

CATILLUS. Crachait-elle souvent?

DORIA. Oui, quelquefois.

CATILLUS. Et pourquoi?

DORIA. Je n'en sais pas la raison : c'est sans doute parce qu'elle en avait besoin.

CATILLUS, à part. Tout ce que me dit cette fille, il semble qu'elle ne le dit que par force. (Haut.) Était-elle triste ou gaie? son visage rougissait-il ou pâlissait-il tour à tour?

DORIA. Croyez-vous que j'aie toujours eu les yeux attachés sur elle? Je m'occupais aussi de mes affaires.

CATILLUS. Et que faisais-tu?

DORIA. Ne le devinez-vous pas? Je disais mes prières. Pourquoi donc va-t-on dans les temples?

CATILLUS. Aujourd'hui l'on y va pour tout autre chose : c'est là que se font tous ces marchés dont vous savez si bien le métier; c'est là que toutes les infamies... Mais l'honnêteté m'empêche de dire ce que je ne pourrais répéter sans honte. O Jupiter! comment peux-tu souffrir qu'on fasse de tes temples un lieu de prostitution! Avec qui parlait-elle?

DORIA. Avec les personnes qui étaient auprès d'elle.

CATILLUS. Et que disait-elle?

DORIA. Ce que les dames ont coutume de dire aujourd'hui entre elles : elle médisait du prochain.

CATILLUS. De qui? est-ce de moi?

DORIA. Non, mais de telle ou telle femme dont le nom lui venait le premier à la bouche.

CATILLUS. Parlait-elle en secret?

DORIA. Certainement, et de manière que chacun pouvait l'entendre.

CATILLUS. Pourrais-tu maintenant me dire quel est celui qu'on voit toujours rôder autour de ma femme?

DORIA. En vérité, mon maître, je ne le connais pas; et je ne crois pas l'avoir jamais vu ailleurs.

CATILLUS. Te semble-t-il jeune ou vieux?

DORIA. C'est un fort beau garçon, et qui paraît avoir vingt ans tout au plus.

CATILLUS. Quelle taille a-t-il?

DORIA. Il doit être plus grand que vous d'une palme environ.

CATILLUS. A-t-il la figure pâle?

DORIA. Il est frais comme une rose.

CATILLUS. Quelle est la couleur de ses cheveux?

DORIA. Parfaitement noire; et de ma vie je n'en ai vu de si beaux.

CATILLUS. Je veux que tu tâches de savoir son nom.

DORIA. Comment faudra-t-il m'y prendre?

CATILLUS. Mets-toi ce soir sur le balcon, questionne Virginie sur ceux qui passent; et quand notre galant viendra à paraître, dis-lui : « Voilà bien le jeune homme le plus beau et le plus élégant de tous ceux que nous avons vus aujourd'hui; qui est-il? » Regarde alors si elle soupire et change de visage, et si elle le suit longtemps des yeux. Tu pourras même ajouter: « Oh! combien doit être heureuse celle qui possède un tel mari! combien ses serviteurs doivent être contents de lui obéir! » Prononce ces mots de manière à mériter sa confiance. Tu peux dire aussi que tu ne crois pas qu'il y ait au monde une femme capable de lui résister; fais-lui entendre que tu pardonnerais tout à celle qui l'aimerait, et que tu lui tiendrais même le sac.

DORIA. Je le veux bien; mais sachez que ma maîtresse est fine.

CATILLUS. Qu'elle le soit autant qu'elle voudra,

on est si aveugle quand on aime qu'on se jette soi-même dans le piége. D'ailleurs les femmes aiment volontiers à faire confidence de ce qu'elles font. Connais-tu celle qui vient de ce côté ?

DORIA, à part. O ciel ! c'est Virginia ! Je n'ai rien de mieux à faire que de m'en aller. (Elle veut sortir.)

CATILLUS, la retenant. Reste ici, je te prie, et ne t'éloigne pas.

DORIA. Surtout n'allez pas lui répéter ce que je vous ai dit.

SCÈNE IV.

DORIA, CATILLUS, VIRGINIA, SOSTRATA, DROMOS.

VIRGINIA. Bonjour.

CATILLUS. D'où venez-vous ?

VIRGINIA. Du temple de Vesta.

CATILLUS. Vous voilà devenue bien dévote !

VIRGINIA. Je fais ce que je vois faire aux autres.

CATILLUS. Dieu le veuille ainsi !

SOSTRATA. Ne lui reprochez point sa bonne conduite.

CATILLUS. Et qu'y avez-vous fait ?

VIRGINIA. Ce qu'on a l'habitude d'y faire.

CATILLUS. Y avait-il quelque chose que vous pussiez désirer ?

VIRGINIA. Vous savez si j'aime autre chose que vous, vous à qui j'ai donné mon amour et ma foi.

CATILLUS. Si ce que vous me dites était vrai, vous me rechercheriez à toutes les heures du jour, au lieu de m'éviter. Croyez-vous que j'ignore la conduite que vous avez tenue aujourd'hui au temple ?

VIRGINIA. Malheureuse que je suis ! que viens-je d'entendre ! Quelle faute, dites-moi, quel péché ai-je commis ?

CATILLUS. Voyez comme elle fait l'innocente !

SOSTRATA. C'est qu'elle n'a rien à se reprocher.

VIRGINIA. Il faut avouer que je suis née sous une bien malheureuse étoile ! plus je m'efforce à me bien conduire, et plus je me vois exposée aux soupçons d'un jaloux. Hélas ! je ne sais plus ce que je dois faire.

CATILLUS. Voyez si ce qu'elle dit ne semble pas partir du fond de son cœur.

VIRGINIA. Plût au ciel que ce que je dis ne fût pas vrai ! je serais alors heureuse plus qu'aucune autre femme : tandis qu'il n'en est pas de plus à plaindre et de plus infortunée. J'ai trop d'amour et de respect pour toi ; et je te révère comme une chose sacrée... Mais nous sommes bien folles d'aimer qui ne nous aime pas.

CATILLUS. A-t-on jamais vu plus d'impudence ! A-t-elle changé de visage ou de voix ?

SOSTRATA. La vérité est toujours bien puissante.

CATILLUS. Si ce qu'elle dit était vrai, elle n'aurait pas la force de nier et elle resterait muette devant moi. Elle ne me connaît pas.

VIRGINIA. Je ne te connais que trop pour mon malheur ! Plût au ciel que ceux qui m'ont unie à toi t'eussent connu aussi bien ! ils m'auraient noyée de leurs propres mains avant de me faire ta femme ; ils m'auraient donné auparavant du poison ; et je l'aurais accepté avec plaisir plutôt que d'avoir un si fâcheux mari.

CATILLUS. On ne répond à un semblable discours qu'avec le bâton.

SOSTRATA. C'est son amour qui la fait parler ainsi.

CATILLUS. Dites plutôt son orgueil. Non, je ne sais comment on peut supporter une femme pareille !

DROMOS. Mon maître, souffrez...

CATILLUS. Que veux-tu que je souffre ? J'aimerais mieux d'abord me jeter à l'eau.

DROMOS. Calmez un peu votre colère. Éloignez-vous d'ici, et votre transport se passera lorsque vous ne la verrez plus.

CATILLUS. Sortons, car je sens que je ferais quelque sottise.

DROMOS, à part. Si tu en faisais une, ce ne serait pas la première.

SCÈNE V.

SOSTRATA, VIRGINIA, DORIA.

SOSTRATA. Que lui as-tu donc fait, ma chère fille, pour l'irriter ainsi contre toi ?

VIRGINIA. Trop de bien.

SOSTRATA. Ne parle point ainsi : songe qu'il est ton mari.

VIRGINIA. Et lui, doit-il oublier que je suis sa femme, et m'accabler chaque jour de mille outrages ?

SOSTRATA. Crains de te tromper. Ne sais-tu

pas, ma chère Virginia, que les femmes doivent être soumises à leurs maris?

VIRGINIA. Ils ne doivent pas mépriser tous nos désirs.

SOSTRATA. Sans doute, lorsqu'ils sont justes.

VIRGINIA. O ma mère, il n'en est pas de plus légitimes! Mais si tu savais comme il me traite, tu en serais indignée.

SOSTRATA. Peut-être est-il malade?

VIRGINIA. S'il l'était, irait-il courant çà et là, et veillant toute la nuit jusqu'à ce que le jour se lève?

SOSTRATA. Plus tu te fâcheras contre lui, plus il cherchera à se distraire ailleurs. Il vaut mieux t'efforcer de lui plaire : caresse-le, aie pour lui de l'estime et du respect; et si tu ne peux l'aimer, feins-le du moins; donne-lui quelquefois des marques d'amour : assieds-toi sur ses genoux, présente-lui son manteau lorsqu'il veut sortir; lorsqu'il rentre, dis-lui qu'il est le bienvenu; s'il semble fâché, fais-lui bon visage; s'il murmure contre toi, n'aie pas l'air d'y faire attention.

VIRGINIA. S'il passe tous ses jours et toutes ses nuits à s'amuser, s'il s'éloigne de moi autant qu'il peut, dis-moi, ma mère, faut-il que je ne m'en plaigne pas?

SOSTRATA. Qui sait s'il n'est pas obligé de sortir? Ne te suffit-il pas qu'il revienne chez lui, et faut-il qu'il soit toujours à tes ordres?

VIRGINIA. Hélas! que je suis loin de l'avoir à mes ordres! Mais je veux bien me taire par modération. Entre autres bonnes qualités, je ne crois pas qu'il y ait jamais eu au monde un homme plus jaloux : il a tordu le cou à mon perroquet et à ma pie, parce qu'il craignait qu'ils ne me rapportassent les messages de l'un ou de l'autre; et il a fait noyer mon petit chien blanc, parce qu'il couchait quelquefois dans mon lit. Et ne croyez pas qu'on trouve seulement dans ma chambre ni livre, ni plume, ni papier, ni encre, ni écritoire, ni lait, ni citron, avec quoi je puisse seulement écrire mon blanchissage.

SOSTRATA. C'est une marque que lui seul veut jouir de toi.

VIRGINIA. Que n'a-t-il eu toujours ce désir! Mais il est jaloux des balles mêmes : il craint qu'elles ne renferment autre chose que de la laine et du vent. Et, puisqu'il faut le dire, il n'y a pas jusqu'à mes frères et sœurs, jusqu'à mes parents, jusqu'à vous-même, ô ma mère, dont il ne soit jaloux.

SOSTRATA. Et que peut-il craindre de moi?

VIRGINIA. Il ne croit pas que vous me mettiez en tête de mauvaises pensées, je ne l'imagine pas du moins; mais il a dans l'esprit que vous fermez les yeux ou que vous êtes aveuglée, comme lorsque vous me l'avez donné pour mari.

SOSTRATA. Ma chère fille, parlons d'autre chose, car je ne puis croire tout le mal que tu me dis de lui.

VIRGINIA. Hélas! ses mauvais traitements ne se bornent pas là : partout où je vais il attache des espions à mes pas; et celle-ci le sait bien, elle qui est la cause de tous mes chagrins.

DORIA. En quoi, je vous prie?

VIRGINIA. En lui rapportant sans cesse plus que je n'en dis et plus que je n'en fais.

DORIA. Je n'ai point l'habitude de faire du mal.

VIRGINIA. Ah! vous êtes toutes bavardes comme des cigales. Qui peut lui avoir appris, si ce n'est toi, tout ce que j'ai fait dans le temple?

DORIA. Je l'ignore. Tout ce que je sais, c'est que je ne lui ai jamais rien dit de semblable.

VIRGINIA. De quoi parlais-tu avec lui?

DORIA, *hésitant*. Nous parlions...

VIRGINIA. Je le sais.

DORIA. Des affaires de ménage.

VIRGINIA. Voyez comme elle a bientôt trouvé une excuse! Oserais-tu dire le contraire?

DORIA. Sans doute je le dirais, et je ne serais pas battue pour cela.

VIRGINIA. Tu pourras en faire ton profit si tu as de la tête : rappelle-toi bien les paroles que je te dis.

DORIA. Ma chère maîtresse, apprenez-moi ce que vous voulez que je fasse.

VIRGINIA. Je sais que tu comprends au premier signe ce que je veux.

DORIA. Je ne suis cependant pas sorcière.

VIRGINIA. Il suffit ici que tu n'ouvres plus la bouche.

SOSTRATA. Ma fille veut dire qu'il n'est pas bien de répéter ce qu'on a vu, surtout lorsqu'on a affaire à des gens trop crédules.

SCÈNE VI.

SATURIUS, DORIA.

SATURIUS. Ne t'éloigne pas : j'ai deux mots à te dire.

DORIA. A qui en veut cet original?

SATURIUS. Ne le vois-tu pas? c'est à toi.

DORIA. Laisse-moi ; tu te trompes sans doute.

SATURIUS. Crois-tu que je sois fou, aveugle ou pris de vin?

DORIA. Tes actions et ton visage le montrent assez clairement.

SATURIUS. Ma chère amie, tu as tort de me dire des injures.

DORIA. Et toi de vouloir me retenir. Je n'ai jamais vu un pareil importun.

SATURIUS. Demeure encore un instant ; à quoi bon tant te presser?

DORIA. J'ai affaire.

SATURIUS. Et moi je cherche à faire : de grâce, demeure un instant.

DORIA. Qui es-tu?

SATURIUS. Un de tes amis.

DORIA. Je ne t'ai jamais vu.

SATURIUS. Tu ne t'en souviens pas? cela est fâcheux pour moi. Mais tu feins de ne pas me reconnaître.

DORIA. En vérité je ne te connais pas.

SATURIUS. Comment! tu ne remets pas celui qui est ton serviteur, un infortuné qui brûle, qui transit, qui se meurt pour toi!

DORIA. Tu peux mourir pour quelque autre que moi, car je ne suis pas aussi belle que tu veux bien le dire.

SATURIUS. Tout me plaît dans ta personne : tes manières, ton air, tes paroles gracieuses, tes yeux voleurs de cœurs.

DORIA. Cesse, je te prie, de te moquer de moi.

SATURIUS. Non, par ma foi ! Ne sais-tu pas qu'il n'y a de beau que ce qui plaît?

DORIA. Explique-toi donc sur ce que tu veux.

SATURIUS. Laisse-moi prendre cette main, et ne rebute pas ma tendresse, tout indigne que je sois de toi.

DORIA. Veux-tu quelque autre chose ?

SATURIUS. Je voudrais être entièrement satisfait.

DORIA. Parle donc.

SATURIUS. Sache que mon maître est amoureux fou de ta maîtresse; il l'aime plus que lui-même et ne saurait vivre un instant sans elle.

DORIA. Ah! ah! voilà donc l'amour que tu me portes! J'avais bien raison de m'étonner des caresses dont tu m'accablais.

SATURIUS. Je t'en ferai davantage encore, car je prétends te remplir et la bourse et le corps.

DORIA. Prends garde de me mettre dans un état dont j'aie par la suite à me repentir : je perdrais l'honneur et l'existence, et tu serais cause de ma ruine.

SATURIUS. Ne crains rien.

DORIA. N'ajoutes-tu rien à ces paroles?

SATURIUS. Je veux y ajouter tout ce que j'ai de plus cher.

DORIA. Mon maître est extrêmement brave.

SATURIUS. Que peux-tu redouter? L'homme jaloux n'est guère dangereux; et si ta maîtresse est satisfaite, quel danger peut-il y avoir?

DORIA. Je ne redoute rien de sa part; mais qui m'assurera que ce que tu me dis soit la vérité?

SATURIUS. Le bon visage que ta maîtresse fait à mon maître.

DORIA. Quant à cela, je n'en sais rien.

SATURIUS. Je ferai en sorte que tu le voies bientôt toi-même.

DORIA. Mais qui me préservera du courroux de Catillus?

SATURIUS. Ma foi, que je veux te donner pour gage.

DORIA. On n'a pas aujourd'hui grande confiance en un pareil gage.

SATURIUS. Celui qui montre tant de défiance ne conduit jamais bien ses affaires. Consens à ce que je veux, et ne crois pas que tu en deviennes plus pauvre : argent, habits, tout ce que tu pourras désirer, tu l'auras avant d'ouvrir la bouche.

DORIA. Je suis toute disposée : or sus, que dois-je faire?

SATURIUS, à part. Maintenant elle se ferait tuer pour moi. (Haut.) Lorsque tu verras Virginia, seule et mécontente, se plaindre de son mari, comme cela arrive souvent à la plupart d'entre vous, dis-lui : « Madame, j'ai à vous faire part d'un secret que je ne voudrais pas, pour tout ce que j'ai de plus cher au monde, que vous répétassiez à votre mari. » Elle te dira aussitôt : « Apprends-moi ce que c'est ; » car toutes les femmes sont avides de savoir du nouveau. Alors tu lui diras que l'aimable Camillus soupire et meurt pour elle mille fois le jour; qu'il ne demande point ce que désirent tous les autres amants, mais qu'il ne veut que pouvoir lui exprimer l'amour excessif qu'il a pour elle et tous les vœux qu'il fait pour son bonheur.

DORIA. Cette demande me semble un avis du ciel. Désires-tu quelque autre chose?

SATURIUS. Non, pour le moment.

DORIA. Je vais l'instruire de ce dont tu m'as chargée, et je viendrai t'apprendre ce qu'elle m'aura répondu.

SCÈNE VII.

SATURIUS, seul.

J'ai su si bien manœuvrer que j'ai gagné mon écot. Si Doria tient sa promesse, tout ira bien : Camillus sera heureux, et je pourrai à mon tour contenter tous mes désirs; car je remplirai mon estomac d'autre chose que de vent et de belles promesses : je pourrai le satisfaire avec des bécasses, des faisans, des cailles, des étourneaux, des ortolans, des perdreaux, des becfigues; et non plus avec des mets de mendiants, mais bien avec des tourterelles, des paons et toutes sortes de bons morceaux. Et comme Vénus est glacée si Bacchus ne s'unit souvent à Cérès, je crois que le rôti vaut mieux que le bouilli lorsqu'on y joint certains vins pétillants; quoique dans cette saison un vin franc me paraisse plus sain et plus agréable. Je pourrai donc manger toute la journée! Oh! comme je vais engraisser! je deviendrai luisant comme un miroir. Non, je ne vieillirai plus, car les pensées qui accélèrent la vieillesse ne me donneront plus de souci : je vivrai dans les festins et dans la joie; et Dulippus va en avoir tant de dépit dans le cœur que j'espère bien qu'il en crèvera. Et tout arrivera à sa barbe, car je fais sans peine ce qu'il ne parvient à faire qu'à force de fatigue : j'aurai désormais toutes les bonnes grâces du patron, et il verra chaque jour diminuer son crédit. Mais que vois-je sortir du temple? On dirait la figure d'Apollonia. Oh! le sot oiseau! la ridicule tournure! Dulippus a été bien imbécile de la prendre pour aide, sourde, aveugle et gauche comme elle est. Je veux l'attendre, et me moquer d'elle comme elle le mérite.

SCÈNE VIII.

SATURIUS, APOLLONIA.

SATURIUS. Ma bonne mère, que cherchez-vous?

APOLLONIA. Sois sûr que ce n'est pas toi.

SATURIUS. Je le savais d'avance.

APOLLONIA. Je cherchais quelqu'un dont j'ai oublié le nom.

SATURIUS. Je le connais : c'est un homme de bien.

APOLLONIA. Et où se tient-il?

SATURIUS. Je ne sais pas trop la maison.

APOLLONIA. Je crois que tu te moques de moi.

SATURIUS. Ce n'est pas ici le moment. Vous devez faire ce que vous voulez. Mais, est-il possible que vous ne me connaissiez pas?

APOLLONIA. O mon bon Saturius! je te demande bien pardon; mais c'est la faute de la vieillesse : je n'y vois plus aussi bien qu'autrefois.

SATURIUS. C'est-à-dire que tu n'as plus d'yeux que pour Dulippus.

APOLLONIA. Brisons là-dessus. Et toi, comment cela va-t-il?

SATURIUS. Mieux que jamais. Et toi, comment te portes-tu?

APOLLONIA. Chaque jour de mal en pis: car aujourd'hui les maris et les parents nous enlèvent nos meilleurs profits.

SATURIUS. Aurais-tu pour moi quelque petite chose dont aucun homme ne se fût encore jamais servi, où je pusse aller à toute heure sans peine, et sans crainte des armes, des pierres, des bâtons, des parents, des amis?

APOLLONIA. Il n'en manque pas aujourd'hui : tu auras ce qu'il te faut; mais maintenant je ne puis m'occuper beaucoup de toi. Porte-toi bien; et reviens me trouver une autre fois.

SCÈNE IX.

APOLLONIA, DULIPPUS.

APOLLONIA. Je voudrais maintenant avoir cent yeux pour chercher Camillus en cent endroits tant j'ai besoin de le rencontrer; mais je ne puis ici parvenir à le voir; je n'aperçois entrer ni sortir personne qui puisse m'indiquer où je le trouverai. Quel chemin prendrai-je? celui-ci ou celui-là? Dans l'incertitude où je me trouve, je ne sais pour lequel me décider. Il m'a semblé que j'entendais cracher son valet. Ah! voilà justement mon cher Dulippus qui arrive tout à propos.

DULIPPUS. Bonjour, ma bonne mère. Que viens-tu faire ici? Te voilà bien joyeuse! apportes-tu quelques bonnes nouvelles?

APOLLONIA. Tu les sauras bientôt. Où est Camillus?

DULIPPUS. Je ne sais; mais il ne peut tarder bien longtemps à revenir pour dîner : il vaut mieux que nous rentrions tous les deux au logis, et que nous nous reposions en l'attendant.

ACTE IV.

SCÈNE I.

PAMPHILA, UNE SUIVANTE.

PAMPHILA. On trouvera peut-être qu'en sortant ainsi je manque à la bienséance, et je serai sans doute blâmée; mais quelle femme, si vertueuse qu'elle soit, pourrait demeurer au logis en apprenant, comme je le fais, des choses qui me glacent et me font mourir de douleur? A ma place toute autre ferait pis encore, elle ne resterait pas une seule minute chez elle. Je doute si je veille ou si je dors; si j'ai changé de figure, de nom ou de mari; si j'ai la tête bien saine. Cette lettre est cependant bien de la main de mon mari : il m'y traite comme sa maîtresse. Il faut sans doute que le porteur se soit trompé de demeure et de nom, et que son cœur brûle pour quelque autre femme. Malheureuse que je suis! je ne vois que trop maintenant d'où provient son aversion, pourquoi il me fuit, pourquoi il me prive de mes droits d'épouse! Ah! c'est son amour pour une autre qui l'aveugle! Il lui aura promis de le lui prouver par ses actions, tandis que je dois me contenter des paroles; car le cœur de l'homme ne peut brûler à la fois de deux amours semblables. Ah! qu'il vaudrait bien mieux pour moi, tandis que je le puis encore, chercher un autre mari! Si le mien ne peut me souffrir lorsque je suis loin de lui, comment pourra-t-il me voir sans cesse à ses côtés?... Que ferai-je?.. Tenterai-je un semblable moyen? Attendons encore, et essayons une dernière épreuve : il n'y a pas de mal sans remède. Comme le hasard nous sert parfois selon nos vœux! cette méprise ne pouvait avoir lieu plus à propos. Si le courage et l'habileté ne me manquent pas, je saurai déjouer les projets de mon volage époux; peut-être même pourrai-je en retirer le fruit qu'il réserve à une autre : et cette ruse innocente lui sera même profitable. Mais, comme reculer tantôt et tantôt aller en avant fait souvent découvrir la ruse, je me suis rendue sur-le-champ aux désirs de Camillus, et je lui ai fait savoir que j'étais disposée à lui consacrer cette nuit. Toutefois je ne lui ai répondu que de vive voix, parce que si je venais à changer d'avis je ne voudrais pas avoir contre moi une lettre pour témoin. Il ne faut pas agir comme la plupart des femmes, qui s'amusent à écrire des balivernes au premier venu pour se donner de l'importance : elles ont souvent sujet de s'en repentir, mais alors il est trop tard. L'aiguille et le fuseau, voilà notre métier, et non celui d'écrire. Mais je ne veux pas dire tout ce que je pense de notre sexe, et j'en reviens à ce qui me touche. J'ai indiqué à Camillus le signal, l'heure, le lieu et la manière; et si, comme je l'espère, il vient à la brune me trouver au milieu des sarments, de la paille et du foin, je n'ouvrirai la bouche que lorsque les bêtes de somme resteront tranquilles.

LA SUIVANTE. Ma chère maîtresse, partons, je vous en conjure; il ne convient pas que nous restions plus longtemps en cet endroit : il commence à se faire tard, et Camillus pourrait encore nous reconnaître.

SCÈNE II.

APOLLONIA, CAMILLUS.

APOLLONIA. Je t'ai dit qu'elle ne pouvait te recevoir chez elle, parce que son mari ne la quitte pas plus que son ombre; mais tu pourras la voir chez un de ses parents; car les bons parents se rendent service les uns aux autres; et comme les chiens poussent la bête dans les filets, ils conduisent de même la beauté dans le piége. Nous sommes les chiens, nous autres, et les parents sont les filets. Et vous savez, mesdames, si ce que je dis est vrai.

CAMILLUS. Non, il n'exista jamais un plus heureux amant que moi, si ce que tu m'as dit réussit!

APOLLONIA. Tu n'as rien à craindre : j'ai bien pris toutes les mesures.

CAMILLUS. Que tout ce que tu me dis m'enchante !

APOLLONIA. Je crois bien que tu dois être enchanté. Fais en sorte cependant de ne rien négliger : sois hardi dans tes discours et prompt dans tes actions; ne fais pas de cérémonies comme la plupart des amants, car tu pourrais fort bien ne plus obtenir un second rendez-vous.

CAMILLUS. J'aime fort tes conseils; mais crois-tu que ce soit là le premier combat que j'aie livré ?

APOLLONIA. Je n'ai pas de peine à croire le contraire.

CAMILLUS. Non, il n'y a pas d'Espagnol aussi ardent à monter sur la brèche d'un château que je le serai à emporter d'assaut l'objet de mes désirs.

APOLLONIA. J'en connais beaucoup qui ne sont hardis qu'en paroles.

CAMILLUS. Il est vrai, mais ce sont des hommes lâches et menteurs. Les faits d'ailleurs feront foi de ce que j'avance.

APOLLONIA. Au revoir donc jusqu'à demain matin.

CAMILLUS. Au revoir. (La rappelant.) Écoute encore un instant.

APPOLLONIA. Que te manque-t-il ?

CAMILLUS. Crois-tu que je doive mener avec moi quelque ami?

APOLLONIA Pour quelle raison?

CAMILLUS. Quelqu'un pourrait venir m'attaquer.

APOLLONIA. Tout à l'heure tu faisais tant le courageux !

CAMILLUS. La prudence ne défend pas de craindre le mal qui peut nous survenir.

APOLLONIA. Si tu mènes quelqu'un avec toi n'en dis mot à ta belle, parce que cela pourrait te nuire.

CAMILLUS. Je ne suis pas si sot : je lui dirai que je me fie à peine à moi-même, et que tout ce que je ferai sera comme caché dans le sein de la terre.

APOLLONIA. Ah ! c'est ainsi que les pauvres femmes sont toujours vos dupes.

CAMILLUS. Ce n'est pas pour la tromper que j'en agis ainsi.

APOLLONIA. Je comprends bien que tu le fais à bonne intention. Maintenant dis-moi si tu as encore besoin d'autre chose.

CAMILLUS. Non, pas dans le moment.

APOLLONIA. Je suis toujours à tes ordres.

SCÈNE III.

CAMILLUS, seul.

Trompé dernièrement par mon horloge, j'ai été mis au croc pour avoir manqué l'heure du rendez-vous que m'avait indiqué ma belle : elle se fâcha de m'avoir attendu, et j'en fus pour ses reproches. Il est vrai que c'est à nous d'attendre; et je pense que je ferai bien de me mettre en route avant que l'horloge ait marqué l'heure.

SCÈNE IV.

SATURIUS, CAMILLUS, DULIPPUS.

SATURIUS. Maître, je te salue.

CAMILLUS. Eh bien ! qu'y a-t-il de nouveau?

SATURIUS. Bonnes nouvelles !

CAMILLUS. J'en suis charmé pour toi.

SATURIUS. J'ai parlé à la servante de Virginia : à force de prières et de promesses je l'ai disposée à faire tout ce qui pourra te plaire; et je l'attends ici pour connaître la marche que nous devons suivre.

CAMILLUS. Tu n'en auras pas les étrennes.

SATURIUS. J'y compte bien, cependant.

CAMILLUS. Tu n'as pas été le premier à m'en parler.

SATURIUS. Je suis bien sûr d'être le premier.

CAMILLUS. Comment ! Et Apollonia vient à la minute de m'instruire de tout.

SATURIUS. Camillus, prends-y bien garde ! je crains qu'elle ne s'entende avec ton valet pour te tromper.

DULIPPUS. Eh ! monsieur le parasite, parlez un peu plus honnêtement, je vous prie.

CAMILLUS. Quelle preuve as-tu de ce que tu m'avances?

SATURIUS. Je viens de la voir sortir de chez ta femme.

CAMILLUS. Ma femme !

SATURIUS. Oui, ta femme.

CAMILLUS. Et qu'a-t-elle à faire avec elle?

SATURIUS. C'est ce que j'ignore; mais je ne pense pas que ce soit dans des vues bien honnêtes : elle lui aura tout rapporté.

CAMILLUS. Et à quel dessein?

SATURIUS. Afin de vous empêcher de vivre en paix, et de l'amener plus facilement à ses fins.

CAMILLUS. Et tu crois que ma femme pourrait me tromper?

SATURIUS. Tu la trompes bien.

CAMILLUS. Je ne puis résister à l'amour.

SATURIUS. Elle obéira à la rage et au dépit.

CAMILLUS. Il m'est impossible de le croire. Qu'en penses-tu, Dulippus?

DULIPPUS. Que c'est cette mauvaise langue qui te trompe et qui te met martel en tête.

CAMILLUS. Saturius, va vite me chercher Apollonia; amène-la ici: je veux avoir sur-le-champ une explication avec elle. Il faut que je sache définitivement celui de vous qui cherche à me tromper.

SATURIUS. As-tu encore d'autres ordres à me donner?

CAMILLUS. Non, cela me suffit.

DULIPPUS. Mon maître, quand vous vous serez assuré que je ne vous trompe pas, faites-moi le plaisir de chasser ce misérable, et ne vous chargez plus de lui remplir l'estomac.

CAMILLUS. Je le veux bien. Mais si je découvre le contraire...

DULIPPUS. Je consens à mon tour à être chassé si loin que je ne puisse jamais plus vous voir. Les parasites ont toujours été mal avec les valets, et je conviens que nous avons pour eux une haine bien cordiale; mais eux, pour satisfaire leur gourmandise, il n'est pas de mal qu'ils n'inventent.

CAMILLUS. Malheureux que je suis! à qui dois-je croire désormais?

DULIPPUS. Ayez confiance en ceux qui n'ont jamais eu l'habitude de vous tromper; croyez à ce que vous voyez et non à de vaines paroles.

CAMILLUS. J'espère bientôt sortir de cette incertitude cruelle : sans doute qu'Apollonia me dira la vérité.

SCÈNE V.

SATURIUS, CAMILLUS, DULIPPUS, APOLLONIA.

SATURIUS. Te semble-t-il que j'aie été assez prompt à te l'amener?

APOLLONIA. C'est parce que j'ai bien voulu venir sans m'arrêter. Mais qu'est-ce que tout cela veut dire? Ces parasites ne savent jamais que se vanter.

CAMILLUS. Répète-moi un peu où tu es allée de ma part.

APOLLONIA. Je suis allée trouver l'objet de tes désirs.

CAMILLUS. Et où demeure-t-il?

APOLLONIA. Dans la rue Sacrée.

CAMILLUS. A quelle distance du Capitole?

APOLLONIA. La quatrième porte avant.

CAMILLUS. C'est justement la maison que je voulais éviter.

APOLLONIA. C'est cependant bien celle que Dulippus m'a enseignée.

DULIPPUS. Tu en as menti.

APOLLONIA. Comment! n'est-ce pas cette rue-là que tu m'as nommée?

DULIPPUS. Oui, c'est bien la rue en effet.

APOLLONIA. A main droite?

DULIPPUS. Je n'en disconviens pas.

APOLLONIA. Je ne me suis donc pas trompée.

DULIPPUS. Cela n'en est pas moins sûr. De qui t'ai-je dit qu'elle était la femme?

APOLLONIA. De Camillus.

DULIPPUS. C'est de Catillus que je t'ai dit.

APPOLLONIA. Non, non, c'est de Camillus.

CAMILLUS. Mais Camillus est mon nom.

APOLLONIA. C'est cependant celui qu'il a prononcé.

DULIPPUS. Cela n'est pas vrai.

APOLLONIA. Oui, c'est le nom que tu m'as indiqué, misérable valet!

DULIPPUS. Écoutez donc cette vieille sorcière!

APOLLONIA. Tais-toi, vaurien!

DULIPPUS. Prends garde que je ne t'arrache les yeux!

APOLLONIA. Et moi, que je ne te dégage le cerveau de la fumée de ton vin!

CAMILLUS. Allez tous au diable! et qu'aucun de vous ne se hasarde à mettre le pied dans la maison!

SATURIUS. Ne t'avais-je pas bien dit, Camillus, qu'il y aurait quelque tromperie sous jeu?

CAMILLUS. Tais-toi aussi, et ne me tourmente pas davantage!

SCENE VI.

CAMILLUS, seul.

Un amant est toujours la proie des valets, des messagers, des suivantes : il ne peut éviter de confier son secret; et lorsqu'il est réduit à cette extrémité, il est bien rare qu'il ne soit pas trompé. Oui, j'ai plus de dépit de ce que Dulippus se soit moqué de moi que de n'avoir pu atteindre le but de mes désirs. Mais c'est ce qui sans cesse arrive à tout amant.

SCÈNE. VII.

CAMILLUS, SATURIUS, DORIA.

SATURIUS. Quelles nouvelles apportes-tu?

DORIA. Celles que je t'ai promises, les meilleures que ton maître entendit jamais.

SATURIUS. Réfléchis bien à tes paroles.

DORIA. Oh! j'y ai bien pensé.

SATURIUS. Ne me fais pas voir la lune en plein midi.

DORIA. Je suis folle peut-être?

SATURIUS. Je te crois une bonne tête, puisque tu ne te fâches pas de certains souvenirs. Mais je veux que tu racontes à Camillus tout ce qu'il en est.

CAMILLUS. Qui est là?

SATURIUS. Quelqu'un qui t'aime, une de tes vraies amies. (A Doria.) Approche.

CAMILLUS. Il ne me manquait plus que cela!

DORIA. Je suis donc venue à propos.

CAMILLUS. Pour me faire quelque histoire.

DORIA. Ce n'est pas là mon usage.

CAMILLUS. Ce serait un vrai miracle.

DORIA. Je ne pouvais vous apporter une nouvelle plus heureuse.

CAMILLUS. Le mal se déguise souvent sous l'apparence du bien, mais l'homme l'éviterait sans peine s'il se montrait sous la forme du mal.

DORIA. Je puis vous jurer que je ne vous trompe pas; je ne suis pas de ces femmes à la tête légère. Si vous ressentez en effet pour ma maîtresse tout ce qu'elle éprouve pour vous, vous serez aisément au comble de vos vœux.

CAMILLUS. Eh quoi! ne lui ai-je pas dit que je brûle à toutes les heures de la vie?

DORIA. La pauvrette, de son côté, se consume et dépérit; elle ne dort plus.

CAMILLUS. Et moi je mange à peine.

DORIA. Elle ne fait que penser à vous.

CAMILLUS. Et moi je la porte en mon cœur.

DORIA. Pour cela, Dieu le sait.

CAMILLUS. Qu'est-ce que tu veux dire?

DORIA. Que vous avez plus d'amourettes à vous seul que le mois de mai ou que le printemps ne produit de fleurs.

CAMILLUS. Tu as tort.

DORIA. Dites-moi : croyez-vous que je ne voie pas, lorsque vous êtes au temple, vers combien d'endroits vous dirigez vos regards et à combien de belles vous faites des signes?

CAMILLUS. Tu as pu, il est vrai, te l'imaginer; mais si je regarde tantôt l'une et tantôt l'autre, c'est pour que tout le monde ne s'aperçoive pas de mon amour.

DORIA. Cette raison est fort bonne pour ceux à qui elle plaît. Quant à moi, je suis venue pour vous faire plaisir et non pour vous tourmenter; je vous dirai donc que Virginia est disposée à faire tout ce que vous désirez, et même, si vous y consentez, à vous prendre pour époux.

CAMILLUS. Et comment cela pourrait-il être? n'a-t-elle pas resté trois années avec Catillus?

DORIA Oui, mais il n'y a pas la moindre différence entre elle et une nouvelle épouse.

CAMILLUS. Quoi! serait-il possible que tu disses la vérité?

DORIA. Rien n'est plus certain, quoique cependant le cas soit assez rare.

CAMILLUS. Je suis fâché qu'elle ait perdu en vain autant de temps, mais je vois avec plaisir qu'elle en soit encore là aujourd'hui.

DORIA. Il faut toujours prendre en bonne part ce qui nous arrive.

CAMILLUS. Je veux que tu m'instruises de tout en détail.

DORIA. Je ne suis venue que dans ce dessein.

CAMILLUS. Il vaut mieux alors que nous rentrions au logis.

DORIA. Entrons : mon seul désir est de vous satisfaire.

ACTE V.

SCÈNE I.

CATILLUS, seul.

Est-il un plus grand malheur que de posséder une belle femme et de ne pouvoir en disposer à son gré! Chose vraiment admirable! depuis que je suis marié je n'ai jamais su lui faire agréer ces petits services qu'une épouse trouve si doux et qu'un mari est dans l'usage de rendre à sa femme! Aussi n'est-ce pas sans un véritable chagrin que je vois qu'elle ne trouve aucun plaisir à la moindre de mes actions. On a beau tout faire pour elles, les femmes n'aiment qu'une seule chose : ce qui leur plaît à chaque instant du jour, c'est la paix et surtout l'union; voilà le véritable amour, voilà le véritable lien qui unit tous les époux et qui les rapproche davantage. Malheureusement je ne puis rien de tout cela. Aussi je suis dans des transes continuelles qu'il ne m'ait été jeté quelque sort, ou par ceux qui portent envie au bien que je possède, ou par les amants de ma femme, ou par ma femme elle-même, qui doit désirer autre chose de moi; car je sais qu'il y en a quelques-unes avec lesquelles je fais assez bien mon devoir. Mais j'ai bien vu, dès le premier jour que je l'ai prise, qu'elle me regardait avec dépit : il lui aurait fallu un beau jeune homme, qui fût toujours droit auprès d'elle et qui ne se reposât jamais, qui consumât tout le jour à son service, et, qui plus est, même la nuit, qui ne se retirât jamais sans sa permission, et qui lui fût soumis comme les jeunes enfants le sont à leurs père et mère. Malheur à ceux qui possèdent une pareille femme! ils peuvent se plaindre jusqu'à la mort, car il n'y a pas, je crois, de fardeau plus pesant au monde que d'obéir à quelqu'un qui ne peut vous souffrir. Je crois qu'à mon âge j'eusse mieux fait de prendre une femme difforme qu'une femme jeune et belle : j'aurais passé avec elle une vie bien plus heureuse. Maintenant il est temps que je m'en aille. Mais voici Chremès.

SCÈNE II.

CHREMÈS, CATILLUS.

CHREMÈS Salut, Catillus.

CATILLUS. Sois le bienvenu, Chremès.

CHREMÈS. J'ai entendu une partie de tes plaintes, et je suis prêt, si tu veux, à mettre fin aux chagrins de Pamphila, ma nièce, et à apaiser en partie le mécontentement que tu éprouves.

CATILLUS. Ton discours me fait plaisir; mais, dis-moi : comment as-tu appris ce que tu sais?

CHREMÈS. Les jeunes gens se plaisent à divulguer leur amour; les femmes ne sont pas plus prudentes, parce que tous ceux qui aiment sont légers; et de même qu'un chagrin qu'on épanche devient moins violent, ils s'imaginent ainsi augmenter leur plaisir en le contiant à quelque ami : il n'est donc pas étonnant que les parents apprennent enfin ce que tant de personnes savent déjà.

CATILLUS. Ah! cela n'est que trop vrai, car Virginia a déjà rempli de ses plaintes tout le voisinage. Voilà le véritable chagrin qui me dévore, le crève-cœur que j'éprouve. Elle aurait beau me fuir et en chercher un autre, je ne m'en plaindrais pas si sa conduite n'était sue de tout le monde : on supporte sans peine un péché que l'on nous cache. Mais comment mettras-tu terme à nos chagrins?

CHREMÈS. Écoute, et agis ensuite comme tu le jugeras pour le mieux. Il faut que tu divorces avec Virginia. Je sais qu'elle ne demande pas mieux puisqu'elle reçoit des présents, des lettres et des messages de la part de Camillus, son amant, qui a épousé ma nièce. Je conviens que cette conduite mériterait non-seulement que l'on divorçât avec elle, mais qu'on la répudiât.

CATILLUS. Et que je ne la visse jamais plus! sans parler du reste. Je suis disposé à suivre tes conseils, Chremès, avec plus de plaisir que je n'obéirais à mon père.

CHREMÈS. Est-ce que je ne t'ai pas toujours regardé comme un fils?

CATILLUS. Je te rends bien des grâces; et pour ne pas perdre de temps, je vais rentrer chez moi pour instruire ma femme et ma belle-mère.

CHREMÈS. Tu feras bien. Tu pourras mieux encore t'expliquer avec Camillus, que je vois entrer au Forum.

SCÈNE III.

CHREMES CAMILLUS, SATURIUS.

CHREMÈS. Je ne pouvais faire ici une rencontre plus agréable que la tienne.

CAMILLUS. Je suis charmé que ma présence te fasse plaisir.

CHREMÈS. Il est vrai que j'en suis enchanté; mais je t'avouerai, d'un autre côté, que la manière un peu dure avec laquelle tu traites Pamphila me fait de la peine. Tu sais combien elle m'est chère, moins à cause des liens du sang qui m'attachent à elle qu'à cause de son aimable caractère.

CAMILLUS. Chremès, prends bien garde qu'on ne t'ait mal instruit de ma conduite : je n'ai jamais manqué à mes devoirs envers ma femme.

CHREMÈS. Comment donc te conduis-tu avec elle?

CAMILLUS. En bon mari.

CHREMÈS. Que je plains les femmes si tous les bons maris te ressemblent!

CAMILLUS. Elle ne manque ni d'argent ni de robes.

CHREMÈS. De l'argent de son père.

CAMILLUS. Ah! Chremès, ne parle pas ainsi.

CHREMÈS. Dis-moi : pourquoi ne veux-tu pas lui donner l'anneau nuptial ? pourquoi ne pas faire la noce et tout ce qui s'ensuit? N'a-t-elle pas une assez belle dot?

CAMILLUS. Son trousseau n'est point encore terminé, et mon appartement n'est pas arrangé de la manière que je désire.

CHREMÈS. Tes excuses me paraissent bien faibles : ce n'est pas là qu'est le siége de ton mal. Mais, comme je m'aperçois que ce discours pourrait t'offenser, je vais te faire part d'un projet que j'ai conçu et qui, si tu veux le suivre, servira du moins de voile à ta conduite.

SATURIUS, bas à Camillus. Empresse-toi de l'écouter, Camillus, mais ne réponds qu'après avoir bien réfléchi.

CHREMÈS. Que dis-tu là tout bas, Saturius? N'aie pas peur que je cherche à t'enlever ta portion du plat.

SATURIUS. Tout le monde s'imagine que toutes nos pensées n'ont que la bouche pour objet!

CHREMÈS. Cela te semble-t-il un miracle? n'est-ce point ce qui nous fait vivre?

SATURIUS. Vous avez bien raison. Aussi je ne connais pas de vertu plus digne d'estime. Cela est si vrai qu'elle étend son pouvoir jusque sur les princes.

CHREMÈS. Camillus, un premier amour a tout pouvoir sur le cœur de la jeunesse : j'ai appris que tu négligeais ma chère Pamphila parce que tu aimais auparavant Virginia. On ne peut faire deux fois le même don, s'il ne nous revient entre les mains.

CAMILLUS. Chremès, c'est une calomnie.

CHREMÈS. Un moment de silence. Celui qui me l'a dit ne l'eût pas fait si ce n'était la vérité. Il est naturel que, ne l'aimant pas, elle n'ait pas pour toi tout l'amour que tu serais en droit d'en exiger; car l'amour ne s'allume dans notre cœur que par l'espoir qu'il trouvera du retour. Je crois donc que tu la quitterais sans peine, et je ne pense pas que cette résolution pût lui causer un grand chagrin.

CAMILLUS. Quoi! je pourrais abandonner ma propre épouse, une femme, belle, noble, aimable!... Non, jamais je n'y consentirai.

CHREMÈS. Aimes-tu mieux perdre Virginia?.. Eh quoi! tu restes muet?

CAMILLUS. J'ai besoin d'un peu de réflexion.

CHREMÈS. Il faut prendre conseil de l'oracle.

CAMILLUS. Hélas! on laisse plus de temps à celui qu'on conduit au supplice.

SATURIUS, à Camillus. Ne va pas dire oui.

CHREMÈS. Voilà donc en quoi consiste ta vie! Et tu ne rougis pas de proférer de semblables paroles!

SATURIUS, à Camillus. Montre du caractère.

CHREMÈS. Il faut pourtant renoncer à une, et choisir celle qui te convient davantage.

CAMILLUS. Je renoncerai à Virginia.

CHREMÈS. Quelle est celle que tu viens de désigner?

SATURIUS. Il veut renoncer à Pamphila.

CHREMÈS. Je le crois volontiers.

CAMILLUS. Non, c'est Virginia que j'ai nommée.

SATURIUS. Tu es donc fou?

CHREMÈS. Et quand? quand?

CAMILLUS. Avec le temps.

CHREMÈS. Nous serons tous morts auparavant : il est bien difficile d'extirper l'amour du cœur de l'homme lorsqu'il y a jeté de profondes racines. S'il parvient à l'en bannir, son cœur ressemble au fer rouge, qui conserve longtemps sa chaleur. Laisse Pamphila, je te le conseille, car si tu t'obstines à vivre avec elle tu n'auras plus un seul jour d'heureux : elle ne t'aime pas; tu ne peux la souffrir; et il n'est pas de peine plus cruelle ni de guerre plus funeste que les querelles domestiques. Ainsi, crois-moi, prends Virginia, ce soleil qui te fait vivre.

SATURIUS. Mon cher maître, laisse-toi persuader.

CAMILLUS. Saturius, sois convaincu que le parti que j'embrasse est bien pénible pour moi.

CHREMÈS. Prépare-toi désormais à renoncer à Pamphila, puisque tous les parents veulent bien y consentir.

SATURIUS. Ne sois donc pas si entêté : accepte promptement cette proposition.

CHREMÈS. Prends celle qui veut bien de toi et fuis celle qui te fuit, si tu ne veux pas que nous nous brouillions ensemble.

CAMILLUS. Puisque je vois clairement que tu consens que je laisse Pamphila, je ne veux pas choquer tes volontés et j'accepte de bon cœur, pourvu que tu me donnes l'assurance que Pamphila n'y mettra point d'obstacle...

CHREMÈS. Elle va au contraire en lever les mains au ciel de joie.

CAMILLUS. Et que Catillus consentira à ce que Virginia devienne ma légitime épouse.

CHREMÈS. Avant de partir Catillus t'en accordera la permission. Vous changerez l'un l'autre de femmes; et de la sorte vous serez tous satisfaits.

SCÈNE IV.

CAMILLUS, CHREMÈS, CATILLUS.

CAMILLUS. Arrange cette affaire avec Catillus : je ne veux pas me trouver avec lui : je crois l'avoir trop offensé; quoique cependant il me paraisse tranquille.

CATILLUS, à Chremès. Je quitte ma belle-mère et ma femme : elles ne demandent pas mieux que d'obéir à tes ordres.

CHREMÈS. J'en suis véritablement bien aise.

CATILLUS. Camillus! eh! Camillus! ne t'éloigne donc pas. Écoute un seul moment, écoute.

CAMILLUS. Qui m'appelle?

CATILLUS. C'est un de tes amis qui veut te dire deux mots.

CAMILLUS. O mon cher Catillus, c'est par égard pour toi que je m'éloignais. Pardonne-moi...

CATILLUS. Laisse là ces idées : je te pardonne d'autant plus volontiers tous tes torts que tu me délivres à la fois et de ma femme et de mes inquiétudes.

CAMILLUS. Je te remercie de tes offres; mais je ne puis reconnaître un tel présent : qu'il te suffise que je sois ton ami pour la vie.

CHREMÈS, à Catillus. Je prétends donc que Pamphila soit ton épouse et que Virginia soit celle de Camillus. Et maintenant que vous êtes tous deux satisfaits, je vous engage à ne pas différer les noces; car le temps nous échappe, et l'esprit des hommes change facilement. A quoi peuvent servir les délais? Que non-seulement Junon et l'Hyménée, mais encore tous les dieux jettent sur cette union un regard favorable! Pour n'avoir point à vous repentir, vous de vos nouvelles épouses, elles de leurs nouveaux époux, songez dans les commencements à vous conduire avec prudence : c'est là le point vraiment important. Il faut les accoutumer à des manières que vous puissiez améliorer sans cesse, et ne pas vous exposer à être obligés de revenir sur vos pas. Faites en sorte qu'elles ne se livrent à l'oisiveté ni seules ni en la compagnie des autres femmes : car une mauvaise femme suffit en peu d'instants pour en gâter mille bonnes. Ne leur refusez aucune honnête distraction, mais ne leur accordez rien d'inconvenant; honorez-les sans cesse en public, mais au logis exigez qu'elles vous soient soumises; et si vous ne voulez pas être trompés, n'ajoutez foi ni à leur rire, ni à leurs larmes, ni à leurs paroles. L'homme est le chef de la femme, qui n'est qu'une partie de lui-même puisque c'est de lui qu'elle est née : ainsi l'homme doit la conduire et la diriger de manière qu'elle reconnaisse sans cesse qu'elle n'est que sa chair. Dieu a donné à l'homme ce qui manque à la femme, afin de suppléer à ses défauts dans tout ce qui n'est pas de son ressort, mais c'est comme un bon maître et non comme un tyran. Que votre conduite et vos mœurs soient telles que vous désirez que soient les leurs; car un mari est la règle vivante de sa femme, et pour ainsi dire son miroir. Soyez toujours avec elles joyeux et bienveillants, jamais chagrins ni bourrus; graves et sérieux, et non inconstants et volages, prompts à faire le bien, lents à les contrarier : pleins de douceur et de modestie mais par-dessus tout remplis d'égards. S'il survient entre vous quelque sujet de plainte, comme il n'arrive que trop souvent, s'il s'agit de quelque affaire importante qui intéresse votre sûreté, votre fortune, votre honneur ou votre réputation, reprochez-le-leur en face et sans détour. Dans les choses moins importantes il est bon quelquefois de céder; souvent même il est de la prudence d'un mari de laisser compter trois pains pour deux. Parmi les bienfaits que le Dieu du ciel a accordés aux misérables mortels, la paix est celui qui l'emporte de beaucoup sur tous les autres : je parle de celle que, parmi ses trésors, ses pompes et ses délices, le monde voit si rarement de nos jours; de celle qu'entretiennent en nos cœurs un caractère aimable et doux et un amour véritable et sincère. Que cet amour, que cette véritable paix vous unissent, vous enlacent et vous enchaînent; et que le temps ne puisse jamais en rompre les nœuds. Que tous vos jours soient longs et heureux; si longs et si heureux que vos yeux puissent voir vos enfants et les enfants de vos enfants. Et quand votre dernier jour sera venu, puissiez-vous, et c'est tout ce que je demande au ciel, n'avoir jamais à vous repentir de cette union qui fait aujourd'hui l'objet de tous vos vœux.

SCÈNE V.

DULIPPUS, CAMILLUS, SATURIUS, CATILLUS.

DULIPPUS. Mon cher maître, puisque je vous vois si satisfait, permettez-moi d'être joyeux à mon tour, et faites-moi la grâce de me pardonner si j'ai pu vous offenser; car ce n'a jamais été mon intention : l'erreur que j'ai commise, c'est Apollonia seule qui en est coupable. Puissé-je donc rentrer en grâce avec vous.

CAMILLUS. Je t'accorde ton pardon, puisque toutes nos inquiétudes ont obtenu une heureuse issue.

SATURIUS. Je ne puis pas non plus m'empêcher de prendre la main de mon bon maître et du bon Catillus, et de me réjouir de votre double union.

CAMILLUS. Saturius, nous sommes bien persuadés de toute la joie que tu ressens; et pour te prouver combien nous sommes heureux de faire quelque chose qui te soit agréable, c'est sur toi seul que nous comptons pour le repas de noces.

CATILLUS. Vois quel honneur nous te faisons!

CAMILLUS. N'épargne ni crédit, ni argent, ni peine, ni industrie, ni amis, ni aucune chose enfin.

CATILLUS. Tu n'as pas besoin d'autres explications? Fais en sorte que tout le monde soit satisfait.

SATURIUS, seul. Allez en paix : c'est là mon vrai métier. Tout va naître à mon commandement; et je dirigerai les noces avec tant de talent, que chacun sera forcé de convenir que jamais on n'en a vu de plus joyeuses et de plus splendides, et qu'il n'y a pas d'homme de mon espèce à me comparer. Et vous, qu'attendez-vous, ô spectateurs? la comédie est finie. Quelqu'un d'entre vous désirerait-il venir à la noce? Mais ce serait rogner ma portion. Il vaut bien mieux que vous vous en alliez souper chez vous. Applaudissez donc; et portez-vous bien.

FIN DES OUVRAGES DRAMATIQUES.

POÉSIES DIVERSES.

I.

LES DÉCENNALES

OU

ABRÉGÉ DES ÉVÉNEMENTS QUI ONT EU LIEU EN ITALIE

PENDANT L'ESPACE DE DIX ANS.

DÉDICACE A ALAMANNO SALVIATI [1].

Puisque vous le désirez, lisez, mon cher Alamanno, les peines de l'Italie pendant dix années et les miennes durant quinze jours. Je sens tout le regret que vous éprouverez et pour elle et pour moi, en voyant les malheurs dont elle fut la victime et les efforts que j'ai tentés pour resserrer des événements aussi importants dans des bornes aussi étroites. Mais je sais que vous nous excuserez l'un et l'autre : elle, par la nécessité du destin; et moi, par le peu de temps qu'il m'est permis d'accorder à de pareils loisirs. Et puisqu'en maintenant la liberté d'un de ses citoyens les plus recommandables vous avez été son appui, je me flatte que vous serez aussi le mien lorsque je célèbre ses travaux, et que vous voudrez bien mettre dans mes vers un esprit qui les rende dignes et de l'importance du sujet et de votre approbation. Portez-vous bien.

Le 9 novembre 1504.

PREMIÈRE DÉCENNALE.

—

Je chanterai les peines qu'a éprouvées l'Italie sous des astres ennemis de son bonheur, pendant les deux lustres qui viennent de s'écouler.

Oh! que j'aurai à décrire de sentiers escarpés, de terrains marécageux, inondés de sang et comblés de morts pour changer la face de royaumes et d'états illustres!

O Muse, prête ton appui à ma lyre! et toi, divin Apollon, viens, accompagné de tes sœurs, viens soutenir ma faible voix!

Le soleil rapide avait déjà terminé mille quatre cent quatre-vingt-quatorze fois son cours annuel sur la route céleste qui environne ce monde,

Depuis le temps que Jésus vint habiter nos villes, et par l'effusion de son sang éteindre les flammes qu'avait allumées l'enfer,

Lorsque l'Italie, s'abandonnant à la discorde, ouvrit le chemin aux Français, et souffrit que son sol fût foulé aux pieds par ces peuples barbares.

Et parce que votre cité ne fut pas aussi prompte à suivre cet exemple, celui qui tenait alors en main les rênes de l'état essuya tous les coups de la tempête

C'est ainsi que la Toscane fut déchirée ; c'est ainsi que vous perdîtes Pise, et tous ces États que leur avait livrés la famille des Médicis.

Vous ne pûtes non plus jouir, comme vous l'auriez dû, du bonheur d'être délivrés d'un joug sous lequel vous aviez été courbés pendant soixante années

Vous vîtes en effet alors vos états ravagés; vous vîtes vos villes environnées des plus grands périls; vous vîtes le faste et l'orgueil des Français.

Pour échapper aux serres d'un roi aussi puissant, et n'être pas ses esclaves, il ne fallut pas montrer peu de courage ni moins de sagesse.

Ni le bruit des armes ni les hennissements des chevaux ne purent empêcher la voix d'un chapon de se faire entendre au milieu de cent coqs.

[1] Cette dédicace en prose est en latin et en italien dans l'original.

Aussi ce roi superbe fut-il contraint de s'éloigner lorsqu'il entendit que toute la ville était unie dans une même pensée pour défendre sa liberté.

A peine il était passé dans le pays de Sienne qu'Alexandre, dépouillant toute honte, tourna soudain ses armes contre l'Aragonais.

Mais le Français, qui brûlait de passer sans danger, prit à sa solde le fils du pape, n'osant se fier à la foi du Catalan.

C'est ainsi que, suivi de sa troupe victorieuse, il fondit sur le royaume de Naples avec l'impétuosité du faucon, ou de tout autre oiseau dont le vol est le plus rapide.

Lorsque le bruit d'une victoire aussi grande et aussi éclatante eut frappé les oreilles du premier moteur de vos désastres,

Il ne put se dissimuler sa propre folie; et, craignant de tomber lui-même dans l'abîme qu'il avait creusé au prix de tant de sueurs,

Convaincu d'ailleurs que ses forces étaient insuffisantes, ce duc imprudent résolut, pour tout sauver, d'opposer au torrent et le pape, et l'Empire, et Saint-Marc.

Mais ces mesures ne le sauvèrent point entièrement; car Orléans, parvenu à Novare, lui fit goûter l'amertume des fruits que sa main avait semés.

A peine le roi Charles en fut-il instruit qu'il se plaignit hautement du duc, du pape, et de son fils qui s'était échappé d'auprès de lui.

Il ne voulut pas demeurer plus longtemps dans la Pouille; et, laissant un nombre de troupes suffisant pour garder le royaume, il se tourna vers la Toscane avec le reste de son armée.

Sur ces entrefaites, animés du plus ardent courroux, vous aviez envoyé vos troupes contre Pise pour dompter ce peuple toujours enflammé de haine.

C'est alors qu'après quelques faibles débats vous établîtes un nouvel ordre de gouvernement; changement important, et qui fonda les bases sur lesquelles vous avez assis votre état populaire.

Mais chacun était fatigué des excès des Français et des charges nombreuses dont ils vous avaient accablés.

A peine eûtes-vous connaissance du retour du roi Charles que, désireux de fuir un si pesant fardeau, on vous vit pourvoir la cité et d'armes et de soldats.

Mais dès qu'il fut arrivé à Sienne avec son armée on le vit, poursuivi par les événements, tourner ses pas vers le chemin qui conduit à Pise.

C'est là qu'il apprit les fureurs de Gonzague, et comment ce chef avait guidé les troupes de la Marche pour le combattre sur le Taro.

Mais ces fiers guerriers, rendus plus terribles par la colère, tombèrent avec tant de furie sur les troupes italiennes qu'ils s'ouvrirent un passage sur leurs corps.

Le fleuve paraissait rouler des flots de sang, et son cours était obstrué par les cadavres, les armes et les chevaux tombés sous le glaive français.

C'est ainsi que les Italiens les laissèrent échapper, tandis que, sans redouter de nouveaux adversaires, les Français arrivèrent sans obstacles dans les murs d'Asti.

C'est là que chacun à l'envi conclut la trêve, sans faire attention aux cris d'Orléans et sans paraître songer à la gloire de Novare.

Et lorsque les Français eurent revu les champs paternels après vous avoir entraînés dans de nouveaux traités, Ferdinand en tressaillit de joie au sein de son agréable demeure.

Soudain il se lia avec les Vénitiens pour obtenir leur appui; et leur cédant plus de la moitié de la Pouille, il leur en abandonna la souveraineté.

Alors la ligue se resserra de nouveau pour résister aux Français; et vous demeurâtes seuls, en Italie, exposés à tous les regards comme un point de mire.

Jaloux de vous montrer les fidèles enfants de la France, vous ne craignîtes pas, pour suivre son étoile, de vous exposer à mille dangers et à mille revers.

Et tandis que Saint-Marc et la France se combattaient avec des succès divers dans le royaume de Naples, jusqu'au moment où les Français éprouvèrent dans Atella le besoin de la faim,

Vous restiez ici la bouche ouverte, attendant qu'il vînt quelqu'un de France pour apporter la manne dans le désert,

Et vous restituer les citadelles de Pise, de Pietra-Santa et d'autres villes, ainsi que leur roi vous l'avait plusieurs fois promis.

On vit enfin arriver, la lance en main, le seigneur de Lille et les Vitelli, et tous ces autres guerriers qui s'entendirent pour vous tromper, en vous promettant des choses qu'il n'est pas bien de redire.

Le seul Beaumont vous rendit Livourne; mais tous ces autres traîtres, rebelles aux ordres du ciel, vous privèrent de toutes les autres villes.

Ils arrachèrent de la crinière de votre Lion la Louve, Saint-Georges et la Panthère; et il semblait que la fortune se plût à vous accabler.

Dès que l'Italie eut rejeté hors de ses frontières les cohortes françaises, et qu'elle fut parvenue en peu de temps, par sa sagesse et le secours de la fortune, à recouvrer sa liberté,

Elle tourna contre vous sa poitrine et son visage irrité, et prétendit n'en agir ainsi que pour vous séparer de la France.

N'ayant d'autre appui que votre unique sagesse contre les projets et les forces de ces ennemis, vous parvîntes pendant quelque temps à maintenir debout votre gonfalon.

Car vous n'ignoriez pas que, dans leur jalousie, rien ne pouvait leur être plus agréable que votre abaissement; et tous voulaient vous voir sans la moindre valeur.

Quiconque craignait votre élévation s'armait contre vous; les autres étaient sourds à vos plaintes, car chacun prétendait devenir le maître de Pise.

Mais le ciel voulut que la discorde s'élevât entre ces ambitieux, et Saint-Marc et le More ne purent s'entendre sur le partage de cette proie.

C'est elle qui attira l'Empire sur votre territoire et qui éteignit, sans qu'ils eussent fait de mal, les différends qui s'étaient élevés entre eux;

Tant qu'à la fin le serpent milanais, irrité, vous encouragea à ne point craindre de résister à Saint-Marc et à opposer votre poitrine à ses forces.

Saint-Marc alors conduisit votre grand rebelle jusque sous vos murs; ce qui fut cause de la mort de cinq de vos citoyens.

Mais ce qui déplut au plus grand nombre, et jeta la discorde parmi eux, fut cette secte sous les drapeaux de laquelle votre cité se rangea.

Je parle de ce grand Savonarola qui, animé du souffle de la puissance divine, vous tint enchaînés dans les liens de sa puissante parole.

Comme on craignait généralement de voir la patrie périr par degrés sous l'influence de sa doctrine prophétique,

On ne put trouver d'autre moyen, pour réunir tous les esprits, que de voir s'accroître ou s'éteindre entièrement la lumière divine dans des flammes plus grandes encore.

A cette même époque la mort du roi Charles ne fut pas un événement moins important: et le duc d'Orléans ne s'affligea pas de monter sur le trône.

Comme le pape ne pouvait rien faire de grand par lui-même, il résolut de favoriser le nouveau roi.

Il prononça la sentence du divorce et lui donna la Bretagne; et le roi, par reconnaissance, lui promit à son tour les états et la souveraineté de la Romagne.

Et Alexandre, n'ayant personne pour maintenir ses armes debout depuis la mort et la défaite du duc de Candie,

Tourna toutes ses espérances vers celui de ses fils qui avait embrassé la profession de prince de l'Église, le dégagea de ses serments et échangea son chapeau contre un casque.

Cependant les Vénitiens, avec toutes les troupes qu'ils avaient réunies dans Pise, firent marcher contre vous leurs bannières.

Le comte fut battu et mis en déroute à San-Regolo, et vous fûtes obligés de prendre Vitello à votre service et de lui donner le bâton du commandement.

Vous imaginant être devenus fiers, vaillants et vigoureux par la vertu de ces nouvelles armes, vous fîtes marcher votre armée contre ces injustes ennemis.

Comme vous aviez avec vous l'appui de Sforza, vous vouliez arborer les drapeaux des Vitelli sur les remparts de Pise.

Mais, parce que ce projet ne put réussir, Marradi d'abord et ensuite le Casentino furent déchirés par les troupes du marquis.

Vous ordonnâtes à Vitello de se diriger de ce côté; et il le fit de manière que les Orsini et Urbain demeurèrent vaincus sous ses enseignes

Un sort plus malheureux les aurait même atteints, si les avis n'avaient pas été partagés parmi vous à cause de la discorde qui s'était élevée entre le Veau et le Chat.

Mais après que Saint-Marc eut éprouvé un échec aussi considérable, il s'empressa de faire la paix en France avec le roi Louis pour se venger du coup qu'il avait reçu.

Et comme le Turc mettait la lance en arrêt pour le combattre, il eut une si grande crainte de voir baisser sa balance

Qu'il résolut de faire la paix avec nous ; et il sortit de Pise tout en désordre. Le More vous contraignit à consentir à ces conditions,

Afin de voir si ce service pourrait lui regagner l'amitié des Vénitiens ; car il voyait bien que tous les autres moyens étaient impuissants.

Mais ce projet tourna encore à sa confusion ; car la division se mit dans la Lombardie, secrètement agitée par le roi très-chrétien.

C'est ainsi que son astuce fut déjouée ; et alors, n'ayant plus rien à redouter, vous allâtes asseoir sans obstacle votre camp autour de Pise.

Vous y demeurâtes sans succès pendant tout le cours d'une lune ; car la fortune s'opposa cruellement aux préparatifs pleins de vigueur que vous aviez formés.

Il serait trop long de raconter tous les torts, toutes les trahisons qui éclatèrent durant le cours de ce siége, et tous les citoyens que le fléau de la fièvre priva de la vie.

Désespérant alors de votre conquête, vous levâtes votre camp pour fuir les désastres d'une semblable entreprise et les embarras que vous causait Vitello.

Mais vous sûtes vous venger bientôt de la trahison que vous aviez éprouvée, en donnant la mort à celui qui avait été cause de tant de malheurs.

Le More lui-même n'éprouva pas alors un destin plus heureux ; car les armes de la France brillaient déjà au-dessus de ses portes.

Il prit soudain la fuite pour sauver sa personne ; et Saint Marc put alors arborer sans obstacle ses enseignes à Ghiara-d'Adda et dans Crémone.

Et pour forcer les Français à garder les promesses qu'ils lui avaient faites, le pape fut contraint de consentir à donner une partie de leurs troupes au duc de Valentinois.

Ce prince, sous les enseignes des trois Lis, se rendit maître de Furli et d'Imola, après en avoir arraché une femme et ses fils.

Et vous vous trouvâtes exposés à une grande terreur, à cause de la lenteur que vous aviez montrée à suivre le Français victorieux.

Cependant, après sa victoire sur la Lombardie, il consentit à vous accueillir ; mais ce ne fut point sans peine, et sans vous avoir fait payer chèrement les retards auxquels vous vous étiez laissé entraîner.

A peine fut-il retourné en France, que Milan rappela Lodovico pour se conformer à l'usage populaire.

Mais le Français, plus rapide que je ne puis l'exprimer, en moins de temps qu'il n'en faut pour dire *me voilà!* réunit toutes ses forces contre son ennemi.

Ceux d'entre eux qui se trouvaient alors dans la Romagne tournèrent le front du côté de Milan pour aller au secours de leurs compatriotes, laissant le pape et le Valentinois sans le moindre appui.

Et afin qu'ils remportassent dans cette circonstance la palme et l'olivier, comme cela arriva en effet, vous ne manquâtes pas de leur prêter votre secours.

Alors le More, privé de tout appui, en vint, à Mortara, aux mains avec les Français, et il fut emmené en France malheureux et captif.

Ascanio son frère, échappé de la gueule des chiens, éprouva, pour comble d'outrage, la loyauté des Vénitiens.

Bientôt les Français voulurent obtenir le passage sur votre territoire, dans la seule vue de réduire les Pisans et de les forcer à vous rendre hommage.

Ils s'avancèrent alors ; et dans la marche que fit Beaumont avec ses troupes, plus d'un guerrier tomba sous le fil de l'épée.

Mais lorsqu'ils se trouvèrent en face des Pisans, pleins de confusion et environnés de craintes, ils se montrèrent bien lents à déployer leurs forces.

Ils furent contraints de s'éloigner en désordre, le front couvert de la rougeur de la honte ; et l'on eut alors la preuve de la vérité que les Français aussi pouvaient être vaincus.

Ce ne fut pas un événement de peu d'importance ; car si vous vous montrâtes lâches et rampants, c'est à ce royaume qu'il faut en adresser le premier reproche.

Vous-mêmes vous n'en fûtes pas exempts; car le Français, pour couvrir sa honte, rejeta sa défaite sur votre lâcheté.

Votre gouvernement ne savait lui-même quel parti prendre; et tandis qu'il demeurait indécis entre deux princes mécontents du roi,

Le duc de Valentinois, livrant de nouveau ses voiles au souffle des vents, tourna la proue de son vaisseau vers la haute mer,

Et conduisit son armée à des triomphes dignes d'admiration, emportant en peu de jours la ville de Faenza, et renversant de fond en comble toute la Romagne.

S'étant élevé ensuite contre Bologne avec de grands efforts, la *Scie* soutint sans s'ébranler la violence et le choc de ses troupes.

Il s'éloigna alors de cette contrée, pénétra sur le territoire de la Toscane, et se revêtit de vos dépouilles durant tout le temps que son armée y prolongea son séjour.

Alors, pour échapper à cette triste nécessité, et semblables à ceux qui ne peuvent agir autrement, vous cédâtes à une partie de ses prétentions.

C'est par ce moyen que vous parvîntes à éloigner ses troupes; mais dans ce passage, celui qui gouvernait dans Sienne eut la fantaisie de donner un nouveau maître à Piombino.

Après eux, une nouvelle horde d'animaux féroces mit le pied sur votre territoire, et ne fut retenue par aucun frein ni par aucune loi.

C'était le roi qui les envoyait pour combattre l'héritier de Ferdinand; et pour l'obliger à fuir il donna à l'Espagne la moitié de ce royaume.

Frédéric, ayant vu quelle preuve de courage les siens avaient donnée dans les champs de Capoue, fut obligé de s'éloigner et de venir se jeter entre les mains des Français.

Comme en ce moment le cardinal de Rouen se trouvait en Lombardie, vous crûtes devoir entrer avec lui en négociations pour conclure un nouveau traité avec son souverain.

Vous étiez sans armes, pleins d'épouvante à la vue de la corne qui était restée au Veau; et vous n'aviez compté ni sur l'Ours ni sur le pape.

Il vous semblait que vous ne viviez qu'au gré du hasard, et vous craigniez alors de ne pouvoir être défendus s'il vous arrivait quelque nouveau désastre.

Après la révolution d'un grand nombre de jours et de mois, la France vous prit encore sous sa protection, non sans vous avoir entraînés dans d'énormes dépenses.

Sous cette nouvelle enseigne, vous crûtes alors pouvoir enlever aux Pisans leur blé en herbe et faire flotter encore vos drapeaux aux vents.

Mais Vitellozzo, avec sa troupe orgueilleuse, profondément irrité contre vous du coup funeste porté à son frère,

Brisa par trahison le frein qui retenait le coursier indompté, vous ravit avec la promptitude de l'éclair tout le Val-di-Chiana et une foule de villes.

La guerre, cause de la ruine de Florence, et la discorde qui régnait parmi vos citoyens, voilà ce qui vous frappa au cœur d'un coup si funeste.

Pour vous délivrer des nombreuses insultes de ces voisins acharnés et d'une attaque aussi cruelle, vous appelâtes sur vos frontières les Français à votre secours.

Et comme le duc de Valentinois, après s'être arrêté à Nocera avec son armée, s'était emparé de là en un saut de tout le duché d'Urbin,

Toutes les facultés de votre âme restaient en suspens, dans la crainte qu'il ne se réunît avec Vitello et qu'il ne descendît avec lui pour se venger de vous.

Mais le roi que protége saint Denis, touché par vos prières, ordonna à l'un de s'arrêter dans sa marche; et l'autre vit ainsi tous ses projets s'évanouir.

Vitello détourna ses pas des murs d'Arezzo, et le duc se présenta dans Asti pour se justifier auprès du roi Louis.

Ce formidable appui serait encore venu trop tard, sans l'habileté de celui qui tenait alors en main le timon de vos affaires.

Peut-être sans lui seriez-vous devenus la proie de vos envieux, car vous étiez atteints de quatre profondes blessures; mais sa main sut en fermer trois.

Il avait vu Pistoja soulevée en grande partie, Florence remplie de confusion, Pise et le Val-di-Chiana échappés à votre domination.

C'est lui qui posa les degrés du suprême gonfalon, et qui invita à y monter quiconque se sentait l'âme digne d'atteindre à ce haut rang;

C'est lui qui rétablit la paix dans le sein de Pistoja; c'est lui qui remit sous le joug Arezzo et tout le Val-di-Chiana.

Mais il ne put guérir la quatrième plaie qui vous accablait; car le ciel ne voulut pas qu'une aussi heureuse main pût faire disparaître tous vos maux.

On vit enfin se lever le jour heureux et tranquille où votre peuple, reprenant son courage, nomma celui qui devait porter sa bannière.

Mais le peu de force de ce peuple, aussi lâche qu'un cerf, ne permit pas d'élever l'édifice de votre tranquillité sur une pierre solide;

Et quiconque s'écarterait de cet ordre par quelque raison pourrait fort bien être un mauvais géomètre.

Après que le duc de Valentinois se fut justifié et qu'il eut remis le pied dans la Romagne, il forma le dessein d'attaquer soudain messer Giovanni.

Mais dès que le bruit de cette entreprise se fut répandu, ni l'Ours ni le Veau ne parurent disposés à s'unir à lui pour seconder ses projets.

Et ces serpents gonflés de noirs poisons, se tournant les uns contre les autres, commencèrent à se disputer leur proie et à se déchirer entre eux avec les ongles et les dents.

Le Valentinois se défendait difficilement de leur attaque; et pour éviter de succomber sous leurs coups, il fut obligé de se couvrir du bouclier de la France.

Et pour prendre ses ennemis dans ses gluaux ce cruel basilique se mit à siffler doucement, afin de les attirer dans son repaire.

Il ne fut pas longtemps sans les voir tomber dans le piége, car le traître de Fermo et Vitellozzo, et ces Orsini, qui avaient été liés avec lui d'une si grande amitié,

Se précipitèrent pour ainsi dire d'eux-mêmes dans les embûches qu'il tendait. L'Ours y perdit plus d'une de ses griffes et le Veau eut son autre corne brisée.

Pérouse et Sienne sentirent aussi les atteintes des ongles de cette hydre, et les tyrans de ces deux villes prirent la fuite pour échapper à sa fureur.

Le cardinal Orsini lui-même ne put éviter les désastres de sa propre maison, et il perdit la vie, victime de mille trahisons.

Dans ce même temps les Français, pleins d'une nouvelle ardeur, tournèrent contre les Espagnols la pointe de leur lance, dans le dessein de partager à leur gré le royaume.

Ils auraient anéanti leurs ennemis, et le royaume serait tombé tout entier sous leur domination, s'il n'était arrivé d'autres forces à son secours.

Mais le parti de l'Espagne, devenant plus fort et plus redoutable, fit rougir du sang de ses adversaires et la Pouille et la Calabre.

Alors le Français irrité se tourna plein de fureur du côté de l'Italie, semblable à un homme qui veut recouvrer et ses états et son honneur perdus.

Et le seigneur de la Trémouille, guerrier d'une haute renommée, pour venger du moins ses compatriotes dans les contrées qui avaient vu leur honte, courut secourir Gaëte qui implorait son appui.

Mais lui et ses troupes ne purent continuer longtemps leur marche; car Valentinois et son père, pleins de fourberie, le mirent en doute qu'ils voulussent le seconder.

Ils cherchaient alors de nouveaux compagnons qui leur donnassent d'autres états à dévorer; car ils ne voyaient plus ce qu'ils pouvaient gagner avec les Français.

Et vous, pour ne point devenir la proie du Valentinois, comme vous l'aviez été jusqu'alors chaque jour, et qu'il n'héritât pas du Lion de Florence,

Vous prîtes à votre service le bailli d'Occam, avec cent lances et une infinité d'autres troupes, vous croyant plus en sûreté en embrassant ce parti.

C'est avec ces nouvelles troupes que, pour la seconde fois, vous enlevâtes au Pisan l'espoir de jouir en paix des récoltes de ses champs.

Tandis que la Trémouille s'approchait, et que les transports d'une colère secrète commençaient à bouillonner entre le pape et les Français,

Le Valentinois tomba malade, et l'esprit du glorieux Alexandre fut porté parmi le chœur des âmes bienheureuses, pour qu'il pût enfin goûter le repos.

Trois de ses suivantes fidèles, et chères à son

cœur, s'empressèrent aussitôt de suivre ses saintes traces : la Luxure, la Simonie et la Cruauté.

Mais à peine ces nouvelles parvinrent-elles en France que ce malin renard d'Ascanio Sforza, avec des paroles mielleuses et ornées de toutes les fleurs de la rhétorique,

Persuada au cardinal d'Amboise l'expédition d'Italie, lui promettant le manteau qui aide les chrétiens à monter dans le ciel.

Cependant les Français s'étaient arrêtés à Rome, et ils ne voulurent point dépasser le fleuve glorieux tant que le saint-siége resterait vide.

C'est ainsi que fut créé le pape Pie; mais il ne supporta que pendant peu de jours le poids dont l'Éternel avait chargé ses épaules.

C'est par un assentiment unanime que Jules second fut créé portier du paradis, afin de réparer les malheurs du monde.

Mais après que le ciel eut ôté la vie à Alexandre, les états de son duc de Valentinois furent déchirés en plusieurs lambeaux.

Baglione, les Vitelli, les Orsini et les enfants de Montefeltro s'en retournèrent dans leurs foyers, et Saint-Marc s'empara de Rimini et de Faenza.

Baglione et les Orsini suivirent le Valentinois jusqu'au sein de Rome pour lui faire éprouver de nouveaux revers, et ils se revêtirent de ses dépouilles.

Jules seul le nourrit de nombreuses espérances; et ce prince crut trouver dans un autre cette pitié qu'il ne connut jamais lui-même.

Mais après avoir demeuré quelques jours à Ostie, comme il se disposait à partir, le pape le fit revenir à Rome et le donna à garder à ses soldats.

Cependant les capitaines de l'orgueilleux Français, arrivés sur les bords du Garigliano, faisaient tous leurs efforts pour traverser le fleuve.

Ils avaient déjà, au prix des plus grandes souffrances, consumé en ces lieux un grand nombre de jours et de nuits, tourmentés par le froid et dévorés par la honte;

Et n'ayant pu se réunir ensemble, disséminés en divers lieux et en plusieurs corps, ils furent dispersés par la rigueur du temps et par les ennemis.

Après avoir perdu son honneur et son argent à Salsa et dans Rome, c'est dans cette dernière ville que le Français, plongé dans la tristesse, se plaignit de trouver le sort contraire.

Alors l'Espagnol, s'imaginant avoir obtenu dans ce combat la victoire qu'il espérait et ne voulant point jouer de son reste avec son ennemi,

Espérant peut-être trouver de plus grands avantages encore dans la paix, fit mettre un terme aux tumultes des armes et fut trop heureux d'accepter une trêve.

Loin de tenir alors votre valeur cachée, vous avez revêtu vos armes les plus puissantes afin de mieux vous mettre à l'abri des insultes.

Vous n'avez point oublié non plus les offenses des Pisans; vous leur avez ravi au contraire les fruits de leur troisième moisson et les attaquant et par mer et par terre.

Et comme ils semblaient mépriser la force de votre épée, vous vous êtes efforcés par divers moyens de détourner le cours des ondes de l'Arno.

Ensuite, pour adoucir les cœurs les plus envenimés par la haine, vous avez ouvert les bras à tous ceux qui voudraient venir implorer votre pardon.

Cependant le pape, après un grand nombre d'offres, obtint la possession de Furli et de sa forteresse, et le Valentinois s'enfuit par des chemins dérobés.

Et Gonzalve, quoiqu'il l'eût vu d'un œil bienveillant, lui imposa le châtiment que méritait un sujet rebelle au Christ.

Pour dompter l'excès de son orgueil il envoya en Espagne, vaincu et prisonnier, celui qui vous avait fait trembler et qui fit pleurer Rome.

Deux fois le soleil dans son tour a fait rouler la cinquième année sur ces événements terribles et lamentables, et sans cesse il a vu le monde teint de sang.

Maintenant il prodigue la nourriture à ses coursiers, afin qu'on apprenne bientôt des choses auprès desquelles tout ce que vous venez d'entendre n'est rien.

La fortune n'est point encore entièrement satisfaite; elle n'a point encore mis un terme aux dissensions de l'Italie, et la source de tant de maux n'est point encore tarie.

Les royaumes ni les autres puissances ne

sont point encore unis; ils ne peuvent même pas l'être, parce que le pape prétend guérir l'Église de ses profondes blessures.

L'empereur, avec son unique rejeton, veut se présenter au successeur de saint Pierre; et le coup qu'a reçu le Français le fait souffrir encore.

L'Espagne, qui tient enfin le sceptre de la Pouille, va tendant des lacets et des rets à ses voisins, afin de n'être point obligée de revenir en arrière sur ses entreprises.

Saint-Marc, rempli tout à la fois de la crainte et de la soif d'acquérir, semble suspendu entre la paix et la guerre. Quant à vous, vous conservez toujours le juste désir de reconquérir Pise.

Ainsi on comprend aisément que la flamme s'élèvera jusqu'au ciel si un nouvel incendie s'allume parmi tous ces rivaux.

Voilà pourquoi mon esprit s'enflamme : tantôt il cède au poids de l'espérance, tantôt à celui de la crainte; et, dans cette agitation continuelle, il s'évapore goutte à goutte;

Car il voudrait savoir dans quel port votre vaisseau, chargé du fardeau de tant de craintes, doit être conduit par les vents.

Cependant il s'en repose et sur la sagesse du nocher et sur les rames, les voiles et les cordages. Mais le chemin serait bien plus facile et plus court si vous rouvriez le temple de Mars.

SECONDE DÉCENNALE.

—

Les graves événements, les actions furieuses qui ont eu lieu dans les dix années écoulées depuis que j'ai posé la plume pour me livrer au silence;

Les changements de royaumes, d'empires et d'états arrivés sur le territoire italique, et que le conseil divin avait décrétés dans sa providence :

Tels sont les grands objets que je vais chanter. Je ne craindrai pas de faire entendre mes chants au milieu des larmes, quoique cependant la douleur ait presque égaré mon esprit.

Muse, si jamais tu m'as inspiré, prête-moi ton secours, et élève mes vers à la hauteur de[s] événements qui se sont succédé.

Fais qu'il jaillisse de ta fontaine une vert[u] assez puissante pour que mes chants satisfass[ent] au moins ceux qui vivent encore.

Tout l'univers était dans l'attente, et chac[un] tenait en main les rênes de son coursier déjà r[...] fatigué,

Lorsque Bartolommeo, surnommé d'Alvian[o], s'éloigna du royaume de Naples avec sa com[]pagnie, peu satisfait du grand capitaine.

Pour donner carrière à son humeur bel[li]queuse, ou pour tout autre motif, il forma l[e] dessein d'entrer dans la ville de Pise.

Quoiqu'il eût avec lui des forces bien pe[u] nombreuses, ce fut lui cependant qui fit le pre[]mier pas dans le jeu qui allait commencer.

Mais comme vous vouliez éteindre cet incen[]die, vous prîtes les mesures les plus effica[ces] et vous fîtes échouer ses projets.

Il était arrivé de la Tour à San-Vincente, lors[]que sa troupe fut terrassée et mise en fuite pa[r] la valeur de votre Giacomino.

La vertu de ce grand homme et sa fort[une] s'élevèrent à un degré de gloire et de renom[]mée aussi haut qu'ait jamais pu atteindre u[n] simple citoyen.

Il souffrit beaucoup pour sa patrie; et c'es[t] par la justice qu'il sut longtemps maintenir l[a] gloire de vos armes.

Avare de son honneur, prodigue de son or, il se montra dans toute sa vie doué de tant d[e] vertus que je ne puis l'honorer autant qu'il l[e] mérite.

Et maintenant, abandonné et méprisé, il vi[t] dans sa demeure, pauvre, vieux et aveugle: tant celui qui fait le bien déplaît à la Fortune!

Bientôt après, si ma mémoire est fidèle, vous marchâtes contre Pise avec l'espoir que l[a] précédente défaite avait mené à sa suite.

Mais Pise n'ayant témoigné que peu ou point de terreur, vous ne l'avez pas longtemps tenue assiégée; et telle fut l'origine de germes qu[i] devaient produire des fruits si amers.

Si du moins, en suivant l'opinion générale, vos trésors et votre honneur ont été perdus, vous avez satisfait aux volontés du peuple.

Cependant la mort avait frappé Ascanio, en faveur duquel s'étaient levés plusieurs grands princes résolus de lui rendre ses états légitime[s]

Hercule, duc de Ferrare, était mort; Frédéric était mort, ainsi qu'Isabelle, cette illustre reine de Castille.

C'est alors que le Français prit le parti de faire la paix avec Ferdinand, et lui accorda pour épouse la fille du prince de Foix.

Il lui céda en outre pour dot la portion du royaume de Naples qui lui appartenait; et le roi d'Espagne ne fut point avare de promesses.

Sur ces entrefaites l'archiduc avait quitté la Bretagne, conduisant de nombreuses troupes allemandes.

Il voulait s'emparer du gouvernement de la Castille, qu'il regardait comme son bien et non comme celui de son beau-père.

A peine était-il arrivé en pleine mer que sa flotte fut combattue par les vents, et qu'il se vit livré au pouvoir d'autrui.

Son vaisseau, poussé par la tempête, aborda en Angleterre, où le duc de Suffolk ne le vit point arriver de bon œil.

S'éloignant alors de cette île avec son armée, il arriva lui-même dans la Castille, où il ne trouva plus Ferdinand.

Ce dernier prince, réduit à son royaume d'Aragon, s'était embarqué sur les galères de Barcelone pour aller visiter ses états de la Pouille.

Alors le pape Jules, ne pouvant plus mettre un frein à son âme féroce, déploya au vent les bannières sacrées.

Plein de sa colère naturelle, il répandit d'abord son venin sur tous ceux qui s'étaient emparés des villes de sa domination;

Et pour terrasser chacun de ces tyrans, abandonnant son siége sacré, il porta la guerre à Pérouse et à Bologne.

Les Baglioni, cédant à ses volontés, conservèrent leurs foyers, et l'antique famille des Bentivogli fut seule chassée de Bologne.

Sur ces entrefaites un plus vaste incendie s'alluma, par suite d'un grave différend qui s'était élevé entre la noblesse et le peuple de Gênes.

Pour y mettre un frein il plut au roi de France de passer les monts, et d'accorder son appui au parti qui, par amour pour lui, avait été vaincu et renversé dans la poussière.

A force de talent, de puissance et d'habileté, il parvint à réunir sous ses bannières toutes les parties de l'état de Gênes.

Alors, pour ôter au pape Jules jusqu'à l'ombre du soupçon qu'il eût l'idée de l'attaquer, il retourna en toute hâte à Savone.

C'est là qu'il attendit que vînt le trouver le roi Ferdinand, qui allait reprendre le gouvernement de la Castille, d'où peu de temps auparavant il s'était éloigné,

Parce que ce royaume, depuis la mort de Philippe, commençait à se soulever. A son retour, il eut une entrevue avec le roi de France dans le lieu où ce monarque l'attendait.

L'empereur cependant, ayant formé le projet de passer à Rome pour s'y faire couronner suivant les antiques usages de l'Empire,

Avait convoqué dans Constance une diète de toute sa noblesse, et lui avait exposé les injures qu'il avait reçues du roi et des seigneurs de France.

Il prescrivit à chacun de se trouver à cheval, avec tous ses gens d'armes et toute son infanterie, le jour de la fête de Saint-Gall sans faute.

Mais la France et Saint-Marc, en apprenant cette nouvelle, réunirent leurs troupes, et s'avançant ensemble, lui fermèrent les chemins sous les murs de Trente.

Saint-Marc même ne se contenta pas de se défendre: il le blessa jusqu'au sein de ses états; et dans un instant il arracha à l'Empire et Gorice et Trieste.

Alors Maximilien consentit à conclure une trêve lorsqu'il vit de si grands obstacles à ses desseins, et il céda de lui-même ces deux importantes cités,

Qui par la suite devinrent cette nourriture funeste, ce morceau dangereux, ce mets empoisonné qui a détruit l'estomac de Saint-Marc.

Car l'Empire, ainsi que je l'écris, avait été offensé; et le bon roi de France crut voir que les Vénitiens le traitaient légèrement.

En conséquence, pour faire échouer les projets de Saint-Marc, le pape et l'Europe réunis se liguèrent à leur tour avec l'Empire et les lis français.

Les traités qui existaient déjà ne purent les retenir: ils convinrent sur-le-champ que chacun enverrait à Cambrai pour y traiter de ses intérêts.

Pendant ce temps vous aviez fait d'assez nombreux préparatifs, parce que vous teniez toujours les yeux levés sur Pise,

Résolus à tout prix de ne vous arrêter que

lorsque cette cité serait rentrée sous votre domination ; mais Louis et Ferdinand s'entendirent pour vous en intercepter le chemin.

Vos voisins, marchant sur les traces de ces deux princes, leur faisaient chaque jour les plus vastes promesses, et élevaient contre vous mille difficultés.

Et comme vous vouliez réussir dans votre entreprise, vous fûtes obligés de remplir le gosier et la bouche que chacun tenait ouverts.

Pise étant donc demeurée seule, vous vous empressâtes sur-le-champ de la bloquer, n'y laissant entrer que ce qui a des ailes.

Pendant quatre mois vous demeurâtes à l'entour, supportant les plus grandes fatigues ; et ce ne fut ni sans peine ni sans dépenses que vous parvîntes à l'affamer.

Malgré l'obstination de sa haine, contrainte enfin et vaincue par la nécessité, elle retourna en pleurant dans ses antiques chaînes.

Le désir de réveiller la guerre ne s'était point encore éteint dans le cœur de la France ; et pour exécuter les traités, elle avait précipité en Lombardie une formidable armée.

Le pape Jules de son côté accourut en toute hâte, inondant de ses troupes toute la Romagne, et attaqua Berzighello et Faenza à l'improviste.

Mais, dans les légers combats livrés près de Trevi et sous les remparts de plusieurs autres châteaux, entre Saint-Marc et la France, les succès de la guerre furent tantôt heureux et tantôt malheureux.

Enfin Saint-Marc resta sur le carreau ; et, après que l'infortuné eut monté dans les camps de Vailà, il tomba de ce rang si haut auquel il s'était élevé.

Que sera-ce des autres, s'il n'a fallu à celui-ci que si peu de jours pour brûler et s'évaporer, et si la justice, la force et la concorde n'ont pu suffire pour sauver un pareil empire?

Allez, orgueilleux, montrez votre visage altier, vous qui possédez des sceptres et des couronnes et qui ne connaissez pas l'avenir.

Mais la soif actuelle dont vous êtes dévorés tient sur vos yeux un voile épais qui vous aveugle et vous empêche de voir les objets éloignés.

De là vient que le ciel fait passer plus souvent vos états de main en main qu'on ne voit la chaleur succéder aux frimas.

Ah ! si votre sagesse s'était adonnée à connaître les maux et à y apporter remède, vous auriez ravi au ciel même cette grande prérogative.

La vitesse de mes paroles ne saurait égaler la promptitude avec laquelle, après leur défaite, disparut la puissance des Vénitiens.

Le grand roi des chrétiens occupa la moitié de la Lombardie ; et cette partie sur laquelle le saint-siége étend seulement l'autorité de son nom,

La Romagne se donna sans obstacle au divin pasteur ; et le roi d'Aragon lui-même accourut à son tour pour sauver ses villes de la Pouille.

Mais comme l'Allemand n'était point encore arrivé dans ces contrées, Saint-Marc reprit promptement et Padoue et Trévise.

Maximilien, au bruit de ces nouvelles, se hâta d'accourir avec une armée formidable, pour ressaisir ce qui lui avait été enlevé et ne point perdre encore le reste.

Mais quoiqu'il fût appuyé par vous, par la France et par l'Espagne, cette entreprise néanmoins eut les mêmes résultats que toutes celles qu'il avait déjà tentées.

D'abord, d'un cœur délibéré, il resta autour de Padoue, supportant les plus durs travaux ; mais bientôt, fatigué et ennuyé, il leva son camp ;

Et, abandonné par la ligue, empressé de retourner en Allemagne, il perdit Vicence pour comble de dépit....[1].

[1] La majeure partie de cette décennale manque.

II.

L'ANE D'OR,

POËME EN HUIT CHANTS

CHANT PREMIER.

Je chanterai, pourvu que la fortune le veuille, les diverses aventures, les peines et les douleurs que j'ai éprouvées sous la forme d'un âne.

Je ne demande pas que l'Hélicon répande pour moi une autre onde que la sienne, et que Phébus dépose son arc et son carquois pour accompagner mes chants avec sa lyre;

Car on n'obtient point en ces temps une semblable faveur, et je suis convaincu qu'il n'est pas besoin qu'une lyre s'unisse au braire d'un âne.

Je ne recherche ni prix, ni récompense, ni mérite; je me soucie aussi fort peu d'être mordu par un détracteur caché ou découvert:

Car je sais combien la reconnaissance est sourde aux prières de ceux qui l'implorent; je sais aussi combien un âne conserve le souvenir des bienfaits.

Je n'attache plus autant d'importance qu'autrefois aux morsures et aux bastonnades, ayant pris le caractère de celui que je chante.

Si l'on me pressait, plus que je n'ai coutume d'être pressé, de prouver ce que je vais raconter, je répondrais que j'obéis à l'âne sous la forme duquel j'ai vécu.

Jadis toute la ville de Sienne voulut en faire boire un dans la fontaine Branda; et c'est à grande force si on put lui faire avaler une simple goutte d'eau.

Mais si le ciel ne fait pas tomber sur ma tête de nouveaux malheurs, on entendra braire ces mots dans tout l'univers: «Malheur à qui me touche!»

Toutefois, avant que je commence à vous raconter les diverses aventures de mon âne, qu'il ne vous déplaise pas d'écouter un petit conte.

Il y avait jadis à Florence, parmi les anciens habitants de cette ville, un certain jeune homme dont la famille n'est point encore éteinte.

En avançant en âge il lui vint une manie qui le forçait à courir sans motifs à travers les rues, et sans être arrêté par aucun temps.

Son père s'affligeait d'autant plus de cet accident qu'il était moins instruit des causes de son mal.

Il voulut connaître les diverses opinions d'un grand nombre de sages; et à diverses époques il lui administra mille remèdes de mille espèces.

On dit même qu'il le voua, mais inutilement: tous les remèdes furent vains, et le jeune homme continua à courir par tous les temps et dans tous les lieux.

Enfin un de ces charlatans dont on voit chaque jour un si grand nombre promit à son père de lui rendre la santé.

Or il arrive que l'on croit toujours ceux qui nous promettent quelque bien: c'est pourquoi on ajoute tant de foi aux belles espérances des médecins,

Quoique souvent en croyant à leur science l'homme perde le bien, et qu'il semble que cette secte soit la seule, parmi toutes les autres, qui vive et se repaisse du mal d'autrui.

Ainsi donc notre homme ne forma pas le moindre doute, et remit cette cure entre les mains de ce charlatan, plein de confiance dans ses paroles.

Celui-ci ordonna au malade cent fumigations par les narines, lui tira du sang de la tête, et crut alors lui avoir fait perdre l'envie de courir.

Après avoir fait tous ses remèdes, il rendit le fils à son père en l'assurant qu'il était guéri, mais sous les conditions que je vais vous dire:

Que pendant l'espace de quatre mois on ne le laisserait jamais sortir seul, et qu'il aurait toujours avec lui quelqu'un qui, dans le cas il prendrait son vol,

Pût le retenir par quelque moyen convenable, en le faisant apercevoir de son erreur et en l'engageant à avoir soin de son honneur.

Cela alla fort bien pendant un mois : plein de douceur et de sagesse, il ne sortait qu'avec deux de ses frères, pour lesquels il témoignait beaucoup d'égards et de crainte.

Mais, arrivant un jour dans la rue des Martelli, à l'endroit où l'on peut apercevoir la Grand'rue, ses cheveux commencèrent à se hérisser.

Notre jeune homme, à la vue de cette rue droite et spacieuse, ne put s'empêcher de retomber dans son ancien plaisir ;

Et, mettant de côté toute considération, la fantaisie de courir lui revint en tête, pareil à la meule du moulin, qui ne se repose jamais.

Arrivé au bout de la rue, il laissa tomber son manteau par terre, et se mettant à crier : « Le Christ lui-même ne pourrait me retenir, » il s'enfuit comme un trait.

Depuis il ne cessa de courir tout le temps qu'il vécut ; et son père en fut ainsi pour son argent et le médecin pour sa science.

En effet l'esprit, toujours disposé à suivre son penchant naturel, ne peut se défendre ni contre l'habitude ni contre la nature.

C'est ainsi que moi, après m'être habitué à mordre celui-ci et celui-là, je suis resté pendant longtemps en repos, plein de douceur et de patience,

N'observant plus les défauts d'autrui, cherchant à m'instruire d'une autre manière ; de sorte que je m'imaginais être guéri.

Mais les temps où nous vivons sont si remplis de méchanceté et de corruption que, sans avoir les yeux d'Argus, on aperçoit plus facilement le mal que le bien.

Si donc j'exhale maintenant un peu de venin quoique j'eusse perdu l'habitude de dire du mal, ce sont les temps qui m'y forcent en m'en donnant une ample matière.

Et notre âne, qui a promené ses pas dans un si grand nombre de ports de ce monde, afin d'examiner les esprits divers des humains,

Si l'on observait les longs voyages qu'il a faits à travers tant de routes différentes, le ciel lui-même ne pourrait pas l'empêcher de braire.

Ainsi, que personne n'ose s'approcher de cette bête grossière et têtue, si l'on ne veut pas entendre des plaisanteries asines.

Car personne n'ignore, et c'est une des lois de sa nature, qu'un des jeux auxquels il se montre le plus adroit est de lancer une paire de ruades et de lâcher une pétarade.

Que chacun jase et médise à son gré, qu'il possède tant qu'il veut la fumée et le faste, il faut désormais que cet âne s'occupe de nous.

On entendra à quel point le monde est corrompu ; car je veux qu'il vous le dépeigne avec exactitude, et avant qu'il ait mangé son frein et son bât.

Quiconque veut le prendre en mal, tant pis pour lui.

CHANT II.

Au retour de la saison brûlante, lorsque le printemps, ennemi de la froidure, des glaces et des neiges, a chassé l'hiver rigoureux,

Le ciel montre un front plus riant, et Diane avec ses nymphes recommence à chasser au sein des bois.

Le jour brille avec plus de splendeur, surtout quand le soleil se montre enflammé entre les deux cornes du céleste taureau.

Le soir, alors, on entend quelquefois les ânes se mettre à braire ensemble en se rencontrant lorsqu'ils retournent à l'écurie.

C'est ainsi que l'on écoute ceux même qui parlent mal : de là est venue, je crois, l'ancienne coutume de dire une chose une seconde fois.

Souvent l'un d'entre eux, d'une voix tout à la fois grave et aiguë, se met à braire ou à rire s'il voit ou s'il respire quelque chose qui lui plaise.

A cette époque donc, et à ce moment où le jour se sépare de la nuit, je me trouvai dans un lieu aussi aride que l'on en vit jamais.

Je ne pourrais vous dire comment j'y parvins ; je ne sais même pour quel motif je tombai dans un lieu où je devais laisser toute ma liberté.

Je ne pouvais faire un pas, tant ma crainte était grande ; et la nuit était si obscure que je ne voyais nullement où j'allais.

Mais ma frayeur s'accrut encore lorsque j'entendis un bruit de cor dont le son était si perçant et si formidable que c'est à peine si je suis rassuré en ce moment.

Il me semblait voir à mes côtés la mort avec sa faux, peinte de ces couleurs dont sont peints ceux qu'elle a choisis pour époux.

L'air était obscurci par un brouillard épais et sombre, le chemin rempli de rochers, de broussailles et de mauvaises herbes, et mes forces se trouvaient anéanties et vaincues.

A peine avais-je eu le temps de m'appuyer sur le tronc d'un arbre, que mes yeux furent soudain frappés d'une lueur entièrement semblable à celle qui jaillit du feu des éclairs.

Mais elle ne disparut pas de même; bien au contraire elle ne fit qu'augmenter, et elle me parut plus considérable et plus brillante en s'approchant de moi.

J'avais fixé sur elle mon regard, et j'entendais un certain murmure, comme le bruit du feuillage, qui paraissait la suivre.

J'étais pour ainsi dire privé de tout sentiment; et, épouvanté d'un spectacle aussi nouveau, je tenais mon visage tourné du côté où j'entendais ce bruit.

Soudain une femme éclatante de beauté, pleine de fraîcheur et de vivacité, vint frapper mes yeux. Ses tresses blondes flottaient en désordre sur ses épaules.

Dans sa main gauche elle portait un grand flambeau dont elle éclairait la forêt; dans la droite elle tenait un cor dont elle faisait retentir les sons.

Autour d'elle, au milieu de cette plaine solitaire, se pressait une foule innombrable d'animaux qui venaient en troupe derrière elle.

C'étaient des ours, des loups, des lions furieux et brutaux, des cerfs et des blaireaux; et parmi une infinité d'autres bêtes sauvages on voyait un grand nombre de sangliers.

Ce spectacle ne fit qu'accroître ma frayeur; et j'aurais pris la fuite, couvert de pâleur et presque sans vie, si le pouvoir eût répondu à la volonté.

Mais quelle étoile m'aurait montré le port et où serais-je allé, moi, pauvre misérable? qui m'aurait indiqué mon chemin?

Toutes mes pensées étaient confuses. Je balançai si je devais attendre qu'elle m'abordât, ou si je devais aller au-devant d'elle avec respect.

Mais avant que j'eusse quitté le tronc de mon arbre elle s'approcha de moi, et me souriant d'un air malin: « Bonsoir, » me dit-elle.

Son salut était si familier, son abord si rempli de grâce, qu'elle n'en eût pas fait davantage quand elle m'aurait vu pour la millième fois.

Cet accueil me rassura entièrement; et ce qui ajouta encore à ma sécurité, c'est qu'après sa première parole elle m'appela par mon nom en me saluant.

Elle ajouta ensuite en souriant de nouveau: « Dis-moi un peu maintenant: comment es-tu « tombé dans cette vallée, dont le sein n'est « cultivé ni dompté par aucun habitant? »

Mes joues, qui jusqu'alors étaient restées pâles et décolorées, changèrent soudain de couleur et devinrent enflammées, et je baissai la tête sans répondre.

J'aurais voulu lui dire: « Mon imprudence, « une vaine espérance, une trompeuse idée « m'ont, pour ma ruine, amené dans ce lieu. »

Mais il me fut impossible de lui adresser ce peu de mots, tant j'avais tout à la fois honte et pitié de moi-même.

Elle ajouta alors d'un air plus gracieux encore: « Eh! pourquoi crains-tu de t'expliquer « au milieu de ces déserts? Parle, et dis-moi ce « qui trouble ton cœur.

« Quoique je conduise cet immense troupeau « au milieu de ces collines solitaires, il y a déjà « bien du temps que je connais toutes les actions « de ta vie.

« Mais comme tu pourrais ignorer qui nous « sommes, je te ferai connaître les lieux dans « lesquels tu es tombé et le pays où tu te « trouves.

« Lorsque, dans les temps passés, et avant que « Jupiter prît en main les rênes de l'empire du « monde, Circé se vit contrainte d'abandonner « son antique demeure,

« Ne pouvant trouver aucun asile fidèle ni « aucun mortel qui voulût la recevoir (tant la « renommée de son infamie était partout ré« pandue),

« Fuyant l'approche des humains, elle choisit « sa demeure au sein de ces sombres et épaisses « forêts, et y éleva son palais.

« C'est ainsi que, toujours ennemie des hom« mes, elle habite au milieu de ces rochers soli-

« taires, et se nourrit des larmes de ce troupeau « infortuné.

« Et comme aucun de ceux qui pénètrent en « ces lieux ne saurait en sortir, c'est ce qui fait « qu'on n'a jamais su et qu'on ne sait point en- « core de ses nouvelles.

« Elle a pour la servir un grand nombre de « jeunes filles qui seules l'aident dans le gou- « vernement de ses états, et je suis une d'entre « elles.

« L'éternel emploi qui m'est assigné est de « mener ce troupeau paître dans la forêt et de « le ramener à sa caverne.

« C'est pour cela que je tiens en main ce flam- « beau et ce cor : tous deux me sont utiles « lorsqu'il arrive que le jour vient à s'éteindre « tandis que je suis dehors.

« L'un me montre le chemin; je fais retentir « l'autre afin que, si quelqu'une de ces bêtes se « trouvait égarée dans la profondeur du bois, « elle pût savoir où je suis.

« Et si tu me demandais quel est ce troupeau « je te répondrais : Sache que tous ces animaux « que tu vois, lorsqu'ils habitaient le monde, « étaient comme toi des hommes.

« Si tu ne veux point ajouter foi à mes paroles, « regarde un moment comme ils se pressent au- « tour de toi, comme les uns te regardent, « comme les autres te lèchent les pieds.

« Sais-tu ce qui les porte à te regarder de « cette manière? c'est que tous sont affligés de « ton malheur et du sort funeste qui t'attend.

« Chacun d'eux, comme toi, fut étranger à « ces forêts; et c'est ma souveraine qui depuis « les a métamorphosés de cette manière.

« C'est du ciel qu'elle a reçu le pouvoir de « transmuter un homme sous diverses formes « aussitôt qu'elle arrête son regard sur son vi- « sage.

« Je te conseille donc de venir avec moi et de « suivre la trace de ce troupeau, si tu ne veux « point expirer au milieu de ces bois.

« Et pour que Circé ne puisse voir la forme « de ton corps et que tu parviennes à te déro- « ber à ses yeux, tu marcheras à quatre pattes « au milieu du troupeau. »

Elle se mit en chemin alors avec un visage riant; et moi, ne voyant aucun autre remède, paissant avec les bêtes sauvages, je me mis à la suivre, ayant à mes côtés un cerf et un ours.

CHANT III.

Au milieu de ce troupeau épais d'animaux je marchais donc, les épaules tournées vers le ciel, et je suivais les pas de ma conductrice.

Tantôt une chaleur subite, tantôt une sueur froide courait par tout mon corps : tantôt je tâtais en tremblant tous mes membres, pour voir s'ils n'avaient pas changé ou de poil ou de peau.

Je regardais à la dérobée mes mains et mes genoux. O vous qui marchez quelquefois à quatre pattes, songez, je vous en prie, à la position dans laquelle je me trouvais.

Il y avait à peu près une heure que je cheminais de la sorte au milieu de ces bêtes féroces, lorsque nous arrivâmes sur les bords d'un fossé qui se trouvait entre deux grands vallons.

Nous ne pouvions rien voir au-devant de nous, parce que nous étions éblouis par la lueur du flambeau que portait notre conductrice :

Quand soudain nous entendîmes un sifflement qui ressemblait au bruit que fait une porte qui s'ouvre, et dont les deux battants crient en tournant sur leurs gonds.

Alors s'offrit à nos regards l'aspect d'un vaste et superbe palais d'une hauteur admirable.

L'espace qu'il embrassait était immense et magnifique, mais pour y arriver il fallait passer à gué l'eau du fossé sur le bord duquel nous étions.

Une poutre formait un petit pont, que traversa celle qui nous escortait; mais les animaux ne pouvaient y passer.

Lorsque nous fûmes arrivés auprès du seuil de l'autre porte j'entrai, le cœur dévoré d'angoisses, confondu avec ce troupeau plus malheureux que s'il eût été mort.

Une circonstance diminua cependant mon épouvante : ma conductrice, en entrant dans ce lieu, avait éteint son flambeau afin que j'eusse moins à craindre.

C'est pour cela que je n'avais pu voir d'où était venu le sifflement que j'avais entendu, ni qui nous avait ouvert la porte à notre arrivée.

C'est ainsi qu'inconnu au milieu de ces nombreux animaux, je me trouvai dans une cour immense, le cœur serré de tristesse, et caché à tous les yeux.

Et ma belle, grande et aimable conductrice fut occupée pendant plus d'une heure à renfermer toutes ces bêtes dans leur étable.

Ensuite, toute brillante de joie, elle me prit par la main et me mena dans sa chambre, où elle alluma de sa propre main un grand feu.

Elle m'en fit approcher avec courtoisie, pour sécher l'eau dont j'avais été inondé quand il m'avait fallu traverser le fossé.

Dès que je me fus séché et que j'eus oublié les chagrins et les fatigues que j'avais endurés pendant cette nuit,

Je commençai à lui parler de la sorte : « Madame, mon silence ne provient pas de ce que « je ne sais point apprécier le service que tu « m'as rendu et le plaisir que tu m'as fait.

« J'étais certainement parvenu au dernier instant de ma vie, au milieu de ces déserts obscurs et ténébreux, lorsque je fus atteint par « la nuit.

« Pour me sauver, tu m'as conduit avec toi : « c'est donc à toi que je suis redevable de la « vie et de tout le bonheur qui peut encore y « être attaché.

« Mais le souvenir de l'obscurité de la forêt « et la beauté de ton visage m'ont fait rester « muet, car j'y vois tout à la fois et mon mal « et mon bien ;

« Et c'est ce qui m'a rendu alternativement « triste et joyeux : triste à cause du malheur qui d'abord m'était arrivé ; joyeux par le bonheur « qui n'a pas tardé à le suivre.

« Voilà ce qui a empêché ma voix de s'expli« quer, jusqu'à ce que j'aie pu me reposer un « peu de mes longues fatigues.

« Mais toi, dans le sein de qui je m'aban« donne, et dont la bonté ne saurait être payée « par aucun don.

« Mets le comble à ta courtoisie, en ne regar« dant pas comme une tâche pénible de m'ap« prendre quelles sont les circonstances de ma « vie dont tu peux être instruite. »

« Parmi les hommes des temps anciens et « modernes, » me dit-elle alors, « aucun ne fut la « victime d'une plus noire ingratitude et ne sup« porta tant de maux ;

« Mais ce n'est pas toi-même que tu dois en accuser, ainsi qu'il est arrivé à un grand nom« bre d'entre eux : c'est le sort qui lui seul s'est « toujours opposé à tes bonnes œuvres ;

« C'est lui qui a fermé devant toi toutes les « portes de la pitié ; c'est lui seul aussi qui t'a « conduit dans ce lieu terrible et inaccessible.

« Mais comme les pleurs sont honteux pour « l'homme, on doit opposer un œil sec aux coups « de la fortune ennemie.

« Contemple les étoiles et le ciel, regarde la « lune, vois toutes les autres planètes poursui« vre éternellement leur cours, tantôt s'élevant, « tantôt s'abaissant, et ne prenant jamais de « repos.

« Tantôt le ciel est couvert de ténèbres, tan« tôt il brille de tous les feux du jour : de même « sur la terre rien ne persévère dans le même « état.

« C'est de là que naissent la paix et la guerre ; « c'est de là que proviennent ces haines qui s'é« lèvent entre ceux que renferment une même « muraille et un même fossé ;

« C'est de là qu'est venu ton premier mal« heur ; c'est là seulement ce qui a enfanté ces « fatigues sans repos que tu éprouves.

« Le ciel n'a point encore changé pour toi « et il ne changera point d'aspect, tant que les « destins épuiseront sur toi leur barbarie.

« Cette influence qui t'a été si contraire et si « ennemie n'est point encore dissipée : non, « elle ne l'est point encore.

« Mais lorsque les racines du mal seront en« fin desséchées, lorsque le ciel se montrera « plus doux, alors les temps deviendront pour « toi plus heureux que jamais.

« Ils deviendront si agréables et si riants, que « le souvenir de tes maux passés et la crainte « des maux futurs seront pour toi des motifs « même de joie.

« Peut-être même te laisseras-tu séduire par « une fausse gloire, en faisant aux uns et aux « autres le long récit de tes infortunes.

« Mais avant que les étoiles se montrent bien« faisantes envers toi, il faut que tu erres quel« que temps dans le monde, caché sous une « peau nouvelle.

« Tels sont les décrets de cette divine provi« dence qui dirige l'univers, et qui veut que tu « soutiennes ce malheur pour ton plus grand « bien.

« Il faut donc que tu perdes entièrement la

« figure humaine et que, privé de tes traits « actuels, tu viennes paître sous ma conduite « avec les autres animaux.

« On ne peut rien changer à cet astre cruel. « En t'amenant ici je n'ai que différé ton mal ; « je ne l'ai point fait disparaître.

« Il t'est seulement permis de demeurer avec « moi le temps nécessaire pour connaître ces « lieux et les habitants qu'ils renferment.

« Ne te laisse donc point abattre, mais porte « résolument ce fardeau sur tes robustes épau- « les : tu te trouveras bien dans la suite de l'a- « voir porté. »

CHANT IV.

Dès que la dame eut cessé de parler je me levai debout, et restai tout troublé du discours qu'elle venait de me tenir.

Toutefois je lui répondis : « Je n'accuse ni le « ciel ni personne; je ne me plaindrai pas non « plus de la rigueur de mon sort, car je suis plus « accoutumé au mal qu'au bien.

« Mais si je ne pouvais parvenir au bonheur « que tu m'as prédit qu'en passant par les portes « de l'enfer, je les franchirais avec plaisir ; à « plus forte raison les chemins que tu m'as in- « diqués.

« Que la fortune fasse donc de ma vie tout « ce qu'elle veut et croit devoir faire : je sais « trop bien qu'elle n'a jamais eu de moi le plus « léger souci. »

A ces mots ma dame m'ouvrit ses bras, et, de l'air le plus riant et le plus aimable, elle m'imprima plus de dix baisers sur les joues.

Puis elle me dit d'un air joyeux : « Cœur « plein de discrétion, ce voyage que tu vas en- « treprendre, cette nouvelle fatigue que tu vas « éprouver, seront chantés par un poëte ou par « un historien.

« Mais comme je m'aperçois que la nuit va ter- « miner sa course, je veux que nous goûtions « quelque consolation, et que nous changions « d'entretien.

« D'abord nous allons prendre un léger repas, « car si ton corps n'est pas de fer, je crois que tu « dois en avoir un grand besoin ;

« Et nous jouirons ici tous les deux de ce plai- « sir. » Elle dit, et à l'instant elle étendit une petite nappe sur une table qui se trouvait près du feu.

Elle tira ensuite d'une armoire une cassette dans laquelle il y avait du pain, des verres, des couteaux, un poulet, une salade bien épluchée et bien arrangée,

Et tout ce qui était nécessaire pour l'accommoder. Elle se tourna alors vers moi et me dit : « Une demoiselle m'apporte chaque soir un « souper semblable.

« Elle m'apporte également cette cruche pleine « d'un vin qui, si tu le goûtes, te paraîtra le « même que celui que produit ou le Val-di-Grève « ou Poppi.

« Jouissons, ainsi que font les sages ; songe « que le bonheur peut encore revenir, et que « ce qui est debout doit à la fin nécessairement « tomber.

« Lors donc que vient le mal, et il vient à « toute heure, avale-le comme une médecine ; car « celui-là est un fou qui le goûte et qui le sa- « voure.

« Livrons-nous maintenant à la joie jusqu'à « ce que, demain, arrive le moment où je dois « sortir avec mon troupeau pour obéir aux ordres « de ma puissante reine. »

Mettant de côté les chagrins et les peines, nous soupâmes ensemble gaîment, et nous entremêlâmes notre entretien de chants et de mille propos d'amour.

Puis, lorsque nous eûmes fini de souper, elle se dépouilla de ses vêtements, et me fit partager son lit comme si j'eusse été son amant ou son mari.

C'est ici qu'il faut laisser aux Muses l'entreprise de décrire sa beauté : sans leur secours je le tenterais vainement.

Ses cheveux, aussi blonds que l'or, tombaient en boucles épaisses, et ressemblaient aux rayons d'une étoile ou du chœur des bienheureux.

Chacun de ses yeux paraissait une petite flamme si brillante, si claire et si vive que le regard le plus perçant ne pouvait en soutenir l'éclat.

Sa belle tête avait une grâce si attirante que je ne sais à quoi la comparer, parce que l'œil s'oubliait en la regardant.

Ses sourcils étaient fins, noirs et bien marqués ; tous les dieux, tous les conseils célestes et de l'Empyrée avaient présidé à leur arrangement.

Je voudrais dire sur ce qui accompagnait tant de beautés quelque chose qui s'approchât de la vérité, mais je le tais parce que je ne saurais l'exprimer.

Je ne sais pas qui put fendre sa bouche ; mais si Jupiter ne la fit pas de sa main divine, je ne crois pas qu'une autre main eût osé l'entreprendre.

Ses dents étaient plus éclatantes que l'ivoire, et entre ces dents et les lèvres on voyait s'agiter une langue vermeille plus rapide qu'un serpent.

Il en sortait un langage capable d'arrêter les vents et de faire marcher les arbres, tant le son en était doux et harmonieux.

Son menton et son cou méritaient aussi d'arrêter la vue, et tant d'autres charmes se révélaient en elle, que les voir aurait suffi pour rendre heureux l'amant le plus misérable et le plus infortuné.

Je ne sais si je dois taire ce qui survint ensuite ; car souvent la vérité se tourne contre celui qui l'a dite.

Toutefois je la dirai, laissant tout le risque à ceux qui voudraient me blâmer : ce n'est pas jouir d'un plaisir entier que d'en taire les délices.

Mon œil put bien parcourir toutes les beautés de son corps jusqu'à son sein, dont l'éclatante blancheur m'enflamme encore par le seul souvenir ;

Mais la vue de ses autres charmes me fut interdite par la couverture riche et éclatante de blancheur dont était revêtue notre étroite couche.

Étonné et incertain, mon âme restait froide, triste, timide et dans le doute, ignorant jusqu'à quel point la voie m'était ouverte ;

Et telle que, la première soirée, la nouvelle épouse repose auprès de son époux, languissante, honteuse et enveloppée dans son linceul ;

Ainsi, dans mon trouble, je m'étais entouré de la couverture du lit, semblable à un homme qui n'a aucune confiance dans son propre courage.

Mais au bout de quelque temps que ma dame s'était amusée à me regarder, elle me dit en souriant : « Serais-je par hasard armée d'orties « ou d'épines ?

« Tu peux avoir ce qui a fait pousser en sou- « pirant plus d'un cri à qui a voulu le posséder, « et a causé mille plaintes et mille querelles.

« Et toi qui, pour te trouver avec moi, ne « craindrais pas de pénétrer dans un lieu rem- « pli de dangers, et qui, comme Léandre, tra- « verserais en nageant la mer qui sépare Sestos « d'Abidos,

« Pourquoi as-tu si peu de courage que tu « te laisses faire la guerre par ces draperies qui « sont entre nous, et pourquoi t'es-tu couché si « loin de moi ? »

Comme lorsqu'on a renfermé dans une prison un criminel qui craint pour sa vie et reste immobile, les yeux attachés sur la terre,

Si tout à coup la grâce qu'il sollicitait lui est accordée par son seigneur, il secoue toutes ses noires idées et recouvre son courage et sa fierté :

Tel j'étais d'abord, et tel je devins en entendant ces paroles bienveillantes ; et je m'approchai d'elle en glissant à travers les draps une main encore glacée par la crainte.

A peine eus-je touché son corps, que je sentis dans mon cœur une volupté si douce que je ne crois pas jamais en avoir goûté une semblable.

Ma main ne resta point oisive à la même place ; mais, parcourant tous ses charmes, je retrouvai bientôt la vertu que j'avais un moment perdue.

Oubliant désormais toute ma timidité, je soupirai doucement et je lui adressai la parole en ces mots : « Que ta beauté soit bénie !

« Soit bénie également l'heure à laquelle je « mis le pied dans la forêt, et celle à laquelle j'ai « pu faire ou écrire quelque chose qui ait touché « ton cœur ! »

M'abandonnant alors, du geste et de la voix, aux transports de l'amour, et tout entier plongé dans ses beautés angéliques qui me faisaient oublier toutes les choses humaines,

Mon cœur fut inondé d'un plaisir si grand que je me sentis défaillir, et que je goûtai les dernières voluptés, étendu sur son sein charmant.

CHANT V.

Déjà la froide nuit s'évanouissait : on voyait les étoiles disparaître les unes après les autres, et le ciel blanchissait de tous les côtés.

La clarté de la lune cédait à celle du soleil lorsque ma dame me dit : « Il faut que, puisque tel est l'arrêt de la fortune,

« Si je ne veux pas m'attirer quelque honte, je « retourne vers mon troupeau, et le reconduise « aux lieux où il doit aller chercher sa nourriture « accoutumée.

« Tu resteras seul dans cette chambre écartée ; « et ce soir, à mon retour, je te mènerai dans « un endroit d'où tu pourras voir à ton gré toute « ma demeure.

« Mais retiens bien l'avis que je te donne : « garde-toi de sortir ou de répondre si quelqu'un « t'appelait : cette faute a causé la perte d'un « grand nombre. »

Elle me quitta alors ; et moi, dont toutes les pensées n'avaient pour objet que ce visage amoureux qui brillait à mes yeux plus que tous les autres visages,

Me voyant resté seul dans cette chambre, je me levai de mon lit pour tâcher d'éteindre l'incendie qui dévorait mon sein.

A peine étais-je éloigné d'elle que je sentis se réveiller les douleurs de la blessure dont elle avait su me guérir.

J'étais comme un homme dans l'attente de plusieurs événements et qui reste plongé dans le doute, n'osant espérer un bonheur qu'il désire.

Et comme une pensée est enchaînée à une autre pensée, mon esprit se mit à poursuivre les événements passés dont le temps ne nous cache point encore le souvenir.

Laissant errer çà et là ma pensée, je me rappelai ces antiques nations si élevées et si fameuses, que la fortune s'est plu tantôt à caresser et tantôt à déchirer.

Ces événements me parurent si merveilleux que je voulus examiner avec moi-même les causes des révolutions des affaires humaines.

Ce qui plus qu'autre chose renverse les royaumes de leurs sommets les plus éle[vés], c'est que les puissants ne sont jamais assez [r]assasiés de puissance.

De là vient que ceux qui perdent ne sont jamais satisfaits, et qu'il s'amasse des ferments de discorde pour renverser ceux qui sont restés vainqueurs ;

De là vient que l'un s'élève tandis que l'autre succombe, et que celui qui s'élève se détruit lui-même en se livrant à de nouvelles ambitions ou à ses craintes.

Voilà ce qui renverse les états ; et l'on ne peut trop s'étonner que personne n'échappe à cette erreur quoique personne ne l'ignore.

Saint-Marc, toujours impétueux, toujours importun, et se flattant d'avoir toujours le vent en poupe, ne s'embarrassa pas de travailler à la ruine de chacun ;

Il ne s'aperçut pas qu'une puissance trop considérable est nuisible, et qu'il vaudrait bien mieux tenir sous l'eau et sa croupe et sa queue.

Combien n'ont pas pleuré les états qu'ils possédaient, et qui après l'événement se sont aperçus que ce n'était que pour leur ruine et leur malheur qu'ils s'étaient agrandis !

Athènes et Sparte, qui ont rempli l'univers de leur renommée, ne furent renversées que lorsqu'elles eurent dompté les états qui les environnaient.

Mais de nos jours, chacune des villes de l'Allemagne vit dans la sécurité, parce qu'aucune n'a un territoire de six milles d'étendue.

Henri et toutes les forces de l'Empire ne purent effrayer notre cité quand ses limites étaient bornées pour ainsi dire à nos murailles :

Maintenant que notre cité a étendu sa domination loin autour d'elle, et qu'elle est devenue une grande puissance, ce ne sont pas seulement les nombreuses armées qu'elle craint ; il n'est rien dont elle ne s'épouvante.

Car la force qui suffisait pour soutenir un corps quand ce corps est seul, ne suffit plus pour porter un poids plus considérable.

Celui qui veut embrasser l'un et l'autre pôle tombe sur la terre entre les deux, comme Icare dans son vol insensé.

Il est vrai qu'un état subsiste plus ou moins longtemps, selon que ses lois et ses institutions sont plus ou moins bonnes.

Un état que sa vertu ou la nécessité forcent à agir saura toujours s'élever au-dessus des autres.

Au contraire, on verra toujours remplie de ronces et d'herbes sauvages, on verra changer de maître de l'hiver à l'été,

Jusqu'à ce qu'enfin la chute arrive, on verra échouer dans ses projets toute cité qui, avec de bonnes lois, a cependant des mœurs corrompues.

Celui qui lit les événements passés n'ignore

pas que les empires commencent par Ninus et finissent par Sardanapale.

Le premier était regardé comme un homme divin; l'autre fut trouvé au milieu de ses servantes, occupé comme une femme à leur distribuer le lin pour filer.

Le courage donne la tranquillité aux états; la tranquillité enfante ensuite la mollesse, et la mollesse perd les pays et les villes.

Quand ensuite un état a été pendant quelque temps enveloppé dans les révolutions, la vertu revient ordinairement y fixer sa demeure une seconde fois.

Celui qui gouverne l'univers permet cet ordre de choses, afin que rien ne soit ou ne puisse être stable sous le soleil.

On a vu, on voit et l'on verra toujours le mal succéder au bien et le bien remplacer le mal, et toujours l'un sera la cause de l'autre.

Il est vrai que je regarde comme un principe de mort pour les royaumes, et comme la source de leur destruction, l'usure ou le péché de la chair;

Et que ce qui produit leur élévation et les maintient dans ce haut degré de prospérité, ce sont les jeûnes, l'aumône et la prière.

Toutefois certains sages, plus éclairés peut-être, soutiennent que le mal que j'ai indiqué ne suffit pas pour renverser les états, non plus que le bien pour les maintenir.

Croire que sans nous Dieu combatte pour nous, tandis que nous restons en repos et à genoux, a été pour beaucoup de royaumes et d'états la cause de leur perte.

Les prières sans doute sont une chose très-nécessaire; et celui-là est tout à fait insensé qui empêche le peuple de suivre ses cérémonies et de remplir ses dévotions.

Il semble en effet que c'est d'elles que naissent l'union et le bon ordre, qui produisent à leur tour une bonne et heureuse fortune;

Mais il ne doit y avoir personne assez dépourvu de cervelle pour croire que si sa maison vient à s'écrouler, Dieu lui-même la sauvera sans le secours d'aucun autre étai, car il mourrait écrasé sous ses ruines.

CHANT VI

Tandis que mon esprit, accablé par la douleur, était plongé dans ces réflexions, le soleil avait parcouru la moitié de son tour,

C'est-à-dire la moitié de notre hémisphère; de sorte que le jour commençait à fuir loin de nous et que l'orient devenait plus obscur.

Soudain je reconnus, aux sons prolongés du cor et aux mugissements du malheureux troupeau, que ma dame revenait.

Quoique livré tout entier aux pensées qui m'avaient occupé pendant toute la journée et qui avaient chassé de mon âme tout autre souci,

Cependant, à peine l'eus-je réellement entendue que je reconnus combien tout le reste était vain, excepté celle dont j'avais adopté les chaînes.

En arrivant dans l'asile où je me trouvais elle passa d'un air gracieux un de ses bras autour de mon cou, et de l'autre elle saisit ma main que je tenais éloignée.

La rougeur alors colora mon visage, et il me fut impossible de lui adresser une parole, tant était doux le sentiment qui s'était emparé de moi.

Toutefois, après quelques moments de silence, nous nous mîmes elle et moi à nous entretenir d'une infinité d'objets, avec cette intimité de deux amis qui causent ensemble.

Dès qu'elle eut reposé ses membres fatigués et réparé ses forces par la nourriture accoutumée, ma dame m'adressa cette proposition :

« Je t'ai déjà promis de te mener dans un en-« droit d'où tu pourras connaître toute la condi-« tion de notre sort :

« Si donc cela te plaît apprête-toi à me sui-« vre, et tu verras des gens avec lesquels autre-« fois tu fus longtemps lié et que tu as beaucoup « fréquentés. »

Elle se leva alors, et je marchai derrière elle ainsi qu'elle me l'avait prescrit; mais ce n'était pas sans frayeur : toutefois je tâchais de ne paraître ni gai ni triste.

Déjà la nuit avait répandu toutes ses ténèbres : en conséquence ma conductrice prit en main une lanterne dont elle pouvait à son gré découvrir ou cacher la lumière.

Arrivés à quelque distance, je crus entrer dans un vaste dortoir semblable à ceux qu'on voit dans les couvents.

C'etait proprement un long corridor comme les leurs; et de chaque côté on distinguait des portes dont le travail n'avait rien de remarquable.

Alors ma dame, se tournant vers moi, me dit que son grand troupeau reposait renfermé derrière ces portes;

Et comme leur condition n'était pas la même, leur demeure était également différente, et chacun d'eux avait auprès de lui un compagnon.

« La première porte à main droite, » me dit-elle aussitôt qu'elle eut repris la parole, « renferme « les lions aux dents tranchantes et aux ongles « recourbés.

« Quiconque porte un cœur magnanime et « plein d'honneur prend, à la voix de Circé, la « forme de ce monstre sauvage; mais il y en a « bien peu de ton pays;

« Car tes plaines sont toutes devenues dé« sertes; elles ont perdu tout le feuillage qui « faisait leur gloire en cachant leur aridité et « les rochers qui hérissent leur sein.

« Si quelqu'un se livre à ses fureurs et à ses « emportements, s'il mène une vie brutale et vio« lente, il est placé avec les ours dans la seconde « enceinte.

« Dans la troisième, si je ne me trompe, sont « les loups voraces et affamés, qu'aucune nour« riture ne peut assouvir.

« C'est dans la quatrième enceinte que demeu« rent et les buffles et les bœufs; et si quelqu'un des tiens se trouve parmi ces animaux, j'en suis « fâchée pour lui.

« Celui qui ne songe qu'à faire bonne chère, « qui dort quand il faut veiller auprès du feu, « demeure avec les boucs dans le cinquième trou« peau.

« Je ne veux point te décrire chaque enceinte « en particulier; car si j'entreprenais de parler « de toutes, mon discours serait trop long et le « temps qui nous reste trop court.

« Qu'il te suffise de savoir que devant, der« rière et de côté, il se trouve des cerfs, des pan« thères, des léopards, et des animaux plus « énormes encore que des éléphants.

« Mais tâche de regarder un peu en arrière « cette porte immense qui fait face à celles-ci, « et par laquelle nous allons passer quoiqu'il soit « déjà tard. »

Avant que j'eusse pu lui répondre elle se mit en marche en me disant : « Il faut toujours faire « plaisir quand cela ne coûte rien.

« Mais afin qu'une fois entré, tu puisses con« naître l'influence du lieu et mieux observer « tout ce que tu verras,

« Sache que sous le toit de chacune de ces en« ceintes habite, comme je viens de te le dire, « une espèce d'animaux.

« Dans cet endroit seulement cette obligation « n'est pas de rigueur; et comme il arrive dans « votre Mallevato, où toute espèce de prisonnier « va habiter,

« Ainsi dans ce lieu que je vais te montrer « chacun des animaux que renferment les cel« lules de ce cloître peut aller s'amuser en liberté.

« De sorte qu'en voyant ce lieu seul tu pour« ras te faire une idée de toutes les autres, sans « être obligé de les passer en revue une à une. « ce qui nous ferait perdre trop de pas.

« D'ailleurs c'est là aussi que se réunissent « certaines bêtes douées de connaissances plus « étendues, d'un rang plus élevé et d'une for« tune plus considérable.

« Et si sous leur apparence tu crois voir des « bêtes, tu en reconnaîtras quelques-unes, en « partie à leurs habitudes, à leur allure, à leur « regard, à leur seule présence. »

Tout en parlant nous nous approchions de l'endroit où la porte se montrait tout entière à nos yeux et jusque dans ses plus petits détails.

Une figure en marbre, qui paraissait animée, frappait d'abord la vue et s'élevait au-dessus du grand arc qui couronnait le portique.

Pareille à Annibal sur son éléphant, il semblait qu'elle s'avançât en triomphe; ses vêtements étaient ceux d'un homme grave, fameux et imposant.

Il avait sur la tête une guirlande de laurier: son visage paraissait joyeux et riant, et la foule qui l'entourait semblait lui faire fête.

« Voilà le grand abbé de Gaëte, » me dit ma dame, « celui qui, comme tu ne dois pas l'igno« rer, fut autrefois couronné poëte.

« Son image, comme tu le vois, a été placée « ici par les dieux eux-mêmes, ainsi que la foule « de ceux qui sont à ses pieds.

« Afin que quiconque s'approcherait de ce lieu « pût, sans qu'il fût besoin d'autre explication, «juger quels sont les êtres renfermés dans son «enceinte.

«Mais faisons en sorte de ne pas perdre tant «de temps à contempler l'image de ce grand «homme, et que l'heure du retour ne vienne «pas nous surprendre.

«Viens donc avec moi; et si je me suis mon-«trée affable envers toi, je te le paraîtrai bien «plus cette fois en te faisant connaître ces lieux «obscurs et inconnus, si toutefois le ciel ne me «ravit pas cette faveur.»

CHANT VII.

Déjà notre pied touchait le seuil de cette porte, et ma dame avait fait naître en moi le désir de pénétrer dans l'intérieur.

Mon désir se trouva enfin satisfait, car à l'instant la porte s'ouvrit d'elle-même, et manifesta à nos yeux l'enceinte qu'elle renfermait;

Et pour que je pusse mieux contenter ma curiosité, ma conductrice découvrit en entrant la lumière qu'elle avait cachée sous son vêtement.

A l'apparition imprévue de cette vive clarté, plus de deux mille bêtes, ainsi qu'il arrive toujours lorsqu'on aperçoit une chose nouvelle, levèrent soudain la tête.

«Regarde bien maintenant, si tu as envie de «voir, me dit ma dame, regarde le vaste trou-«peau qui se trouve réuni dans cette enceinte.

«Mais que ce spectacle ne te semble pas une «chose à dédaigner, car tous les animaux qui «sont ici ne sont pas des animaux terrestres: il «existe aussi parmi eux quelques oiseaux.»

Je levai alors la vue, et j'aperçus une si grande quantité de bêtes brutes que je ne crois pas qu'il soit possible de dire ni leur nombre ni leurs espèces.

Comme il serait ennuyeux de décrire tous ceux que je vis, je me bornerai à parler de quelques-uns dont l'aspect frappa mes yeux de plus d'étonnement.

Je vis un chat, par un excès de patience, laisser échapper sa proie et en demeurer tout confus, quoiqu'il ne manquât pas de sagesse et qu'il fût d'une bonne race.

Je vis ensuite un dragon, livré à la plus vive agitation se tourner, sans jamais trouver le moindre repos, tantôt sur le côté droit et tantôt sur le gauche.

J'aperçus un renard méchant et importun qui jusqu'à présent n'a pu trouver un filet qui l'ait pris: un chien corse qui aboyait à la lune.

Je vis un lion qui s'était arraché lui-même et ses griffes et ses dents, trompé par des conseils perfides et imprudents.

Un peu plus loin j'aperçus, tout cois, tout cois, quelques animaux mutilés qui se cachaient; les uns n'avaient plus de queue, les autres plus d'oreilles.

Je m'approchai de quelques-uns d'entre eux, et j'en reconnus plusieurs; et, si j'ai bonne mémoire, ils offraient un mélange du lapin et du bouc.

Encore un peu plus loin, et à l'écart également, je vis un autre animal qui ne ressemblait point à ces derniers, mais que la nature avait formé avec plus d'art.

Sa toison était précieuse et délicate; son aspect paraissait fier et courageux: de sorte que la fantaisie me prit de le flatter.

Il ne pouvait témoigner la générosité de son cœur: il avait les ongles et les dents enchaînés; aussi, dans son indignation, semblait-il vouloir éviter tous les regards.

Je vis une..............................
....
....

Je vis.................................
....
....

J'aperçus ensuite une girafe qui baissait le cou devant chaque personne, et à l'un de ses côtés un ours fatigué qui ronflait profondément.

J'aperçus un paon qui, fier de son éclatant plumage, marchait, en faisant la roue, et ne se souciait nullement que le monde allât sens dessus dessous.

Plus loin venait un animal dont on ne pourrait dire l'espèce, tant la peau qui couvrait ses épaules était de couleurs variées; sur sa croupe était perchée une corneille.

Je vis un énorme animal couvert d'un poil roux: c'était un bœuf sans cornes; ce qui fut cause que je me trompai, et que de loin je le pris pour un grand cheval.

J'aperçus ensuite un âne si mal en point qu'il ne pouvait porter autre chose que son bât, qui, à proprement parler, ressemblait à une citrouille du mois d'août.

Je vis un lévrier qui avait la vue en mauvais état, et auquel Circé aurait attaché la plus grande importance si, comme un aveugle, il n'eût pas été obligé de marcher à tâtons.

Je vis ensuite un souriceau qui ne pouvait se consoler d'être si petit, et qui, tâchant de faire l'important, poursuivait tantôt un animal et tantôt un autre.

J'aperçus ensuite un braque qui allait flairant tantôt le museau de celui-ci, tantôt l'épaule de celui-là, comme s'il eût été inquiet de son maître.

Mais le temps qui s'est écoulé et ma mémoire trompeuse ne me permettent pas de vous raconter exactement tout ce que je vis dans ces étables pendant tout un jour.

Je me souviens pourtant d'avoir vu un buffle qui me fit une belle peur en me regardant de travers, et en poussant un long mugissement.

J'aperçus ensuite un cerf agité par la crainte, et qui changeait son chemin de côté et d'autre, tant il avait peur de la mort.

J'aperçus ensuite sur une poutre une hermine qui ne voulait se laisser voir par aucun œil ni toucher par aucune main, et qui était tout proche d'une alouette.

Je vis dans un grand nombre de trous plus d'une centaine de chats-huants, ainsi qu'une oie blanche comme neige, et un singe qui faisait ses grimaces.

J'aperçus tant d'animaux que ce serait une tâche qui n'en finirait pas de vous décrire leurs conditions, quoique le temps que j'ai mis à les regarder ait été fort court.

Combien d'entre eux que jusqu'alors j'avais regardés comme des Fabius et des Catons, et qui, depuis que je les ai vus là, n'ont plus été pour moi que de franches pécores!

Combien d'entre eux vont paître dans ces ...aux escarpés, qui siégent avec fierté sur les plus hauts *sommets!* Combien de nez aquilins qui ne sont que des crécerelles!

Quoique je fusse plongé dans un océan de chagrins, j'aurais bien voulu pouvoir adresser la parole à quelques-uns de ces animaux, s'il y avait eu des interprètes.

Mais ma conductrice n'eût pas plus tôt connu le désir qui agitait ma pensée, qu'elle me dit : « Ne doute pas que ton désir ne soit rempli.

« Regarde un peu là, à cet endroit que mon « doigt t'indique, et où tu arriveras en faisant « un seul pas le long de ce mur. »

Alors, dès que j'eus dirigé mon regard de ce côté, j'aperçus dans un lieu enfoncé un pourceau bien gras se vautrant dans la fange.

Je ne vous dirai point à qui il ressemblait: qu'il vous suffise de savoir qu'il aurait bien pesé trois cents livres et plus si on l'eût mis dans la balance.

Ma conductrice me dit : « Allons là-bas près « de ce porc, si tu es curieux de savoir ce qu'il « veut et d'entendre ses paroles.

« Si tu voulais le retirer de cette fange en le « faisant redevenir homme, il ne voudrait point « y consentir; car il est là comme un poisson « dans une rivière ou dans un lac.

« Et comme on pourrait douter de ce que j'a« vance, pour que tout le monde en demeure « convaincu, tu n'as qu'à lui demander s'il vou« drait sortir de là. »

Alors ma dame s'avança de ce côté, et pour ne point me séparer d'elle d'un seul pas, je saisis sa main qu'elle me présentait, jusqu'à ce que je fusse arrivé près de ce pourceau.

CHANT VIII.

A notre approche, l'animal leva un groin tout souillé d'immondices et de boue, dont l'aspect seul me fit bondir le cœur.

Et comme je lui étais connu depuis longtemps, il se tourna vers moi en me montrant les dents, tandis que le reste de son corps demeurait immobile.

Je lui adressai alors la parole du ton le plus affable : Dieu te donne un meilleur sort, lui dis-je, « si tu le désires; Dieu te conserve celui « dont tu jouis, si tu en es satisfait.

« Si tu voulais t'entretenir un moment avec « moi, j'en aurais bien du plaisir, et pour peu que « tu le veuilles, il ne tient qu'à toi de te satis« faire.

« Et si je te parle librement et d'une manière « ouverte, c'est avec la permission de ma con« ductrice, qui m'a indiqué ce chemin que per« sonne ne fréquente.

« Les dieux m'ont accordé cette faveur inap« préciable, qu'elle n'a pas regardé comme une «peine de me sauver et de me préserver des «malheurs où je te vois plongé.

«Elle veut encore que je t'annonce de sa part «qu'elle est prête à te délivrer de tes maux si «tu veux reprendre ton ancienne forme.»

A ces paroles mon pourceau se leva debout sur ses pieds de derrière, et ce fangeux animal, tout troublé, me fit la réponse suivante :

«Je ne sais vraiment pas de quel pays tu ar«rives, mais si tu n'es venu ici que dans la «seule intention de m'en tirer, tu peux t'aller «promener.

«Je ne veux plus vivre avec les humains et «je rejette ta proposition. Je vois bien que tu es «plongé dans la même erreur qui m'a si long«temps possédé.

«C'est votre amour-propre qui vous séduit «tous : vous vous imaginez qu'il n'existe d'autre «bien que l'espèce humaine et la vertu;

«Mais si tu veux me prêter un peu ton atten«tion, j'espère parvenir, avant que tu t'éloignes «de ma présence, à te faire abandonner cette «erreur.

«Je commencerai d'abord par la prudence, «excellente vertu qui fait que les hommes ac«croissent encore leur propre excellence.

«Mais ceux-là savent bien mieux suivre ses «lois qui sans autre règle poursuivent d'eux«mêmes ce qu'ils regardent comme un bien, et «évitent de même le mal.

«J'affirme donc et je confesse, sans crainte «d'être démenti, que notre partage de ce côté «est supérieur au vôtre; et toi-même à l'in«stant tu vas être forcé d'en convenir.

«Quel est le maître qui nous enseigne l'herbe «qui nous est propice ou nuisible? Ce n'est au«cune étude, ce n'est point votre ignorance.

«Nous changeons de contrées de rivage en «rivage, et nous quittons sans regret une de«meure pourvu que nous puissions vivre dans «l'abondance et le plaisir.

«L'un tâche d'éviter les frimas, l'autre les «feux du soleil ; et chacun se livre à la manière «de vivre qui lui est amie, comme le veut la «nature elle-même qui est notre maîtresse;

«Tandis que vous autres, bien plus infortu«nés que je ne puis le dire, vous errez de pays «en pays, non pour trouver un climat ou plus «froid ou plus chaud,

«Mais parce que la soif infâme d'acquérir «agite à tout moment votre cœur, et que vous «ne pouvez vous résoudre à vivre avec écono«mie et d'une manière civile et modeste.

«Souvent vous vous transportez dans des ré«gions corrompues et malsaines, abandonnant «un air pur et favorable, loin de chercher à «défendre votre vie.

«Nous autres nous ne fuyons que l'air, vous «c'est la pauvreté que vous fuyez, cherchant «avec avidité ces richesses qui ont intercepté «toutes les voies du bien.

«Voulons-nous ne parler que de la force; «notre supériorité en ce point brille, comme le «soleil, de sa propre clarté.

«Un taureau, un fier lion, un éléphant, et «une infinité d'autres animaux qui existent dans «ce monde, peuvent-ils voir l'homme entrer en «comparaison avec eux ?

«Est-il nécessaire de parler de l'âme : tu ver«ras que nous avons reçu en partage des cœurs «plus généreux, plus forts, plus invincibles.

«Nous avons parmi nous de hauts faits, des «actions courageuses, qui ne sont excités par «l'espoir du triomphe ni de la gloire, comme «ces Romains, qui jadis ont été si célèbres.

«On voit briller dans le lion la vaine gloire «des actions généreuses ; on le voit chercher à «éteindre entièrement la mémoire des honteuses «actions.

«On a vu quelquefois parmi nous des bêtes «féroces qui, pour fuir les chaînes et la pri«son, ont acquis par leur mort la gloire et «la liberté ;

«Et leur cœur renferme un courage si in«domptable que lorsqu'elles ont une fois perdu «leur liberté, elles ne peuvent plus soutenir le «poids de la vie.

«Si nous examinons maintenant la tempé«rance, on verra encore que, même à ce jeu, «nos avantages l'emportent sur les vôtres.

«Nous ne dépensons avec Vénus que peu «d'instants, qui même ne reviennent que rare«ment; tandis que, sans aucune mesure, vous «la poursuivez en tout temps et en tout lieu.

«Notre espèce ne recherche pour sa nourri«ture que ce que le ciel a produit sans le secours «de l'art, tandis que vous ne voulez que ce que «la nature ne peut faire.

«Vous ne vous contentez pas d'un seul mets «comme nous ; mais pour satisfaire votre hon-

« teux appétit, vous allez les chercher jusque « dans les royaumes d'Orient.

« Ce qui se recueille sur la terre ne vous suffit « pas : vous vous plongez dans le sein de l'Océan « pour vous rassasier de ses dépouilles.

« Mon discours n'aurait pas de fin si je vou- « lais faire voir combien vous êtes plus mal- « heureux qu'aucun des animaux qui existent « sur la terre.

« Il semble que la nature se montre pour nous « une meilleure amie et qu'elle nous a com- « blés d'une plus grande portion de ses dons, « puisqu'elle vous fait mendier le moindre de « ses biens.

« Si tu veux en être convaincu, examine seu- « lement nos sens, et tu seras aisément persuadé « du contraire de ce que tu penses peut-être en « ce moment.

« L'œil de l'aigle, l'oreille et le nez du chien, « et même notre goût, se montrent supérieurs « aux vôtres, bien que le tact soit resté plus par- « ticulièrement votre partage.

« Or ce don ne vous a pas été fait pour votre « honneur, mais seulement pour que l'ardeur « des plaisirs de Vénus vous donnât plus de « peines et de tourments.

« Parmi nous chaque animal naît couvert « d'un vêtement qui le défend des rigueurs de « l'air, sous quelque ciel, sur quelque rivage « qu'il habite.

« L'homme seul naît dépourvu de toute espèce « de défense : il n'a ni cuir, ni piquants, ni plu- « me, ni laine, ni soie, ni écaille, qui lui servent « de bouclier.

« Ses pleurs commencent avec sa vie, et il fait « entendre ses plaintes en naissant, d'une voix « faible et entrecoupée ; de sorte que c'est une « chose pitoyable, seulement de le voir.

« Si l'on examine les progrès de l'âge, sa vie « est bien peu de chose sans doute, si on la com- « pare à la longueur de celle dont jouit un cerf, « une corneille et même une oie.

« La nature, il est vrai, vous a donné la main « et la parole ; mais en même temps elle vous a « donné l'ambition et l'avarice, qui effacent tous « les avantages d'un pareil don.

« A combien d'infirmités vous assujettit la na- « ture d'abord, et ensuite la Fortune, qui vous « promet une foule de biens sans jamais vous « tenir ses promesses !

« Vous avez en partage l'ambition, la luxure, « les larmes et l'avarice, qui sont comme une « lèpre dévorante attachée à cette existence dont « vous faites tant de cas.

« Il n'est aucun animal dont la vie soit aussi « fragile, et qui soit possédé d'un si grand désir « de vivre, qui se laisse troubler autant par la « crainte, et dont la rage soit aussi ardente.

« Un pourceau ne tourmente pas un autre « pourceau, un cerf laisse le cerf en paix : il n'y « a que l'homme qui massacre l'homme, qui le « crucifie et qui le dépouille.

« Regarde si tu veux que je redevienne hom- « me, maintenant que je me trouve à l'abri de « toutes les misères auxquelles j'étais en proie « tandis que je fus homme.

« Et si parmi les humains quelques-uns d'en- « tre eux te semblent divins, heureux et satis- « faits, ne t'en laisse point trop imposer ; car je « vis bien plus heureux qu'eux dans ce bourbier, « où je me plonge et me vautre sans me tour- « menter de vaines pensées. »

. . . .

. . . .

. . . .

(Ce poëme n'a pas été terminé).

III.

CHAPITRES OU POÉSIES MORALES.

CHAPITRE DE L'OCCASION.

A FILIPPO NERLI.

—Qui es-tu, toi qui ne parais pas une femme mortelle, tant le ciel t'a ornée et comblée de ses grâces? Pourquoi ne te reposes-tu point? pourquoi as-tu des ailes à tes pieds?

—« Je suis l'Occasion; et bien peu me connais« sent : la raison en est que je suis toujours en « mouvement et que je tiens un pied sur une « roue.

« Il n'y a point de vol si rapide qui puisse « égaler ma course; et je ne garde des ailes à mes « pieds que pour éblouir ceux qui me regardent « courir.

« Je réunis sur le devant de mon front tous « mes cheveux épars et je m'en recouvre le sein « et la figure, pour qu'on ne puisse pas me re« connaître lorsque j'arrive.

« Derrière la tête je n'ai pas un seul cheveu, « et celui qui m'aurait laissé passer, ou devant « lequel je me serais détournée, se fatiguerait en « vain à me saisir. »

— Dis-moi : Qui est celui qui marche sur tes pas?—« C'est le Repentir. Ainsi, fais-y bien at« tention : celui qui ne peut me retenir ne saisit « que lui.

« Et toi, tandis que tu perds le temps à me « parler, livré tout entier à tes vaines pensées, « tu ne t'aperçois pas, malheureux, et tu ne « sens pas que je suis déjà échappée de tes « mains. »

CHAPITRE DE LA FORTUNE.

A GIOVAN BATISTA SODERINI.

De quelles rimes, de quels vers pourrai-je jamais me servir pour chanter le royaume de la Fortune, et ses aventures prospères, et ses adversités,

Et pour dire comment, toute injurieuse et importune que nous la jugeons, elle rassemble tout l'univers à l'entour de son trône?

Giovan Batista, les seules blessures que tu puisses ou que tu doives redouter sont celles qui proviennent de ses coups.

En effet, cette créature ondoyante et diverse est accoutumée le plus souvent à opposer ses plus grandes forces où elle voit que la nature en déploie davantage.

Sa puissance naturelle renverse tous les obstacles, et sa domination n'est jamais sans violence, à moins qu'une excessive vertu n'en amortisse les traits.

Je te prie donc d'être satisfait si, après avoir examiné ces vers, tu y découvres quelque chose qui te paraisse digne de toi.

Que cette déesse cruelle tourne un moment vers moi ses yeux inhumains; qu'elle lise ce que je vais chanter d'elle-même et de son empire;

Et quoique, du haut du trône où elle est assise au-dessus de l'univers, elle commande et règne impérieusement, elle daignera peut-être abaisser son regard sur celui qui ose faire de ses états l'objet de ses chants.

La multitude lui donne le nom de Toute-Puissante, parce que quiconque reçoit la vie dans ce monde éprouve tôt ou tard sa puissance.

Souvent elle tient les bons abattus sous ses pieds tandis qu'elle élève les méchants, et si parfois elle fait une promesse, jamais on ne la voit la tenir.

Elle renverse de fond en comble les états et les royaumes au gré de son unique caprice, et elle ravit aux justes le bien dont elle est prodigue envers les injustes.

Cette déesse inconstante, cette divinité mobile place souvent ceux qui en sont indignes sur un trône où ceux qui le mériteraient n'arrivent jamais.

Elle dispose du temps au gré de sa volonté; elle nous élève, elle nous renverse sans pitié, sans loi et sans raison.

Elle n'aime à favoriser quelqu'un ni toujours ni dans tous les temps, et elle n'accable pas sans cesse non plus celui qui est au bas de sa roue.

Personne ne sait ni de qui elle est fille ni de quelle race elle est née : ce qu'il y a de certain seulement, c'est que Jupiter lui-même redoute son pouvoir.

Elle a établi le siége de son empire dans un palais ouvert de tous côtés, et dont elle n'interdit l'entrée à personne; mais la sortie n'en est point également certaine.

Tout l'univers se rassemble à l'entour, désireux de voir des choses nouvelles et tout entier livré à son ambition et à ses désirs.

Elle demeure au sommet de ce palais, et jamais elle ne refuse à personne de se montrer à sa vue; mais en un clin d'œil elle change d'aspect et de figure.

Cette antique magicienne a deux visages, l'un farouche, l'autre riant; et tandis qu'elle tourne, tantôt elle ne vous voit pas, tantôt elle vous menace, tantôt elle vous invite.

Elle écoute avec bienveillance tous ceux qui veulent entrer; mais elle se fâche ensuite contre eux lorsqu'ils veulent sortir, et souvent même elle leur en ferme les chemins.

Dans l'intérieur on est entraîné par le mouvement d'autant de roues qu'il y a de degrés différents pour monter aux objets sur lesquels chacun a jeté ses vues.

Les soupirs, les blasphèmes, les injures sont les seuls accents que l'on entende sortir de la bouche de tous les êtres que la Fortune a réunis autour de son trône;

Et plus ils sont comblés de richesses et de puissance, plus on voit leur méchanceté se manifester, tant ils sont peu reconnaissants de ses faveurs.

En effet, c'est à elle seule qu'on impute tous les malheurs qui nous accablent; tandis que si un mortel éprouve quelque bonheur, il s'imagine ne le tenir que de son propre mérite.

Au milieu de cette foule diverse et toujours nouvelle de courtisans que sa cour renferme, c'est l'audace et la jeunesse qui obtiennent le plus de succès.

On y voit la Crainte sans cesse courbée vers la terre, et si remplie de soupçons et de doutes qu'elle ne sait absolument rien. A ses côtés le Repentir et l'Envie lui font une guerre continuelle.

L'Occasion est la seule qui s'amuse dans ce lieu; et l'on voit cette naïve enfant courir à l'entour de toutes ces roues, en riant et les cheveux épars.

Elle tourne sans cesse nuit et jour parce que le ciel, aux décrets duquel rien ne résiste, veut que l'Oisiveté et la Nécessité la suivent sans cesse.

L'une répare le monde, que l'autre ravage; et l'on voit à chaque instant et à chaque pas combien vaut la Patience et combien elle suffit.

Les riches et les puissants jouissent en toute hâte de l'Usure et de la Fraude; au milieu de ces deux compagnes on voit la Libéralité couverte de lambeaux et accablée d'outrages.

Au-dessus des portes, qui, comme je l'ai dit, ne sont jamais fermées, on voit assis le Hasard et le Destin, privés d'yeux et d'oreilles.

La Puissance, la Gloire, la Richesse, la Santé sont offertes pour récompenses; pour châtiments la Servitude, l'Infamie, la Maladie, et la Pauvreté.

C'est avec cette dernière famille que la Fortune manifeste son courroux à ceux auxquels elle en veut; elle présente elle-même l'autre à ceux qui ont obtenu son amour.

Parmi la foule qui remplit sans cesse cette demeure, celui-là suit le conseil le plus sage qui choisit conformément aux vues de la souveraine du lieu;

Car, selon que l'inclination qui a déterminé votre choix s'accorde avec la sienne, elle est la source de votre félicité ou de votre malheur.

Ce n'est pas toutefois qu'il faille vous fier à elle, ni vous imaginer que vous puissiez éviter sa cruelle morsure et ses coups imprévus et terribles;

Car tandis que vous êtes porté sur le sommet d'une roue heureuse et favorable, en ce moment elle change tout à coup de direction au milieu de son mouvement.

Comme vous ne pouvez changer votre personne, ni vous dérober aux décrets dont le ciel a fait votre partage, la Fortune vous abandonne au milieu du chemin.

Si cela était bien connu et bien compris, celui-là serait toujours heureux qui pourrait sauter de roue en roue.

Mais comme cette faculté nous a été refusée par la vertu secrète qui nous gouverne, notre sort change avec le cours de notre roue.

Rien dans ce monde n'est éternel : ainsi le veut la Fortune, qui se divertit de la sorte afin que son pouvoir se manifeste avec plus d'éclat.

Ainsi donc il faut tâcher de la choisir pour notre étoile, et, autant qu'il dépend de nous, nous accommoder sans cesse à ses changements.

Au dedans et au dehors on voit son palais orné de peintures, où sont représentés les triomphes dont elle s'honore le plus.

Dans le premier tableau on aperçoit comment autrefois tout l'univers fut soumis et courbé sous le joug de l'Égypte;

Comment elle le tint longtemps enchaîné dans les délices de la paix ; et comment ce pays renferme tout ce que l'on a écrit de beau sur la nature.

On voit comment elle fit ensuite monter les Assyriens à la suprême domination, quand elle ne voulut plus que l'Égypte régnât davantage ;

Puis, comment elle se tourna toute joyeuse vers les Mèdes, puis des Mèdes aux Perses; et comment elle orna le front des Grecs de la gloire qu'elle enlevait à ces derniers.

C'est là que l'on aperçoit tour à tour subjuguées Memphis, Thèbes, Babylone, Troie, Carthage, Jérusalem, Athènes, Sparte et Rome.

Ces cités montrent jusqu'à quel point elles furent belles, glorieuses, riches et puissantes, et comment à la fin la Fortune en fit la proie de leurs ennemis.

C'est là qu'on voit les faits immortels de l'empire romain, et comment il écrasa l'univers entier sous le poids de ses ruines.

Semblable à un torrent rapide qui, tout orgueilleux de l'amas de ses eaux, brise et renverse tous les objets qu'il rencontre sur son passage;

Tantôt élevant le terrain d'un côté, tantôt l'abaissant de l'autre, changeant et ses rivages, et son lit, et son cours, et faisant trembler la terre partout où il passe :

Ainsi la Fortune, dans sa course impétueuse, va changeant, tantôt ici, et tantôt là, la face de ce monde.

Si ensuite vous portez plus loin votre regard, vous apercevez les portraits d'Alexandre et de César parmi ceux des mortels qui furent heureux pendant leur vie.

Il est facile de voir par cet exemple combien elle aime, combien lui sont agréables ceux qui l'attaquent, qui la saisissent, qui la poursuivent sans relâche.

Et toutefois le premier ne put aborder au port où tendaient tous ses vœux, et l'autre, percé de nombreuses blessures, fut immolé à l'ombre de son ennemi.

Plus loin on aperçoit cette foule innombrable d'ambitieux que la déesse n'a fait monter au plus haut rang que pour les en précipiter avec plus d'éclat.

C'est là qu'on voit vaincus, prisonniers et expirants Cyrus et Pompée, après avoir été portés jusqu'au ciel par la Fortune.

Auriez-vous jamais vu quelque part comment un aigle s'élance dans les profondeurs des cieux, chassé par la faim et par le jeûne,

Et comment il emporte dans son vol rapide une tortue, afin de la briser en la laissant tomber, et de pouvoir se rassasier ainsi des chairs de sa proie expirée?

C'est ainsi que la Fortune élève un mortel, non pour qu'il demeure dans son élévation, mais pour se réjouir de sa ruine et le voir pleurer en tombant.

On aperçoit ensuite les exemples de ceux qui du sein de la bassesse se sont élevés à la grandeur, et les vicissitudes continuelles dans lesquelles la vie s'écoule.

C'est là qu'on voit comment elle a tourmenté et Cicéron et Marius, et combien de fois elle a éteint ou rallumé les rayons de leur gloire.

On y voit enfin que dans tous les temps les heureux ont été peu nombreux, et que ce sont ceux qui sont morts avant que leur roue retournât en arrière, ou que dans son cours elle le précipitât au fond de l'abîme.

CHAPITRE DE L'INGRATITUDE.

A GIOVANNI FOLCHI.

Giovanni Folchi, les chagrins dont la dent de l'Envie qui me déchire empoisonne ma vie augmenteraient bien davantage mes peines et mes tourments,

Si les cordes harmonieuses qui se trouvent à ma lyre, et dont les sons retentissent avec douceur, n'engageaient les Muses à n'être point sourdes à mes chants.

Ce n'est pas que j'attende d'elles une brillante couronne; ce n'est pas que je croie pouvoir ajouter une seule goutte aux eaux de l'Hélicon.

Je n'ignore pas combien la route qui mène vers elles est longue, et je sais bien que je n'ai point l'haleine assez vigoureuse pour arriver au sommet de cette colline qui fait l'objet de mes vœux.

Toutefois, dans le désir qui me conduit, je me flatte de pouvoir du moins recueillir en chemin une branche d'un de ces arbrisseaux dont toute la plaine est semée.

C'est ainsi qu'en chantant j'espère chasser de mon cœur et refréner cette douleur de mes adversités, qui poursuit avec fureur chacune de mes pensées.

Aujourd'hui la matière de mes vers sera, que les années passées à servir sont des années perdues, comme lorsque l'on sème dans le sable ou dans l'onde.

Quand la gloire des hommes déplut aux astres et que le ciel ne put la voir sans dépit, c'est alors que le monde vit naître l'Ingratitude.

Elle est fille de l'Avarice et du Soupçon; elle fut nourrie dans les bras de l'Envie; et elle vit dans le cœur des princes et des rois.

C'est là principalement qu'elle a fixé le siége de son empire; c'est de là qu'avec le poison de sa perfidie elle colore les actions de tous les autres mortels.

Il n'est point de lieu où ce fléau ne se fasse sentir, car, la dent pleine de la rage de sa nourrice, elle mord et déchire tout ce qu'elle peut atteindre.

Si quelqu'un d'abord se nomme heureux en se voyant comblé des faveurs d'un ciel doux et propice, il ne le redit pas longtemps

Lorsqu'il voit qu'on ne le récompense de son sang, et de ses sueurs prodiguées, et de la fidélité avec laquelle il sert, que par l'outrage et la calomnie.

Ce monstre, semblable à la peste, ne manque jamais sa visite. A son flanc est suspendu un carquois dans lequel il place toujours l'une après l'autre

Trois flèches cruelles trempées dans un poison subtil, et dont la pointe ne manque jamais d'atteindre tous ceux contre lesquels elle dirige ses coups

Le premier trait qu'elle lance a la vertu de faire parler des services d'un homme, mais de les avouer sans les récompenser;

Le second qu'elle décoche est cause que l'homme oublie le bienfait qu'il a reçu, mais se contente de le nier sans y ajouter l'injure.

Le dernier enfin est tel que l'homme qu'il atteint, loin de se souvenir ou de récompenser jamais un bienfait, déchire et mord au contraire autant qu'il peut son bienfaiteur.

Ce coup pénètre jusqu'au fond des os : cette troisième blessure est la plus mortelle; cette flèche vole avec plus de force que les autres.

Jamais rien ne peut étouffer ce fléau cruel; et s'il meurt une seule fois, il renaît mille autres, parce que son père et sa mère sont immortels.

Ainsi que je l'ai dit, l'Ingratitude triomphe dans le cœur de tous ceux qui possèdent le pouvoir; mais c'est surtout dans le cœur du peuple qu'elle se délecte lorsque le peuple a en main la puissance.

Chacun des traits qu'elle lance frappe ce dernier bien plus cruellement, parce qu'il arrive toujours que moins on est éclairé plus on est soupçonneux.

Tous ceux qui en font partie, sans cesse en proie à l'envie, tiennent sans relâche le Soupçon éveillé; et le Soupçon à son tour a toujours les oreilles ouvertes à la Calomnie.

De là vient que souvent on voit un citoyen vertueux recueillir une moisson toute contraire à celle dont il avait ensemencé ses champs.

La paix et le repos fuyaient le sein de l'Italie depuis que le fer carthaginois désaltérait sa soif dans les flots du sang italien;

Mais alors aussi les murs de Rome avaient vu naître, ou plutôt ils avaient reçu du ciel un mortel divin, et tel que son semblable n'exista ni n'existera jamais.

Ce héros, à peine sorti de l'enfance, sauva sur les bords du Tésin les jours de son père en lui faisant un bouclier de sa poitrine : premier présage de ses illustres destins !

Et lorsque Cannes plongea tant de Romains dans les fers, on le vit seul, animé d'une vertueuse colère, défendre, le glaive en main, qu'on abandonnât l'Italie.

Plus tard le sénat voulut qu'il allât venger sur le sol de l'Espagne et les communs désastres et ses douleurs privées.

Il transporta ensuite ses drapeaux en Afrique; et après avoir vaincu Syphax, il détruisit et la fortune et la patrie d'Annibal.

C'est alors que ce grand barbare prit la fuite devant lui, et que tout le sang dont le Carthaginois avait inondé les vallons de l'Italie fut vengé par sa défaite.

De là il accompagna son frère en Asie, et sa prudence et son humanité lui méritèrent d'obtenir dans Rome le triomphe de l'Asie.

Dans toutes les villes, dans toutes les provinces qu'il parcourut, partout il laissa de nombreux exemples de piété, de courage et de continence.

Quelle langue pourra jamais suffire aux louanges qu'il mérite? Quel œil pourra soutenir l'éclat de tant de gloire? O Romains fortunés! ô temps heureux!

C'est cet illustre et invincible héros qui a fait voir à l'univers quel est le chemin qui conduit les mortels aux sommets les plus élevés de la gloire.

Jamais on ne vit et l'on ne verra dans le cœur d'aucun homme, quelque sublime, quelque glorieux, quelque divin qu'il soit, tant de courage et tant de vertu.

Parmi les mortels qui ont vécu et ceux qui vivent encore, parmi les peuples antiques et les peuples modernes, il ne s'en trouve point qui approche de Scipion.

Et cependant l'Envie, dans sa rage, ne craignit pas de lui montrer les dents et de le menacer de sa prunelle enflammée par la colère.

La barbare le fit accuser devant le peuple, et voulut qu'une grande injure devînt la récompense des plus grands services.

Mais quand ce héros vit s'armer contre lui ce vice commun à tous les hommes, il résolut de s'exiler volontairement de son ingrate patrie.

Il laissa le champ libre à la fureur de ses rivaux, dès qu'il vit qu'il fallait que Rome perdît ou sa liberté ou lui.

Son cœur ne s'arma point d'une autre vengeance : il se borna à ne point laisser dans sa patrie ses os, qu'elle ne méritait pas de posséder.

C'est ainsi qu'il termina loin du berceau paternel le cercle de ses jours; c'est ainsi qu'il recueillit un fruit contraire à celui qu'il avait semé.

Rome cependant ne fut pas la seule cité ingrate. Que l'on regarde Athènes : c'est là que l'Ingratitude établit son empire; c'est là qu'elle se montra plus hideuse que partout ailleurs.

Il ne servit de rien de s'armer contre elle du bouclier de tant de lois créées pour réprimer son humeur cruelle et féroce.

Cette république fut d'autant plus insensée, que l'on voit sans cesse qu'elle connaissait son erreur et qu'elle s'obstinait à la suivre.

Miltiade, Aristide, Phocion et les tristes destinées de Thémistocle sont des témoins irrécusables du pouvoir de l'Ingratitude.

Ils avaient illustré leur pays par leurs actions éclatantes et courageuses : les triomphes qu'ils en obtinrent furent la prison, l'exil, les outrages et la mort.

Chez le vulgaire ordinairement les villes prises, le sang versé, les blessures honorables peuvent effacer la honte d'une faute légère :

Mais les calomnies injustes et sans frein, dirigées contre un citoyen vertueux, rendent souvent tyrannique un cœur jusque-là doux et humain.

Souvent un citoyen devient tyran et franchit les bornes de la commune égalité, pour ne point ressentir les atteintes de l'Ingratitude.

C'est elle qui rendit César l'usurpateur de l'empire; et ce que l'Ingratitude ne voulut point lui accorder, il l'obtint d'une juste colère et d'un juste dépit.

Mais laissons de côté les intérêts du peuple. J'en reviens aux princes et aux modernes, dans le sein desquels la nature a mis également un cœur ingrat.

Le pacha Acomat peu de temps après avoir donné l'empire à Bajazet expira, le lacet serré autour du cou.

Gonzalve a abandonné les campagnes de la Pouille, et il vit en proie aux soupçons de son roi; digne récompense des défaites qu'il a fait éprouver aux Français!

Parcourez toutes les contrées de l'immense univers, et si vous lisez tout ce qu'on a écrit de ses princes, vous trouverez que peu d'entre eux ont été reconnaissants;

Et vous verrez que ceux qui ont changé la face des empires, ou qui ont donné des royaumes, en ont toujours été récompensés ou par l'exil ou par la mort.

Si tu as su changer un état, celui que tu en as rendu le prince tremble toujours que tu ne lui ravisses ce que tu as pu lui donner.

Il n'observe avec toi ni la foi donnée ni les traités, parce que dans son cœur la peur qu'il a de toi est plus puissante que l'obligation qu'il a contractée.

Et cette terreur ne trouve point de terme tant qu'il ne voit pas toute ta race éteinte et le tombeau renfermer toi et les tiens.

Aussi arrive-t-il souvent que l'on se fatigue à servir fidèlement, et qu'on ne retire de tant de fidélité qu'une vie misérable et une mort violente.

Ainsi, puisque l'Ingratitude n'est point morte, que chacun fuie donc les cours et le pouvoir : c'est le chemin qui conduit le plus rapidement l'homme à pleurer d'avoir obtenu ce qu'il désirait même avec le plus d'ardeur.

CHAPITRE DE L'AMBITION.

A LUIGI GUICCIARDINI.

Luigi, si tu t'étonnes de l'événement qui vient d'arriver dans Sienne, il me semble que tu ne prends point le monde par son véritable côté ;

Et si ce que tu as appris te paraît neuf, comme tu me l'as témoigné par écrit, réfléchis un peu mieux sur la nature de l'homme.

En effet, du soleil de la Scythie à celui de l'Égypte, des rivages de l'Angleterre aux rivages opposés, on voit partout germer des crimes semblables.

Quelle contrée ou quel empire ne les a pas vu commettre? Quel bois, quelle humble cabane en est exempte? Quel est le lieu où ne pénètrent point l'Ambition et l'Avarice?

Lorsque l'homme naquit dans ce monde elles y prirent en même temps naissance, et si elles n'avaient point existé notre sort aurait été bien heureux.

Dieu venait à peine de créer les étoiles, le ciel, la lumière, les éléments et l'homme ; et il avait fait ce dernier le souverain de toutes ces merveilles.

Mais l'Orgueil, vainqueur des anges eux-mêmes, rendit Adam rebelle aux ordres de Dieu dans les jardins du Paradis, en lui faisant manger, ainsi qu'à sa femme, la pomme fatale.

Déjà Caïn et Abel étaient nés, et ils vivaient heureux sous leur humble toit avec leur père, supportant leur fatigue sans murmure,

Lorsqu'une puissance occulte qui s'alimente dans le cercle des étoiles que le ciel renferme dans sa sphère immense, et qui est l'ennemie du genre humain,

Pour nous priver de la paix et nous mettre en guerre, afin de nous ravir toute tranquillité et tout bonheur, envoya deux furies habiter sur la terre.

Toutes deux sont nues, toutes deux s'avancent d'un air si aimable qu'elles paraissent aux yeux de la multitude remplies de grâce et de volupté.

Mais chacune d'elles a quatre visages et huit mains; et voilà pourquoi elles peuvent saisir tous ceux vers lesquels elles se tournent.

A leur suite, et remplissant l'univers de leur souffle empoisonné, marchent l'Envie, la Paresse et la Haine, qu'accompagnent à leur tour la Cruauté, l'Orgueil et la Fourberie.

Ces monstres poursuivent en tous lieux la Concorde ; et pour mieux faire voir leur volonté sans limites, elles portent dans leurs mains une urne sans fond.

C'est par elles que le repos et les plaisirs qui habitaient sous le toit d'Adam en furent bannis avec la Paix et la Charité.

Elles infestèrent le cœur de Caïn de leur mortel poison, et armèrent son bras contre son frère innocent.

Quelle preuve plus grande pouvaient-elles donner de leur puissance, puisqu'elles purent, même dans les premiers jours du monde, rendre un cœur ambitieux et avare,

Lorsque les hommes vivaient nus, et libres des biens de la fortune, et lorsqu'on ne savait point encore ce qu'étaient la pauvreté et la richesse ?

O esprit de l'homme, insatiable, orgueilleux, artificieux et inconstant, et par-dessus toute chose malin, méchant, emporté et cruel!

Puisque c'est par les conseils de l'Ambition

que la première mort violente épouvanta le monde, et que l'herbe fut ensanglantée pour la première fois,

Cette fatale semence ayant grandi, et les causes du mal s'étant multipliées, y a-t-il quelque raison de se repentir de mal faire!

De là vient que l'un descend et que l'autre s'élève; de là dépendent ces révolutions sans lois et sans traités qui changent la face des empires.

C'est là ce qui bien des fois a entraîné le roi de France; c'est là ce qui a ruiné les états des rois Alphonse et Louis, et ceux de Saint-Marc

Ce n'est pas seulement le bien réel que possède notre ennemi, mais ce qui n'en est que l'apparence (car le monde, anciennement comme aujourd'hui, a toujours été le même),

Que chacun envie et que chacun espère surpasser, en opprimant tantôt l'un, tantôt l'autre, plutôt qu'en s'appuyant sur sa propre vertu.

Chacun ne voit qu'avec peine le bonheur d'autrui, et en revanche il veille sans relâche et avec anxiété pour tâcher de le détruire.

C'est notre instinct naturel qui, par son propre mouvement et sa propre passion, nous conduit à ce point, s'il n'est enchaîné par l'autorité des lois et par une force invincible.

Mais si l'on voulait savoir pourquoi une nation commande tandis que l'autre est dans les pleurs, quand l'Ambition règne également en tous lieux;

Et pourquoi la France demeure victorieuse tandis que de l'autre côté toute l'Italie est battue par les tempêtes d'un océan de douleurs:

C'est parce que cette dernière contrée renferme dans son sein tous les germes des fléaux que produisent l'Avarice et l'Ambition.

Si l'Ambition habite dans un cœur courageux et en même temps armé de vertu, il y a peu à craindre alors de sa propre perversité.

Quand un pays vit naturellement au sein de troubles et du désordre, et que quelque événement lui donne de bonnes lois et de bonnes institutions,

L'Ambition use contre les nations étrangères cette fureur que ni les lois ni le monarque ne lui permettent pas d'user contre elle-même.

Aussi n'est-il pas rare de voir alors cesser le mal qui l'eût déchirée; mais elle se plaît à aller troubler les contrées où cette fureur qui la dirige a placé son enseigne.

Par un sort contraire, ce pays sera toujours esclave, toujours exposé aux malheurs, toujours livré aux outrages, dans lequel habite un peuple ambitieux mais sans courage.

Si la Lâcheté et le Désordre y siégent auprès de l'Ambition, les désastres et la ruine ne tardent pas à fondre sur ce pays.

Et si l'on faisait un reproche à la nature de ce que notre Italie, si malheureuse et fatiguée de ses maux, ne produit aucun peuple aussi courageux et aussi endurci,

Je répondrais que cela n'excuse ni n'affranchit notre Italie, parce que l'éducation peut toujours suppléer aux défauts de la nature.

C'est une forte éducation qui jadis rendit l'Italie si florissante; c'est elle qui lui donna l'audace d'étendre sa domination sur l'univers entier.

Maintenant cette même nation vit (si l'on peut appeler vivre, verser toujours des pleurs) accablée sous le sort et les désastres que lui a mérités sa longue oisiveté.

La Lâcheté, ainsi que les autres compagnes de l'Ambition, sont les plaies qui ont éteint tout germe de vie dans les diverses provinces de l'Italie.

Laisse là les querelles fraternelles de Sienne, ô Luigi, et tourne tes regards vers ces lieux et parmi ces nations étonnées et plongées dans l'affliction:

Tu verras l'Ambition se servir d'une double industrie: tu verras l'un dérober, et l'autre se plaindre de voir ses biens enlevés et dispersés.

Quiconque veut voir tous les maux des autres hommes n'a qu'à jeter les yeux sur ces contrées: et qu'il regarde si le soleil a jamais éclairé tant de barbarie.

L'un pleure son père expiré, celle-ci son époux; l'autre, tout affligé, se voit arracher nu de son lit par la force, et accabler de coups.

Combien n'a-t-on pas vu de fois le père, qui pressait son fils entre ses bras, expirer avec lui, le sein percé tous deux du même coup!

Celui-ci abandonne le berceau paternel, accusant les dieux de cruauté et d'ingratitude, et traînant avec lui sa famille désolée.

O exemples que jamais le monde n'avait offerts! chaque jour voit naître des enfants arrachés par le fer du sein de leurs mères expirantes!

La mère, noyée dans les larmes et marchant derrière sa fille, s'écrie : « A quel malheu-« reux hymen, à quel cruel époux t'ai-je ré-« servée ! »

Les ruisseaux, les fossés sont souillés de sang et remplis de têtes, de jambes, de mains et de membres déchirés et mutilés !

Les oiseaux de proie, les bêtes féroces, les chiens avides sont maintenant devenus leurs tombeaux paternels. O tombeaux cruels, exécrables et étranges !

Tous les visages portent l'empreinte de l'épouvante et de la pâleur, et sont semblables à celui d'un homme qui, tout effrayé, regarde d'un œil immobile les nouveaux dangers qui le menacent, ou qu'une peur soudaine vient de saisir.

Partout où le regard s'arrête il voit la terre inondée de sang et de larmes; partout l'air retentit de hurlements, de sanglots et de gémissements !

Si quelqu'un dédaigne d'apprendre d'autrui comment il faut en agir avec l'Ambition, le triste exemple de ces infortunes le lui enseignera assez.

Puisque l'homme ne peut de lui-même la bannir, un esprit sage et sain doit voir qu'il faut lui donner pour compagnons à sa suite l'Ordre et le Courage.

Saint-Marc a connu à ses dépens, et peut-être trop tard, qu'il faut tenir en main l'épée et non le livre.

Autrement on se fatigue en vain, la plupart du temps, pour conserver l'empire; et plus on acquiert, plus on perd vite et avec plus de honte.

Si donc un événement soudain et inattendu frappe tout à coup les yeux, et jette le trouble et la terreur dans tous les cœurs

Il ne faut point s'en émerveiller, parce que la majeure partie de ce bas monde est gouvernée par la Fortune.

Hélas ! tandis que mon esprit et mes paroles se plongent dans les malheurs d'autrui, je me sens oppressé par une crainte bien plus grande :

J'apprends que l'Ambition, avec cette escorte cruelle que le ciel lui donna en partage à la naissance du monde, a dirigé son vol vers les monts de la Toscane,

Et qu'elle a déjà allumé tant d'étincelles parmi les habitants de cette malheureuse contrée, toujours si pleine d'envie, qu'elle brûlera et leurs villes et leurs campagnes, si la miséricorde du ciel, ou un meilleur ordre, ne parvient à étouffer cet incendie.

CHAPITRE PASTORAL

Tandis que, protégé par l'ombrage de ce laurier, je vois paître mon troupeau autour de moi, je veux commencer une plus haute entreprise.

Pipeaux harmonieux, si jamais vos accents ont pu attirer les rochers, faire marcher les arbres, arrêter les fleuves et imposer silence au souffle des vents,

Montrez aujourd'hui tout ce que vous valez : que la terre charmée reste dans l'admiration, et que le ciel se réjouisse de nos chants.

Une autre voix et d'autres vers que les miens seraient sans doute nécessaires; car pour louer dignement une beauté aussi éclatante, il faut un esprit plus élevé que ce mien.

Il convient en effet, pour célébrer les louanges d'un jeune homme divin et qui n'a rien de terrestre, dont toutes les actions sont élevées et les mœurs célestes, il convient d'être plus qu'un mortel.

O Phébus, éclaire-moi de tes rayons ; et si jamais tu fus sensible aux prières d'un mortel, viens dissiper aujourd'hui les ténèbres de mon esprit.

Je vois ton front divin qui brille aujourd'hui d'une splendeur plus éclatante que de coutume : aucun souffle, aucun nuage ne dérobe l'éclat du jour.

O divin Apollon, soutenu par ta céleste influence et ta force sacrée, je veux passer tout ce jour à faire honneur à ton Hyacinthe.

Hyacinthe, c'est ton nom que j'ai coutume de célébrer; et pour le faire vivre dans la mémoire de tous les mortels, je me plais à le graver sur chaque tronc, sur chaque rocher.

J'y grave également les charmes de ta beauté divine, et tes actions, capables de combler de gloire quiconque seulement les raconte ou les écrit.

Le ciel voulut signaler sa puissance quand il

nous fit un don aussi merveilleux, quand il nous fit entrer ainsi en partage de ses plus rares beautés.

Quel est l'éclat qui ne s'éclipse devant le tien, lorsque d'abord on regarde cette chevelure digne de toutes les couronnes et de tous les diadèmes?

Lorsque l'on contemple ensuite attentivement la splendeur qui règne sur ce front, nous y voyons éclater toute la puissance de la nature.

Voyez comme chez lui tout répond à ces dons précieux; écoutez ensuite cette douce voix, dont les accents éloquents peuvent donner la vie au marbre et à la pierre.

La terre sourit partout où tu portes tes pas, et l'air se réjouit partout où il est frappé des sons harmonieux de ta parole.

T'éloignes-tu : l'herbe qui fleurissait se sèche; elle semble s'affliger de ton départ; et l'écho se plaint de ne plus entendre tes accents.

Il ne manque pas même à tant de vertus dignes d'être célébrées une vertu qui les met en relief : c'est ce désir naturel d'acquérir la renommée, qui sera pour toi la source d'une gloire certaine.

Aussi, grand Jupiter, puissé-je, au milieu de toutes les trompettes de la Renommée qui vont le célébrer, faire entendre à mon tour les sons de mes pipeaux rustiques.

Tous les pasteurs qui habitent au sein de ces forêts, sans faire attention à ton âge si tendre encore, ont remis en tes mains tous leurs différends.

Usant avec art de ton esprit et de ton influence, tu sais, par divers moyens et d'innocents artifices, les renvoyer joyeux au sein de leurs bergeries.

Entends-tu parler d'un berger que la fortune ennemie ou que l'amour ait rendu malheureux : tu sais par tes douces paroles lui rendre le bonheur.

Tu ne te contentes pas d'être la gloire des pasteurs; mais, semblable aux dieux qui les habitent, tu es l'ornement de nos bois.

Ne vous affligez donc plus si Diane fixe son séjour dans le ciel, ô forêts; ne vous inquiétez plus si Apollon va de nouveau garder les troupeaux d'Admète :

N'appelez plus ni le fils d'Hercule, ni Céphale ni Atalante : car vous êtes avec Hyacinthe bien plus contentes et plus heureuses.

Je vois toutes les vertus réunies en toi. Faut-il s'en étonner, puisque ta naissance n'a pu être l'ouvrage d'un seul dieu?

Lorsque le ciel voulut te créer, le premier soin en fut confié à Vulcain, afin que tu fusses plus beau, plus agréable et plus riant.

A peine Jupiter t'eut-il vu naître, que Ganimède craignit un moment pour lui en apercevant la joie qui éclata sur son front divin.

Alors Minerve renferma dans cette argile mêlée d'eau un esprit tel que ni le temps ni l'étude ne pourraient en former un semblable.

Vénus ensuite réunit autour de ton visage ses grâces immortelles; et elle prononça ces paroles : « Tu vivras pour être chéri des pasteurs « et pour les rendre heureux. »

Les Heures, toutes joyeuses, s'empressèrent de cueillir de blanches violettes, et répandirent sur toi leurs sucs colorés et leurs parfums embaumés.

L'indomptable Mars, pour ajouter encore à l'éclat de ta gloire, mit dans ton sein généreux un cœur pareil à celui de César et des plus illustres guerriers.

Mercure te doua de la prévoyance; et ce don te permet d'ouvrir ou de fermer à ton gré la porte à la bonne fortune et aux chagrins soucieux.

Junon, sous les dépouilles d'un simple mortel, plaça une âme digne de commander aux plus puissants empires, et Saturne t'accorda les ans de Nestor.

Céleste produit des dons de tant de divinités, daigne me recevoir parmi tes sujets les plus fidèles, si tu ne rougis pas d'avoir un pareil serviteur.

Si je puis croire que mes chants te plaisent, ces vallons et ces collines ne cesseront de retentir de tes glorieuses louanges.

Toutes les pensées de mon âme sont tendues avec tant de force vers le désir de te plaire que mon seul besoin est de t'obéir; tout ton soin doit être de commander.

Quoique je sois né au milieu de ces pasteurs grossiers, je sais élever mon vol bien plus haut que de coutume lorsque je parle de toi.

Tes yeux me verront encore prendre un essor plus hardi, si je puis penser que tu me voies avec plaisir venir réciter tes louanges.

Mais ce n'est pas là le seul don que j'ose t'offrir : vois-tu ce troupeau ? il est à toi ; ces pauvres brebis t'appartiennent encore

Mais voici déjà presque l'heure où les animaux demandent à prendre du repos ; la seule chauve-souris se montre dans les airs.

Je renfermerai donc l'amour que je porte dans mon cœur, et j'irai avec mon troupeau retrouver mon humble chaumière, espérant revenir un jour, plus glorieux et surtout plus satisfait, pour chanter tes louanges.

IV.

SÉRÉNADE.

I. Salut, ô dame choisie entre toutes les dames, modèle, sur cette terre, de toutes les beautés ! Unique Phénix, âme parfaite, toi qui renfermes toutes les perfections, écoute ce que ton serviteur va te raconter, puisque tes yeux lui ont déclaré une guerre si cruelle ; et si tu veux être heureuse, crois à la vérité de ce qu'il te dit.

II. Que sert d'avoir un génie grand et sublime, que sert d'être puissant, que sert d'avoir la valeur en partage, si l'on ne cède au pouvoir plus grand encore de la belle Vénus et de son fils Amour ? C'est d'eux seuls que l'on doit redouter les dédains, la colère et les implacables fureurs ; car l'une est femme, l'autre, un jeune homme sans frein ; et ils ont ravi à une multitude de mortels jusqu'à l'existence.

III. Ah ! ce n'est point pour adoucir la cruauté de mon sort, ce n'est point pour dissiper les chagrins dont je soutiens l'assaut, ce n'est point pour découvrir la flamme qui dévore mon cœur, et que je n'éteins pas par mes larmes ; mais c'est pour te conjurer de fuir la colère de cette déesse que je viens te rappeler un exemple qui t'apprenne à éviter le cruel filet dans lequel Anaxarète demeura enveloppée.

IV. Avant que la valeur italienne eût placé sous les auspices les plus favorables le siége de son empire sur les sept collines, avant que l'on connût les travaux des Romains et leur éclatante renommée, tous les vallons du voisinage furent possédés par différents rois, jusqu'à ce que Palatinus, sur ces bords heureux, parvînt à la couronne. C'est sous son empire que la belle Pomone vit le jour.

V. Aucune nymphe dans ces belles contrées n'aimait autant qu'elle à prodiguer ses soins aux fruits ; et c'est à cet amour qu'elle dut son nom. On la voyait tantôt émonder un arbre avec le tranchant de sa serpette, tantôt verser une eau vive sur ceux dont les rayons d'un soleil brûlant dévoraient le tendre feuillage, tantôt tailler les rameaux vagabonds ou tortueux ; elle n'aimait enfin que les fruits et les vergers.

VI. C'était là qu'elle avait placé tous ses amours, se dérobant avec soin aux filets de Vénus et aux flèches cruelles de son fils, dont elle dédaignait et les prières et les menaces. Et comme son sexe lui faisait craindre que quelque homme n'employât contre elle la violence, elle avait entouré son jardin de murailles et de haies, et n'avait laissé aucune ouverture par laquelle un mortel pût entrer.

VII. Les plus jeunes satyres d'alentour venaient danser auprès d'elle afin de l'adoucir. Pan et Silène, épris de ses charmes, s'approchèrent souvent pour tâcher de la rencontrer ; et ils la trouvèrent toujours froide et insensible. Mais parmi ces nombreux amants, celui qu'on regardait comme le plus enflammé, c'était Vertumne ; et cependant il n'était pas plus heureux que les autres.

VIII. Il avait reçu de la nature le don de changer de figure à son gré : tantôt il prenait la forme d'un laboureur qui vient à l'instant même de détacher ses bœufs du joug ; tantôt c'était un soldat ; tantôt c'était un jardinier qui cultivait des fruits. C'est ainsi qu'à chaque instant il changeait de figure, pour pouvoir seulement contempler la beauté qu'il aimait.

IX. Enfin, pour amortir la flamme qui le

brûle et pour atteindre le but auquel tendent tous ses désirs, il prend la forme d'une femme accablée par l'âge : il a son front ridé et ses cheveux blanchis. Alors il entre dans le jardin de Pomone, à travers les pommiers et les autres arbres chargés de fruits qui paraissaient divins; il la salue et lui dit : «Ma belle fille, «tu serais bien plus belle si tu étais sensible.

X. «Tu peux bien te dire heureuse entre toutes les autres femmes, puisque ces fruits peuvent faire ton bonheur.» Alors il l'embrassa; et elle put sentir que ce n'étaient pas là des baisers de vieille femme. Et feignant de ne pouvoir aller plus avant, il s'assit sur une pierre et reprit ainsi la parole: «Écoute-moi, ma fille, si «cela ne te déplaît pas, et reste un moment avec «moi à considérer cet orme que tu vois là «devant toi.

XI. «Vois-tu encore cette vigne qui l'embrasse «et qui, serpentant à travers ses rameaux, «l'enveloppe et l'enferme de toutes parts? Sans «cet orme elle ramperait sur la terre, et ne se «couronnerait pas de l'honneur de tant de «fruits. L'orme, de son côté, sans la vigne à «laquelle il prête son appui, ne montrerait que «des branches et des feuilles; et tous deux, «privés du secours qu'ils se prêtent mutuellement, ne seraient qu'un tronc sans utilité, «qu'un bien stérile.

XII. «Néanmoins tu demeures orgueilleuse et «cruelle, et cet exemple même ne peut t'attendrir; tu ne te soucies nullement de choisir un «amant qui soit un digne appui pour ta jeunesse. Quoiqu'une foule d'adorateurs ressentent pour tes charmes de profonds chagrins, «et souffrent par eux un cruel martyre, si tu «veux croire à mes avis, je te conseille de prendre Vertumne pour amant.

XIII. «Aie confiance en moi, car je le connais. «Il t'aime plus que la vie, et toi seule es l'objet «unique de tous ses désirs; c'est toi seule qu'il «brûle de posséder dans cet univers; c'est toi «seule qu'il cherche sous le soleil; partout il «s'honore du titre de ton esclave; c'est de toi «seule qu'il parle; c'est toi seule qu'il adore. «Tu as son premier amour; et, si tu y consens, «il te consacrera sa vie entière.

XIV. «Il est en outre dans la vigueur de l'âge, «et il peut prendre la figure qui lui plaît le plus: «il paraîtra devant tes yeux sous la forme que «tu préféreras, pourvu que tu cèdes à la puissance du flambeau de l'Amour. Ainsi que toi il «chérit les jardins et les plantes; ainsi que toi il «aime à cultiver les fruits. Il fréquente sans cesse «les vallées, les fontaines et les collines d'alentour.

XV. «Et quoiqu'il aime avec ardeur et les «fruits et les jardins, il abandonne néanmoins «ses plaisirs les plus chers pour jouir de l'aspect de tes charmes, et trouver dans ta vue «des forces capables d'adoucir la flamme qui le «consume. Crois aux exhortations d'une vieille «que le temps a courbée; aie pitié de celui qui «brûle pour toi : on ne cède jamais trop tôt au «pouvoir de l'Amour.

XVI. «Si jamais la cruauté s'empara de toi, «si elle t'asservit encore et inonde ton cœur «d'un fiel plein d'amertume, je te raconterai ce «qui est arrivé dans Chypre à une beauté qui «comme toi fut cruelle. Elle se montrait rebelle «aux lois de l'Amour; son orgueil égalait sa «cruauté et son humeur farouche; mais la vengeance terrible et inouïe dont elle fut punie «doit servir d'exemple à toutes les beautés.

XVII. «Le jeune et charmant Iphis aimait «la belle et insensible Anaxarète; son cœur «brûlait dans son sein comme l'on voit brûler «un flambeau; les traits charmants qui l'occupaient sans cesse ne faisaient que redoubler sa «soif amoureuse. Il essaya maintes fois d'éprouver si ce feu pouvait s'éteindre de lui-même;

XVIII. «Mais quand il vit que la raison était «impuissante contre tant de fureur, il vint un «jour sur le seuil de la porte de celle qu'il aimait, et là, les yeux en larmes et se jetant à «genoux, il lui fit l'aveu de son amour. D'une «voix humble et pitoyable il cherchait à adoucir sa barbarie; et on le voyait tantôt avec la «nourrice, tantôt avec les esclaves de sa maîtresse, «leur raconter les maux dont il était la proie.

XIX. «Quelquefois il lui écrivait une lettre, «et la lui envoyait après y avoir exprimé tous «ses chagrins; souvent il suspendait à sa porte «des fleurs et des guirlandes qu'il avait baignées «de ses larmes; souvent, pour lui prouver à «quel point il brûlait pour elle, il se couchait sur «le seuil de sa demeure, et ne donnait pour lit à «son corps souffrant et amoureux qu'un rocher «dur et glacé.

XX. «Mais Anaxarète était plus inexorable

«encore que la mer lorsqu'elle est soulevée par «les vents et par la tempête, plus dure encore «que le fer qu'a rougi le feu de la Norique, ou «que le rocher renfermé dans le sein de la «terre; et ses paroles et ses actions montraient «tout le mépris qu'elle avait pour Iphis, tant «cette beauté était insensible.

XXI. «L'infortuné jeune homme ne put sup- «porter davantage la lenteur d'un tel supplice; «et, tout baigné de larmes, il resta long- «temps sur le seuil de la porte de sa maîtresse, «le cœur livré à son désespoir. Enfin il s'écria «d'une voix lamentable: «Tu as vaincu, Anaxa- «rète! Je meurs avec plaisir, afin que tu ne sois «plus fatiguée de mes plaintes et que tu puisses «remporter la victoire.

XXII. «Couronne ton front d'un vert laurier; «triomphe de la guerre que je t'ai déclarée: tu «es satisfaite; et moi je meurs également satis- «fait, puisque je n'ai pas d'autre moyen de te «plaire. Ah! puisque mes tourments n'ont pu «t'attendrir, et que tu es aussi dure pour moi «que le fer ou le rocher, réjouis-toi de ce que le «sort me contraint aujourd'hui à perdre la lu- «mière du jour.

XXIII. «Et pour que personne ne soit pour «toi l'heureux messager de ma mort, tu me ver- «ras suspendu devant tes yeux, et ta joie sans «doute en sera redoublée. Accepte, cruelle, ce «cruel présent que ta barbarie a si bien mérité. «Et vous, divinités célestes, qui voyez cet horri- «ble spectacle, peut-être ressentirez-vous quel- «que pitié des maux auxquels je succombe.

XXIV. « Si jamais les prières d'un mortel «vous furent agréables, si jamais vous cédâtes «aux désirs des hommes, faites que le souvenir «de mes maux et de mon trépas dure éternelle- «ment, et que la Renommée du moins me don- «ne ce que la cruauté d'une beauté inhumaine «me ravit.» Il dit; et, dans le désespoir qui le «transporte, il entoure son cou d'un lien fu- «neste;

XXV. «Et, les yeux inondés de larmes brû- «lantes, il lève vers le ciel son regard déses- «péré et s'écrie: «Cruelle! voilà les fleurs, voi- «là les guirlandes dont tu veux voir ta porte «ornée.» Soudain, pour mettre un terme aux «douleurs qui l'accablent, il se précipite de tout «le poids de son corps, et reste suspendu. Et «l'on dit que lorsqu'il tomba la porte poussa un «gémissement, comme si elle eût été sensible à «son malheur.

XXVI. «Son corps inanimé fut porté à sa «mère, qui le pleura amèrement, et qui, dans «son désespoir, accusait le ciel d'avoir détruit «tout son bonheur en lui enlevant son fils d'une «manière si cruelle. Elle ne voulut entendre au- «cune consolation ni aucune prière, tant la dou- «leur que lui causait une mort aussi prématurée «irritait encore son désespoir. Cependant elle «s'occupa de lui donner la sépulture.

XXVII. «Le corps inanimé d'Iphis devait pas- «ser devant la demeure d'Anaxarète pour arri- «ver à son tombeau: lorsqu'il fut parvenu à cet «endroit, la cruelle, entendant le corps qui «passait, ne put résister au désir de le contem- «pler par sa fenêtre; mais comme elle regar- «dait le visage du malheureux, la cruelle fut «soudain changée en rocher; et, ô spectacle «effrayant! tout son corps devint aussi dur «que l'était son cœur.

XXVIII. «Que la crainte d'un destin sembla- «ble chasse du moins l'orgueil qui règne dans «ton âme: suis l'empire de Vénus et son aima- «ble cour. O Pomone, si tu veux croire mes «conseils, ouvre à ton amant les portes que tu «lui as fermées jusqu'à ce jour; écoute la pitié: «tu la trouveras à ton tour.» A peine la vieille achevait-elle ces paroles qu'elle fit place à un jeune homme aimable et beau.

XXIX. Aussi Pomone, soit qu'elle fût saisie par la crainte, soit plutôt qu'elle se laissât atten- drir par le visage charmant de Vertumne, ne tarda point à dépouiller sa sévérité si longtemps obstinée, et bannit entièrement la cruauté qui régnait dans son cœur; et désormais tranquille et heureuse, elle s'abandonna volontairement aux transports de son amant, avec lequel elle vécut longtemps heureuse, si l'on doit en croire celui qui a écrit cette aventure.

XXX. Beauté céleste pour qui nous faisons retentir nos chants, et vous, beautés d'alentour qui pouvez nous entendre, imitez l'exemple de Pomone, fuyez la cruauté d'Anaxarète. C'est ton esclave qui verse des larmes, qui te conjure et qui est dévoré de l'unique désir de contem- pler ton beau visage. Je t'en conjure, que le malheur d'autrui soit un miroir pour toi, et daigne prêter un instant l'oreille à ses prières.

XXXI. La vieillesse n'a point encore mûri son

âge ; son rang n'est point si inférieur au tien, la nature ne l'a pas si disgracié en le créant, que tu aies des raisons de rejeter ses vœux. Regarde son visage qu'inondent les larmes que répandent ses yeux : le cœur le plus sauvage s'en laisserait attendrir, et il adoucirait la fureur d'un tigre d'Hyrcanie.

XXXII. C'est ton adresse et ton esprit qui furent les filets amoureux auxquels je me suis laissé prendre. Qu'un signe favorable me fasse connaître que tu ne m'es point contraire : ce signe tu me le dois ; sinon tu me verras, transporté de colère et de dédain, ne laisser devant ta porte qu'un cadavre glacé par la mort ; et Vénus elle-même vengera mon infortune par ta honte et ton malheur.

XXXIII. De toutes parts il n'est rien qui ne te presse, ô beauté cruelle, de répondre au cri de mes désirs : d'un côté tu es contrainte par la crainte de la vengeance qui attend celle qui ne répond point à l'amour que l'on ressent pour elle, et de l'autre par la récompense promise à celle qui veut obéir aux lois de l'Amour. Dépose donc toute volonté trop fière ou trop rebelle, et fais ton propre bonheur en faisant celui de l'amant qui t'adore.

V.

CHANTS DE CARNAVAL.

I.

CHANT DES DIABLES.

Nous fûmes autrefois des esprits heureux, aujourd'hui nous ne le sommes plus ! Notre orgueil nous a précipités des hauteurs du ciel ; et nous avons pris le gouvernement de votre cité parce qu'on y voit régner, plus que dans l'enfer même, et la discorde et la perfidie.

Nous avons peu à peu introduit dans ce monde et donné en partage à chaque mortel la faim, la guerre, le sang, et la glace et le feu. Nous venons, durant ce carnaval, demeurer avec vous, parce que nous avons été et que nous serons toujours le principe de tout mal.

Celui-ci est Pluton, celle-là est Proserpine : c'est elle qui est assise à ses côtés, et dont la beauté l'emporte sur celle de toutes les femmes de l'univers. Amour, qui triomphe de toute chose, a su triompher de lui ; car jamais il n'a de repos jusqu'à ce que tout le monde fasse ce que lui-même a fait.

Tout plaisir, tout chagrin d'amour est engendré par nous, et les pleurs, et les ris, et les chants et la douleur. Quiconque est amoureux doit obéir à nos lois, et il sera satisfait ; car notre unique plaisir est de faire le mal.

II.

CHANT D'AMANTS DÉSESPÉRÉS ET DE DAMES.

LES AMANTS. Écoutez, amants, nos plaintes lamentables. En proie à notre désespoir, nous nous laissons conduire par les démons au centre obscur et effrayant de leur immonde empire ; car tant que nous avons vécu, nous avons éprouvé de si cruels tourments en aimant les beautés que vous voyez, que pour fuir leur rigueur nous leur préférons les enfers.

Nos prières, nos larmes, nos sanglots, nos soupirs, tout a été le jouet des vents. Sans cesse nous avons trouvé leurs désirs prompts à nous tourmenter ; de sorte que maintenant que nous avons rejeté loin de nous ces pensées brûlantes, nous trouvons, dans notre nouvel esclavage, que hors la leur il n'existe point de cruauté.

LES DAMES. Notre amour n'a pas été moins grand que le vôtre; mais, comme nous ne l'avons pas manifesté autant que vous, l'honneur en a fait son profit. L'amant ne doit point regarder cela comme une injure : dans ce monde, celui-là doit s'attendre à une aussi dure condamnation qui a plus de fureur que de patience.

Mais comme nous aurions trop à souffrir de vous perdre, nous voulons vous suivre en chantant, en jouant des instruments, en vous prodiguant de douces paroles et en apaisant les esprits infernaux, afin que, détournés de votre funeste voyage, ils nous laissent les arbitres de votre liberté, ou qu'ils ne fassent de vous et de nous qu'une seule et même proie.

LES AMANTS. Le temps de la miséricorde ne nous est plus accordé: nous vous prions donc de vous taire. Celui qui n'agit point lorsqu'il en a le loisir se repent en vain après, et c'est en vain qu'il prie. Et puisque nous allons avec les démons, d'une volonté unanime, toutes vos prières sont inutiles : ce qui nous a plu une fois ne saurait nous déplaire.

LES DAMES. Puisqu'il en est ainsi, ô dames, si vous avez mis quelques amants dans vos chaînes et que vous ne vouliez pas vous trouver errantes comme nous, fuyez tout respect humain, et ne les envoyez pas dans ce royaume maudit; car celui qui est cause de la damnation d'autrui est condamné par le ciel à une semblable peine.

III.

CHANT DES ESPRITS BIENHEUREUX.

Nous sommes des esprits bienheureux qui, du haut des parvis célestes, descendons en ces lieux pour nous montrer à la terre. Ayant vu le monde livré à tant de maux, et se faisant une guerre cruelle pour les motifs les plus légers, nous avons voulu montrer à ceux qui s'égarent combien Notre-Seigneur verrait avec plaisir que l'on déposât les armes et qu'on restât en paix.

Le martyre cruel et sans relâche des misérables mortels, leur long supplice et leurs maux sans remèdes, les pleurs que leur font verser les douleurs infinies qui les assiégent nuit et jour; les sanglots, le désespoir, les exclamations, les cris douloureux que pousse chaque mortel en implorant pour soi la miséricorde divine :

Voilà ce qui ne peut être agréable à Dieu, et qui ne saurait même l'être à quiconque aurait la moindre étincelle d'humanité; voilà pourquoi il nous a envoyés, pour que l'on connaisse combien sont justes sa colère et son mépris à la vue de son empire exposé à périr peu à peu, ainsi que son troupeau, si le nouveau pasteur n'y apporte remède.

La soif de goûter les délices de cette contrée qui donna la première des lois à tout l'univers est si grande, que vous ne vous apercevez pas que vos discordes en ouvrent le chemin à vos ennemis : le maître de la Turquie aiguise ses armes, et semble brûler du désir d'inonder de toutes parts vos heureuses campagnes.

Levez donc le bras contre cet ennemi cruel, et secourez vos peuples affligés. O chrétiens, déposez vos antiques haines, et tournez vos armes invincibles contre l'ennemi commun; sinon le ciel lui-même vous ravira vos forces accoutumées, lorsqu'il verra la piété et le zèle entièrement morts dans votre cœur.

Chassez bien loin la crainte, les inimitiés, les rancunes, l'avarice, l'orgueil et la cruauté; réveillez dans votre ame l'amour de la justice et du véritable honneur; et que le monde retourne aux premiers jours de son enfance. C'est par là que vous vous ouvrirez le chemin du royaume des bienheureux, et que toutes les flammes de la vertu ne seront point éteintes.

IV.

CHANT DES ERMITES.

Nous sommes moines et ermites, et nous habitons les hauts sommets de vos Apennins. Nous voici venus aujourd'hui dans cette cité parce que, d'après ce que nous apprenons de toutes parts, vous vous laissez effrayer par tout astrologue qui menace d'un temps horrible et étrange, et qui prédit la peste, le déluge, la guerre, la foudre, la tempête, les tremblements de terre et la destruction, comme si le monde touchait déjà à sa fin.

Ils prétendent surtout que les étoiles, par leur influence, doivent faire tomber tant de pluie que l'univers entier en sera tout couvert. D'après cela, dames aimables et gracieuses, si vous avez jamais éprouvé quelque plaisir à sentir quelque chose au-dessus de vous qui vous serve d'abri, qu'aucune ne se découvre pour s'y arrêter quelques instants ; car le ciel est tout à fait serein et vous promet un joyeux carnaval ; et quiconque soutient le contraire ne sait ce qu'il dit.

Ces eaux ne sont autre chose que les larmes de tous ceux qui meurent pour vous, beautés véritablement élues ; les tremblements de terre et les ruines sont les chagrins qu'ils endurent ; les tempêtes, les guerres ne sont que les effets de l'amour ; les foudres, les tonnerres sont vos beaux yeux qui les font expirer. Ne craignez nul autre malheur ; les choses seront toujours les mêmes. Le ciel veut nous sauver ; et d'ailleurs celui qui voit véritablement le diable le voit beaucoup moins noir et avec moins de cornes.

Toutefois, si le ciel voulait punir les péchés des mortels et leurs honteuses actions, et détruire l'engeance humaine tout entière, il confierait de nouveau le char du soleil aux mains de Phaéton pour qu'il vînt incendier le monde. Ainsi, que le bon Dieu vous rassure contre l'eau ; ne craignez que le feu. Ce jugement doit vous effrayer bien plus que tout le reste, si le ciel mesure le châtiment à l'offense.

Cependant, si vous ajoutez foi à ces vaines rumeurs, venez avec nous sur la cime de nos rochers élevés : là vous habiterez nos humbles ermitages ; vous verrez pleuvoir ensuite ; vous verrez tous les bas lieux noyés sous les eaux ; et vous y mènerez une aussi joyeuse vie qu'en aucun autre lieu ; et nous nous soucierons bien peu qu'il pleuve, car celles qui seront conduites là-haut ne craindront pas l'eau qui pourra tomber au-dessous d'elles.

V.

CHANT DES VENDEURS DE POMMES DE PIN.

Qui veut des pommes de pin pleines de beaux pignons qui se détachent sans peine aussitôt que la main les touche ?

La pomme de pin, mesdames, est le seul de tous les fruits qui ne redoute ni la pluie ni la grêle. Et que direz-vous s'il découle du pin une liqueur qui en pénètre toutes les noix ?

Nous montons sur les pins qui en produisent, et les dames sont au-dessous pour les recevoir Quelquefois il en tombe quatre, et même jusqu'à six. Vous voyez donc qu'il faut avoir sans cesse les yeux sur le pin.

L'une dit : « Je veux celles-ci, mon petit mari ; » l'autre : « Je veux celles-là, et puis cette autre. » Et si on leur répond : « Monte sur le pin comme moi, » elles tournent le dos et font la moue.

Elles disent que les pommes de pin ne sont pas grenues. Pour vous en assurer, lorsque vous en achèterez, maniez-les un peu avec la main, afin que quelque fripon ne vous trompe.

Celles-ci sont solides, grosses et parfaitement belles : j'en ferai cadeau à celles qui n'ont pas d'argent ; si elles vous plaisent, venez les chercher. Ce n'est point une affaire que la bagatelle de deux baïoques.

C'est à vous à les bien tenir, parce que le pignon voudrait s'échapper : il faut le tenir étroitement serré, puis le frapper ; et ne craignez pas qu'il reste longtemps dans la coque.

VI.

CHANT DES CHARLATANS.

Nous sommes des charlatans qui trompons par nature, mesdames, et qui allons cherchant aventure.

Nous descendons de la famille de saint Paul, qui est bien éloignée de ce pays ; mais nous sommes venus dans cette contrée, attirés par les charmes de votre nature amoureuse.

Nous naissons tous marqués en dessous d'un signe, et celui d'entre nous qui l'a le plus grand est le plus savant. Si vous pouviez le voir, vous connaîtriez soudain quelles sont les belles choses que la nature sait faire.

Veuillez donc apprendre de nous le mal que ces serpents peuvent vous causer, et quel remède vous devez employer pour empêcher qu'il en résulte quelque malheur.

Cette couleuvre si courte et si ramassée, que vous voyez, se nomme *scorzone;* mais lorsqu'elle est en chaleur ou qu'on la met en colère, elle percerait une armure d'acier.

Le sourd aspic est un méchant animal que chacun attaque par devant et par derrière; mais quand le nôtre vient par devant il fait beaucoup moins de mal, quoiqu'il fasse une bien plus grande peur.

Ce lézard si gros et si bien ramassé prend plaisir à regarder l'homme en face. Quant à vous, mesdames, il s'en soucie fort peu; et c'est une des qualités que lui a données la nature.

Nous possédons aussi de petits scorpions qui attaquent en traître par derrière; et si au premier aspect ils n'inspirent pas la crainte, leur piqûre finit par être dangereuse.

Lorsque vous voyez ce serpent s'allonger, il vous échappe si vous le serrez entre vos doigts: d'ailleurs cela ne sert guère d'en tenter l'épreuve, parce qu'il ne peut aller contre sa nature en faisant du mal.

Cette espèce de serpent se tient au milieu de l'herbe, ou sous une pierre, ou dans quelque fente étroite. Cette énorme couleuvre se plaît seulement à habiter les marais ou quelque grande crevasse.

Lorsque l'une de vous vient à s'asseoir, il faut qu'elle fasse beaucoup d'attention, dans la crainte de recevoir dans les reins quelque blessure d'une mauvaise nature.

Mais si vous voulez être sans crainte de ce côté, il n'y a qu'à boire du vin que voici, et tenir toujours sur vous cette pierre, en ayant bien soin de ne jamais la laisser tomber.

Lorsque vous serez ainsi bien munies, vous pourrez vous asseoir partout où vous voudrez; et plus le serpent que vous rencontrerez sera gros, plus vous regarderez cette trouvaille comme un grand bonheur.

VI.

ODE ou CHANSON.

Si tu avais l'arc et les ailes, ô jeune Jules, tu serais le dieu qui attaque tous les mortels.

Les paroles qui sortent de ta bouche sont ton arc et tes flèches; et il n'existe sous le soleil aucun homme que tu ne blesses si tu viens à le viser. Un seul de tes regards suffit pour enchaîner chaque mortel.

Tu possèdes la chevelure blonde et éclatante du divin Apollon; tes yeux ont le pouvoir de ceux de Méduse: quiconque te regarde devient aussitôt un rocher; celui que tu vois ou que tu touches éprouve le même sort. Les sages et les insensés, tous se laissent prendre à tes doux gluaux. Non, je n'ose te donner un égal dans ce monde.

O Jupiter, si tu abaisses tes yeux pour contempler ce jeune mortel, qui seul dans l'univers montre une pareille beauté, tu connaîtras trop tard combien tu t'es trompé en ravissant Ganymède. Il l'emporte sur tout ce qui existe, comme le soleil sur l'ombre, et les animaux même, en le voyant, ne peuvent s'empêcher d'en tressaillir de joie

VII.

STANCES.

I.

J'espère, et mon espoir augmente mon tourment ; je pleure, et mes larmes servent d'aliment à mon cœur affligé ; je ris, mais le rire ne passe pas mes lèvres ; je brûle, mais ma flamme ne paraît point au dehors. Je crains tout ce que je vois et tout ce que j'entends : la moindre chose m'apporte une douleur nouvelle. C'est ainsi qu'au sein de l'espérance je pleure, je ris et je brûle, et que j'ai peur de tout ce que j'entends ou que je vois.

II.

AUTRE STANCE.

Chaque bête féroce cache l'arme avec laquelle elle blesse : ainsi le serpent se dérobe sous l'herbe ; l'abeille porte dans sa bouche et la cire et le miel, et renferme dans son sein son petit aiguillon ; la panthère détourne son horrible face, et ne montre que son dos orné de vives couleurs. C'est ainsi que tu montres un visage compatissant, mais que tu caches dans ton sein un cœur impitoyable.

VIII.

SONNET.

Si je pouvais vivre un seul moment sans penser à vous, je nommerais cette année-là heureuse ; les chagrins qui m'accablent deviendraient un peu plus doux, si je pouvais vous convaincre des peines que j'endure.

Oui, je vivrais heureux, si vous pouviez croire aux peines qu'à chaque instant me causent vos beaux yeux. Ces bois n'y ont-ils pas cru, eux qui sont déjà fatigués d'entendre mes plaintes ?

On se console enfin de la fuite des richesses et de la mort d'un fils ; on se console même de la perte d'un trône : tout chagrin, toute passion a son terme ;

Mais, ô tourment de ma vie qui surpasse tous les autres ! il faut que je pleure seul, et que je pense à vous, et que mes pleurs ne puissent tarir, et qu'on ne veuille point y croire.

FIN DES POÉSIES DIVERSES.

OEUVRES DIVERSES EN PROSE.

I.

DISCOURS

OU PLUTOT DIALOGUE

DANS LEQUEL ON EXAMINE SI LA LANGUE DANS LAQUELLE ONT ÉCRIT LE DANTE, BOCCACE ET PÉTRARQUE DOIT S'APPELER ITALIENNE, TOSCANE OU FLORENTINE.

Toutes les fois que j'ai pu honorer ma patrie, même à mes risques et périls, je l'ai fait du plus profond de mon cœur; car c'est à elle que dans la vie l'homme a les plus grandes obligations; c'est à elle qu'il doit son existence; c'est elle qui lui permet de jouir de tous les biens que lui accordent la nature et le sort. Plus cette patrie a obtenu de gloire en partage, plus la destinée de ses enfants est éclatante. Certes celui qui aurait le courage de s'en montrer l'ennemi mériterait à juste titre le nom de parricide, même en cédant à un motif fondé de vengeance; car si c'est un crime de frapper son père et sa mère, même pour se défendre, qui peut nier que ce ne soit un forfait plus grand encore de déchirer le sein de sa patrie? Est-il possible d'éprouver de sa part quelque persécution qui doive l'exposer à nos outrages, et ne lui devons-nous pas au contraire une profonde reconnaissance de tous ses bienfaits? Et quand elle se voit forcée de rejeter de son sein une partie de ses propres citoyens, on doit plutôt l'applaudir de ceux qu'elle conserve que la blâmer de ceux qu'elle répudie. Ce que j'avance me paraît si évident que je ne crains pas de me tromper en défendant mon opinion de tous mes efforts, et en combattant ceux qui dans leur fol orgueil ne craignent pas de chercher à ternir l'honneur de leur patrie.

Le motif pour lequel j'ai cru devoir soutenir cette thèse vient d'une dispute qui s'est élevée ces jours passés, pour savoir si la langue dans laquelle nos poëtes et nos orateurs florentins ont écrit doit être appelée *florentine, toscane* ou *italienne*.

Dans cette dispute, quelques personnes peu polies voulaient qu'on lui donnât le nom de *toscane;* d'autres, moins polies encore, la nommaient *italienne;* tandis que d'autres prétendaient qu'elle méritait le seul nom de *florentine*. Chacun s'efforça de défendre son opinion dans toutes les formes; et la question étant demeurée indécise, j'ai cru devoir profiter du loisir que me laissent les vendanges pour exposer mon avis sous toutes ses faces, afin de résoudre enfin ce problème, ou de fournir à chacun de nouvelles armes pour combattre.

Pour décider quel est l'idiome dans lequel ont écrit les illustres écrivains qui se sont servis de la langue vulgaire, et parmi lesquels, sans aucune comparaison, le Dante, Pétrarque et Boccace brillent au premier rang, il est nécessaire de les placer d'un côté et de mettre de l'autre toute l'Italie; car aucune autre contrée du monde (je parle ici sous le rapport de la langue) ne peut rien opposer à ces trois grands génies. En effet les Espagnols, les Français, les Allemands n'ont dans cette contestation aucune des prétentions de la Lombardie.

Ce point établi, il faut comparer toutes les provinces de l'Italie, examiner les variétés que présentent leurs dialectes, préférer celui que ces grands écrivains ont adopté, lui donner le premier rang, et le regarder comme la véritable langue. Mais si vous jetez un coup d'œil sur toute l'Italie et si vous faites attention, non point au nombre de châteaux, mais seulement à celui des villes qu'elle renferme, vous serez obligé, pour éviter la confusion, de diviser cette contrée en grandes provinces, telles que la Lombardie, la Romagne, la Toscane, les terres de l'Église et le royaume de Naples.

En effet, si l'on examine avec attention chacune de ces provinces, on trouvera que leurs idiomes présentent de grandes différences. Et pour démêler d'où ces différences peuvent procéder, il est nécessaire de rechercher pourquoi il existe cependant entre ces idiomes des rapports si intimes, que tous ceux qui écrivent aujourd'hui sont fondés à soutenir que ceux qui ont écrit jadis se sont servis de la langue vulgaire italienne, et pourquoi, au milieu de cette diversité de langage, nous sommes parvenus à nous entendre.

Les uns veulent que la particule affirmative, que l'on exprime en italien par le mot *si*, soit la limite de chaque langue. Ils disent que l'on comprend la même langue dans toute l'étendue du pays où l'affirmation s'exprime par le même terme : ils s'appuient de l'autorité du Dante qui, voulant indiquer l'Italie, la désigne par la particule *si*, et s'exprime de la sorte :

> Pise, honte du peuple de ce beau pays
> Où de ses doux accents le *si* charme l'oreille [1].

Ils allèguent encore l'exemple de la France, qui, sous cette dénomination générale, se subdivise en langue d'*oil* et en langue d'*oc*, termes qui signifient chez elle la même chose que le *si* des Italiens.

Ils allèguent enfin l'exemple de la langue de toute l'Allemagne, qui dit *ya*, et celle de toute l'Angleterre, où l'on dit *yes*. C'est sans doute par cette raison que beaucoup de personnes veulent que tous ceux qui habitent l'Italie ne parlent ou n'écrivent qu'une même langue.

D'autres prétendent, au contraire, que ce n'est point cette particule *si* qui détermine une langue, parce que s'il en était ainsi les Siciliens et les Espagnols, du moins quant au langage, seraient aussi des Italiens. Il est donc nécessaire de déterminer la question d'après d'autres règles. En conséquence, si l'on examine bien, disent-ils, les huit parties d'oraison dans lesquelles tous les idiomes connus se divisent, on verra que le *verbe* est la chaîne et le nerf de la langue, et que toutes les fois que cette partie reste immuable, quand même les autres parties varieraient à l'infini, la langue est généralement entendue ; car le verbe nous fait comprendre la signification des mots inconnus entre lesquels ils se trouve placé ; tandis, au contraire, que lorsque les verbes sont différents, c'est en vain qu'il y a une ressemblance entre les mots, la langue ne saurait être la même. On peut citer pour exemple l'Italie, qui offre dans les verbes une très-légère variété, tandis que la différence dans les noms est énorme. Il n'est pas d'Italien, en effet, qui ne dise *amare*, *stare* et *leggere* ; tandis que tous ne disent pas également *deschetto*, *tavola* et *guastada*. Parmi les pronoms, ceux qui sont les plus importants offrent des différences : tels sont, par exemple, *mi* au lieu de *io* et *ti* au lieu de *tu*.

Ce qui rend encore les langues différentes, sans empêcher toutefois que l'on s'entende, c'est la prononciation et les accents. Les Toscans, par exemple, appuient sur les voyelles de tous leurs mots ; mais les Lombards et les Romagnols, au contraire, suspendent la voix sur la dernière consonne : ainsi ils disent *pan* pour *pane*.

Après avoir bien pesé ces différences, et beaucoup d'autres que présente la langue italienne, si l'on désire connaître quel est celui de ses dialectes qui tient le premier rang et qu'ont employé les auteurs anciens, il faut examiner d'abord d'où le Dante et ceux qui ont écrit les premiers tiraient leur origine, et s'ils se sont servis ou non dans leurs ouvrages de la langue maternelle; il faut ensuite comparer leurs productions avec d'autres productions en langue purement florentine ou lombarde, ou de quelque autre province de l'Italie, dans laquelle la nature brille seule et où l'art n'ait aucune part, et la langue qui se trouvera la plus conforme à la leur pourra passer, suivant moi, pour celle dans laquelle ils ont écrit.

Les premiers écrivains que l'on connaisse, à l'exception d'un Bolonais [1], d'un Arétin [2], d'un citoyen de Pistoja [3], dont tous les plus longs ouvrages ne vont pas au delà de dix *canzoni*, étaient, comme personne ne l'ignore, de Florence. Parmi eux le Dante, Pétrarque et Boccace tiennent le premier rang, et personne

[1] Ah Pisa! vituperio delle genti
Di bel paese là dove il *si* suona. *Enfer.* 33.

[1] Il parle de Guido Guinicelli.

[2] Guittone d'Arezzo.

[3] Cino da Pistoja. Outre ces trois poëtes, il en existe

n'ose se flatter d'atteindre jamais à sa hauteur.

Boccace, par exemple, avance dans ses *Cent Nouvelles* qu'il écrit en florentin vulgaire [1]. Je ne sais si Pétrarque en dit quelque chose, mais le Dante, dans son livre *de Vulgari Eloquio*, après avoir condamné la langue italienne en général, dit qu'il n'a point écrit en florentin, mais en langage de cour [2]. Si l'on devait ajouter foi à ces paroles, on verrait s'évanouir les raisons que l'on croyait avoir d'apprendre de ces grands hommes eux-mêmes à quelle source ils avaient puisé cette langue qu'ils ont si bien parlée.

Je ne reviendrai point sur ce qui regarde Pétrarque et Boccace, parce que ce dernier est en ma faveur et que l'autre est resté neutre. Je m'arrêterai seulement au Dante, dont le génie, le savoir et le jugement éclatent dans tous ses écrits, excepté lorsqu'il vient à parler de sa patrie, qu'il a poursuivie en toute occasion avec un acharnement indigne d'un philosophe et même d'un homme. Il ne peut s'empêcher de la couvrir d'infamie; il l'accuse de réunir tous les vices; il en condamne les habitants, il en blâme le site, il médit de ses mœurs et des lois qui la gouvernent; et ce n'est pas dans un seul endroit de son poëme qu'il s'exprime ainsi, mais dans un grand nombre de passages, mais de diverses manières, et avec des expressions toujours nouvelles [3]; tant il avait été blessé par l'arrêt de son exil, tant il brûlait du désir d'en tirer vengeance. Aussi s'en est-il vengé autant qu'il a pu; et si le sort avait voulu qu'un seul des malheurs qu'il appelait sur sa patrie fût tombé sur Florence, cette cité aurait plus à se plaindre d'avoir donné le jour à un homme semblable que de tous les autres maux qu'elle a éprouvés. Mais la fortune, pour le convaincre de mensonge, et pour couvrir des rayons de la gloire les calomnies du poëte, n'a fait qu'augmenter journellement la prospérité de Florence; elle l'a rendue célèbre entre toutes les cités de l'univers, et l'a conduite de nos jours à un état de bonheur si grand, elle l'a fait jouir d'un repos si profond, que si le Dante pouvait contempler un pareil spectacle, ou il se condamnerait lui-même, ou, percé de nouveau des traits de l'envie, qui était innée dans son cœur, il voudrait sur-le-champ reperdre le jour. Il n'est donc point étonnant qu'un homme qui ne cherche qu'à verser l'opprobre sur sa patrie ait également cherché à ravir à sa langue maternelle cette réputation qu'il croyait lui avoir donnée par ses écrits; et c'est pour s'exempter de lui rendre honneur qu'il composa son traité *de Vulgari Eloquio*, dans lequel il cherche à prouver que le dialecte dont il s'est servi n'est point le florentin. Mais on ne doit pas plus le croire en cette occasion que lorsqu'il dit qu'il a trouvé Brutus dans la bouche du grand Lucifer [1], cinq citoyens de Florence au nombre des voleurs [2], et son Cacciaguida dans le paradis [3]. Il en est de même d'une foule d'autres opinions que la passion lui a dictées, et où il se montre si aveuglé, si privé de sens, de savoir et de dignité, qu'il paraît un tout autre homme. S'il eût montré dans toutes ses autres actions un jugement aussi peu sain, ou il serait toujours demeuré tranquille dans Florence, ou il n'en eût été chassé que comme fou. Mais comme on peut combattre sans peine des assertions qui ne sont fondées que sur des généralités ou des conjectures, je veux tâcher de prouver par des raisons réelles et puissantes que la langue du Dante est entièrement florentine, plus même que celle dont Boccace avoue s'être servi, et prêter par là de nouvelles armes à ceux qui ont du Dante la même opinion.

Une langue italienne générale serait celle dont les expressions appartiendraient plus à l'universalité du pays qu'à quelque dialecte particulier: de même une langue propre sera celle où il y a plus d'expressions propres à un pays qu'à un autre; car il est impossible de trouver une langue qui n'ait rien emprunté des autres langues: les hommes de différents pays ayant à traiter et à converser ensemble, s'approprient nécessairement des mots les uns des autres.

Ajoutez à cela que toutes les fois qu'un pays embrasse de nouvelles doctrines ou cultive des arts nouveaux, il faut inventer en même temps

encore quelques autres qui ne sont point Florentins; mais ils ont moins de renommee encore que les trois premiers; ils jouissent aussi de beaucoup moins d'estime; et d'ailleurs ils ont fort peu écrit si on les compare au Dante, à Pétrarque et à Boccace.

[1] Il che assai manifesto può apparire a chi le presenti Novellette riguarda, le quali non solamente in florentino volgare, ed in prosa scritte per me sono, e senza titolo, ma ancora in istilo umilissimo, e rimesso quanto il più si possono. Bocc., *Gior.* 4, *Nov.* 2.

[2] *De Vulgari Eloquio*, lib. I, c. 16, 17 et 18.

[3] *Voy.* c. 6, c. 13 et c. 15 de l'*Enfer*.

[1] *Enfer*, c. 34.—[2] *Ibid.*, c. 21 et 25.—[3] *Paradis*, c. 16.

des termes nouveaux, tirés de la langue du pays d'où sont venus ces doctrines et ces arts. Mais comme ils prennent en même temps, dans la conversation, les modes, les cas, les accents, les désinences de la langue dans laquelle ils s'introduisent, ils présentent bientôt les mêmes consonnances que la langue qu'ils sont venus trouver; et c'est ainsi qu'ils s'y incorporent. S'il en était autrement, les langues sembleraient composées de pièces et de morceaux, ce qui serait tout à fait irrégulier. Ainsi les mots étrangers se changent en florentins, et non point les mots florentins en mots étrangers; d'où il résulte que la langue reste toujours la langue florentine.

C'est par là que les langues s'enrichissent dans le principe, et que leur richesse contribue à leur beauté. Mais il n'en est pas moins vrai non plus que l'introduction de cette multitude de mots nouveaux finit par les abâtardir[1], et par en faire une tout autre chose; mais ce changement ne s'opérant qu'au bout de plusieurs siècles, personne ne s'en aperçoit que lorsque l'on est tombé dans une barbarie complète.

Cette révolution serait certainement bien plus rapide s'il arrivait qu'un peuple nouveau vînt fixer sa demeure dans une contrée étrangère : dans ce cas, le changement pourrait ne pas être plus long que la vie d'un homme.

Quelle que soit, de ces deux révolutions, celle que peut éprouver une langue, il faut, si l'on veut conserver celle qui s'est perdue, qu'on la retrouve dans les ouvrages des grands écrivains qui l'ont employée, ainsi qu'on l'a fait et qu'on le fait encore pour le grec et pour le latin.

Mais, laissant de côté ce dernier exemple, attendu que notre langue n'est pas encore parvenue à sa décadence, et revenant au point d'où j'étais parti, je dis que l'on peut appeler langue commune à toute une province celle où la majeure partie des mots ou des idiomes ne s'emploie pas exclusivement dans un des dialectes particuliers du pays; et l'on appellera langue propre celle où le plus grand nombre des mots n'est en usage que dans cette partie du pays.

Si ce que je dis est incontestable, je voudrais interpeller le Dante de me montrer son poëme, et, le confrontant avec quelque autre ouvrage écrit en langue florentine, je lui demanderais quel est dans son poëme le passage qui n'est point écrit en florentin. Sans doute il me répondrait que l'on y trouve une foule d'expressions tirées de la Lombardie, ou inventées par lui, ou puisées dans le latin.

Mais comme je veux m'entretenir un moment avec lui, pour éviter les *il dit*, les *je lui répondis*, je mettrai en tête les noms des interlocuteurs.

MACCHIAVELLI. Quels sont les mots que tu as tirés de la Lombardie?

DANTE. Les suivants :

In *co* del ponte presso a Benevento[1];

et cet autre :

Con voi nasceva e s'ascondeva *vosco*[2].

MACCHIAVELLI. Quels sont ceux que tu as puisés dans le latin?

DANTE. Ceux-ci, et une foule d'autres :

Transumanar significar per verba[3].

MACCHIAVELLI. Quels sont ceux que tu as inventés.

DANTE. Ceux-ci :

S'io m'intuassi come tu t'immii[4].

Le mélange de ces différents mots avec le toscan forme une troisième langue particulière.

MACCHIAVELLI. C'est bien. Mais, dis-moi : combien dans ton ouvrage y a-t-il de ces mots ou étrangers, ou inventés par toi, ou tirés du latin?

DANTE. Dans les deux premiers poëmes il y en a fort peu : c'est dans le dernier qu'on en trouve beaucoup, surtout de ceux qui dérivent du latin, parce que les doctrines diverses dont je traitais m'ont forcé à me servir de mots avec lesquels je pusse les exprimer. Comme je ne le pouvais qu'en employant des expressions latines, je m'en suis servi, mais en les arrangeant de manière à les rendre semblables, au moyen des désinences, à la langue dans laquelle j'ai écrit le reste de mon poëme.

MACCHIAVELLI. Quelle est donc cette langue?

DANTE. La langue de cour[5].

MACCHIAVELLI. Que signifie la langue de cour?

DANTE. Cela veut dire une langue parlée par les personnes de la cour du pape, du duc de Milan, etc. Comme c'étaient en général des hommes de lettres, ils s'exprimaient bien mieux que dans les autres villes de l'Italie.

MACCHIAVELLI. Tu veux m'en faire accroire.

[1] *Voy.* les *Avvertimenti* de Salviati, liv. 2, ch. 7.

[1] *Purg.*, c. 3. — [2] *Parad.*, c. 22. — [3] *Id.*, c. 1.
[4] *Id.*, c. 9. — [5] *Curiale.*

Dis-moi un peu : Que signifie *morse* dans ce langage de cour.

DANTE. Il signifie *il mourut*.

MACCHIAVELLI. Et en florentin, quel sens a-t-il ?

DANTE. *Serrer quelqu'un avec les dents.*

MACCHIAVELLI. Lorsque dans le vers suivant tu dis :

> E quando 'l dente longobardo morse [1],

que signifie ce mot *morse* ?

DANTE. *Piqua, blessa, assaillit.* C'est une translation dérivée du mot *mordere*, dont se servent les Florentins.

MACCHIAVELLI. Tu as donc parlé en florentin, et non en courtisan ?

DANTE. Cela est vrai en grande partie. Néanmoins j'ai fait attention de ne point me servir de plusieurs expressions qui nous sont tout à fait particulières.

MACCHIAVELLI. Comment, ne point te servir ! Et lorsque tu dis :

> Forte spingava con ambo le piote [2]

qu'entends-tu par ce mot *spingare* ?

DANTE. Quand un animal rue, on a coutume de dire : *Ella spinga una coppia di calci ;* et comme je voulais faire voir que celui dont il est question lâchait des ruades, je me suis servi du mot *spingava*.

MACCHIAVELLI. Réponds-moi : tu dis encore, pour exprimer les jambes :

> Di quel che si piangeva con la zanca [3].

Pourquoi t'es-tu servi de ce mot *zanca* ?

DANTE. C'est qu'à Florence on appelle *zanche* ces échasses dont ceux qui représentent les esprits célestes dans l'église de San-Giovanni, le jour de la Saint-Jean-Baptiste, se servent pour marcher ; et comme elles font pour eux l'office de jambes, j'ai employé le mot *zanche* pour *gambe*.

MACCHIAVELLI. Sur ma parole, tu n'évites pas mal les termes florentins ! Mais, dis-moi : quand plus loin tu t'exprimes ainsi :

> Non prendano i mortali il voto a ciancia [4],

pourquoi mets-tu *ciancia*, à la florentine, et

[1] *Parad.*, c. 6. — [2] *Enfer*, c. 19. — [3] *Id.*, c. 19.
[4] *Parad.*, c. 5.

non *zanza*, comme les Lombards, surtout ayant déjà dit *vosco* et *in co del ponte* ?

DANTE. C'est que le mot *zanza* est trop barbare ; mais je n'ai rejeté ni *co* ni *vosco*, tant parce que ce ne sont point des mots aussi barbares, que parce que, dans un ouvrage de longue haleine, il est bien permis d'user de quelque expression étrangère, comme l'a fait Virgile lui-même quand il dit :

> Arma virum, tabulæque, et Troia *gaza* per undas [1].

MACCHIAVELLI. C'est fort bien ; mais pour avoir usé de ce mot, peut-on dire que Virgile n'ait point écrit en latin ?

DANTE. Non, sans doute.

MACCHIAVELLI. De même, pour avoir dit *co* et *vosco*, on ne peut pas dire de toi que tu as abandonné ta langue. Mais nous faisons ici une dispute inutile, puisque dans ton ouvrage même tu avoues en plusieurs endroits que tu parles toscan et florentin. Ne fais-tu pas dire à l'un des damnés de ton Enfer, lorsqu'il t'entend parler :

> Ed un che 'ntese la parola tosca [2] ?

Et dans un autre endroit, quand Farinata s'entretient avec toi, ne mets-tu pas dans sa bouche les vers suivants :

> La tua loquela ti fa manifesto
> Di quella nobil patria natio
> Alla qual forse fui troppo molesto [3] ?

DANTE. Il est très-vrai que je dis tout cela.

MACCHIAVELLI. Pourquoi soutiens-tu donc que tu ne parles pas florentin ? Mais je veux te convaincre les livres à la main et en les comparant. Lisons donc ton poëme et *le Morgante*. Commence toi-même.

DANTE.

> Nel mezzo del cammin di nostra vita
> Mi ritrovai per una selva oscura,
> Che la diritta via era smarrita [4].

MACCHIAVELLI. Cela suffit. Prends maintenant un passage du Morgante.

DANTE. A quel endroit ?

MACCHIAVELLI. Où tu voudras. Il n'y a qu'à ouvrir le livre au hasard.

[1] VIRG., *Æneid.*, lib. 1, v. 119. Servius a mis à ce vers la note suivante : « *Gaza* persicus sermo est, et significat « divitias, unde Gaza urbs in Palæstina dicitur, quod in ea « Cambyses rex Persarum, quum Ægyptiis bellum inferret, divitias suas condidit. »
[2] *Enfer*, c. 23. — [3] *Id.*, c. 10. — [4] *Enfer*, c. 1.

DANTE. M'y voici.

Non chi comincia ha meritato, è scritto
Nel tuo santo Vangel, benigno Padre [1].

MACCHIAVELLI. Maintenant, quelle différence trouves-tu entre cette langue et la tienne?

DANTE. Fort peu.

MACCHIAVELLI. Pour moi je n'y en trouve aucune.

DANTE. Il y a cependant un je ne sais quoi.

MACCHIAVELLI. Quoi encore?

DANTE. Ce *chi* est trop florentin.

MACCHIAVELLI. Il faudra que tu te dédises; car ne t'exprimes-tu pas ainsi :

Io non so chi tu se', nè per che modo
Venuto se' quaggiù; ma Fiorentino
Mi sembri veramente, quand' io t' odo [2]?

DANTE. J'en conviens; c'est moi qui ai tort.

MACCHIAVELLI. Mon cher Dante, je veux que tu t'amendes, et que tu traites un peu mieux la langue florentine, et même tes ouvrages : tu sentiras que si quelqu'un doit rougir, c'est plutôt Florence que toi. En effet, si tu fais attention à ce que tu as dit toi-même, tu verras que tu n'as pas évité le burlesque dans tes vers, comme dans le passage suivant, par exemple :

Poi ci partimmo, e n'andavamo introque [3].

Tu n'as point évité le dégoûtant, comme dans ce vers :

Che merda fa di quel che si trangugia [4].

Tu n'as point enfin évité l'obscène; exemple ce vers :

Le mani alzò con ambedue le fiche [5].

Puisque tu n'as point su te préserver de ces expressions qui déshonorent ton ouvrage, aurais-tu pu éviter une foule de mots nationaux qui ne sont en usage que dans ton pays? car l'art ne peut jamais entièrement surmonter la nature.

Bien plus, fais attention, je te prie, que les langues ne peuvent être simples, et qu'il est nécessaire qu'elles se mêlent avec d'autres. Or, on appelle langue d'un pays celle qui se rend propres les mots qu'elle emprunte à d'autres langues, et dont l'influence est si grande que, bien loin d'être défigurée par les mots empruntés, c'est elle au contraire qui les modifie, de manière qu'ils lui deviennent propres, et que les écrivains qui, séduits par sa beauté, emploient cette langue dans leurs ouvrages, doivent faire comme tu as fait, mais ne doivent pas dire ce que tu as dit. En effet, si tu as emprunté un assez grand nombre de mots aux Latins et aux étrangers; si tu en as créé toi-même de nouveaux, tu as très-bien fait; mais tu as eu grand tort de dire que par ce moyen elle était devenue une langue entièrement différente.

Horace dit :

. . . . Quum lingua Catonis et Enni
Sermonem patrium ditaverit, et nova rerum
Nomina protulerit? . . . . [1]

Il les loue d'avoir été les premiers à enrichir la langue latine.

Les armées de Rome ne comprenaient pas plus de deux légions romaines, c'est-à-dire environ douze mille Romains; le reste se composait de soldats des autres nations, et s'élevait à plus de vingt mille hommes : néanmoins, comme les Romains et leurs chefs étaient le nerf de l'armée, comme tous ensemble combattaient sous les ordres et la discipline de Rome, l'armée entière conservait le nom, l'autorité et la dignité romaine; et toi, qui as mis dans tes écrits vingt légions de mots florentins, qui te sers des cas, des temps, des modes et des désinences florentines, tu voudrais que quelques mots dont tu l'as dotée fissent changer la langue!

Si tu la nommes langue universelle d'Italie, ou langue des courtisans, parce que dans cette langue on met en usage tous les mots dont on se sert à Florence, je te réponds que si l'on emploie les mêmes mots, ils n'ont pas la même terminaison; la prononciation met entre eux tant de différence qu'elle leur donne une tout autre physionomie. En effet, tu n'ignores pas que les étrangers ou changent le *c* en *z*, comme nous l'avons vu précédemment à l'occasion de *cianciare* et de *zanzare*; ou ajoutent des lettres, en disant, par exemple, au lieu de *vien qua*, *vegni za*; ou en retranchent, et font *poltron*

[1] *Morgante Maggiore* di Luigi Pulci, c. 24.
[2] *Enfer*, c. 33. — [3] *Id.*, c. 20.
Le vers du Dante est ainsi :
Si mi parlava, ed andavamo introque.
[4] *Enfer*, c. 28. — [5] *Id.*, c. 25.

[1] *Ars poet.*, v. 56, 57, 58.

de *poltrone* ; de sorte qu'ils estropient les mots qu'ils ont en commun avec nous, au point d'en faire une tout autre chose.

Veux-tu que ce soit la langue de la cour ? Si tu entends parler des cours de Milan ou de Naples, qui ont une langue nationale, je te répondrai que plus ces langues se rapprochent du toscan et plus elles l'imitent, plus elles deviennent excellentes. Si tu prétends que la copie doive l'emporter sur l'original, c'est vouloir une chose qui le plus souvent n'est pas. Mais entends-tu parler de la cour de Rome ? On y parle tant de langues diverses, on y voit réunies un si grand nombre de nations, qu'elle ne peut absolument servir de règle.

Mais ce qui vous induit principalement en erreur à l'égard des mots communs, toi et la plupart des écrivains, c'est que la célébrité que vos ouvrages ont acquise, et qui les fait lire en mille endroits différents, a enseigné aux étrangers l'usage d'une foule de mots qui nous appartiennent ; et comme ils s'en servent maintenant, de propres qu'ils étaient ils sont devenus communs.

Veux-tu demeurer convaincu de ce que j'avance ? prends le livre d'un de ces auteurs qui ont écrit depuis toi, et tu verras combien ils emploient de tes expressions, et combien ils s'efforcent de les imiter. Il suffit pour t'en convaincre de leur faire lire les livres composés par les auteurs qui ont précédé ta naissance et celle de Pétrarque et de Boccace, et l'on verra qu'il ne s'y trouve ni mot ni terme de vous ; ce qui prouve sans réplique que la langue dans laquelle on écrit aujourd'hui est la vôtre, et que par conséquent cette dernière n'est point commune à la leur. C'est même en vain qu'ils suent pour tâcher de l'imiter : si tu lis leurs ouvrages, tu verras en mille endroits qu'ils s'en servent maladroitement, ou qu'ils la détournent de son vrai sens, parce qu'il est impossible que l'art ait la puissance de la nature.

Fais encore attention à une autre chose, si tu veux demeurer convaincu de la dignité de la langue de ta patrie : c'est que si des écrivains étrangers traitent un sujet nouveau dont ils n'aient pu apprendre les termes chez vous, ils sont forcés de recourir à la Toscane ; ou s'ils emploient des mots de leur propre langue, ils les aplanissent et les étendent suivant la coutume toscane. Sans cette précaution, ni eux ni leurs lecteurs n'en approuveraient l'emploi.

Comme on dit que toutes les langues nationales sont grossières lorsqu'elles offrent le mélange de plusieurs dialectes, à ce compte il n'y en aurait aucune qui ne le fût ; mais si celle qui a le moins besoin de ce mélange est en même temps la plus parfaite, je soutiens que la langue latine est celle qui sans contredit en a le moins besoin.

J'ajouterai que l'on écrit encore un grand nombre d'ouvrages qui perdent de leur prix si l'on n'emploie pas les expressions et les mots propres au pays : telles sont, par exemple, les comédies. En effet, le but de la comédie est d'offrir à nos yeux le miroir de la vie privée ; cependant pour y parvenir elle doit montrer une certaine urbanité, et n'employer que des expressions qui excitent le rire, afin que les hommes, attirés par le plaisir, goûtent l'exemple utile qu'elle cache sous son voile. Voilà pourquoi il est difficile que les personnages d'une comédie soient des personnages graves. Comment, en effet, pourrait-il y avoir de la gravité dans un valet fripon, dans un vieillard ridicule, dans un jeune homme que l'amour rend insensé, dans une courtisane trompeuse, dans un parasite gourmand ? Cependant, de l'ensemble de ces divers personnages on voit jaillir des exemples très-graves, et qui nous servent de règle pour nous conduire dans la vie.

Mais, comme ces tableaux doivent exciter en même temps notre rire, il faut se servir de plaisanteries et d'expressions qui obtiennent ce résultat. Or, si ces plaisanteries ne sont pas nationales et propres au pays, si elles ne sont pas uniques, claires et connues, elles ne touchent ni ne peuvent toucher. De là vient qu'un auteur qui n'est point toscan ne se tirera jamais bien de cette difficulté, parce que s'il veut employer des plaisanteries particulières à son pays il ne fera qu'un habit tout rapiécé, et son ouvrage ne sera qu'une composition moitié toscane et moitié étrangère. C'est là que l'on verra clairement quelle est la langue qu'il a apprise, si elle est générale ou particulière.

Mais si, dans l'ignorance des plaisanteries toscanes, il veut s'en abstenir entièrement, il fera un ouvrage manqué et imparfait. En voici la preuve. Je désire que tu lises une comédie composée par l'un des Arioste de Ferrare[1] : tu y verras une composition pleine d'esprit, un style orné et correct, une intrigue bien nouée, un dénoûment plus parfait encore : mais tu n'y trouveras point ce sel de plaisanterie qu'exige une comédie de ce genre ; et cela uniquement, comme je viens de te le dire, par la raison que les plaisanteries de Ferrare ne lui plaisant pas, et qu'ignorant celles de Florence, il n'en a pas fait usage. Il en a employé une commune aux deux pays, et que je crois originaire de Florence, lorsqu'il dit qu'un docteur à la longue barette payerait sa maîtresse avec des *doppioni*[2]. Il en a employé une autre qui était propre à son pays, et qui ne sert qu'à rendre plus frappant le mauvais effet que produit le mélange du ferrarais et du toscan : une des femmes de sa comédie [3] dit qu'elle ne veut point parler dans un lieu où il y aurait des oreilles qui pussent l'entendre ; il lui fait répondre qu'elle ne parlât pas où il y aurait des baquets (*bigonzoni*) ; et le bon goût est profondément blessé par ce mot *bigonzoni*, soit dans la lecture, soit dans la conversation. On voit aisément par là, et par plusieurs autres passages, avec quelle peine il maintient la pureté de cette langue qu'il a empruntée.

De tout ceci je conclus qu'il y a une foule de choses que l'on ne peut bien écrire si l'on ne connaît parfaitement toutes les ressources propres et particulières à la langue qui est le plus en crédit. Si l'on veut employer les termes propres, il faut recourir à la source d'où cette langue tire son origine : sans cela on fait un ouvrage où une partie ne répond point à l'autre.

Que la langue dans laquelle tu as écrit, ainsi que ceux qui t'ont précédé et suivi, tire son origine de Florence, c'est ce que prouve le lieu où vous êtes nés. Vous avez tous reçu le jour dans Florence, dans une ville dont la langue était la plus propre à écrire en vers et en prose ; avantage que ne pouvait vous offrir aucun autre dialecte d'Italie. En effet, personne n'ignore que ce sont les Provençaux qui les premiers commencèrent à écrire des vers : de Provence, cette invention passa en Sicile, et de Sicile en Italie, où elle pénétra d'abord en Toscane, et de la Toscane à Florence : et c'est à sa langue seule, plus propre que les autres à ce bel art, que cette dernière cité dut un pareil avantage : car ce n'est ni à sa situation, ni à l'esprit de ses habitants, ni à quelque autre qualité particulière que Florence est redevable d'avoir été la première à produire de grands écrivains : elle ne le doit qu'à sa langue, qui a su, plus tôt que les autres villes d'Italie, se plier à cette discipline.

La preuve de ce que j'avance se voit de nos jours. Il existe aujourd'hui une foule de Ferrarais, de Napolitains, de Vicentins, de Vénitiens qui écrivent parfaitement, et qui ont au plus haut degré le génie des lettres : il était impossible que cela eût lieu avant que vous eussiez écrit, toi, Pétrarque et Boccace. Pour faire disparaître les défauts de leur langue, il était nécessaire qu'il parût un premier modèle sur lequel ils pussent se régler, et qui leur enseignât la manière dont ils devaient s'y prendre pour secouer cette barbarie naturelle dans laquelle leur langue nationale était plongée.

Concluons donc qu'il n'existe point en Italie de langue qu'on puisse appeler générale ou de cour, puisque toutes celles auxquelles on pourrait donner ce nom ont leurs fondements dans les écrits des auteurs florentins et dans la langue florentine, à laquelle, dans leur pénurie, elles sont obligées de recourir comme à leur véritable source ; et s'ils ne veulent point se montrer obstinés, ils seront forcés de confesser que cette langue est la langue florentine.

Lorsque j'eus fini de parler, le Dante, qui m'avait écouté attentivement, avoua que j'avais raison, et disparut. Je demeurai très-satisfait de l'avoir détrompé. Toutefois je ne sais si je parviendrai à désabuser également ceux qui reconnaissent si peu les obligations qu'ils ont à la langue de notre patrie qu'ils ne craignent pas de la confondre avec celle de Milan, de Venise, de la Romagne, et avec tous les blasphèmes de la Lombardie.

[1] Macchiavelli parle ici de la comedie *degli Suppositi* de l'Arioste, d'abord écrite en prose, et mise ensuite en vers par l'auteur lui-même. C'est de la première qu'il est question.

[2] *I suppositi*, acte I, scène I. — [3] *Idem, ibidem.*

II.

DE LA COLÈRE

ET DES MOYENS DE LA GUÉRIR.

DIALOGUE.

MACCHIAVELLI. C'est avec raison, selon moi, mon cher Côme, qu'en agissent ces peintres habiles qui, avant de terminer leur ouvrage, l'écartent pendant quelque temps de devant eux, afin que l'œil perdant l'habitude de voir toujours la même peinture, et venant à la revoir au bout d'un certain temps, puisse mieux la juger et y reconnaître les défauts que lui aurait peut-être dérobés une vue trop continuelle. Mais, comme il est impossible à l'homme de se séparer de lui-même, ou d'éloigner de lui son propre sentiment, il en résulte que cette familiarité non interrompue avec nous-même nous rend souvent plus injuste envers nous qu'envers les autres. Nous n'avons donc qu'un seul moyen de discerner nos défauts : c'est de les examiner entre amis, et de nous les faire apercevoir mutuellement. Il ne s'agit pas de savoir quel est celui d'entre nous qui est plus ou moins bien fait, plus ou moins robuste : cet examen doit porter sur les mœurs, sur la manière de vivre ; et le but est de savoir si quelque vertu s'est renforcée, si quelque vice s'est affaibli ou a été entièrement extirpé.

Ce n'est pas sans motif que je parle ainsi. Lorsque je suis revenu à Rome cette année, et que je suis demeuré plusieurs mois avec toi, ce n'est pas du grand accroissement des richesses acquises par ta rare industrie pendant le temps de mon absence que j'ai été étonné ; mais ce qui m'a frappé d'une véritable admiration a été de voir cette grande facilité que tu avais à te mettre en colère adoucie et tempérée à ce point par les effets de ta raison. Aussi, dans la joie que j'en ressens, je me plais à dire : « O colère, « combien tu es devenue agréable ! » Ce n'est pas que cette flexibilité d'âme ait fait naître en toi l'apathie ou l'indolence ; mais, semblable à un bon terrain, ce sont les agréments d'une conversation amicale qui ont fait germer dans ton cœur cette douceur que nous y admirons aujourd'hui. Il est donc évident que ces emportements, ces transports subits de colère ne prennent point une force nouvelle avec l'âge, quoiqu'on ne puisse non plus les adoucir volontairement ; et que ces aimables entretiens dans lesquels la raison peut faire entendre sa voix sont nécessaires pour les guérir.

Quoique Luigi, notre ami commun, m'eût déjà rapporté tout ce qu'on disait de toi, et certainement à ta louange, je craignais qu'aveuglé par l'affection qu'il te porte, il ne vît briller en toi non ce qui en effet y existe, mais ce qui devrait éclater chez tout homme vertueux et bien né. Comme tu as pu le voir toi-même, je ne suis point assez crédule pour me laisser complaisamment entraîner par l'opinion d'autrui ; mais aujourd'hui que je connais la vérité, je l'absous de tout soupçon de mensonge, et je te prie de vouloir bien me dire de quelle médecine tu t'es servi pour dompter ainsi cette promptitude à te mettre en colère, pour la rendre douce, obéissante, et aussi soumise à la raison.

CÔME RUCCELLAI. Prends bien garde, mon très-cher Niccolò, de te laisser égarer par trop d'indulgence et par ton amitié, et de fermer les yeux sur mes défauts ; car l'amitié, qu'il est difficile de retenir dans de justes bornes, est sans doute cause que je te parais beaucoup plus doux que je ne le suis en effet. Fais attention aussi que, quoique les cordes que les musiciens mettent à leurs instruments semblent toutes égales, les sons qu'elles rendent sont bien différents.

MACCHIAVELLI. Il n'en est pas ainsi, je t'assure. Veuille donc, au nom de l'amitié que j'ai pour toi, ne point te refuser à ma prière.

CÔME RUCCELLAI. Je vais te satisfaire. Parmi les paroles remarquables de..., autant que je puis me le rappeler, on trouve celles-ci : « Ceux « qui veulent être guéris ne doivent s'occuper « que du soin de recouvrer leur santé ; » non que j'entende par là qu'à l'exemple de..., un sage médecin doive, soignant son malade, lui ôter tout à la fois son mal et sa raison : il doit au contraire lui maintenir l'esprit dans une assiette assez tranquille pour qu'il puisse juger si les remèdes qu'on lui prescrit sont bons, et dans ce cas les observer. La puissance de la raison ne ressemble en rien à celle de la médecine ; elle est plutôt semblable à une nourriture saine dont l'usage modéré fortifie peu à peu notre tempérament. Mais, lorsque les passions viennent embraser et gonfler notre âme, les conseils, les exhortations des amis ont bien peu de pouvoir : ils ressemblent aux odeurs que l'on fait respirer à ceux qui tombent du haut mal, et qui ne font que les ranimer sans les guérir de leur infirmité. Il est vrai que toutes les autres passions, qui de temps à autre troublent notre esprit, n'en chassent pas si bien la raison qu'elles ferment notre oreille à sa voix ; au contraire, si elle se fait entendre du dehors, elle pénètre soudain jusque dans les plus secrets replis de notre âme. Mais la colère, comme dit Mélantius, nous fait d'autant plus de mal que, dès qu'elle s'éveille, elle trouble notre raison, la chasse, nous la ravit, et nous rend semblables à ces insensés qui, après avoir mis le feu à leur propre maison, sont eux-mêmes la proie des flammes, et, mêlant tout à la fois la fumée, le bruit et la ruine, se privent eux-mêmes de la faculté de voir et d'entendre de quel côté ou de quelle manière on peut venir à leur secours.

Aussi voyons-nous un navire agité et battu par la fortune et l'orage accepter avec empressement un pilote qui le gouverne ; tandis que l'homme, toutes les fois que son âme est en proie aux transports de la colère, ne veut entendre aucune raison, à moins que longtemps à l'avance il n'ait été préparé et instruit par une attention particulière et des conseils anticipés. Il est alors comme ceux qui s'attendent à être assiégés, et qui, privés de tout espoir d'être secourus du dehors, réunissent tout ce qu'ils pensent devoir être utile à leur défense. C'est ainsi qu'il faut appeler le secours lointain de la philosophie contre les attaques de la colère, afin d'avoir au besoin à sa disposition toutes les ressources capables d'empêcher l'âme de se laisser aussi facilement troubler ; car lorsque la colère l'embrase trop fortement, le tumulte qui l'agite ne lui permet d'accepter aucun secours ou d'entendre aucune chose du dehors, à moins que sa propre raison ne veille au dedans, et que, placée dans le silence des plus secrets replis de son âme, elle n'éteigne aussitôt sa fureur en lui rappelant soudain tous les conseils salutaires qu'on lui a donnés pour résister à une pareille attaque. En effet, l'homme enflammé par la colère méprise les conseils paisibles et raisonnables qui lui sont présentés de dehors ; ou si on le reprend avec trop de force, sa colère ne fait que s'accroître.

Si la colère est un vice nourri d'orgueil et d'insolence, et qui, semblable à un tyran farouche, ne veut pas qu'on le réprime, il faut qu'elle ait toujours près d'elle un moyen facile et prompt d'apaiser ou d'éteindre l'incendie. D'ailleurs ce penchant sans frein à s'enflammer engendre dans notre âme une habitude brutale, qui finit par faire de nous des bêtes sauvages et par ne produire que des fruits amers et de fâcheuses difficultés, lorsqu'on nous voit, pour la moindre chose, nous irriter, nous aigrir, et nous livrer à nos emportements. C'est ainsi qu'un fer mince et acéré se rompt facilement lorsqu'on s'en sert pour creuser continuellement la terre. Mais si le jugement résiste d'abord à la colère, s'il la repousse, alors non-seulement il guérit notre âme, mais il augmente encore sa force dans l'avenir, et la rend moins esclave de ses autres passions.

Il est certain que dès que j'eus commencé deux ou trois fois à résister, je me trouvai dans le cas des Thébains, qui, ayant dans une première rencontre repoussé les Lacédémoniens, que l'on regardait à cette époque comme invincibles, purent toujours leur résister dans la suite, sans jamais en être vaincus. Cette force me vint de ce que j'avais appris à connaître les sages remèdes dont la philosophie peut se servir pour triompher. Je m'aperçus en outre qu'en laissant refroidir la colère, ou bien en s'abandonnant à quelque crainte imprévue, on pouvait la chasser, ainsi que l'avance Aristote ; et ce ne fut pas sans quelque joie que je vis, comme dit Homère,

La colère s'adoucir et se changer en allégresse ;

d'où je demeure convaincu que cette passion n'est point incurable pour quiconque veut se défendre un peu contre elle.

D'ailleurs ses commencements ne sont jamais ni graves ni violents : elle naît le plus ordinairement d'une plaisanterie, d'un geste, d'une parole; comme, par exemple, ce que dit Hélène à Électre sa nièce, qui avait déjà passé sa première jeunesse sans avoir trouvé de mari :

J'étais encore vierge lorsque je t'ai connue.

Électre, irritée de ces paroles, lui répond :

Tu n'as guère bonne mémoire ; car tu n'as commencé à me connaître que lorsque, fuyant ton mari d'une manière honteuse, tu abandonnas tes propres foyers.

C'est de cette manière aussi que Callisthène répondit à Alexandre, qui dans un festin lui avait envoyé cette énorme coupe qu'il voulait que chaque convive vidât : « Alexandre, je ne « veux point boire de manière à avoir besoin du « secours d'Esculape. »

Le feu qui ne trouve d'autre aliment que de la paille ou de l'herbe sèche s'éteint promptement; mais s'il s'attache à un bois solide, et qu'on le laisse s'étendre, il brûle et consume bientôt tout ce qu'il rencontre : de même, si au moment où l'on éprouve les premiers mouvements de la colère, et où l'on s'échauffe en paroles piquantes, on lui oppose une âme ferme, on n'aura pas de peine à la réprimer; souvent même pour l'éteindre il suffira de se taire ou de la mépriser : lorsque l'on prive le feu d'aliments, il s'éteint de lui-même.

En réfléchissant là-dessus, je ne puis approuver l'opinion de saint Jérôme, quoiqu'il parle d'une manière très-raisonnable sur d'autres matières, lorsqu'il dit que ce n'est pas quand l'âme commence à s'échauffer que naît la colère, mais que cette promptitude subite avec laquelle elle s'enflamme prouve qu'elle existait déjà dans le cœur de l'homme. Il me semble en effet, comme dit Homère, que

Aucune des passions de l'âme n'éclate d'une manière aussi soudaine et aussi imprévue que la colère.

Il vous présente à cet effet Achille, dont le courroux étouffe soudain la raison, tandis qu'Agamemnon s'irrite plus lentement, et ne se laisse entraîner à la colère qu'après s'être répandu en paroles injurieuses. S'il avait évité d'abord ces discours violents, ou s'il y eût mis plus de modération, on n'aurait pas vu naître un aussi funeste incendie. Aussi chaque fois que Socrate se sentait prêt à se fâcher, il se hâtait d'affermir son âme contre la tempête future : il baissait la voix, adoucissait son visage, montrait un front riant; et plus l'attaque était vive, plus il s'efforçait d'y résister. C'est ainsi qu'il conservait le calme de son âme, et que rien ne pouvait le vaincre.

En effet, mon cher Niccolò, se soustraire à la colère au moment où elle naît, qu'est-ce autre chose que se délivrer d'un tyran impitoyable qui ne nous laisse pas un moment de repos? Toujours crier, toujours menacer, avoir les yeux égarés, les traits renversés, frapper du pied et des mains, n'est-ce pas nous rendre insupportables ou ridicules aux yeux de tous ceux qui nous voient? Tâchons donc de nous rapprocher de la tranquillité, et de fuir une semblable furie.

La passion de l'amour a du moins quelque chose d'aimable et de spirituel : tels sont les chants, la musique, les bals, les sérénades que les amants prodiguent à leur maîtresse. Si l'un d'entre eux se trouve tête à tête avec elle, il n'en éprouve aucune douleur; et si quelquefois il lui arrive de soupirer ou de verser des larmes, elle le console, et adoucit en partie son chagrin; mais cette funeste passion de la colère, plus on la flatte, plus elle trouve de facilité à s'enflammer, plus elle devient grossière et offensante.

Il n'est donc rien de mieux que d'être en état de lui résister vigoureusement; mais si l'on ne se sent point assez fort, il faut fuir sur-le-champ et rentrer dans le port; ou faire comme ceux qui, attaqués du haut mal, dès qu'ils le sentent venir s'appuient sur le premier objet qu'ils rencontrent, pour tomber moins dangereusement.

De toutes les passions de l'âme, il n'en est aucune aussi horrible que la colère. L'amour, en effet, ne nous force point à aimer tous les hommes, ni l'envie à les haïr, et la crainte ne nous fait pas trembler devant tout le monde; mais la colère ne fait attention à rien; au contraire, elle est toujours prompte à offenser, soit qu'elle se tourne contre des amis, des ennemis, des parents, ou contre nos propres enfants. Souvent même nous nous irritons contre les dieux, et, ce qui est plus insensé encore, contre des animaux, contre des objets inanimés, ainsi qu'on le rapporte de Thomiras, qui, furieux contre son cor d'or, le brisa, et qui eût de même rompu son arc si on ne l'en eût empêché. Xerxès, irrité contre la mer, la fit battre de verges, et écrivit au mont Athos une lettre menaçante dans laquelle il lui disait : « Garde-« toi d'empêcher que l'on tire de ton sein les « pierres dont j'ai besoin pour mes travaux; « sinon je te fais tailler de toutes parts et jeter « à la mer. » D'un autre côté, si, parmi les effets de la colère, il en est un grand nombre de terribles et d'effrayants, il n'y en a pas moins de ridicules. Aussi n'est-il aucune passion que l'on redoute davantage, ou dont on se moque autant; ce qu'on ne saurait éviter avec trop de soin.

Il me semble donc, si je ne me trompe, que le premier remède à employer contre cette maladie, c'est d'examiner avec soin ce que c'est que la colère, ainsi que les effets qu'elle produit dans les autres hommes lorsqu'ils s'en laissent subjuguer. Et attendu que, selon Hippocrate, on doit regarder comme extrêmement dangereuses les maladies qui altèrent les traits du visage, de même quand je pense, ou que je vois la violence de la colère transformer entièrement un homme, qu'il change de visage, de couleur, que sa démarche chancelle, que sa voix et que tous ses membres frémissent, je me dis à moi-même : « Si quelque maladie « cruelle me plongeait pour mon malheur dans « un état semblable, combien je regarderais « comme une chose pénible et insupportable d'a-« voir à me montrer ainsi à mes amis, à ma « femme, à mes enfants, auxquels je devrais pa-« raître affreux ! Que serait-ce s'ils entendaient « sortir de ma bouche ces cris farouches que je « ne pourrais m'empêcher de blâmer dans un « autre, en le voyant, au milieu de ses amis et « de ses compagnons, perdre toute mesure, et « n'être retenu ni par la présence, ni par les pa-« roles, ni par le caractère des personnes avec « lesquelles il se trouve ! »

Si donc il m'arrivait d'avoir à guérir quelqu'un qui serait attaqué de cette frénésie, dès que je le verrais dans le plus fort de son accès, j'en userais comme les barbiers, qui, après avoir rasé et lavé leur pratique, mettent un miroir devant elle : sans doute en voyant non-seulement son âme, mais même son corps défiguré à ce point, il se guérirait de sa folie. Les poëtes racontent qu'un satyre se moqua de Minerve, qui jouait de la musette, en lui disant : « Laisse « là ces pipeaux, qui te défigurent et altèrent « ta beauté, et reprends les armes qui t'appar-« tiennent. » Minerve dédaigna ce conseil; mais un jour qu'elle jouait de cet instrument sur le bord d'un ruisseau, elle vit ses joues enflées et sa bouche déformée, et se trouva si laide qu'elle jeta au loin sa musette, et ne voulut plus désormais s'en servir.

Quand la mer est bouleversée par les vents, et qu'elle vomit les algues sur ses bords, on dit alors qu'elle se purge et qu'elle se nettoie; mais quand l'âme se laisse aller à la colère, malgré les paroles grossières et amères qui lui échappent, elle ne se purge point pour cela; au contraire, elle ne fait que se souiller et découvrir de plus en plus sa laideur. Il semblerait que la nature l'a tellement remplie de ces excès que l'âme, venant à être échauffée par la colère, est obligée de la rejeter au dehors. Aussi, dit Platon, « Une chose légère et frivole en apparence, la parole, cause les maux les plus cruels à ceux dont la langue prodigue la médisance et l'injure, et dont les habitudes sont grossières. » Quand je m'aperçois de cet état, et que je l'observe avec soin, je vois que ce que l'on regarde comme un signe certain de la fièvre trompe encore moins dans la colère. Il s'agit de connaître si le malade a la langue libre et nette. Si le fiévreux n'a point la langue dans son état naturel, ce n'est point la cause de son mal, c'est seulement un indice de la maladie; au lieu que si la langue de l'homme colère médit sans cesse, si elle n'exhale que des paroles grossières et injurieuses, c'est non-seulement un indice du mal, mais c'est aussi une source d'inimitiés mortelles et d'événements funestes.

Jamais l'ivresse causée par le vin n'a fait naître de résultats aussi nuisibles et aussi fâcheux que la colère. Les transports excités par l'ivresse respirent la gaîté et la plaisanterie: mais les accents de la colère sont souillés du fiel le plus noir. Aussi ceux qui, après avoir bu, restent taciturnes et sérieux, sont mal vus de leurs camarades. Dans la colère, au contraire, lorsque le silence serait le plus à désirer, il est impossible à la raison de faire entendre ses conseils, et de réprimer ou de modérer une langue furieuse.

Bien plus, les hommes enclins à la colère devraient non-seulement se rappeler sans cesse tout ce que j'ai dit précédemment, mais faire attention à un des caractères particuliers à cette passion : c'est qu'elle n'est ni généreuse ni virile, quoiqu'elle présente une apparence terrible et effrayante. Voilà pourquoi beaucoup de personnes regardent à tort l'obstination comme une marque de fermeté, et les menaces comme de la hardiesse. Non, la colère ne renferme en elle rien d'un généreux courage; mais nous ne devons pas nous étonner si elle passe pour en être l'indice, lorsque nous voyons si souvent la cruauté regardée comme élévation et grandeur d'âme, et l'obstination à défendre une erreur inexcusable prendre le nom de constance et de force. Cependant les résultats de la colère, les mouvements qu'elle inspire, le corps, la figure, tout révèle la faiblesse : en effet, ceux qui sont esclaves de cette passion se laissent émouvoir par des choses qui ne dépiteraient pas des femmes et des enfants; ils se répandent en paroles offensantes, et déchargent leur mauvaise humeur sur les chiens et les chevaux. Ainsi, comme une blessure est plus douloureuse dans les chairs tendres et délicates, de même dans les âmes sans force, et portées à la colère, une plus grande faiblesse engendre et augmente la pusillanimité : de là vient que les femmes se laissent plus facilement aller à la colère que les hommes, les infirmes que les gens sains, les vieux que les jeunes, les malheureux que les heureux.

L'avare se fâche contre l'homme généreux, le gourmand contre son cuisinier, le jaloux contre sa maîtresse, le vaniteux contre celui qui ne le loue point; mais, dans un état, il n'y a rien de plus ennuyeux et de plus fâcheux que les gens colères qui veulent se livrer à leur ambition : c'est d'eux que Pindare a dit que

Il leur était impossible de cacher leurs passions.

Je pourrais, au sujet de la colère, te citer une foule d'exemples en bien et en mal; mais si les exemples du mal sont quelquefois nécessaires, comme ils ne sont jamais ni agréables ni plaisants à raconter, je tâcherai plutôt de t'exposer quelque beau trait de personnages que leur douceur et leur patience ont rendus célèbres.

D'ailleurs je ne saurais aimer les actions ni les paroles qui excitent les hommes à la vengeance. et qui les forcent pour ainsi dire, à leur préjudice, de se livrer à la colère, quand cette passion ne devrait être que le partage des femmes; car si le sentiment de la justice a autant de force dans le sexe le plus faible que dans l'homme même, je crois que la longanimité, qui doit être surtout la vertu de l'homme, est plus grande chez lui que chez la femme. Or, si le triomphe que l'on obtient par la force sur ses adversaires est regardé comme une chose difficile et qui dénote de la vigueur, vaincre la colère, et remporter sur elle la palme dans son âme, c'est, comme le dit Héraclite, « Une action non-seulement difficile, mais de la plus grande difficulté. » Voilà pourquoi j'ai pris l'habitude, dans mes lectures, de recueillir tout ce qu'ont dit ou écrit les philosophes pour blâmer et condamner ce vice; mais de plus, j'ai cru que l'exemple des sages paroles et des belles actions des rois et des princes devait avoir une bien plus grande influence; et si, placés dans un rang aussi éminent, où ils ne sont retenus par aucun frein, ils ont pu mériter une gloire immortelle en triomphant de la colère, n'est-ce pas une raison de plus pour que je cherche à les imiter?

Je citerai d'abord Antigone. Un jour qu'il était dans sa tente, il entendit plusieurs de ses soldats qui, en causant entre eux, et ne croyant pas être entendus, se répandaient en injures contre lui et l'accablaient de reproches sanglants. Loin de s'en irriter, il sut si bien se rendre maître de sa colère qu'il se borna à les avertir que, lorsqu'ils voudraient ainsi parler mal de lui, ils dussent au moins s'éloigner de sa tente.

Arcadius, fils d'Achéus, avait dit et écrit contre Philippe de Macédoine les injures les plus violentes. Ce prince le bannit de toutes les contrées où il régnait, sous des peines très-graves. Malgré cette défense Arcadius rentra un beau jour en Macédoine, et tous les amis de Philippe l'excitèrent vivement à se venger d'une manière éclatante; mais ce prince au contraire l'appela près de lui, ordonna qu'on lui fit le meilleur accueil, et de plus le combla de présents. Il envoya ensuite quelques-uns de ses courtisans auprès d'Arcadius pour lui rendre visite, et les chargea de lui rapporter de quelle manière il s'exprimerait avec eux sur son compte. A leur retour ils lui racontèrent qu'Arcadius portait jusqu'au ciel les louanges du roi, qui se mit à leur dire :

«Vous voyez bien jusqu'à quel point je suis «meilleur médecin que vous, puisque d'un dé«tracteur je suis parvenu à me faire un chaud «partisan.»

Telle fut encore la conduite de ce même Philippe à Olympie, quand tous les Grecs, excités contre lui, médisaient de sa conduite et le poursuivaient de leurs injures : ses amis lui conseillaient de se venger, et lui alléguaient, pour l'exciter, l'injustice des offenses et l'acharnement avec lequel, oubliant tous les bienfaits qu'ils avaient reçus de lui, ces peuples ne cessaient de le poursuivre. Il se contenta de leur répondre : «Songez donc à ce qu'ils feraient si «je leur faisais en effet du mal.»

Ptolomée, surnommé Lagus, voulant se moquer adroitement de l'ignorance d'un certain grammairien, lui demanda quel était le père de Pélée. Le grammairien lui répondit : «Je te le «dirai volontiers lorsque tu m'auras appris quel «était le père de Lagus.» Il voulait, par cette réponse, faire allusion à la basse extraction de Ptolomée. Tous ceux qui l'entouraient en témoignaient leur indignation ; mais Ptolomée leur dit : «S'il n'est pas de la dignité d'un roi de «souffrir une raillerie, il lui convient bien moins «encore de s'en permettre.»

Alexandre se conduisit bien différemment en se montrant cruel envers Callisthène et Clytus. Cependant Porus, ayant été fait prisonnier par lui, le prévint qu'il voulait être traité en roi. Aussi quelqu'un ayant demendé par la suite à ce prince s'il manquait à Alexandre quelques-unes des qualités d'un roi, il répondit qu'il les possédait toutes. C'est par ce motif, je pense, que le souverain des dieux est surnommé *Melchius*, c'est-à-dire *miséricordieux*, ou plutôt, comme disent les Athéniens, *paisible*. C'est pourquoi le soin de punir le crime et de tourmenter les coupables ne fut point attribué aux dieux, mais bien aux furies et aux démons.

De même que l'on disait avec raison à Philippe, qui renversa la ville d'Olinthe : «Tu peux «bien détruire une pareille cité, tu ne saurais «la reconstruire ;» de même on peut dire à la colère : « Tu peux bien mettre tout sens dessus «dessous, ruiner, détruire ; mais il n'appartient «qu'à la douceur, à la modération et à la cha«rité d'édifier, de maintenir, de pardonner et «de supporter.» Ce furent là les vertus particulières de Camille, de Métellus, d'Aristide et de Socrate, comme il est dans la nature des mouches et des fourmis d'être importunes et de piquer.

Enfin, lorsque j'examine avec les yeux de la raison ce que c'est en effet que la vengeance, je vois que, comme le plus souvent elle est excitée et guidée par la colère, elle devient alors inutile ; car en se mordant les lèvres, en s'exhalant en vaines menaces, en paroles injurieuses et insensées, elle se consume elle-même, et l'objet auquel elle aspirait est véritablement ridicule. Elle me paraît semblable à ces enfants qui courent étourdiment la tête en avant, et qui, ne pouvant s'arrêter dans leur élan, se précipitent à terre et se blessent eux-mêmes. Aussi était-ce une réponse juste que celle que fit ce Rhodien à un ministre de l'empereur qui croyait l'effrayer par ses menaces et sa hauteur : «Je me «soucierais fort peu de tes paroles, si je ne «craignais le joug qu'elles me font pressentir.»

Il ne convient point à l'homme de se laisser aller à la colère lorsqu'il veut punir, imitant en cela les sauvages, qui, pour faire des blessures plus cruelles, trempent leurs flèches dans le poison : mais il ne doit avoir d'autre guide ni d'autre conseillère que la raison, car les résultats de la colère sont coupables et honteux. C'est pourquoi les Lacédémoniens avaient coutume d'adoucir l'emportement de leurs soldats par le son des flûtes ; et avant de livrer bataille ils faisaient un sacrifice aux Muses, pour les supplier de ne point laisser la raison céder à la colère. Bien plus, c'est pour ce motif que, lorsqu'ils avaient rompu l'ennemi, ils ne le poursuivaient pas : ils voulaient ainsi tempérer les transports de la colère. C'est encore par la même raison qu'ils se servaient d'épées très-courtes, pour pouvoir plus aisément les remettre dans le fourreau. On pourrait citer une multitude d'exemples de personnes qui, aveuglées par la colère et cherchant à se venger, se sont perdues elles-mêmes avant d'en venir à leurs fins ; comme il arriva entre autres à Pélopidas.

Avec quelle patience Agathocle supporta-t-il les injures dont l'accablaient ceux qu'il assiégeait, surtout lorsqu'ils lui crièrent du haut des murailles : «Eh ! potier de terre, avec quel ar«gent payeras-tu tes soldats ? — Avec le vôtre, «si je vous prends,» répondit-il en souriant.

Des assiégés reprochaient également à Antigone sa difformité corporelle; il se contenta de leur répondre : « Je me trompais donc, moi qui « me croyais beau ! » Lorsqu'il se fut emparé de la ville, ceux qui l'avaient insulté étant tombés en son pouvoir, il les vendit, en protestant à leurs nouveaux maîtres que s'ils se moquaient encore de lui, ce serait à eux qu'il s'en prendrait.

Enfin, il n'est pas jusqu'aux chasseurs, aux orateurs et aux rhéteurs qui manquent le but pour s'être laissé emporter par la colère. C'est à ce sujet qu'Aristote raconte que les amis de l'orateur Satyrus, un jour qu'il devait plaider une cause qui lui était personnelle, s'avisèrent de lui boucher les oreilles avec de la cire, afin que les injures de ses adversaires ne pussent le mettre en colère, et ne lui fissent gâter sa cause.

Ne nous arrive-t-il pas à nous-mêmes, qu'agités par la colère et nous livrant aux menaces et aux cris contre nos serviteurs, nous sommes cause que dans leur épouvante ils se cachent ou nous fuient, et que nous ne pouvons parvenir à les punir? Ainsi donc, comme les nourrices disent aux enfants : « Ne pleure pas, et « tu auras ce que tu veux, » de même il serait bon de dire à la colère : « Ne te précipite pas, ne « sois point importune, ne crie point, et ce que « tu veux se fera mieux et plus promptement. » Et ainsi que le père, qui voit son fils encore tout enfant essayer de tailler ou de fendre une chose quelconque, lui ôte le couteau des mains et le lui taille ou le lui fend lui-même, ainsi la raison, en ôtant la punition des mains de la colère, châtie bien plus sûrement et bien plus efficacement qu'elle ne le ferait, puisque bien souvent elle nous cause plus de mal qu'au coupable même.

En définitive, comme pour dompter et soumettre à l'obéissance ce qui, dans les affections de notre âme, est rebelle à la raison, le meilleur moyen est une habitude continuelle, il me semble que pour s'accoutumer à modérer la colère, le remède le plus efficace est d'exciter notre âme à avoir soin de nos domestiques ou de ceux qui fréquentent notre maison; car un maître ne peut être dominé envers ces diverses personnes ni par la passion de l'envie, ni par la crainte, ni par l'ambition : ce n'est donc que la colère qui l'excite souvent contre eux, parce que lorsque l'autorité n'a aucun frein qui la retienne, elle se livre aisément à la colère, de la même manière qu'on voit dans une terre humide germer en foule les mauvaises herbes lorsqu'elles ne sont point arrachées par le cultivateur. D'ailleurs on se laisse facilement aller à un vice ou à un défaut dont on croit n'avoir à rendre compte à personne; à moins que l'homme qui peut se livrer à la colère sans en être repris ne soit parvenu à vaincre ce penchant par la douceur, ou qu'il ne souffre que sa femme ou ses amis lui reprochent ces paroles étranges et honteuses qu'on se permet surtout envers les siens quand on se laisse entraîner par la passion; ou qu'il ne sache que les injures, l'aigreur et la grossièreté des paroles envers des serviteurs, ou d'autres personnes, ont bien moins de pouvoir que la douceur; car cette dernière qualité rendra vos serviteurs bien meilleurs et plus bienveillants; tandis que trop de dureté ne sert qu'à les rendre plus méchants, et à faire retomber leurs fautes sur vous-mêmes. D'ailleurs, combien ne voyons-nous pas de personnes qui, si on les reprend avec douceur, ou si on leur pardonne, reviennent aisément au bien, et prennent dans le pardon, plutôt que dans le châtiment, un motif de changer de conduite.

Et, en vérité, j'ai vu qu'à un seul signe, et sans parler, on était bien mieux obéi et servi qu'en employant les cris, les menaces ou les coups; ce qui prouve clairement combien la modération l'emporte sur la colère. Aussi je ne crois pas que le poëte ait raison de dire :

> Où se trouve la crainte l'obéissance se trouve ;

mais je pense qu'il est plus juste de soutenir que le respect fait naître la crainte, et la crainte la modestie. Battre ses serviteurs, et se montrer toujours dur envers eux, loin de les corriger, ne fait que les mettre sur leurs gardes et les rendre plus ingénieux à cacher leurs fautes.

D'un autre côté, je considérais en moi-même que celui qui enseigne à tirer de l'arc ne défend pas de tirer, mais exige que l'on tire au but. Je ne prétends donc pas qu'il ne faille point punir; mais il faut s'y prendre de manière que ce soit la raison et non pas la colère qui nous guide. Voilà pourquoi, tandis que j'enseigne comment l'homme peut échapper à cette passion, je recommande très-particulièrement d'écouter toujours la justification du coupable, et de ne le punir ensuite que selon qu'il l'aura mérité. En effet, lorsque l'on donne quelque délai ou quelque intervalle à la colère, il est à présumer que le châtiment sera proportionné à la nature de la faute : on ne laisse au coupable aucun prétexte de se plaindre, puisque c'est la raison et non la colère qui a porté le jugement; et le maître ne s'expose point au reproche d'avoir un valet dont les raisons sont meilleures que les siennes.

Après la mort d'Alexandre, le bruit s'en étant répandu, mais d'une manière vague et incertaine, Phocion conseilla aux Athéniens de rester tranquilles, et de ne point céder à la colère en témoignant leur joie par des fêtes : « Athéniens, » leur dit-il, « si Alexandre est mort aujourd'hui, « il sera encore mort demain. » Il me semble qu'on pourrait dire également à l'homme en colère : « Si ton serviteur a commis une faute « aujourd'hui, ne t'abandonne point à ton cour« roux, car sa faute n'en existera pas moins de« main. » Certes, il n'y a nul inconvénient à retarder sa punition; car, si tu le châties avec colère, il ne manquera pas de s'excuser en soutenant qu'il l'a été à tort, comme on en voit chaque jour des exemples. En effet, quel est celui qui serait assez bizarre et assez dur pour battre un serviteur qui, dix jours auparavant, n'aurait pas su allumer assez promptement une lampe, qui aurait répandu un verre d'eau, ou qui, lorsqu'on l'appelait, ne serait point accouru assez promptement? Et cependant ce sont de semblables bagatelles qui le plus souvent nous transportent de colère, nous courroucent contre nos valets, et nous portent à les battre; car, de même que les objets vus à travers le brouillard nous semblent beaucoup plus grands, de même les fautes d'autrui grandissent à nos yeux à travers les vapeurs de la colère. Il ne faut songer à ces fautes que lorsque la passion de la colère ne pénètre plus notre âme, et qu'elle ne trouble plus notre jugement : alors, après les avoir examinées avec une raison droite et saine, s'il faut punir, que le châtiment soit prompt; sinon on ne doit plus y penser. Ne point attendre que notre âme soit apaisée et tranquille, ce serait nous exposer à punir avec colère; nous ressemblerions à ces matelots paresseux qui gardent le port tandis que la mer est paisible, et qui sont forcés de mettre à la voile quand les flots sont tourmentés par la tempête.

Celui qui a faim doit prendre de la nourriture lorsque la nature lui en indique le besoin; mais celui qui veut punir une faute ne doit le faire que lorsqu'il a senti s'éteindre dans son âme la faim et la soif de la vengeance. Il ne faut pas non plus que la colère serve d'aiguillon à notre vengeance, comme quelques personnes font usage du fenouil pour s'exciter à boire; mais quand la colère est bien loin, la raison doit nécessairement alors avoir tout son empire. Il ne faut pas non plus imiter les Tyrrhéniens, dont Aristote rapporte que, de son temps encore, la coutume était de faire battre leurs esclaves au son des flûtes : il semblerait que ce n'est que pour notre plaisir ou pour satisfaire notre appétit que nous les châtions; et il en est plus d'un qui s'est repenti et qui a gémi d'avoir goûté cette jouissance. Punir avec colère est d'une bête féroce, et gémir après coup de son emportement est d'une femme. Il faut donc écarter ce que la vengeance peut avoir tout à la fois d'agréable et de pénible, attendre pour punir que la raison ait apaisé notre transport, et ne laisser à la colère aucune prise sur notre âme.

On me dira peut-être que ce précepte n'est pas proprement un remède contre la colère, mais plutôt une précaution et un obstacle contre les erreurs que peut commettre celui qui se laisse subjuguer par cette passion. Quand j'examine avec attention comment elle naît, je trouve que nous y tombons, les uns pour une cause, les autres pour une autre, mais que nous pouvons tous en triompher glorieusement, ou la mépriser par la modération. Ceux qui veulent la fuir doivent éviter par-dessus tout le mépris et le blâme; mais s'ils ne peuvent y échapper, c'est à leur sottise, à la nécessité, ou à quelque événement inattendu qu'ils doivent s'en prendre. Il est bon de se rappeler souvent la réponse que fit Diogène à quelqu'un qui lui disait : « Vois-tu comme ces gens-là se moquent de toi ? » Il lui dit : « Certes, ce n'est pas de moi, mais « bien d'eux-mêmes qu'ils se moquent. » Aussi ne faut-il point nous livrer à la colère parce qu'on ne nous rend pas les honneurs que nous croyons mériter : nous devons mépriser ceux qui nous les refusent, n'attacher aucune importance à leur conduite, et les regarder comme agissant par faiblesse, par erreur, par inattention, par grossièreté, ou parce qu'ils sont trop jeunes ou trop âgés; c'est surtout envers nos amis et nos serviteurs que nous devons admettre cette excuse. Mais souvent, au contraire, c'est non-seulement contre notre femme, contre nos amis, contre nos serviteurs, mais encore contre des valets d'écurie, contre des charretiers, contre des ouvriers que nous nous livrons à la colère, parce que nous nous imaginons que ces gens-là ne nous respectent point assez; et lorsqu'une fois nous sommes furieux, nous nous emportons contre eux; et un chien qui aboie, un âne qui brait, tout excite notre courroux; comme celui qui, s'étant jeté sur un ânier pour le battre, et cet ânier criant: « Je suis Athénien, » se tourna du côté de l'âne et l'accabla de coups de bâton en lui disant: « Tu n'es pas Athénien, toi. »

Mais ce qui le plus souvent engendre dans notre cœur ces transports continuels de colère et d'indignation, c'est l'amour de nous-mêmes, c'est ce besoin de vouloir tout approprier à notre goût, surtout lorsque la délicatesse et l'élégance des mœurs s'y trouvent réunies. Pour nous mettre à l'abri de la colère et conserver notre modération, le moyen le plus facile est de mener une vie simple et paisible, de nous contenter des choses telles qu'elles existent, de tâcher de ne pas nous les rendre nécessaires ou indispensables, et de ne pas faire comme celui qui, ne trouvant pas d'eau glacée pour rafraîchir son vin, s'irrite et ne veut pas boire; ou comme celui qui ne veut pas de pain acheté au marché, qui refuse de manger la soupe dans une écuelle de terre, ou de dormir dans un lit qui n'est ni élégant ni bien fait: une de ces choses vient-elle à lui manquer, le voilà aussitôt qui crie, qui s'emporte, qui bat ses valets, et qui met toute sa maison en rumeur. Et comme les accès d'une toux invétérée redoublent à mesure qu'ils nous attaquent, de même celui qui se livre à la colère la redouble encore par ses cris.

Il faut en outre s'efforcer de réduire notre corps à vivre simplement et à se contenter de peu, parce que celui qui est satisfait de peu de chose ne saurait être troublé par peu de chose. Certes, il n'est pas très-difficile de rester paisiblement à table et de manger des mets que vous préférez sans offrir à vos amis et à vos domestiques un spectacle ennuyeux et désagréable. Si tout ce qui déplaît met en colère, qu'y a-t-il de plus insupportable dans un repas auquel des amis sont invités que de voir, pour un rôti trop cuit, pour un plat qui sent la fumée, ou pour quelque autre bagatelle semblable, le maître du logis gronder sa femme, et injurier et battre ses valets?

Arcésilaüs avait invité quelques amis: on était déjà à table et l'on commençait à servir les plats; mais les domestiques ayant négligé de mettre le pain, un des convives impatienté se mit à crier: « Veux-tu nous faire mourir de faim? » Arcésilaüs se mit à sourire, et lui répondit: « Combien il est difficile d'être sage, même « pour diriger un festin! »

Socrate avait mené Eutidime souper chez lui. Xantippe sa femme le reçut avec des reproches et des injures, et s'emporta jusqu'à renverser la table. Eutidime irrité se leva pour s'en aller; mais Socrate lui dit: « Hier, comme je soupais « chez toi, une poule en volant ne nous fit-elle « pas la même chose que vient de faire Xantippe? « et cependant nous ne nous sommes point fâ- « chés pour cela. » Aussi convient-il de recevoir ses amis d'une manière aisée et bienveillante, et avec un visage riant, non avec un air brusque, en accablant d'injures les serviteurs à qui l'on fait perdre la tête, et en se rendant désagréable à tout le monde.

Accoutumez-vous donc à vous servir de toutes sortes de vases indistinctement, et à ne pas affectionner l'un plutôt que l'autre, comme font beaucoup de personnes qui adoptent un verre ou une tasse sans lesquels elles ne pourraient boire; de sorte que si l'une de ces choses vient à se briser ou à s'égarer, elles en conçoivent un chagrin si vif que la colère devient la maîtresse, et met le trouble dans toute la maison.

Que ceux qui sont enclins à la colère évitent particulièrement d'affectionner et de choisir, soit un verre, soit un cachet, soit tout autre objet semblable, parce que s'ils viennent à les perdre, ils perdent en même temps la raison. Néron avait fait fabriquer un pavillon à huit pans, d'une rare beauté et d'un travail admirable. Sénèque l'ayant examiné, lui dit: « Tu t'es exposé toi-même à une espèce de pau- « vreté; car si ce pavillon se gâte, tu ne pour- « ras en refaire un autre semblable. » C'est en effet ce qui arriva; car, comme on l'avait mis sur un vaisseau qui fit naufrage, le pavillon fut perdu ; mais Néron, se rappelant les paroles de Sénèque, supporta cette perte avec plus de résignation.

Pour conclure, la douceur et la facilité dans le commerce des amis rendent les hommes doux et paisibles ; tandis que la colère empêche un mari de jouir des vertus de sa femme, la femme de l'amour de son mari, et les amis de vivre familièrement entre eux. Ainsi, ni l'amitié ni les douceurs du mariage ne peuvent être goûtées là où domine la colère ; tandis que lorsqu'elle est absente, l'ivresse elle-même est supportable. Il faut se garder également de la mêler à la plaisanterie, parce que, loin d'exciter la bienveillance, elle n'engendre que la haine et les inimitiés. Il en est de même de ceux qui parlent beaucoup, parce qu'elle fait naître les disputes ; et surtout des juges, parce que le pouvoir dont ils sont revêtus ajoute à leur audace. Ceux qui enseignent aux enfants doivent également s'en préserver, parce qu'elle produit dans les élèves l'aversion et le dégoût pour l'étude. Plus on est heureux aussi, plus on doit la fuir, car elle ne fait que redoubler l'envie qui poursuit l'homme heureux. Mais c'est surtout aux pauvres et aux malheureux qu'il importe de s'abstenir de la colère, parce qu'elle empêche qu'on leur témoigne de la miséricorde ou de la pitié.

La douceur et la modération, au contraire, rendent tout facile, embellissent tout, donnent à tout un aspect agréable, et finissent à la longue par triompher du caractère le plus dur et le plus âpre. On rapporte qu'Euclide répondit à son frère avec lequel il disputait, et qui s'était écrié : « Puissé-je mourir si je ne me venge de toi ! » — « Et moi, puissé-je mourir si je ne parviens à t'apaiser ! » Son frère, attendri par ces paroles, s'adoucit sur-le-champ et éteignit toute sa colère. Polémon ayant aussi été insulté grièvement par un homme qui avait la passion des statues et des médailles, gardait le silence ; mais tandis que l'autre se répandait en injures, il leva les yeux et se mit à regarder attentivement une médaille. Celui qui était en colère, charmé de cette action, s'adoucit sur-le-champ, cessa de l'injurier, et lui dit : « O Polémon, cette « médaille n'est rien auprès de plusieurs autres « beaucoup plus belles que je possède, et que je veux te montrer. » Un différend s'étant élevé entre Eschine et Aristippe, un des amis de ce dernier lui dit : « Qu'est donc devenue l'amitié « qui existait entre Eschine et toi ? » Il répondit : « Elle est endormie ; et je veux aller la réveiller. » Alors il alla trouver Eschine et lui dit : « Te « semble-t-il que je sois si à plaindre et si in« corrigible, que tu ne me croies plus digne de « tes reproches ? » Eschine alors lui répondit : « Certes, il ne faut pas s'étonner si dans ta su« périorité sur moi tu as encore su le premier ce « qu'il était convenable de faire. » C'est ainsi, par exemple, que l'on voit un sanglier, si une femme, si même le plus petit enfant lui gratte la tête avec douceur, fléchir peu à peu, et s'étendre tout de son long sur la terre.

Nous parvenons à apprivoiser les animaux les plus féroces, nous domptons les loups, et nous nous plaisons quelquefois à porter entre nos bras de jeunes lionceaux ; tandis que, d'un autre côté, quand nous nous laissons entraîner par la colère, nous chassons d'auprès de nous notre femme, nos enfants, nos amis, et nous répondons à nos concitoyens et à nos serviteurs avec brutalité.

Certes, de même que Zénon disait que « la « science de l'homme était un mélange de toutes « les puissances de l'âme, dont elle s'appropriait « une des qualités, » de même il me semble que la colère est un composé de toutes les passions, car elle provient de la douleur et de la volupté, elle participe de l'insolence, elle tient de l'envie en ce qu'elle jouit du mal qu'elle fait à autrui ; et, ce qui est bien plus encore, elle est plus nuisible que l'homicide même. En effet, elle ne combat point pour se défendre, elle se fait souffrir pour faire souffrir les autres. Elle est stimulée sans cesse par la soif d'offenser, si toutefois on peut appeler soif un pareil désir.

Si l'on approche de bonne heure de la demeure des princes, on entend retentir le son des instruments, on respire, pour ainsi dire, l'odeur de la lie du vin, on voit les valets et les marmitons, répandus sous les portiques, manger les restes du festin de la veille : de même, lorsque nous nous rendons chez un homme emporté et toujours livré à la colère, nous reconnaissons soudain sa manière de vivre cruelle et farouche à la figure de ses serviteurs, qui, le plus souvent, sont marqués de coups et d'égratignures.

Il est encore essentiel d'avertir ceux qui s'abandonnent à la colère par une juste haine contre le vice, de ne point s'y livrer trop facilement; il faut ne se laisser trop vivement émouvoir par rien, et ne trop compter sur la sincérité de personne; car une des causes les plus puissantes de la colère, c'est de voir notre confiance trahie, c'est de découvrir que celui que nous regardions comme un homme vertueux et fidèle, et que nous croyions notre ami, est au contraire infidèle et vicieux, et ne cherche qu'à nous nuire. Et, à ce propos, tu sais combien je me suis toujours plu à chérir mes amis et à me confier en leur amitié. Si, comme il arrive de tomber lorsqu'on marche sur un terrain humide, je me suis quelquefois trompé en en affectionnant un trop vivement, et si, après avoir fait cette triste expérience, je me suis plaint d'une manière un peu vive, ce n'est point une raison pour éviter de suivre ce penchant qui me porte à aimer mes amis sans restriction. Cependant, à l'égard de la confiance que l'on doit accorder à ses amis, je crois devoir me rappeler à chaque instant la modération de Platon, et m'en servir comme d'une bride et d'un frein. Ce sage avait coutume de dire que l'homme était changeant de sa nature, et que pour cette raison il était dangereux dans une cité de trop élever les citoyens, parce que, comme ils étaient hommes et engendrés par des hommes, ils cherchaient quelquefois à donner des marques de leur naturel en changeant le gouvernement. Il me semble entendre Sophocle s'écrier ici que trop de prévoyance est un défaut, et qu'il faut par conséquent ne point s'y livrer. Cependant il me semble au contraire que lorsqu'on examine bien une chose, lorsqu'on marche prudemment dans tout ce que l'on fait, lorsqu'on prévoit tous les inconvénients, c'est ravir à la colère beaucoup d'occasions de nous troubler. En effet, les événements que nous n'avons pas su prévoir nous jettent hors de nous-mêmes et renversent notre raison. Aussi devons-nous sans cesse nous rappeler ces paroles d'Anaxagore rapportées par Panœtius. Il venait d'apprendre la mort de son fils sans en témoigner la moindre émotion; il se contenta de répondre: « Je savais bien que je l'avais engen« dré mortel. » Ainsi il faudrait que toute personne qui se connaît disposée à la colère pût dire en elle-même, lorsqu'elle se sent émouvoir par les défauts d'autrui: « Je savais bien que « je n'avais pas acheté un esclave plus sage qu'il « n'est; » ou bien: « On ne peut jouir d'un ami « sans qu'il ne nous ennuie quelquefois; » ou encore: « Je savais bien que ma femme était « une femme. »

Si nous avions souvent à la bouche ce mot de Platon, « Ne me trompé-je pas moi-même quel« quefois? » nous ne poursuivrions pas avec autant d'acharnement les défauts des autres, et leurs fautes ne nous mettraient point aussi aisément en colère. Mais, bien loin de là, lorsque nous reprenons les erreurs d'autrui nous faisons les Aristide et les Caton, et, ce qui est bien pis encore, nous faisons éclater notre colère contre ceux qui s'abandonnent à ce vice, et nous châtions avec emportement une faute que le courroux a fait commettre. C'est là ce que produit cette passion cruelle, et ce qui en multiplie les occasions.

Toutes les fois donc que je pense moi-même à me garder de la colère, il me semble qu'un des moyens les plus sûrs d'y parvenir, c'est de ne point chercher à se mêler des affaires qui ne nous regardent pas. Cette manie de vouloir connaître, découvrir et pénétrer jusqu'aux actions les plus indifférentes de nos amis et de nos serviteurs, jusqu'aux moindres paroles de nos enfants, jusqu'au plus petit geste de notre femme, ne peut que produire à chaque instant des inquiétudes, des dépits, des tourments, qui dégénèrent bientôt en une habitude de vivre grossière et hérissée de difficultés. Certes, si Euripide a raison de dire que

> Les dieux dédaignent les petites choses et les laissent à la disposition du sort,

il me semble que l'homme sage doit laisser quelque chose à la fortune et en agir comme les princes à l'égard de leurs sujets, laissant à sa femme le soin de gouverner une partie des affaires, et s'en rapportant à elle sur ce point, confiant une partie des autres à ses domestiques ou à ses amis, comme à des tuteurs et à des intendants, et ne s'occupant de son côté que des plus graves et des plus importantes. Et de même que plus, en lisant, on fixe son regard sur les caractères, plus la vue s'embrouille et se fatigue, de même celui qui donne une attention trop minutieuse aux fautes d'autrui s'expose à entrer souvent en colère, et devient incapable par cette raison de s'occuper d'affaires plus graves et plus importantes. Mais je fais cas, par-dessus tout, de ce précepte d'Empédocle : « C'est une chose « grande et divine de n'être souillé d'aucun « vice. »

Je regarde également comme très-dignes de louange ceux qui, pour honorer Dieu par la continence, font vœu de s'abstenir pendant un an des plaisirs de l'amour, ou de ne jamais proférer aucun mensonge, même pour plaisanter ou pour faire un conte, afin de s'accoutumer à ne dire jamais que la vérité. C'est en roulant sans cesse ces pensées dans mon esprit que j'ai cru me rendre tout à la fois agréable à Dieu et utile à moi-même, en m'affermissant dans le dessein de m'abstenir pendant quelques jours de la colère, comme l'on s'abstient de boire et de s'enivrer lorsque l'on célèbre quelque fête solennelle consacrée à l'indulgence et à la miséricorde. J'essayai ensuite de faire la même épreuve pendant deux ou trois mois ; et c'est ainsi que peu à peu je vis que je m'affranchissais de la colère, que je me conduisais avec douceur, que je ne prononçais que des paroles agréables, que j'évitais toutes les actions répréhensibles, et toutes ces passions funestes de l'âme qui nous vendent un peu de plaisir au prix de tourments et de déplaisirs continuels ; c'est ainsi qu'avec l'aide de Dieu, mon très-cher Niccolò, je me flatte d'avoir montré par mon exemple, qu'être humain et débonnaire n'est agréable, n'est utile à personne autant qu'à celui qui s'est rendu propre cette vertu.

III.

NOUVELLE TRÈS-PLAISANTE DE L'ARCHIDIABLE BELPHÉGOR.

ARGUMENT.

L'archidiable Belphégor est envoyé dans ce monde par Pluton, avec l'obligation d'y prendre femme. Il arrive, se marie; mais, ne pouvant supporter la hauteur et l'orgueil de sa moitié, il aime mieux retourner en enfer que de se rejoindre à elle.

Voici ce qu'on lit dans les anciennes chroniques de Florence. Un très-saint homme, dont la vie à cette époque édifiait tout le monde, raconte que, plongé un jour dans ses pieuses méditations, il vit, grâces à ses prières, que la plupart des âmes des malheureux mortels qui mouraient dans la disgrâce de Dieu et qui se rendaient en enfer se plaignaient toutes, ou du moins en grande partie, de n'être condamnées à cette éternelle infortune que pour avoir pris femme. Minos et Rhadamante, ainsi que les autres juges d'enfer, ne pouvaient trop s'étonner de ces plaintes, et ne voulaient point croire que les calomnies dont les damnés accablaient le sexe féminin eussent le moindre fondement. Cependant, comme ces reproches se répétaient chaque jour, ils en firent rapport à Pluton, qui décida que tous les princes de l'enfer se rassembleraient pour examiner mûrement cette affaire, et délibérer sur le parti le plus propre à en découvrir la fausseté ou à en démontrer l'évidence. En conséquence, le conseil ayant été convoqué, Pluton s'exprima en ces termes :

« Mes très-chers amis, quoique je sois le maître de cet empire par une disposition céleste et « la volonté irrévocable du destin, et que par conséquent je ne puisse être soumis au jugement « ni de Dieu ni des hommes, cependant, comme « la plus grande preuve de sagesse que sauraient « donner ceux qui peuvent tout est de se soumettre aux lois et de s'appuyer sur le conseil d'autrui, j'ai résolu de vous consulter aujourd'hui « sur la conduite que je dois tenir dans une affaire « qui pourrait être honteuse pour cet empire.

« En effet, les âmes de tous les hommes qui ar-« rivent dans notre royaume disent dans leurs « plaintes que leurs femmes en sont cause ; et « comme cela me paraît hors de toute croyance, « je crains, si nous rendons notre jugement d'a-« près ces plaintes, qu'on ne nous taxe de trop « de cruauté, et si nous ne le rendons pas, qu'on « ne nous regarde comme trop peu sévères et « trop peu amateurs de la justice. Et comme, de « ces manières d'agir, l'une est le défaut des « hommes légers, l'autre celui des hommes in-« justes, et que nous voulons éviter les incon-« vénients qui pourraient résulter de l'une et « de l'autre, n'en ayant point trouvé le moyen, « nous vous avons fait appeler en notre pré-« sence afin que vous nous aidiez de vos con-« seils, et que cet empire qui, par le passé, « a toujours subsisté sans honte, vive également « sans honte à l'avenir. »

Le cas parut à chacun des princes de l'enfer de la plus grande importance, et digne d'un examen approfondi; mais si tous étaient d'accord sur la nécessité de découvrir la vérité, tous différaient sur les moyens : ceux-ci voulaient que l'on envoyât l'un d'entre eux dans le monde sous une forme humaine, afin de savoir par lui-même ce qui en était; ceux-là qu'on y envoyât plusieurs; les uns pensaient qu'il était inutile de prendre tant de peine, et qu'il suffirait d'obliger quelques âmes à confesser la vérité à force de tourments variés. Cependant, comme la majorité penchait pour que l'on envoyât un démon, on s'arrêta enfin à ce parti; mais personne ne se souciant de prendre volontairement sur soi une pareille entreprise, on décida de s'en rapporter au sort. Il tomba sur l'archidiable Belphégor, qui avant d'avoir été précipité du ciel était archange. Quoique peu disposé à se charger de ce fardeau, il se soumit toutefois à l'ordre de Pluton, et se prépara à exécuter ce que l'assemblée venait d'arrêter. Il s'obligea à suivre exactement et dans tous les points les conditions qui avaient été solennellement convenues entre eux. Voici en quoi elles consistaient : on devait donner immédiatement à celui auquel cette commission serait confiée une somme de cent mille ducats, avec laquelle il devait venir dans ce monde sous une forme humaine, y prendre femme, vivre pendant dix ans avec elle, feindre au bout de ce temps de mourir, revenir en enfer, et rendre compte à ses supérieurs, par sa propre expérience, des inconvénients et des désagréments du mariage. Il fut convenu en outre que durant ce laps de temps il serait exposé à toutes les incommodités et à tous les maux auxquels les hommes sont sujets et qu'entraînent à leur suite la pauvreté, la prison, les maladies et toutes les autres infortunes, à moins qu'il ne parvînt à les éviter par son adresse ou son esprit.

Belphégor ayant donc accepté les conditions et l'argent, s'en vint dans le monde, et, accompagné d'une suite brillante de valets et de gens à cheval, il entra dans Florence de la manière la plus honorable. Il avait fait choix de cette ville entre toutes les autres, parce qu'elle lui parut plus indulgente pour ceux qui aiment à faire valoir leur argent par l'usure. Ayant pris le nom de Roderigo di Castiglia, il loua une maison dans le quartier d'Ognissanti. Pour qu'on ne pût découvrir qui il était, il sema le bruit qu'il avait quitté l'Espagne tout jeune encore pour se rendre en Syrie, et que c'était à Alep qu'il avait gagné tout ce qu'il possédait; qu'il était parti de ce pays pour venir en Italie, afin de se marier dans une contrée plus humaine, plus civilisée, et plus conforme à sa manière de penser.

Roderigo était un très-bel homme, qui paraissait âgé d'une trentaine d'années. Le bruit de ses richesses se répandit en peu de jours. Toutes ses actions dénotaient un caractère doux et généreux : aussi beaucoup de nobles citoyens qui avaient des filles et peu d'argent s'empressèrent de les lui offrir. Parmi toutes celles qui lui furent présentées, Roderigo fit choix de la plus belle, que l'on nommait Honesta, et qui était fille d'Amerigo Donati. Ce dernier avait en outre trois autres filles presque en âge d'être mariées, et trois fils déjà hommes faits. Quoique de la première noblesse, et jouissant dans Florence de la meilleure réputation, toutefois Amerigo était très-pauvre, eu égard à sa nombreuse famille et à sa condition. Roderigo fit des noces splendides et magnifiques, et ne négligea rien de tout ce que l'on exige en pareilles circonstances; car parmi les obligations qui lui avaient été imposées au sortir de l'enfer, se trouvait celle d'être soumis à toutes les passions humaines. Il se plut aux honneurs et aux pompes du monde, et attacha du prix aux louanges des hommes; ce qui le jeta dans de grandes prodigalités. D'un autre côté, il n'eut pas demeuré longtemps avec madame Honesta qu'il en devint éperdument amoureux, et qu'il ne pouvait plus vivre lorsqu'il la voyait triste ou ennuyée.

Avec sa noblesse et sa beauté, madame Honesta avait apporté dans la maison de Roderigo un orgueil si démesuré que Lucifer n'en eut jamais un pareil. Roderigo, qui pouvait comparer l'un et l'autre, regardait celui de sa femme comme infiniment supérieur; mais il devint plus grand encore lorsqu'elle s'aperçut de l'amour que son mari éprouvait pour elle : croyant en être de tout point l'absolue maîtresse, elle lui donnait ses ordres sans égard et sans pitié; et s'il lui refusait quelque chose, elle ne balançait pas à l'accabler de reproches et d'injures. Tout cela était pour le pauvre Roderigo la source des chagrins les plus vifs. Toutefois, par considération pour son beau-père, pour ses frères, pour sa famille, pour les devoirs du mariage et l'amour qu'il portait à sa femme, il prenait son mal en patience. Je ne parlerai pas des dépenses considérables qu'il faisait pour l'habiller à la mode, lui donner de nouvelles parures, attendu que dans notre cité on a l'habitude de changer assez fréquemment; mais pressé par ses importunités, il fut obligé, pour vivre sans noise avec elle, d'aider son beau-père à marier ses autres filles; nouveau gouffre où s'engloutit une portion de ses richesses.

Bientôt après, pour conserver la paix du ménage, il fallut envoyer un des frères de sa femme dans le Levant avec des marchandises, ouvrir à l'autre dans Florence une boutique de batteur d'or; opérations dans lesquelles il vit passer la majeure partie de sa fortune.

Ce n'est pas tout : lorsque venait le carnaval ou la Saint-Jean, époque où toute la ville se met en fêtes, et où les citoyens nobles et riches se font réciproquement les honneurs de chez eux en s'invitant à des repas splendides, madame Honesta, qui ne voulait pas paraître au-dessous des autres dames, exigeait que son Roderigo se distinguât par sa magnificence. Les raisons que j'ai déjà rapportées lui faisaient tout supporter avec beaucoup de patience; et il n'en aurait ressenti aucune peine, quoique la charge fût bien lourde, s'il en avait vu naître la paix de sa maison, et s'il avait pu attendre tranquillement le moment de sa ruine; mais il éprouva tout le contraire, car aux dépenses insupportables se joignirent les humeurs plus insupportables encore de sa femme : aussi n'y avait-il dans la maison ni valet ni servante qui, au bout de quelques jours, pût se décider à y rester plus longtemps. Il en résultait pour Roderigo les inconvénients les plus graves : il ne pouvait garder un domestique sur la fidélité duquel il pût compter et qui prît à cœur ses intérêts. Les diables mêmes qu'il avait amenés avec lui, et qui faisaient partie de sa maison, imitèrent les autres, et aimèrent mieux revenir brûler en enfer que de vivre dans ce monde sous les ordres d'une pareille femme.

Au milieu de cette vie tumultueuse et agitée, Roderigo, grâces à ses prodigalités désordonnées, ayant mangé tout l'argent qu'il avait en réserve, commença à vivre sur l'espoir des rentrées qu'il attendait du Ponant et du Levant. Comme il jouissait encore d'un excellent crédit, il se mit à emprunter pour faire honneur à ses affaires; mais ayant été obligé de recourir à un grand nombre de prêteurs, il fut bientôt connu de tous ceux qui exerçaient ce métier sur la place. Il n'y avait que fort peu de temps qu'il avait eu recours à cet expédient, lorsque tout à coup on reçut du Levant la nouvelle que l'un des frères de madame Honesta avait perdu au jeu tout l'avoir de Roderigo, et que l'autre, revenant sur un vaisseau chargé de marchandises qu'il avait négligé de faire assurer, avait fait naufrage et s'était perdu corps et biens. A peine ce bruit se fut-il répandu, que tous les créanciers de Roderigo tinrent une assemblée : ils le soupçonnaient bien d'être ruiné; mais ne pouvant encore s'en assurer, attendu que l'échéance de ses billets n'était point arrivée, ils convinrent entre eux de l'observer adroitement, afin qu'il ne pût, aussitôt dit que fait, se sauver en cachette.

Roderigo, de son côté, ne voyant aucun remède à son mal, et sachant à quoi les lois de l'enfer le contraignaient, pensa à fuir à tout prix : un beau matin il monta donc à cheval et sortit par la porte de Prato, voisine de sa demeure. On ne se fut pas plutôt aperçu de sa fuite que le bruit s'en répandit parmi ses créanciers qui s'adressèrent soudain aux magistrats, et qui non-seulement mirent les huissiers aux trousses du fugitif, mais le poursuivirent eux-mêmes en tumulte.

Roderigo, quand on apprit sa fuite, était à peine à un mille de la ville; de sorte que se voyant dans un mauvais pas, il prit le parti, pour fuir plus secrètement, de quitter le grand chemin et de chercher fortune à travers champs; mais les nombreux fossés dont le pays est coupé retardaient infiniment sa marche. Voyant alors qu'il lui était impossible d'aller à cheval, il se mit à se sauver à pied, laissant sa monture sur la route; et après avoir longtemps marché à travers les vignes et les roseaux qui couvrent la contrée, il arriva près de Peretola, à la maison de Giov. Matteo del Bricca, l'un des laboureurs de Giovanni del Bene. Heureusement il trouva Giov. Matteo qui revenait au logis pour donner à manger à ses bœufs: il se recommanda à lui et promit, s'il le sauvait de ceux qui le poursuivaient pour le faire mourir en prison, de le rendre riche à jamais, et de lui donner à son départ une marque si évidente de ses bonnes intentions qu'il ne pourrait se refuser d'y croire, lui permettant, s'il manquait à sa parole, de le livrer lui-même aux mains de ses ennemis. Quoique paysan, Giov. Matteo ne manquait pas de finesse: jugeant qu'il ne risquait rien, il promit de sauver Roderigo; et l'ayant fait monter sur un tas de fumier, il le recouvrit avec des roseaux et d'autres broussailles qu'il avait ramassés pour faire du feu.

A peine Roderigo avait-il fini de se cacher que ceux qui le poursuivaient arrivèrent; mais, quelques menaces qu'ils fissent à Giov. Matteo, ils ne purent arracher de lui l'aveu qu'il l'eût aperçu. Ils poussèrent donc plus loin; et après avoir cherché vainement toute la journée et tout le lendemain, ils s'en revinrent à Florence accablés de fatigue.

Cependant tout bruit ayant cessé, Giov. Matteo tira Roderigo de sa cachette et le somma de tenir sa parole. «Frère, lui dit ce dernier, tu «m'as rendu un bien grand service, et je veux «à tout prix t'en témoigner ma reconnaissance; «et pour que tu ne puisses douter de ma pro«messe, tu vas apprendre qui je suis.» Là il lui fit connaître en détail la nature de son être, les conditions qui lui avaient été imposées à sa sortie de l'enfer, et la femme qu'il avait épousée. Il l'instruisit en outre de la manière dont il voulait l'enrichir. Voici en quoi elle consistait: lorsqu'il entendrait dire qu'une femme était possédée, il ne devait pas douter que ce ne fût lui qui l'obsédât; et il lui promettait de ne sortir du corps de la possédée que lorsque lui, Giov. Matteo, viendrait l'en tirer; ce qui lui fournirait le moyen de se faire payer comme il l'entendrait par les parents de la fille. Lorsqu'ils furent convenus ainsi de leur fait, Belphégor disparut soudain.

Quelques jours après le bruit se répandit dans Florence qu'une des filles de Messer Ambrogio Amadei, mariée à Buonajuto Tebalducci, était possédée du démon. Les parents ne négligèrent aucun des remèdes dont on use en pareil cas: ils mirent sur sa tête le chef de san Zanobi et le manteau de san Giovanni Gualberto; mais Roderigo se moquait de tout. Cependant, pour que chacun demeurât convaincu que c'était un esprit qui tourmentait la jeune femme, et non un mal d'imagination, il parlait latin, soutenait des thèses de philosophie, et révélait les péchés cachés des autres. Il découvrit entre autres celui d'un moine qui avait tenu pendant plus de quatre années dans sa cellule une femme habillée en novice: tout le monde en était émerveillé.

Messer Ambrogio était donc extrêmement chagrin; et après avoir inutilement essayé tous les remèdes, il avait perdu tout espoir de guérir sa fille, lorsque Giov. Matteo vint le trouver et lui promit de la rendre à la santé s'il voulait lui donner cinq cents florins pour acheter une métairie à Peretola. Messer Ambrogio accepta le marché. Alors Giov. Matteo ayant fait dire d'abord un certain nombre de messes, et exécuté toutes les simagrées nécessaires pour embellir la chose, s'approcha de l'oreille de la jeune femme et dit: «Roderigo, je suis venu te «trouver pour te sommer de me tenir ta pro«messe.» Roderigo lui répondit: «Je ne de«mande pas mieux; mais cela ne suffit pas pour «t'enrichir: en conséquence, aussitôt que je «serai parti d'ici j'entrerai dans le corps de la «fille du roi Charles de Naples, et je n'en sor«tirai point sans toi. Tu te feras donner alors la «récompense que tu voudras; mais j'espère «alors que tu me laisseras tranquille.» Après ces mots il abandonna la possédée, au grand plaisir et au grand étonnement de toute la ville de Florence.

Il y avait très-peu de temps que ceci venait

de se passer, lorsque toute l'Italie fut instruite du malheur arrivé à la fille du roi Charles. Tous les remèdes des moines furent sans vertu ; et le roi, ayant eu connaissance de Giov. Matteo, l'envoya chercher à Florence. Notre homme étant arrivé à Naples, après quelques feintes cérémonies guérit la jeune princesse. Mais Roderigo, avant de s'éloigner, dit à Giov. Matteo : « Tu vois bien que j'ai tenu ma promesse de « t'enrichir. Maintenant que je me suis acquitté, « je ne te dois plus rien : en conséquence, je te « conseille de ne plus paraître devant moi ; car « autant je t'ai fait de bien, autant par la suite « je pourrais te faire de mal. »

Giov. Matteo retourna donc à Florence extrêmement riche, car le roi lui avait donné plus de cinquante mille ducats ; et il ne pensa plus qu'à jouir en paix de ses richesses, ne pouvant croire que Roderigo pensât jamais à lui faire tort. Mais cette idée fut bientôt troublée par le bruit qui se répandit qu'une des filles du roi de France Louis VII était devenue possédée. Cette nouvelle bouleversa l'esprit de Giov. Matteo, quand il vint à penser à la puissance d'un aussi grand roi et aux menaces que Roderigo lui avait faites. En effet le roi, n'ayant pu trouver de remède au mal de sa fille, et ayant eu connaissance de la vertu que possédait Giov. Matteo, l'envoya d'abord chercher simplement par un de ses huissiers ; mais Giov. Matteo ayant prétexté quelque indisposition, le roi fut obligé de recourir à la seigneurie, qui contraignit Giov. Matteo à obéir.

Ce dernier se rendit donc à Paris tout chagrin, et exposa au roi qu'il était bien vrai qu'il avait guéri autrefois quelques possédées, mais que ce n'était pas une raison pour qu'il sût ou qu'il pût les guérir toutes ; qu'il s'en trouvait dont le mal était d'une nature si maligne qu'elles ne craignaient ni les menaces, ni les exorcismes, ni la religion même ; que toutefois il était prêt à faire son devoir, mais qu'il le priait de lui pardonner s'il ne parvenait à réussir. Le roi irrité lui répondit que s'il ne guérissait pas sa fille, il le ferait pendre. Cette menace épouvanta Giov. Matteo, qui, ayant fait venir la possédée en sa présence, s'approcha de son oreille, et se recommanda humblement à Roderigo, en lui rappelant le service qu'il lui avait rendu, et en lui faisant sentir quel exemple d'ingratitude il donnerait s'il l'abandonnait dans un péril aussi grave ; mais Roderigo lui répondit : « Eh quoi ! « vilain traître, tu ne crains pas de paraître de« vant moi ! Crois-tu pouvoir te vanter d'avoir « été enrichi par mes mains ? Je veux te faire « voir, ainsi qu'à tout le monde, que je sais « donner et ôter à mon gré ; et avant que tu « puisses partir d'ici, sois sûr que je te ferai « pendre. »

Giov. Matteo, se voyant alors sans ressource, chercha à tenter la fortune par une autre voie ; et ayant fait éloigner la possédée, il dit au roi : « Sire, ainsi que je vous l'ai dit, il y a un grand « nombre d'esprits qui sont si malins qu'il est « impossible d'en avoir bon parti ; et celui-ci est « du nombre. Je veux pourtant faire une dernière « épreuve : si elle réussit, Votre Majesté et moi « nous aurons obtenu notre but ; si elle est sans « résultat, je serai en votre pouvoir, et vous « aurez de moi la miséricorde que mérite mon « innocence. Votre Majesté fera donc dresser sur « la place de Notre-Dame un vaste échafaudage « capable de contenir tous vos barons et tout le « clergé de cette ville ; vous ferez orner cet écha« faudage de tentures d'or et de soie, et au mi« lieu vous ferez placer un autel. Je demande que « dimanche prochain, dans la matinée, Votre « Majesté, avec tout son clergé ainsi que tous « les princes et les grands du royaume, se « rende avec une pompe royale, et couverte « de ses parures les plus magnifiques, sur « cette place, où, après avoir fait célébrer d'a« bord une messe solennelle, vous ferez venir la « possédée. Je veux en outre qu'il y ait à l'un « des coins de la place une vingtaine de musi« ciens au moins, avec des trompettes, des cors, « des tambours, des cornemuses, des cymbales, « des timbales et autres instruments bruyants, « lesquels, lorsque je lèverai mon chapeau, se « mettront à faire retentir leurs instruments et « s'avanceront vers l'échafaudage. J'espère que « ce moyen, joint à quelques autres remèdes se« crets, aura la force de faire partir le démon. »

Le roi donna soudain les ordres nécessaires ; et le dimanche suivant arrivé, l'échafaudage se trouva bientôt rempli de hauts personnages et la place de peuple. On célébra la messe, et la possédée fut amenée sur l'échafaudage par deux évêques et une foule de seigneurs. Quand Roderigo vit cette foule immense réunie et tout cet appareil, il en demeura tout stupéfait et se dit en lui-même : « Quel est donc le dessein de ce « misérable manant ? Croit-il me faire peur avec « toute cette pompe ? Ne sait-il pas que je suis « accoutumé à voir les magnificences du ciel et « les supplices de l'enfer ? Je le châtierai comme « il le mérite. »

Giov. Matteo s'étant alors approché de lui et l'ayant supplié de vouloir bien sortir, il lui répondit : « Oh, oh ! tu as eu là une excellente « idée ! Qu'espères-tu faire avec tout ce grand « apparat ? Crois-tu par là te dérober à ma puis- « sance et à la colère du roi ? Vilain manant, tu « n'éviteras pas d'être pendu. » L'autre le supplia de nouveau, et Roderigo ne lui répondit que par de nouvelles injures. Alors Giov. Matteo, jugeant inutile de perdre plus de temps, donna le signal avec son chapeau, et les gens qu'il avait chargés de faire du bruit se mirent à sonner de leurs instruments, et s'avancèrent vers l'échafaudage avec une rumeur qui s'élevait jusqu'au ciel. A ce tapage, Roderigo ouvrit de grandes oreilles ; et ne sachant ce que cela voulait dire, dans son étonnement il demanda, plein de trouble, à Giov. Matteo, ce que tout ce tumulte signifiait. Giov. Matteo, feignant une grande frayeur, lui répondit aussitôt : « Hélas ! mon cher Roderigo, Dieu me pardon- « ne ! c'est ta femme qui vient te trouver. » C'est vraiment merveille de voir à quel point l'esprit de Roderigo fut épouvanté en entendant prononcer le nom seul de sa femme : sa frayeur fut si grande que, sans réfléchir s'il était possible ou raisonnable que ce fût elle, sans répondre un seul mot, il s'enfuit tout tremblant, délivrant ainsi la jeune fille, et aimant mieux retourner en enfer rendre compte de ses actions que de se soumettre de nouveau aux ennuis, aux désagréments et aux dangers qui accompagnent le joug matrimonial. C'est ainsi que Belphégor, de retour aux enfers, put rendre témoignage des maux qu'une femme amène avec elle dans une maison ; et que Giov. Matteo, qui en sut plus que le diable, s'en revint bientôt tout joyeux chez lui.

IV.

DESCRIPTION

DE LA PESTE DE FLORENCE

EN 1527.

EXORDE [1].

TRÈS-CHER ET TRÈS-HONORÉ COMPÈRE [2],

Quoique votre aimable compagnie n'ait jamais cessé de m'être extrêmement agréable, et que vos mœurs douces et honnêtes m'aient toujours procuré un plaisir non moins grand que votre conversation affable et pleine d'agréments ; quoique l'absence, ou les affaires importantes dont vous avez été chargé m'aient fait sentir toute la privation de votre société, je n'ai cependant jamais éprouvé une peine égale à celle que je ressens aujourd'hui, et que m'occasionne le long séjour que vous faites hors de notre cité. J'attribue ce chagrin à deux causes principales.

Je crois d'abord que le redoublement de votre amitié, et les preuves multipliées et sans fin que vous m'en donnez, ont augmenté l'affection que je ressentais pour vous, quoique les obligations nombreuses que je vous avais depuis

[1] Cet exorde n'était point écrit de la main de Macchiavelli, comme la description qu'il précède.

[2] Rien n'indique quelle est la personne à qui cette description est adressée. Quelques légères indications pourraient faire soupçonner cependant que c'est Philippe Strozzi.

tant d'années eussent dû me faire croire qu'il était presque impossible qu'elle s'accrût. En second lieu, s'il est vrai que la multiplicité des occupations et leur variété donnent quelque distraction à l'esprit, j'avouerai que, privé aujourd'hui de la conversation d'un grand nombre d'amis, je ne sens que trop profondément le vide immense que laissent dans mon âme le souvenir et le regret d'un ami tel que vous, et le besoin que j'ai de votre société. Privé, comme je le suis, de mes autres amis, c'est maintenant que j'éprouve combien il est pénible d'avoir entièrement perdu un plaisir dont je n'avais regretté jusqu'à ce jour que la privation momentanée.

Non-seulement je vous ai perdu, ainsi que mes amis les plus chers, mais je ne retrouve même plus mes simples connaissances : à peine, lorsque je les rencontre, m'est-il permis de les saluer; et, en vérité, si le peu de personnes que j'aperçois ne me montraient pas le costume du pays, je me croirais étranger au milieu d'une autre cité.

Puisque le ciel, en nous envoyant le mortel fléau de la peste, ne nous permet plus, unique et cher compère, de repaître nos oreilles de ces agréables conversations et nos yeux de ces charmants objets qui savaient si bien autrefois adoucir tous nos chagrins, ne nous privons pas encore du plaisir de nous entretenir par lettres : ce n'est pas une médiocre consolation au milieu des misères humaines. Instruit par expérience du plaisir qu'éprouve celui qui est éloigné de son pays à en apprendre les nouvelles les plus minutieuses, j'ai voulu vous écrire tout ce que mes yeux infortunés et noyés encore dans les larmes ont vu dans notre illustre cité. Quoique la matière qui fait l'objet de ma lettre soit de nature à vous affliger profondément, ce doit être pour vous une grande consolation de vous voir éloigné d'un lieu qui offre tant de dangers; et j'espère en outre que l'assurance que je suis encore en vie, quoiqu'on vous ait peut-être dit que j'étais mort, adoucira votre mélancolie et vos autres chagrins qui peuvent vous assiéger.

DESCRIPTION

DE LA PESTE DE FLORENCE EN 1527.

Je n'ose poser sur le papier ma main tremblante pour traiter un si déplorable sujet. Ce n'est pas tout; et plus je réfléchis sur cet amas de misères, plus l'horrible description que je vous ai promise m'épouvante. Quoique j'aie tout vu, le récit renouvelle mes larmes amères. Je ne sais par où commencer, et si je le pouvais, j'abandonnerais mon entreprise; néanmoins le désir extrême que j'ai de savoir si vous vivez encore bannira toute crainte.

Notre malheureuse Florence offre aujourd'hui un spectacle semblable à celui d'une ville que les infidèles auraient prise de vive force et ensuite abandonnée. Une partie des habitants, imitant votre exemple, a fui devant le fléau mortel, et s'est réfugiée dans les *villa* éparses autour de la ville; les autres ont trouvé la mort, ou sont sur le point de mourir. Ainsi le présent nous accable, le futur nous menace, et l'on souffre autant de la crainte de vivre que de celle de mourir. O malheureux temps! ô saison déplorable! Ces rues si belles et si propres, que l'on voyait remplies d'une foule de nobles et riches habitants, exhalent maintenant l'infection et la malpropreté; on n'y voit que des pauvres, dont la lenteur et les cris effrayés ne permettent pas d'y marcher avec sécurité; les boutiques sont fermées, les exercices suspendus, les tribunaux et les cours absents, et les lois mises en oubli : aujourd'hui on apprend un vol, demain un meurtre; les places, les marchés où les citoyens s'assemblaient fréquemment sont devenus des tombeaux ou le réceptacle de la plus vile populace; chacun marche isolé; et au lieu d'une population amie, on ne rencontre que des gens infectés des poisons de la peste. Un parent trouve-t-il un parent, un frère un frère, une femme son mari : chacun s'éloigne au plus vite. Que dirai-je de plus? les pères et les mères repoussent leurs propres enfants et les délaissent!

Les uns portent à la main, ou, pour mieux dire, ont toujours sous le nez des fleurs, les autres des herbes odoriférantes, ceux-ci des éponges, ceux-là de l'ail, d'autres enfin des boules composées de toutes sortes de parfums; mais ce ne sont là que quelques-unes des précautions. Il existe aussi des boutiques où l'on distribue du pain, ou, pour mieux dire, dans lesquelles on sème pour recueillir des bubons.

Les réunions qui avaient lieu dans les places publiques pour converser d'une manière honorable, et dans les marchés pour l'utilité de la vie, n'offrent plus qu'un spectacle morne et affligeant. On n'entend que ces mots : « Un tel est « mort, un tel est malade; celui-ci a fui, celui-là « est renfermé chez lui; l'un est à l'hôpital, l'autre « est gardé; » il en est dont on n'a aucune nouvelle. Tels sont les seuls bruits qui circulent, et qui, lorsqu'on y réfléchit, sont capables de rendre malade Esculape lui-même.

La plupart s'occupent à rechercher l'origine du mal, et les uns disent : « Les astrologues nous « menacent; » les autres : « Les prophètes l'ont « prédit. » On se rappelle tous les prodiges qui ont eu lieu; on attribue le mal à la nature du temps; on en accuse la qualité de l'air, propre à propager la peste; on se souvient que la même chose arriva en 1348 et en 1478 : chacun cherche des souvenirs pareils; et l'on finit par conclure que ce fléau n'est pas le seul qui nous menace, et qu'une foule d'autres maux sont prêts à fondre sur nous.

Voilà les aimables sujets d'entretien que l'on entend à toute heure; et quoique je pusse dans un seul mot vous faire voir, par les yeux de l'esprit, l'affligeant spectacle que présente notre misérable patrie, en vous disant : « Imaginez « qu'elle est totalement différente de ce que vous « aviez coutume de la voir » (car rien ne peut mieux vous faire apprécier sa situation actuelle que cette comparaison faite en vous-même), toutefois, je veux que vous puissiez en avoir une connaissance plus particulière; car, quelle que soit la force de l'imagination, il lui est impossible d'atteindre sur tous les points à la réalité. Je ne crois point vous en pouvoir donner une plus exacte peinture qu'en vous citant mon exemple. Je vais donc vous exposer la vie que je mène, afin que vous jugiez par là de celle des autres.

Vous saurez donc que, l'un des jours ouvrables de la semaine, je sortis de chez moi à l'heure où le soleil a dissipé toutes les vapeurs de la terre, pour prendre mon exercice accoutumé. Cependant j'avais eu soin avant de sortir de faire quelques remèdes, et de me munir, contre le poison de la peste, de certains préservatifs dans lesquels j'ai la confiance la plus entière et la plus étendue, quoique l'illustre Mengo[1] dise que ce ne sont que des cuirasses de papier. A peine avais-je fait quelques pas qu'il fallut bannir de mon esprit toute autre pensée, quelque grave, quelque importante qu'elle pût être; car le premier objet de bon augure qui s'offrit à mes regards fut les fossoyeurs, non ceux des pestiférés, mais les fossoyeurs ordinaires, qui, au lieu de se plaindre, comme par le passé, du petit nombre des morts, se lamentaient de ce qu'ils étaient trop abondants, et craignaient que cette abondance ne produisît bientôt la disette. Qui aurait jamais pu s'imaginer qu'il viendrait un temps où ces gens désireraient la santé des malades, comme ils le juraient en effet? Cependant je n'ai pas de peine à les croire, car si l'on mourait dans un autre temps et d'une autre maladie, ils pourraient y trouver leur gain ordinaire. Passant ensuite de San-Miniato vers les Tours, où l'on était autrefois assourdi par le bruit des baguettes à battre la laine et par les chants et la conversation des cardeurs[2], je ne trouvai qu'un vaste silence qui n'avait rien de séduisant. Je poursuivis mon chemin; et près du Marché-Neuf je rencontrai la peste qui venait à cheval. Dans le premier moment ce spectacle me trompa, car, voyant venir de loin une litière portée par des chevaux dont la blancheur était aussi éclatante que la neige, je crus que c'était quelque noble dame ou quelque personnage de haut lignage qui allait en partie de plaisir; mais ayant vu tout autour, au lieu de serviteurs, les hospitaliers de Santa-Maria-Nuova[3], je n'eus pas besoin d'autres informations.

Cependant comme cela ne me paraissait pas suffisant, et que je voulais vous donner de tout un détail plus circonstancié, j'entrai, le matin du premier jour du riant mois de mai, dans la vénérable et sainte église de Santa-Reparata : il ne s'y trouvait que trois prêtres seulement, dont

[1] Mengo Bianchelli, de Faenza, qui a écrit sur la peste.
[2] C'est dans ce quartier de Florence que se trouvent la plupart des ateliers des ouvriers en laine.
[3] C'est l'hôpital de la ville de Florence.

l'un chantait la messe, le second faisait tout à la fois l'office du chœur et de l'orgue, et le troisième, assis sur une chaise presque entourée d'un rempart de murailles, s'était placé pour confesser au milieu de la première nef; il avait de plus les fers aux pieds et les menottes aux mains : c'était par ordre de son supérieur qu'il se trouvait dans cet état, afin qu'au sein même de cette vaste solitude il pût mieux résister aux tentations canoniques. Les dévotes qui assistaient à la messe étaient trois femmes en mantelet, vieilles, ridées et peut-être boiteuses : chacune se tenait séparément dans sa tribune; et je crus reconnaître parmi elles la nourrice de mon grand-père. Il n'y avait également que trois dévots, qui, sans jamais se regarder, faisaient le tour du chœur sur des béquilles, en jetant de temps à autre un coup d'œil amoureux sur les trois vieilles. Il faudrait l'avoir vu pour s'en faire une idée. Quant à moi, semblable à quelqu'un qui peut croire à peine ce qu'il voit, je restai tout stupéfait ; et présumant que le peuple, suivant la coutume de ce jour solennel, s'était porté sur la place pour y voir la revue des troupes, je m'y rendis dans cette espérance ; mais, au lieu d'hommes et de chevaux, je vis pour toute troupe des croix, des civières, des bières et des brancards, sur lesquels gisaient des cadavres portés par des fossoyeurs qu'avait convoqués le *barlacchio*, pour qu'ils se rendissent cautions des hauts seigneurs qui en ce moment faisaient la cérémonie de leur entrée en fonction [1]. Je crois même que, le nombre des vivants ne suffisant pas, on se servit du nom de quelques morts, en les appelant suivant l'usage, sans qu'il arrivât à aucun d'eux la même aventure qu'au Lazare.

Ce spectacle ne me paraissant ni sûr ni digne d'une grande attention, je n'y demeurai pas plus longtemps ; et ne pouvant m'imaginer qu'il n'y eût pas dans quelque autre quartier de la ville une plus grande réunion de nobles, je dirigeai mes pas vers la fameuse place de Santa-Croce, et j'aperçus une foule de fossoyeurs qui dansaient en rond en criant à haute voix : « Bien « venue soit la peste ! bien venue soit la peste ! » c'était là leur *bien venu soit le mois de mai !* L'aspect de ces gens, le ton de leur chanson et les paroles qu'ils prononçaient, déplurent autant à mes yeux et à mes oreilles que les charmaient naguère les jeunes filles et leurs chansons. Je me sauvai sur-le-champ dans l'église; et, pendant que je faisais mes dévotions, j'entendis, quoique je ne visse personne, une voix lamentable et effrayante. J'osai m'en approcher, et je découvris parmi les sépultures placées dans un des côtés de l'église une jeune femme pâle et affligée, étendue sur la terre et couverte d'habits de deuil. Sa figure me parut plus morte que vive; des larmes amères sillonnaient ses joues charmantes ; tantôt elle arrachait les belles tresses de sa noire chevelure, et tantôt se frappait le sein ou le visage : un rocher en aurait eu pitié; et je me sentis saisi outre mesure de douleur et d'épouvante. Toutefois, m'approchant d'elle avec précaution, je lui dis : « Hélas ! « pourquoi vous livrez-vous à une douleur si « cruelle ? » Mais elle, dans la crainte que je ne la reconnusse, se couvrit aussitôt la tête avec un des pans de sa robe. Ce geste, comme cela est naturel, ne fit qu'augmenter en moi le désir de la connaître ; mais d'un autre côté la peur qu'elle ne fût atteinte de la contagion retenait mes pas. Cependant je la priai de ne rien craindre, puisque je n'étais venu que pour lui prêter conseil et appui. Comme sa profonde affliction la rendait muette, j'ajoutai que je ne m'en irais que lorsque je la verrais s'éloigner elle-même. Alors, après quelques moments d'hésitation, elle prit, en femme de courage et de condition, le parti de se découvrir, et me dit : « Je serais « vraiment insensée si, après n'avoir pas redouté « la présence de tout un peuple, je craignais « l'aspect d'un seul homme qui s'offre pour sou- « lager ma douleur. » Le désespoir qui l'oppressait, les vêtements dont elle était couverte la changeaient au point que ce fut sa voix plus que les traits de sa figure qui me la firent reconnaître.

Je lui demandai alors la cause d'une affliction aussi profonde. « Ah ! malheureuse que je suis ! » s'écria-t-elle, « ce n'est pas avec vous que je puis « dissimuler. Je ne saurais me consoler d'avoir « perdu tout ce qui faisait ma joie. Non, je ne « la retrouverai jamais, dussé-je vivre encore « mille années. Mais ce qui m'afflige encore da- « vantage, c'est de ne pouvoir mourir aussi. Ah ! « ce n'est pas de la contagion que je me plains, « mais de mon triste sort, qui a brisé le lien du

[1] C'est le 1er mai que les nouveaux magistrats entrent en possession de leurs charges.

« nœud amoureux et indissoluble que j'avais « formé avec tant d'art et de soin : voilà la cause « de notre commune ruine, voilà pourquoi vous « me voyez répandre sur la tombe de mon fidèle « et malheureux amant des larmes aussi amères. « Ah! combien de fois je l'ai serré dans ces bras « si fortunés jadis et si malheureux aujourd'hui! « avec quels transports je contemplais ses beaux « yeux pleins de flamme! avec quelle volupté je « pressais sa bouche embaumée de mes lèvres « avides! avec quel plaisir je pressais sur mon « sein enflammé son sein également brûlant de « jeunesse et éclatant de blancheur! Hélas! avec « quels transports nous goûtâmes tant de fois « les dernières douceurs de l'amour, et satis- « fîmes ainsi nos désirs mutuels! »

A peine avait-elle achevé ces paroles, qu'elle tomba étendue sur la terre d'une manière si effrayante que tous mes cheveux se hérissèrent, et que je craignis qu'elle n'eût expiré; car elle avait les yeux fermés, les lèvres sans couleur, le visage plus pâle encore qu'auparavant, le pouls irrégulier et presque sans mouvement : l'agitation de son sein était le seul indice qu'elle ne fût pas morte. Plein de cette compassion qu'exigeait son état, je commençai à l'agiter, je la délaçai quoiqu'elle ne fût pas très-serrée dans ses vêtements, je la tournai tantôt devant, tantôt derrière; enfin je ne négligeai aucun des moyens usités pour lui faire reprendre les esprits : je fis si bien qu'elle ouvrit ses yeux appesantis par la douleur, et elle poussa un soupir si brûlant que, si j'eusse été de cire, certes j'aurais été fondu. Je tâchai de la consoler en lui disant : « Femme imprudente et malheureuse! « pourquoi rester désormais en ce lieu? Si tes « parents, tes voisins, ou quelqu'un de ta con- « naissance te trouvaient ainsi seule, que di- « raient-ils? Où est la prudence? où est même « la décence? » — « Malheureuse! » reprit-elle, « je « ne possédai jamais la première de ces vertus; « et quant à l'autre, je n'y attache aucun prix « depuis que je ne vois plus ces beaux yeux, qui « soutenaient ma vie comme l'eau nourrit les pois- « sons. » — « Madame, » lui répondis-je, « si mes « conseils ont quelque pouvoir sur vous, je vous « prie de me suivre, non pas par amour pour « moi, je sens combien j'en suis indigne, mais « pour votre propre réputation. Si elle a été « obscurcie par quelques nuages, accusez-en la « mauvaise langue du prochain plutôt que « vous-même, et vous ne tarderez pas à la re- « couvrer. Combien j'en connais qui, après avoir « fui leurs maris, ont été accueillies par d'autres « que par leurs parents! combien ont été sur- « prises en faute par leurs voisins ou leurs alen- « tours, et qui passent aujourd'hui pour belles « et bonnes! L'erreur est attachée à la nature « humaine; il suffit seulement de se raviser. Si « à l'avenir vous vous conduisez bien, vous « verrez bientôt (c'est bientôt que je dis) que « l'on soutiendra que vous avez été injustement « accusée. » Je parvins de cette manière à la persuader et à la reconduire chez elle.

Le soleil était déjà parvenu au point le plus élevé du ciel et les ombres paraissaient moins grandes lorsque je revins seul, suivant ma coutume, prendre le repas dont j'avais besoin. Après quelques instants de repos je me remis de nouveau à parcourir la ville, et je dirigeai mes pas vers la nouvelle église de Spirito-Santo, où, quoique ce fût l'heure, je n'aperçus aucun préparatif du service divin. Les moines, bien qu'il n'en restât que fort peu, se promenaient la tête haute, et m'assuraient qu'un grand nombre d'entre eux étaient morts, et qu'il en mourrait davantage encore, parce qu'ils ne pouvaient sortir de ce lieu et qu'ils ne s'étaient pas pourvus de vivres. Je ne vous dirai pas s'ils allumaient les cierges dans l'église[1] : je crois qu'ils ne le faisaient que pour que leurs morts n'allassent pas dans l'obscurité. Aussi me hâtai-je de me sauver, chassé bien plus par la crainte du ciel que par celle de la peste, tant les bénédictions des bons frères étaient fréquentes.

Je m'acheminai alors vers la rue de Mai; et quoique nous fussions aux calendes de mai, je ne vis aucun indice qui me représentât le mai; tout au contraire, j'aperçus au milieu du pont un mort dont personne n'osait approcher. Entrant alors dans l'église de la sainte Trinité, je n'y trouvai qu'un seul homme recommandable par son rang. Lui ayant demandé ce qui pouvait le retenir en ville au milieu de tant de dangers: « L'amour de la patrie, » me dit-il, « que je vois « presque entièrement abandonnée par ses in- « grats citoyens. » Je lui répondis que ceux qui, pour se conserver à la patrie, s'en éloignaient

[1] Expression proverbiale qui signifie : blasphémer et jurer.

momentanément afin de pouvoir encore lui être utiles, se trompaient moins que ceux qui, ne pouvant lui rendre service, s'exposaient au danger de la quitter pour toujours. « S'il faut dire la vérité à celui qui la connaît, » me répondit-il, « ce n'est pas la patrie qui me retient, mais « cette belle affligée que tu vois là-bas à genoux, « et pour laquelle je suis prêt à donner mes jours. » Tant d'ardeur me parut peu convenable à la maturité de son âge, et je ne pus m'empêcher de lui dire que, dans des circonstances aussi malheureuses, le père ne balançait pas à abandonner son fils et la femme son époux. « Tel « est mon amour, » dit-il, « qu'il surpasse tous les « liens du sang. Si le meilleur moyen d'éviter la « peste est d'avoir de la joie, la présence seule « de mon amante suffit pour la faire naître dans « mon cœur ; tandis que loin d'elle ma douleur « est si violente, qu'elle suffirait pour me faire « mourir dans l'amertume ; et comme vous m'avez « trouvé seul ici, de même mon amour est uni- « que entre tous les autres amours. Si vous êtes « amoureux et que vous vouliez vivre, restez « sans cesse auprès de votre maîtresse ; si vous ne « l'êtes pas, suivez mon exemple et aimez pour « éviter la peste ; il en est encore temps. » Peu touché de ses raisons, et regardant l'amour comme une peste d'autant plus dangereuse qu'elle dure plus longtemps, je m'éloignai sans lui répondre.

J'aperçus plus loin, sur le banc alors solitaire des Spini, le vénérable père Alessio, qui, peut-être pour éviter la peste, était sorti des règles, ou qui, pour mieux dire, attendait là quelqu'une de ses dévotes pour la confesser. Ayant appris de lui que l'on voyait se réunir dans la vénérable église de Santa-Maria-Novella, d'où il avait été éloigné par sa bonne conduite, un plus grand nombre de dames que dans aucune autre église, attirées qu'elles étaient par les exhortations pleines d'amour de moines joyeux et charitables, je l'engageai à me suivre ; ce qu'il fit sans peine, car le pauvre diable de frère avait peur qu'il ne lui arrivât quelque chose s'il y était retourné sans moi. Aussi ne s'arrêta-t-il qu'une minute ; et prenant à peine le temps de saluer l'autel (car ce n'était pas par la dévotion qu'il brillait), il me quitta ; et je m'imagine que ce fut pour aller terminer sur son banc l'œuvre qu'il avait commencée. Je demeurai donc pour écouter les joyeuses complies des frères ; et si je n'aperçus pas comme à l'ordinaire cette foule de dames charmantes et de nobles cavaliers qui venaient admirer leurs visages angéliques et l'éclat de leur toilette ; si je n'entendis pas cette musique voluptueuse qui invite avec plus d'empire aux plaisirs de l'amour qu'aux méditations célestes, j'y aperçus toutefois moins de solitude que partout ailleurs : d'où je vis combien cette église pouvait s'appeler heureuse et favorisée entre toutes les autres. Je résolus d'y demeurer jusqu'à la dernière heure ; et quoiqu'il fût déjà nuit, j'aperçus une jeune et belle dame en habit de veuve, qui était restée seule à mon exemple, et peut-être pour entendre comme moi les complies. Certes j'avoue que je m'abuserais grandement si je me croyais capable de vous dépeindre sa beauté ; cependant, pour tâcher de vous contenter, je ne la passerai pas sous silence, et ce sera à votre imagination à ajouter ce que vous supposerez qui manque à mon récit.

Elle était assise sur les degrés de marbre de la grande chapelle voisine, et s'appuyait sur le côté gauche, comme une personne accablée de douleur ; son bras éclatant de blancheur soutenait son front, que le chagrin avait un peu pâli : ce bras, par sa longueur, répondait à la taille d'une femme bien faite et bien proportionnée ; et l'on pouvait conjecturer sans peine que tous les membres de ce beau corps formaient un ensemble si parfait que, s'ils n'eussent pas été enveloppés de vêtements funèbres, leur admirable beauté aurait ébloui tous les yeux. Mais laissant à votre imagination le soin de contempler librement ce qu'on ne voyait pas, je ne vous décrirai que ce qui se laissait apercevoir. Ses chairs, fraîches et élastiques, avaient la blancheur de l'ivoire, et leur délicatesse était si grande qu'elles auraient conservé l'impression du plus léger attouchement, de même que dans une prairie l'herbe fleurie et humide de rosée cède à tous les mouvements de l'insecte le plus léger. Ses yeux, dont il vaudrait mieux ne rien dire que de dire trop peu, ressemblaient à deux astres brillants, et elle les ouvrait si à propos, et d'un air si aimable, qu'on croyait voir un paradis ouvert. Son front serein se terminait dans les plus justes proportions, et était si uni que, si le pauvre Narcisse s'y était miré, il ne serait pas moins devenu amoureux de lui-même que lorsqu'il se regarda dans la fontaine. Au-dessous, les arcs très-déliés et bien dessinés de ses noirs sourcils couronnaient l'éclat de ses yeux, et il semblait que l'Amour voltigeât et badinât sans cesse à l'entour, et, lançant de là ses flèches, frappât tous les cœurs amoureux. D'après ce qu'on pouvait apercevoir de ses oreilles, elles étaient petites, rondes, et si parfaites qu'un habile physionomiste aurait prononcé qu'elles étaient l'indice d'une haute intelligence. Mais que dirai-je de sa bouche vermeille et embaumée placée entre deux espaces. revêtus de lis et de roses, et qui, au milieu de sa douleur, laissait briller encore un céleste sourire? Quant à moi, je suis certain que c'est sur un pareil modèle que se règle la nature quand elle veut faire présent au monde de quelque chose de parfait. Ses lèvres de rose et ses dents d'ivoire paraissaient des rubis en flamme mêlés avec des perles orientales. Son nez, dessiné avec délicatesse, avait emprunté la forme de celui de Junon, et c'était à Vénus qu'elle devait ses joues blanches et arrondies. Je ne passerai pas sous silence un cou délié, flexible, éclatant de blancheur, et digne d'être orné des pierres les plus précieuses. Ses vêtements jaloux ne me permettaient pas de contempler l'éclat, la beauté et les justes proportions de son sein, embelli de deux pommes fraîches et odorantes semblables, je crois, à celles que l'on cueillait dans le fameux jardin des Hespérides, et dont la fermeté, conservant sa forme sous le poids des vêtements, laissait soupçonner aux regards leur beauté et tous leurs autres charmes. Au milieu s'ouvrait une route par laquelle, si l'œil avait pu la suivre, il serait arrivé à la suprême félicité. Sa main blanche et délicate, bien qu'elle dérobât une partie des charmes de son beau visage, compensait cette perte en se laissant voir : elle était longue, mince, étroite, et l'azur de veines délicates l'embellissait encore ; ses doigts étaient allongés et polis, et leur vertu était telle qu'un seul de ses attouchements aurait pu réveiller les sens du vieux Priam.

Ne voyant autour d'elle personne dont la présence pût me retenir, et ses yeux compatissants m'ayant donné quelque hardiesse, je l'abordai en lui disant : « Aimable dame, si une honnête « question ne vous paraît point indiscrète, « veuillez m'apprendre quel motif vous retient « si longtemps en ces lieux, et me dire si je puis « vous être utile à quelque chose. » — « Peut-« être que comme vous, » me répondit elle, « j'ai « vainement attendu que les frères eussent ter-« miné les complies ; mais, dans la situation où « je me trouve, non-seulement vous, mais la « première personne venue pourrait me rendre « service. Le vêtement que je porte vous fait « assez voir que je suis privée de mon cher « époux ; mais ce qui ajoute à ma douleur, c'est « qu'il est mort des atteintes cruelles de la peste, « et que je suis moi-même en danger d'éprouver « le même sort. Si donc, sans pouvoir m'être « bon à rien, vous ne voulez pas non plus vous être « nuisible, tenez-vous un peu à l'écart. » Ses paroles, sa voix, ses manières et le soin qu'elle prenait de ma santé pénétrèrent si avant dans mon cœur, que je me serais précipité pour elle dans le feu ; néanmoins, dans la crainte de lui déplaire, je retins mes pas et lui dis : « Pourquoi demeurer ainsi solitaire? » — « Parce que « je suis demeurée seule. » — « Vous plairait-il « d'avoir de la compagnie ? » — « Je ne désire « autre chose que de vivre dans une honnête « société. » — « Quoique jusqu'à présent je n'aie « pas voulu prendre de compagne, la vue de « tant de charmes et la pitié que me font éprou-« ver vos malheurs m'ont si fort ému, que je « suis décidé à m'unir avec vous. Mon âge peut-« être est un peu disproportionné avec le vôtre ; « mais ma fortune et mes autres avantages sont « tels que je parviendrai peut-être à vous con-« tenter. » — « Si j'ai conservé la mémoire de « quelques histoires que j'ai lues, on dit de vous « autres hommes », me répondit-elle, « que vos « promesses sont longues et que votre fidélité « est courte. » — « Il est permis, » lui dis-je, « aux « écrivains de dire tout ce qu'ils veulent ; mais « lorsqu'on choisit un compagnon avec discerne-« ment, on ne se fie qu'aux choses auxquelles on « peut se fier ; et c'est ainsi que l'on n'a jamais « lieu de se repentir de soi-même. » — « Puisque « le ciel, dispensateur de tous les biens, vous a « amené devant moi, » répliqua-t-elle, « quoique « je ne vous aie jamais vu, je ne puis croire que « vous n'ayez pas un soin tout particulier de moi : « ainsi donc si vous vous contentez de ma per-« sonne, je croirais commettre une grande erreur « en ne me contentant pas de la vôtre. »

Comme elle achevait ces paroles, un certain moine fainéant, plus propre à manier la rame qu'à dire la messe, et dont je tairai le nom pour en parler plus à mon aise, s'approcha de nous le nez au vent, et, semblable à un faucon qui se précipite sur la terre en apercevant sa proie du haut des airs, il aborda cette beauté aimable et gracieuse avec cette familiarité insolente que se permettent leurs pareils, et lui demanda si elle avait besoin de quelques-uns de ses services. Je lui répondis que désormais elle n'avait plus besoin de rien, et que sa charité monacale était entièrement inutile. Le misérable, qui déjà était hors de lui-même, qui peut-être pour faire avec elle une union plus intime aurait volontiers rompu la nôtre, bien que ses yeux fussent en feu et qu'il ne pût tenir dans sa robe, se détourna toutefois comme une couleuvre devant l'enchanteur; et, voyant qu'il était mal reçu par ma dame et que je ne lui faisais pas une réception fort amicale, il releva les pans de sa robe, et alla au diable en marmottant je ne sais quoi entre ses dents. Ne vous imaginez pas pour cela que je la laissai toute seule : je la suivis au contraire jusque chez elle, où elle renferma mon pauvre cœur avec elle. Resté seul après avoir joui d'une société aussi aimable et aussi charmante, pour ne point m'écarter du plan que j'avais formé je hâtai mes pas, et je me dirigeai vers l'église de San-Lorenzo, où j'étais habitué à voir celle qui avait joui de la fleur de mes beaux ans; mais la nouvelle impression que je venais de recevoir était si forte que, semblable à ceux qui ont bu les eaux du Léthé, je perdis la mémoire de toutes les autres femmes, quelque belles qu'elles fussent. Toutes mes pensées étaient restées enveloppées dans ces vêtements de deuil autour desquels je croyais voir à chaque instant tourner ce moine hypocrite et importun, et la jalousie s'était emparée de mon esprit au point que je ne pouvais penser à autre chose. Comme il me semblait que je perdais inutilement le temps, et brûlant du désir de revoir une beauté aussi désirée, je me hâtai de rentrer chez moi; et mettant en oubli tous les événements tragiques dont la peste pourrait me menacer, je me prépare pour la nuit prochaine aux plaisirs d'une comédie future.

Voilà, mon très-cher compère, tout ce qui s'est offert à mes yeux dans le courant du premier jour du mois de mai. Quant à ce qui arrivera, après les noces je vous le ferai savoir. Dans ce moment je ne suis pas en état de vouloir ou de pouvoir penser à autre chose.

V.

RÈGLEMENT

POUR UNE SOCIÉTÉ DE PLAISIR

Une société d'hommes et de dames s'étant réunie en diverses occasions pour se divertir, très-souvent on y a fait des choses amusantes, et très-souvent des choses ennuyeuses, mais sans pouvoir jusqu'ici trouver le moyen de rendre les premières plus amusantes et les secondes moins ennuyeuses : on a imaginé des plaisanteries qui n'ont point eu leur effet, par la négligence de celui qui les avait imaginées. En conséquence, quelqu'un qui ne manque pas de cervelle, et qui possède une certaine expérience des hommes et des femmes, a cru convenable d'ordonner, c'est-à-dire de régler cette société de manière que chacun puisse inventer et exécuter ensuite ce qu'il croira pouvoir faire plaisir, soit aux dames, soit aux hommes, soit aux uns et aux autres en général. En conséquence, il est arrêté que ladite compagnie est et demeure soumise aux articles ci-après, délibérés et acceptés d'un commun consentement.

Art. 1. Nul homme ne pourra être admis dans ladite société qu'il n'ait trente ans accomplis; les dames y seront reçues à tout âge.

Art. 2. Il sera nommé un chef ou président, soit homme, soit femme, dont les fonctions dureront huit jours. Parmi les hommes, on choisira la première fois pour président celui qui aura le plus grand nez, et parmi les dames celle qui aura le plus petit pied.

Art. 3. Quiconque, soit homme, soit dame qui pendant un seul jour ne répéterait pas tout ce qui s'est passé dans ladite société, sera puni de la manière suivante : si c'est une dame, on placera ses pantoufles dans un endroit où tout le monde puisse les voir, avec un billet sur lequel sera inscrit le nom de la coupable; si c'est un homme, on pendra ses culottes retournées dans un lieu élevé où chacun pourra les apercevoir.

Art. 4. On devra sans cesse médire les uns des autres; et si l'on admet un étranger dans la société, on dira publiquement tout ce qu'on peut avoir appris de ses péchés, sans être retenu par aucune considération.

Art. 5. Aucun membre de la société, soit homme, soit femme, ne pourra se confesser dans d'autres temps que pendant la semaine sainte; et quiconque contreviendrait à cette défense sera condamné, si c'est une femme à porter le président, et si c'est un homme à être porté par lui de la manière qu'il jugera à propos. On devra choisir un confesseur aveugle; et si l'on peut en trouver un qui ait en même temps l'ouïe un peu dure, cela n'en vaudra que mieux.

Art. 6. Il est expressément défendu de dire du bien les uns des autres, sous les peines ci-dessus déterminées contre les délinquants.

Art. 7. Si un homme ou une femme s'imaginait l'emporter sur les autres en beauté, et qu'il se trouvât deux témoins de ce fait, la dame sera obligée de montrer sa jambe nue jusqu'à quatre doigts au-dessus du genou; et si c'est un homme, il devra faire voir à la société s'il porte dans ses chausses un mouchoir ou autre chose semblable.

Art. 8. Les dames seront dans l'obligation d'aller aux Servites au moins quatre fois par mois, et de plus, toutes les fois qu'elles en seront requises par quelqu'un de la société, sous peine d'encourir une double punition.

Art. 9. Quand un homme ou une dame de la société aura commencé à raconter une histoire, et que les autres la lui auront laissé achever, ces derniers seront condamnés à la punition déterminée par celui ou celle qu'on n'aurait pas interrompu.

Art. 10. Toutes les délibérations de la société seront prises à la minorité des membres présents; et ceux qui obtiendront le moins de suffrages seront toujours ceux qui l'emporteront.

Art. 11. Si un secret était confié à un membre de la société par un de ses frères, ou par toute autre personne, et qu'il ne fût pas divulgué au bout de deux jours, l'homme ou la dame qui se sera rendu coupable de cette discrétion sera condamné à ne rien faire qu'à rebours, sans pouvoir jamais s'en exempter directement ni indirectement.

Art. 12. Il est défendu à qui que ce soit, dans les assemblées de la société, de garder un seul moment le silence : plus on babillera et plus on parlera tous à la fois, plus on méritera de louange; et celui qui le premier cessera de parler devra être tourmenté par tous les membres de la société, jusqu'à ce qu'il dise les motifs qui l'ont obligé à se taire.

Art. 13. Nul sociétaire ne devra ni ne pourra rendre un service quelconque à un autre membre; et s'il est prié par l'un d'eux de faire une commission, il doit la faire toujours en sens contraire.

Art. 14. Chacun sera tenu d'envier le bonheur d'autrui, et de lui donner par conséquent tous les désagréments qui dépendront de lui; et s'il en avait la possibilité et qu'il ne le fît pas, il sera puni suivant le bon plaisir du président.

Art. 15. En tout temps, et en quelque lieu qu'on se trouve, sans être retenu par aucune considération, chacun sera obligé de se retourner s'il entend rire ou cracher, ou à tout autre signe, et de répondre de la même manière, sous peine de ne pouvoir rien refuser de tout ce qui lui serait demandé pendant la durée d'un mois entier.

Art. 16. Voulant en outre que chacun ait ses aises, il sera pourvu à ce que chaque homme ou dame couche quinze jours au moins dans le mois, l'un sans sa femme, l'autre sans son mari, sous peine d'être condamnés à coucher ensemble deux mois de suite sans interruption.

Art. 17. Celui ou celle qui débitera le plus de paroles pour ne rien dire sera le plus honoré, et l'on en fera le plus grand cas.

Art. 18. Tous les membres de la société, tant hommes que femmes, doivent aller à tous les pardons, à toutes les fêtes, à toutes les cérémonies qui se célèbrent dans les églises; ils doivent également se trouver à tous les festins, collations, soupers, spectacles, veillées, et autres divertissements qui ont lieu dans les maisons, sous peine, si c'est une dame d'être reléguée dans un couvent de moines, et si c'est un homme, dans un monastère de religieuses.

Art. 19. Les dames seront obligées de passer les trois quarts de leur temps à la fenêtre ou sur la porte, sur le devant ou sur le derrière, comme elles le jugeront à propos, et les hommes devront se présenter devant elles au moins douze fois par jour.

Art. 20. Aucune dame de la société ne pourra avoir de belle-mère; et si quelqu'une d'entre elles l'avait encore, elle devra, dans les six mois qui suivront, s'en délivrer avec de la scammonée ou autre remède semblable. Elles pourront également user de la même médecine envers leurs maris, s'ils ne faisaient pas bien leur devoir.

Art. 21. Aucune dame de la société ne pourra porter sous elle ni panier ni autre habillement qui embarrasse; les hommes, de leur côté, devront tous aller sans boucles, et ne se servir en place que d'épingles, qui sont expressément défendues aux dames, sous peine d'être condamnées à regarder le géant de la place avec des lunettes sur le nez.

Art. 22. Chacun, soit homme, soit femme, afin de se mettre mieux en crédit, devra se vanter de ce qu'il n'a pas et de ce qu'il ne fait pas : s'il vient à dire la vérité, et à découvrir ainsi sa misère ou toute autre chose, il sera puni suivant le bon plaisir du président.

Art. 23. On ne manifestera jamais par aucun signe extérieur ce que l'on éprouve dans l'âme : on s'efforcera de faire tout le contraire; et celui qui saura le mieux dissimuler ou débiter des mensonges méritera le plus d'éloges.

Art. 24. On passera la majeure partie de son temps à se parer et à faire sa toilette, sous peine pour le contrevenant de n'être regardé par aucun des membres de la société.

Art. 25. Quiconque, en rêvant, répéterait ce qu'il aurait dit ou fait dans la journée, sera condamné à rester une demi-heure le derrière en l'air, et chacun de la société devra lui donner un coup de fouet.

Art. 26. Quiconque, en entendant la messe, ne regardera pas à tout moment autour de lui, ou qui se placera dans un endroit où il ne puisse être vu de tout le monde, sera puni comme criminel de lèse-majesté.

Art. 27. Tout homme ou toute dame, et surtout ceux qui désirent avoir des enfants, devront commencer par se chausser du pied droit, sous peine d'avoir à marcher pieds nus pendant un mois et plus, selon qu'il paraîtrait convenable au président.

Art. 28. Personne, en s'endormant, ne pourra fermer les deux yeux à la fois; il devra le faire l'un après l'autre : il n'y a pas de meilleur remède pour conserver la vue.

Art. 29. Les dames, en marchant, devront tenir leurs pieds de manière qu'on ne puisse s'apercevoir si elles sont colletées haut ou bas.

Art. 30. Personne ne pourra se moucher lorsqu'on le regardera, si ce n'est en cas de nécessité.

Art. 31. Chacun sera obligé, *in formâ cameræ*, de se gratter quand cela lui démangera.

Art. 32. On se nettoiera les ongles des pieds et des mains au moins tous les quatre jours.

Art. 33. Les dames seront tenues, lorsqu'elles s'asseoiront de se mettre toujours quelque chose sous elles, afin de paraître plus grandes.

Art. 34 et dernier. On choisira pour la société un médecin qui ne passe pas vingt-quatre ans, afin qu'il puisse remédier aux accidents et résister à la fatigue.

VI.

HARANGUE.[1]

Hauts seigneurs, magnifique préteur, vénérables collègues, illustres docteurs, et honorables magistrats,

Je prie Vos Excellences de vouloir bien considérer que ce n'est pas de ma propre volonté, mais par exprès commandement de nos hauts seigneurs, que je viens parler devant elles. J'y trouve un motif de joie; car si j'étais venu de mon gré j'aurais mérité qu'on me traitât de présomptueux; tandis que, forcé par le commandement des hauts seigneurs, je mérite, sinon d'être loué, du moins de trouver une excuse dans mon obéissance. Et quoique mon inexpérience soit grande, votre puissance et votre autorité sont si étendues qu'elles ont bien plus de pouvoir sur moi que n'en a la première. Toutefois je ne puis m'empêcher d'éprouver quelque frayeur en songeant que je dois parler de choses dont je n'ai nulle connaissance; et je ne vois d'autre moyen de satisfaire tout à la fois à ce que je vous dois et à ce que je me dois à moi-même, que d'être extrêmement court, afin que mon discours renferme moins d'erreurs et vous cause moins d'ennui. D'ailleurs, ayant à discourir de la justice devant des hommes extrêmement justes, il y aurait de l'inconvenance à parler longuement, et trop de paroles seraient superflues, loin d'être nécessaires. Toutefois, pour m'acquitter de mon devoir et me conformer à l'antique usage, je dirai que les poètes, qui, selon les gentils, furent les premiers législateurs de l'univers, nous apprennent que les hommes, durant l'enfance du monde, étaient si vertueux que les dieux ne rougissaient pas de descendre du ciel pour venir au milieu d'eux habiter ici-bas; mais que bientôt la vertu ayant disparu, et les vices ayant pris naissance, les dieux retournèrent peu à peu dans le ciel, et Thémis fut la dernière des divinités qui abandonna la terre. Cette fiction nous démontre combien la justice est nécessaire aux hommes, puisqu'ils s'étaient maintenus justes malgré la profonde corruption, et la fuite des dieux qu'avait chassés le souffle empoisonné des vices. Mais la justice les ayant également abandonnés par la suite, la paix disparut en même temps; et de là naquit la ruine des royaumes et des républiques. Depuis son retour au ciel, cette divinité n'est plus revenue habiter parmi les hommes; elle a seulement favorisé quelque cité de sa présence momentanée; et pendant tout le temps qu'elle y a fixé son séjour elle l'a rendue grande et puissante. C'est elle qui a fait la gloire de la Grèce et de Rome; c'est elle qui a contribué au bonheur de tant de républiques et de royaumes; c'est elle encore qui quelquefois a daigné habiter notre patrie, qui l'a accrue, qui l'a maintenue, et qui la maintient et l'accroît encore; c'est elle qui produit l'union dans le sein des états, l'union, qui est leur puissance et leur soutien; c'est elle qui défend les pauvres et les faibles, qui réprime les riches et les puissants, qui abaisse les superbes et les audacieux, qui met un frein aux spoliateurs et aux avares, qui châtie les insolents et qui renverse les violents; c'est elle qui enfante au sein des états cette égalité si désirable pour maintenir leur existence. Cette vertu est celle qui plaît plus que toutes les autres à Dieu, ainsi que le font voir de nombreux exemples, et entre autres celui qu'a donné l'empereur Trajan, qui, quoique païen et infidèle, fut reçu au nombre de ses élus à la prière de saint Grégoire [1], non à cause de ses autres vertus, mais pour avoir scrupuleusement administré la justice. C'est de quoi

[1] Le manuscrit autographe ne désigne point celle des nombreuses magistratures de Florence à laquelle cette harangue fut adressée. Le sujet qui y est traité fait voir que c'était un discours de formalité, auquel on n'attachait aucune importance. Il y a apparence que cette courte et superficielle composition est un ouvrage de la première jeunesse de l'auteur, et qu'il n'a été fait que pour se conformer à l'usage qui existe encore à Florence, de confier ces sortes de harangues aux jeunes gens qui débutent dans la carrière.

[1] C'est une ancienne tradition, ainsi que chacun sait, qui eut beaucoup de crédit dans les siècles d'ignorance.

notre Dante donne une preuve éclatante dans ces vers divins où il s'exprime ainsi :

Là était retracée la haute gloire de cet empereur romain dont la grande vertu excita Grégoire à lui obtenir son triomphe éclatant.

C'est de l'empereur Trajan que je veux parler. On aperçoit à la bride de son coursier une veuve plongée dans les larmes et la douleur.

Autour de lui la terre paraît foulée par une troupe innombrable de cavaliers, et les aigles, élevées au-dessus de sa tête, brillent dans l'air et semblent s'agiter au souffle des vents.

La déplorable veuve, au milieu de cette foule, paraissait dire : «Seigneur, vengez la mort de mon fils que l'on a tué, et dont la perte déchire mon cœur.»

Et lui semblait lui répondre : «Attends jusqu'à ce que je sois de retour.» Mais elle, semblable à une personne en qui la douleur se hâte : «O mon seigneur,

«Et si tu ne reviens pas?»—«Il y aura,» dit-il, «quelqu'un qui te vengera à ma place.» Mais elle : «Eh! que t'importe le bonheur d'autrui, si tu mets le tien en oubli?»

Alors il lui répond : «Console-toi : il est juste que je m'acquitte de mes devoirs avant de partir; c'est la justice qui l'exige et la pitié qui me retient.»

Ces vers, dis-je, vraiment dignes d'être gravés en lettres d'or, démontrent à quel point Dieu chérit la justice et la clémence.

Vous devez donc, respectables citoyens, et vous qui êtes préposés pour rendre la justice, vous fermer les yeux, vous boucher les oreilles, vous lier les mains quand vous avez à juger ou des parents ou des amis, et quand il vous faut entendre des prières ou des sollicitations déraisonnables, ou recevoir quelque chose qui corrompe votre âme et qui vous détourne des actions justes et vertueuses. C'est en vous conduisant ainsi que la justice, si elle n'habite pas cette cité, reviendra y fixer son séjour, et que si elle s'y trouve, elle y demeurera avec plus de plaisir, et n'aura plus le désir de retourner au ciel. C'est ainsi que, conjointement avec elle, vous rendrez cette république et son gouvernement glorieux et perpétuels. C'est à quoi je vous engage, et ce que je vous recommande d'après le devoir de ma charge. Et vous, Ser...., vous en prendrez acte.

VII.

DISCOURS MORAL.

De profundis clamavi ad te, Domine; Domine, exaudi vocem meam. Ps. 129.

Vénérables pères et confrères[1],

Afin de me conformer aux ordres de mes supérieurs, qui m'ont chargé ce soir de m'adresser à votre charité et de vous dire quelques mots sur la pénitence, j'ai cru ne pouvoir mieux faire que de commencer mon exhortation par les paroles du lecteur du Saint-Esprit, le prophète David, pensant que ceux qui, ainsi que lui, ont péché, ne désespéreront pas, en voyant son exemple, d'obtenir la miséricorde du Dieu très-haut et très-clément; et que ceux qui ne pourraient l'obtenir comme lui ne se laisseront point abattre, car aucun exemple n'est plus propre à nous faire voir jusqu'où l'homme peut pécher et pousser le repentir, et jusqu'à quel point Dieu se montre facile à nous pardonner. Répétons donc avec le prophète : «O Seigneur, plongé «dans la profondeur du péché, j'ai élevé vers «toi une voix humble et pleine de larmes; ô «Seigneur, fais-moi miséricorde; je t'en supplie, que ta bonté infinie daigne me l'accor«der!» Personne ne doit désespérer de l'obtenir, pourvu qu'on la demande les yeux baignés de larmes, le cœur rempli d'affection et la voix brisée par la douleur. O immense miséricorde de Dieu! ô bonté infinie! le Dieu très-haut connut combien il était aisé à l'homme de tomber dans le péché; il vit que s'il voulait maintenir sa vengeance dans toute sa rigueur il

[1] Dans tous les pays catholiques où l'usage des confréries composées de laïques était général, quelques-uns des plus zélés confrères prononçaient de temps à autre des sortes de sermons. C'est dans une de ces confréries que Macchiavelli prononça ce Discours moral.

serait impossible à un seul homme d'être sauvé, et il ne put opposer à l'humaine fragilité un remède plus doux que d'avertir la race des hommes que ce n'était pas le péché, mais l'endurcissement dans le péché qui pouvait rendre sa vengeance implacable. C'est ainsi qu'il ouvrit aux mortels le chemin de la pénitence, afin que, s'ils avaient oublié la bonne voie, ils pussent du moins monter au ciel par l'autre.

C'est donc la pénitence qui seule peut effacer tous les péchés, toutes les erreurs des hommes; et quoique ces péchés soient innombrables, quoiqu'il y ait mille manières de les commettre, cependant on peut les partager en deux grandes divisions: l'une comprend ceux où l'homme se montre ingrat envers Dieu, l'autre ceux où il se montre ennemi de son prochain. Mais, pour bien discerner en quoi consiste notre ingratitude, il suffit d'examiner combien sont nombreux et en quoi consistent les bienfaits que nous avons reçus de Dieu. Considérez, considérez que tout ce qui a été fait ou créé ne l'a été que pour l'avantage de l'homme. Voyez d'abord la surface immense de la terre. Pour qu'elle pût être habitée par les humains, il n'a pas permis qu'elle fût entourée en entier par les eaux de la mer; mais il a voulu que la partie destinée à leur servir de demeure restât découverte. Il a fait naître ensuite sur cette terre les animaux, les plantes, les herbes, enfin tout ce qui peut être utile aux hommes, avec une abondance inépuisable; et non-seulement il a voulu qu'elle pourvût à leur nourriture, mais il a commandé encore aux eaux de produire une foule d'animaux propres à leur servir de mets nourrissants. Mais de ce spectacle terrestre élevons notre regard vers les cieux, et examinons la beauté du spectacle qu'ils nous présentent. Une partie a été faite pour notre usage, et une autre pour que la connaissance de cette œuvre admirable et splendide nous donnât la soif et le désir de posséder ce qui est caché à notre vue. Ne voyez-vous pas toutes les fatigues qu'endure le soleil pour nous prodiguer sa lumière, et pour que son influence donne la vie à nous et à tout ce que Dieu a créé pour notre usage? Tout a donc été créé pour la gloire et l'avantage de l'homme: l'homme seul a été créé pour servir et pour honorer Dieu, qui lui donna la parole afin qu'il pût le louer; qui lui donna la vue, non pour courber la tête vers la terre comme les autres animaux, mais pour l'élever vers le ciel afin de le contempler continuellement. Il lui donna des mains afin qu'il pût édifier des temples et faire des sacrifices en son honneur; il lui donna la raison et l'intelligence afin qu'il pût examiner et connaître la grandeur de Dieu. Voyez donc de quelle ingratitude l'homme se rend coupable envers un si grand bienfaiteur, et de quels châtiments il se montre digne, lorsqu'il pervertit l'usage de tant de bienfaits; lorsqu'il en fait l'instrument du mal, lorsqu'il blasphème Dieu de cette même langue qu'il a reçue pour le bénir, lorsque cette bouche qui fut faite seulement pour le nourrir, il la change en une sentine de vices, et s'en sert pour rassasier ses appétits et son ventre de mets délicats et surabondants; lorsqu'il se détourne de la contemplation de Dieu pour se livrer à celle du monde; lorsqu'il convertit le besoin de conserver son espèce en luxure et en voluptés! C'est ainsi que l'homme, en se livrant à ces œuvres brutales, devient lui-même une véritable brute, d'animal raisonnable qu'il était; c'est ainsi que l'homme, en usant d'ingratitude envers Dieu, d'ange devient démon, de maître esclave, et d'homme bête.

Mais il est impossible que ceux qui sont ingrats envers Dieu ne soient pas les ennemis de leur prochain; et les ennemis de leur prochain sont ceux qui ne possèdent point la charité. La charité, mes pères et mes chers frères, l'emporte à elle seule sur toutes les autres vertus des hommes; c'est d'elle que parle avec tant d'étendue l'Église de Dieu, lorsqu'elle dit que celui qui manque de charité n'a rien; c'est d'elle que saint Paul dit: *Si linguis non solùm hominum, sed angelorum loquar, caritatem autem non habeam, factus sum sicut æs sonans*, « si je parlais avec toutes les langues, « non-seulement des hommes mais même des « anges, et que je n'eusse pas la charité, je ne « serais qu'un son inutile et sans fruit; » c'est sur cette vertu qu'est fondée la religion de Jésus-Christ. Non, celui qui n'est pas rempli de charité ne peut l'être de religion. Et comme la charité est toute patience et toute douceur, elle ne connaît ni l'envie, ni la méchanceté, ni l'orgueil, ni l'ambition; elle ne cherche pas sa propre commodité; elle ne s'irrite point lorsqu'on lui reproche le mal qu'elle a fait; elle ne trouve pas sa joie dans le péché ; elle ne se fait pas une jouissance de la vanité ; elle souffre tout, elle croit tout, elle espère tout. O vertu vraiment divine, bienheureux ceux qui te possèdent ! Tu es ce céleste vêtement qui doit être la parure de ceux qui veulent assister aux noces célestes de notre souverain monarque Jésus-Christ dans le royaume des cieux, festin d'où seront bannis tous ceux qui n'en seront pas revêtus, pour être précipités dans les flammes éternelles. Celui qui manque de cette vertu doit être nécessairement ennemi de son prochain : il ne saurait ni secourir son infortune, ni supporter ses défauts, ni consoler son affliction, ni éclairer son innocence, ni conseiller celui qui s'égare, ni soutenir les bons, ni châtier les méchants. Mais quelque énormes que soient ces péchés envers le prochain, l'ingratitude envers Dieu est bien plus grande encore. Et cependant, quoique nous tombions souvent dans ces crimes, Dieu, notre miséricordieux créateur, nous a enseigné la voie de nous relever : c'est la pénitence, dont il nous a indiqué l'efficacité par ses paroles et par ses œuvres : par ses paroles, quand il commanda à saint Pierre de pardonner soixante-dix-sept fois le jour à celui qui implorerait son pardon ; par ses œuvres, quand il pardonna à David l'adultère et l'homicide, et à saint Pierre l'injure que cet apôtre lui avait faite de le renier, non-seulement une fois, mais trois fois. Quel péché Dieu ne vous pardonnera-t-il pas si vous faites sincèrement pénitence, puisqu'il a pardonné les leurs à ces deux hommes, et qu'il leur a donné la place la plus honorable parmi les élus du ciel ? Seulement parce que David, prosterné sur la terre, criait, plein d'affliction et de larmes, *Miserere mei, Deus;* seulement parce que saint Pierre *flevit amarè*, pleura amèrement, comme avait fait David, c'est par là que tous deux méritèrent leur pardon.

Mais comme le repentir et les larmes ne suffisent pas, comme la pratique des bonnes œuvres, en opposition au péché, est nécessaire pour ne point errer davantage et pour écarter toutes les occasions de mal faire, il faut imiter saint François et saint Jérôme, qui, pour réprimer l'aiguillon de la chair et lui enlever tous les moyens de les induire en de coupables tentations, avaient coutume, le premier de se rouler sur des fagots d'épine, le second de se déchirer la poitrine avec un caillou. Mais avec quels cailloux, avec quelles ronces réprimerons-nous le penchant à l'usure, à l'infamie et le désir de tromper notre prochain, si ce n'est en faisant l'aumône, en rendant service, et en honorant tout le monde ? Mais, aveuglés par les voluptés, entourés de toutes les erreurs, enveloppés dans les liens du péché, nous nous trouvons entre les mains du démon. Pour en sortir il faut avoir recours à la pénitence, et crier comme David : *Miserere mei, Deus,* et pleurer avec amertume comme saint Pierre ; avoir honte de tous les péchés que nous avons commis, nous en repentir sincèrement, et reconnaître d'une manière évidente que tout ce qui nous séduit dans ce bas monde n'est absolument qu'un vain songe.

FIN DES ŒUVRES DIVERSES EN PROSE.

LÉGATIONS ET MISSIONS.

I.

PREMIÈRE MISSION

AUPRÈS DU SEIGNEUR DE PIOMBINO[1].

LETTRE DE LA MAGISTRATURE DES DIX AU SEIGNEUR DE PIOMBINO.

Le 20 novembre 1498.

La confiance illimitée que votre seigneurie nous a inspirée et l'excellente opinion que nous avons d'elle nous engagent à la prier de se rendre à l'invitation qui lui sera faite par nos commissaires, et dont voici l'objet. Notre capitaine général devant quitter les environs de Pise avec une partie de son armée et se porter du côté d'Arezzo, pour suppléer à l'éloignement de ces troupes et avoir devant Pise, en l'absence du général, un chef capable de commander l'armée, et ne connaissant personne qui soit plus capable de nous rassurer, nous avons résolu de remettre ce soin à votre seigneurie, dans la conviction que l'affection qu'elle nous porte l'engagera à s'en charger volontiers, et qu'elle se transportera au camp de Pise avec sa compagnie le plus promptement qu'elle pourra. Si en effet votre seigneurie consent à y mener ses troupes, nous croirons n'avoir plus rien à craindre de ce côté pour nos intérêts.

Et afin de lui donner un guide pour la diriger vers sa destination, nous lui envoyons Nicolas Macchiavelli, notre très-cher concitoyen, que nous chargeons de l'accompagner et de la conduire par le chemin le plus commode.

Nous la prions donc, de la manière la plus instante, de répondre à notre attente avec cet empressement et cette prudence qui lui sont ordinaires; nous nous flattons qu'elle le fera d'autant plus volontiers, que le service que nous réclamons est honorable, etc. [1].

[1] Le seigneur de Piombino avait été invité à se rendre à l'armée qui se trouvait sur le territoire de Pise, parce que la république de Florence, attaquée dans le Casentino par les Vénitiens, avait dû envoyer de ce côté Pagolo Vitelli, capitaine général, avec la majeure partie des forces qui combattaient contre les Pisans.

Il est parlé de cette attaque dans les fragments historiques de notre auteur en l'année 1498, dans le Journal de Bonaccorsi et dans l'Histoire de Guicciardini, liv. iv.

[1] Il n'existe aucune autre pièce relative à cette première mission.

II.

SECONDE MISSION

AUPRÈS DU MÊME SEIGNEUR.

INSTRUCTION.

Tu te transporteras à Ponte-ad-Era, d'où tu rendras en la présence de l'illustre seigneur e Piombino, auquel, après avoir présenté nos ettres de créance, tu exposeras que nous t'envoyons vers lui parce qu'ayant appris par son hancelier, qui se trouve auprès de nous, et ar nos ambassadeurs qui résident à Milan, onformément aux recommandations de sa seineurie, qu'elle désirait obtenir de nous, outre a somme qui est stipulée dans son engagement, ne augmentation de cinq mille ducats, alléuant qu'elle lui a été promise, et qu'il conient d'autant plus de la lui accorder que sa eigneurie n'est inférieure en rien au comte Ranuccio; nous avons jugé qu'il serait mieux le lui faire entendre toi-même de vive voix ce qu'il nous est possible de faire à cet égard. Tu lui exposeras donc que notre plus vif désir est le satisfaire en tout sa seigneurie; que nous onnaissons la fidélité et l'affection qu'elle a oujours témoignées pour notre république, et que nous en faisons le plus grand cas. Tu t'étendras sur ce point en belles paroles propres à le convaincre de nos bonnes intentions; mais tu le feras en termes vagues et généraux, et qui ne nous engagent à rien.

Quant à l'augmentation qu'il demande, tu lui diras qu'aussitôt que nous en fûmes instruits nous demandâmes à voir le registre de nos engagements, et que nous trouvâmes au second chapitre que sa seigneurie était convenue avec Son Excellence le duc de Milan, et avec notre conseil, que son engagement serait fixé à deux mille quatre cents ducats, et à quelque chose de plus si nous le jugions à propos. Mais, dans cette circonstance, nous supplions sa seigneurie de vouloir bien se contenter de la somme qu'il lui a déjà plu d'accepter; et quoique la chose ait été remise à notre disposition, sa seigneurie voudra bien considérer la position dans laquelle nous nous trouvons, attendre tout de notre bonne volonté, et nous excuser en considérant les nombreux ménagements que nous avons à garder dans cette affaire. En conséquence, tu lui offriras pour un autre moment tout ce que semblent exiger son courage et sa conduite envers nous, ainsi que l'affection que nous avons pour elle; te tenant toujours, dans tes discours, dans les termes de l'amitié, de manière qu'elle puisse se convaincre de notre bonne volonté à son égard et espérer d'en recueillir le fruit; mais surtout écoute-le avec patience s'il venait à s'emporter; laisse-le exhaler sa colère; reviens à la charge, et fais en sorte de le disposer à prendre patience à son tour.

Il pourrait encore arriver que sa seigneurie voulût réclamer de toi les quarante hommes d'armes de surplus que porte l'article 3 de son engagement : tu répondras à cette demande que son engagement étant commun entre nous et Son Excellence le duc de Milan, nous croyons, dans l'intérêt de ce prince, n'y pouvoir rien changer ou ajouter sans qu'il en soit instruit; que nous en écrirons au duc, et que nous attendrons sa réponse, qui, nous le présumons, sera conforme aux désirs de sa seigneurie. Quant à ce qui nous regarde dans cette affaire, tu lui donneras l'assurance de notre disposition à satisfaire en tout ses désirs; et tu excuseras tous ces délais par la nécessité où nous sommes de ne rien conclure sans la participation du duc.

C'est d'après ces considérations que tu rempliras la première et la seconde partie de la commission dont nous te chargeons, et de la manière que tu le jugeras plus convenable lorsque tu seras sur les lieux [1].

Ex palatio florentino, die 24 martii 1498 [2].

DECEMVIRI LIBERTATIS ET BALIÆ REIP. FLORENT.

[1] Il n'existe aucune autre pièce relative à cette seconde mission.

[2] Chez les Florentins, l'année commençait le 25 mars, et se marquait *ab Incarnatione*. Ainsi le 21 mars 1498, suivant le nouveau style, correspond à 1499. Ce système fut réformé en 1750, et le commencement de l'année fut reporté au 1er janvier, ainsi que cela a lieu dans presque tous les États de l'Europe. Nous en avertissons une fois pour toutes.

III.

LÉGATION

AUPRÈS DE CATHERINE SFORZA,

COMTESSE DE FORLI.

INSTRUCTION

Donnée à Nicolas Macchiavelli, envoyé à Forli auprès de LL. Exc. madame la comtesse Catherine Sforza[1], et le seigneur Ottaviano, son fils aîné, délibérée le 12 juillet 1499.

Tu te rendras à Forli, où nous savons que se trouve l'illustrissime madame Catherine, et Son Excellence le seigneur Ottaviano, son fils aîné. Après leur avoir offert tes respect, et présenté les lettres de créance que nous devons te remettre, tant pour tous deux en commun que pour chacun d'eux en particulier, tu leur exposeras l'objet de ta mission. Depuis quelque temps leurs agents ont fait des démarches auprès de nous pour que nous consentions encore cette année à renouveler l'engagement du seigneur Ottaviano; renouvellement auquel tu feras comprendre que nous ne nous croyons pas obligés, attendu qu'ayant cherché en temps opportun à terminer cette négociation par le moyen d'Andrea de' Pazzi, qui était alors notre commissaire dans la Romagne, nous nous croyons actuellement en droit de faire entendre à Leurs Excellences les motifs que nous pensons avoir pour justifier notre refus; sur quoi tu rapporteras comment, à la fin de janvier, Andrea de' Pazzi ayant pressé, au nom des dix, le seigneur Ottaviano de donner son consentement, Son Excellence répondit : *Non teneri, nec obligatum esse, cùm pro parte magistratus decemvirorum, etc., non fuerint sibi servata capituta conductæ suæ*. Tu ajouteras qu'un sieur Spinuccio, de Forli, fut chargé de dresser l'acte de cette déclaration, qui nous a été confirmée par des lettres dudit seigneur Ottaviano, écrites à la même date par Son Excellence elle-même, et enfin par les lettres d'Andrea de' Pazzi, qui nous marquait, de la part de l'illustre comtesse, qu'elle ne voulait à aucun prix d'un tel engagement. Nous avons dû croire en conséquence que nous n'étions obligés à rien envers sa seigneurie, qui ne l'était point non plus envers nous; et il nous semblait que les démarches que nous avions faites auprès d'elle, et les lettres qu'elle nous avait répondues, faisaient assez foi que Leurs Excellences ne voulaient, sous aucun prétexte, renouveler un tel engagement. On peut ajouter à cela que nos ambassadeurs à Milan nous ont informés plusieurs fois dans leurs dépêches que la comtesse avait écrit à l'illustre prince, en réponse à une lettre où il l'exhortait à accepter nos conditions, qu'elle n'y voulait nullement consentir; avançant qu'elle était mal récompensée de ses services, etc.; et le priant, dans le cas où il trouverait des conditions plus avantageuses ailleurs, de vouloir bien ne pas l'empêcher d'en profiter.

Toutes ces circonstances ont dû nous faire croire que Leurs Excellences, et en paroles et en effets, ne voulaient plus continuer leur engagement. D'ailleurs, quand nous n'aurions pas toutes ces raisons à alléguer, le refus de Son Excellence d'accepter nos propositions, depuis quatre mois que nous les lui avons faites,

[1] Cette princesse était Catherine Sforza, fille naturelle du comte François Sforza, depuis duc de Milan. Elle avait été mariée en premières noces avec le comte Girolamo Riario, seigneur de Forli et d'Imola. Elle épousa ensuite Jacopo Feo de Savone, puis Jean de Médicis, fils de Pierre-François, qui mourut à Forli le 14 septembre 1498, et dont elle eut un fils nommé Jean-Louis, qui se rendit célèbre dans la suite sous le nom de *Giovanni delle bande Nere*, et qui fut le père du grand duc Côme Ier. Le 12 juin 1500 elle fut faite prisonnière par le duc de Valentinois, lors de la prise de la ville et de la citadelle de Forli. Ottaviano était son fils aîné : elle l'avait eu du comte Girolamo Riario. Il avait été à la solde de la république de Florence pendant la précédente année 1498, avec cent hommes d'armes et cent arbalétriers.

nous met dans l'impossibilité d'y revenir aujourd'hui sous les mêmes conditions, puisque le temps de l'engagement est entièrement expiré.

C'est ainsi que tu justifieras clairement notre conduite dans toute cette affaire, et de manière que Son Excellence demeure convaincue que nous n'avons rien fait sans raison, ainsi qu'elle pourra le voir par les motifs exposés ci-dessus. Cependant tu t'empresseras d'ajouter que, malgré ses refus, jaloux de nous conformer à ses désirs, et reconnaissants des services qu'elle nous a rendus autrefois, nous avons résolu de la satisfaire autant que le permet la difficulté des temps; et pour lui montrer notre gratitude de tout ce qu'elle a fait envers notre cité, nous sommes dans l'intention d'accorder à Son Excellence tel engagement qu'elle voudra, à commencer de l'expiration de son dernier bail.

Mais les événements qui viennent de se passer, et le grand nombre d'hommes d'armes que nous avons à notre service, nous font désirer aujourd'hui que cet engagement soit fait sur le pied de paix, et pour un an, moyennant une solde de dix mille ducats. Nous croyons qu'un tel traitement doit satisfaire Son Excellence, sinon par son importance, du moins par sa stabilité, parce qu'il pourra durer beaucoup plus de cette manière que si nous maintenions la même solde et le même nombre de troupes que par le passé. Nous sommes persuadés d'ailleurs que Son Excellence, en acceptant nos offres, cherchera moins à satisfaire ses propres intérêts qu'à rendre service à notre république, guidée par le seul désir d'acquérir de plus en plus notre affection, en ajoutant cette nouvelle marque de désintéressement à toutes les obligations que nous lui avons déjà. Tu lui exposeras que, si ces conditions ne sont pas aussi avantageuses qu'elle pourrait le désirer, elles conviennent néanmoins à sa dignité, et peuvent d'ailleurs s'améliorer lorsque notre république aura repris tout son territoire, et qu'elle aura recouvré ses états et ses forces. Que si Son Excellence alléguait en sa faveur l'augmentation qui a été accordée à quelques-uns de nos condottieri, tu auras beau champ pour lui faire comprendre que les circonstances actuelles nous y ont forcés. Mais tu l'assureras en même temps que, si nous avions à renouveler aujourd'hui ces engagements, ils seraient infiniment restreints, et que nous n'aurions pas pour ces condottieri tous les égards que l'on a été contraint de leur montrer lorsque les choses n'en étaient point encore venues au point où nous les voyons. Si elle se plaignait aussi de la perte des vivres, tu lui répondrais que deux mois de son engagement étant déjà écoulés, c'est un gain réel pour Son Excellence, et qui peut entrer en compensation avec cette perte.

C'est sur tous ces articles que tu dois t'étendre, employant les raisons les plus persuasives pour faire sentir à sa seigneurie combien la république désire trouver une occasion de reconnaître ce qu'elle a fait pour nous, et de la convaincre de la confiance qu'elle n'a cessé de nous inspirer. Tu lui feras voir combien il est essentiel que nos états soient unis, et tu t'efforceras de lui persuader d'accepter nos offres.

Tu te souviendras de nous écrire sur-le-champ le résultat que tu auras obtenu, afin que nous puissions te répondre immédiatement, et écarter toutes les difficultés qui pourraient se présenter; car notre désir est que Son Excellence ne puisse pas se plaindre si, à cause des circonstances, les payements n'étaient pas toujours exactement acquittés à leur échéance. Il sera bon, à cet égard, de lui faire sentir que rien ne nous oblige à faire ce que nous faisons; que ce n'est que pour lui complaire que nous consentons à cet engagement; et qu'elle ne doit pas se formaliser si les charges dont nous sommes accablés nous forcent quelquefois à différer nos payements. Enfin, tu emploieras toutes les excuses qui te paraîtront les plus propres à persuader Son Excellence.

LETTRE DE CRÉANCE.

AUX ILLUSTRES ET EXCELLENTS SEIGNEURS, CATHERINE SFORZA, VICOMTESSE, ETC., ET OTTAVIANO DE RIARIO, SEIGNEURS D'IMOLA ET DE FORLI, NOS TRÈS-CHERS AMIS.

Illustres et excellents seigneurs et très-chers amis, nous envoyons auprès de Vos Excellences Nicolas Macchiavelli, notre collègue et notre secrétaire, et nous lui avons prescrit d'exposer plusieurs choses en votre présence. Nous vous prions d'avoir la même confiance en ses paroles que si nous les prononcions nous-mêmes. *Benè valete.*

De notre palais, le 12 juillet 1499.

Les Prieurs de la liberté et le Gonfalonier de justice du peuple florentin. MARCELLUS

CORRESPONDANCE.

LETTRE PREMIÈRE.

MAGNIFICI ET EXCELSI DOMINI, DOMINI MEI SINGULARISSIMI,

Je suis arrivé ici hier, vers la vingt-deuxième heure, et je me suis rendu immédiatement chez le capitaine général, pour lui faire connaître les intentions de vos seigneuries relativement à la poudre, aux boulets et au salpêtre. Il m'a répondu que les boulets de tout calibre qui s'y trouvaient y avaient été envoyés l'année dernière pour faire le siége de Vico; et que la poudre qu'y avaient laissée les Français, à la quantité de quinze ou vingt livres seulement, avait été détruite il y a deux ans par le tonnerre qui y mit le feu, et que son explosion avait renversé la partie de la citadelle où elle avait été déposée. J'ai ensuite envoyé chercher Faragano pour avoir des renseignements sur le salpêtre, suivant la commission qui m'avait été donnée par l'intendant de vos seigneuries. Il m'a répondu qu'il n'en avait que cent livres; mais qu'il connaissait dans le pays un de ses amis qui possédait environ six cents livres de poudre; et quoique cette quantité soit bien peu de chose, j'ai cru toutefois devoir l'envoyer à vos seigneuries par le porteur de la présente, pour ne pas faire un voyage inutile. Je vous prie de vouloir bien lui en faire compter sur-le-champ la valeur, parce que je lui ai promis qu'on le payerait sur le pied de quarante florins le millier. On a ensuite pesé la poudre: il s'en est trouvé cinq cent quatre-vingt-sept livres. Le voiturier qui la transporte se nomme Tommaso di Mazolo. Vous en acquitterez sans délai la valeur, parce que je le lui ai promis; de mon côté, j'ai donné pour les frais de transport une somme de huit florins et trois sous.

Quant à ce qui s'est passé entre ser Guerrino del Bello et notre commandant, relativement aux tentatives de ce dernier pour arrêter Marchionne Golferelli, ainsi qu'à tous les autres événements qui ont eu lieu ici, voici ce que j'ai pu recueillir de personnes de différentes conditions, et ce que je crois être la vérité. Les prédécesseurs de vos seigneuries ayant écrit au commandant d'ici que l'on avait quelque crainte que Dionigi Naldi [1] n'entrât pendant la nuit dans le pays pour insulter la famille de Corbizo, et qu'on soupçonnait un certain individu, nommé Marchionne Golferelli, de favoriser son complot, le commandant résolut de mettre la main sur ce Marchionne. Déjà ses sergents l'avaient presque amené jusque dans la cour du palais, lorsqu'il fut enlevé par deux de ses parents qui se sont réfugiés avec lui à Forli; et comme ils se sont mis dans l'idée que cette injure avait été suggérée par les membres de la famille de Corbizo, ils ont rompu la trêve qui existait depuis assez longtemps entre eux et ces derniers.

Quant à l'affaire de ser Guerrino, j'ai été trouver le Bello son père: il ne cherche point à excuser la désobéissance de son fils; mais il se plaint de la dureté avec laquelle le commandant avait exigé qu'il renvoyât de chez lui, pendant la nuit, quatre de ses parents et amis auxquels il avait donné asile. Cette rigueur lui est d'autant plus pénible, qu'il croit avoir mérité assez de confiance pour qu'on ne puisse en aucune circonstance douter de sa fidélité. Il ajoute que pendant que l'ennemi se trouvait dans le voisinage, lui-même a plusieurs fois donné asile à plus de trente de ses amis à la fois, et que jamais aucun commissaire ne lui a fait le moindre reproche. En conséquence, il se recommande, lui et son fils, à vos seigneuries. Ce Bello, d'après ce que m'ont dit l'archiprêtre Faragano et plusieurs habitants de l'endroit, est un homme sage et pacifique qui n'a jamais favorisé aucun parti, et qui passe plutôt pour un médiateur de paix que pour un fauteur de troubles.

Si l'on examine les dispositions du pays en général, il me semble qu'il vit dans l'union, et qu'il n'existe entre ses habitants aucune cause apparente de discorde. Depuis que Corbizo est mort, il pourrait bien se trouver quelques personnes qui auraient envie d'obtenir la même influence; mais si ces prétentions ne sont point nourries par ceux qui y ont intérêt, il n'en résultera aucun inconvénient: seulement, il est à craindre que Dionisio Naldi, appuyé par madame Catherine, n'essaye de faire aux habitants quelque mauvais parti. Quoique la comtesse

[1] Dionigi di Naldi de Berzaguella était chef de la vallée de Lamona.

soit en bonne intelligence avec vos seigneuries, on n'ose trop s'y fier, et les habitants de la ville et des environs sont dans des alarmes toujours renaissantes. Hier, en effet, quinze ou vingt arbalétriers de ses troupes sont venus dans un endroit nommé Salutare, éloigné d'ici d'environ un mille, et qui dépend de votre juridiction : ils ont blessé trois habitants, et en ont emmené un prisonnier après avoir pillé sa maison. Chaque jour ils commettent de semblables excès ; et je puis certifier à vos seigneuries qu'hier plusieurs gens de la campagne m'ont dit en pleurant ces propres paroles : « Nos seigneurs ont trop d'affaires sur les bras : ils nous « ont totalement abandonnés. »

Vos seigneuries, dans leur profonde sagesse, prendront sans doute en cette circonstance les mesures les plus propres à sauver l'honneur de la république et à donner satisfaction à des sujets aussi fidèles que le sont ces malheureux.

Voilà tout ce que j'ai à vous dire. Je pars à l'instant pour Forli, où je vais exécuter les ordres que j'ai reçus de vos seigneuries, auxquelles je me recommande très-humblement. *Quæ feliciter valeant.*

De vos seigneuries,

Le très-humble serviteur,

N. MACCHIAVELLI.

De Castrocaro, le 16 juillet 1499.

LETTRE II.

MAGNIFIQUES ET TRÈS-HAUTS SEIGNEURS,

J'ai écrit hier matin de Castrocaro à vos très-hautes seigneuries ce que j'avais fait relativement à la poudre, aux boulets, au salpêtre et aux affaires de ce pays, etc. Je suis arrivé ensuite le même jour de bonne heure à Forli ; et comme l'illustre comtesse était occupée à expédier quelques affaires, je n'ai pu obtenir mon audience que vers la vingt-deuxième heure. Il n'y avait de présents que sa seigneurie et messer Giovanni da Casale, chargé d'affaires du duc de Milan, attendu que le seigneur Ottaviano, son fils, était allé en partie de plaisir à Furlimpiccolo. M'étant donc présenté devant Son Excellence, je lui exposai la commission de vos très-hautes seigneuries, usant de toutes les expressions les plus convenables pour lui prouver d'abord à quel point vous désiriez qu'il vînt un temps où vous pussiez reconnaître autant qu'il dépend de vous, par des effets, combien vous attachez de prix à récompenser la conduite de ceux qui ont servi la république avec fidélité, et qui ont partagé sans hésitation ses diverses fortunes, comme l'avait toujours fait Son Excellence ; j'ajoutai que, si le refus d'accepter ses services paraissait contraire à ces assertions ; que si en outre vous aviez contesté à ses agents que vous fussiez obligés et tenus aux conditions de son engagement annuel, Son Excellence pouvait être certaine, quant au premier point, que cela ne provenait, comme vos très-hautes seigneuries le lui avaient assuré plusieurs fois dans leurs lettres, que de l'impuissance où se trouvait la république de contracter un nouvel engagement au milieu des mesures onéreuses qu'exigeait votre propre sûreté. Quant à notre désir de prouver à sa seigneurie que nous n'étions point obligés d'observer les conditions de l'engagement, je lui exposai que votre intention n'avait jamais été de vous refuser à rien de ce qui pouvait lui être agréable, et que l'importance que vous attachiez à la convaincre que vous n'aviez contracté aucune obligation envers elle n'avait d'autre objet que de lui faire comprendre que la nécessité même des temps ne pouvait vous contraindre à lui proposer un nouvel engagement, et que vous y étiez seulement déterminés par l'affection que vous lui portiez à cause des services qu'elle avait rendus à la république. Je lui fis observer que vos seigneuries m'avaient envoyé vers Son Excellence pour lui signifier que, quoiqu'elles n'y fussent point obligées, cependant, dans l'intention de reconnaître sa bonne conduite envers leur cité, elles consentiraient volontiers à renouveler l'engagement du seigneur Ottaviano, son fils, mais qu'elles ne pouvaient, attendu le grand nombre de troupes qu'elles sont forcées d'avoir à leur solde, traiter avec lui que sur le pied de paix, et lui accorder pour cette année qu'un traitement de dix mille ducats. Je m'efforçai de faire sentir à Son Excellence, par toutes les raisons que je crus les plus convaincantes, que cet engagement lui était avantageux, et je la pressai de mettre par son acquiescement le comble à tout ce que nous lui devions déjà. Je terminai en lui disant que le temps ferait voir qu'elle n'avait point obligé des ingrats, et qu'elle n'aurait point à se repentir d'avoir ajouté ce nouveau service à ceux qu'elle nous avait déjà rendus.

Son Excellence me répondit que vos très-hautes seigneuries l'avaient toujours satisfaite en paroles, mais qu'elle était bien loin d'avoir également à se louer des actions ; que jusqu'à ce moment elle n'avait eu en retour rien qui fût une compensation de ses services; que cependant, comme elle savait que la reconnaissance était une des vertus les plus réelles de notre gouvernement, elle ne pouvait croire que vous commençassiez par elle à vous montrer ingrats envers une alliée qui, depuis bien longtemps, avait plus fait que tous vos autres adhérents en abandonnant, sans y être réduite, ses états en proie aux Vénitiens, ses voisins et ses plus redoutables ennemis; qu'elle voulait bien se contenter de l'espérance que vous lui donniez; que son intention n'était pas de disputer pour savoir si vos très-hautes seigneuries étaient tenues de lui accorder ou non l'engagement dont il s'agit; mais qu'elle demandait du temps pour répondre aux offres qui lui étaient faites, parce qu'il était imprudent de prendre une résolution subite à l'égard d'une proposition que vous aviez longtemps délibérée dans votre sagesse. Je lui répondis alors de la manière que je crus la plus convenable; et l'ayant priée d'expédier promptement mon affaire, je pris congé de Son Excellence.

Aujourd'hui, vers la seizième heure, messer Antonio Baldraccani, premier secrétaire de Son Excellence, est venu me trouver pour me dire de sa part que, quatre ou cinq jours auparavant, le duc de Milan lui avait écrit pour la prier de lui envoyer cinquante hommes d'armes et cinquante archers à cheval; que Son Excellence avait écrit à ce sujet à vos très-hautes seigneuries, samedi passé, et qu'elle n'avait point encore reçu de réponse. Il ajouta qu'aujourd'hui même elle avait reçu une nouvelle lettre du duc de Milan, dans laquelle il lui disait que, puisqu'elle n'avait pu s'arranger avec les Florentins pour l'année de son engagement, il lui convenait de consentir à entrer à son service, aux mêmes conditions et au même prix qu'elle avait traité l'année dernière avec vos très-hautes seigneuries. Le même secrétaire m'a rapporté encore que l'on avait reçu hier au soir des lettres du curé de Cascina portant que huit députés, membres du conseil des quatre-vingts, lui avaient laissé entendre que l'on voulait réengager le seigneur Ottaviano sous deux conditions : la première, qui était celle que j'avais été chargé d'exposer à Son Excellence; la seconde, qu'elle consentît à hypothéquer ses propres états : condition à laquelle le curé avait fait sentir à ces députés que jamais la comtesse n'adhérerait. Le secrétaire ajouta en outre que Son Excellence, hésitant sur le parti qu'elle devait prendre, ne pouvait par conséquent me donner une réponse définitive; que son indécision provenait de ce qu'il lui semblait que ce serait faire tort à elle-même, ainsi qu'à son fils, si elle acceptait les conditions que vous lui avez offertes; car, en voyant que vous augmentez les avantages de ceux qui vous ont rendu de moins grands services qu'elle, tandis que vous diminuez les siens, elle était forcée de croire que vos très-hautes seigneuries faisaient peu de cas d'elle, et ne voulaient jamais lui donner que des paroles; que d'ailleurs elle ne savait comment s'excuser auprès du duc de Milan d'avoir accepté des conditions aussi peu honorables que les vôtres, et rejeté ses offres où l'honneur et l'avantage se trouvaient réunis; qu'elle se croyait engagée envers ce prince, auquel elle était liée par le sang et par les nombreux services qu'elle en avait reçus: que c'était ce qui la tenait en suspens; mais que je n'avais qu'à en écrire à vos très-hautes seigneuries, afin qu'elles pussent me donner les instructions convenables.

J'ai répondu à la première partie de cette communication, relative à la demande de troupes et aux autres offres faites par le duc de Milan, que vos seigneuries n'ayant eu avant mon départ pour Forli nulle connaissance de cette demande, vous n'aviez pu me donner aucune instruction sur ce point; que par conséquent je n'avais pas le moindre pouvoir de mon côté pour y répondre: que tout ce que je pouvais faire était d'en écrire à vos seigneuries et d'en attendre la réponse. A l'égard de ce qu'avait écrit le curé de Cascina relativement à l'hypothèque sur ses États, je lui répondis que je n'en savais absolument rien, et qu'il serait bien étonnant, si cela avait été mis en délibération avant mon départ, que mes instructions n'en fissent pas mention ou que l'on ne m'en eût pas écrit depuis; que par conséquent je n'avais rien non plus à dire sur ce sujet, et que je vous en écrirais *ut suprà*. Ici messer Baldraccani m'a interrompu pour me dire que ce point était peu important, parce que si l'on était d'accord sur les autres, celui-là ne présenterait aucune difficulté, attendu que la comtesse Catherine se refusait d'autant moins à s'obliger par écrit, qu'elle avait l'intention sincère d'observer sa promesse sans contracter aucune obligation, ainsi qu'elle l'avait fait l'année dernière. J'ai continué à lui faire à mon tour quelques observations sur l'indécision dans laquelle, disait-il, se trouvait la comtesse, en se croyant déshonorée de voir diminuer son engagement tandis que l'on augmentait ceux des autres, ainsi que sur les égards qu'elle pensait être dans l'obligation de témoigner au duc relativement aux propositions qu'il lui avait faites. Je lui ai dit que s'il voulait faire remarquer à Son Excellence les motifs qui avaient forcé vos très-hautes seigneuries à augmenter le traitement des capitaines qui font la guerre pour la république, et ceux qui vous décident maintenant à réengager Son Excellence, elle verrait qu'en acceptant de nouvelles conditions, loin d'y trouver de la honte, comme elle le prétend, elle en retirerait au contraire le plus grand honneur parce que, à l'égard des capitaines, vos seigneuries avaient été contraintes par la force des circonstances; tandis qu'elles n'avaient pu être déterminées envers Son Excellence que par l'affection et l'amitié qu'elles lui portaient : propositions d'autant plus honorables et dignes d'être accueillies qu'elles sont plus volontaires. D'ailleurs le duc de Milan ne peut ni ne doit s'offenser de ce que la comtesse refuse ses propositions, quoiqu'un peu plus avantageuses, pour accepter les vôtres, qui semblent aujourd'hui moins brillantes : d'abord, à cause de la bonne intelligence qui règne entre ce prince et la république, et qui doit lui faire regarder comme communs tous les avantages qui arrivent à vos très-hautes seigneuries; secondement, parce que le seigneur Ottaviano est pour ainsi dire encore à notre solde, et que les conditions qu'on lui offre en ce moment ne sont point contraires à celles de son engagement de l'année dernière. Après avoir répondu de part et d'autre selon que le sujet l'exigeait, il a fini par conclure que la comtesse ne pouvait se déterminer aussi promptement; et qu'ainsi il convenait que je donnasse connaissance de tout à vos très-hautes seigneuries; que, quant à lui, il rapporterait à Son Excellence les explications que je venais de lui donner; que j'étais au reste le maître de les lui exposer de vive voix toutes les fois que cela me conviendrait. En me quittant, il m'a dit avoir oublié de me demander, de la part de sa maîtresse, quel traitement vous lui accorderiez pour ses anciens services, et m'a engagé à vous prier en son nom de vouloir bien lui répondre un mot sur ce point, parce que si vous faisiez quelque chose en sa faveur, ce serait une preuve de vos sentiments, qui la déciderait sans doute à se livrer à vous avec plus de confiance et de sécurité.

Comme il y a peu de temps que je suis ici, je ne me permettrai pas de m'étendre beaucoup sur ce qui s'y passe; cependant, d'après ce que rapportent les Florentins qui approchent de la comtesse et qui se trouvent à Forli, Son Excellence ne saurait être mieux portée qu'elle ne l'est pour la république. Il y a ici un certain messer Giovanni da Casale, chargé d'affaires du duc de Milan : comme il s'est trouvé l'hiver dernier dans le Casentino avec les troupes ducales, je ne m'arrêterai pas à vous faire connaître sa condition ni son caractère; il vous suffira de savoir que depuis qu'il est ici, c'est-à-dire depuis deux mois, il ne se fait rien que par son entremise. *Valeant dominationes vestræ.*

De vos très-hautes seigneuries,
Le très-humble serviteur,
N. Macchiavelli.

De Forli, le 17 juillet 1499.

P. S. J'ai demandé hier à Son Excellence, de la part de vos très-hautes seigneuries, des boulets et du salpêtre, aux conditions que vous m'aviez prescrites : elle m'a répondu qu'elle n'en possédait point, et qu'elle en avait elle-même le plus extrême besoin. *Iterùm valeant*

LETTRE III.

TRÈS-MAGNIFIQUES ET TRÈS-HAUTS SEIGNEURS,

J'ai écrit hier fort en détail à vos seigneuries, par le messager Ardingo, relativement à ce que j'avais fait pour remplir les ordres qu'elles m'avaient imposés. J'en attends la réponse avec une vive impatience.

Tommaso Totti m'a apporté ce matin une lettre de vos très-hautes seigneuries pour me recommander la poudre et le salpêtre que je devais extraire de Castrocaro. Comme je vous en ai écrit spécialement le 16 du courant, je ne m'étendrai pas davantage sur ce sujet; mais comme vous me prescriviez en même temps de solliciter auprès de madame Catherine une fourniture de poudre et des soldats, je me suis rendu immédiatement auprès de Son Excellence: je lui ai de nouveau fait part de la demande de vos très-hautes seigneuries, et de la satisfaction que vous éprouveriez si elle consentait à l'accueillir. Elle m'a répondu qu'elle n'avait point du tout de salpêtre et qu'elle avait à peine de la poudre, mais que pour faire tout ce qui dépendait d'elle, elle consentait volontiers que, sur vingt mille livres de salpêtre que Leonardo Strozzi avait achetées pour son compte à Pesaro, on en réservât dix mille pour le compte de vos seigneuries; et elle a donné l'ordre à Risorbolo d'écrire sa volonté audit Leonardo. Je n'ai rien négligé pour tâcher d'engager Son Excellence à faire tout ce que vous désiriez; mais il m'a été impossible d'en obtenir autre chose. Vos seigneuries verront en conséquence Leonardo: elles pourront s'arranger avec lui, et envoyer immédiatement de ce côté les voitures de transport nécessaires. Si vous le jugez même à propos, vous pourriez m'adresser les lettres de Leonardo pour que ce salpêtre me soit livré à ma première réquisition: je prendrai des mesures pour le faire arriver à Castrocaro, où les voituriers de vos seigneuries pourront l'enlever. Telle a été la marche suivie l'année dernière, comme le sait fort bien Guasparre Pasgni, qui fait les affaires de vos seigneuries.

Relativement aux troupes, Son Excellence m'a dit qu'elle consentait volontiers à permettre à ses sujets d'entrer au service de la république, mais qu'il lui serait impossible de les faire marcher sans argent; que vos seigneuries n'avaient qu'à lui envoyer de quoi les lever; qu'elle ne négligerait rien pour avoir des hommes d'élite, bien armés et fidèles, et qu'elle les expédierait promptement. Si donc vos seigneuries ont besoin d'infanterie, elles n'ont qu'à me faire passer sur-le-champ cinq cents ducats, à raison d'un ducat par homme, et je crois que ces soldats pourront arriver à l'armée de Pise d'ici à quinze jours, mais pas plus tôt. Vos seigneuries verront ce qui leur convient le mieux, et m'en donneront avis: je mettrai à l'exécution de leurs ordres tout le zèle dont je suis capable.

Lorsque j'ai communiqué aujourd'hui la lettre de vos seigneuries à l'illustre comtesse, avant de me laisser prendre la parole elle m'a dit: « J'ai reçu ce matin une bonne nouvelle: je vois « maintenant que leurs seigneuries veulent agir « tout de bon, puisqu'elles rassemblent des sol- « dats. Je les approuve fortement, et j'en ressens « une joie d'autant plus grande, que j'avais plus « de raisons d'être mécontente en voyant leur « lenteur et une perte de temps qui me semblait « irréparable. » J'ai vivement remercié Son Excellence, et je l'ai assurée que nos délais n'avaient eu d'autre cause que la nécessité. Elle n'a pas eu de peine à entrer dans mes raisons, et elle a ajouté qu'elle voudrait que ses états fussent situés de manière à pouvoir armer toutes ses troupes et tous ses sujets en notre faveur, parce qu'elle ferait voir ainsi à tout le monde que ce qui l'avait portée à embrasser la cause de la république n'était que la confiance qu'elle avait en nous et l'amitié qu'elle nous portait; mais qu'elle ne demandait qu'un peu de reconnaissance, et qu'on ne la blessât pas dans son honneur, qu'elle estime par dessus toute chose; qu'elle pensait qu'il serait à propos pour vos seigneuries, non pas tant pour ce qui la regarde que pour l'exemple que vous donneriez à vos autres partisans, de montrer que vous êtes reconnaissants des services rendus et non point ingrats. J'ai fait en sorte de repousser du mieux que j'ai pu ces derniers reproches; mais je me suis aperçu sans peine qu'elle n'est nullement disposée à se contenter de paroles et d'excuses, et qu'il sera nécessaire d'y ajouter les effets. Je suis intimement persuadé que si vos seigneuries veulent lui accorder quelques avantages pour son service passé, ou si elles consentent à augmenter les conditions nouvelles, elle nous conservera son amitié; car je vois chaque jour, par les preuves les plus évidentes, qu'on ne peut être plus affectionné qu'elle pour la république. J'ai cru devoir entrer dans tous ces détails avec vos seigneuries, afin qu'elles puissent mieux examiner ce dont je leur ai donné avis par ma lettre d'hier. *Quæ feliciter valeant.*

De vos très-hautes seigneuries,

Le très-humble serviteur.

N. Macchiavelli.

De Forli, le 18 juillet 1499.

P. S. Les lettres pour Leonardo Strozzi, qui sont ci-jointes, sont celles que la comtesse Catherine fait écrire pour l'affaire du salpêtre.

P. S. Un secrétaire de la comtesse est venu me trouver et m'a dit, de la part de Son Excellence, qu'on peut lever deux sortes de troupes dans ses états. L'une est un corps de quinze cents hommes qu'elle a armés pour s'en servir selon le besoin. Elle ne pourrait mettre de ceux-là à la disposition de vos seigneuries qu'autant qu'on leur donnerait la paye pour un mois entier : elle les payerait elle-même, et s'obligerait à répondre de tous ceux qui ne serviraient pas durant tout le mois; elle demande dix-huit livres par homme. Si donc vos seigneuries désirent de ces troupes, elles n'ont qu'à envoyer quinze cents ducats pour cinq cents hommes, et la comtesse prend l'engagement de fournir des soldats d'élite bien armés et de les envoyer sur-le-champ. Elle a encore dans ses états d'autres hommes accoutumés à aller servir partout, mais ils ne sont pas enrôlés par elle : elle vous laisse libres de vous en servir et de les payer suivant les prix dont ils conviendront avec vous. Vos seigneuries prendront, dans leur haute sagesse, le parti qu'elles jugeront le plus convenable; et j'exécuterai leurs ordres avec tout le zèle possible. *Iterùm valeant; die quâ in litteris.*

LETTRE IV.

MAGNIFIQUES ET TRÈS-HAUTS SEIGNEURS,

Le 17 du courant j'ai écrit à vos seigneuries, par le messager Ardingo, que l'illustre comtesse était indécise sur le parti qu'elle devait prendre, parce que, d'un côté, vous vouliez diminuer son nouvel engagement, et que, de l'autre, le duc de Milan lui a offert de traiter avec elle aux conditions précédentes; qu'elle avait exigé que je vous en donnasse connaissance, afin que vos seigneuries n'ignorent rien, qu'elles aient quelques égards pour son honneur, et qu'elles la traitent selon ses services, etc. On attend votre résolution avec la plus vive impatience. Comme elle ne m'est point encore parvenue, j'ai cru urgent de dépêcher le porteur de la présente pour vous prier de répondre promptement, si vous ne l'avez point fait encore, et de me faire parvenir vos ordres définitifs, afin que, concluant d'une façon ou d'autre, je puisse retourner aux pieds de vos seigneuries. Pour contenter la comtesse il suffirait, je pense, premièrement, de lui donner l'assurance que ses anciens services seront récompensés, car c'est une des plus grandes causes de son mécontentement; en second lieu, d'augmenter le traitement de cette année et de le porter à douze mille florins : tel est du moins mon avis. Il est vrai que je puis me tromper; car Son Excellence, en se retranchant toujours dans ce qu'elle regarde comme son honneur, n'a jamais dit positivement qu'elle renonçait aux offres du duc de Milan; et d'ailleurs il est extrêmement difficile de juger si ses affections la font pencher plutôt vers le duc de Milan que vers notre république.

D'abord, je vois sa cour remplie de Florentins, entre les mains desquels on peut dire que se trouvent presque toutes les affaires de l'État; en second lieu, je la vois naturellement portée pour notre cité; elle montre un vif désir d'en être aimée, et j'en aperçois chaque jour des preuves irrécusables. D'ailleurs, ayant un fils de Jean de Médicis, des biens duquel elle espère obtenir l'usufruit, elle doit s'attendre chaque jour à en avoir la tutelle. Enfin, et c'est ici le point essentiel, elle voit le duc de Milan au moment d'être attaqué par le roi de France, et elle ne sait quelle sûreté elle pourrait trouver à s'attacher à lui dans les circonstances présentes : Son Excellence le sent parfaitement; et c'est ce qui me fait croire qu'elle se décidera à accepter nos propositions même les plus restreintes. D'un autre côté, je vois auprès de la comtesse messer Giovanni da Casale, chargé d'affaires du duc de

Milan, jouir ici d'un grand crédit et gouverner tout : ce qui est d'un grand poids, et peut aisément faire pencher l'esprit indécis de la comtesse du côté qu'il voudrait. Certainement si, comme je l'ai dit, la crainte du roi de France n'intercédait pour nous, je crois qu'elle ne balancerait pas à nous quitter, même à des conditions égales, d'autant plus qu'elle ne croirait pas rompre, à cause de la bonne amitié qui existe entre nous et le duc de Milan. Mon motif, en vous faisant cet exposé, a été de faire connaître à vos seigneuries ce qui rend Son Excellence indécise, et de vous mettre en état de prendre une résolution définitive dans le cas où vous ne l'auriez point fait encore. Son Excellence l'attend avec la plus vive impatience, car chaque jour le duc ne cesse de la tourmenter.

Hier on a passé la revue de cinq cents hommes d'infanterie, que la comtesse envoie au duc de Milan, sous la conduite de Dionigi Naldi ; deux jours avant on avait également passé en revue cinquante arbalétriers à cheval destinés pour le même prince. Ils doivent partir après demain, ou le jour suivant, avec un secrétaire du duc arrivé ici il y a trois jours pour les lever et les payer. Je crois que vos seigneuries ont changé d'idée relativement à l'infanterie que vous vouliez obtenir de Son Excellence ; ce qui est le parti le plus sage, puisque vous avez pu la tirer d'ailleurs avec moins de peine. Toutefois, si vos seigneuries en avaient encore besoin, vous auriez des soldats fidèles et bien disciplinés et prêts à partir sur-le-champ ; mais il faut envoyer l'argent nécessaire pour la paye d'un mois entier, ainsi que je l'ai mandé par ma dernière à vos seigneuries, auxquelles je ne cesse de me recommander.

De vos très-hautes seigneuries,
Le très-humble serviteur,
N. MACCHIAVELLI.

De Forli, le 22 juillet 1499.

LETTRE V.

TRÈS-MAGNIFIQUES ET TRÈS-HAUTS SEIGNEURS,

Trouvant que votre réponse à ma lettre du 17 éprouvait un bien long retard, je venais hier de vous écrire et de vous dépêcher un messager lorsque Ardingo, courrier de vos seigneuries, arriva avec vos dépêches du 19 et du 5 du courant. Après avoir pris connaissance de leur contenu, j'allai trouver la comtesse Catherine, et je lui exposai, dans les termes que je crus les plus convenables, ce que vos seigneuries me prescrivaient à l'égard des propositions que lui a faites le duc de Milan. Je l'informai ensuite des offres que vous lui faisiez pour la satisfaire ; je tâchai de lui faire entendre que certainement vous ne manqueriez jamais à ce qui peut tourner à l'honneur, à l'avantage et à la sûreté de Son Excellence, n'employant que les raisons que je crus nécessaires et les plus propres à la persuader. Elle me répondit qu'elle n'avait d'autre espoir que dans vos seigneuries ; que la seule chose qui lui fît de la peine dans cette affaire, c'était le déshonneur qu'elle craignait d'encourir, et les égards qu'elle croyait devoir témoigner envers son oncle[1] ; que, connaissant toutefois les dernières volontés de vos seigneuries, elle tâcherait de prendre une prompte résolution et d'écarter, autant qu'il dépendrait d'elle, toutes les difficultés qui pourraient s'y opposer.

Après lui avoir répondu comme il convenait et l'avoir entretenue quelque temps de la lettre de vos seigneuries, du 19, relative aux outrages commis envers quelques citoyens de la république, je quittai immédiatement la comtesse, en la priant de vouloir bien prendre une prompte détermination.

Dans le courant de la journée messer Baldraccani est venu me trouver ; et après m'avoir présenté les excuses de la comtesse sur ce qu'elle ne me faisait pas connaître de vive voix ses dernières volontés, ce qu'il a attribué à une indisposition de Son Excellence, et à l'inquiétude mortelle où l'avait plongée une maladie grave qui venait d'attaquer son fils Lodovico, qu'elle a eu de Giovanni de Médicis, il m'a exposé de la part de la comtesse qu'elle ne se repentait pas de s'être jetée, sans avoir plus égard à rien, entre les bras de vos seigneuries ; qu'elle voulait toujours mettre en vous ses espérances et son appui ; qu'elle consentait à accepter l'engagement sur le pied de paix aux conditions offertes dans les dernières lettres de vos seigneuries, c'est-à-dire pour douze mille

[1] Louis le More, duc de Milan.

ducats. Mais, afin de justifier sa conduite aux yeux de tout le monde, et sauver autant que possible l'honneur et la réputation de son gouvernement, il m'a dit que sa maîtresse désirait que vos seigneuries contractassent l'obligation de défendre, protéger et maintenir l'intégralité de ses états; qu'elle était bien persuadée que telle était l'intention de vos seigneuries, et qu'il n'était pas nécessaire d'exiger une semblable condition; mais que cependant elle désirait vivement, pour sa propre satisfaction, vous devoir cette nouvelle faveur; qu'elle savait que vous ne la lui refuseriez pas, puisqu'elle ne pouvait vous causer aucun préjudice, tandis qu'elle lui ferait le plus grand honneur.

«Son Excellence,» a-t-il ajouté, «demande «en outre une indemnité quelconque, sinon «pour la totalité, du moins pour une partie de «son ancien service. Elle en a besoin pour sub«venir à plusieurs dépenses extrêmement ur«gentes; elle ne croit pas que les charges que «vous avez à supporter soient assez pesantes «pour vous empêcher de consentir à cette de«mande, et elle me somme expressément d'en «écrire à vos seigneuries, et de les presser de «lui répondre.»

Sur le premier point, c'est-à-dire sur l'engagement pour un an, j'ai répondu de la manière la plus amicale qu'il m'a été possible, et j'ai dit que l'opinion que la comtesse avait de notre république ne ferait que s'affermir par l'expérience; ensuite, quant à l'obligation qu'elle exigeait, j'ai répondu que je la croyais superflue par les motifs mêmes qu'alléguait Son Excellence; que d'ailleurs, comme mes pouvoirs ne s'étendaient pas jusque-là, je lui conseillais de se borner dans le moment à accepter l'engagement, et de notifier ensuite son désir à son chargé d'affaires à Florence, et que j'étais dans la persuasion que vous y feriez droit.

Messer Antonio m'a répondu que Son Excellence voulait terminer toutes ces affaires à la fois: qu'il me priait en conséquence d'en écrire à vos seigneuries, afin que votre réponse m'investît des pouvoirs nécessaires pour conclure; et il m'a donné l'assurance qu'elle ratifierait toutes les conditions que je lui présenterais de votre part. Quelque chose que j'aie pu dire, il n'a pas voulu changer d'idée; et je me vois obligé de vous donner connaissance de toutes les demandes de Son Excellence. Vos seigneuries voudront bien m'informer le plus tôt possible de ce qu'elles auront décidé dans leur haute sagesse, afin que je puisse revenir à Florence, ce que je désire vivement.

A l'égard de l'indemnité relative à son ancien service, je lui ai dit que Son Excellence m'en avait parlé quelques jours auparavant; que j'en avais écrit à vos seigneuries, qui m'avaient répondu; qu'ainsi il me semblait superflu de répéter encore la même chose, surtout connaissant vos bonnes dispositions et les difficultés qui vous embarrassent en ce moment; j'ai ajouté toutefois que, pour satisfaire Son Excellence, je vous écrirais de nouveau d'une manière pressante.

Hier la comtesse m'a fait beaucoup d'excuses lorsque je me suis plaint, de la part de vos seigneuries, de l'insulte que ses arbalétriers avaient faite à vos habitants de Salutare. Elle m'a dit qu'elle les avait chargés d'aller ramasser la récolte d'un certain Carlo de' Buosi, dans une ferme qu'il possédait sur les terres de son domaine; que ce Carlo avait été tué, il y avait quelque temps, par Dionisio Naldi, pour venger le seigneur Ottaviano; que les paysans, en voyant ces arbalétriers enlever la récolte, leur avaient crié qu'ils seraient taillés en pièces, et les avaient accablés d'une foule d'autres injures; que ceux-ci, irrités, s'étaient vus contraints de leur faire un mauvais parti. Elle ajouta qu'elle en était affligée jusqu'au fond de l'âme, et qu'elle le ferait bien voir. Elle ordonna aussitôt que l'on ôtât les armes à l'arbalétrier qui avait le premier commencé le tumulte, et qu'on le renvoyât du service : ce qui s'est fait sur-le-champ.

Je me recommande humblement à vos seigneuries; *Quæ benè valeant.*

De vos très-hautes seigneuries,

Le très-humble serviteur,

N. MACCHIAVELLI.

De Forli, le 23 juillet 1499.

P. S. Demain matin il part d'ici pour Milan cinquante arbalétriers à cheval que le duc prend à sa solde.

LETTRE VI.

TRÈS-MAGNIFIQUES ET TRÈS-HAUTS SEIGNEURS,

J'ai reçu hier par Ardingo, courrier de vos seigneuries, vos deux dépêches du 19 et du 20. Je compte conclure définitivement demain dans la journée l'engagement avec l'illustre comtesse, conformément à vos dernières instructions; j'espère même ensuite arranger l'affaire de vos sujets de Salutare, de manière à obtenir une réparation dont vos seigneuries seront très-satisfaites. Je n'ai pas le temps de vous en dire davantage, attendu que le courrier est extrêmement pressé de partir; je me contenterai d'ajouter, qu'aussitôt après avoir été expédié, je me hâterai de revenir auprès de vos seigneuries, auxquelles je me recommande humblement.

Forli, le 23 juillet 1499

LETTRE VII.

TRÈS-MAGNIFIQUES ET TRÈS-HAUTS SEIGNEURS.

Je vous avais écrit hier soir l'incluse, et je me disposais à vous expédier Ardingo, qui vous remettra la présente, lorsque messer Giovanni da Casale vint me trouver pour me dire, de la part de la comtesse, qu'il était inutile que j'écrivisse, parce que Son Excellence ne voulait rien exiger de plus de vos seigneuries, dans l'intime conviction que vous n'en agiriez pas autrement dans ses besoins qu'elle en avait agi envers vous, et qu'elle me priait de me rendre chez elle dans la matinée, pour signer l'engagement, etc.

Persuadé que c'était une affaire arrangée, je crus devoir profiter d'un exprès que le curé de Cascina envoyait à Lorenzo di Pier Francesco, pour écrire à vos seigneuries ce que je croyais sur le point de se conclure. Ce matin donc, lorsque je pensais que nous allions terminer selon ce qui avait été convenu, et que je me trouvais avec messer Giovanni en présence de la comtesse, elle m'a dit qu'ayant réfléchi toute la nuit, elle avait pensé qu'elle s'attacherait à vous avec bien plus d'honneur, si vos seigneuries voulaient déclarer qu'elles s'obligeaient à défendre ses états, comme son secrétaire me l'avait demandé précédemment; qu'en conséquence, elle avait résolu de nouveau de me presser de vous en écrire, et que, si elle m'avait fait dire le contraire par messer Giovanni, je ne devais pas en être étonné, car plus on approfondit les affaires et mieux on les entend.

A ce changement inattendu je n'ai pu m'empêcher d'éprouver quelque mécontentement, et de le témoigner par mes paroles et par mon maintien, en disant que vos seigneuries auraient d'autant plus le droit de se formaliser, que je leur avais mandé que son excellence était satisfaite de tout sans exception. Mais, n'ayant pu tirer autre chose de la comtesse, je me vois forcé de vous envoyer ma lettre d'hier, et de vous écrire la présente, pour vous donner une connaissance plus particulière de ce qui s'est passé depuis, afin que vous puissiez mieux vous déterminer et prendre une prompte résolution.

Demain matin je me rendrai à Castrocaro, pour voir si je puis mettre les Corbizo à l'abri des insultes de Dionisio Naldi et de ses partisans. Madame Catherine m'a offert son entremise, et vous serez informés des suites de cette affaire. Je me recommande très-humblement à vos seigneuries.

De vos très-hautes seigneuries,
Le très-humble serviteur,
N. MACCHIAVELLI [1].

De Forli, le 24 juillet 1499.

[1] Après le départ de Macchiavelli, cette princesse expédia à Florence un envoyé extraordinaire, dont voici la lettre de créance :

« TRÈS-ILLUSTRES, TRÈS-HAUTS ET TRÈS-RESPECTABLES « SEIGNEURS PRIEURS,

« Pour ne point manquer à la promesse que j'ai faite à « messer Nicolas Macchiavelli, votre commissaire, j'en- « voie auprès de vos très-hautes seigneuries l'honorable « messer Joanni, mon auditeur, pour qu'il leur expose « tout ce dont je l'ai chargé en mon nom. Je les prie de « vouloir bien lui accorder pleine confiance, comme « elles le feraient pour moi si je me trouvais de ma per- « sonne en présence de vos très-hautes seigneuries, aux- « quelles je ne cesse de me recommander.

« CATTERINA SFORZA,
« Comtesse de Riario, Forli et Imola. »

Forli, le 3 août 1499.

IV.

COMMISSION

A L'ARMÉE QUI ASSIÉGEAIT PISE.

LETTRE PREMIÈRE.

LUCA DEGLI ALBIZZI A LA SEIGNEURIE.

TRÈS-MAGNIFIQUES ET TRÈS-HAUTS SEIGNEURS,

Nous voilà à la quatorzième heure, et nous ne savons rien encore des Gascons. M. Samper n'est point de retour d'auprès d'eux; toutefois nous l'attendons à chaque instant; tout reste en l'air et dans la confusion. On ne peut tirer qu'un mauvais augure de notre position. A chaque instant on découvre quelque nouveau projet ou quelque nouvelle avanie dirigée contre nous; à peine une difficulté est-elle écartée qu'il en renaît quatre autres, toutes capables de faire croire qu'elles ne cesseront jamais.

En effet, ce matin une troupe d'Allemands s'est présentée en tumulte dans ma chambre, en disant qu'à l'époque où l'empereur vint à Pise[1] ils demeurèrent pendant trois mois à notre service; qu'une de leurs compagnies, de cent trente hommes, commandée par un capitaine nommé Antoine Buner, n'avait pas été payée; et au milieu d'un torrent d'injures et de menaces, ils ont exigé que je les payasse sur-le-champ. Je leur ai répondu que je n'avais nulle connaissance de leur affaire; qu'ils n'avaient qu'à députer vers vous deux des leurs; que je leur remettrais une lettre pour vos seigneuries, afin que vous pussiez acquitter leur dette. Ils n'ont voulu rien entendre; et, tout ce que j'ai pu en tirer, après de longs et fâcheux débats, a été que, si on les contentait dans l'espace de deux jours, ils demeureraient tranquilles; mais que, si on ne leur donnait pas d'argent, ils se payeraient de mon sang; que je n'avais qu'à l'écrire franchement à vos seigneuries. Sur ces entrefaites, arrivèrent Salient et quelques autres Français : ils semblaient comme morts, et ne craignaient pas moins que moi l'emportement de ces furieux. Ils se répandaient en excuses et nous réconfortaient avec de l'eau froide; et ils ont jugé convenable d'user du moyen proposé, qui est de vous écrire. Beaumont paraît tout hors de lui, et montre que cet événement lui fait infiniment de peine; mais il ne peut y remédier : sa bonne volonté fait qu'il s'afflige de ne pouvoir rien faire. Le capitaine des Suisses semble rempli des meilleures dispositions, mais il n'accouche de rien. Toutes ces difficultés pourraient aussi bien être jouées que naturelles; et je crois que tout ceci n'en est venu là que pour justifier la conduite du roi à nos dépens.

Quant à moi, je me vois dans la position la plus fâcheuse, et je regarderais comme un bonheur que vos seigneuries voulussent bien examiner si je pourrais me mettre à l'abri du danger sans exposer la république; car, ce qui n'a point encore eu lieu jusqu'à présent pourrait fort bien arriver d'un moment à l'autre; et ne croyez pas que ce soit la crainte qui me fasse parler ainsi: j'ai la ferme résolution de ne fuir aucun péril qui pourrait tourner à l'avantage de la patrie.

Mais toutes ces manœuvres ne tendent qu'à nous faire désespérer de Pise, et à nous obliger à craindre pis encore. Aussi, comme je l'ai plusieurs fois écrit à vos seigneuries, il est nécessaire de bien faire attention à tout ce jeu. Lors

[1] Macchiavelli se trouvait au camp devant Pise depuis le mois de juin de l'an 1500, et était chargé de la correspondance au nom des commissaires Jean-Baptiste Ri-dolfi, et Luc-Antoine Albizzi. Un corps de huit mille Français, commandé par le seigneur de Beaumont, payé par la république de Florence, vint assiéger Pise; mais il fut ensuite obligé de se retirer, à cause de la mutinerie de l'infanterie gasconne et des Suisses, qui insultèrent les Florentins et arrêtèrent le commissaire Luc-Antoine Albizzi. Cette sédition et ses suites engagèrent la république de Florence à envoyer François della Casa et Macchiavelli en ambassade auprès du roi de France, comme on le verra plus loin.

qu'on n'a plus le choix qu'entre de mauvais partis, il faut adopter le moins désavantageux, et surtout mettre sur-le-champ à exécution les remèdes qu'on croit avoir trouvés, afin qu'ils opèrent le plus tôt possible. Réfléchissez bien mûrement sur tout ceci, et restreignez-vous aux mesures que nécessitent les circonstances. Croyez-en celui qui vous parle avec sincérité ; car l'œil dit plutôt la vérité que l'oreille.

Je dois informer vos seigneuries que l'on m'avait déjà prévenu depuis plusieurs jours de ce mouvement des Suisses ; mais dans la crainte de vous inquiéter inutilement, et croyant les faire renoncer aisément à leurs injustes prétentions, je n'avais pas voulu d'abord vous en instruire ; je ne l'eusse même point fait encore aujourd'hui si le péril ne me semblait trop manifeste. Je me recommande de nouveau à vos seigneuries.

De vos très-hautes seigneuries,
Le très-humble serviteur,

L. A. DEGLI ALBIZI,
Commissaire général.

Du camp devant Pise, le 8 juillet 1500, à la quatorzième heure et demie [1].

P. S. Au nom de Dieu, ne négligez pas les vivres, car ce serait notre ruine définitive ; ayez soin surtout de pourvoir Beaumont : il a déjà commencé à m'importuner là-dessus, et il ne me voit pas une fois sans m'en rabattre les oreilles.

[1] Les Italiens divisaient le jour en vingt-quatre heures consécutives, que l'on comptait à partir d'un soir à l'autre. La vingt-quatrième heure, que l'on appelait aussi quelquefois l'*Ave Maria*, sonnait une demi-heure ou trois quarts d'heure environ après le coucher du soleil, c'est-à-dire à la nuit tombante. Cet usage de diviser le jour en vingt-quatre heures subsiste encore dans quelques contrées de l'Italie. Aujourd'hui on le partage en deux parties de douze heures chacune, que l'on nomme heures de jour et heures de nuit ; mais la première heure de nuit ne commence jamais qu'après le coucher du soleil. Par exemple, le 21 juin, la vingt-quatrième ou dernière heure du jour finit à huit heures un quart : la première heure de nuit sonne donc à neuf heures un quart ; de sorte qu'à minuit on est à la troisième heure trois quarts. En ajoutant douze heures à ce nombre, midi correspondra à la quinzième heure trois quarts du jour ; et ainsi de suite jusqu'à la vingt-quatrième heure. Mais on voit que la première heure commence chaque jour à un moment différent, puisqu'elle suit la marche du soleil.

LETTRE I.

TRÈS-MAGNIFIQUES SEIGNEURS,

Le commissaire général vous a écrit hier soir les circonstances fâcheuses dans lesquelles nous nous trouvons. Aujourd'hui, vers les trois heures, cent Suisses au moins sont venus à son logement, demandant de l'argent pour la compagnie de Giannotto, et disant qu'ils voulaient s'en aller avec leur paye. En vain le commissaire leur a prodigué les promesses : rien n'a pu apaiser ces furieux, qui, après les débats les plus violents, ont fini par l'emmener prisonnier. Je n'ai rien appris depuis, parce que je me suis arrêté ici au poste de San-Michele, pour donner avis de cet événement à vos seigneuries, et pour qu'elles prennent les mesures propres à empêcher qu'un de leurs citoyens, avec un si grand nombre des siens, qui tous sont vos sujets, soient emmenés, et par qui ? *Valete.*

N. MACCHIAVELLI.

Du camp devant Pise, le 9 juillet, à la quatorzième heure.

LETTRE III.

DE GIOV. BATTISTA BARTOLINI A LA SEIGNEURIE

TRÈS-MAGNIFIQUES, TRÈS-HAUTS ET TRÈS-RESPECTABLES SEIGNEURS,

A la seizième heure j'ai écrit à vos très-hautes seigneuries, et je leur ai renvoyé le même courrier qui était venu m'annoncer l'enlèvement du commissaire par les Suisses, afin qu'il pût vous répéter de vive voix ce qu'il m'avait appris, parce que, n'ayant rien autre chose à vous mander, je n'osais vous écrire exprès sur cet événement. Nous voilà à la vingtième heure, et je n'ai rien su de plus positif ; seulement il y a quelques instants que Pierre Pucci est revenu avec un autre courrier : il m'a dit de vive voix que le commissaire avait été mis en liberté ; mais il n'a pu m'apprendre aucune particularité. Il a ajouté qu'on lui avait recommandé au camp de faire arrêter les vivres à Cascina, parce que l'armée doit se porter demain sur San-Giovanni alla-Vena. Comme je n'ai eu là-dessus aucune autre certitude, je ne l'aurais point écrit à vos seigneuries, s'il ne me paraissait dangereux de laisser ce lieu, dont elles connaissent l'importance aussi bien que moi, mal pourvu de tout, comme je vous l'ai représenté plusieurs fois.

Borgo Rinaldi est arrivé : il n'a avec lui qu'un petit nombre d'hommes mal armés; toutefois je l'ai engagé à former une compagnie.

Vos seigneuries n'ignorent pas non plus que j'ai également pressé le seigneur Pierre, dans la persuasion qu'il se trouve maintenant à Florence.

Mais je crains que, si nous ne nous hâtons, nous ne soyons plus à temps : nous n'avons ici ni cuirasses, ni lances longues, ni boucliers, ni aucune espèce de munitions, excepté quelques barils de poudre que j'ai retenus depuis hier; nous avons besoin de tout le reste. Je prie vos seigneuries d'y pourvoir si elles le jugent à propos, et sur-le-champ.

Il y a ici un poste de huit ou dix archers que M. de Beaumont y a placé par ordre de Giov. Battista Ridolfi et de Luca degli Albizi, comme je vous l'ai écrit antérieurement, afin de préserver le pays des entreprises des maraudeurs du camp. Jusqu'à ce jour ces troupes se sont conduites d'une manière satisfaisante; néanmoins, s'il m'arrivait l'infanterie nécessaire pour pouvoir veiller moi-même à la sûreté de la contrée, je ne sais si je devrais ou non renvoyer ce poste. Je crois que les troupes que j'attends arriveront avant que j'aie pu recevoir votre réponse : je tâcherai de m'y prendre du mieux qu'il me sera possible; mais, dans le cas où je pourrais attendre votre sage résolution, je resterai tranquille. Ainsi donc je prie vos seigneuries de vouloir bien me faire connaître leurs intentions, et je m'empresserai de m'y conformer s'il en est temps encore.

Mais, sur toutes choses, je les supplie de nous approvisionner, et vite et vite; sans cela je ne puis répondre des habitants du pays, surtout étant traités par ces gens comme nous le sommes. D'un autre côté, si l'on vient demain à San-Giovanni, nous aurons à nos trousses une armée de Pisans victorieuse et pleine d'ardeur. Je suis certain que vos seigneuries examineront avec attention toutes ces circonstances, et qu'elles prendront des mesures efficaces. Je me recommande à elles très-humblement; *Quæ benè valeant.*

J. B. Bartolini,
Commissaire général.

De Cascina, le 9 juillet 1500.

P. S. A la vingt et unième heure. Je viens de recevoir des lettres du commissaire, qui m'annoncent que l'armée sera demain matin à Campi, endroit situé au-delà de la Caprona, d'où elle avait commencé à se mettre en mouvement. Il me recommande de pourvoir aux vivres : je ferai tout mon possible à cet égard. Il me rappelle en outre de presser de nouveau Borgo, le seigneur Pierre Guagni, Carlo de Crémone, et messer Bandino, de mettre leurs compagnies en bon ordre : je prie donc vos seigneuries de solliciter de leur côté le seigneur Pierre Guagni.

LETTRE IV

Copie de la lettre écrite par moi, Luca di Antonio degli Albizi, à mes très-hauts et très-magnifiques seigneurs, le 9 juillet, à la vingt-deuxième heure.

Magnifiques seigneurs,

J'ignore si à la dernière heure de ma vie (et plût au ciel qu'elle arrivât bientôt!) mon affliction sera aussi vive et aussi profonde que celle que j'éprouve en ce moment, non point tant à cause des périls que j'ai courus et de ceux auxquels je puis être encore exposé, ni de ma captivité, mais de ce que je vois par les lettres que j'ai reçues de vos seigneuries, et particulièrement par celle du 8, à quatre heures, que vous n'avez pas eu en moi toute la confiance que je croyais mériter, et que vous m'avez abandonné comme un homme dont on ne doit faire aucun compte. Ce sont mes péchés et ma mauvaise fortune qui le veulent ainsi. Dieu sans doute ne laissera pas sans secours celui qu'on abandonne injustement. Je vous avais fait connaître en détail les dangers : et sachant très-bien la conduite que ces misérables ont tenue tout récemment envers le roi de France et le duc de Milan, pouvait-on croire que les propositions que j'avais faites calmeraient les injustes prétentions des Suisses? Mais vos seigneuries l'ont ainsi voulu; et moi, quoique hors de prison en ce moment, je suis toujours dans le cas de disputer ma vie à ces furieux : ce sont à chaque instant de nouvelles menaces, de nouvelles taxes, de nouveaux dangers, dont la république est la cause, justes ou injustes qu'ils soient. C'est cependant moi seul qui en pâtis, sans que personne daigne me plaindre. Que Dieu me console du moins en me donnant la mort si je ne puis espérer d'autre consolation !

Nicolas Macchiavelli vous a informés de ma captivité. Lorsqu'on m'eut pris, je fus mené à pied du côté de Pise, pendant l'espace d'un demi-mille et plus : on me conduisit devant le capitaine des Suisses, où, après des altercations extrêmement vives, et après m'avoir menacé de leurs hallebardes, ils me dirent qu'avant de sortir de leurs mains ils exigeaient que quatre ou cinq cents hommes de leur compagnie, qui étaient venus de Rome et que vos seigneuries avaient leurrés de l'espoir d'être payés, reçussent immédiatement le montant de leur paye, et que si je n'y pourvoyais pas sur-le-champ, ils ne se contenteraient pas de me retenir prisonnier. Je leur rappelai l'honneur du roi, les bons traitements qu'ils avaient reçus de nous, l'empressement qu'on avait mis d'abord, ou depuis, à satisfaire à toutes leurs demandes ; mais ni la raison, ni l'impossibilité où j'étais de les contenter, rien n'apaisait ces furieux. Enfin, après de longs débats et des menaces réitérées, ils me firent entendre que si je ne les contentais, non-seulement ma personne, mais la république même en seraient les victimes ; et qu'ils auraient le moyen de se payer sur l'artillerie s'ils le voulaient. A cette menace, me voyant sans moyen de leur faire entendre raison et sans argent, je priai le capitaine de se rendre ma caution ; ce qu'il fit : et il est clair maintenant que je ne puis m'éloigner de lui sans l'avoir auparavant remboursé. Je tâcherai de me procurer les fonds nécessaires. S'il ne reste plus rien à Pellegrino, je verrai si je ne puis tirer quelque chose de Lodovico Morelli, et de Bernardo Puccini, qui doit avoir encore un peu d'argent. Mais cela dérange toutes les mesures que j'avais prises, à moins que vos seigneuries n'y pourvoient d'une autre manière ; car j'avais destiné cet argent à l'entretien des garnisons de Cascina et de Vico. Je ferai comme je pourrai. Quoique dans l'arrangement que j'ai conclu avec le capitaine des Suisses, il se soit engagé à faire reconduire l'artillerie à Cascina en sûreté, je ne sais s'il le fera.

Ces gens ont formé le projet de décamper pendant la nuit, et de se porter du côté de San-Giovanni-alla-Vena, d'y séjourner tout demain, et de se diriger ensuite par la route de Lucques sur Pietra-Santa, où ils resteront jusqu'à ce que le roi leur ait fait connaître sa volonté. J'apprends que les Gascons les attendent dans le pays de Lucques ; et, si on ne m'en empêche, je resterai à Vico ou à Cascina en attendant que vos seigneuries m'accordent mon congé. Je ne devrais raisonnablement avoir aucune inquiétude à cet égard, ni douter en rien de leur bienveillance. Je ne réponds pas non plus à leur troisième et dernière lettre, car le temps et les circonstances ne nous permettent plus de nous occuper que de ce qui peut tourner à l'avantage de ceux à la discrétion desquels nous nous trouvons. Je me recommande toujours à vos seigneuries.

Quoique j'aie écrit hier matin à Cascina et à Vico pour que l'on complétât les compagnies, je supplie vos seigneuries d'y pourvoir sans délai si elles veulent qu'il n'y ait point de danger. Ces troupes une fois parties, il serait nécessaire que le seigneur de Piombino réunît immédiatement toutes les siennes à Cascina, et que vous pussiez en envoyer d'autres à Vico, si vous en avez de disponibles, afin d'y former des garnisons raisonnables ; et lorsque Cascina serait en état de défense, en faire sortir tous les hommes suspects que vos seigneuries ont dernièrement congédiés de leur côté.

LETTRE V.

LA MAGISTRATURE DES DIX A GIOV. BATTISTA BARTOLINI, COMMISSAIRE A CASCINA.

Le 9 juillet 1500.

Une lettre de Nicolas Macchiavelli, qui nous est parvenue ce matin, nous apprend que les Allemands ont enlevé Luca degli Albizi. Pénétrés de la honte et des dangers que cette malheureuse affaire nous apporte, nous n'avions songé, durant tout aujourd'hui, à autre chose qu'à pourvoir à vos besoins et à ceux des autres places qui vous avoisinent. Outre le mal auquel nous avons mis bon ordre dans la journée, nous avons sur-le-champ envoyé de ce côté le seigneur Pierre et Borgo Rinaldi ; nous avons rappelé messer Criacco et le comte Checco ; nous leur avons prescrit de refaire sur-le-champ leurs compagnies, et donné l'assurance que l'argent serait tout prêt. Ils nous ont promis en conséquence de ne point se faire attendre ; et nous sommes fondés à croire que, demain ou après-demain au plus tard, il y aura à Cascina assez de troupes pour suffire à la garde et à la défense de ce lieu. Dans les circonstances présentes tu ne dois rien négliger pour le conserver, et pourvoir du mieux qu'il te sera possible aux besoins des autres postes, ne fût-ce qu'en leur écrivant du moins pour leur indiquer ce qu'il y a à faire. Comme, au milieu de troubles et de désordres si grands, le poids de tant d'affaires pourrait accabler un seul homme, nous avons encore envoyé aujourd'hui de ce côté Pierre Vespucci, avec les pouvoirs de commissaire : c'est avec lui que toi et les autres citoyens de Florence qui se trouvent sur les lieux, vous aurez à aviser aux mesures qu'il convient de prendre.

Nous n'avons eu sur la détention du commissaire que deux mots d'avis que nous en a donnés Nicolas Macchiavelli ; et, à la date de sa lettre, il ne pouvait en savoir davantage. Il ne nous dit ni où le commissaire a été mené, ni si quelque autre personne a été arrêtée avec lui, ni ce que l'artillerie est devenue, ni ce qu'ont fait les quatre cents Allemands qui ont pris le chemin de Livourne, ni si d'autres ont également abandonné le camp, ni quels projets forment les gens d'armes, ni enfin quel parti prend le capitaine. Il serait convenable que tu nous donnasses sur cette affaire tous les éclaircissements que tu pourras recueillir, et que tu nous les écrivisses sur-le-champ. Tu nous feras connaître surtout ce qui est arrivé à chacun de nos concitoyens qui se trouvent à l'armée, car leurs familles désirent impatiemment d'en avoir des nouvelles.

LETTRE VI.

LA MAGISTRATURE DES DIX A LUCA DEGLI ALBIZI.

Au camp, le 10 juillet 1500.

MAGNIFIQUE SEIGNEUR,

Autant nous avons été affligés hier en apprenant la nouvelle de ta détention par une lettre de Nicolas Macchiavelli, et par une dépêche de Giov. Battista Bartolini, de laquelle il semblait qu'on dût conjecturer que tous nos concitoyens qui se trouvaient là avaient éprouvé le même sort, autant nous avons éprouvé de consolation aujourd'hui lorsque nous avons su ta délivrance. Nous présumons qu'elle aura amené également la liberté et la sûreté de tous les autres. Quoique la défection de cette armée nous ait mis dans la position la plus fâcheuse où nous nous soyons trouvés depuis longtemps, par la honte et le danger qu'elle nous apporte, néanmoins les désagréments, le dommage et les périls qui te menaçaient ajoutaient encore à nos chagrins, et nous avons regardé comme un grand changement de mal en bien de vous savoir tous délivrés. Nous désirerions pouvoir réparer nos autres malheurs de la même manière ; mais cela n'est pas possible : il faut se conformer au temps, et se borner pour le moment à consolider nos affaires de ce côté.

A cet effet il nous semble, si on le peut, qu'il serait bien à propos de faire revenir l'artillerie et les munitions, que nous avons envoyées sur les lieux, à Ponte-ad-Era, où elles se trouveraient plus en sûreté ; de retirer, sans la moindre perte de temps, toute l'artillerie et les restes de munitions qui existent encore entre les mains des Français, et de prendre toutes les mesures pour pourvoir à la défense de cet endroit ; ce que nous avons si fort à cœur, que nous ne serons tranquilles que lorsque nous aurons envoyé quelques troupes de ce côté. Nous l'eussions fait dès ce soir même, si le danger qui menace Pescia ne nous eût pressés davantage encore ; car nous venons d'apprendre de plusieurs côtés que les Gascons se portent sur cette place avec plusieurs autres troupes, dont on fait monter le nombre à quatre mille, plus quelques centaines de chevaux : cela nous étonne d'autant plus que, jusqu'à ce moment, nous n'avions pas eu connaissance qu'aucun corps de gens d'armes eût quitté le camp. Tu dois concevoir l'embarras où cela nous jette. Nous soupçonnons fortement ici quelque intrigue des Lucquois ; nous ne prêterions même pas tant de foi aux avis que nous recevons de tous côtés, sachant combien il est naturel que la crainte de ces mutins exagère tout, si nous n'avions appris qu'un Lucquois avait annoncé la même chose à Pescia, et en avait fait retirer tous les effets qu'il y avait déposés depuis quelques jours dans la crainte des Français. Nous y avons envoyé quelques colonels avec leurs compagnies, et nous ne nous occupons que de pourvoir à la sûreté des deux points menacés, en commençant toutefois par celui où le danger presse davantage.

Il sera à propos que tu donnes connaissance de toutes ces dispositions à M. de Beaumont, et que tu tâches d'en obtenir une réponse relativement aux ordres que nous te donnons et que nous avons également donnés à Pierre Vespucci, particulièrement en ce qui concerne l'offre des troupes. Nous voudrions qu'il répondît par écrit sur cette affaire, et nous te chargeons de tout faire pour l'y décider. Tu lui renouvelleras l'offre d'engager les troupes nécessaires à la poursuite du siége, dans la vue de les obtenir avec son consentement et de nous en servir ensuite à notre convenance.

Si les troupes révoltées n'avaient à rester de ce côté que quelques jours seulement, nous croyons que tu devrais rester à ton poste, pour ne pas achever de ruiner nos affaires sur ce point; si elles viennent à s'éloigner, tu pourras nous en donner avis, et recevoir notre réponse en peu d'heures.

N'ayant eu de ta part aucun détail sur les causes de ton arrestation, ni sur la manière dont tu as été arrêté et ensuite relâché, ni sur les circonstances qui ont accompagné cet événement, nous ne pouvons te prescrire spécialement ce que tu auras à faire au départ des troupes dans le cas où elles voudraient que tu les suivisses, soit par les motifs qui ont déjà déterminé leur conduite, soit par toute autre nouvelle cause : là-dessus nous nous en rapportons entièrement à toi. Comme nous sommes persuadés que tu ne feras rien sans en avoir bien pesé toutes les conséquences, nous ne pouvons qu'approuver dès à présent toutes les mesures que tu prendras.

Ta résolution d'appeler vers toi le seigneur de Piombino nous paraît extrêmement sage : nous lui écrirons ce soir de monter à cheval et de se transporter avec toutes ses troupes de ce côté; d'aller, s'il le peut, jusqu'à Cascina, ou de venir au moins à Ponte-ad-Era, et de s'efforcer à tout prix d'envoyer à Cascina le plus d'hommes qu'il pourra; enfin de se conformer en tout aux ordres que tu lui donneras.

Nous avons écrit partout pour obtenir des vivres, surtout aux vicaires de . . ., et nous leur avons fait espérer que cette charge et ces embarras ne dureraient pas longtemps.

Il ne nous paraît pas prudent de retirer aucun homme de Cascina avant que nous y ayons une garnison suffisante pour ne courir aucun risque, et regagner un peu de crédit.

Nous avions oublié de te dire que, dans le cas où Beaumont, partant avec ses troupes, voudrait emmener avec lui quelqu'un des nôtres, comme tu ne peux le suivre, il faudra faire en sorte d'y envoyer Pellegrino ou Francesco della Casa.

Nous désirerions savoir, si tu peux nous en informer sans danger, soit pour toi, soit pour nous, la manière dont tu as été arrêté, et les causes et les circonstances de ta délivrance : que si tu crains de confier cette affaire à une lettre, envoie-nous quelque homme de confiance qui en soit bien au fait, ainsi que des autres événements qu'il nous serait important de connaître. *Benè valè.*

LETTRE VII

Copie de la lettre du roi très-chrétien Louis XII à la Seigneurie de Florence, donnée à Rouen, le 27 juillet 1500[1]

Louis, roi, etc.

TRÈS-CHERS AMIS,

Nous avons été informé, depuis quelques jours seulement, des désordres fâcheux arrivés dans l'armée occupée au siége de Pise, et qui ont eu pour cause la mutinerie et le soulèvement de plusieurs corps d'infanterie mal disciplinés qui se trouvaient dans le camp, lesquels ont abandonné leur corps et le siége sans motif, et sans attendre l'ordre ou le consentement du sieur de Beaumont, notre lieutenant, ainsi que des chefs et autres personnes de marque faisant partie de l'armée. Cet événement nous a fait et nous fait autant de peine que tout ce qui pourrait nous arriver de plus fâcheux. Mais comme, outre le dommage qui en résulte pour vous, il y va de notre honneur et de notre réputation, nous avons délibéré et résolu de remédier et de pourvoir à ce qui vient d'arriver, de manière à maintenir intactes notre autorité et notre puissance. Dans cette vue, nous avons décidé de ne

[1] On n'a retrouvé dans les archives de Florence que la traduction italienne de cette lettre : elle est donc retraduite ici de l'italien, et non rapportée dans la langue originale.

rien négliger, comme vous le verrez bientôt par les effets. En conséquence, nous avons mandé sur les lieux le maître de notre hôtel, Corcou, auquel, parmi les instructions que nous lui avons données, nous avons enjoint de nous faire un rapport exact sur toute cette affaire, et de nous exposer d'où a pu naître ce désordre, à l'effet d'y pourvoir ensuite comme il appartiendra à votre honneur et à votre satisfaction, selon qu'il convient. Quant à présent, nous avons pensé et nous avons fait savoir à vos ambassadeurs qui se trouvent ici qu'il serait à propos, pour le bien de la chose et pour le rétablissement de votre armée, qu'on désignât sur le territoire de la république un lieu convenable où elle pût s'arrêter et camper, sans être obligée de rétrograder davantage. C'est pourquoi nous avons écrit et enjoint expressément au sieur de Beaumont, et ordonné en particulier à tous les capitaines, de ne bouger, de ne partir, et de n'abandonner l'armée, qu'après avoir reçu de nous de nouveaux ordres, s'ils font quelque cas de leur vie.

Nous avons pareillement écrit et mandé à vos voisins que l'affaire de Pise nous touche personnellement, et que ce serait se déclarer notre ennemi que de donner appui, faveur ou secours à ses habitants : nous les en tenons pour avertis, afin que dorénavant ils ne s'avisent point de le faire ; sinon, nous y mettrons tel ordre que nous jugerons convenable.

En tout état de chose, ne négligez aucune mesure pour arranger cette affaire et la terminer à notre honneur, ainsi qu'au profit et à l'avantage de votre république. Nous vous engageons donc à montrer de la vigueur dans une entreprise où vous êtes particulièrement intéressés, et à y déployer toutes vos forces et toute votre puissance ; et en agissant ainsi, nous ne faisons aucun doute que vous n'obligiez avant peu de temps la ville de Pise à rentrer dans les bornes de son devoir. Au surplus, nous avons dit et déclaré, fait dire et déclarer toutes ces choses à vos ambassadeurs, afin qu'ils vous en informent, etc.

Adieu, chers seigneurs et amis.

V.

LÉGATION

A LA COUR DE FRANCE[1].

LÉGATION

de François della Casa et de Nicolas Macchiavelli à la cour de France.

COMMISSION.

Leurs seigneuries de Florence, etc., etc., persuadées qu'il ne suffisait pas, pour beaucoup de raisons, de se justifier par lettres sur plusieurs inculpations dirigées contre la république et sur la levée du siége de Pise, mais qu'il fallait encore employer à cette justification ceux mêmes qui s'étaient trouvés au camp des Français, ont fait choix de François della Casa et de Nicolas Macchiavelli, deux de leurs citoyens les plus distingués. Elles leur ont donné les pouvoirs mentionnés ci-dessous, avec un traitement

[1] Louis XII s'était emparé du Milanais, et il était sur le point de partir pour reconquérir le royaume de Naples ; mais inquiet des mouvements qui se faisaient dans l'Empire, il se désista pour le moment de cette entreprise, et afin d'occuper ses troupes il en prêta aux Florentins pour faire le siége de Pise. Alors les Pisans ayant offert de l'argent à Louis, et corrompu quelques-uns de ses généraux, la plupart des troupes françaises ou suisses que payaient les Florentins se débandèrent, et le siége fut levé. A cette occasion, François della Casa et Macchiavelli sont envoyés en France pour excuser la république des torts qu'on ne manquerait pas de lui prêter, et solliciter de nouveaux secours. Ils avaient été tous les deux au camp de Pise, et personne n'était plus à même de rendre compte de ce qui s'y était passé. Le siége était commandé par M. de Beaumont, que les Florentins paraissaient avoir

de huit petits florins par jour pour François, et de vingt gros florins par mois pour Nicolas, outre son traitement ordinaire.

François revint le 6 mars 1500, et Nicolas Macchiavelli le 14 janvier 1500 [1].

POUVOIRS ET INSTRUCTIONS.

Vous vous rendrez en toute diligence, et aussi vite que vos forces vous le permettront, auprès de Sa Majesté le roi très-chrétien, soit à Lyon, soit dans tout autre endroit où ce prince pourrait se trouver. Vous verrez d'abord François Gualteroti et Laurent Lenzi, nos ambassadeurs auprès de ce monarque : vous leur ferez part de votre commission, afin d'apprendre d'eux ce qu'il faudra dire et ce qu'il faudra faire, ainsi que la conduite à tenir dans toute cette négociation. Vous vous présenterez ensuite au roi avec ces embassadeurs [2]; et après les cérémonies d'usage dans les premières entrevues, vous lui parlerez en notre nom conformément aux instructions que vous allez recevoir. Nous ne pouvons vous en donner sur ce point de plus claires et de plus positives que celles que vous avez prises par vous-mêmes sur les lieux, ayant été chargés en grande partie de tout ce qui était relatif à nos engagements.

Il s'agit principalement d'exposer d'abord les désordres survenus, leurs causes et leurs auteurs; ensuite de repousser les imputations dirigées contre nous à ce sujet. Vous n'entamerez ce dernier point qu'autant que des reproches motivés sur nos obligations vous y forceraient. Vous commencerez par détailler seulement les raisons qui ont contraint le seigneur de Beaumont à désespérer du succès de l'entreprise et à abandonner le siége de Pise. Ces raisons, selon nous, doivent se tirer du peu d'obéissance des troupes; des intelligences suivies avec les Pisans, d'abord par le commandant des Suisses, et ensuite par quelques Italiens, par les Trivulces, les Pallavicini, d'après les ordres de messire Gian-Jacopo. Ce dernier avait pris ce parti parce qu'il voyait à regret combien cette ville pourrait contribuer à la conservation du Milanais lorsqu'elle aurait recouvré toutes ses forces. Peut-être aussi était-il excité par le désir d'arrêter l'entreprise de Sa Majesté contre le royaume de Naples. Vous ferez remarquer qu'à l'exception de Beaumont et de Samplet, tous les autres chefs ont reproduit dans leur conduite, tant le gouverneur d'Asti que le seigneur Buno au nom de d'Entragues, toutes les anciennes passions qui avaient agité l'Italie. Vous y ajouterez le récit des particularités dont vous avez été témoins, qui sont présentes à votre mémoire, et dans le détail desquelles il nous est impossible d'entrer. Vous parlerez aussi de ce qu'ils ont fait en faveur des Pisans, des Lucquois, des Génois et des Siennois. Quoique nous n'en ayons pas une connaissance précise, nous savons cependant qu'ils avaient de leurs envoyés dans le camp, à dessein d'y répandre le trouble et de tenir l'armée en agitation. Vous n'oublierez point surtout de rappeler que ces gens, et spécialement Regnier de la Sassette, employé comme leur instrument et soutenu par les Pallavicini, entraient souvent dans Pise. Vous direz que nous les regardons, ainsi que les autres auxquels le siége de Pise déplaisait, comme les uniques auteurs du départ des Gascons; départ qui a fait échouer l'entreprise en produisant le soulèvement des Suisses, comme le refus de ceux-ci de continuer le service a forcé tout le camp à se retirer.

Tout ceci fera sentir au roi que l'on ne doit point nous imputer le défaut de succès de l'entreprise. Vous pourrez alors commencer à parler du départ des troupes de Plaisance, et montrer que nous avons fait tout ce que nous devions jusqu'à l'instant où elles sont arrivées sous les murs de Pise. Il conviendra de retracer les raisons données ci-dessus, et d'y joindre, autant qu'elles se présenteront à votre mémoire.

demandé à la place de d'Allegre, capitaine plus connu, que le roi avait voulu leur donner : alors Louis rejeta tout le non succès de l'entreprise sur cette condescendance de sa part. Il paraît qu'on devait bien mieux l'attribuer à l'argent et aux autres offres des Pisans.

[1] Que le lecteur ne soit point surpris de trouver la date de 1500 en janvier et en mars : ce serait à la vérité celle de 1501 qu'on mettrait dans le style actuel; mais jusqu'en 1750 les Florentins ont commencé leur année au 25 mars. Nous l'avons déjà indiqué.

[2] François Gualteroti, Laurent Lenzi et Alamanno Salviati avaient été envoyés par la république auprès du roi de France, à Milan, depuis le 12 septembre 1499. Les deux premiers avaient suivi ce prince en qualité d'ambassadeurs, lors de son retour en France après l'entreprise contre la Lombardie.

les autres causes de la non réussite de ce projet. Vous débuterez par là sans parler d'excuse. Si l'on vous oppose la non construction du pont qui devait se faire sur l'Osole, le défaut de vivres, de munitions et de pionniers, il vous sera facile dans ce cas de nous justifier en disant que le pont ne se fit point, parce que l'on n'avait pas envoyé l'escorte promise; que les munitions excédèrent du double, comme vous le savez, les demandes du chef de l'artillerie, ce dont nous avons les preuves écrites de sa propre main; qu'elles ne leur manquèrent jamais jusqu'au moment où l'entreprise parut désespérée; qu'ils dirent alors ne vouloir pas en consumer une once des leurs, quoiqu'il fût convenu à Milan que nous pourrions nous servir de celles qu'ils avaient, ainsi que de leurs balles, à la charge de les leur rendre en nature ou en argent, comme l'offrit notre commissaire. Quant aux pionniers, quoiqu'ils se conduisissent fort mal à leur égard, en les obligeant à établir l'artillerie en plein jour, cependant le commissaire avait offert d'en compléter le nombre suffisant, en achetant à prix d'argent ceux qui se trouvaient dans le camp sans emploi et sans solde. Le commandant de l'artillerie avait agréé cette proposition, et en avait paru satisfait. L'indécence de leurs procédés à notre égard relativement aux vivres vous rendra cet article très-facile à justifier. Vous entrerez dans le détail particulier d'une grande partie des choses qui se sont passées, et de ce que l'on nous a si souvent écrit à ce sujet.

Il sera aussi à propos de rappeler souvent l'insulte faite à notre commissaire; comment il a été arrêté, et par qui; de retracer les insultes et les outrages que nous avons eu à essuyer, même de la part des derniers de l'armée; d'étendre ou de restreindre ces circonstances à notre avantage, et d'en faire une récapitulation qui prouve que nous avons été traités plutôt en ennemis qu'en amis. Vous n'oublierez point ici de dire que la détention de Giannotto par Saint-Martin, et celle de ses fantassins, eurent lieu en vertu des ordres de Beaumont; vous emporterez pour le prouver sa lettre, avec plusieurs autres pièces en original, ou seulement copie, qui serviront à notre justification.

Nous ne pensons pas pouvoir vous donner d'autres instructions, n'ayant que celles que nous avons reçues du camp, où vous étiez présents encore, et où vous avez dû par conséquent être encore mieux informés que nous. Vous développerez selon le besoin tous ces faits, mais sans sortir de la ligne que nous vous avons tracée: vous rapporterez donc d'abord les causes du désordre, en reprenant les choses depuis le départ des troupes de Plaisance; vous passerez en revue notre exactitude à acquitter la solde des troupes, et toutes les autres particularités de notre conduite. Lorsque le cas l'exigera, vous repousserez et dissiperez les objections qui tendraient à nous représenter comme la cause éloignée ou prochaine des désordres qui ont empêché le succès de ce siége.

Quoique nous ayons excepté dans nos griefs le commandant, afin de ne pas nous attirer sa haine, cependant, dans vos conférences avec le roi ou avec d'autres, si vous trouvez jour, d'après les dispositions à son égard, à le montrer aussi comme coupable, faites-le fortement: accusez-le de lâcheté et de corruption, et d'avoir continuellement dans sa tente et à sa table l'un des députés Lucquois, souvent même tous les deux; moyen par lequel les Pisans étaient instruits de ses délibérations. Mais en attendant que vous découvriez cette occasion favorable, parlez honorablement de ce général, rejetez la faute sur les autres; gardez-vous surtout de le blâmer devant le cardinal [1], dont il ne faut pas nous exposer à perdre la faveur sans être assurés d'aucun autre dédommagement. Nos ambassadeurs vous dirigeront, et sur cet objet et sur la conduite que vous devez tenir par rapport à Trivulce et aux autres, étant plus instruits que nous des intrigues et des dispositions de cette cour.

Vous pouvez ajouter à notre justification, relativement à la non construction du pont qui devait se faire sur l'Osole, que les troupes ont accéléré leur marche, et sont arrivées le jour où elles devaient camper près du pont du Serchio. Alléguez, à la charge des Lucquois, qu'au départ des Gascons un de leurs députés les accompagna, et que les Français, tant qu'ils furent maîtres de l'embouchure, laissèrent par cette voie entrer dans Pise des vivres, des fantassins et différentes munitions de

[1] C'était Georges d'Amboise, archevêque de Rouen, cardinal, principal ministre et favori du roi Louis XII

guerre; dites spécialement que Tarlatino de Città di Castello, avec plusieurs autres compagnons d'armes, s'introduisit par là dans cette ville, qui le nomma chef de l'infanterie qui s'y trouvait.

INSTRUCTION

Donnée par Laurent Lenzi à François della Casa et à Nicolas Macchiavelli.

Nous, ambassadeurs de la république de Florence en France, etc., etc., ne pouvons vous présenter à Sa Majesté Très-Chrétienne, vous, François della Casa, et vous Nicolas Macchiavelli, puisque Sa Majesté n'est plus ici, et que d'ailleurs François Gualteroti est absent; mais voici les conseils et les renseignements que nous pouvons vous donner. Transportez-vous à l'endroit où est la cour; présentez-vous au cardinal d'Amboise; dites-lui que vous êtes venus pour instruire le roi de ce qui s'est passé dans le camp de Pise, et principalement pour donner d'abord à Son Éminence tous les éclaircissements qu'elle pourra désirer, et pour les communiquer ensuite dans les mêmes termes à Sa Majesté et au conseil, ou à tout autre que Son Éminence jugera à propos d'indiquer, ne voulant rien faire sans avoir pris son agrément, parce que notre république compte particulièrement sur sa protection et sa bienveillance. Priez-le de vous présenter au roi lorsqu'il le croira convenable, et de vous marquer ce que vous avez à dire à Sa Majesté et la manière dont vous devez le faire; témoignez-lui la confiance la plus étendue, ce qui est nécessaire pour entretenir ses bonnes dispositions et en tirer tout l'avantage possible.

Lorsque vous en serez aux explications particulières et que vous passerez à nos griefs contre le camp, évitez surtout, sans nuire à nos intérêts, d'accuser le seigneur de Beaumont; montrez seulement que les malheurs sont venus de ce qu'il n'en a point assez imposé, et de ce qu'étant d'un naturel facile et doux, il n'a point été craint ou n'a pas su se faire craindre autant qu'il eût été nécessaire; mais qu'il a toujours manifesté les meilleures intentions, et qu'il a témoigné beaucoup de déplaisir et de regret en voyant les choses tourner à notre détriment et au déshonneur de Sa Majesté. Dites que toutes les fois que ses soins et les ressources de son esprit ont pu être utiles, il n'a épargné ni sollicitude ni fatigue, mais que la malveillance d'autrui a entraîné tous les désordres. Parlez des effets de l'envie et de la conduite de ces Italiens qui étaient dans le camp, et dont vous pouvez peindre les torts sans ménagement en présence du cardinal, de monseigneur d'Albi et du maréchal de Gié.

Si vous vous trouvez seuls avec le cardinal, vous pourriez bien montrer en passant que leur conduite fut si répréhensible qu'elle semblait plutôt conforme aux intérêts de l'ennemi qu'à ceux de l'expédition. Il faudrait aussi dans ce cas reprendre vos instructions, et surtout ne pas oublier de rappeler que l'on reçut dans le camp Regnier de la Sassette, l'un de nos rebelles; que l'on s'en servit ensuite pour se procurer des intelligences dans Pise; et que dans cette négociation sont intervenus beaucoup de Lombards. Vous retracerez l'insolence et la brutalité de cette infanterie, qui causa tant de dégâts sur les vivres et devint ainsi la cause de tout le mal. Rendez justice à la bonne conduite de Salient. Si le cardinal, seul ou en présence du roi, vous disait que le seigneur de Beaumont n'a été nommé général de l'armée que sur notre demande ou sur celle de Pierre Soderini, je vous recommande de ne point le contredire: soyez au contraire pleinement de son avis, en répondant qu'il est à votre connaissance que cela est vrai. Songez qu'il est essentiel pour nous de ménager sa bienveillance, dont nous aurons besoin pour vaincre des difficultés plus sérieuses et dans des choses plus importantes.

Dites ensuite que vous avez appris que le roi était disposé, nonobstant ce qui s'est passé, à continuer la guerre contre les Pisans et contre ceux qui voudraient les soutenir ou nous attaquer; que la reprise du siége doit avoir lieu; qu'il a en conséquence été définitivement arrêté avec nos ambassadeurs que le camp serait placé sur les terres de Pise, dans un endroit sain, commode pour les vivres, et d'où l'on pût facilement inquiéter cette ville, et faire contre cette place tout ce dont nous venons de parler, en attendant que l'on recommence le siége en forme. Ajoutez que vous ignorez cependant dans quel état est ce camp, en quel lieu il est placé : que Florence ignore aussi ce que l'on doit en attendre ; que les Pisans, depuis la retraite des troupes, font des incursions qui nuisent infiniment au pays et qui sont bien dures à supporter de notre part ; que cela vient de ce que nous n'avons point conservé de troupes, comptant sur celles de Sa Majesté et désirant pouvoir suffire à la solde de l'infanterie et aux autres frais de la guerre. La nécessité de mettre fin sur-le-champ à ces insultes nous fait naître l'idée, quoique vous n'en soyez point chargés par la seigneurie, de demander que le commandant ait ordre de faire rester ou de renvoyer sur les terres de Pise, à la requête des Florentins, deux cents lances non italiennes ; que ce corps de troupes soit logé dans un lieu avantageux et commode, comme devait l'être l'armée entière, dont il tiendra en quelque sorte la place. On doit trouver Sa Majesté disposée à y consentir puisque, d'après le rapport de vos ambassadeurs, elle a déjà manifesté l'intention de faire passer cent lances sur les terres de Pise lorsqu'elle a ouï dire que son armée avait repassé les Alpes. Mais il nous semble qu'un secours aussi modique ne suffirait pas pour conserver sa réputation, d'autant que son retard a fait reprendre courage aux Pisans. Celui que nous demandons suffirait au besoin du moment et serait préférable à toute une armée ; il serait plus facile à approvisionner et offrirait moins d'inconvénients. Si tout le camp se trouvait sur le territoire de Pise, il paraîtrait honteux que l'on ne serrât point de près cette ville, au lieu que ces deux cents lances sembleront envoyées seulement pour arrêter les excursions et l'insolence des Pisans en attendant que l'on recommence le siége ; elles feront voir que le roi n'a pas renoncé à ce projet, ce qui sera très-favorable à sa dignité et à nos intérêts. En sollicitant ce moyen de défense contre les insultes de l'ennemi, il faudra solliciter aussi pour Jean Bentivogli la permission de venir à notre secours avec ses troupes. On fera observer qu'il y est porté par le désir de contribuer à la gloire de Sa Majesté et au bien de Florence, mais qu'il dit s'être engagé à ne point prendre parti sans l'agrément du roi.

Les personnes sur lesquelles nous pouvons compter auprès de ce prince sont : le cardinal, monseigneur d'Albi ; on peut ajouter toute la maison d'Amboise, le maréchal de Gié et le seigneur Robertet [1], dont vous vous rapprocherez le plus souvent possible, assurés d'en recevoir des conseils et des secours. Parmi les Italiens le comte Opizino de Novare, fort attaché à notre ville, pourra vous rendre quelques services. Abouchez-vous aussi avec le marquis de Cortone si vous le rencontrez : témoignez-lui une confiance dont vous pourrez retirer quelque avantage.

J'oubliais le grand chancelier, qui est notre ami [2] et auquel vous pouvez vous fier, quoiqu'il passe pour être favorable aux Lucquois.

Montrez de la confiance à Jacques de Trivulce [3] : il faut que dans vos entretiens avec lui vous paraissiez prendre ses conseils, et lui recommander les intérêts de notre ville. Dans ceux avec Ligny tenez à peu près la même conduite ; car il est bon de mettre tous ces seigneurs dans nos intérêts, ou de nous les rendre le moins défavorables qu'il vous sera possible.

Vous savez en quels termes le cardinal a écrit dernièrement qu'il approuvait la justification des Lucquois. A votre arrivée, cette affaire pourrait être encore indécise : dans ce cas, faites connaître à ce prélat leurs procédés envers nous ; peignez-les des couleurs les plus fortes, sans cependant montrer trop de passion. Dites-lui ensuite que notre seigneurie approuvera toujours le parti qu'il prendra ; mais que si Son Éminence jugeait à propos de laisser les choses dans l'état où elles sont jusqu'à la conquête de Pise, je pense qu'elle contribuerait infiniment à faciliter le succès en rendant les Lucquois plus réservés à l'avenir, et en inspirant plus de crainte aux Pisans et à ceux qui seraient tentés de les soutenir. Si on tenait une conduite opposée, on ranimerait le courage de Pise et de ses partisans. Cependant ne combattez point les sentiments de Son Éminence à cet égard : si vous la voyez décidée dans son opinion, approuvez ce qui s'est fait, en excusant le défaut de moyens par les bonnes intentions qui y suppléeront ; et alors ne manquez pas de lui faire observer que ce qu'on a rapporté concernant les Lucquois pourrait bien venir de quelqu'un qui n'a pas bien

[1] Robertet était secrétaire des finances et devint secrétaire du roi.

[2] C'était à cette époque Gui de Rochefort.

[3] Maréchal de France.

connu les faits, ou qui a été aveuglé par quelque passion. Après avoir pris cette précaution, conformez-vous à ses volontés sur ce point.

CORRESPONDANCE.

LETTRE PREMIÈRE.

MAGNIFIQUES SEIGNEURS,

Le courrier étant sur le point de partir, il ne nous reste que le temps de vous informer qu'après avoir fait toute la diligence possible, nous sommes arrivés ici le dimanche 26 du courant. Nous n'y avons point trouvé Sa Majesté Très-Chrétienne. Ne pouvant nous servir de la poste pour nous rendre auprès d'elle, nous monterons demain à cheval pour joindre le roi le plus tôt possible, afin de remplir vos intentions; nous le ferons d'après les instructions de notre ambassadeur Laurent Lenzi, relativement aux troupes de Jean Bentivogli et à quelques autres objets. Nous y apporterons tout le soin et toute la prudence dont nous sommes capables. Vous serez instruits du résultat dans notre première, ne pouvant vous en écrire davantage aujourd'hui, etc.

FRANÇOIS DELLA CASA, NICOLAS MACCHIAVELLI.

Lyon, le 25 juillet 1500.

LETTRE II.

MAGNIFIQUES SEIGNEURS,

Pressés par le départ du courrier, nous vous écrivîmes hier fort brièvement. Quelque accident survenu en route nous a un peu arrêtés et nous a fait arriver ici plus tard peut-être que vous ne l'auriez voulu. François Gualteroti en était parti, ce qui nous a beaucoup contrariés. La seigneurie en sentira les raisons d'autant plus facilement, qu'elle nous avait enjoint de nous concerter avec ses ambassadeurs sur l'exécution de notre commission.

Nous avons expliqué à Laurent Lenzi le motif de notre voyage et ce dont vous nous aviez chargés. Il nous a écoutés avec plaisir et avec attention. Nos moyens justificatifs sur la levée du siége de Pise lui ont paru excellents, et capables, si on voulait les entendre et les examiner, d'imposer silence à nos contradicteurs. Il nous a entretenus ensuite du point où vous en étiez avec le roi, des termes dans lesquels les dernières résolutions avaient été consignées par écrit; des moyens que voulait employer Sa Majesté pour assurer l'entretien des gens d'armes et de l'infanterie qu'il a encore dans les parties de notre pays d'où l'on peut aisément attaquer chaque jour les Pisans. Le dessein de ce prince est de remettre l'ordre dans son armée et de former une nouvelle entreprise à son retour de Troyes, où il se rend pour se concerter avec un envoyé de l'empereur. Votre réponse à la lettre que nos ambassadeurs vous ont écrite sur cet objet n'étant point favorable, ils ont cru devoir, au lieu de la communiquer au roi, vous récrire promptement pour vous engager à examiner plus attentivement encore cette affaire. Votre nouvelle réponse est attendue avec impatience. Sa Majesté la désire, et elle l'a témoigné sans cesse aux ambassadeurs pendant son séjour à Rouen. Nous avons dit que nous pensions qu'il fallait attribuer la froideur de votre réponse et le refus qui l'accompagnait à ce qui s'était passé à Pise contre toute attente; que cet événement, peu honorable pour Sa Majesté et très-préjudiciable pour Florence, avait appris à leurs seigneuries qu'il ne fallait plus compter sur de semblables troupes; qu'en considérant la nature des cinq cents gens d'armes et des trois mille fantassins que le roi, par sa dernière décision, voulait réunir autour de Cascina, on sentait qu'il serait impossible de les y entretenir longtemps. Nous avons ajouté qu'il ne serait point de l'honneur de Sa Majesté de retenir là autant de monde, uniquement pour faire des incursions dans un pays dévasté, sans oser faire d'autres attaques contre une ville que leurs seigneuries avaient souvent serrée de près et assiégée avec des troupes moins nombreuses. Après avoir fait observer à Lenzi que ces considérations vous avaient probablement empêchés de répondre au désir exprimé dans leur lettre, nous les lui développâmes en rapportant ce qui venait d'arriver, en peignant l'esprit et les dispositions de ces troupes; de sorte qu'il se calma sur ce point et parut changer d'opinion. Comme il devait y avoir une conférence avec le roi avant l'arrivée de votre réponse, Lenzi pensa que pour satisfai-

ce prince, qui voulait entretenir des troupes sur les terres de Pise et gagner du temps jusqu'au moment où il pourrait reprendre le siége de cette ville, il fallait lui représenter qu'il atteindrait le même but avec moins de monde et sans y conserver d'infanterie; qu'il suffisait qu'il y laissât, ou qu'il y renvoyât si elles étaient parties, deux cents lances qui se logeraient entre Cascina et Vico; qu'elles feraient chaque jour avec vos troupes de pied des courses jusques aux portes de Pise; que le roi gagnerait ainsi du temps comme on l'a dit, et que Florence profiterait de la considération que lui donnerait le nom de ce prince, sans être obligée à de nouvelles dépenses; que Sa Majesté néanmoins serait tenue de suivre son projet contre Pise, parce que son nom et son honneur y étaient intéressés.

Lenzi est persuadé que le roi consentira facilement à cette demande de deux cents lances, puisqu'il en a déjà offert cent pour votre défense lorsqu'il a été informé que son armée était passée sur le territoire de Parme. Son avis a été de former cette demande, sous la condition que vous l'approuveriez après l'avoir mise en délibération dans votre conseil. Nous nous sommes chargés de cette commission, quoique avec peine, n'ayant point reçu de vous d'ordre positif sur cet article; cependant comme cette demande n'est que conditionnelle, nous la présenterons dans notre première conférence avec le roi ou avec le cardinal d'Amboise, et nous tâcherons d'obtenir des lettres aux commandants militaires à l'effet de mettre deux cents lances à votre disposition. La seigneurie pourra discuter encore cet objet, et nous faire connaître plus au long ses dernières intentions. Nous n'avons pas autre chose à vous mander pour le moment.

Nous partirons demain décidément pour rejoindre la cour. Notre retard vient de ce que nous sommes arrivés ici dépourvus de tout: il a fallu nous pourvoir de chevaux, de vêtements et de domestiques. Nous avons eu beaucoup de peine à trouver des chevaux parce que la cour, qui vient de quitter ce pays, n'y en a presque point laissé. La modicité de notre traitement, les dépenses que nous sommes obligés de faire, le peu d'espérance de recevoir de nouveaux secours nous mettent dans un grand embarras. Nous comptons néanmoins sur la sage prévoyance et les bontés de leurs seigneuries.

Conformément à vos désirs, nous avons vu en passant à Bologne Jean Bentivogli: après lui avoir parlé des mulets enlevés, nous lui avons offert nos bons offices dans le cours de notre mission. Il nous a fait une réponse convenable, en acceptant nos offres avec reconnaissance, et en nous témoignant ses bons offices dont nous profiterons dans l'occasion. Nous solliciterons pour lui la permission de marcher à votre secours, comme vous le désirez d'après vos dernières dépêches à nos ambassadeurs. A notre grand regret, Laurent Lenzi ne veut point absolument suivre la cour, et est bien décidé à s'en retourner à Florence.

Il faut encore que nous vous informions qu'entre Parme et Plaisance, nous avons rencontré quelques milliers de Suisses venant du camp et regagnant leur pays. Quoique Pellegrino Lorini ne vous ait probablement rien laissé ignorer sur cet objet, nous avons cru de notre côté devoir vous faire part de ce fait, afin que vous puissiez en tirer parti quand le cas s'en présentera, etc.

François della Casa, Nicolas Macchiavelli.

Lyon, le 29 juillet 1500

LETTRE III.

MAGNIFIQUES SEIGNEURS.

La précédente vous a instruits de ce que nous avions à vous mander pour le moment. Le but de celle-ci est de vous informer que nous partons vers les cinq heures du soir pour nous rendre auprès du roi, afin d'atteindre le but de notre mission. Nous mettrons toute la diligence possible, pour regagner le temps que nous a fait perdre la nécessité de remettre de l'ordre dans nos affaires et de nous pourvoir de tout, ce qui nous a causé beaucoup de peines et de dépenses, comme nous vous l'avons marqué dans notre dernière. Leurs seigneuries nous permettront de leur faire observer qu'il serait très-possible que nous fussions obligés d'expédier des courriers pour affaires importantes, ce qui nous jetterait dans un grand embarras, n'ayant ni argent ni crédit: il est donc nécessaire qu'elles s'occupent des moyens de nous faire avancer des fonds par Nasi, ou par Dei, ou par quelque autre commerçant, en leur donnant l'assurance qu'ils seront remboursés sur-le-champ; autrement nous serions arrêtés dans notre marche, et l'on pourrait nous accuser sans qu'il y eût de notre faute. Nous trouvant si mal pourvus d'argent, la route et les dépenses que nous avons déjà faites nous donnent de l'inquiétude sur l'avenir; mais nous espérons que vous prendrez cet objet en considération. En apportant de notre côté tous les soins qui dépendront de nous, l'impossibilité de faire mieux nous servira toujours de justification.

FRANÇOIS DELLA CASA, NICOLAS MACCHIAVELLI.

Lyon, le 30 juillet 1500.

LETTRE IV.

MAGNIFIQUES SEIGNEURS,

Vous savez quel traitement me fut assigné lors de notre départ, ainsi qu'à François della Casa: on jugea probablement que j'aurais moins de dépenses à faire que mon collègue. L'événement a prouvé que l'on s'était trompé. N'ayant point trouvé le roi à Lyon, nous avons été forcés de nous pourvoir également de chevaux, de vêtements et de domestiques. Nos dépenses pour nous rendre auprès de ce prince sont donc les mêmes : la différence de nos traitements me semble hors de toute raison. Si vous jugez les dépenses qui me sont personnelles trop considérables, il me semble à moi, ou qu'elles sont aussi utilement placées que celles de François, ou que les vingt ducats que vous me donnez par mois sont en pure perte. Dans ce dernier cas, je prierai leurs seigneuries de me rappeler. Si elles en jugent autrement, elles ne souffriront point que je m'épuise. J'espère de leurs bontés qu'elles voudront bien me créditer pour les sommes dont je suis déjà en retard; car je puis les assurer que j'ai déjà dépensé du mien quarante ducats, et que mon frère est en avance pour moi de plus de soixante-dix. Je me recommande de nouveau à leur bienveillance, en les suppliant de ne point permettre que l'un de ceux qui lui sont les plus dévoués ne trouve que honte et dommage dans un emploi qui procure aux autres du profit et des honneurs.

NICOLAS MACCHIAVELLI.

De Saint-Pierre-le-Moutier, 5 août 1500.

LETTRE V

MAGNIFIQUES SEIGNEURS,

Nous vous avons écrit que nous étions partis de Lyon le 30 du mois dernier. Quoique nous n'ayons pu nous procurer à prix d'argent que d'assez mauvais chevaux, nous nous hâtons de rejoindre la cour aussi vite qu'il nous est possible. Nous y serions déjà si le roi n'eût fait plus de diligence que de coutume et n'eût été obligé, par les maladies qui règnent dans ce pays, à changer de route. Il en est résulté qu'en croyant prendre le chemin le plus court pour gagner du temps, nous nous sommes souvent au contraire éloignés de notre but. Nous sommes arrivés aujourd'hui à Saint-Pierre-le-Moutier, situé à cinq lieues de Nevers, où nous apprenons que le roi vient de passer. Nous espérons être demain au plus tard auprès de ce prince. Nous nous empresserons d'y suivre vos ordres, et les instructions de Lenzi dont nous vous avons déjà parlé. Vous serez promptement instruits du résultat par une lettre que nous ferons passer à Lyon à Rinieri Dei, employant à cet effet le peu qui nous reste de notre propre argent. Celui que vous nous avez remis a suffi à peu près aux deux tiers de nos dépenses jusqu'à ce jour.

Nous vous adressons cette lettre à tout hasard, et uniquement pour vous prouver notre zèle à vous tenir au courant de ce que nous faisons jour par jour. Nous savons aussi combien vous seriez inquiets si vous ne receviez pas de nos nouvelles exactement, lors même que nous n'avons rien d'important à vous faire savoir.

FRANÇOIS DELLA CASA, NICOLAS MACCHIAVELLI.

Saint-Pierre-le-Moutier, 5 août 1500.

LETTRE VI.

MAGNIFIQUES SEIGNEURS,

Depuis notre départ de Lyon nous vous avons écrit deux fois, pour vous informer des causes qui nous ont empêchés de rejoindre promptement la cour. Nous ne les rappellerons plus, soit pour ne point vous ennuyer, soit parce que nous pensons que nos lettres vous seront parvenues, quoique nous les ayons un peu envoyées au hasard.

Mettant de côté toute crainte des maladies qui

nfestent ce pays, nous avons poursuivi notre oute, et avec le secours du ciel, nous sommes rrivés ce matin auprès du roi, dont la cour est eu nombreuse parce que l'endroit est fort etit. A peine descendus de cheval, nous nous ommes présentés au cardinal d'Amboise. Quoique vous ne nous ayez pas donné de lettres pour ui, ce qui cependant eût été fort convenable, ous lui avons exposé brièvement de votre part, t d'après les instructions de nos ambassadeurs, e motif de notre voyage, en lui recommandant os intérêts, comme à l'unique protecteur dans equel vous aviez toujours eu et aviez encore a plus entière confiance. Ce prélat nous a répondu en peu de mots que l'affaire du camp étant une chose passée, notre justification à cet égard n'était pas trop nécessaire; qu'il fallait plutôt songer aux moyens de faire recouvrer au roi et à notre république la gloire et les avantages perdus. Il nous a demandé à l'instant ce que vous pensiez du projet de recommencer l'entreprise. Nous n'avons pas eu le temps de lui répondre, parce qu'il nous avait à peine fait cette question que nous sommes arrivés à l'appartement de Sa Majesté. Ce prince venait de dîner et prenait quelques moments de repos. Il a paru bientôt, et ayant appris du cardinal la cause de notre voyage, il nous a appelés, a reçu nos lettres de créance, et nous a conduits dans une chambre à l'écart, où il nous a donné audience avec beaucoup d'affabilité et de bonté. Il ne s'y trouvait de seigneurs français que le cardinal et Robertet, parce que les autres n'étaient pas membres du conseil; à ceux-là se sont réunis Jean-Jacques Trivulce, l'évêque de Novare et deux autres Pallavicini. S'étant trouvés là, ils ont été appelés à cette audience, où ils sont restés jusqu'à la fin.

D'après vos instructions, nous exposâmes les événements du siége de Pise; nous fîmes voir combien ils étaient préjudiciables à notre république, humiliants pour l'armée du roi, bien opposés à ses autres succès, si glorieux pour Sa Majesté; nous dîmes qu'ayant été témoins de tout ce qui s'était passé dans le camp, nous avions été envoyés par vous auprès de Sa Majesté, pour lui représenter en général que nous n'étions coupables sous aucun rapport de la levée du siége de Pise; ensuite nous lui exposâmes en particulier, et d'après notre commission, tout ce dont nous crûmes utile de l'instruire. Le départ des Gascons, les insultes des Suisses, la prise de notre commissaire, les intelligences continuelles avec l'ennemi furent ceux des objets sur lesquels nous insistâmes et nous nous étendîmes le plus. Nous nous plaignîmes des propos indécents que l'on s'était permis contre vous et contre tous les Florentins; nous fîmes voir que telle avait été la cause qui avait animé les Pisans à se défendre avec une opiniâtreté inattendue, et qui avait le plus contribué à la non réussite du siége. Il ne nous parut pas à propos d'accuser directement aucun Italien, selon l'ordre que nous en avions reçu. La présence de ceux que nous avons nommés ci dessus nous fit juger qu'une accusation de ce genre, faite publiquement, serait plus propre à augmenter le nombre de nos ennemis qu'à nous procurer aucun avantage réel.

Le roi et le cardinal nous répondirent ensuite qu'il fallait rejeter la faute de cet événement sur nous autant que sur l'armée. Ayant demandé en quoi nous pouvions être répréhensibles, ils nous reprochèrent le manque de vivres, de munitions, et d'autres objets, dont ils ajoutèrent qu'ils ne voulaient et ne devaient plus parler, pour ne pas renouveler de part et d'autre une contestation qui pourrait durer fort longtemps. Nous crûmes cependant devoir saisir cette occasion de nous expliquer et de nous justifier sur ce point : nous dîmes que vous aviez toujours fourni de si abondantes provisions de vivres qu'ils ne manquèrent jamais, quoiqu'ils fussent en quelque sorte livrés au pillage, et que l'on insultât et maltraitât de toutes les manières ceux qui les amenaient. Si quelques-uns n'en recevaient pas, à leur avis, une quantité suffisante, il ne faut l'attribuer qu'à l'espèce de gaspillage dont nous avons parlé et à la mauvaise manière de les distribuer. Comme nous offrions de rapporter quelques particularités en preuve, ils ont mis fin à cette discussion. Quant aux retards dont ils nous accusaient relativement aux munitions et à la solde des troupes, nous avons répondu au premier grief que vous aviez fourni au chef de l'artillerie plus de munitions qu'il n'en avait demandé; nous avons repoussé le second en disant que l'argent était arrivé à temps dans le camp, mais que l'on avait pendant cinq à six jours différé de le compter, les commandans l'ayant voulu ainsi et ne s'étant pas souciés de faire cette opération plus promptement. Quant aux Gascons, Sa Majesté a témoigné à plusieurs reprises qu'elle était informée de leur perfidie, de leur trahison, et qu'elle les en ferait punir. Lui ayant appris qu'ils s'en étaient allés par mer, ce prince nous a répondu qu'il avait donné des ordres pour qu'ils fussent arrêtés et châtiés dans leur pays. Nous avons parlé fort au long de l'arrestation du commissaire, en insistant fortement sur l'indignité d'un pareil acte de violence : on s'est contenté de nous répondre que les Suisses étaient accoutumés à de pareils excès et à de semblables extorsions. Enfin, le roi a coupé court à tout cet entretien en disant qu'il savait que personne n'avait parfaitement fait son devoir, ni de son côté ni du nôtre. Il ajouta que Beaumont n'avait pas été assez docile aux ordres qu'il avait reçus, et que l'entreprise n'eût point échoué sous un général plus fidèle à remplir ce devoir. Comme notre ambassadeur Lenzi nous avait prévenus que le cardinal d'Amboise était fort attaché à Beaumont, et nous saurait mauvais gré de toute accusation dirigée contre lui, nous convînmes qu'il avait en effet régné dans le camp une désobéissance excessive qui avait causé tout le mal ; mais nous dîmes que Beaumont nous avait toujours paru jaloux de la gloire du roi, ami de notre patrie, et que si les autres eussent été aussi bien intentionnés que lui, la victoire eût été certaine. Nous réussîmes par ce moyen à satisfaire le cardinal, auquel ce discours fut fort agréable. Il ne contredit point le sentiment du roi relativement à la désobéissance.

Sa Majesté, pensant que l'on s'était assez étendu sur cette matière, s'est tournée de notre côté et nous a dit : « Puisque cette entreprise a « eu une issue désavantageuse pour vous et « peu honorable pour moi, il faut aviser aux « moyens d'y remédier, de réparer vos pertes « et de recouvrer l'honneur de mes armes. J'ai « manifesté depuis plusieurs jours cette intention à votre seigneurie et par ses ambassadeurs et par un courrier que j'ai envoyé en « Toscane à cet effet. Je ferai encore, comme « je l'ai fait par le passé, tout ce qui dépendra de moi. Quelle est votre réponse sur cet « objet ? » Nous dîmes que nos instructions ne portaient point là-dessus, mais uniquement sur ce qui s'était passé au camp auquel nous étions présents. Nous ajoutâmes qu'il nous semblait néanmoins que les Florentins, accablés depuis tant d'années par une guerre pénible, coûteuse et non interrompue, témoins, contre toute attente, du mauvais succès de la dernière entreprise, n'osant plus concevoir aucune espérance, soit par crainte d'une fortune toujours contraire, soit à cause de leurs ennemis nombreux tant au dedans qu'au dehors de l'Italie, devaient manquer de confiance, et par conséquent de courage et de force pour tenter une nouvelle entreprise. Mais si la ville de Pise était rendue, et que l'on fût assuré de recueillir quelque fruit des dépenses dont il faudrait encore se charger, leurs seigneuries, dîmes-nous, en témoigneraient sûrement leur juste reconnaissance à Sa Majesté. A ces mots le roi, le cardinal et tous ceux qui étaient présents se récrièrent qu'il serait fort inconvenant que le roi fît pour nous la guerre à ses frais. Nous répondîmes que nous ne l'entendions point ainsi, puisque nous voulions offrir à Sa Majesté le remboursement de ses dépenses lorsqu'elle aurait remis Pise entre nos mains. On nous répliqua que le roi se conformerait toujours au traité [1], et qu'il serait justifié aux yeux du public si nous y manquions. Le roi a ajouté qu'il pouvait, s'il le jugeait à propos, se rendre maître de Pise et de Monte-Pulciano, ainsi que de Pietra-Santa et de Mutrone, et les conserver ; mais il nous a donné à entendre qu'il ne les retiendrait point, par respect pour ses engagements envers nous. Jean-Jacques Trivulce, se tournant de notre côté, nous a dit que si, après avoir vu les dispositions de Sa Majesté et le moment aussi favorable, nous laissions

[1] Ce traité avait été conclu à Milan, le 12 octobre 1499, entre le roi de France et les Florentins représentés par Côme de' Pazzi, évêque d'Arezzo, et Pierre Soderini qui fut depuis gonfalonier. La république de Florence s'y engageait à défendre les États de la France en Italie avec quatre cents hommes d'armes et trois mille fantassins, et à fournir au roi, pour l'aider à conquérir le royaume de Naples, cinq cents hommes d'armes et cinquante mille florins. Le roi de France s'obligeait de son côté à défendre les Florentins contre tous leurs ennemis avec six cents lances et quatre mille fantassins, et à les remettre en possession de Pise et de tous les endroits qui leur avaient été enlevés au passage de Charles VIII, excepté de ceux qui étaient au pouvoir des Génois.

[é]chapper cette occasion, nous n'en retrouverions [p]as une aussi heureuse, ni surtout de semblables [m]oyens de succès. Nous avons répondu seule[m]ent que nous étions de l'avis proposé, mais que [n]ous n'avions aucun pouvoir sur cet objet. Le roi [e]t le cardinal ont remarqué que rien n'était [m]oins surprenant, puisque nous étions partis [a]vant l'arrivée du courrier. Mais sur ce que nous [a]vons fait observer que sous peu de jours nous [r]ecevrions sûrement une lettre de vous, ce prince [n]ous a dit que l'on ne pouvait plus aller en [a]vant sans avoir votre réponse et sans connaître [v]os intentions; mais qu'il lui était nécessaire [d']être informé promptement de votre délibéra[ti]on, afin de savoir s'il devait licencier l'infan[te]rie, que vous l'aviez prié de conserver jusqu'à [c]e jour, et dont il nous a fait entendre que la [d]épense continuait d'être à votre charge. Il a [fi]ni en nous disant que nous pouvions, en atten[d]ant votre réponse, aller à Montargis, où il se [r]endrait dans trois jours.

Nous sommes donc partis, laissant les choses [e]n cet état. Telles furent nos réponses à ce [p]rince relativement à la ville de Pise. Quoique [n]ous n'eussions point de pouvoir à cet égard, [e]lles nous ont paru conformes à ce que vous [a]viez écrit à vos ambassadeurs. En lisant à [L]yon vos dernières lettres, que nous avons [e]ncore entre les mains, nous avons vu que [v]ous traciez réellement cette marche : en ayant [t]rouvé l'occasion, nous l'avons suivie, mais [a]vec tant de précautions que cela ne peut gê[n]er aucune de vos délibérations. Nous désirons [q]ue notre conduite obtienne votre approbation.

Voilà jusqu'à présent tout ce que nous pou[vi]ons vous apprendre au sujet de notre mission. [N]ous nous serions étendus davantage sur quel[q]ues points, si la présence des Italiens ne nous [e]ût obligés à des ménagements. Nous voyions [a]ussi que de semblables discussions n'étaient [p]oint agréables, soit parce qu'il s'agissait de [c]hoses passées, soit parce qu'il s'y trouvait des [p]articularités qui ne faisaient honneur ni aux [a]rmes du roi ni à son gouvernement. Cepen[d]ant nous n'avons cru devoir omettre aucun dé[t]ail important, excepté ceux dont les raisons [m]entionnées ci-dessus nous empêchaient de par[l]er. Dans une autre conférence, si nous trouvons [l']occasion favorable, nous ne manquerons pas [d]'en instruire le roi et le cardinal, et principalement sur ce qui concerne les Lucquois. Nous avons déjà parlé à Robertet de leurs lettres interceptées : il en a paru frappé et nous a dit de traduire en français ce que nous jugerions le plus propre à remplir nos vues. Il nous a appris aussi que le jour précédent les ambassadeurs Lucquois, qui avaient demandé qu'il leur fût permis de se présenter à la cour, avaient reçu l'invitation de s'y rendre.

Vous avez aussi chargé vos ambassadeurs d'obtenir du roi pour Jean Bentivogli la permission de vous secourir avec ses troupes. Laurent Lenzi nous a en outre conseillé de demander à ce prince deux cents lances, avec ordre de concourir à votre défense : nous n'avons pas jugé à propos de traiter ces objets devant les Italiens. Tirant à l'écart Robertet, nous lui avons communiqué votre vœu relativement aux troupes de Bentivogli, sans lui en dire davantage : il nous a répondu qu'un pareil secours lui paraissait inutile pour notre république, puisque l'on venait encore de lui envoyer cent lances, indépendamment des autres troupes du roi qui se trouvaient à Pietra-Santa, et qui étaient en état de faire la guerre et de tenir tête à nos ennemis. Cependant, si nous ne recevions point d'ordres opposés de votre part, lorsque le roi sera arrivé à Montargis nous lui en parlerons, ainsi qu'au cardinal d'Amboise, et nous tâcherons d'obtenir ces deux objets de vos demandes.

Étant aujourd'hui en route pour le lieu où la cour va se rendre, nous ne pouvons rien ajouter de plus. Nous ne savons pas trop pourquoi Sa Majesté revient de ce côté, au lieu d'aller à Troyes comme elle se l'était proposé. Nous avons seulement ouï dire en chemin que les envoyés de l'empereur, qui devaient se trouver dans cette ville, n'y viendront point. Nous prendrons encore des informations sur ce fait, pour mieux vous en instruire dans notre première dépêche.

FRANÇOIS DELLA CASA, NICOLAS MACCHIAVELLI.

De Neuvi, le 7 août 1500.

P. S. Nous n'avons pu faire partir cette lettre avant le dix, quoique nous ayons cherché une occasion avec tout le soin possible. Nous la confions à quelqu'un qui se rend à Lyon, en le priant de la remettre à Rinieri Dei qui vous la fera passer par le premier courrier. Nous sommes maintenant à Montargis, où le roi est arrivé ce matin. Nous n'avons pour le moment aucune autre chose à vous faire savoir.

LETTRE VII.

MAGNIFIQUES SEIGNEURS,

(*Le commencement de cette lettre n'est que la copie de la précédente.*)

Désirant continuer à remplir notre mission, nous sommes heureusement parvenus à nous ménager une longue entrevue avec le cardinal. Nous lui avons présenté, traduite en français, la lettre interceptée du Lucquois Pierre de Poggio; nous l'avons prié de la lire avec attention, en lui faisant observer qu'elle lui prouverait évidemment que les Lucquois avaient été opposés aux intérêts de Sa Majesté. Voyant que ce prélat ne se souciait point de la lire, nous lui en avons cité quelques traits. Il les a contredits sur-le-champ, et nous a répliqué que Beaumont et les autres officiers, loin de former dans leurs dépêches quelques plaintes de ce genre, écrivaient au contraire que les Lucquois avaient servi le roi plus utilement et avec plus de zèle que les Florentins, surtout par rapport à l'approvisionnement de l'armée. Nous avons témoigné une très-vive surprise de ce que les belles paroles des Lucquois et le crédit de quelques-uns de leurs partisans faisaient plus d'impression que la vérité; nous avons assuré que le soin de l'honneur du roi avait dirigé toutes nos démarches, tandis qu'ils avaient constamment manifesté des sentiments opposés, spécialement pendant le siége de Pise. Ayant essayé de nouveau de lui montrer la traduction de cette lettre et de la lui donner, il n'a voulu ni la lire ni la recevoir. Comme nous lui avons fait observer que nous avions entendu parler du rappel à la cour des ambassadeurs de Lucques, il en est convenu à l'instant, en nous disant que le roi y avait consenti parce qu'il ne s'était trouvé aucun reproche à leur faire. Il nous a rappelé ensuite comment Corcou [1] vous avait fait connaître les dispositions favorables du roi pour Florence, et le désir qu'il avait de voir réussir le siége de Pise. Il s'était plaint que la seigneurie n'avait pris aucune mesure pour contribuer au succès de cette entreprise; qu'elle y avait mis fort peu d'intérêt; qu'elle ne voulait point avoir les troupes de Sa Majesté sur son territoire; qu'elle refusait en outre la solde des Suisses, quoique l'on fût convenu qu'elle leur serait continuée pendant leur retour; en un mot, que l'entreprise avait échoué par notre faute.

Nous avons répondu à ces griefs que des guerres longues et fréquentes avaient épuisé notre ville; mais que d'ailleurs elle ne pouvait ni ne devait se fier à des troupes aussi indisciplinées que mal disposées à son égard. Il nous a répété ce qu'il nous avait déjà dit, qu'outre le défaut de sages mesures, l'union ne régnait point parmi nous. Nous lui avons assuré le contraire, en lui témoignant notre surprise de le voir dans cette opinion. Il a dit l'avoir appris de tous les états que la France possédait en Italie. Notre réponse a été que l'on n'avait eu ni pu avoir dans ces états aucune preuve, aucun indice de chose semblable, puisqu'il existait à Florence le plus grand accord toutes les fois qu'il s'agissait d'affaires importantes, et surtout du désir de se rendre maîtres de Pise. Nous avons cité pour le prouver l'empressement avec lequel on avait accordé tout récemment les fonds nécessaires pour l'entreprise, ce qui exigeait le consentement de plus des deux tiers des citoyens. Nous avons prié Son Éminence de réfléchir sur les dispositions de ceux qui lui avaient communiqué une semblable opinion, et sur la nature des faits transmis. Quant à la solde des Suisses, nous avons dit que vous n'y étiez point tenus puisque, loin d'être utiles, ils avaient refusé le service et s'étaient abandonnés à tous les excès. Il nous a répliqué que, si vous ne les payiez point, cette charge retomberait sur le roi, ce qui l'indisposerait contre vous. Quant au reproche d'avoir fait échouer l'entreprise, nous avons rappelé en peu de mots les désordres du camp. Nous en avons conclu que, si Sa Majesté n'avait point été instruite du pillage des voitures de vivres et du vice des distributions, c'était une preuve qu'elle n'avait pas connu la vérité; nous avons dit que nous étions venus avec l'intention de soumettre cette affaire à l'examen le plus rigoureux, bien convaincus que nous réussirions à montrer que vous ave

[1] Ce Corcou était maître d'hôtel du roi. Il fut envoyé depuis par Louis XII aux Florentins, pour les engager à ne pas se décourager.

ourvu abondamment à tous les besoins. Cette iscussion ne lui a point semblé nécessaire, mais s'est étonné de ce que la seigneurie ne voulait lus faire aucun effort contre Pise, et désirait ue le roi la remît à ses frais en possession de cette ille. Nous avons répondu que nous croyions, t avec certitude, que vous ne négligeriez rien e ce que vous deviez faire et de ce qui dépenrait de vous; mais que Son Éminence ne devait oint s'étonner si, après le mauvais succès dont lle était bien instruite et tant d'espérances oujours trompées, les Florentins étaient en éfiance sur l'avenir, et manquaient d'argent t de forces pour tenter une nouvelle attaque. ous avons ajouté que Sa Majesté n'aurait pas souffrir de poursuivre une guerre aussi peu onsidérable jusqu'à l'instant où elle en sortiait victorieuse; que cette victoire ne pouvait lui chapper au bout de quelques jours, surtout uand l'on saurait qu'elle suivait seule et à ses ais cette entreprise; que personne alors de os voisins ou de nos ennemis n'oserait la traerser ni s'opposer aux vues de ce monarque; ue le roi en se chargeant seul de cette expéition y trouverait moins d'obstacles, plus de reté, plus de gloire, et acquerrait plus de roits à la reconnaissance de la seigneurie, qui, ux termes des conventions, lui rembourserait outes ses dépenses après la restitution de Pise.

Le cardinal ne goûta point ces raisons, et ne essa de nous répondre que le roi ne prendrait amais ce parti. Il en fut de même de Robertet: e secrétaire nous dit qu'en faisant de semblales propositions vous aviez l'air de vous moquer e Sa Majesté; qu'elle était si mécontente de vos ispositions, qu'il ne vous resterait probablement pas dans ce pays un seul partisan qui oulût soutenir votre cause. Nous représentâmes près cela au cardinal que la non-restitution de ietra-Santa, dont le roi se trouvait en possesion, était un des motifs du découragement des lorentins: il nous répondit qu'il fallait, comme l'avait déjà dit à Pierre Soderini, l'attribuer à a promesse faite aux Lucquois de ne point ous rendre cette place avant la conquête de Pise. Voilà donc, » reprîmes-nous, « une des raisons les plus fortes qui ont engagé les Lucquois à nous empêcher de recouvrer cette dernière ville! Mais avant cette promesse le roi s'était obligé à nous rendre Pietra-Santa: son pre«mier engagement doit l'emporter sur ceux qui «l'ont suivi.» — «Toutes les obligations de Sa «Majesté seront remplies,» nous dit-il, «si la «seigneurie fait ce qu'elle doit pour aider à «prendre Pise; sinon le roi vous demande à «vous-mêmes quelle conduite il doit tenir.»

Nous priâmes Son Éminence de nous obtenir de Sa Majesté des lettres qui autorisassent Jean Bentivogli à venir, sur votre demande, au secours de la république avec ses hommes d'armes et son infanterie. Ce prélat y a consenti très-volontiers et nous a promis ces lettres, dont nous solliciterons l'expédition afin de vous les envoyer aussitôt qu'elles nous seront remises.

FRANÇOIS DELLA CASA, NICOLAS MACCHIAVELLI.

Montargis, le 11 août 1500

LETTRE VIII.

MAGNIFIQUES SEIGNEURS,

Incertain si les lettres que je vous ai écrites pour mon compte vous sont parvenues, je prends la liberté de vous adresser encore celle-ci, afin de subvenir au pressant besoin dans lequel je me trouve. Lorsqu'à notre départ vous assignâtes à François huit livres de traitement par jour et à moi seulement la moitié, vous eûtes sans doute de bonnes raisons pour en agir ainsi; mais vous ne pensiez sûrement pas que les choses iraient comme elles vont: c'est maintenant à mes frais que je suis à la cour. Mes dépenses ont été et sont encore égales en tout à celles de François: je vous prie de m'accorder les mêmes émoluments ou de me rappeler. Je suis persuadé que vous seriez fâchés que cette mission me réduisît à la misère. J'ai dépensé du mien plus de quarante ducats, et fait contracter pour mon compte une dette de soixante-dix à Totto mon frère. Je me recommande, etc.

NICOLAS MACCHIAVELLI.

Montargis, le 12 août 1500.

LETTRE IX.

MAGNIFIQUES SEIGNEURS,

La précédente, qui n'est qu'une copie d'une autre écrite auparavant, n'était pas encore partie lorsque nous reçûmes vos dernières, en date du 5 de ce mois, apportées par Bolognino, que Nasi nous a dépêché de Lyon. Il y avait encore deux autres lettres : l'une pour le roi, l'autre pour le cardinal d'Amboise; ainsi que plusieurs copies de lettres envoyées et reçues par Corcou et Beaumont, avec un examen des rapports concernant les Lucquois. Après avoir lu ces pièces avec attention, nous nous sommes empressés de nous présenter au cardinal. Le roi était parti, trois heures auparavant, pour aller à la chasse à trois lieues d'ici. Il doit, selon quelques-uns, se rendre de là dans une terre du grand-amiral, à sept lieues plus loin, y donner quelques jours à ses plaisirs, et revenir ensuite dans cette ville.

Au reste nous ne pouvons vous écrire rien de positif à ce sujet, à cause des incertitudes assez ordinaires dans cette cour. Lorsque nous allâmes chez le cardinal nous lui remîmes vos lettres, en lui disant que vous nous faisiez part de l'envoi de vos commissaires vers Pescia, pour se concerter avec Corcou et les autres chefs de l'armée, et convenir de la distribution des logements que vous accordiez, sur les terres de la république, aux troupes d'ordonnance de Sa Majesté. Nous ajoutâmes tout ce qui nous parut propre à lui rendre la chose plus agréable, autant que la circonstance put nous le permettre; car il était très-occupé avec Mgr d'Albi. Nous vous avons mandé par notre dernière que, dans la conférence d'hier, le cardinal nous dit que Corcou lui avait écrit que sa lettre à Son Éminence ne contenait que votre réponse, et que nous nous étions plaints de l'infidélité de ce renseignement, ainsi que de beaucoup d'autres objets. Aujourd'hui il nous a encore semblé à propos de répéter à ce prélat que Corcou avait mal interprété cette réponse, puisque vous lui marquiez seulement qu'il convenait de faire camper les troupes sur les terres de Pise, afin qu'elles fussent dans un air salubre, et à portée de serrer de près les Pisans, en ajoutant qu'elles seraient toujours approvisionnées et bien traitées par leurs seigneuries; vous en rapportant d'ailleurs à sa décision, parce qu'il devait être mieux informé des intentions du roi. Le cardinal parut satisfait de l'envoi des commissaires chargés de s'occuper du logement des troupes. Il nous fit entendre néanmoins qu'il attendait des lettres plus positives et plus détaillées, que les officiers devaient envoyer sur cet objet. Quant au reproche de fausse interprétation donnée par Corcou à votre réponse, et du peu d'exactitude qui avait dû s'ensuivre dans son rapport, Son Éminence témoigna quelque mécontentement, et nous dit que Corcou était un homme de bien, rempli de prudence, et aimé du roi pour ses bonnes qualités. Nous l'apaisâmes sans peine en lui faisant observer que vous en aviez la même opinion; mais qu'un homme sage et vertueux pouvait aisément se tromper sur le sens d'une phrase. Son Éminence fut de notre avis, se référant néanmoins toujours à ce que ce même Corcou et les autres capitaines lui manderaient dans leurs premières lettres.

Nous en vînmes ensuite à ce qui regardait les Lucquois; et, examen fait des dispositions, en présence des officiers de Sa Majesté, nous montrâmes que l'on y avait apporté toutes les précautions nécessaires, pour ne plus laisser de doute sur leur perfidie et sur les secours qu'ils avaient donnés aux Pisans; de sorte que le roi ne devait plus craindre de nous rendre Pietra-Santa, quand bien même il se serait cru jusque-là plus obligé par sa promesse envers les Lucquois que par son engagement antérieur avec vous, ce qui ne pouvait ni ne devait raisonnablement se présumer. Nous voulûmes inutilement montrer au cardinal cette pièce que nous avions en main : il refusa de la voir, et nous réitéra la réponse consignée dans notre précédente, en nous disant que le général Beaumont et les autres officiers avaient écrit le contraire; que l'on ne devait pas s'en rapporter à nous, qui étions parties intéressées; que notre justification serait reçue, et ferait traiter les Lucquois comme coupables, lorsqu'elle serait confirmée par les lettres des chefs de l'armée; mais que sans cela elle était insuffisante. Vous voyez par conséquent de quel point il faut partir pour se promettre du succès dans cette affaire. Il nous semble que, dans cet objet et dans tous les autres relatifs au désir de satisfaire Sa Majesté et de travailler avec fruit à nos intérêts, tout dépendra du rapport de ces officiers : il est donc très-utile de les disposer en votre faveur; autrement ils nous feront beaucoup de mal; l'article de Pietra-Santa vous le fera aisément concevoir. Toutes nos observations ont été inutiles. Nous avons vainement présenté que cet examen était authentique; 'il avait été fait publiquement et en bonne rme : nos explications n'ont point été admises, ne nous ont valu d'autre réponse que celle e nous vous avons déjà communiquée. Comme n Éminence ne nous a rien dit du paiement l'artillerie et des Suisses, nous n'avons pas devoir soulever cette question. Quand elle us en parlera, ce qui ne tardera probablement int, nous lui répondrons d'après les instruc-ns que vous nous avez données dans vos rnières lettres auxquelles nous ne pouvons r l'instant faire d'autre réponse. L'on dit que prélat ira demain retrouver le roi, avec lequel eviendra ensuite ici. Nous ne le perdrons point vue; notre conduite auprès de lui sera réglée r l'exemple des autres et par les circonstances. Si nous prenons sur nous de vous donner s nouvelles de ce pays où nous sommes en-re bien nouveaux, ce ne sera que pour vous former de ce que nous entendons dire. Vous us excuserez donc si nous vous écrivons peu nvenablement sur quelques objets. La cour Sa Majesté est beaucoup moins nombreuse e celle de son prédécesseur, parce que les ces s'y distribuent, dit-on, avec moins de ofusion qu'on ne le souhaiterait; et encore trouve-t-il dans cette cour un tiers d'Italiens. ur des raisons diverses ces derniers sont s mécontents, à commencer par Jean-Jacques ivulce qui ne s'y croit pas assez en honneur. nnaissant son caractère, nous nous en mes bien aperçus dans un entretien que us avons eu par hasard avec lui sur ce qui ait passé devant Pise : il s'exprimait avec us en termes affectueux, et en donnant tou-rs tort aux Français; il nous dit formelle-nt : « Toute la faute doit leur être imputée; ais ils voudraient, en répétant qu'il s'en t commis des deux côtés, la faire partager x autres. » Nous ne dirons rien des autres lanais, parce que leurs dispositions ressem-nt à celles de leur chef. Il y a un assez nd nombre de Napolitains fugitifs de leur rie. Privés de l'espérance de voir le roi mer une entreprise contre Naples, ils sont s fort mécontents. On dit que le conseil ier et la reine sont opposés à leurs désirs; Majesté s'y prêterait volontiers, mais le uvais succès de Pise la retiendra au moins quelque temps. Elle avait compté prendre cette ville et pouvoir ensuite, avec votre argent, avec les secours que lui offraient le pape et les Orsini, et à l'aide de sa réputation, faire pénétrer rapidement son armée jusqu'à Naples : comme son attente a été trompée, elle songera probablement plutôt à un accommodement qu'à de nouvelles tentatives par la voie des armes. On parle déjà d'ambassadeurs napolitains qui doivent venir à cet effet.

L'envoyé de Venise sollicite l'appui du roi contre les Turcs. Il expose les dangers de sa république qui a déjà perdu plusieurs de ses possessions. On croit qu'il exagère les craintes et les pertes; néanmoins il n'a encore rien obtenu. Il se répand en outre que le pape presse vivement Sa Majesté de l'aider à se rendre maître de Faënza, place qu'il veut ajouter à celles de Forli et d'Imola, en faveur de son duc de Valentinois. Ce monarque, persuadé qu'il a accordé assez de bienfaits à ce dernier, ne paraît pas vouloir seconder les vues du pontife; cependant il l'entretient par quelques espérances, selon son usage, pour ne pas l'irriter par un refus formel. Le seigneur de Faënza est fortement soutenu par les Vénitiens et par quelques autres personnes de la cour. Nous vous envoyons une espèce de manifeste que Vitellozzo répand de toutes parts pour montrer combien il pourrait causer de dommage à notre république en peu de temps, si le pape ou une autre puissance voulait lui déclarer la guerre. Il se tient aux aguets pour voir s'il ne pourrait pas s'élever entre le roi de France et la seigneurie quelque différend qui lui permît de développer ses intrigues, et fait voir que le pontife serait plus porté à tenter une entreprise contre nous que contre Faënza, s'il croyait en obtenir le consentement de la part de la France.

Nous n'avons point d'autres choses à vous marquer, si ce n'est que Sa Majesté, suivie d'une cour peu nombreuse, donnera, dit-on, quelques jours à la chasse et à son amusement. On n'entend point parler de l'ambassadeur de l'empereur qui devait se réunir à elle dans Troyes; on dit seulement qu'il n'y viendra pas. D'ailleurs on assure que l'archiduc [1] est nommé

[1] C'était Philippe, archiduc d'Autriche, fils de l'empereur Maximilien, mari de Jeanne, fille de Ferdinand

prince d'Espagne, ce qui fait craindre que l'empereur n'ait plus de peine pour se décider à un accommodement; cela donne aussi lieu de conjecturer que le roi pensera moins à la guerre contre Naples.

L'envoyé du pape est un nommé Astorre, Siennois entretenu ici, nous dit-on, par Pandolfe Petrucci. D'après ce qu'on nous a rapporté, il se flatte de terminer les affaires de Sienne d'une manière beaucoup plus avantageuse qu'il n'eût pu le faire précédemment, et de lui assurer la possession de Monte-Pulciano. Nous irons avec soin à la recherche de cette intrigue, et si nous pouvons en découvrir les fils, nous ne manquerons pas d'en instruire le cardinal, en lui rappelant nos conventions et en y intéressant l'honneur de Sa Majesté.

Il n'y a ici aucun commerçant de notre nation ni aucune autre personne auxquels nous puissions recourir, soit pour avoir l'argent dont nous avons besoin, soit pour expédier des courriers ou pour faire passer des lettres: la seigneurie nous excusera donc si elle n'en reçoit ni aussi promptement ni aussi souvent que nous le désirerions. Nous la prions de prendre tel moyen qu'elle jugera convenable pour venir à notre secours pendant tout le temps que nous resterons dans ce pays : nous avions dépensé, avant même de sortir de Lyon, l'argent qu'elle nous a remis; nous vivons maintenant à nos dépens avec celui que nos amis nous ont avancé dans cette dernière ville. Nous nous recommandons à sa bienveillance.

Nous apprenons, avant de cacheter cette lettre, que le roi est tombé ce matin de cheval et s'est un peu blessé à l'épaule. En conséquence, ses équipages reviennent, et Sa Majesté est attendue pour demain. Nous vous informerons dans la première des suites de cet événement. Nous nous recommandons à vous de nouveau; *Quæ benè valeant.*

François della Casa, Nicolas Macchiavelli.

Montargis, le 12 août 1500.

P. S. Comme cette lettre nous a paru assez importante, et que nous n'avions pas d'autre commodité pour la faire parvenir, nous avons renvoyé Bolognino à Lyon : il a adressé nos lettres à Nasi pour qu'il les transmît à v[os] seigneuries; et nous avons donné l'ordre [à] Nasi de compter sept écus à Bolognino. N[ous] vous prions de lui rembourser cette somme [à] Florence, afin qu'une autre fois nous puissions trouver crédit auprès de lui.

Du même jour que dessus.

LETTRE X.

Magnifiques seigneurs,

Nous vous avons écrit il y a deux jours [une] lettre assez longue, dans laquelle nous vous informions de la réception de vos instructions, ainsi que de vos lettres en date du 5 de ce mois, et de tout ce que nous avions fait jusqu'à ce jour. Nous n'avons depuis rien de nouveau à vous faire savoir. Vos lettres pour Sa Majesté n'ont pu encore lui être présentées, parce que ce prince, comme nous vous l'avons marqué, est tombé de cheval à la chasse et s'est un peu blessé à l'épaule. Comme il en éprouvait quelque douleur, il s'est arrêté dans un petit village à six milles d'ici, où nous croyons qu'il est encore, ayant été obligé de se mettre au lit pour prendre du repos. On assure cependant qu'il n'y a aucune suite fâcheuse à craindre, et que Sa Majesté a promis d'être ici dans deux jours. Pendant cet intervalle on aura sûrement reçu des lettres de Corcou et de Beaumont, concernant les Lucquois et les autres objets dont nous vous avons parlé : nous tâcherons d'en savoir ce qu'ils auront mandé, et nous ferons tout ce qui nous paraîtra convenable.

François della Casa, Nicolas Macchiavelli.

Montargis, le 14 août 1500.

LETTRE XI

Magnifiques seigneurs,

Nos dernières lettres, écrites de Montargis, sont du 12 et du 14; celle-ci était fort courte. Nous n'en avons pas reçu de vous depuis celles du 5. Les suites de la chute du roi l'ont retenu dans de petits villages de la route pendant quelques jours, dont il a été obligé de passer les premiers au lit pour prendre du repos. Il s'est fait ensuite porter en litière; de sorte qu'il

d'Arragon et d'Isabelle de Castille, et père de l'empereur Charles-Quint.

t arrivé hier ici sain et sauf; mais comme il rouve encore de la faiblesse dans l'épaule, il tient enveloppée de ligaments pour l'aider prendre toute sa force. La cour entière se ouve ici. Le maréchal de Gié, l'amiral, le and chancelier s'y sont rendus, ainsi que usieurs autres seigneurs. Depuis le retour du i nous nous sommes présentés quelquefois vant S. M., et tous les deux jours chez le carnal, en quelque endroit qu'il se trouvât; mais us voulons laisser écouler quelques jours ant d'entrer de nouveau en conférence avec prélat. Nous savons que ce ministre n'est pas ntent de ce que les troupes d'ordonnance ne nt point cantonnées sur votre territoire. Vos rnières lettres nous ayant appris que vous iez envoyé des commissaires à Pescia dans dessein de les y recevoir, nous avons pensé e cela inspirerait aux officiers de meilleures spositions à votre égard, et qu'ils enverraient i sur cet objet un compte plus favorable qu'ils l'ont fait par le passé. Attendant d'un instant l'autre, de la part de ces officiers, quelque tre plus satisfaisante, et propre à calmer l'esrit du roi et du cardinal, nous n'avons pas jugé propos de parler de nos affaires pendant quelues jours, bien assurés de n'obtenir, comme coutume, qu'une réponse désavantageuse. ans une conversation que nous eûmes depuis vec Robertet, nous apprîmes que les troupes aient en deçà de Pontremoli; qu'elles ne vouient pas retourner du côté de Pise; que le oi était fort indisposé contre vous, et qu'il 'était plus possible à nos amis de s'intéresser n notre faveur. Nous lui représentâmes inutilement que ceci nous surprenait beaucoup 'après vos lettres du 5; que l'on ne devait pas 'en prendre à vous de ce refus des troupes; u'il fallait bien peser les choses avant d'en uger. Nos efforts n'eurent aucun succès; il persista à croire que la faute devait vous être imputée et nous objecta que la mésintelligence régnait ans notre ville, sans en donner d'autre preuve inon qu'il y avait des Florentins qui regretaient Pierre de Médicis, et se souciaient fort eu de Pise. Il nous dit à ce sujet des choses âcheuses, et dignes de remarque dans la bouche d'un secrétaire d'État. Quoique nous ne manquassions pas de moyens de répondre et que nous les missions tous en œuvre, nous ne gagnâmes pas plus qu'auparavant. Pendant notre entretien un Pisan, qui avait séjourné longtemps en France, étant venu par hasard à passer, il nous le fit remarquer. Nous ne l'avons jamais revu depuis, et nous ignorons quels sont ses protecteurs particuliers; mais il doit être soutenu par nos ennemis, dont le nombre l'emporte ici sur celui de nos amis. Il serait très-possible qu'il fût retourné à Pise, chargé de ménager quelque nouvelle intrigue. Nous vous ferons passer sur-le-champ les renseignements que nous pourrons nous procurer à cet égard.

Nous avons eu, il y a six jours, une conférence avec le cardinal. Il nous a témoigné le même ressentiment au sujet du refus touchant l'entreprise contre les Pisans, la solde des Suisses et la réception des troupes. Nous répétâmes en vain ce que nous avions déjà dit tant de fois : il en revint toujours aux Suisses, que Sa Majesté avait été contrainte de payer à ses frais. Nous quittâmes ce prélat sans en tirer d'autre conclusion. Le roi, comme nous l'avons marqué, s'étant rendu ici avec toute la cour, Corcou y arriva le même jour. Instruits de son arrivée, nous crûmes devoir nous ménager un entretien avec lui avant de nous présenter de nouveau au cardinal, afin de pressentir, d'après ses dispositions, l'accueil que nous recevrions de ce ministre dans notre première entrevue. Nous étant donc rendus chez Corcou, nous lui dîmes que vous aviez une grande confiance en lui, et que vous espériez qu'il rendrait un compte favorable de vos sentiments et de votre zèle pour les intérêts de Sa Majesté; nous y ajoutâmes tout ce qui nous parut propre à nous concilier sa bienveillance. Il nous répondit qu'il était très-attaché à la seigneurie et fort reconnaissant des honneurs qu'il en avait reçus, mais qu'il ne pouvait rendre au roi que ce que vous lui aviez mandé par écrit. Il se rejeta sur le payement des Suisses, dont le roi s'était vu chargé à regret. D'après nos réponses ordinaires, il accusa leur brutalité et l'habitude où ils étaient de se conduire aussi indécemment; mais il nous répéta que Sa Majesté avait été obligée de les payer. Il nous dit ensuite que l'on n'avait pas voulu recevoir les troupes en garnison, quoique nos ambassadeurs en eussent fait la demande au roi, et qu'il avait fait à cet égard un voyage inutile. Comme nous lui faisions observer que vous n'aviez pas refusé de loger les hommes d'armes, mais que l'expérience du passé vous avait inspiré des craintes sur l'infanterie, il nous répliqua qu'il n'était pas raisonnable de vouloir mettre en cantonnement dans un pays les hommes d'armes sans les fantassins; que quinze cents hommes d'infanterie ne devaient pas beaucoup vous effrayer, mais que tout cela était venu de ce que les uns désiraient Pise, tandis que les autres n'en voulaient pas. Le voyant insister sur cette opposition de sentiments plus fortement que sur tous les autres points, sentant le mauvais effet que produiraient ces idées, déjà répandues à la cour, nous fîmes tous nos efforts et entrâmes dans une longue discussion pour tâcher de détruire cette opinion dans son esprit; nous allâmes jusqu'à lui dire qu'un semblable rapport ferait tort à son jugement. Cela nous parut le frapper et produire un bon effet. Nous devons aussi vous informer qu'il nous dit dans le cours de cet entretien que vous aviez manqué l'occasion d'avoir Pise, pour n'avoir pas su distribuer à propos huit ou dix mille ducats à tous ces seigneurs et aux chefs de l'armée; il ajouta qu'en pareil cas il ne faut pas craindre d'ouvrir sa bourse, parce qu'alors, au lieu de réitérer six fois la même dépense, on en est quitte pour une seule fois.

Après notre entrevue avec Corcou nous résolûmes de voir le cardinal. Saisissant le moment, nous nous présentâmes à Son Éminence, et lui dîmes que la venue de Corcou avait dû instruire le roi ainsi qu'elle de ce qui s'était passé, de vos bonnes dispositions envers Sa Majesté et envers ses troupes, et des procédés répréhensibles des autres, principalement des Lucquois. Ce ministre, nous interrompant tout à coup, répliqua qu'il nous protestait, au nom de l'intérêt avec lequel il nous avait soutenus jusque-là de tout son pouvoir, que, d'après les plus exactes informations, nous nous comportions si mal qu'il ne savait plus que faire en notre faveur, et que Sa Majesté trouvait fort étrange d'être réduite à se charger de la solde des Suisses. Notre réponse fut que si Son Éminence voulait bien entendre notre justification, elle serait convaincue, ainsi que Sa Majesté, que Florence n'avait manqué à aucune de ses obligations; que cette république était dans l'impossibilité de renouveler l'entreprise, soit parce qu'elle se trouvait fatiguée et épuisée, soit parce qu'elle ne pouvait trop se fier à des troupes qui avaient toujours paru plus opposées que dévouées à ses intérêts. Quant au paiement des Suisses, qui forme le principal grief du roi contre notre ville, nous voulûmes représenter à ce prélat qu'avec son secours et ses conseils vous pourriez apporter à ce mal quelque remède convenable. « Non, » reprit-il, « ce moyen et tous « les autres seront insuffisants pour dissiper les « préventions que vous avez fait naître. » Nous conjurâmes de nouveau Son Éminence de ne pas vous retirer sans motif sa protection, et de ne pas jeter dans l'abattement par de semblables discours un peuple qui était né avec l'affection pour les Français, qui avait sans cesse manifesté ce sentiment, et qui s'était exposé pour eux à des dangers si grands et si multipliés qu'il méritait plutôt d'être protégé et secouru que d'être accablé d'humiliations et de disgrâces. Nous ajoutâmes qu'en agissant ainsi, on seconderait les vues de ceux qui veulent peu de bien à notre république et moins encore à Sa Majesté; qu'il ne resterait que de très-faibles espérances aux autres États de l'Italie, si les Florentins éprouvaient de pareils traitements de la part du roi auquel ils se sont dévoués et pour lequel ils se sont soumis à tant de périls et de dépenses: enfin, que la seigneurie était plus disposée que jamais à faire tout ce qui serait agréable et avantageux à la France. « Ce ne sont là que des « paroles, » nous répondit ce prélat, en témoignant qu'il y ajoutait peu de foi. Il exprima son mécontentement contre vous d'une voix assez haute pour se faire entendre de tous les assistants, et sur-le-champ il monta à cheval pour aller se promener.

La chute du roi, sa cessation de tout travail pendant plusieurs jours, le repos qu'il prenait dans des villages situés au milieu des bois et où les logements étaient fort rares, nous ont empêchés jusqu'à ce moment de lui parler et de lui présenter votre lettre. Depuis son arrivée ici, nous n'avons pas trouvé d'instant favorable pour la lui remettre. Cependant, quoique Sa Majesté soit continuellement enfermée avec quelques personnes seulement depuis qu'elle a renoncé à l'exercice du cheval, et qu'elle n'accorde d'audience qu'à grande peine, laissant au cardinal le soin de diriger le gouvernement, nous erons tous nos efforts pour saisir une occasion le l'entretenir et de lui exprimer le mieux qu'il ous sera possible votre dévouement, afin de ächer d'effacer dans son esprit cette funeste pinion de mésintelligence ou d'opposition à s intérêts, qui nous paraît se répandre ici 'après ce que plusieurs nous ont rapporté. ous serez instruits du succès de notre dé-marche.

Il n'a plus été question de la lettre d'autori-ation pour Jean Bentivogli; nous ne l'avons oint redemandée, Robertet nous ayant dit, ans notre entrevue avec lui, que le cardinal e l'avait pas chargé de l'expédier, et qu'il ne 'en chargerait pas, parce qu'il avait changé de entiment, ce dont nous pouvions nous con-aincre en lui en parlant de nouveau. Nous n'a-ons pas cru devoir revenir sur cette affaire uprès de Son Éminence tandis que vous déli-érez si vous recevrez les Français dans vos can-onnements, parce que ce prélat pourrait mal ugurer de vos intentions, et se persuader que ous préférez les troupes italiennes à celles du oi. Nous n'en parlerons plus, à moins que vous e nous en réitériez l'ordre d'une manière posi-ive. Sa réponse, dont nous vous avons fait art, au sujet de Pietra-Santa, nous a aussi mpêchés de revenir sur cet article. Nous ne né-ligeons rien auprès de Corcou pour tâcher de ous le rendre favorable relativement à cette nquête dont vous l'avez rendu témoin, et que ous nous avez fait passer. Nous verrons s'il se-ait possible de tirer parti du crédit dont Ro-bertet jouit, soit dans l'esprit de Corcou, soit dans les affaires en général. Nous irons toujours n avant, quoique l'envoyé des Lucquois re-çoive ici, depuis son retour, le meilleur accueil; e qui vient de ce qu'ils ont su se concilier des mis avec *le Mammon de l'iniquité*, tandis que vous croyez n'avoir besoin que de votre on droit.

Dans une longue conférence avec le grand chancelier nous lui avons exposé ce qui s'était passé au sujet de Pise, les offres de la seigneurie, soit pour aider Sa Majesté à rétablir la réputa-tion de ses armes, soit pour réparer nos pertes, et les causes qui vous empêchaient d'en faire davantage. Ce ministre nous reçut et nous écouta avec bonté; mais il nous déclara qu'il ne pou-vait nous répondre autre chose sinon que le roi tiendrait ses engagements en fournissant des troupes. Il ajouta que Sa Majesté n'était pas dans la possibilité de nous promettre la ces-sion de Pise, dont la conquête dépendait de la fortune; que, de son côté, il continuerait à nous défendre toutes les fois qu'il en serait besoin. Nous l'en priâmes instamment, en l'assurant que nous vous instruirions de sa bienveillance à notre égard. Reprenant ensuite le fil de notre conversation, il nous dit qu'il n'avait jamais eu d'occasion d'entretenir Sa Majesté de nos affaires. Cela ne nous paraît pas vraisemblable : nous sommes plus portés à croire qu'il n'a pas voulu nous dire autre chose, ayant trouvé le roi peu disposé en notre faveur. Nous re-verrons encore ce ministre, et n'omettrons ni ce moyen ni aucun autre de chercher à rem-plir notre devoir : soins, fatigues, désagréments, rien ne nous arrêtera. S'il est des voies que nous ne tentions point, c'est qu'elles seront imprati-cables ou qu'elles nous seront inconnues; et alors la seigneurie voudra bien nous excuser.

Nous avons reçu vos lettres en faveur de Bar-thelemi Ginori : elles ont été présentées par nous à Sa Majesté, qui l'a fait venir à la cour, et a ordonné aux maréchaux de France de l'en-tendre et de lui rendre justice. Il comparut hier à leur tribunal, et fut par eux retiré des mains de Tallaru et remis entre celles du roi. Nous emploierons pour lui tout le crédit qui nous reste; nous espérons que son affaire aura une issue avantageuse.

On n'entend plus parler de l'accord entre Pandolfe Petrucci et Sa Majesté : nous pensons que c'est pour éviter les sollicitations.

Il arriva ici il y a deux jours un ambassadeur suisse, pour traiter de ce qui concerne Bellin-zona : il a obtenu une longue audience, mais le résultat n'en est pas connu.

On dit que le roi a conclu avec l'empereur une trêve qui durera jusqu'en mars prochain. Quoique des personnages importants le donnent pour certain, d'autres en doutent : nous n'osons, de notre côté, l'assurer ni le nier.

Nous nous recommandons aux bonnes grâces de vos seigneuries; *Quæ benè valeant.*

François della Casa, Nicolas Macchiavelli.

Melun, le 26 août 1500.

LETTRE XII.

MAGNIFIQUES SEIGNEURS,

Nous vous avons instruits de la situation de nos affaires dans ce pays : notre dernière a dû vous apprendre que Sa Majesté était mécontente de vous, pour deux raisons principales qui font ici le plus d'impression : l'une est le refus de poursuivre l'entreprise contre les Pisans, l'autre est celui de payer les Suisses. On y en joint une troisième qui a aussi son importance : c'est la non réception des troupes dans vos cantonnements. Nous éprouvons des difficultés sur ces objets toutes les fois que nous avons occasion de les traiter et que nous voulons le faire, comme nous vous le marquons dans nos lettres. Quoiqu'il soit facile de résoudre ces difficultés, comme vous l'avez essayé avec Corcou, lorsqu'on nous les reproduit ici et que nous cherchons à les dissiper conformément à vos instructions, on refuse de nous entendre. Sans un changement quelconque, sur lequel il ne faut point compter, notre position ne nous paraît pas devoir s'améliorer. Quant au premier point, nous ne pensons pas que Sa Majesté se décide à se charger seule de l'entreprise. Notre opinion est fondée sur son penchant à l'économie, sur la conduite tenue jusqu'à ce jour à l'égard de l'Italie, où l'on veut toujours prendre sans rien avancer, s'occupant plus des avantages présents que de ceux à venir ; ce qui est cause que l'on fait peu de cas des offres que vous ne voulez réaliser qu'après la conquête de Pise : lorsque l'on en parle à Sa Majesté, elle répond que c'est une plaisanterie. Ces propositions sont d'autant plus inutiles qu'il est très-probable que ce prince traitera avec Naples, ou qu'il remettra à un temps éloigné la guerre contre les Pisans, et pensera fort peu alors à vos cinquante mille florins.

Plusieurs raisons nous portent à croire que cet accord avec Naples pourra facilement avoir lieu : d'abord la volonté de la reine, qui le désire et met tout en œuvre pour en venir à bout ; l'avis de la majorité du conseil, qui est dans ce sens et représente que les conquêtes dans ce pays sont difficiles à obtenir et plus difficiles encore à conserver. L'exemple du passé, et toutes les autres raisons qui se présenteront sans peine à votre esprit, viennent à l'appui de son opinion. En second lieu, on est arrêté par des réflexions sur l'effet que ces conquêtes produiraient à Constantinople, et par la certitude que cette puissance y mettrait des entraves. On pense que l'entreprise des Français contre le royaume de Naples pourrait bien porter l'empereur et l'empire à des démarches auxquelles la prise de Milan ne les a pas encore décidés. Frédéric, roi de Naples, entretient toujours des ambassadeurs en Allemagne. Ce prince n'est pas sans inquiétude, et désire avec ardeur un accommodement. Les ambassadeurs attendus à Troyes ne s'y rendent pas encore, et, en supposant qu'ils y viennent, leurs demandes doivent, dit-on, être si étendues qu'elles ne seront point acceptées. Vous avez sûrement appris que le monarque espagnol arme en faveur du roi Frédéric, et qu'il a nommé l'archiduc Philippe prince d'Espagne, ce qui vient à l'appui de notre opinion. Joignez à cela que Sa Majesté Très-Chrétienne est encore retenue fortement par son aversion pour la dépense et par son goût pour une sage temporisation dans les affaires douteuses, d'autant que l'exemple de Pise lui prouve que, dans les choses qui demandent des forces réelles, les apparences et la réputation sont insuffisantes. Comme ce prince trouve l'entreprise difficile par elle-même, et plus difficile encore à cause de l'opposition qu'il peut rencontrer de la part des Turcs ou des autres puissances, il craindra ou d'être réduit, par l'impossibilité de soutenir longtemps une semblable dépense, à une retraite peu honorable et fort dangereuse pour ses autres possessions en Italie, ou de se voir vaincu dans cette contrée, ce qui lui causerait le plus grand préjudice.

En supposant que ces considérations ne soient pas fondées, que nous les ayons fort mal saisies et rendues plus mal encore, ce qui est très-possible, il est au moins certain que le secrétaire de Naples est ici, et qu'il s'y occupe sans relâche à négocier un accommodement. Lorsque l'on commence à écouter un négociateur qui promet et qui donne, son succès est à peu près assuré. Nous concluons donc, en revenant à notre sujet, que vos cinquante mille florins ne détermineront point le roi à l'entreprise contre les Pisans, s'il a le projet de la remettre à un temps éloigné, ou si l'accord a lieu avec Naples, ce dont vous jugerez dans votre sagesse. Si vous ne prenez pas quelque autre délibération ce prince ne sera point content. Nous craignons même, d'après les discours du cardinal et de Robertet, qu'il n'embrasse, pour recouvrer l'honneur de ses armes, quelque parti très-préjudiciable à nos intérêts.

Nous vous avons informés et de nos réponses sur la solde des Suisses, point très-important, ainsi que sur la non-réception des troupes, et de la manière dont elles ont été accueillies. Nous pensons qu'il faudra, ou accorder cette solde, ou songer aux moyens de se garantir des suites fâcheuses d'un ressentiment qui nous semble aller toujours en croissant, soit de lui-même, soit par les insinuations de nos ennemis. Faites attention que les meilleures raisons consignées dans des lettres, que de beaux discours ne sont point écoutés, et ne servent par conséquent à rien. On rappelle vainement la fidélité de notre république envers cette couronne, sa conduite à l'égard de Charles VIII, ses dépenses, ses dangers, les trompeuses espérances dont on l'a nourrie, ce qui vient de se passer, les pertes que lui a causées l'événement de Pise, les services que Sa Majesté pourrait en espérer en ranimant son courage, la sûreté que l'accroissement de sa puissance procurerait aux possessions de ce prince en Italie, le peu de confiance qu'il doit avoir dans les autres États de cette contrée; tout cela est inutile : ces choses sont présentées différemment et vues d'un autre œil par ceux qui n'en ont pas été témoins. Aveuglés par leur puissance et par les avantages du moment, ils n'estiment que ceux qui sont armés ou qui sont prêts à fournir de l'argent. Cette disposition pourrait nous être très-nuisible, parce qu'ils ne trouvent point en nous ces deux qualités : ils voient que nous sommes ordinairement privés de la première relative aux armes, et il n'ont plus d'espoir sous le rapport de la seconde. Persuadés que vous êtes mécontents de leurs services, et que vous n'en attendez plus aucun d'eux depuis l'événement de Pise, ils ne font plus aucun cas de vous. Ils attribuent à la mésintelligence l'impossibilité où vous êtes de faire de nouveaux efforts, et rejettent sur la mauvaise conduite de votre gouvernement les excès de leur armée. Cette opinion fait beaucoup de progrès, à notre avis, depuis le départ de vos ambassadeurs. Comme l'on n'entend point dire qu'il en arrive d'autres, ils nous paraissent croire que cela vient, ou de votre désunion, ou de votre éloignement pour eux. Que la seigneurie nous permette de la conjurer de faire à ceci une sérieuse attention, et d'y apporter un remède convenable. N'étant chargés ici d'aucune mission qui leur soit agréable, les pouvoirs que nous y exerçons ne sont pas suffisants pour guérir un mal presque désespéré. Puisque vous souhaitez y entretenir des relations utiles, il nous paraît indispensable d'y renvoyer de nouveaux ambassadeurs; mais nous vous prévenons qu'ils obtiendront peu de succès s'ils ne viennent point avec quelque nouvelle résolution, spécialement avec l'ordre de payer les Suisses et avec les moyens de se faire des partisans. Vous êtes les seuls qui ne vous soyez pas procuré ici l'un de ces entremetteurs que l'on fait entrer dans ses vues, et qui savent au besoin diriger une intrigue nécessaire à leur réussite. Il faut entretenir la bienveillance du roi et du cardinal, si vous voulez qu'elle se soutienne contre les attaques multipliées et de notre mauvaise fortune et de nos nombreux ennemis. Nous vous le répétons, de quelque manière qu'ils viennent, des ambassadeurs sont nécessaires; vous êtes sûrs d'en retirer quelque avantage. En attendant, la seigneurie voudra bien nous instruire de ce que nous avons à faire et de la conduite que nous devons tenir en ce moment, qui nous paraît être important, périlleux, et exiger de prompts remèdes.

François della Casa, Nicolas Macchiavelli.

Melun, le 27 août 1500.

LETTRE XIII.

Magnifiques seigneurs,

Lorsque vos prédécesseurs prirent la résolution de nous envoyer en France, ils ne doutèrent point que nous ne dussions trouver à Lyon le roi, ainsi que vos ambassadeurs auprès de ce prince : en conséquence, en nous expédiant notre commission, ils ne nous donnèrent que ce qui était nécessaire pour l'exécuter et revenir ici dans l'espace de peu de jours; ils décidèrent spécialement que moi, François, je ne séjournerais pas dans ce pays. Le contraire est arrivé. D'abord nous avons trouvé le roi parti de Lyon. Dénués de tout, nous avons été obligés à de grandes dépenses pour nous pourvoir de vêtements, de domestiques et de chevaux, tels qu'il nous a été possible de nous les procurer. Privés des secours que nous aurions pu recevoir de nos ambassadeurs si nous les eussions trouvés, nous nous sommes remis en route pour suivre la cour. Nous continuons à le faire, ce qui nous occasionne une dépense double de celle à laquelle nous serions tenus si le roi était à Lyon. Nous serions bien soulagés si les ambassadeurs étaient avec nous : nous aurions alors deux domestiques de moins. N'étant point logés à l'auberge, nous sommes obligés de tenir maison; outre cela, il y a toujours quelques dépenses extraordinaires pour ceux qui soignent nos chevaux, pour les portiers, les courriers, objets qui, réunis, forment une somme très-considérable pour nous. Forcés à vous demander des secours, nous avons cru devoir entrer dans quelques détails sur notre position. Permettez-nous de vous faire observer d'abord qu'avec un traitement de huit livres par jour, il faut nécessairement que nous y mettions du nôtre. Considérez ensuite que n'ayant reçu que quatre-vingts florins chacun à notre départ, notre voyage par la poste nous en avait déjà coûté trente à notre arrivée à Lyon. Après avoir acheté dans cette ville des chevaux, des vêtements et autres objets, nous avons été contraints à emprunter de l'argent à nos amis pour continuer notre route. Lorsqu'il a été dépensé, il nous a fallu solliciter à Paris d'autres emprunts. Si vous ne nous faites point passer de fonds avant que ceux-ci soient épuisés, nous nous trouverons tout à coup sans argent et sans crédit : nous vous laissons à penser quelle serait alors notre position. Nous vous supplions donc de nous envoyer sans délai l'argent nécessaire pour subvenir à nos besoins pendant que vous nous retiendrez ici tous les deux, ou l'un de nous seulement. Pensez que notre fortune et notre crédit ne nous permettent pas, comme à beaucoup d'ambassadeurs, de vivre ici pendant plusieurs mois, ni même pendant plusieurs semaines à nos dépens, et sans recevoir les secours que nous attendons de votre bienveillance.

FRANÇOIS DELLA CASA, NICOLAS MACCHIAVELLI.

Melun, le 29 août 1500.

LETTRE XIV.

MAGNIFIQUES SEIGNEURS,

Nous sommes déjà au 2 septembre, et nous n'avons pas encore fait partir les précédentes, ne voulant pas les envoyer au hasard et n'ayant pas le moyen d'expédier un courrier. Nous ne pouvons plus suffire même aux premiers besoins de la vie. Nous serons forcés de renoncer à notre mission si vous ne nous faites point passer de secours. Il nous en coûte chaque jour un écu et demi. Nous avons dépensé plus de cent écus chacun pour acheter des vêtements et les autres objets qui nous étaient nécessaires. Il ne nous reste plus un denier. Nous avons déjà cherché sans succès du crédit, soit au nom de la république, soit au nôtre. La seigneurie nous pardonnera si, à défaut de secours, nous nous en retournons, aimant mieux nous mettre à la merci de la fortune en Italie qu'en France.

Après nos dernières lettres écrites, nous avons été informés de toutes parts du mécontentement du roi. Il porte sur deux points principaux: Sa Majesté vous regarde comme la cause de l'affront qu'elle a reçu en Italie, et se plaint de ce que vous ne voulez point, d'après votre réponse à Corcou, lui fournir d'argent pour l'aider à l'effacer; elle vous sait fort mauvais gré de l'avoir contrainte à débourser trente mille francs pour payer les Suisses, l'artillerie et d'autres objets, paiement auquel vous étiez obligés par le traité, et par les conventions faites à Milan entre le cardinal d'Amboise et Pierre Soderini. L'accroissement du courroux de Sa Majesté a encouragé vos nombreux ennemis à lui proposer des projets très-préjudiciables à vos intérêts: tous ont été entendus avec plaisir. On a délibéré pendant plusieurs jours dans le conseil, pour savoir si l'on accepterait la ville de Pise avec la condition de ne point la remettre en votre pouvoir. Si cette intrigue n'a pas encore obtenu un plein succès quoiqu'elle soit appuyée par tous les Italiens, il faut plutôt l'attribuer à l'évidence de vos droits, qui a un peu tenu le conseil en suspens, qu'à la protection d'aucun ami qui ait pris votre défense. Le ressentiment très-prononcé du roi ne vous laisse dans cette cour aucun partisan, ou s'il vous en reste, ils sont en bien petit nombre. Chacun au contraire vous attaque sans ménagement, et par tous les moyens que les circonstances peuvent lui offrir. Nos conférences avec le cardinal nous avaient déjà, comme nous vous l'avons écrit, fait connaître par nous-mêmes cette fâcheuse disposition; mais des rapports qui nous la confirment tous, quoique venant de divers endroits, ne nous laissent plus aucun doute à cet égard. Si la seigneurie n'y apporte pas de remède elle se trouvera, et sous peu de temps, dans une telle position, relativement à cette couronne, qu'il lui faudra songer plutôt à la garde et à la défense de ses possessions et de sa liberté qu'au recouvrement de ce qu'elle a perdu. Entre autres choses, Robertet nous a fait entendre celle-ci. C'est le seul ami qui nous reste, et nous le perdrons bientôt si son amitié n'est pas entretenue par d'autres moyens que par de simples discours. Quelques autres seigneurs nous ont tenu le même langage. Jean-Jacques Trivulce lui-même, se trouvant un matin à la cour, nous appela et nous dit : « Je vois avec peine votre « république exposée à un péril si grand que, si « vous ne prenez promptement des mesures pour « en prévenir les suites, vous serez réduits à vous « défendre contre le courroux des Français, dont « la nature est de se mettre brusquement en mou« vement. Lorsqu'ils ont une fois commencé leurs « attaques, loin d'espérer grâce, il faut s'at« tendre à être poursuivi avec une nouvelle viva« cité. Travaillez donc sans retard à votre sûreté. » Il nous dit ceci avec des expressions si positives et si animées que nous devons croire, d'après ce que nous avons vu et entendu, qu'il nous parlait sincèrement. D'autres personnes dignes de foi nous ont fait donner les mêmes avertissements, n'osant nous entretenir publiquement, dans la crainte d'être notées comme étant nos amies. On nous a prévenus surtout qu'il avait été dit au roi que vous aviez envoyé à l'empereur et au roi de Naples des ambassadeurs chargés de leur offrir de l'argent et de les exciter contre la France, et que le cardinal vous avait traités plusieurs fois d'hommes infidèles à leurs engagements, en assurant que le roi saurait bien, à votre grand préjudice et à votre honte, vous faire payer ce qu'il avait été obligé d'avancer pour la solde des Suisses. Nous voyant à la veille de ne pouvoir plus espérer de réconciliation avec Sa Majesté si l'on ne se pressait de courir au-devant de ce danger, nous avons fait tout notre possible pour obtenir du cardinal une audience telle, que nous pussions nous faire entendre avec calme et comme l'exigeait la circonstance. Quoique nos désirs n'aient pas été entièrement remplis, nous avons cependant trouvé une occasion de nous présenter à Son Éminence. Nous nous sommes plaints d'abord de la malignité de nos ennemis, qui n'ont pas rougi de publier, contre toute raison, que vous aviez envoyé à l'empereur et au roi de Naples des ambassadeurs pour leur offrir de l'argent et les armer contre le roi de France, et cela afin de vous diffamer dans l'esprit de ce prince. Nous avons dit qu'une calomnie aussi peu digne de foi n'était sûrement pas crue par Sa Majesté ni par Son Éminence; que la constante fidélité de notre ville envers ce royaume, que les preuves récentes de son dévouement devaient faire apprécier une pareille infamie, et que, si nous avions cherché à nous en expliquer avec Son Éminence après en avoir été prévenus, c'était moins pour nous justifier que pour remplir notre devoir. Nous ajoutâmes ensuite qu'il nous semblait, d'après plusieurs de nos entretiens avec lui et d'après les bruits qui nous étaient revenus, que Sa Majesté était mécontente de la seigneurie, et formait à notre insu des projets qui ne répondaient point à nos liaisons d'amitié et à notre fidélité inaltérable envers ce royaume, ce qui nous causait beaucoup de surprise, étant persuadés que le roi devait, si vous tombiez dans quelque erreur, vous en avertir avec bienveillance, vous faire connaître ouvertement ses intentions, et entendre vos observations avec bonté. « Si la seigneu« rie, » dîmes-nous, « manque à ses obligations, « c'est alors que Sa Majesté pourra prendre con« tre elle les mesures qui lui paraîtront convena« bles. » Nous finîmes par supplier Son Éminence de vouloir bien nous donner quelques éclaircissements, et nous instruire de ce que nous devions vous faire savoir.

Le cardinal ne répondit point à nos observations sur le prétendu envoi des ambassadeurs; il nous fit seulement beaucoup de plaintes relativement aux peines qu'il s'était données pour vous soutenir. Il nous dit que vous aviez agi de manière que tout moyen de défendre votre cause lui avait été enlevé par votre refus de recommencer l'entreprise, de recevoir les troupes dans vos cantonnements, de payer les Suisses; refus qui avait attiré au roi des dommages et du déshonneur. Nous voyant prêts à répliquer, il ajouta : « Nous savons tout ce que vous voulez « nous dire, et nous avons vu votre réponse à « Corcou. » Sur nos instances pour apprendre de ce prélat ce que nous devions vous écrire, il nous dit : « Parlez à Corcou, » qui se trouvait là en ce moment, « et il vous en instruira. » La conclusion de ce dernier, que nous abordâmes, fut qu'il fallait ou rembourser les trente mille francs que le roi avait payés pour nous aux Suisses, ou s'attendre à avoir ce prince pour ennemi. Nous lui représentâmes vainement que cela n'était pas juste, et qu'il serait inutile que nous vous fissions cette proposition : il y persista. Voyant néanmoins, d'après nos renseignements antérieurs, combien le péril devenait imminent, nous lui dîmes que nous vous en écririons. Il nous promit d'engager le cardinal à attendre votre réponse, et ensuite nous le quittâmes.

Vous voyez donc, magnifiques seigneurs, l'état de nos affaires dans ce pays. De votre réponse dépend absolument l'amitié ou l'inimitié du roi. N'attendez rien des raisons et des arguments, que l'on ne veut plus écouter, comme nous vous l'avons marqué dans la précédente. Nous sommes tellement convaincus que la conservation de votre alliance avec ce monarque dépend du parti que vous allez prendre, que si moi, François, je ne me trouvais très-mal portant, et retenu par la crainte d'être forcé de quitter la cour pour travailler au rétablissement de ma santé, l'un de nous deux se rendrait en diligence auprès de la seigneurie pour lui dire de vive voix tout ce que nous ne pouvons lui mander par écrit. Nous voulons du moins vous prévenir que nous savons de bonne part qu'il s'ourdit une trame pour donner Pise à Sa Majesté, qui y réunirait les terres qui en dépendent et en formerait, en y ajoutant avec le temps Pietra-Santa, Piombino, Livourne et Lucques, un État qui serait soumis à un gouverneur nommé par ce prince. La chose leur paraît facile, soit parce qu'ils y voient déjà beaucoup de dispositions, soit parce que cet État se trouverait contigu à celui de Milan. Ils sont encore séduits par l'offre de cent mille francs que ceux de Pise, secondés par vos ennemis, leur font pour le moment, et par celle d'une contribution annuelle. Ils croient aussi y apercevoir des facilités pour la conquête du royaume de Naples, s'ils jugent à propos de l'entreprendre. Ce projet nous semble avoir été mis en avant par nos nombreux ennemis, et devoir être adopté sans peine par un prince mécontent qui se laissera entraîner par l'avantage du moment, et par le plaisir d'accabler une ville qui est devenue ici l'objet de la haine générale.

Vous voyez, magnifiques seigneurs, que nous vous mandons sans réserve les choses telles que nous croyons les voir et les entendre. Si quelques parties de notre récit sont peu mesurées, c'est que nous aimons mieux nous exposer à être accusés d'erreur que d'infidélité à nos devoirs envers la patrie. Votre prudence semble d'ailleurs nous engager à vous écrire ainsi, parce qu'après avoir pesé ce que nous vous mandons, vous pourrez, dans votre sagesse, en porter tel jugement et prendre telle résolution que vous croirez les plus convenables. Permettez-nous de vous rappeler la nécessité d'envoyer promptement des ambassadeurs, et de vous supplier de nous apprendre par votre première leur départ avec des pouvoirs qui leur promettent des succès. Quant à nous, il ne faut jusque-là en attendre aucun de notre mission, parce que tous nos moyens sont épuisés. Nous ne voudrions pas être témoins de la destruction d'une alliance sollicitée, entretenue à grands frais, et maintenue par tant d'espérances séduisantes. Jusqu'au moment où vous nous procurerez une occasion nouvelle de nous présenter à la cour, nous ne parlerons plus de nos affaires, de crainte qu'ils ne croient ici que nous voulons nous jouer d'eux, en voyant que nous n'avons rien de nouveau à proposer. Nous nous montrerons seulement, afin que l'on sache que nous sommes encore ici, et que l'on puisse au besoin nous appeler.

Le cardinal d'Amboise part demain matin pour aller passer dix ou douze jours à Rouen : songez qu'il serait bien à désirer que nous pussions, à son retour, lui communiquer votre réponse, et lui apprendre le départ des ambassadeurs, dont l'arrivée ici est indispensable.

Jules Scurcigliato, Napolitain, a eu avec ce ministre une longue conférence sur ce qui nous concerne; mais nous n'entrerons à ce sujet dans aucun détail, parce qu'il vous les donne dans la lettre qu'il vous écrit.

On nous a dit que la trève entre le roi de France et l'empereur avait été publiée à Milan.

FRANÇOIS DELLA CASA, NICOLAS MACCHIAVELLI.

Melun, le 3 septembre 1500

P. S. Au moment de cacheter notre lettre, Ugolino est venu nous dire que celui de ses amis qui devait partager les frais de cette dépêche avait changé d'avis : il nous a donc fallu promettre à ce courrier vingt-cinq écus au soleil. Nous vous prions de les rembourser sur-le-champ à Jean, fils de Nicolas Martelli, afin qu'une autre fois nous soyons servis sans être obligés de faire nous-mêmes les avances. Ce courrier a promis de remettre notre dépêche en sept jours.

LETTRE XV.

MAGNIFIQUES SEIGNEURS,

La nuit approche, et nous n'avons pu encore terminer nos arrangements avec celui qui devait concourir à la dépense de ce courrier. Nous ne savons ni s'ils auront lieu, ni à quelle heure il pourra partir demain matin. Nous n'avons rien de nouveau à vous mander. Nous nous contenterons de vous réitérer la demande relative aux ambassadeurs et aux trente mille francs. En venant d'accompagner le cardinal, qui est parti aujourd'hui après dîner pour Rouen, nous avons rencontré Robertet : lui ayant demandé où en étaient nos affaires, il nous a répondu qu'elles avaient pris une tournure un peu moins défavorable depuis notre dernière conférence ; « mais « écrivez, » a-t-il ajouté, « qu'il n'y a d'autre parti « à prendre, au sujet de l'argent avancé pour « vous par le roi, que de le rendre. Mandez aussi à « la seigneurie qu'il faut absolument, quelles que « soient ses délibérations, qu'elle envoie au moins « un ambassadeur choisi parmi les citoyens les « plus distingués et les plus célèbres de votre ville « et que l'on soit promptement informé de son « départ, pour détruire la fâcheuse impression « causée par la retraite de ceux qui étaient ici précédemment. Faites vivement sentir cette né« cessité, car tout dépend de là. » Nous assurâmes qu'il viendrait de nouveaux ambassadeurs; nous justifiâmes le départ des autres et promîmes de vous en écrire, et de ne point oublier les trente mille francs. Nous ajoutâmes que nous ne savions que penser de ce qui s'était passé jusqu'à cet instant; mais, comme nous voulions lui parler de Pietra-Santa, il nous interrompit en nous disant : « Tout peut s'arranger si vos am« bassadeurs arrivent. » Il nous a paru à propos de vous mander encore ceci pour accélérer votre décision.

Nous sommes déjà à trois heures de nuit; nous sommes enfin convenus de payer la moitié des frais de ce courrier. Vous remettrez donc à Jean Martelli trente-cinq écus, parce que Ugolino Martelli a avancé pareille somme. Les conventions de la précédente n'ont plus lieu : vous n'avez à débourser que trente-cinq écus, que nous vous prions de remettre exactement, afin de ne pas payer ce service d'ingratitude, et que nous ne soyons plus chargés de cette dette, nous étant personnellement obligés envers Ugolino.

FRANÇOIS DELLA CASA, NICOLAS MACCHIAVELLI.

Melun, à trois heures de nuit, le 3 septembre 1500

P. S. Ce courrier partira demain de grand matin. Il a promis de se rendre en sept jours.

LETTRE XVI.

MAGNIFIQUES SEIGNEURS,

Le 5 du courant nous avons reçu deux lettres de vous, l'une du 14 du mois précédent, l'autre du 30, avec une copie de celle que Beaumont vous a écrite. Nous avons lu et compris ce dont vous nous chargez au sujet du marquis de Massa et de la restitution de Pietra-Santa, etc. Nous pensons qu'avant l'arrivée de celles-ci, les nôtres du 26, du 27 du mois passé, et du 3 du courant vous seront parvenues. Nous avons profité d'un courrier expédié par Martelli pour vous les faire passer sous le couvert d'Antoine della Valle, ce qui nous a procuré une économie de trente-cinq écus. Nous ne nous donnerons donc pas la peine de vous les copier; nous prendrons seulement la précaution de vous répéter, en cas de besoin, ce qu'il y avait de plus essentiel : c'est-à-dire le mécontentement du roi, causé par votre refus de prendre part à une nouvelle entreprise contre les Pisans, de l'aider de votre argent à recouvrer l'honneur de ses armes, de remplir l'obligation où vous êtes, selon lui, de rembourser ce qu'il a avancé pour la solde des Suisses, de l'artillerie et des Gascons. Tels sont ici les points les plus importants de toutes nos négociations. Elles ne peuvent se continuer, ou ce sera sans succès si l'on ne commence par écarter ces obstacles. Il en est encore un autre qui n'est pas moins sérieux : c'est le soupçon conçu par Sa Majesté que vous avez changé de sentiments. Ce soupçon lui est inspiré par votre conduite au sujet de Pise, par l'opinion que vous êtes mécontents de ses services à votre égard, et par la retraite inattendue de vos ambassadeurs, auxquels on n'entend point dire que vous vouliez donner des successeurs. Ces préventions viennent moins d'eux-mêmes que de nos ennemis, surtout des Italiens, qui travaillent avec un zèle démesuré à nous attirer la haine du roi et à causer notre perte. La nouvelle de votre prétendue ambassade à l'empereur a été fabriquée par un monseigneur d'Arli, envoyé du souverain pontife. Ils avaient porté les choses à un tel point que, si nous n'eussions pas fait auprès du cardinal la démarche dont nous vous avons parlé, il était très-possible que le roi se décidât à quelque parti très-dangereux pour nous, et auquel il n'y aurait peut-être plus eu de remède. Les choses demeurent suspendues, mais c'est uniquement pour s'assurer de vos résolutions définitives. La première doit être, selon nous, de rembourser ce que Sa Majesté dit avoir payé pour vous, et la seconde d'envoyer des ambassadeurs. Que l'on apprenne leur départ très-promptement, on pourra reprendre alors les négociations; nous vous assurerons d'abord que l'on restera tranquille jusqu'à leur arrivée. Après avoir reçu vos lettres du 14 et du 30 du mois dernier, nous nous rendîmes à la cour, non dans l'espérance d'obtenir quelque succès relativement à Pietra-Santa et au marquis de Massa [1], mais pour informer le roi de ce que vous nous mandiez sur Librafatta, afin qu'il en fût instruit par nous avant de l'être par d'autres; car nous savions que l'envoyé de Lucques avait eu un courrier en même temps que nous. Pour nous rendre Sa Majesté plus favorable et plus disposée à nous entendre, nous lui parlâmes de la prochaine arrivée de vos ambassadeurs. Quoique vous nous préveniez simplement, dans votre lettre du 14, du nouveau choix que vous venez de faire de Luc degli Albizi, et que vous ne nous en disiez plus rien dans celle du 30, ce point nous a paru si essentiel que nous avons cru, afin de gagner du temps, devoir prendre sur nous de dire au roi que vos lettres nous annonçaient la nomination de nouveaux ambassadeurs et leur prompt départ, de manière à nous faire croire qu'ils se mettraient en route vers le milieu de ce mois. Ayant ensuite appris à ce monarque la perte de Librafatta, nous ajoutâmes, pour porter dans son esprit moins d'atteinte à votre réputation, que, malgré le dénûment de moyens militaires dans lequel la république se trouvait parce qu'elle s'était reposée sur les troupes de Sa Majesté, et n'avait pu encore, depuis leur départ, prendre les mesures nécessaires, les Pisans néanmoins ne se fussent point rendus maîtres de cette place sans l'infidélité de ceux qui étaient chargés de la défendre, et sans le secours et les menées des Lucquois, qui avaient fait voir en cette circonstance, comme dans toutes les autres, leurs mauvaises dispositions envers nous et leur peu d'égard pour Sa Majesté, ce dont on n'avait eu que trop de preuves lorsque son armée, en dernier lieu, était devant Pise. Nous dîmes à ce prince qu'il pourrait en même temps mettre à découvert leur conduite répréhensible et diminuer les embarras de notre position actuelle, en nous rendant Pietra-Santa. Nous lui dépeignîmes le bien qui en résulterait, autant que la nature de cette audience et le temps nous le permirent. Nous recommandâmes notre ville à sa bienveillance, en lui rappelant et son dévouement inaltérable, et la malignité de ses ennemis, qui n'avaient pas eu honte de l'accuser d'avoir envoyé une ambassade à l'empereur, accusation dont nous ne songions point à la justifier, parce qu'elle était hors de toute vraisemblance. Le roi nous répondit avec bonté qu'il était fort aise d'apprendre la prochaine arrivée des ambassadeurs; qu'il y reconnaîtrait les sentiments anciens dans lesquels vous disiez vouloir persévérer, mais qu'il en aurait une preuve encore plus convaincante si vous ne lui faisiez pas perdre les sommes qu'il avait avancées, et au paiement desquelles vous étiez tenus par les conventions faites et rédigées

[1] C'était le seigneur Alberic Malaspina, marquis de Massa, compris, dans le traité du 12 octobre 1499, au nombre des amis et alliés de la république de Florence.

par écrit. « Ces réclamations pécuniaires, de la « part d'un souverain puissant, méritent, » nous dit-il, « de la vôtre l'attention la plus sérieuse ; » puis il ajouta : « Si les Florentins ne se rendent « point à ma demande, je ne les compterai plus « au nombre de mes amis, et serai obligé de « prendre mes précautions en conséquence. » Comme nous voulions lui faire nos observations, et lui rappeler les procédés malhonnêtes des Suisses et leur mauvais service, il nous répondit qu'il en était lui-même très-mécontent et qu'il avait été rançonné par eux ; et, à ce propos, il revint encore à l'argent qu'il avait déboursé, mais ajouta qu'il était forcé, ainsi que vous, à prendre patience, et qu'il n'avait pu jusque-là y apporter de remède, pour ne point nuire aux arrangements qui se négociaient en Allemagne, et dont il avait fort à cœur la réussite, ce qui l'engageait à attendre. Sa conclusion fut qu'il fallait absolument que vous lui remissiez ses avances pour la solde de ces mêmes Suisses et autres. Nous répondîmes que les ambassadeurs ne devant point tarder à se mettre en route, on verrait sûrement alors que la seigneurie, selon notre ancien usage, se prêtait à tout ce qui était raisonnable et possible ; et que nous espérions d'après cela que Sa Majesté voudrait bien différer jusqu'à leur arrivée avant de prononcer sur vos dispositions. Elle y consentit, en nous disant que l'on pourrait à cette époque traiter l'article concernant Pietra-Santa et les autres points qui étaient en négociation ; ensuite nous nous retirâmes. Nous n'avons pas jugé à propos de parler du marquis de Massa, pour les causes indiquées plus haut. Il ne faut espérer ici aucun succès, ni pour vous ni pour vos alliés, avant que l'on y soit informé du départ de vos ambassadeurs, parce que vos intentions, jusqu'à cet instant, paraîtront douteuses. D'ailleurs quand tout eût été bien disposé, on ne pourrait rien conclure sans le cardinal, qui est encore absent. Il nous a donc paru expédient de renvoyer cette affaire à un moment qui vous sera plus favorable ou moins désavantageux.

Nous avons eu depuis avec monseigneur d'Albi un long entretien, et dans le même sens que celui que nous avions eu avec le roi. Il nous témoigna beaucoup d'affection pour Florence et un désir bien prononcé de lui être utile ; mais il nous dit que, pour lui en donner la possibilité ainsi qu'à nos autres amis, nous devions nous disposer à remettre l'argent avancé par le roi et à confirmer la nouvelle du départ des ambassadeurs. Alors il nous rapporta fort au long combien le roi avait pris d'ombrage de la retraite des autres ambassadeurs dans un moment où Florence eût dû en envoyer si elle n'en eût point eu dans ce pays. « Sa Majesté, » ajouta-t-il, « a répété plusieurs fois, et en s'en plaignant, que les Florentins s'éloignaient d'elle. » Nous lui fîmes au sujet de l'argent la même réponse qu'au roi ; nous excusâmes le départ des ambassadeurs, et nous dîmes que la seigneurie allait les remplacer par des hommes d'un rang distingué, et prouver à Sa Majesté que nous lui étions toujours aussi tendrement dévoués. Après qu'il nous eut exprimé toute sa joie nous le quittâmes. Il nous dit à l'égard de Pietra-Santa la même chose que le roi ; il ajouta seulement qu'il tenait d'une personne instruite de tous les secrets de l'État que nous pourrions obtenir cette place en accordant à ce prince le remboursement réclamé ; il nous montra même la chose comme à peu près certaine si l'arrivée des ambassadeurs n'était pas différée.

Les raisons développées dans nos lettres nous ont empêchés et nous empêchent encore d'en faire davantage. Nous en demandons pardon à Dieu et à la seigneurie, mais il faut que nous vous répétions que leurs préventions sur notre mésintelligence, notre éloignement de leurs intérêts, notre faiblesse, exigent que vous recouriez à des moyens nouveaux pour écarter ces obstacles. Nous continuerons de notre côté à employer tous ceux qui seront en notre pouvoir, afin d'empêcher les Lucquois ou autres de faire prendre un parti avant l'arrivée de vos ambassadeurs ; mais il serait fort à propos que, pour le 10 ou le 15, nous apprissions leur départ, et qu'une lettre ostensible nous autorisât à en informer le roi. Si, au retour du cardinal, qui doit revenir vers ce temps, on n'entendait point parler de ce départ, il serait très-possible que le voyage de ces ambassadeurs devînt inutile. La seigneurie pèsera dans sa sagesse nos observations, ainsi que les besoins de la république, et elle excusera nos pressantes instances en faveur du dévouement qui les a dictées. On dit que le seigneur de Ligny doit sous peu de jours arriver ici : il amène avec lui, selon quelques-uns, Pierre de Médicis. Ce nouvel ennemi se joignant aux autres qui sont nombreux et puissants, notre danger ne ferait que s'acroître si vous ne preniez pas des moyens capables de leur fermer l'oreille du roi.

Nous ne savons rien de ce que le général Beaumont a pu mander par Salient, son envoyé auprès de la seigneurie : nous ne pouvons donc vous en donner aucune nouvelle ; s'il nous en parvient quelques-unes, vous en serez instruits.

Comme l'on s'entretient plus des affaires d'Italie que de celles des autres pays, nous n'avons rien de nouveau à vous mander, ne voulant pas vous répéter ce que vous savez. Il n'y a point ici de changements depuis nos précédentes ; nous avons seulement ouï dire que l'empereur envoyait des ambassadeurs, mais que c'étaient des hommes peu marquants, et non ceux avec lesquels le roi comptait, à son départ de Lyon, se réunir dans la ville de Troyes.

On annonce aussi que l'on va recevoir les ambassadeurs de Naples, auxquels on avait plusieurs fois donné l'ordre de s'en retourner; et, quoiqu'ils n'aient cessé d'être ballottés jusqu'à présent entre le *oui* et le *non*, il paraît aujourd'hui que le *oui* l'emporte. Nous verrons demain matin. *Benè valete.*

FRANÇOIS DELLA CASA, NICOLAS MACCHIAVELLI.

Melun, le 8 septembre 1500.

LETTRE XVII.

MAGNIFIQUES SEIGNEURS,

Notre dernière, du 8 de ce mois, était en réponse aux vôtres du 14 et du 30 du mois dernier. Quoique nous espérions qu'elle vous sera parvenue, nous vous en faisons passer une copie. Il n'est rien survenu depuis, et nous ne pouvons que vous répéter que, pour conserver l'amitié du roi, il faut lui rembourser les sommes qu'il dit avoir avancées pour vous aux Suisses et autres du camp de Pise : pas le moindre succès à espérer auparavant. L'arrivée des ambassadeurs est aussi très-nécessaire, pour dissiper les préventions qu'ils ont conçues d'eux-mêmes ou que vous leur avez inspirées, et d'après lesquelles ils nous reprochent de l'éloignement et de la désunion, se fondant sur le départ de nos ambassadeurs et sur ce qu'ils n'ont pas été remplacés. On répand chaque jour que vous en envoyez ou aux Turcs ou à l'empereur. Nous avons soin de démentir ces faux bruits, mais il ne nous sera plus possible de le faire, si le départ tant demandé souffre encore des retards. Dans tous les cas, on ne pourra nous reprocher de n'avoir pas rempli notre devoir, et de ne pas vous avoir suffisamment avertis et prouvé que, sans cela, toute négociation devenait inutile. Monseigneur d'Albi, que nous avons revu, et auprès duquel nous voulions vous justifier sur cette prétendue ambassade en Allemagne, ne nous a parlé que de votre dette envers le roi et du départ indispensable de nos envoyés. Que la seigneurie nous permette de lui faire observer encore qu'il est essentiel de se procurer ici quelque ami qui s'intéresse au succès de nos affaires par des considérations plus puissantes que celles de la simple amitié. Nous n'entreprendrons pas de vous en démontrer la nécessité : vous avez auprès de vous plusieurs de nos concitoyens qui le feront mieux que nous, étant remplis d'expérience et ayant été ambassadeurs dans ce pays. Nous vous dirons seulement que les ducats sont les armes avec lesquelles les Pisans se défendent, les Lucquois vous attaquent, les Vénitiens manœuvrent, le roi Frédéric ainsi que plusieurs autres soutiennent leurs négociations : suivre une autre route c'est vouloir, comme on dit, gagner son procès sans payer son procureur.

Corcou est revenu ici. Nous vous laissons à juger des motifs de son retour. Il a rendu compte de ce qui s'était passé dans votre contrée, de manière à faire prendre à vos affaires une marche plus profitable aux autres qu'à vous, sans l'intervention de Jules Scurcigliato, qui a inspiré quelque confiance parce que ses observations étaient désintéressées. Comme il vous en parlera lui-même plus au long, il nous semble superflu de vous les rapporter. Nous solliciterons seulement, à sa prière, votre intérêt pour une affaire qu'il nous a dit être en litige dans Florence entre lui et les héritiers de Paul-Antoine Bandini. Sa Majesté doit aussi vous écrire à ce sujet.

Il arrive d'Allemagne, comme nous vous

avons marqué, des ambassadeurs, mais d'un rang moins distingué que ceux qui étaient attendus. Le roi part demain matin pour Blois. Nous l'y suivrons, en attendant la nouvelle du départ de vos envoyés, et nous continuerons à faire tout ce qui dépendra de nous pour veiller aux intérêts de la république.

FRANÇOIS DELLA CASA, NICOLAS MACCHIAVELLI.

Melun, 14 septembre 1500.

LETTRE XVIII.

MAGNIFIQUES SEIGNEURS,

Nous vous avons écrit la dernière fois de Melun, François et moi; notre lettre était datée du 14, et contenait la copie d'une autre du 8, en réponse aux vôtres du 16 et du 30 du mois précédent; nous l'avons envoyée à Lyon par la poste, sous enveloppe, à l'adresse de Jean Martelli. Le tout vous est sans doute parvenu. Cette dépêche a dû, ainsi que celles qui ont été expédiées par un courrier jusqu'au 3 de ce mois, vous instruire de l'état de nos affaires, de la nécessité du départ des ambassadeurs et du remboursement des trente-huit mille francs. Vous y aurez vu combien cet article leur tient à cœur, comment on en parle, et que nous ne pouvons sans cela ni gagner du temps, ni espérer aucune grâce de Sa Majesté : nous attendons tous les jours cette nouvelle tant désirée et sur laquelle on nous interroge à chaque instant. Nous aurions bien voulu pouvoir la montrer au cardinal à son retour, ainsi que nous vous l'avons mandé, soit pour prévenir quelque détermination fâcheuse, soit pour fermer la bouche à nos ennemis, qui se servent de cet argument pour prouver au roi qu'il ne doit pas compter sur vous s'il se présente une occasion de l'abandonner. Ils parlent alors de votre prétendue ambassade auprès de l'empereur, de vos intelligences avec le roi de Naples. Nous vous avons déjà développé les raisons pour lesquelles ce prince se laisse facilement persuader.

La cour a quitté Melun le 14 pour se rendre ici, et au même instant François della Casa, attaqué de la fièvre, est parti pour Paris afin d'y soigner sa santé avant que le mal s'invétérât. Il me mande qu'il y est arrivé depuis quelques jours. Il y en a six que le roi est ici. Le cardinal d'Amboise n'est arrivé que d'aujourd'hui, après s'être absenté depuis le 3 du mois qu'il est resté dans sa famille. Ayant appris hier matin qu'il était en route pour revenir, je crus devoir aussitôt monter à cheval et aller à sa rencontre, soit pour lui témoigner par là plus de déférence, soit afin de pouvoir l'entretenir plus commodément. Arrivé hier au soir dans un village où il était descendu, à huit lieues d'ici, je remis ma visite au lendemain matin, parce qu'il était trop tard. Je lui ai parlé en chemin dans les termes les plus touchants et les plus convenables de la position à laquelle nous avaient réduits tant de dépenses supportées pour l'intérêt de ce royaume, et pour soutenir Sa Majesté en dernier lieu dans son entreprise contre les Milanais et contre les Pisans. Je lui ai fait observer que notre république, au lieu d'en recueillir quelques témoignages de bienveillance de la part de cette couronne, et quelques secours qui l'aidassent à recouvrer ses forces et sa réputation, se voyait accablée et poursuivie sans cesse par toutes sortes de calomnies, dépouillée de sa considération, menacée de projets désastreux, au point que chaque Italien croyait pouvoir impunément travailler à sa ruine. Je l'informai de la perte de Librafatta et des préparatifs hostiles des Vitellozzo, des Baglioni, des Orsini, armements que l'on croyait généralement dirigés contre vous. Ensuite je conjurai Son Éminence de ne point nous retirer sa protection, et d'engager Sa Majesté à nous traiter publiquement avec une bonté paternelle afin de nous faire recouvrer notre crédit, ce qui lui était facile si elle voulait nous rendre Pietra-Santa. Ce ministre me répondit, avec humeur et fort au long, que le roi avait été fidèle à ses engagements; qu'il vous avait fourni des troupes; qu'il avait voulu renouveler l'entreprise et entretenir une armée sur les terres de Pise; que rien de tout cela ne vous avait convenu; qu'il fallait vous accuser vous-mêmes de la perte de Librafatta et non Sa Majesté; mais que ce prince était bien autorisé à se plaindre au sujet de l'argent qu'il avait été contraint de payer pour vous contre la teneur des traités. Il me dit ensuite beaucoup de choses pour me prouver que, si la prudence ne dirigeait pas les délibérations de la seigneurie, et qu'elle ne voulût pas réparer le mal à temps, elle ne le pourrait bientôt plus. Il me demanda des nouvelles du départ des ambassadeurs et pourquoi il était tant différé. Je me suis expliqué sur tout cela le mieux qu'il m'a été possible, excepté au sujet de l'argent, objet sur lequel on ne souffre pas ici d'objections. Pour ne pas laisser les choses dans une incertitude dangereuse, j'ai été obligé de supplier Son Éminence d'attendre l'arrivée des ambassadeurs avant de prendre aucune résolution ; j'ai ajouté que l'on connaîtrait alors vos moyens de vous justifier et vos intentions, comme je l'avais fait observer à Sa Majesté en lui faisant la même prière, pour laquelle ce prince avait bien voulu montrer une condescendance que je priais Son Éminence d'entretenir, persuadé que ces ambassadeurs ne tarderaient point à arriver. La seigneurie doit voir que tout dépend de là, et que nous n'avons pas eu d'autres manières d'obtenir quelques délais. Cette ressource deviendra bientôt infructueuse si vos envoyés ne sont pas en route : nous vous avons assez pressés à cet égard. Sans les trente-huit mille francs il n'y a plus rien à proposer au roi, et vous pouvez le regarder comme votre ennemi ; dans le cas contraire, il y a tout lieu d'espérer que vous obtiendrez la restitution de Pietra-Santa. Sans doute vous n'aurez pas manqué, ou de faire partir vos ambassadeurs, ou de nous tracer la conduite que nous avons à tenir pour temporiser encore dans une position si critique, n'ayant plus un seul ami à la cour, privés de la bienveillance du monarque, environnés d'ennemis acharnés qui proposent chaque jour à ce prince de nouveaux projets contre vous, en lui représentant votre faiblesse et l'avantage qu'il retirerait de la formation d'un nouvel état des alentours de Pise : ils montrent à Sa Majesté qu'elle mettrait à la tête de cet état un chef de la fidélité duquel lui répondrait le besoin continuel qu'il aurait de son appui pour se soutenir ; et qu'alors les Florentins, cernés en quelque sorte par les possessions du roi en Italie, se remettraient d'eux-mêmes à sa discrétion. De pareils discours sont écoutés, et il est à craindre qu'ils ne prennent faveur, comme me l'a fait entendre N. N.... qui, m'ayant rencontré à la cour, me dit : « Venez « me voir dans la journée : j'ai quelque chose à « vous communiquer. » J'y allai. Il se tint d'abord sur la réserve et ne me dit rien. Je lui demandai alors pourquoi il m'avait fait venir. « Vos am« bassadeurs sont-ils en route ? » me répondit-il. « Je le crois. — Qu'ils arrivent donc prompte« ment, sinon il pourra se prendre quelque « détermination fort préjudiciable à votre répu« blique. » Je ne pus jamais tirer de lui d'autres éclaircissements. Cela me fait craindre qu'il ne se trame ici contre nous, et d'une issue très-prochaine, quelque intrigue qui sourit tellement à Sa Majesté qu'il n'a osé m'en instruire. J'ai cru devoir vous informer de cet incident, persuadé que vous en jugerez mieux que moi, et vous conjurer, à tout événement, d'accélérer le départ des ambassadeurs.

On raisonne beaucoup ici, comme nous vous l'avons mandé, sur les affaires d'Italie, et spécialement sur l'armée que le pape vient de rassembler. On ne sait si elle doit marcher en Romagne pour attaquer Faënza., Rimini et Pesaro, ou se diriger contre les Colonnes. On croit plutôt à ce dernier plan, parce qu'il plaît davantage au roi et entre mieux dans ses vues relativement au roi de Naples : ce prince, obligé alors de défendre ses alliés, s'affaiblira, ce qui offrira au monarque français plus de facilités, soit pour le forcer à un accommodement avantageux, soit pour entreprendre la conquête de ses États. Vous devez maintenant avoir des renseignements plus positifs à ce sujet.

On n'est point d'accord sur le moment où arriveront les envoyés de l'empereur. Il ne paraît pas qu'ils soient encore entrés en France. Quelques rivalités sur les affaires de l'Allemagne commencent à percer ici, ce qui est cause que l'on s'y occupe moins de celles de l'Italie, et nous donne l'espoir de gagner plus facilement du temps.

Le départ du seigneur de Ligny, pour se rendre de Lyon à Gênes, a tenu en suspens tous les esprits pendant quelques instants ; on en tirait diverses conjectures : il y était allé, selon les uns, par ordre du roi, pour quelques projets concernant peut-être la ville de Pise ; selon d'autres, il n'avait été décidé à ce voyage que par sa passion pour la fille du gouverneur de Gênes. Je ne puis certifier tout ce que l'on dit à cet égard, et vous laisse le soin de juger de ces deux différents motifs.

NICOLAS MACCHIAVELLI.

Blois, le 28 septembre 1500

LETTRE XIX.

MAGNIFIQUES SEIGNEURS,

Je vous ai informés, dans ma dernière du 26 du mois précédent, de l'arrivée du roi, de l'indisposition qui avait obligé François della Casa à se rendre à Paris, du retour du cardinal, de ma conférence avec lui, de la nécessité d'envoyer les ambassadeurs pour prévenir ou retarder des projets relatifs à Pise et préjudiciables à notre république. Je pense que mes dépêches vous sont parvenues, ayant profité, pour les envoyer à Lyon à Regnier Dei, d'un courrier expédié ici par Jean Bentivogli. J'ai reçu, depuis, votre dernière du 20 du mois passé : elle m'a été remise par l'agent du préfet [1], que les motifs dont vous me parlez ont appelé dans ce pays. Je me suis présenté sur-le-champ d'abord au roi, puis au cardinal, conformément à vos ordres : je leur ai dit que la nécessité vous forçait à prendre des troupes à votre solde pour la défense de la république, et à requérir auprès du préfet [2] l'exécution du traité conclu entre vous et Sa Majesté. Comme l'envoyé de ce préfet leur avait déjà parlé, le roi me renvoya au cardinal, mais sans oublier de me demander si les ambassadeurs arrivaient et de réitérer ses plaintes sur l'argent en question. Je répondis à Sa Majesté que, d'après la lettre que je venais de recevoir, votre première serait relative aux ambassadeurs, dont je croyais pouvoir annoncer avec certitude l'arrivée avant la fin de ce mois. Le cardinal m'entretint plus longtemps, et ayant pris par le bras monseigneur d'Albi qui était présent, afin qu'il assistât à notre conférence, il dit : « La conduite des Florentins commence à devenir inintelligible. Nous avons voulu entretenir pour leur « défense cinq cents hommes d'armes et quinze « cents fantassins ; nous leur avons offert ensuite « deux cents lances ; en un mot autant de secours « que leur position semblerait en exiger : ils se « sont refusés à toutes nos propositions, et maintenant ils mendient des secours étrangers. » Puis, se tournant de mon côté, il ajouta : « Chancelier, je ne sais que vous dire sur de pareils « procédés. » Comme je voulais vous justifier sur le refus de leurs troupes, il répliqua que nous ne manquions pas d'excellentes raisons, mais que Sa Majesté n'en avait pas moins payé pour nous trente-huit mille florins. Je lui fis la même réponse qu'au roi au sujet des ambassadeurs, c'est-à-dire, qu'ils arriveraient avant la fin d'octobre, et prouveraient que votre dévouement n'avait fait et ne ferait à l'avenir que s'accroître, et qu'ils dissiperaient toutes les calomnies répandues chaque jour par ceux qui s'intéressent fort peu à la prospérité de la république, et moins encore à l'honneur de Sa Majesté. Ayant enfin demandé à ce ministre ce que je devais vous écrire à l'égard du préfet, il me dit que l'on donnerait la réponse à son envoyé ; je n'en pus obtenir autre chose. Comme cet envoyé s'en retourne auprès du cardinal de Saint-Pierre-aux-Liens avec cette réponse, vous pourrez en être instruits par le moyen de Pierre Soderini : je ne vous en dirai donc rien de plus. Mais je ne veux point oublier de vous mander que Robertet, après mon entretien avec le cardinal, me prit à l'écart, me rappela son zèle constant pour nos intérêts, ses services, son empressement à seconder nos vœux, ses regrets de voir que vous vous abandonniez vous-mêmes, et inspiriez des méfiances à tous en n'envoyant point d'ambassadeurs dans une circonstance aussi urgente et aussi critique, ce que l'on attribuait ou à vos dissensions, ou à votre éloignement pour Sa Majesté, ou au défaut de cette prévoyance qui eût déjà dû vous faire prendre ce parti en hâte, pour prévenir des déterminations sollicitées chaque jour contre vous. Je lui fis les réponses qui me parurent le plus convenables dans le moment, et je l'assurai que ces ambassadeurs arriveraient avant la fin du mois, et que tout serait réparé si l'on ne s'était pas décidé à vous nuire, comme il y avait lieu de l'espérer.

On parle toujours beaucoup des affaires de l'Italie, et surtout des projets du pape. On les avait crus dirigés contre les Colonnes : on dit maintenant qu'ils regardent la Romagne. Vous devez avoir à cet égard des renseignements plus sûrs que les miens : je me contenterai donc de vous marquer que, si l'on a paru entrer dans toutes les vues de ce pontife, c'était plutôt pour

[1] C'était Jean de la Rovère, duc d'Urbin, préfet de Rome et seigneur de Sinigaglia.

[2] En vertu de l'article 15 de ce traité dont il a été fait mention plus haut, Jean de la Rovère devait commander les troupes des Florentins. Cet article fut inséré dans le traité, sur la demande de Jules de la Rovare, son frère alors cardinal de Saint-Pierre-aux-Liens, et devenu depuis souverain pontife sous le nom de Jules.

ne pas avoir à lutter contre la violence de ses désirs que dans l'intention de lui assurer la victoire. Relativement aux secours dont Faënza pourrait avoir besoin, on a écrit à Jean Bentivogli, avec l'agrément du roi, de se conduire en bon parent.

On est encore dans l'incertitude sur le moment de l'arrivée des ambassadeurs de l'Allemagne; Sa Majesté elle-même n'a rien de positif à ce sujet. L'envoyé de Venise sollicite vivement des secours contre les Turcs, surtout depuis que la perte de Modon et de Coron est certaine. On a beaucoup délibéré sur cette demande, mais on ne sait pas encore ce qui a été décidé. Il était question de lever une dîme sur le clergé. La dernière a été dilapidée par les receveurs, mais cette fois Sa Majesté se propose de la rendre plus profitable. Néanmoins l'ambassadeur vénitien ne paraît pas fort satisfait. Vous devez avoir appris que la Porte Ottomane, pour répondre à ce que le roi de France lui a fait dire par un héraut, envoyait une ambassade dans ce pays, sur les instances du grand maître de Rhodes, qui l'y a engagée par l'organe de l'un de ses députés afin de se donner plus de crédit. Arrivés à Venise, ces ambassadeurs furent congédiés au nom du roi par les Vénitiens, qui leur dirent que, n'ayant pas des pouvoirs suffisants pour conclure la paix, il était inutile qu'ils allassent plus loin. Sa Majesté en a eu un très-grand regret lorsqu'elle a été instruite que les Vénitiens ne lui avaient donné ce conseil qu'afin de lui dérober la connaissance de leurs menées avec les Turcs contre elle. Le grand maître, de son côté, en a été d'autant plus mécontent que c'était lui qui avait déterminé le Grand Seigneur à cette démarche. Le bruit se répand qu'il envoie ici un de ses chevaliers, pour se plaindre des Vénitiens et les faire considérer comme de véritables ennemis. Alors les secours qu'ils sollicitent seront sûrement différés. D'ailleurs ils ne pourraient plus arriver à temps cette année. Je ne veux pas vous fatiguer de plus longs détails, persuadé que vous devez les avoir reçus d'autre part et d'une manière plus authentique.

Nicolas Macchiavelli.

Blois, le 2 octobre 1500.

P. S. J'ai appris avec grand plaisir la création du magistrat des Dix [1] et j'en rends grâces à Dieu : un meilleur gouvernement doit faire espérer plus de succès. Je tirerai parti de cette nouvelle en faveur de la république autant qu'il me sera possible.

LETTRE XX.

MAGNIFIQUES SEIGNEURS

Ma dernière du 2 de ce mois a dû vous être remise par l'envoyé du préfet de Rome. Au risque de vous importuner, je profite de toutes les occasions pour insister auprès de vous sur la prompte arrivée des ambassadeurs. J'espère qu'ils sont en route. Cela est d'autant plus nécessaire que vos ennemis trouvent tous les jours quelque moyen de vous nuire : il se disait avant-hier à la cour que vous aviez ordonné sous des peines très-graves à vos commerçants de quitter ce royaume ; la nouvelle était affirmée par un Français arrivant de Lyon. Quoique de pareilles imputations se détruisent d'elles-mêmes, l'on y prête cependant l'oreille et elles laissent, ainsi que beaucoup d'autres que l'on ne cesse de répandre, une impression défavorable. Nos assurances ont un peu arrêté le mal, dont je ne puis prévoir toutes les suites si elles ne se réalisent point ; mais si ces ambassadeurs arrivent, ils peuvent tirer un parti avantageux de la circonstance. Les soupçons de Sa Majesté relativement aux affaires de l'Allemagne se sont accrus depuis quelques jours : cette ambassade, si solennellement annoncée, ou ne viendra pas ou se convertira en un simple héraut, peut-être en un autre personnage, mais d'aussi peu d'importance. On laisse percer ces méfiances d'une manière assez évidente en ajoutant trois cents lances aux troupes de la Lombardie, en resserrant les liens avec le pape et en paraissant faire plus de cas de son alliance ; on a révoqué la permission donnée à Jean Bentivogli de secourir Faënza ; on appuie aussi auprès des Vénitiens la demande de ce pontife pour obtenir à son duc de Valentinois le commandement de leurs armées, le titre de gentilhomme et le droit de bourgeoisie dans Venise ; Sa Majesté promet en

[1] Ce magistrat, ou conseil des Dix, était chargé du soin de diriger la guerre. Des bruits défavorables répandus parmi le peuple en avaient empêché la nomination pendant quelque temps. Il fut alors rétabli ; mais on mit de nouvelles bornes à son pouvoir.

outre à cette république de l'assister contre les Turcs plus efficacement qu'elle ne l'a fait jusqu'à présent. Les mêmes raisons me portent à croire que ce moment nous sera aussi avantageux si nous savons le saisir; autrement le roi, nous regardant comme ennemis, prendra des mesures en conséquence. Permettez-moi donc de vous conjurer au nom du bien public de faire arriver ces ambassadeurs, non par la voie ordinaire, mais par celle de la poste, au moins jusqu'à Lyon : l'urgence du cas l'exige.

On dit que dans trois ou quatre jours le roi part pour Nantes, qu'il n'y passera que quelques instants, que de là il se rendra à Lyon; mais il y a tant de variété dans les bruits qui se répandent que l'on ne peut rien assurer. Vous me pardonnerez donc si mes nouvelles ne sont pas toujours d'accord avec elles-mêmes.

Je ne vous dirai que peu de mots sur le besoin où je me trouve : vous savez que je n'ai reçu à mon départ que quatre-vingts ducats, que les frais de poste m'en ont coûté trente; vous n'ignorez pas aussi que j'ai été obligé de me pourvoir de tout à Lyon et que j'ai trois chevaux à entretenir : une semblable position entraîne des dépenses qui ne peuvent se faire sans argent.

NICOLAS MACCHIAVELLI.

Blois, le 8 octobre 1500.

LETTRE XXI.

MAGNIFIQUES SEIGNEURS,

Je vous ai instruits, le 8 du courant, de l'état des choses; vous avez dû recevoir deux autres lettres, l'une du 26 du mois dernier, l'autre du 2 de celui-ci. La vôtre du 26 du mois passé m'a été remise depuis avec les avis qu'elle contenait sur ce qui se passe dans ce pays. Après avoir bien examiné le tout, et spécialement ce qui concernait l'arrivée des ambassadeurs, les calomnies répandues contre vous, les dispositions des Génois pour se rendre maîtres de Pietra-Santa, j'allai trouver le cardinal, parce que le roi était à huit lieues d'ici, dans un village où il devait passer la soirée. Il ne me paraissait pas fort nécessaire d'insister sur votre justification, l'ayant fait auparavant, et ayant obtenu de Sa Majesté ainsi que de ce ministre qu'ils attendraient l'arrivée de vos ambassadeurs pour fixer leur opinion et prendre un parti. J'aurais mieux aimé pouvoir assurer que cette arrivée serait plus prompte; cependant, excité par vos lettres, je n'omis rien pour convaincre Son Éminence de vos louables intentions, pour lui montrer sur quoi les bruits calomnieux étaient fondés, quelle était la passion qui les avait dictés; je lui dis que l'on devait observer de plus près le calomniateur, que celui qui se trouvait l'objet de ses fausses accusations; que si le passé ne suffisait pas, l'arrivée de nos ambassadeurs, prêts à partir, dissiperait avant la fin du mois tous ces nuages, si Sa Majesté et Son Éminence voulaient bien différer jusque-là comme elles l'avaient promis. Je parlai ensuite de Pietra-Santa, du bruit répandu par les Génois que cette place leur était cédée, des tentatives du commissaire et des injures reçues par vos sujets. Après m'avoir écouté sans m'interrompre, le cardinal, au lieu de répondre à ce que je venais de lui dire, passa sur-le-champ aux plaintes si souvent répétées sur votre refus de prendre part à une nouvelle entreprise, de recevoir les troupes et de rembourser l'argent avancé par le roi, « objets qui sont cause, » me dit-il, « que « l'on n'ose plus songer à vous rendre service. » J'eus recours à tous les moyens de justification développés déjà tant de fois : j'assurai ce prélat que vos ambassadeurs arriveraient sous peu avec des pouvoirs dont on serait satisfait; j'offris de le lui prouver par vos dernières lettres : il me répondit alors en ces termes : « Il faut bien le « croire puisque vous le dites, mais nous serons « morts avant leur arrivée. Nous tâcherons néan- « moins qu'il en meure d'autres auparavant. » Comme je lui protestais qu'il ne fallait plus qu'un instant de patience et que cela n'exposait le roi à aucun danger, il me répliqua : « Revenez à trois heures après midi : je vous ins- « truirai de la volonté de Sa Majesté et de la con- « duite que vous devez tenir. » Il sortit ensuite, tout en conversant avec moi, pour se rendre à l'église, où je l'accompagnai. Jules Scurcigliato l'attendait dans la chapelle : dès que le cardinal l'eut aperçu, il l'appela afin qu'il fût présent à la fin de notre entretien, et lui dit qu'il le verrait avec plaisir assister à celui qu'il venait de m'assigner, parce qu'il connaissait son attachement pour notre ville. Je me retirai, laissant Son Éminence fort mécontente des nouvelles que je lui avais données au sujet de Pietra-Santa. Robertet fut aussitôt chargé par elle d'écrire aux Génois pour qu'ils eussent à défendre à tous leurs concitoyens de se réfugier dans cette place, et au général Beaumont pour qu'il enjoignît aux commandants de la garnison de redoubler de vigilance et d'empêcher toute communication avec ces mêmes Génois. Un article fut ajouté à la première lettre, touchant la nécessité de rendre les bestiaux enlevés et de suivre les lois d'un bon voisinage. Si je puis obtenir une lettre particulière sur cet objet, je vous la ferai passer. M'étant trouvé à l'heure prescrite chez le cardinal, où était Jules Scurcigliato, ce ministre parla plus d'une demi-heure sur la rigueur de vos procédés envers le roi avant le premier traité, sur votre inexactitude à l'observer, sur vos lenteurs habituelles, et sur l'espèce d'improbation qu'il donnait au payement fait pour recouvrer Milan après sa rébellion. Il en vint ensuite au dernier traité conclu à Milan avec Pierre Soderini, à la marche de l'armée contre Pise, au déshonneur que le roi avait recueilli de son zèle pour vos intérêts, à votre manière de vous mettre à l'écart et de contraindre Sa Majesté à des avances que vous refusez ensuite de rembourser. Il termina en disant qu'il fallait absolument que vous remissiez cet argent. « Laissant de côté ce qui « s'est passé, je vous proteste, » ajouta-t-il, « au « nom de toute l'affection que je porte à votre « ville et des sentiments plus vifs encore qui m'attachent aux intérêts du roi, que le voyage de « vos ambassadeurs ne produira aucun fruit si « vous ne commencez par donner cette première « preuve de vos sentiments. Sa Majesté s'étonne « de voir tous les jours les Lucquois, les Génois « et les Pisans lui offrir de grandes sommes d'argent sans y être obligés et montrer à son « égard les meilleures dispositions, tandis que « vous avez refusé d'abord avec opiniâtreté de « remplir vos engagements, et que vous employez « maintenant des moyens dilatoires. Mandez « promptement que nous ne voulons plus rester « dans cette incertitude et qu'il faudra payer, « soit comme amis, soit comme ennemis. Dans la « première supposition, dont la sagesse vous fait « un devoir, le roi sera pour Noël à Lyon et « pour Pâques à Milan; deux mille lances ont été « envoyées en Italie avec six mille fantassins pour « augmenter le nombre de ceux qui s'y trouvaient « déjà : Sa Majesté saura triompher de Pise ainsi « que de ceux qui oseraient s'opposer à ses desseins, et montrer à ses amis la puissance de son « sceptre et la vérité de ses promesses. » Se tournant vers Robertet, le cardinal lui dit: « Préparez le décompte des Florentins et donnez-« le-moi, afin que je puisse l'envoyer à leur seigneurie. » Vous voyez, magnifiques seigneurs, s'il me restait une réponse à de semblables propositions, quand même j'aurais pu obtenir que l'on voulût bien m'entendre : je crus donc à propos de resserrer mon discours et de ne toucher que les points essentiels. Comme Son Éminence s'était plainte de toutes vos actions, même de celles qui méritaient le plus d'éloges, il me sembla que j'avais bien le droit de me plaindre de mon côté de ce que l'on n'avait pas rendu Pietra-Santa conformément au traité. Elle en parut piquée, et me répondit que c'était une affaire qui se terminerait avec toutes les autres si vous remplissiez vos engagements. Je répliquai que je n'entreprendrais pas de prouver, après l'avoir fait tant de fois, que vous n'aviez manqué à aucun; et que Sa Majesté serait satisfaite de l'arrivée des ambassadeurs, qui consentiraient à tout ce qui serait raisonnable et possible; que ce prince n'exigerait sûrement rien au delà, ne voulant point nuire à un État dans lequel se trouvaient les meilleurs amis qu'il eût en Italie. Je priai ce prélat de ne point tant prêter l'oreille aux promesses des Génois, des Pisans et des Lucquois, d'avoir plutôt égard à l'honneur du roi et aux engagements que l'on pouvait continuer à remplir; de ne point préférer l'avantage d'un moment à un autre plus réel et plus durable. J'ajoutai que je vous instruirais de tout ceci, et que vous y répondriez sûrement comme l'avait toujours fait une ville qui devrait au moins, après tant de dépenses infructueuses, avoir imposé silence à l'envie et acquis quelques droits à la commisération. « Sa Majesté, » me dit-il, « est fâchée des « peines que les Florentins ont essuyées, mais elle « ne pouvait faire autrement : il n'était pas juste « qu'elle joignît à ses autres pertes des sacrifices « pécuniaires qui ne devaient point être à sa « charge. Écrivez sur-le-champ : demandez, dans « une prompte réponse, des faits et non des pa-« roles, auxquelles on n'ajoutera plus de foi. Du «payement ou du refus de l'argent réclamé «dépendent l'amitié ou l'inimitié du roi.» Ce discours fini, je me retirai.

La note jointe à ma lettre vous instruira de la somme dont vous êtes redevables. Celle que vous êtes tenus de payer pour le compte de Louis Sforce [1], et dont ils veulent que l'on s'acquitte comme du reste, s'y trouve comprise. J'ai reçu cette note telle qu'on me l'a donnée, sans vouloir entrer dans aucun calcul ni dans aucune discussion, de crainte d'empirer notre condition, loin d'en alléger le fardeau. J'aurais un grand désir que ces dépêches vous parvinssent rapidement, afin d'avoir bientôt votre réponse; mais dans le dénûment où je me trouve, je ne sais comment m'y prendre pour faire partir un courrier. Avec l'assistance du ciel peut-être trouverai-je, quand j'y aurai consacré le peu d'argent qui me reste, quelqu'un qui viendra à mon secours.

Je vous conjure encore de ne pas leur faire attendre longtemps le payement tant désiré. Leurs craintes au sujet de l'Allemagne rendent notre danger plus pressant : ils se sont rapprochés davantage des Vénitiens et du pape, comme je vous l'ai mandé. Je vais observer leurs démarches à notre égard, afin de voir à quoi servira, ou l'argent qu'ils réclament si vous le leur accordez, ou celui des autres si vous le leur refusez, et quelles mesures ils prendront pour vous empêcher de leur nuire s'ils vous regardent comme ennemis. Tant que vous leur inspirerez des méfiances, ils ne laisseront pas à quiconque voudrait leur faire la guerre la faculté d'entrer dans Pise. Réfléchissez sur leur conduite, d'après les renseignements que nous vous avons donnés depuis que nous sommes ici. Le roi et le cardinal n'étaient jamais descendus à des demandes au sujet de cet argent, ni à des offres ou conditions telles que celles qu'ils mettent aujourd'hui en avant. Ils se contentaient de s'en plaindre en tous temps et en tous lieux, entretenaient des intelligences avec les Lucquois, cherchaient à se ménager des liaisons et un accommodement avec les Génois et les Pisans, et menaçaient ouvertement notre république. C'est ce qui m'a déterminé à témoigner à Son Éminence ma surprise sur tant de signes de mécontentement et sur tout ce qui se tramait, et sans néanmoins vous citer en aucune manière et sans aller plus loin, priant seulement ce ministre avec instance de me prescrire ce que je devais vous mander. Il se contenta de me renvoyer à Corcou, comme vous le voyez dans ma lettre du 3 septembre. Ayant reçu, depuis, les vôtres du 30 août, j'en profitai pour annoncer la prochaine arrivée des ambassadeurs, sans cesser de vous presser vivement à cet égard et de tâcher de suspendre ici toute résolution relative à Florence. Ce qui s'est passé ensuite vous est retracé dans la présente. Il m'a semblé utile de vous rappeler sommairement ces faits afin que, connaissant mieux l'état des choses dans ce pays, vous puissiez en tirer le parti le plus conforme au bien public.

Il arriva avant-hier des ambassadeurs envoyés par le marquis de Mantoue, le marquis de Ferrare et le roi de Naples. C'est une preuve, comme vous le jugerez facilement dans votre sagesse, que les Français inspirent plus de crainte que les autres n'inspirent de confiance. La ville de Mantoue est cependant défendue par les eaux qui l'environnent, et le roi de Naples a pour lui le voisinage des Turcs et ses liaisons avec l'empereur. Il ne me reste qu'à vous supplier de nouveau de penser à cette réponse tant désirée et de me l'envoyer sans délai. Robertet m'a dit que le roi vous expédierait directement un courrier à cet effet. Cependant, comme le cardinal ne m'en a point parlé, je n'ose l'assurer ni vous conseiller de différer jusque-là votre réponse, craignant chaque jour que quelque détermination ne la rende trop tardive, et ne vous réduise à débourser cet argent en pure perte et sans espoir de conserver l'amitié du roi. Il faudrait en ce cas donner des ailes à vos ambassadeurs, si cela était possible. Quoi qu'il en soit, songez que le temps fuit et que l'on ne peut trop se hâter de prévenir de plus grands dangers.

Ne pouvant trouver personne qui veuille concourir à la dépense d'un courrier et ne pouvant y suffire seul, je prends le parti de faire partir cette lettre pour Lyon par la poste, à l'adresse de Nasi. Je prie ce dernier, au nom des sentiments qui l'attachent à notre ville, s'il ne se

[1] Louis Sforce, duc de Milan, avait fourni aux Florentins de l'argent dans la guerre contre la ville de Pise. Par l'article XIV du traité conclu à Milan, en 1499, ils s'étaient engagés à payer au roi les sommes dont ils étaient encore redevables envers ce duc, dépouillé de ses États.

trouve point de courrier ordinaire, d'en expédier un tout exprès, en l'assurant que la seigneurie lui remettra ses avances, dont je me donne en attendant pour caution. Vous aurez donc la bonté de lui en faire passer le montant aussitôt qu'il vous en aura donné connaissance, afin qu'il ne reste pas à ma charge, et que je puisse une autre fois réclamer le même service avec confiance.

NICOLAS MACCHIAVELLI.

Blois, le 11 octobre 1500.

LETTRE XXII.

MAGNIFIQUES SEIGNEURS,

Nous sommes au 14, et j'apprends que le roi s'est décidé à vous envoyer Édouard Buliot, l'un de ses valets de chambre, afin de savoir à quoi s'en tenir sur l'argent qu'il réclame, comme je vous l'ai mandé amplement dans ma dernière du 11. N'ayant pas d'autres moyens, j'ai mis cette lettre à la poste pour Lyon, en priant Nasi, auquel je l'ai adressée, de vous la faire passer par un courrier. Je ne me répéterai point, parce que l'envoyé du roi vous instruira des intentions de ce prince et suppléera à ce que j'aurais pu oublier. Rappelez-vous seulement ce que m'a dit le cardinal, qu'il fallait payer, soit comme amis, soit comme ennemis, et que l'on jugerait de vos sentiments par des faits et non par de vains discours. Après avoir mûrement examiné ce que je vous marque dans mes lettres, qui vous seront sûrement parvenues, vous entendrez l'organe des désirs de Sa Majesté, ce qui vous mettra dans le cas de donner par votre détermination une nouvelle preuve de votre sagesse. En supposant que cet envoyé voulût être pour ou contre vous, je vous recommande surtout d'agir avec lui de manière qu'il ne puisse mander ici que la vérité : les rapports défavorables faits précédemment par des gens qui s'étaient trouvés dans notre pays ont été la principale cause du ressentiment de Sa Majesté et de notre position actuelle auprès de cette puissance.

Le roi part ce matin pour Nantes, d'où il se rendra peu de jours après à Lyon.

NICOLAS MACCHIAVELLI.

Blois, le 14 octobre 1500.

LETTRE XXIII.

MAGNIFIQUES SEIGNEURS,

Je vous ai mandé fort au long dans ma lettre du 11 ce que le cardinal m'avait dit touchant l'argent dont ils réclament ici le remboursement ; je vous ai répété la même chose dans celle du 14 remise à Édouard Buliot, qui se rend auprès de vous de la part de Sa Majesté : je n'aurais rien de plus à vous marquer si je n'eusse reçu, depuis, la vôtre du 3, qui m'instruit du nouveau choix que vous avez fait de Pierre-François Tosinghi et de son départ pour le 10 ou le 12. Les raisons si souvent développées, et l'espoir qu'un citoyen aussi distingué aura ici tout le succès que l'on peut s'en promettre m'ont rendu cette nouvelle très-agréable. Du moment où le roi s'est décidé à vous envoyer Édouard Buliot, on m'a laissé plus tranquille touchant le retard de nos ambassadeurs. J'ai cru cependant utile de prévenir le cardinal que, d'après votre lettre, il en était parti un le 10 ou le 12, et qu'il devait maintenant être près de Lyon ; j'y ai ajouté tout ce qui m'a paru propre à les calmer. Son Éminence m'a répondu en peu de mots qu'elle serait fort aise qu'il arrivât promptement. Elle me demanda pourquoi il était seul : il me fut aisé de vous justifier à cet égard, quoique je ne sache pas s'ils n'en prendront point d'ombrage, car vos ennemis n'épargneront pas les commentaires. J'en serai averti et n'omettrai rien pour les rendre inutiles. Ce ministre me dit ensuite de vous presser encore de remettre cet argent, au sujet duquel ils attendaient les premiers avis de Buliot pour se décider. Comme je lui faisais observer que je me conformerais à son désir, quoiqu'il ne fût pas nécessaire d'insister auprès de vous pour des choses convenables ou possibles, quand il s'agissait des intérêts de Sa Majesté, il me répondit : « Nous en jugerons par les faits. »

Vous me chargez de voir où en sont ici les affaires de Jean Bentivogli. Les projets du pape sur la Romagne étant la source de ses inquiétudes, ce sera le premier objet dont je m'occuperai. Vous devez vous souvenir que, peu de temps après notre arrivée, nous vous instruisîmes des instances du pontife et des temporisations du roi. Plus tranquille sur l'Allemagne, ce prince voulait alors diriger les armements saint-siége contre les Colonnes; du moins motifs que nous vous en avons donnés l'ont ujours fait croire. Dans le cas où ils auraient enacé la Romagne, il permit alors à Jean ntivogli de défendre à titre de parenté le igneur de Faënza, et n'obligea point, comme l'a fait depuis, les Vénitiens à cesser de proger cette ville. Mais les ambassadeurs de la ur de Vienne n'étant point venus et celle de rance craignant chaque jour d'être attaquée, roi s'est vu forcé à céder aux vœux d'Alexanre VI dans tout ce qui concerne l'Italie. uis XII tient plus de compte de ce pontife que es autres souverains de cette contrée, soit arce qu'il déploie plus de moyens militaires t qu'il lui reste plus de force et moins d'emarras, soit parce qu'il est le chef de la relijon. On retrouve les mêmes sentiments dans cardinal d'Amboise : comme sa qualité de remier ministre excite contre lui la jalousie et haine des grands, il espère que la faveur du ape ajoutera à son crédit et l'aidera à triomher de l'envie. On dit qu'il sera choisi pour la rance dans la nomination de nouveaux légats qui doit avoir lieu à l'occasion des projets ontre les Turcs. Poussés par la peur de ces derniers et par les conseils du roi, les Vénitiens ont aussi retiré leur appui aux places de la Romagne dont on a parlé : ils l'ont fait avec plaisir, dans l'espérance que le pape engagerait les princes chrétiens à les secourir. Ils ne croient pas d'ailleurs perdre beaucoup si ces places tombent dans les mains du duc de Valentinois qu'ils ont pris sous leur protection, inscrit dans leur livre, et qu'ils nommeront probablement général de leurs troupes. En réfléchissant à l'insatiable ambition d'Alexandre VI, on pense généralement ici que les motifs qui ont empêché le roi et les Vénitiens de s'opposer à cette entreprise les porteront aussi à consentir à celle contre Jean Bentivogli. Comme ce seigneur ainsi que le duc de Ferrare le craignent fort, ils ont fait de vives instances auprès du monarque français pour en obtenir la permission de secourir les autres places menacées. A leur prière M. d'Aubigny a envoyé en dernier lieu un courrier qui n'a emporté d'autre réponse sinon que Sa Majesté ne voulait, ni se mêler des affaires du saint-siége, ni souffrir que ses alliés contrariassent les desseins du souverain pontife. L'agent de Bentivogli représnetant ces jours passés le péril auquel on exposait ce seigneur si on lui retirait la protection de la France en consentant aux vues hostiles de la cour de Rome, il lui fut dit pour toute réponse que, si le pape dirigeait ses attaques contre Bentivogli, Sa Majesté voudrait bien entendre les raisons de part et d'autre et donner le tort à celui des deux qui le mériterait. Voilà tout ce que l'on peut savoir en ce moment sur l'affaire de Bentivogli. Je crois à la vérité de ces renseignements, qui me viennent de bonne source.

Je n'ai point parlé d'Augustin Semanza, sachant que Jules Scurcigliato avait reçu, il y a plusieurs jours, des lettres d'Antoine Cola, agent du préfet. Ces lettres annonçaient l'arrivée de cet agent, mais elles donnaient plus d'importance à sa mission et le disaient chargé d'une réponse favorable. D'après l'usage que j'ai fait alors de cet avertissement, je ne crois pas devoir y revenir en ce moment.

J'ai dit à Scurcigliato de votre part combien vous aviez été sensibles à ses bons procédés : il en est reconnaissant et vous prie de nouveau de faire expédier son affaire. Il ne vous a jamais écrit, mais il a instruit de tout ce qui s'est passé les amis particuliers qu'il possède dans Florence

Depuis que le roi est ici, les seigneurs de Ligny et de la Trémouille, le prince d'Orange et plusieurs autres grands s'y sont rendus. On est inquiet au sujet de l'Allemagne, quoique l'on n'en dise rien. Aussitôt après la Toussaint Sa Majesté partira pour Lyon. On croit que les ambassadeurs du roi de Naples sont déjà dans cette ville, et l'on ne doute plus du mariage de la fille de ce monarque avec monseigneur de La Roche. On y attend le cardinal de Saint-Severin.

Nicolas Macchiavelli.

Nantes en Bretagne, le 25 octobre 1500.

P. S. Au moment où j'allais fermer cette lettre, Ugolin Martelli en reçoit une de Lyon qui lui apprend que les trente-cinq écus avancés à Melun pour payer le courrier du 3 septembre ne sont pas encore remboursés, et que Jean Martelli est fort mécontent. Je n'ai pu répondre aux plaintes d'Ugolin qu'en lui disant qu'elles étaient fondées et que je vous en ferais part. Acquittez donc, je vous prie, cette dette, afin qu'elle ne retombe pas sur moi, et que je ne sois point réduit une autre fois à confier à la poste du roi jusqu'à Lyon une dépêche importante, comme cela m'est arrivé à Blois.

LETTRE XXIV.

MAGNIFIQUES SEIGNEURS,

Quoique je ne croie pas nécessaire de prier vos seigneuries de me donner un congé, dans la persuasion où je suis qu'elles me l'auront envoyé par l'ambassadeur, dont l'arrivée rend mes fonctions ici absolument inutiles, toutefois j'ai tellement besoin de retourner à Florence que, dans le cas où vous ne l'auriez pas expédié, je n'ai pas voulu me manquer à moi-même, et j'ai dû vous conjurer avec tout le respect possible de m'accorder cette faveur. Vous savez que j'ai perdu mon père un mois avant mon départ; depuis, une de mes sœurs a également cessé de vivre : toutes mes affaires sont en l'air et dans le plus grand désordre, et je vois mon patrimoine se consumer sans fruit. Je vous supplie donc de vouloir bien me faire cette grâce : j'en ai besoin pour remettre l'ordre dans mes affaires. Si vous me permettez seulement de rester un mois à Florence, c'est tout ce que je demande; vous pourrez ensuite disposer de moi comme vous voudrez, en m'envoyant non-seulement en France, mais dans quelque pays qu'il conviendra à vos seigneuries, auxquelles je me recommande très-humblement; *Quæ benè valeant.*

NICOLAS MACCHIAVELLI.

Nantes, 25 octobre 1500.

LETTRE XXV.

MAGNIFIQUES SEIGNEURS,

Après le départ de ma lettre du 25 octobre je reçus votre dernière du 21 du même mois. Comme elle avait rapport à une autre du 10 qui ne m'était pas encore parvenue, ce ne fut pas sans peine que je me décidai à exécuter votre commission. J'allai cependant communiquer vos inquiétudes au roi et au cardinal : je dis que vous étiez instruits de plusieurs côtés des mauvaises dispositions de l'armée du duc de Valentinois à l'égard de la république; que cette nouvelle vous alarmait, dans le désordre où se trouvaient vos troupes; que vous comptiez sur le secours de Sa Majesté; mais que vous ne négligeriez rien de ce qui serait en votre pouvoir pour sauver votre liberté et vous défendre contre tout ennemi qui chercherait à vous attaquer de concert avec les Orsini et les Vitelli. Le roi, qui était occupé, se contenta de me renvoyer au cardinal sans me donner de réponse. M'étant rendu à l'instant chez ce ministre, je lui tins le même langage qu'au roi, en y ajoutant seulement ce qui me parut propre à l'intéresser en votre faveur. Il me répondit qu'il ne pensait pas que le pape tentât aucune entreprise en Italie sans en prévenir Sa Majesté; que ne l'ayant point prévenue de celle dont nous lui parlions, il n'était pas probable qu'elle fût dans ses projets. Il ajouta que si ce pontife en informait le roi, ou faisait quelque tentative à cet égard, ce prince saurait d'un côté s'y opposer, et de l'autre nous secourir, pourvu que nous restassions en bonne intelligence avec lui. Alors il se plaignit du retard des ambassadeurs; et après avoir réfléchi pendant quelques instants il me dit : « Conservez « l'amitié du roi, et ces secours ne vous seront pas « nécessaires. Si vous la perdez ils seront insuf- « fisants. » Je fis les réponses qui me parurent les plus convenables; mais je ne crus pas devoir parler encore de....., de peur d'aigrir davantage les esprits. J'attends l'arrivée de votre ambassadeur, qui ne peut être fort différée, vu le temps de son départ. Il sera sûrement porteur d'instructions qui rempliront leurs désirs et nous permettront alors de traiter cet objet. Ayant reçu, depuis, votre lettre du 2 novembre, je la lus et retournai ensuite chez le cardinal. J'exposai brièvement à ce prélat le motif de vos craintes, la facilité avec laquelle le duc de Valentinois, qui avait avec lui un de vos rebelles, pourrait, après la prise de Faënza, vous attaquer et former quelques projets contre votre liberté. Je représentai que cela devant tourner au préjudice et au déshonneur du roi, puisque nous étions remplis à son égard de confiance et de dévouement, il me semblait convenable que Sa Majesté écrivît au pape et au duc qu'elle regarderait comme faite à elle-même toute agression dirigée contre les Florentins. Ce ministre, me prenant par la main, me conduisit vers le grand chancelier et le marquis de Rothelin qui se trouvaient assez près de nous; puis il me rappela, comme il l'avait déjà fait tant de fois, les peines qu'il s'était données pour nous, le déshonneur que le roi avait recueilli de son zèle pour nos intérêts, et votre refus de payer, malgré vos engagements. « Maintenant, » ajouta-t-il, « que vous craignez le pape, vous implorez le « secours du roi : vous ne l'obtiendrez que lors« qu'il sera assuré qu'il doit vous considérer « comme amis. Il ne doit pas auparavant se dé« clarer contre les Lucquois, les Siennois et vos « autres ennemis en écrivant en votre faveur. » Je fis aux premières objections les réponses accoutumées. Quant aux autres articles, je dis que Sa Majesté ne devait plus avoir de doutes sur l'affection des Florentins; qu'elle ne me semblait point obligée à tant de ménagements envers les Lucquois et les Siennois; que je ne me souvenais pas qu'elle en eût reçu beaucoup de services; que j'ignorais ce qu'elle pouvait en attendre en temps de paix ou en temps de guerre, mais que je savais fort bien ce que vous aviez fait pour le roi et pour son prédécesseur, et comment dans leurs revers, temps où l'on aime à retrouver ses amis, vous leur étiez seuls restés fidèles en Italie, conduite qui n'aurait pas dû vous attirer de pareils traitements, soit parce que vous ne les aviez pas mérités, soit parce que Sa Majesté Très-Chrétienne ne devait pas les permettre. Le cardinal me répondit seulement : « Écrivez à votre ambassadeur d'arriver promp« tement, et de vous faire passer sa commission « afin que nous connaissions l'esprit de votre gou« vernement : nous ne manquerons point alors de « suivre à son égard la route que le devoir nous in« diquera. » Comme je voulais lui dire que l'on avait envoyé à Pise le 12, il répliqua d'un air un peu ému : « Ce n'est rien ; faites ce dont je vous « ai chargé. » Le lendemain de cette entrevue, qui était hier, Robertet me rencontra, et me dit qu'il avait reçu du roi et du cardinal l'ordre positif d'écrire à l'ambassadeur qui réside à Rome et au seigneur d'Aubigny à Milan, afin que le premier signifie au pape et l'autre au duc de Valentinois que l'on apprend avec peine qu'il est question dans l'armée qui se trouve en Romagne du projet d'aller avec les rebelles, ou avec d'autres, attaquer les Florentins, projet auquel Sa Majesté ne consentira en aucune manière. En un mot, Robertet m'assura qu'il était chargé d'écrire en termes très-pressants en faveur de notre république. Comme je lui demandais ces lettres, il me répondit qu'il n'avait pas commission de me les donner, ce qui était meilleur pour nous, parce qu'autrement nous paraîtrions les avoir mendiées.

Voilà tout ce que je puis vous marquer relativement à vos dernières dépêches. Rien de nouveau ici, si ce n'est que le roi part aujourd'hui pour Tours, où il doit trouver les ambassadeurs de l'Allemagne.

NICOLAS MACCHIAVELLI.

Nantes, le 4 novembre 1500.

LETTRE XXVI.

MAGNIFIQUES SEIGNEURS,

J'ai répondu le 4 de ce mois aux vôtres des 11 et 21 du mois dernier. Le roi partit le lendemain de Nantes pour se rendre à Tours. Quoique la cour prît des chemins de traverse je résolus de ne point la quitter, pensant que votre réponse à ce que Sa Majesté vous a fait communiquer par Édouard Buliot pourrait arriver dans cet intervalle. Je ne m'étais pas trompé : en passant le 18 à Champigny, petit village situé à dix lieues de Tours, vos lettres me furent remises vers les sept heures du soir. Comme il était trop tard pour exécuter sur-le-champ votre commission, je différai jusqu'au lendemain, jour auquel je me rendis dès le matin à la cour. Ayant rencontré le cardinal seul et sans affaires, je crus devoir en profiter, quoique j'eusse projeté de voir d'abord Sa Majesté. Je m'approchai de ce ministre et lui dis que j'avais reçu des lettres de vous, avec une copie de la réponse faite à Buliot, dont il me paraissait superflu de lui donner lecture, sachant que cet envoyé avait informé le roi de tout ce qu'elle contenait. Je fis observer ensuite que vous craigniez bien que votre délibération ne satisfît point Sa Majesté, vu les besoins pressants qu'elle disait éprouver dans la circonstance présente; mais que vous la suppliiez d'avoir égard aux peines et aux dépenses auxquelles vous avaient exposés et vous exposaient encore tous les jours la non-restitution de vos places et le désir de soutenir l'honneur de la France en Italie; que vous espériez que ce prince, touché de votre dévouement, vous pardonnerait les retards que vous étiez obligés d'apporter au payement d'une partie des sommes réclamées. J'ajoutai que si votre inaltérable fidélité, vos droits, les conventions faites, les mauvais procédés des Lucquois pouvaient décider le roi à vous remettre Pietra-Santa, cette marque de bienveillance ranimerait votre courage, enflammerait les Florentins de la plus vive ardeur pour le service de Sa Majesté, leur rendrait assez de considération pour arrêter tous les projets du pape et des Vénitiens contre leurs États et leur liberté. Je développai ces idées autant que la matière me le permit et que le cardinal voulut bien m'entendre. « Il est vrai, » me répliqua ce ministre, « que la seigneurie avoue la dette « et fait en ce moment remettre dix mille ducats « à Milan; mais le roi, qui se trouve gêné par les « avances qu'il a faites pour vous, n'est point content de cet à-compte, et sans l'entier payement « il n'y a aucune réponse favorable à espérer pour « vous ni pour votre ambassadeur. » Comme il m'en laissait le loisir, je lui montrai assez au long que ce mécontentement du roi était peu fondé s'il existait réellement, parce que Sa Majesté devait avoir moins d'égard au désir de recouvrer ce qui lui revenait qu'aux sentiments qui obligent un père à agréer les efforts de ses enfants lorsqu'ils sont proportionnés, sinon à leurs vœux, du moins à leur pouvoir. Son Éminence se contenta de répondre à tout ce que je pus lui dire que le roi avait besoin de cet argent pour la solde de ses troupes en Lombardie; mais que si les seigneurs d'Aubigny et de Chaumont, gouverneurs de Milan, pouvaient vous accorder un délai de quelques mois, il y consentirait volontiers. Je fis observer que ni vous ni moi ne devions nous attendre à une semblable réponse, et que je ne prendrais pas sur moi de vous la communiquer, bien persuadé qu'en vous privant de tout espoir elle vous jetterait dans le découragement, et nuirait aux intérêts de Sa Majesté ainsi qu'à ceux de la république, pour laquelle j'en obtiendrais sûrement une autre plus digne de sa fidélité et de ses services envers la France. Ne pouvant rien gagner de plus auprès de ce ministre je le quittai, et me rendis dans cette même matinée chez le roi auquel je tins le même langage, en lui dépeignant avec les couleurs les plus vives votre attachement invariable, votre envie de le satisfaire, la nouvelle preuve de bienveillance qu'il pouvait vous donner si aisément, et l'impossibilité où vous étiez d'acquitter sur-le-champ la totalité de cette somme; en un mot, je n'omis rien de ce qui me semblait conduire à mon but : il serait fastidieux pour vous d'en entendre encore le récit. Je n'obtins de ce prince que les plaintes ordinaires, auxquelles je fis des réponses infructueuses. Lorsque nous fûmes à Tours je m'abouchai avec un ami qui a coutume de m'instruire de beaucoup de secrets de la cour de Rome relativement à ses intelligences avec les Vénitiens. Il me prévint que l'ambassadeur français à Venise, gagné par celui du pape, avait assuré le sénat qu'il savait par différentes personnes dignes de foi que les Florentins, les Bolonais, le duc de Ferrare et le marquis de Mantoue s'étaient ligués sous le prétexte de défendre leurs États, mais dans la réalité pour s'armer contre le roi de France dans le cas où l'empereur ferait quelque tentative en Lombardie, projet dont le sénat devait être instruit, pour en informer un prince auquel il avait tant d'obligations, etc. La réponse des Vénitiens fut que cette ligue leur paraissait vraisemblable, parce que les confédérés s'armaient et se plaignaient de la France; qu'ils en écriraient à leur ambassadeur dans cette cour afin qu'il en informât le roi. Cet ami m'apprit encore que l'ambassadeur du pape auprès de Sa Majesté Très-Chrétienne avait ordre de lui assurer la même chose, et de lui représenter qu'en rétablissant Pierre de Médicis dans Florence et en donnant à cette ville un gouvernement conforme à ses vues, elle préviendrait le danger, ôterait à Ferrare, Bologne et Mantoue leur chef, et mettrait fin aux complots qui se tramaient. Il devait ajouter que la dignité de cardinal dont l'un des Médicis était revêtu obligeait le souverain pontife à seconder, sur sa demande, le désir qu'il avait de rentrer dans sa patrie; qu'il suffisait à Sa Sainteté que le roi restât neutre, l'appuyât de son consentement, retirât son amitié aux Florentins et sa protection aux autres; qu'alors elle saurait bientôt, avec ses forces et celles que lui fourniraient les Vénitiens, priver Jean Bentivogli de ses États, rétablir Pierre dans Florence et soumettre Ferrare ainsi que Mantoue. Pour donner du poids à cette entreprise, Sa Majesté serait seulement suppliée de joindre à son assentiment quelques centaines de lances, i se rendraient sur les confins du Bolonais, ndis que les Vénitiens feraient de leur côté mouvements nécessaires. « Tous ces projets, » outa mon ami, « ont été proposés : on sollicite vec instance l'agrément du roi, et c'est dans ette vue que l'on a fait sortir Pierre de Médicis e France pour se rendre à Pise, afin de l'avoir ous la main. » Lorsque j'eus reçu ces renseigne-ents, qui me parurent très-probables d'après conduite du pape, je jugeai à propos d'en dire elque chose au cardinal. Ayant saisi le mo-ent, sans nommer en particulier à ce ministre le pontife ni les Vénitiens, je me plaignis en énéral de la malignité de vos ennemis, qui es-éraient pouvoir persuader à Sa Majesté que les lorentins cherchaient à s'éloigner d'elle. Je fis bserver que, sans recourir à l'expérience du ssé et du présent, pour détruire des calomnies ssi peu fondées qu'indécentes, il suffisait de ontrer combien il était invraisemblable que ous pussiez compter sur le secours de l'empe-eur, qui n'avait pas même su défendre le Mila-ais regardé comme l'un de ses États, et vous ex-oser à l'inimitié d'un roi dont vous aviez tâché acquérir la bienveillance par tant de dangers et e sacrifices pécuniaires. « Comment, » ajoutai-e, « les Bolonais et les Ferrarais pourraient-ils compter sur une autre puissance, leur position les obligeant à se conformer aux volontés des souverains du Milanais, l'un par la crainte des papes, l'autre par celle des Vénitiens? Sa Ma-jesté doit donc se méfier des ennemis cachés qui méditent la ruine de ses amis dans la seule vue d'augmenter leur pouvoir et de l'expulser plus facilement d'Italie. A l'exemple de ceux qui ont voulu dans les temps passés conserver une pro-vince étrangère après l'avoir conquise, elle doit affaiblir ceux qui sont puissants, traiter avec bonté ceux qui sont soumis, ménager ses alliés, et être en garde contre ceux qui veulent rivaliser avec elle. Il lui est aisé de reconnaître que ce sont les mêmes qui ont toujours été jaloux de son autorité, et non les Florentins, les Bolonais et les Ferrarais. » Après m'avoir entendu avec patience, le cardinal me répondit que le roi était très-prudent, qu'il savait écouter beaucoup et croire peu, qu'il laissait tout dire et n'ajoutait foi qu'à ce dont la vérité était bien reconnue. « De plus, » me dit-il, « outre les lettres envoyées « précédemment à Rome et à Milan après que « vous m'eûtes parlé de cet objet, on a encore « écrit il y a trois jours en votre faveur, et d'une « manière très-pressante. Il est vrai que le sei-« gneur d'Allègre, à la tête de cent lances, a été « autorisé à se joindre au duc de Valentinois dans « la Romagne, mais avec injonction de ne point « perdre de vue ce qui vous concerne. Lorsque « son ambassadeur sera arrivé la seigneurie verra « que Sa Majesté est fidèle à ses engagements, « pourvu qu'elle n'y manque pas elle-même, et « qu'elle fasse sur le payement désiré des propo-« sitions plus satisfaisantes. » Robertet me parla depuis dans le même sens, en m'assurant qu'au-cune résolution préjudiciable à nos intérêts ne serait prise ni favorisée par le roi, à moins que l'on y fût entraîné par nos divisions et les en-nemis intérieurs de notre liberté, ce dont la sei-gneurie devait se méfier. Il me fut facile de vous justifier sur ces prétendues mésintelligences, dont il est essentiel de leur ôter l'idée, car l'o-pinion seule en serait aussi funeste ici que la réalité dans Florence.

Je n'ai point d'autres nouvelles à vous man-der, car l'on ne s'explique point sur le but de l'ambassade allemande qui se trouve ici; on remarque même ceux qui ont des liaisons avec ces envoyés ou qui témoignent trop de curio-sité à leur égard. Pendant que je vous écrivais cette lettre j'en ai reçu une de Pierre-François Tosinghi, en réponse à plusieurs que je lui avais adressées quoique je ne susse pas si elles lui parviendraient : il m'apprend qu'il est arrivé à Lyon le 12 et qu'il se remettra en route le 15. Je l'attends avec impatience. Fasse le ciel qu'il soit plus heureux que ceux qui ont été chargés avant lui d'une semblable mission!

NICOLAS MACCHIAVELLI.

Tours, le 21 novembre 1500

LETTRE XXVII.

MAGNIFIQUES SEIGNEURS,

J'ai répondu le 21 du courant à votre der-nière, et vous ai pleinement informés des obser-vations du roi et du cardinal sur votre réponse à Édouard Buliot. Je vous ai ensuite retracé la marche suivie par le pape et les Vénitiens pour inspirer contre nous des méfiances à Sa Majesté, et les réflexions que le cardinal m'avait faites à ce sujet. Quoique je n'aie rien de nouveau à vous apprendre, je crois devoir profiter du départ de quelqu'un qui se rend en Italie pour vous instruire de ce qui s'est passé depuis. J'étais peu satisfait de ce que l'on m'avait dit touchant votre délibération sur les remboursements réclamés par le roi. De plus, le bruit courait ici que le duc de Valentinois avait occupé le Val-di-Lamona et qu'il espérait s'emparer bientôt de Faënza. J'avais appris outre cela que Pierre de Médicis était à Pise: qu'un député des Lucquois arrivé ici avait ordre de payer sur-le-champ à Sa Majesté dix mille ducats si on voulait leur rendre Pietra-Santa. Informé aussi que MM. de la Palisse et Chastillon avaient été envoyés à Pise par la reine en qualité de gouverneurs, je me décidai d'après tous ces renseignements à me présenter auprès du roi. Je renouvelai tous mes efforts pour convaincre ce prince que vous n'aviez pu faire à Buliot une réponse plus satisfaisante, étant épuisés par les dépenses précédentes et par celles que vous rendait indispensables le voisinage de l'armée victorieuse du duc de Valentinois qui vous menaçait continuellement, moins avec ses forces qu'avec celles de Sa Majesté du nom de laquelle il se prévalait, ce qui aurait des suites fâcheuses pour vous si elle n'avait la bonté de les prévenir. Le roi répliqua sur-le-champ: « Nous « avons écrit deux fois à nos lieutenants en Italie « de marcher sans délai contre le duc de Valenti« nois, s'il faisait quelques tentatives contre les « Florentins ou les Bolonais: vous pouvez donc « demeurer sans inquiétude à cet égard. » Il revint ensuite aux plaintes ordinaires. Quant à ce que je lui avais dit de Pise et des Lucquois, il se contenta de me répondre en général que nous n'avions pas fait ce payement au temps marqué dans les conventions, et que nous ne voulions pas le faire aujourd'hui de manière à le lui rendre utile. Toutes mes observations furent infructueuses; je craignis même d'avoir abusé de la patience de Sa Majesté. Comme je concluais en annonçant que votre ambassadeur arriverait sous deux jours, elle reprit: « Ce sera peut-être « un peu tard. » Ayant quitté ce prince, j'allai trouver . . . . . . et m'entretins avec lui de tout ce que je viens de vous écrire. Il me dit qu'il était faux que M. de la Palisse eût été envoyé à Pise; et que si Pierre de Médicis se trouvait dans cette ville ce n'était point par ordre de la cour, mais sur l'invitation du duc de Valentinois, qui désirait tenter en faveur de Médicis quelque chose qui pût seconder ses vues personnelles. Après m'avoir assuré que le roi avait écrit trois fois, ou même plus, à ses lieutenants de nous défendre, il ajouta sous le secret que Sa Majesté voyait avec peine les succès du duc de Valentinois. Par rapport aux Lucquois, il me dit qu'ils faisaient tout ce qui dépendait d'eux pour recouvrer Pietra-Santa, offrant dix mille ducats, ou même une somme plus considérable, et que nos retards au sujet du payement demandé devaient nous faire craindre les effets du mécontentement de ce prince. Sa conclusion générale sur les réponses que je crus convenables fut que, d'après son propre jugement et les dispositions manifestées par le roi et le cardinal à votre égard, il lui paraissait certain que cette puissance, si vous saviez en user avec elle comme vous le devez, soutiendrait toujours votre cause. Là-dessus nous nous séparâmes. Je désire vivement l'arrivée de l'ambassadeur, afin que l'on voie quelle tournure prendront nos affaires et que l'on puisse s'en former une idée plus juste. Permettez-moi seulement de vous renouveler une observation dont il vous a été parlé fort au long dans les premiers temps de notre séjour ici. Je n'y suis plus revenu, soit pour ne point paraître trop présomptueux, soit parce que la seigneurie a auprès d'elle plusieurs de nos concitoyens qui sont remplis de prudence et plus versés que nous dans la connaissance de cette cour. Cette observation porte sur la nécessité de se procurer ici quelque ami, quelque protecteur, comme le pratiquent tous ceux que des affaires y appellent. Je ne doute point que votre ambassadeur ne soit muni de tout ce qui convient à cet égard. Soyez convaincus que s'il ne donne pas, au moins à Robertet, quelques preuves sensibles de votre reconnaissance, il n'obtiendra pas même l'expédition d'une lettre ordinaire.

L'ambassade de l'empereur, composée de Philippe de Nassau et de deux autres simples gentilshommes, eut hier du roi sa première audience, à laquelle assistèrent le cardinal d'Amboise, les seigneurs de la Trémouille et d'Aubigny, le grand chancelier, le maréchal de Gié, le prince d'Orange, le marquis de Rothelin et

M. de Clari, avec les envoyés de Rome, de Madrid et de Venise, ainsi que trois ou quatre gentilshommes italiens. Elle ne fit d'abord que des propositions générales tendant à prouver que l'empire regardait comme nécessaire l'armement de toute la chrétienté, pour opposer une digue à la fureur des Turcs qui menaçaient la république chrétienne et dont ils enlevaient chaque jour quelque lambeau. Ces députés ajoutèrent qu'ils étaient envoyés pour conclure la paix entre l'empereur et le roi de France, parce que cet armement ne pouvait avoir lieu si ces deux chefs de la chrétienté n'étaient pas unis. Ils ne parlèrent dans leur discours que de cet objet, et ils le firent dans les formes et avec les termes usités en pareille cérémonie. Aussitôt qu'ils furent sortis de cette première audience Sa Majesté nomma, pour traiter avec eux de la paix, le cardinal d'Amboise, le grand chancelier, monseigneur de Bourbon et le maréchal de Gié. Cette négociation doit être terminée dans la semaine. On dit que ce prince partira ensuite pour Blois; mais on ne parle point du voyage de Lyon.

NICOLAS MACCHIAVELLI.

Tours, le 24 novembre 1500.

LETTRE XXVIII [1]

MAGNIFIQUES SEIGNEURS,

J'ai reçu des lettres du conseil des Dix en réponse à plusieurs de celles que je vous ai écrites. Comme je lui ai fait part de tout ce que je savais touchant nos affaires, il me paraît inutile de vous le répéter. Le but de celle-ci est de vous réitérer l'expression de mes sentiments respectueux. Je veux aussi vous parler de l'affection que je porte à Jules Scurcigliato, Napolitain: elle est fondée, non sur des services qui me soient personnels, mais sur ceux qu'il a tâché de rendre à notre république avec un tendre et vif empressement. Je crois en conséquence devoir le recommander à la seigneurie et la supplier, si elle ne veut pas se faire accuser par toute cette cour d'ingratitude envers un défenseur, qu'elle est intéressée d'ailleurs à conserver, de l'aider de tous ses moyens, et de contribuer au succès de son affaire avec les héritiers de Pierre-Antoine Bandini. Lorsqu'il apprit il y a trois jours qu'il avait été rendu contre lui une sentence inhibitoire, il en fut tellement indigné que, si je ne me fusse pas trouvé présent, il allait en grande hâte faire retentir la cour de ses plaintes sur l'injustice dont il se croyait victime. Il a plus d'un grief : il se plaint, 1° de ce que la seigneurie a renvoyé à l'Ordinaire une cause qui devait se juger sommairement; 2° de ce que les lenteurs de ce tribunal ont donné le temps à ses adversaires de former des oppositions; 3° de ce que la femme a été mise hors de cour; 4° de ce que l'on a ôté l'espoir à ceux qui veillaient dans Florence à ses intérêts, et peut-être à lui-même, de pouvoir obtenir par cette voie ce qui peut lui revenir; enfin il est fort mécontent de ce que ses parties adverses l'ont traité dans leur opposition de marchand et d'usurier, lui qui ne réclame que son propre capital et abandonne toutes les rentes qui peuvent être dues. Si je ne suis point instruit de cette discussion, du moins je vois clairement, magnifiques seigneurs, que, dans la position incertaine et délicate où vous vous trouvez avec la France, peu de personnes peuvent vous être utiles, mais toutes peuvent vous nuire. Il me paraît donc convenable, et même absolument nécessaire, de ménager ce Scurcigliato et d'entretenir ses espérances. Si vous ne le faites point, à la première lettre qu'il recevra de votre ville il remplira cette cour de ses ressentiments. En se déchaînant contre vous il sera cru plus facilement que lorsqu'il faisait votre éloge. Cet homme jouit de quelque crédit; il a de la loquacité et de la hardiesse; il est importun, terrible, et ne connaît point de mesure dans ses emportements : aussi est-il à craindre dans toutes ses entreprises. L'amour de la patrie et le désir du bien m'ont engagé à vous soumettre ces observations: la seigneurie voudra bien m'excuser, et elle se conduira sûrement avec la bienveillance et la sagesse qui lui sont ordinaires.

NICOLAS MACCHIAVELLI.

Tours, le 24 novembre 1500.

[1] Cette lettre est adressée aux Dix de la liberté, magistrature qui venait d'être rétablie.

VI.

COMMISSION A PISTOJA [1]

I.

AUX COMMISSAIRES A PISTOJA.

Le 26 octobre 1501.

MAGNIFIQUES SEIGNEURS,

Ce qu'il y a de plus important dans les affaires que vous avez à traiter sur les lieux où vous êtes consiste, si nous en croyons ce que nous a exposé ce matin Macchiavelli, à faire rentrer également sous l'obéissance et les habitants de la ville et ceux de la campagne. D'après son rapport, vous attachez une extrême importance à disposer d'abord les paysans à la soumission et à leur faire restituer, en vertu des traités, les fermes, les grains et les autres objets qu'ils ont injustement retenus, comme gens habitués à ne se soumettre à aucune loi et à vivre d'une manière entièrement indépendante, ainsi que vous en avez eu plusieurs exemples lorsqu'ils ont refusé de laisser rentrer dans leurs maisons les propriétaires légitimes. Ce refus nous paraît extrêmement grave et de nature à devenir une source continuelle de désordres : nous pensons donc comme vous qu'il serait très-essentiel de mettre en garnison chez les paysans les plus rebelles une centaine d'hommes d'armes. Mais, comme il nous est impossible en ce moment d'employer une semblable mesure, nous voudrions recourir à quelque autre expédient, comme serait, par exemple, ésessayer si, sous prétexte d'aller au butin sur le territoire de Pise ou de tenter telle autre expédition du même genre qui vous paraîtrait convenable, on ne pourrait pas, pendant sept ou huit jours, tirer Francesco de la campagne avec deux cents hommes et Draguccio de la ville avec un pareil nombre. Il nous semble que ce serait un moyen de les détourner de la guerre civile et de les maintenir momentanément dans leurs fonctions, jusqu'à ce que nous puissions ensuite les prendre à notre service. Nous confions entièrement ces mesures à votre sagesse, tant pour la marche qu'il conviendrait de suivre que pour la manière de s'y prendre; il suffira que vous nous informiez de tout ce que vous aurez résolu de faire : nous serons toujours disposés, de notre côté, à vous seconder et à justifier les mesures que vous auriez ordonnées. Si vous pensiez qu'il y eût quelque chose à obtenir, soit de Francesco, soit de Draguccio, en engageant le premier avec ses cavaliers, l'autre avec ses fantassins, vous pouvez agir librement, parce que nous voulons vous faire honneur en tout ce que vous aurez ordonné à cet égard.

Mais s'il était difficile d'employer cet expédient, le remède le plus efficace serait, à ce que nous croyons, de réorganiser entièrement la ville, d'y faire revenir le plus grand nombre possible de Panciatichi, de renouveler tous les emplois, et d'établir tout ce qui serait nécessaire pour que leur rentrée eût lieu. Pour atteindre ce but il ne faudrait pas d'abord s'occuper des affaires particulières de la campagne, où vous croyez que notre intervention pourrait être compromise : il suffirait de faciliter le départ de tous ceux qui le désireraient et de s'occuper exclusivement des affaires du dedans, parce qu'une fois les Panciatichi de retour en nombre suffisant, comme nous ne cessons d'y travailler, et tous les emplois remplis conformément aux règlements, nous sommes convaincus que la

[1] Le Journal de Biagio Bonaccorsi, page 34, fait mention d'un grave désordre arrivé à Pistoja par suite des discordes qui régnaient entre les deux puissantes familles Panciatichi et Cancellieri, qui tenaient toute la ville divisée. Le 25 février 1500, les deux partis s'étant soulevés l'un contre l'autre, les Cancellieri parvinrent à chasser les Panciatichi D'après les documents qui existent dans les Archives *delle riformazioni*, les mesures que prit la république pour apaiser ces tumultes furent toujours insuffisantes; et Macchiavelli les qualifie ainsi en divers endroits de ses ouvrages.

Il fut envoyé plusieurs fois auprès des commissaires que le gouvernement avait mandés sur les lieux, pour connaître l'état des choses et rendre compte des mesures prises par eux.

soumission de la campagne n'offrira plus de difficultés, secondés que vous serez par les citoyens et les nouveaux prieurs, auxquels nous adressons l'incluse, rédigée dans le sens qui nous a semblé le plus propre à les engager à rétablir la tranquillité.

Nous apprenons que deux circonstances pourraient entraver les négociations que vous avez commencées ou que vous êtes sur le point d'entamer : la première est qu'un nommé Neri, du parti des Panciatichi, quo vous avez entre les mains, a été réclamé par les membres de ce parti, tandis que les Cancellieri, de leur côté, en réclament un qui depuis plusieurs mois a été pris par Peccione et emmené à Pise, la seconde est relative à cette maison située dans le quartier de San Paulo, sur laquelle Draguccio prétend avoir des droits et que Palamides demande qu'on lui restitue. Quant au prisonnier Neri, ayant été instruits d'abord par plusieurs de vos lettres, et ensuite par Macchiavelli, de la manière dont la chose s'était passée, nous sommes seulement dans l'embarras que vous, Filippe, et Antonio, vous ayez promis, pour le tirer des mains des Cancellieri, de ne le remettre à leurs adversaires que lorsqu'on aurait rendu celui des Panciatichi qui se trouvait à Pise; car, si vous n'eussiez pas fait une semblable promesse, nous ne voyons pas pourquoi ces derniers ne pourraient ravoir leur homme; mais ne voulant pas vous déconsidérer, et, d'un autre côté, désirant écarter cette pierre de scandale, nous serions bien aises de savoir d'où l'on pourrait tirer la rançon nécessaire pour racheter l'homme qui se trouve à Pise, et qui, dit-on, n'est que de cinquante ducats. Si on pouvait faire payer cette somme à tous les Panciatichi, cela nous conviendrait fort. Nous sommes persuadés que vous y réussirez sans peine en faisant venir près de vous les chefs de ce parti, et surtout ceux en faveur desquels on veut faire la paix, et en leur faisant sentir combien il serait fâcheux que cette paix vînt à se rompre par un motif si léger et de si peu d'importance. Cependant, si vous ne pouviez rien obtenir, nous vous laissons le soin de trouver un moyen d'avoir ces cinquante ducats, quand même ils devraient rester en partie à notre charge : nous approuverons tout ce que vous serez dans le cas de faire; car jusqu'à ce jour nous avons dépensé tant d'argent que nous ne voudrions pas, pour une cause aussi frivole, donner lieu a la moindre difficulté ou à la plus légère plainte. Voyez donc ce qu'il convient de faire et donnez-nous-en connaissance.

Quant à la maison, si, conformément aux règlements qui existent, vous pouvez la céder aux Panciatichi sans crainte de désordre, nous le verrions avec plaisir; sinon nous désirons que vous la cédiez de quelque manière que ce soit à Palamides pour trois ou quatre mois, en promettant à Draguccio de ne déroger en rien aux droits qu'il pourrait avoir ni aux conventions des traités. Il faut tâcher de le convaincre que nous agissons dans son intérêt, parce que nous ne voudrions pas que cette difficulté mît obstacle au retour des Panciatichi, retour sur lequel nous fondons le succès de toute cette affaire.

Nous ne désirons pas moins que vous que l'évêque retourne ici. Nous n'avons appris son arrivée à Pistoja que par Macchiavelli : nous lui écrivons deux lettres pour qu'il revienne; nous les joignons à la présente. Dans l'une nous l'engageons simplement à revenir, dans l'autre nous le lui ordonnons. Celle où nous l'exhortons est marquée d'une croix de la manière suivante +; l'autre n'a aucune marque. Vous lui remettrez d'abord, et sans perdre un moment, celle où nous l'engageons à revenir; et si au bout d'une heure il n'est point monté à cheval vous lui donnerez celle qui contient un ordre, et nous espérons qu'il obéira.

Il ne nous reste rien à répondre au rapport que nous a fait Macchiavelli : nous nous bornerons à vous exhorter à faire votre devoir; et comme Macchiavelli nous a dit que votre avis serait que l'un de vous deux pût aller chaque jour en course avec quelques cavaliers pour remédier aux désordres, punir ceux qui auraient mérité des châtiments, et vous faire ainsi respecter dans le pays, nous vous verrions avec plaisir mettre ce projet à exécution, car il nous semble aussi très-utile. Nous vous y exhortons fortement. Celui de vous deux qui se croira le plus propre à réussir pourra s'en charger : nous ne pouvons y voir pour lui qu'une chose honorable.

Comme vous nous informez par vos dernières lettres qu'on aurait bien de la peine à obtenir des prieurs la paye pour le seigneur de Montaigu et le traitement pour l'ambassadeur

Corso, vous pouvez leur promettre à tous deux que nous ferons ce qui est dû, en pourvoyant à cette dépense ; et ils peuvent être sûrs que nous ne négligerons rien pour tout terminer avant notre sortie de charge. *Et benè valete.*

II.

AUX COMMISSAIRES A PISTOJA.

Le 17 novembre 1501.

MAGNIFICI VIRI, ETC.,

Depuis le retour de Macchiavelli nous avons différé jusqu'à ce moment de vous en écrire, dans l'intention de vous faire connaître le jour où nous pourrions vous envoyer l'argent nécessaire aux troupes qu'il vous semble indispensable d'avoir auprès de vous : nous n'attendons, pour vous dire où nous en sommes, que l'arrivée de celui auquel nous voulons confier l'emploi de Bargello. Comme Pier Antonio del Viva se trouve malade, nous nous sommes décidés à faire choix de Giannesino de Sarzana : nous lui avons écrit à Sienne ; nous croyons qu'il sera ici après-demain et qu'il acceptera. Si vous aviez en vue quelqu'un qui convînt mieux que lui, écrivez-le-nous, quoiqu'il nous ait été recommandé par un grand nombre de personnes.

Quant à ce que Macchiavelli nous a rapporté de votre part, nous voyons avec beaucoup de satisfaction que vous êtes dans l'intention de mettre tous vos soins à l'affaire de l'ami ...... Si le premier moyen suffit, ce sera pour le mieux ; mais s'il fallait ensuite prendre d'autres mesures, soyez persuadé que vous n'éprouverez jamais de notre part ni abandon ni refus. Comme vous avez pu le voir, nous avons donné une subvention au seigneur Giovanni Antonio, et il a promis de nous servir pendant quinze jours. En conséquence nous vous exhortons à agir avec prudence et courage tout à la fois, et à ne pas attendre nos ordres sur une multitude d'objets, particulièrement sur ceux qui ne souffrent pas de délais et auxquels il serait dangereux d'apporter. Nous ne tenons qu'à une chose : c'est que vous soyez bien convaincus que tout notre désir est que les coupables soient punis, et que celui qui ne voudrait par rester tranquille de plein gré y soit contraint par la force.

Nous ne refuserons pas d'entendre les députés, et nous leur ferons droit dans tout ce que leurs demandes auront de raisonnable ; mais si elles n'offraient que des prétentions sans fondement, nous serions toujours prêts à réprimer ceux qui oseraient les élever ; et soyez convaincus qu'aucun des partis n'aura devant notre tribunal ni appui ni faveur dont il puisse se vanter là-bas. A l'égard des grains, comme il est important, ainsi que vous le dites, de ne point perdre de temps, nous serons toujours disposés à approuver toutes les mesures que vous aurez prises. Nous voyons avec plaisir la députation de quatre citoyens pour chaque partie, et nous ne pouvons manquer de nous entendre avec eux.

Nous approuvons également votre projet de placer un huissier dans cette métairie, jusqu'à ce qu'il soit décidé auquel des deux qui prétendent y avoir des droits la possession en doit demeurer. On pourrait même, si cela vous semblait à propos, songer à y mettre quelque opposition ; mais nous nous en rapportons là-dessus à votre sagesse ; et pour que vous puissiez exécuter cette mesure, nous vous envoyons avec la présente un huissier auquel vous donnerez les ordres qu'il devra exécuter. *Benè valete.*

VII.

COMMISSION A AREZZO

LORS DE LA RÉVOLTE DE CETTE VILLE ET DU VAL-DI-CHIANA.

I.

AU CAPITAINE ET COMMISSAIRE A AREZZO.

Du 6 mai 1502.

Nous apprenons que Vitellozzo [1] entretient des intelligences dans cette ville : celui qui nous les signale ne les regarde pas comme sans danger si l'on n'y porte un prompt remède. Comme de notre côté nous ne voulons point manquer à nos devoirs, surtout dans une affaire aussi importante, où la négligence serait tout à fait impardonnable, nous voulons par la présente t'informer de ce que nous avons appris, et t'ordonner d'agir en cette circonstance avec ta sagesse accoutumée afin que, s'il existe quelques mauvaises dispositions, elles soient mises soudain à découvert ou qu'elles ne produisent aucun mauvais effet. Nous ne te donnerons sur la conduite à suivre aucune instruction particulière, persuadés qu'étant sur les lieux, tu pourras mieux juger jusqu'à quel point ces soupçons sont fondés et quels remèdes il conviendrait d'y apporter : nous nous bornons seulement à te recommander de rappeler aux gouverneurs des châteaux de faire leur devoir, et, s'il s'en trouvait quelqu'un qui te semblât le trahir, d'avoir soin de l'avertir combien une pareille conduite nous déplairait; et tu nous en donneras connaissance.

Tu surveilleras en outre les habitants du pays avec l'attention la plus infatigable, et si tu découvrais quelques démarches de nature à ne point nous plaire, tu ne manqueras pas de nous en instruire. Tu feras encore observer aux portes de la ville ceux qui vont ou qui viennent : ne regarde pas comme une peine indigne de toi

[1] Vitellozzo Vitelli, capitaine à la solde du pape et du duc de Valentinois son fils, fut le promoteur de la révolte d'Arezzo et du Val-di-Chiana, qui, soupçonnée dès les commencements du mois de mai, éclata en 1502, dans le mois de juin.

La république, appliquée entièrement à la guerre de Pise, dut en retirer une partie de ses forces pour faire face à ce nouvel assaut. Elle adressa ses réclamations au pape, que l'on croyait le principal auteur de cette révolte, et dont l'ambition n'avait point de limites lorsqu'il s'agissait de l'agrandissement de son fils. En même temps elle porta ses plaintes au roi de France, qui à cette époque était maître du duché de Milan, et qui s'était engagé à lui garantir ses possessions et à les défendre. On n'obtint du pape que des refus et des excuses mensongères. Le roi, auquel le pape et le duc étaient devenus suspects, envoya ses troupes sur le territoire d'Arezzo avec ordre de tout restituer aux Florentins, et menaça de son courroux Vitellozzo et le duc de Valentinois. Comme les Florentins s'imaginaient que les commandants français d'Arezzo et des autres places étaient trop lents à les restituer, et qu'ils avaient noué des correspondances trop familières avec Vitellozzo et les rebelles arétins, ils en firent de fâcheux rapports au roi, qui ôta le commandement à un certain Imbault, et le donna à M. de Lanques ou de Langres. On expédia ensuite Ugolino Martelli et monseigneur de Melun pour terminer cette restitution, qui fut effectuée le 26 août 1502.

Les diverses missions dont Macchiavelli fut chargé, tant auprès des commandants et des commissaires français que des commissaires florentins, résultent des lettres que nous publions. Il ne s'en est trouvé aucune de lui, peut-être parce qu'il se borna à rendre compte de vive voix des commissions dont l'avait chargé la confiance générale.

On peut voir le récit exact de cette insurrection dans le cinquième livre de l'*Histoire de Guicciardini* et à la page 54 du *Journal de Bonaccorsi*.

La note suivante, mise par Macchiavelli lui-même en tête du protocole des lettres de la magistrature des Dix, commencé le 1er juin 1502, mérite d'être remarquée :

« Die prima junii 1502. In hoc libro erunt litteræ nomine « priorum conscriptæ, quæ ad sexdecim viris deputatis « ad excursionem, populationem, devastationemque ejus « portiones agri pisani mittentur, qua frui ipsis Pisani « videntur. Quæ populatio, nisi Arretini, nequam ac fla- « gitiosissimi homines rebellavissent ab hac excelsa repu- « blica pridie nonas junias in eam certe desperationem « Pisanos impulerat, ut illorum major pars vellet potius « ad pristinam sed quietam servitutem redire, quam in « præsenti turbulenta libertate degere. Et quia hoc non « successit, alia aggrediemur via, pacatis tamen prius, ac « in subjectionem festinato reductis Arretinis, subsidio « christianissimi Francorum regis celeri ac præsentaneo, « quem non tæduit hanc ob rem Alpes transcendere, et « Mediolanum usque proficisci. »

d'examiner toi-même leur personne, surtout les étrangers; et, à notre avis, il ne sera pas hors de propos d'observer scrupuleusement ces mesures, même en ce qu'elles ont d'extraordinaire. Tu feras faire également la garde pendant la nuit par les gens qui sont à tes ordres et à ceux du podestà, auquel tu communiqueras cette lettre. Tu recommanderas au chef de la garde de surveiller ceux qui se trouveraient dehors, de t'en donner la note, surtout lorsqu'il s'agira d'individus d'un âge ou d'une condition tels qu'il ne leur fût pas permis de se trouver dehors à une heure indue. Si, d'après les rapports que tu recevras, tu croyais devoir attacher l'œil sur l'un plutôt que sur l'autre, fais ton devoir en le surveillant bien : informe-nous-en par écrit; et mets tous tes soins à te conduire de manière que nous soyons toujours satisfaits.

P. S. Aie l'œil ouvert sur toutes les démarches d'un certain médecin nommé maître Giovanni da Poggiolo, mais fais-le avec adresse.

II.

A BERNARDO DE' BARDI ET A TOMMASO TOSINGHI.

Du 15 août

MAGNIFICI VIRI, ETC.,

Sa Majesté Très-Chrétienne, par une lettre qui arrivera en même temps que celle-ci, écrit à M. de Lanques qu'instruite de la conduite blâmable de M. Imbault, dont elle est très-mécontente, elle lui ordonne de prendre à l'instant le commandement de toutes les troupes, et de faire reconnaître son autorité par tous les autres chefs, auxquels elle prescrit en même temps de lui obéir. Elle écrit également à Imbault de partir sur-le-champ et de se rendre à la cour. En conséquence nous vous recommandons d'aller immédiatement trouver M. de Lanques, et de tâcher de lui faire entendre que, pour mieux réussir et éviter le scandale, il serait nécessaire de remettre leurs lettres aux capitaines qui doivent demeurer sous ses ordres et de ne donner qu'ensuite celles qui sont adressées à Imbault, afin que ce dernier, dans le dépit qu'elles vont lui causer, ne puisse exciter aucun trouble lorsqu'il verra que les autres officiers sont déjà informés de ce qu'ils ont à faire. Nous vous recommandons un autre soin : c'est de nous envoyer sur-le-champ un rapport particulier de tout ce qu'Imbault a fait ou permis pour nous nuire ou pour déshonorer le roi; vous y joindrez les témoignages et les renseignements qui peuvent rendre vos plaintes plus authentiques. Voici entre autres celles que nous vous rappe-lo[illegible] la permission de tirer des grains de n[illegible]erritoire; 2° la patente accordée aux A[illegible]ins, dont vous nous avez envoyé copie, et dont nous désirerions à tout prix que vous pussiez nous envoyer l'original par votre première dépêche; 3° l'engagement qu'il a contracté avec nos rebelles à Montevarchi; 4° les intelligences qu'il n'a cessé d'entretenir avec Vitellozzo; 5° le tort qu'il nous a causé dans tous nos intérêts; 6° le peu de compte qu'il fait de nous, etc. Enfin vous n'oublierez rien de ce qui peut lui donner le tort réel de n'avoir pas eu assez d'égard pour l'honneur du roi ou pour le salut de notre république. Si vous pouviez décider le secrétaire du roi Odet à écrire à Sa Majesté conformément à ce que vous aurez recueilli, nous en éprouverions une véritable satisfaction. Employez-y tous vos soins; mais n'oubliez pas en cette circonstance d'agir avec votre prudence accoutumée, car vous en sentez toute l'importance.

Nous n'avons rien de nouveau à vous dire sinon que, d'ici à trois ou quatre jours, nous comptons recevoir l'ordre pour la restitution de la place : nos ambassadeurs nous en donnent l'espérance.

III.

A NICOLAS MACCHIAVELLI.

Le 15 août 1502.

A cette lettre s'en trouvent jointes deux autres : l'une, de Francesco Neri, a pour objet de t'envoyer une escorte avant que tu te mettes en route; l'autre est pour le secrétaire. Il nous importe que tu puisses te procurer la proclamation faite par Imbault ainsi que la patente. Tu recueilleras ensuite tous les renseignements que tu pourras sur sa conduite, afin que nous puissions toujours nous justifier auprès du roi.

P. S. Nous apprenons qu'Imbault est allé à la

fite de Sienne : il nous paraît urgent et nous t'ordonnons en conséquence de te hâter le plus que tu pourras, afin d'être arrivé avant son retour.

IV.

A ANTONIO TEBALDUCCI, COMMISSAIRE GÉNÉRAL.

Le 16 août 1502.

Il y a une heure que nous t'avons écrit par un exprès, en réponse à deux de tes lettres qui nous sont parvenues aujourd'hui. Nous n'aurions rien à ajouter si le maître des postes du roi ne nous avait informés qu'il avait reçu de nouvelles lettres de Sa Majesté qu'il doit envoyer aux différents capitaines, et qui sont presque conformes à celles que leur a portées Macchiavelli, notre secrétaire. Un de ses employés les accompagne : nous te l'adressons, en te recommandant de lui faire bon accueil et de lui donner une escorte jusqu'à l'endroit où se trouvent les officiers. Tu voudras bien en outre le charger, à son arrivée, d'en donner avis à Macchiavelli, et lui signifier de notre part de ne point s'éloigner de M. de Lanques que ces lettres ne soient parvenues à leur destination. Quoiqu'elles soient plus anciennes d'un jour que celles que Macchiavelli lui-même a portées, elles sont néanmoins très-importantes, et elles nous semblent arrivées d'autant plus à propos qu'elles sont une nouvelle preuve que Sa Majesté persiste dans ses premières intentions. *Vale.*

V.

AU MÊME.

Le 20 août 1502.

Depuis l'entrée de M. de Lanques dans Arezzo avec toute sa troupe, comme tu ne peux l'ignorer, il nous semble que nos affaires dans ce pays sont en meilleur état qu'elles ne l'étaient auparavant. Quoique nous ayons reçu ces jours passés des lettres de la cour qui nous informent que l'on a expédié l'ordre de rendre les places dont la restitution avait déjà été prescrite, et que nous nous flattions que la journée de demain ne se passera pas sans le recevoir, toutefois nous t'engageons à ne rien négliger pour maintenir jusqu'à se moment M. de Lanques dans ses bonnes dispositions et pour t'informer avec soin comment tout ce passe à Arezzo, et à nous en donner avis sans aucune interruption.

Nous apprenons avec plaisir que les paysans qui s'étaient réunis dans les montagnes sont, d'après le rapport de Macchiavelli, tout à fait disposés pour nous : exhorte-les à patienter encore quelques jours et à ne pas avoir de querelle avec les Français : tu leur feras voir que les choses ne peuvent pas rester bien longtemps dans le même état et qu'elles se changeront en bien, conformément à nos desseins. Comme Bernardo de' Bardi et Tommaso Tosinghi nous ont écrit qu'ils avaient pressenti qu'un grand nombre d'habitants d'Arezzo se tourneraient de notre côté s'ils ne craignaient de ne pas obtenir leur pardon, il serait à propos de semer adroitement le bruit que nous ne nous regardons point comme offensés par le peuple d'Arezzo ni par la généralité de ses citoyens, mais par un très-petit nombre d'entre eux ; que nous sommes prêts à leur ouvrir de nouveau nos bras, et à les regarder du même œil que nous les avons toujours vus jusqu'à ce jour. Nous nous en reposons entièrement à cet égard sur ta prudence accoutumée.

VI.

A TOMMASO TOSINGHI ET BERNARDO DE' BARDI.

Du 24 août 1502.

Nous vous avons écrit hier par duplicata, pour vous informer que M. de Melun et Ugolino Martelli étaient partis dans la soirée pour se rendre à Arezzo, avec l'ordre du roi pour la restitution des places. Nous vous répétons la même chose par la présente ; nous ajoutons seulement que Pierre Soderini et Luca degli Albizi sont également partis pour aller du côté de Laterina, en qualité de commissaires, pour recevoir ces places.

Nous ajouterons, en réponse à l'article de votre dernière lettre du 23, où vous nous dites d'écrire à M. de Lanques pour lui donner l'assurance que nous mettrons en liberté les prisonniers de Cortone aussitôt que tous les nôtres qui se trouvent détenus à Castillo auront été remis entre ses mains, que nous lui écrivons l'incluse à cet effet, et que nous nous félicitons avec lui de l'arrivée de l'ordre du roi pour la restitution des places. Vous la lui ferez parvenir à votre commodité.

Quant aux grains qui se trouvent dans les forteresses et ailleurs, vous ferez entendre que notre intention est de les acheter, et vous prendrez des mesures pour qu'on n'en transporte point dans le pays de Sienne, ne craignant pas même à cet égard de vous rendre importuns.

Quant à la réunion des commandants et aux autres mesures, il est inutile de vous en reparler, ayant pris sur chaque objet tous les soins nécessaires; ce qui d'ailleurs deviendra inutile par l'arrivée des envoyés du roi.

A l'égard de ce qu'écrit Vitellozzo, nous sommes satisfaits d'avoir vu la copie de la lettre et l'empressement avec lequel vous avez repoussé toutes ses accusations. Continuez à agir de même pendant le temps qui reste encore. *Valete.*

VII.

A MONSEIGNEUR DE LANQUES.

Du 24 août 1502.

Nous nous réjouissons avec votre seigneurie, comme avec notre grand et bon ami, de l'arrivée, qu'elle aura sans doute apprise, de M. de Melun et d'Ugolino Martelli, envoyés par Sa Majesté pour faire la remise entre nos mains des places de ce pays. Nous avons, de notre côté, désigné pour commissaires deux de nos citoyens les plus distingués, et nous leur avons ordonné de se transporter sur les lieux pour traiter et conclure cette opération avec votre seigneurie.

A l'égard de nos concitoyens détenus par Vitellozzo, nous nous engageons, aussitôt qu'ils auront été remis entre vos mains, de délivrer les prisonniers que nous retenons ici et dont les noms se trouvent ci-après. Nous terminerons en rappelant à votre seigneurie que nous sommes à ses ordres. Que Dieu accomplisse tous vos désirs. *Benè valete.*

Noms des prisonniers qui se trouvent à Florence.

Messer Aluise, de Cortone.
Messer Fabiano, d'Arezzo.
Salvestro dell' Unghero.
Niccolo di Piero.
Agnolo di Giovanni.
Paolo di Agnolo.
Vespasiano di Simone.

VIII.

A MONSEIGNEUR DE LANQUES.

Le 11 septembre 1502.

Nous envoyons à Votre Excellence l'honorable Nicolas Macchiavelli[1], secrétaire de la haute seigneurie, pour les causes qu'il vous exposera en présence. Nous vous prions de lui accorder la même confiance que si c'était nous qui vous parlassions. Veuillez, dans cette circonstance, nous donner une nouvelle preuve de l'amitié et de la franchise que vous n'avez cessé de nous montrer, pendant tout le temps que vous avez demeuré dans ce pays, lorsqu'il s'est agi d'objets qui intéressaient l'honneur et l'avantage de notre république. *Valete.*

IX.

A ANDREA DE' PAZZI, COMMISSAIRE AUPRÈS DE M. DE LANQUES.

Le 13 septembre 1502.

Nous avons reçu ce matin une lettre de Macchiavelli qui nous informe des arrangements que tu as conclus avec les capitaines français : nous en sommes extrêmement satisfaits; tu as parfaitement rempli nos intentions; il ne reste plus qu'à exécuter. Pour mieux faire tu devrais, selon nous, monter à cheval avec de Lanques et les troupes qui doivent rester, et les accompagner jusqu'à ce que, d'après ce qui a été convenu, elles aient pris leurs quartiers dans le val d'Era, où il faudra tâcher de les loger de la manière la

[1] L'objet de la nouvelle mission de Macchiavelli auprès du commandant français est expliqué dans le passage suivant du *Journal de Bonaccorsi*, page 64 :
« Les troupes françaises, après la remise d'Arezzo, voulurent retourner en Lombardie; mais la république, se croyant sans appui contre les projets du pape, du duc et de Vitellozzo, qui la menaçaient incessamment, demanda en grâce au roi qu'il voulût bien laisser au moins cent cinquante lances pour la sûreté de Florence, ce que ce prince leur accorda sans difficulté pour quinze jours. »

moins onéreuse et la moins à charge pour le pays. Il serait bon également de les décider à payer une partie des vivres : sans cela il sera impossible de faire supporter une charge aussi considérable aux habitants. Comme nous ne pouvons nous dissimuler que cette affaire des logements présente de grandes difficultés et qu'elle exige le concours de plusieurs personnes, tu pourras emmener avec toi, si tu le juges à propos, Salvestro ou Jacopo Ridolfi, ou tous deux, selon la nécessité. S'il arrivait que tu eusses besoin des services du commissaire de Cascina tu voudras bien l'en prévenir, car nous lui avons écrit de te seconder de tout son pouvoir, sans toutefois quitter son poste. De notre côté, nous tâcherons de rassembler l'argent nécessaire pour pourvoir aux gratifications des capitaines qui nous restent : de toute manière ils les recevront sous peu de jours.

Tu ne quitteras point Arezzo que tu n'en aies reçu la permission de nous.

X.

A ANDREA DE' PAZZI ET ANTONIO DE' LAFIS, COMMISSAIRES AUPRÈS DES FRANÇAIS.

Le 17 septembre 1502.

MAGNIFIQUES SEIGNEURS,

Nicolas Macchiavelli et Bartolommeo Morelli, porteurs de la présente, vous diront de vive voix ce que nous avions à répondre à plusieurs de vos lettres. Nous les envoyons pour s'arranger avec ces troupes et arrêter avec les chefs l'affaire des gratifications, pour laquelle ils ont les pouvoirs les plus amples. Nous leur avons ordonné, avant de rien conclure avec les capitaines, de se concerter avec vous sur les mesures à prendre pour réussir : chacun ensuite agira de son côté, de manière à ménager les intérêts de la république et à satisfaire ces capitaines le plus qu'il sera possible. *Valete.*

VIII.

LÉGATION

AUPRÈS DU DUC DE VALENTINOIS.

COMMISSION

Donnée à NICOLAS MACCHIAVELLI, le 5 octobre 1502.

Nicolas, nous t'envoyons auprès de Son Excellence le duc de Valentinois avec des lettres de créance : tu t'y rendras le plus promptement possible. Dans ta première entrevue tu exposeras ce que nous avons appris ces jours derniers, depuis son retour en Romagne, que les Orsini s'étaient détachés de lui ; qu'ils devaient tenir à la Magione, dans le Pérousin, une assemblée avec leurs partisans ; que le duc d'Urbin et le seigneur Barthélemi d'Alviano devaient, selon le bruit public, se réunir à eux pour former contre Son Excellence quelque projet qui nous paraît devoir aussi être dirigé contre Sa Majesté Très-Chrétienne, et qu'ils nous ont fait insinuer adroitement d'y envoyer un député et d'entrer dans leur parti. Tu feras observer ensuite que, toujours animés du même esprit, nous voulons entretenir la bonne intelligence avec le souverain pontife et avec Son Excellence, et demeurer fermement attachés au monarque français, dont l'amitié et la protection nous engagent nécessairement à faire part de ce que nous apprenons et à remplir les devoirs de fidèles alliés toutes les fois qu'il s'agit des intérêts de ce prince et de ceux ou de ses amis ou des États qui dépendent de sa puissance. Tu diras encore à ce seigneur que ces motifs nous ont déterminés à t'envoyer promptement auprès de lui, soit à cause de l'importance du sujet, qui nous a paru l'exiger, soit pour l'assurer de nouveau qu'au milieu des mouvements de nos voisins, nous resterons invariables dans nos dispositions tant à son égard qu'au leur, et continuerons à regarder les amis de la France comme les nôtres et à ne point séparer leur cause de celle de la république. Il nous semble à propos que tu n'ailles pas plus loin dans cette première audience. Tu exprimeras combien nous plaçons de confiance et d'espoir dans ses sentiments. Ces idées pourront être développées selon que tu le jugeras convenable et d'après toutes les circonstances du sujet, dont tu es assez instruit pour que nous n'ayons pas besoin de te tracer de plan; mais tu ne sortiras point de ces limites. Si le duc te fait des demandes ultérieures, tu lui diras que tu vas nous en écrire et que tu attendras notre réponse. Après ce premier entretien, ou dans un autre moment, tu témoigneras à Son Excellence que tu es spécialement chargé de lui faire beaucoup de remerciments du service qu'elle a rendu à nos marchands, dont la république partage la reconnaissance, au sujet des draps retenus à Urbin il y a quelques mois, et qu'elle a, de la manière la plus obligeante, fait remettre à leur disposition, ce dont nos marchés offrent aujourd'hui une preuve bien satisfaisante. Lorsque tu en trouveras une occasion favorable, tu le prieras de nous accorder dans ses États des sûretés et des sauf-conduits pour les marchandises que nos commerçants envoient au Levant ou qu'ils en rapportent. Comme cet objet est très-important pour nous, puisque le commerce est en quelque sorte la mère nourricière de notre ville, tu ne négligeras rien pour obtenir à cette demande tout le succès que nous en attendons.

CORRESPONDANCE

LETTRE PREMIÈRE.

MAGNIFIQUES SEIGNEURS,

Ne me trouvant pas trop bien du cheval lors de mon départ de Florence, et sachant que ma commission était très-pressée, j'ai pris la poste afin de me rendre plus promptement à ma destination. J'y suis arrivé aujourd'hui vers les onze heures du matin. Comme j'avais laissé en arrière chevaux et domestiques, je me suis présenté sur-le-champ en habit de voyage au duc de Valentinois, qui m'a fait l'accueil le plus gracieux. Après lui avoir remis mes lettres de créance, je lui exposai le motif de mon arrivée, et commençai par le remercier de la restitution des draps. Je parlai ensuite de la défection des Orsini, de leur assemblée, de leurs adhérents, des adroites insinuations qui vous avaient été adressées à cet égard, et des dispositions que vous inspirent votre attachement pour la France et votre dévouement envers le saint-siége. J'employai toutes les expressions qui s'offrirent à moi pour développer les raisons qui vous attachaient à ces deux puissances et vous éloignaient de leurs ennemis. Je l'assurai que dans tous les mouvements qui pourraient l'intéresser il vous trouverait fidèles à vos liaisons d'amitié avec le monarque français, à votre respect envers l'Église et à votre constante affection pour Son Excellence, continuant à regarder ceux qui suivaient le parti de la France comme vos alliés et vos meilleurs amis. Sans répondre à mes remercîments sur les marchandises restituées, le duc, passant aux autres objets, témoigna sa reconnaissance envers la seigneurie pour ses offres et ses protestations obligeantes. Il me fit observer ensuite que, s'il n'avait pas toujours vécu en bonne intelligence avec elle comme il l'avait désiré, il fallait moins en accuser ses sentiments que la malveillance d'autrui, et qu'il voulait me donner, au sujet de la marche de son armée vers Florence, des détails dans lesquels il n'était jamais entré avec personne. Il me dit en conséquence qu'après ses tentatives contre Bologne et la prise de Faënza, les Orsini et les Vitelli avaient cherché à lui nuire en l'engageant à retourner à Rome par la route de Florence; que son refus, motivé sur des ordres contraires du souverain pontife, avait été combattu par Vitellozzo, qui s'était jeté à ses pieds, les larmes aux yeux, en le suppliant de suivre ce conseil et l'assurant qu'il ne serait commis aucune violence ni dans cette ville ni sur ses terres. Comme il persistait à n'y pas consentir, l'on revint à la charge avec tant d'instance qu'il finit par céder, mais en faisant promettre que le pays serait respecté et qu'il ne serait pas question du rétablissement des Médicis. Il voulut néanmoins, afin de rendre utile sa marche vers Florence, profiter de cette occasion pour lier étroitement avec la seigneurie, ce dont il est aisé de se convaincre, puisque dans le cours de cette négociation il ne parla jamais des Médicis et ne permit pas que Pierre vînt dans son camp, comme peuvent l'attester les commissaires avec lesquels il traita. Pendant que l'on était à Campi, les Orsini et les Vitelli lui demandèrent plusieurs fois la permission de former contre Florence ou contre Pistoja une entreprise dont ils lui démontraient la facilité : il s'y opposa constamment, leur protesta même qu'il les en empêcherait les armes à la main. Persuadés que l'accommodement qui suivit était fait uniquement selon ses vues et rendait ce passage favorable à ses intérêts et contraire aux leurs, les Orsini et les Vitelli se livrèrent à tous les excès propres à inquiéter la seigneurie, à troubler et même à rompre cet accord De son côté il n'avait pu y mettre ordre, soit parce qu'il lui était impossible de se trouver partout, soit parce que vous ne lui avez pas donné les secours dont on était convenu. Les choses furent dans cet état jusqu'au mois de juin dernier, temps auquel eut lieu la rébellion d'Arezzo sur laquelle, comme il l'a déja dit à l'évêque de Volterra, il n'avait eu aucun indice auparavant, mais qui ne lui déplut point, parce qu'il crut que l'on pouvait profiter de ce moment pour faire reconnaître votre autorité dans cette ville. On ne sut nullement se servir de cette occasion, soit par l'effet d'une fortune contraire, soit parce que votre ville n'était point alors en état de prendre une détermination conforme au bien général, ce qui, ajouta-t-il, ne lui avait pas encore donné en cet instant beaucoup d'inquiétude. Comme il était disposé à vous rendre service, instruit de la volonté du roi, il envoya promptement à Vitellozzo l'ordre de se retirer d'Arezzo, et s'avança même avec ses troupes vers Città-di-Castello. Il aurait pu le dépouiller de ses possessions, car les hommes qui y tenaient le premier rang venaient s'offrir à lui; ce qui fut la source de l'indignation et des ressentiments de Vitellozzo à son égard. Quant aux Orsini, il ne sait trop qui leur a inspiré les mêmes sentiments : ils ont quitté la cour de Rome sans prendre congé du souverain pontife. Ayant vu ensuite que le monarque français traitait mieux Son Excellence que le cardinal de ce nom, qu'il la comblait d'honneurs, ayant de plus ouï dire qu'elle songeait à les dépouiller de leur pouvoir, ils ont déserté ses drapeaux pour se liguer avec ses autres ennemis. Il a cependant reçu plusieurs ambassades de la part du seigneur Jules Orsino : il leur a représenté qu'ils n'avaient pas le droit de s'opposer à ses desseins; qu'il n'était pas juste qu'ils se déclarassent contre lui puisqu'ils avaient reçu son argent, mais que s'ils en avaient le projet, ils lui paraissaient bien insensés en ne choisissant pas un temps plus favorable que celui où le pape vivait encore et où le roi de France se trouvait aussi puissant en Italie, deux motifs qui lui inspiraient un courage supérieur à tous les efforts qu'ils pourraient faire. Le duché d'Urbin ne l'inquiète nullement, n'ayant pas oublié le moyen de le reconquérir s'il venait à lui être enlevé. Si la seigneurie veut s'unir à lui il peut maintenant contracter cette alliance, n'étant plus arrêté par aucun ménagement pour les Orsini. En différant elle s'expose à le voir dans cet intervalle céder à leurs sollicitations et renouer avec eux. Comme il serait alors tenu aux égards précédents envers les Orsini, mécontents de tout accord qui ne rétablirait pas les Médicis, la seigneurie aurait à craindre les mêmes jalousies et les mêmes difficultés. Elle doit donc se déclarer promptement ou pour eux ou pour lui, car les temporisations pourraient être suivies d'un accommodement préjudiciable pour elle, ou de la victoire de l'un des partis qui resterait son ennemi ou qui ne lui aurait aucune obligation. Dans celle qu'il juge indispensable, les Florentins ne lui paraissent pas pouvoir s'écarter de la route que tiennent le roi et le souverain pontife. De son côté, il désirerait qu'ils missent en mouvement les troupes qu'ils ont vers Borgo ou dans les environs, en annonçant l'intention de le soutenir si Vitellozzo ou d'autres voulaient faire quelques tentatives contre ses États. Tels furent, magnifiques seigneurs, les détails dans lesquels entra le duc de Valentinois. Je les écoutai attentivement, et je vous les rapporte avec les mêmes expressions afin que vous puissiez en juger plus sûrement. Il me semble inutile de vous transcrire mes réponses. Je n'en fis aucune relativement aux troupes : attaché à la stricte exécution de vos ordres, je me contentai de lui dire que je vous instruirais de ses bonnes dispositions, qui ne pouvaient manquer de vous être très-agréables.

Quoique Son Excellence témoigne, comme vous le voyez, une grande envie de conclure sur-le-champ un traité avec la république, j'essayai en vain de sonder ses intentions particulières : elle éluda toujours, et je ne pus en tirer que ce dont je viens de vous informer. Instruit à mon arrivée qu'il y avait eu quelques mouvements dans le duché d'Urbin, et ayant ouï dire au duc qu'il se mettait peu en peine de ce que l'on pourrait tenter à cet égard, je crus devoir lui demander ce qui se passait. « Trop de douceur, » me dit-il, « et « trop de confiance m'ont été nuisibles. J'ai pris, « comme vous le savez, ce duché en trois jours, « sans arracher un cheveu à personne, à l'exception de Dolce et de deux autres qui avaient conspiré contre le souverain pontife ; j'y ai même « donné les emplois publics à plusieurs de ses principaux habitants, et confié à l'un d'eux le soin « de veiller à la construction d'une muraille que « je voulais faire élever au fort Saint-Léon : il y a « deux jours ce dernier, sous prétexte de faire « monter une poutre, s'aboucha avec des gens « des campagnes voisines, et ourdit un complot « par lequel cette forteresse me fut enlevée de « vive force, en faisant retentir, selon les uns « le nom de Saint-Marc, selon d'autres celui des « Orsini ou des Vitelli. On n'a encore vu ni les « uns ni les autres se déclarer. Quoique je compte « peu sur ce duché, qui n'est qu'un état faible, « sans défense, et dont les hommes sont mécontents parce qu'ils ont eu beaucoup à souffrir de « mes troupes, j'espère néanmoins prendre toutes « les mesures que la circonstance exige. Et vous, » ajouta-t-il, « écrivez à votre gouvernement de « réfléchir sur sa position et de faire connaître « promptement sa volonté ; car si le duc d'Urbin « revient de Venise, vos intérêts seront très-« compromis et les miens le seront plus encore ; « ce qui doit nous rapprocher les uns des autres « en nous inspirant une confiance réciproque. »

Voilà tout ce que je puis vous marquer en cet instant : quoiqu'il soit de mon devoir de vous instruire du nombre de ses troupes, de leur situation actuelle et de plusieurs autres particularités relatives à cette cour, je suis obligé de remettre à une autre dépêche ces renseignements, qu'il ne m'a pas encore été possible de me procurer, n'étant ici que d'aujourd'hui.

NICOLAS MACCHIAVELLI.

Imola, le 7 octobre 1502.

Du 8, vers les neuf heures du matin.

P. S. Cette lettre n'a pu partir plus tôt, parce que celui qui doit vous la porter ne trouvait pas de cheval. J'ai oublié de vous marquer que le duc me dit hier dans notre conférence que Pandolfe Petrucci lui avait secrètement envoyé quelqu'un pour l'assurer, dans les termes les plus forts, qu'il n'entendait nullement soutenir les ennemis de Son Excellence.

Je rencontrai hier, à deux milles d'Imola, Agapit [1] accompagné par sept à huit cavaliers. Comme il m'avait reconnu, je lui parlai de ma mission et du but de mon voyage. Après m'avoir fait beaucoup d'accueil il continua sa route pendant quelques moments, puis il revint sur ses pas : j'ai appris ce matin qu'il était envoyé auprès de vous par le duc, et que mon voyage avait occasionné son retour.

J'ai donné au porteur de la présente deux ducats, à la condition qu'elle serait remise demain matin avant le jour : je vous prie d'en rembourser Augustin Vespucci.

LETTRE II.

MAGNIFIQUES SEIGNEURS,

Je vous envoyai hier une lettre par Campriano, qui a dû arriver ce matin avant le jour. Il a reçu à cet effet deux ducats que je vous prie de remettre à Augustin Vespucci. Différents particuliers ont reçu dans la matinée des lettres par Ardingo : comme il n'y en avait aucune pour moi de votre part, je crains qu'elles n'aient été oubliées ou qu'elles ne se soient perdues en chemin, ce qui m'inquiète. Je profite de son retour pour vous instruire de tout ce qui s'est passé depuis ma dernière. Me trouvant aujourd'hui à la cour vers une heure après midi, le duc me fit appeler et me dit qu'il voulait me communiquer les nouvelles qu'il avait reçues, afin que je pusse vous en informer. Il me montra une lettre du 4 de ce mois dans laquelle monseigneur d'Arles, envoyé du pape en France, lui mandait que le roi et le cardinal d'Amboise étaient bien disposés en sa faveur, et qu'à l'instant où ils avaient appris qu'il désirait des

[1] C'est Agapit de Gherardi, cité plusieurs fois dans cette légation, et l'un des premiers secrétaires du duc de Valentinois.

troupes pour seconder ses desseins contre Bologne, ils avaient ordonné au seigneur de Chaumont qui était à Milan de lui envoyer sans aucun délai M. de Lanques avec trois cents lances; de s'avancer lui-même, s'il en était requis, avec trois cents autres vers Parme. A cette lettre était jointe la copie de celle que le roi avait écrite à Chaumont. Il me lut aussi celle-ci, et voulut que je visse que l'une et l'autre étaient souscrites par monseigneur d'Arles. Je reconnus en effet sa signature, que j'avais vue en France et dans notre ville : on ne pouvait donner d'ordre plus positif de marcher au secours de Son Excellence. Après m'avoir fait cette lecture le duc me dit : «Si l'on a écrit de cette manière lorsque je demandais des forces qui m'aidassent à attaquer «Bologne, certes l'on écrira bien autrement encore lorsque j'en solliciterai contre ceux qui sont «pour la plupart les ennemis déclarés du roi, auquel ils ont toujours tâché de nuire en Italie. «Mes adversaires ne pouvaient se démasquer dans «un moment où j'eusse moins à les craindre; leurs «projets tourneront à mon avantage; il ne pouvait rien m'arriver de plus utile pour fortifier «mes États : je distinguerai mes amis de ceux dont «je dois me méfier. Si les Vénitiens prennent leur «parti, ce que je ne pense pas, ils combleront «mes vœux et ceux de Sa Majesté. Je continuerai «à vous instruire de ce qui surviendra, afin que «vous en fassiez part à la seigneurie : elle verra «que je ne perds point courage et que je ne «manque point d'amis, au nombre desquels je «serai fort aise de la compter, si elle veut s'expliquer promptement : toute temporisation «m'obligera à la laisser de côté; si je suis une fois «forcé à prendre les armes; je ne parlerai plus «d'alliance; mais je serai toujours affligé de ne «pouvoir ni faire du bien à un État voisin, ni en «recevoir de lui.» Comme il me demandait quel jour arriverait la réponse à ma lettre d'hier, je lui dis que ce serait probablement mercredi au plus tard. Je le remerciai ensuite de la communication des siennes et de ses protestations amicales, mais je le fis en termes assez mesurés pour le satisfaire sans excéder les bornes de mes instructions. Son Excellence me rappela qu'elle avait oublié de répondre aux témoignages de votre reconnaissance au sujet de la restitution des draps : elle ajouta qu'elle les avait rendus avec plaisir et qu'elle saisirait toujours de même l'occasion de vous obliger, mais qu'elle avait eu beaucoup de peine à empêcher qu'ils ne fussent pillés par les Orsini; qu'elle avait voulu les restituer de son propre mouvement sans en être priée, parce que c'est ainsi qu'elle a coutume de rendre service. Je lui demandai alors un sauf-conduit général pour les Florentins : il me dit qu'il me l'accorderait volontiers, mais que, n'entendant rien aux affaires de ce genre, il m'engageait à en parler à Alexandre Spannocchi, avec lequel je pourrais le rédiger en termes convenables. Renvoyé à celui-ci, il me faudra suivre ses idées : quoique l'expérience du passé me donne lieu de croire que Spannocchi sera disposé à nous servir autant qu'il le pourra, il me semblerait néanmoins à propos que quelques-uns de nos commerçants qui le connaissent lui en écrivissent, afin de nous le rendre plus favorable. Ils doivent, en écrivant ces lettres, faire attention qu'au milieu des mouvements actuels un pays passe successivement des mains d'un maître dans celles d'un autre. Après m'avoir répété ce que je vous ai déjà mandé sur le fort Saint-Léon, le duc me dit que la rébellion n'avait gagné que deux petits châteaux des environs : toutes les autres places sont restées dans un état d'incertitude, mais sans faire de mouvement. Les Orsini et les Vitelli ne se sont pas encore montrés; un de ses gentilshommes, de la famille des Orsini, est parti il y a trois jours pour aller les trouver et doit revenir au plus tôt; enfin Pandolfe Petrucci lui exprime par ses lettres ainsi que par ses envoyés la résolution de ne rien faire contre ses intérêts. Après m'avoir donné ces informations Son Excellence, me voyant sur le point de me retirer, me recommanda de nouveau de vous rappeler qu'en restant neutres vous couriez toutes sortes de dangers, tandis qu'une alliance avec elle pouvait vous procurer la victoire.

Je ne puis vous rendre par écrit toutes ses démonstrations d'amitié et son empressement à justifier le passé; les principaux membres de sa cour m'expriment les mêmes sentiments. Tous ses vœux tendent à connaître clairement vos intentions, sinon à la première, du moins à la seconde réponse, parce que les choses ne peuvent demeurer longtemps dans cette position. Je vous en préviens afin que vous ne vous persuadiez pas qu'il sera toujours temps d'adopter ses propositions, en supposant qu'elles vous paraissent avantageuses. Ce duc me fit bien remarquer dans notre précédente conférence qu'il n'avait rien à ménager pour le moment avec les Orsini; mais qu'il en serait autrement si leur réunion s'opérait, et que l'on serait obligé alors de s'en tenir à ce qui aurait été fait. Sans être entré dans des explications particulières, on voit que l'on pourrait faire avec lui tel arrangement que l'on voudrait, ce qui se découvre par beaucoup de circonstances qui se comprennent mieux qu'elles ne s'écrivent. Je prie la seigneurie de prendre une détermination, et de me tracer la conduite que je dois tenir à cet égard; qu'elle ne manque point aussi de me faire passer la réponse à la demande des troupes dont il désire l'envoi vers Borgo dans le cas où les Vitelli formeraient quelque entreprise. Si vous avez quelque avertissement à donner, écrivez-le-moi, afin que je puisse plus facilement obtenir audience et gagner du temps. Plus vous vous donnerez de considération, plus vous aurez de succès à espérer : si vous voulez entamer quelque négociation importante, il ne serait point hors de propos d'envoyer encore quelqu'un revêtu du caractère d'ambassadeur ou de tout autre.

Passons à quelques particularités sur la situation actuelle de cette cour. Aussitôt que le duc apprit la perte du fort de Saint-Léon, il fit évacuer le duché d'Urbin et songea à contenir la Romagne avec ses forces jusqu'à ce qu'il fût en état d'attaquer ses ennemis : à cet effet il envoya sur-le-champ Ramiro pour parcourir ce pays, le visiter et en réparer les forteresses; Domugo, espagnol qui se trouvait avec ses troupes sur les frontières du duché d'Urbin, eut ordre de se rendre vers Rimini; don Michel reçut de l'argent pour rassembler environ mille fantassins : huit cents à peu près sont enrôlés aujourd'hui dans le Val-di-Lamone pour passer en Romagne. Il n'en a guère que deux mille cinq cents qui soient payés. En hommes d'armes, il ne lui reste qu'environ une centaine de lances composée de ses gentilshommes, et dont il tirerait au besoin un meilleur service que de ses quatre cents cavaliers. Il possède en outre trois compagnies de cinquante lances chacune, commandées par trois capitaines espagnols, mais fort diminuées parce qu'elles ont été longtemps sans paye. Voici les troupes de pied et de cheval qu'il cherche à se procurer, et les secours sur lesquels il compte : il a envoyé chez les Suisses un homme expérimenté pour en lever quinze cents; il passa en revue il y a cinq jours cinq mille fantassins enrôlés sur ses terres, et qu'il peut réunir en deux jours; quant aux hommes d'armes et aux chevau-légers, il a fait publier qu'il prendrait à sa solde tous ceux qui se trouvaient dans ses États; son artillerie est bonne, et presque aussi considérable que celle de toutes les autres puissances de l'Italie; ses courriers sont partis pour Rome, pour la France et pour Ferrare : il espère que partout ses demandes seront écoutées; à Rome, il n'y a pas lieu d'en douter; vous savez par ma lettre ce qu'il doit attendre de la France; mais j'ignore ce qu'il demande à la ville de Ferrare. Du côté des Florentins il compte, ou sur leur amitié à cause de la France et du genre d'ennemis qui l'attaquent, ou sur leur neutralité. En portant ses regards vers ses adversaires, on les voit en armes et prêts à allumer tout à coup un incendie général : ce sont les peuples de la Romagne, maltraités par le duc qui protégeait toujours ses soldats à leur préjudice. Venise est soupçonnée de prendre part à ces mouvements, et il paraît vraisemblable qu'ils sont ou seront, d'après les événements, soutenus par les Espagnols, les Allemands, et par tous ceux qui sont jaloux du pouvoir de la France. S'il faut en croire le duc, les Orsini et les Vitelli n'ont point encore remué depuis ce qui est arrivé dans le duché d'Urbin; seulement Jean Bentivogli avait envoyé trois d'entre eux à Castel-San-Piero, situé à quelques milles d'ici, avec quatre compagnies de fantassins sous les ordres de Ramazotto et de Mancino; mais il les a rappelés ce matin. On ne dit rien pour l'instant des Vénitiens, sinon qu'ils ont à Ravenne quelques troupes, mais qui s'y trouvent depuis longtemps; encore cette nouvelle ne me vient-elle pas d'une source qui ne permette aucun doute.

J'ai pensé qu'il était de mon devoir de m'informer de l'état des choses et de vous les présenter comme je les voyais. Je l'ai fait avec cette fidélité qui m'est ordinaire et que vous avez droit d'attendre de moi : vous en jugerez dans votre sagesse.

NICOLAS MACCHIAVELLI.

Imola, le 9 octobre 1502

P. S. Hier au soir, comme j'étais sur le point d'expédier Ardingo, Alexandre Spanucchi m'a fait savoir que le duc voulait envoyer quelqu'un à Rome par le même chemin, et me priait de vouloir bien retarder le départ de mon messager: je n'ai pu le faire partir qu'à l'instant même, 10 du courant, à la vingt-deuxième heure. J'ai parlé à Alexandre du sauf-conduit général pour notre nation: il m'a prié de laisser passer encore deux jours, et m'a dit qu'il tâcherait de faire quelque chose qui nous fût agréable. Je n'épargnerai aucun soin de mon côté. Je me recommande à vos seigneuries. *Itaque valete.*

LETTRE III.

MAGNIFIQUES SEIGNEURS,

J'ai écrit hier à vos seigneuries par le messager Ardingo tout ce que j'avais à leur dire; mais comme je ne veux pas manquer de vous informer chaque jour de tout ce qui vient à ma connaissance, j'ajouterai que je viens d'apprendre que le gouvernement vénitien, informé de la révolte du fort Saint-Léon, en a instruit sur-le-champ l'évêque de Tivoli, envoyé du pape, en l'assurant qu'il était très-fâché de cette rébellion et des cris de *Saint-Marc* qui s'y étaient fait entendre. Il lui a protesté que le sénat n'avait point envie de s'éloigner de la France et du saint-siége, ni de retirer son appui au duc de Valentinois ou d'assister le duc Guido, auquel cette déclaration fut signifiée en présence de ce prélat. Toute la cour, persuadée par cette nouvelle que ses présomptions sur les causes de cet événement n'étaient pas fondées, en a ressenti une grande joie. Afin de se montrer reconnaissant envers les Vénitiens, le duc leur a envoyé sur-le-champ Romolino son secrétaire, pour les remercier de leurs offres et de leurs dispositions amicales.

Le bruit se répand aussi que les deux Espagnols don Hugues [1] et don Michel [2], qui avaient eu ordre du duc, depuis ces mouvements, de conduire vers Rimini, le premier les hommes d'armes, et l'autre les fantassins, ont pris sur eux de secourir les commandants de la Pergola et de Fossombrone, et qu'ils se sont rendus maîtres de ces deux places, les ont livrées au pillage et en ont fait périr presque tous les habitants. Si ces nouvelles sont vraies, le sort des armes paraît déjà se déclarer en faveur de Son Excellence.

NICOLAS MACCHIAVELLI.

Imola, le 11 octobre 1502.

LETTRE IV.

MAGNIFIQUES SEIGNEURS,

Je vous ai informés dans ma précédente des nouvelles de cette cour. Baccino, votre courrier, me remit hier, vers les onze heures du soir, la vôtre du 10 de ce mois, en réponse à la mienne du 8. Après en avoir bien examiné le contenu, je me suis présenté aujourd'hui, vers les cinq heures du soir au duc, qui m'a dit à l'instant: «Nous «avons de bonnes nouvelles.» Alors il m'a rapporté ce que je vous ai écrit dans ma dernière par rapport aux Vénitiens et à la prise de la Pergola ainsi que de Fossombrone. Il a ajouté d'un air de contentement que cette année n'était pas heureuse pour les rebelles. Il m'a appris ensuite qu'un envoyé du pape à Pérouse lui écrivait qu'en arrivant dans cette ville il y avait trouvé Vitellozzo avec la fièvre et Paul Orsino avec la gale; qu'il était à peine arrivé que les Orsini étaient venus implorer sa médiation, en l'assurant que leurs armes étaient dévouées au saint-siége; qu'ils ne voulaient point s'écarter de la route suivie par le pape; que la pénurie des vivres avait été cause de leur retraite; qu'ils avaient supplié ensuite cet envoyé de les faire rentrer en grâce auprès de ce pontife, d'obtenir de lui leur retour, auquel il s'était déjà montré disposé, et avaient protesté qu'ils ne pouvaient plus vivre dans Pérouse. Le duc ne m'apprit rien de plus sur Vitellozzo; mais j'ai su depuis, par une autre voie, que ce dernier lui avait fait dire que s'il voulait lui accorder des sûretés il viendrait le trouver, sinon qu'il s'éloignerait, et montrerait à Son Excellence qu'il lui est toujours dévoué. Au sujet des Orsini, dont le duc m'avait entretenu quelque temps, je lui communiquai successivement les différentes parties de votre lettre du 10, les raisons qui auraient mis des obstacles à vos secours s'ils lui eussent été nécessaires dans le moment, et celles qui vous empêchaient de lui donner sur-le-champ d'autres preuves d'amitié; je lui parlai de ce qui avait été mandé en France

[1] Hugues de Cardona.
[2] Michel de Coello.

et de la réponse que l'on en attendait; ensuite je fis entendre à Son Excellence que vous aviez pris à votre solde le marquis de Mantoue. « Il me paraît certain, » ajoutai-je, « comme de moi-même, « que la seigneurie y a été déterminée par le roi : « ce prince était obligé de soutenir le marquis de « Mantoue, l'un de ses alliés, et désirait procurer à une république si fidèle des armes qui pussent lui être utiles ainsi qu'à ses amis; de leur « côté les Florentins voulaient empêcher que des « instruments de cette importance passassent « dans les mains de ceux qui portent envie à la « grandeur du roi : ce monarque ne pouvait donc « leur faire prendre un parti plus sage, plus utile, « et qui dût être plus agréable à Son Excellence. » Dans tous ces développements et dans ceux qui suivirent je m'efforçai, selon votre désir, de convaincre le duc de vos bonnes intentions. Il me répondit obligeamment qu'il était persuadé de ce que vous lui disiez au sujet des troupes et de l'alliance, n'insista point comme il l'avait fait précédemment; et moi-même je ne lui fis aucune instance sur cet objet. Quant au marquis de Mantoue, il m'en parla en termes honorables, et me dit qu'il le regardait comme un homme de bien et le comptait au nombre de ses amis. Il voulut me montrer des lettres dans lesquelles ce seigneur lui avait offert en dernier lieu de le seconder avec ses troupes dans toutes ses entreprises; enfin il me témoigna qu'il était fort aise de l'avoir dans son voisinage. Je fis les réponses qui me parurent convenables; puis je revins, pour remplir votre commission, aux Orsini et aux Vitelli dont le duc a une fort mauvaise opinion, et auxquels il dit ouvertement ne pouvoir se fier, quoique résolu à temporiser avec eux. Je lui fis observer que dans leur désespoir ils pourraient se jeter sur les terres des Florentins; que nous n'avions à la vérité aucune inquiétude sur nos places, mais que ces incursions causeraient beaucoup de ravages, et que nous comptions sur le secours de Son Excellence dans le cas où elles auraient lieu avant que les troupes de la république fussent en état de les arrêter. Le duc me dit qu'il ne croyait nullement qu'ils dussent remuer, assertion dont il me donna quelques preuves; mais qu'en supposant le contraire, l'on pouvait attendre de lui, comme d'un véritable ami, tous les services qui seraient en son pouvoir lorsqu'il serait instruit de leur marche, de leur force et des secours qui vous seraient nécessaires. Je n'en obtins rien de plus; et en le quittant je lui réitérai la demande du sauf-conduit. Il le promit de nouveau sans aucune difficulté et m'engagea à en parler à Spannocchi. Comme je lui faisais observer que je l'avais fait, et que ce dernier m'avait remis à deux ou trois jours, il me répondit que les nombreuses occupations du moment étaient cause de ce délai, mais qu'il me conseillait de le voir encore. Mes nouvelles instances m'ont valu de la part de Spannocchi de bonnes paroles, mais point d'effet, ce dont j'ignore le motif.

NICOLAS MACCHIAVELLI.

Imola, le 12 octobre 1502.

LETTRE V.

MAGNIFIQUES SEIGNEURS,

J'ai empêché jusqu'à cet instant Bacino de partir avec mes deux dernières lettres, afin de mieux satisfaire au désir que vous avez de connaître ce qui se passe ici, et surtout les desseins et les dispositions de cette cour à votre égard. Je n'ai pu obtenir de Son Excellence que les renseignements dont je vous ai fait part: mais j'ai cherché à entrer en conversation avec un secrétaire du duc de Ferrare, envoyé ici au sujet des derniers événements : de propos en propos il en est venu à me dire qu'il était spécialement chargé par son souverain d'engager le duc à conclure avec vous l'alliance dont il était question. Il a ajouté, comme de lui-même, qu'il l'y croyait très-disposé et qu'il avait le projet, avant de lui en parler, de tâcher de l'amener à quelque explication particulière dont on pût ensuite se prévaloir par l'entremise du duc de Ferrare, ce dont il m'instruirait avant son départ. Sans montrer ni désir, ni éloignement rélativement à ses offres, je lui exprimai en général ma reconnaissance. Il a eu, depuis, une conférence avec le duc, et m'ayant retrouvé, il m'a dit que ce seigneur était dans d'excellentes dispositions. Mais comme il lui faisait observer que pour parvenir à une conclusion définitive il fallait préciser les choses, et que le duc de Ferrare mettrait en avant quelques propositions s'il le voulait, Son Excellence a répondu qu'il était bon d'attendre encore, et qu'elle préviendrait du moment convenable. Cela ne me suffisant point, je me suis procuré aujourd'hui un assez long entretien avec Agapit, secrétaire de Son Excellence. Dans cette conférence, qui n'était que celle de deux particuliers chargés des mêmes emplois et discutant d'eux-mêmes les intérêts de leurs gouvernements, Agapit me dit : « Voyez combien votre gouvernement et le mien ont de raisons pour se lier ensemble! leurs amis et leurs ennemis sont communs; depuis que le duc a retiré la Romagne des mains des Vénitiens ils sont suspects à l'un et à l'autre. Il n'était pas nécessaire que votre république prît en ce moment à sa solde le marquis de Mantoue, car elle n'avait rien à craindre, d'autant plus que le duc, trompé par les Orsini et les Vitelli, ne peut jamais leur rendre sa confiance. Elle me semble avoir perdu une belle occasion, surtout en donnant à un autre la place qui lui convenait. Je ne sais plus quelles propositions elle peut faire à ce seigneur couvert de gloire, favorisé de la fortune, accoutumé à cueillir des lauriers, et dont le pouvoir s'est encore accru depuis que vous avez contracté cet engagement, tandis que le vôtre s'est affaibli. Il est juste qu'en traitant avec vous il augmente sa puissance plutôt que de la diminuer. » Après m'avoir parlé de son bonheur et de ses succès, il me dit que le duc ne pouvait rien souhaiter de plus avantageux pour lui que ce qui était arrivé; que les Orsini, qui espéraient soulever tout le monde contre lui, avaient vu au contraire chacun embrasser son parti; que Florence lui avait envoyé une ambassade; qu'il avait reçu des lettres satisfaisantes de Venise; que le roi de France faisait marcher des troupes pour le secourir; et qu'on devait tenir quelque compte d'une fortune aussi favorable. Pendant cet entretien, qui dura longtemps, Agapit revint deux fois à la charge au sujet du commandement de vos troupes, et me dit que, même en fermant les yeux sur le passé, l'on ne pouvait plus en parler à l'avenir. Ce que je finis par savoir de lui bien clairement, c'est que cet article occupe beaucoup Son Excellence. Il me suffit de vous assurer que je lui ai fait à peu près toutes les réponses convenables, sans entrer à cet égard dans des détails ennuyeux. Je ne veux point oublier de vous prévenir que le secrétaire ferrarais, en me parlant des motifs qui pourraient arrêter le duc, m'a dit qu'il croyait que ce seigneur avait écrit au pape et ne voulait agir que d'après ses conseils; mais je pense qu'il pourrait bien être encore retenu par deux autres causes : le désir de dissimuler au sujet de votre choix d'un général et de temporiser jusqu'à ce que la chose soit bien éclaircie, ou celui d'attendre avant d'aller plus loin l'installation du futur gonfalonier [1], nomination qui nous rend plus de crédit qu'on ne pourrait se l'imaginer.

Je ne sais si je dois, magnifiques seigneurs, porter un autre jugement des objets dont il vient d'être question. Je continuerai à vous informer exactement de leurs suites. Ils ont éprouvé depuis quatre jours les changements dont je vous ai instruits. Plus le temps sera au beau, plus ce terrain sera difficile à cultiver. Permettez-moi seulement de vous faire observer qu'en faisant marcher à l'instant même le marquis de Mantoue, vous serez sûrs de ramener à la raison ceux qui s'en sont éloignés.

NICOLAS MACCHIAVELLI.

Imola, à la quatrième heure de nuit, le 13 octobre 1502

LETTRE VI.

MAGNIFIQUES SEIGNEURS,

Mes lettres des 11, 12 et 13 du courant, portées par Baccino, ont dû vous instruire de ce qui s'était passé jusqu'à ce jour : aussi me reste-t-il peu de choses à vous mander en ce moment. Je profiterai cependant pour vous en instruire de........... Spinelli, arrivé aujourd'hui de Bologne en cette ville, d'où il se rend en grande hâte à Florence.

Je vous ai marqué précédemment que le duc avait envoyé aux Orsini, chefs de la ligue formée contre lui, un de ses gentilshommes de leur nom, pour connaître leurs intentions et voir s'il était possible de les ramener à son parti : ce gentilhomme est de retour ici depuis hier : je ne sais pas précisément quelles nouvelles il a rapportées; j'ai seulement ouï dire que Paul Orsino avait offert de se rendre auprès de Son Excellence, dont cet envoyé était revenu prendre l'agrément, et qu'il était reparti hier au soir avec des instructions qui promettaient toute sûreté à ce membre de la ligue, qui est attendu à Imola sous deux ou trois jours. L'envoyé des

[1] Il veut parler de l'élection de Pierre Soderini, nommé gonfalonier perpétuel le 20 septembre 1502.

Spinelli m'a dit beaucoup de choses qu'il pourra vous communiquer ; je me contenterai de vous rapporter celle-ci : il assure avoir appris à Bologne que Paul Orsino était convenu avec la diète des confédérés qu'il pourrait se rendre ici et y traiter avec le duc, pourvu que l'on exceptât dans cet accommodement, quel qu'il fût, toute entreprise contre Bologne.

NICOLAS MACCHIAVELLI.

Imola, le 14 octobre 1502.

LETTRE VII.

MAGNIFIQUES SEIGNEURS,

Votre courrier est arrrivé aujourd'hui vers la vingtième heure, pendant que j'étais à la cour de Son Excellence. Il m'a remis votre lettre du 13 : elle ne contenait rien d'important touchant la négociation dont vous m'avez chargé, n'étant qu'une répétition de celle du 10, à laquelle j'ai amplement répondu par les miennes des 11, 12 et 13 : aussi ne me serais-je pas mis en peine d'aller trouver le duc sans ce que vous y avez joint sur Borgo, touchant les mouvements de l'artillerie et des fantassins. Ceci me paraissant digne d'attention et propre à vous concilier cette cour, je cherchai à me procurer une audience. Comme le duc était très-occupé à passer en revue des fantassins qui défilaient devant son palais pour aller se réunir sous leurs drapeaux, je remis à l'un de ses secrétaires la copie de l'article de Jean Ridolfi, afin qu'il le lui fît voir comme une chose importante. Le duc, après l'avoir lue, m'appela et me dit : « Que pensez-vous « de cet avertissement ? » En ayant pris lecture, je répondis que je le croyais vrai, en le jugeant d'après le lieu d'où il venait et les qualités de celui qui l'envoyait, parce que Borgo n'était qu'à cinq milles de Castello, et que Jean passait pour l'un des hommes les plus prudents et les plus recommandables de cette ville. « Je me « doute, » reprit le duc, « de la manière dont cela « se passe. Vous voyez qu'il a mis en mouvement « les fantassins et les lances prises séparément, « et non les hommes d'armes, espérant qu'il ne « sera point accusé de trahison envers moi, ce « qui n'eût pas manqué d'avoir lieu s'il m'eût « attaqué avec les troupes dont j'ai payé la solde. « Ce mouvement de l'artillerie peut encore être « un sujet de tromperie de la part de Vitellozzo : « comme il en a quelques pièces qui m'appartien- « nent et que je lui ai fait redemander ces jours « passés, il est possible qu'il dise à mes soldats « qu'il me les renvoie, et sous escorte, de peur « que les habitants d'Agobbio ne les enlèvent, « tandis qu'il donnerait à entendre à ceux d'Agob- « bio que son dessein est de leur fournir des « secours. Mais l'on doit être bientôt instruit du « résultat. J'attends avec la plus vive impatience « qu'ils se déclarent ouvertement, quoique cer- « taines menées sourdes des Orsini me persuadent « qu'ils n'éclateront pas. D'ailleurs mes troupes « devaient aujourd'hui se présenter devant la ville « d'Urbin. » Comme il prolongeait cet entretien, je profitai d'une occasion de l'informer de la faveur que vous aviez publiquement accordée à Grechetto et à Bianchino, et du congé donné avec plaisir à Maillane. Je convins que cela était peu considérable, mais je fis observer que les *petits ruisseaux formaient les grandes rivières*, et que la bonne volonté se reconnaissait même dans les moindres objets. Je dis ensuite en peu de mots, comme vous m'en avez chargé, que Son Excellence vous trouverait toujours disposés à faire ce qui serait raisonnable et possible : je promis de votre part tous les égards convenables ; je réitérai nos remercîments pour la réponse obligeante relativement au sauf-conduit, et le désir de voir bientôt se réaliser les promesses faites sur cet objet. Le duc témoigna une vive reconnaissance sur le premier article, en disant que les moindres services qu'il recevait de vous étaient très-grands à ses yeux : et il passa de ces expressions générales à des protestations amicales plus particulières. A l'égard du sauf-conduit, il appela Spannocchi et le pria de le rédiger avec moi. Ce fut ainsi que je sortis de cette conférence qui avait été fort longue. Son Excellence m'y parla beaucoup du désir que le monarque français avait de l'obliger, désir que ce prince lui avait exprimé plusieurs fois par écrit, et qu'Édouard Buliot lui avait renouvelé la veille de vive voix, en l'assurant qu'elle en verrait bientôt les effets.

Dans ma lettre du 9, partie le 10, je vous ai donné assez de détails sur les forces de ce seigneur et sur les secours qu'il espère pour n'avoir plus besoin d'y revenir. Sa position est d'autant meilleure que les Vénitiens ne paraissent pas vouloir se déclarer contre lui, et qu'il semble reprendre le dessus dans le duché d'Urbin qu'il regardait comme perdu. Joignez-y la soumission des Orsini, si elle a ou doit avoir lieu. On n'en dit plus rien, quoique l'on continue à annoncer la prochaine arrivée de Paul Orsino, comme je vous le mandais hier. Le duc a encore pris à sa solde Louis de la Mirandole avec soixante hommes d'armes et soixante chevau-légers. Le fils du général de Milan, appelé auparavant le général de Savoie, chargé d'enrôler les quinze cents Suisses, a aussi reçu l'ordre de lui lever dans la Lombardie jusqu'à cent cinquante hommes d'armes. Il compte donc avoir sous les armes dans l'espace d'un mois, d'abord les gentilshommes, les trois compagnies d'Espagnols dont je vous ai parlé et les troupes rassemblées dans ses possessions de la Romagne. Joignez à cela cinq cents hommes d'armes, plus environ deux cent dix que lui fourniront Louis de la Mirandole et le fils du général de Milan. Il espère en outre avoir à peu près autant de chevau-légers que d'hommes d'armes; quant aux fantassins, j'estime qu'il peut s'en trouver environ deux mille cinq cents à Sienne et dans le duché d'Urbin. Plus il aura d'argent, plus il s'en procurera. Jusqu'à présent, on le voit occupé à en faire lever de toutes parts.

Vous m'écrivez à la fin de votre dernière de temporiser, de ne point prendre d'engagements et de chercher à pénétrer ses desseins. Je crois avoir déjà rempli les deux premiers objets et fait pour le troisième ce qui dépendait de moi. J'ai tâché de vous en convaincre dans ma lettre du 13. Il me paraît inutile d'y revenir, n'ayant rien de nouveau à vous marquer sur ce sujet. Le désir de vous faire diriger par la France, dont vous avez annoncé que vous attendiez le consentement, est aussi, je crois, l'un de ces motifs qui rendent, comme je vous l'ai écrit, Son Excellence plus réservée.

Je vous ai marqué qu'Édouard Buliot est arrivé hier ici. J'allai le voir, mais je n'eus le temps d'en tirer aucun renseignement, ce dont je me mis peu en peine, parce qu'il me dit qu'il était chargé de se rendre auprès de vous.

J'ai revu Spannocchi; il m'a dit avoir parlé de nouveau au duc du sauf-conduit; mais il m'a observé que, si l'on en donnait un général, cela paraîtrait devoir tourner plutôt au détriment de Son Excellence qu'à son avantage. Comme je voulais lui répondre, il ajouta: « Nous verrons demain avec Agapit ce que l'on « pourra faire. » Je vous répète qu'il serait fort à propos que quelqu'un de ses amis de Florence lui écrivît. C'est tout ce que je puis vous faire savoir à cet égard. Rien de nouveau sur Bologne ni sur le duché d'Urbin.

NICOLAS MACCHIAVELLI.

Imola, le 15 octobre 1502.

LETTRE VIII.

MAGNIFIQUES SEIGNEURS,

Ma dernière vous instruira de ma conférence avec le duc, après la réception de la vôtre du 13, et de l'état des affaires dans ce pays. Il m'a semblé à propos de vous adresser celle-ci séparément: son contenu vous en indiquera la raison. D'après l'avis donné par Jean Ridolfi, sur les mouvements de l'artillerie et des troupes de Vitellozzo, Son Excellence me parla en ces termes, si je me les rappelle bien: « Deux motifs « empêchent la seigneurie de faire approcher des « troupes sur les confins des terres occupées par « Vitellozzo: le premier naît du désir d'attendre « la décision du roi et d'observer la route à tenir « dans les circonstances actuelles; le second est « dicté par la considération du petit nombre de « troupes qu'elle possède et de la grande quan« tité d'endroits qu'elle est obligée de garder. « Comme je voudrais gagner du temps et obtenir « quelque preuve de vos bonnes dispositions, voici « ma réponse à ces deux difficultés. Relativement « au roi, je suis aussi assuré qu'il soit possible de « l'être que Sa Majesté verrait avec plaisir la ré« publique entière marcher à mon secours; vous « pouvez le faire savoir à la seigneurie, qui en aura « bientôt la certitude de la part de ce prince lui« même. Quant au petit nombre de vos troupes, « écrivez-lui que si elle court le moindre danger « pour en avoir retiré des lieux où elles se trou« vent, j'irai moi-même vous défendre, et me « chargerai de tout le poids de la guerre; je la « prie seulement d'envoyer aux environs de Cas« tello cinquante à soixante cavaliers, trois ou « quatre cents fantassins, d'y faire conduire deux « pièces d'artillerie, de commander dans cette « contrée un homme par maison et d'y déployer « simplement un appareil guerrier, et d'y faire

« d'autres démonstrations du même genre. Je vous « recommande positivement d'employer à son « égard toutes les instances possibles. » Telles furent à peu près ses propres paroles. Malgré mes représentations sur la modicité de nos moyens de défense, sur le danger de nous priver de quelques-uns, Son Excellence a insisté pour que je vous écrivisse ; ce dont je ne puis me dispenser, ayant été obligé de le lui promettre. Je le fais dans une lettre particulière, afin que vous puissiez, si vous le jugez convenable, acquiescer à sa demande sans la rendre publique et sans vous compromettre. Vous enverriez alors quelques troupes vers Borgo et Anghiari ; vous feriez, en tout ou en partie, la montre et les autres choses qu'il désire, en prétextant que vous éprouvez quelques craintes de ce côté : cela le satisferait. On peut lui exagérer les choses de moitié, parce qu'il lui est impossible d'en être instruit avec exactitude. Veuillez n'attribuer ces observations ni à une confiance présomptueuse, ni à l'envie de vous donner des conseils, mais uniquement à cette affection naturelle que tout homme doit à sa patrie. J'espère recevoir bientôt votre réponse.

NICOLAS MACCHIAVELLI.

Imola, le 16 octobre 1502.

LETTRE IX.

MAGNIFIQUES SEIGNEURS,

Mes dernières lettres, que je fis partir hier, vous auront appris ce que je pense de la position de cette cour. Vous y aurez vu aussi ce que je vous marque au sujet des vôtres du 13, et avec quelle impatience j'attends votre réponse. Son Excellence m'a envoyé chercher aujourd'hui vers la dix-huitième heure et m'a dit : « Je veux « continuer à vous instruire de ce qui peut « regarder la république en particulier, ou de ce « qui concerne nos intérêts communs. J'ai reçu « aujourd'hui cette lettre de quelqu'un que j'ai « envoyé à Sienne. » Il m'en lut un article portant que les Orsini s'étaient avancés avec leurs troupes du côté de Cagli, non comme ennemis, mais en alléguant que le chevalier Orsino, qui leur avait parlé de la part de Son Excellence, les avait assurés que pour être amis avec elle il fallait qu'ils se retirassent vers le duché d'Urbin. La même lettre portait que les Florentins avaient cherché à se lier avec eux en leur offrant des conditions honorables. Son auteur ajoutait que les Orsini seraient réellement dévoués à Son Excellence, si elle voulait renoncer à l'entreprise contre Bologne et entrer sur les terres de Florence ou de Venise. Après cette lecture le duc me dit : « Vous voyez que j'agis de bonne foi « envers vous, persuadé que vous voulez sincère« ment devenir mes amis et ne pas m'induire en er« reur. Votre république doit donc me témoigner « plus de confiance que par le passé, et elle me « trouvera toujours fidèle à mes engagements. » Je le remerciai de la loyauté avec laquelle il m'avait communiqué cette lettre, et l'assurai que, d'après les instructions qui m'avaient été données à mon départ et les lettres reçues depuis, je ne pouvais que lui réitérer vos excellentes dispositions à son égard. Conformément à vos ordres, je m'étendis sur ce point autant que cela me parut nécessaire. Nous nous entretînmes ensuite de ces mêmes Orsini, du lieu où ils se trouvaient avec leur monde et de leurs desseins. Ce seigneur me rapporta qu'il avait appris par une autre voie qu'ils étaient à Cagli, et qu'à leur arrivée les habitants de cet endroit avaient voulu attaquer le fort, mais que les Orsini s'y étaient opposés. Alors les premiers leur demandèrent s'ils marchaient contre eux. Ils répondirent que leur marche avait uniquement pour but non de leur nuire ou de les défendre, mais de gagner du temps. Telle a été cette entrevue avec Son Excellence. J'ai cru m'apercevoir, par ce qu'elle m'a dit ou fait entendre, que son désir de conclure avec vous un traité était plus vif que lors de notre dernier entretien. Je ne veux point oublier de vous écrire ce que j'ai appris de l'un des premiers de sa cour, que je ne nommerai point parce qu'il m'en a prié. Dans une conversation que nous avons eue ensemble sur les affaires présentes, il a blâmé d'abord la lenteur que vous mettiez, le duc et vous, à prendre de concert quelque parti. Il a ajouté qu'il avait fait hier la même observation au duc, en lui disant qu'il fallait se décider, ce qui était très-facile, puisque Son Excellence ainsi que la seigneurie étaient remplies de bonne volonté, qu'elles avaient les mêmes ennemis, la même obligation de tenir des troupes sur pied et de se défendre, objets sur lesquels l'on pouvait s'entendre sans aucune difficulté. Le duc lui répondit : « Pourquoi donc les « Florentins ne me font-ils pas quelques ouver-

« tures? C'est parce qu'ils ne s'expliquent point « qu'ils m'insp[illegible]ent de la méfiance. Je désire que « les premières propositions viennent d'eux, afin « que les arrangements qui se prendront soient « plus durables. » Il n'est pas nécessaire de vous rendre mes réponses. Je n'ai voulu, en vous rapportant ceci, que vous mettre à portée de mieux connaître ou plutôt de mieux deviner les intentions de Son Excellence.

Je me rappelle que je ne vous ai pas mandé que l'envoyé du duc à Sienne lui écrivait aussi que quelqu'un était venu de votre part dans cette ville pour y conclure une trêve. Lorsque le duc me le dit, je répliquai que je n'en avais aucune nouvelle et que j'ignorais quelle trêve pouvait se négocier entre les Florentins et les Siennois, à moins qu'il ne fût question de celle faite en 1498, et dont l'expiration dans six ou huit mois engageait probablement à s'occuper de son renouvellement. Il m'en demanda les conditions. « De vivre en paix, » lui dis-je, « et de ne « point aider l'ennemi de son allié à lui faire la « guerre. » Il me parut ajouter foi à ma réponse.

On apprend des environs d'Urbin que l'armée de Son Excellence, qui avait ordre de s'approcher de cette ville, ne s'est point avancée au delà de Fossombrone. Les uns l'attribuent au temps, les autres à l'entrée de Vitellozzo dans Urbin, avec une compagnie de fantassins. L'arrivée des Orsini à Cagli, dont nous avons parlé plus haut, pourrait bien y être pour quelque chose.

Il se trouve ici à la solde du duc mille hommes d'infanterie, dont la marche est, dit-on, arrêtée par le défaut d'argent; mais au premier jour il en doit arriver de grandes sommes envoyées de Rome en cette ville par la route de Florence. On presse l'exécution des ordres dont je vous ai parlé au sujet des secours de la France et des troupes à pied et à cheval que fait lever Son Excellence. A chaque instant des courriers arrivent de la Lombardie, et d'autres y retournent.

Le chevalier Orsino est revenu hier soir de Pérouse. J'ignore quelles nouvelles il a rapportées. Je conjecture que ce sont les mêmes que celles consignées dans la lettre de l'envoyé du duc à Sienne, et dont je vous ai informé. C'est tout ce que je puis vous marquer pour l'instant. Si vous désirez connaître mon avis sur ces mouvements, permettez-moi de vous observer que la fortune dont le duc a joui jusqu'à ce jour ne me paraît pas devoir l'abandonner pendant la vie du pape actuel, et tant qu'il conservera la bienveillance du roi. Ceux qui ont eu l'air de vouloir se liguer contre lui ne sont plus à temps de lui faire beaucoup de mal, et demain ils y seront encore moins qu'aujourd'hui.

NICOLAS MACCHIAVELLI.

Imola, le 17 octobre 1502.

LETTRE X.

MAGNIFIQUES SEIGNEURS,

Baccino, votre courrier, me remit hier vers la vingtième heure vos lettres du 17, avec les copies de celles qui vous ont été envoyées de Pérouse. Aussitôt que j'eus reçu ces dépêches, je me rendis auprès de Son Excellence, à laquelle je dis que vous attendiez la réponse du roi et que vous étiez toujours dans les meilleures dispositions; et, pour la convaincre du motif de l'envoi de ce courrier, je lui lus les copies que vous m'avez fait passer. Après les avoir entendues, elle me remercia des témoignages d'amitié que vous lui réitérez en toute circonstance, et promit en termes affectueux et très-explicites de les reconnaître lorsqu'elle en pourrait trouver l'occasion. Le duc me dit ensuite que les six cents hommes sur lesquels comptent ses ennemis reviendraient presque tous sous ses drapeaux. Il ajouta en riant : « Ils ont raison de dire des « hommes d'armes en blanc, c'est-à-dire nuls. Je « ne veux point recourir à des bravades, mais je « désire que l'on nous juge par les effets, quels « qu'ils puissent être. Mes adversaires me pa« raissent d'autant moins à craindre que je les « connais davantage, eux et leurs troupes. Ce Vi« tellozzo, auquel on a fait une si grande réputa« tion, je n'ai jamais vu de lui un seul trait de bra« voure : son éternelle excuse était le mal français. « Il n'est bon qu'à dévaster un pays sans défense, « à piller ceux qui n'opposent aucune résistance, « ou à commettre des perfidies de ce genre. L'é« vénement de Pise en est la preuve; personne « n'en peut plus douter depuis qu'il m'a trahi « quoiqu'il fût à ma solde et qu'il eût reçu mon « argent. » Il s'étendit beaucoup sur cet article, mais sans qu'il s'opérât aucun changement dans le son de sa voix et dans l'expression de son visage. Je lui donnai les réponses qui se présentèrent alors; et, dans le cours de cet entretien qui fut fort long, je n'omis rien pour le confirmer dans l'opinion que l'on ne pouvait ni ne devait plus avoir de confiance en eux. Je lui fis voir, en retraçant le passé, que dans l'instant où ils se disaient ses amis ils tramaient des complots contre lui. Il entra fort bien dans mes vues. Je tâche de m'insinuer dans l'esprit de Son Excellence afin de pouvoir l'entretenir avec une espèce d'intimité, en profitant, pour y réussir, et des circonstances et des démonstrations amicales que vous m'avez jusqu'ici chargé de lui réitérer au nom de la république. Néanmoins je n'ai pu encore en tirer d'autres éclaircissements. Comme ce seigneur ne m'a pas mis de lui-même sur la voie, je ne lui ai point parlé des affaires relatives à la ville d'Urbin, afin de ne pas l'offenser et de pouvoir me procurer auprès de lui beaucoup de renseignements par un autre moyen.

Il règne dans cette cour un secret admirable sur les objets dont l'importance l'exige. Aussi avez-vous pu être mieux instruits à Florence que je ne le suis ici de ce qui regarde les Orsini et les Vitelli, qui ont enfin jeté le masque et éclaté complétement, comme je l'ai appris de Son Excellence et vous l'ai mandé dans ma lettre du 17. Ils ont défait il y a trois jours don Michel, don Hugues, et les ont repoussés vers Fossombrone. On dit même don Hugues pris, don Michel blessé et Ramiro retiré à Fano avec la majeure partie des troupes. Selon les uns, ils ont entièrement abandonné Fossombrone; selon d'autres, ils y ont laissé environ trois cents hommes d'infanterie. Quoi qu'il en soit, n'importe les détails, ces capitaines au service du duc ont été forcés à la retraite et fort maltraités. On n'entend pas dire qu'il y ait eu d'autre action depuis. Quant au duc Guido, le bruit se répandit il y a quatre jours qu'il était parti de Venise pour se rendre dans son duché. Son Excellence envoya sur-le-champ beaucoup de monde pour lui fermer les passages. On ne sait point où il se sera arrêté. Les uns le disent dans la ville même d'Urbin, les autres dans Saint-Léon; il en est qui croient qu'il n'est pas encore passé. Je m'informe autant qu'il m'est possible, mais je ne puis vous instruire que de ce que j'apprends.

Point de mouvements du côté de Bologne, et l'on ne paraît pas encore en craindre. Son Excellence presse de toutes parts les armements dont je vous ai parlé dans plusieurs de mes lettres. Pour lever des troupes de pied et de cheval, elle a sacrifié autant d'argent depuis que je suis ici qu'un autre état en dépense pendant deux années. Des courriers partent nuit et jour; Guillaume de Bonaccorso, qui l'a servie quelque temps et qui parle fort bien le français, fut envoyé hier avec deux gentilshommes à la rencontre des lances françaises, qui sont en route et doivent maintenant, d'après ce que m'a dit le duc, être arrivées en deçà de Modène.

J'espère vous envoyer aujourd'hui le sauf-conduit demandé. J'en parlai hier à Son Excellence, qui se fâcha de ce qu'il n'était pas encore expédié. Elle me dit à ce sujet: « Puis-je de mon « côté être certain que mes sujets seront en sû« reté sur les terres de la république? » Je répondis que l'expérience ne devait pas lui permettre de doute, mais que, si elle désirait aussi un sauf-conduit pour tous ceux qui étaient soumis à son autorité, il lui serait accordé à l'instant.

Nicolas Macchiavelli.

Imola, le 2) octobre 1502.

LETTRE XI.

MAGNIFIQUES SEIGNEURS

Avant que je reçusse hier la vôtre du 17, à laquelle je viens de répondre, Son Excellence m'avait fait appeler pour me communiquer des lettres de France envoyées par monseigneur d'Arles. Elles portent que l'ambassadeur de Florence s'est présenté de votre part à Sa Majesté, qu'il l'a instruite du soulèvement des Orsini, de leur rassemblement et des autres mouvements excités contre le souverain pontife; qu'il lui a montré les suites que cela pouvait entraîner et l'a engagée à interposer son pouvoir pour les prévenir; enfin qu'il a protesté à ce prince que la seigneurie était disposée, si cela lui était agréable, à soutenir de tous ses moyens les intérêts du saint-siége et du duc de Valentinois. D'après ces mêmes lettres, le roi lui a montré beaucoup de zèle pour la cause de ce duc et une vive satisfaction, en l'assurant dans sa réponse que plus le secours serait considérable, plus il en saurait gré aux Florentins, qu'il engageait à employer en faveur de Son Excellence leurs troupes et tous les autres moyens qui dépendaient d'eux. Comme l'ambassadeur remarquait que la république avait peu de troupes, le roi dit qu'il permettait que l'on en fît venir de tous ses États pour la défense du saint-siége. Le duc, après m'avoir fait part de ces lettres, me dit : « Écrivez à la seigneurie de m'envoyer dix escadrons « de cavalerie ; dites-lui aussi que je suis prêt à « conclure avec elle une alliance stable, indisso« luble, et dont vous retirerez tous les avantages « que l'on peut espérer de ma puissance et de ma « fortune. » Il ajouta que, d'après ces dispositions du roi dont la seigneurie doit aussi être informée, il voudrait avoir vu se réaliser ce dont je vous ai parlé dans ma lettre du 16, portée par Jean de Domenico, notre courrier, et qu'il me paraît inutile de vous répéter ici. De plus Son Excellence désire que, sous prétexte de vous excuser, vous fassiez entendre aux Orsini et aux autres chefs, leurs partisans, par lettre ou de vive voix, comme vous le jugerez à propos, que vous êtes obligés de vous conformer aux volontés et aux ordres du roi, et que, Sa Majesté exigeant que vous souteniez le saint-siége contre ses ennemis, quels qu'ils soient, vous ne pourrez vous dispenser de lui obéir. Elle me témoigna que vous lui rendriez un grand service, et me pria de vous le mander sur-le-champ. Ce seigneur m'entretint ensuite de beaucoup d'objets, et je fis sur tous les observations que je crus alors nécessaires, mais dont le récit me paraît inutile en ce moment. Je vous dirai seulement qu'en me parlant de Pandolfe Petrucci il ajouta : « Celui-ci m'envoie chaque jour lettres « ou courriers pour me renouveler ses grandes « protestations d'amitié, mais je le connais. » Puis il m'assura qu'on lui avait mandé de plusieurs endroits que vous excitiez les Bolonais à lui déclarer la guerre, et que ceux qui lui avaient écrit ces lettres lui marquaient que vous étiez portés à vous conduire de cette manière, soit par le désir de sa ruine, soit par l'espoir de faire avec lui un traité plus honorable. Son Excellence conclut en me disant que vos procédés dans toutes les circonstances, et surtout dans ce qui venait de se passer en France, l'empêchaient d'ajouter foi à ces nouvelles.

NICOLAS MACCHIAVELLI.

Imola, le 20 octobre 1502.

LETTRE XII.

MAGNIFIQUES SEIGNEURS,

Je vous ai fait passer hier par Baccino ma réponse à vos lettres du 17, et vous ai marqué que j'espérais obtenir enfin le sauf-conduit. Agapit, que je suis allé trouver à ce sujet, m'a dit qu'il était fait, mais qu'il en désirait un semblable de la seigneurie pour les sujets du duc. Je vous envoie la copie du sien, qu'il m'a remise afin que vous puissiez m'en faire tenir un pareil si vous le jugez à propos. Je changerai aussitôt l'un contre l'autre, sans frais, en supposant que la seigneurie agrée la proposition qui lui est faite.

Je n'ai rien appris de nouveau, si ce n'est qu'Antoine de Venafre, agent de Pandolfe Petrucci et envoyé par les Orsini, est arrivé ici hier soir. Il est reparti aujourd'hui, mais j'ignore ce qui s'est traité. Je m'en informerai avec soin et vous en ferai part.

NICOLAS MACCHIAVELLI.

Imola, le 21 octobre 1502.

Copie du sauf-conduit accordé par le duc de Valentinois aux Florentins.

« César Borgia de France, par la grâce de Dieu duc de Romagne et de Valentinois, prince d'Adria et de Venafre, seigneur de Piombino, etc., et S. R. E., gonfalonier et capitaine général, à tous les commandants, condottieri, chefs d'escadrons, connétables, soldats et autres à notre solde, faisant partie de notre armée, aux président et membres de notre conseil, lieutenant commissaire, podestà, officiers, communes et particuliers, soumis médiatement ou immédiatement à notre puissance, auxquels parviendra la connaissance des présentes, annonçons que notre volonté est que la magnifique seigneurie, les commune et peuple de Florence éprouvent de notre part envers leurs citoyens et sujets des démonstrations et preuves de bienveillance conformes à l'étroite et fraternelle amitié que nous portons à ladite seigneurie;

« Avons délibéré que les citoyens et sujets susdits pourront, en toute liberté et sûreté de leurs personnes et de leurs biens, trafiquer, voyager, entretenir des relations de commerce et d'amitié dans toute l'étendue de nos États; avons recommandé et recommandons à tous les dénommés ci-dessus, à tous en général et à chacun en particulier, de ne faire éprouver aucun empêchement dans leurs personnes ou dans leurs biens, en quelque endroit que ce puisse être, mais spécialement dans les villes, places, châteaux et autres lieux de la Romagne et de nos autres états, à tous et chacun des citoyens ou sujets de ladite république de Florence, et de les laisser librement passer avec leurs marchandises et autres effets à eux appartenant, demeurer, trafiquer, etc., leur procurant sûreté de passage, accueil amical, bons traitements, appui et protection toutes les fois qu'ils pourraient en avoir besoin. Que personne n'entreprenne de faire quelque chose de contraire à ces présentes, s'il ne veut point encourir notre ressentiment et les peines les plus graves.

« Donné à Imola, le 19 octobre de l'an du Seigneur 1502, et de notre souveraineté ducale en Romagne l'an 2ᵉ. »

LETTRE XIII.

MAGNIFIQUES SEIGNEURS

François del Magno m'a remis aujourd'hui vers la vingtième heure vos trois lettres, l'une du 19 et les deux autres du 21. Après les avoir lues avec attention, je me suis rendu auprès de Son Excellence, et lui ai fait part de votre réponse à sa demande contenue dans ma lettre du 16. Je lui ai appris l'arrivée de Guasparre à Florence de la part du pape. Quant à ses deux demandes relatives aux cent lances et au marquis de Mantoue, il a répondu à la première qu'elle était impossible, et à la seconde qu'elle était inutile, l'engagement du marquis ne devant commencer qu'au mois de mars prochain. Quant au troisième article touchant l'alliance, je lui dis que vous aviez pris la résolution d'envoyer promptement un ambassadeur au pape, pour être mieux informés de ses intentions et traiter de ce qui serait à l'avantage commun. Je ne lui fis point connaître les instructions particulières de cet ambassadeur, comme vous me le recommandez à la fin de votre dernière; je parlai beaucoup de votre attachement à Son Excellence et de votre éloignement pour toute liaison avec ses ennemis. Il me parut utile de lui communiquer l'endroit de votre lettre où ces sentiments sont exprimés. Le duc, après m'avoir écouté d'un air gracieux comme il l'a toujours fait, s'approcha d'une table où se trouvaient quelques lettres et me dit : « Je veux, avant de « répondre, vous montrer la lettre que le roi « Louis XII a écrite aux Vénitiens, et dont mon- « seigneur d'Arles m'a envoyé une copie en fran- « çais. Il faut que vous sachiez, pour la mieux « comprendre, que, sous prétexte d'affection « envers Sa Majesté, les Vénitiens[1] lui ont fait « dire par leurs ambassadeurs que leur tendre « sollicitude pour ses intérêts leur faisait craindre « qu'elle n'éprouvât quelque déshonneur en Ita- « lie; qu'ils se croyaient obligés, comme ses amis « les plus intimes, de la prévenir des bruits qui « se répandaient et du tort que lui faisait la pro- « tection qu'elle avait accordée et qu'elle accor- « dait encore au pape et au duc de Valentinois, « qui usurpaient sans raison le bien d'autrui, « qui livraient les provinces aux ravages de la « guerre, qui se livraient à beaucoup d'autres excès « déshonorants pour elle puisqu'elle y donnait « son consentement; enfin que les autres griefs « touchant le passé n'étaient rien en comparai- « son de ceux relatifs à Bologne, que Sa Majesté « s'était chargée de protéger. Le roi, après avoir « entendu ce qui vient d'être rapporté, y fit une « réponse par écrit, afin que les Vénitiens pussent « la relire plusieurs fois et connaître mieux les « dispositions de ce prince. » Alors le duc me lut cette lettre en entier. Elle contient en effet la justification de toutes ces calomnies, et Sa Majesté finit par assurer qu'elle veut faire rentrer dans l'obéissance toutes les terres qui dépendent du saint-siége, et que si les Vénitiens s'y opposent elle les traitera en ennemis. Lorsque Son Excellence eut terminé cette lecture, elle ajouta : « Je « vous répète ce soir, comme je vous l'ai déjà dit « plusieurs fois, que les secours ne me manque- « ront point. Les lances françaises arriveront « bientôt, ainsi que les fantassins que j'ai fait « lever au delà des monts depuis plusieurs jours. « Vous voyez que j'enrôle aussi tous les jours du « monde dans notre contrée. Le pape et le roi ne « me laisseront pas manquer, le premier d'ar- « gent, le second de troupes. Sans montrer trop

[1] François Guicciardini parle aussi du projet des Vénitiens de perdre le duc de Valentinois dans l'esprit du roi de France, en lui écrivant dans les termes rapportés ici. Il fait également mention de la réponse de ce prince (*Hist.*, l. v.)

«de présomption ni dans mes actions ni dans «mes paroles, je crois cependant que mes ennemis pourraient bien se repentir de leurs perfidies.» Pour me convaincre que les Orsini venaient de lui faire éprouver une perfidie des plus noires, le duc me dit : «Vous avez su de moi «qu'ils m'avaient écrit ces jours derniers qu'ils «se rendaient dans le duché d'Urbin selon mes «ordres qui leur avaient été communiqués par «le chevalier Orsino. L'opposition qu'ils avaient «mise à l'attaque du fort de Cagli me fit croire «à la vérité de cette lettre. J'ordonnai en consé«quence à Hugues de marcher avec son monde «vers la ville d'Urbin, en lui marquant que les «Orsini s'avançaient d'un autre côté pour le se«conder. Hugues obéit, et s'il ne se fût point arrêté «pour saccager deux petits châteaux ses troupes «eussent été taillées en pièces. Lorsqu'elles vou«lurent passer en avant, elles se virent assaillies «par un grand nombre de gens de la campagne «et sur le point d'être investies par les Orsini. «Ces prétendus amis sont maintenant sur les «terres de Fano, où ils prennent seulement des «subsistances en protestant qu'ils me sont tout «dévoués. Gian-Pagolo Baglioni, autre ami du «même genre, a voulu pénétrer dans Fano, mais «il n'a pu y réussir. Vous voyez comment ils se «conduisent. Ils négocient cependant avec moi «un accommodement et m'écrivent de belles «lettres. Je dois recevoir aujourd'hui le seigneur «Paul Orsino, demain ce sera le cardinal; «c'est ainsi qu'ils se jouent de moi. Mais je tem«porise, j'écoute tout et attends un moment fa«vorable. Quant aux excuses de la seigneurie «dont vous m'avez fait part, je les agrée avec «plaisir, sachant qu'elles sont fondées. Remer«ciez-la de ses avis au sujet de Sienne, témoi«gnez-lui toute ma satisfaction et offrez-lui tous «les services qui seront en mon pouvoir. Je ne «vous fis pas, lorsque vous arrivâtes, des offres «aussi étendues, parce que mes États se trou«vaient dans une situation très-critique. Urbin «s'était révolté, je ne savais sur quoi compter; «des États nouvellement acquis et le désordre «général de mes affaires me donnaient beau«coup d'inquiétude : je ne voulus point que la «seigneurie pût croire que la peur me rendait «prodigue de promesses. Comme je crains moins «aujourd'hui, je vous promets davantage; j'y «joindrai des faits quand mes craintes seront «totalement dissipées.» Après que Son Excellence m'eut ainsi entretenu et que je lui eus fait les réponses convenables, nous revînmes aux Orsini et à la négociation, ce qui me donna occasion de lui dire : «Vous voyez avec quelle fran«chise la seigneurie s'est toujours conduite : «environnée de périls imminents, elle m'a en«voyé vous assurer de ses dispositions et de son «dévouement; sans s'inquiéter si on lui repro«cherait d'augmenter votre puissance et d'affai«blir celle de vos ennemis, elle a rompu toute «liaison avec eux et vous a ouvert un libre «passage sur ses terres, ce qui mérite beaucoup «de considération et ne doit être ni oublié ni «méconnu. Nous espérons donc de Son Excellence «que, si elle traite avec les Orsini ou avec d'autres, «elle se souviendra de notre dévouement à son «égard et ne consentira à aucun engagement «contraire aux protestations amicales qu'elle «nous a toujours réitérées.» Le duc répliqua que ceci ne devait même pas être mis en question. «Vous savez,» ajouta-t-il, «qu'Antoine de Ve«nafre est venu me trouver au nom des Orsini «et que, parmi beaucoup de contes qu'il m'a faits, «il a mis en avant la proposition de changer le «gouvernement de Florence : je lui répondis, «que cet État, ami de la France à laquelle j'étais «dévoué, ne m'avait jamais offensé et que, loin «de vouloir lui nuire, j'étais sur le point de con«clure une alliance avec lui.» — «De tels accom«modements ne nous conviennent point,» reprit Antoine : «laissez-moi repartir, et nous saurons «bien prendre de bonnes mesures.» Je lui dis alors, afin de ne lui laisser aucune espérance à cet égard : «Croyez que je veux bien continuer «à vous entendre et à suivre les négociations, «mais je ne consentirai jamais à des propositions «opposées aux intérêts de cette république, à «moins qu'elle ne m'y force. Dans le cas où cet «envoyé reviendrait encore, soyez assuré,» me dit le duc, «que je vous instruirai de tout ce qui «pourra vous regarder dans les idées qu'il me «présentera.» Je le quittai après notre entretien sur cet objet et sur beaucoup d'autres qu'il serait inutile de vous rapporter.

La seigneurie, instruite des discours de Son Excellence, dont je ne lui rends pas la moitié, les pèsera avec sa prudence ordinaire, en faisant attention à leur auteur. Parlons un instant de la position de cette cour. Depuis que je suis ici le duc a retrouvé sa bonne fortune accoutumée; il le doit à la certitude où l'on est que le roi le soutiendra avec ses troupes et le pape avec son argent. Les lenteurs de ses ennemis lui ont aussi été très-utiles. Ils ne sont plus à même, je crois, de lui faire beaucoup de mal. Il a mis des garnisons dans ses places importantes et a bien pourvu ses forteresses. De tels préparatifs et le refroidissement des esprits lui permettent d'attendre tranquillement des forces nouvelles. Ces places, auxquelles les châteaux forts en imposent, sentent bien que si elles faisaient quelque fausse démarche elles en seraient punies à l'arrivée des Français. Cette crainte suffit pour qu'aucune d'elles ou au moins la majeure partie n'osent remuer.

La ville de Pesaro étant suspecte au duc, il a commandé à don Michel de s'y rendre avec les troupes qui lui restaient. Plus assuré de la fidélité de Fano, il l'a laissée à la garde de ses habitants. Comme Rimini lui a donné et lui donne encore de l'inquiétude, il y a mis une bonne garnison. Il est assez tranquille sur Césène, Faenza et Forli, parce que ces deux premières places n'ont point de seigneur, et que les habitants de la troisième sont ennemis de la comtesse Catherine Sforce. Si les Bolonais faisaient quelques mouvements, il serait facile au duc, qui demeure à Imola, de les arrêter. Dans cet état de choses, il n'attend plus pour se mettre en campagne que l'arrivée des Français. Ils doivent être à présent dans le Ferrarais, d'après le rapport de Raphaël Pazzi, qui est revenu aujourd'hui. Ce dernier dit aussi avoir laissé huit cents Gascons à [1] ..... lieu éloigné d'ici de trente milles. Les six cents fantassins que le duc a fait lever dans le Ferrarais viennent d'arriver. Il a expédié aujourd'hui le chancelier du seigneur de la Mirandole, avec de l'argent, pour s'assurer de ce capitaine, qui lui a promis d'être ici sous dix jours à la tête de ses troupes. D'un autre côté, ses ennemis sont autour de Fano; le bruit se répand même qu'ils en font le siége. En outre, les Bolonais se trouvent en force à Castel-Sam-Piero; ils ont, il y a deux jours, fait des incursions et du dégât dans le pays. On dit en ce moment qu'ils sont aux environs de Doccia, situé seulement à trois milles d'Imola. La seigneurie appréciera dans sa sagesse tout ce dont je viens de l'informer.

Depuis que vous avez envoyé un ambassadeur à Rome mon séjour ici devient inutile. Je vous prie donc de m'accorder mon rappel. Mon absence dérange mes affaires personnelles, et ceux qui me servent dans ma légation savent qu'il ne me reste pas un denier de l'argent que vous m'avez remis.

NICOLAS MACCHIAVELLI.

Imola, le 23 octobre 1502.

P. S. On annonce aujourd'hui 24 que le seigneur Paul Orsino arrive ce soir à Césène, et qu'il se rend ici demain matin pour s'aboucher avec le duc.

LETTRE XIV

MAGNIFIQUES SEIGNEURS,

J'ai répondu par ma lettre du 23, que vous avez dû recevoir le 24, aux vôtres du 21. Paul Orsino est arrivé hier 25 et s'est présenté au duc en habit de courrier. On dit que, pour sa sûreté, les Orsini ont en otage le cardinal Borgia, qui s'est mis de lui-même entre leurs mains. Ce seigneur a beaucoup contribué à la venue de Paul, qui se rend ici sur son invitation, pour excuser et justifier ce qui s'est passé, connaître ensuite les intentions de Son Excellence, et en faire part aux autres. Il leur a envoyé aujourd'hui 26, du côté de Fano, un courrier, pour savoir leurs dernières résolutions. Je n'ai pu rien découvrir sur sa conférence avec le duc, parce que ce seigneur est très-discret, et voit peu de monde. Il est question d'un accommodement. Jean Bentivogli a dépêché plusieurs fois quelqu'un ici auprès de l'évêque d'Enna; ce dernier reçoit aussi fort souvent un chancelier envoyé par Annibal, qui se trouve à Castel-Sam-Piero. On rend le butin fait il y a trois jours par les Bolonais. On avait publié à tort que les Orsini assiégeaient Fano et que les Bentivogli étaient devant Doccia, comme je vous l'ai mandé sur le bruit qui s'en était répandu. Personne ne remue : on voit que la négociation entamée convient au duc et qu'il l'entretient volontiers. Je ne puis trop juger de ses desseins secrets.

Vos lettres du 25 m'étant parvenues hier au

[1] Macchiavelli, qui ne se souvenait pas du nom de l'endroit, l'a laissé en blanc.

soir vers la quatrième heure, je suis allé ce matin 27 trouver Son Excellence, aussitôt qu'elle a été levée. Comme il m'a paru que l'on pouvait lui communiquer votre dépêche, je lui en ai lu la majeure partie. Elle m'a remercié, selon sa coutume, de vos invariables dispositions et de l'avis donné par la venue de Gino de' Rossi, assurant qu'elle voyait que rien ne se ressemblait plus que vos paroles et vos écrits. Passant ensuite à l'arrivée de Paul Orsino et à l'accommodement proposé, le duc me dit : « Ceux-ci ne « me demandent que sûreté. Il s'agit maintenant « de trouver à cet égard un mode qui réponde « à certaines stipulations que l'on attend du « cardinal Orsino. » Sans me donner le temps de prendre la parole il ajouta : « Il doit te « suffire de savoir en général qu'il ne se con« clura rien contre les intérêts de ta répu« blique et que je ne souffrirai pas qu'on lui « porte la moindre atteinte. » Il parut fort aise que l'on eût envoyé à Rome, cependant il ne s'arrêta pas sur cet article.

Je ne manquai point de lui recommander Salvestre Buosi dans les termes de vos dernières instructions. Son Excellence me répondit : « La seigneurie désire la délivrance de Salvestre « parce qu'il est son ami; mais tous mes sujets le « sont aussi, et elle doit s'intéresser davantage « à ce grand nombre d'hommes qui en souffrirait « qu'à Salvestre seul. Contente-toi pour le mo« ment de l'assurance qu'il ne lui sera fait « aucun mal; aussitôt que je pourrai le remettre « en liberté sans danger pour mes États, je me « rendrai volontiers au désir de la seigneurie. »

Vous me demandez un nouvel exposé de l'état des affaires en ce pays; comme il se trouve fort au long dans la lettre qui a dû vous être remise le 24, je n'y reviendrai point, n'ayant rien à y ajouter, si ce n'est que l'on rend le butin fait par les Bolonais, et que l'on n'a point mis le siége devant Fano ni devant Doccia, ainsi qu'on l'avait publié. Il est certain que l'on a reçu aujourd'hui la nouvelle de la prise par les Vitelleschi de la citadelle de Fossombrone, qui tenait pour le duc. Paul Orsino m'a paru mécontent et s'est élevé fortement contre ceux qui en avaient été les auteurs. Quant à leurs négociations pour un accommodement, n'en connaissant point les particularités, on ne peut porter un jugement sûr. Quiconque examine bien l'un et l'autre parti trouve dans le duc un homme entreprenant, heureux, rempli d'espérances, et qui se voit inquiété non-seulement dans la conquête projetée d'un État, mais encore dans la possession d'un état conquis. L'autre côté présente des ennemis qui craignaient pour leur puissance et redoutaient l'agrandissement de celle de ce duc avant de se soulever contre lui; mais depuis qu'ils l'ont fait ces sentiments se sont beaucoup accrus, de sorte que l'on ne sait par quelle voie on pourrait décider le duc à pardonner et eux à cesser de craindre, ni par conséquent comment ils pourront céder mutuellement au sujet de l'entreprise contre Bologne et du duché d'Urbin. On pense que ces différents s'arrangeraient peut-être si l'on pouvait se tourner contre un tiers, dont la poursuite, loin de diminuer les forces du duc et des confédérés, ajouterait plutôt à la réputation et aux avantages des uns et des autres. Dans cette supposition ce serait nécessairement Florence ou Venise que l'on attaquerait. L'entreprise contre les Florentins est jugée la plus facile relativement à nous, et la plus difficile sous le rapport des obstacles que le roi de France y mettrait. Celle contre les Vénitiens offre un jugement opposé. La première est plus agréable aux confédérés, la seconde au duc. On ne croit ni à l'une ni à l'autre, mais on en raisonne comme d'une chose possible. Je ne rencontre personne qui sache indiquer la manière de conclure un accomodement entre eux. Ceux qui veulent se fixer à quelque idée pensent que le duc parviendra à diviser les confédérés, et que, n'ayant plus alors à les craindre, il poursuivra ses entreprises. Je serais assez porté à le croire, d'après quelques paroles échappées devant moi à ses principaux ministres et les inquiétudes que cause aux Bentivogli la venue de Paul Orsino. Cependant la formation de cette ligue est encore si récente que l'on a de la peine à se le persuader. La seigneurie, qui a beaucoup plus de sagesse et d'expérience, jugera mieux que moi de ces sentiments divers, que j'ai dû lui rapporter avec exactitude.

Une grande partie des Gascons est arrivée à Castello dans le Bolonais, et l'on attend ici de jour en jour les fourriers des troupes envoyées par la France.

Je vous prie de nouveau de m'accorder mon rappel. Le bien public n'exige plus que l'on cherche à gagner du temps, et si l'on veut conclure il faut quelqu'un d'une plus grande autorité. Mon absence augmente tous les jours le désordre de mes affaires personnelles. Je ne puis d'ailleurs rester ici sans argent, ce séjour entraîne nécessairement des dépenses.

NICOLAS MACCHIAVELLI.

Imola, le 27 octobre 1502.

LETTRE XV.

MAGNIFIQUES SEIGNEURS,

Je vous ai informés par ma dernière du 27 de la situation de ce pays. Le seigneur Paul Orsino est allé depuis à Bologne; il en est revenu ce soir. On dit publiquement que l'accord est conclu entre le duc et les confédérés, et que l'on n'attend plus que le consentement du cardinal Orsini. Malgré mes recherches pour en connaître les conditions, je n'ai pu rien apprendre de satisfaisant. On parle d'une confirmation de tous les anciens traités de Jean Bentivogli, des Vitelli et des Orsini avec le duc, qui sera réintégré dans le duché d'Urbin. Le duc de Ferrare passe pour être garant de ce dernier accord. On répand quelques autres nouvelles dont je ne vous parle point parce qu'elles sont moins croyables que celle-ci. Que l'accommodement soit terminé et qu'il le soit comme je viens de vous l'écrire, c'est ce que je n'oserais affirmer. Outre les mouvements que l'on se donne encore à cet égard, je vois le duc dépenser des sommes considérables pour se préparer à la guerre; il a expédié hier Arcolano en Lombardie avec plusieurs milliers de ducats, pour presser le départ, tant des autres Français qui doivent encore venir, que des cavaliers qu'il a fait rassembler sous les ordres du fils du général de Savoie, comme je vous l'ai marqué il y a plusieurs jours. J'entends outre cela ses affidés déclamer contre les Orsini, et les appeler des traîtres. Ce matin j'ai voulu parler à Agapit de cet accommodement : il n'a fait qu'en rire, et m'a dit que c'était un moyen de gagner du temps. Mes entretiens avec le duc m'ont toujours fait croire qu'il tendrait vers ce but jusqu'à ce qu'il fût en mesure. Je ne puis, d'un autre côté, me persuader que les autres ne soient pas instruits de cette marche : cela confond mes idées. L'impossibilité de tirer aucun renseignement de ses ministres m'avait déterminé à voir le duc lui-même, mais je n'ai pu depuis ce moment en trouver l'occasion. Si cependant il ne m'arrive point de lettres de vous demain, je ferai en sorte de lui parler pour voir ce qu'il me dira de cet accommodement. Le désir de savoir s'il ne s'est rien fait de préjudiciable à la république m'indigne contre le secret qui règne dans cette affaire; ses ministres sont presque devenus sauvages à mon égard, et l'envoyé du duc de Ferrare, qui m'abordait volontiers auparavant, me fuit. Ce soir après souper, Alexandre Spannocchi a tenu certains propos qui ne m'ont point plu; il a fait entendre que la seigneurie avait eu le temps de conclure avec le duc, mais qu'elle en avait laissé échapper le moment. J'ai cru devoir vous instruire de tous ces indices tels que j'ai pu les saisir, afin que vous jugiez de ce qu'ils ont de réel et que vous preniez les précautions nécessaires pour n'être point surpris.

Nous sommes à peu près à la sixième heure de la nuit, et quelqu'un vient de me dire que le duc apprenait à l'instant même que Camerino s'était révolté. On en sera informé plus sûrement demain matin; si la nouvelle est vraie elle doit rendre la réconciliation plus difficile, à moins que la vue du mal présent n'engage le duc à céder, dans la crainte d'un mal plus considérable.

NICOLAS MACCHIAVELLI.

Imola, le 29 octobre 1502.

P. S. Je viens de recevoir aujourd'hui 30, par Zerino, vos lettres du 28. Après en avoir parlé au duc, je vous écrirai ce soir plus en détail sur ce qui se passe à sa cour. Je vous envoie celle-ci par Branchino qui part dans le moment (à la vingtième heure) pour se rendre à Florence où il va acheter des chevaux, etc. La cour ne parle point publiquement ce matin de la nouvelle de Camerino; mais celui qui me l'apprit hier soir me la confirme aujourd'hui, et dit l'avoir lue dans des lettres adressées à Paul Orsino, que le duc a prié de ne la pas divulguer. Je vous marque ce que j'en sais.

NOTE DES TROUPES DU DUC DE VALENTINOIS.

FANTASSINS.

Don Michel	600
Denys de Naldo	500
Le commandeur	500
Maestro di Sala	500
Romolino	400
Sgalla de Sienne	300
Grechetto	200
Salzato, Espagnol	300
Limolo	200
Jean-Baptiste Martino	400
Marc-Antoine de Fano	500
Giannetto de Seville	50
Mangiares	200
Gascons et Allemands	600

Ces derniers sont ici, les autres sont dispersés jusqu'à Fano. La majeure partie consume d'avance la paye de quatre ou de six jours. On attend les Suisses. Ils sont, dit-on, au nombre de trois mille lances.

HOMMES D'ARMES.

Don Hugues, Espagnol	60
Le seigneur d'Allegre, Espagnol	60
Don Juan de Cardona	60

Avant l'échec de Fossombrone, ces trois compagnies n'étaient plus au complet; elles doivent l'être beaucoup moins depuis.

Hommes d'armes rassemblés dans ses États. . . 60

On disait que Louis de la Mirandole en avait soixante; j'ai ouï dire ensuite quarante. 40

Ce dernier se trouve avec sa compagnie à six milles d'Imola.

Le fils du général de Milan a, dit-on, reçu l'ordre de lever cent hommes d'armes. Il est encore en Lombardie, et je suis sûr qu'on lui a fait passer, il y a deux jours, beaucoup d'argent. Galeas Pallavicini y est aussi, avec la commission d'en lever cinquante, s'il faut en croire le bruit public.

Des gentilshommes du duc composent la compagnie de cent hommes d'armes qui se trouve ici. Cinq compagnies de lances françaises sont sur le territoire de Faenza. On dit qu'il en vient encore d'autres, qui sont attendues de jour en jour.

CAVALIERS.

Don Michel	100
François de Luna, avec fusiliers	50
Regnier de la Sassette, et Jean-Paul de Toppa, avec arbalétriers	100
Le comte Louis de la Mirandole	40
Outre les hommes d'armes déjà comptés, Guido Guaini	40
Jean de Sassatello	40
Lances détachées	40

Le duc a envoyé Baldassare, de Sienne à Florence, pour en lever encore d'autres.

Déserteurs de Bentivogli, en arbalétriers. . . . 50

Le duc a ici Fracassa, qu'il a pris à son service, et les hommes d'armes qui lui sont arrivés.

LETTRE XVI.

MAGNIFIQUES SEIGNEURS,

Je vous ai instruits ce matin de tout ce que j'avais pu découvrir jusqu'à cet instant. Malgré mes sollicitations, ce n'est que vers cette 24e heure qu'il m'a été possible d'obtenir une audience du duc, difficulté que je n'avais pas encore éprouvée; il est vrai que ses occupations l'empêchaient de me l'accorder. Conformément à vos ordres, j'ai dit d'abord à Son Excellence que vous étiez toujours dans les meilleures dispositions, et que vous attendiez le retour de l'envoi fait à Rome. Je parlai ensuite des bruits répandus sur la conclusion de l'accommodement. Le duc m'assura qu'il était entièrement terminé. Comme je lui en demandais les conditions, voici ce qu'il me répondit : « Le pape « leur accorde un pardon général. Je renouvelle « aux Orsini et aux Vitelli leur engagement mi« litaire, mais ils ne recevront ni du pontife ni « de moi aucune sûreté à cet égard; ce sont eux « au contraire qui remettront entre mes mains, « comme otages, leurs enfants, leurs neveux ou « autres, au choix du pape. Ils doivent m'aider à « recouvrer le duché d'Urbin et tout autre État « qui se serait révolté ou se révolterait à l'a« venir. » Sur mes questions relatives aux Florentins et aux Bolonais, il me dit qu'il n'avait point été fait mention de nous, et que les affaires de Bologne s'arrangeraient par la médiation du cardinal Orsino et de Pandolfe Petrucci. Il me réitéra encore que vous n'étiez pour rien dans ce traité, dont il me promit une copie. Si cette promesse est fidèlement remplie, j'espère, en y donnant tous mes soins, l'obtenir demain. Quant aux protestations amicales dont vous me chargiez, le duc y répondit à la vérité en termes obligeants, mais très-succinctement.

Avant de voir le duc, je m'étais procuré un entretien avec quelqu'un qui me témoigne ordinairement de l'affection pour vous, et qui est à même d'être bien informé. Comme je le pressais, il m'apprit sur cet accord les mêmes choses que son Excellence m'a dites depuis. Elles m'ont encore été confirmée par un autre, qui sait aussi une grande partie des secrets du duc. Tous m'ont assuré, sans que je montrasse aucun doute à cet égard, qu'il avait pris votre défense toutes les fois qu'il avait été question de la république. D'après la connaissance que vous avez des injures reçues et de l'accommodement fait, vous en jugerez dans votre sagesse. Je n'ai pu en découvrir davantage. Si j'obtiens la copie qui m'a été promise, je vous l'enverrai promptement. Vous pensez bien que, si l'on est convenu de quelque chose qui vous soit contraire, je ne puis en être instruit, parce qu'on croira sûrement devoir en garder le secret pendant quelque temps. J'abandonne cette conjecture à votre prudence.

Les lances françaises seront demain ici : leurs fourriers sont arrivés ce soir. Le duc ne cesse de presser le départ des autres corps qu'il attend de Lombardie. Ce sont le seigneur de la Mirandole et le fils ou le neveu du général de Milan, auxquels se sont joints Fracassa et un des Pallavicini. Il avait d'abord enrôlé ces deux derniers par provision : on dit maintenant qu'il leur a envoyé de l'argent pour lever des gens d'armes. Il a reçu par la voie de Venise de grandes sommes dont il a fait passer la majeure partie en Lombardie. Tous les mécontents de Pérouse, de Castello et de Sienne sont réunis dans cette ville avec l'un des Savelli. Lorsqu'ils ont entendu parler de l'accommodement, ils ont demandé la permission de se retirer; l'un d'eux m'a dit hier que le duc la leur avait refusée. Il empêche les plus marquants de se montrer publiquement et il les entretient de nuit. Paul Orsino est parti ce soir et a pris la route d'Urbin.

Outre la négociation générale des confédérés, Jean Bentivogli en a suivi une particulière avec le duc par l'entremise de Thomas Spinelli qui a fait beaucoup de courses à ce sujet. D'après ce que m'a rapporté ce dernier, Jean Bentivogli consentirait à abandonner entièrement les Orsini si on lui accordait toutes les sûretés qu'il demande. Entre autres particularités de cette négociation, le protonotaire Bentivogli renoncerait à l'état ecclésiastique pour épouser une sœur du cardinal Borgia. Afin qu'il pût traiter cette affaire, Spinelli vint, il y a huit jours, lui chercher un sauf-conduit, dont l'expiration l'a fait revenir hier matin pour en reprendre un autre avec lequel il est reparti ce soir. En supposant que les choses soient ainsi, toutes ces menées peuvent faire juger de la confiance qui règne entre eux et des suites que doivent avoir les principes de leurs querelles, et leur prétendue réconciliation. Point d'autres nouvelles, si ce n'est la confirmation de la révolte de Camerino dont je vous ai informé dans la précédente, dont je n'ai plus jugé à propos de charger Brandino, préférant profiter de votre courrier qui doit arriver demain à Florence.

J'apprends que vous vous plaignez de ne pas recevoir assez souvent des lettres de moi, ce qui m'est d'autant plus sensible que je ne crois pas pouvoir mieux faire, car je vous ai écrit les 7, 9, 11, 12, 13, 14, 15, 16, 17, 20, 23, 27; celles-ci sont des 29 et 30.

NICOLAS MACCHIAVELLI.

Imola, le 30 octobre 1502.

P. S. J'ai oublié de vous dire que, dans un nouvel entretien avec Spannocchi, j'ai tâché de l'amener à une explication des termes dont il s'était servi, comme vous le voyez dans ma lettre du 29. D'après sa réponse, il n'a voulu dire autre chose, sinon que vous aviez manqué l'occasion de traiter avec le duc selon votre convenance. Son Excellence, a-t-il ajouté, n'était pas alors tenue aux ménagements auxquels l'oblige le renouvellement de ses liaisons amicales avec les Orsini; plus on différera et plus les choses empireront. Je n'ai pu obtenir de lui d'autre éclaircissement. La seigneurie sentira l'importance du secret à l'égard de ceux qui communiquent quelques avis.

LETTRE XVII.

MAGNIFIQUES SEIGNEURS,

Mes dernières lettres des 29 et 30, portées par Zerino votre courrier, contenaient ma réponse à la vôtre du 28. Vous y aurez lu aussi ce que j'avais appris, tant par le duc que par d'autres, des démarches de Paul Orsino et des arrangements conclus entre les confédérés et le duc. [Comme ce dernier m'en avait promis une copie, je suis allé aujourd'hui la demander à Agapit, qui a fini par me dire : « Il faut que « je vous avoue que ce traité n'est pas encore en« tièrement terminé. On en a fait une ébauche « qui a été agréé par le duc et par Paul Orsino. « Ce seigneur est allé la porter aux confédérés, « avec plein pouvoir de Son Excellence pour la « ratifier, si les autres l'approuvent. A peine fut« il parti que le duc, réfléchissant à ce projet de « traité, crut que l'honneur et les égards dus à la

France exigeaient que l'on y ajoutât un article relatif à cette couronne : on le dressa sur-le-champ, et le duc m'envoya courir après Paul Orsino, avec ordre de lui dire de sa part que rien ne se conclurait si l'on n'admettait pas cet article. Lorsque je l'eus atteint et que je le lui eus communiqué, il le rejeta, puis il me dit qu'il le présenterait aux confédérés, mais qu'il ne croyait pas qu'ils l'admissent. En conséquence le duc ne veut pas que l'on donne de copie de ce plan de traité : il n'en a été remis ni au chancelier de Ferrare ni aux autres. » Agapit ajouta : « Cette clause sera admise ou rejetée : dans le premier cas, l'on ouvre au duc un sentier pour se tirer des liens de cet accommodement ; dans le second, une grande route s'offre à lui pour en sortir. Il n'est personne, jusqu'aux enfants eux-mêmes, qui ne doive se moquer d'un pareil traité, aussi dangereux et aussi injurieux pour le duc, et dû tout entier à la violence. » Agapit s'étendit avec beaucoup de chaleur sur ce sujet.] Comme il m'a confié tout ceci sous le secret, j'ai cru devoir vous le transmettre par chiffres [1]. En le comparant à ce que je vous ai mandé hier, vous êtes trop sages pour n'en pas porter un jugement convenable. Je dois seulement vous observer que cet Agapit est attaché au parti des Colonnes.

Vous me marquez, dans le *post-scriptum* de votre lettre du 28, que les secours attendus du roi de France par le duc sont peu nombreux et fort tardifs. Vous craignez d'après cela que, se trouvant faible et serré de près par ses ennemis, il ne se prête à quelques arrangements désavantageux pour lui et pour ses voisins. Je pense que vous devez être bien informés de ce qui se passe à Milan et en France ; mais je veux aussi vous faire part de ce que j'entends dire ici, afin que vos conjectures et vos jugements soient mieux assis. Guillaume de Bonaccorso, l'un de nos concitoyens, qui avait accompagné, comme je vous l'ai écrit, les lances françaises arrivées en ce pays, et envoyées par le duc sur le territoire de Faenza, est revenu hier ici. J'ai appris de lui que ces lances formaient cinq compagnies : Montoson, Miolens, Foix, Dunois, le marquis de Saluces, et que, sur 250, il en manquait lors de la revue environ sept, qui doivent être plus que remplacées par la venue de quelques volontaires qui sont depuis réunis à corps. Un nommé Pierre Guardaroba, Espagnol, qui était allé en France de la part du duc, est aussi de retour depuis hier. Guillaume m'a rapporté que, dans leurs entretiens le long de la route, ce dernier lui avait dit qu'il était convenu avec le monarque français de l'envoi de trois autres compagnies, et qu'à son départ de Milan celle de M. de Ligny s'était déjà mise en marche, mais que M. de Chaumont n'était pas encore décidé sur le choix des deux autres. Si vous vous le rappelez, en vous parlant dans ma lettre du 9 des préparatifs auxquels la défection des Orsini obligeait le duc, je vous ai marqué qu'il avait envoyé en Lombardie le fils du général de Milan, avec ordre d'enrôler mille cinq cents Suisses et de lever en outre cinquante ou cent hommes d'armes choisis parmi ceux qui avaient été auparavant au service du duc de Milan, et de se mettre à leur tête. On croit que le général de Milan se chargera des frais de ces levées, dans l'espoir d'obtenir pour l'un de ses fils la dignité de cardinal. Ce même Guillaume dit avoir appris que les Suisses sont déjà à Pavie et que les hommes d'armes étaient prêts à se mettre en mouvement. On publie de plus que le fils de monseigneur d'Albret passe de nouveau en Italie avec cent lances pour secourir son beau-frère, secours qui mérite encore, s'il est réel, quelque considération, quoiqu'il soit un peu tardif. Guillaume, à qui je dois ces nouvelles, m'a paru, dans les relations que j'ai eues avec lui, un homme sensé et véridique. Quant aux troupes tirées de l'Italie, il est certain que le comte de la Mirandole a reçu de Son Excellence il y a déjà plusieurs jours la solde de son engagement. On dit même qu'il a touché aussi de l'argent pour fournir des hommes d'armes à Fracassa et à l'un des Pallavicini, son gentilhomme. De fait, on le voit enrôler tous ceux qui se présentent : un certain Balzano, déserteur des drapeaux de Jean Bentivogli, vint il y a deux jours avec quarante arbalétriers ; de l'argent lui fut compté aussitôt qu'il arriva. Je ne puis pour l'instant vous en mander davantage, car depuis la rébellion de Camerino on n'a point reçu d'autres nouvelles de ce pays ; il en vient encore moins du côté de Bologne. Le protonotaire Bentivogli ne s'est pas

[1] L'éditeur italien a traduit dans sa langue ce morceau écrit en chiffres, ainsi que tous ceux du même genre qui se trouvent dans les légations de Macchiavelli.

rendu ici comme l'on s'y attendait et comme je vous l'avais mandé. Voici en deux mots l'état des choses : d'un côté l'on parle d'accommodement, de l'autre l'on se prépare à la guerre. Recevant des avis de plusieurs endroits différents, vous êtes plus à même que celui qui n'en connaît qu'un seul de juger des dispositions du duc, soit pour céder à l'orage, soit pour lui résister, ainsi que des forces et des projets de ses ennemis.

Nous voici au premier novembre, jour jusque auquel je vous ai mis au courant. Rempli du désir de vous envoyer leurs conventions ou de vérifier ce que m'avait dit celui de mes amis dont je vous ai parlé plus haut, je trouvai le moyen de m'entretenir avec un autre qui est aussi initié dans les secrets du duc. Il me confirma ce que cet ami m'avait rapporté, sans me dire rien de particulier, si ce n'est relativement à l'article proposé en faveur de la France ; mais il me donna de nouvelles assurances qu'il n'avait point été fait mention de Florence. Il m'apprit, à la vérité, que par l'une des clauses de cet accord les Orsini et Vitellozzo s'engageaient à servir le duc, non tous ensemble, mais un seul à la fois. « Vous voyez, » me dit-il en riant, « ce que « l'on doit penser de pareilles conditions. » Je ferai tout mon possible pour en tirer quelques autres renseignements. Afin que vous ne soyez pas inquiets, je fais partir cette lettre par un courrier nommé Jean-Antoine de Milan, qui m'a promis de vous la remettre demain. Vous voudrez bien lui faire donner un florin d'or.

NICOLAS MACCHIAVELLI.

Imola, le premier novembre 1502.

P. S. Au moment où j'allais fermer ma lettre, Thomas Spinelli est arrivé et m'a appris qu'il avait laissé à Castel-Sam-Piero le protonotaire Bentivogli, qui doit se rendre ici demain.

LETTRE XVIII.

MAGNIFIQUES SEIGNEURS,

Mes deux dernières lettres vous auront instruits de ce que j'avais pu découvrir touchant l'accommodement, et des raisons qui m'ont empêché d'en obtenir une copie. J'ai eu aujourd'hui un long entretien avec l'un des premiers secrétaires ; il m'a confirmé tout ce que je vous ai écrit. « On attend, » m'a-t-il dit, « le retour de « Paul Orsino. La réponse dont il sera porteur « décidera de la publication ou de la suppression « de ce traité. » Il m'a promis que personne n'en aurait de copie avant moi. Sur ce sujet je suis forcé de m'en rapporter aux autres. Cependant je n'ai rien entrevu qui me fît soupçonner des stipulations contraires aux intérêts de la république. Je vous ai seulement entendu blâmer de n'avoir pas profité des circonstances pour conclure une alliance avec le duc.

Vous ayant donné précédemment tous les détails dont j'étais informé, je ne puis que vous répéter que, si les discours et les négociations semblent annoncer la paix, les préparatifs, les dispositions du moment font présager la guerre. Cinq compagnies de lances françaises sont, comme je vous l'ai mandé, cantonnées depuis quatre jours sur le territoire de Faënza. Leurs chefs vinrent hier rendre visite au duc et eurent avec lui un entretien qui dura assez longtemps. Lorsqu'ils furent sortis, j'allai visiter en votre nom M. de Montoson, commandant général. Il me fit un accueil très-gracieux, me parut très-bien disposé en faveur de la seigneurie et me pria de le prévenir de tout ce qui pourrait intéresser le bien de notre république. Je vis aussi le baron de Bierre, M. le Gratis et M. de Borsu, lieutenants de MM. de Foix, Miolens et Dunois. Comme j'avais déjà eu des relations avec eux, nous renouvelâmes connaissance. Tous me reçurent avec plaisir, me firent des offres de services, et me parurent attachés à la seigneurie, dont ils se louent beaucoup, ce qui est fort heureux. J'espère que vous approuverez ma conduite.

Trois cents Gascons environ sont arrivés aujourd'hui. On attend sous quatre jours les Suisses, dont l'arrivée fera, dit-on, commencer les opérations qui doivent avoir lieu ici.

Je ne m'étais pas trompé en vous mandant, dans ma dernière du 1er novembre, que le protonotaire Bentivogli devait venir hier matin avec un sauf-conduit. Il est arrivé vers la dix-neuvième heure, a dîné chez le duc, avec lequel il s'est entretenu pendant environ une demi-heure après le repas, puis il est parti pour Bologne. Je n'ai pu rien apprendre de leur conférence, parce qu'il a emmené celui qui a coutume de m'instruire de ces sortes d'intrgues. J'ai su, à la vérité, par l'un des confidents du duc, qu'il devait revenir sous peu, et que le duc offrait à Jean Bentivogli la paix et toutes les sûretés possibles, s'il voulait le soutenir contre les Orsini et les Vitelli. Comme je lui parlais des entraves que les confédérés mettraient à cet arrangement, il me répondit que le duc se le ferait ordonner par le roi de France. Nous discourûmes ensemble sur les avantages qu'en retireraient le duc, la république de Florence et le seigneur de Bologne. Cet individu ajouta que le duc le désirait vivement, et qu'il lui avait été démontré qu'il importait plus à la conservation de ses États de s'attacher Jean Bentivogli que de chercher à l'expulser de Bologne, et à s'emparer d'une place qu'il ne pourrait garder, et qui deviendrait, avec le temps, la cause de sa ruine. « D'ailleurs, » me dit-il, « le seigneur de Ferrare n'a jamais voulu promettre et ne promettra réellement aucun secours à Son Excellence, à moins qu'elle ne fasse sa paix avec Bologne. » Je tâchai, par toutes les raisons qui se présentèrent à mon esprit, de le confirmer dans cette opinion. Il me paraît certain que cette affaire se négocie, et qu'elle est suivie de près par le duc et par le seigneur de Ferrare. Elle méritait bien que je vous en instruisisse par chiffres, mais j'ai cru que l'on pouvait s'épargner cette peine, ma lettre devant vous être portée par votre propre courrier.

Un militaire, qui a été jadis votre connétable, et qui sert aujourd'hui dans le corps des lances formé par le duc, m'a dit que, se trouvant hier au soir, vers la cinquième heure, dans le logement du comte Alexandre de Marciano, frère du comte Rinuccio, il l'avait vu appeler de la part du duc qui passait en cet endroit. Leur entretien dura une heure. Lorsque le comte rentra, il lui dit que Son Excellence lui avait parlé de beaucoup de choses, dont l'ensemble prouvait qu'elle nourrissait moins de désirs de paix que de projets de vengeance contre ceux qui avaient mis sa puissance en péril.

Je n'ai rien de nouveau à vous mander sur votre lettre du 1er de ce mois. Comme la répétition continuelle des mêmes objets pourrait fatiguer le duc, je n'ai point cherché à le voir. D'ailleurs il n'est accessible que pour trois ou quatre de ses ministres et pour des étrangers qui auraient quelque affaire importante à lui communiquer. Il ne sort pas de son appartement avant la cinquième ou la sixième heure de la nuit, ce qui ôte tout moyen de lui parler, à moins que l'on ne sollicite une audience, qu'il n'accorde pas lorsqu'il sait que l'on n'a que des paroles à lui offrir. Je vous préviens de ceci, afin que vous ne soyez pas surpris du parti que j'ai pris de ne pas me présenter et des refus d'audience dont je pourrais avoir à vous informer à l'avenir.

NICOLAS MACCHIAVELLI.

Imola, le 3 novembre 1502.

LETTRE XIX.

MAGNIFIQUES SEIGNEURS,

Baldassare Scipioni, gentilhomme siennois, dont vous connaissez le mérite, est entré récemment au service de Son Excellence, en qualité de chef du corps de lances qu'elle a réuni. Le duc vient de l'envoyer à Florence pour quelque affaire qui l'intéresse. En conséquence le trésorier Alexandre m'a prié de vous le recommander et de réclamer vos secours et tous vos bons offices pour lui, de la part du duc qui partagera toute sa reconnaissance. Je joins mes sollicitations particulières à celles que je suis chargé de vous présenter à cet égard.

NICOLAS MACCHIAVELLI.

Imola, le 4 novembre 1502.

LETTRE XX.

MAGNIFIQUES SEIGNEURS,

Ma lettre du 5 vous aura appris que le duc était allé à Salarolo pour y voir les seigneurs français dont je vous ai parlé. Pendant son absence j'ai reçu les vôtres du 3 et du 5. Il revint hier fort tard. Comme il a passé aujourd'hui en revue les Suisses, qui commencent à arriver, je n'ai pu en obtenir d'audience avant la première heure de la nuit. Je l'ai informé du départ de l'évêque de Volterra pour la France, et des pouvoirs de cet envoyé, que je lui ai dit être conformes à ses intérêts, matière sur laquelle je me suis étendu autant qu'il était convenable de le faire. J'ai ensuite ajouté que les lettres de votre ambassadeur à Rome annonçaient, à la vérité, que les dispositions du souverain pontife envers vous étaient aussi favorables que celles de Son Excellence; mais que vous désireriez néanmoins être appuyés par elle auprès de Sa Sainteté, dans toutes les affaires qui peuvent vous survenir. Le duc me demandant ce que vous souhaitiez pour l'instant, je lui dis que c'était probablement quelque dîme; et il me répliqua qu'il ferait les démarches nécessaires. Après m'avoir chargé de vous remercier des pouvoirs donnés à votre envoyé en France, il me fit des questions pour savoir si le marquis de Mantoue acceptait l'engagement que vous lui aviez proposé. Je lui répondis que vous m'aviez écrit peu de jours auparavant que vous l'ignoriez encore. « Quelles offres, » reprit-il, « me fera « donc la seigneurie? » Je répondis que je n'étais pas instruit de vos intentions, mais que Son Excellence m'avait semblé jusque-là avoir d'autres vues. « Etant dévoué à la profession des « armes et ami de votre république, sera-t-il « honorable pour moi, » me dit le duc, « de ne pas « recevoir d'elle cette marque de confiance? J'ose « me flatter d'être en état de la servir aussi bien « qu'aucun autre. Combien la seigneurie compte-« t-elle tenir de gens d'armes sur pied? » — « Cinq « cents au moins, à ce que je crois, quoiqu'elle ne « m'ait rien mandé à cet égard. » — « A quel nom-« bre s'élèvent ceux du marquis de Mantoue et « ceux de la république, calculés séparément? »... Lorsqu'il eut entendu ma réponse il se leva en me disant : « Il n'y a donc plus rien à espérer « pour moi. » Aussitôt il s'approcha d'un Français, avec lequel il entra en conversation; alors je me retirai. Avant d'en venir à cette discussion au sujet de cet engagement et des hommes d'armes, le duc m'avait dit, en me parlant des Orsini, que la ratification du traité n'était pas encore arrivée, soit parce que ceux qui devaient le souscrire étaient éloignés les uns des autres, soit à cause des difficultés qu'il avait éprouvées de la part de quelques-uns, difficultés suscitées par Jean Bentivogli, qui était irrité de ce que l'on paraissait faire peu de cas de lui en renvoyant à un compromis la décision de ses intérêts, mais qui l'inquiétaient beaucoup moins depuis qu'il se trouvait plus en état de faire tête à ses ennemis. Il m'avait fait observer ensuite qu'il serait à propos que la seigneurie profitât de ce moment pour lui faire quelque proposition, afin qu'il ne fût pas obligé de s'abandonner entièrement à l'autre parti; mais toutefois en m'assurant que, dans le cas même où il conclurait l'accord avec les Orsini, il ne ferait rien à votre préjudice. Alors il me demanda avec instance si la seigneurie s'en tiendrait à des démonstrations générales. D'après ma réponse, conforme à vos lettres, il me dit : « Je vous ai fait cette question, bien décidé à me contenter de ses protestations d'amitié, si elle ne croit pas devoir passer outre, et dans la vue d'empêcher des espérances de liaisons plus particulières qui ne se réaliseraient pas d'exciter entre nous quelques différends. Je désire que l'on s'explique franchement avec moi. » Ce fut après cet entretien que nous passâmes à celui dont je vous ai parlé plus haut.

Depuis cette conférence, qui avait duré au moins deux heures, un agent de Bentivogli est venu me trouver et m'a dit qu'il sortait d'une audience du duc, où il avait appris qu'après mon départ de la cour la ratification de l'accommodement y était arrivée, ce qui n'empêche pas le duc d'en solliciter un particulier avec Bologne. Il a ajouté que le duc l'avait chargé d'expédier un courrier au protonotaire, afin qu'il se rendît ici sur-le-champ : il n'y est pas encore arrrivé, parce qu'il s'est blessé à un doigt du pied. De plus le bruit se répand aujourd'hui que la citadelle de Pergola, qui tenait pour le duc, s'est livrée aux troupes des Orsini, ce qui met bien des têtes en mouvement. Je ne puis vous mander que ce que j'entends dire. On croit que les Suisses et les autres Français seront ici dans le courant de cette semaine. M'entretenant avec un secrétaire du duc de la venue de ces Français, il m'apprit qu'une partie d'entre eux avait ordre de Son Excellence de s'arrêter à Parme. « Le duc, » lui dis-je, « ne veut donc pas « s'assurer de ses ennemis, puisqu'il empêche ces « troupes d'avancer? » Il me répondit que cela devait nous être imputé, la seigneurie n'ayant pas su saisir le moment de se mettre, ainsi que le duc, à l'abri de tout danger. J'observai que l'on ne nous en avait pas offert les moyens, et que vous n'aviez jamais manqué aux devoirs de l'amitié.

Lorsque je parlai au duc de l'affaire de Gaddi, il me dit de charger ses secrétaires de la lui rappeler. J'irai demain matin à la cour, pour tâcher de découvrir quelque chose touchant cet accommodement. Vous serez informés de ce que j'apprendrai.

Nicolas Macchiavelli.

Imola, le 8 novembre 1502.

LETTRE XXI.

MAGNIFIQUES SEIGNEURS,

Indépendamment de ce que je vous ai mandé dans ma précédente, il faut que je vous rapporte une conversation que j'ai eue avec cet ami qui m'avait dit, ces jours derniers, que vous aviez tort de vous en tenir à des démonstrations générales avec le duc, ayant des intérêts et des ennemis communs, et tant de facilités de réaliser vos désirs par une liaison plus particulière. Cet ami vint me trouver hier au soir, et me dit : « Je vous ai déjà représenté que les « protestations vagues de la seigneurie étaient « peu utiles pour le duc, et moins encore pour « elle, parce que Son Excellence finirait sûrement « par sortir de l'état d'incertitude où la sei« gneurie le retient, et traiterait avec d'autres. « Je veux ce soir discuter plus amplement avec « vous sur ce sujet. Quoique je n'aie aucune « mission pour le faire, mes assertions ne seront « pourtant pas dénuées de fondement. Le duc « n'ignore pas que le pape peut mourir d'un « instant à l'autre, et qu'il lui est nécessaire de « procurer à ses États, avant la mort de ce pon« tife, quelque autre soutien, s'il veut les con« server. Son premier espoir est dans le roi de « France, et le second dans ses propres forces. « Vous voyez qu'il a déjà près de cinq cents « hommes d'armes et autant de chevau-légers, « qui seront sous les drapeaux dans peu de jours. « Persuadé qu'avec le temps ces deux ressources « pourraient ne pas lui suffire, il songe à se lier « avec ceux de ses voisins qui sont forcés de le « défendre en se défendant eux-mêmes, tels que « les Florentins, les Bolonais, Mantoue et Fer« rare. Pour procéder par ordre, vous connaissez « ses étroites liaisons avec le duc de Ferrare, le « mariage de sa sœur, qui a reçu une dot si consi« dérable, et les bienfaits dont on a comblé et « dont on comble sans cesse le cardinal de ce « nom. A l'égard du marquis de Mantoue, il est « question de la dignité de cardinal pour son « frère et de l'alliance de la fille du duc de Valen« tinois pour son fils. Elle aura en dot quarante « mille ducats, qui seront payés par le marquis et « par son frère, en reconnaissance de la dignité « conférée à ce dernier. Ces liens qui se for« meront certainement, doivent les tenir unis. « Quant à Bologne, il est question de quelque « accord particulier et distinct de celui des con« fédérés. Cet arrangement, sollicité par le duc « de Ferrare, désiré par Son Excellence, et avan« tageux pour les Bentivogli, doit se terminer « heureusement. Dans le fait, le duc de Valen« tinois fut toujours moins jaloux de la conquête « de Bologne que de la sûreté de ses propres États. « Il demeurera satisfait aussitôt qu'il aura pu « atteindre ce dernier but. Ces quatre États, con« tigus les uns aux autres, en imposeront lors« qu'ils seront unis et armés, d'autant plus que « le roi de France ajoutera encore à leurs forces, « bien convaincu qu'il pourra toujours compter « sur eux. Au sujet des Florentins, j'ai entendu « dire au duc, il n'y a pas trois jours, que, leur « pays et le sien étant également amis de la « France, il voulait qu'il y eût une libre commu« nication entre eux, et qu'il n'entreprendrait « jamais rien contre la république, quand même « on n'en viendrait point à une alliance solide « et durable ; mais que, si Florence en formait « une de ce genre, elle verrait la différence qui « se trouve entre son amitié et celle des autres. Je « vous répète donc que, si l'on s'en tient à ces « relations générales, la seigneurie en souffrira « plus que le duc : ce dernier ayant pour lui le roi « et les autres États que je viens de nommer, « tandis que vous ne serez appuyés que par ce « prince, vous aurez plus souvent besoin du duc « que Son Excellence n'aura besoin de vous. Je « ne veux point dire que le duc se refusera à « obliger la république ; mais, un péril la mena« çant, il pourra, n'y étant pas tenu, marcher à « son secours ou demeurer en repos, selon que « cela lui conviendra. Si vous me demandez quel« ques particularités sur ce qu'il peut faire, je « vous répondrai que la république a deux plaies « qui l'affaibliront et la conduiront à sa perte si « elle n'y porte remède : l'une est Pise, l'autre « est Vitellozzo. Ne serait-il pas d'un grand avan« tage pour elle de rentrer en possession de « cette place et d'être délivrée de cet ennemi ? « Le duc ne demanderait de son côté que l'hon« neur de commander vos troupes comme il le « fit jadis, honneur dont il fait plus de cas que « de l'argent ou de toute autre chose. Si vous « pouviez le satisfaire sur ce point, le reste s'ar« rangerait facilement. Ne m'objectez pas, tou« chant Vitellozzo, que le duc a traité avec lui et « avec les Orsini : la ratification de cet accord

« n'est point encore venue, et le duc donnerait « volontiers la meilleure de ses places pour « qu'elle ne vînt pas ou qu'il n'eût jamais été « question de ce traité. Mais en supposant qu'elle « arrive, il est toujours des moyens de s'en re- « tirer, qu'il vaut mieux laisser à deviner ou dé- « velopper de vive voix que les consigner par « écrit. Pour l'intelligence de ceci, il faut faire « attention qu'il est de l'intérêt du duc de ména- « ger une partie des Orsini, afin de s'assurer « quelque ami dans Rome si le pape venait à « mourir. Quand à Vitellozzo, il ne peut en en- « tendre parler ; il le regarde comme un serpent « venimeux, un foyer de discorde pour la Toscane « et l'Italie entière. Il l'accuse même d'avoir fait « et de faire encore tout son possible pour empê- « cher les Orsini de donner leur consentement « au dernier traité. Quoique ces différentes con- « sidérations viennent de moi seul, je vous engage « à les transmettre au gonfalonier ou au conseil « des Dix. Faites-leur observer aussi qu'il serait « très-possible que le roi de France ordonnât à « la république de prendre le duc pour son gé- « néral et de mettre ses troupes à sa disposition, « ce qui ôterait aux Florentins le mérite du ser- « vice, parce qu'alors il serait forcé de leur part. « Représentez donc qu'il vaut mieux acquérir des « droits à la reconnaissance, en obligeant de soi- « même. » Il me pria de recommander le secret, pour ce qui concernait Vitellozzo et les autres objets importants dont nous venions de nous occuper. Telles furent les observations de cet ami, dont l'entretien dura longtemps. Je me contentai de lui faire, au besoin, de courtes réponses. Je lui dis d'abord que le duc agissait avec prudence en s'armant et en cherchant à se faire des amis. En second lieu, j'avouai que nous désirions vivement recouvrer Pise et être délivrés de Vitellozzo, quoique nous fissions fort peu de cas de ce dernier. Quant au commandement de nos troupes, je répondis, toujours comme venant de moi, que le duc ne pouvait être comparé aux autres seigneurs, qui n'ont pour ainsi dire que la cape et l'épée ; mais que l'on devait le considérer dans l'Italie comme un nouveau souverain, auquel il est plus convenable de proposer une alliance qu'un simple engagement militaire. J'ajoutai que les armes seules faisant respecter les liaisons politiques, la république ne voyait pas quel garant elle pourrait avoir de la stabilité de celles qu'elle contracterait, si les trois quarts ou les trois cinquièmes de ses troupes se trouvaient à la disposition de Son Excellence. « Ce n'est pas, » ajoutai-je, « que je « ne croie à la bonne foi du duc ; mais je connais « la prudence de la seigneurie, et je sais que les « États doivent être circonspects et ne jamais « s'exposer à être trompés. » Je convins qu'il était possible que le roi vous donnât des ordres, parce que notre ville était entièrement à sa disposition, comme si elle lui appartenait ; mais j'ajoutai que ni lui ni d'autres ne pouvaient exiger ce qui excédait les bornes de notre pouvoir. Il ne me fit plus de réflexions, si ce n'est au sujet du commandement de nos troupes. Il avoua que j'avais parlé avec franchise et vérité, ce qui lui avait fait grand plaisir. Il fut d'avis de réduire les trois cents hommes d'armes à deux cents, en laissant néanmoins toujours croire au premier nombre, afin d'obtenir plus facilement une dîme pour la seigneurie ou deux pour le clergé. Ses occupations importantes l'empêchant de rester plus longtemps, il me quitta après ces dernières paroles, et me pria de vous faire part de cet entretien si je le jugeais à propos, mais surtout de recommander le secret. J'ai rempli ses intentions comme vous le voyez. Sont-ce les siennes ou celles du duc ? c'est ce que je ne puis vous dire ; je sais seulement qu'il tient l'un des premiers rangs dans cette cour. Si ce sont ses propres idées, il a pu être induit en erreur par son naturel bon et obligeant. Vous peserez le tout, et me ferez passer votre réponse.

NICOLAS MACCHIAVELLI.

Imola, le 8 novembre 1502.

LETTRE XXII.

MAGNIFIQUES SEIGNEURS,

J'ai répondu à vos lettres des 3, 4 et 5, dans mes dernières du 8, que je vous ai envoyées par le commissionnaire de Thomas Totti. Leur importance me fait désirer qu'elles vous soient parvenues en bon état. J'en attends la réponse. Le protonotaire Bentivogli est arrivé aujourd'hui. J'ai eu un entretien avec lui avant de parler au duc. Il m'a paru tout dévoué à la seigneurie. Le but de son voyage est de terminer les différends de Bologne avec le duc et d'éviter de les soumettre à l'espèce d'arbitrage ou de compromis mentionné dans l'accord des confédérés. On est persuadé qu'il y réussira, parce que les désirs du duc et l'intérêt des Bentivogli concourent également à ce succès. Ceux qui en douteraient, à cause de la ligue de Jean Bentivogli avec les Orsini, doivent faire attention que le premier se croit trompé dans l'accord conclu par Paul Orsino, parce que ses démêlés y sont renvoyés à un arbitrage. Pour vous mettre plus au courant de ces intrigues, je vous ai mandé, dans mes dernières dépêches, qu'au sortir de ma conférence avec le duc j'avais appris l'arrivée de la ratification de l'accommodement. La nouvelle était vraie; il est en effet ratifié par tous les confédérés, excepté par Jean Bentivogli, qui, ne croyant pas trouver pour lui des sûretés suffisantes dans cet arbitrage, a réclamé dès le premier jour contre ce traité. Il faut maintenant que vous sachiez que la ratification du pape est nécessaire aussi à la validité de cet accord. Dans un bref adressé à Truchsess, et dont je vous envoie copie [1], le pontife autorise ce fondé de pouvoir à le ratifier en son nom, lorsque le cardinal Orsino, Pandolfe Petrucci et Jean Bentivogli lui auront donné leur assentiment. Pour achever ce traité, il faut donc encore deux choses: la ratification de Bentivogli et celle du pape. Le refus assuré de la première entraîne celui de la seconde; ce dont Alexandre VI était, dit-on, instruit, lorsqu'il inséra cette condition dans son bref. La connaissance de l'état actuel des choses, dans le cas même où il ne surviendrait aucun événement nouveau, porte à croire que Jean Bentivogli se sauvera en formant de son côté quelques liaisons étroites avec le duc, qui s'assurera ensuite d'une bonne partie de ses autres adversaires. En lisant attentivement les articles de ce traité, que je vous envoie, vous verrez qu'ils sont remplis de méfiances et de soupçons. Joignez-y l'idée que l'on en a ici, et il vous sera facile alors de prévoir dans votre sagesse ce que l'on doit en attendre. Je me suis procuré cette copie [2] et le bref du pape, non à la chancellerie du duc, comme on me l'avait promis, mais par une autre voie. Je n'ai plus rien à vous mander pour l'instant, si ce n'est que l'on attend l'arrivée du restant des lances françaises, ainsi que celle des Suisses, et la conclusion de l'alliance qui se négocie avec Jean Bentivogli, avant de faire marcher l'armée vers Pesare. Cette attente ne paraît pas devoir être longue.

NICOLAS MACCHIAVELLI.

Imola, le 10 novembre 1502.

[1] Ce bref suit.

[2] On la trouve ici à la suite du bref

BREF DU PAPE ADRESSÉ A TRUCHSESS.

« Alexandre VI, souverain pontife, à notre « cher fils, salut et bénédiction apostolique.

« Nous avons reçu avec vos lettres l'accord « passé dernièrement et arrêté entre notre cher « fils Son Excellence César Borgia, duc de Ro« magne, etc., d'une part, et de l'autre notre « cher fils Paul Orsino, au nom des autres mem« bres de la même famille et de leurs confédérés. « Persuadé que les conventions faites et arrêtées « par le duc l'ont été comme elles devaient l'être « et dans de bonnes fins, désirant assurer leur « entière exécution, rempli dans le Seigneur de « confiance en votre droiture et votre prudence, « nous vous chargeons par les présentes de les « approuver et ratifier en notre nom, lorsqu'elles « auront été approuvées et ratifiées par nos chers « fils le cardinal Orsino, Pandolfe Petrucci et « Jean Bentivogli de Bologne, et vous accordons « pouvoir plein et entier à cet effet. Donné à « Rome, sous l'anneau du pêcheur, le 4 no« vembre 1502, de notre pontificat l'an 11.

« A notre cher fils François Truchsess, proto« notaire et notre secrétaire camérier. »

ACCORD ENTRE LE DUC DE VALENTINOIS ET LES CONFÉDÉRÉS.

« Qu'il soit notoire aux parties mentionnées « ci-dessous, et à tous ceux qui verront les pré« sentes, que Son Excellence le duc de Romagne « d'une part, et de l'autre les Orsini, ainsi que « leurs confédérés, désirant mettre fin à des dif« férends, des inimitiés, des mésintelligences et « des soupçons qui se sont élevés entre eux, ont « résolu ce qui suit :

« Il y aura entre eux paix et alliance véritables « et perpétuelles, avec un complet oubli des « torts et injures qui peuvent avoir eu lieu jus« qu'au présent jour, se promettant réciproque« ment de n'en conserver aucun ressentiment; « et en conformité desdites paix et union, Son « Excellence le duc de Romagne reçoit dans ses « confédération, ligue et alliance perpétuelles;

« tous les seigneurs précités et chacun d'eux, et « promet de défendre les États de tous en général et de chacun en particulier, contre toute « puissance qui voudrait les inquiéter ou attaquer pour quelque cause que ce fût, exceptant « néanmoins toujours le pape Alexandre VI et « Sa Majesté Très-Chrétienne Louis XII, roi de « France. Promettent, d'autre part, et dans les « mêmes termes, les seigneurs susnommés, de « concourir à la défense de la personne et des « États de Son Excellence, ainsi qu'à celle des « illustrissimes seigneurs don Zofre Borgia, « prince de Squillaci, don Roderigo Borgia, duc « de Sermoneta et de Biselli, de don Jean Borgia, « duc de Camerino et de Neppi; tous frères ou « neveux de Son Excellence le duc de Romagne.

« De plus, comme la rébellion et l'envahissement du duché d'Urbin et de Camerino sont « arrivés pendant les susdites mésintelligences, « tous les confédérés précités et chacun d'eux « s'obligent à concourir de toutes leurs forces « au recouvrement des États ci-dessus et autres « places et lieux révoltés et envahis.

« Son Excellence le duc de Romagne s'engage « à continuer aux Orsini et aux Vitelli leurs anciens engagements de service militaire, et « aux mêmes conditions.

« Elle promet de plus de n'obliger qu'un « d'entre eux, à leur choix, de servir en personne : le service que pourront faire les autres « sera volontaire.

« Elle s'engage aussi à faire ratifier le présent « traité par le souverain pontife, qui ne pourra « obliger le cardinal Orsino à demeurer dans « Rome qu'autant que cela conviendrait à ce « prélat.

« En outre, comme il existe quelques différends entre le pape et le seigneur Jean Bentivogli, les confédérés précités conviennent « qu'ils seront remis à l'arbitrage sans appel du « cardinal Orsino, de Son Excellence le duc de « Romagne, et du seigneur Pandolfe Petrucci.

« S'engagent aussi les confédérés précités, « tous et chacun d'eux, aussitôt qu'ils en seront « requis par le duc de Romagne, à remettre « entre ses mains comme otages un des fils légitimes de chacun d'eux, et ce dans le lieu et « dans le temps qu'il lui plaira indiquer.

« Promettant de plus les mêmes confédérés, « tous et chacun d'eux, si quelque projet tramé « contre l'un d'eux venait à leur connaissance, « de l'en avertir et de s'en prévenir tous réciproquement.

« Il est convenu, outre cela, entre le duc de « Romagne et les susdits confédérés, de regarder comme l'ennemi commun quiconque manquerait aux présentes stipulations, et de concourir tous à la ruine des États qui ne s'y « conformeraient pas.

« César, Paul Orsino, Agapit.

« Fait à Imola, le 18 octobre 1502. »

LETTRE XXIII.

Magnifiques seigneurs,

Permettez-moi de vous faire observer que, si vous êtes surpris de n'avoir pas reçu mes lettres, je suis de mon côté très-fâché de n'avoir pu et de ne pouvoir encore faire autrement. Au lieu de Thomas Totti, il arriva ici un homme à pied, sans connaissance exacte du pays et fort peu habile à marcher. Je lui remis le 8 des lettres aussi importantes au moins qu'aucune de celles que je vous ai écrites depuis que je suis en cette ville. Si votre courrier ne m'assurait avoir rencontré au sortir de Florence le porteur de ces dépêches, je vous en transcrirais le contenu. Devant mander en particulier au gonfalonier ce qui se passait publiquement, article peu étendu, j'ai écrit le 1er, le 3 et le 5. Mes dernières sont du 10, elles contenaient la copie du traité et toutes les nouvelles de cette cour. Vous devez les recevoir aujourd'hui par Jacques, voiturier de Monticelli, auquel je les ai confiées. Je prie donc la seigneurie de m'excuser, en faisant attention que les choses ne se devinent pas, et que nous avons affaire ici à un prince qui gouverne par lui-même : pour ne pas s'exposer à mander des rêveries, il faut étudier le terrain. Pendant qu'on le fait, le temps s'écoule. Loin d'en perdre, je le mets à profit autant qu'il m'est possible. Je ne vous répéterai point ce qui se trouve dans mes lettres du 8 et du 10, espérant qu'elles vous seront parvenues, quoiqu'un peu tard. Vous y aurez vu la tournure que prennent les affaires de ce pays. Elles vous auront fait connaître, au moins en partie, les dispositions du duc, en lisant mon entretien avec lui, et avec cet ami qui me redit sans cesse que temporiser c'est courir après un mieux impossible et perdre une occasion favorable. Je réponds que ces délais ont été commandés d'abord par le désir d'attendre que l'on sût la volonté du roi, ensuite par celui d'envoyer à Rome pour s'informer des intentions du pape; qu'ils le sont aujourd'hui par le départ de l'évêque de Volterra pour la France et par l'arrivée dans notre ville de l'archidiacre de Celon. Beaucoup de gens me disent que tel est l'usage de la seigneurie. On me reproche à chaque instant que, pour n'avoir pas su prendre de parti depuis 1499, nous avons d'abord été mal servis par le duc et ensuite accablés par le roi de France. Je défends l'honneur de notre république autant qu'il m'est possible, en développant les nombreux arguments qui militent en sa faveur. Ils ne sont point admis. Je n'ai pas voulu jusqu'à ce jour vous mander tout cela, de peur d'être accusé de présomption; mais, voyant aller les choses comme je l'avais prévu, j'aime mieux avoir à me plaindre des fausses interprétations que l'on pourra se permettre qu'à me repentir de ne vous avoir pas informés de ce qui se passe ici. Vous me demandez des éclaircissements que je crois vous avoir donnés. En lisant bien mes lettres, vous les y trouverez. Au sujet de la paix et de la guerre, je vous ai marqué que l'on parlait de l'une et que l'on se préparait à l'autre. Je vous ai instruits de l'accord fait par Paul Orsino et vous en ai envoyé une copie avec mes lettres du 10. Vous y voyez que, d'après le bref du pape, le refus de Jean Bentivogli rend ce traité nul. Le 30 du mois précédent, je vous ai informés des conjectures et des difficultés relatives à cet accommodement, vu les dispositions du duc et de ses adversaires, et l'opinion où l'on était que le duc viendrait à bout d'en détacher quelques-uns de la ligue. On voit aujourd'hui que cette opinion était fondée. Le protonotaire Bentivogli travaille ici à un accommodement qui est presque terminé. Les Bentivogli s'en justifieront sans peine auprès des confédérés, qui ont remis la cause de Bologne à un arbitrage. Ils y trouveront d'ailleurs leur sûreté, puisque le roi de France se donne pour garant de son exécution. Le protonotaire, en m'en parlant ce soir, m'a demandé si sa seigneurie imiterait ce prince. J'ai répondu que son exemple serait toujours notre règle. Je n'ai rien appris de positif sur les conditions de cet accord. Comme je fis observer au protonotaire que le duc pourrait avoir des regrets au sujet de la conquête de Bologne, il me dit que l'on avait démontré à Son Excellence, comme je vous l'ai mandé, qu'il lui serait plus avantageux de faire une alliance durable que de s'emparer d'une place qu'il ne pourrait conserver. La conduite des Orsini et des Vitelli lui a fait sentir depuis le besoin d'agir avec prudence, quand elle ne l'aurait pas senti auparavant. Ces confédérés ont appris au duc qu'il fallait plutôt songer à défendre ses propres États qu'à envahir ceux des autres, et que le moyen d'y réussir était de prendre les armes, de flatter ses sujets et de s'attacher à ses voisins; moyen qu'il compte bien employer, comme je vous l'ai écrit le 8, d'après ce que l'un de mes amis m'avait rapporté. Le duc, après avoir reçu la ratification des Orsini, leur a envoyé quelqu'un sous prétexte de lever les difficultés causées par le refus de Jean Bentivogli; mais son but réel est de gagner du temps. Les Orsini, de leur côté, restent sur les terres de Fano, sans faire un pas en avant ou en arrière; ainsi l'on n'a plus que des incertitudes sur cette paix générale. Le parti qui saura le mieux en imposer à son adversaire l'emportera, et ce sera celui qui se trouvera le plus puissant en troupes, en amis et en préparatifs de paix et de guerre. Je vous ai informé précédemment de ceux qui se faisaient ici et de l'inutilité de songer encore à des temporisations. Afin de vous procurer une connaissance plus exacte des fantassins et des cavaliers qui sont déjà à sa disposition et de ceux qu'il attend, je vous en envoie une liste faite d'après ce que j'ai ouï dire à plusieurs personnes, étant obligé de m'en rapporter aux autres sur les objets que je ne puis voir par moi-même. Le duc ne sortira point de cette ville avant l'arrivée des Suisses qui étaient attendus cette semaine, et des autres lances françaises qui le sont de jour en jour. Il tend les bras, comme je vous l'ai marqué plusieurs fois, à tous les ennemis de Pandolfe, de Jean-Paul et des Orsini. N'ayant plus rien à vous mander, je finis cette dépêche, en vous priant, ou de m'excuser lorsque je ne remplis pas vos désirs, ou de me donner les moyens de le faire.

NICOLAS MACCHIAVELLI.

Imola, le 13 novembre 1502

LETTRE XXIV.

MAGNIFIQUES SEIGNEURS,

Je vous ai envoyé le 13 par Charles ma réponse à la vôtre du 11. Le comte Louis de la Mirandole est arrivé avec trente-quatre hommes d'armes et soixante-dix chevau-légers. Son cantonnement est à Doccia, lieu situé à trois milles d'ici du côté de Bologne. Je vous ai informés dans mes dernières de l'état de la négociation avec les Bentivogli et des démonstrations amicales et empressées du duc auprès du protonotaire. Je m'entretins hier matin fort longtemps avec ce dernier; il me parla de l'affection du duc pour eux, de l'avantage qui en résulterait pour leurs affaires, et de celui que ce seigneur retirerait de leur alliance, qui serait déjà conclue, s'il n'avait pas voulu que le pape intervînt dans cet accord comme partie principale. Comme l'ambition de ce pontife lui a toujours inspiré le désir de faire rentrer dans l'obéissance du saint-siége la ville de Bologne, qu'aucun de ses prédécesseurs n'a pu soumettre, le duc ne veut rien terminer sans son agrément. Son secrétaire Romolino doit se rendre à Rome pour le solliciter. Leur convention porte particulièrement sur deux points : d'abord il sera formé entre l'évêque d'Euna, ou le cardinal Borgia, et les Bentivogli, une alliance, en faisant épouser la sœur du cardinal, soit par le protonotaire Bentivogli, s'il veut renoncer à l'état ecclésiastique, soit par Hermès, s'il consent à rompre ses engagements avec la parente des Orsini. En second lieu, les Bentivogli s'obligent à soutenir le duc contre tous ses ennemis, avec un certain nombre de troupes. Il y a sur les conditions quelques difficultés. Le duc voudrait que ce service se fît aux frais des Bentivogli. Ceux-ci demandent qu'il soit payé par lui, en tout ou au moins en partie. Ils ont aussi d'anciens comptes à terminer. On parle d'un chapeau de cardinal pour le protonotaire, s'il poursuit la carrière dans laquelle il est entré. Mais je ne puis vous certifier cette nouvelle, non plus que les précédentes.

Romolino est parti ce matin avec le protonotaire pour Bologne, où il conférera avec Jean Bentivogli, et de là il se rendra à Rome. Je vous en préviens, afin qu'à son passage à Florence vous puissiez lui faire un accueil honorable et tirer de lui quelques renseignements. Comme il ne voyage point en poste, il pourra s'arrêter quelques instants.

On dit que le duc se rendra, d'ici à jeudi, à Césène, où il fera camper ses troupes.

L'envoyé que le duc a fait partir ces jours derniers pour aller trouver les Orsini n'est point encore de retour; aussi ne sait-on rien de ce qui se passe à Fano. J'ai appris aujourd'hui qu'il s'était élevé quelques divisions entre les Orsini d'une part, et Jean-Paul ainsi que Vitellozzo de l'autre, au sujet du traité, dont ce dernier est très-mécontent.

Rien de nouveau sur les Suisses et les autres troupes qui doivent encore arriver. On attend de l'argent de Florence pour former le camp.

Bonacorso y a été envoyé à cet effet il y a huit jours, comme je vous l'ai marqué. Quant à leur projet d'accommodement, on pense qu'il ne pourra jamais les réunir tous, à moins qu'un tiers ne devienne le sujet de leurs agressions. Ceux qui peuvent craindre de le devenir doivent prendre leurs précautions pendant qu'il en est encore temps.

NICOLAS MACCHIAVELLI.

Imola, le 14 novembre 1502.

P. S. Le porteur de cette lettre part aujourd'hui 18 à la douzième heure; comme je ne vois pas d'autre moyen, je suis obligé de vous envoyer un de mes domestiques; il doit être à Florence mercredi. Je prie vos seigneuries de lui faire payer six livres.

LETTRE XXV.

MAGNIFIQUES SEIGNEURS,

Vous avez dû recevoir hier ma dernière lettre du 14, que je vous ai envoyée par Antoine, mon domestique. J'ai appris depuis que le projet d'accommodement emporté par Paul Orsino avait été retouché par les autres, et rendu tel que vous le voyez dans la copie que je vous en ai fait passer. Après ces changements, ils l'ont ratifié et renvoyé au duc, qui a fait de son côté les additions et les retranchements qui lui ont paru convenables. Le 8 ou le 9 quelqu'un a été expédié de sa part vers les confédérés pour leur reporter ce nouveau projet de traité, avec ordre de leur assurer que le duc n'en accepterait pas d'autre. L'un de ses secrétaires me montra hier au soir une lettre que cet envoyé a écrite de Sienne à Son Excellence, en date du 13. Elle est ainsi conçue : « J'ai trouvé « ici Paul Orsino ; ce seigneur m'a paru surpris de « ne recevoir de vous ni réponses ni instructions « sur ce qu'il vous a mandé au nom des autres con- « fédérés. Lorsque je lui eus communiqué ainsi « qu'à Pandolfe Petrucci vos intentions, il s'éleva « d'abord quelques difficultés, mais ils finirent par « y donner leur consentement en bonne forme. « Antoine de Venafre a ratifié ce traité au nom « du cardinal Orsino, dont il avait les pleins « pouvoirs. Comme personne n'était chargé de « ceux de Vitellozzo, de Jean-Paul et de Liverotto, « Pandolfe et Paul Orsino ont promis de le « leur faire ratifier, ainsi que vous l'apprendrez « de ce dernier, qui se rend auprès de Son Ex- « cellence. » D'après cette lettre, dont vous voyez le contenu, on attend ce soir Paul Orsino. Vous serez instruit de tout ce que je pourrai découvrir.

Gui, duc d'Urbin, a fait demander il y a deux jours un sauf-conduit pour un citoyen de la ville d'Urbin, qu'il désirait envoyer à Son Excellence pour lui communiquer quelque chose ; il a été accordé sans désignation de nom. Si quelqu'un se rend ici avec un sauf-conduit, je tâcherai d'être informé de la cause qui l'y amène, afin de vous en instruire.

On ordonna hier des logements pour cent cinquante lances françaises, qui, dit-on, doivent encore arriver à Tosignano, Fontana et Codironco, lieux situés au pied des Apennins, sur les confins du Bolonais. On attend des nouvelles du voyage de Romolino, qui partit hier matin de Bologne pour Rome. Il paraît que le départ du duc sera remis à dimanche prochain.

Le grain vaut ici quarante sols, mesure de Florence. Jacques de Borgo, qui remplit à Imola les fonctions de lieutenant, m'a dit que, d'après le relevé des grains qui se trouvent dans les États du duc, toutes les villes auraient besoin de provisions nouvelles, les unes pour un mois, les autres pour deux. Les troupes étrangères augmenteront encore cette disette, malgré les achats que le duc fait au dehors. Je vous préviens de ceci, afin que vous empêchiez toute exportation de vos grains pour ce pays.

Un certain Gabriel de Bergame, qui a apporté ici de l'argent de Venise, y fait beaucoup d'affaires. Il m'a montré hier au soir une lettre, dans laquelle on lui mandait de Venise que l'on venait d'y recevoir du Portugal la nouvelle de l'arrivée de quatre bâtiments chargés d'épiceries et revenant de Calcutta, ce qui avait fait baisser considérablement le prix de ces sortes de marchandises et causé un très-grand dommage à cette ville.

NICOLAS MACCHIAVELLI.

Imola, le 16 novembre 1502.

P. S. Le porteur de la présente est parti à la vingtième heure. Il s'est engagé à être rendu à Florence demain soir. Je lui ai promis un florin d'or, je prie vos seigneuries de vouloir bien le lui payer.

LETTRE XXVI.

MAGNIFIQUES SEIGNEURS,

Vous aurez vu, par les dépêches des 8, 10 et 13, mes efforts auprès de différentes personnes pour tâcher de découvrir les projets du duc, et les réponses que j'ai faites selon les circonstances. D'après celle que vous m'avez envoyée le 15 sur tous ces objets, en me recommandant d'agir avec toute la mesure qui me paraîtra convenable, je me suis présenté chez le duc hier au soir. Nous avons eu ensemble une longue conférence. Je lui ai parlé d'abord de la méfiance qu'il m'avait témoignée dans notre dernière entrevue en me demandant s'il pouvait compter sur l'amitié de la seigneurie, et du déplaisir que vous en aviez ressenti lorsque je vous en avais informés ; alors je lui ai développé une grande partie des idées qui se trouvent au commencement de votre lettre, en lui réitérant sans réserve toutes vos protestations amicales, etc. Passant ensuite au désir qu'il a d'être choisi pour général à la solde de la république, je lui ai dit que cet article vous avait causé beaucoup de peine, soit parce que la chose était impossible, soit parce que l'intérêt particulier semblait l'emporter sur le bien général, et que l'on formait des demandes auxquelles vous ne pouviez ni ne deviez consentir. Après lui avoir observé que la seigneurie n'avait ni le pouvoir d'accorder une solde considérable, ni l'orgueil d'oser en offrir une médiocre, je fis entendre que, laissant de côté cet engagement militaire, il fallait s'occuper de choses possibles, et où la république trouvât sa sûreté, sans blesser les intérêts du roi de France, auquel elle devait les plus grands égards. Je m'étendis beaucoup sur ce point, sans perdre de vue les bornes de mes pouvoirs et le soin de n'employer, tout en me rapprochant de votre lettre, aucune expression capable de l'offenser. Le duc, qui m'avait écouté avec attention et n'avait laissé échapper aucun signe de mécontentement, me répondit : « Tu vois que rien ne « se termine. Il s'agit de former entre nous, « comme je te l'ai dit la dernière fois, des liai- « sons générales ou particulières : si elles ne doi- « vent être que générales, il n'est plus besoin « d'en parler ; je tiendrai la promesse, que je t'ai « si souvent répétée, de ne faire jamais aucun mal « à la seigneurie, et de l'obliger autant qu'il sera « en mon pouvoir ; les Florentins seront toujours « bien accueillis dans mes États ; mais il ne faut « pas songer à conclure une alliance particulière, « si l'engagement militaire qui doit en être la « base n'a pas lieu. » Je m'empressai de lui observer que les rapports généraux d'amitié ne forment pas des liens solides ; que les temps et la fortune changent ; que l'on s'unit tous les jours sans exiger la condition qu'il désire, et que les liaisons durables sont celles qui concilient les intérêts des deux partis. J'y ajoutai beaucoup d'autres réflexions qu'il serait inutile de rappeler. Il me suffit de vous dire que sa conclusion fut conforme à ce que je viens de vous rapporter. Je n'en pus obtenir d'autre. Il m'entretint ensuite des différentes affaires qui l'occupent en cet instant. Il regarde celle de Bologne comme finie ; il attend Paul Orsino, et se plaint amèrement de Vitellozzo ainsi que de Jean-Paul. Je lui ai dit à ce sujet que j'avais toujours si bien prévu que Son Excellence l'emporterait que, si j'eusse mis mes pensées par écrit, elle les prendrait aujourd'hui pour une prophétie. Comme je lui alléguais, entre autres raisons qui m'avaient porté à juger ainsi, la facilité de rompre de semblables liens, étant seul contre plusieurs, il me répliqua qu'il les avait rompus en effet, et qu'il avait déjà dérouté plus de quatre de ses adversaires. Il m'a ensuite objecté que Jean-Paul se glorifiait d'être en grande intelligence avec la république. « Comme il est bon « soldat, » lui ai-je dit, « et qu'il a été à notre « solde, nous lui avons été fort attachés, mais « nous avons eu en dernier lieu beaucoup à nous « plaindre de lui. » — « Je ne veux plus, » ajouta-t-il, « te laisser ignorer qu'avant de quitter « Pérouse et de se rendre auprès de Vitellozzo « dans Arezzo, il m'écrivit en ces termes : « Vous « savez que je hais Vitellozzo ; je désirais néan- « moins me servir de lui pour rétablir les Médicis « dans Florence. Comme je ne veux pas avoir l'air « de suivre en cela ses volontés, je vous prie de « m'écrire une lettre dans laquelle vous m'ordon- « nerez de concourir à cette entreprise. » Je la lui « écrivis, et il s'en prévaut peut-être aujourd'hui « contre moi auprès de la seigneurie. » Je lui répondis que je n'avais jamais entendu parler de cet objet. Continuant à m'entretenir de Vitellozzo, il voulut m'apprendre encore un projet de trahison dont il avait été informé depuis deux jours. « Lorsque nous fûmes entrés, » me dit-il, « sur les terres de Florence, voyant échouer « ses desseins, auxquels je refusais de me prêter, « il conçut celui de gagner les Orsini à mon insu, « afin de pouvoir escalader Prato pendant une « nuit et de me laisser à la discrétion de mes « ennemis. Mais, étant allé visiter cette place, il « en trouva les murailles plus élevées et la garde « meilleure qu'il ne l'aurait cru. Quoique, en con- « fiant ce projet à quelqu'un qui me l'a commu- « niqué il y a seulement deux jours, il lui ait dit « que dans une entreprise de ce genre le com- « mencement amenait nécessairement le milieu « et la fin, il s'est vu obligé de renoncer à l'es- « poir de consommer cette perfidie ; mais il en « médite chaque jour de nouvelles et justifie « par sa conduite celle des Florentins à l'égard « de son frère. » Je répondis comme cette matière l'exigeait. Quoiqu'il ne me laissât aucun doute sur son ressentiment envers Vitellozzo, je ne pus pénétrer les vues particulières de Son Excellence.

J'ai revu depuis cet ami dont je vous ai parlé. Écartant, selon votre désir, la question de l'engagement militaire, j'ai touché les articles concernant Vitellozzo, Pise, et l'alliance projetée. Il m'a confirmé la haine du duc contre ce confédéré. Au sujet de Pise il m'a dit : « L'armée va marcher du côté d'Urbin ; peut-être « se rendra-t-elle ensuite vers Pérouse, Castello « et Sienne. De là elle pourrait facilement se « porter sur Pise et s'emparer de cette place « prise au dépourvu, mais il faudrait que la chose

« fût bien secrète. Depuis la création de votre « gonfalonier actuel, la seigneurie pourrait-elle « disposer de vingt-cinq ou de trente mille ducats, « sans avoir à en rendre compte à personne dans « le premier moment?... » Revenant ensuite à l'engagement, cet ami me fit observer que c'était humilier le duc que de ne vouloir plus en parler; que la seigneurie pourrait d'ailleurs le convertir en un subside. Je répliquai que ce serait changer la dénomination et non la chose, et que, pour me décider à vous faire une semblable proposition, il faudrait que je pusse en même temps vous en démontrer les avantages. Il me dit qu'il y réfléchirait, et là-dessus nous nous séparâmes.

Les autres Français que l'on attendait sont arrivés, et logés comme je vous l'ai écrit. Un certain Frédéric, agent du cardinal de Saint-Georges, qui est ici depuis deux jours, m'a dit que la totalité des Français qui viennent de Parme au secours du duc s'élève à quatre cent cinquante lances. Je ne sais si son récit est vrai, mais il se rapporte à ce que la cour publie à ce sujet. Cet individu doit être bien informé, puisqu'il arrive lui-même de Parme, où il a passé plusieurs jours.

La conclusion de l'accommodement dépend du côté des Orsini du retour de Paul, et du côté des Bentivogli du voyage de Romolino à Rome. Il ne transpire rien sur cet objet.

Le trésorier Alexandre me dit hier que le duc attendait pour partir une réponse d'Ercolano, qu'il a envoyé à Milan depuis plusieurs jours. Ses préparatifs de guerre, au milieu de tant de négociations pour la paix, tiennent tout le monde dans l'incertitude. On ne sait plus sur quoi compter. Malgré le bon accueil fait au protonotaire, Jean Bentivogli n'est pas sans inquiétude en voyant le duc accroître ses forces et ne pas retirer de son voisinage les troupes qui incommodent beaucoup les habitants de Bologne ainsi que lui. De plus, le comte de la Mirandole et les Français venus dernièrement par la route de Ferrare devant se rendre à Rimini, il lui semble que le duc aurait dû les faire passer par Faënza. Au lieu de leur assigner cette route, il les a fait venir de son côté, a placé le comte à Doccia et les Français dans trois petits forts situés vers Piancaldoli, sur les confins du Bolonais, ce qui éloigne ces troupes de leur prétendue destination et est fort à charge à Jean Bentivogli. Une compagnie de fantassins, qui avait aussi été envoyée vers Rimini, est de retour dans ces mêmes cantons. Tout cela donne lieu à diverses conjectures. On pense cependant que si un accord est une fois conclu il sera suivi. Les Vénitiens, voyant l'orage se former, ont envoyé, pour n'être pas surpris, le comte de Pitigliano à Ravenne, avec mille hommes de cavalerie.

Les liaisons du duc avec la France ne lui laissent aucune crainte de votre côté, et l'on ne pense pas qu'il ait envie de vous nuire. Quant aux Orsini et aux Vitelli, on peut mieux juger à Florence qu'ici de leur position. Au reste il faudrait être hardi pour oser prononcer dans de semblables circonstances.

On publiait ce matin que le peuple de Bologne s'était soulevé, parce qu'il soupçonnait Jean Bentivogli de vouloir rendre cette ville au duc. On croit que ce sont des bruits populaires, rien n'annonçant que cette nouvelle ait quelque fondement.

NICOLAS MACCHIAVELLI.

Imola, le 20 novembre, à la vingtième heure, 1502.

P. S. J'ai enfin obtenu le sauf-conduit conforme à celui de vos seigneuries : je vous l'envoie par les présentes. C'est avec bien de la peine que j'ai pu l'arracher de cette chancellerie sans payer, car elles ne ressemblent pas toutes à la vôtre.... On prétend que le vôtre a été donné *gratis*. Cependant on en enverra un à Alexandre Spanocchi; s'il juge que nous devions payer quelque chose, ce sera aux marchands à y pourvoir.

LETTRE XXVII.

MAGNIFIQUES SEIGNEURS

Je vous ai envoyé, le 20, par Charles une lettre fort longue, en réponse à la vôtre du 15. Celle-ci le sera beaucoup moins, parce qu'il n'est rien survenu de nouveau. On ne sait point encore quand le duc partira. Les troupes ne vont point du côté de Faënza et les préparatifs de guerre se continuent. Les Suisses ne sont pas arrivés. On dit que Paul Orsino ne reviendra point, parce qu'on ne lui a pas accordé le sauf-conduit qu'il a demandé pour vingt-cinq arbalétriers. L'accord avec Bologne n'est pas terminé, parce que le duc a voulu faire revivre une aucienne convention, en vertu de laquelle Jean Bentivogli devait lui payer neuf mille ducats par an, convention que ce dernier croyait tombée en désuétude. Tout a été suspendu pendant trois jours. Mino de' Rossi est venu pour mettre fin à cette affaire, avec ordre de se rendre aux désirs du duc s'il ne peut faire autrement. J'ignore ce qui en résultera.

J'ai reçu aujourd'hui votre lettre du 19, en réponse aux miennes du 14 et du 16. Je n'ai point cherché à voir le duc ni à lui parler des raisons qui vous portent à laisser de côté la question relative à l'engagement militaire. Connaissant ses dispositions sur ce sujet, je ne veux plus l'en fatiguer, de peur de l'irriter au lieu de l'adoucir. J'aime mieux différer. Peut-être m'entretiendra-t-on encore de cet objet, cela dépendra des événements. La conduite actuelle de cette cour se règle plutôt jour par jour que par un plan suivi; je ne suis pas même sûr d'obtenir facilement une audience, parce qu'en ne prenant pour guide que son intérêt particulier, réel ou apparent, l'on tient peu de compte ici de celui des autres : aussi n'essayerai-je de franchir ces barrières qu'autant que j'y serai forcé. Si une ou deux tentatives ne réussissent pas, je n'irai pas plus loin : je voudrais pouvoir m'en dispenser, quoique je n'aie pas eu jusqu'à présent sujet de me plaindre. Je désire, tout bien réfléchi, que la seigneurie m'accorde mon rappel. Persuadé, d'une part, que ma présence ici ne peut plus être utile à notre république, je vois de l'autre ma santé s'altérer. J'ai été attaqué il y a deux jours d'une fièvre violente, et en tout je me trouve fort indisposé. De plus, mes intérêts particuliers, qui ne sont surveillés par personne, souffrent beaucoup de mon éloignement. Vous me pardonnerez donc la demande que je vous réitère.

Il est arrivé ici un envoyé du duc d'Urbin, pour proposer, dit-on, quelques arrangements; mais on ne sait rien de positif à cet égard.

NICOLAS MACCHIAVELLI.

Imola, le 22 novembre 1502.

LETTRE XXVIII.

MAGNIFIQUES SEIGNEURS,

Ma dernière lettre était en date du 22 : je vous l'avais envoyée par Ugolino Martelli. Je vous avais écrit précédemment le 20 en réponse à vos dépêches du 15. Les choses sont toujours dans le même état depuis ma dernière dépêche du 22. L'accord avec Bologne continue à éprouver des difficultés à cause des neuf mille ducats. Le duc voudrait que Jean Bentivogli s'obligeât à lui payer cette somme chaque année, ou qu'il lui en donnât quarante mille dans l'espace de quelques mois. L'autre n'est point de cet avis, malgré les instances du duc, qui voudrait que cela fût terminé avant sept à huit jours. Mino de' Rossi est chargé ici des intérêts de Jean Bentivogli, mais je crois avoir ouï dire ce soir que l'on attend demain le protonotaire. Ceux qui cherchent à découvrir la vraie cause de ces délais pensent que le duc attend de Rome la réponse de Romolino et ne veut rien faire sans l'agrément du pape. D'autres leur donnent une interprétation plus sinistre, quoique tout annonce la bonne intelligence entre le seigneur de Bologne et le duc, et que l'on se soit fait beaucoup de présents de part et d'autre. On explique aussi de plusieurs manières pourquoi le duc ne part point : on dit qu'il veut finir auparavant son accommodement avec les Bentivogli; qu'il ne lui reste pas un denier; qu'il attend de l'argent de Rome; que les Suisses ne sont pas encore arrivés et que l'on n'en a pas même de nouvelles certaines, quoique l'on ait répandu le bruit il y a trois jours qu'ils étaient en deçà de Ferrare. On croit aussi que le duc veut savoir, avant de se mettre en mouvement, s'il aura les Orsini pour amis ou pour ennemis, ce dont il ne sera informé qu'au retour de Paul Orsino.

La personne que le duc d'Urbin voulait envoyer ici, et pour laquelle il avait demandé un sauf-conduit, s'y est rendue il y a quatre jours et en est repartie sur-le-champ. On dit que ce voyage avait pour but un échange de prisonniers. C'est tout ce que j'en sais.

On dit que le rapprochement des Orsini et du duc a répandu l'effroi dans le cœur des peuples du duché d'Urbin, malgré l'animosité et l'obstination violente qu'ils ont montrées jusqu'à ce jour. Leur duc, avant son départ, rassembla d'abord les citoyens, et ensuite les troupes réduites à Jean de Rossetto, deux autres commandants et environ quatre cents fantassins. Il leur exposa que l'accord entre les Orsini et le duc de Valentinois était certain, et qu'il y avait tout lieu de craindre que celui de ce duc avec Vitellozzo ne se conclût incessamment; ensuite il les consulta sur le parti qu'il devait prendre. Les citoyens l'assurèrent de leur dévouement jusqu'à la mort. Les soldats, après avoir examiné les forces qui restaient au duc d'Urbin, lui dirent qu'ils étaient en état de défendre Urbin et San-Leo pendant l'hiver entier contre toute agression. En conséquence ceux qui étaient dans les châteaux et autres places de ce duché eurent ordre de se retirer dans ces deux endroits. Jean de Rosetto envoya à San-Leo son frère avec femme et enfants. Le duc d'Urbin rappela aussi le zèle avec lequel les Vitelleschi s'empressaient d'attaquer le duc de Valentinois; le danger qu'ils lui auraient fait courir s'ils n'eussent été arrêtés par le seigneur Paul Orsino; la déroute mise dans son camp près de Fossombrone par six cents fantassins seulement de Vitellozzo, tandis que les troupes du duc de Valentinois étaient au nombre de mille hommes d'armes et deux cent chevau-légers, ce qui ne les empêcha pas de prendre tous la fuite, sans que l'on vît mettre une seule lance en arrêt. Ils n'avaient pas même osé, pendant tout le temps qu'ils furent campés dans cet endroit, faire une seule incursion hors de leurs retranchements.

Le trésorier Alexandre m'a certifié, il n'y a pas encore deux jours, que le duc avait dépensé depuis les calendes d'octobre plus de soixante mille ducats. Je vous mande cette nouvelle pour vous prouver que, quand il s'élève des désordres dans un autre État, il ne fait pas moins de dépenses que le nôtre et n'est pas mieux servi par les troupes qu'il prend à sa solde; tandis qu'une puissance soutenue par une milice bien armée et prise dans son propre sein sait toujours se montrer avec le même avantage.

Cet ami en question ne m'a plus rien dit de votre alliance avec le duc. Je crois qu'ils veulent voir quelles seront les instructions de Jean Vittorio qui doit se rendre à Rome, ou attendre que vous ayez d'eux un besoin plus pressant, ce que vous tâcherez sûrement d'éviter autant qu'il vous sera possible. Je vous réitère qu'un plus long séjour ici me paraît inutile. J'ai rempli ma mission en frayant la route que vous voulez suivre. Plus de succès à espérer tant à Imola qu'à Rome; à moins que vous ne fassiez de nouvelles propositions. Celles que je vous ai faites de leur part n'ayant pas été acceptées, il faut que vous en mettiez d'autres en avant ou que je me retire : avec des hommes tels que ceux-ci, il est dangereux de refuser et de garder ensuite le silence. Comme vous me marquez, dans votre lettre du 15, que vous êtes décidés à conclure une alliance avec le duc, vous ne m'accuserez pas de présomption pour vous avoir communiqué mon sentiment. J'aurais cru manquer à mon devoir si je ne vous eusse pas instruit des obstacles que vous éprouverez, d'après la connaissance que j'ai acquise des dispositions et du caractère de Son Excellence.

NICOLAS MACCHIAVELLI.

Imola, le 26 novembre 1502.

LETTRE XXIX.

MAGNIFIQUES SEIGNEURS,

Vous avez dû recevoir mes dernières du 22 et du 26. Je ne reviendrai donc point sur ce qu'elles contiennent; je veux aujourd'hui vous informer du retour de Paul Orsino. On m'a dit qu'il rapportait le traité souscrit par Vitellozzo ainsi que par tous les autres confédérés, et qu'il s'efforçait de convaincre le duc de leur reconnaissance et de leur inviolable dévouement, qu'il pouvait mettre à telle épreuve qu'il le jugerait à propos. Le duc paraît satisfait. Vitellozzo lui écrit en particulier des lettres pleines de soumission, de belles promesses, d'excuses et d'offres de service; il lui proteste qu'il est sûr de se justifier entièrement lorsqu'il pourra le faire de vive voix, et que l'on n'a jamais eu dans tout ce qui s'est passé le dessein de nuire à Son Excellence. Le duc écoute tout, mais dans quelles vues? C'est ce que l'on ne sait point, et ce qu'il serait fort difficile de deviner avec certitude. En considérant le fait en lui-même, et les paroles du duc ainsi que celles de ses principaux ministres, l'on ne peut en tirer que de sinistres présages pour les confédérés, car l'outrage a été sanglant, et les discours ne respirent que le ressentiment contre ce Vitellozzo. L'un des premiers confidents me dit hier de lui : « Ce traître « croit guérir avec des mots le coup de poignard « qu'il nous a donné. » Et comme je cherchais à découvrir la conduite que le duc tiendrait à cet égard, il ajouta : « L'armée s'avancera d'abord

« du côté d'Urbin, où elle ne séjournera pas long« temps, car, lorsque l'ennemi aura donné dans « le piége qui lui est tendu au sujet de Rimini, « elle marchera droit vers Pérouse ou Castello, « selon qu'il sera jugé convenable. Ces places « dépendant du saint-siége, le duc, comme son « gonfalonier, demandera à y entrer, d'autant que « le traité ne dit point que nous ne devons pas « loger avec les troupes du souverain pontife dans « les lieux qu'il lui convient d'indiquer. Alors « le duc agira d'après la réponse qui lui sera « faite, et ne manquera pas d'occasions pour jus« tifier ses méfiances envers Jean-Paul et Vitel« lozzo, contre lesquels l'on est ici le plus indis« posé. »

Antoine de Monte-San-Savino, président du tribunal de la Rote, que le duc a établi dans cet état, arriva ici il y a deux jours. C'est un homme vertueux et très-instruit. Sa résidence est à Césène. Lorsqu'il arriva, le bruit se répandit que le duc l'avait fait venir à dessein de l'envoyer à Urbin, au nom du pape, pour offrir une amnistie à cette ville et à toutes les autres places de ce duché. Je suis porté à le croire; car le duc, Paul Orsino, Agapit et cet Antoine ont passé la majeure partie de la journée ensemble, pour préparer, dit-on, les patentes, les ordres et les instructions dont ce dernier sera chargé. Paul Orsino doit aller avec lui, pour faire retirer du côté d'Urbin les troupes, qui sont à Fano. On assure que ce pays sera reconquis sans tirer l'épée. Beaucoup de personnes pensent que Jean de Rosetto, dévoué à Vitellozzo, n'a été placé par lui dans San-Leo, que pour faciliter, par sa présence, la réconciliation de ce Vitellozzo avec le duc. On dit aussi que l'on propose à Guido, duc d'Urbin, la dignité de cardinal ou une autre récompense de ce genre, s'il veut renoncer à son duché. Paul Orsino demande qu'il lui soit compté de l'argent ainsi qu'aux autres pour déloger de Fano. Cinq mille ducats lui ont été promis sous huit jours. Il paraît impossible de recouvrer Camerino pendant cet hiver, à moins qu'un accord n'en ouvre les portes. Sans cela l'on ne tentera pas probablement cette entreprise. Malgré ces arrangements, ces espérances et même cette certitude de rentrer en possession de ces États sans employer la voie des armes, on ne fait repartir aucune des compagnies de troupes françaises; elles doivent même marcher en avant et pénétrer jusqu'à Rome, sous les ordres du duc, qui veut, dit-on, mettre fin, sur sa route, à beaucoup de différends. D'autres pensent que le but est de conduire ces Français dans le royaume de Naples, pour y renforcer l'armée de Sa Majesté Très-Chrétienne. La nouvelle des secours nombreux que les Espagnols viennent encore de recevoir par la Sicile donne un nouveau degré de vraisemblance à cette opinion, répandue depuis leur arrivée. On doit vous envoyer de Rome des avis plus certains à cet égard.

Le duc conclut hier son accommodement avec Bologne. Le payement de neuf mille ducats, qui faisait la difficulté, n'aura lieu que pendant cinq ans. Cet engagement n'a pu être signé sur-le-champ, parce que les envoyés n'avaient pas de pouvoir à cet effet. Il en est arrivé un ce matin; mais l'on n'a pu rien faire, le duc étant occupé, comme nous l'avons dit plus haut, avec Paul Orsino et Antoine de Monte-San-Savino. On m'a assuré que, depuis l'arrivée de Romolino à Rome, le pape avait écrit au duc et l'avait pressé vivement de terminer cet accord, en lui témoignant qu'il en serait très-satisfait. Aussitôt que l'on y aura mis la dernière main, je tâcherai de m'en procurer une copie que je vous ferai passer.

On ne voit point arriver ces Suisses tant attendus, c'est tout ce que je puis vous en apprendre. Mais je dois vous faire observer que le duc, dans la supposition très-probable où il prendrait la route de Rome, suivra sûrement ses anciens errements, en faisant supporter ses dépenses à toutes les places dépendantes du saint-siége qui tomberont entre ses mains. Ancône ne sera pas oubliée. On dit que nos commerçants y ont beaucoup de marchandises. Comme le pillage et tous les genres d'excès sont à craindre de la part d'une semblable armée, j'ai cru devoir vous prévenir. Je demandais hier matin à Alexandre le moyen de faire venir de cette ville les marchandises que nous pourrions y avoir sans courir de danger; il m'a dit qu'il fallait les embarquer, puis les conduire à Césène ou à Rimini, et qu'alors il en répondait. Point d'autres nouvelles à vous mander pour le moment.

NICOLAS MACCHIAVELLI.

Imola, le 28 novembre 1502.

P. S. Du 29 au matin. Je viens de recevoir

votre dépêche du 26. Elle m'instruit du départ prochain d'un envoyé pour se rendre à Rome. Sur la manière dont je dois m'y prendre pour gagner du temps, et par rapport à la confiance où vous êtes que le duc se désistera de ses prétentions relatives au désir d'être nommé général à la solde de la république, je m'en rapporte à vous. N'ayant rien de nouveau à proposer, dois-je me présenter à Son Excellence? Ne dois-je pas plutôt tâcher de faire entrer ses alentours dans vos vues, afin qu'ils les lui communiquent lorsque je leur aurai bien persuadé que vous êtes disposés à tout ce qui sera jugé raisonnable et possible? Ne faut-il pas que j'attende que l'on me fasse quelques nouvelles ouvertures? Tel est au moins mon projet, à moins que vous ne m'ordonniez positivement le contraire.

Je n'ai point ouï dire que Son Excellence dût passer en personne dans le royaume de Naples, comme vous me dites l'avoir appris de Rome. Il n'est question ici que des Français, dont je vous ai parlé dans cette lettre. Je prendrai sur cet objet des informations plus exactes, et vous les communiquerai dans ma première dépêche. Je ne veux plus retarder le départ de celle-ci, de crainte de vous inquiéter. S'il y avait quelque chose de nouveau, et que le passage des Apennins ne fût pas si difficile dans cette saison, je vous écrirais plus souvent.

Paul Orsino et Antoine sont partis aujourd'hui, à la dix-huitième heure, pour la destination dont je vous ai parlé : le premier a reçu trois mille six cents ducats. On dit que le duc partira cette semaine pour Forli.

LETTRE XXX.

MAGNIFIQUES SEIGNEURS,

Je vous ai mandé hier que Paul Orsino et Antoine étaient partis pour Urbin : on attend le résultat de leur voyage dont on n'a pas encore de nouvelles. Les personnes les plus accréditées auprès du duc disent qu'il ne se mettra pas en marche avant de savoir s'il sera obligé d'employer la force, et comment il devra se conduire à l'égard de cette ville. Tout ce que je sais à ce sujet, c'est que l'évêque de Cagli avait demandé il y a plusieurs jours un sauf-conduit pour se rendre ici. On le lui avait d'abord refusé. Il l'a enfin obtenu avant-hier et doit arriver incessamment. Depuis l'arrivée des pouvoirs suffisants pour souscrire l'obligation des neuf mille ducats dont je vous parle dans ma précédente, on a reçu de Rome des lettres, et un courrier des agents de Bentivogli en cette ville, qui annoncent au duc que le pape et ces envoyés de Bologne se chargent de porter cette somme à dix mille ducats, et à huit années le temps pendant lequel ce subside serait payé. Le duc veut s'en tenir à ce nouvel arrangement, beaucoup plus avantageux que l'autre, dont Jean Bentivogli réclame en vain l'exécution. Les choses s'embrouillent ; on traîne en longueur ; mais je ne puis dire si ce dernier incident est imprévu, ou la suite de quelque artifice. Quoi qu'il en soit, on en jugera bientôt par les effets.

Malgré toutes mes recherches pour découvrir si le duc et les Français doivent passer dans le royaume de Naples, je n'ai pu rien apprendre de positif. L'opinion sur la destination ultérieure de ceux-ci est toujours la même. Si je parviens à me procurer quelques renseignements plus certains, je vous les ferai passer. Du reste, nul changement dans les affaires depuis ma dernière dépêche.

NICOLAS MACCHIAVELLI.

Imola, le 30 novembre 1502.

LETTRE XXXI.

MAGNIFIQUES SEIGNEURS,

Je vous ai écrit les 28, 29 et 30 du mois dernier. Je le fais aujourd'hui pour vous apprendre que ce soir, avec le secours de Dieu, le duc et Jean Bentivogli ont enfin conclu leur accommodement. Je vous envoie cette nouvelle par un exprès, parce qu'elle me paraît devoir vous intéresser. Outre les autres avantages que notre ville peut en espérer, il en est un dont nous devons tenir grandement compte, c'est celui de voir le duc commencer à mettre quelques bornes à ses désirs et à sentir que tout ne doit pas céder à sa fortune. Cela l'engagera à se prêter plus facilement à toutes les propositions que vous pourrez lui faire. Je ne veux pas différer le départ de cette lettre, quoique je ne puisse y joindre, comme je le devrais, la copie de ce traité ; mais il ne m'a pas été possible de me la procurer ce soir. Maintenant les avis sont partagés sur la route que le duc va suivre. Ses démêlés avec Bologne et les Orsini sont finis. On espère apprendre demain dans la journée que les affaires d'Urbin et le voyage de Paul Orsino ont eu une heureuse issue. Il ne s'agit plus que de savoir ce que le duc fera des troupes qu'il a rassemblées; si la totalité ou une partie seulement des Français retournera dans la Lombardie; s'ils passeront dans le royaume de Naples, et si le duc ne s'en servira point pour s'assurer, malgré l'accord conclu, de Vitelli et de Jean-Paul Baglioni. Je vous ai mandé ce que j'avais découvert sur cet article, c'est-à-dire que, d'une part, le duc paraissait irrité contre eux, et que, de l'autre, s'il marchait vers Rome, il ferait sentir en route la différence qu'il mettait entre ceux qu'il regardait comme ses amis ou ceux qu'il tenait pour ennemis. Je n'ai pu m'assurer si les Français devaient se rendre vers Naples avec le duc: mais on m'a paru plus porté à croire le contraire. Cet ami dont je vous ai souvent parlé m'a d'abord dit avoir vu aujourd'hui entre les mains de ces Français une lettre, dans laquelle on leur mandait de Naples que les affaires de leur souverain prenaient le dessus dans ce pays, ce qui doit les dispenser de s'y rendre; il a ensuite tiré cette lettre de son sein et me l'a donnée. Vous en trouverez une copie dans ma dépêche[1]. Il m'est impossible de vous en apprendre davantage en ce moment; mais l'on verra sous peu, à la tournure que les choses prendront, quelles conjectures sont les plus fondées, car beaucoup d'indices m'annoncent que le duc est décidé à partir dans trois ou quatre jours. Il doit, dit-on, prendre, avec toutes ses troupes, ses premiers logements à Forli, et de là marcher bientôt en avant. Avec le temps, nous saurons mieux à quoi nous en tenir. Afin que vous compreniez bien ce qu'il pense de sa réconciliation avec ses ennemis, il me semble à propos de vous informer que deux envoyés, l'un de Pandolfe Petrucci, l'autre de Jean-Paul Baglioni, sollicitent ici une audience depuis huit jours; qu'ils n'ont pu encore l'obtenir et qu'ils n'ont même pas l'espérance d'en venir à bout. L'un de mes amis m'a dit avoir entendu l'un d'entre eux alléguer, dans leurs justifications à l'égard du duc, qu'ils avaient eu le projet de le faire roi de la Toscane, et que Son Excellence avait non-seulement rejeté leurs offres, mais, que s'étant rendue auprès du roi de France, elle les avait encore perdus dans l'esprit de ce prince. « C'est, » dit-il, « la seule chose que « Vitellozzo ait à reprocher au duc. »

Le bruit se répand aujourd'hui à la cour que les habitants de Camerino ont dévasté un château fort appartenant au saint-siége, situé dans leur voisinage et appelé San-Severino.

NICOLAS MACCHIAVELLI.

Imola, le 2 décembre 1502.

[1] Voyez cette copie à la suite de la lettre de Macchiavelli.

COPIE D'UNE LETTRE

Écrite par le duc de Nemours à monseigneur de Chaumont, datée du royaume de Naples, à six lieues de Barletta, le 10 novembre[1].

« Monsieur le grand maître, vous saurez que nous nous trouvons en ce moment à six lieues de Barletta, et que nos ennemis se sont retirés dans la ville, où ils se fortifient sans faire mine de vouloir sortir. Vous saurez de plus qu'Alfonse de San-Severo qui était avec cent hommes d'armes dans la ville, sous les ordres de Gonzalve de Cordoue, est venu se rendre à nous avec toute sa troupe. Il est vrai que la flotte du roi d'Espagne fait une descente en Calabre, et que les troupes qu'elle a débarquées se sont réunies à celles que les Espagnols avaient dans le pays : néanmoins les nôtres n'ont encore perdu aucune des places fortes ou des villes que nous avions précédemment conquises. Je leur ai envoyé cinquante lances et six cents hommes d'infanterie, et je ne doute pas qu'à l'approche de ce renfort les ennemis ne se retirent. J'espère que le roi appréciera le courage et le succès avec lesquels nous avons su maintenir ses droits et ses conquêtes, et qu'avant peu il verra que tout va de mieux en mieux. Vous pouvez communiquer ces bonnes nouvelles à tous les fidèles serviteurs du roi. Que Dieu vous garde, monsieur le grand maître. »

[1] On n'a retrouvé que la traduction italienne de cette lettre. Ainsi ce n'est pas là l'original français, mais la traduction d'une traduction.

LETTRE XXXII.

MAGNIFIQUES SEIGNEURS,

Ayant obtenu quelques renseignements particuliers sur le traité entre le duc et les Bentivogli, je crois devoir vous les faire passer, comme j'en ai été prié. On a bien voulu me laisser lire cet accord, mais sans me permettre d'en prendre copie. Je vous en rapporterai ce que ma mémoire m'en rappellera. Vous savez qu'il s'en était conclu un ici, et un autre à Rome plus avantageux au duc que le premier. Voici les clauses de celui de Rome :

« Il y aura entre le duc de Romagne d'une part, et les Bentivogli ainsi que la régence de Bologne de l'autre, paix solide et perpétuelle. Les deux parties contractantes auront les mêmes amis et les mêmes ennemis, et chacune d'elles s'engage à défendre l'autre contre toutes puissances, excepté le pape Alexandre VI et le roi de France.

« De plus, Jean Bentivogli s'oblige à servir, avec cent hommes d'armes et cent arbalétriers à cheval qui seront à ses frais, le duc de Romagne pendant six mois de cette année, qui commenceront à dater du jour de la conclusion du traité, dans telle entreprise que le duc pourra former.

« Le fils aîné d'Annibal Bentivogli épousera la sœur de l'évêque d'Euna.

« Le pape confirmera à la ville de Bologne et à Jean Bentivogli tous les privilèges qui leur ont été accordés par ses prédécesseurs.

« Le pape et le duc promettent que le roi de France, la seigneurie de Florence et le duc de Ferrare seront garants de l'observation de ce traité, de la part du duc de Romagne.

« Le duc de Romagne s'engage au service de la régence de Bologne, avec cent hommes d'armes, pour huit années consécutives, moyennant un subside de douze mille florins d'or par chaque année. »

Tels sont les articles que j'ai pu retenir à une simple lecture. Ceux arrêtés ce soir y sont entièrement conformes, si ce n'est que l'engagement des cent hommes d'armes pour huit années a été réduit à cinq ; le montant des trois autres servira de dot à la sœur de l'évêque d'Euna. Jean Bentivogli cautionne cette dot avec ses biens, parmi lesquels ce seigneur a voulu qu'il comprît ceux qu'il possède dans le territoire de Florence. J'ai oublié une clause qui porte que ce traité demeurera secret pendant les trois premiers mois, à cause des affaires d'Urbin et de Camerino ; c'est pour cette raison que je n'ai pu en obtenir une copie, et que je vous en instruis secrètement, comme m'en a prié celui qui a bien voulu me le communiquer.

NICOLAS MACCHIAVELLI.

Imola, le 2 décembre 1502.

LETTRE XXXIII.

MAGNIFIQUES SEIGNEURS,

J'ai reçu avant-hier votre dernière lettre, en réponse à plusieurs des miennes. Quoiqu'il n'y ait rien de nouveau, je vous écris aujourd'hui afin que vous ne soyez pas inquiets. Comme je n'avais pas vu le duc depuis dix jours, et qu'il avait terminé son accommodement avec les Bentivogli, je crus devoir hier lui demander une audience que j'obtins sur-le-champ. M'adressant la parole le premier, il me dit : « Il y a cinq à « six jours que j'avais envie de m'entretenir avec « toi, ayant appris dernièrement ici de Paul « Orsino que la seigneurie lui a envoyé deux « hommes, chargés de lui offrir de le prendre au « service de la république, lui ou son fils, s'il vou- « lait seconder vos desseins sur Pise ; mais qu'il « s'y était refusé, ne voulant rien faire qui pût « m'être désagréable, ce à quoi la seigneurie « cherchait à l'engager, en lui proposant outre « cela de se déclarer contre moi. » Je demandai au duc si Paul Orsino lui avait nommé ces deux individus, s'il lui avait fait voir leurs lettres de créance, ou plutôt s'il ne lui avait jamais dit de mensonges. « Il m'en a dit beaucoup « trop, » me répliqua-t-il après avoir répondu négativement à mes deux premières questions. Il finit par rire de ce conte, dont il m'avait d'abord parlé d'un air agité, en paraissant y ajouter foi et en être fâché. Il serait bon que vous m'écrivissiez à ce sujet quelque chose que je pusse lui montrer. Nous parlâmes ensuite, pendant une heure au moins, de beaucoup d'objets différents dont il me paraît inutile de vous entretenir. J'en conclus en substance qu'il est toujours, comme il le dit, dans la résolution de former avec vous une alliance, d'y être fidèle, et de ne vous faire ni de ne consentir qu'il vous soit fait aucun tort, étant persuadé que l'affaiblissement de votre puissance serait préjudiciable à la sienne. Il ne m'avoua pas en termes aussi clairs que ceux dont je vais me servir qu'il était disposé à céder à vos désirs si vous ne vouliez pas vous rendre aux siens, mais il me le fit entendre. Je ne pus l'engager à s'expliquer comme je l'aurais souhaité, n'ayant que des réponses générales à lui offrir. Le discours tomba sur les Vénitiens et sur les intelligences qu'ils avaient entretenues dans Rimini par l'entremise de l'un de leurs concitoyens qui demeurait dans cette ville, où le duc l'a fait pendre pour punir cette perfidie. Il me parla de l'inquiétude que causait à ces mêmes Vénitiens l'armée qu'il avait rassemblée, et de l'accueil singulier qu'ils avaient fait à un homme envoyé par lui pour achat de fusils, accueil qui ne convenait ni à leur dignité, ni à la sienne. Il fut aussi question de Pise, des attaques vigoureuses que vous aviez fait essuyer à cette ville, de l'honneur qui résulterait de cette entreprise, la plus glorieuse que pût terminer un général d'armée; il fit ensuite mention de Lucques, en observant que c'était une ville riche, mais facile à enlever. Nous consacrâmes beaucoup de temps à de semblables entretiens: le duc ajouta qu'il était fort aise d'avoir traité avec les Bentivogli, qu'il les regarderait dorénavant comme ses frères; que Dieu avait mis la main à cet accommodement, que le pape s'y était prêté tout à coup et que lui, qui n'avait pas d'abord agi sérieusement dans cette affaire, avait fini par y consentir avec toute la satisfaction possible. Il ajouta que, si Florence, Bologne, Ferrare et lui marchaient sur la même ligne, aucun ennemi n'était à craindre, parce que le roi de France était ami de tous ces États, et que sa puissance en Italie lui donnait les moyens de les sauver ou d'augmenter leurs forces. « Si jamais, » me dit-il, « Sa Majesté se trouvait dans quelque « embarras, cette ligue la soutiendrait de manière « à écarter d'elle tous dangers. Mon accommode- « ment avec les Bentivogli porte que l'observation « en sera garantie à chacun des contractants par « le duc de Ferrare et par les Florentins, condi- « tion à laquelle la seigneurie ne se refusera sû- « rement point. » Je répliquai que, sans pouvoir donner de réponse positive, j'étais très-persuadé que, toutes les fois qu'il s'agirait de rétablir la paix, la seigneurie y contribuerait avec plaisir, surtout lorsqu'elle aurait pour elle l'exemple du roi de France. Je demandai au duc s'il avait des nouvelles d'Urbin, ce qu'il comptait faire de son armée et s'il était dans l'intention de renvoyer les lances françaises. Il me répondit que les lettres reçues hier lui avaient appris que Paul Orsino et Antoine de Monte étaient dans un château à cinq lieues d'Urbin; qu'ils avaient invité le duc Guido à s'y transporter; que la goutte l'ayant empêché de se rendre à leur invitation, ils projetaient d'aller le trouver, et que ceux de la Penna-à-San-Marino avaient envoyé des députés à Paul Orsino, pour entrer en accommodement. Le duc ajouta qu'il comptait sous trois jours s'avancer du côté de Césène avec toute son armée, que de là il prendrait selon le besoin les mesures convenables; qu'il ne licencierait aucun Français en ce moment, mais qu'il ne s'en réserverait, lorsqu'il aurait rétabli l'ordre dans ses affaires, que deux cents ou deux cent cinquante lances, parce qu'ils étaient insupportables et destructeurs des pays où ils se trouvaient. « Au lieu, » me dit-il, « de quatre cent cinquante lances que j'attendais, « j'en ai plus de six cents, parce que toutes celles « qui étaient avec M. de Chaumont, à Parme, se « sont mises en route les unes après les autres aus- « sitôt qu'elles ont entendu dire que l'on vivait ici « sans bourse délier. » Après que nous eûmes conversé ainsi pendant quelque temps, je me retirai. Voilà tout ce que je puis vous mander aujourd'hui de cette cour, où les choses sont dans le même état que lors de mes précédentes dépêches.

Il m'est impossible de rendre aucun service à nos commerçants touchant le transport de leurs marchandises, ne sachant ni quand elles partent d'Ancône, ni quelle route elles prennent. Je vous renouvelle mes demandes de rappel, pour épargner au trésor cette dépense, et à moi le désagrément d'un plus long séjour, car je me trouve si incommodé depuis douze jours, que, si cela continue, je crains bien de ne plus revenir que dans une bière.

Veuillez faire payer au porteur de la présente un écu d'or; il m'a promis d'être demain à Florence avant la troisième heure.

NICOLAS MACCHIAVELLI.

Imola, le 6 décembre 1502.

LETTRE XXXIV.

MAGNIFIQUES SEIGNEURS,

J'avais à peine terminé la précédente lorsque le maître des écuries du duc est venu me trouver, et s'est plaint de ce que des juments qui appartenaient à Son Excellence avaient été enlevées dans la montagne de San-Benedetto. Je ne puis vous rendre avec quelles expressions il m'a parlé des vifs regrets du duc, qui est plus affecté de cet enlèvement que s'il eût perdu l'une de ses places. Il m'a chargé de vous prier de les faire rendre; il désire aussi que vous envoyiez quelqu'un dans cet endroit pour y prendre des informations, et que vous vous montriez disposés à poursuivre les auteurs de ce délit. J'ai fait tous mes efforts pour vous justifier, mais ils ont eu peu de succès, parce que le duc attache une grande importance à cet objet. Tâchez donc, je vous en supplie de nouveau, de faire restituer ces juments et d'effacer les fâcheuses impressions que cet événement a produites, afin que vos marchands n'en souffrent pas, en supposant même qu'il n'en résulte point d'autres inconvénients.

NICOLAS MACCHIAVELLI.

Imola, le 6 décembre 1502.

LETTRE XXXV.

MAGNIFIQUES SEIGNEURS,

Mes dernières du 2 et du 6, envoyées par la poste moyennant un florin pour chaque, ont dû vous être remises, quoique je n'en aie reçu encore aucune nouvelle. On apprit hier au soir que Paul Orsino avait terminé l'affaire d'Urbin; que tout ce duché était rentré de plein gré dans les mains du duc; que le duc Guido s'était retiré à Città-di-Castello et demandait à Son Excellence une pension; que ce motif avait empêché San-Leo de finir son accommodement, cette place ne pouvant rien faire sans l'agrément du duc Guido. On voudrait, dit-on, que ce dernier renonçât au mariage et acceptât un chapeau de cardinal, mais il s'y refuse et ne demande qu'une pension suffisante pour vivre. Beaucoup de troupes se sont mises ce matin en marche pour Forli. On croit que le duc prendra demain matin cette route avec les Français et tout ce qui reste de son armée. Nous verrons ce qu'il en sera.

Cet ami dont je vous ai souvent parlé m'a renouvelé ces jours-ci à plusieurs reprises son étonnement de ce que vous ne preniez aucun arrangement avec le duc et laissiez échapper une occasion telle que vous ne pouviez en désirer une plus favorable. Je lui répondis, entre autres choses, que j'entrais dans ses vues plus que jamais, parce que j'avais cru m'apercevoir, dans mon dernier entretien avec le duc, qu'il tenait moins à la condition d'un engagement militaire à la solde de la république. J'ajoutai que, dans cette supposition, il vous trouverait toujours disposés à conclure un accord également basé sur les intérêts des deux États. « Je vous « ai déjà fait observer, » me répliqua-t-il, « qu'il « faut considérer dans cet engagement l'hono- « rable et l'utile. Le duc s'inquiète peu de ce der- « nier article : trouvez le moyen de le satisfaire « sur l'autre, et vous serez bientôt du même avis. Il m'apprit ensuite qu'il était arrivé un envoyé de Pise, de la part du sénat de cette ville, et que le duc, auquel il avait fait demander une audience, s'y était d'abord refusé puis y avait consenti, persuadé qu'il n'y avait aucun inconvénient à l'entendre. Cet ami m'avait promis des renseignements ultérieurs à cet égard. Trois jours se sont écoulés depuis cette promesse, et je n'ai encore pu tirer de lui autre chose, si ce n'est qu'il n'a point parlé au duc et que ses occupations l'ont empêché de prendre les informations que je désire. Comme je le pressais de nouveau ce soir, il m'a dit que ce Pisan avait été congédié sans être entendu. J'ai découvert par une autre voie que cet envoyé est Lorenzo d'Acconcio, qu'il a vu deux fois le duc, et que le but de sa mission était d'informer Son Excellence que le roi d'Espagne a fait offrir des secours à la ville de Pise, et que ses concitoyens seraient obligés de les accepter s'ils ne trouvaient pas de défenseurs moins éloignés, parce qu'ils ne pouvaient plus rester dans leur position actuelle. Il a fini par proposer cette place au duc, qui lui a fait une réponse générale et l'a engagé à le suivre à Césène, etc. De ces deux rapports lequel doit-on croire? Je vous en fais juges, et me contente de vous assurer que ceux de qui je les tiens sont également dans le cas de savoir facilement la vérité.

Le bruit s'est répandu ici que Cascina vous avait été enlevé il y a dix jours comme à l'improviste. J'ai appris hier de l'un de mes amis que, quand cette nouvelle arriva chez Bianchino de Pise, où se réunissent ces Pisans, l'un d'eux dit sur-le-champ qu'il la croyait vraie. Selon lui, l'ordre avait été donné aux cavaliers qui étaient dans Pise de s'approcher un jour de Cascina, dans la vue d'engager la garnison de cette place à faire une sortie contre eux. Alors tous les habitants de Cascina, même les femmes, devaient s'armer et s'en rendre maîtres, lorsqu'il n'y resterait plus qu'une faible garde. Quoi qu'il en soit de cet ordre, je vous en fais part, afin que vous puissiez en prévenir le commissaire.

NICOLAS MACCHIAVELLI.

Imola, le 9 décembre 1502.

LETTRE XXXVI.

MAGNIFIQUES SEIGNEURS,

Je vous ai écrit hier, mais je n'ai pu, même en offrant deux ducats, trouver personne qui voulût se charger de vous porter ma lettre. Il ne cesse de neiger depuis quatre jours, et ce mauvais temps est cause que l'on ne se soucie point de passer les Apennins. La seigneurie voudra donc bien ne pas m'imputer ces retards.

Le duc est enfin parti ce matin pour Forli avec toute son armée. Il loge ce soir à Oriolo et sera demain à Césène. On ne connaît point ses desseins ultérieurs, il n'y a même ici personne qui croie pouvoir les deviner; car d'un côté l'on voit qu'il a fini par un accord ses démêlés avec Urbin, avec les Orsini et avec les Bentivogli, et de l'autre que, loin de congédier une seule lance française, il les mène toutes avec lui. Il arriva hier de Milan pour ces troupes françaises beaucoup d'argent envoyé par le roi de France. J'en ignore la somme, mais François della Casa pourra vous en parler. En outre, le duc attend de Florence 12,000 ducats, de Bologne 10,000, de Venise 3,000; et un nommé Gabriel de Bergame, qui est ici, m'a dit qu'il était encore chargé de lui en compter 10,000 autres sous quinze jours. Les avis que vous devez recevoir de différents endroits vous aideront à tirer de ces nouvelles des inductions que j'abandonne à votre sagesse.

Je partirai demain matin pour suivre la cour, mais ce ne sera pas sans peine. Indépendamment du mauvais état de ma santé, il ne me reste que 7 ducats; quand ils seront dépensés, je me trouverai sans ressources. Je n'en ai reçu de vous que 55, et j'ai déjà été obligé d'en dépenser 62. Je vous prie donc de venir à mon secours.

NICOLAS MACCHIAVELLI.

Imola, le 10 décembre 1502.

LETTRE XXXVII

MAGNIFIQUES SEIGNEURS,

Parti d'Imola le 11 au matin, je vins coucher à Castrocaro; j'y passai le 12 et en sortis le 13 au matin pour me rendre à Césène, où je suis arrivé hier au soir. J'ai jugé à propos de ne rejoindre la cour qu'aujourd'hui, à cause des logements. Quoique je n'aie rien de nouveau à vous mander depuis mes lettres du 9 et du 10, je vous écris pour vous tenir au courant de ce qui se passe ici. Je vous ai marqué que tout le duché d'Urbin s'était remis volontairement entre les mains de Son Excellence, excepté San-Leo, que le duc Guido, retiré à Città di Castello, retient encore en son pouvoir pour tâcher d'obtenir des conditions plus avantageuses. Aussitôt que je saurai où en est sa négociation avec le duc, je vous en informerai. Il est aussi question d'un accommodement avec Camerino, j'ai même appris de bonne part qu'on le regarde comme terminé. Le duc est ici avec les troupes françaises et avec toutes les siennes, excepté celles qui sont encore à Pesaro, où elles ont passé l'année. Il loge dans la ville et aux environs, y vit à discrétion, c'est-à-dire à sa volonté et non à celle de ses hôtes. Vous pouvez vous imaginer comment les choses vont, et comment elles ont été à Imola, où la cour a séjourné pendant trois mois et l'armée entière pendant deux. On y a tout consommé. Certes cette ville et tout le pays ont fait preuve de bonté et de patience. Je vous mande ceci afin que vous voyiez que les Français et tous les autres soldats sont dans la Romagne ce qu'ils ont été dans la Toscane, et ne causent pas moins de désordre et de confusion dans un endroit que dans l'autre.

Tous ceux qui se mêlent de raisonner ne savent trop que penser des projets du duc, qui se rend ici avec ses troupes et ne licencie pas un seul Français, quoiqu'il ait traité avec ses adversaires. Après bien des détours, on en revient à croire que son dessein est de s'assurer de ceux qui l'ont si cruellement humilié et qui ont été sur le point de le dépouiller de ses États. L'exemple du passé empêche de s'arrêter à la considération des traités de paix qu'il a conclus avec eux. Ce que je vous ai mandé précédemment dans mes lettres, fortifié encore par ce dont je vous ai informé en dernier lieu dans celle du 10, au sujet des Savelli, me rend très-enclin à partager cette opinion. Il en est néanmoins qui l'envoient à Ravenne ou à Cervia. Les Vénitiens le craignent beaucoup; ceux qui reviennent de ce pays disent que leurs recteurs vont en personne, la nuit, visiter les gardes qui se font comme si l'on avait l'ennemi autour de soi. Malgré tout cela, personne ne croit à ce projet. On est persuadé que le duc ne pourrait former une semblable entreprise, à moins que le roi n'attaquât en même temps les Vénitiens dans la Lombardie, ce dont il n'est pas même question. Chacun, après avoir proposé son sentiment, et tous sont différents, finit par dire qu'il vaut mieux s'en rapporter au temps qui éclaircira les doutes que de se fatiguer à courir après des conjectures. Je vous ai écrit ce que l'on pensait du passage dans le royaume de Naples : on n'en parle presque plus ici. Les courtisans du duc disent, à la vérité, qu'après avoir rétabli l'ordre dans Urbin et dans Camerino, il se rendra à Rome, où il ne restera que jusqu'au lendemain des fêtes de Noël. Ceux qui lui supposent le désir de s'assurer de ses ennemis à tout prix disent que le but de ce voyage de Rome est d'arranger en route les choses à son gré. Vous serez instruits de ce qui parviendra à ma connaissance pendant que je serai ici. Ce temps ne peut être long, d'abord parce que je n'ai plus que quatre ducats, comme le sait le porteur de cette lettre, qui vous parlera de mes dépenses et de l'état où je me trouve, ensuite parce que mon séjour n'est plus utile à la république. La seigneurie me permettra de lui dire, avec la loyauté dont je lui ai toujours donné des preuves, que, pour négocier une alliance avec le duc, il valait mieux envoyer ici qu'à Rome un homme qui eût de la célébrité. En voici la raison : c'est au duc et non au pape que doit plaire cette alliance; ce que ferait celui-ci pourrait bien être rejeté par l'autre, mais les arrangements conclus par le duc ne seront pas changés par le pontife, à moins que l'espoir d'un avantage plus grand ne porte à se conduire comme on l'a fait à l'égard de Bologne. Comme il est dangereux de traiter une affaire dans deux endroits, c'était auprès du duc, et non à Rome, qu'il fallait traiter celle-ci. Je n'étais pas chargé de cette mission. J'ai d'ailleurs toujours pensé qu'il était à propos d'envoyer pour la remplir un ambassadeur qui eût plus d'éloquence, de réputation et d'expérience. Sa présence eût été plus utile qu'aucun autre moyen pour suivre une négociation quelconque avec le duc : chacun ici est de mon sentiment. Il est vrai qu'il fallait apporter non des vues étroites, mais des résolutions fixes sur plusieurs points. Alors les choses arrivaient à leur terme et promptement. Mon devoir, qui m'a dicté précédemment les mêmes observations, m'oblige à les répéter aujourd'hui, parce que, si l'on a perdu beaucoup de temps, cette perte peut cependant encore se réparer. J'espère qu'en les jugeant vous aurez égard au motif qui me les a suggérées. Je vous réitère mes instances pour obtenir des secours et mon rappel.

Nicolas Macchiavelli.

Césène, le 14 décembre 1502.

P. S. L'un des premiers seigneurs de la cour du duc m'a prié de la part de Son Excellence de vous recommander Barthélemi Marcelli, de Borgo San-Sepolchro, qui se trouve du nombre de ceux qu'une publication des cinq députés oblige à comparaître du 1er au 10 de ce mois. Il dit n'en avoir reçu l'avertissement que le 8; il représente que, étant âgé de soixante-douze ans et se trouvant ici, il ne pouvait parcourir soixante-dix milles en deux jours, d'autant plus que les montagnes sont couvertes de neige et que l'on ne voit clair que pendant sept heures; il assure être dans l'intention d'obéir, et d'aller se justifier; mais, désirant ne se mettre en route que dans une saison moins défavorable pour voyager, il vous prie de lui obtenir un délai, et de le faire prévenir cinq à six jours avant celui où il devra comparaître; aux vives instances qui m'ont été faites à cet égard, je joins les miennes dont j'attends la réponse.

Vos seigneuries voudront faire compter un florin d'or, pour ses peines, au porteur de la présente.

LETTRE XXXVIII.

MAGNIFIQUES SEIGNEURS,

J'ai reçu vos trois lettres des 8, 10 et 13 du courant, en réponse à plusieurs des miennes. Elles contiennent votre justification au sujet du rapport fait au duc par Paul Orsino, l'intention où vous êtes de vous lier plus étroitement avec Son Excellence, la satisfaction que votre ambassade a paru causer au souverain pontife, et même quelques propositions particulières. Tout cela m'a décidé à solliciter une audience du duc. Je n'ai pu l'obtenir qu'hier au soir à la quatrième heure. Comme il m'a semblé qu'une partie de vos lettres pouvait lui être montrée, je lui ai lu ce qui concernait les objets ci-dessus. Après m'avoir écouté avec plaisir, il m'a témoigné qu'il était très-satisfait de ce que vous mandez touchant Paul Orsino. Il m'a ensuite répété, comme de coutume, que plus les liaisons d'amitié qu'il désirait former avec vous seraient intimes, plus elles lui paraîtraient importantes et agréables. Ces sentiments sont encore augmentés en lui par ceux du pape à votre égard, dont il a reçu dernièrement des assurances si satisfaisantes que vous ne pourriez rien ajouter ni à l'affection de ce pontife pour vous, ni à son désir de vous voir en bonne intelligence avec Son Excellence. Le duc a ajouté qu'il en était d'autant plus charmé que cela consoliderait sa puissance, et qu'il ne voyait plus d'ennemis à craindre pour les États de Florence, Ferrare, Bologne, Mantoue, ni pour les siens, en les supposant bien unis entre eux. Cette union lui paraît se présenter si convenablement qu'il y contribuera avec toute la franchise et la loyauté que l'on peut attendre de Son Excellence. «Je t'ai «déjà fait observer,» m'a-t-il dit, «que, dans le «temps où mon pouvoir était faible, je n'avais ni «demandé ni promis, mais que je m'étais réservé «de le faire lorsqu'il serait plus assuré. J'ai déjà «tenu parole en faisant à la seigneurie des offres «très-étendues. Après avoir recouvré Urbin, fait «rentrer Camerino dans le devoir, m'être envi«ronné de dix mille hommes de cavalerie, indé«pendamment des Orsini et des Vitelli, je crois «maintenant pouvoir mettre encore moins de bor«nes à mes promesses. Je fais donc à la seigneurie «celle de l'appuyer de toutes mes forces et, dans «le cas où elle viendrait à être attaquée, de ne «point attendre que j'y sois invité pour remplir «cet engagement.» Je vous rends, magnifiques seigneurs, ses propres paroles; mais quoique je l'aie vu et entendu les prononcer, je ne puis vous rendre la manière avec laquelle il l'a fait; je m'en crois à peine moi-même. Il m'a semblé de mon devoir de vous transmettre ses offres de service. En les appréciant, vous penserez sûrement qu'il est bon à lui de les faire, mais qu'il sera encore meilleur pour vous de n'être pas obligés de vous en servir. Je n'ai pas manqué de lui parler du prix que vous y attacheriez et de toute votre reconnaissance, etc. Passant ensuite à d'autres objets, Son Excellence m'a dit: «Vous ne «savez pas qu'il est arrivé ici un envoyé de Pise «qui me fait demander une audience depuis plu«sieurs jours. Je ne la lui ai pas encore accordée. «M'étant informé du but de son voyage, j'ai dé«couvert qu'il voulait me faire part des offres de «secours que ses concitoyens ont reçues du roi «d'Espagne, et de l'intention où ils sont de les «accepter s'ils ne peuvent en obtenir d'autres. «Comme il m'attend dans l'une des salles, je «vais l'entendre, et avant que vous sortiez je «vous rendrai compte de notre entretien.» Je passai dans un autre appartement. Après environ un quart d'heure de conférence avec ce Pisan, le duc le congédia et me fit rentrer. Alors il me raconta que cet envoyé s'était dit chargé par le sénat de Pise d'informer Son Excellence que le roi d'Espagne leur avait fait offrir, en grains et en troupes de cavalerie ainsi que d'infanterie, autant de secours que leur défense pourrait en exiger, pourvu qu'ils consentissent à embrasser ses intérêts et à devenir ses alliés; parti auquel ils se verraient forcés s'ils n'étaient pas secourus par d'autres, et dont ils prieraient Son Excellence de ne pas leur savoir mauvais gré, non plus que de tout autre qu'ils pourraient être obligés de prendre. Le duc me dit qu'il les avait engagés à bien peser leurs démarches et leurs résolutions et à considérer que toute l'Italie était dévouée aux Français, que leur roi était puissant dans cette contrée et ennemi du monarque espagnol. Il a ajouté que, si les Pisans s'unissaient avec l'Espagne, ils auraient contre eux tous ceux qui les ont soutenus jusqu'à ce jour et se verraient bientôt dans un péril imminent, le roi et ses alliés pouvant en un instant se trouver sous leurs murs, et lui étant bien décidé à camper devant leurs portes au moindre signal qu'il recevrait de ce prince. Il leur a conseillé en ami de rester comme ils étaient, de conserver leurs relations actuelles avec la France et de se conformer aux désirs de Sa Majesté, dont l'appui devrait être leur seule espérance. L'envoyé de Pise est demeuré confus et n'a su que recourir à l'impossibilité où se trouvait cette ville de persévérer dans une position aussi pénible que la sienne. Le duc me dit qu'il avait fait aux Pisans cette réponse, persuadé qu'ils y ajouteraient foi et qu'elle serait avantageuse à notre république, parce qu'en les renvoyant au roi c'était les renvoyer aux Florentins, ses fidèles alliés, sans cependant leur en parler, afin de ne pas mettre plus d'exaspération dans leurs esprits. Il croit utile pour vous d'éloigner cette guerre de votre voisinage, et de les détourner par tous les moyens possibles de cette imprudente détermination, quoiqu'il craigne bien que le désespoir ne les porte à la prendre. Telle a été sa réponse en ce moment, mais il est disposé à faire dorénavant celle que vous lui prescrirez. J'ai remercié Son Excellence des communications qu'elle venait de me faire, en l'assurant que sa réponse me paraissait très-prudente et fort sage sous tous les rapports. J'ai observé que je n'étais pas dans le cas de lui apprendre comment elle devait se conduire dans cette circonstance, d'autant qu'elle connaissait parfaitement et vos désirs touchant la ville de Pise et la situation présente des affaires de l'Italie, connaissance qui devait lui servir de règle dans ses réponses aux Pisans et dans toutes ses relations avec eux. Je lui promis de vous en écrire et de l'informer des instructions que je pouvais recevoir à ce sujet.

Je vous ai déjà instruits des rapports opposés qui m'avaient été faits par deux amis différents. J'aurais désiré les revoir avant de fermer cette dépêche, mais je n'ai pu y parvenir. Je tâcherai d'y suppléer dans la première que je vous enverrai.

Je ne sais sur Urbin et Camerino que ce que je vous en ai déjà mandé. Le duc fait amener ici l'artillerie qui se trouvait à Forli. Il donne une forte paye aux fantassins et aux gens d'armes. On croit qu'il partira sous huit jours pour s'avancer vers Sinigaglia à petites journées. On a dit il y a quelques jours que les Français avaient essuyé une défaite considérable dans le royaume de Naples, mais le duc m'a assuré hier au soir qu'elle était peu importante. Vous devez être mieux instruits de la vérité.

J'ai cherché à connaître la nature de la garantie que vous devez, ainsi que le roi et le duc de Ferrare, accorder au traité du duc avec Bologne. D'après ce que m'a dit Jean-Paul, secrétaire des Bentivogli, ce traité porte que, sous deux mois, à dater de sa conclusion, le duc s'oblige à rendre le roi de France, les Florentins et le duc de Ferrare garants de son exécution. Le duc étant chargé d'obtenir cette garantie, il me semble qu'elle ne doit être que pour lui seul. Ce secrétaire est du même avis. Cependant les termes de cette clause peuvent recevoir une autre interprétation. On ne vous a encore adressé aucune demande à cet égard, parce qu'il restait, touchant la dot de la sœur de l'évêque d'Euna [1], des difficultés dont on doit s'occuper aujourd'hui.

Je parlai hier au soir au duc de Salvetto de' Buosi que vous me recommandez de nouveau. Après beaucoup d'explications assez vives, il finit par me dire qu'il lui sauvait la vie contre le gré des Naldi, mais qu'il ne lui rendrait pas sa liberté au mépris de leurs réclamations, ne croyant pas devoir offenser quatre personnes pour en obliger une. Il ajouta qu'il désirait beaucoup que l'on trouvât le moyen de faire approuver cette conduite par Denis, étant décidé à n'en pas tenir d'autre.

J'implore de nouveau le secours de la seigneurie, n'ayant pas de quoi nourrir mes trois domestiques et mes trois chevaux, qui ne peuvent vivre de promesses. J'ai déjà dépensé soixante-dix ducats, et ai commencé à faire des dettes. Vous pouvez en être informés par le greffier Grillo, qui a demeuré avec moi. J'aurais

[1] Peut-être Elna ou Elenapolis, aujourd'hui Perpignan. L'évêque de cette ville était alors François de Loris, neveu d'Alexandre VI, son premier secrétaire, et trésorier général. Il fut fait cardinal le dernier mai 1503, et mourut à Rome, le 12 juillet 1506.

pu, et je pourrais encore être défrayé par la cour, mais j'ai cru que cela ne convenait ni à votre dignité ni à mon caractère. Pensez si je dois être satisfait de me voir réduit à mendier trois ducats d'un côté, quatre de l'autre.

NICOLAS MACCHIAVELLI.

Césène, le 18 décembre 1502.

P. S. Lorsque j'obtins votre sauf-conduit, il y a plusieurs semaines, il me fallut promettre à la chancellerie ce que Spannocchi jugea à propos de me demander. Toutes mes observations furent inutiles. On exigea seize aunes de damas. Comme on me presse, je vous prie de me les faire passer. Si je ne satisfaisais pas ce chancelier, je ne pourrais plus me procurer aucune expédition, surtout dans les affaires particulières qu'ils expédient sans que l'on puisse jamais en parler au duc. Je vous prie de me donner promptement la possibilité de me décharger de cette obligation.

LETTRE XXXIX.

MAGNIFIQUES SEIGNEURS,

Dans la conférence que j'eus hier avec le duc, Agapit, son premier secrétaire, m'aborda et me pria de vous demander pour Louis Archilegio d'Amelia la place de juge du corps des manufactures de laine. Il a ajouté que cela lui ferait un grand plaisir, mais qu'il ne voulait pas vous en écrire, espérant que je lui rendrais ce service. Je ne puis vous exprimer combien d'instances m'ont été faites à ce sujet. J'attends votre réponse.

Le baron de Bierra, qui est sur le point de partir, m'a recommandé le père de Camille de Borgo, qui est du nombre des individus cités par les cinq députés. Il m'a exposé qu'il ne refusait pas de comparaître, mais qu'étant à Césène, il priait qu'on lui indiquât le moment où il devrait se rendre à Florence, et qu'on lui donnât le temps nécessaire pour faire ce voyage, en considérant qu'il était âgé de soixante-douze ans. Cette demande du baron de Bierra vous a déjà été présentée dans ma lettre du 14, je vous la réitère de sa part.

NICOLAS MACCHIAVELLI.

Césène, le 19 décembre 1502.

LETTRE XL.

MAGNIFIQUES SEIGNEURS,

Me trouvant ce soir à la cour, j'ai vu tous les officiers français se rendre ensemble auprès du duc. Leurs gestes, leurs manières, l'air agité qu'ils avaient montré dans un entretien qui eut lieu auparavant, me firent soupçonner qu'il était survenu quelque chose d'important. Désirant m'en instruire, j'allai aussitôt qu'ils furent sortis chez le baron de Bierra, alléguant pour prétexte que je venais de recevoir l'ordre de lui rendre cette visite de la part de la seigneurie. Après m'avoir remercié, il me tira à l'écart et me dit : « On nous a écrit aujourd'hui de partir « tous sous deux jours pour retourner à Milan. » Comme je lui demandais quelle était la cause de ce départ, et si Mgr. de Vanne, fils de M. d'Albret, s'en irait aussi avec ses troupes, il me répondit qu'il l'ignorait. Il ajouta que toutes les autres compagnies se mettraient certainement en route le surlendemain, et que je pouvais vous mander cette nouvelle en toute sûreté, ainsi que celle de l'arrivée à Milan des sommes nécessaires pour lever quinze mille hommes d'infanterie, qui seraient sur pied dans un mois. Cet incident inattendu me semble, autant que j'ai pu m'en apercevoir, avoir jeté la cour du duc dans le trouble. Lorsqu'il sera public, je pourrai vous en écrire plus en détail, car il m'est impossible de le faire en ce moment, n'en connaissant ni les motifs ni l'origine. Les avis que vous recevez de différents endroits vous mettront dans le cas de le juger plus facilement. Quoique je pense que vous en avez déjà reçu de Lombardie, il me paraît utile de vous dépêcher un courrier qui ne pourra à la vérité partir que demain matin, parce que le pays n'est pas sûr, mais qui m'a bien promis d'être à Florence le 22. Le seigneur de Bierra m'a dit, en causant, que les autres officiers et lui étaient décidés à ne plus aller nulle part sans une escorte de fantassins. Cette résolution vient, je crois, de ce qu'ils ont éprouvé ici quelque injure de la part des villageois et n'ont pu en obtenir une réparation conforme à leurs désirs. Il m'a semblé nécessaire de vous rapporter ces propos qui méritent quelque attention.

Toute l'artillerie est arrivée en cette ville et devait avant cette nouvelle être conduite à

Fano. Je ne sais plus ce qu'il en sera. Cet accident doit faire prendre d'autres déterminations.

Depuis que les troupes du duc sont ici, l'on s'est appliqué à dévaster certains châteaux appartenant à l'évêque de Ravenne, mais soumis à la juridiction temporelle de Césène. On dit que c'est pour se venger de l'appui donné par eux aux habitants d'Urbin pendant leur rébellion.

NICOLAS MACCHIAVELLI.

Césène, le 20 décembre 1502, à la quatrième heure de la nuit.

LETTRE XLI.

MAGNIFIQUES SEIGNEURS,

Je reçus hier votre dernière du 17, arrivée par Bagno. Toutes celles que je vous ai écrites depuis que je suis ici vous seront sans doute parvenues. Dans les deux premières je vous parlais de l'état des affaires en cette cour, de mon entretien avec le duc et spécialement de la ville de Pise. Je vous informe par ma précédente de la retraite imprévue des Français. Ils partirent hier matin, prirent la route de Bologne, firent halte à trois milles d'ici et allèrent coucher à Castello-Bolognèse, afin d'être le lendemain au soir près de Bologne. Ils sont au nombre d'environ quatre cent cinquante lances. Ce départ soudain et inattendu fait le sujet de toutes les conversations, chacun se perd dans des conjectures. J'ai tâché de découvrir la vérité, mais on ne peut puiser à la véritable source, ni rien apprendre qui paraisse fondé. Je vous ai mandé ce que m'a dit le baron de Bierra. Montoson m'a assuré depuis qu'ils partaient pour soulager le duc qui n'avait plus besoin d'eux, et le pays qui se trouvait surchargé, ce qui l'irritait contre eux. Si j'en crois les principaux confidents de cette cour, le duc ne pouvait plus garder des amis qui lui causaient plus d'embarras que ses ennemis. Il lui reste d'ailleurs, selon eux, assez de forces sans ces auxiliaires pour n'abandonner aucun de ses projets et les mettre tous à exécution. Ne voulant rien négliger pour m'instruire, dès que le bruit de ce départ fut généralement répandu, j'allai voir cet ami dont je vous ai souvent fait mention; je lui dis que, étonné d'une nouvelle aussi imprévue et ne sachant si cette retraite se faisait par l'ordre du duc ou contre son gré, j'avais cru de mon devoir de m'informer des intentions de Son Excellence pour savoir d'elle sous quel point de vue je présenterais cet événement, étant prêt à m'y conformer. Cet ami me répondit qu'il serait volontiers mon interprète auprès du duc, dont il m'a depuis exprimé la satisfaction à ce sujet, en ajoutant que ce fut après un moment de réflexion que le duc l'avait prié de me remercier et de me dire qu'au besoin il me ferait appeler, mais que rien ne pressait pour l'instant. J'ai donc manqué cette occasion de l'entretenir comme je le désirais, espérant obtenir de lui quelques renseignements plus précis que je vous aurais communiqués. Je pense bien que votre expérience et les avis que vous recevez de différents endroits, et dont je ne suis pas instruit, peuvent diriger votre jugement sur cette affaire. Il faut, dit-on ici, que ce rappel des troupes françaises vienne ou du besoin que le roi en a dans la Lombardie, ou de ce que Sa Majesté est mécontente de la conduite du pape et de ce qu'il s'est élevé quelque mésintelligence entre elle et le pontife. Quoi qu'il en soit, les Français sont partis, n'emportant ni estime ni affection pour le duc; mais il faut faire peu de fonds sur ces dispositions défavorables, vu leur caractère. On ne sait à présent ce que le duc veut ou peut entreprendre, mais il n'a encore rien dérangé au plan qu'il paraissait s'être formé. L'artillerie est allée en avant; six cents fantassins du Val di Lamona sont arrivés hier: mille Suisses, du nombre de ceux que l'on attend depuis si longtemps, sont à Faënza. Mille cinq cents tant Suisses que Gascons et Allemands étaient déjà sous les drapeaux du duc, que l'on fait partir de nouveau pour Pesaro après les fêtes de Noël. D'un autre côté il est privé de plus de la moitié des forces sur lesquelles il comptait et a perdu les deux tiers de sa réputation. Il paraît impossible qu'il réalise les projets que ses démarches lui faisaient supposer. San-Leo est dans les mains du duc Guido, et les autres forteresses du duché d'Urbin sont abattues. Camerino, que le duc disait être à sa disposition, changera de sentiment en apprenant cette nouvelle. Un secrétaire du cardinal Farnèse, légat de la Marche d'Ancône, arrivé hier ici, m'a assuré que Camerino avait montré jusque-là beaucoup d'opposition aux volontés de Borgia, mais que cette place allait maintenant y mettre une résistance très-opiniâtre. Après avoir examiné où tout cela peut aboutir, vous considérerez sûrement que les embarras de sa position peuvent jeter le duc dans les bras de quelques-uns de vos ennemis naturels, danger que vous ne manquerez pas de prévenir par votre prudence ordinaire.

Je n'ai rien appris d'important sur Pise depuis ce que je vous en ai écrit. Ayant voulu en parler à ceux que je vous ai cités précédemment, l'un a éludé en me renvoyant à ce dont le duc m'avait fait part; l'autre m'a dit que Lorenzo d'Acconcio était reparti, qu'il devait faire envoyer trois députés pisans, deux de la ville et un des campagnes. L'intention du duc, selon ce dernier, est de tenter quelque voie d'accommodement qui puisse vous être agréable. Il veut d'abord tâcher de retirer Tarlatino des mains des Pisans et les faire renoncer à leur liaison avec Vitellozzo. Il projette ensuite de gagner leur confiance en leur offrant de donner de l'argent à leurs troupes et de les prendre à sa solde. Après s'être ainsi insinué dans leur esprit, il cherchera, avec le secours de la France, à négocier entre cette ville de Pise et notre république quelque arrangement, dont il s'engagera à garantir l'observation. Le duc se croit assuré d'un succès facile, à moins que la crainte de l'inexécution des promesses qui leur seront faites ne rende les Pisans trop obstinés dans leur opposition. J'ignore si tout cela est bien fondé : je vous le mande comme je l'apprends d'un homme qui est à même de connaître la vérité.

Ramiro, qui était l'un des plus accrédités dans cette cour, est arrivé hier de Pesaro, et a été sur-le-champ enfermé au fond d'une tour, par ordre du duc, qui pourrait bien le sacrifier aux habitants de ce pays, qui désirent ardemment sa perte.

Je vous conjure de m'envoyer des secours pour vivre. Si le duc se remettait en route je ne saurais où aller, n'ayant point d'argent. Dans ce cas, je resterai ici, ou je me retirerai à Castrocaro, jusqu'à ce que vous m'ayez fait connaître vos intentions.

NICOLAS MACCHIAVELLI.

Césène, le 23 décembre 1502.

P. S. On assure que le duc part lundi pour Rimini; mais je ne sortirai pas d'ici que vous ne m'ayez procuré les moyens de m'en tirer, car je suis réduit aux abois.

LETTRE XLII.

MAGNIFIQUES SEIGNEURS,

Je vous ai envoyé par Bagno ma dernière du 23, dans laquelle je vous informe de tout ce que j'ai pu découvrir sur le départ des Français. Les vôtres du 20 et du 22 me sont parvenues avant-hier. Il ne m'a pas été possible depuis de parler au duc. Hier, jour auquel j'espérais le voir, Son Excellence s'est occupée de la revue de son infanterie et s'est livrée aussi à quelques parties de plaisir. Aujourd'hui, elle est partie de grand matin avec toute son armée pour Santo-Arcangiolo, à quinze milles d'ici et à cinq de Rimini. Je me metterai demain matin en route pour cette dernière ville; car je ne puis, vu la difficulté de trouver des logements, me rapprocher davantage de cette cour. On dit d'ailleurs que le duc doit se remettre promptement en marche et s'avancer à grandes journées vers Pesaro. On ignore ce qu'il fera ensuite. Selon les uns il doit faire une tentative sur Sinigaglia, selon d'autres sur Ancône. Quant à ses forces, il a, outre les troupes dont je vous ai dernièrement envoyé l'état, environ trente coureurs ou stradiots albanais. On lui compte deux mille cinq cents fantassins d'au delà des monts et à peu près autant de l'Italie, dont il a fait la revue ces deux jours précédents. Par chaque mille hommes d'infanterie il y a cinquante officiers qui font le service à cheval. L'artillerie a pris la même route que le duc avec les munitions qui lui sont nécessaires. On ne saura bien ce qu'il peut attendre des troupes des Orsini et des Vitelli que lorsqu'ils seront plus rapprochés les uns des autres. Le duc, ainsi que je vous l'ai mandé plusieurs fois, est si secret qu'il ne communique, je crois, ses desseins à personne. Ses premiers secrétaires m'ont souvent attesté qu'il n'en parle que quand leur exécution l'exige et à l'instant même où il y est forcé. Vous m'excuserez donc et n'imputerez point à négligence si je ne vous fais point passer les éclaircissements que je ne puis moi-même me procurer selon mes désirs. On n'entend plus parler de San-Leo et des autres négociations avec le duc Guido. Je vous ai mandé ce que le duc et le cardinal Farnèse m'avaient dit de Camerino. L'évêque d'Euna m'assura hier que c'était une affaire à peu près terminée. Le temps nous apprendra ce qu'il en faut croire.

On a trouvé ce matin sur la place le corps de Ramiro divisé en deux parties. Il y est encore et le peuple entier a pu le voir. On ne sait pas au juste la cause de sa mort. Ce que l'on peut en dire de plus probable, c'est que telle a été la volonté du duc, pour montrer qu'il a le pouvoir d'élever ou d'abattre les hommes à son gré.

Votre courrier m'a remis vingt-cinq ducats d'or et seize aunes de damas noir. Je vous remercie de l'un et de l'autre envoi.

NICOLAS MACCHIAVELLI.

Césène, le 26 décembre 1502, à la vingt-deuxième heure.

LETTRE XLIII.

MAGNIFIQUES SEIGNEURS,

Je vous ai écrit avant-hier de Pesaro ce que j'apprenais sur Sinigaglia. Je me transportai hier à Fano. Le duc est parti ce matin de bonne heure, et s'est rendu en cette ville, où se trouvaient les Orsini et Vitellozzo, auxquels il en devait la possession, comme je vous l'ai marqué. Ils l'entourèrent à son arrivée; mais il ne fut pas plutôt entré dans Sinigaglia avec eux que, se tournant vers sa garde, il lui commanda de les arrêter et les fit tous prisonniers. La place est menacée du pillage. Nous sommes dans une inquiétude effroyable. Voici la vingt-troisième heure du jour, et je n'ai encore pu trouver personne pour faire partir ma lettre. Ma première contiendra plus de détails. Je doute que les prisonniers soient demain en vie. Leurs troupes ont aussi été faites prisonnières. Les circulaires que l'on écrit portent que l'on a saisi des traîtres, etc.

Vous remettrez trois ducats à celui qui se charge de cette lettre. Je lui en ai déjà donné trois, que je vous prie de rembourser à Biagio.

NICOLAS MACCHIAVELLI.

Sinigaglia, le dernier jour de décembre 1502

LETTRE XLIV.

MAGNIFIQUES SEIGNEURS,

Je vous ai écrit hier dans deux lettres ce qui s'était passé à Sinigaglia après l'arrivée du duc, comment il avait arrêté Paul Orsino, le duc de Gravina, de la même famille, Vitellozzo et Oliverotto. La première dépêche contenait simplement cette nouvelle, la seconde en donnait les détails particuliers [1]. L'entretien du duc avec moi et le jugement que l'on porte de cette démarche y étaient aussi rapportés. Ces lettres, envoyées par deux exprès, l'un d'Urbin, moyennant six ducats, l'autre de Florence, moyennant trois, doivent vous être parvenues. Mais, à tout événement, je vais vous retracer la chose sommairement. Le duc partit hier matin de Fano avec toute son armée pour se rendre à Sinigaglia, qui avait été occupée, à l'exception de la citadelle, par les Orsini, et Oliverotto de Fermo. La veille Vitellozzo y était arrivé de Castello. Ils allèrent les uns après les autres au-devant du duc, entrèrent avec lui dans la ville et l'accompagnèrent jusque chez lui. Lorsqu'ils furent dans son appartement, le duc les fit arrêter, ordonna de désarmer leur infanterie qui était dans les faubourgs et envoya la moitié de ses troupes pour en faire autant à leurs hommes d'armes qui se trouvaient dans quelques châteaux à six ou sept milles de Sinigaglia. Il me fit ensuite appeler, me témoigna de l'air le plus serein la joie que lui causait le succès de cette entreprise, dont il dit m'avoit parlé le jour d'auparavant, mais non d'une manière précise, ce qui était vrai. Il s'expliqua ensuite en termes très-sensés et pleins de la plus vive affection pour notre ville sur les divers motifs qui lui faisaient désirer votre alliance, désir auquel il espérait que vous répondriez. Comme je les ai rapportés dans ma lettre d'hier au soir, je ne vous les répéterai point. Il a fini par m'engager à faire trois invitations à leur seigneurie : la première qu'elle se réjouît avec lui d'un événement qui faisait disparaître les mortels ennemis du roi, de Son Excellence ainsi que de notre république, et détruisait toutes les semences de troubles et de dissensions propres à dévaster l'Italie, service

[1] On trouve cette relation parmi les morceaux historiques, t. I, n. VI, page 263 de cette édition.

qui devait exciter votre reconnaissance à son égard ; la seconde de vous prier de lui donner dans cette circonstance une preuve éclatante de votre amitié, en faisant passer votre cavalerie vers Borgo et en y rassemblant des troupes de pied, afin de pouvoir, selon le besoin, marcher avec lui sur Castello ou sur Pérouse, route qu'il voulait prendre sans délai, et qu'il eût prise dès hier au soir s'il n'eût craint que son départ ne livrât Sinigaglia au pillage. Il me réitéra ses instances pour m'engager à vous écrire de vous montrer ses amis sans réserve, puisque vous ne devez plus éprouver de crainte ni d'inquiétude depuis que vous voyez Son Excellence les armes à la main, et vos ennemis en prison. Il désire enfin que vous fassiez arrêter le duc Guido, s'il se réfugiait de Castello sur vos terres en apprenant la détention de Vitellozzo. Comme je lui objectais qu'il ne serait point de la dignité de la république de le lui livrer et que vous n'y consentiriez jamais, il approuva mon observation et me dit qu'il lui suffisait que vous le retinssiez, et ne lui rendissiez point la liberté sans sa participation. J'ai promis à Son Excellence de vous mander tout ceci, dont elle attend la réponse.

Je vous ai marqué hier que plusieurs personnes intelligentes et attachées à notre ville m'avaient représenté que nous devrions profiter d'une occasion aussi favorable pour rétablir nos affaires. Chacun est persuadé que nous pouvons compter sur la France, et qu'il serait à propos d'envoyer ici promptement l'un des citoyens les plus distingués de la république. Si cet ambassadeur arrivait dans le moment présent avec des propositions admissibles, il serait bien accueilli. Voilà ce que m'ont répété plusieurs fois des personnes zélées pour nos intérêts. Je vous le rends de nouveau avec cette fidélité dont j'ai toujours tâché de vous donner des preuves, et en y insistant d'une manière plus particulière encore que je ne l'ai fait dans ma dernière dépêche.

Le duc a fait mourir cette nuit vers la dixième heure Vitellozzo et Oliverotto de Fermo. Les autres sont encore vivants, en attendant probablement que l'on sache si le pape a en son pouvoir, comme on le croit, le cardinal Orsino et les autres qui étaient à Rome : on prononcera alors sur le sort de tous en même temps.

La citadelle de Sinigaglia s'est rendue ce matin de bonne heure, ainsi le duc se trouve absolument maître de cette place. Il est parti dans la même matinée et s'est rendu ici avec ses troupes. Il est certain que nous irons de là vers Castello et Pérouse. On ne sait point s'il s'avancera aussi du côté de Sienne. Il parcourra ensuite les environs de Rome; et pour faire rentrer dans l'ordre tous les châteaux des Orsini, il enlèvera de vive force Bracciano, ce qui rendra, dit-il, toutes ses autres expéditions très-faciles. Nous resterons ici demain et nous nous mettrons après-demain en marche pour aller coucher à Sasso-Ferrato. Cette saison est aussi désavantageuse pour faire la guerre que l'on puisse se l'imaginer. On croirait difficilement aux peines qu'éprouvent l'armée et ceux qui sont à sa suite. Il faut s'estimer heureux quand on peut trouver le moyen d'être logé à couvert.

Goro de Pistoja, ennemi et rebelle de cette ville et qui était avec Vitellozzo, se trouve maintenant prisonnier entre les mains de quelques Espagnols. Je crois bien qu'ils le remettraient entre celles de l'un de vos recteurs si vous vouliez sacrifier environ deux cents ducats. Réfléchissez-y et faites-moi connaître vos intentions.

Nicolas Macchiavelli.

Corinaldi, le 1er janvier 1502.

LETTRE XLV.

Magnifiques seigneurs,

Je vous ai répété dans ma dernière ce que je vous avais écrit dans les deux précédentes, datées de Sinigaglia. Je désire que l'exprès qui s'est chargé de celles-ci vous les ait remises en bon état. Lorsque vous saurez au milieu de quelle confusion je me trouve, vous excuserez mes retards. Le villageois se cache, le soldat ne cherche qu'à s'enrichir par le pillage; ceux qui sont avec moi ne veulent point s'en séparer, de peur d'être victimes du brigandage qui règne dans ce pays : tout cela met des entraves au point que je ne puis trouver personne qui veuille se charger de mes dépêches, depuis les deux citées plus haut, et que je suis venu à bout de faire partir à l'aide de mes amis, et parce que l'importance de la nouvelle m'a décidé à promettre une forte récompense. Je ne sais si je pourrai vous envoyer aujourd'hui ma lettre d'hier au soir, à laquelle je ne puis ajouter dans celle-ci que fort peu de chose, le duc étant encore à Conrinaldi. Il a fait payer aujourd'hui l'infanterie, qui est à trois milles de cet endroit, et mettre en ordre l'artillerie, qui va se rendre par Fossombrone à Agobbio; de là il l'enverra vers Castello ou vers Pérouse, selon qu'il le jugera plus à propos. On couche demain à Sasso-Ferrato, pour prendre ensuite la route de l'une de ces deux places. J'ai eu aujourd'hui un long entretien avec un des principaux personnages de cette cour. Après m'avoir réitéré une grande partie des protestations amicales du duc à notre égard, il m'a dit, en me parlant des projets de ce dernier, que Son Excellence avait fait périr Vitellozzo et Liverotto comme des tyrans, des assassins et des traîtres; mais qu'elle voulait conduire à Rome Paul Orsino et le duc de Gravina, afin que l'on employât contre eux les voies juridiques et qu'on leur fît leur procès avec celui du cardinal Orsino et du seigneur Jules, qui devaient maintenant être au pouvoir du pape. Il ajouta que l'intention du duc était d'enlever aux factions et aux tyrans toutes les terres dépendantes de l'église et de les rendre au souverain pontife, ne se réservant que la Romagne, ce qui devra lui mériter la reconnaissance du successeur d'Alexandre VI, qui ne se trouvera plus l'esclave des Orsini et des Colonnes, comme l'ont toujours été ses prédécesseurs. « Le duc, » m'assura-t-il de nouveau, « n'a jamais eu d'autre pensée que celle de rendre « la tranquillité à la Romagne et à la Toscane. « Il croit y avoir enfin réussi par la prise et la « mort de ceux qui étaient la cause des troubles; « car il ne regarde les autres troubles que comme « une étincelle qu'une goutte d'eau peut éteindre. » Il conclut en m'avertissant qu'il vous était possible à présent d'arranger vos affaires; que vous deviez en conséquence envoyer un ambassadeur chargé de propositions honorables et avantageuses pour l'une et l'autre partie et donner au duc toutes les assurances d'amitié qui dépendraient de vous, laissant de côté les ménagements et les temporisations. J'ai cru devoir vous faire part de cet entretien, dont vous jugerez dans votre sagesse.

NICOLAS MACCHIAVELLI.

Conrinaldi, le 1er janvier 1502.

LETTRE XLVI.

MAGNIFIQUES SEIGNEURS,

Après beaucoup de peines, j'ai enfin trouvé quelqu'un qui veut bien se charger de mes dépêches. Il se nomme Tornesé, de Santa-Maria-Impruneta. Je lui ai donné un ducat d'or, en lui promettant que vous lui en donneriez encore deux à son arrivée. Je vous prie de remettre à Biagio [1] ce ducat, ainsi que les quatre autres que j'ai déboursés pour les deux dépêches précédentes.

NICOLAS MACCHIAVELLI.

Conrinaldi, le 2 janvier 1502.

LETTRE XLVII.

MAGNIFIQUES SEIGNEURS

Mes dernières lettres sont de Conrinaldi, d'où nous partîmes hier matin pour nous rendre à Sasso-Ferrato. Nous y restons encore aujourd'hui. Le duc va demain matin à Gualdo, pour prendre contre ses ennemis les mesures que les circonstances lui feront juger convenables. Les détachements étrangers qui sont à sa solde, et qu'il avait envoyés à la poursuite des troupes des Orsini et des Vitelleschi, sont revenus aujourd'hui sans avoir pu les atteindre. Toutes se sont réfugiées du côté de Pérouse. Ils ont perdu beaucoup de chevaux en les poursuivant, à cause des mauvais chemins et des marches forcées qu'ils faisaient. Je n'ai rien de plus à vous mander pour l'instant. Vous devez d'ailleurs être mieux instruits qu'on ne l'est ici de ce qui se passe à Pérouse et à Castello. Les affaires de cette cour dépendent en ce moment des dispositions dans lesquelles se trouvent ces deux places.

J'ai reçu ce soir votre lettre du 28 du mois dernier. J'y trouve la conduite que je dois tenir relativement à Pise, votre réponse au sujet des juments enlevées au duc, ce que l'on vous mande de France et la commission que vous me donnez

[1] Biagio, cité plusieurs fois dans ces lettres, est Biagio de Bonaccorso, ami de Macchiavelli. Il est auteur d'un journal imprimé et publié depuis 1498 jusqu'en 1512. Cet écrivain est très-versé dans la connaissance des affaires de son temps. Il avait pu s'en instruire dans la chancellerie des Dix, où il était employé, et par ses liaisons avec Macchiavelli. Il reste encore de lui plusieurs lettres adressées à ce dernier.

d'en exprimer ici votre reconnaissance. Vos désirs seront remplis à la première occasion. Je vous remercie des renseignements que vous m'avez fait passer à l'égard de la France.

NICOLAS MACCHIAVELLI.

Sasso-Ferrato, le 4 janvier 1502.

LETTRE XLVIII.

MAGNIFIQUES SEIGNEURS,

Je vous ai écrit le 4 de Sasso-Ferrato, et vous ai mandé depuis dans une autre lettre [1] la nouvelle de Castello, l'arrivée des députés et la fuite de l'évêque de cette ville ainsi que des Vitelli. En arrivant hier à Gualdo, où nous sommes encore pour faire reposer les troupes, nous y trouvâmes les députés de Castello, chargés d'offrir cette place au duc et de lui témoigner leur satisfaction, etc. Le duc l'accepta comme gonfalonier du saint-siége et non autrement. Il leur ordonna d'envoyer sur-le-champ quelqu'un à Castello pour mettre l'artillerie en état, et contremanda sur-le-champ celle qu'il avait fait conduire à Agobbio, afin qu'elle n'allât pas plus loin, jugeant celle de Castello suffisante pour suivre les entreprises qu'il projetait. Quelqu'un arriva ici hier au soir vers la quatrième heure de la nuit, pour prévenir le duc que Jean-Paul Baglioni, les Orsini, les Vitelli et toutes leurs troupes, ainsi que les réfugiés réunis à eux, avaient quitté Pérouse pour prendre la route de Sienne, et que le peuple du Pérousin s'était aussitôt mis en mouvement et avait fait retentir de toutes parts le nom de Son Excellence. Ce matin deux envoyés de Pérouse sont venus confirmer cette nouvelle. Ils n'ont point encore parlé au duc, dont les principaux confidents répètent qu'il veut simplement affranchir cette place ainsi que Castello de la servitude de leurs tyrans, pour les rendre ensuite au saint-siége, comme je vous l'ai marqué plus au long dans ma dépêche du 2 de ce mois. Le duc part demain pour Scesi avec son armée : de là il marchera sur Sienne, afin d'y établir un ordre de choses conforme à ses vues. Pandolfe Petrucci l'attendra-t-il dans cette ville avec les troupes qui s'y sont réfugiées, ou prendra-t il la fuite? Les avis sont partagés. Le Siennois Baldassar Scipion, dont vous connaissez la prudence, et qui commande ici les lances détachées, est du premier sentiment; beaucoup d'autres soutiennent le second. Chacun allègue ses motifs. On doit savoir bientôt à quoi s'en tenir.

Je n'ai point revu le duc, mais je pense que la reddition de Pérouse et de Castello [1], ayant rendu inutile l'envoi de vos troupes vers Borgo, il demandera maintenant que vous en fassiez avancer du côté de Sienne. Il est à propos que vous vous occupiez de cet objet, afin de pouvoir lui donner ou un secours qui lui soit agréable, ou une excuse qui lui semble plausible.

Je ne vais pas plus loin, parce que votre sagesse sait apprécier et les circonstances actuelles et les précautions qu'elles exigent.

NICOLAS MACCHIAVELLI.

Gualdo, le 6 janvier 1502.

LETTRE XLIX.

MAGNIFIQUES SEIGNEURS,

J'attends avec impatience une réponse à mes lettres des 28 et 31 du mois dernier, et à celles des 1er, 2, et 4 du courant. Chacun commence à s'étonner de ce que vous n'avez encore donné au duc aucun signe de satisfaction au sujet des derniers événements, dont on pense ici que vous devez être très-reconnaissants envers lui parce que, même en dépensant plus de deux cent mille ducats pour vous délivrer de Vitellozzo et des Orsini, vous n'y auriez pas réussi aussi complétement que l'a fait Son Excellence. Depuis la précédente, il est à peine survenu quelques changements, dont vous avez dû être instruits d'un autre côté. Il ne restait plus au duc que l'expédition de Sienne, ayant reçu les soumissions de Castello et de Pérouse qu'il remet

[1] Cette dernière dépêche ne s'est pas retrouvée.

[1] Le 6 janvier 1502, ou plutôt 1503, selon la manière actuelle de compter les années de l'ère chrétienne, Pérouse se soumit au pape. Jean-Paul Baglioni, tyran de cette ville, l'avait quittée auparavant pour se réfugier à Sienne, auprès de Petrucci. Le même jour, au moment des premières vêpres de l'Épiphanie, les cardinaux sollicitèrent le pape en faveur du cardinal Orsino. Ce pontife répondit en objectant la conjuration de Vitellozzo, des Orsini, de Baglioni, de Petrucci et de leurs complices contre la vie du duc, et se refusa à toutes leurs instances.

au pouvoir du saint-siége. Pour donner plus de poids à cette détermination, il s'est refusé jusqu'à ce jour à la rentrée des bannis dans Pérouse; il paraît même qu'il a promis aux ambassadeurs de cette ville, venus à Gualdo, que ces exilés n'y rentreraient pas, en leur faisant observer que s'il chassait un tyran ce n'était pas pour en rappeler dix à sa place. Nous sommes arrivés hier ici, et demain l'armée se remet en marche pour Torsiano, lieu distant de sept milles. Comme c'est un endroit fort petit, ceux qui ne pourront y trouver de logement en chercheront dans les environs. Il est ordonné de ne point emmener les bagages. On dit que de Torsiano nous irons coucher à Chiusi sur le territoire de Sienne, si toutefois nous pouvons passer auparavant les Chiane et entrer ensuite dans cette ville de Chiusi. Au reste le duc paraît décidé à s'en faire ouvrir les portes de gré ou de force. Sienne a envoyé ce soir ici des députés qui ont eu une longue conférence avec lui. Ils étaient, dit-on, chargés de lui demander les motifs de la guerre qu'il semblait vouloir leur déclarer d'après le bruit public, et de lui présenter leur justification. On croit que le duc leur a répondu qu'il regarde et a toujours regardé les Siennois comme ses bons et fidèles alliés, et n'a jamais eu l'intention de les attaquer; mais qu'il est rempli d'indignation contre Pandolfe Petrucci, son ennemi capital, et l'un des membres de la ligue formée pour le dépouiller de ses États. Il a ajouté que si la ville de Sienne l'expulsait de son sein la paix serait faite à l'instant, sinon qu'il marcherait contre elle pour atteindre ce but, en regrettant toutefois d'être contraint à lui faire de la peine, mais qu'il s'en excusait auprès de Dieu, des hommes et des Siennois eux-mêmes sur la nécessité qui l'y forçait et sur son juste ressentiment contre celui qui, ne se contentant point de tyranniser l'une des principales cités de l'Italie, voulait encore, en travaillant à la perte d'autrui, pouvoir donner des lois à tous ses voisins. D'après ce que j'entends dire, cette entrevue se termina sans prendre d'autre conclusion. Les députés convinrent qu'ils en écriraient à leurs magistrats, et les choses sont restées sans décision; personne n'ose affirmer quelle en sera la fin. D'une part, on voit dans le duc une fortune inouïe, un esprit entreprenant et une confiance qui surpassent toute idée et lui persuadent qu'il ne soit échouer dans aucun de ses projets. On trouve de l'autre un homme plein de prudence, maître d'un État qu'il gouverne avec une grande réputation, n'ayant, ni au dedans ni au dehors, aucun ennemi dangereux, parce qu'il s'en est délivré par la mort ou par une réconciliation; assez bien pourvu d'argent et pouvant disposer de troupes nombreuses et redoutables, s'il est vrai, comme on le publie, que Jean-Paul Baglioni soit venu partager son sort. S'ils n'ont pas pour l'instant d'espérance de secours, l'avenir peut leur en procurer. Encore quelques jours, et les doutes devront être éclaircis. En supposant que l'on en vienne aux hostilités, le duc demandera sûrement que vous le secondiez. S'il ne l'a point encore fait, ce dont je suis surpris, c'est probablement parce qu'il espère que l'affaire de Sienne prendra la même tournure que celle de Castello et de Pérouse, et qu'il ne veut point vous avoir cette obligation.

Sans revenir sur les développements contenus dans mes précédentes, je me contente de vous dire en peu de mots que le duc a ici huit cents chevau-légers, et environ cinq cents hommes d'armes et six cents fantassins. Quant à ses dispositions à votre égard, il m'en a toujours parlé et m'en parle encore dans des termes si animés et si affectueux que si l'on était assuré de leur sincérité on ne pourrait avoir aucune inquiétude; mais il faut savoir craindre pour soi, quand l'exemple des autres en fait un devoir. Depuis que l'on a proposé au duc de former des liaisons plus particulières, sa conduite mérite beaucoup d'attention. Il a d'abord manifesté le désir de renouveler son ancien engagement militaire au service de la république; lorsqu'il a vu qu'il ne pouvait plus l'espérer, il a paru ne s'en occuper que légèrement, et, tournant dans un cercle plus étendu, il a dit qu'il se contentait d'une liaison générale. C'est qu'il n'avait pas dans le moment le pouvoir de vous forcer et voulait attendre un instant plus favorable. Il ne voyait aucun inconvénient à temporiser, bien certain que vous ne formeriez point d'entreprise contre lui, soit par égard pour la France, soit à cause du genre d'ennemis qu'il avait en tête ou de l'état de faiblesse dans lequel vous vous trouviez vous-mêmes. Les délais lui ont donc semblé utiles Mon unique but, dans ces réflexions, est de vous faire observer que, lorsqu'il aura conduit ses projets sur Sienne à leur terme, qui n'est pas éloigné, il croira avoir enfin rencontré l'occasion attendue et méditée. Cette craintive prévoyance peut n'être pas fondée, parce que, outre mon peu d'expérience, je ne sais point ce qui se passe ailleurs et ne raisonne que sur les objets que j'ai sous les yeux. Je soumets le tout à la sagacité de votre jugement.

Nicolas Macchiavelli.

A Scesi, le 8 janvier 1502.

P. S. J'ai eu vent ce soir qu'il s'était glissé ici quelques habitants de Monte-Pulciano; je tâche d'obtenir de plus amples renseignements et je m'empresserai de vous en informer.

J'ai écrit à vos seigneuries la prise de Goro de Pistoja; je vous ai dit que, pour une centaine de ducats ou même moins, on pourrait le racheter et le livrer entre les mains de vos seigneuries : j'attends votre réponse à ce sujet.

LETTRE L.

MAGNIFIQUES SEIGNEURS,

Je vous ai écrit de Scesi le 8. Nous nous sommes rendus le 9 à Torsiano, qui n'est éloigné de Pérouse que de quatre milles. Nous en partirons demain pour le Spedaletto, lieu situé à douze milles d'ici, sur la route de Sienne. N'ayant point reçu de réponse à mes lettres depuis celle du 28 du mois dernier, et ne sachant rien de nouveau, je ne vous aurais point écrit celle-ci sans une conférence que j'ai eue aujourd'hui avec le duc. M'étant rendu auprès de Son Excellence, sur son invitation, elle me demanda si j'avais des lettres de la seigneurie. Comme elle paraissait s'étonner de ma réponse négative, je tâchai de justifier ce retard par toutes les excuses que je jugeai les plus admissibles. Passant alors à un autre sujet, le duc me dit : « Tu connais mes sentiments envers la république, que je regarde comme l'un des premiers fondements de ma puissance en Italie : par conséquent, mes démarches au dedans et au dehors ne doivent point lui être cachées. Tu vois où j'en suis avec nos ennemis communs : les uns n'existent plus, les autres sont prisonniers, ou fugitifs, ou assiégés chez eux, tels que Pandolfe Petrucci. En nous délivrant de celui-ci, nous aurons obtenu un succès complet et assuré, le repos de nos États. C'est le dernier effort qu'il me reste à faire. Il faut absolument le chasser de Sienne; car une tête semblable, avec de l'argent et dans une place aussi forte, peut faire beaucoup de mal. Agir autrement, ce serait laisser une étincelle capable d'allumer un grand incendie. Loin de s'endormir sur ce point, il est à propos de l'attaquer de toutes ses forces. L'expulser de cette ville ne me semble pas difficile, mais je voudrais l'avoir entre mes mains. Dans ce dessein, le pape ne lui demande que de regarder comme ses ennemis ceux qui le sont du saint-siége, et l'amuse ainsi par des brefs tandis que je m'avance avec mon armée. Il est bon de tromper les maîtres en perfidies. Les députés qui m'ont été envoyés par les magistrats de Sienne m'ont fait des promesses satisfaisantes. Je les ai assurés que je n'en voulais point à leur liberté et ne désirais que l'expulsion de Petrucci. J'ai écrit aux Siennois pour leur faire connaître mes dispositions, dont ils devaient déjà être instruits par ma conduite envers Castello et Pérouse, que j'ai remis au pouvoir du saint-siége. Je leur représente que je n'ai point voulu accepter ces villes et que, si j'avais envie de m'emparer de la leur, notre maître commun, le roi de France, s'y opposerait; mais que je ne suis point assez téméraire pour concevoir une pareille idée, et qu'ils doivent par conséquent ajouter foi à l'assurance que je leur donne de ne vouloir rien au delà de l'expulsion de Petrucci. La seigneurie m'obligera en publiant aussi que mon unique but est de m'assurer de ce tyran. J'espère que les Siennois m'en croiront; mais, en supposant le contraire, je suis déterminé à marcher en avant, à placer mon artillerie sous leurs murs et à faire les derniers efforts pour le chasser. J'ai cru devoir te communiquer ceci, afin que la seigneurie connût bien mes sentiments et ne fût point surprise en apprenant que le pape écrit à Petrucci. Comme cet ennemi était par ses intrigues le chef de ceux que j'ai déjà désarmés, je veux encore leur enlever cette ressource. Si j'avais besoin contre lui de quelque secours, je te prie de mander à la seigneurie que je compte sur elle. Certes, qui lui eût promis, il y a un an, de la délivrer de Vitellozzo et de Liverotto par la mort, des Orsini par «la prison, de Baglioni et de Petrucci par le «bannissement, n'eût point éprouvé un refus «s'il lui eût demandé à ces conditions cent mille «ducats. Ces choses étant arrivées d'une manière «aussi complète sans qu'elle en éprouvât ni «fatigues ni dépenses, quoiqu'elle n'ait point «contracté d'engagement par écrit, il en est un «tacite qu'elle doit commencer à remplir, si elle «ne veut point que votre ville passe aux yeux des «autres et aux miens pour ingrate, contre sa «coutume et ses dispositions naturelles. Dans le «cas où la seigneurie objecterait la protection de «la France, tu lui feras observer que le roi «l'accorde au peuple de Sienne et non à Petrucci, «et que, en supposant qu'il en eût été honoré, il «l'aurait perdue en se liguant contre moi et «contre Sa Majesté. Elle n'a donc aucune excuse «pour ne pas seconder cette entreprise avec zèle, «et doit le faire d'autant plus volontiers qu'elle «y trouvera son avantage et celui du roi, ainsi «que le plaisir que doit lui causer une semblable «vengeance : son avantage, en détruisant l'en«nemi perpétuel de Florence, le chef de tous les «ennemis de cette ville et le refuge de tous ceux «qui méditaient sa perte; le plaisir de la ven«geance, en abattant le principal auteur et le «conseiller de tous les maux que les Florentins «ont supportés l'année précédente; car de lui «venaient l'argent, les projets, les complots «contre tous les États de la république et même «contre sa propre liberté. Qui ne désire point se «venger de semblables injures et n'en saisit pas «l'occasion prouve qu'il est insensible à tout et «digne d'être chaque jour couvert d'outrages. «Quant à l'intérêt du roi, personne ne le révoque «en doute; car après avoir détruit Pandolfe, sans «inquiétude sur nos États, nous pouvons, les «Florentins et moi, seconder les troupes de Sa «Majesté dans le royaume de Naples, dans la «Lombardie et partout où elle le jugera néces«saire; mais nulle sûreté pour nous tant qu'il «sera dans Sienne. Le roi connaît ces choses et «est convaincu de leur vérité. Contribuer à leur «exécution, ce sera lui faire un grand plaisir et «acquérir des droits à sa reconnaissance. Si je ne «voyais dans cette entreprise que ma seule utilité, «je me donnerais plus de peine pour vous y dé«terminer; mais notre intérêt commun qui s'y «trouve me persuade que j'en ai dit assez. Ce «n'est pas que je croie ne pouvoir en venir à «bout moi-même, mais je veux que l'Italie entière «soit témoin de l'amitié dont les liens nous «unissent, ce qui ajoutera respectivement à notre «puissance.» Le duc finit par me charger de vous transmettre ces explications, que je vous rends pour ainsi dire avec ses propres paroles, et de vous prier de renvoyer une prompte réponse.

Au sujet du royaume de Naples, Son Excellence m'a dit que les Espagnols avaient tué aux Français dans une embuscade environ trente hommes d'armes, ce qui ne changeait rien à leur position; qu'il ne se faisait aucun mouvement du côté de l'Allemagne. Elle m'a aussi assuré que le roi de France a su mauvais gré à M. de Chaumont d'avoir rappelé ses troupes, rappel qui n'est dû qu'à un ressentiment particulier de ce seigneur contre Son Excellence.

NICOLAS MACCHIAVELLI.

Torsiano, le 10 janvier 1502.

P. S. Je vous prie de donner au porteur de cettre lettre dix livres, et de vouloir bien remettre à Biagio les cinq ducats que j'ai avancés pour faire partir trois de mes dernières dépêches, si toutefois vous ne les avez pas encore remis.

Don Michel, commandant espagnol au service du duc, s'est plaint aujourd'hui à moi d'un ton très-courroucé de ce que les lettres qu'il écrit à Piombino ou qu'il en reçoit arrivent décachetées, et de ce qu'aux portes de Florence il a été pris de l'argent par les gens de la douane à quelques-uns des siens qui allaient à Piombino. Délivrez-moi, je vous le demande en grâce, de ses pressantes réclamations, en remédiant à ce qui fait le sujet de l'une et en vous justifiant sur l'autre.

J'ai toujours oublié de vous marquer qu'à ma seconde lettre du 31 décembre dernier devait en être jointe une que ce Michel vous écrivait pour se plaindre de ce que je viens de vous mander. Quand même elle ne vous serait point parvenue, je crois qu'il sera à propos de lui écrire.

LETTRE LI.

MAGNIFIQUES SEIGNEURS,

Sortis ce matin du Spedaletto, où l'on s'était rendu hier au soir, nous marchions vers Castello della Pieve, d'où je vous écris, lorsque j'ai été rejoint par l'un des arbalétriers d'Antoine Giacomino, qui m'a remis votre lettre du 5. J'ai été vivement affecté en y lisant que vous n'aviez reçu jusqu'au jour où vous l'avez écrite aucune de mes dépêches sur ce qui vient de se passer dans cette cour. Depuis que je suis arrivé ici, Labbro-Fesso m'a apporté votre lettre du 9, qui ne m'a pas causé moins de peine en m'apprenant qu'il ne vous en était parvenu d'autres de moi que celles du 1er et du 2 de ce mois. Il me semble véritablement que mes efforts ont échoué au moment où leur succès eût été le plus nécessaire, et m'eût acquis plus de droits à votre confiance. Mais vous avez trop d'expérience pour ignorer qu'il ne suffit pas de remplir ses devoirs, qu'il faut encore avoir la fortune pour soi. Je vous enverrais volontiers une copie de toutes mes dernières lettres, mais le temps, les circonstances et des déplacements continuels sont cause que je ne les ai pas sous la main. Je me contenterai donc de vous donner une idée sommaire de leur contenu.

Le 31 décembre dernier je vous écrivis deux lettres, l'une très-courte à la vingt-troisième heure, contenant l'arrestation des Orsini et des Vitelli; l'autre, très-longue, où je vous rendais un compte détaillé de cet événement, ainsi que de la conversation que j'avais eue avec le duc, conversation où ce prince m'avait montré une telle affection pour notre république et tant de sagesse que je n'aurais pu désirer davantage, me faisant voir qu'il sentait parfaitement combien il était nécessaire que notre cité fût libre et puissante, si l'on voulait que les États qui sont autour de nous conservassent leur puissance; qu'il était prêt à tout entreprendre dans cette vue s'il pouvait compter sur votre concours. Il avait voulu ensuite que je pressasse vos seigneuries de l'aider de vos troupes dans son entreprise sur Castello et Pérouse, et de retenir prisonnier le duc d'Urbin dans le cas où il se réfugierait dans vos états. Il assurait qu'il ne désirait point expressément l'avoir en sa puissance, et qu'il lui suffisait que vos seigneuries consentissent à le garder entre leurs mains. Je vous ai écrit ensuite le 1er et le 2, de Conrinaldi : je vous donnais les mêmes détails, en y ajoutant seulement ce qui s'était passé depuis, et ce que vous aurez vu suffisamment puisque vous m'annoncez la réception de ces dernières. Je vous ai appris de Sasso-Ferrato le 4, et de Gualdo le 6, les événements de Castello et de Pérouse, ainsi que l'ambassade envoyée par chacune de ces deux villes à Son Excellence. Je vous ai écrit le 8, d'Ascesi, l'arrivée des ambassadeurs de Sienne et ce que j'avais appris de nouveau à ce sujet. Enfin le 10 je vous ai mandé de Torsiano que j'avais eu avec le duc un entretien dans lequel ce prince m'avait ouvert son âme sur ses projets à l'égard de Sienne, en me disant qu'il comptait particulièrement sur notre cité, qu'il regardait comme l'appui le plus solide de ses États; que c'était pourquoi il voulait me communiquer toutes ses opérations, tant au dehors qu'au dedans; qu'après avoir fait mourir Vitellozzo et Oliverotto, abattu les Orsini et chassé Jean-Paul, il ne lui restait, pour assurer sa tranquillité et la vôtre, qu'un dernier obstacle à vaincre, qui était Pandolfo Petrucci, qu'il voulait expulser de Sienne; que, comme il croyait que cette entreprise était aussi avantageuse pour vous que pour lui, il jugeait nécessaire que vous y missiez la main, parce que, si Pandolfo restait là, il y aurait à craindre, à cause du caractère bien connu de l'homme, de l'argent qu'il peut répandre et de la force de la ville qu'il occupe, qu'il ne parvînt à allumer un incendie qui pourrait porter ses ravages plus au loin, et parce qu'il servira toujours d'asile à ces seigneurs effrénés qu'aucune considération ne retient; que, comme un tel état de choses pourrait vous être plus nuisible qu'à tout autre, il pensait que vous deviez, par plusieurs raisons, vous y intéresser davantage; que la première était de reconnaître le service qu'il vous avait rendu par la mort de Vitellozzo et votre propre intérêt, la seconde le plaisir de la vengeance, et la troisième enfin l'avantage de servir le roi de France; que, quant au service qu'il vous a rendu, si on vous avait promis il y a un an de faire mourir Vitellozzo, de renverser les Orsini et leurs adhérents, vous vous seriez obligés sans peine à payer cent mille ducats; que, puisque aujourd'hui tout avait réussi sans dépense, sans fatigue et sans charge, vous vous trouviez engagés envers lui, sinon par des traités écrits, du moins tacitement; qu'il était juste que vos seigneuries commençassent à acquitter leur dette et à ne point montrer une ingratitude si éloignée de leur caractère; que, quant à l'in térêt, il le croyait d'autant plus grand que, tant que Pandolfo resterait maître de Sienne, il serait toujours pour vos ennemis un refuge et un appui ; que, quant au plaisir de la vengeance, Pandolfo, l'été passé, ayant fomenté contre vous la guerre dans Arezzo par ses intrigues et son argent, il était tout naturel que vous cherchassiez l'occasion de vous venger ; que, si vous laissiez échapper le moment propice et que vous fussiez capables d'oublier une pareille injure, vous mériteriez chaque jour d'être outragés de nouveau ; que, quant à l'utilité qui peut en résulter pour le roi de France, c'est qu'une fois Pandolfo chassé, lui, duc, se verrait délivré de toutes ses obligations, et pourrait sans crainte accourir avec toutes ses troupes au secours de Sa Majesté, soit en Lombardie, soit dans le royaume de Naples. Il ajouta que vous ne deviez avoir aucun égard à la protection que la France accorde à Sienne, parce qu'elle ne s'étend que sur la commune et non sur Pandolfo ; que c'est à Pandolfo et non à la commune qu'il prétend faire la guerre ; que c'est ce qu'il a fait connaître à la ville de Sienne elle-même, me chargeant de vous écrire à ce sujet, afin que vos seigneuries puissent assurer d'une manière positive et protester publiquement que telles étaient ses véritables intentions à cet égard, attestant que si la commune chassait Pandolfo il ne mettrait point le pied sur le territoire de Sienne ; et il m'a pressé de nouveau d'écrire à vos seigneuries pour les prier de concourir à cette entreprise avec leurs troupes. Tel était le contenu de ma lettre du 10, en date de Torsiano. Je vous le répète, dans la crainte que vous ne l'ayez pas reçue. Je vous prie de prendre une prompte détermination et de vouloir bien me la faire connaître.

Je me suis présenté aujourd'hui à la cour, aussitôt après la réception de votre dépêche du 9, et j'ai informé le duc de la disposition où vous étiez d'envoyer des troupes vers Castello dès qu'il y en aurait besoin. Je lui ai parlé de la satisfaction que les derniers événements avaient causée à notre république, et de la nomination de Jacques Salviati qui allait arriver ici en qualité d'ambassadeur. Il m'a témoigné toute la joie que lui causaient ces nouvelles, en ajoutant qu'il était persuadé que la seigneurie ne manquerait pas à l'obligation où elle était de le seconder dans son entreprise contre Petrucci. Il m'a prié de vous réitérer ses instances à cet égard, et m'a paru très-satisfait du choix de Salviati qu'il attend avec impatience. Nous nous sommes encore beaucoup entretenus, mais toujours au sujet de cette entreprise, qu'il annonce vouloir poursuivre à tout prix, et pour laquelle il se montre bien déterminé, assurant qu'il ne manquera ni d'argent ni de soutien. D'un autre côté, hier, Romolino partit en poste pour Rome ; et je sais de bonne source que le but de son voyage est de consulter le pape sur ce projet, et de lui demander si, dans le cas où l'on pourrait traiter avec Petrucci à des conditions avantageuses, il ne faudrait pas prendre ce parti. Il doit faire observer à ce pontife que le duc aurait trop d'embarras s'il était obligé en même temps à s'arrêter devant Sienne et à s'occuper des objets relatifs aux Orsini, tandis qu'en arrangeant ce premier point le second deviendrait plus facile et lui permettrait bientôt, s'il le voulait, de penser à autre chose. Il serait possible que mes renseignements ne fussent pas vrais ; il est du moins sûr qu'ils ne sont point invraisemblables, malgré les paroles entièrement opposées du duc qui m'a protesté que rien ne l'empêcherait de poursuivre Petrucci, et que, si le pape semblait négocier avec lui, c'était afin de l'amuser par l'espérance et de le faire tomber dans leurs mains en lui ôtant l'idée de prendre la fuite. Je crois qu'il faut d'abord tout entendre et ensuite juger d'après les faits.

La journée entière a été employée à faire des échelles, et l'on compte bien camper la première fois au delà des Chiane, sur le territoire des Siennois, d'où l'on n'entend point encore parler d'accommodement. Il est arrivé un secrétaire des Bentivogli, auquel le duc a fait un accueil gracieux, en l'assurant qu'il était dans les meilleures dispositions à leur égard. Il a ordonné que la paix conclue entre eux et lui fût publiée dans tous ses États, et même dans son camp, afin que chacun en fût instruit. Son Excellence a demandé les cent hommes d'armes, et les deux cents chevau-légers que les Bentivogli sont convenus de lui fournir ; elle m'a chargé ce même jour de vous prier de sa part d'accorder le passage et des vivres, en payant, à ces troupes de Jean Bentivogli qui doivent venir à son secours. Pas un mot, de son côté ni du mien, sur Guido, duc d'Urbin, dont je n'ai pas cru devoir parler le premier.

Il m'a semblé à propos, le duc se trouvant ici, de lui recommander Bandino, qui est à votre solde, et de le prévenir que j'avais entendu parler du retour de quelques-uns de ses ennemis. Il m'a répondu que les liaisons militaires et amicales de Bandino avec vous l'intéressaient vivement à son affaire, sur laquelle il me priait d'être bien tranquille, en m'assurant qu'il n'avait rien à craindre ni pour sa personne ni pour ses possessions.

A cette lettre j'en joindrai une pour Piombino, qui m'a été recommandée par Alexandre Spannochi. Je vous prie de l'envoyer par un exprès, comme je le lui ai promis.

NICOLAS MACCHIAVELLI.

Castello della Pieve, le 13 janvier 1503.

LETTRE LII.

MAGNIFIQUES SEIGNEURS,

Je me séparai hier matin de l'ambassadeur Salviati, et pris cette route pour les motifs dont il vous instruira. Avant mon départ, on parlait à la cour du duc d'un accommodement conclu entre lui et les Siennois. Les Chiane m'ayant obligé de revenir coucher à Castello della Pieve, don Hugues, qui s'y trouvait avec son monde, reçut pendant la nuit l'ordre de se mettre en marche ce matin et de s'avancer du côté d'Orvietto, route que devait aussi prendre le duc à la tête de ses troupes. Cet officier espagnol se disposait en effet à partir lorsque je montai à cheval ce matin [1]. Il me dit que l'accord était terminé, et que Pettrucci devait avoir quitté Sienne avec un sauf-conduit du duc [2]; mais il ne put me donner d'autres détails. Après avoir gardé cette nouvelle jusqu'à cet instant, je crois utile de vous la faire passer par un courrier, afin que vous en soyez plus tôt instruits. Je me réfère à l'ambassadeur pour les particularités; mais sachant avec quelle difficulté ses lettres arriveront, il m'a paru indispensable de vous prévenir déjà de ce que j'avais appris à ce sujet.

NICOLAS MACCHIAVELLI.

Castiglione-Aretino, le 21 janvier 1503, à la troisième heure de la nuit.

P. S. J'ai promis trois livres à celui qui s'est chargé de porter cette lettre.

[1] La bruit se répandit, le 23 janvier, que le duc s'était, les jours précédents, rendu maître de Chiusi, de Pienza, de Sarteano, de Castello della Pieve et de Saint-Quirico, où il n'avait trouvé que deux vieillards, et neuf femmes très-âgées qui avaient été suspendues par les bras, les pieds au-dessus d'un brasier ardent, pour leur faire déclarer l'endroit où leurs richesses étaient cachées; en ajoutant que ces infortunées ne l'ayant point déclaré, soit parce qu'elles ne le voulaient pas, soit parce qu'elles l'ignoraient, avaient péri au milieu de cette torture; et que les troupes du duc avaient livré au pillage Acquapendente, Montefiascone, Viterbe, et autres endroits.

[2] Il fut dit, le 31 janvier 1503, que Pandolfe Petrucci, dans la nuit du vendredi au samedi 28 de ce mois, était sorti de Sienne pour se retirer à Lucques ou en tout autre endroit, et que le duc avait repris le chemin de Rome. En effet Petrucci quitta Sienne et se réfugia à Lucques, avec des lettres de recommandation du duc de Valentinois, qui peu de jours après envoya cinquante hommes à cheval pour le tuer. Cet ordre n'eut pas son effet, parce que le commissaire de Florence retint pendant quelque temps ces cavaliers à Cascina. Échappé à un danger aussi imminent, Petrucci travailla au rétablissement de ses affaires. Secondé par le roi de France, il rentra dans Sienne le 29 mars 1503, avec l'agrément des Florentins, auxquels il promit la restitution de Montepulciano. Ceci doit servir à expliquer la légation dont Macchiavelli fut ensuite chargé pour Sienne.

IX.

LÉGATION A SIENNE.

COMMISSION

Donnée à Nicolas Macchiavelli, le 26 avril 1503.

Nicolas, tu te rendras à Sienne le plus promptement possible. Ta première entrevue sera avec Pandolfe Petrucci, auprès duquel nous te donnons des lettres de créance. Après les assurances usitées et nécessaires relativement aux liaisons d'amitié qui nous unissent à lui, et sur lesquelles il n'est pas besoin de te donner de plus amples instructions, tu exposeras à ce seigneur que le but de ton ambassade est de lui faire connaître l'état actuel des affaires, surtout de celles qui sont de quelque importance, et de l'informer des instances que nous recevons depuis longtemps du pape et du duc pour nous décider à former une alliance et une ligue avec eux, et avec tous ceux de la famille Borgia, instances qui deviennent plus pressantes que jamais. L'intérêt que le roi de France y prend pouvant contribuer à leur succès, tu feras observer à Petrucci que dans cette pensée nous t'envoyons auprès de lui pour l'en prévenir et savoir ses intentions à ce sujet, ne voulant point manquer aux devoirs de bons et fidèles amis. Nous te donnerons aussi des lettres de créance auprès des magistrats suprêmes [1] de cette ville. Tu demanderas à Petrucci si tu dois en faire usage, et, conformément à cette commission, tu agiras d'après ses conseils. Nous t'en donnerons également auprès de François de Narni, auquel tu parleras de la cause de ton voyage, de la confiance que nous avons en lui, et de notre espoir

[1] *La Balia.*

d'obtenir par son moyen ce dont on est convenu avec lui. Tu l'engageras à y travailler et à ne négliger aucune des occasions qui pourraient se présenter. Tu l'instruiras de nos différents préparatifs, des dispositions de la France et de Rome, prenant en tout les voies que tu jugeras convenables. Les conditions de l'alliance proposée avec les personnes ci-dessus mentionnées pour la défense commune [1] de nos États en Italie seront, de notre part, de fournir cinq cents hommes d'armes, et de la leur, d'en fournir six cents; mais seulement lorsque nous aurons recouvré ce que nous avons perdu, ce nombre devant être jusque-là restreint à trois cents de part et d'autre, afin que l'engagement soit égal. On aura les mêmes amis et les mêmes ennemis. Il ne sera rien changé à aucune des liaisons antérieures avec le roi de France, clause dont la violation dissoudra la ligue. Les adhérents et les recommandés devront être nommés dans le mois. On ne pourra favoriser les bannis ou rebelles. Dans le cas de contestation, on s'en rapportera à la décision du roi, dont le consentement exprès sera nécessaire. Lorsque tu auras rempli cette commission, tu reviendras, à moins que tu n'aies à nous informer de quelque proposition sur laquelle tu croirais à propos d'attendre notre réponse [2].

[1] François de Narni avait été envoyé à Sienne par Louis XII, roi de France, et chargé de proposer une ligue entre les Florentins, les Siennois et les Bolonais. (*Guicciardini*, liv. VI, an 1503.)

[2] Le cas prévu à la fin de ces instructions n'ayant point eu lieu, Macchiavelli revint de Sienne à Florence sans avoir écrit aucune lettre au sujet de cette légation.

X.

LÉGATION

A LA COUR DE ROME[1]

COMMISSION

Donnée à NICOLAS MACCHIAVELLI, le 24 octobre 1503.

Nicolas, tu te rendras à Rome en grande diligence avec nos lettres de créance, auprès de ceux des cardinaux dont il importe le plus de se concilier la faveur, tels que le cardinal d'Amboise, les cardinaux Saint-Georges, Saint-Severin, Ascagne Sforce, Saint-Pierre-aux-Liens et Sainte-Praxède [2]. Tu te présenteras à ces prélats en notre nom, et tu feras connaître à chacun d'eux que nous avions choisi ces jours derniers des députés qui étaient sur le point de partir, lorsque nous avons appris la mort du pape Pie III, ce qui a beaucoup affligé toute notre ville; tu ajouteras que la mission de ces députés ne pouvant plus avoir lieu, nous avons cru devoir t'envoyer pour exprimer nos sentiments douloureux sur cet événement, et le désir que nous avons de voir donner à ce pontife un successeur tel que le besoin de la chrétienté et de l'Italie l'exige, et pour leur offrir toutes nos forces si elles leur sont nécessaires pour atteindre ce but que nous savons être l'objet de leurs vœux. Tu règleras tes discours à l'égard de chacun d'après les renseignements que tu jugeras les plus sûrs, et d'après le plan de conduite que t'aura tracé notre cardinal [1], que tu verras avant tout et dont tu commenceras par prendre les conseils. Tu emporteras une copie de l'engagement militaire [2] conclu par lui ces jours passés avec Baglioni en notre nom, et la déclaration que nous entendons y joindre. Tu en parleras d'abord avec ce cardinal, et lui feras connaître que notre inten-

[1] Le pape Alexandre VI mourut le 18 août 1503, et le 22 septembre suivant François Piccolomini fut élu et prit le nom de Pie III. La mort l'enleva au bout de vingt-six jours; et le 1er novembre, même année, on lui donna pour successeur Julien de la Rovère, cardinal de Saint-Pierre-aux-Liens, qui se fit appeler Jules II. Ce fut pendant la vacance du saint-siége, après la mort de Pie III, que Macchiavelli fut envoyé à Rome et adressé principalement au cardinal François Soderini, auquel il présenta une lettre de créance qui existe encore en original sur parchemin, et qui était ainsi conçue: « N. Macchiavelli, « notre secrétaire, remettra à Votre Éminence la pré« sente, en vertu de laquelle il vous fera quelques commu« nications dont nous l'avons chargé. Nous vous prions « d'ajouter une foi pleine et entière à tout ce qu'il « vous dira de notre part.

« De notre palais, le 23 octobre 1503, etc. »

[2] Le cardinal d'Amboise était Georges d'Amboise, archevêque de Rouen, premier ministre de Louis XII, roi de France.

Le cardinal de Saint-Georges était Raphaël de Riario de Savone.

Le cardinal Saint-Severin était Frédéric Saint-Severin, Milanais, du titre de Saint-Théodore.

Le cardinal Ascagne était Ascagne-Marie Sforce, fils du duc de Milan, dépossédé par Louis XII, et cardinal des Saints Tite et Modeste.

Julien de la Rovère était cardinal du titre de Saint-Pierre-aux-Liens.

Antoine Palavicini, Génois, cardinal, portait le titre de Sainte-Praxède.

[1] Ce cardinal était François Soderini, Florentin, évêque de Volterra et cardinal du titre de Sainte-Suzanne.

[2] Depuis la mort d'Alexandre VI, Rome était en proie à de continuelles agitations, dont les principaux acteurs furent les Orsini, les Colonnes, le duc de Valentinois, et en général les partisans, soit de la France, soit de l'Espagne. Le crédit de cette première puissance allait en décroissant depuis les deux batailles perdues contre les Espagnols dans le royaume de Naples, l'une le 21 avril 1503, à Seminara, par d'Aubigny qui y fut fait prisonnier; l'autre le 28 du même mois, à Cerignoles, par le duc de Nemours qui y périt. Le cardinal d'Amboise, qui était à Rome pour la nomination du successeur de Pie III, voyait le parti de la France s'affaiblir de jour en jour. Les Orsini, les Colonnes d'Alviano avaient traité avec les Espagnols. Jean-Paul Baglioni paraissait vouloir suivre leur exemple. Pour l'en empêcher, il s'empressa de l'engager au service du roi Louis XII, et fit avec lui, par l'entremise du cardinal François Soderini, un accord en vertu duquel les Florentins devaient payer à ce général soixante mille écus, au nom de Sa Majesté, qui réclamait cette somme pour la protection qu'elle leur avait précédemment accordée. (*Guicciardini*, liv. VI, an 1503, et *Buonaccorsi*, etc.)

ion est d'expliquer en ces termes la clause relative à notre décharge de dépenses et dommages, etc., et de pouvoir, toutes les fois que nous en aurons besoin, réclamer le service des quatre cents lances stipulées par cet engagement; tu prieras ce prélat d'en parler devant toi ou en particulier, selon qu'il le jugera plus convenable, au cardinal d'Amboise, qui doit entendre, comme nous, cet article qui ne paraît pas pouvoir souffrir de difficultés, d'après ce dont on est convenu par écrit. Si l'on accepte notre déclaration dans ces propres termes, tu ratifieras en notre nom, en vertu des pouvoirs en bonne forme que nous te donnerons à cet effet. Tu refuseras cette ratification et nous en écriras pour prendre nos ordres, si Son Éminence fait quelque difficulté. Alors tu travailleras toi-même à terminer cette affaire, mais toujours d'après les termes de notre déclaration. Dans le cas où l'on t'objecterait que peut-être nous ne payerons pas, ce qui serait cause que le roi ne serait pas servi, tu répondras que, si l'accord n'est pas fini dans un certain nombre de jours, nous consentons, en supposant que Jean-Paul Baglioni y consente, à remplir les obligations de l'engagement ancien sur lesquelles nous pourrions être en retard, pourvu toutefois qu'un payement paraisse suffisant ou au roi, ou à Jean-Paul. Si ce dernier ou le cardinal d'Amboise mettait également quelques entraves, en objectant qu'ils ne veulent pas accepter cette proposition faite simplement de vive voix, tu pourras leur en offrir et leur en promettre de la part de ton gouvernement une ratification en forme; car nous te la ferons passer aussitôt que tu nous auras informés de leurs désirs à ce sujet. Nous n'avons point d'autres instructions particulières à te donner; nous te recommandons seulement de nous instruire jour par jour, pendant la durée de ta mission, de tout ce qui méritera d'être connu.

CORRESPONDANCE.

LETTRE PREMIÈRE.

MAGNIFIQUES SEIGNEURS,

Je vous ai écrit hier [1] pour vous informer de mon arrivée en cette ville. Je veux aujourd'hui vous faire part de ce qui l'a suivie relativement à la première partie de votre commission, et vous donner déjà quelques nouvelles de ce pays.

Vous vous rappelez qu'après avoir pris la résolution de ratifier, sous les réserves convenables, l'engagement militaire de Jean-Paul Baglioni avec la France, vous en prévîntes Son Éminence le cardinal Soderini. Ce prélat comprit fort bien le sens de votre lettre, ainsi que vos intentions, mais il ne savait ni dans quel temps il devait ratifier cet engagement, ni que je dusse être envoyé à cet effet. Dans cette incertitude, il composa une lettre qui contenait précisément la déclaration dont vous m'avez chargé en m'ordonnant d'y conformer ma conduite. Son but était d'engager le cardinal d'Amboise à signer cette lettre et à vous la faire passer. Il allait y travailler, lorsque je suis survenu et lui ai donné connaissance de votre commission. Son Éminence a été fort aise de s'être rencontrée avec vous, et, renonçant à ses démarches au sujet de cette lettre, elle a informé le cardinal d'Amboise et le président qui traitait cette affaire de l'arrivée d'un envoyé de la république chargé de la ratification. Elle m'a ensuite enjoint de voir le premier, auquel je n'ai pu parler que ce soir vers la quatrième heure, à cause de ses nombreuses occupations. Le cardinal Soderini, vu les circonstances, a jugé à propos que je lui disse en substance que la seigneurie prend autant de part aux intérêts du roi qu'aux siens propres; qu'elle croit en conséquence devoir le prévenir, avec une sollicitude filiale, des nouvelles défavorables à Sa Majesté et qu'elle apprend avec peine, afin qu'il puisse y donner l'attention qu'elles méritent. J'ai donc informé le cardinal d'Amboise du bruit répandu dans la Toscane

[1] Cette lettre du 27 ne s'est point retrouvée.

que l'armée française revenait sur ses pas; qu'une grande partie des troupes de la Lombardie rentrait en France; que les Vénitiens se fortifiaient dans la Romagne et se disposaient à s'en rendre maîtres; que l'on craignait pour la Lombardie une incursion des Allemands, soit de leur propre mouvement, soit par une impulsion étrangère, ce qui donnait beaucoup d'inquiétude à la seigneurie, et la portait à rappeler à Son Éminence qu'il était temps d'accroître les forces des Français en Italie, et de renoncer s'il le fallait à d'autres entreprises, etc. Je dis aussi que j'étais envoyé avec des pouvoirs suffisants pour ratifier l'engagement de Baglioni, s'il était rédigé de manière que la république n'eût pas plus de charges et moins d'espérances que dans les conventions faites avec le roi. Ce prélat me répondit qu'il remerciait la seigneurie des avis qu'elle lui faisait communiquer; qu'il ne perdait pas de vue ces objets, l'unique cause de son séjour ici, etc..., et que, touchant l'affaire de Baglioni, nous nous réunirions avec le cardinal Soderini et prendrions tous les arrangements les plus convenables. J'allai ensuite rendre compte à ce dernier de ces différentes réponses du cardinal d'Amboise; nous conclûmes que, après avoir fait ce que nous devions par rapport à cet engagement, il fallait prendre le parti d'attendre, afin de voir ce qu'ils feraient de leur côté. Nous nous en tiendrons à cette détermination.

Je crois que cet accord avec Baglioni vous sera porté par Milon, qui doit, selon l'ordre du cardinal d'Amboise, se rendre à Florence, à Bologne, à Ferrare, puis à Urbin, pour se plaindre des agressions faites contre les États du duc de Valentinois dans la Romagne. L'entrée d'Ordelaffo dans Forli, que chacun vous impute, a rempli d'indignation le cardinal Saint-Georges, à cause de ses neveux [1], et donné de l'humeur à l'archevêque de Rouen à cause du duc de Valentinois. Ce matin, M. de Trans et le président en témoignaient leur mécontentement à notre cardinal Soderini. Ce dernier m'appela, et je vous justifiai sur les événements de la Romagne, dont vous savez que je dois être bien instruit. Alors, pour apaiser le duc et lui donner quelque espérance de votre côté, on résolut de lui envoyer Milon ou un autre. Ce seigneur est maintenant à Castello, où il forme plus que jamais de vastes projets, se persuadant que le nouveau pape sera tel que le désirent ses partisans.

Comme les obsèques de Pie III finissent aujourd'hui, on devrait entrer demain au conclave; mais il paraît que l'on n'y entrera point, parce qu'on veut que Rome soit évacuée auparavant par Barthélemi d'Alviano et par les Orsini qui ont selon les uns trois cents hommes d'armes, selon d'autres deux cents; il en est qui leur en donnent un moindre nombre. Ils avaient reçu de l'argent pour lever mille fantassins, mais on ne les a pas vus en mettre beaucoup sur pied. Il en est de même de Jean-Paul Baglioni, qui a touché à pareille condition trois mille ducats; il en a eu aussi cinq mille pour le compte de son engagement. Il est logé dans les faubourgs avec cent hommes d'armes, s'il faut en croire ses amis, car je n'ai pu encore lui parler. Excepté le cardinal Soderini, je n'ai eu d'entretien presque avec personne: aussi ne puis-je vous donner aujourd'hui autant de nouvelles de ce pays que je le désirerais. Je vais faire tout ce qui dépendra de moi pour remplir mes devoirs à cet égard.

Tout ce que je sais de l'armée française dans le royaume de Naples, c'est qu'elle s'est présentée à San-Germano et a offert le combat à Gonzalve, général espagnol, qui l'a refusé. Ne croyant pas pouvoir forcer cet endroit, elle a pris le parti de se retirer, pour aller chercher un passage dans les environs ou dans d'autres lieux plus éloignés; elle est dit-on, à Ponte-Como, et prend la route de Gaëte pour passer le Garigliano.

Les opinions sont partagées sur la prochaine élection. Les probabilités me semblent être pour les cardinaux de Saint-Pierre-aux-Liens et de Sainte-Praxède, mais spécialement pour le premier.

NICOLAS MACCHIAVELLI.

Rome, le 28 octobre 1503.

---

[1] Ces neveux du cardinal Saint-Georges étaient les enfants de son frère Jérôme Riario et de Catherine Sforce, qui conservaient toujours des droits sur Forli, quoiqu'ils en eussent été dépouillés par le duc de Valentinois.

LETTRE II.

MAGNIFIQUES SEIGNEURS,

J'ai eu aujourd'hui une discussion avec le président sur l'affaire de Jean-Paul Baglioni, dont le cardinal d'Amboise l'a chargé. Tout bien examiné, je ne crois pas que l'on puisse faire agréer votre déclaration par Son Éminence avant sa sortie du conclave; la nomination du pape lui donne tant d'occupation qu'il faut l'en excuser. Les cardinaux veulent que les troupes étrangères quittent Rome avant leur entrée au conclave; Jean-Paul Baglioni n'y consent qu'à la condition de toucher le restant de sa paye. Je suis persuadé que le cardinal d'Amboise finira par vous prier de lui remettre à cet effet six mille ducats, dont il vous donnera quittance à compte sur les dix mille que vous devez au roi, pour la Toussaint. D'après ce que m'a dit Domenico Martelli, vous aurez le mois prochain pour acquitter cette somme. Voilà, je pense, le parti que l'on prendra pour l'instant à l'égard de Baglioni, et l'on ne peut en espérer d'autre, vu les nombreuses occupations de ce prélat. Il paraît que Barthélemi d'Alviano partira demain matin et ira se joindre aux Espagnols; il n'a pas, selon ce que m'a assuré Baglioni, plus de deux cents hommes d'armes et trois cents fantassins. En considérant de près les nouveaux enrôlemens faits par les Espagnols et les Français, on voit qu'il en résulte plus de réputation que de force réelle; car ces troupes, livrées à d'effroyables dissensions pendant leur séjour sur les terres de Rome, ont plutôt paru composées de brigands que de soldats. En proie à leurs propres passions qui les divisent entre elles, elles ne peuvent être d'une grande utilité à la puissance étrangère qui les prend à sa solde; la première occasion de recommencer à s'attaquer réciproquement détruit toutes leurs réconciliations : on en a ici la preuve tous les jours. Qui les connaît bien songe à gagner du temps avec elles jusqu'à ce qu'il puisse s'en délivrer.

Baglioni veut reprendre la route de la Toscane, alléguant que ses affaires l'y rappellent, ce dont le cardinal d'Amboise ne se met nullement en peine. Il est probable, comme je vous l'ai marqué, qu'il emportera l'ordre de se faire payer par vous sur la somme dont vous êtes redevables à Sa Majesté.

Pendant que j'étais aujourd'hui dans l'appartement de notre cardinal Soderini, le président ainsi que M. de Trans s'y rendirent, et lui montrèrent une lettre que M. d'Allègre écrivait de Trani, le 24, au marquis de Mantoue. Il lui marquait qu'il se trouvait en cet endroit avec trois cents hommes d'armes et deux mille fantassins; qu'il avait engagé le vice roi à s'y rendre, et à y en amener encore trois mille, ainsi que l'artillerie, en lui observant qu'aussitôt son arrivée l'on passerait le Garigliano, passage qui n'offrirait aucune difficulté. Il priait le marquis de Mantoue de se réunir à lui avec le restant de l'armée, et l'informait que la flotte, d'après ce qu'il venait d'apprendre, avait pris la route de Naples, dont le peuple s'était révolté contre les Espagnols et avait reçu les troupes du roi de France. Le marquis de Mantoue a envoyé le 25 cette lettre au cardinal d'Amboise, en lui faisant savoir qu'il partait le 26 pour aller rejoindre M. d'Allègre. Je vous transmets la nouvelle, telle que je l'ai entendu lire, et la soumets à votre jugement en attendant des preuves ultérieures.

Votre dépêche du 24, contenant la justification à présenter au cardinal Saint-Georges, par rapport à l'entrée d'Ordelaffo dans Forli, m'est arrivée ce matin. Je suis allé aussitôt chez ce prélat, et après quelques instants d'entretien, je la lui ai lue, parce qu'elle m'a paru convaincante et propre à produire un bon effet. Il m'a répondu qu'en toutes choses les hommes regardaient plus à la fin qu'aux moyens, et qu'en dernier résultat Ordelaffo était dans Forli, tandis que ses neveux en étaient expulsés. Il a ajouté que vous n'aviez sans doute pu l'empêcher, d'après les motifs allégués, à la solidité desquels il voulait bien croire, mais que ses neveux seraient obligés de recourir aux Vénitiens et de chercher de l'appui partout où ils en pourraient trouver pour soutenir leurs intérêts, puisque vous aviez été contraints à les abandonner; il m'a d'ailleurs chargé de vous offrir tous ses services.

Si l'on s'en rapporte à l'opinion générale, il paraît certain que le cardinal de Saint-Pierre-aux-Liens sera élevé à la dignité pontificale. Mais comme les idées des cardinaux changent le plus souvent lorsqu'ils sont au conclave, ceux qui ont le plus d'expérience disent que l'on ne peut avoir de certitude sur cette élection. Il faut donc attendre pour prononcer.

Je vous ai écrit hier soir touchant mon entrevue avec le cardinal d'Amboise. Il ne me reste plus rien à vous écrire pour le moment.

NICOLAS MACCHIAVELLI.

Rome, le 29 octobre 1503.

LETTRE III.

MAGNIFIQUES SEIGNEURS,

J'ai chargé le 28 M. de Milon d'une lettre pour vous. J'en ai remis une autre le 29 à Jean Pandolfini, afin qu'il vous la fît passer avec ses premières dépêches. Les cardinaux doivent entrer demain au conclave. Ils ont obligé les troupes qui étaient ici, au nom de la France et de l'Espagne, à se retirer. Barthélemi d'Alviano est parti ce matin pour aller coucher à douze milles de Rome, sur la route du royaume de Naples. L'on ne sait s'il pourra pénétrer plus avant, car sa troupe, réunie à celle des Orsini, n'excède pas deux cents hommes d'armes. Les Savelli se sont retirés dans leurs terres. Baglioni loge ce soir à Ruosi, à quinze milles de Rome, du côté de la Toscane. Il n'a pas soixante hommes d'armes, si l'on en retranche la compagnie de Bandino qui est avec lui; mais il annonce l'intention d'augmenter ses forces lorsqu'il aura reçu son payement. Il se rendra probablement sur le territoire de Pérouse, selon ses désirs, ce qui lui sera accordé s'il ne survient pas d'autres événements. L'entrée au conclave rend le cardinal d'Amboise trop affairé pour que j'aie quelque chose de nouveau à vous écrire sur la ratification de l'engagement de Baglioni. Avant qu'il y entre demain matin, les agents que Baglioni a laissés ici tâcheront sûrement d'obtenir de ce prélat la lettre mentionnée dans ma précédente, et en vertu de laquelle vous devez lui remettre six mille ducats qui vous seront passés en compte sur les dix mille dont vous êtes redevab[illegible] envers le roi. Par ce payement le prêt de Ba[illegible]oni se trouvera acquitté pour un certain temps. Il vous sera peut-être possible de retirer quelque avantage de son séjour en Toscane, où il paraît devoir s'arrêter. M'entretenant avec lui à ce sujet, je l'ai trouvé si disposé à vous obliger que le Florentin le plus ami de sa patrie ne saurait montrer un zèle plus étendu. Vous pourrez, après y avoir réfléchi, réclamer ses services, si quelques besoins intérieurs vous paraissent l'exiger. Le conclave commence demain, comme je vous l'ai déjà marqué. On est plus persuadé que jamais que Julien de la Rovère sera élu. Il a pour lui la majorité des cardinaux, qu'il a su gagner par les moyens propres à produire cet effet. Ceux qui aspirent à la tiare ménagent beaucoup le duc de Valentinois, à cause des cardinaux espagnols qui sont ses partisans. Chaque jour plusieurs cardinaux sont allés conférer avec lui à Castello. On croit que le pape qui sera nommé lui aura des obligations. De son côté, il espère que ce pontife sera dans ses intérêts.

Le cardinal d'Amboise s'est donné beaucoup de mouvement: il paraît diriger un certain nombre de cardinaux. On n'est pas bien sûr qu'il ne veuille point marcher sur les traces de Julien de la Rovère, mais il est très-probable que ses démarches seraient sans succès. Quoi qu'il en soit, il faut attendre l'événement.

Ma nouvelle sur Naples et sur le passage du Garigliano, projeté par les Français, ne s'est point encore confirmée. Il est vrai que l'on n'a rien appris qui la détruisît, et que les lettres n'arrivent que difficilement, parce que les routes de communication entre le camp français et cette ville sont en fort mauvais état. Désirant me procurer à cet égard des renseignements, j'ai adressé deux lettres à Lucas Savello pour le prier de m'en faire passer quelques-uns. On dit que les corps de troupes italiennes qui étaient avec les Français se sont dissous en grande partie. Les uns l'attribuent à la crainte du danger, d'autres à des traitements trop durs ou au vice de leurs dispositions naturelles. J'ai vu arriver ici environ vingt hommes d'armes, du nombre de ceux qui étaient au service du duc de Valentinois, et qu'il avait envoyés dans le royaume de Naples pour se joindre à l'armée du monarque français. Ils se sont logés dans Rome, soit d'après la demande du collége des cardinaux, soit parce que le duc les y retient dans l'espérance de s'en servir lorsque le pape sera nommé. Les avis sont partagés à ce sujet.

Je vous ai écrit et vous écrirai chaque jour une lettre dont je chargerai Jean Pandolfini, n'ayant pas d'ordres de vous pour prendre une autre voie. Écrivez-moi si vous voulez consentir à la dépense nécessaire pour avoir plus promptement la nouvelle de la nomination du souverain pontife ; sans cela, je chercherai à vous la faire passer par le secours d'autrui, mais ce moyen n'est pas expéditif.

NICOLAS MACCHIAVELLI.

Rome, le 30 octobre 1503.

P. S. Nous sommes à la troisième heure de la nuit. Cette lettre du 30 était écrite lorsque j'ai reçu la vôtre du 26, qui m'apprend que le duc vient de perdre Faënza. Comme j'étais déjà retiré et qu'il n'est point sûr d'aller de nuit dans les rues de cette ville, j'ai envoyé un billet au cardinal Soderini pour l'informer de cette nouvelle. Demain matin, nous en conférerons ensemble. Je n'entrevois ici aucun moyen d'obvier aux dangers dont vous me parlez, parce que les Français, sur lesquels nous comptions, sont eux-mêmes fort embarrassés. Il faut voir si le pape qui va être nommé répondra aux espérances du duc en le soutenant, et si les commandants de la citadelle de Faënza attendront que ce seigneur vienne à leur secours : c'est tout ce que l'on peut faire en ce moment.

LETTRE IV.

MAGNIFIQUES SEIGNEURS,

Dans ma dernière du 30, dont les del Bené se sont chargés, je vous ai fait part, entre autres choses, de l'opinion sur le choix du pape et de l'entrée au conclave. Avant que les cardinaux y fussent renfermés, il y avait déjà quatre-vingt-dix sur cent à parier en faveur de Julien de la Rovère, parce que l'on savait que deux partis qui lui étaient opposés, et qui auraient pu enlever beaucoup de suffrages à ce cardinal, s'étaient ralliés à lui. Ce sont ceux des cardinaux espagnols et du cardinal d'Amboise. Ce dernier s'est, dit-on, jeté dans ses bras, parce qu'on lui a inspiré des méfiances sur Ascagne, et qu'on lui a montré qu'aucun choix ne serait plus propre que celui de Julien de la Rovère à enlever tout crédit à ce cardinal de la famille des Sforces, d'autant plus qu'ils n'avaient jamais été bien ensemble. Quant aux cardinaux espagnols et au duc de Valentinois, il est facile de conjecturer les motifs de leur réunion. Le duc sent le besoin de relever sa puissance, et les autres veulent être enrichis. Le temps apprendra mieux ce que l'on doit penser de ces motifs ; mais, en les supposant réels, ils ne pouvaient être aussi favorables à personne qu'à Julien de la Rovère. La nomination de ce prélat peut être regardée comme certaine, car à l'instant même, huitième heure de la nuit du 31 octobre au 1er novembre, j'apprends de l'un de ses gens, qui arrive du palais, que ce cardinal a envoyé à son conclaviste cinq billets l'un après l'autre, dans lesquels il lui mande que les voix se réunissent en sa faveur, malgré l'opposition qui s'est d'abord manifestée de la part de sept cardinaux qui suivaient les impulsions d'Ascagne Sforce, et voulaient élire le cardinal de Sainte-Praxède. Il ajoute que le dernier billet ordonne d'informer promptement les villes de Savone et de Sinigaglia de son élection et du nom de Jules II qu'il a pris. En conséquence des courriers sont partis sur-le-champ. Ces nouvelles, ainsi que beaucoup d'autres, exigeraient que je vous en expédiasse aussi, mais je ne me permettrai point une dépense de ce genre, n'ayant pas d'ordres de vous à cet effet ; le peu de sûreté qui règne ici pendant la nuit ne me laisse pas même la faculté de m'informer si d'autres en expédient pour notre ville. Celui qui s'est rendu du palais dans la maison où je loge y est venu escorté de vingt hommes armés. Lorsque le jour paraîtra je chercherai une occasion pour faire partir cette lettre, je saurai alors la vérité avec plus de certitude.

NICOLAS MACCHIAVELLI.

Rome à la huitième heure de la nuit du 31 octobre au 1er novembre.

LETTRE V.

MAGNIFIQUES SEIGNEURS,

Julien de la Rovère, cardinal de Saint-Pierre-aux-Liens, a été définitivement proclamé ce matin souverain pontife. Dieu veuille qu'il devienne un pasteur utile à toute la chrétienté !

NICOLAS MACCHIAVELLI.

Rome, le 1er novembre 1503.

LETTRE VI.

MAGNIFIQUES SEIGNEURS,

Je vous ai écrit cette nuit et ce matin pour vous informer de l'élection du cardinal de Saint-

Pierre-aux-Liens, qui a pris le nom de Jules II; mes dépêches ont été remises à Domenico Martelli, qui, je crois, fait partir un courrier. Je vous envoie celle-ci par une autre voie, ayant ignoré que les del Bené en devaient expédier un il y a une heure, et m'étant présenté trop tard pour les en charger. L'élection et la proclamation ont été extraordinaires : la première s'est faite à portes ouvertes; aussitôt qu'elle a été finie, les cardinaux s'étant réunis l'ont fait publier sur-le-champ : il était environ minuit. C'est d'après cet avertissement public que je vous ai écrit, car les cérémonies usitées dans la proclamation solennelle d'un nouveau pape n'ont pas encore eu lieu, quoique nous soyons déjà à la quinzième heure. La faveur dont a joui ce pontife en voyant se rallier à lui tant de partis différents paraîtra tenir du prodige à celui qui voudra y porter quelque attention. Les rois d'Espagne et de France, ennemis entre eux, ont écrit tous les deux pour lui au conclave. Les barons, quoique de factions opposées, ont secondé ses désirs. Il a aussi été appuyé par le cardinal de Saint-Georges et par le duc de Valentinois. Tout a contribué à lui assurer cette dignité. Ceux de notre nation en ont ressenti une vive satisfaction et en espèrent beaucoup, tant pour leur intérêt particulier que pour le bien général. Quelqu'un d'un très-haut rang me dit hier matin que, d'après les promesses plus étendues que de coutume de Julien de la Rovère, notre ville devait se promettre des avantages de son élévation sur le saint-siége si elle avait lieu.

NICOLAS MACCHIAVELLI.

Rome, le 1er novembre 1503.

LETTRE VII.

MAGNIFIQUES SEIGNEURS,

Voici la quatrième lettre que je vous écris sur la nomination de Jules II. Je ne vous aurais pas envoyé celle-ci, si notre cardinal Soderini ne m'eût appris aujourd'hui, après les cérémonies d'usage, qu'ils s'étaient, cette nuit, quand l'élection a été terminée, distribués par la voie du sort le soin de toutes les forteresses dépendantes du saint-siége. Le cardinal de Saint-Georges est chargé de Citerna, et le nôtre l'est de quelques autres forts; mais il pense que si vous ne prenez pas des mesures à cet égard vous ne pourrez conserver Citerna. Il serait d'avis que vous lui permissiez de chercher à faire un échange avec Saint-Georges, de Citerna contre une de ses places. En procédant ainsi, il lui paraissait que cette affaire commencerait à offrir moins de difficultés, parce que l'on n'aurait plus à y regarder de si près. Il m'a prié de vous écrire à ce sujet et de vous demander une prompte réponse.

Le nouveau pape aura beaucoup à faire s'il veut remplir toutes ses promesses, d'autant plus qu'il en a fait de contradictoires et en assez grand nombre. Quoi qu'il en soit, le voilà placé sur le saint-siége. L'on verra bientôt quelle route il va prendre et quels sont ceux qui peuvent compter sur ce qu'il leur a promis. Il a trouvé dans le collége des cardinaux des amis très-zélés; cela vient, dit-on, de ce qu'il a toujours été lui-même ami constant et dévoué. Nos compatriotes se sont beaucoup réjouis de sa nomination, parce qu'il y en a plusieurs ici qui sont étroitement liés avec lui. Notre cardinal Soderini croit, d'après ce qu'il m'a dit aujourd'hui, qu'il n'y a pas eu depuis longtemps un souverain pontife duquel notre ville pût espérer autant d'avantages, pourvu que l'on sache se ménager sa bienveillance. Plusieurs Florentins m'ont prié de vous faire observer qu'en ne nommant que cinq députés pour venir complimenter Pie III nous avions laissé croire à chacun que notre ville n'était point contente de son élection. Ils vous supplient d'en nommer six cette fois, comme cela se pratiqua lors de la promotion d'Alexandre VI et de Sixte IV.

On n'a plus entendu parler des Espagnols ni du camp des Français, dont il n'arrive point de nouvelles parce que les communications sont interrompues. Barthélemi d'Alviano et Baglioni doivent s'être avancés au delà des endroits où ils s'arrêtèrent le jour de leur sortie de Rome. Rien de nouveau par rapport à l'engagement du dernier. Ses agents n'ont pu obtenir cet ordre de payement dont je vous ai parlé. J'en conclus que le cardinal d'Amboise n'a plus autant de sujets de crainte que lorsqu'il le prit à la solde de son souverain.

On pense que les Orsini feront élever notre archevêque au cardinalat, et que son archevêché sera donné à quelque prélat florentin. J'ai entendu parler de plusieurs que je ne vous nomme point. Il me semble à propos que la seigneurie m'envoie le plus promptement possible une lettre pour le pape nouvellement élu, afin que je puisse rendre à ce pontife une visite de cérémonie. Il faudra avoir l'attention de m'en faire également passer une copie, pour que mes expressions répondent à celles de cette lettre [1].

NICOLAS MACCHIAVELLI.

Rome, le 1er novembre 1503.

LETTRE VIII.

MAGNIFIQUES SEIGNEURS,

Depuis l'élection du nouveau pape, Rome est fort tranquille. Elle le doit au départ de Baglioni et des troupes des Orsini. On n'entend point dire que celles-ci, dont le nombre ne s'est pas encore beaucoup augmenté, soient passées au delà de Monte-Ritondo, où elles allèrent coucher le premier jour. Tout a secondé les vœux du cardinal de Saint-Pierre-aux-Liens, comme je vous l'ai déjà mandé. A l'exception de trois ou quatre cardinaux qui désiraient eux-mêmes être élus, les autres ont tous concouru à sa nomination. Il n'a point épargné les promesses, mais on pense qu'il ne lui sera pas aussi facile de les remplir. On dit qu'il a promis au duc de Valentinois, qui lui a été plus utile qu'aucun autre, de le rétablir dans la possession entière de ses États en Romagne, et qu'il lui a donné pour sûreté la ville d'Ostie, dans le port de laquelle se trouve, par ordre de ce seigneur, Mottino, avec deux bâtiments armés. Quant à lui, il occupe ici la partie du palais appelée *le Stanze Nuove,* et il a avec lui quarante de ses premiers officiers. On ne sait s'il doit partir ou rester. Les uns disent qu'il se rendra à Gênes, où se trouve la majeure partie de ses capitaux, et de là dans la Lombardie, pour y lever des troupes et prendre ensuite la route de la Romagne; ce qui est possible, parce qu'il a encore au moins deux cent mille ducats entre les mains des commerçants de Gênes, pour la plus grande partie. Selon d'autres, il doit attendre à Rome l'installation solennelle du pape, espérant, d'après sa promesse, être nommé gonfalonier du saint-siége, dignité qui l'aiderait à recouvrer ses États. Il en est qui pensent, avec non moins de raison, que ce pontife, ayant eu besoin de lui pour parvenir à son but, et lui ayant fait de grandes promesses, doit le nourrir ainsi d'espérances; mais ils craignent, s'il reste à Rome, que ce séjour ne lui devienne dangereux. Jules II n'ignore point qu'Alexandre VI ne l'a jamais aimé. Il n'a pas oublié l'exil qu'on lui a fait supporter pendant dix ans. Le duc se laisse aveugler par une confiance présomptueuse. Il croit que la parole des autres vaut mieux que la sienne, et compte sur les liaisons de famille qui doivent se former, car on donne pour certain le mariage de Fabio Orsino avec la sœur de ce duc, et celui de François de la Rovère, préfet de Rome, avec sa fille. Je ne puis ni vous en mander davantage sur sa position actuelle, ni assigner avec certitude quelle sera sa fin. Attendons les leçons du temps, père de toute vérité. Je ne parlerai point des autres engagements contractés avec les barons et les cardinaux. Ils ont tous été proportionnés aux demandes. Romolino doit avoir la chancellerie de la justice, Borgia l'office de pénitencier; mais on ne sait encore s'ils prendront possession de ces dignités. Le pape, comme on l'a déjà observé, est obligé jusqu'ici à des ménagements envers tout le monde, mais il ne peut tarder beaucoup à se déclarer et à faire connaître quels sont ceux dont il doit et veut être l'ami.

Jean-Paul Baglioni, ainsi que je l'avais d'abord conjecturé, prend la route de Pérouse avec l'agrément du cardinal d'Amboise : il doit vous prier de lui accorder sur le territoire de Cortone des cantonnements pour une partie de ses troupes; ce prélat m'a chargé de vous engager à consentir à sa demande. Son engagement militaire n'est pas encore ratifié, parce qu'il n'a pas été possible de s'occuper d'affaires avec Son Éminence. Vous recevrez d'elle une lettre signée de sa main et munie de son sceau,

[1] La lettre de créance demandée par Macchiavelli fut expédiée le 2 novembre : elle était ainsi conçue :

« Très-Saint-Père, nous avons chargé N. Macchiavelli, « secrétaire et citoyen de notre république, envoyé par « nous à Rome depuis plusieurs jours, de se présenter « auprès de Votre Sainteté en notre nom, et de lui faire « quelques communications auxquelles nous la supplions « d'ajouter une foi pleine et entière. »

Donné en notre palais, le 2 novembre 1503, etc. »

à l'effet de payer à ce Baglioni ce qui lui reste dû, avec assurance que cet argent vous sera passé en compte sur ce que vous devez au roi. Si vous croyez pouvoir acquitter cette somme sans aucun danger, dans ce cas, quand même l'engagement ne se terminerait pas, ce qui est possible, Baglioni se trouvera avoir reçu aux dépens d'autrui six mois de solde, et vous pourrez encore vous servir de lui, n'ayant pas détruit tout espoir de conduire cette affaire à son terme.

Les Français sont réunis sur le Garigliano; ils se sont rendus maîtres de quelques forts occupés par les Espagnols sur la rive droite, et travaillent à construire un pont. Quoique l'ennemi soit sur l'autre rive, ils comptent assez sur leur flotte pour assurer qu'il ne peut les empêcher de passer ce fleuve. La lettre qui donne de ces nouvelles est datée du 30 octobre et annonce beaucoup de confiance.

Des députés de Pise sont arrivés pour saluer le nouveau pontife. Le cardinal Soderini est convenu avec lui que, lorsqu'ils se présenteront, il leur dira qu'il est de son devoir de pacifier l'Italie, et de mettre fin à la guerre excitée par la rébellion de Pise en réunissant cette ville à la république de Florence, afin qu'elle devienne le gage de la paix comme elle a été la cause de la guerre.

Je vous ai parlé dans la précédente de Citerna, et de la proposition faite par notre cardinal de retirer ce fort des mains du cardinal Saint-Georges, en faisant avec lui un échange, afin de voiler en quelque sorte la possession de cette place par notre république, si vous consentez à cet arrangement. J'attends votre réponse.

Je compte me présenter aujourd'hui ou demain au plus tard au souverain pontife. Je vous ferai part du résultat de cette entrevue.

NICOLAS MACCHIAVELLI.

Rome, le 4 novembre 1503.

LETTRE IX.

MAGNIFIQUES SEIGNEURS,

Je ne vous ai point écrit par le messager ordinaire, pensant que Charles Martelli vous remettrait mes dernières dépêches. Vous voyez dans ma lettre du 4 où en est l'affaire de Baglioni, il n'est rien survenu depuis. J'attendrai que l'on m'appelle à ce sujet et ferai alors des réponses conformes à vos instructions. Je me présentai hier matin aux pieds du souverain pontife, et lui exprimai en votre nom toute la satisfaction que vous causait son élévation sur le saint-siége. Après avoir motivé cette expression de vos sentiments, je lui fis l'offre de tous les moyens que notre république pouvait avoir de contribuer à la gloire et à la prospérité de son pontificat. Sa Sainteté agréa notre dévouement et se montra très-reconnaissante de tout ce que je lui dis; elle ajouta qu'elle avait toujours pris le plus grand intérêt au sort de notre république, mais que, revêtue maintenant d'une autorité et d'un pouvoir plus étendus, elle voulait, en toute circonstance, lui donner des preuves de son affection, d'autant plus qu'elle était en grande partie redevable de sa dignité au zèle de notre cardinal François Soderini. Après ces discours et compliments d'usage, je me retirai. J'ai reçu depuis vos lettres du 2; j'y vois que vous avez appris la nomination de Jules II, mais que vous êtes étonnés de n'avoir point eu de lettres de moi; vous avez dû depuis en recevoir quatre: ce n'est point ma faute si elles vous sont parvenues si lentement. Les del Bene ne m'ont point averti qu'ils expédiaient un courrier dans la nuit de l'élection: je ne leur en fais cependant pas un reproche, parce qu'ils croyaient, d'après ce qu'ils m'ont dit le matin, que les lettres que je leur avais remises auparavant vous informaient de cette nouvelle. Quoi qu'il en soit, j'espère que vous aurez été satisfaits de tout ce que je vous ai mandé lorsqu'il vous sera parvenu.

Comme vos lettres annonçaient la ruine de la Romagne, les dispositions des Vénitiens et l'état des affaires de ce côté, les cardinaux Soderini et d'Amboise, auxquels je communiquai ces nouvelles, furent d'avis que j'en fisse part au pape. J'allai trouver ce pontife et lui lus votre dépêche: il me dit qu'il pensait que Denis de Naldo soutiendrait plutôt le duc de Valentinois que les Vénitiens; que le duc d'Urbin consulterait ses propres intérêts et non ceux de ces derniers; que les choses changeraient de face lorsqu'ils seraient informés de son élection, que Venise ignorait encore; enfin qu'il aurait à ce sujet une conférence avec le cardinal d'Amboise. Après avoir quitté Sa Sainteté je vis les cardinaux Ascagne Sforce, Saint-Georges et Saint-Séverin; je leur fis observer qu'il ne s'agissait point ici de la liberté de la Toscane, mais de celle de l'Église; que le pape deviendrait un simple chapelain des Vénitiens s'ils accroissaient encore leur puissance; que c'était à eux à défendre le saint-siége, dont ils pouvaient devenir les héritiers, et que de notre côté, après les avoir prévenus à temps, nous leur faisions des offres de secours proportionnés à la faiblesse de nos moyens. Ces prélats me témoignèrent leur reconnaissance et promirent de s'occuper sérieusement de cet objet. J'eus aussi un entretien avec le duc, auquel je crus devoir communiquer ces avis afin de mieux sonder ses dispositions et voir ce que l'on pouvait craindre ou espérer de sa part. Lorsqu'il apprit la nouvelle relative au commandant d'Imola et l'assaut livré par les Vénitiens contre Faënza, il entra dans une grande agitation et commença à se plaindre amèrement de vous. Il me dit que vous aviez toujours été ses ennemis; que ce n'était point les Vénitiens qu'il devait accuser, mais vous, qui, pouvant sauver ses États avec cent hommes d'armes, ne l'aviez pas voulu, et qu'il ferait en sorte que vous fussiez les premiers à vous en repentir. Il ajouta qu'Imola lui ayant été enlevé, il ne voulait ni réunir de nouvelles troupes, ni s'exposer à être dépouillé de ses autres possessions en cherchant à recouvrer ce qu'il a perdu, ni être encore votre jouet, mais que son désir était de livrer de sa propre main ce qui lui restait aux Vénitiens, et qu'il espérait jouir bientôt du plaisir de voir consommer la perte de vos États, en faveur desquels vous invoqueriez en vain les Français, qui, se trouvant ou accablés ou du moins trop occupés dans le royaume de Naples, ne pourraient venir à votre secours. Il s'étendit sur ce point en termes remplis de fiel et d'amertume. Je ne manquais ni de réponses ni d'expressions pour les lui rendre, mais je crus devoir chercher simplement à l'adoucir et à me retirer le plus adroitement que je le pourrais d'une conférence qui me semblait avoir duré cent ans. J'allai en rendre compte, comme je le leur avais promis, aux cardinaux Soderini et d'Amboise que je trouvai à leur dîner. Les paroles du duc affectèrent ce dernier, et lui firent dire que Dieu, qui n'avait jamais laissé aucun crime impuni, ne voulait pas que ceux de César Borgia le fussent. Je vous ai informés, par ma lettre du 4, de l'endroit où se trouvait ce duc et des conjectures formées sur son compte. Il ramasse maintenant tous les soldats qu'il peut trouver. Ceux de ses ministres que je connais m'ont assuré qu'il voulait à tout prix passer dans la Romagne avec le plus grand nombre de troupes qu'il serait en son pouvoir de rassembler; mais depuis l'état violent dans lequel l'a mis la perte de la citadelle d'Imola, je ne sais s'il n'aura point changé de résolution, et je ne puis vous donner d'autres renseignements sur lui. Le cardinal d'Amboise et les autres cardinaux qui s'occupent des affaires d'Italie pensent, relativement à la Romagne, qu'il faut réunir cette province ou aux États du saint-siége, ou à ceux du roi de France. Ce projet réussira-t-il? je l'ignore; mais je suis persuadé que rien ne sera négligé pour parvenir à ce but, car je n'entends proposer aucun remède aux maux qui affligent cette contrée.

On n'a rien appris de nouveau sur les Espagnols, ni sur le camp de leurs ennemis, depuis ma lettre du 4. Les Français qui se trouvent ici disent avec assurance que leur armée doit avoir passé le Garigliano, soit parce que, le lit de ce fleuve étant étroit, l'artillerie aura pu éloigner les Espagnols de la rive opposée, soit parce que, étant maîtres de la mer, ils auront pu faire remonter sur ce fleuve quelques bâtiments chargés d'artillerie. Ils pensent que de cette manière on aura empêché les Espagnols de s'approcher ou de s'opposer à leur passage, dont le succès leur paraît devoir amener celui de toutes les autres entreprises. Cela devient très-croyable, puisque Gonzalve se tient toujours derrière ses retranchements et ne se montre jamais en campagne. Nous verrons avec le temps ce qu'il en sera. L'argent ne manque point aux Français, car les del Bene m'assurent avoir encore dans leurs maisons des sacs à eux appartenants qui contiennent cinquante mille écus; et ici on ne voit circuler que des écus.

L'installation solennelle du nouveau pape aura lieu dans quatorze jours.

NICOLAS MACCHIAVELLI

Rome, le 6 novembre 1503

LETTRE X.

MAGNIFIQUES SEIGNEURS,

Il est parti ce matin un courrier pour Ferrare sans que j'en fusse prévenu. Je n'ai point l'art de deviner. On ne me trouvera point en défaut si nos commerçants veulent bien faire ce qu'ils doivent. Je les en prierai de nouveau. J'eus hier un entretien avec le duc et le laissai, comme je vous l'ai marqué, dans une violente agitation. Notre cardinal Soderini, sur son invitation, s'est rendu chez lui deux fois depuis cet instant : dans ces deux conférences, mais surtout dans la seconde, le duc lui a dit, après ses plaintes accoutumées, qu'on lui écrivait du 4 que le commandant d'Imola n'avait pas été tué, mais fait prisonnier ; que la citadelle et la place tenaient encore pour lui, et que le seigneur Ottaviano, qui s'était présenté avec des forces nombreuses, avait été repoussé. Il a ajouté que Denis de Naldo soutenait son parti et que les Vénitiens n'avaient pas assez de troupes pour se faire beaucoup craindre. Il a paru à Son Éminence que ces nouvelles avaient rendu au duc un peu d'espoir de recouvrer ses États. Il se plaint des Français et de tout le monde. Néanmoins il s'attend à être nommé général du saint-siége dans le consistoire qui doit se tenir demain. Notre cardinal lui représenta que le désespoir n'est bon à rien, que souvent même il tourne au préjudice de celui qui s'y abandonne. D'un autre côté, il chercha à augmenter ses espérances et l'assura de vos dispositions favorables à son égard. Il faut voir s'il obtiendra demain la dignité sur laquelle il compte, et, dans le cas où ses vœux ne seraient pas remplis, quel parti il prendra. Vous serez instruits du tout. Je vous prie, quel que puisse être l'événement, de me tracer la route que je dois suivre avec ce duc et de me dire s'il faut entretenir nos précédentes relations avec lui et quels moyens je dois employer.

NICOLAS MACCHIAVELLI.

Rome, le 7 novembre 1503.

LETTRE XI.

MAGNIFIQUES SEIGNEURS,

Je vous ai écrit le 6 et le 7, sous le couvert de Reccellai ; ces deux dépêches ont été remises à un courrier expédié par ceux de Bologne. Vous y aurez vu l'état actuel des affaires du duc et l'espérance qu'il avait d'être nommé général du saint-siége dans le consistoire qui s'est tenu le 8. Elles ont été trompées. D'après ce que j'ai appris, on n'y a point parlé de lui, mais seulement des affaires ecclésiastiques et des règlements qui se font ordinairement au commencement d'un nouveau pontificat. On s'y est aussi occupé de la guerre de l'Espagne et de la France, et de l'avantage que le christianisme retirerait du rétablissement de la paix entre ces deux puissances. Le souverain pontife paraît disposé à y travailler de toutes ses forces. Ainsi le duc est toujours dans la même incertitude. Les personnes sages craignent pour lui que sa fin ne soit pas heureuse, quoique Jules II ait toujours passé pour un homme d'une foi inaltérable. Il rassemblait ici des gendarmes, et faisait, selon ce que m'a dit quelqu'un de sa cour, lever des fantassins en Lombardie, espérant qu'il pourrait recouvrer ses États avec ces différentes troupes, et à l'aide de la réputation que lui donnerait la qualité de général et de gonfalonier du saint-siége. Mais comme son attente sur ce dernier point a été frustrée, je ne sais s'il formera d'autres projets ou persistera dans l'espoir d'obtenir enfin cette dignité. Je serai fort aise de recevoir de vous un plan de conduite à son égard. On pense ici qu'il est à propos de l'amener à ce point, et même de lui donner des sûretés pour qu'il réussisse. J'ignore si vous serez de cet avis.

Le cardinal Soderini a, ainsi que plusieurs autres de ses collègues, parlé au pape des affaires de la Romagne. Il croit avoir trouvé ce pontife très-disposé à empêcher cette province de tomber entre les mains des Vénitiens. Après une longue discussion à ce sujet, Sa Sainteté lui a dit : « J'ai été, et je serai toujours l'ami des « Vénitiens, tant qu'ils ne montreront pas des « prétentions injustes; mais s'ils veulent s'em- « parer des possessions dépendantes du saint- « siége, je m'y opposerai de tout mon pouvoir « et j'armerai contre eux tous les princes de la « chrétienté. » Ainsi notre cardinal se tient pour assuré que Jules II fera tout ce qui dépendra de lui pour que les choses n'aillent pas plus loin.

Des lettres de l'armée française en date du 6 apprennent au cardinal d'Amboise que, à l'aide du ciel et de l'artillerie qu'ils avaient tant sur la rive droite du Garigliano que sur leurs barques, une partie des Français a passé ce fleuve sur le pont qu'ils y avaient construit. L'ennemi s'est retiré et a perdu quelques pièces d'artillerie. Les Français sont maîtres de l'une et de l'autre rive. Sandricourt passa d'abord et ensuite le bailli d'Occan. Ils doivent faire deux autres ponts, afin de rendre ce passage bien assuré. Gonzalve est campé à un mille de distance environ, dans un lieu où il a élevé quelques retranchements. Ils paraissent décidés à le vaincre, ou à le poursuivre s'il prend le parti de se retirer. Les Français qui se trouvent ici se sont encore beaucoup réjouis de ces nouvelles. Ils se croient déjà certains de la victoire : attendons ce que Dieu décidera.

Barthélemi d'Alviano et les Orsini sont à Alagna. Ils travaillent, dit-on, à compléter leurs compagnies.

En apprenant le passage du Garigliano, le cardinal d'Amboise a prié le cardinal Soderini d'écrire à Jean-Paul Baglioni de se rendre avec ses troupes dans l'Abruzze, et à la seigneurie d'acquitter ce qui reste dû à ce général, comme il l'en a chargée, afin que ce ne soit point pour lui un prétexte de différer son départ. Les Savelli doivent recevoir aussi l'ordre de prendre la même route.

Il est arrivé ici un envoyé d'Ambroise de Landriano, pour représenter que les grandes dépenses du camp l'ont épuisé, et qu'il désirerait de l'argent quoique l'autre payement ne soit pas encore échu ; il n'a eu que des promesses. Vous me manderez vos intentions à son égard. Selon son rapport, la plus grande union et le meilleur esprit règnent dans le camp des Français. Ils ont présenté deux fois la bataille aux Espagnols, qui s'y sont toujours refusés. Ceux des leurs qui sont ici ont encore été informés ce matin que plusieurs places de l'Abruzze se sont révoltées. Cela augmente le désir qu'ils ont de voir les Savelli et Baglioni se mettre en marche vers cette contrée, et leurs instances pour que l'on vous écrive de ne point retarder ce dernier par défaut de payement de ce qui lui est dû. Quant à la ratification, je crois que l'on s'en occupera sous peu de temps.

NICOLAS MACCHIAVELLI.

Rome, le 10 novembre 1503.

LETTRE XII.

MAGNIFIQUES SEIGNEURS,

Mes dépêches de ce matin partiront avec celles du cardinal Soderini. Je ne vous répéterai point ce qu'elles contiennent sur le passage du Garigliano par les Français. Rien de nouveau sur le duc, si ce n'est que j'entends dire aux gens qui lui sont attachés qu'il se dispose sérieusement à se rendre dans la Romagne ; il prendra peut-être la route de Florence. Ce soir, pendant que j'étais dans l'appartement de notre cardinal, quelqu'un vint lui demander de la part du duc une lettre pour la seigneurie, à l'effet d'en obtenir un libre passage. Nous l'observerons et vous serez informés de ses démarches.

Vos lettres des 3, 4 et 6 m'ont été remises aujourd'hui vers midi. Les renseignements contenus dans la dernière sur la situation présente de la Romagne me l'ont fait juger la plus importante. Je me suis transporté sur-le champ au palais pontifical. Ayant appris que le cardinal Soderini était avec le pape, je lui ai envoyé, par François del Castel del Rio, l'un des premiers officiers de Jules II, cette lettre qui m'a paru propre à être communiquée et à faire impression ; elle en a réellement fait beaucoup sur le pape, d'après ce que vint me dire notre cardinal au bout de quelque temps. Il ajouta que ce pontife devait envoyer promptement un député aux Vénitiens, et m'engagea à lui parler le lendemain dans les mêmes termes. De retour dans l'endroit où je loge, je reçus, vers la vingt-quatrième heure, la vôtre du 8, qui renfermait des particularités relatives à Faënza. Il était trop tard pour entrer chez le pape, et notre cardinal n'a pas jugé convenable de lui parler si souvent de la même chose en un jour. Nous nous présenterons à ce pontife demain dès le matin, pour faire ce dont vous nous chargez par cette dépêche. Nous sonderons le mieux qu'il nous sera possible ses intentions. Autant que l'on peut en juger de loin, il veut arrêter les progrès des Vénitiens par son autorité ou par des moyens suffisants pour atteindre ce but. Mais, parmi les seigneurs qui ont le pied dans cette province ou qui en possèdent quelques parties, on croit qu'il ne sait encore lequel il doit favoriser. Les motifs que je vous ai déjà exposés rendent indécis à cet égard. Il songe d'ailleurs à donner de l'éclat à son couronnement plutôt qu'à s'embarrasser dans des brigues extraordinaires. Cependant rien ne sera négligé pour tâcher de découvrir ses desseins et de le mettre en garde contre les usurpateurs du bien d'autrui, ainsi que pour l'obliger à s'expliquer plus clairement. Vous connaîtrez mieux alors la route que vous devez tenir dans les circonstances présentes.

NICOLAS MACCHIAVELLI.

Rome, le 10 novembre 1503.

LETTRE XIII.

MAGNIFIQUES SEIGNEURS,

Je vous ai fait savoir aujourd'hui dans deux autres dépêches que le duc rassemblait des troupes pour se rendre en Romagne, et qu'il avait prié les cardinaux Soderini et d'Amboise ainsi que le pape de vous écrire en sa faveur. Il m'a chargé aussi de le faire, et de vous prévenir qu'il envoie quelqu'un pour obtenir de vous un sauf-conduit conforme au modèle que je vous ai fait passer. On a insisté auprès de moi pour que je vous recommandasse cette affaire et que je vous priasse de l'expédier promptement. Celui qui m'en a parlé au nom du duc m'a dit qu'il espérait, pour peu que vous voulussiez le seconder, retirer bientôt ses places des mains des Vénitiens et arrêter leurs projets. Il lui reste encore une grande quantité d'argent.

NICOLAS MACCHIAVELLI.

Rome, le 10 novembre 1503.

LETTRE XIV.

MA[GN]IFIQUES SEIGNEURS,

Ma lettre d'hier vous aura instruits de l'arrivée de la vôtre du 8, et des raisons qui m'ont engagé à ne me présenter auprès de Sa Sainteté que ce matin. Il m'a été difficile de m'entretenir à mon gré avec ce pontife, parce qu'il se trouvait indisposé. Néanmoins, en voyant votre lettre, il a paru très-mécontent des procédés des Vénitiens. S'il avait sur pied des forces plus imposantes, il prendrait peut-être une autre voie; mais il s'en tiendra, pour le moment, au projet d'envoyer un dé[puté] à Venise. Il ne veut point se décider seul ni avec le collége entier des cardinaux. Son intention est d'en consulter quelques uns de chaque ordre. Il m'a dit que cette délibération, qui lui paraît importante par les suites qu'elle peut avoir, serait terminée demain dans la matinée. Il juge à propos de représenter d'abord aux Vénitiens qu'il est persuadé que leurs démarches ont eu pour motif la haine contre le duc ou contre quelques autres particuliers, et non l'envie de s'emparer de ses États dépendants du saint-siége, dont le pape, comme seigneur direct, veut pouvoir en tout temps disposer selon que la justice le lui prescrira. Si les Vénitiens ne se rendent point à ses représentations, il les menacera de tous les moyens de rigueur et d'un appel à tous les princes contre eux, étant bien résolu à ne point laisser les choses dans l'état où elles sont. Il dit aussi qu'il écrira à Ferrare et à Bologne sur ce sujet, et qu'il en parlera ici au cardinal d'Est et au protonotaire Bentivogli. Afin d'apporter un prompt remède à ce dont il a été informé par votre lettre du 6, il a fait partir un frère de François de Castel del Rio, et Baldassare Biascia, avec ordre d'aller trouver Denis de Naldo pour l'attirer au parti du saint-siége, à quelque prix que ce soit, et pour y attirer aussi les autres peuples de cette contrée, en leur montrant que c'est la manière la plus sûre de se délivrer des périls imminents qui les environnent et d'empêcher toutes les factions. Comme la nouvelle de son élection a sauvé Fano, il pense avoir déjà beaucoup fait, et n'en est que plus rempli de l'espérance de parvenir à son but. Les Vénitiens, me dit-il, avaient déjà envoyé des troupes dans cette place quoiqu'ils annonçassent le dessein de la conserver au saint-siége.

Ce pontife désire que vous fassiez tous vos efforts, ou pour délivrer ces États et les remettre en d'autres mains que celles des Vénitiens, ou pour les décider à se soumettre volontairement à lui, afin qu'il puisse en disposer selon Dieu et la justice. Je lui représentai ce que vous aviez fait jusqu'à ce jour et avec quelle franchise et quelle loyauté vous vous étiez conduits, mais que vos forces ne vous permettaient pas d'aller plus loin, et qu'il pouvait seul mettre un frein à l'ambition de Venise : je n'ai pu obtenir de lui d'autre conclusion. J'aurai soin de solliciter le départ de celui qui doit être envoyé dans cette dernière ville; on verra quel effet auront produit ceux qui se sont rendus auprès de Denis de Naldo. Rien n'est mis en oubli pour tâcher d'inspirer à Jules II des sentiments conformes à vos désirs. Le cardinal Soderini acquitte sans aucune réserve sa dette envers sa patrie : il ne cesse de presser le cardinal d'Amboise et les autres cardinaux qui ont du crédit auprès de Sa Sainteté; tous se prêtent volontiers à ses demandes, par intérêt soit pour eux soit pour le saint-siége. Le cardinal d'Amboise surtout montre le zèle le plus ardent, mais il ne promet pas de troupes pour le moment; il offre pour tout secours des lettres, et compte ou sur les succès de la France, ou sur un accommodement possible, au moins avec l'empereur et l'archiduc son fils, pour ramener les choses, spécialement celles-ci, au point où elles doivent être.

Je viens de vous instruire de l'impression qu'ont produite auprès de cette cour les avis que vous m'avez fait passer dans vos lettres des 6 et 8 de ce mois; celle du 9, qui en contenait une copie, m'est parvenue aujourd'hui. Afin que vous compreniez plus facilement la marche que le pape doit suivre et les secours que l'on peut en attendre contre les projets des Vénitiens, je vais vous retracer ce que je vous ai déjà dit dans plusieurs de mes dépêches. En examinant la situation actuelle de la cour de Rome, on voit qu'elle est en ce moment le centre des affaires les plus importantes. La première de ce genre est relative aux démêlés entre la France et l'Espagne; la seconde concerne la Romagne; viennent ensuite le duc de Valentinois et les factions des barons : le pape se trouve placé au milieu de cette diversité de passions et d'intérêts. Il est vrai qu'une faveur étonnante et une grande réputation l'ont porté sur le trône pontifical; mais il ne jouit de cette dignité que depuis peu de temps; il n'a encore ni troupes ni argent; il a contracté des obligations envers chacun en reconnaissance du zèle avec lequel on a généralement concouru à son élection : il ne peut donc se déclarer pour aucun parti. Les circonstances le forcent à garder les apparences de la neutralité, jusqu'à ce que le changement des temps et des choses le mette dans la nécessité de se prononcer, ou qu'il se voie affermi au point de pouvoir former les liaisons et les entreprises qui lui paraîtront convenables. L'expérience prouve que ce tableau de sa position est vrai. Commençons par le sujet le plus important. Jules II passe pour être naturellement affectionné aux Français; cependant il se conduit avec l'Espagne de manière que cette seconde puissance ne peut se plaindre, mais il le fait avec assez de ménagement pour que la première n'en prenne point d'ombrage : chacune d'elles l'excuse sur les circonstances. Relativement aux affaires de la Romagne, d'un côté les progrès des Vénitiens l'inquiètent, de l'autre il est pressé par vos réclamations : son propre cœur doit en être vivement agité, car il est rempli d'un courage entreprenant et du désir d'accroître pendant son pontificat l'autorité du saint-siége, loin de consentir à son affaiblissement. Vous voyez néanmoins comment il sait mettre de la mesure dans toutes ses démarches. Il facilite la justification des Vénitiens, en paraissant croire qu'ils ont été mus par la haine contre le duc et non par l'envie de nuire au saint-siége; il témoigne en même temps aux Florentins son mécontentement envers les premiers, et prend toutes les précautions que le moment peut lui permettre. Quant aux barons, il lui est aisé de les contenir, parce que les chefs de leurs factions ne sont point ici, et qu'il n'y reste pour les Orsini que l'archevêque de Florence avec le seigneur Jules, et pour les Colonnes, que le cardinal de ce nom et quelques autres particuliers de peu d'importance.

Quant au duc de Valentinois, on croit que Jules II a pour lui une aversion naturelle; cependant il le ménage pour deux raisons : la première parce qu'il veut se montrer fidèle à sa parole, dont il est, dit-on, rigoureux observateur, et à ses obligations touchant son élection, qu'il lui doit en grande partie; la seconde parce que, se trouvant dénué de forces, il croit le duc plus propre qu'un autre à tenir tête aux Vénitiens, ce qui l'engage à le presser de partir, à solliciter pour lui auprès de vous un libre passage, des sauf-conduits, et à lui accorder d'autres marques de sa protection. Quoique j'eusse déjà traité cette matière, il m'a paru nécessaire d'y revenir et d'entrer dans des développements plus circonstanciés, afin de vous faire connaître les dispositions du pape, ses projets, ses facultés et ce qu'il exige de vous. En remplissant ainsi vos désirs réitérés, je vous ai montré qu'il n'y a point d'autres secours à attendre de ce côté pour le moment, et que vous devez songer à d'autres mesures, soit en appuyant le duc, soit en prenant tout autre parti qui sera en votre pouvoir. Regardez seulement comme certain que le pape trouvera bon tout ce qui se fera en cet instant dans la Romagne, pourvu que cette province ne soit pas soustraite à l'autorité du saint-siége ou à celle de ses vicaires.

Le duc m'a fait appeler aujourd'hui. Je l'ai trouvé dans des sentiments bien différents de ceux dont je vous ai informés par mes lettres du 6 et du 7. Il m'a dit beaucoup de choses, dont la conclusion est qu'il faut oublier le passé et s'occuper maintenant du bien commun et des moyens d'empêcher les Vénitiens de se rendre maîtres de la Romagne. Il m'a parlé des secours que le pape lui avait promis, des brefs qu'il en avait obtenus, de l'appui qu'il devait attendre de vous et de sa reconnaissance sur laquelle vous pourriez toujours compter. Je lui ai fait des réponses générales et lui ai montré que sa confiance en vous serait bien placée.

M. Alexandre, que j'ai vu depuis, m'a dit qu'ils expédieraient peut-être cette nuit un courrier pour Florence, avec le bref du pape et les lettres qu'ils ont demandées pour vous au cardinal Soderini ainsi qu'à moi, au sujet du sauf-conduit qu'ils comptent bien obtenir. Ce Français a ajouté que le duc était incertain sur le parti auquel il devait se déterminer, et ne savait s'il accompagnerait par terre ses troupes, qui sont au nombre d'environ quatre cents cavaliers et autant de fantassins, ou s'il les enverrait par cette route, tandis qu'il se rendrait à Livourne par mer et rejoindrait de là ses troupes sur votre territoire, où il pourrait s'aboucher avec quelqu'un de notre ville et conclure avec vous des arrangements qu'il désirerait trouver tout préparés, de manière qu'il n'eût qu'à les signer sans éprouver de retard. Il vous priera d'écrire à Livourne pour l'y faire recevoir dans le cas où il prendrait cette route. Je répondis que je vous communiquerais ces demandes dont je fis espérer le succès. D'après ma lettre, vous pourrez délibérer sur ce que vous avez à faire, en venir à une détermination, et employer des mesures analogues à la conduite que vous voudrez tenir à son égard. Le même Alexandre ajouta que le duc enverrait volontiers quelqu'un à Florence pour ébaucher son accord avec vous, mais qu'il ne voudrait pas que ce fût un homme de peu d'autorité. D'un autre côté, il n'ose en cet instant envoyer un personnage marquant, et attend que sa position le lui permette.

Vos lettres ont été présentées au souverain pontife : il m'a chargé de sa reconnaissance et de ses offres de service, etc.

NICOLAS MACCHIAVELLI.

Rome, le 11 novembre 1503.

LETTRE XV.

MAGNIFIQUES SEIGNEURS,

Je n'ai pu trouver jusqu'à ce moment d'occasion extraordinaire pour vous envoyer la lettre que je vous ai écrite hier. Ne voulant point vous faire attendre plus longtemps la réponse à la vôtre du 8, j'ai cru devoir vous faire passer par Jean Pandolfini cette dépêche, qui contient d'ailleurs touchant le duc des choses dont il importe que vous soyez instruits promptement. Vous voudrez bien lui faire remettre ses déboursés, comme je le lui ai promis.

NICOLAS MACCHIAVELLI.

Rome, le 12 novembre 1503.

LETTRE XVI.

MAGNIFIQUES SEIGNEURS,

Ma dépêche du 11, dont s'est chargé Pandolfini, a dû vous être remise par A : vous y aurez trouvé la réponse à la vôtre du 8, venue également par A. Elle vous aura instruits des intentions du pape sur la Romagne, et de la situation politique dans laquelle se trouve ce pontife pour le moment. Vous y aurez vu aussi les desseins du duc, qui ne cesse de chercher à enrôler des cavaliers et des fantassins pour se mettre en marche vers la Romagne. Je crois qu'il attend surtout avec bien de l'impatience votre détermination à son égard. Je vous ai priés plusieurs fois de me communiquer vos sentiments sur ce sujet. Comme vous ne l'avez pas encore fait, nous sommes dans l'indécision et nous ne pouvons suivre aucune négociation avec lui. Je vous ai mandé les dispositions du pape envers ce duc. Ce pontife est retenu par les promesses qu'il i a faites et par le désir d'empêcher la Ro-agne de tomber au pouvoir des Vénitiens, il rait même résolu à tout employer pour y ussir. Je crois qu'il se réunira aujourd'hui ec huit ou dix des cardinaux qui passent pour e les plus attachés à la gloire du saint-siége, ur délibérer sur l'envoi d'un député à Venise. me semble convaincu que cette république ne fusera point de lui rendre les places dont elle s'est déjà emparée et se prêtera à tous ses dé-. Ses conseillers l'excitent à tâcher d'abord les avoir en sa possession, et lui représen-t qu'il pourra ensuite en disposer selon les gles de l'honnêteté et de la justice, etc.

J'ai conféré aujourd'hui avec le cardinal derini de votre réponse sur Citerna, mais le dinal Saint-Georges, avec lequel il projetait échange, n'y veut pas consentir à moins on ne lui donne deux cents ducats, somme il assure lui être offerte par d'autres. Notre dinal désirerait que l'on ne fût point obligé faire cette dépense; cependant il ne voit pas ment on pourra s'en dispenser si l'on veut miner cette affaire. Saint-Georges lui a fait endre que, si l'on ne s'y décide pas aujour-ui ou demain, il préviendra le pape que Ci-a, qui lui est échue au sort, est occupée par Florentins, et lui portera ses plaintes à ce t. Nous cherchons donc à le gagner, et nous ndrons le parti que Soderini jugera le meil-r pour assoupir ce différend. Il ne faut pas, que nous avons à reprocher aux autres une sion, nous exposer à recevoir nous-mêmes reproches du même genre.

les Il a pris solennellement hier au soir pos-ion du château Saint-Ange, il en a confié la de à l'évêque de Sinigaglia. L'ancien com-dant s'est, dit-on, retiré avec la promesse re nommé cardinal.

e vous ai informés dans ma lettre du 10 que avait annoncé ici le passage du Garigliano les Français. On n'en a point eu de nou-s depuis. Il est vrai que l'on a appris hier oir, par des lettres de quelques-uns des onnes, que quatre mille hommes d'infan-e française avaient passé ce fleuve, et que alve, qui se trouvait à un mille de distance on, n'avait pu s'y opposer, parce qu'il séparé d'eux par des eaux qui s'étaient ées à une certaine hauteur; mais, ajou-taient les mêmes lettres, ces eaux s'étant reti-rées, ce général espagnol chargea les Français, qui, n'ayant point de cavalerie, furent forcés d'abandonner une espèce de bastion qu'ils avaient construit et mis en déroute. Les uns périrent par le fer, les autres, s'étant jetés dans le fleuve, furent noyés. Nous sommes à la vingt-troisième heure du jour, et cette nouvelle n'a encore reçu aucune confirmation. Les Fran-çais qui sont ici n'y ajoutent point foi : ils disent que l'infanterie, qui avait effectué son passage, était protégée par l'artillerie de l'autre rive et par celle des barques auxquelles on avait fait re-monter ce fleuve, de manière que les Espagnols ne pouvaient en venir aux mains avec elle. Le temps éclaircira les doutes, et vous serez in-formés de ce qui nous parviendra sur ce sujet.

Voici la première heure de la nuit, et il n'y a encore rien de nouveau. Les cardinaux ne se sont point assemblés aujourd'hui pour traiter avec le pape des affaires de la Romagne. Je crois que cette assemblée sera remise à demain.

NICOLAS MACCHIAVELLI.

Rome, le 13 novembre 1503

LETTRE XVII.

MAGNIFIQUES SEIGNEURS,

Je vous ai écrit hier pour vous tenir au courant de ce qui méritait de vous être mandé jusqu'à cet instant, et j'ai fait partir ma lettre ce matin par l'entremise des del Bené. Le but de celle-ci est de vous prévenir qu'hier au soir et encore au-jourd'hui [[1] le pape a délibéré avec d'Amboise, le cardinal Soderini, les cardinaux espagnols, le cardinal de Ferrare et le duc de Valentinois, sur le départ de ce dernier. Il a été définitive-ment arrêté que dans deux ou trois jours il se rendrait à Porto-Venere ou à la Spezzia; de là par la Garfagnana, à Ferrare, et que ses trou-pes, qui montent, dit-on, à trois cents chevau-légers, à cent hommes d'armes et quatre cents fantassins, se rendraient par terre dans la Romagne, en prenant la route de Toscane, et dirigeraient leur marche vers Imola, place qui tient encore pour le duc, s'il faut l'en croire, et où il se transportera de Ferrare, afin d'y tra-vailler au recouvrement de ses États, à l'aide de

[1] Ce qui est entre deux crochets était originairement chiffré.

ses propres forces et de celles qu'il espère recevoir des Florentins, du cardinal d'Amboise, du seigneur de Ferrare et du saint-siége. En parlant de ces secours, notre cardinal m'a dit que le pape lui accordait des brefs et des patentes à volonté, mais rien au delà. Le cardinal d'Amboise lui a promis l'assistance de Montoson, avec au moins cinquante lances; on ne sait si ce seront de celles qu'il a déjà eues à son service. Le cardinal d'Est lui a dit également qu'il ne trouverait point son père en défaut. Le cardinal Soderini] regrette de ne pas savoir vos intentions et s'étonne que vous n'ayez jamais mandé comment l'on devait se conduire avec ce duc. Obligé de dire quelque chose en votre nom, il a représenté que vous emploieriez tous les moyens qui seraient en votre pouvoir pour empêcher ces villes de la Romagne de tomber entre les mains des Vénitiens, et a ajouté qu'il ne doutait nullement que vous ne soutinssiez le duc de toutes vos forces, si vous étiez convaincus que cela était nécessaire pour atteindre ce but; mais qu'il fallait avant d'en venir là connaître celles du duc, et voir si, réunies aux vôtres, elles suffiraient pour y réussir, et qu'il serait à propos que le duc envoyât quelqu'un à Florence, afin de s'expliquer sur ces articles et de développer ses sentiments. [Outre que le cardinal Soderini n'est pas instruit des vôtres, il éprouve encore d'autres incertitudes par rapport au duc, parce qu'il ne sait pas lui-même s'il est avantageux d'avoir un semblable voisin, maître de trois ou quatre des places de la Romagne.] Si l'on pouvait espérer de trouver en lui un véritable ami et que l'on n'eût pas toujours à craindre ses infidélités, [il serait très-utile de le réintégrer dans ses États; mais, en réfléchissant à son naturel dangereux, on doit avoir une forte appréhension de ne pouvoir l'y maintenir et de courir le même risque de voir ses possessions passer sous la domination de Venise. De plus, Son Éminence voit que vous êtes déjà engagés avec cette république, et que les peuples soumis au duc se sont déclarés contre lui, de manière qu'il y a lieu de redouter qu'en le favorisant on ne conduise plus promptement les Vénitiens au terme de leurs désirs. Toutes ces considérations jettent le cardinal Soderini dans l'indécision.] Il m'a semblé à propos de vous les transmettre, afin que vous pussiez les apprécier dans votre sagesse. [Dans la conférence tenue en présence du pape, il n'y avait personne de la part des Bentivogli de Bologne; le duc a assuré qu'il en recevrait toutes sortes de secours. On se sépara après être convenu que le duc prendrait la route indiquée, que le cardinal d'Est irait à Ferrare pour solliciter son père, que le cardinal d'Amboise donnerait des ordres à Montoson et que le cardinal Soderini vous écrirait pour vous informer de tout ceci. Les choses ayant été ainsi réglées, le duc devrait partir promptement; mais notre cardinal commence déjà à douter qu'il se mette en route, parce qu'il croit avoir aperçu en lui du changement, de la méfiance, de l'irrésolution et de l'instabilité dans tous ses projets,] soit qu'il le doive à son naturel ou à une espèce de stupeur dans laquelle ont pu le jeter les coups de la fortune, dont il n'est ni accoutumé ni exercé à supporter les revers sans en être ébranlé.

Me trouvant avant-hier au soir dans l'endroit où loge le duc, j'y vis arriver des ambassadeurs de Bologne, parmi lesquels se trouvait le protonotaire Bentivogli. Ils entrèrent tous chez lui, et y restèrent plus d'une heure. Pensant qu'il était possible qu'ils eussent fait un accord ensemble, je suis allé voir aujourd'hui le protonotaire sous prétexte de lui rendre visite. Après quelques instants d'entretien sur les affaires du duc, il me dit qu'ils s'étaient rendus chez lui sur son invitation, et que ce seigneur leur avait fait entendre qu'il les déchargerait de l'obligation contractée par eux l'année précédente; mais qu'un notaire ayant été appelé pour rédiger cette décharge, le duc avait alors observé qu'il n'y consentirait qu'à la condition de certains secours dans ses entreprises en Romagne, ce qui avait fait laisser la chose en suspens, parce qu'ils n'avaient pas de pouvoir à cet effet. Le protonotaire ajouta que le duc s'était abusé dans ses prétentions; qu'il avait dû ne plus avoir recours aux subtilités, et donner au moins les apparences de la générosité en annulant une obligation dont nous ne lui payerons pas un denier. Il me dit aussi qu'en ayant conféré avec le cardinal d'Herina, celui-ci avait observé que le duc lui paraissait avoir perdu la tête et ne savait plus ce qu'il voulait faire, au milieu de ses embarras et de ses irrésolutions. Comme je demandais si Bologne

...corderait quelques secours, il me répondit ...e l'entrée des Vénitiens dans la Romagne était ...une si haute importance, qu'il croyait son père ... toute cette ville très-disposés à faire en sa ...veur ce qui dépendrait d'eux, si cela pouvait ...ntribuer à arrêter les projets de Venise. Je ...ai pu obtenir de ce Bentivogli d'autres ren...seignements que ceux-ci, dont il m'a semblé à ...propos de vous instruire.

On apprend que les Espagnols ont attaqué ...ec toutes leurs forces les Français qui avaient ...ssé le Garigliano; mais ces derniers, soutenus ...r leur artillerie, se sont défendus vaillamment. ...a péri beaucoup de monde de part et d'autre. ...s Français sont restés maîtres de la rive ...uche et du fleuve entier. Ils travaillent à la ...nstruction de deux autres ponts pour faire ...sser toute leur armée. Dieu veuille seconder ...urs efforts! Il n'y a point ici d'autre nouvelle ...marquable, si ce n'est que l'installation solen...elle de Jules II doit se célébrer dimanche pro...ain à Saint-Pierre et le dimanche suivant à ...int-Jean. Au milieu de ces préparatifs de fête, ... peste fait ici des progrès dus au mauvais ...mps, à la négligence et à toutes sortes de ...uses, ce qui rend ce séjour fort désagréable. ...e me recommande à la bienveillance divine et ...celle de la seigneurie.

NICOLAS MACCHIAVELLI.

Rome, le 14 novembre 1503.

LETTRE XVIII.

MAGNIFIQUES SEIGNEURS,

Je vous ai écrit le 14; mais, comme il n'est ...oint parti de courrier depuis, je n'ai pu en...core vous envoyer ma lettre; je ne sais même ...quand je pourrai le faire, parce qu'il ne règne ...ucun ordre. Ce n'est qu'aujourd'hui que le pape ...a rassemblé les cardinaux de Naples, d'Amboise, ...Capaccio, de Lisbonne, Aragona, de Saint-Georges, avec le cardinal Soderini et trois ou ...quatre autres des plus anciens et des plus ...attachés à la gloire et à la liberté de l'église. ...Ils ont délibéré longtemps sur les affaires de la ...Romagne. Il a été décidé qu'un député serait ...envoyé à Venise. Leur choix est tombé sur ...Angiolo Leonino, évêque de Tivoli, qui partira ...sur-le-champ avec ordre de faire en sorte que ...cette république dépose les armes et remette entre les mains du souverain pontife ce dont elle s'est emparée; un autre député doit se rendre dans la Romagne. On veut pour cela un homme qui jouisse de beaucoup de considération. L'évêque de Raguse a été proposé, mais comme on n'était pas d'accord, cette ambassade a été confiée au cardinal Soderini. Il a eu ce soir une nouvelle conférence avec le pape, mais il était trop tard pour que je pusse en attendre le résultat. Il sera chargé par sa commission de chercher à apaiser les troubles, rétablir la tranquillité et ménager les intérêts du saint-siége autant qu'il le pourra. On voit que le pape désire vivement sauver ces États pour les soumettre à son autorité, et il ne manque pas ici de personnes qui entretiennent en lui ces dispositions. Le cardinal Soderini y met le plus grand zèle, ainsi qu'à tous les objets qui regardent le bien général de notre ville. Il ne cesse de nourrir et de chercher à augmenter les sentiments favorables de Jules II à l'égard des Florentins. Il sollicite aussi les cardinaux, leur met devant les yeux l'ambition des Vénitiens, le danger que court leur propre liberté, et n'oublie rien de tout ce que vous pourriez lui prescrire vous-mêmes. J'ai cru devoir vous donner ces assurances à son sujet, afin de vous faire connaître le mérite de votre défenseur dans cette cour, et de vous mettre dans le cas de rendre justice à ses éminentes vertus et à son ardent amour pour sa patrie.

Je ne dois pas négliger de vous instruire de ce que je viens d'apprendre touchant les Vénitiens. Dans un entretien avec leur envoyé, le pape s'est plaint avec beaucoup d'effusion de cœur de leurs procédés, en lui disant qu'il n'aurait jamais pensé qu'ils dussent avoir assez peu d'égard à l'affection qu'il leur a toujours témoignée pour chercher à déshonorer et démembrer le saint-siége sous son pontificat. Il a ajouté que, s'ils poursuivaient leurs entreprises, il romprait tous liens d'amitié, s'exposerait à causer une ruine générale, et soulèverait le monde entier contre eux plutôt que de consentir au déshonneur et au démembrement de la puissance qui lui était confiée. L'envoyé de Venise, dit-on, a répondu d'un ton très-modéré. Monseigneur de Bentivogli m'a assuré tenir de ce député que le sénat avait chargé huit ambassadeurs de venir présenter ses soumissions à ce pontife; il pense que les Vénitiens ont pris cette détermination, parce qu'ils savent que l'on fait ici beaucoup de cas de semblables témoignages d'honneur et de déférence, et qu'ils espèrent en tirer avantage auprès de Jules II. Il m'a paru nécessaire de vous mander ceci, afin que vous ne vous laissiez point surpasser en ce genre de démonstrations par les Vénitiens. Plus vos ambassadeurs y mettront de célérité, plus leur arrivée sera agréable et utile. Le cardinal Soderini ne peut défendre deux causes contradictoires; de telle manière que l'une ne nuise pas à l'autre : il est donc important d'arriver les premiers.

Les nouvelles du camp des Français portent qu'ils sont entièrement maîtres du Garigliano et ne craignent point d'être forcés à quitter cette position, mais ils n'ont encore pu aller en avant à cause des inondations qui couvrent plusieurs milles de terrain. On dit que Gonzalve s'est retiré entre Sessa et Capoue.

Jean-Paul Baglioni écrit qu'il ne peut se mettre en route avec ses troupes, parce qu'il n'a pas encore reçu d'argent de Florence. Il ajoute qu'il vous a envoyé quelqu'un à ce sujet.

Le cardinal d'Amboise a paru un peu mécontent. Ce ministre a changé la destination de Baglioni; il veut qu'il se rende au camp sur le Garigliano, et non dans l'Abruzze comme on l'avait décidé d'abord. Barthélemi d'Alviano devant aller renforcer les Espagnols, on croit que les Français veulent aussi que le bruit se répande qu'ils reçoivent des forces nouvelles. Cependant les troupes conduites par d'Alviano et les Orsini méritent peu d'attention, car elles sont en petit nombre. Ils cherchent à les augmenter en route; car j'apprends que le premier a dans Viterbe vingt-cinq hommes d'armes, mais qui n'iront point en avant tant qu'ils ne seront pas payés. Ainsi, de part et d'autre, il règne de la lenteur dans l'attaque et dans la défense.

Tout ce que je puis ajouter sur le duc de Valentinois, c'est qu'il est encore ici avec ses troupes. Les choses en sont au même point qu'avant-hier, car on répète qu'il partira dans deux ou trois jours, comme on le disait alors. On répand dans Rome le bruit qu'il va être votre général. De semblables nouvelles se publient chaque jour sur son compte.

NICOLAS MACCHIAVELLI.

Rome, le 16 novembre 1503.

P. S. J'ai oublié de vous dire que les dernières lettres que j'ai reçues de vous sont datées du 8. La peste continue ses ravages. Elle ne fait grâce ni aux maisons des cardinaux ni beaucoup d'autres, cependant on ne paraît pas y faire une bien sérieuse attention.

LETTRE XIX.

MAGNIFIQUES SEIGNEURS,

N'ayant pu faire partir plus tôt mes lettres du 14 et du 16, je les joindrai à celle-ci. Obligé de me conformer aux volontés de nos marchands, je ne puis vous promettre de vous envoyer aussi souvent que je le désirerais des avis de ce qui se passe en ce pays; mais lorsque je craindrai trop de retard je prendrai le parti de faire la dépense nécessaire pour les envoyer par une autre voie. Je reçus hier matin de bonne heure vos dépêches du 13 et du 14. Celles du 10 et du 11 étaient arrivées environ quatre heures auparavant. Ma réponse à celle du 8 servira pour les deux dernières que vous m'avez écrites avant qu'elle vous fût parvenue. Je n'ai aussi que peu de chose à vous marquer sur les deux autres. Vous devez avoir la mienne du 12, qui vous aura amplement instruits de l'état des affaires et des secours que vous pouvez espérer. Je me réfère à cette lettre et à celles du 14 et du 16. Le cardinal Soderini a voulu que je me présentasse de nouveau à Jules II et que je lui fisse part de ce que vous me mandez pour sonder encore ses intentions et lui manifester les vôtres au sujet du duc. On a donc tâché de me procurer une audience que je n'ai pu obtenir qu'hier au soir vers la troisième heure. J'ai lu à ce pontife la partie de votre dépêche qu'il m'a paru utile de lui communiquer. Lorsque je fus à l'endroit où vous annoncez qu'Ottaviano de Campo Fregoso s'est mis en mouvement avec les cavaliers et les fantassins qui lui ont été envoyées par le duc d'Urbin, le pape en parut affecté, et dit : « Ce duc viendra ici dans deux jours, je le ferai mettre au château Saint-Ange. » Il écouta la suite avec une grande attention; lorsque cette lecture fut finie, il me témoigna combien il était reconnaissant de vos efforts, etc., et des avis que vous lui faisiez communiquer par zèle pour la gloire du saint-siége. Il ajouta que, de son côté, il était décidé, comme le savait notre cardinal, à faire de nouveau tout ce qui dépendrait de lui; qu'il avait envoyé à Venise un homme chargé d'y développer ses sentiments; qu'il en enverrait un autre en Romagne, qui serait d'un rang distingué, afin de ranimer le courage des seigneurs et des peuples de cette province et de ramener au saint-siége ceux qui s'en seraient éloignés. Telle fut la réponse du pape, auquel je fis les observations qui me parurent convenables. On voit qu'il emploie tous les moyens qui sont en son pouvoir pour le moment, ainsi que je vous l'ai déjà marqué. Je parlai ensuite du duc de Valentinois [et des raisons qui vous avaient empêchés de lui accorder un sauf-conduit. Le pontife les approuva, et mit fin à cette audience en faisant avec la tête un geste qui fut pour moi une nouvelle preuve de ce dont on se doutait d'abord, c'est-à-dire qu'il voudrait bien être déjà délivré de ce duc.] Il souhaite cependant qu'il parte assez content de lui pour n'être pas dans le cas de se plaindre de l'inobservation de la foi donnée. Son désir est aussi de se ménager les moyens de tirer parti de ses services dans les affaires de la Romagne, si les intérêts du saint-siége exigent qu'il les réclame; mais Jules II ne s'inquiétera nullement de ce que vous ou un autre pourriez entreprendre contre le duc. Après avoir recueilli tout ce qui pouvait m'éclairer sur les desseins de ce pontife, je suis convaincu, comme je vous l'ai écrit, que son but est de soumettre ces places au saint-siége. Il espère que son envoyé fera entrer les Vénitiens dans ses vues, etc.: si cette voie ne lui réussit pas, il en tentera une autre. Il compte peut-être que le duc, se voyant abandonné par vous, lui cédera la partie de la Romagne qui est encore entre ses mains, et se persuade que, s'il a une fois quelques-unes des places de cette province, il parviendra facilement à se rendre maître des autres.] Vous voyez que sa conduite correspond à ce projet que je lui suppose. Votre résistance à l'égard des Vénitiens doit nécessairement lui être très-agréable.

Ma lettre du 14 vous instruira de tout ce qui a été décidé entre le duc, le pape et les cardinaux. L'expérience a déjà prouvé que le but de ces conventions était [d'entretenir les espérances du premier et de l'engager à s'éloigner, départ pour lequel il est évident que le pontife forme des vœux.]

Lorsque le duc eut appris par les lettres qu'il a reçues de Florence que vous lui refusiez un sauf-conduit, il me fit appeler. Je me rendis chez lui en sortant de l'audience de Jules II. Il se plaignit de ce refus et me dit qu'il avait déjà envoyé en avant ses cavaliers, persuadé qu'ils seraient reçus sur les terres de la république; qu'il voulait lui-même partir, comptant bien trouver en route ce sauf-conduit, et qu'il n'attendait pas de votre part un pareil procédé, auquel il ne pouvait rien comprendre, puisque vous paraissiez craindre d'un côté l'invasion de la Romagne par les Vénitiens, et que de l'autre vous fermiez le passage à ceux qui allaient s'opposer à leurs projets. Il ajouta qu'il pourrait encore prendre un parti dont vous vous repentiriez: qu'il connaissait à la vérité le danger de faire un accommodement avec les Vénitiens; mais que la nécessité le forcerait à accepter leurs propositions, fort avantageuses pour lui et très-préjudiciables aux intérêts de notre république. Je répondis au duc qu'on ne lui avait pas précisément refusé ce sauf-conduit, mais qu'on lui avait fait entendre que vous désiriez savoir sur quel pied vous étiez avec lui, et conclure une alliance telle qu'elle convient entre deux États qui veulent mettre de la franchise et de la fidélité dans leurs liaisons. Je lui fis observer que la seigneurie ne prenait jamais de détermination au hasard ni avec précipitation, et ne voulait point en cet instant commencer à se conduire ainsi; qu'il me semblait donc à propos qu'il envoyât auprès de vous une personne instruite et bien informée de ses intentions, lui promettant que vous feriez sûrement tout ce que vous jugeriez avantageux à la république et à ses alliés. Il me répondit qu'il avait fait partir ses troupes par terre et qu'il était sur le point de s'embarquer pour aller les rejoindre par mer, mais qu'il aurait désiré être instruit auparavant de ce qu'il pourrait attendre de vous. Je lui dis que je vous écrirais ce matin en toute diligence, et vous préviendrais du départ de son envoyé pour Florence ainsi que de celui de ses troupes, que je vous prierais de recevoir sur le territoire de la république. Je lui dis que, dans cet intervalle, son envoyé arriverait à Florence, négocierait avec vous, et parviendrait sûrement à conclure quelques arrangements favorables dont il pourrait l'informer dans l'endroit où il se trouverait alors. Le duc parut en quelque sorte satisfait; néanmoins il ajouta que, si vous n'agissiez pas franchement avec ce dont il serait bien instruit quand son vous aurait vus et lui aurait écrit, ce qui ne demandait que quatre à cinq jours, il traiterait avec les Vénitiens, avec le diable lui-même, s'il le fallait, se rendrait chez les Pisans, et emploierait l'argent, les forces, les amis et tous les moyens qui lui resteraient pour nuire. L'homme qu'il se propose de vous envoyer est un nommé Vanni, que lui-même a élevé, et qui devait partir ce matin : cependant je n'ai pas encore entendu parler de ce départ quoique nous soyons déjà à la dix-huitième heure; peut-être a-t-il changé de résolution. Il était convenu aussi avec le cardinal de se mettre en route ce matin et d'aller s'embarquer pour la Spezzia, selon le premier projet. Il devait prendre à bord cinq cents hommes, composés de ses gentilshommes et de simples fantassins. Je crois qu'il veut en quelque sorte s'assurer de vos dispositions avant de quitter ce séjour. [J'ai fait à ce duc les réponses que vous venez de lire pour le déterminer à partir, de crainte que le pape ne crût devoir vous contraindre à lui accorder un sauf-conduit, si votre refus venait à lui servir de prétexte pour rester plus longtemps. Lorsque son envoyé sera à Florence, vous pourrez l'amuser, et rompre ensuite ou conclure l'accommodement qui sera en négociation, selon que vous le jugerez à propos, après vous être donné le temps d'y réfléchir. Ses troupes à cheval s'avancent de votre côté sous les ordres de Charles Baglioni, au nombre de deux cent cinquante chevau-légers. Vous pourrez vous informer de leur manière de se conduire, et les faire en quelque sorte désarmer, si cela vous paraît nécessaire. Je me conformerai à vos intentions à l'égard de ce duc; s'il survient quelque chose de nouveau, vous ne manquerez point de m'en prévenir.]

J'ai communiqué vos lettres au cardinal d'Amboise et aux autres cardinaux. Le cardinal Soderini a grand soin d'instruire chacun de se tenir en garde sur les objets dont je vous ai parlé dans ma lettre du 16. Rien n'est oublié, et si tout ne réussit pas selon nos désirs, il ne faudra en accuser que les circonstances où nous nous trouvons. [A l'égard des sûretés demandées par le duc, le cardinal d'Amboise m'a dit que vous pouviez faire ce qui vous conviendrait. Quant aux autres points, il se contente de se plaindre et de hausser les épaules.

J'ai reçu ce matin vos dépêches du 15 auxquelles je ne puis donner d'autre réponse pour le moment.

Les motifs que je vous ai développés dans les miennes du 13 font traîner en longueur l'affaire de Citerna. Nous tâcherons de la terminer le plus tôt et le plus utilement qu'il nous sera possible de le faire.

On n'a plus eu de nouvelles de l'armée française, les mauvais temps s'y opposent. Le débordement du Garigliano empêche les Espagnols d'attaquer les Français et ceux-ci d'aller en avant.

Le couronnement solennel du pape est remis au dimanche suivant.

Paul Ruccellaï m'a fait entendre que l'extraction du salpêtre dépendait de lui, et que, si vous formiez quelque désir à cet égard, il fallait l'en instruire.

Nous sommes à la vingt-unième heure, et il y a une heure et demie que votre lettre du 15 m'a été remise par estafette. Elle m'informe du danger extrême où se trouvent les affaires de la Romagne; mais, comme j'ai eu hier audience du pape et que le cardinal Soderini lui a encore parlé aujourd'hui, nous avons cru devoir remettre à demain la communication de cette dépêche pour ne pas fatiguer ce pontife. Nous sommes d'ailleurs persuadés que nous n'obtiendrons auprès de lui aucun nouveau résultat, parce qu'il a fait tout ce qu'il pouvait en écrivant à Venise et en y envoyant un ambassadeur. Je crois que ce sera l'évêque de Raguse qui se rendra en Romagne et qu'il partira incessamment.

Nicolas Macchiavelli.

Rome, le 18 novembre 1503.

LETTRE XX.

MAGNIFIQUES SEIGNEURS,

Je vous ai écrit hier par estafette, en vous envoyant deux autres lettres du 14 et du 16. Ces dépêches vous instruiront de ce qui concerne le duc, qui est enfin parti cette nuit. Il se rend à Ostie pour s'y embarquer si le temps le lui permet, comme cela est probable, car il est très-beau ce matin. Les Français pourront aussi en profiter et n'être plus arrêtés par le débordement du Garigliano, qui a obligé leur armée ainsi que celle des Espagnols à se disperser et à chercher un asile dans des hameaux voisins, en faisant seulement garder quelques forts placés sur les limites du terrain occupé par l'une et par l'autre. Si le temps continue à devenir meilleur, ces deux armées pourront faire des tentatives, l'une pour aller en avant et l'autre pour l'en empêcher. Vous serez informés de ce que nous apprendrons à cet égard; mais, pour revenir au duc, il a, grâces au ciel, et à la grande satisfaction de tout ce pays, définitivement pris le chemin d'Ostie, après avoir, il y a deux ou trois jours, fait prendre à ses troupes celui de la Toscane. Elles montent, selon lui, à sept cents hommes de cavalerie; et, aussitôt que la mer sera navigable, il embarquera encore quatre cent cinquante ou cinq cents soldats, avec lesquels ils se rendra à la Spezzia, comme l'on en est convenu ici, et de là il prendra la route dont je vous ai parlé dans ma lettre du 14. Je crains que la méfiance dans laquelle il est sur vos dispositions à son égard ne le porte à se jeter dans Pise, comme il m'en menaça dans notre dernière conférence. Cette appréhension est d'autant plus fondée que l'envoyé qu'il devait vous adresser, comme je l'y avais engagé, ne me paraît pas se disposer à partir, car il ne me demande point les lettres et passe-ports que je devais lui donner pour sa sûreté; ce qui me fait soupçonner que le duc croit n'avoir plus rien à espérer de votre part. Je chercherai à me procurer des renseignements plus positifs que je vous ferai passer.

J'ai reçu aujourd'hui la copie de votre dépêche du 15; mais je ne pourrai voir le pape que demain, malgré toutes mes diligences à ce sujet. Je ferai tout ce que me prescrivent le bien de notre patrie et celui du saint-siége, unissant leurs intérêts dans ma conférence avec ce pontife. J'ai lu votre lettre au cardinal d'Amboise : elle a fait sur lui une vive sensation, mais il se contente de gémir, et s'excuse facilement sur l'impossibilité où il est de remédier au mal en ce moment. Il paraît compter sur la paix ou sur la victoire, et être persuadé que, si l'une des deux avait lieu, il ramènerait les affaires au point où il convient qu'elles soient. Il me l'a témoigné, en me promettant alors toute sûreté pour notre république; c'est tout ce que l'on peut attendre de lui maintenant. Il connaît si bien par lui-même la position de la Romagne qu'on lui fait de la peine lorsque l'on veut la lui retracer. Il reçut il y a deux jours une lettre de M. de Chaumont, dans laquelle ce gouverneur de la Lombardie lui disait que l'ambassadeur de France à Venise venait de lui écrire pour l'informer des dispositions des Vénitiens, de leurs préparatifs et de leurs projets, qui ne tendaient à rien moins qu'à s'emparer d'abord de la Romagne et à marcher ensuite contre les Florentins. Les 180,000 florins qu'ils réclament serviront de prétexte à cette dernière agression, dont le but réel serait de diminuer les forces et la réputation du roi, en le privant des troupes et de l'argent avec lesquels vous secondez ses desseins, et de soumettre une partie de la Toscane, ainsi que d'accroître leur empire. Son Éminence envoya au cardinal Soderini cette lettre, à laquelle elle parut ajouter foi, mais sans en tirer d'autre conclusion, si ce n'est qu'il fallait attendre l'effet que produirait leur flotte, dont ils espèrent de grands succès si les eaux et le temps ne s'opposent point à leurs projets.

NICOLAS MACCHIAVELLI.

Rome, le 19 novembre 1503.

LETTRE XXI.

MAGNIFIQUES SEIGNEURS,

Je vous écris aujourd'hui en peu de mots, comptant le faire plus au long dans ma première dépêche. En chargeant de celle-ci monseigneur Ennio, envoyé du duc, mon but est que vous soyez instruits à son arrivée de l'état actuel des choses. Le duc, comme je vous l'ai mandé, est parti hier matin pour Ostie, où il s'embarquera avec quatre cent cinquante ou cinq cents personnes. Si le temps le permet, il mettra, je crois, à la voile dès cette nuit, pour se rendre à la Spezzia. Ses autres troupes, au nombre de sept cents cavaliers, ont pris il y a trois jours la route de la Toscane. Comme il a fait tout cela sans avoir de vous aucune réponse définitive, nous l'avons décidé, par les raisons mentionnées dans ma lettre du 18, à vous envoyer monseigneur Ennio auquel je remets la présente. Il vous en portera aussi une que le cardinal Soderini lui a donnée [uniquement pour le satisfaire, car le pape et le cardinal d'Amboise, d'après ce que j'entends et ce que je vois, seraient mécontents si vous accordiez le sauf-conduit au duc, bien loin de le désirer encore.] Si vous trouvez l'occasion de suivre vos desseins et d'entrer dans leurs vues, vous pouvez le faire sans rien craindre. Dans ce changement de résolution causé par les circonstances, [l'envoi de ce député] doit vous être très-utile; vous saurez en profiter avec votre prudence accoutumée. J'ai montré ce matin à Jules II votre lettre du 15 et le duplicata en date du 16, il en a paru vivement affecté. La conclusion de tout ce qu'il m'a dit sur cet objet est qu'il ne peut maintenant conduire cette affaire selon ses désirs, n'étant élevé sur le saint-siége que depuis trop peu de temps; mais qu'il fera pour le moment tout ce qui dépend de lui, comptant bien déployer à l'avenir des moyens plus puissants. L'évêque de Tivoli partira demain matin pour Venise. Dans deux jours celui de Raguse, chargé de conférer avec vous, prendra la route de Florence pour se rendre de là dans la Romagne. Ce pontife ajouta qu'il avait d'abord résolu d'envoyer à Venise et d'attendre la réponse avant de passer outre, mais que l'insolence des Vénitiens l'obligeait à convoquer sur-le-champ tous les ambassadeurs étrangers pour les instruire de ses sentiments à cet égard, les leur faire partager et se plaindre à eux des outrages de ces mêmes Vénitiens; en un mot qu'il mettrait tout en œuvre : qu'il vous engageait, en attendant, à continuer vos préparatifs de défense, et vous remerciait de tout ce que vous faisiez pour tâcher d'arrêter les progrès de l'ennemi. Le cardinal Soderini répondit avec sa prudence ordinaire, et je fis de mon côté les observations que je crus nécessaires. Telle fut l'issue de cette conférence. Nous aurons grand soin de continuer à remplir vos intentions auprès du pape et des cardinaux, en leur donnant les avertissements convenables, et nous vous tiendrons au courant de tout ce qui se passera.

Le duc d'Urbin arrive aujourd'hui en cette ville. Point de nouvelles ultérieures de l'armée française. Si le beau temps se soutient, comme il le fait depuis deux jours, on espère qu'elle poursuivra ses entreprises avec moins de difficultés.

NICOLAS MACCHIAVELLI.

Rome, le 20 novembre 1503.

LETTRE XXII.

MAGNIFIQUES SEIGNEURS,

Je vous ai mandé par ma précédente dépêche ce qui était survenu depuis celle du 18. Indépendamment de ce que je vous ai rapporté de l'entretien que nous avions eu, le cardinal Soderini et moi, avec le pape, en lui communiquant votre lettre du 15, ce pontife me dit encore que le duc d'Urbin arrivait le soir même, et qu'il ferait en sorte que les Vénitiens ne pourraient se servir de lui, ni de son nom, ni de ses États, ni de ses troupes. Je lui répondis comme je le devais, mais je n'en obtins point d'autre résultat que celui dont je vous ai déjà informé : on ne doit point en attendre d'autre pour le moment; mais, comme il est naturellement ambitieux de gloire et d'un caractère emporté, on doit espérer que la première de ces dispositions l'armera contre tous ceux qui tenteraient de déshonorer le saint-siége et que l'autre enflammera son zèle. Les Vénitiens, qui connaissent son naturel, cherchent à l'endormir et à le gagner par des flatteries, en lui montrant une soumission filiale et le désir de mettre dans sa dépendance non-seulement la Romagne, mais encore leur république tout entière. C'est uniquement dans cette vue qu'ils ont, contre leur coutume, nommé huit ambassadeurs pour venir le complimenter sur son élection. Ils font retentir cette cour du récit de la joie générale qu'elle a causée dans Venise et du bruit de l'ambassade qu'ils ont nommée par honneur pour Jules II, ce dont ils se prévalent ici avec beaucoup d'emphase. « Ils veulent, » disent-ils, « l'avoir pour leur protecteur, leur père « et leur défenseur. » Tels sont les moyens à l'aide desquels ils espèrent l'amuser et le rendre favorable à leurs desseins. Ils ne rougiront point de paraître s'abaisser devant ce pontife, pourvu qu'ils puissent ensuite donner des lois à tous les autres. C'est ainsi que l'on juge leur conduite dans ce pays. J'ai cru devoir vous en instruire, afin que vous puissiez prendre les mesures qui vous paraîtront convenables, et au moins ne pas vous laisser dépasser par eux en déférences et en formalités d'usage, puisque vous ne pouvez égaler leur fortune et leur puissance.

Agapit et Romolino, qui étaient précédemment les confidents du duc, sont restés ici pour ne point partager son mauvais sort. J'ai appris d'eux que celui-ci, lorsqu'il partit de Rome pour Ostie, ordonna à monseigneur Ennio, évêque de Veroli, dans lequel il a confiance, de se rendre auprès de vous pour y négocier et conclure un accommodement durable, comme il en était convenu avec moi dans notre dernière entrevue. Ils ont ajouté que, désirant, pour la sûreté de cet envoyé, des lettres de moi et des patentes du cardinal Soderini, ils m'avaient hier cherché inutilement, et m'ont prié de me réunir avec le cardinal pour satisfaire à cette demande, afin que l'évêque de Véroli pût sur-le-champ se mettre en route. Les motifs énoncés dans ma dépêche du 18 nous faisant juger ce départ utile, le cardinal Soderini lui donna une lettre pour vous et un passe-port adressé à tous les alliés et sujets de la république. Je lui remis aussi une lettre contenant en abrégé ce qui se trouve plus au long dans celle-ci et dans la précédente. Comme monseigneur Ennio arrivera avant ces deux dernières dépêches, j'ai voulu que votre délibération fût éclairée par un aperçu de l'état actuel des affaires dans cette cour, [et que vous sussiez que les faveurs du pape, du cardinal d'Amboise et des autres envers le duc n'ont eu pour but que de s'en délivrer le mieux et le plus promptement possible.] Vous pouvez agir comme vous le jugerez à propos pour le bien de la république, sans avoir aucun sujet de crainte. Je vous le répète, il n'y a nul danger à soutenir le duc si vous y trouvez quelque avantage. Le pape aimerait mieux néanmoins qu'on lui donnât le dernier coup. En un mot vous connaissez les dispositions de cette cour à son égard. Il est maintenant à Ostie, où il n'attend que le moment favorable pour se rendre à la Spezzia avec cinq bâtiments portant cinq cents hommes de débarquement. Peut-être est-il déjà parti; s'il ne l'est point encore, il est probable que ce sera pour cette nuit. Il a fait prendre à ses hommes d'armes la route de la Toscane par terre, sans avoir plus d'assurances des Siennois et de Jean-Paul Baglioni que de vous. Chacun se moque ici de ses entreprises hasardeuses. On est impatient de savoir où les vents le porteront, comment ses troupes arriveront, et quelle détermination vous prendrez.

Le duc d'Urbin est entré ce soir dans Rome en grande pompe. Tout ce qui tient au pape et aux cardinaux est allé à sa rencontre. Quelques-uns disent qu'il sera général de l'armée du saint-siége.

Je n'ai rien appris sur l'armée française dans le royaume de Naples depuis mes dernières dépêches. Si le beau temps continue, on pense qu'elle ira en avant sans que les Espagnols puissent arrêter sa marche.

NICOLAS MACCHIAVELLI.

Rome, le 20 novembre 1503.

LETTRE XXIII.

MAGNIFIQUES SEIGNEURS,

Vos dépêches du 17, qui me sont parvenues hier au soir à la vingt-unième heure, m'ont appris que Faënza était dans le plus grand danger. Le cardinal Soderini les a fait passer au pape, comme nous le devions; il en a été vivement affecté, d'après ce que nous a rapporté son secrétaire. Ce matin, dès que le jour a paru, il a envoyé chercher notre cardinal, s'est plaint des procédés des Vénitiens et l'a consulté sur les remèdes que l'on devait apporter à des maux de cette nature. Son Éminence a répondu que, le mal allant toujours croissant, les moyens employés par Sa Sainteté ne lui paraissaient pas suffisants pour l'arrêter; qu'il fallait avoir recours à d'autres plus puissants, faire avancer le légat de la Marche d'Ancône, changer celui de la Romagne, nommer à cette place un cardinal recommandable par ses vertus, sa réputation et son attachement à la gloire du saint-siége, le charger de retenir dans le devoir ceux qui étaient soumis au souverain pontife et d'y ramener ceux qui s'en seraient écartés, convoquer ensuite tous les ambassadeurs, même celui de Venise, se plaindre en sa présence des outrages des Vénitiens, leur demander conseil et secours, et envoyer, outre cela, à ces ambassadeurs des brefs conformes aux discours que Sa Sainteté leur aurait adressés dans cette assemblée. Le cardinal Soderini rappela ensuite à ce pontife que le pape Clément V avait arraché des mains des Vénitiens Ferrare dont ils s'étaient emparés, que Sixte IV était venu à bout d'exciter contre eux l'Italie entière. Il ajouta que, nonobstant ces moyens nouveaux, il fallait ne pas négliger les anciens, et mettre en mouvement les évêques de Tivoli et de Raguse pour contenir les autres places, en supposant que l'on perdît Faënza. Jules II approuva les conseils du cardinal Soderini et les trouva très-fondés, mais il ne voulut pas encore s'en servir; il dit que les circonstances ne lui semblaient pas permettre que l'on prît si brusquement contre les Vénitiens des mesures propres à les irriter; qu'il désirait suivre sa première idée en faisant partir les évêques de Tivoli et de Raguse, afin de voir si cette république lui remettra par voie de conciliation ce dont elle s'est emparée. Loin d'en désespérer, ce pontife paraît même y compter; quoiqu'il ait dit hier qu'il était décidé à convoquer les ambassadeurs et à protester, il veut maintenant attendre la réponse de ceux qu'il a envoyés auprès de Denis de Naldo, et dont on n'a encore aucune nouvelle. Notre cardinal le trouva, il est vrai, mécontent et disposé à remédier au mal lorsqu'il croirait le moment favorable, mais néanmoins plus circonspect et plus froid dans ses mesures qu'il ne devrait l'être, ce qui fut cause qu'il ne put lui faire prendre une autre détermination. Le pape fit appeler de nouveau vers la dix-septième heure Son Éminence, et lui exposa que les événements de Faënza et de la Romagne l'avaient empêché de dormir cette nuit; qu'il désirait la consulter pour savoir s'il ne serait pas à propos de faire de nouvelles tentatives auprès du duc de Valentinois, afin de voir s'il voudrait consentir à remettre entre les mains de Sa Sainteté la citadelle de Forli et les autres places et forteresses qu'il possédait encore dans la Romagne, ajoutant qu'il lui en promettrait la restitution, persuadé qu'il valait mieux qu'elles fussent soumises à ce duc qu'aux Vénitiens. Il demanda au cardinal Soderini s'il aurait la complaisance de se charger d'aller à Ostie négocier avec le duc cet arrangement, le cardinal répondit qu'il ferait ce qui serait agréable à Sa Sainteté. Le pontife convint de l'instruire plus tard de ses dernières résolutions, et le pria de voir en attendant le cardinal d'Amboise et de sonder ses dispositions à cet égard. Cette proposition de livrer ses places au pape, à la condition qu'elles lui seraient rendues, avait déjà été faite au duc il y a plusieurs jours. Il y consentait; mais Jules II ne fut point alors de cet avis et s'y refusa même entièrement, disant qu'il ne voulait rompre ses engagements envers personne. Aujourd'hui il embrasse de lui-même ce parti: c'est moins par changement d'idées que parce qu'il s'y voit contraint par la nécessité. Il pense que ce moyen est le plus efficace et le plus excusable qu'il puisse employer contre les Vénitiens, dont il ne juge pas encore à propos de se déclarer l'ennemi. Vers la vingt-unième heure, le pape fit appeler le cardinal pour la troisième fois, le retint à dîner, et conversa avec lui à peu près jusqu'à la vingt-quatrième heure. Son Éminence m'a rapporté que ce pontife avait envoyé quelqu'un à Ostie pour voir si le duc était parti, et le prier, dans le cas où il ne le serait point, de différer son départ de quelques jours. S'il est embarqué, il ne faudra plus songer à cet expédient; s'il ne l'est point, le cardinal ira le trouver demain matin; nous verrons à son retour quel effet aura produit cette mission. Jules II et Soderini se sont aussi entretenus de celle de l'évêque de Raguse, de sa nomination à la dignité de gouverneur de Bologne et de toute la Romagne, avec plein pouvoir de faire ce qu'il jugera convenable pour ramener à la soumission envers le saint-siége les places occupées par les Vénitiens et les retirer de leurs mains. Cet évêque a ordre de passer à Florence, de vous remercier au nom du pape de ce que vous avez fait jusqu'à ce jour, et de vous consulter pour savoir s'il doit se diriger vers Faënza ou vers Forli, et par quelle route il doit entrer dans la Romagne. Il est chargé de suivre vos conseils et de profiter en tout de vos bons offices. Il partira dans un ou deux jours.

[Au sujet de Citerna et des deux cents ducats dont je vous ai parlé, etc., vous me demandez le motif de ce payement et quel serait l'avantage que l'on en retirerait. Voici ma réponse à votre première question: les forteresses sont distribuées aux cardinaux par la voie du sort; chacun reçoit du trésor les sommes nécessaires pour approvisionner entièrement celle qui lui est échue; comme il ne le fait qu'à moitié, il profite du reste; il trouve même des personnes qui la lui achètent. C'est par cette raison que le cardinal Saint-Georges dit qu'on lui offre deux cents ducats du fort de Citerna et qu'il ne veut pas le céder à un moindre prix. Je crois donc qu'il faut les lui donner si l'on a envie de terminer cette affaire. Quant à l'utilité qui en résultera, elle est sensible. N'est-il pas à propos, lorsque l'on annonce l'intention de défendre le saint-siége, de ne point paraître les ravisseurs de ses possessions? Pour atteindre ce but, il n'est pas de meilleur moyen que celui que l'on vous propose. En contenant Saint-Georges, il ne sera point question, pendant un an, de votre envahissement de Citerna, et dans cet intervalle vous chercherez quelque autre expédient. Telle a été l'idée qui nous a fait agir; nous la suivons encore avec soin. Quoique ce cardinal se tienne en arrière et garde le silence, nous ne le perdons pas de vue, en attendant votre réponse.]

Vous me demandez outre cela où en sont les choses dans ce pays et quel jugement on en porte. Je croyais ne vous avoir jusqu'ici rien laissé à désirer sur ce sujet. J'y reviens en peu de mots. Relativement au pape, je me réfère à ma lettre du 11, parce que sa position ne me paraît point changée depuis cet instant. Quant au duc de Valentinois, mes trois dernières dépêches vous instruiront de sa situation. Vous jugerez dans votre sagesse de la fin qui l'attend et de la tournure que prendront ses affaires. Je ne puis encore rien ajouter sur la Romagne à ce que vous lirez dans celles-ci et dans les précédentes. Vous y verrez les dispositions de Jules II et du cardinal d'Amboise; la conduite apparente ou réelle des Vénitiens; les causes qui arrêtent le ressentiment des Français contre eux, celles qui obligent le pape à paraître s'en rapporter à leurs sentiments extérieurs; enfin les motifs qui doivent, tant qu'il ne surviendra point de changement, vous ôter tout espoir d'obtenir de la France et du saint-siége des troupes ou de l'argent, et vous empêcher d'attendre d'une puissance quelconque des secours de ce genre contre cette république. Quant aux Français et aux Espagnols, dans le royaume de Naples, les premiers se sont rendus maîtres du Garigliano, de manière que les autres n'ont pu ni leur interdire le passage ni les forcer depuis à quitter leurs positions sur la rive gauche de ce fleuve. Ceux qui parlent de la composition de ces deux armées, disent, comme je vous l'ai mandé, et comme chacun le croit, que les Espagnols, inférieurs en nombre, n'osent en venir à une bataille, mais ils se retirent avec soin dans des lieux fortifiés. C'est ce qu'ils ont fait à San-Germano et ce qu'ils font encore près du Garigliano. Obligés de s'éloigner, ils se sont retranchés à un mille de la gauche de ce fleuve et ont opposé de nouveaux obstacles à la marche des Français; d'un autre côté ceux-ci ont été arrêtés par le mauvais temps. Les pluies abondantes qui sont tombées dans cet endroit, qui est par lui-même bas et marécageux, ont contraint les uns et les autres à interrompre les hostilités et à disposer leurs troupes dans les hameaux et autres lieux des environs, faisant seulement garder les forts qu'ils ont construits sur les frontières respectives du terrain qu'ils occupent. Hier le ciel était assez beau, mais il pleut aujourd'hui de manière à faire craindre que le mauvais temps ne soit encore de longue durée. Les deux camps manquent de vivres et de fourrages, celui des Français surtout, qui se trouve dans les pays qui ont le plus souffert. Cette disette deviendrait fort dangereuse pour eux s'ils ne pouvaient aller en avant. Cependant ils peuvent tirer de grands secours de leur argent, ressource dont la privation doit inquiéter les Espagnols. On croit que Barthélemi d'Alviano s'est réuni à ces derniers, mais avec des forces peu considérables. Le cardinal d'Amboise a envoyé au camp français les Savelli et la troupe de Jean Giordano. Il est mécontent de ce que Jean-Paul Baglioni ne s'est pas mis en marche, quoiqu'il en ait reçu l'ordre le plus pressant. Après avoir tout recueilli, je n'ose prononcer sur les événements futurs. Vous êtes en état d'en juger autant qu'aucun autre. Je me contenterai de vous faire observer que les considérations ci-dessus mentionnées font généralement croire que les Français ont à la vérité plus d'argent et de meilleures troupes, mais que la fortune est plus favorable aux Espagnols.

NICOLAS MACCHIAVELLI.

Rome, le 21 novembre 1503.

LETTRE XXIV.

MAGNIFIQUES SEIGNEURS,

Le cardinal Soderini est parti aujourd'hui à la vingtième heure pour Ostie, il est accompagné par le cardinal Romolino; ma précédente dépêche vous instruit du but de ce voyage. Dès demain au soir, s'ils sont de retour, je vous manderai ce qu'ils auront fait par un courrier qui est sur le point de partir. Si je ne puis me servir de cette voie, j'en chercherai une autre à quelque prix que ce soit.

NICOLAS MACCHIAVELLI.

Rome, le 22 novembre 1503.

LETTRE XXV.

MAGNIFIQUES SEIGNEURS,

Je vais vous entretenir un instant de mes intérêts particuliers, sachant avec quelle confiance je puis réclamer votre bienveillance. Trente-trois ducats me furent remis lors de mon départ; les frais de poste m'en ont coûté treize, comme l'a vu Nicolas Macchiavelli[1], votre collègue, par le décompte que je lui ai fait passer. J'en ai dépensé dix-huit pour me procurer une mule, et trente-neuf pour achat d'habillement, ce qui fait en tout soixante-dix. Mon séjour dans une auberge, avec deux domestiques et une mule, m'a coûté et me coûte encore dix carlins par jour. Vous m'avez accordé le traitement que je vous ai demandé : je le croyais suffisant, et ne savais pas à quel point les denrées étaient chères dans ce pays; je vous dois donc reconnaissance, et ne puis me plaindre que de moi-même. J'espère néanmoins qu'étant instruits de ma position, vous viendrez à mon secours. Si vous ne croyez pas devoir augmenter mon traitement, remboursez-moi au moins les frais de route, comme cela s'est toujours pratiqué. Nicolas Macchiavelli sait si je suis en état de faire un semblable sacrifice. Quand je le pourrais, vous n'ignorez point que, de notre temps, si les hommes supportent des fatigues, c'est pour améliorer leur condition et non pas pour la rendre plus pénible.

NICOLAS MACCHIAVELLI.

Rome, le 22 novembre 1503.

[1] Ce Nicolas Macchiavelli était le troisième cousin de l'auteur de ces lettres, et descendait, ainsi que lui, de Laurent Macchiavelli, leur aïeul.

LETTRE XXVI.

MAGNIFIQUES SEIGNEURS,

Je vous envoyai hier, et sans frais, par l'entremise de Jean Pandolfini, quatre dépêches des 19, 20, 21 et 22. Celle-ci vous informait du voyage de notre cardinal à Ostie, pour les causes énoncées dans celle du 21. J'ai reçu depuis, pendant la nuit dernière, la vôtre du 20, qui m'apprend la perte de Faënza. Je me suis rendu aujourd'hui, aussitôt que le jour a paru, dans l'appartement de M. François de Castel del Rio, l'un des premiers officiers de Jules II, et lui ai lu votre lettre. Il m'a dit que ce pontife prenait le plus vif intérêt aux affaires de la Romagne, et que de pareilles nouvelles lui feraient par conséquent une grande impression; qu'il fallait néanmoins qu'il en fût informé, mais qu'il lui semblait à propos d'attendre un moment favorable pour le faire. Il me pria de lui laisser cette dépêche : j'y consentis d'autant plus volontiers qu'il me parut utile que le pape en eût une entière connaissance. Croyant devoir communiquer cette nouvelle aux cardinaux qui ont montré dans cette affaire plus d'attachement au saint-siége, j'en parlai aux cardinaux Ascagne et Capaccio. Le premier me fit voir qu'il en était instruit et ajouta qu'il ferait tout ce qui dépendrait de lui pour le bien de l'Église, etc.; l'autre me dit des choses très-obligeantes pour vous, mais en me faisant observer qu'il croyait que vous aviez fait une faute en favorisant les seigneurs qui sont rentrés dans les places de la Romagne, et que vous ne deviez point chercher à mettre ces États en mouvement, ou que, si vous vouliez le faire, ce devait être pour l'avantage et au nom du saint-siége et non pour le compte des autres, ce qui n'eût point alors fourni aux Vénitiens le prétexte de prendre les armes et de s'en excuser auprès du pape, uniquement en disant qu'ils ont attaqué ces places non pour les enlever au saint-siége, mais afin d'empêcher les Florentins de se servir du nom de ces seigneurs pour en devenir réellement les maîtres.

Vous pensez bien que je ne manquais pas de réponses justificatives, ayant été ici l'interprête de tous les avis que vous avez fait passer et le témoin de toutes vos démarches à cet égard. Je les développai à ce cardinal. Il me parut en être satisfait, il répéta néanmoins qu'il n'eût pas fallu fournir aux Vénitiens une semblable occasion. Ce prélat me dit ensuite que l'on devait songer au remède puisque le mal était fait, que de son côté il n'y négligerait rien; qu'il trouvait le pape dans les mêmes dispositions, et que l'on envoyait dans ces contrées les évêques de Tivoli et de Raguse, etc. En le quittant j'allai chez le cardinal d'Amboise, qui m'engagea à informer le pape de ce que je venais de lui apprendre, et me promit qu'il ferait tout ce qui lui serait possible pour contribuer à la sûreté de notre république ainsi qu'à la liberté et à la gloire du saint-siége. Castel del Rio, qui avait montré votre lettre à Jules II, m'envoya chercher en ce moment et me dit que ce pontife avait été très-sensible à cet événement; qu'il était bien décidé à mettre tout en œuvre; que c'était dans cette vue qu'il avait fait partir pour Ostie le cardinal Soderini, qui connaissait parfaitement ses sentiments; que l'on verrait à son retour si l'on devait prendre des mesures plus efficaces, et que l'on ferait tout ce que les circonstances exigeraient. J'ai rempli mon devoir auprès de Castel del Rio et des cardinaux, mais je crois qu'il faut principalement s'en rapporter au zèle de notre cardinal, qui fait tous les efforts que l'on a droit d'attendre d'un homme qui aime sincèrement sa patrie et le bien général. Si le succès n'y répond pas selon les besoins du moment et conformément à vos désirs, on ne doit en accuser que le malheur des temps et la mauvaise fortune de ceux qui ne peuvent apporter à ces maux les remèdes suffisants. Il est donc nécessaire de temporiser jusqu'au retour du cardinal Soderini, afin de voir ce qu'il aura conclu, et quelle détermination le pape et le cardinal d'Amboise prendront pour sortir d'une position aussi critique.

Nous sommes à la vingt-quatrième heure; comme notre cardinal n'est pas encore de retour, je présume qu'il ne reviendra que demain. Je m'empresse, en attendant, de vous informer d'une nouvelle qui se répand dans le public, et que j'apprends d'un homme qui est digne de foi et dans le cas de savoir facilement la vérité. Elle porte qu'il est arrivé ce matin de bonne heure un courrier envoyé d'Ostie par les cardinaux Soderini et Romolino, pour prévenir le pape du refus fait par le duc de remettre entre ses mains la citadelle de Forli. On ajoute que Jules II, irrité de ce refus, a envoyé des ordres pour arrêter le duc et le faire garder comme son prisonnier, et qu'il a écrit à Pérouse et à Sienne pour faire désarmer ses troupes qui ont pris cette route. Je n'ose affirmer cette nouvelle, nous serons mieux instruits à l'arrivée du cardinal Soderini.

NICOLAS MACCHIAVELLI.

Rome, le 23 novembre 1503.

LETTRE XXVII.

MAGNIFIQUES SEIGNEURS,

J'ai répondu par ma précédente à la vôtre du 20 et vous ai mandé les nouvelles du jour. J'ai reçu depuis celle du 21, avec la copie de l'accord conclu entre les Florentins et la république de Venise. Ayant appris dans le même instant le retour du cardinal Soderini, je suis allé lui lire ces dépêches. Après en avoir examiné le contenu et spécialement le *post-scriptum*, où vous paraissez croire que les Vénitiens pourraient bien agir de concert avec le pape dans leurs entreprises contre la Romagne, il me dit [qu'il avait conféré plusieurs fois avec le cardinal d'Amboise, et que la lenteur des mesures prises par ce pontife le lui avait fait craindre à lui-même,] mais qu'il ne pouvait cependant se le persuader, en réfléchissant à l'indignation qu'il lui avait témoignée sur leur conduite, dans les conférences qu'il avait eues depuis avec lui à leur sujet. Quant aux avis que vous me faites passer relativement à ceux qui se sont rendus à Imola, il prétend que vous avez été mal informés, ou que le pape a été trompé par ceux qu'il y avait envoyés, leur mission étant de s'occuper uniquement de l'intérêt du saint-siége. Si les informations que je prendrai sur l'un ou l'autre objet offrent quelque chose d'important, je vous en ferai part. J'ai lu aussi votre lettre et la copie de l'accord qui y était jointe au cardinal d'Amboise, en présence de l'ambassadeur impérial qui se trouvait chez lui où il vient fréquemment depuis plusieurs jours, et qu'il appela pour entendre cette lecture. Elle fit beaucoup d'impression sur ce prélat et sur l'ambassadeur, qui s'exprimèrent en termes pleins de fiel et d'aigreur sur le compte des Vénitiens, donnant à entendre que cette levée de boucliers pourrait entraîner leur perte. En effet, tout respire ici la haine contre eux à un tel point qu'il y a lieu d'espérer que, si l'occasion s'en présente, on leur fera éprouver plus d'une humiliation. Ils sont l'objet des plaintes de chacun. Non-seulement ceux qui dependent de leur puissance, mais encore les gentilshommes et les seigneurs de Lombardie soumis au monarque français, et qui se trouvent ici en grand nombre, en font sans cesse retentir les oreilles du cardinal d'Amboise. Si ce ministre ne se met point en avant, c'est qu'il est encore obligé à des ménagements, comme vous le concevez facilement. Mais la paix, ou une trêve, ou quelque changement heureux dans la position des Français, peuvent faire cesser cette obligation. On pense en général que l'entreprise des Vénitiens sur Faënza leur ouvrira les portes de l'Italie entière, ou qu'elle deviendra la cause de leur ruine. Le cardinal Soderini parla avec sa prudence et son habileté ordinaires des dangers auxquels notre ville était exposée et des désagréments que lui faisait essuyer l'éloignement de ses troupes; il ajouta qu'il était possible que la passion de dominer qui animait les Vénitiens amenât des événements qui lui rendissent nécessaires non-seulement ses propres troupes, mais encore une partie de celles du roi, pour se défendre contre l'ambition de ces ennemis, qui menaçaient nos États en même temps qu'ils envahissaient ceux du saint-siége. Le cardinal d'Amboise entra dans une violente colère en entendant ces mots, et jura sur son Dieu et le salut de son âme, que si les Vénitiens tenaient une conduite aussi infâme le roi abandonnerait sur-le-champ toutes ses entreprises, quelque importantes qu'elles pussent être, pour marcher au secours de notre république, qui pouvait bannir toute inquiétude à cet égard, etc. Notre cardinal ne crut pas devoir aller plus loin, pensant qu'il lui en avait dit assez et qu'il l'avait suffisamment prévenu de ce qui pouvait arriver. Je me suis présenté depuis au souverain pontife et lui ai communiqué la lettre ainsi que l'accord. Notre cardinal, qui se trouvait auprès de lui en ce moment, y a ajouté les réflexions qui lui ont paru convenables. Le pape a répondu, comme il l'avait fait précédemment, qu'il était déterminé à ne point souffrir un semblable outrage envers le saint-siége; qu'il avait envoyé l'évêque de Tivoli à Venise: qu'il allait faire partir celui de Raguse pour la Romagne; que la commission de l'un et de l'autre était de manifester ses intentions; qu'il avait fait retirer les troupes du duc d'Urbin et donné des ordres aux Vitelli. Ce pontife ajouta que, voulant en outre détruire tous les prétextes dont se servaient les Vénitiens pour colorer leur entreprise, en disant qu'ils marchaient contre le duc et contre les Florentins, il avait écrit à la seigneurie de Florence et au sénat de Venise de rappeler leurs troupes, et avait pris à l'égard du duc des mesures dont notre cardinal était instruit; mais que, si les Vénitiens, dont il allait observer les démarches, ne renonçaient pas à leurs projets et ne lui restituaient pas les places enlevées par eux, il se liguerait avec le roi de France et l'empereur, et ne s'occuperait que de la destruction de leur puissance, dont tous les États désiraient l'abaissement. Le cardinal Soderini ayant fait observer à Jules II que Venise annonçait le désir de conserver ces places, à la charge de payer le même cens que les seigneurs qui les possédaient auparavant, et qu'elle espérait que le pape y consentirait sans peine, ce pontife répliqua qu'il ne l'entendait pas ainsi, et qu'il voulait voir ces places dans des mains qui les laissassent à sa disposition.

D'après les discours du pape et les mesures qu'il prend, vous jugerez de ses intentions et des suites que peut avoir cette affaire. Vous avez dû recevoir le bref relatif au rappel de vos troupes. Il en a envoyé un semblable aux Vénitiens, mais on ne sait point encore quel effet il produira. Vous pourrez étudier leurs démarches, et agir de votre côté avec votre prudence accoutumée. Enfin les sentiments du pape se manifestent, comme je vous l'ai déjà marqué, par le désir bien évident d'avoir entre ses mains et en son pouvoir toutes les places de la Romagne. C'est dans cette vue qu'il a fait partir les deux cardinaux pour Ostie. [Le duc de Valentinois n'ayant pas voulu remettre à ce pontife celles qui lui restaient, il l'a fait arrêter, ainsi que je vous l'ai mandé dans ma précédente. Il paraît que le but de Jules II est d'avoir ces possessions et de s'assurer de la personne du duc qui se trouve maintenant à sa disposition, car il est sur les galères du roi, commandées par Mottino. On ne croit pas qu'il lui fasse d'autre mal pour le moment. Il ne paraît point certain qu'il ait envoyé désarmer les troupes que le duc avait fait partir par terre, mais on croit que ce désarmement arrivera tout naturellement, attendu qu'elles n'ont aucun sauf-conduit.]

L'installation solennelle du pape se fait dimanche prochain. Envoyez donc promptement les ambassadeurs chargés de le complimenter; le plus tôt sera le mieux. Notre cardinal, qui connaît le caractère de ce pontife et ses désirs à cet égard, me recommande de vous donner cet avertissement. Il ne serait pas mal qu'ils arrivassent avant ceux des Génois; s'ils viennent les premiers, ils auront les premiers leur audience. Le cardinal Soderini vous réitère par mon organe toutes ses instances à ce sujet, en vous observant que, sans faire plus de sacrifices, vous acquerrez plus de droits à la bienveillance de Jules II.

On n'a point reçu d'autres nouvelles de l'armée française depuis ma lettre du 21, parce que le mauvais temps s'oppose à toutes les opérations qu'elle projetait. S'il continue, elle sera obligée de prendre des quartiers d'hiver. Peut-être se retirera-t-on de part et d'autre, après avoir fait un accommodement. La trève conclue à Perpignan pour six mois, et dont vous devez être instruits, en donne quelque espérance. Vous serez informés avec soin de ce qui arrivera.

NICOLAS MACCHIAVELLI.

Rome, le 24 novembre 1503

LETTRE XXVIII.

MAGNIFIQUES SEIGNEURS,

Ne voulant point vous faire attendre mes dernières dépêches, et desirant que vous soyez instruits promptement des changements survenus dans la fortune du duc et de sa position actuelle, je me sers d'une voie plus expéditive : c'est celle que m'offre Jean Pandolfini qui est décidé à envoyer lui-même un courrier, étant peu satisfait du service des estafettes. Vous rembourserez les avances dont il vous fera passer la note. Je vous ai écrit chaque jour, ou au plus tard de deux jours l'un. Je suis fâché de me voir accusé de négligence après tant de peines, de dangers, de soins, et après des dépenses plus considérables que ne le comportaient mes facultés et le traitement que je reçois. Lorsque je ne trouverai point d'occasions extraordinaires, il ne se passera plus trois jours sans que je vous expédie un courrier. Je vous fais observer au reste que les chemins sont si mauvais et les postes si fatiguées que les autres ne sont pas mieux servis que nous. Je n'ai rien de nouveau à vous mander en ce moment.

NICOLAS MACCHIAVELLI.

Rome, le 25 novembre 1503.

LETTRE XXIX.

MAGNIFIQUES SEIGNEURS,

Je remis hier au courrier expédié par Jean Pandolfini mes trois dernières dépêches des 23, 24 et 25; elles contenaient ce qui s'est passé ici pendant ces trois jours et la manière dont les affaires se traitent en ce moment. Je vous mandais [que l'on venait de mettre un terme aux prouesses du duc de Valentinois; qu'il se trouvait à la disposition de Jules II, qui veut absolument se rendre maître des forteresses qui lui restent et s'assurer de sa propre personne. Je ne sais si ce duc est encore sur les bâtiments qui sont dans le port d'Ostie ou si on l'a fait venir ici. On répand aujourd'hui à ce sujet des bruits différents. Quelqu'un m'a dit que, se trouvant hier au soir vers la deuxième heure, dans l'appartement du pape, il y avait vu entrer deux personnes arrivant d'Ostie; que chacune avait à l'instant été congédiée, mais que l'on avait cru les entendre de la chambre voisine rapportant à ce pontife que le duc, selon ses ordres, avait été jeté dans le Tibre. Je ne puis ni affirmer cette nouvelle ni la nier. Je crois bien que, si cela ne s'est pas fait encore, cela se fera avec le temps[1]; on voit que ce pontife commence à

[1] César Borgia périt en 1507 dans la Navarre. Cet homme, l'un des plus méchants de son siècle, éblouit pendant plusieurs années la plupart de ses contemporains par l'éclat de sa fortune et les apparences d'un bonheur que l'on croyait inaltérable. Dans sa légation auprès de ce duc de Valentinois, Macchiavelli lui-même, quoique habile appréciateur des hommes et des événements politiques, semble porté toujours à croire que la fortune, ayant paru le favoriser longtemps, serait constante à le faire réussir dans toutes ses entreprises. Les événements détruisirent bientôt cette opinion. On sait comment dans l'espace de peu de mois il perdit son père Alexandre VI, et sa santé et ses forces. Arrêté tout à coup au milieu de ses projets d'envahissement

payer très-honorablement ses dettes; l'encre de son écritoire suffit pour cela. Tous cependant le comblent d'éloges; plus il ira en avant, plus ils lui en donneront. Puisque le duc est pris, qu'il soit mort ou vif, on peut agir dorénavant sans s'occuper de lui.] Cependant si je puis me procurer des renseignements plus certains je vous les ferai passer.

Le souverain pontife Jules II a été couronné aujourd'hui : grâces en soient rendues au ciel ! Il a donné sa bénédiction à tout le peuple avec beaucoup d'édification. Rome entière est en fête. Jeudi, s'il plaît à Dieu, il se rendra à Saint-Jean; dans le cas où le temps s'opposerait à cette cérémonie, elle sera remise à un autre jour de fête. L'évêque de Raguse, qui doit aller en Romagne, a voulu voir cette installation solennelle; peut-être voudra-t-il encore voir l'autre avant de partir. Je vous préviens de son départ. Quant aux sollicitations dont je vous ai parlé, croyez que toutes sont employées, et par quelqu'un que vous savez être plus puissant que moi.

Il n'y a rien de nouveau sur les armées qui sont dans le royaume de Naples. Seulement il arriva hier un courrier envoyé par les commandants français au cardinal d'Amboise pour le prévenir qu'ils comptaient aller en avant sous huit jours, dussent-ils avoir de la boue et de l'eau jusqu'au cou. Ils ajoutaient à cette nouvelle beaucoup d'espérances de succès. On dit que ce ministre leur a donné carte blanche en les recommandant aux secours du ciel. Nous attendrons l'événement et adresserons nos prières à Dieu, pour qu'il accorde la victoire à celui qui devra procurer paix et salut à notre république et à toute la chrétienté. On pense ici que la position des Français est en ce moment la moins favorable. Ils sont inférieurs aux Espagnols en infanterie, ce qui donnera beaucoup d'avantages à ceux-ci ; car la cavalerie française, supérieure à celle de l'ennemi, trouvera dans la fange de ces pays marécageux et dans les vents du nord ou autres des obstacles à toutes ses manœuvres. Il y a lieu de croire cependant que tant de gens de mérite qui se trouvent dan l'armée française ne se jouent pas de leur ex-tence, et qu'ils savent ce qu'ils font.

J'ai reçu ce matin les doubles de vos lettre du 20 et du 21, et ce soir on m'a remis vo dépêches du 22 et du 24. Je préviendrai le car-dinal d'Amboise que vous avez payé Jean-Pau Baglioni. Je lui communiquerai aussi votr lettre relative à la Romagne; mais ce sera pou demain, ne voulant point lui parler d'affaire en ce jour de fête. Je suis fort surpris d'ap-prendre que le 24 mes lettres des 19, 20, 21 et 22 ne vous étaient point parvenues. Je les a confiées à un courrier qui partait pour la France Elles ont dû vous arriver depuis. Vous verre dans mes dépêches du 16 au 24 l'impressi que font sur le pape et le cardinal d'Amboi les mouvements des Vénitiens. Le pontife croi pouvoir retirer de leurs mains par des voie de conciliation les places dont ils se sont em-parés, et le prélat espère réprimer bientôt leu insolence ; mais on ne voit pas que l'un e l'autre soient dans le cas d'employer autr chose en ce moment que des avertissements e des menaces, soit par écrit, soit de vive voix Vous êtes instruits du degré de chaleur qu'ils y mettent. [Au sujet de vos soupçons sur la pos-sibilité d'un accord existant entre le pape et le Vénitiens, je vous ai mandé le 24 que notr cardinal m'avait dit en avoir conféré plusieur fois avec le cardinal d'Amboise, et avoir reconn avec ce dernier que cela n'était pas possible d'après la manière dont s'exprime Jules II auquel il croit que l'on ne peut faire aucu reproche de duplicité. Ces deux prélats le re-gardent plutôt comme un homme d'un caractèr emporté et impétueux, et ne doutent point qu les dispositions qu'il manifeste à l'égard de Vénitiens ne soient réelles. Le premier m'a rapporté depuis qu'un jour entre autres le car-dinal d'Amboise pressa le pape sur cet article en lui témoignant le désir de connaître se intentions afin de savoir comment la France devait se conduire. Ce pontife s'échauffa, parut même très-affecté, et protesta avec sermen qu'il était très-opposé aux entreprises des Véni-tiens, qu'il saurait en donner des preuves évi-dentes et arrêter leurs projets. Enfin il s'efforç de donner les signes les moins équivoques d son mécontentement. Ces deux cardinaux e

dépouillé de toutes les possessions dont il s'était cru le plus assuré, successivement prisonnier à Rome et à Ostie, livré au général Gonzalve, envoyé par lui en Espagne et renfermé dans ce royaume au château de Medina de Campo en 1504, on ne parla plus de lui jusqu'en 1507, époque à laquelle il fut tué en Navarre, où il s'était réfugié, après s'être enfui de sa dernière prison.

paraissent à peu près convaincus et rassurés. Néanmoins quelques personnes de marque craignent que Jules II, parmi les nombreuses promesses qu'il a faites, n'ait encore fait celle-ci aux Vénitiens pour parvenir à la dignité dont il est revêtu.

NICOLAS MACCHIAVELLI.

Rome, le 26 novembre 1503.

LETTRE XXX.

MAGNIFIQUES SEIGNEURS,

Je vous ai instruits hier de ce qui s'était passé dans cette journée. Je veux aujourd'hui vous prévenir que, par l'entremise de Castel del Rio, j'ai communiqué au pape votre dépêche du 24. Mêmes dispositions dans ce pontife, même envie d'avoir les forteresses du duc de Valentinois. Ce que je vous ai mandé dans la précédente sur ce dernier ne s'est point vérifié; je sais seulement qu'il est toujours au pouvoir de Jules II dans Ostie. On m'a dit que le cardinal Romolino était arrivé hier au soir de cette ville et monseigneur Gabriello de celle de ...no; que l'arrangement était terminé avec le duc, qui devait remettre au pape la citadelle de Forli et recevoir en échange quelque indemnité; enfin, que le cardinal Romolino s'était jeté aux pieds du pape, les larmes aux yeux, en recommandant le duc à sa bienveillance. Nous verrons ce qui en résultera. Le souverain pontife espère à l'aide des forteresses du duc pouvoir plus facilement tenir tête aux Vénitiens, et attirer à lui avec moins de difficulté les peuples de la Romagne lorsqu'ils verront flotter les étendards du saint-siége sur les murs de quelques-unes des places de cette province.

NICOLAS MACCHIAVELLI.

Rome, le 27 novembre 1503.

LETTRE XXXI.

MAGNIFIQUES SEIGNEURS,

Je vous ai écrit le 26 et le 27. Par le moyen de Jean Pandolfini, ces dépêches vous parviendront sans frais. Toute la garde du pape s'est rendue cette nuit à Ostie. C'est, selon les uns, pour amener ici le duc de Valentinois. Elle doit, selon d'autres, non-seulement l'amener, mais encore s'assurer de sa personne d'une manière plus positive. Si on les en croit, le pape a reçu hier au soir des avis qui le prévenaient que ce duc s'était retiré avec ses troupes sur quelques bâtiments qu'il avait dans le port d'Ostie, et que si l'on n'envoyait pas des forces suffisantes il s'échapperait, ce qui est cause que l'on a fait partir cette garde et que Castel del Rio s'est mis en route aujourd'hui de grand matin. Nous voici à la vingt-quatrième heure et personne n'est encore de retour. Le bruit s'est répandu dans la journée que le duc avait pris la fuite. Ce soir on le dit arrêté, demain nous saurons la vérité. On voit que Jules II ne perd point de temps dans cette affaire. Ce que je vous ai mandé dans ma lettre du 26 pourrait bien se vérifier. On reconnaît aujourd'hui que les crimes du duc l'ont conduit peu à peu sur le bord de l'abîme. Nous devons bénir les décrets de la Providence, quelque chose qui arrive.

L'évêque de Raguse s'est mis hier en route; il passera à Florence, comme je vous l'ai marqué. [Il conformera sa conduite à vos désirs. C'est le cardinal Soderini qui a rédigé ses instructions. Le pape lui a recommandé de mettre dans ses relations avec vous assez d'art pour que Venise ne le soupçonne point de vous être dévoué.] Je vous en avertis afin que vous puissiez agir de même de votre côté.

L'un de ceux que le pape envoya dès le commencement des troubles dans la Romagne est de retour depuis hier. Il a rapporté que le pontife avait peu de partisans à Imola et à Forli. Cette dernière place craint d'être soumise de nouveau à la comtesse Catherine Sforce. Son commandant est décidé à la conserver au duc et à lui rester fidèle tant qu'il le saura existant. L'autre désire le retour de ce même duc. Ces nouvelles ont déplu à Jules II; cependant il compte sur le voyage de l'évêque de Raguse et en attend les suites.

Jean-Paul Baglioni doit arriver ici sous huit jours.

NICOLAS MACCHIAVELLI.

Rome, le 28 novembre 1503.

LETTRE XXXII

MAGNIFIQUES SEIGNEURS,

[Le cardinal Soderini m'a rendu compte d'un entretien qu'il avait eu hier soir avec le cardinal d'Amboise sur les affaires présentes. Comme il parlait de l'accord qui se négocie entre le monarque français, le roi d'Espagne et l'empereur, ce ministre lui dit qu'il en désirait vivement la conclusion; que la France avait beaucoup souffert cette année, mais qu'il espérait qu'avec un peu de repos elle se retrouverait en état de former de nouvelles entreprises, quelque considérables qu'elles pussent être. Il s'exprima sur ce sujet de manière à faire croire qu'il opinera pour la paix, quand même elle ne serait pas à l'avantage de la France, et ajouta que si elle se faisait l'empereur passerait en Italie. Le cardinal Soderini lui ayant fait observer que, dans la supposition de cet accommodement et de ce passage de l'empereur, les Français devaient songer au salut de leurs alliés; il répondit que ce serait leur premier soin, qu'ils ne consentiraient jamais à aucun démembrement de la Toscane. Mais il représenta que, l'empereur étant pauvre et voulant faire ce voyage d'une manière conforme à sa dignité, vous ne pourriez vous dispenser d'y contribuer en lui fournissant quelques secours d'argent. Il lui laissa entrevoir que dans leur traité ces trois souverains se partageraient l'Italie, en assurant toutefois que la protection de la France mettrait notre république à l'abri de tout danger, et améliorerait son sort. Notre cardinal se conduisit comme il le devait dans cette conférence dont je viens de vous instruire. Rien ne se terminera avant que le cardinal d'Amboise ne se soit abouché avec l'empereur. J'ai cru devoir vous prévenir de tout ceci, afin que vous puissiez, quand ce ministre passera dans notre ville pour se rendre auprès de Maximilien, charger quelqu'un de négocier avec lui nos intérêts, ce qui sera plus facile en sachant de quel côté l'on peut se promettre du succès. L'ambassadeur de l'empereur a dit ce matin à notre cardinal Soderini que celui de Venise était venu le trouver la veille, et s'était efforcé de lui persuader de la part du sénat que cette république était très-attachée à son souverain, et qu'elle désirait ardemment son passage en Italie afin de pouvoir, de concert avec lui, rétablir l'ordre dans cette contrée. Cet envoyé vénitien parla deux ou trois fois de la Romagne, pensant que celui de l'empereur entrerait en discussion avec lui sur ce sujet : comme il vit qu'il n'en faisait rien, il changea de conversation et, revenant aux désordres [illegible] l'Italie, il représenta que les papes avaien[illegible] causé pendant plusieurs siècles le malheur [illegible] la Romagne, en voulant successivement y éta[illegible]blir tantôt un seigneur tantôt un autre. [illegible] ajouta que ces peuples fatigués d'un semblab[illegible] état s'étaient jetés dans leurs bras pour trouve[illegible] enfin le repos, et que les Vénitiens les avaien[illegible] reçus, mais en consentant à payer sur-le-cham[illegible] au saint-siége le cens qui lui était dû et à [illegible] soumettre, avec tous les autres seigneurs [illegible] cette province, aux décisions de la justice. L'am[illegible]bassadeur allemand dit qu'il avait fait à celui [illegible] Venise les réponses convenables; et, laissant [illegible] côté son entretien avec lui, il répéta à notr[illegible] cardinal que l'empereur viendrait infailliblemen[illegible] en Italie et sous peu. Il ajouta que ce princ[illegible] avait deux projets relativement à Pise : le premier de rendre maître de cette ville celui qui l[illegible] en donnerait le plus d'argent; le second de se réserver en le faisant un droit de redevance, po[illegible] montrer que cette place avait été cédée par l[illegible] comme fief relevant de l'empire. Son Éminenc[illegible] lui répondit comme elle le devait, et ils se séparèrent. Je vous fais passer ces renseignement[illegible] en particulier, afin qu'ils soient tenus secrets. J'ai vu ce que vous me mandez dans votre lettre du 25, au sujet de Citerna. Malgré les offres faites ici par d'autres au cardinal Saint-Georges, nous traiterons cette affaire avec toute l'économie possible et ne la perdrons point de vue.]

NICOLAS MACCHIAVELLI.

Rome, le 28 novembre 1503.

LETTRE XXXIII.

MAGNIFIQUES SEIGNEURS,

Quoiqu'il y ait eu aujourd'hui un consistoire, je suis cependant venu à bout de communiquer au pape, dès le matin, les avis que vous m'avez fait passer par votre dépêche du 25. Je lui ai aussi montré celle du 24, relativement aux préparatifs des Vénitiens pour se rendre maîtres du reste de la Romagne. Ce pontife s'appuie sur la France, et espère, d'après quelques lettres du 25, qu'il se fera un accommodement entre cette puissance et l'Espagne. Il me témoigna la plus vive indignation contre les Vénitiens. Si l'on peut ajouter foi aux discours, au

...tes et à tous les signes extérieurs des pas... des hommes, on doit croire qu'il est très-...té de leurs démarches et qu'elles n'ont ...t son assentiment. Cependant on ne voit ... qu'il projette d'autres mesures que celles ...'il a employées jusqu'ici. Il paraît décidé à ...ndre le résultat de l'envoi des évêques de ...li et de Raguse à Venise et dans la Ro...gne. Indépendamment des soins, de l'acti...té constante et sans réserve du cardinal So...rini pour enflammer le zèle de Jules II, d'au...es cardinaux travaillent aussi à ne pas laisser ...froidir ses sentiments. Le cardinal d'Amboise, ... d'entre eux, lui promet des troupes et tous ...s secours possibles s'il veut s'opposer plus ef...cacement aux entreprises des Vénitiens. La ...rité de ce que je vous mande est encore con...mée par le discours que Sa Sainteté a tenu ce ...atin dans le consistoire en présence de tous ... cardinaux. Lorsque ce pontife en vint à la ...mulgation des noms des quatre cardinaux ...uvellement créés, il dit qu'une des causes qui ...vait porté à faire de semblables nominations ...ait le désir de procurer au saint-siége plus de ...cours et des moyens plus étendus, tant pour ...e défendre contre ceux qui voudraient envahir ...es possessions que pour retirer des mains des ...Vénitiens celles qu'ils ont envahies. Il ajouta ...éanmoins qu'il aimait à se persuader que cette ...république restituerait volontairement ces places, ...et se conduirait envers l'église avec cet atta...chement filial dont elle lui faisait renouveler ...chaque jour les assurances par son ambassadeur. Ce fut ainsi qu'il adoucit, en finissant, ses ex...pressions, mais il avait d'abord employé tex...tuellement celles que je viens de vous transcrire.

La garde de Jules II est repartie pour Ostie aujourd'hui à la vingt-deuxième heure. Elle ...ura trouvé à San-Paolo, lieu qui n'est éloigné de Rome que de deux milles, le duc de Valen...tinois, qui a dû y être amené à la même heure ...sur un petit bâtiment. On croit qu'il sera con...duit à Rome cette nuit. Le temps nous instruira ...sur sa destinée future, mais vous ne devez plus vous occuper de ses projets ni de ses espé...rances. Les fantassins qu'il avait emmenés re...viennent à Rome l'un après l'autre. Les gentils-hommes qui l'accompagnaient s'en retourneront sûrement chez eux. Don Michel et les autres troupes qui ont pris la route de Toscane n'arriveront pas à leur destination. Vous devez mieux connaître leur position que moi par les avis que vous pouvez recevoir de Pérouse ou des pays environnants. Les Français et les Espagnols n'ont pu faire encore aucune tentative nouvelle. Ils sont toujours arrêtés par les mêmes obstacles. On ne sait si les premiers chercheront en ce moment à se mettre en marche pour aller en avant, comme ils l'ont mandé ici au cardinal d'Amboise. Les considérations développées dans leur lettre leur persuadaient peut-être alors que la chose était possible. Au reste, on dit que les deux armées sont réduites à la plus triste situation et aux besoins les plus urgents. Le temps ne paraît pas disposé à se remettre au beau; nous avons eu à la vérité deux jours moins mauvais, mais aujourd'hui il est plus affreux que jamais. Il ne cesse de pleuvoir. Ainsi les malheureux soldats ont à lutter contre les eaux qui tombent du ciel et contre celles dont la terre est déjà toute couverte.

Voici les noms des quatre nouveaux cardinaux : l'archevêque de Narbonne, neveu du cardinal d'Amboise; l'évêque de Lucques; l'évêque de Mende en France; l'évêque de Séville.

J'ai oublié de vous dire que le souverain pontife ne se rendra que dimanche à Saint-Jean, à cause du mauvais temps.

NICOLAS MACCHIAVELLI.

Rome, le 23 novembre 1503.

LETTRE XXXIV.

MAGNIFIQUES SEIGNEURS,

Vous recevrez des dépêches du 28 et du 29, faisant suite à celles des 26 et 27; elles vous instruiront de l'état des choses pour le présent. Le cardinal Soderini a eu ce matin une nouvelle conférence avec le pape sur la Romagne. Sa Sainteté lui a dit que l'ambassadeur de Venise se récriait beaucoup contre les expressions dont elle s'était servie dans le dernier consistoire, et faisait retentir ses plaintes de toutes parts à ce sujet. Notre cardinal a répliqué que les Vénitiens, en faisant tant de bruit pour de simples discours, eux qui ne veulent point que l'on signale leurs actions, devaient lui apprendre à s'opposer avec d'autant plus d'énergie à leurs agressions réelles contre le saint-siége, etc., etc. Jules II lui ayant demandé s'il connaissait quelques nouvelles mesures que l'on pût prendre, Son Éminence répondit à ce pontife qu'il devait, selon lui, engager le cardinal d'Amboise, avant son départ, à envoyer quelques lances dans le Parmesan, et à laisser Jean-Paul Baglioni dans la Toscane, afin que l'on pût le faire passer sur les confins de la Romagne et l'employer au besoin, soit pour combattre réellement, soit simplement pour en imposer. Le cardinal Soderini ajouta que ces deux points ne seraient pas difficiles à obtenir : d'abord parce qu'il devait être égal au cardinal d'Amboise que les troupes qui vont entrer en quartier d'hiver fussent à Parme ou ailleurs; ensuite parce que Jean-Paul Baglioni n'est pas nécessaire dans le camp français, où il y a déjà trop de cavalerie, et d'où il sera obligé de revenir à ses cantonnements si la trêve a lieu, comme on l'espère. Il le pressa de conclure avec les condottieri qu'il voulait prendre à sa solde; car outre le duc d'Urbin, Jules II paraît avoir envie d'appeler à son service quelques-uns des Colonnes. Il l'instruisit du plan d'union entre Florence, Sienne, Bologne et Ferrare, qui avait été formé l'année dernière sous la médiation de la France, des obstacles apportés à son exécution par Alexandre VI, dont la vaste ambition avait jugé cet accord contraire à ses vues, et des avantages certains qui résulteraient bientôt de ce projet si Sa Sainteté le renouvelait et le faisait arriver à bon terme. Il lui représenta combien cette union pouvait contribuer à la paix et à la tranquillité générales, à la sûreté de ces États, à celle de l'Église et à sa propre réputation. D'après ce que m'a rapporté le cardinal Soderini, le pape écouta attentivement et avec plaisir le développement de toutes ses idées, et lui dit qu'il tâcherait d'obtenir du cardinal d'Amboise ce dont il venait de lui parler; qu'il conclurait avec les Condottieri le plus promptement possible, et qu'il remettrait en avant cette ligue dont il approuvait le plan, et ne négligerait rien pour la faire réussir. Ils s'entretinrent ensuite du duc de Valentinois. Il paraît en général que Jules II ne le traite pas encore comme un prisonnier à vie. Il l'a envoyé à Magliana, lieu situé à sept milles de Rome; il l'y fait garder, mais sans mettre de rigueur dans ses procédés à son égard, parce qu'il espère l'amener à ses fins par voie d'accommodemen[t], afin que l'on ne publie point qu'il l'a forcé, [et] que les commandants des places possédées e[n]core par ce duc ne se servent point de ce pr[é]texte pour les livrer à quelque autre puissance. C'est donc à l'amiable que le pape veut obten[ir] son consentement, par un accord dont les clau[ses] seront : la cession des forteresses du duc au sain[t] siége, la liberté absolue de celui-ci, et peut-être la promesse de quelque indemnité ou de la res[]titution de ces places au bout d'un certain temp[s]. J'ignore quelles seront les suites de cette négo[]ciation. On ne peut encore prononcer sur cette affaire; car depuis mon séjour ici toutes celle[s] relatives au duc ont éprouvé mille change[]ments, mais toujours à son désavantage.

Vos dépêches du 27, en réponse aux miennes du 25, me sont parvenues aujourd'hui à l'heure du dîner; elles m'ont instruit de l'arrivée de monseigneur Ennio et des nouvelles d'Imola, et[c]. Je me suis empressé d'en donner communica[]tion au souverain pontife. Il m'a témoigné les mêmes dispositions à l'égard des Vénitiens, et m'a paru satisfait de ce que vous m'écrivez au sujet de monseigneur Ennio. Il vous recom[]mande seulement de veiller à l'éloignement de vos troupes et de vous en occuper avec soin. Je l'ai assuré que vous le faisiez, et que vous tâcheriez, d'un côté, de ne point donner de mau[]vais exemples aux Vénitiens, et de prévenir de l'autre tous les inconvénients qui pourraient en résulter. Il m'a fait voir qu'il savait la nouvelle de Torsignano, s'en est plaint amèrement, et m'a chargé de remercier la seigneurie de ses offres.

Rien de nouveau sur les Français et les Espagnols. On assure que le cardinal d'Amboise partira la semaine prochaine.

Dans un entretien que j'ai eu il y a trois ou qua[]tre jours avec monseigneur de Capaccio, ce car[]dinal m'a dit qu'il avait obtenu un bénéfice dans le Mugello, et qu'il allait envoyer ses bulles et ses lettres de jussion. Il m'a prié de vous engager pour lui à une prompte expédition, en me fai[]sant observer qu'il ne vous avait jamais fait au[]cune demande, et qu'il vous avait obligés toutes les fois qu'il en avait trouvé l'occasion. Je lui ai répondu comme je le devais.

Le cardinal Soderini, comme je vous l'ai sou[]vent marqué, sert notre république avec tout le zèle que doit inspirer l'amour de la patrie mais il craint qu'un désir trop ardent de faire le bien ne l'égare, et ne le fasse tomber dans quelque erreur. Indépendamment de vos instructions sur la Romagne, il vous prie donc de nous en faire passer sur les mesures que vous croiriez utiles de proposer au pape, afin qu'il puisse entrer parfaitement dans vos vues et agir avec plus de maturité et de confiance.

NICOLAS MACCHIAVELLI.

Rome, le 30 novembre 1503.

LETTRE XXXV.

MAGNIFIQUES SEIGNEURS,

Lorsque j'eus fait partir hier au soir par estafette mes lettres des 28, 29 et 30 du mois dernier, je reçus par estafette aussi la vôtre du 28. Je me suis présenté ce matin à l'audience du pape, auprès duquel se trouvait le cardinal Soderini. Je lui ai lu votre lettre. Ce pontife m'a témoigné comme de coutume qu'il était fort mécontent des nouvelles qu'elle contenait. Il m'a répété qu'il ne négligerait rien de ce qui contribuerait à l'honneur du saint-siége et à la sûreté de ses alliés; qu'il avait déjà rempli une grande partie de vos demandes; que les brefs pour Venise étaient écrits et envoyés, et que l'évêque de Raguse devait être maintenant à Sienne. Il ajouta que, étant sans forces, il prierait le cardinal d'Amboise de lui accorder Baglioni, chercherait à se procurer quelques autres troupes, et ferait tout ce qui dépendrait de lui, de manière que personne ne pût raisonnablement en exiger davantage. J'ai répondu comme la circonstance m'a paru le demander, et le cardinal Soderini a donné des preuves de son zèle accoutumé. Il est resté à dîner avec Jules II, ce qu'il fait fréquemment, et n'a point manqué de lui réitérer ses instances en faveur de la sûreté de notre république et de la gloire du saint-siége. Son éminence est persuadée que ce pontife est fort embarrassé de sa position actuelle. Elle le voit d'un côté former des désirs, tandis que de l'autre il ne se sent point assez de forces pour les suivre à son gré; mais elle ne doute point que si les choses persévèrent dans cet état, ce qui paraît difficile, il ne mette un jour en danger ceux qui cherchent à présent à déshonorer le saint-siége. Ce cardinal vous engage à presser l'envoi des ambassadeurs qui doivent venir le complimenter, en vous faisant observer qu'on ne saurait être trop généreux de ces choses qui ne coûtent rien, qu'il faut les placer à propos, et faire des dons accommodés aux circonstances.

Lorsque l'on apprit à Jules II, d'après votre lettre, que Ramazotto était entré dans la citadelle d'Imola, il répondit que ce guerrier soutenait les intérêts du saint-siége et que, si cette entrée était vraie, elle avait dû être concertée avec le cardinal Saint-Georges auprès duquel on pouvait s'en informer. Vous ferez vos réflexions sur cette réponse, la seule que l'on ait obtenue de lui sur cet article, et sur le parti que vous devez prendre, en vous rappelant, comme je vous l'ai tant de fois répété, que l'on ne peut attendre d'ici aucun secours d'argent ou de troupes, à moins que le cardinal d'Amboise n'acquiesce à la demande du pape touchant Baglioni, demande que nous appuierons autant qu'il nous sera possible. Ceux qui ont de fréquentes relations avec ce pontife ne paraissent nullement le soupçonner d'avoir donné son consentement secret aux entreprises des Vénitiens, ni de mettre de la duplicité dans sa conduite, parce que l'on n'a encore rien remarqué en lui qui fût propre à faire naître cette idée. Il s'est plutôt montré comme un homme d'un caractère impétueux et qui n'est arrêté par aucun ménagement. Quant aux brefs, Jules II assure les avoir adressés aux Vénitiens par *duplicata*. Comme il ne vous en a été présenté aucun, il est très-possible qu'on ne vous les ait pas envoyés, pour les motifs qu'il m'indiqua lui-même hier au soir lorsque je lui parlai, ainsi que je vous le mande dans la précédente.

Pendant que j'étais auprès du pape, il fut informé que don Michel avait été pris et que ses troupes avaient été désarmées par Jean Paul Baglioni sur les confins de votre territoire et de celui de Pérouse: il en témoigna beaucoup de joie, et il parut que cela entrait parfaitement dans ses vues. Notre cardinal ne quitta point ce pontife et alla dîner avec lui au Belvédère. A son retour, vers la vingt-quatrième heure, il me raconta qu'après mon départ Jules II avait reçu du duc d'Urbin une lettre, dans laquelle Jean-Paul Baglioni faisait savoir ici à son agent que les habitants de Castiglione et de Cortone, secondés par ses troupes, avaient désarmé celles de don Michel, dont la personne ainsi que celle de Charles Baglioni étaient à Castiglione-Aretino, entre les mains des recteurs de la république de Florence. Il fut extrêmement satisfait de cette nouvelle, persuadé que la prise de don Michel lui fournirait une occasion de dévoiler les vols, les brigandages, les homicides, les sacriléges et les autres crimes sans nombre contre Dieu et contre les hommes qui se sont commis à Rome depuis onze ans. Ce pontife dit ensuite à notre cardinal que la république ajouterait sûrement au service important rendu par ceux de ses sujets qui avaient concouru au désarmement de don Michel, celui de le remettre en son pouvoir. Il vous fit aussitôt expédier à ce sujet un bref qui sera joint à cette dépêche. Son Éminence l'a assuré du succès de sa demande, et elle vous engage fortement à lui livrer ce Michel comme spoliateur et ennemi du saint-siége : vous ferez par là, sans qu'il vous en coûte, une chose à laquelle on attache beaucoup de prix, et qui sera regardée comme une grande preuve d'affection. Notre cardinal m'a dit qu'il avait pendant toute cette journée entretenu le pape de la position de la Romagne, et reconnu en lui un désir ardent et bien soutenu d'y apporter remède, de prendre des troupes à sa solde et d'employer tous ses efforts pour faire respecter sa puissance. S'il ne prend pas des mesures aussi énergiques qu'on le souhaiterait, il faut l'attribuer aux causes développées dans ma lettre du 11 du mois dernier; ce sont elles qui le retiennent. Il se crée aussi naturellement quelques obstacles; ce qui n'arriverait probablement point à quelqu'un dont la position offrirait plus de ressources; mais l'étendue de son courage et sa passion pour la gloire suppléeront à ce qui lui manque.

L'évêque de Raguse doit être maintenant à Florence. En supposant que le bref ne vous ait pas encore été présenté, il vous l'aura remis, selon ce que m'a dit notre cardinal qui a déjà écrit deux fois à Venise sur ce sujet.

Nicolas Macchiavelli.

Rome, le 1er décembre 1503.

P. S. J'oubliais de vous mander que le duc de Valentinois a été amené ce matin dans le palais, où il occupe l'appartement du trésorier. Le pape désire que vous envoyiez sous bonne escorte don Michel jusqu'à Acquapendente; il donnera des ordres pour l'y faire recevoir. Le cardinal Soderini pense que, si vous vouliez éviter les frais d'une conduite aussi longue, vous pourriez le mener simplement à Pérouse. Il faudrait alors en prévenir ce pontife qui donnerait ses ordres dans cette ville.

LETTRE XXXVI.

Magnifiques seigneurs,

Nous avons reçu ce matin, le cardinal Soderini et moi, un homme envoyé par Lucas Savello à Son Éminence; il était chargé de lui dire de la part de ce commandant qu'il ne peut rester plus longtemps sans argent; qu'il désire toucher un payement et que, s'il ne le reçoit pas bientôt, il sera contraint de licencier sa compagnie et de s'en retourner, ce dont il aurait grand regret pour votre honneur et pour le sien. Ce prélat a tâché de ranimer ses espérances, en promettant de vous transmettre ses demandes, et m'a chargé d'écrire de mon côté au seigneur Savello pour le rassurer, et à vous, afin que vous puissiez répondre et prendre les mesures nécessaires. Cet envoyé est parti de l'armée française il y a quatre jours. Selon son rapport, la majeure partie est campée sur le Garigliano, dans l'endroit où l'on a fait un pont. Le reste est répandu aux environs dans un espace de dix milles. On a éprouvé beaucoup de difficultés et de confusion au passage de ce fleuve. Il raconte aussi que le bruit court dans le camp que Gonzalve a fait venir par terre quelques barques qu'il veut jeter sur ce même fleuve pour le passer à son tour, croyant ses forces supérieures à celles des Français depuis l'arrivée des Orsini. Nous lui avons demandé quel parti prendraient dans ce cas les Français, mais il n'a pu nous le dire ni nous rendre raison de plusieurs de ses nouvelles. Voilà tout ce que j'ai appris à cet égard. Il faut attendre la fin. Dieu veuille qu'elle soit heureuse!

Le cardinal Saint-Georges ne veut point que l'on donne le brevet de commandant à un citoyen de Florence ni à un sujet de cette république. Désignez donc une autre personne qui vous convienne, et le plus tôt sera le mieux, afin que nous puissions retirer ce fort de ses mains. Il faut absolument lui compter deux cents ducats; c'est de l'argent qu'il désire et non un échange.

NICOLAS MACCHIAVELLI.

Rome, le 2 décembre 1503.

LETTRE XXXVII.

MAGNIFIQUES SEIGNEURS,

Lorsque je vous eus écrit la précédente, je sortis du palais et j'allai chercher le cardinal Saint-Georges pour des raisons qui vous sont connues. Après l'avoir attendu longtemps je vis que je ne pourrais lui parler à cause de ses nombreuses occupations. Alors je revins au palais et j'appris de notre cardinal qu'il avait eu avec le pape une conférence au sujet du duc de Valentinois; que ce pontife avait obtenu du duc son consentement pour la cession de ses forteresses dans la Romagne, et que ce soir ou demain dès le matin Pietro d'Oviedo au nom du duc, et un autre individu au nom du pape, munis de son consentement, devaient prendre la route de Toscane pour se rendre dans la Romagne. Comme le cardinal Soderini vous a écrit en mon absence une lettre dont il chargera ces deux envoyés, vous y trouverez son entretien avec Jules II et son sentiment sur la conduite que vous devez tenir dans cette circonstance. Je vous recommanderai seulement de sa part de faire tous vos efforts pour que le pape devienne maître de ces forteresses, et pour rassurer leurs commandants en vous donnant pour caution des promesses de ce pontife et en faisant même quelques sacrifices d'argent. Tâchez aussi de gagner les peuples de cette contrée en leur représentant que le pape se conformera sûrement à leurs désirs par rapport aux seigneurs rentrés dans les place. Ne négligez rien pour contribuer au succès de cette entreprise. Si les forteresses de Forli et de Césène tombent au pouvoir du saint-siége, vous aurez d'abord l'avantage de voir arrêter les progrès des Vénitiens; vous acquerrez en outre beaucoup de droits à la reconnaissance du souverain pontife.

On a retiré le duc de Valentinois de l'appartement du trésorier : il est à présent dans celui du cardinal d'Amboise. Il désire accompagner ce prélat, qui compte prendre la route de Florence après l'installation qui doit se faire à Saint-Jean. [Son Éminence se souciait fort peu de le recevoir dans son appartement, mais elle se soucie beaucoup moins encore de le mener avec elle. Le désir de complaire à Jules II l'a fait céder sur le premier point, mais il pourrait bien ne pas en être de même du second. D'ailleurs, comme ce ministre est sur le point de partir, il sera impossible au duc d'aller avec lui si le pape veut être en possession de ses forteresses avant son départ, parce qu'il ne reste plus assez de temps pour l'exécution de ce dessein.] On ne peut donc prononcer avec certitude sur la destinée future de ce prince, mais plusieurs en tirent de fâcheux présages.

Le cardinal d'Amboise quittera Rome après la cérémonie qui doit avoir lieu à Saint-Jean lundi ou mardi; il sera suivi de l'envoyé de l'empereur et ira s'aboucher avec ce prince avant de retourner auprès du roi, dans l'espérance de conclure un accommodement entre ces deux souverains. Le cardinal Soderini vous conseille d'envoyer à sa rencontre jusqu'à Sienne un homme habile et distingué, afin de voir si l'on pourrait prendre dans cette ville quelque arrangement favorable avec Pandolfe Petrucci. Il croit aussi qu'il serait nécessaire de faire accompagner ce ministre par quelqu'un qui fût témoin de sa conférence avec l'empereur, qui fît des représentations conformes aux intérêts de notre république, découvrît les choses que l'on pourrait proposer contre elle, qui pût y remédier d'une part et de l'autre vous en prévenir; mais il voudrait que l'on choisît une personne agréable au cardinal d'Amboise et réunissant à l'expérience un sincère attachement pour notre ville.

Le cardinal Soderini a rendu compte au cardinal d'Amboise de l'entretien qu'il a eu ce matin avec l'envoyé de Lucas Savello. Ce ministre a cherché à relever le courage de Soderini, en l'assurant que cet envoyé ne savait ce qu'il disait; il lui a cité des lettres qu'il avait reçues de l'armée, en date du 29 novembre, et dans lesquelles on lui mandait que les Français ne souffraient pas, à beaucoup près, autant que l'ennemi, qui était dans l'eau jusqu'à la ceinture, trouvait moins d'abris et éprouvait une plus grande disette parce que l'argent lui manquait. Ces lettres portaient aussi que les Français étaient toujours dans la même résolution d'aller en avant, si les pluies et les inondations ne continuaient pas à s'y opposer. J'ai vu ce soir un de nos concitoyens, qui m'a dit avoir appris de Salvalago de Pistoie, arrivant de l'armée, qu'il y avait eu dans l'un et l'autre camp plus d'un mouvement depuis trois semaines, au sujet du rachat de quelques prisonniers; mais en général les discours et les relations de Salvalago se rapportent plus aux lettres du cardinal d'Amboise qu'aux nouvelles de l'homme d'armes de Savello. Le temps dissipera toutes les incertitudes, j'attends sa décision.

Le marquis de Mantoue partit hier matin d'ici avec la fèvre quarte, et prit la route de Toscane.

NICOLAS MACCHIAVELLI.

Rome, le 2 décembre 1503.

P. S. Au moment de cacheter ma lettre, je reçois, par votre courrier, celle qui m'informe de la prise de don Michel; on sait ici cette nouvelle depuis hier matin. Je vous en ai écrit fort au long hier au soir : cette dépêche et le bref du pape qui est parti en même temps vous instruiront des désirs de ce pontife. Comme Jean Pandolfini m'a dit qu'il les avait expédiés cette nuit par une voie sûre, je ne reviendrai point sur cet objet. Quoique vos intentions fussent déjà remplies, j'ai néanmoins fait passer votre lettre au cardinal Soderini. Comme nous sommes à la troisième heure de la nuit et qu'il n'y a plus trop de sûreté dans les rues pour des personnes telles que nous, j'ai chargé quelqu'un de la lui porter au palais.

LETTRE XXXVIII.

MAGNIFIQUES SEIGNEURS,

Je vous ai écrit hier deux lettres que j'ai remises au même courrier, qui n'est parti que ce soir vers la troisième heure. Je vous ai mandé dans la dernière que j'avais reçu la vôtre, touchant l'arrestation de don Michel. Comme le pape savait cette nouvelle, et que je vous avais déjà écrit à ce sujet, j'eusse pu m'en tenir là ; cependant j'ai cru devoir donner communication à Jules II de votre dépêche. L'expression de la joie de ce pontife a été la même que celle consignée dans ma lettre du premier de ce mois; il a réitéré la même demande, et a paru compter sur son succès. Il a ajouté aujourd'hui à notre cardinal, en souriant, qu'il voulait prendre de lui quelques leçons sur la manière de gouverner. Je vous ai mandé hier que Pietro d'Oviedo devait être porteur du consentement du duc pour la cession des forteresses, et qu'il prendrait ce matin la route de Toscane, avec l'envoyé du pape qui doit l'accompagner. Leur départ a été différé, parce que le duc a mis des entraves à la cession de ces places, que Jules II voudrait obtenir par les voies de la douceur et sans être obligé de recourir à celles de la contrainte. Le premier exige que le cardinal d'Amboise lui garantisse par écrit l'exécution des promesses du pape et se donne réellement pour caution de la fidélité de ce pontife à tenir ses engagements. Le cardinal n'a point encore voulu y consentir, et l'on croit qu'il persévérera dans son refus. Cette discussion a occupé la journée entière. On commence à croire que demain matin, sans que l'on ait obtenu aucune garantie de ce ministre, Oviedo partira avec ce consentement. Ainsi le duc paraît glisser peu à peu dans l'abîme.

Quelques jeunes Romains, gentilshommes du duc, sont venus trouver aujourd'hui le cardinal Soderini pour se plaindre de ce que leurs gens qui étaient avec don Michel ainsi que leurs effets, avaient été saisis et pillés, quoique l'on ne fit éprouver à Rome aucune injure de ce genre à vos commerçants. Ils ajoutèrent des menaces à leurs plaintes. Son Éminence leur répondit que nos commerçants venaient à Rome sans armes, et que, loin de chercher à y causer du dommage, ils contribuaient plutôt à sa prospérité. Il ajouta que ceux qui avaient été pris et dépouillés avaient reçu la représaille des mauvais traitements qu'ils s'étaient jadis permis envers cette contrée, et qu'ils comptaient sans doute s'y permettre encore, puisqu'ils la parcouraient sans permission et sans sauf-conduit. Ces jeunes Romains n'obtinrent point d'autre réponse. Cependant Son Éminence vous engage à prendre toutes vos précautions, et à voir si vous ne pourriez pas imiter ceux qui ont essuyé de la part du duc des spoliations considérables. Ils lui ont déjà fait signifier leurs réclamations, et rendu publique une plainte signée d'eux, afin de procéder contre lui par les voies ordinaires. Du nombre des réclamants se trouvent le duc d'Urbin et le cardinal Saint-Georges. Le premier redemande 200 mille ducats pour son compte et l'autre 50 mille pour celui de ses neveux. En prenant cette marche, il vous sera aisé de justifier les dommages commis par l'exposition des pertes que l'on vous a fait éprouver.

Nous ne pouvons rien conclure touchant l'engagement militaire de Jean-Paul Baglioni, parce que le cardinal d'Amboise est mécontent de lui. Son Éminence lui reproche de n'avoir exécuté aucun des ordres qu'il a reçus depuis qu'elle lui a permis d'aller à Pérouse, et de ne s'être point encore rendu ici malgré toutes les lettres qui lui ont été écrites et l'argent qui lui a été donné, etc. Le cardinal Soderini craint, si l'on ne prend pas quelques mesures convenables, que le roi et son ministre, en faisant compter à Baglioni des sommes aussi considérables, ne lui fournissent des moyens dont un autre pourrait bien profiter. Il n'y voit pas d'autre remède que d'en venir à la ratification désirée, en y insérant toutes vos sûretés; ce qui peut se traiter et se conclure en cette ville, si Baglioni y arrive avec ses troupes avant le départ du cardinal d'Amboise. Dans le cas où ce prélat partirait avant son arrivée, notre cardinal vous conseille de faire tous vos efforts pour terminer cette affaire pendant que ce ministre sera dans la Toscane, si vous ne voulez pas courir les risques dont je viens de vous parler.

Nicolas Macchiavelli.

Rome, le 3 décembre 1503.

LETTRE XXXIX.

Magnifiques seigneurs,

C'est plutôt pour ne point interrompre l'usage où je suis de vous écrire chaque jour que par nécessité que je vous adresse cette lettre. Je n'ai rien d'important à ajouter aux trois dépêches des deux jours précédents, qui sont parties par un courrier de Lyon expédié cette nuit. Je vous apprendrai seulement qu'il y a eu aujourd'hui un consistoire public, on y a proclamé les quatre nouveaux cardinaux dont je vous ai déjà fait connaître la nomination. Je veux aussi vous informer des nouvelles que les Français qui se trouvent ici ont reçues par un homme arrivé en poste il y a deux heures. Elles portent que les Espagnols ont conduit par terre et jeté sur le Garigliano quelques barques, à l'aide desquelles ils comptaient attaquer et même essayer de brûler le pont construit sur ce fleuve par les Français. Après avoir pris toutes les mesures, ils ont en même temps lancé leurs barques contre ce pont, et donné par terre un assaut au bastion élevé sur la rive gauche par ces derniers. L'une et l'autre attaque ont été vigoureusement repoussées. Les Espagnols y ont perdu environ trois cents hommes; leurs barques ont été prises et coulées à fond. C'est ainsi que l'on rend compte de cette action, et celui qui l'a écrite ici est Français.

Nicolas Macchiavelli.

Rome, le 4 décembre 1503.

LETTRE XL.

Magnifiques seigneurs,

Je venais de vous écrire la précédente, lorsque j'ai appris que Pietro d'Oviedo et l'envoyé du pape qui l'accompagne s'étaient enfin mis en route, avec le consentement du duc, pour la cession de ses forteresses. Comme ils sont partis en poste, ils doivent être à Florence. Vous aurez pu les entretenir de vive voix, ainsi que l'évêque de Raguse, qui doit aussi être rendu dans notre ville. Vous aurez sûrement pris avec ce dernier toutes les mesures que l'occasion et les circonstances vous auront fait juger convenables et admissibles. Depuis ma dernière on ne s'est occupé ici et l'on ne s'occupe encore que de fêtes. Le pape fit hier son entrée solennelle dans l'église de Saint-Jean et n'en revint qu'à la quatrième heure de la nuit. Dimanche prochain il se rend à Saint-Paul, et comme il veut que cette cérémonie se fasse avec la même pompe, il a défendu d'abattre les tentes, les arcs de triomphe et les temples qui ont été élevés dans les rues. Votre lettre du 2 m'est parvenue, et quoiqu'elle contînt des choses assez essentielles sur l'arrivée du comte de Pitigliano dans la Romagne, il ne m'a pas encore été possible d'en faire usage. Les motifs énoncés ci-dessus m'en ont empêché. Le pape et Rome entière attendent don Michel avec une grande impatience, et voudraient bien pouvoir le faire servir à l'embellissement de la fête qui doit avoir lieu dimanche. Au reste, en quelque temps que ce soit, ils seront toujours fort aises de l'avoir entre leurs mains.

Je n'ai rien appris de nouveau sur les armées française et espagnole. Le cardinal d'Amboise commence à entrer en conférence avec l'ambassadeur d'Espagne. On dit que Jules II a envoyé quelqu'un auprès de Gonzalve, pour négocier une trêve entre ces deux puissances. S'il ne survient pas dans l'intervalle quelque accident imprévu, on compte sur le succès de cette négociation.

Je vous ai mandé dernièrement qu'il était à craindre que Jean-Paul Baglioni, qui a remonté sa cavalerie avec l'argent des Français, ne passât au service d'une autre puissance, vu le mécontentement du cardinal d'Amboise à son égard. Je vous ai fait observer que nous ne connaissions qu'un seul moyen de prévenir ce danger, c'était de décider Baglioni à s'aboucher avec ce ministre, soit ici, soit en route, et à l'assurer de son dévouement et de sa soumission à ses ordres, tandis que, de votre côté, vous vous disposeriez à mettre la dernière main à l'engagement militaire lorsque le cardinal passerait à Florence; mais j'ai ajouté que si Jean-Paul Baglioni n'avait pas une explication avec lui il n'y avait rien à espérer, parce qu'il est extrêmement irrité, et a juré plusieurs fois que s'il ne rendait pas l'argent qu'il avait reçu de la France, il le livrerait à quiconque voudrait l'attaquer, Italien ou ultramontain, en supposant qu'il n'eût pas d'autre moyen de lui faire éprouver son ressentiment. Ce prélat dit avoir découvert que Baglioni avait promis à Barthélemi d'Alviano de ne jamais se rendre dans le royaume de Naples pour y combattre les Espagnols, ce dont il ne doute plus d'après la conduite tenue par ce capitaine. Quant à nous, le cardinal Soderini et moi, animés du désir de parer à ces inconvénients, nous avons écrit l'un et l'autre à ce même Baglioni. Nous l'avons engagé, par les considérations les plus fortes, à se ménager un entretien avec le cardinal d'Amboise, à son passage, en lui représentant que sans cela il serait couvert de blâme, passerait pour ennemi déclaré de la France et ami peu zélé de notre république. Je vous fais passer tous ces renseignements, afin que, connaissant l'état des choses, vous puissiez y réfléchir et embrasser le parti que vous jugerez le plus conforme au bien public.

Le cardinal d'Amboise, qui est confirmé dans sa dignité de légat en France, part vendredi ou samedi de cette semaine. L'ambassadeur impérial l'accompagne. Le cardinal Soderini vous conseille de nouveau d'envoyer à sa rencontre, au moins à une journée de chemin, en deçà de Sienne, deux ou trois personnes qui pourront l'entretenir des intérêts de notre ville et lui parler surtout de Monte-Pulciano et de Pise; il vous recommande aussi, comme chose très-utile sous tous les rapports, de le faire accompagner en Allemagne par un député qui assiste à ses conférences avec l'empereur.

Le duc de Valentinois est toujours retenu, mais avec beaucoup d'égards, dans l'appartement du cardinal d'Amboise. Hier, à cause de la fête, il fut laissé à la garde de Castel del Rio, qui le mena dîner au Belvédère et eut pour lui dans tout le cours de cette journée les procédés les plus honnêtes. Comme le cardinal part, on croit que ce duc sera mis dans le château Saint-Ange, d'où il sortira quand il pourra.

NICOLAS MACCHIAVELLI.

Rome, le 6 décembre 1503.

LETTRE XLI.

MAGNIFIQUES SEIGNEURS,

Vous vous rappelez sans doute ce que je vous ai écrit dans ma lettre du 28 novembre. L'ambassadeur impérial est venu retrouver notre cardinal et lui a dit : « Vous ne pensez donc « point à ce dont nous avons quelquefois parlé « ensemble? J'en suis encore à attendre votre « réponse. Il faudrait cependant y réfléchir et me « la communiquer. Je vous répète que l'empereur « passera en Italie, et cédera Pise pour une somme « payable sur-le-champ, et un droit de redevance « pour l'avenir; mais il ne la cédera qu'à celui qui « offrira la somme la plus considérable. » Son Éminence fit observer qu'elle ne pouvait lui donner de réponse, mais qu'il pourrait en avoir une de la seigneurie, en l'entretenant de cette affaire à son passage à Florence avec le cardinal d'Amboise. Il parut satisfait, et passant ensuite à l'accord proposé entre le roi de France et l'empereur, il assura qu'il serait entièrement terminé dans un mois, et que parmi les autres clauses il y en aurait une qui garantirait la sûreté et les droits des alliés de ces deux puissances, excepté dans les points sur lesquels l'une des deux pourrait avoir des droits à exercer. Cet ambassadeur dit aussi que les Vénitiens cherchaient à faire ici un accommodement avec le pape et à conserver ce dont ils s'étaient emparés. Le cardinal Soderini répliqua que c'était ainsi que Louis XII et Maximilien perdaient une belle occasion de se faire respecter en Italie et d'assurer la tranquillité de leurs États, en laissant augmenter le pouvoir de ceux qui étaient déjà formidables tels que les Vénitiens, et s'affaiblir celui des États moins puissants tels que le nôtre. Son Éminence ajouta qu'elle ne pouvait s'empêcher de faire ces observations; mais que si les discours étaient insuffisants, les Florentins auraient plus tôt conclu un accommodement avec Venise qu'un autre n'en aurait conçu l'idée, et qu'ils ne songeraient qu'à leurs propres intérêts, s'ils voyaient que l'on pensât à démembrer leurs États et à les laisser à la discrétion d'autrui. Notre cardinal crut s'apercevoir que ces paroles embarrassaient un peu l'ambassadeur impérial, le faisaient réfléchir, et qu'il se retirait avec un air moins présomptueux. Lorsqu'il passera à Florence avec le cardinal d'Amboise, vous aurez eu le temps de vous concerter sur les propositions que vous devrez lui faire pour l'avantage de notre république; et s'il écrit [1].....

NICOLAS MACCHIAVELLI.

LETTRE XLII.

ILLUSTRE CITOYEN,

J'ai reçu votre lettre du 21; quoique je n'en aie point reconnu la signature, j'ai cru y trouver votre main et votre style. En supposant que je me sois trompé, la réponse que je vous adresse ne sera ni mal placée, ni hors de propos. Vous me parlez du danger auquel la perte de Faënza expose le reste de la Romagne. Vous faites entendre que les Florentins doivent songer eux-mêmes à leurs propres intérêts, puisque ceux qui pourraient et devraient s'en occuper ne le font point. Vous craignez que le pape n'ait donné son consentement aux entreprises des Vénitiens. Les suites de celles des Français vous inquiètent. Vous me pressez de renouveler mes instances et mes sollicitations, quoique tout cela m'ait été mandé par notre gouvernement, et que j'y aie répondu aussi amplement que vous pouvez le désirer; je dois aussi vous satisfaire sur ce point, puisque vous m'y avez engagé par votre lettre. Je vous ferai les mêmes réponses, et vous parlerai une langue plus intelligible encore que celle de mes dépêches officielles, s'il est possible que celle-ci ne le soit pas assez, ce que je ne puis croire. Vous voudriez que le pape et le cardinal d'Amboise apportassent enfin aux maux de la Romagne des remèdes plus efficaces que ne le sont des paroles, moyen trop insuffisant pour arrêter les progrès des Vénitiens et détruire les faits déjà existants. On nous a chargés de solliciter l'un et l'autre comme vous le savez. Il n'en est point résulté d'autres décisions que celles dont vous avez été instruit, parce que le pape compte sur la condescendance de Venise, et que le cardinal espère que la paix, ou une trêve, ou la victoire lui permettront d'arriver encore à temps. Chacun d'eux s'est tellement arrêté à son sentiment qu'il ne veut entendre aucune autre proposition. On peut donc en conclure que vous ne devez attendre de ce côté ni troupes ni argent, mais seulement quelques lettres, quelques ambassades dans lesquelles on déploiera plus ou moins de vigueur, selon l'étendue des ménagements que la cour de Rome et celle de France auront à garder. En considérant la situation de l'Italie, vous êtes en état de juger de l'influence que peuvent et doivent avoir ces vues politiques. Réfléchissez mûrement ensuite à votre position, après avoir vu et examiné ce que le soin de votre sûreté doit vous engager à faire pour les autres, et après avoir vu ce que vous devez attendre d'ici à l'avenir, car pour le présent vous savez par ma lettre à quoi vous en tenir. Je me contenterai d'ajouter que si le cardinal d'Amboise réclame ou les services de Jean-Paul Baglioni, ou l'assistance de vos troupes, il faut montrer que vous le désireriez, soit pour défendre vos États..... Ce prélat ne veut point entendre parler de cet objet; il s'irrite, et proteste au nom de Dieu et des hommes qu'il prendrait plutôt lui-même les armes que de souffrir que l'on portât la moindre atteinte

[1] Cette lettre et la suivante sont tirées d'un manuscrit de Julien de' Ricci. Ce dernier assure les avoir trouvées telles qu'elles sont ici, sur une feuille déchirée et en fort mauvais état, d'après laquelle il les a copiées. La lettre suivante est adressée à l'un des principaux citoyens de Florence, peut-être à Pierre Soderini, gonfalonier.

à notre république, et qu'il est bien décidé à fournir à la Romagne des secours capables de la sauver, espérant qu'il en sera temps encore à l'époque dont je vous ai parlé plus haut. Voilà en substance ce que l'on peut vous écrire sur l'état actuel des affaires en ce pays; et je ne pense pas que ceux qui voudront vous faire connaître la vérité puissent vous écrire autre chose.

NICOLAS MACCHIAVELLI.

LETTRE XLIII.

MAGNIFIQUES SEIGNEURS,

Le cardinal d'Amboise part décidément demain et va coucher à Bracciano. Il a reçu aujourd'hui la visite des cardinaux qui composent cette cour. Ce prélat s'est véritablement concilié la bienveillance de tout le monde, parce qu'on a trouvé en lui des manières plus simples et plus affables qu'on ne les attendait d'un grand seigneur et d'un Français. On m'a assuré que le duc de Valentinois resterait ici, quoique l'on répande encore le bruit qu'il accompagnera le cardinal, au-devant duquel nous vous recommandons de nouveau d'envoyer des députés. Vous trouverez dans mes précédentes dépêches les motifs de ce conseil.

J'ai parlé à Antoine Segni de l'affaire relative à Mottino. Il m'a promis ce soir qu'il me donnerait demain une réponse.

Ne perdez pas de vue cette spoliation de don Michel dont je vous ai déjà entretenu, de crainte que ces jeunes Romains ne suivent l'exemple de Paul Orsino. Je vous ai indiqué la manière de prévenir cet inconvénient. Je vous engage encore à y avoir recours.

NICOLAS MACCHIAVELLI.

Rome, le 7 décembre 1503.

LETTRE XLIV.

MAGNIFIQUES SEIGNEURS,

Je reçus hier au soir vos lettres du 4 et du 7 : elles n'exigent point de réponse, ne contenant que la réception des miennes, et l'arrivée de l'évêque de Raguse ainsi que de Pietro d'Oviedo. Vous me renvoyez d'ailleurs à la première que vous devez m'écrire. C'est uniquement pour continuer à donner des preuves de la même exactitude que je vous fais passer celle-ci. Je la remets au messager ordinaire, parce qu'elle ne me semble point pressée, vous ayant informés dans celles des 6 et 7 du départ du cardinal d'Amboise. Ces dernières dépêches, confiées à un courrier de Lyon par les del Bene, doivent déjà vous être parvenues. Son Éminence partit hier, comme je vous l'avais mandé, mais elle n'alla qu'à deux milles de Rome. Elle se rend ce soir à Bracciano et de là à Florence, pour passer ensuite en Lombardie. Je ne vous répète point qu'il est essentiel d'envoyer à la rencontre de ce ministre et de le faire accompagner en Allemagne, parce que je suis persuadé que vous avez déjà pris une détermination à ce sujet. Le duc de Valentinois est resté dans l'appartement que ce cardinal occcupait au palais; il a été cette nuit sous la surveillance de la garde de Jules II. On croit que, pour s'éviter cette peine à l'avenir, le pape le mettra au château Saint-Ange, quoiqu'il se répande d'ailleurs beaucoup d'autres bruits dans le public. On dit, par exemple, que sa liberté a été promise au cardinal d'Amboise par ce pontife, après la cession définitive de ses forteresses, et que sa fille doit épouser le préfet de Rome et recevoir en dot la Romagne, etc., etc.

Vous me chargez de vous instruire de la position des Français et des Espagnols, de l'état actuel de leurs affaires, de ce qu'on en dit et des opinions existantes à ce sujet. Je vous réponds que j'ai traité amplement cette matière dans ma lettre du 21 du mois dernier, que les deux armées sont toujours dans le même embarras et que leurs efforts opiniâtres n'ont même fait qu'empirer leur situation. Mais pour y revenir, je vous dirai que les Français ont construit un pont sur le Garigliano il y a plusieurs semaines; qu'ils se sont rendus maîtres de la rive gauche de ce fleuve, y ont élevé un fort qu'ils ont su défendre jusqu'à présent; qu'ils n'ont maintenant sur cette rive que deux cents fantassins chargés de la garde de ce fort, et que le reste de leurs troupes est de l'autre côté du Garigliano. Le quart de cette armée se trouve auprès du pont, les trois autres quarts sont dispersés dans des cantonnements à cinq, six et dix milles de cet endroit. Quant aux Espagnols, ils sont au-delà de ce fleuve. Les retranchements qu'ils ont faits à un mille du fort qui défend le pont, et sur lesquels ils ont construit deux bastions bien gardés, sont occupés par une grande partie de leur armée; l'autre partie est répandue aux environs. Dans cette position, ces deux camps ne peuvent s'attaquer réciproquement, ni se forcer, étant séparés par les eaux du fleuve, ainsi que par celles qui sont tombées du ciel et en tombent encore continuellement. Ils sont l'un et l'autre dans une situation très-fâcheuse, et l'on croit que la victoire restera à celui qui la supportera avec plus de persévérance. Quel sera celui qui aura ce genre de courage? il est impossible de prononcer en ce moment. Chacun en raisonne ici comme partout ailleurs, selon ses passions; ceux mêmes qui arrivent du camp sont partagés d'opinion. Il faut donc attendre l'événement. Les Espagnols ont, à la vérité, depuis peu de temps tenté plusieurs fois de rompre le pont, et de déloger les Français du fort par lequel il est défendu, mais ils n'ont pu encore y réussir. Vous voyez que les choses ne sont point changées depuis ma lettre du 21. S'il survient des changements, vous en serez prévenus; mais s'il n'en survient pas je ne saurai que vous écrire, ne voulant vous dire que la vérité.

Je vous ai marqué dans la précédente, que j'avais vu Antoine Segni, comme vous m'en aviez chargé. Il est venu me trouver aujourd'hui et m'a rendu compte de sa conférence avec Mottino. Cet officier lui a dit que son engagement militaire envers la France était expiré depuis la Saint-André dernière, et qu'il ne voulait pas absolument le renouveler; mais qu'il lui avait été impossible jusqu'à présent d'obtenir son congé, quoiqu'il ne cessât de le solliciter auprès de San-Severino. Il a ajouté que moyennant 900 ducats par mois il entrerait volontiers à votre service avec les deux galères qu'il possède; car il veut qu'elles soient toutes les deux en activité. Il vous donnera toutes les sûretés que vous pourrez demander. Il dit aussi que son frère sera à vos ordres avec ses trois brigantins, en lui assurant 300 florins par mois. Quand vous aurez pris une délibération à cet égard, vous me la ferez passer.

NICOLAS MACCHIAVELLI.

Rome, le 9 décembre 1503.

LETTRE XLV.

MAGNIFIQUES SEIGNEURS,

Ma dernière lettre du 9, remise au messager ordinaire, doit vous arriver en même temps que celle-ci, dont je chargerai un courrier qui doit, dit-on, partir ce soir. Comme je vous ai informés dans la première du départ du cardinal d'Amboise et des dispositions de Mottino, je n'y reviendrai point. Votre dépêche du 8 m'est parvenue depuis. J'ai conféré avec Castel del Rio de ce que vous me mandez au sujet de l'évêque de Raguse et des deux envoyés qui se rendent dans la Romagne au nom du pape et du duc de Valentinois; il m'a dit qu'il avait connaissance de tout cela, et que Jules II était extrêmement satisfait de votre conduite. Le cardinal Saint-Georges, auquel j'ai aussi communiqué les avis que vous m'avez fait passer, m'a donné les mêmes assurances. Cela prouve que l'évêque de Raguse a écrit au pape d'une manière favorable pour vous, et lui a rendu un compte fidèle de vos procédés et de vos démarches. Ils m'ont paru l'un et l'autre attendre des députés de Forli. Vos intentions seront remplies par le cardinal Soderini ou par moi, lorsqu'il seront arrivés.

On ne m'a plus parlé de don Michel [1]; lorsqu'on le fera, vous en serez instruits. Permettez-moi de vous rappeler qu'il est à propos de répondre au bref du pape et de manière à nous concilier de plus en plus la bienveillance de ce pontife.

J'ai très-bien compris ce que vous me mandez sur Citerna, mais notre cardinal dit que l'on n'envoie qu'un simple commandant de forts pour garder de semblables places. Décidez-vous,

[1] Ce don Michel de Coreglia, cité plusieurs fois dans les légations de Macchiavelli auprès du duc de Valentinois et de la cour de Rome, était Vénitien et non Espagnol, comme le prétend Pietro Parenti. On en trouve la preuve dans une lettre écrite, le 16 juillet 1507, par Nicolas Alberti, capitaine et commissaire d'Arezzo, au nom de la république de Florence. Ce capitaine, après avoir été au service de quelques rois et de deux souverains pontifes, se mit à la solde du duc de Valentinois. Il fut pris par les Florentins vers la fin de novembre 1503, temps auquel ils désarmèrent les troupes de ce duc, qui s'étaient rendues sur leurs terres sans sauf-conduit. En janvier 1504 ils cédèrent aux instances de Jules II en le lui livrant. En avril 1506, ce pontife lui rendit sa liberté, et il passa au service de Florence.

et informez-moi du nom de celui que vous désirez, si vous adoptez le parti proposé. Il faut aussi dans ce cas nous indiquer où nous prendrons l'argent qui doit être compté.

Quant aux plaintes à former contre le duc de Valentinois, il est nécessaire que celui qui en sera chargé soit muni de vos pouvoirs à cet effet. Faites-les donc passer ici à quelqu'un, ou confiez-les à l'un des ambassadeurs que vous envoyez, ce qui sera peut-être le plus avantageux.

La position du duc n'est point changée depuis ma lettre du 9, on veut voir auparavant ce qui se passera à l'égard des États qui lui restent dans la Romagne. Rien de nouveau sur les Français. On croit que si ce temps continue les deux armées tenteront réciproquement une attaque, quelque chose qui puisse en résulter.

Vous m'ordonnez de partir en même temps que le cardinal d'Amboise, et de faire en sorte d'arriver à Florence avant lui. Votre lettre m'a été remise hier, et ce prélat est parti samedi : il fallait donc que je me rendisse par la poste, ce qui m'était fort difficile, étant attaqué d'une espèce de maladie très-commune à Rome en ce moment, et qui consiste en une toux et des catarrhes, qui affectent la tête et la poitrine de manière que des secousses aussi violentes que celles que l'on éprouve en voyageant par la poste auraient pu m'être très-pernicieuses. J'étais cependant disposé à en courir les risques pour me conformer à vos ordres, mais le cardinal Soderini s'est opposé à mon départ. Comme vos ambassadeurs ne doivent arriver que dans vingt jours, comme vous le mandez vous-même, il a pensé que, s'il ne restait ici personne chargé de vos pouvoirs et qu'il pût au besoin mettre en avant dans la discussion des affaires publiques, cela le gênerait beaucoup et nuirait aux intérêts de notre ville. Je me suis rendu sans peine à ses désirs, persuadé que vous ne le trouveriez pas mauvais, et que la grande considération dont jouit ce prélat, son tendre dévouement pour la république, et la confiance qu'il mérite de la part de tous les Florentins, me serviraient de justification auprès de vous. Cependant, j'exécuterai ponctuellement vos ordres ultérieurs.

NICOLAS MACCHIAVELLI.

Rome, le 12 décembre 1503.

P. S. J'ai oublié de vous marquer que les jeunes Romains dont je vous ai déjà parlé ont remis au cardinal Soderini, par rapport aux effets qui leur ont été enlevés, la note que vous recevrez avec cette dépêche. Il leur a été promis qu'en vous l'envoyant on vous prierait d'avoir égard à leurs réclamations. Vous nous ferez passer votre réponse à ce sujet.

LETTRE XLVI.

MAGNIFIQUES SEIGNEURS,

Je vous écris à la hâte, parce que le courrier part plus tôt que je ne l'avais cru. Les Français qui se trouvent ici ont reçu hier au soir des nouvelles de leur armée. Elles portent que l'infanterie des Espagnols, ne pouvant plus résister à une position que le manque d'argent rendait encore plus pénible, a quitté brusquement l'endroit où elle était campée, de sorte que Gonzalve [1] s'est vu forcé de se retirer avec sa cavalerie à Sessa où il règne beaucoup de maladies. Cette retraite s'est opérée avec tant de confusion et de bruit que les Français s'en sont doutés, ce qui les a engagés à ordonner à vingt hommes de cavalerie de passer le Garigliano et d'aller à la découverte. Ce petit détachement a trouvé le camp abandonné, ainsi que les gros effets et tous ceux de moindre valeur. Il a attaqué l'arrière-garde et enlevé les équipages du seigneur Prosper Colonne. C'est ainsi que les Français racontent cet événement, et ils font voir les lettres qui le leur apprennent. S'il est vrai, ce que le temps nous prouvera, on pense que leur armée pourra aller en avant. Vous serez informés de ce qui arrivera. J'aurais encore quelque chose à vous mander, mais ce sera pour ma première dépêche, car ce courrier ne peut plus différer son départ.

NICOLAS MACCHIAVELLI.

Rome, le 14 décembre 1503.

[1] Le récit des historiens italiens et français (voyez Guicciardini) paraît démentir cette nouvelle. Le général espagnol, auquel ses talents méritèrent le surnom de *grand capitaine*, s'opposa constamment à cette retraite; des officiers en ayant fait la proposition dans un conseil de guerre, il répondit en ces mots, rapportés par Guicciardini : « J'aimerais mieux trouver mon tombeau « quelques pieds plus loin, que d'allonger ma vie de cent « ans en reculant d'un pas ». (GUICCIARDINI, *Hist.*, t. VI, à l'année 1503.)

LETTRE XLVII.

MAGNIFIQUES SEIGNEURS,

J'ai chargé hier un courrier expédié d'ici par les Français d'une lettre fort courte, parce qu'il ne m'a pas laissé le temps de vous en écrire davantage. Je n'ai rien découvert depuis relativement à la nouvelle dont je vous informe par cette lettre. Paul Rucellai, fort lié avec les Orsini, m'a assuré que ceux-ci, n'ayant pas encore reçu un trimestre de la paye qui leur a été promise, ont dit à Gonzalve qu'ils étaient décidés à se retirer. On n'entend parler que du manque d'argent de ce côté. Je vous ai mandé, dans l'une de mes précédentes dépêches, que Lucas Savello avait aussi envoyé quelqu'un à notre cardinal pour réclamer son payement et signifier qu'il ne pouvait plus rester sans argent dans une position aussi pénible. Vous ne me répondez point à ce sujet, cependant il se désespère et je ne sais plus que lui dire. Outre cela. Ambroise de Landriano arriva hier en personne avec une lettre de créance du bailli d'Ockham auprès du cardinal Soderini. Il se plaignit à Son Éminence et à moi de sa misère et de sa triste situation, ainsi que de celle de ses troupes. Il nous protesta qu'ils seraient morts de faim si les Français ne leur avaient pas fait quelques avances, mais que ne pouvant plus leur en demander ils seraient contraints à quitter l'armée, ce qui tournerait à votre déshonneur et lui causerait d'autant plus de regret qu'il avait su maintenir sa compagnie en bon état autant qu'aucune autre : sur cinq cents hommes, il en avait quarante à cheval, et dix arbalétriers. Il voudrait toucher au moins le premier quartier et la moitié du second, ainsi que les cent ducats qui lui sont dus sur son service ancien. Je lui ai promis de vous en écrire et de vous recommander sa demande. Il attend votre réponse, que je vous prie de me faire passer promptement.

Il y a huit jours qu'Ambroise de Landriano est parti de l'armée. Selon son rapport, elle souffrait considérablement de la disette de fourrage, de pain et de logements convenables. Il y restait à peine neuf cents hommes d'armes en état de servir et six mille fantassins. On publiait que les Espagnols recevraient des renforts d'infanterie. Il croit néanmoins que la nouvelle reçue ici avant son arrivée, relativement à la retraite des Espagnols, peut être vraie, parce qu'ils n'avaient plus d'argent pour acheter des vivres, et que depuis plusieurs semaines ils forçaient les villages à leur en apporter. « Mais comme ils ont peut-« être vu, » ajoute-t-il, « que cette contrainte « ne leur réussissait plus, ils se sont retirés dans « des endroits où ils espèrent trouver les moyens « de vivre. » Trois causes, selon lui, ont empêché jusqu'ici les Français de vaincre : la première et la plus décisive, est d'avoir perdu un temps aussi considérable sous les murs de Rome, temps qui leur eût été si utile pour aller en avant, sans être arrêtés par les inondations et par les fleuves, parce qu'alors Gonzalve ne pouvait marcher à leur rencontre ; la seconde est d'avoir eu trop peu de chevaux pour le service de l'artillerie, ce qui les empêchait de s'avancer de plus de deux milles par jour; enfin il attribue la troisième à la rigueur de l'hiver, saison qui a été et qui est encore si mauvaise. « Ce n'est, » dit-il, « que lorsque le temps est devenu le plus af-« freux qu'ils ont tenté quelque entreprise. » Il assure cependant que Gonzalve, quand même il ne se serait pas retiré, n'osera venir les attaquer, parce qu'ils sont dans une position formidable par elle-même et en état de soutenir le combat contre quiconque voudrait l'engager. Comme nous lui demandions si l'on irait en avant, il nous répondit qu'en supposant même la retraite de Gonzalve, il fallait d'abord que les Français attendissent que la terre se fût raffermie, et songeassent ensuite à se pourvoir de buffles ou de bœufs ou d'un nombre plus considérable de chevaux de trait, précaution sans laquelle il leur serait impossible de conduire leur artillerie. Il dit que le bailli d'Ockham est très-mécontent de n'être pas payé. Le cardinal Soderini pense que, si vous avez envie de vous décharger de cette dépense, il ne faut point laisser écouler le temps où vous pouvez le faire.

Nous avons reçu aujourd'hui les dépêches du 10 et du 11, que vous avez adressées à Son Éminence parce que vous me supposiez en route. Je vous ai mandé dans ma dernière lettre que je ne m'y étais pas mis parce que ce prélat s'est opposé à mon départ. Nous voyons par vos lettres pourquoi on n'a point de nouvelles de Pietro, de Charles, ni de l'évêque de Pérouro.

Nous ferons de vos renseignements l'usage convenable et communiquerons ce que vous nous marquez au sujet de don Michel et de la France. Jules II sera fort satisfait de chaque article, mais surtout de celui de don Michel. Nous tâcherons, selon votre désir, qu'on l'envoie chercher dans l'endroit que vous jugerez à propos d'indiquer [1].

NICOLAS MACCHIAVELLI.

Rome, le 14 décembre 1503.

LETTRE XLVIII.

MAGNIFIQUES SEIGNEURS,

Mes deux dernières lettres sont du 14 : la première a été confiée à un courrier expédié d'ici par les Français; Jean Pandolfini s'est chargé de la seconde et m'a dit l'avoir envoyée par la poste de Ferrare: mais il se plaint de n'avoir pas été remboursé des frais que lui ont occasionnés mes dépêches, et me prie de vous le rappeler. Je remplis sa commission. La nécessité elle-même m'y oblige ; car si j'avais besoin de vous faire passer tout à coup quelque avis, je me trouverais fort embarrassé si son mécontentement l'empêchait de venir à mon secours. Ce même Pandolfini a ajouté qu'il lui avait été mandé que, loin de lui faire remettre ses avances, on n'avait pas même paru très-reconnaissant de ses services, ce qui lui a causé plus de peine encore. Je vous ai informés dans la précédente des nouvelles relatives aux Espagnols, et de ce que m'avait dit Ambroise de Landriano, de la part duquel il se rend auprès de vous quelqu'un chargé de vous porter les lettres que nous vous avons écrites, le cardinal Soderini et moi, pour vous intéresser en faveur de sa demande. Je n'ai plus rien à vous marquer sur ce même Landriano, si ce n'est que j'attends avec impatience votre réponse afin de savoir ce que je dois lui dire. Ce que l'on avait mandé au sujet des Espagnols s'est confirmé, comme vous le verrez par l'extrait [2] d'une lettre de Gaëte [1] que je vous fais passer On est dans l'attente des événemens qui doivent en résulter. Il est des personnes qui pensent que cela rendra la paix plus facile à conclure, s'il ne survient pas d'accident imprévu.

Notre cardinal m'a dit qu'il avait communiqué à Jules II les lettres que vous lui avez adressées en date du 11, et que ce pontife avait paru très-satisfait en apprenant que vous lui livriez don Michel. On n'a point encore décidé quand et comment on le fera venir ici. Le cardinal Soderini croit que demain dans la journée il sera pris une détermination à cet égard. La nouvelle du 6, concernant la France, a fait aussi un grand plaisir à Sa Sainteté; mais elle a appris avec peine que ses envoyés étaient arrêtés par les neiges. Elle a néanmoins supporté patiemment ce contre-temps, en songeant qu'il venait d'une main plus puissante que la sienne. Ce retard prolonge ses inquiétudes sur l'issue de cette mission. L'ambassadeur vénitien cherche à dissiper le mécontentement de Jules II; mais il n'a pu encore y réussir. Il fait une cour assidue au cardinal Saint-Georges. Quelques-uns pensent qu'il voudrait obtenir l'agrément du pape au sujet de Faënza et de Rimini, dont les Vé-

[1] Ce ne fut qu'en janvier suivant que don Michel fut remis entre les mains de Jules II, qui le retint prisonnier jusqu'en avril 1506.

[2] Voici la copie de cet article tiré de la lettre écrite de Gaëte, le 10 décembre 1503, par Vincent de Laudato, et adressée à Pierre Cavalcanti, à Rome:

« La nature des choses a produit elle-même l'effet les Espagnols viennent de quitter les environs du Garigliano, ne pouvant plus résister à une position aussi fâcheuse ; l'affaiblissement de leur armée, qui était d'abord fort nombreuse, a aussi contribué à leur retraite. Cette armée a considérablement souffert. On dit qu'ils sont allés prendre des quartiers à Trani, Sessa, Carinoli et Capoue. Cet événement a décidé nos troupes à s'avancer du côté de Sessa. J'espère qu'elles n'éprouveront plus d'obstacles, car ceux qui existaient sur la rive opposée ont tout à fait disparu ; et ce serait un grand hasard si l'ennemi en ce moment pouvait réunir plus de huit ou dix hommes. Cette retraite va laisser respirer le pays : il semblera que l'on sorte de prison. Louis d'Ars s'est conduit en vaillant capitaine. Avec son armée, composée d'environ trois mille fantassins, six cents hommes de cavalerie légère et deux cents hommes d'armes, il a soumis toutes les places de la Pouille. Il s'est encore emparé dernièrement de Troja et de San-Soveri ; il lui sera facile de s'avancer jusqu'à la Tripalda lorsqu'il le jugera à propos. Je crois que l'ennemi, en se voyant placé entre deux armées, doit avoir beaucoup d'inquiétude. Ce qu'il y a de pis pour lui, c'est qu'il n'a pas un denier, tandis que l'argent abonde de l'autre côté. Dieu veuille mettre fin à tant de calamités! »

[1] L'auteur de cette lettre était dans l'erreur : les Français loin d'aller en avant, furent obligés, par Gonsalve, à se retirer. L'année suivante, ils abandonnèrent presque toutes leurs conquêtes en Italie

nitiens désirent s'assurer la possession, et qu'il espère en venir à bout par le moyen de ce cardinal auquel il promettrait, en échange de ses bons offices, l'appui de sa république pour rétablir ses neveux dans Forli et dans Imola. On est persuadé que le pape ne consentira point à ces arrangements. Il ne manque point ici de gens bien disposés à les traverser et à dévoiler toutes ces intrigues. Nous attendons vos dernières résolutions sur Citerna et l'envoi de vos pouvoirs, à l'effet de rendre plainte contre le duc de Valentinois.

NICOLAS MACCHIAVELLI.

Rome, le 16 décembre 1503.

LETTRE XLIX.

MAGNIFIQUES SEIGNEURS,

Cette lettre sera remise par la personne qui se rend auprès de vous de la part d'Ambroise de Landriano, pour vous exposer l'état de détresse dans lequel il se trouve. Je vous ai écrit fort au long le 14. Je n'entrerai donc dans aucun nouveau détail sur ses réclamations, m'en référant à cette dépèche et à ce que vous en dira son envoyé, et me contentant de solliciter pour ce dernier, pour Landriano et pour moi, toute la bienveillance de la seigneurie.

NICOLAS MACCHIAVELLI.

Rome, le 16 décembre 1503.

XI.

SECONDE LÉGATION

A LA COUR DE FRANCE.

INSTRUCTIONS

Données à NICOLAS MACCHIAVELLI [1], d'après résolution du 14 janvier 1503 [2].

Nicolas, tu partiras en poste pour Lyon, ou pour tel autre endroit où on te dira que se trouve Sa Majesté le roi très-chrétien. Tu passeras par Milan, et tu porteras avec toi des lettres de créance : une pour le cardinal d'Amboise, deux sans adresse, dont tu te serviras quand tu le croiras nécessaire, et une autre pour Nicolas Valori, notre ambassadeur en France. A ton arrivée tu t'entretiendras avec celui-ci de la commission que nous t'avons donnée; tu lui communiqueras tout, afin qu'il connaisse la cause de ton voyage et qu'il te rende compte de ce qui s'est fait et de ce qu'il aura entendu dire de l'état de nos affaires depuis ton départ d'ici. Ensuite vous vous présenterez ensemble chez le roi pour lui faire connaître notre position, que nous voulons qu'on lui fasse bien comprendre avec toutes les circonstances, sans en oublier la moindre, afin de lui faire voir clairement à quel point de détresse nous sommes arrivés ici et comment on peut y remédier encore, et lui faire observer qu'il faut absolument, pour éviter notre perte, que nous connaissions clairement son sentiment et ses projets. Ton voyage doit servir à voir par toi-même quels sont les préparatifs qu'on fait en France : tu nous l'écriras immédiatement, ainsi que les conjectures qu'on en pourrait tirer. Si les préparatifs étaient tels qu'on ne pût y compter, par suite de leur faiblesse, leur incertitude ou leur lenteur, tu leur feras bien entendre qu'il nous est impossible de nous pourvoir de forces suffisantes pour nous sauver, et qu'il ne serait pas sûr pour nous d'attendre, et de nous reposer sur des secours qui ne seraient pas puissants et prêts à arriver. Tu t'appliqueras surtout à prouver la nécessité dans

[1] Macchiavelli fut expédié en France où était ambassadeur, pour la république, Nicolas Valori, par la crainte qu'eurent les Florentins que Gonzalve, après avoir battu les Français sur le Garigliano et avoir pris Gaëte, ne vint changer le gouvernement de Florence, rétablir les Sforce à Milan, et par là abattre totalement la puissance française en Italie. L'issue de cette mission fut que Florence fut rassurée par la trêve conclue entre l'Espagne et la France, dans laquelle les Florentins furent reconnus par la France comme alliés et adhérents. (Voyez le *Journal* de Buonaccorsi, pages 85 et suivantes, et *l'Histoire* de Guicciardini, liv. VI.)

[2] Ou 1504, nouveau style.

laquelle nous sommes de chercher notre salut où nous pourrons le trouver; car nous ne devons préférer aucune autre considération à notre propre conservation, et il ne nous reste que notre liberté, qu'il nous convient de sauver à tout prix. Pour en venir à cette conclusion il faut nécessairement que tu parles à Sa Majesté, selon que le comportera le lieu, le temps, les dangers dont nous sommes menacés, d'un côté par les Vénitiens, de l'autre par les Espagnols, qui sont d'intelligence. Tu lui feras voir la position de nos affaires : d'un côté la guerre avec Pise, de l'autre les Vénitiens dans la Romagne, une armée sur nos frontières, et tous nos autres voisins ordinairement mal disposés en notre faveur, et, après la défaite des Français, étant déjà alliés avec les Espagnols ou prêts à l'être ; avec cela peu de troupes, et ce petit nombre disséminé sur divers points de l'Italie supérieure et une partie défaite dans le royaume de Naples en servant sous les drapeaux de Sa Majesté. Nous ne te parlons pas plus particulièrement de ces événements, parce que pendant ton séjour ici tu as été informé de tout. Tu parleras de ce qui est arrivé dans la Romagne; tu diras qu'il faut arracher Rome à l'influence des Espagnols, et combien peu on doit espérer du pape. S'il te manquait quelques renseignements, tu pourras les demander à Nicolas Valori; car on lui a tout écrit, envoyé copie de tout, et vraisemblablement il a tout avec lui. Tu pourras encore ajouter, en parlant de nos dangers et des desseins de nos ennemis, un récit de la marche de nos rebelles contre Castello et Sienne; tu feras valoir tout cela sans omettre aucune circonstance. Tu déclareras à Sa Majesté que nous t'avons envoyé pour connaître ses intentions et quels sont les secours qu'elle compte envoyer pour conserver ses États et ses amis, lui faisant sentir que ses possessions en Lombardie ne courent pas moins de dangers si Sa Majesté n'agit vivement et ne prouve à chacun, en envoyant de puissants secours, qu'elle veut et peut conserver l'un et l'autre. Nous croyons qu'on répondra à tout cela avec de grandes protestations et de belles promesses, mais nous pensons et t'ordonnons de répondre que les ordres donnés jusqu'à présent ne suffisent pas, et qu'il faut qu'on expédie les secours de suite, et qu'ils soient assez considérables pour forcer les ennemis de Sa Majesté et les nôtres à respecter ses États d'ici et nous. Si ces secours ne sont pas tels, nous ne consentirons pas à être attaqués et à nous voir forcés de chercher notre salut par d'autres moyens; mais que d'autre part nous ne nous détacherons jamais de son alliance et de sa fortune, tant que nous verrons une voie ouverte à notre conservation.

Tu diras à Nicolas Valori que la principale raison qui nous a fait t'envoyer là sont les lettres que nous avons reçues hier d'Alexandre, qui nous annoncent que la troupe des Baglioni est licenciée, et nous avertit que nous ayons à ordonner le payement de dix mille écus à l'époque de chaque foire. Avoir retenu nos lettres nous a paru la preuve qu'on s'était entièrement détaché de nos intérêts, qu'on ne pense qu'à soi, qu'on abandonne des amis qui ont tant souffert, sans se souvenir de leur constance et de leur fidélité. Comme ces objets sont importants, il nous paraît, si l'on en parle, qu'il faut faire sentir la nécessité de retenir cette troupe, pour les raisons qui te sont connues et que nous avons écrites à Nicolas. Il faut ajouter que quant au payement des dix mille écus, nous ne manquerons ni à notre foi, ni à nos engagements; mais qu'il ne nous est pas possible de nous grever de plus de dépense; et que comme c'est pour leur cause et d'après leurs instances que nous nous sommes engagés pour cette troupe, nous ne pouvons pas fournir à l'un et à l'autre, et qu'ils pensent à nous en dégrever. S'ils disaient que nous n'avons pas ratifié les obligations, on pourra répondre que la chose est pourtant faite, qu'il y a l'engagement du cardinal, et que nous ne tenons pas si peu de compte de cette Éminence qu'il ne nous paraisse pour notre honneur devoir acquitter une telle obligation; et en outre qu'on pense à donner des ordres et à faire des préparatifs tels que nous ayons la possibilité de rester fidèles et de maintenir nos obligations; qu'avoir à souffrir et à être attaqués sans entrevoir un refuge serait chose impossible. Il faudra aussi dire que retenir les Baglioni, nous dégager de tout autre engagement ne suffit pas pour parer à tant de dangers, mais qu'il faut de puissants secours, comme il est dit ci-dessus. Tu parleras aussi au cardinal de tous ces objets, ainsi qu'à Nemours et à tous ceux qui pourraient faire réussir l'affaire auprès du roi ; tu travailleras à cela avec toute l'activité possible, et tu nous écriras dès que tu le pourras. Dès que tu auras rempli ta mission tu reviendras sans te presser, sauf l'avis de l'ambassadeur.

A ton passage à Milan tu verras aussi le très-illustre lieutenant, et tu lui feras connaître tous ces mêmes objets de la manière la plus convenable; surtout tu appuieras sur les dangers que court cet état de la part des Vénitiens, voisins dont l'intention est bien connue, et de la part des Espagnols, qu'on sait rassembler des forces pour avancer; tu diras qu'un des moyens les plus efficaces pour parer à cette crainte, c'est de couvrir la Toscane de manière à ce qu'elle ait le temps de rassembler des troupes ; et tu l'engageras à écrire au roi sur ce dont tu lui auras parlé, parce que l'expérience nous a convaincus qu'ils ne sont jamais plus facilement persuadés que par les leurs.

Nicolas, nous t'avons dit tout ce que nous désirons : tu demanderas au roi et des secours et des conseils sur la conduite que nous devons tenir au milieu de tant de dangers. Nous ne croyons pas qu'on doive dire autre chose si on n'en est interpellé ; mais s'il se décidait à nous secourir et qu'il demandât ce que nous croyons nécessaire, tu répondras que, pour nous, d'abord il faudrait que Sa Majesté passât les monts et vînt à Milan ; qu'il envoyât de nouvelles troupes, et que celles-là et celles qui y sont prissent une position à ne courir aucun danger ; que par son autorité il réunît tous ces petits États de la Toscane ; qu'il prît à sa solde ou les Colonnes ou les Orsini, et qu'il agrandît leur possession, sinon de tous, au moins d'une partie, comme, par exemple, des Baglioni, par lesquels on s'assurerait de Pise, à laquelle il faut absolument penser ; qu'il faut entretenir une flotte dans ces mers, faire que le pape se déclare pour Sa Majesté ; et ajouter à tout ceci ce qu'on a dit autrefois sur l'importance de s'assurer des Suisses et autres troupes, comme te le pourra dire l'ambassadeur, auquel nous avons écrit en détail, chaque jour, la marche de nos affaires et notre manière de les juger.

De notre palais comme dessus.

Moi Marcellus Virgilius.

CORRESPONDANCE.

LETTRE PREMIÈRE.

MAGNIFIQUES SEIGNEURS,

Je suis arrivé ici aujourd'hui, à la vingt deuxième heure environ, et j'ai été chez monseigneur de Chaumont : je lui ai exposé la raison pour laquelle je suis envoyé au roi ; je lui ai dit que j'avais pris cette route pour lui communiquer l'objet de ma mission, afin qu'il pût écrire à Sa Majesté et lui recommander ses amis et ses propres États, lui faisant voir le danger qui les menace et comment on peut y remédier. Je la lui ai exposée en détail, m'attachant à lui bien faire entendre qu'il faut que nous soyons secourus, et par des moyens efficaces et prompts, car le danger est évident ; que si vos seigneuries étaient abandonnées elles devaient s'attendre, non-seulement à voir leur ville pillée, mais même entièrement ruinée ; ou bien vous vous verriez forcés de faire la paix avec ceux qui vous attaqueraient, et cela aux conditions qu'on voudrait vous imposer.

Je lui ai parlé des Vénitiens comme on me l'avait ordonné, ainsi que des voisins de vos seigneuries et de l'état d'abattement où ils étaient ; je lui ai fait remarquer combien il était nécessaire que le roi se conservât leur attachement, combien il fallait qu'il regagnât ceux qu'on avait perdus ; enfin je me suis appliqué à lui mettre sous les yeux tout ce dont il me paraissait nécessaire de l'instruire, sans outrepasser vos ordres. Il m'a fait des réponses générales, tant sur les dangers que sur les moyens d'y remédier. Il dit d'abord qu'il ne croyait pas que Gonzalve avançât, et que, quand même il avancerait, le roi ne perdrait pas de vue ses amis et ses États, et qu'on devait être tranquille parce que certainement le roi ne nous abandonnerait jamais. Comme je remarquais que cela ne suffisait pas à qui avait l'ennemi aux frontières, et que je lui exposais les indices que l'on avait pour croire que Gonzalve allait poursuivre son entreprise, il me dit : « Quand Gonzalve verra l'armée « navale du roi doublée et qu'il saura qu'il y a « une forte armée en Lombardie, il n'avancera « sûrement pas. » J'ai répliqué que l'armée navale et l'armée qui était en Lombardie ne défendraient pas la Toscane. Il a répondu que le pape serait bon français; que Jean-Paul était à leur solde, et que les Siennois tiendraient bon. Je lui ai dit que le pape et les Siennois n'ayant pas de forces par eux-mêmes, voudraient voir les promesses du roi réalisées; qu'il était bien d'avoir Jean-Paul à sa solde, mais qu'il fallait s'assurer de sa troupe; et ici je me suis attaché à lui prouver combien il était nécessaire de s'en assurer, et qu'il fallait non-seulement le soudoyer, ainsi que sa troupe, mais qu'il fallait se l'attacher, lui et son état, m'appliquant à le convaincre qu'aucune ville n'était plus propre que Pérouse à faire tête à l'ennemi et à l'arrêter quand elle aurait une garnison de quatre ou cinq mille hommes d'infanterie et quatre ou cinq cents hommes d'armes, cette place ayant une position assez forte pour qu'avec cette garnison l'ennemi ne pût espérer ni de s'en emparer ni de la laisser sur ses derrières. Je lui persuadai de mon mieux qu'il fallait donc s'assurer sa troupe, et par là acquérir d'autres soldats italiens.

Nous parlâmes ensuite des alliances qui devaient se faire entre vos seigneuries et quelques États épars; mais il fallait que Sa Majesté interposât pour cela son autorité. Il me promit d'écrire au roi sur cela et sur tout ce dont nous avions parlé. Je lui proposai d'envoyer un homme instruit avec moi : il me dit qu'il enverrait ses dépêches par un courrier, et m'invita à faire diligence pour trouver Sa Majesté, de laquelle il croyait que j'aurais telle réponse qui tranquilliserait entièrement vos seigneuries : et quand je sortais de chez lui il dit assez haut pour pouvoir être entendu de ceux qui nous entouraient : « Ne vous effrayez de rien. » J'oubliais de dire à vos seigneuries qu'en parlant des Vénitiens, il me dit qu'on les ferait s'occuper de la pêche, et que quant aux Suisses on en était sûr.

Voilà tout ce que j'ai pu tirer de monseigneur de Chaumont; je me suis appliqué à rendre à vos seigneuries ses propres expressions. J'ai ensuite parlé à un ami de cette ville, qui m'a reconnu parce qu'il était à la cour dans le temps où je m'y trouvais aussi : celui-ci m'ayant pris à part, m'a dit qu'il augurait mal des affaires du roi parce qu'il savait qu'il n'avait pas d'argent; qu'il n'avait ici que peu de gens d'armes éparpillés en plusieurs endroits, et point d'infanterie; qu'il voyait qu'il fallait longtemps pour faire venir l'un et l'autre; qu'il n'entendait donner aucun ordre pour cela et qu'il ne voyait faire aucun préparatif. D'un autre côté il me fit observer que l'ennemi était en forces et victorieux, de manière qu'il ne voyait pas de remède, non-seulement pour les alliés du roi, mais même pour cet État. Il me dit cela avec un air de regret, comme un homme qui craignait cette issue, bien loin de la désirer. Je vous ferai connaître une autre fois, par une voie plus sûre, quel est cet homme : je craindrais qu'il fût compromis si mes lettres se perdaient.

Je ne puis mander autre chose à vos seigneuries : dans si peu de temps je n'ai pu en savoir davantage. Je partirai demain à midi pour Lyon.

NICOLAS MACCHIAVELLI.

Milan, le 22 janvier 1503 (1504).

LETTRE II.

MAGNIFIQUES SEIGNEURS [1],

Hier, à la vingt-deuxième heure environ, arriva Nicolas Macchiavelli : il m'expliqua le motif de son arrivée; je lus sa commission, et comme il était tard, nous jugeâmes qu'il serait bien d'attendre à ce matin pour se présenter chez le roi. Ce matin donc nous sommes allés à cet effet à la cour; mais quelque diligence que j'aie faite pour pouvoir parler à Sa Majesté, on m'a répondu que c'était impossible pour aujourd'hui, alléguant pour raison que son rhume l'incommodait beaucoup; que s'il s'agissait de choses importantes, on n'avait qu'à parler à d'Amboise. Je crois l'excuse vraie, parce qu'on refusa de donner audience à des hommes envoyés par le marquis de Mantoue pour lui présenter certains oiseaux qu'il avait demandés avec instance et qu'il désirait beaucoup recevoir. Ne pouvant donc voir le roi, nous pensâmes qu'il serait bien de voir le cardinal d'Amboise, et nous allâmes chez lui. Je le prévins d'abord de l'arrivée du secrétaire, sur quoi il

[1] La plus grande partie des lettres de cette légation sont écrites par Nicolas Valori, qui était ambassadeur. On a cependant cru faire chose agréable au public en les imprimant, non-seulement parce qu'elles mettent au courant des affaires de cette légation, mais encore parce qu'elles ont été écrites de concert avec Macchiavelli.

nous tira à part, et là je le prévins sur ce qu'on avait à lui faire connaître. Nicolas lui remit les lettres et lui exposa en bref, selon que le lui permettaient et le temps et l'espèce d'audience, les motifs de sa venue, qui étaient en effet de faire voir les dangers dont était menacée la république, tant de la part de Gonzalve que de celle des Vénitiens; que vous êtes entourés de beaucoup d'ennemis, dont une partie est déclarée et l'autre prête à se déclarer pour les Espagnols ou les Vénitiens; que pour avoir perdu vos troupes dans le royaume de Naples vous étiez attaqués par Pise, qui aurait tiré des secours de l'enfer pour vous nuire. Il fit sentir qu'au milieu de tant de dangers vous n'aviez qu'un espoir, et qu'il reposait sur les secours et les armes du roi; mais que comme rien n'était plus effectif que les hostilités, il fallait aussi que les secours fussent réels et prompts, et qu'il était envoyé pour savoir quels secours Sa Majesté voulait envoyer; qu'on désirait qu'ils fussent tels que la ville pût se reposer sur eux; et ici il s'exprima avec chaleur, comme la chose le demandait. Il ajouta ensuite que, le roi n'envoyant pas de prompts secours et tels que les circonstances l'exigeaient, vous n'aviez d'autre moyen que de vous arranger à tout prix avec vos agresseurs.

Son Éminence l'écoutait avec peine, et on voyait qu'elle était vivement affectée. Dans sa réponse il se plaignit des continuelles doléances que faisaient vos seigneuries; que si elles étaient sages elles ne devraient pas, dans les circonstances présentes, se servir de tels moyens; et il parla de nouveau de ce dont j'ai déjà écrit à vos seigneuries, disant qu'on s'attendait que la trève entre l'Espagne et la France serait ratifiée; qu'on en serait informé au plus tard dans six jours; que le roi n'oublierait sûrement rien pour sauver ses amis et ses États, et que si vos seigneuries prenaient un autre parti il croyait bien que c'est qu'elles ne pourraient pas faire autrement, mais que cependant elles y pensassent bien; à quoi je répondis qu'à Florence il n'y avait certainement pas un homme qui crût être obligé d'en venir là, parce que chacun comptait sur les secours du roi.

Nicolas Macchiavelli, avec l'adresse dont il est capable, afin de retenir Son Éminence, d'en obtenir quelques détails et d'avoir occasion de lui parler de Jean-Paul, ajouta que, voulant sauver la Toscane, il fallait penser à sauver ses murailles, et que ses murailles, du côté de Gonzalve, étaient le pape, Sienne et Pérouse. Le cardinal n'en laissa pas dire davantage : il répondit aussitôt qu'ils étaient sûrs du pape et de Sienne, et que Pérouse étant sur les terres de l'église, elle ferait ce que voudrait le pape. Sur ce, elle se leva et nous quitta. Je ne veux pas taire à vos seigneuries qu'en se plaignant des doléances que vous faites et cherchant à nous convaincre que le roi faisait ce qu'il pouvait, il nous dit que les troupes venues de Gaëte en Lombardie, pour ainsi dire, en chemise, ne voulaient plus demeurer au delà des monts; et que, malgré les ordres donnés pour les retenir, quoiqu'on eût envoyé monseigneur de la Guiche pour les réorganiser, comme je vous l'ai mandé, une grande partie se débandait. Comme je lui exprimai le désir que le secrétaire dit lui-même au roi les mêmes choses qu'il venait d'entendre, il nous fit sentir que cela n'aboutirait qu'à lui donner de nouvelles inquiétudes, soit par les difficultés qu'il éprouvait de la part de ses sujets, soit par les plaintes de ses amis. Nous ne pûmes alors ni le retenir ni lui parler plus longtemps.

En sortant de chez Son Éminence je pensai, ainsi que Macchiavelli, qu'il serait bien de nous adresser à tous ceux qui pourraient nous être ici de quelque secours. En conséquence Ugolin et lui allèrent chez Robertet, auquel je n'ai point encore fait de visite. Je crois qu'il désirerait que les ambassadeurs de vos seigneuries et autres membres du corps diplomatique eussent cette attention pour lui : en vain, en public, lui donnons-nous toutes les marques possibles d'estime et d'affection. Revenu de chez Robertet, Macchiavelli me rapporta que celui-ci lui avait dit : « Ne me parlez de rien, parce que le mi-« nistre m'a déjà appris tout ce que vous pourriez « me dire; et moi je vous dis de nouveau de sa « part que cette trève à tout prix se ratifiera; « et quelque arrangement qu'on prenne, vous se-« rez sauvés : si elle ne se ratifiait pas, ce que « nous saurons sous peu de jours, le roi est dis-« posé à défendre également la Toscane et la Lom-« bardie, parce qu'il a autant à cœur de conserver « l'une que l'autre. Il faut attendre l'issue de la « ratification de la trève. »

Voilà en substance ce qu'on a pu tirer de ces deux personnes. Ce qu'on peut en espérer, vos seigneuries peuvent se l'imaginer. N'ayant pu par adresse les amener à parler de Jean-Paul, nous avons pensé que nous pouvions remettre d'en parler à un autre jour, afin qu'on ne crût pas que Nicolas fût venu ici pour cela seulement, comme il nous a paru qu'on le soupçonnait; car le cardinal ne termina si brusquement son audience que pour qu'on ne lui en dît pas le mot; et après nous avoir assurés qu'on pouvait compter sur Pandolfe et sur Jean-Paul, il alla vers Nemours et quelques autres qui l'attendaient. Quoique vos seigneuries m'aient dit de tenter tous les moyens pour l'amener à vous être favorable, les choses en sont restées à ce point. Nous ferons tout ce qui dépendra de nous pour que vos seigneuries soient satisfaites; au moins nous ferons toutes les diligences et les démarches possibles.

J'ai écrit jusqu'au 27; nous sommes aujourd'hui au 28, et, malgré toutes nos instances d'hier et de ce matin, nous n'avons pu obtenir une audience du roi, Sa Majesté s'excusant toujours sur l'indisposition et d'esprit et de corps dont j'ai déjà parlé à vos seigneuries : ceux qui soignent sa santé lui ont prescrit de ne rien voir ni entendre de la journée qui puisse lui causer du déplaisir. Aussitôt après dîner le cardinal m'a fait prier d'aller le trouver : je suis donc allé chez lui avec Nicolas Macchiavelli, et ayant été introduit dans la salle où il était, je l'ai trouvé en conseil avec le grand maître de Rhodes, Nemours, Robertet et huit ou dix autres personnages en robe longue. Le cardinal me dit tout haut qu'on m'avait fait appeler parce que, n'ayant pu il y a deux jours, à l'arrivée du secrétaire, me répondre pleinement, soit parce qu'il n'avait pas communiqué la chose aux personnes du conseil, soit que la brièveté du temps ne le lui eût pas permis, il voulait à présent satisfaire à son devoir, pour que je pusse écrire à vos seigneuries et vous tranquilliser. Il a dit ensuite, comme il l'avait déjà fait, que la paix ou la guerre seraient décidées dans le courant de la semaine; que si c'était la paix, comme on le croyait, vos seigneuries étant alliées et confédérées pourraient être en toute sécurité; et si c'était la guerre, vous deviez savoir que vos affaires et celles du roi étaient regardées par eux comme une même chose; qu'on n'épargnerait rien pour vous défendre; qu'on donnait les ordres pour qu'il y eût dans le duché de Milan douze cents lances : qu'il fallait que vos seigneuries de leur côté fissent ce qu'elles pourraient, et qu'elles eussent l'œil sur Pise pour empêcher que personne n'y entrât si c'est possible; et qu'ils projetaient, une fois la réponse d'Espagne arrivée, d'envoyer à vos seigneuries un homme pour vous tranquilliser et vous faire connaître leurs intentions. Ensuite il dit que le roi savait bien qu'il n'avait en Italie d'alliés fidèles que vos seigneuries et le duc de Ferrare, et qu'il voulait les conserver. D'Amboise était plus gai que je ne l'avais vu depuis plusieurs jours: cette gaieté, jointe à ce qu'il m'avait fait appeler pour ne me dire que ce qu'il m'avait déjà dit précédemment, me fit et me fait demeurer en suspens sur ce que cela peut signifier. Je répondis que, voyant Son Éminence et le conseil en si bonne disposition, je ne pouvais que m'en réjouir et bien espérer; que j'étais convaincu que, dans le cas où la paix ou la trêve aurait lieu, on aurait pour vos seigneuries les égards et on leur donnerait les sûretés qui étaient bien dus à leur bonne foi et à leur fidélité; mais que si c'était la guerre, vos seigneuries par elles-mêmes ne pouvaient faire que peu ou rien : que les douze cents lances n'étaient pas le seul objet nécessaire à la défense de vos États, fussent-elles déjà en Lombardie; mais que du moins on ne saurait les y envoyer trop promptement. J'ajoutai tout ce qui me parut à propos pour les porter à nous secourir puissamment si la paix n'avait pas lieu; je rappelai tous les moyens dont se servent les Vénitiens, et ceux qu'ils auraient pour troubler et morceler le duché de Milan et les États du roi. Ils écoutèrent avec attention tout ce que j'avançai. Nicolas, qui était présent comme je l'ai dit, ajouta qu'il différerait son départ jusqu'à l'arrivée de la résolution de l'Espagne, pour pouvoir apporter ou la bonne nouvelle de la paix ou celle des secours sur lesquels vous pourriez compter; à quoi le cardinal répondit qu'il faisait bien. Comme le conseil était plus nombreux que d'ordinaire, je le tirai à part avec Macchiaveili et Ugolin : je lui rappelai que, quel que fût le traité ou accord qui eût lieu, il ne fallait pas déroger à nos droits sur Pise, parce que si elle était nommée par les Espagnols soit dans la paix, soit dans la trêve, ce serait un signe d'indépendance. Il me répondit que nous ne nous en inquiétassions pas, parce qu'ils l'avaient à cœur; et à propos de notre fidélité il parla des Vénitiens de manière à annoncer contre eux des projets sinistres; il s'expliqua aussi sur Gandolfo en termes qui nous firent juger qu'il n'en était pas trop sûr, malgré ce qu'il a dit autrefois de Sienne; et quant à messire Jean Bentivogli, il dit qu'il était du parti des Sforce.

Vos seigneuries ont vu et considéré tout ce qui est écrit ci-dessus, et ce qu'on a pu tirer de ces gens-ci depuis l'arrivée de Nicolas Macchiavelli ici. Quoique sa commission ait pour objet, non-seulement de faire voir et les dangers et les secours qu'on peut attendre, mais encore de connaître les vues et les projets de cette cour et de juger par ses propres yeux des préparatifs qu'on doit faire, et ensuite de vous faire part de ce qu'on doit penser des affaires d'ici, il ne me paraît pas superflu de rappeler brièvement à vos seigneuries, pour ma propre satisfaction et la leur, ce que je leur en ai écrit autrefois.

Sa Majesté, le cardinal et tous les seigneurs et gentilshommes, d'après les événements qui ont eu lieu jusqu'ici, penchent plus pour la paix que pour la guerre. Cette paix se traite avec l'Espagne et avec l'empereur. Celle de l'Espagne est encore au point où elle était la dernière fois que j'en ai parlé à vos seigneuries. On s'attend à voir arriver la ratification de la trêve dans le courant de cette semaine; et on ne doute pas à la cour que la ratification n'arrive, parce que les ambassadeurs espagnols même ont cette opinion et la regardent comme certaine. Dans cette circonstance je ne puis pas porter un jugement semblable à celui des autres : je pense bien, d'après l'expérience du passé, qu'elle est encore incertaine, et que ces ambassadeurs pourraient bien n'avoir l'air de la regarder comme si certaine que pour endormir le roi sur les préparatifs nécessaires. Quoi qu'il en soit, nous le saurons bientôt, car le terme approche où la réponse doit arriver : ainsi nous attendrons l'événement.

D'un autre côté les négociations de cette cour avec l'empereur sont très-peu avancées. Il est vrai qu'avant-hier il est arrivé un ambassadeur de l'empereur, qui est son secrétaire, homme fort estimé de ce souverain : il a été reçu avec distinction ici. On dit qu'il n'a aucune mission, si ce n'est de s'aboucher avec le roi jusqu'à l'arrivée d'un collègue qui est allé trouver l'archiduc pour lui parler avant qu'il n'arrive ici. On ne dit point encore si cette paix aura lieu ou non; le temps seul pourra nous l'apprendre. Je ne manquerai pas, à l'arrivée de ce collègue, d'épier ses démarches et de vous en informer. Je ne vous dirai pas autre chose à présent sur cet article, parce qu'il est beaucoup moins important pour vos seigneuries que l'affaire de l'Espagne, laquelle, si elle se conclut et que la trêve se ratifie comme on l'espère ici, vous mettra certainement en sûreté contre tout ce que vous auriez à craindre de Gonzalve et de son armée; et les Vénitiens n'oseront ni vous attaquer ni vous insulter; mais si elle n'était pas ratifiée, ce à quoi les Français ne s'attendent point, il est difficile de dire à quoi cette cour se résoudrait. Je ne puis sur cela que répéter ce que j'en ai déjà écrit à vos seigneuries, qui en jugeront selon leurs propres lumières, que s'il fallait faire la guerre, nous pourrions demander des secours avec plus d'instances : ils ne pourraient pas se rejeter sur l'espérance de la paix comme à présent, et, ou ils seront plus au découvert, ou vos seigneuries seront plus satisfaites. On ne m'a point parlé de l'argent que vos seigneuries doivent faire payer au roi à l'époque de cette foire : quand on m'en parlera, je répondrai selon les instructions que vous m'avez adressées par Nicolas Macchiavelli

J'oubliais de dire à vos seigneuries qu'aujourd'hui, avant de sortir de chez le cardinal, je lui ai demandé s'il jugerait à propos que j'allasse rendre visite à l'ambassadeur de l'empereur, nouvellement arrivé, puisque c'était par son ordre qu'à mon arrivée j'étais allé rendre visite à monseigneur Philibert, et s'il jugeait aussi que je dusse voir les ambassadeurs d'Espagne. Il m'a répondu qu'il fallait que je visse l'un et l'autre, et que je leur parlasse d'une manière amicale pour eux et honorable pour le roi de France : ainsi je compte dès demain rendre visite à l'un et à l'autre; si je peux en tirer quelque chose sur les affaires du moment, j'en instruirai vos seigneuries.

Nicolas Valori.

Lyon, le 29 janvier 1503 (1504).

LETTRE III.

MAGNIFIQUES SEIGNEURS,

J'arrivai ici vendredi dernier à la vingt-deuxième heure environ. Ainsi, comme je vous l'avais promis, je n'ai été que six jours en route, sans compter le temps que j'ai mis pour aller à Milan. Il n'est pas nécessaire que je rende compte à vos seigneuries de ce que j'ai fait depuis que je suis ici ; je n'ai qu'à confirmer ce que l'ambassadeur vous en a écrit très au long : on attend toujours la ratification de la trêve. Dès qu'elle sera arrivée je quitterai cette cour et vous apporterai ou bonne sûreté, moyennant la paix, ou ordre de faire la guerre. J'ignore s'il y aura beaucoup de sûreté pour vos seigneuries dans ce dernier parti ; mais je sais bien que nous n'aurons pas pu en faire entendre davantage à ces gens-ci.

NICOLAS MACCHIAVELLI.

Lyon, le 30 janvier 1503.

P. S. La personne dont je vous parlais en partant de Milan, et qui augurait mal des affaires des Français dans cet état, s'appelle le comte Piccino de Novare. Je vous le dis pour que vous ajoutiez plus de foi à son opinion : cet homme est connu de quiconque a été ambassadeur en France.

LETTRE IV.

MAGNIFIQUES SEIGNEURS,

Par mes dépêches des 27 et 29 vos seigneuries verront ce qui s'est fait depuis l'arrivée de Nicolas Macchiavelli. Je ne les ai pas envoyées, parce que je n'avais pas de courrier à mes ordres et parce que je désirais les envoyer sans frais ; mais comme quelqu'un part ce soir, je ne veux pas manquer de vous apprendre ce que nous avons tiré du roi, auquel je me présentai d'abord après dîner avec Macchiavelli et Ugolin. Nous parlâmes à Sa Majesté à peu près dans les mêmes termes qu'au cardinal, et la réponse du prince nous a paru calquée sur celle du ministre. Le roi nous a assurés qu'il rassemblait de nouveau quatorze cents hommes d'armes et vingt mille hommes d'infanterie, et qu'il venait de donner ordre à un cousin de d'Aubigny, qui est à Milan, de prendre la garde du château de cette ville avec cent lances écossaises ; de tirer en outre deux ou trois cents lances de certaines bandes dispersées, de les rassembler et de les envoyer dans ce duché pour le tenir en échec. Nous ne manquâmes pas de l'affermir dans l'intention de ces préparatifs et de plus grands encore : nous lui dîmes qu'il serait à propos qu'il regagnât le plus qu'il pourrait de troupes italiennes, lui donnant pour exemple la conduite de ses ennemis. Il dit que c'était son intention, mais qu'il fallait que de leur côté vos seigneuries prissent à leur solde ce qu'elles pourraient. A ce propos il ajouta que le pape lui avait écrit pour lui demander quatre cents hommes d'armes, auxquels, quoiqu'il donnât le duc d'Urbin pour chef, voulant par là honorer le préfet, il voulait néanmoins que ce ne fût qu'une politesse ; car d'un autre côté il ordonnerait qu'ils fussent commandés par des hommes expérimentés et instruits dans l'art de faire la guerre ; et il nous déclara positivement qu'il était sûr du pontife. Relativement aux affaires d'Espagne et à la ratification de la trêve, Sa Majesté nous fit sentir qu'elle était de la même opinion que le cardinal, et elle dit que dans la journée de vendredi prochain on devait recevoir la réponse ; qu'alors le secrétaire pourrait s'en retourner avec la conclusion de la paix, la trêve, ou la guerre. Nous ne manquâmes pas de lui rappeler, dans le cas où la guerre recommencerait, ce qu'exigeaient ses intérêts et les nôtres ; qu'il fallait avoir une forte armée navale et envoyer de bonnes troupes en Toscane. Il faut que je dise à vos seigneuries qu'avant que je parlasse à Sa Majesté elle avait vu l'envoyé du marquis de Mantoue, et un autre que ce seigneur lui avait dépêché depuis et qui est venu en poste. Nous n'avons pu savoir jusqu'à présent les motifs de sa venue, si ce n'est ce que Sa Majesté m'en dit au moment où je l'abordai : c'est que les envoyés de Mantoue n'étaient venus que pour l'engager de la part de leur prince à attaquer les Vénitiens, et qu'il ne manquerait pas de lui procurer des hommes d'armes. A cet effet, il nous dit que les mêmes propositions lui avaient été faites par l'envoyé de Ferrare. A cela nous répondîmes de manière à le disposer davantage à cette attaque.

Ce matin les ambassadeurs de l'empereur sont allés dîner chez le cardinal ; le roi ne les a pas encore reçus : on dit qu'il veut auparavant savoir quelle est leur mission, pour conserver sa dignité et mettre sa réputation à couvert. L'envoyé de Gênes nous a dit ce matin que, par ordre du roi et du gouvernement, on retient tous les bâtiments qui sont dans le port, parce qu'il veut les armer pour le service public. Ici on a eu l'avis de la mort du marquis de Saluces. Il nous revient de plusieurs endroits que Sa Majesté a fait séquestrer tous les biens de monseigneur Ascagne, et qu'il a aussi mandé plusieurs gentilshommes milanais connus par leur attachement aux Sforce, et qu'il leur a assigné les endroits où ils doivent se rendre et le temps auquel ils devront y être rendus.

Parvenu à cet endroit de ma lettre, je suis allé faire visite à l'ambassadeur espagnol, comme j'en étais convenu hier avec le cardinal. J'ai parlé avec lui en termes généraux, ménageant l'honneur de ces deux rois et celui de vos seigneuries. Il m'a répondu très-honnêtement, et dans le courant de la conversation m'a assuré de nouveau que la ratification arriverait sûrement dans le courant de la semaine; qu'elle pourrait même arriver cette nuit. Je l'écris à vos seigneuries pour qu'elles sachent ce que j'ai pu tirer de cet ambassadeur.

NICOLAS VALORI.

Lyon, le 30 janvier 1503 (1504).

LETTRE V.

MAGNIFIQUES SEIGNEURS,

Hier nous écrivîmes à vos seigneuries. Ce matin, d'Amboise étant à la chapelle, nous accostâmes Son Éminence, qui avait parlé assez longtemps avec monseigneur Philibert, non sans quelques débats entre eux. Le cardinal, après quelques propos généraux et autres dont nous avons parlé dans une des dépêches précédentes, nous dit, ce qui me parut chose remarquable, que Gonzalve faisait tout son possible pour rompre l'accord avec l'Espagne, mais qu'il espérait qu'il serait forcé d'obéir, et que, si les hostilités recommençaient, Sa Majesté enverrait à vos seigneuries de tels secours que non-seulement elles pourraient se défendre, mais encore forcer Gonzalve à la retraite.

Nous lui répondîmes ce que nous jugeâmes convenable. Comme c'est ce que nous avons déjà mandé à vos seigneuries, nous ne le répétons pas. La même chose nous fut rapportée par un ami de vos seigneuries, qui ajouta que dans la ratification qu'on attendait il pourrait y avoir une clause qui en renvoyât la conclusion définitive à l'époque où ces deux puissances catholiques auraient pris l'avis de Gonzalve. Malgré cela, on croit fermement à la ratification de la trêve. Néanmoins, je croirais manquer au devoir de mon emploi si je n'écrivais pas chaque jour ce que nous pouvons apprendre. Il n'y a d'ailleurs ici rien qui puisse intéresser vos seigneuries. Aujourd'hui ou demain arrive l'autre ambassadeur de l'empereur : c'est le comte Gaspard de Veresponi; il a avec lui un envoyé de l'archiduc. Ils sont allés vers Son Excellence avec les instructions du père, pour traiter à la fois et pour le père et pour le fils. On dit que celui qui est ici est un homme de grande considération : on l'appelle le chancelier de la province, et il ne doit parler à Sa Majesté qu'après l'arrivée de l'autre. On a quelque facilité à savoir ce qu'il pense par le moyen d'un homme de notre nation qui nous est dévoué; et, s'il faut l'en croire, ils paraissent animés contre les Vénitiens et pencher pour la paix avec ce roi, faisant sentir cependant que l'archiduc ne se départirait pas des conditions dont il avait été parlé dans l'autre traité, mais surtout qu'il voulait avoir le royaume de Naples en apanage, comme on l'avait dit autrefois. J'écris à vos seigneuries ceci tel qu'on me l'a rapporté, car ce sont des secrets que l'on confie à peu de personnes. On voit déjà ici quelques-uns de ces Milanais qui ont été mandés comme suspects. Vous ayant écrit hier très au long, et n'ayant appris d'aujourd'hui que ce dont je viens de vous informer, il ne me reste pas autre chose à dire à vos seigneuries, sinon qu'on fait des préparatifs de guerre. Je n'en vois pas faire ici, si ce n'est qu'on emploie tous les moyens pour se procurer de l'argent. On parle de lever des dîmes sur le clergé, et de prendre des moyens pour activer la rentrée de cette imposition, qui, selon eux, doit procurer de grosses sommes.

NICOLAS VALORI.

Lyon, le 31 janvier 1503 (1504).

LETTRE VI.

MAGNIFIQUES SEIGNEURS,

Vos seigneuries trouveront peut-être que j'ai beaucoup tardé à leur écrire, mais je n'ai pas eu d'occasion pour vous faire parvenir mes dépêches sans frais. Nous avons employé les moyens les plus propres à disposer favorablement l'esprit du roi et du ministre, leur rappelant, par des personnes qui les entourent, ce qu'exigent et l'intérêt de la France et celui de votre sûreté. C'est peut-être à ces soins que je dois la visite de M. Claude, homme souvent employé par le ministre, et dataire à la place de l'évêque de Narbonne. Il est venu me dire de la part de Son Éminence qu'on était bien disposé, et qu'on ne cessait de penser aux moyens propres à rétablir les affaires en Italie et à assurer la tranquillité de leurs amis; mais qu'il fallait de votre côté vous mettre en mesure, ajoutant qu'il leur paraissait que Pise était en danger, qu'elle était plus exposée à être insultée par l'ennemi, et que, s'il y venait, il nous ferait plus de mal que par toute autre opération; que, si on le pouvait, il fallait traiter avec cette ville pour empêcher que le désespoir ne la portât à se livrer aux Espagnols ou aux Vénitiens; qu'il leur paraissait très-utile pour la sûreté de tous qu'on y travaillât sérieusement, mais qu'on ne le ferait pas sans votre assentiment, ajoutant qu'on ne manquerait pas, tant que ce serait au pouvoir de Sa Majesté, de satisfaire vos seigneuries dans quelques années. Je répondis qu'on avait vivement exposé, de la part de vos seigneuries, soit au roi, soit au cardinal et au conseil en présence de Sa Majesté, les moyens de rétablir les affaires; qu'on en avait parlé très au long, et qu'ils avaient vu que, soit par lettres, soit par l'envoi des premiers secrétaires, vos seigneuries n'avaient rien oublié de leur côté; mais que je croyais qu'on avait indignement sacrifié nos intérêts à un autre gouvernement d'Italie, qui, pour les avoir souvent trompés par le passé, avait acquis beaucoup de puissance en Lombardie et dans la Romagne; qu'il était cruel pour nous, qui avons été si fidèles et qui avons perdu un tiers de nos États, de travailler si infructueusement à les convaincre, et à leur persuader de prendre des mesures non moins utiles aux affaires de Sa Majesté qu'à celles de nos seigneuries; que si c'était une chanson de notre part, comme le dit souvent le cardinal, nous la laisserions chanter aux autres si nous n'étions pas les premiers à souffrir; que si Sa Majesté voulait se maintenir en Italie et conserver ses alliés, il fallait qu'on eût plus de confiance aux Italiens; que pour vos seigneuries, il faudrait d'abord en Lombardie huit cents ou mille hommes d'armes; qu'il importait de s'assurer absolument des Suisses, d'avoir l'œil sur les affaires de Gênes en y entretenant une armée, de se faire en Italie le plus d'alliés possible, et surtout d'avoir des soldats italiens. J'ai ajouté que jamais le pape ni vos seigneuries ne feront faux bond; qu'on peut se fier à nous; qu'après tant d'expérience du passé ils devraient avoir autant de confiance en nous qu'en eux-mêmes; qu'il fallait de toute nécessité rétablir l'union dans la Toscane, et que si Gonzalve, par le moyen du cardinal Santa-Croce, cherchait à gagner le pape, il fallait n'oublier aucun moyen pour prouver à Sa Sainteté qu'on n'abandonnait point les affaires d'Italie, mais même qu'on pense continuellement à celles des alliés comme à celles du roi; que je n'aurais pas la hardiesse de donner des conseils sur ce qu'on devait faire en France pour les préparatifs dans le cas de trêve ou de paix; que seulement je répèterais ce mot du roi Louis, qui disait que c'était pendant les négociations qu'il faisait ses plus grands préparatifs plutôt que pendant la paix; que pour ce qui regarde Pise, Sa Majesté savait quel était le devoir d'un ambassadeur, qui est d'écouter et d'écrire à vos seigneuries, comme j'allais le faire; que je croyais devoir rappeler qu'il fallait être assez fort en Italie pour pouvoir agir selon les circonstances; que lorsqu'un grand prince négociait sans armée, il risquait de compromettre sa dignité. On me répondit que la chose serait facile, parce qu'on savait que Pise n'aimait pas les Vénitiens, et qu'elle se fierait plus aux Français qu'aux Espagnols; que si cela réussissait, ce serait un grand avantage pour le roi et pour vos seigneuries; que, dans le cas contraire, on l'aura mieux connue, et le roi et vos seigneuries penseront de concert aux moyens à prendre; que si la négociation traînait en longueur, ils auraient repris courage et ne prendraient pas de suite un parti violent. Je revins à ce que j'avais dit, que j'écrirais à vos seigneuries, et que je ne voulais rien avancer sans avoir reçu vos instructions et vos ordres. Il faut que vous sachiez qu'ils ont déjà parlé de ceci plusieurs fois entre eux et qu'ils ont cela à cœur; car, hier matin, aux Célestins, l'ambassadeur du pape m'en parla, et me dit que peut-être ils consentiraient à ce qu'on les mît en dépôt entre les mains du saint-père. Nemours, depuis, en a parlé à l'envoyé de Ferrare, le priant de m'engager à en écrire sur-le-champ à vos seigneuries. A présent vous m'indiquerez avec précision la réponse que je dois faire et la conduite que je dois tenir. Je ne m'écarterai en rien de l'instruction que vous m'enverrez.

Aujourd'hui les ambassadeurs de l'empereur ont eu audience ainsi que l'envoyé de l'archiduc, et on croit qu'il n'a été encore question que d'affaires générales. Je ne suis pas encore allé leur faire visite : j'attendais qu'ils eussent leur audience. J'en reparlerai au ministre et je me conformerai à ses ordres. Il a été content et a approuvé la manière dont je me suis exprimé avec les Espagnols. Cet ami de notre nation m'a rapporté avoir su des ambassadeurs de l'empereur par un moyen assez sûr, surtout auprès du plus jeune, que Sa Majesté Impériale veut absolument passer en Italie cet été avec une nombreuse armée; que ce projet n'avait pas l'agrément du roi Frédéric, attendu que l'archiduc veut absolument le royaume de Naples pour apanager son fils. C'est par lui que je sais que le plus jeune, qui est celui qu'on appelle chancelier de la province, est, dit-on, auprès de l'empereur comme le cardinal est ici auprès du roi; qu'il fréquente assez les ambassadeurs espagnols et leur donne des marques d'estime et de confiance. Cependant les Espagnols disent que Leurs Majestés Catholiques veulent, pour la tranquillité de leur esprit et de leur conscience, mettre le fils du roi Frédéric sur le trône de Naples et lui donner une de leurs nièces en mariage. D'après ces différences de sentiments il paraît que les négociations éprouveront de grandes difficultés, et quoiqu'il paraisse que l'empereur ne puisse passer en Italie que du consentement de ceux-ci et après avoir fait la paix avec Sa Majesté Très-Chrétienne, on sait qu'il rassemble des troupes et qu'il a requis les Suisses de cinq mille v.......es[1]. J'ai appris que les Suisses sont portés à accorder ce passage, particulièrement les trois cantons qui touchent au duché de Milan. Il n'y a pas quatre jours qu'on amena à Sa Majesté un certain homme qui venait de ces côtés : il rendit compte de cet ordre de l'empereur et des dispositions des Suisses à cet égard, pourvu toutefois qu'on leur cédât Côme et d'autres lieux; mais Sa Majesté parut ne pas ajouter foi à cette nouvelle, se regardant comme très-sûre des Suisses. J'ai voulu instruire vos seigneuries de tout ce que j'ai pu savoir pour que, dans leur sagesse, elles prissent le parti qui leur paraîtrait convenable, vu surtout que cette ratification du traité tarde tant à arriver que la trêve qui a été faite ici va bientôt finir avec l'Espagne, et qu'on ne se presse point de faire des préparatifs, assurant toujours qu'on est certain de la ratification. On ne peut juger qu'au jour le jour; et nous aurons soin d'instruire vos seigneuries régulièrement, le mieux que nous pourrons, pour pouvoir solliciter plus vivement au cas où cette ratification ne viendrait pas. Nicolas Macchiavelli s'arrêtera ici quelques jours. Hier un cousin du bailli vint chez moi, pour me dire qu'il n'avait pas reçu le payement de son service de six mois. Je répondis que je croyais qu'ils ne faisaient pas bien leur compte, mais que j'en écrirais à vos seigneuries, ajoutant que les choses avaient été telles qu'il fallait que vous pensassiez à dépenser pour votre défense, qui tenait à la sûreté des États de Sa Majesté. J'eus de la peine à me débarrasser de cet homme, qui me disait qu'absolument il voulait en parler au roi et au cardinal. Vous aurez la bonté de nous donner des ordres précis à cet égard. Cet homme est un vrai frelon, et en général on trouve ici beaucoup de gens affamés et qui crient pour qu'on leur donne. Ensuite vous me ferez savoir si je dois faire quelque acte pour notifier le licenciement du corps de ce bailli, qui me l'a fait demander par ce même homme. En attendant j'ai cru devoir lui dire que la mort finissait tout; que c'est ainsi que l'entendaient vos seigneuries. S'il faut faire d'autres démarches, vous me le manderez. Les généraux ont fait demander à Ugolin les dix mille écus de la foire passée, comme ils en étaient convenus, ainsi que les dix mille de la foire présente. Ugolin me dit leur avoir

[1] Lacune d'un mot.

répondu qu'il m'en parlerait. Ils ne furent pas contents, et dirent qu'ils voulaient agir par eux-mêmes et faire agir le roi et le cardinal, parce que c'était leurs ordres. Si on vient m'en parler je suivrai vos instructions dans ma réponse.

NICOLAS VALORI.

Lyon, le 2 février 1503 (1504).

LETTRE VII.

MAGNIFIQUES SEIGNEURS,

J'ai reçu aujourd'hui les lettres de vos seigneuries des 26, 28, 29 et 31 du mois dernier et du premier du courant. Je les attendais avec d'autant plus d'impatience que je n'avais de longtemps reçu d'elles aucune instruction. Vos seigneuries doivent avoir déjà reçu les lettres que je leur ai adressées depuis l'arrivée de Macchiavelli, en date des 27, 29, 30 et 31 du mois passé : elles auront pu voir ce que l'on a fait depuis son arrivée, et conjecturer ce qu'il y a à espérer d'ici en secours pour elles, et pour rassurer et défendre les autres amis et les États du roi en Italie. Vous trouverez ci-jointe ma lettre du 2 du courant, que je n'ai pu vous faire parvenir plus tôt faute de courrier. Pour ne manquer à rien de ce qui peut être utile à nos affaires et pour ranimer un peu les esprits en notre faveur, nous n'eûmes pas plutôt fait lecture de vos lettres que nous nous empressâmes d'aller trouver le roi, qui garde le lit depuis plusieurs semaines, et qui cependant me parut avoir meilleur visage que par le passé ; et il me dit aussi qu'il souffrait beaucoup moins de son incommodité. Je lui communiquai les avis reçus de vos seigneuries, ainsi que ceux de la Romagne, et ceux que nous avons reçus de Rome du cardinal de Volterra, qui profite de toutes les occasions pour nous informer de ce qui se passe et de ce qui peut être de quelque utilité pour notre patrie. Je lui parlai de nouveau des dangers dont étaient menacés d'abord ses alliés, et ensuite les États de Sa Majesté, et des moyens d'y remédier. Je n'oubliai pas de lui parler, quoiqu'à bâton rompu, comme on traite toutes les affaires ici, de tout ce dont vous nous faites part pour l'avantage de l'Italie ; et comme j'ai pressenti que les Vénitiens cherchent à faire quelque traité avec le roi, je lui dis de se garder des moyens qu'ils lui suggéreraient, parce qu'ils le joueraient sous main ; lui prouvant que leur intention n'était pas de faire un traité avec lui, mais seulement d'obtenir de meilleures conditions dans le traité qu'ils négocient avec l'empereur et l'Espagne. Sa Majesté répondit qu'on pouvait être tranquille ; qu'elle ne ferait jamais de traité avec les Vénitiens; que les Milanais lui avaient offert 100,000 ducats si elle voulait leur déclarer la guerre; qu'elle s'arrangerait d'une manière ou d'autre avec l'empereur et l'empire; qu'ensuite, alliés avec l'empereur, ils attaqueraient et Venise et l'Espagne, si celle-ci ne consentait pas à la paix ou à la trêve. Le roi nous fit sentir, d'une part qu'il doutait que Gonzalve s'opposât à ce traité, d'autre part qu'il croyait que le traité serait déjà fait si le roi d'Espagne ne demandait pas des conditions auxquelles il ne voulait pas consentir. Outre ce que le roi nous a dit, on voit assez combien il est indisposé contre les Vénitiens ; car depuis j'ai rencontré l'envoyé de Ferrare qui m'a dit, qu'ayant aussi vu le roi ce matin, Sa Majesté lui avait dit qu'elle voulait que, par amour pour elle, son duc endossât encore une fois la cuirasse contre les Vénitiens; qu'elle voulait absolument qu'avant sa mort il reprît la partie de ses États qui lui a été enlevée par eux. Sa Majesté amena la conversation sur ce que je lui avais dit des affaires de Pise, nous laissant pressentir qu'elle croyait que vos seigneuries étaient plus exposées à être attaquées de ce côté-là que de tout autre; et elle dit que pour cela elle faisait entretenir avec eux une certaine correspondance par monseigneur de Ravenstein, afin que les Pisans ne se livrassent pas à Gonzalve ou à d'autres. Il fit sentir que si deux ou trois mille hommes d'infanterie entraient dans Pise, ils pourraient inquiéter les États de vos seigneuries, et que difficilement on pourrait forcer cette place. Sa Majesté fit souvent retomber la conversation sur ce point, ce qui dit assez combien cette affaire leur tient à cœur, comme je le prouve par la lettre ci-jointe. Néanmoins ils assurent qu'ils ne feront aucune démarche envers les Pisans sans votre participation et votre consentement: ainsi il est nécessaire que vos seigneuries m'écrivent ce qu'elles en pensent, et quelle conduite je dois tenir si on me serre de plus près à cet égard. Quant aux préparatifs à faire pour défendre leurs États et leurs alliés, Sa Majesté s'en tint à ce qui avait déjà été dit précédemment; et comme nous voulions l'engager à solder des Italiens, elle nous répondit de manière à nous faire sentir que nous ne devions pas l'espérer; et ce qui me fait croire qu'elle est absolument contraire à ce système, c'est que l'envoyé du marquis de Mantoue ayant proposé au roi de prendre cinquante hommes d'armes italiens au lieu de cinquante lances françaises, Sa Majesté n'y a pas voulu consentir. C'est de cet envoyé lui-même que je le tiens, ce qui mérite considération. On ne manqua pas de rappeler au roi que dans les arrangements qu'on faisait il n'oubliât pas ses alliés, et il le promit. En sortant de chez le roi je pensai qu'il serait bien que j'allasse avec Macchiavelli chez le grand chancelier, d'autant plus que depuis l'arrivée de celui-ci je n'y étais pas allé. Je m'y déterminai d'autant plus facilement que je n'avais pas pu voir encore le ministre. J'allai donc avec Macchiavelli chez le chancelier: là nous répétâmes tout ce que nous avions pu dire déjà sur les intérêts de Sa Majesté, sur les nôtres et sur ceux du reste de l'Italie. Le chancelier nous reçut fort bien; il parut m'écouter avec attention; il parla aussi des affaires du moment, nous dit ce qu'il en pensait, et qu'il en augurait bien. Il dit en substance que le roi pour son compte n'avait rien à craindre, parce que qui voudrait l'attaquer dans ses États de France aurait à s'en repentir. Là-dessus il nous fit un tableau de ses forces, s'appuyant de faits historiques assez récents; et quant aux états de Lombardie, il y aurait dans deux mois mille lances françaises; qu'on avait le moyen d'y envoyer de suite six mille hommes d'infanterie; qu'il y avait sans doute plus à craindre pour les amis du roi; mais d'autre part, considérant qu'il a tout le duché de Milan, qui fait une bonne partie de l'Italie, et qu'il a pour alliés le pape et toute la Toscane, il avait en effet la majeure partie de l'Italie; que les alliés, faisant ce qu'ils devaient et étant soutenus par le roi, étaient bien en état de se défendre. Il conclut à ce que vos seigneuries se missent en mesure, et qu'elles gardassent bien Livourne, nous faisant sentir l'importance de cette ville et sa commodité pour l'armée et pour votre défense.

Je demeurai longtemps avec lui, et je ne manquai pas à cette occasion de lui répondre convenablement. Je lui fis observer que s'il nous importait de nous préparer à une bonne défense, ce n'était guère en notre pouvoir, à moins que vous ne fussiez bien secondés; je dis qu'il fallait que le roi pensât à nous fortifier lui-même; et ici nous lui démontrâmes qu'il y avait pour cela deux moyens infaillibles: l'un consistait à former une ligue avec le pape, la Toscane, Bologne, Ferrare et Mantoue. Sa Majesté en viendrait aisément à bout en confiant cette négociation à un homme prudent et habile; l'autre moyen était que le roi prît à sa solde le plus d'Italiens qu'il pourrait. Ici nous fîmes sentir qu'il n'y avait pas tant d'hommes d'armes en Italie qu'il ne pût, en sacrifiant quelque argent, en gagner la majeure partie en très-peu de temps: nous lui donnâmes pour exemple notre ville qui, à des époques où elle n'avait pas encore été déchirée par les divisions intestines, avait plus d'une fois forcé les ennemis à mettre bas les armes; nous citâmes encore les victoires remportées par les troupes italiennes sous les ordres de Gonzalve. Nos raisons lui plurent, et il promit de s'employer à faire réussir l'un et l'autre de ces moyens; néanmoins il nous fit observer sur le dernier que dans les mille lances qu'on enverrait en Italie il y en aurait au moins quatre cents Italiens; par où il voulait nous faire pressentir que le roi avait assez fait à cet égard, et qu'il fallait que les alliés fissent le reste. N'ayant pu rejoindre aujourd'hui le ministre, nous n'avons rien de plus à vous communiquer. Vos seigneuries sur cela se conduiront comme elles le jugeront à propos, et n'auront pas plus d'espoir qu'il ne convient. Comme cette affaire avec l'Espagne n'est pas encore terminée et que les réponses de ce dernier cabinet ne sont point encore arrivées, quoiqu'on ait inventé quelque fable à la cour, je n'ai pas laissé partir Macchiavelli, parce que nous avons le projet, quand il sera près de son départ, de bien observer ces gens-ci pour voir si nous pourrons apprendre quelque chose de plus. Quant à moi, je me doute et beaucoup d'autres commencent aussi à se douter que l'Espagne a astucieusement prolongé cette affaire et qu'ici on s'est laissé tromper par cette ruse. Quant aux Suisses, on dit qu'on a fait un traité par lequel ils ont promis de servir le roi dans ses États de Lombardie et en France, mais pas autre part. Si la chose est ainsi, elle est très-bien. Les Allemands qui sont ici pour l'empereur ont reçu aujourd'hui de Sa Majesté un exprès venu en cinq jours de Oldenborg, où se trouve en ce moment l'empereur. Depuis l'arrivée de cet exprès, Robertet a été avec eux plus de deux heures, et il a beaucoup écrit : on croit qu'ils en sont à négocier. L'archiduc doit envoyer à cette cour un homme qui a toute sa confiance ; et on voit que le roi, se méfiant des Espagnols, s'attache entièrement à conclure un traité avec les Allemands. On craint qu'il ne puisse réussir à ôter à l'empereur l'envie de passer en Italie, ni aux Italiens l'envie de voir tous les jours de nouveaux visages ; et une circonstance que j'ai remarquée me ferait croire que ce pourrait bien être vrai : c'est que les ambassadeurs allemands ne voient plus les Espagnols et ne leur font plus de prévenances comme ils le faisaient auparavant, ainsi que je vous le dis dans la lettre ci-jointe. Je soumets ces observations et les faits sur lesquels elles portent aux lumières de vos seigneuries. Si demain je puis parler au ministre, comme je le crois, j'écrirai ce que j'aurai appris et je vous l'enverrai par un exprès.

NICOLAS VALORI.

Lyon, le 7 février 1503 (1504).

LETTRE VIII.

MAGNIFIQUES SEIGNEURS,

Par la lettre ci-jointe du 7 vos seigneuries auront vu tout ce qu'on a fait depuis leurs dernières lettres. Nous avons vainement tenté hier de voir le ministre, qui se trouve indisposé, comme je vous l'ai déjà marqué : il n'a ni dîné ni soupé en public, comme il fait ordinairement; mais nous vîmes Robertet, et je lui dis très au long où en étaient les affaires ; et pour qu'il eût plus facilement occasion de communiquer le tout au cardinal, je lui laissai certains extraits des lettres reçues dans lesquels était en abrégé tout ce que vous nous mandez ; et, comme pour les piquer un peu d'honneur, je disais à Robertet que Macchiavelli était sur le point de repartir, encore sans conclusion, il parut sentir le coup que je lui portais, si on doit en juger par le désir qu'il me montra de voir différer le départ de Macchiavelli jusqu'à ce que l'on sût ce qui en était des affaires avec l'Espagne, « afin, » dit-il, « qu'il pût s'en retourner au moins avec la nou-« velle d'une détermination quelconque. » Or Robertet, le premier jour, avait approuvé la manière dont vous avez envoyé ici Macchiavelli, comme je vous l'ai déjà écrit. J'allai chez l'ambassadeur du pape, et parlant ensemble des affaires courantes, nous demeurâmes d'accord d'aller tous deux ce matin chez le ministre, pour voir si ce que je n'ai pu obtenir seul jusqu'à présent, nous l'obtiendrions plus facilement tous deux. L'occasion se présentait belle d'y aller ensemble relativement aux avis que vous nous avez donnés sur la Romagne, et pour voir si on pourrait les porter à prendre quelques mesures pour former la ligue italique, et pour savoir s'ils étaient dans l'intention de prendre des Italiens à leur solde pour la défense des États de l'église et de leurs autres alliés : je doute cependant de ce dernier point par la raison que vos seigneuries verront dans la lettre ci-jointe. Nous sommes allés ce matin pour parler à d'Amboise, comme nous en étions convenus, mais inutilement : on nous a remis à aujourd'hui. Je n'ai pas voulu manquer l'occasion du courrier qui part pour vous informer de ce qui s'est fait. Il est vrai que le chancelier et Robertet étaient chez le cardinal. Comme j'ai parlé longtemps avec eux, je crois qu'ils n'auront pas manqué de s'entretenir de tout ce que nous leur avons dit. Nous n'avons pu faire davantage, mais nous ne négligeons et nous ne négligerons jamais aucune des démarches possibles. Je ne veux pas manquer d'informer vos seigneuries de ce que je viens d'apprendre par un ami qui a entendu les ambassadeurs espagnols parlant de ce retard de la réponse de l'Espagne : ils ont dit qu'ils en étaient peu étonnés, parce qu'ils croyaient que le roi d'Espagne ne voulait rien conclure sans que préalablement les Français eussent entièrement évacué le royaume de Naples ; car ce roi entendait fort bien ce que signifiait une trêve tant que Louis d'Ars se trouvera à Venosa ou en toute autre partie du royaume. Il meurt tous les jours des Français qui reviennent du royaume de Naples : on vient d'apprendre la mort de Sandricourt et du bailli de Mortagne.

NICOLAS VALORI

Lyon, le 9 février 1503 (1504).

LETTRE IX.

MAGNIFIQUES SEIGNEURS,

Mes dernières dépêches sont des 2, 7 et 9 du courant; elles furent remises à un courrier expédié par Neri Masi : par elles vos seigneuries auront pu voir l'état des affaires dans cette cour et à quoi ont jusqu'ici abouti nos efforts. Quoique j'aie fait l'impossible hier et avant-hier, je n'ai pu parler au cardinal, parce qu'il a gardé la chambre : il n'a encore reçu que le chancelier, Nemours et Robertet, et, à ce que je crois, ils se sont occupés d'ordres et de dépêches pour l'intérieur du royaume et pour l'état de Milan. Cependant ce matin, ayant pénétré chez lui, mais non sans peine, je lui ai de nouveau exposé l'état de nos affaires; je lui ai rapporté ce qu'avaient dit les ambassadeurs d'Espagne sur le retard de l'arrivée de la ratification de la trêve, ce dont j'instruisis vos seigneuries par la mienne du 9. Quoiqu'il m'écoutât avec attention, il me dit d'abord que les ambassadeurs d'Espagne lui avaient fait dire que la ratification était arrivée [1] et que le soir il viendrait en parler avec lui; qu'ensuite il me ferait savoir ce qui en était. J'exprimai ma satisfaction de cet événement favorable pour tous, et sans entrer dans d'autres matières, comme il était en affaires, je pris congé de lui et je sortis. Désirant cependant en savoir davantage sur cet objet, je me transportai au palais du roi, pensant que, d'après sa manière de parler librement, je pourrais mieux connaître le fond de cette affaire; finalement je fus introduit auprès de Sa Majesté qui était encore à table. Quand le temps me parut favorable j'entrai en matière de la manière qui me parut convenable, d'après la nouvelle que le cardinal m'avait donnée. Le roi me répondit de suite que la ratification était arrivée, mais qu'il en était fâché et qu'il aurait désiré qu'elle ne fût pas venue, assurant avec jurements qu'il donnerait beaucoup pour n'avoir pas promis aux Espagnols ce qu'il leur avait promis; mais que puisqu'il l'avait promis il le tiendrait; qu'il aimerait mieux mourir que de manquer à sa parole, mais que si c'était à recommencer il ne le ferait pas, parce qu'il s'était assuré des Suisses, et qu'avec les Allemands il en était au point qu'il espérait qu'on s'arrangerait; qu'ainsi il aurait pu faire repentir ceux qui l'avaient offensé. Alors il parla des Vénitiens, et dit qu'absolument il fallait les attaquer; qu'il savait bien que pour cela vous donneriez vos gens d'armes et ce que vous pourriez. Il dit encore qu'il aurait bientôt mille hommes d'armes en Lombardie; qu'il aurait de l'argent pour payer d'abord huit mille Suisses et les faire descendre où on en aurait besoin, soit pour sa défense, soit pour celle de ses alliés, soit pour attaquer l'ennemi, et qu'il ne manquerait ni d'hommes ni d'argent. Il me dit aussi qu'il avait donné des ordres pour que, outre les troupes ordinaires, il y eût toujours dix-huit cents gentilshommes prêts à marcher, chacun avec trois chevaux utiles. Il parla encore des vingt mille hommes de pied qu'il tenait toujours sous les armes, et il ajouta avec vivacité qu'il n'était pas abattu et qu'il n'abandonnerait pas ses amis; que depuis dix ans il ne s'était pas si bien porté qu'à présent, que sa maladie n'avait été causée que par les chagrins et les inquiétudes que lui donnait sa famille; mais qu'il fallait prendre patience et faire de nouveaux préparatifs; qu'il n'abandonnerait personne et qu'il ne voulait rien épargner. Il dit encore que nous pouvions regarder comme certain le traité avec l'empereur, que nous fussions tranquilles, qu'il n'oublierait point notre république et qu'il ne souffrirait pas qu'on lui enlevât même un cheveu; que s'il y manquait il croirait se manquer à lui même; qu'il nous était aussi attaché qu'à ses États de Lombardie et autres; que si l'empereur passait les Alpes pour aller à Rome il lui tiendrait le mors à la bouche, quelque chemin qu'il prît; qu'il serait accompagné par des gens à ses ordres et à ceux de vos seigneuries, et qu'il ne pouvait faire que ce que les autres voudraient, mais qu'il convenait de lui faire le plus d'honnêtetés possible; qu'il fallait lui rendre les honneurs accoutumés et qui sont dus aux souverains, et que, s'il lui arrivait quelque malheur en chemin, on pourrait lui fournir quelques secours, soit en hommes, soit en argent; qu'il pourrait bien se faire que lui-même passât en Italie. « Je vous assure, » ajouta-t-il, « que l'em« pereur est indisposé contre les Vénitiens : je sais

[1] Il fut conclu une trève entre l'Espagne et la France pour trois ans, avec la faculté de part et d'autre, de nommer les alliés et adhérents dans l'espace de trois mois. Les Florentins furent nommés par les Français.

«que vous ne les aimez pas, et moi, je suis outré «de leurs procédés.» Il parla ensuite des affaires de Pise, et me chargea de vous engager à y penser, parce qu'il serait bien, de toute manière, d'y avoir garnison. Il ajouta qu'il avait des lettres des Pisans par lesquelles ils lui mandaient qu'ils consentiraient à être entre ses mains, mais qu'il ne voulait rien faire sans le consentement de vos seigneuries; qu'il me le disait parce que, s'il survenait quelque incident dont vos seigneuries pussent être alarmées, il voulait avoir rempli ses devoirs envers elles, ce à quoi il ne voulait jamais manquer.

J'écoutai tout ce que me dit Sa Majesté sans l'interrompre : dans ma réponse ensuite je n'oubliai pas de lui rappeler tout ce qu'on pouvait faire d'avantageux pour la république. J'ai rapporté ici, autant que je l'ai pu, les propres termes du roi, afin que vos seigneuries puissent, dans leur prudence, les peser, en porter ensuite le jugement qu'elles croiront convenable, et me mander quelle est la conduite que je dois tenir dans les conjonctures où je puis me trouver d'un moment à l'autre. Je prie aussi vos seigneuries de m'écrire, au sujet des affaires de Pise, si je dois me tenir sur la réserve lorsqu'on me mettra sur ce chapitre, ou si je dois en parler avec autant de liberté que par le passé. J'ai eu l'honneur de vous donner la nouvelle de la ratification de la trêve : malgré toutes les diligences que j'ai faites pour en connaître les articles, je n'ai rien pu savoir ni par le roi ni par le ministre; mais je sais de quelqu'un, qui dit le tenir et de l'un et de l'autre, que les deux rois, dans le terme de trois mois, peuvent nommer leurs amis et adhérents; que la trêve est conclue pour trois ans par terre et par mer, et que le commerce sera libre entre les Français et les Espagnols. Je n'ai pas pu connaître les autres articles : il est possible qu'il n'y en ait que très-peu, car j'ai entendu dire à plusieurs personnes que cette trêve n'est qu'une pure suspension d'hostilités, et doit servir à pourvoir à la sûreté des alliés du roi en Italie. On ne dit point qu'il soit question de don Frédéric, non plus que d'autres barons de ce royaume. A présent il faut que tous les Italiens veillent attentivement sur les affaires d'Allemagne si, comme on n'en doute point ici, l'empereur passe les Alpes, dès qu'ils auront pris certains arrangements entre eux. Le roi croit devoir se décharger de plus de dépenses qu'il pourra, et procurer à l'empereur, d'autre part, des secours convenables en hommes et en argent. Vos seigneuries pèseront ceci avec leur prudence ordinaire. Par ordre du roi, j'ai rendu visite à ces ambassadeurs allemands : de toutes manières, ce chancelier me paraît être un homme d'un grand mérite. Il a parlé, au nom de son prince, d'une manière très-honorable de notre république, et il nous a promis de faire de son côté, soit ici, soit à sa cour, ce qu'il pourra faire pour vos seigneuries.

L'arrivée de la ratification de la trêve par l'Espagne a rendu nos gens très-empressés à retirer l'argent qu'on devait leur payer à cette foire, pour prix de la sûreté qu'ils veulent que vous leur deviez, et les généraux en ont déjà parlé trois fois aujourd'hui à Ugolin; et monseigneur de Ravel, qui a ici un homme à lui, sollicite aussi ce qu'on lui doit, comme s'il n'avait rien autre chose à faire, car je l'ai toujours aux oreilles, et Son Éminence m'en écrit ce que vous verrez par l'incluse. Ainsi, qu'il plaise à vos seigneuries de m'écrire ce que je dois répondre sur ces différentes affaires, car le ministre est si peu satisfait et si mécontent de Jean-Paul, qu'il n'y a pas moyen de lui en parler.

Sa Majesté partira d'ici, sauf le chapitre des incidents, samedi ou lundi prochain, et deux ou trois jours après, je la suivrai. Nicolas Machiavelli s'acheminera pour l'Italie à petites journées, à moins qu'il ne survienne quelque événement qui nécessite une plus grande diligence.

NICOLAS VALORI

Lyon, le 11 février 1503 (1504).

LETTRE X.

MAGNIFIQUES SEIGNEURS,

Par la lettre ci-jointe, du 11 du courant, vos seigneuries verront ce qui s'est passé jusque-là. Je suis allé ce matin chez le ministre, qui, dès qu'il m'a vu paraître, m'a prié d'approcher pour me dire que les affaires allaient bien, et qu'il espérait qu'elles se termineraient encore mieux; que l'ambassadeur de Venise était venu le trouver; qu'il lui avait fait toutes les offres possibles de la part de sa seigneurie, faisant sentir combien elle désirait faire quelque chose qui fût agréable à Sa Majesté Très-Chrétienne; que sur ce, il lui avait dit que, si les Vénitiens voulaient être amis du roi, il fallait qu'ils eussent des égards pour ses alliés en Italie; qu'il avait parlé particulièrement de vos seigneuries, lui disant que les insulter serait regardé comme une insulte faite au roi même. Il m'a dit qu'à cette occasion, l'ambassadeur avait répondu avec serment que jamais son gouvernement n'avait eu l'intention d'insulter personne; qu'on pouvait être tranquille, qu'il ne pensait à insulter ni les Florentins ni aucun autre allié du roi. Je remerciai Son Éminence de ce qu'elle avait fait, mais je lui démontrai que cela ne suffisait pas, parce que ce n'était qu'un remède du moment, et qu'il était nécessaire de s'assurer tellement d'eux, qu'il ne fût en leur pouvoir d'inquiéter en aucun temps ni le roi ni ses alliés. Je pense que le ministre m'a dit ceci des Vénitiens pour dissiper les soupçons que nous avions manifestés sur leur compté et sur celui de Gonzalve; et, comme il leur paraît que, moyennant la trêve, nous devons être tranquilles du côté des Espagnols, ils ont voulu nous faire voir que nous ne devions rien craindre non plus du côté des Vénitiens. Le ministre continua à parler sur cet objet, me recommanda vivement l'affaire de Pise, tandis qu'il en était temps, afin de prévenir des événements qui seraient aussi fâcheux à la république qu'au roi lui-même. Il ajouta que monseigneur l'évêque de Bayeux, son cousin, ayant quelque crédit dans la ville, y avait conservé des correspondants avec lesquels il avait dressé quelques articles auxquels les Pisans consentiraient, et qu'il me ferait donner ces articles. Il me chargea de les envoyer à vos seigneuries, pour qu'elles examinassent bien cette affaire et afin que, si elles croyaient pouvoir approuver ces articles et les accepter, on pût mettre fin à ces discordes qui ont agité la Toscane et toute l'Italie pendant si longtemps. Je répondis, comme j'avais déjà fait plusieurs fois, que j'en écrirais à vos seigneuries, et que j'attendrais leurs instructions, sans lesquelles je ne pouvais rien dire sur cette matière. Dès que j'aurai pris connaissance de ces articles, je les enverrai à vos seigneuries, qui les jugeront d'après leur prudence. Quant aux détails sur les articles de la trêve, je ne puis en dire que ce que j'en ai déjà dit. Je présume que j'en aurai une copie lorsqu'elle sera publiée et affichée, et alors je l'enverrai à vos seigneuries.

Quand je fus sorti de chez le ministre, sachant que monseigneur de Trans, qui a été ambassadeur à Rome, était de retour, et qu'il était retenu chez lui par indisposition, j'allai lui faire visite pour savoir de lui quelque chose sur les affaires du pape en particulier, sur l'Italie en général, et en même temps pour lui faire une politesse qui me paraissait n'avoir pas d'inconvénient. Il me reçut de manière à me faire croire que ma visite lui était très-agréable; il me parla très en détail, et selon moi avec beaucoup de sagesse, des affaires d'Italie; il me dit que les choses en étaient absolument au point où chacun pourrait se venger des Vénitiens et s'assurer d'eux; mais que si on laissait échapper cette occasion, il suffirait de la mort d'un des princes pour perdre tous les États alliés de la France; ensuite il démontra combien il était raisonnable et facile de les punir. «D'abord,» dit-il, «le roi «d'Espagne n'ayant pas voulu le roi de France «pour collègue dans le royaume de Naples, y «voudra encore moins les Vénitiens. Il est natu«rel que le pape veuille récupérer ce qui lui ap«partenait, et venger l'Église des anciennes inju«res et des nouvelles; l'empereur doit également «désirer de leur reprendre ce qu'ils ont enlevé a «l'empire; le roi de France concourra volontiers «à cette opération, moins pour revendiquer ce «qu'ils ont enlevé du duché de Milan que pour «diminuer leurs forces et les mettre dans l'im«puissance de nuire. Et quand ces deux raisons «ne l'y engageraient pas, il y serait porté par le «désir qu'ont les nobles, et généralement les su«jets du roi, de faire la guerre aux Vénitiens; «mais il faut pour cela détourner à tout prix les «deux rois de nommer les Vénitiens comme com«pris dans la trêve [1]; et comme il paraît que le «roi de France ne les nommerait pas, il faudrait «faire des démarches auprès du roi d'Espagne «pour qu'il ne les comprît pas non plus.» Il ajouta qu'il ne voyait pas de meilleur et de plus puissant moyen à employer que le pape; et il me dit qu'il lui en avait fait écrire fort au long; qu'il

[1] Les Vénitiens furent nommés par l'Espagne; mais les Français ayant protesté contre cette nomination, elle ne fut point acceptée.

avait parlé de même au cardinal, qui avait approuvé cette mesure et promis qu'il en parlerait au roi dès qu'il pourrait sortir. Il s'exprima avec tant de chaleur et de vivacité, que je ne pourrais le rapporter à vos seigneuries. Comme il me parut que son plan nous était avantageux, je fis et dis ce que je pus pour l'engager à poursuivre; et comme il me dit qu'il écrivait à ce sujet au cardinal de Volterra, m'engageant à lui écrire aussi de mon côté, je crus à propos de le faire en lui parlant toujours comme de la part de monseigneur de Trans, pour ne pas risquer d'être compromis. Je fais part de toutes ces particularités à vos seigneuries, afin que, si elles croient devoir poursuivre ce projet, elles en écrivent à leur ambassadeur à Rome, parce que le pape pourra beaucoup contribuer à son succès; et il doit s'ensuivre ou que le roi d'Espagne, pour ne pas déplaire au pape, ne les nommera pas; ou, s'il persistait à vouloir les nommer, ceux-ci, croyant pouvoir gagner le pape, projetteront peut-être, connaissant les dispositions des deux rois, de faire rompre la trêve; car le roi a dit en propres termes que, si l'Espagne ne se contente pas de ce qui est raisonnable, dans moins de trois mois, l'empereur et l'archiduc seront ses ennemis plus que lui-même, voulant faire entendre par là que, si l'Espagne veut comprendre les Vénitiens dans la trêve ou lier les mains à l'empereur, ce sera le sujet d'une rupture, parce que l'empire ne peut s'arranger de leur adhésion.

Étant ce matin à l'église, j'ai été accosté par les généraux, qui m'ont renouvelé avec importunité la demande d'argent dont il a été déjà question dans mes dépêches précédentes. Le légat nous les a envoyés deux fois à ce sujet depuis ce moment, et il me paraît difficile de différer le payement ou une réponse quelconque à leur demande.

Quoique j'aie répondu avec force et que j'aie allégué toutes les raisons possibles pour notre justification, ils disent que cela ne les satisfait pas; que le Milanais, défendu par eux, nous met à couvert de tous côtés; en un mot, ils me serrent de si près qu'il faut absolument que vous me mandiez comment je dois me conduire sur ce point.

J'oubliais de vous dire que d'Amboise et Robertet recommandent le secret sur le traité de Pise; le roi nous a également priés de taire ce qu'il nous a dit des Vénitiens.

Dans deux jours au plus tard, on attend l'autre envoyé de l'archiduc, qui s'appelle monseigneur de Veri : on dit qu'à son arrivée on conclura sur-le-champ le traité avec le roi, l'empereur et l'archiduc, car on est d'accord sur les conditions.

NICOLAS VALORI.

Lyon, le 13 février 1503 (1504).

LETTRE XI.

MAGNIFIQUES SEIGNEURS,

J'ai écrit à vos seigneuries, par Neri Masi, le 11 et le 13 du courant; j'ai envoyé une autre lettre du 13, aussi sous le couvert de Thomas del Bene, par un homme du duc de Valentinois. Ce que j'ai pu savoir par le roi et le ministre je l'ai écrit à part, rapportant, autant que je l'ai pu, leurs propres expressions, afin que vos seigneuries puissent mieux asseoir et fixer leur jugement.

Je ne rencontre jamais Turpin, trésorier de Milan, qu'il ne me demande aussi de l'argent. Il assure que son gouvernement ne lui envoie rien parce qu'il compte sur les fonds que vos seigneuries doivent verser dans ses coffres. Dans la crainte qu'il ne s'avise de m'en parler en présence du roi et du ministre, ou qu'il m'en fasse parler par eux d'une manière un peu pressante, je me suis abstenu de paraître à la cour.

En conséquence, n'ayant rien pu savoir par eux et n'ayant rien à leur communiquer sur l'objet de ma mission, il m'a paru à propos d'informer vos seigneuries de ce que j'ai pu apprendre par des gens à portée de connaître les affaires d'ici. Il paraîtra peut-être à vos seigneuries que l'événement n'a pas justifié toutes nos conjectures, mais l'expérience nous prouve que les affaires ici vont souvent tout autrement que ne pensaient ceux qui les ont conduites. On m'a dit que le roi d'Espagne nommera les Vénitiens pour adhérents : ici on est sur le point d'en faire autant, et ils ne pensent pas au crédit qu'on leur donne en ayant l'air de les rechercher. Comme je m'adressai à un ami de vos seigneuries pour qu'il en parlât au ministre, et qu'il lui fit sentir qu'il n'y allait pas moins de honneur de son maître que de celui des autres princes alliés, il répondit : « Nous ne sommes pas dans l'intention de le faire; mais comme je sais que vous avez parlé aux ambassadeurs d'Espagne, je voudrais savoir quelle est l'intention de leur roi ; » ce qui me paraît n'être pas très-éloigné de ce que m'a dit cet autre ami qui, étant toujours auprès du roi, est instruit de presque tout. En parlant avec lui sur le même sujet, il me dit que Sa Majesté, ennuyée de la guerre et voulant la paix, comme cela était manifeste, ne voudrait pas, s'il naissait quelque incident, que l'Espagne pût se prévaloir des Vénitiens, qui, plus facilement qu'aucun autre État, pourraient inquiéter son État de Milan. Il est certain qu'ils le craignent, car dès qu'ils virent que les affaires prenaient une mauvaise tournure, ils voulurent s'assurer d'eux, et envoyèrent à Venise uniquement pour cet objet. Ajoutez à cela que leurs États, au pied des montagnes, servent de barrière à la Lombardie contre les Suisses et les Allemands : le roi ne voudrait pas que ceux-ci pussent les franchir quoiqu'il paraisse tout permettre à présent à l'empereur ; et nous verrons que tout en lui permettant de passer, il aura donné des ordres contraires; car on m'assure que c'est par la suggestion de cette cour que le pape offrira à l'empereur de lui envoyer la couronne par un légat. Ceci pourrait être d'autant plus vrai que je le tiens de très-bonne part. Peut-être aussi veut-on être, comme on dit, sur ses deux pieds, et tenter d'abord ce qu'on désire réellement, et qu'il est aisé de deviner, d'après les propos échappés, soit au roi, soit au ministre, en plusieurs occasions. Nous verrons si, dans le traité qu'on fait avec l'empereur et l'archiduc, l'Espagne osera lever le masque, soit en ne voulant pas permettre à l'empereur de reprendre ce qui lui a été enlevé, soit en refusant à l'archiduc de le mettre en possession du royaume de Naples; et d'autre part, s'il y a moyen de consolider l'arrangement entre eux avec l'agrément du pape, car presque tout ceci dépend de Sa Sainteté, il serait facile d'assurer pour longtemps la tranquillité de l'Italie et la leur. Le légat a de nouveau écrit de sa main au pape, et on me dit que s'ils le voient leur être fortement attaché et se prêter aux mesures qu'exige la sûreté de l'Italie, ils tiendront leurs engagements, mais qu'autrement, et s'ils ne trouvent pas dans l'empereur et l'archiduc les sentiments qu'ils désirent et espèrent, alors ils prendront le second parti. C'est à Rome qu'on peut travailler avec le plus de succès; ici on fera tout ce qu'on croira le plus propre à satisfaire vos seigneuries. Si je m'écarte de ma mission, et si j'écris trop librement, c'est un effet de ma fidélité et de mon dévouement.

Robertet, dans un entretien qu'il a eu avec Ugolin, n'a pas craint de dire à ce dernier qu'il n'était pas à propos, du moins pour le moment, d'unir ainsi les Etats d'Italie; qu'il serait même imprudent d'en montrer le dessein. Quoiqu'il n'en ait pas dit davantage, je pense que c'est dans la crainte de donner occasion à l'Espagne de nommer les Vénitiens; ils veulent auparavant bien connaître l'opinion du pape. Il est sûr que, si le légat ne les protége pas, soit qu'il croie pouvoir en tirer quelque avantage pour ce royaume, soit pour d'autres raisons, ils sont généralement très-mal dans l'opinion du roi et dans l'opinion publique. Ceci tient souvent le ministre en suspens, car quoi qu'il nous ait dit d'eux et de ce qu'on voulait leur faire la dernière fois qu'il nous a parlé des Vénitiens, il avait l'air de vouloir les excuser, et il nous parla avec plus de modération qu'il n'avait fait par le passé. Il faut, à ce propos, que j'informe vos seigneuries d'une particularité dont elles pourront faire leur profit : j'ai su que le roi a chargé l'envoyé de Ferrare d'écrire à ce prince, mais sous le secret, qu'avant un mois il lui ferait rendre la Polésine. Je vous transmets les choses comme je les entends, afin que dans votre sagesse vous en décidiez. On poursuit toujours le traité avec l'Allemagne ; mais quoiqu'on dise qu'il est comme conclu, je sais de bonne part que la dispute sur l'investiture est très-vive, et que les ambassadeurs de l'empereur disent qu'ils n'ont pas d'instructions sur cet objet : je crois que le dernier courrier qu'ils ont expédié il y a quelques jours n'avait pas d'autre objet. Il me revient de bonne part qu'on projette d'envoyer une partie de ces barons du royaume de Naples à la solde du pape et à celle de vos seigneuries. On a aussi fait quelque promesse sur cela au marquis de Mantoue : peut-être est-ce parce que, ne lui ayant pas accordé sa demande, on veut lui prouver qu'on s'occup de lui; et peut-être ne pense-t-on qu'à faire vivre ces troupes aux dépens des autres. Leur projet pour les barons est sûr; quant à l'autre point, peut-être l'ont-ils fait par quelque autre motif. Si donc on m'interpellait de quelque manière sur cette affaire des barons, je sais bien que je n'aurais qu'à répondre que j'en écrirai à vos seigneuries; mais si elles m'avaient donné des instructions là-dessus j'aurais pu faire une réponse convenable.

NICOLAS VALORI.

Lyon, le 17 février 1503 (1504).

LETTRE XII.

MAGNIFIQUES SEIGNEURS,

N'ayant pas eu occasion d'envoyer plus tôt mes dépêches du 17, je les joins à celles-ci avec lesquelles j'envoie aussi à vos seigneuries copie des articles de la trêve qui a été publiée ici hier, ce que je crois qu'on a fait plus tôt qu'on ne le voulait à cause de l'impatience que témoignait le roi de partir. Il dit tant qu'il est ennuyé de ce séjour qu'on peut croire que de longtemps il n'y reviendra. A l'occasion de cette publication je crus devoir faire visite aux ambassadeurs espagnols : ils dirent, je crois artificieusement, qu'on faisait bien de ne publier la trêve qu'à un jour déterminé et de prendre du temps, afin de donner à Gonzalve celui qui était nécessaire pour occuper tout le reste du royaume de Napels; sans cela, il eût suffi d'un seul canton non évacué pour rallumer la guerre, ce que certainement on ne pouvait craindre de la part de leur roi très-catholique, qui désirait ardemment la paix; que, de leur part, ils n'entraveraient rien; que, contents de l'Espagne et de la Sicile. ils laisseraient les affaires d'Italie à qui elles appartenaient, c'est-à-dire à don Frédéric. Il peut se faire que ce soit leur dessein, mais, conservant avec vos seigneuries ma coutume de tout leur écrire, je ne sais pas si ce n'est point parce qu'il ont entendu dire qu'on les accusait d'entraver les affaires, ou appris quelque autre propos tenu par l'archiduc, qu'ils ont voulu prendre les devants pour se justifier, et par là traîner en longueur quelque autre affaire. Quoique je me fusse proposé, à cause de ces malheureuses gens du bailli, qui sont vraiment affamés et m'obsèdent continuellement, de ne pas paraître à la cour, cependant, à l'occasion et de cette publication et de certain bruit qui s'était répandu sur les affaires de Piombino, j'ai cru devoir aller trouver le roi. Après lui avoir fait mes compliments sur cette publication, je lui ai demandé s'il y avait quelque autre bonne nouvelle à envoyer à vos seigneuries de sa part, cherchant adroitement à découvrir s'il savait quelque chose de ce qu'on disait s'être passé à Piombino, et où en était le traité avec l'empereur, toujours en lui rappelant les intérêts de vos seigneuries. Quant à la trêve, il me répéta ce qu'il m'avait déjà dit, que si ce n'était parce qu'il ne voulait pas manquer à sa parole, il ne savait pas ce qu'il ferait, nous démontrant par ses propos et par ses gestes qu'il n'en était pas content, et que dans peu nous verrions ou entendrions quelque chose de nouveau; et, si je ne me trompe, je crois être sur la voie, d'après ce que je mande à vos seigneuries dans la lettre ci-jointe. La chose réussira-t-elle ou non? vous saurez mieux le juger que moi. Ce qu'on voit clairement dans tout ceci, c'est que le pape a la plus grande influence sur les déterminations des différents cabinets, c'est-à-dire, soit pour faire observer la trêve, soit pour faire prononcer les Espagnols et les alliés des Vénitiens. Quant à l'affaire de Piombino, il me répondit que l'ambassadeur de Gênes était venu lui en parler, mais que par ses agents il n'en savait rien; et, comme il me disait que cet ambassadeur lui avait dit qu'on y criait, *Saint-Marc et Saint-Georges*, je lui demandai comment Sa Majesté prendrait l'événement s'il avait lieu, et elle m'assura qu'il lui ferait plaisir. Avec ces gens-ci le grand point est de mettre de la suite. Sa Majesté a parlé ensuite de l'affaire de Pise, objet sur lequel je ne puis que me répéter. J'essayai vainement de ramener la conversation sur un autre objet : le roi continua toujours à parler de Pise, mais toujours en termes généraux, nous renvoyant au ministre, et le ministre à Robertet. Comme c'est avec monseigneur de la Bayeux, protecteur des Pisans, que cette affaire se traite, vos seigneuries peuvent juger que le résultat de cette négociation ne nous sera pas très-favorable. Le roi m'a dit qu'il m'en ferait donner une copie pour vous la communiquer. Quant au traité avec l'empereur,

Sa Majesté m'a assuré qu'il ne tarderait pas à être conclu, et elle m'a promis si affirmativement qu'elle prendrait le même intérêt aux affaires de vos seigneuries qu'aux siennes propres, que, si on doit compter sur une parole de roi, certainement on peut compter sur celle-ci. Sur ce sujet, j'ai fait interpeller adroitement le chancelier et monseigneur Philibert, et de tous côtés je reçois des réponses satisfaisantes. On voit que le chancelier est un homme d'un très-grand mérite; il parle avec intérêt de notre république; dans son intérieur, dans sa conversation familière, il donne à entendre que le roi veut absolument passer en Italie, et il demande souvent à un des nôtres comment il serait traité à Florence. Que si ceux-ci ne donnent pas sur la route des ordres qui lui paraissent convenables, ce dont on doute, l'Italie pourrait bien voir une autre génération de ces gens-ci. Monseigneur de Veri est venu de la part de l'archiduc, et, à ce que je puis savoir, il n'a pas été content de trouver la ratification arrivée. Ils sont tous les jours ensemble, et ont de longues conférences avec les membres de ce gouvernement. Il est difficile de savoir ce qu'ils font en particulier. Ils disaient qu'ils ne voulaient pas suivre la cour : il me revient cependant qu'ils ont changé, et si le roi part demain, comme il l'assure, ils le suivront, parce qu'ils n'ont pas terminé comme ils l'espéraient.

Vos seigneuries voudront bien me tracer la conduite que je dois tenir pour cet argent de Ravel et des gens du bailli, car leur manière d'agir ne laisse pas d'être insultante pour la république. Le ministre a voulu me prêter de l'argent pour que je les contentasse; et on pourrait dans ce moment faire avec eux des arrangements qu'on ne pourra peut-être pas faire dans un autre. Je crois que de toute manière il faudra que je leur donne quelque chose pour m'en débarrasser : il est triste d'avoir affaire à pareille engeance. Nicolas Macchiavelli pourra vous dire si je leur ai répondu vertement ou non. Il n'est pas moins vrai que, quand on est sur les lieux, les affaires sont plus difficiles qu'on ne pense : je prie donc vos seigneuries de me répondre de suite là-dessus. Je ne veux pas oublier de vous dire que monseigneur de Ravenstin travaillait pour lui dans l'affaire de Piombino. Monseigneur [1] d'Aubigny est arrivé : aucun de ceux qui sont revenus du royaume de Naples n'a été aussi bien reçu que lui par le roi. J'ai été lui faire visite au nom de vos seigneuries. Je l'ai trouvé très-affectionné pour notre république, et connaissant les affaires d'Italie aussi bien que qui que ce soit ; mais chacun demeure en suspens et n'ose parler, de peur d'émettre une opinion contraire à celle du cardinal. Je suis aussi allé faire visite à madame de Bourbon, qui fut appelée auprès de la reine lors de l'indisposition du roi : elle paraît aussi prendre un vif intérêt à vos seigneuries.

NICOLAS VALORI.

Lyon, le 14 février 1503 (1504).

LETTRE XIII.

MAGNIFIQUES SEIGNEURS,

La difficulté d'avoir des courriers fait que les avis arrivent tard, ou que je suis obligé de faire des paquets de lettres à vos seigneuries, ce qui me déplairait bien si je ne voyais qu'elles sont obligées d'en faire de même ; car aujourd'hui j'ai reçu les leurs des 2, 3, 5, 8, 10 et 12 du courant, avec la copie des avis de Rome, ceux en particulier de la Romagne, et tous fort à propos. Nous nous transportâmes sur-le-champ auprès du roi : nous lui parlâmes de la conduite des Vénitiens, que nous fîmes voir être bien opposée à leurs paroles ; nous prîmes occasion du départ du secrétaire pour le prier de vouloir bien le charger de quelque bonne nouvelle pour vos seigneuries. Nous n'oubliâmes aucun des objets dont vos seigneuries m'ont chargé, ce qui n'est pas difficile avec le roi, à qui on peut parler longuement. Il faudrait pouvoir le faire de même avec le cardinal, car c'est là que les affaires se discutent et se terminent. Sa Majesté nous répondit que si le traité avec l'empereur se concluait on nous entourerait d'une belle guirlande ; que nous attendissions, que nous verrions des choses qui nous feraient plaisir, et qu'il voulait envoyer un homme à Rome et à vos seigneuries, qui vous apporterait des ordres et des projets avantageux pour vous et pour toute l'Italie, nous renvoyant au ministre pour les détails. Il nous dit qu'il approchait de

[1] Il avait été fait prisonnier par les Espagnols, en Calabre, et il fut remis en liberté lors de la reddition de Gaëte.

la conclusion du traité avec l'empereur; que ce qui lui faisait le plus grand plaisir était l'engagement des Suisses, qu'il avait entre les mains; qu'actuellement il était très-sûr d'eux; qu'ils s'étaient obligés à lui fournir, à sa réquisition, de douze à seize mille hommes. Il nous parla ensuite de vos seigneuries, et des ordres qu'il envoyait dans le duché de Milan, ainsi que je vous l'ai marqué. Nous lui reparlâmes de prendre à sa solde quelques chefs italiens, lui faisant voir les bons effets qui en résulteraient, et cherchant adroitement à découvrir quels étaient ceux qu'il jugeait les meilleurs. Sur ce, il nous répondit qu'il voulait bien en gagner quelques-uns, mais qu'auparavant il fallait que vous en prissiez à votre solde, ainsi que le pape. Comme il n'ajoutait plus rien, je lui dis que vos seigneuries étaient dans l'intention de le faire, car voyant la tournure que prenaient les affaires, elles ne pouvaient pas rester désarmées; que cette mesure leur paraissait doublement avantageuse en ce qu'elle leur gagnait ce qu'elle enlevait à leurs ennemis; mais qu'elles voulaient avoir les meilleures troupes ou de la maison Colonna ou de celle Orsini, ou bien Jean-Paul. Il répondit que nous eussions à en parler au cardinal. Nous nous rendîmes donc chez Son Éminence, dans l'espoir d'en tirer peut-être quelques particularités. Nous lui fîmes part d'abord des avis que nous avions reçus de vos seigneuries, des moyens que les Vénitiens avaient nouvellement mis en usage, et de l'état des affaires de la Romagne, sauvée jusqu'à présent plutôt par un effet de la Providence, qui avait retiré de ce monde le seigneur, etc., etc., que par le secours des hommes. Je lui dis que nous venions de la part du roi. Il nous répondit qu'il y avait trop de témoins pour pouvoir traiter de tels objets, mais qu'une autre fois il en parlerait au long avec moi en présence du marquis de Finale, et il appela monseigneur de Trans et ce marquis, et en présence de tous gens du gouvernement qui étaient là il dit : « Vous voyez qu'Imola et Forli ne sont pas perdus, comme monseigneur de Trans le disait. » Comme je lui faisais observer que vos seigneuries, forcées par les événements à s'armer, ne voyaient rien de plus avantageux que d'enlever du monde aux ennemis, et que pour cela elles voulaient chercher à gagner quelques-uns des meilleurs chefs ou de la maison Colonna ou de celle des Orsini, ou Jean-Paul, et que Sa Majesté devrait faire de même, il me répondit que c'étaient des gens de mauvaise foi, et que si nous voulions suivre ses conseils tout irait bien. Comme il y avait beaucoup de monde nous en restâmes là. Je crus à propos, avant de parler de nouveau au ministre, de voir l'ambassadeur du pape. J'allai donc chez lui : je lui annonçai d'abord l'arrivée de Pietro Paulo et l'ordre qu'avaient donné vos seigneuries, me servant des expressions les plus propres à intéresser cet ambassadeur, et à lui inspirer assez de confiance en moi pour me dire quelque chose des intentions du pontife.

Ce ministre me fit lire plusieurs lettres de Rome, et entre autres une de Capaccio très-sage, écrite avec beaucoup de mesure et de sens sur les affaires d'Italie. Capaccio l'engageait, au nom du saint-père, à travailler ici pour qu'on prît des mesures telles que l'État de l'Église fût à l'abri de devenir la proie des Vénitiens, parce que celles qu'on avait prises jusqu'à présent avaient eu peu d'effet. Il ajoutait que l'ambassadeur de ce roi à Venise va jusqu'à feindre des lettres par lesquelles il les avertit de tout ce qu'on doit faire, afin qu'ils paraissent n'agir que pour se défendre contre des ennemis dont ils connaissent les machinations. Ainsi vos seigneuries voient les intrigues de leurs ennemis; ou plutôt elles leur étaient bien connues, comme elles le sont de tous. Aussi m'assurait-on que si les Vénitiens parvenaient à le gagner il n'y aurait plus de remède. Il me dit ensuite qu'il espérait obtenir de nouveau que Sa Majesté écrirait à ce sénat qu'il eût à respecter l'état de l'Église, ou qu'autrement ce serait l'offenser lui-même; et que peut-être voyant les intrigues de l'ambassadeur français qui est là, on enverrait un homme attaché au pape, avec les lettres en question. Il y en a deux ou trois; cependant je ne puis rien dire de positif là-dessus. Je crois que l'homme qui doit aller pour l'union de la Toscane sera François de Narni, auprès duquel, voyant les dispositions où l'on était ici, j'ai fait toutes les démarches possibles pour le gagner. D'après ce que m'a dit Robertet, je ne sais s'il partira bientôt. Je crois que la personne qu'on envoie à Venise partira dans un ou deux jours. On me rapporte que les Espagnols lui ont dit que quand les Vénitiens seraient nommés par le Roi Catholique sous la condition qu'ils rendissent ce qu'ils avaient injustement occupé sur le territoire de l'Église, Sa Sainteté devrait être satisfaite, et que dans ce cas le roi de France ferait de même. A présent ceci tient au traité avec l'empereur, parce que si ceux-ci ne ferment pas cette plaie, ayant vu par l'expérience ce qu'ils peuvent avec les Espagnols, ils ne voudraient pas se mettre à dos les Vénitiens. Si cela finit comme on le désire ici, de toute manière j'en augurerais bien; et comme c'est chez le ministre que se traitent les affaires, je me sers du peu de moyens qui sont en mon pouvoir pour faire épier ce qui s'y passe : il me revient que les dernières affaires de Forli lui ont fait de la peine. Vos seigneuries peuvent m'en croire, si le pape veut se mêler de tout ceci, j'espère encore que nous pouvons nous en bien tirer. Je demeurai d'accord avec l'ambassadeur du pape qu'il prendrait l'heure du ministre : je voudrais que ce ne fût pas sitôt, parce que je crois qu'il aura peu de chose à me dire, et qu'il se bornera à me parler de ces troupes des barons du royaume de Naples qu'il voudrait que vous prissiez à votre solde. Je voudrais auparavant que vos seigneuries me donnassent leurs ordres à cet égard. Comme je l'ai déjà mandé, Turpin a pris le parti de s'adresser à vos seigneuries pour l'argent dû au roi : je ne l'y ai pas engagé, et n'ai rien fait non plus pour l'en détourner; et pour ce qui me regarde, je ne crains pas qu'il parvienne à me donner aucun désagrément, quelque moyen qu'il prenne. Je ne voudrais pas qu'il tînt des propos qui portassent atteinte à l'honneur de la république : c'est cependant ce qu'osent et que je suis sûr que font ces gens du bailli. Qu'il est fâcheux d'avoir affaire avec de pareilles gens!

Un des principaux agents du gouvernement s'est plaint de ce que le roi parlait trop librement des Vénitiens, ce qui n'a pas fait un bon effet; et nous avons été un peu accusés. Cet ambassadeur de Venise, qui veut se justifier, s'attache à tout ce qu'il peut pour cela. Quoi qu'il en puisse arriver, j'écrirai toujours librement tout ce qu'on me dira : je me confie entièrement en la prudence de vos seigneuries.

NICOLAS VALORI.

Lyon, le 19 février 1503 (1504).

P.S. Monseigneur de Nemours a aussi pris part aux bonnes nouvelles de la trêve : il vous rappelle son Davit, qu'il paraît beaucoup affectionner; il voudrait bien qu'enfin il arrivât à Livourne. Vos seigneuries voudront bien me dire ce que je dois lui répondre sur cet objet.

LETTRE XIV

MAGNIFIQUES SEIGNEURS,

Comme je le marquais à vos seigneuries par ma dernière du 19 du courant, qu'elles recevront avec celle-ci, n'ayant point eu d'occasion pour la faire partir, je convins avec le roi de voir le cardinal, soit relativement aux affaires d'Allemagne, soit à cause du départ du roi : je n'ai pu le voir qu'hier matin. Je rappelai à Son Éminence les avis de vos seigneuries et les mesures qui vous paraissaient les plus propres aux circonstances, le priant de se rappeler dans le traité notre dévouement et notre fidélité. Il me répondit que nous devions être plus contents que nous ne l'avions été depuis longtemps; que vos seigneuries et le gonfalonier devaient être satisfaits; que bientôt ils verraient les effets correspondre aux paroles. Comme il me paraissait en bonne disposition, je voulus profiter du moment pour lui dire que je voudrais bien qu'il s'expliquât en termes moins généraux. Il me dit : « Nous envoyons François de Narni à « Florence et à Rome, et vous apprendrez de « lui des choses qui vous plairont sans doute : « l'union se fera comme vous avez paru le dési- « rer, dans le traité que nous avons arrêté hier « au soir avec l'empereur, et que les ambassa- « deurs emportent pour l'échanger avec la rati- « fication, qu'ils rapporteront avant Pâques, « nous avons stipulé pour vous comme pour « nous-mêmes. » Comme je voulais le faire expliquer plus clairement sur tout ce qui regarde Pise, je lui demandai si nous n'avions point à faire quelques démarches d'autre part. Il me dit qu'il ne pouvait, pour le moment, en dire davantage; qu'il y avait de l'inconvénient à parler avant l'arrivée de la ratification. Il laissa cependant échapper ce propos qui me parut remarquable : « Mettez-vous en mesure de votre « côté, et laissez-nous faire le reste. » Je ne jugeai pas à propos de parler des milices, parce que, outre que je sais qu'ils ont le projet de vous donner quelques-uns de ces barons du royaume de Naples, le cousin du bailli m'avait dit qu'il me requérerait pour qu'on lui confirmât les cinquante lances. Je pris donc congé de Son Éminence, parce que, comme il part ce matin, vos seigneuries auront terminé leurs négociations avant que j'aie l'occasion de revoir le cardinal, et, dans cette cour, on parvient assez facilement à faire excuser les choses quand elles sont une fois faites. Macchiavelli prit aussi congé de Son Éminence, et il partira dans deux ou trois jours. Robertet, avec lequel je vins depuis l'hôtel du ministre jusqu'à l'église, me confirma ce que le cardinal venait de me dire; et si cette fois les Français ne se sont pas bien conduits avec vos seigneuries, de la manière dont ils en ont parlé, même avec d'autres que nous, il faudra dire qu'il ne faut jamais compter sur leur parole. J'essayai vainement de le pressentir sur les dispositions du traité relatives aux Pisans; mais il me dit : « François de Narni part, comme « vous savez, et je suis chargé par le ministre « de lui donner des instructions particulières et « des articles, parce que l'homme qui est ici « pour les Pisans est un imbécile, et François « fera mieux. » Quoiqu'il n'ait pas répondu à mon interpellation, j'ai cru devoir vous informer de ce qu'il m'a dit parce que, ou ils veulent nous endormir là-dessus, ou ils n'ont pas cédé Pise à l'empereur, comme quelques-uns le pensent. Comme c'est à l'ambassadeur du pape plutôt qu'au ministre de vos seigneuries à parler au cardinal ou à Robertet au sujet de la personne que très-probablement, comme je vous l'ai déjà marqué, on enverra à Venise, j'ai cru devoir me présenter chez cette Excellence, et lui faire part de la conversation que j'avais eue avec le cardinal et avec Robertet. Je lui ai marqué mon étonnement du silence qu'ils avaient gardé avec moi sur le traité, lui faisant observer qu'il convenait cependant que les Vénitiens connussent une bonne fois pour toutes l'opinion du roi sur leur conduite avec le pape. Voici sa réponse : « Les affaires vont « bien, et les délais dont vous vous plaignez « tiennent à ce que j'ai reçu des lettres de l'évêque de Raguse par lesquelles il me mande que « Pietro-Paulo arrivera à temps au fort de Forli. « Ici, on pense aux affaires d'Italie plus que vous « ne croyez, mais il ne faut pas qu'ils se découvrent davantage aux Vénitiens, dans le cas où « Sa Majesté Impériale ne ratifierait pas le traité « fait ici avec des ambassadeurs : ce serait « donner trop d'avantage à nos ennemis communs. Mais soyez tranquilles : Sa Sainteté agit. « Cette union, avec l'appui du roi, donnera à « penser aux autres, et à nous plus de moyens. « Sa Sainteté veut absolument prendre les armes, « et si, entre elle et vos seigneuries, on a mille « hommes de troupes avec ceux des adhérents, « et l'appui de l'État de Milan, les dispositions « prises et à prendre par le roi feront peut-être « repentir les Vénitiens de s'être engagés si mal « à propos. » Je lui répondis que nous nous repaissions de paroles et eux d'effets. Soit qu'il voulût finir cet entretien, soit qu'il voulût se donner un air d'importance, il dit : « Je sais « telle chose en secret et *in articulo conscientiæ* qui, si je pouvais vous la dire, vous prou« verait que je ne parle pas au hasard. » Il est difficile de tirer des hommes ce qu'ils ne veulent pas dire. Vos seigneuries verront dans leur sagesse...... Je me rendis ensuite chez le chancelier, qui part demain matin très-content de la manière dont on l'a reçu ici : on lui a fait de très-beaux cadeaux et on l'a traité très-honorablement. Je lui reparlai de la bienveillance et du dévouement de vos seigneuries pour l'empereur ; qu'elles étaient prêtes à le prouver quand l'occasion s'en présenterait; je lui dis aussi que vos seigneuries, au besoin, espéraient tout de sa part. Il parut m'écouter avec intérêt, et m'assura qu'indubitablement l'empereur passerait en Italie, et qu'il ferait connaître à Sa Majesté les sentiments de vos seigneuries. Elles n'ignorent pas que le chancelier a toute la confiance de l'empereur, et que ce qu'il a décidé se fait toujours. Je pris le parti de le voir, parce que ces jours derniers Robertet dit à Ugolin que, si le traité de Pise ne réussissait pas par eux, ce chancelier pourrait nous faire rendre cette ville; qu'il était homme à faire tout ce qu'il croyait avantageux. Si ceci paraît bien différent de ce qu'ils m'ont dit précédemment, c'est qu'ils ont toujours plus d'un projet sur le tapis, et vos seigneuries voudront bien ne pas me blâmer : j'ai dû les informer de ce que j'ai entendu. Je verrai le grand chancelier avant son départ, qui n'aura pas lieu avant lundi, et après le retour du ministre. Il a été de toutes les conférences qui ont eu lieu pour ce traité. Si je puis tirer de lui quelque chose de plus, j'en informerai vos seigneuries. Si, comme quelques personnes le pensent, il intervient dans les négociations un plus grand nombre d'agents, il sera peut-être moins difficile de savoir quelque chose; mais en tout il y a le pour et le contre, car l'amiral y a été sûrement appelé, et on dit qu'il n'a jamais été partisan des affaires d'Italie. Je reviendrai sur ce projet si l'avis qu'on m'en a donné a quelque fondement. Vos seigneuries voudront bien m'excuser d'avance si elles ne reçoivent aucunes de mes lettres avant un mois, parce que le roi, ennuyé d'être enfermé, veut s'arrêter dans tous les lieux des environs, et ce ne sera pas chose aisée que de se reconnaître dans tous ces déplacements : lorsque la cour n'a pas de résidence fixe, on ne peut rien faire ni rien savoir. Ajoutez à cela qu'Ugolin est malade et paraît couver une longue maladie, quoique sans danger; et en vérité sa connaissance des affaires et de la langue du pays me le rend fort nécessaire. Je suivrai la cour lundi ou mardi, s'il plaît à Dieu. « Le cardinal a fait donner cent écus « aux gens du bailli pour me sauver, » a-t-il dit, « quelque avanie dont je n'aurais pu obtenir satisfaction à cause des obligations qu'on « lui a. » Son Éminence vous engage à terminer vos comptes avec eux, vu que les gens d'armes veulent absolument être payés. Réellement, s'il n'avait pas pris ce parti, j'en avais toujours une douzaine autour de moi en tout lieu. Les articles du traité sont très-peu connus: il y a eu plusieurs promesses secrètes. L'un et l'autre parti s'accordent à dire qu'on donnera l'investiture du duché de Milan, et que ceux-ci fourniront du monde et une somme d'argent pour le passage. Soit que les ambassadeurs allemands aient voulu s'en décharger, ou que ce soit réellement la vérité, ils ont toujours dit que les deux rois en délibéreraient lors de leur entrevue, et que, pour preuve, le roi de France avait promis de rendre la liberté à Louis Sforce et de lui donner de quoi vivre dans ce pays. Espagnols et Français, tout le monde s'accorde à parler avantageusement de don Frédéric. J'ai dit à vos seigneuries, dans une de mes lettres, ce que j'en savais, et surtout ce qui peut porter les Espagnols à dire tout haut que le Roi Catholique veut le remettre sur le trône, et donner à son fils la vieille reine de Naples, c'est-à-dire celle qui fut femme de don Fernand. Le secrétaire du roi Frédéric me dit que les Français voudraient lui donner Germaine de Foix, qui est nièce du roi et de la reine, et qu'en dernier lieu il avait pressé le roi et le ministre de faire expliquer là-dessus les Espagnols, pour savoir si réellement ils sont dans cette intention, ou si ce n'est qu'une feinte de leur part; mais ils n'ont pas voulu y entendre, et comme ce parti est plus honorable pour eux que la trêve actuelle, il faut, ou qu'ils aient le dessein de tromper le Roi Catholique, ou que ce soit leur rôle dans cette affaire, ou qu'ils craignent qu'on ne découvre leurs manœuvres à l'archiduc, et qu'il n'en résulte des effets contraires à leurs projets. Vos seigneuries, avec leur prudence accoutumée, jugeront ce qui peut être. Je me recommande à elles, et leur renouvelle mes excuses. Tant que la cour n'aura pas de résidence fixe, je ne pourrai rien faire.

NICOLAS VALORI.

Lyon, le 22 février 1503 (1504)

LETTRE XV.

MAGNIFIQUES SEIGNEURS

Depuis l'arrivée de la ratification de la trêve avec l'Espagne je me suis toujours vu à la veille de mon départ, mais l'ambassadeur a jugé que je devais le différer jusqu'à l'époque de celui de François de Narni, envoyé en Italie pour les raisons qui vous ont été déduites par l'ambassadeur. Je devais donc partir avec cet envoyé, mais après un plus mûr examen il a pensé que Narni en perdrait peut-être un peu de sa considération, et qu'il paraîtrait que sa mission fût l'effet d'une grâce mendiée par vos seigneuries. Comme je ne puis partir seul, je ne pourrai me mettre en route que vendredi prochain. L'ambassadeur, de son côté, ira rejoindre la cour.

Je me recommande à vos seigneuries; et pour les choses importantes je m'en remets entièrement à ce qu'écrit a écrit l'ambassadeur, qui est très-prudent, très-actif et très-attaché à sa patrie.

NICOLAS MACCHIAVELLI

Lyon, le 25 février 1503 (1504)

XII.

MISSION

AUPRÈS DU SEIGNEUR DE PIOMBINO, JACQUES D'APPIANO[1]

COMMISSION POUR PIOMBINO

Donnée à Nicolas Macchiavelli, par délibération du 2 avril 1504.

Nicolas, tu te rendras auprès du seigneur de Piombino pour l'affaire dont nous t'avons entretenu de vive voix, et qui nous a paru de quelque importance, tant dans les intérêts principalement de ce prince que dans les nôtres, et pour lesquels nous désirons la conservation de ses États tels qu'ils se composent actuellement. Ayant vu qu'on rassemblait des troupes sur les frontières de Sienne, informés des mauvaises dispositions de ses sujets pour lui, ainsi que de beaucoup d'autres indices qui sont parvenus à nos oreilles de divers côtés, nous ne pouvons nous empêcher de nous montrer empressés d'employer toute notre industrie à nous opposer à ce qu'on puisse pénétrer dans ses États et y faire aucun changement. Tu lui parleras sur tout cela avec ménagement; tu lui feras connaître ensuite que nous t'avons envoyé près de lui pour lui offrir tous les secours qui lui seraient nécessaires, et l'engager en outre à pourvoir par tous les moyens possibles à sa propre conservation. A cet effet, tu tâcheras d'obtenir par tes offres l'un des deux avantages suivants, ou tous deux à la fois : le premier, que ce seigneur reprenne les liaisons qu'il avait avec nous; l'autre, que s'il a besoin de nous il en accepte tous les secours qu'il désire, pourvu qu'en même temps il fasse tout à la fois et ses affaires et les nôtres. Pendant ton séjour dans ce pays tu observeras avec soin le caractère de ce prince, la disposition des habitants, le parti qu'y ont les Siennois et celui que nous pouvons avoir. A ton passage à Campiglia tu pourras voir notre podestat, et prendre auprès de lui tous les renseignements qu'il pourra te donner.

[1] On n'a découvert aucune des lettres de Macchiavelli relatives à cette mission, sans doute parce qu'il revint presque immédiatement à Florence.

XIII.

LÉGATION

AUPRES DE JEAN-PAUL BAGLIONI.

INSTRUCTIONS

Données à NICOLAS MACCHIAVELLI, envoyé à Pérouse, et délibérées le 8 avril 1505.[1]

Nicolas, tu te rendras en toute hâte auprès de Jean-Paul Baglioni, n'importe partout où tu apprendras qu'il se trouve. Ta mission est déterminée par la lettre qu'il a écrite à Vincenzio, et dont ce dernier nous a donné hier communication : comme tu en as une parfaite connaissance, nous ne te dirons rien de son contenu. Tu prendras d'abord cette lettre pour texte de ton discours ; tu lui exposeras ensuite l'étonnement et le chagrin qu'elle nous a causés, dans son intérêt même, qui est le nôtre, ayant toujours pensé que tout ce qui arriverait à l'état de Pérouse nous était entièrement commun, parce que nous voyons qu'il nous est impossible de profiter de son engagement, ce qui nous jette dans des dangers et des embarras plus grands que tous ceux que nous avons éprouvés depuis bien longtemps : enfin, pour avoir gardé jusqu'à hier le silence sur les soupçons que sa seigneurie a conçus et sur les périls qui l'environnent ; car il nous paraissait raisonnable que, sachant combien nous avons d'affection pour elle et d'intérêt à la conservation de ses États, elle dût nous informer de tout, et nous regarder comme des amis capables de lui donner dans tous les cas les conseils et les secours dont elle aurait pu avoir besoin. Tu arrangeras cette partie de ton discours de manière à lui faire croire que c'est la seule cause de ta mission, et que nous n'avons point tiré de sa résolution d'autres conséquences que celles qu'il veut lui-même nous persuader. Tu régleras ensuite ta marche sur ses réponses, de manière à en venir à lui faire voir que nous sommes très-mécontents de sa seigneurie ; et tu tâcheras de l'aiguillonner par l'idée du blâme qui doit retomber sur elle. Relativement au reproche d'ingratitude qu'on pourrait lui adresser pour tant de bienfaits reçus depuis si peu de temps et pour son manque de foi dans sa conduite, qui sont les deux points capitaux sur lesquels les hommes doivent le plus compter, tu chercheras à détruire autant que possible les soupçons qu'il prétend avoir conçus et tu lui répondras sur chaque particularité, ce qui ne te sera pas difficile, attendu la parfaite connaissance que tu as de l'état des choses ; et tu tâcheras de l'amener au point de te découvrir le véritable motif de sa résolution. Il nous semble que ce doit être de deux choses l'une : ou il faut qu'il ait de bien puissants appuis, ou qu'il ait le désir

[1] Bonaccorsi, page 100 de son *journal*, rapporte en ces termes l'affaire qui donna lieu à la mission de Macchiavelli :

« On résolut de réunir tous les gens d'armes et de les envoyer au camp, devant Pise, etc. Pour y parvenir on envoya la solde à chacun ; tous ceux qui se trouvaient dans le cas de renouveler leur engagement annuel furent pressés de le faire. Parmi ces derniers se trouvait Jean-Paul Baglioni, qui accepta le sien et le ratifia ; mais lorsqu'on lui envoya sa solde comme aux autres il ne voulut pas la recevoir, alléguant qu'il ne pouvait s'éloigner de chez lui à cause de ses ennemis, qui, disait-il, voulaient lui ravir ses États. Comme son engagement, ainsi que celui de son fils, consistait en cent trente-cinq hommes d'armes qui formaient en effet la majeure partie des hommes d'armes de la république, on regarda ce refus comme une affaire très-importante, etc. On ne pouvait croire que Jean-Paul manquât à sa parole d'une manière aussi grossière : en conséquence, la seigneurie lui envoya un homme de confiance, qui n'en rapporta que la même résolution, c'est-à-dire qu'il ne pouvait ni ne voulait s'éloigner de chez lui par rapport à ses ennemis, mais qu'en tout autre point il se montrerait le dévoué serviteur de la cité. Cet envoyé, durant son séjour à Pérouse, obtint la certitude que c'était une intrigue tramée entre lui et la maison Orsini, Pandolfo Petrucci, Gonzalve, Bartolommeo d'Alviano et tous les autres membres de ce parti ; que son dessein était bien de tarder encore un peu à découvrir ses intentions, etc ; mais comme on lui envoya sa solde, il se vit dans la nécessité de l'accepter et de servir, ou de manifester ses propres intentions, ainsi que cela arriva en effet. »

bien prononcé d'améliorer son engagement. C'est à ce dernier point que tu dois surtout t'attacher pour en savoir le plus que tu pourras : c'est là précisément pourquoi nous t'envoyons. Dans ton séjour auprès de ce seigneur, tu chercheras avec soin le nombre des troupes qu'il a et le lieu où elles se trouvent. En passant par Cortone, ce que nous jugeons à propos que tu fasses, tu prendras auprès du capitaine du pays les renseignements qu'il pourrait avoir sur ces différents points; et aussitôt que tu seras abouché avec Jean-Paul tu nous donneras connaissance de ce que tu en auras tiré.

Moi Marcellus Virgilius.

Decemviri libertatis et baliæ reip. florent.

Ex palatio Florentiæ, 8 apr. 1505.

CORRESPONDANCE.

LETTRE UNIQUE.

Arrivé hier au pied de Cortone et apprenant que Pierre Bartoloni, de retour d'auprès de Jean-Paul, se trouvait en haut; ne pouvant, d'un autre côté, arriver de jour à Castiglione, et mes instructions me prescrivant en outre de conférer avec Antonio, j'allai descendre chez lui. Nous eûmes ensemble un entretien, et j'appris de Pierre lui-même la manière dont son affaire s'était passée : il me dit qu'il en avait dans le moment donné connaissance à vos seigneuries. Ce matin, de bonne heure, je suis arrivé auprès de Jean-Paul; et avant et après son dîné j'ai eu avec lui une conversation de plus de trois heures pendant laquelle j'ai eu toute la facilité de remplir votre commission, qui roulait sur trois chefs principaux, savoir: 1° s'il voulait servir ou non; 2° quels étaient les motifs de son refus : s'ils venaient de l'intention d'obtenir des conditions plus avantageuses, ou s'il n'y avait pas de raisons plus importantes; 3° enfin, de ne point rompre avec lui, pour ne pas lui donner occasion, etc.

Afin de traiter à la fois ces trois objets, je suis entré en matière de la manière que vos seigneuries m'avaient prescrite dans leurs instructions. Je lui ai dit que vous vous plaigniez des obstacles qu'il alléguait; que vous étiez étonnés de n'en avoir pas entendu parler d'abord; mais que maintenant que vous en étiez instruits, vous lui offriez tous les secours qui pouvaient lui être utiles pour la sécurité de ses États. Il a remercié vos seigneuries de leurs offres avec beaucoup d'affection. Il m'a dit qu'il ne vous avait pas instruits plus tôt de sa position, parce que lui-même n'en avait pas eu plus tôt la certitude; mais aujourd'hui qu'il connaissait les périls qui le menaçaient, les machinations des Colonna et de ses autres ennemis, ainsi que les intelligences qu'ils avaient entretenues jusque dans Pérouse même, intelligences qu'il saurait bientôt découvrir, il ne voyait nul moyen de contracter des obligations avec qui que ce fût sans s'exposer au danger de perdre ses États; qu'il aurait bien mieux fait de prendre d'abord son parti que d'accepter votre argent, et d'être ensuite obligé de se retirer au beau milieu de l'entreprise. De ce sujet il est passé brusquement à la manière dont vous aviez agi avec lui l'année dernière : il a rappelé que, durant tout le temps qu'il était resté à l'armée, vous n'aviez jamais voulu lui donner la permission de retourner chez lui, quoique les lettres des siens l'en sollicitassent chaque jour; que c'est ce qui fut cause que, pour ne point rompre avec vous, il avait engagé le seigneur Bartolommeo à venir à Pérouse, dont l'arrivée éveilla vos craintes et vos soupçons au point qu'il fut contraint de le renvoyer; qu'il ne veut pas cette année éprouver les mêmes désagréments; qu'il a la certitude de pouvoir aujourd'hui asseoir si bien ses affaires et les consolider d'une telle manière qu'il pourra, l'an prochain, être entièrement à la disposition de vos seigneuries; ajoutant qu'il pouvait vous promettre qu'il serait plus que jamais votre serviteur. Comme j'opposais à ses soupçons les raisons propres à les combattre, et que je tâchais de justifier ce qui s'était passé l'année dernière, il m'a répondu qu'il ne pouvait être satisfait ni se reposer sur vous, attendu que vous n'aviez cessé de traiter avec Fabrizio Colonna : que même, peu de jours auparavant encore, vous aviez fait de nouvelles démarches pour le prendre à votre service, et que, quoique rien n'eût été terminé, on pourrait tellement battre le fer que l'on conclurait cette affaire; de sorte que, quand il en serait là, il se trouverait placé au milieu de ses ennemis. Il s'est étendu assez longement sur cet article, détestant les engagements que vous avez contractés avec les Savelli et les Colonna, et vous blâmant d'avoir laissé les Guelfes de côté. Si vous vous fussiez rapprochés d'eux, a-t-il ajouté, et que vous n'eussiez fait qu'un seul corps de lui, de Bartolommeo et des Vitelli, les choses n'en auraient été que mieux et pour eux et pour vous, attendu que les Colonna, qu'il regarde comme leurs ennemis communs, demeuraient dans l'abaissement; que Pandolfo et les Lucquois, qui sont les vôtres, étaient contenus, et que Pise serait tombée d'elle-même entre vos mains. J'ai répliqué ce qu'il était possible et convenable de répondre; mais il s'est obstiné à soutenir que c'était l'avantage de notre côté de ne faire qu'un seul corps de tous les Orsini; sur quoi il lui est échappé de dire qu'il était maintenant trop tard de prendre un tel parti. Il s'est plaint des rebelles pérousins qui résident à Cortone, ajoutant que si on l'accusait de manquer à sa parole et qu'il fût nécessaire de se justifier, il était prêt à le faire; qu'il avait montré son engagement à une foule de docteurs de Pérouse, et que tous lui avaient dit qu'il n'était point obligé de servir.

A l'égard des rebelles qui se trouvent à Cortone je lui ai répondu que, connaissant la qualité de ceux qui y sont allés, ce n'était point un motif que sa seigneurie dût alléguer, et que je rougirais d'avoir à lui répondre sur ce point. Quant à sa prétention de vouloir prouver qu'il n'était point obligé d'observer son engagement, comme il m'avait ouvert une large voie pour lui faire sentir les avantages de la bonne foi et combien il importe de tenir sa parole, j'ai la conscience de n'avoir rien négligé de ce qu'il était possible de dire dans une semblable circonstance. J'ai cependant tourné la chose de manière à lui faire voir que vos seigneuries avaient été moins affectées pour elles-mêmes que pour lui de la résolution qu'il avait prise; car si maintenant vous restez à découvert, *ex improviso*, de cent trente hommes d'armes, il y a en Italie tant de chevaux hors de l'écurie que vous ne pouvez craindre de demeurer à pied ni d'avoir à laisser de côté aucune de vos entreprises; qu'ainsi votre mal était facile à guérir, mais qu'il n'en était pas de même du sien; car si vous n'étiez pas dans le cas d'avoir à vous plaindre de sa bonne foi, en supposant que les soupçons soient réels, et qu'il eût besoin de rester chez lui, le public, qui connaît ses obligations envers vous, sait aussi quel est son engagement; il sait la manière dont les payements se sont effectués, les avantages qui lui ont été faits; il sait en outre l'engagement que l'on a contracté sur sa demande avec son propre fils; il sait que la solde entière lui a été portée chez lui, et il ne le justifiera jamais : bien loin de là, il l'accusera d'ingratitude et de mauvaise foi, le regardant comme un cheval qui bronche, et qui ne trouve personne qui veuille le monter pour ne point s'exposer à se casser le cou; que ce sont des matières hors du ressort des docteurs et que les princes seuls doivent apprécier; que quiconque endosse la cuirasse et veut en tirer de l'honneur ne peut rien perdre qui soit d'un prix aussi précieux que la réputation de bonne foi, et qu'il me semblait qu'en cette circonstance il la jouait volontairement. Comme il soutenait qu'il lui serait facile de se justifier, je lui ai répliqué que les hommes doivent tout faire pour n'être jamais contraints à cette nécessité, attendu que toute justification suppose une faute ou du moins le soupçon d'une faute; que l'année dernière encore il avait eu à s'excuser à l'égard des Français, et qu'il avait trop souvent besoin de justification. C'est ainsi que je l'ai piqué et de droite et de gauche, lui parlant comme à un ami et comme si ce que je lui disais venait de moi-même. Quoique je l'aie vu plusieurs fois changer de visage, il ne m'a témoigné par aucune parole que je pusse espérer de le voir varier dans sa résolution. C'est tout ce que je puis dire à vos seigneuries de notre conversation suivie. Quant aux autres propos sans suite que nous avons tenus sur le même sujet, les résultats en ont été pour ainsi dire les mêmes : il tenait ferme à son projet de rester cette année chez lui, et de ne servir personne. Il m'a annoncé que dans peu de jours il ferait mourir quatre Pérousins qu'il regarde comme ses ennemis; qu'il ne fallait nullement s'inquiéter s'il réunissait des troupes; qu'il ne le faisait que pour répondre à ses ennemis et en chasser quelques-uns des divers châteaux qu'ils occupaient. Il m'a dit que vous pouviez vous passer cette année de prendre des gens d'armes à votre solde, attendu qu'il ne vous voyait pas en mesure d'aller attaquer Pise; que si toutefois vous contractiez quelque engagement, il fallait laisser de côté les Colonna et prendre le marquis de Mantoue ou quelque autre capitaine qui ne fût pas de leur parti. Au milieu de tous ses raisonnements, il a laissé échapper qu'il trouverait le moyen de passer l'année avec les ressources qu'il saurait se procurer d'ailleurs. Je n'ai pas laissé de répondre à tout ce qu'il me disait selon que je l'ai jugé convenable. Pour dissiper tous les soupçons que vos seigneuries auraient pu concevoir à son égard, il a offert, si votre intention était d'entreprendre quelque chose cette année contre Pise, de venir en personne avec quarante ou cinquante des siens, mais seulement comme ami et non comme obligé, et qu'il consentirait même à ce qu'on ne l'employât que comme pionnier.

D'après ce que j'ai écrit jusqu'à ce moment, vos seigneuries peuvent s'apercevoir que Jean-Paul est tout à fait résolu à ne point les servir : elles doivent connaître les motifs qu'il en donne, motifs que lui-même allègue et qui sont dans ses intérêts. Mais voici les renseignements que j'ai obtenus d'un autre côté. Deux Florentins qui sont à sa solde, et dont l'un est plus habile à négocier qu'à agir, m'ont assuré, en s'entretenant avec moi, que ce n'était qu'une intrigue concertée entre Pandolfo, les Lucquois, la maison Orsini et son parti ; qu'ils ignorent si d'autres y interviennent ; qu'ils savent qu'il y a beaucoup d'intrigues sous jeu, attendu que Jean-Paul reçoit chaque nuit des messagers ou des envoyés qui y ressemblent ; que messer Goro da Pistoja se démène de toute sa force, mais qu'en ce moment il est absent et qu'ils ne savent où il est ; que dimanche Jean-Paul a eu une entrevue du côté de Chiusi avec Pandolfo, sous prétexte de chasse ; que leur projet est certainement de vous enlever Pise et de vous faire pire encore s'ils le peuvent ; qu'ils veulent vous réduire au même état de faiblesse qu'eux, afin que ceux qui sont en armes soient bien payés et que les autres s'assurent comme ils l'entendront ; qu'ils ont engagé Jean-Paul à vous endormir afin que vous ayez moins de temps pour prendre vos mesures ; et il aurait tardé encore à se découvrir, si vous ne lui aviez pas envoyé sa solde ; mais ayant appris qu'elle était sur le point d'arriver, il a voulu vous prévenir, et voilà pourquoi il a écrit à messer Vincenzo. Au lieu d'une lettre il avait le projet d'envoyer Valerio ; mais ce dernier a refusé disant pour s'excuser qu'il n'était pas du tout disposé à vous porter une semblable nouvelle pour laquelle vous le feriez pendre. Voilà pourquoi ceux qui le dirigent lui ont conseillé de dire qu'il ne voulait pas servir et que son intention était de rester chez lui ; parce qu'ils savent tous que vous vous montrerez irrités de cette injure, et que vous vous déciderez pour vous défendre à embrasser contre lui quelque parti, soit en prenant les Colonna à votre solde, soit en adoptant toute autre mesure par laquelle vous lui donnerez ainsi un prétexte de dire qu'il c'est avec justice qu'il se prononce contre vo[illegible] cité. C'est pour cela qu'il vous conseille d'une manière aussi pressante de rester sans hommes d'armes plutôt que de solder les Colonna. Ceux qui m'ont appris ces détails ont ajouté qu'il n'éclatera point si vous ne lui en fournissez pas l'occasion, mais qu'il mettra toutes ses troupes sous le commandement de Bartolommeo ou de tout autre, selon qu'il y trouvera son avantage. Ils disent encore qu'il a engagé ses soldats à rester tranquilles, car s'il ne touche pas l'argent des Florentins, il en recevra d'ailleurs ; et, comme je vous l'ai dit ci-dessus, il me l'a fait pressentir lui-même en parlant avec moi. A son avis, il vous croit dans l'impossibilité de vous procurer des troupes ; et son projet, si vous prenez les Colonna à votre service, est de leur couper les chemins pour passer en Toscane, et de ne les y laisser pénétrer à aucun prix. Ces mêmes personnes m'ont enfin rapporté que depuis plus de deux mois Jean-Paul est tout absorbé dans ses pensées, et qu'on ne l'a pas vu rire une seule fois sans contrainte. J'en ai eu moi-même une sorte de preuve, car dans l'entretien que j'ai eu avec lui, comme je lui recommandais de bien réfléchir avant de prendre un parti qui était bien autrement pesant que Pérouse, il m'a répondu : « Crois-moi, j'y ai « bien pensé ; j'ai fait plus de six fois le signe « de la croix, et prié Dieu pour qu'il m'envoie « quelque bon conseil. »

Maintenant c'est à vous à prononcer sur toutes ces choses. Vos seigneuries m'ayant recommandé de vive voix de prendre garde de n'en point venir à une rupture ouverte, comme, en s'entretenant avec moi, il s'efforçait de me persuader par ses protestations qu'il était en-

...èrement dévoué à notre république, qu'elle s'en apercevrait chaque jour davantage et que, si vous preniez ombrage de sa résolution, il était disposé à envoyer sur-le-champ son fils[1] à Florence pour vous servir d'otage, je lui ai demandé pourquoi il n'avait pas ratifié son engagement. Il m'a répondu sur-le-champ et sans réfléchir que, pour peu que vos seigneuries en eussent le désir, il y consentirait bien volontiers. Je lui ai dit que vos seigneuries ne m'avaient donné aucune instruction sur ce point et qu'elles ne m'en avaient pas ouvert la bouche, mais qu'il pouvait leur en écrire deux mots pour connaître leurs intentions. Alors il a expédié à Pérouse un messager pour inviter Valerio à venir le trouver, et il m'a dit qu'il voulait l'envoyer aussitôt auprès de vous avec cette commission. J'ai cru pouvoir donner les mains à cela sans nul inconvénient. En résumé, lorsque j'ai pris congé il m'a recommandé de vous faire savoir que durant cette année il ne pouvait à aucun prix servir vos seigneuries; que si vous formiez quelque attaque contre Pise il viendrait comme ami à la tête de quarante ou cinquante personnes; que vous pouviez être assurés que son intention n'était pas de vous faire le moindre tort ni de se lier avec ceux qui vous veulent du mal; que c'était la nécessité seule de rester chez lui qui lui faisait prendre ce parti, et non point un autre motif, et que, si vous le vouliez, il était prêt à vous donner son fils.

Je suis entré dans tous ces détails afin de mettre vos seigneuries à portée de voir si elles doivent croire à ce qu'il dit : j'abandonne ce jugement à votre prudence ordinaire. Contre mon habitude, je ne me suis nullement soucié d'être court, attendu que cet article me paraît d'une si grande importance que je ne crois pas avoir tort de vous instruire de tout ce que j'ai vu et entendu. Quant au point de savoir quels sont les hommes d'armes qu'il a et en quel endroit ils se trouvent, j'ai été informé qu'il lui en manque une vingtaine des anciens, mais que dans peu de jours d'intervalle il en a soldé vingt-huit du préfet et du duc d'Urbin. Ils sont logés dans divers endroits de ses États. Sur le territoire de Cortone il a seulement trois hommes d'armes, et il dit à qui veut l'entendre que d'ici à un mois il aura cent hommes d'armes et cent chevau-légers[1].

Je ne me suis point arrêté à Castiglione, attendu que je crois avoir obtenu tous les renseignements que je devais recueillir sur cette affaire. D'ailleurs de cet endroit je n'aurais pu vous écrire que la moitié de ce que je vous ai écrit, et en outre je n'y aurais pas demeuré un jour de plus sans passer pour un espion, ce qui n'eût pas laissé d'être fâcheux et peu honorable pour vos seigneuries. J'ai donc pris le parti de m'en aller, regardant comme un moins grave inconvénient d'avoir à y revenir que d'y rester plus longtemps. Je m'arrêterai ce soir à Cortone: demain je parlerai au commandant d'Arezzo, et le jour suivant, s'il plaît à Dieu, je serai auprès de vous. Je me recommande à vos seigneuries.

NICOLAS MACCHIAVELLI.

Le 11 avril 1505.

P. S. J'ai donné deux ducats au messager Carlo, qui part d'ici à la vingt-troisième heure, et qui m'a promis d'arriver à Florence avant que vos seigneuries rentrent chez elles. S'il manque à sa parole, il doit rendre les deux ducats.

[1] Malatesta.

[1] Dans un manuscrit de lettres originales adressées à Macchiavelli, appartenant à une maison patricienne de Florence, il s'en trouve une de Boscherino, chef d'escadron de Jean-Paul, en date du 16 avril 1505, d'où l'on déduit les relations que Macchiavelli eut avec cet officier relativement à l'affaire qu'il allait traiter. On rapporte ici cette lettre, parce qu'elle jette quelque lumière sur cette matière.

« NOBILIS VIR, ET MI OBSERVANDISSIME, etc.,

« Lorsque vous êtes parti, j'étais convenu avec votre « noblesse que, si le seigneur Jean-Paul n'acceptait pas « l'engagement, vous m'en donneriez connaissance, ou « que vous feriez en sorte de me procurer, sous quelque « autre condottiere, un grade égal à celui que j'occupe. « Comme mon plus grand désir est de ne point rester « sans place, je vous prie de m'excuser si je suis « assez hardi pour vous donner tant d'embarras; mais « votre bonté me rassure, et je suis certain que vous « n'épargnerez rien pour que mon désir reçoive son « accomplissement, ainsi que nous en sommes demeurés « d'accord. Il est vrai que je n'ai ni le pouvoir ni la faculté, « soit en tout, soit en partie, de reconnaître vos services; « mais Dieu et votre bienveillance suppléeront à mon « impuissance, et je ne cesserai de me recommander à « vous. Et, s'il m'est permis de faire encore cette demande « à votre noblesse, je la prie de vouloir bien m'informer « du résultat de ses démarches, si elle n'y voit pas d'indiscrétion. Je n'ai plus rien à ajouter qu'à me recommander « à vous de nouveau.

« Votre serviteur,

« BOSCHERINO, chef d'escadron du « seigneur Jean-Paul Baglioni.

« Cortone, le 16 avril 1505. »

XIV.

LÉGATION

AUPRES DU MARQUIS DE MANTOUE,

JEAN-FRANCESCO DE GONZAGUE [1]

INSTRUCTIONS

Données à N. MACCHIAVELLI, envoyé à Mantoue par les SEIGNEURS DIX, et délibérées le 4 mai 1505.

Nicolas, tu prendras la poste et tu te rendras en toute diligence auprès du seigneur de Mantoue pour conclure définitivement avec lui son engagement, pour le compte duquel nous avons reçu ce matin un de ses hommes de confiance envoyé à cet effet. Pour t'instruire de ce que tu as à faire, nous te dirons en peu de mots que les articles que sa seigneurie doit ratifier sont les mêmes que ceux qui ont été arrêtés dernièrement dans le conseil des quatre-vingts, et dont tu trouveras la copie ci-jointe; articles auxquels il y a à faire ni changement ni modification. Cette conclusion doit être arrêtée de nouveau par toi, pour notre compte et pour celui du marquis, par sa seigneurie elle-même; et dans ce cas, tu te serviras des pouvoirs que nous t'avons donnés si cela est nécessaire; ou bien sa seigneurie l'acceptera et la ratifiera dans la forme et teneur indiquées ci-dessus. Les difficultés qu'il élevait étaient, 1° de vouloir, comme tu sais, cinq cents fantassins: on a entièrement rejeté cette proposition et tu la repousseras également; 2° sa lettre portait qu'il ne voulait nous donner que cent cinquante hommes d'armes et le reste en chevau-légers: on a écarté aussi cette demande et tu la repousseras avec plus de force encore; 3° enfin, il voulait une rédaction entièrement nouvelle de l'article 8 portant la manière dont il devait nous servir: comme ce changement nous semblait anéantir en quelque sorte tout son engagement, ne voulant nullement nous opposer au roi très-chrétien ou à Sa Majesté Impériale, nous l'avons rejeté en entier et il est nécessaire que tu fasses de même, car nous ne voulons pas contracter à si grands frais un engagement, pour n'avoir pas la certitude de pouvoir nous en servir. C'est ainsi que, exclu de toutes ces prétentions, il est revenu à vouloir qu'on lui restituât tous les pays dont lui ou ses troupes s'empareraient et qui avaient momentanément appartenu à lui ou à ses ancêtres. Enfin il voulait de plus que nous lui permissions de retourner de sa personne seulement dans ses États toutes les fois qu'une cause évidente y rendrait sa présence urgente et indispensable. De notre côté, ne voulant point élever de plus grandes difficultés que ne l'exige cette négociation ni porter atteinte à l'engagement déjà convenu, nous avons résolu de prendre un troisième parti, et par une lettre particulière nous lui avons promis ce que tu verras dans la copie de ladite lettre, outre celle que le très-illustre gonfalonier lui écrit de son côté, et dont tu seras porteur pour te servir au besoin de l'une et de l'autre; sinon, non. Tu sauras encore qu'à l'article où il était question du consentement et de la bonne grâce du roi, il avait ajouté quelques mots extrêmement importants, entre autres que *rien ne se fît sans la volonté du roi:* tels étaient ses propres termes. Nous ne voulons point adopter de telles expressions, nous en remettant à l'engagement déjà conclu et aux clauses qu'il renfermait sur ce point. Toutefois, pour que cette négociation n'éprouve point de retard, dans le cas où sa

[1] Le refus que fit Jean-Paul Baglioni de continuer l'engagement qu'il avait contracté avec la république fit jeter les yeux sur le marquis de Mantoue, et l'on convint de l'engager avec trois cents hommes d'armes et le titre de capitaine général. Avant de conclure il s'éleva quelques difficultés, dont la principale résultait d'un article demandé par le marquis, qui voulait que tout dépendît entièrement du roi de France. Les Florentins ne voulaient pas donner à cet article une extension aussi grande, et Macchiavelli fut envoyé à Mantoue pour ratifier le traité aux conditions qu'on jugea convenables. Cette ratification n'eut point lieu, à cause des difficultés sans cesse nouvelles que fit naître cet article. *Voyez* le *Journal de Bonaccorsi*, p. 103.

seigneurie aimerait qu'on y insérât quelque parole respectueuse pour l'honneur du roi, nous l'admettrons volontiers, pourvu qu'elle ne signifie rien de plus que ce qui a été dit dès le principe dans notre convention réciproque, c'est-à-dire que cet engagement aurait lieu avec le bon plaisir et la permission du roi. Et comme une prompte expédition nous importe infiniment, tu tâcheras de conclure sur-le-champ; et s'il s'élevait quelques difficultés tu reviendrais sans délai. Si au contraire tu réussis sans obstacles tu le presseras de partir, sinon avec toutes ses troupes, du moins avec une partie; car tu sais combien le temps est précieux pour nous.

XV.

SECONDE LÉGATION

A SIENNE,

AUPRÈS DE PANDOLFO PETRUCCI [1]

INSTRUCTIONS

Données à N. MACCHIAVELLI, envoyé à Sienne auprès de PANDOLFO PETRUCCI, et délibérées le 16 juillet 1505.

Nicolas, tu te rendras à Sienne, de manière à y être demain matin à l'heure des affaires. Aussitôt après ton arrivée tu parleras au magnifique Pandolfo, pour lequel tu auras nos lettres de créance: tu lui témoigneras tout le plaisir que nous a fait éprouver l'envoi d'un homme de confiance pour nous faire part de l'avis qu'il avait eu que Bartolommeo d'Alviano devait au premier jour se mettre en mouvement sur Piombino; tu le remercieras des offres qu'il nous a faites, et tu ajouteras immédiatement que c'est pour savoir de sa seigneurie ce qu'elle jugerait à propos que l'on fit dans cette circonstance pour qu'il n'en résultât pas d'autre désordre, que nous t'avons envoyé vers elle; tu t'étendras sur ce point autant que tu le jugeras nécessaire pour mieux pénétrer la vérité; tu le tourneras dans tous les sens: ce sera à toi à prendre conseil de toi-même suivant la circonstance; nous livrons ta conduite à la prudence que tu es dans l'habitude de déployer.

[1] Cette légation à Sienne est relative à la tentative que fit Bartolommeo d'Alviano d'attaquer le territoire florentin et de donner des secours aux Pisans. Pandolfo Petrucci, secrètement d'accord avec l'Alviano, avait mystérieusement donné avis de ce mouvement au gouvernement de Florence pour que les Florentins le prissent à leur service. On ne termina rien avec lui, parce que l'on pénétra sans peine sa duplicité et la haine qu'il portait à la république. Bientôt après Bartolommeo d'Alviano fut complétement battu, le 17 août, auprès de la tour de San-Vincenzo-in-Maremma, par les Florentins sous les ordres d'Antonio Giacomini. *Voyez* le *Journal de Bonaccorsi*, p. 107 à 115, où il donne le détail de toute cette affaire jusqu'à la défaite d'Alviano.

CORRESPONDANCE.

LETTRE PREMIÈRE.

MAGNIFIQUES SEIGNEURS,

Arrivé ici ce matin avant l'ouverture des portes, j'ai eu audience de Pandolfo à son lever. Comme je lui rendais compte de la mission dont vos seigneuries m'avaient chargé, il m'a interrompu et m'a dit: « Je veux t'apprendre de « quoi il s'agit dans cette affaire. Le seigneur « Renzo da Ceri ayant enlevé sur mon territoire « cinq cent têtes de gros bétail, j'ai envoyé Cor- « nelio Galanti porter mes plaintes à Bartolom- « meo d'Alviano, et je lui ai prescrit, s'il n'ob- « tenait pas justice, d'aller jusqu'à Rome pour « s'en plaindre à Sa Sainteté. Cornelio est parti, « et j'ai lieu de croire que le seigneur Renzo con- « sentira à s'arranger avec les propriétaires de « ces bestiaux. Mais dans un autre passage de sa « lettre, Cornelio m'informe que Bartolommeo « lui a donné à entendre qu'il ne pouvait plus

« retenir ses troupes en cantonnement, et qu'il « avait résolu à tout prix de se mettre en mar« che jeudi prochain, c'est-à-dire aujourd'hui « même, et de se diriger directement sur Cam« piglia pour y prendre ses quartiers, et agir « suivant que la fortune lui en fournirait l'occa« sion. Étonné de cette nouvelle, qui ne peut « que m'être fort désagréable, j'ai fait partir « sur-le-champ un messager à cheval pour en « informer le gonfalonier ; j'ai écrit à la hâte à « Cornelio de revoir de nouveau le seigneur « Bartolommeo de ma part, et je l'ai chargé de « l'effrayer sur les suites d'une pareille entre« prise, qui, si elle n'était pas soutenue, était une « extrême folie, et pour laquelle je ne lui voyais « aucun appui sur lequel il pût compter. Je lui ai « recommandé en outre de dire qu'il n'aurait « absolument dans nos États que ce qu'il y enlè« verait. » Il a ajouté que, comme il attendait une réponse à une lettre, il croyait convenable que je différasse jusqu'alors de vous écrire ; que pour le moment il lui était impossible de me rien dire, sauf ce qu'il avait écrit à vos seigneuries qu'il était disposé à faire, eu égard à ses forces et à celles de sa cité ; et qu'il m'enverrait chercher aussitôt que la réponse serait arrivée. Sur quoi je n'ai pas cru devoir entrer dans de plus grands détails, puisque je devais le revoir. Vers la première heure il m'a envoyé chercher après son dîner, où il avait invité cinq ou six des principaux citoyens de la ville, et pendant lequel il leur avait dit quelques mots de ma mission. Ils étaient encore avec lui lorsque je suis arrivé. M'étant assis avec eux, Pandolfo m'a dit qu'il avait reçu la réponse de Cornelio, qui l'informait que dans un long entretien avec Alviano il avait tâché de le dissuader de s'avancer du côté de Sienne ; mais qu'en résultat il n'avait rien gagné, Bartolommeo étant résolu à quitter ce matin ses logements pour aller avec toutes ses troupes au moulin de Vetrella, et se porter ensuite demain de San-Giovanni-della-Selva entre Montefiascone et Viterbe, où il doit toucher de l'argent ; qu'il ignorait qui devait le lui compter et quel en était le montant, mais que Bartolommeo se vantait d'avoir d'immenses ressources en argent, en hommes et en artillerie, et qu'il nous laissait à deviner qui les lui fournissait ; qu'il était clair que ce devait être Gonzalve qui lui procurait les soldats de Piombino et l'artillerie qui se trouve de ce côté ; qu'il pourrait se faire également que les troupes espagnoles qui étaient à Gaëte, et dont on annonçait l'embarquement pour la Sicile, fussent envoyées à Piombino pour s'y réunir à Alviano.

D'après cet avis, Pandolfo croit qu'il sera forcé de monter à cheval. Il a en conséquence pris de son côté toutes les mesures qui sont en son pouvoir : il a écrit à Cornelio de ne point revenir, de suivre l'armée et de lui donner avis de point en point de tous ses mouvements ; il a, dit-il, écrit à Jean-Paul Baglioni de monter également à cheval avec toutes ses troupes, de passer les *chiane* et de se porter dans la Maremme. Il vous conseille, de votre côté, d'envoyer aussi toutes vos forces dans la Maremme à Campiglia. Il ajoute que bien que lui et tous les citoyens de Pérouse soient déterminés à faire ce qui dépendra d'eux pour s'opposer à ce mouvement d'Alviano, toutefois ils ne savent quel parti prendre qui puisse les rassurer entièrement, exposés comme ils le sont à voir la guerre leur tomber sur les bras, et n'ayant contracté encore avec vous aucun engagement solide ; qu'il lui semblerait convenable de conclure d'abord cet engagement ; que, dans le cas où sa pensée n'aurait pas été précédemment comprise, on pourrait traiter aux conditions suivantes.

On prorogerait pendant cinq ans encore la trêve conclue en 98, et aux mêmes conditions ; et s'il s'y trouvait quelque article qui ne fût plus à propos ou qui pût donner lieu à des difficultés, on le retrancherait, en y ajoutant seulement que les Siennois s'obligeraient pendant le cours de ces cinq années, et jusqu'à ce qu'on eût recouvré Pise, à tenir sans cesse à la disposition de notre cité cinquante hommes d'armes ; que quoiqu'il eût d'abord été question de cent, ils avaient pensé qu'il vous importait fort peu qu'il n'y en eût que cinquante, attendu que, comme ils devaient ensuite rester chez eux sous les armes, cela leur causerait des dépenses qu'ils ne pourraient supporter, puisque le don de leurs hommes d'armes était plutôt pour la montre que pour toute autre chose.

En second lieu, si vos seigneuries venaient à recouvrer Pise avant l'expiration des cinq années, Montepulciano demeurerait libre aux Siennois, et le territoire de Pise et les cinquante hommes d'armes dépendraient de votre volonté.

Que si, dans l'espace de ces cinq années, Pise ne se rendait pas, leurs droits sur Montepulciano subsisteraient toujours dans les mêmes termes qu'au moment du traité; que néanmoins la trêve et la ligue dureraient, en vertu du dédit, jusqu'à ce qu'elle fût dénoncée.

J'ai répondu à ces propositions que mes instructions ne m'autorisaient point à m'expliquer sur cet objet, mais que je pourrais en écrire; que toutefois, s'il fallait dire mon sentiment, je ne voyais pas comment un semblable accord pouvait remédier à ses craintes, puisqu'il fallait du temps pour négocier et que Bartolommeo était à cheval. Il m'a répondu à son tour qu'il n'y avait à conclure que deux articles; que cela ne demandait pas plus de quatre jours, et que dans cet intervalle on pouvait mettre le temps à profit et presser l'envoi de vos troupes à Campiglia et des siennes dans la Maremme; qu'on pouvait encore tenter d'autres expédients qui lui semblaient un moyen efficace de contenir Bartolommeo, comme de lui enlever les Vitelli, qui ont soixante hommes d'armes; et ici il a juré que, si on ôtait les Vitelli à Bartolommeo, il voulait être pendu si ce dernier allait plus avant; que, d'ailleurs, le priver des Vitelli c'était lui enlever encore d'autres condottieri; que si ce projet occasionnait quelques dépenses à vos seigneuries elles en seraient bien dédommagées, puisque ce serait une excellente voie pour s'assurer à jamais, et non pour un temps, contre Alviano, homme habile et redoutable à tous ceux qui ont des États, parce qu'il n'en a point à perdre; qu'il est toujours sous les armes, et que, doué d'un caractère hardi et entreprenant, tous les brigands dont l'Italie est remplie, et qui sont habitués à vivre du bien d'autrui, courront sans cesse sous ses drapeaux afin de pouvoir se livrer au pillage.

Je n'ai pas manqué de lui représenter que plus il le connaissait, plus c'était à lui à s'opposer à ses projets; qu'il ne devait point attendre que les autres fissent tout; qu'il fallait qu'il se servît des remèdes qu'il n'avait jamais cessé de recommander aux autres. Je lui ai rappelé que nous ne manquions ni de troupes ni de faveurs; qu'elles étaient au service des autres, pourvu qu'on voulût les accepter et entrer dans les considérations du bien commun; qu'après tout, si la Toscane devait être exposée à de nouveaux troubles, nous savions fort bien qu'au milieu même des désordres les uns périssent et les autres échappent; mais que nous n'ignorions pas non plus que c'est toujours aux corps les plus faibles à mourir les premiers. Il m'a interrompu en cet endroit, et a cherché par un long discours à justifier le passé. Il a conclu par me recommander de vous écrire, ajoutant qu'il verrait avec plaisir que je m'arrêtasse ici un jour ou deux, afin d'avoir une réponse qui manifestât vos intentions et qu'il pût, de son côté, m'informer de vive voix des progrès d'Alviano. Mais il m'a averti de prier vos seigneuries, dans le cas où elles se déclareraient, de ne le citer aucunement, et s'est plaint qu'on l'eût mentionné dans les informations qu'il vous avait adressées et pour lesquelles vous m'aviez envoyé près de lui.

Je ne veux pas négliger de vous informer que sa seigneurie m'a dit qu'afin de gagner du temps elle était dans l'intention d'écrire aux Vitelli pour tenter de les détacher d'Alviano. Il a ajouté qu'il croyait pouvoir amuser pendant sept ou huit jours le seigneur Bartolommeo sous prétexte de lui envoyer de l'argent, mais qu'il n'en ferait rien si d'abord il ne s'entendait là-dessus avec vous. Il a terminé en disant qu'il n'y avait rien à craindre si les deux États s'accordaient; qu'ils auraient alors tous les moyens possibles de contenir Alviano, qu'il se rappelait avoir tenu en échec en 1498, lorsque ce condottiere était avec les Vénitiens.

Tout ce que j'ai écrit jusqu'à ce moment est ce que j'ai tiré de la propre bouche de Pandolfo. J'aurais pu vous rapporter une foule de réponses que je lui ai faites; mais je les passe sous silence afin de ne point abuser de votre patience. Toutefois je ne puis encore décider si l'on doit croire ou non à ce qu'il avance; car ici même je n'ai rien vu qui me donne lieu de mieux juger que vos seigneuries ne pourraient le faire elles-mêmes. Je dois seulement vous dire que vous ne devez plus compter sur rien de ce côté; car Pandolfo n'a pour le moment aucune crainte d'Alviano; et, en supposant que ce qu'il dit soit vrai, ce n'est pas la crainte présente qui le fait agir, mais celle de l'avenir.

Un Siennois qui se dit fort affectionné pour

notre cité est venu me trouver, et m'a dit de vous prévenir de n'ajouter aucune foi ni aux promesses ni aux paroles de Pandolfo ; qu'il sait de science certaine que les Vénitiens se mettent en frais et qu'ils sont mêlés dans cette quenouillée; qu'il y a peu de jours Guido Orlandini est de retour de Venise, où il était allé depuis quelques semaines avec Petruccio, qui y est resté; que ce Guido, étant revenu en litière à cause d'une blessure qu'il s'était faite à la jambe en courant la poste, avait été visité par Pandolfo aussitôt après son arrivée : qu'à l'issue de cette visite ce dernier avait dépêché sur-le-champ Cornelio Galanti à Alviano pour le presser de marcher en avant, et qu'il avait en outre envoyé quelques personnes sur les frontières de Sienne pour recevoir ses troupes et leur préparer des logements ; que son dessein est de renverser notre gonfalonier, qui lui semble un homme peu disposé à vouloir entrer dans ses intrigues particulières ; et que, quant aux autres, ils abondent d'autant plus facilement dans ses projets qu'ils y trouvent leur propre intérêt. Il croit qu'il se trame entre eux de grandes intrigues, et il a promis de me donner beaucoup d'autres renseignements tandis que je resterai ici.

L'homme dont il s'agit a d'assez bonnes façons et paraît ne pas manquer de tête, mais il est si fort exaspéré contre celui qui gouverne ici que cela ôte beaucoup de poids à ses paroles : néanmoins je vous ai écrit ce qu'il m'a dit. S'il m'apprend quelque autre chose je vous le ferai également savoir, et vos seigneuries en feront leur profit de manière à prévenir tout événement fâcheux.

Cette lettre part à la vingt-deuxième heure. Vos seigneuries voudront bien en rembourser les frais à Francesco di Luzio.

NICOLAS MACCHIAVELLI.

Sienne, le 17 juillet 1505.

LETTRE II.

MAGNIFIQUES SEIGNEURS,

J'ai écrit hier fort en détail à vos seigneuries et je leur ai envoyé ma lettre par un exprès : elle a dû leur parvenir hier à la deuxième heure de nuit. J'en attends la réponse demain au plus tard, afin de pouvoir m'en retourner. Ce matin, comme je me trouvais à l'église du Dôme, j'ai été abordé par un certain Paolo di Piero di Paolo qui, après avoir été autrefois banni d'ici, s'était réfugié à Florence : il a commencé par me parler d'abord des grandes obligations qu'il avait à notre cité, qui en plusieurs occasions lui avait servi de bouclier dans ses malheurs, et ensuite des marques de bienveillance et d'amitié que lui avaient prodiguées la plupart de nos citoyens, parmi une foule desquels il m'a cité entre autres Francesco Gualterotti.

Il m'a dit d'abord qu'il ne voulait pas m'entretenir des affaires d'État, attendu qu'il ne pourrait me découvrir sa pensée comme il le désirerait, mais qu'il m'offrait ses services pour toute autre affaire particulière. Je l'ai cependant tâté d'une manière détournée, et, de parole en parole, nous en sommes venus à parler des événements qui se passent en ce moment. Il m'a assuré que Bartolommeo s'était mis en marche dans l'intention de se porter sur Campiglia; que Gonzalve devait l'aider de ses troupes, et peut-être même de celles qui se trouvaient à Piombino; que Venise fournissait les fonds, et que dans la circonstance cette république se laisserait faire violence pour le passage, mais sans lui donner ni soldats ni aucun autre secours patent. Je lui ai demandé alors quel était le projet d'Alviano en se portant sur Campiglia : « S'emparer de cette place, » m'a-t-il dit, « mettre les Pisans à l'aise, et agir ensuite selon « le succès; mais comme il se souvient que dans « une autre occasion il est venu jusqu'aux portes « de cette ville, il pourrait fort bien tenter de « nouveau la même entreprise et laisser de côté « Campiglia. » Il a ajouté aussitôt qu'il s'étonnait que notre cité n'eût pas voulu s'assurer de celui qui gouverne ici, s'arranger avec lui relativement à Montepulciano comme il en avait été question plusieurs fois; que, par un tel arrangement, il lui semblait que vous vendiez à ces derniers le soleil du mois de juillet; car si une fois vous deveniez les maîtres de Pise, non seulement Montepulciano, Sienne et tout le reste de la Toscane, mais Pandolfo lui-même, restaient à votre discrétion.

Je lui ai répliqué que si l'on n'avait pas conclu d'arrangement la faute devait en être imputée aux Siennois, Florence ayant toujours été disposée à ne s'écarter en rien de ce qui était raisonnable; qu'il me semblait qu'actuellement les choses en étaient venues au point qu'il n'était plus possible de s'accorder, surtout si Pandolfo avait pris des arrangements avec Bartolommeo et ses adhérents. A ces mots il m'a dit avec vivacité que j'avais tort de parler ainsi; que jamais le moment n'avait été plus favorable pour traiter avec Pandolfo; mais qu'il ne fallait pas perdre le temps, attendu que les arrangements qui se négociaient ne consistaient encore qu'en conférences et en paroles; que Pandolfo n'aurait pas une grande peine à duper les Vénitiens quoiqu'ils eussent déjà déboursé de l'argent; et il m'a fait entendre ici que c'était par ses propres mains que cet argent devait être payé. Il a ajouté qu'il ne serait pas non plus fort difficile à Pandolfo de tromper Gonzalve, car ce dernier et les Vénitiens n'agissaient que d'après ses conseils, et il avait tant de confiance auprès de ces puissances que l'on croit à tout ce qu'il dit, et que l'on se confie entièrement en sa prudence. Il est convaincu, quant à lui, que Pandolfo se jetterait volontiers dans quelque arrangement avec vous pour ne point perdre tout à fait le fruit de tous ces mouvements et dans la crainte que, comme autrefois, tout ne lui retombe sur la tête : votre alliance, dans une telle position, est ce qui peut lui offrir le plus de sûreté.

Je lui ai répondu qu'il était difficile d'admettre que, d'un côté, tous ces mouvements fussent si importants, et de l'autre, que Pandolfo pût à son gré y mettre un terme; qu'en conséquence, je croyais ou que Pandolfo ne conclurait pas un tel arrangement, ou que, s'il s'y décidait, tous ces grands préparatifs n'auraient pour but que de faire peur, sans causer de mal; que nous étions en mesure de ne pas craindre une attaque vigoureuse, et à plus forte raison une attaque sans force. Je lui ai fait voir alors notre situation, l'état de nos forces et de celles de nos amis. Il m'a répondu qu'il voyait notre sécurité avec le plus grand plaisir, mais qu'il ne pouvait me dire si le mouvement projeté serait petit ou grand; que ce qu'il savait très-bien c'est que, fort ou faible, il dépendait entièrement de Pandolfo, de la tête duquel tous ces projets étaient sortis; et il s'est étendu ici sur la capacité de ce seigneur, me répétant ce qu'il m'avait déjà dit, qu'il avait obtenu du crédit partout, qu'il avait le pied dans mille étriers, et qu'il l'y tenait de manière à pouvoir l'en retirer à son gré. C'est ainsi qu'il m'a quitté; et sa conclusion a été qu'un traité avec Pandolfo lui paraissait pour nous la chose du monde la plus avantageuse.

De même, magnifiques seigneurs, que je vous ai écrit hier la conversation que j'avais eue avec un autre ami, j'ai voulu également vous rendre compte de celle que j'ai eue avec celui-ci. Tous deux, en commençant, se sont montrés mécontents du prince qui gouverne; mais, comme vous le voyez, leurs conclusions ont été bien différentes. Je vous ai tu le nom de celui d'hier pour ne pas le compromettre : je vous écris celui de l'autre parce qu'il me semble que sa conversation n'offre pas les mêmes dangers, et afin que vos seigneuries, sachant qui c'est, puissent mieux juger quelle confiance il mérite. Je n'ai rien autre chose à vous écrire, sinon que dans ma lettre d'hier j'avais oublié de vous rendre compte que, parlant hier matin avec Pandolfo, comme il me disait qu'il était disposé à faire tout ce qui dépendait de lui pour résister à Bartolommeo, et que je lui avais répondu que je le croyais puisque j'avais vu qu'il avait envoyé à Florence pour faire des recrues, il me répliqua que les troupes qu'il levait à Florence n'étaient pas pour cet objet, mais que c'était un de ses *bargelli* nouvellement créé qui avait recruté trente hommes. J'ai su depuis qu'il m'avait dit la vérité.

Hier soir, au moment où je venais de terminer ma lettre, Pandolfo me fit savoir qu'un certain Bastiano de Cortone qui a longtemps été son barbier, étant allé dans cette ville, il y a peu de jours, pour marier une de ses sœurs, avait été retenu prisonnier par le commandant de la place, qui le soupçonnait de tramer quelque complot contre la sûreté de l'État. Il croit qu'on doit maintenant savoir la vérité, et il désirerait qu'on lui fît présent de cet homme, en le relâchant par amitié pour lui : il m'a prié de vous en écrire deux mots de sa part. Je m'acquitte de sa commission, et je me recommande à vos seigneuries.

NICOLAS MACCHIAVELLI.

Sienne, le 18 juillet, à la dix-huitième heure.

LETTRE III.

MAGNIFIQUES SEIGNEURS,

J'ai écrit hier la lettre ci-jointe, afin que vos seigneuries pussent profiter des renseignements qu'elle contient. C'est dans la même vue que je leur écrirai sans cesse tout ce que je verrai ou tout ce que j'entendrai ici.

J'ai reçu ce matin votre réponse à ma première lettre : je me suis rendu sur-le-champ auprès de Pandolfo pour lui en faire part. Il m'a dit, à l'égard de la trève ou de la ligue proposée, qu'on devait laisser de côté les affaires qui offrent trop de difficultés ; que souvent la prudence humaine était impuissante pour s'opposer aux volontés du ciel qui couvre ses projets d'un voile, ainsi que l'expérience l'a fait voir jusqu'à présent. A l'égard des Vitelli et des autres, il m'a dit que c'était précisément ce qu'il avait pensé, et qu'il ne voyait pas qu'il y eût un moyen plus prompt de réprimer l'audace d'Alviano; mais qu'il ne pouvait me dire à quelles conditions ils s'engageraient avant d'avoir connu leurs intentions; qu'il leur avait écrit à ce sujet pour les sonder; qu'il recevrait leur réponse dans la journée et qu'il m'en ferait part; qu'il avait l'espoir de les gagner, à moins qu'ils n'eussent contracté un nouvel engagement avec Alviano, ce qu'il ignorait entièrement. Il a ajouté qu'il n'avait fait aucune tentative auprès des autres, dans la crainte qu'Alviano ne pénétrât ses desseins; qu'il y regardait à deux fois à l'arrêter avant de s'être accordé avec vous, ne voulant en aucune manière se faire un ennemi sans gagner en même temps un ami ; que, puisqu'il s'était en effet expliqué sans détour avec vous à l'égard de la trève et qu'il condescendait à tout ce qui était raisonnable, rien n'était plus aisé que de conclure si telle était votre intention, tandis que si vous ne le vouliez pas, tout devenait difficile; que, si l'on parlait maintenant de cinquante hommes d'armes, cela provenait de ce qu'on ne leur abandonnait pas Montepulciano entièrement libre, comme il en avait été question lorsqu'il s'agissait de cent hommes d'armes. Il s'est étendu assez longuement sur cet article, et m'a fait voir que c'était sur cet accord qu'on devait fonder toutes les mesures propres à assurer la tranquillité de la Toscane; que si vos seigneuries disaient formellement qu'elles ne voulaient pas y consentir et que l'on pensât sérieusement, pour le bien commun, à ne pas allumer un nouvel incendie, cela vaudrait bien mieux que de tenir ainsi la chose en suspens. Comme dans toutes mes réponses à ce qu'il avançait j'insistais principalement sur la brièveté du temps, ainsi que je l'avais fait d'abord et conformément aux lettres de vos seigneuries, il m'a répondu qu'il fallait pour conclure ce traité non un jour, mais une heure seulement; qu'il pourrait se faire que Bartolommeo s'arrêtât plus d'une journée dans l'endroit où il se trouvait, car il avait écrit à Jean-Paul pour lui annoncer qu'il désirerait s'aboucher avec lui à Graffignano, et ce dernier devait s'être mis en route pour l'aller trouver; qu'il serait possible aussi que l'argent qu'il veut compter à ses troupes à San-Giovanni-della-Selva ne fût pas encore arrivé. Il a ajouté cependant que, pour ne pas l'avoir à l'improviste sur le dos, il avait envoyé les podestà dans leurs juridictions respectives situées sur les confins de la Maremme, pour faire rentrer les récoltes dans les villes et faire provision de farine; mais il croit cependant qu'Alviano est dans l'intention de temporiser encore, et que par conséquent on aurait plus de temps qu'il n'en faut. Il a ajouté qu'il ignorait entièrement ce que Bartolommeo voulait de Jean-Paul.

Afin de ne point fatiguer vos seigneuries je n'entrerai point dans le détail de mes réponses, mais je leur répéterai seulement les conclusions de Pandolfo; les voici : en arrêtant avec lui l'accord qu'il propose, vous faites servir à votre sûreté mutuelle les mesures que vous pourriez prendre, et dont l'une serait de démembrer l'Alviano ; que si cet arrangement n'a pas lieu, il lui sera impossible de rien faire qui blesse évidemment ce dernier; mais que cependant son intention est de s'opposer aux projets de Bartolommeo et de faire tout ce qui dépendra de lui. C'est à vos seigneuries à juger maintenant, d'après tout ce que je leur ai écrit, quel est le projet de ce seigneur; car on ne gagne rien ou bien peu de chose à le voir en face. Il prétend ignorer sur quelles bases est fondée cette entreprise, mais il croit qu'elle pourrait en avoir de solides ; il jure que Bartolommeo n'aura à sa disposition ni ses troupes ni les sujets de cet État. Il ne croit pas que Jean-Paul lui prête l'appui de ses soldats ; il ne sait pas non plus si les Vitelli mettront leur infanterie à sa disposition, car si telle était leur intention il en aurait appris quelque chose. Il dit qu'il tient auprès d'Alviano un homme de confiance qui l'instruit de toutes ses démarches, afin de pouvoir nous les faire connaître ; qu'il a écrit à Rome pour savoir sur quoi repose toute cette affaire, et qu'il vous informera de la réponse. J'ai appris qu'à la nouvelle de la mort du cardinal Ascanio il avait paru comme enveloppé d'un nuage ; mais maintenant son front est tout à fait éclairci et il est rempli d'espérance. On ne voit ici aucune trace de grands préparatifs. Dans un entretien que j'ai eu hier pendant toute la journée avec Antonio da Venafro, qui est pour ainsi dire son âme, et l'un des hommes les plus distingués qu'on puisse trouver, il n'a fait que me rebattre que cet arrangement était avantageux pour le salut commun des deux États, et a voulu me prouver que, quel que fût l'appui sur lequel Alviano se fondait, il était aisé de le renverser. Une des principales mesures qu'il met en avant est de désarmer Bartolommeo ; mais il faut préalablement terminer l'accord proposé. C'est donc à vos seigneuries, dans leur profonde sagesse, à examiner attentivement tout cela et à voir quel est le parti le plus avantageux à prendre.

Pandolfo m'a demandé plusieurs fois si la solde du marquis lui avait été payée : je lui ai toujours répondu qu'on la préparait au moment de mon départ. Ce matin il m'a dit avoir appris de Lombardie que cet engagement n'irait pas plus avant, parce que le marquis voyait qu'on lui faisait des difficultés et qu'on ne lui envoyait pas d'argent. Je lui ai répondu la même chose ; cependant j'ai été sur le point de lui dire que j'avais reçu des lettres par lesquelles vous m'annonciez qu'il avait été payé, mais qu'on tenait ce payement secret, afin de pouvoir établir un nouvel impôt dans l'idée où l'on était que ce payement était encore à effectuer : je me suis tu toutefois, dans la crainte que ce discours ne fût hors de propos. Il sera toujours temps de le faire lorsque vos seigneuries y consentiront.

Si je ne savais pas que vous êtes impatients de recevoir mes lettres, j'attendrais jusqu'à ce soir à les faire partir afin de pouvoir vous écrire les nouvelles que Pandolfo aura reçues du camp ; mais pour ne pas vous laisser en suspens je vous expédie celle-ci à la dix-septième heure. Vos seigneuries voudront bien en rembourser le port à Francesco del Nero : il est de quinze carlins.

Ce Bastiano de Cortone, barbier de Pandolfo, que je recommande à vos seigneuries par l'incluse, est de retour ici, et il a tout l'air de s'être échappé. Pandolfo m'a dit qu'il croyait qu'on avait commencé à procéder contre ses biens, et il m'a engagé à prier vos seigneuries d'y apporter remède, offrant de faire comparaître cet homme partout où vous l'exigeriez. Je vous importune de sa part de cette affaire, et je vous prie de vouloir bien me faire une réponse que je puisse lui montrer. Je me recommande à vos seigneuries.

NICOLAS MACCHIAVELLI.

Du 19 juillet, à la dix-septième heure.

P. S. J'avais oublié de vous dire que Pandolfo m'a prié mille fois de recommander à vos seigneuries de ne jamais le citer dans tous les avis qu'il vous donne relativement à l'Alviano, attendu qu'il serait obligé de vous démentir : il désire en conséquence que ses relations avec vous soient entièrement secrètes.

LETTRE IV.

MAGNIFIQUES SEIGNEURS,

Par mes dépêches d'hier vos seigneuries ont dû être informées de tout ce qui se passe. A l'égard du projet de détacher les Vitelli, que Pandolfo regarde comme le remède le plus efficace et le seul indispensable pour se délivrer d'Alviano, il m'avait dit ne m'en avoir parlé que d'après ses propres idées, mais qu'il ignorait leurs intentions ; qu'il était nécessaire d'attendre une réponse à la lettre qu'il leur avait écrite à l'instant de mon arrivée afin de les sonder vaguement pour savoir s'ils se sépareraient d'Alviano : hier soir, à deux heures de nuit, le chancelier de la balià vint me trouver pour me dire que Pandolfo recevait à l'instant des lettres de Cornelio et des Vitelli, et que, quoiqu'elles ne renfermassent rien qu'on ne pût différer jusqu'à ce matin, néanmoins, pour remplir la promesse qu'il m'avait faite de me communiquer toutes les nouvelles qu'il recevrait du camp, il me faisait savoir qu'on l'informait que le 18, suivant l'ordre donné, les troupes étaient arrivées à San-Giovanni-della-Selva; que Bartolommeo avait formé le projet d'aller jusqu'à Alviano; qu'il était en outre fermement décidé à pousser en avant, et que rien ne pourrait le détourner de ce projet; qu'il attendait l'argent qu'il devait recevoir, mais sans savoir au juste quand il arriverait; que, relativement à Gianliso et à Vitello Vitelli, ils étaient disposés à faire tout ce que voudrait sa magnificence; qu'ils avaient l'intention cependant d'en écrire à Giulio, leur oncle et leur frère, qui se trouve à Castello, parce que leur habitude est de ne jamais rien faire sans le consentement l'un de l'autre. Il me dit encore qu'il avait appris de Rome que l'abbé d'Alviano était allé du côté de Naples après avoir d'abord parlé avec le pape. Ce secrétaire me quitta alors après m'avoir invité à me rendre dans la matinée auprès de Pandolfo. Je m'y suis en effet rendu ce matin, et il m'a répété tout ce qu'il m'avait envoyé dire la veille par le secrétaire; il a seulement ajouté que les troupes se mettraient en marche mardi prochain et viendraient de ce côté à petites journées, de sorte qu'il croyait que dans trois jours elles entreraient sur le territoire de Sienne; que Bartolommeo lui avait fait savoir que dès qu'il aurait pénétré jusque-là il mettrait à l'ordre défense à qui que ce fût de toucher à rien, pourvu qu'on lui fournît en payant toutes les choses dont il aurait besoin; et qu'il eût à réfléchir s'il voulait qu'il passât comme ami ou comme ennemi. A l'égard des Vitelli, il m'a dit qu'il avait reçu d'eux une réponse générale, parce qu'il s'était borné à leur demander généralement s'ils consentiraient à laisser là Bartolommeo dans le cas où il voudrait lui-même les prendre à son service, sans faire nulle mention ni des Florentins ni d'aucun autre; et quoiqu'ils s'en remissent entièrement à lui, comme il ne connaissait pas bien leurs vues, il ne savait trop que dire; que cependant, pour que je pusse entrer dans quelque particularité en vous écrivant, il croyait qu'ils se contenteraient d'un engagement de soixante hommes d'armes, qui est le nombre de troupes qu'ils ont au service du seigneur Bartolommeo; qu'il suffirait de le conclure pour un an avec la même solde et les mêmes avantages, et qu'il ferait en sorte que Sienne consentît à supporter le tiers de la dépense. Il a mis ensuite en doute si les Vitelli serviraient volontiers sur notre territoire; cependant il croit que cette difficulté pourrait être facilement aplanie en stipulant dans leur engagement que, si vous aviez besoin de les employer dans une entreprise particulière, vous ne pourriez les contraindre à venir vous servir en personne, qu'il suffirait qu'ils vous envoyassent quarante hommes d'armes commandés par un autre chef; et qu'il serait bien que vous prissiez ce parti. Il a ajouté ensuite que cet engagement ne pourrait avoir lieu que lorsque, par les raisons qu'il m'avait déjà exposées, le traité entre vos seigneuries et lui aurait été conclu, parce qu'il ne voulait pas se faire un ennemi du seigneur Bartolommeo avant d'avoir obtenu d'un autre côté votre amitié, etc.

Je lui ai répondu que vos seigneuries seraient reconnaissantes envers lui des avis qu'il voulait bien leur donner sur les dangers qui le menaçaient; mais qu'il n'en était pas de même des mesures qu'il proposait, attendu que si le mal était sur le point d'éclater, ainsi qu'il l'avait annoncé mille fois, et s'il était de nature par la suite à lui nuire, ainsi qu'à vous, comme il paraissait le craindre, il était nécessaire de ne point élever tant de pointilleries et de prendre chacun de son côté tous les moyens d'y obvier; que, si le véritable remède consistait à détacher les Vitelli, il fallait se hâter d'embrasser ce parti et suivre un chemin plus court que celui qu'on avait suivi jusqu'à ce jour, et ne pas s'y prendre de la manière dont on s'y prendrait s'il s'agissait en janvier d'un engagement pour le mois de mai; qu'il me semblait que la fortune lui offrait une occasion de regagner auprès de vous toute la confiance que sa conduite passée pouvait lui avoir fait perdre; que s'il parvenait à détacher les Vitelli et à donner ainsi une preuve manifeste de ses intentions, il devait s'attendre à l'accord et à un engagement en commun, ainsi qu'à tout ce qu'il pourrait désirer pourvu qu'on y pût consentir avec honneur.

Il a répondu à ce que je venais de lui dire qu'en agissant de cette manière il s'attirerait soudain l'inimitié d'Alviano; que vous pourriez ensuite le laisser là ; et qu'en conséquence il ne voulait pas faire davantage. Mais il est persuadé que, si vous le voulez, il y a du temps de reste, parce qu'il croit que Bartolommeo ne partira point encore, malgré ce qu'il dit, à cause du voyage de l'abbé à Naples, où il pense qu'il est allé recueillir l'argent que son frère veut donner. Il ajoute à ces raisons qu'il soupçonne le pape d'exciter l'Alviano à marcher, pour forcer les Français à venir en Toscane, dans l'espoir de voir s'élever quelque désordre dont il puisse profiter ; car il a peur que ce pontife ne devienne un jour un autre Alexandre VI.

Je lui ai répondu que c'était un motif de plus pour se hâter de mettre le pied sur cette étincelle ; et je n'ai pas cessé en lui parlant de l'inviter à considérer bien attentivement ce que ce mouvement peut amener, et je l'ai averti que vos seigneuries sont disposées à embrasser tous les partis qui peuvent assurer leur salut et les venger en même temps de quiconque tenterait de les offenser. Mais tout ce que j'ai pu lui dire n'a servi à rien, et je suis convaincu que son parti est tout-à-fait pris. S'il était possible de découvrir le vrai fond de ces intrigues ce serait un grand bien. Les nouvelles que j'obtiens sur Bartolommeo me sont données, comme vos seigneuries le voient, par Pandolfo lui-même ; et chaque fois qu'il me les communique il me conjure de vous recommander de ne jamais le citer. Il me rappelle également de ne point donner de publicité aux négociations avec les Vitelli. Il n'a point voulu leur écrire aujourd'hui de nouveau, dans la crainte de s'avancer trop avec eux ; et il espère, dans cet intervalle, recevoir de vous une réponse sur laquelle il pourra établir quelque fondement.

Pour en revenir aux renseignements que j'ai obtenus ici sur Alviano, il ne faut pas que vos seigneuries y attachent plus d'importance qu'ils ne méritent, et je crois qu'elles doivent tâcher d'en obtenir d'ailleurs : ainsi vous pourrez savoir de Borgo ou de Cortone si on lève des troupes à Castello et à Pérouse, si le corps de Jean-Paul passe les *chiane ;* car bien que Pandolfo annonce son arrivée comme pouvant avoir lieu à toute heure, on n'a point encore appris qu'il se soit mis en marche ; et ce matin même il m'a répété que Jean-Paul n'irait pas trouver Bartolommeo à Graffignano ainsi qu'il me l'avait annoncé hier, et qu'il se bornerait à lui envoyer ser Pepo à Alviano, où l'on dit que Bartolommeo s'est rendu.

Je ne veux pas négliger de répéter à vos seigneuries que Pandolfo m'a mille fois assuré que, si les Vitelli abandonnent Alviano, ce dernier sera obligé de renoncer à son entreprise, sans quoi il lui sera impossible de faire un pas en avant. Il allègue pour motifs que la compagnie des Vitelli est nombreuse ; que si elle venait à lui manquer elle se tournerait contre lui, et qu'un abandon aussi imprévu déconcerterait à un tel point le reste de l'armée que l'on verrait incontestablement les résultats qu'il nous prédisait. Que vos seigneuries portent maintenant sur tout ce que je viens de leur dire le jugement qu'elles croiront convenable. Je me recommande à elles.

Nicolas Macchiavelli.

Sienne, le 20 juillet 1505, à la quinzième heure du jour.

P. S. Je prie vos seigneuries de vouloir bien rembourser à Francesco del Nero les frais de la présente estafette, qui s'élèvent à quinze carlins.

LETTRE V.

MAGNIFIQUES SEIGNEURS,

Après avoir reçu ce matin votre lettre d'hier, datée de la seizième heure, je me suis rendu de nouveau auprès de Pandolfo, et je me suis étendu avec lui, de la manière qui m'a semblé à propos, sur le contenu de la dépêche de vos seigneuries. Sa magnificence n'a pas eu de peine à me répondre, car elle savait par cœur tout ce qu'elle m'avait déjà dit relativement à votre première lettre. Elle m'a donné de nouveau sa parole que tous ces mouvements lui déplaisaient, « et la preuve » a-t-il dit, « c'est que toutes les « fois que j'ai pu y remédier je l'ai fait, en vous « en donnant avis et en tâchant d'en détourner « Alviano. » Il ajoute que, bien plus, pour toucher le fond des choses et mieux savoir à quel terme elles en sont il avait écrit à Rome à son homme de confiance, et lui avait prescrit de voir le cardinal de Santa-Croce, et de savoir de lui si Bartolommeo s'était embarqué dans cette entreprise par ordre du roi d'Espagne, parce que, s'il agit d'après les ordres de ce prince, il faut se conduire autrement que s'il agissait sans son aveu: qu'il avait reçu dans la matinée la réponse à cette commission; qu'on l'informait que le cardinal de Santa-Croce avait assuré qu'il ne savait absolument rien; qu'il ne croyait pas que Bartolommeo eût obtenu le consentement de l'Espagne, mais que pour en être plus certain il écrirait à Gonzalve et communiquerait la réponse: que d'ailleurs il était persuadé que Gonzalve donnerait l'ordre formel à Alviano de se désister de son entreprise. C'est ainsi que Pandolfo prétend avoir fait tout ce qui était en son pouvoir sous le double rapport de l'adresse et des négociations; mais que, s'il fallait agir à découvert et prendre la force en main, il avait besoin du concours de vos seigneuries; qu'il ne pouvait y compter si vous n'agissiez avec lui de bonne intelligence; qu'en conséquence il n'avait jamais cessé de me faire sentir la nécessité d'un arrangement et le besoin d'adopter ensuite des mesures plus vigoureuses; qu'il n'était pas vrai que dans cette circonstance il tint tout à la fois la bride et les éperons, car il n'a jamais eu d'éperons et il tire la bride tant qu'il peut; et comme il ne se croit point assez puissant, il réclame le secours de vos seigneuries; mais il veut qu'il soit profitable à tous deux et non à un seul.

Je m'efforce de vous répéter exactement ses propres paroles, afin que vos seigneuries puissent mieux pénétrer ses intentions, en porter un jugement sûr, et se conduire ensuite selon les intérêts de la cité. Je ne vous écris pas mes réponses, pour ne point abuser de vos moments; mais je n'ai passé sous silence aucune des répliques qu'ont pu me dicter mon esprit et mon expérience. Néanmoins, avec lui on n'avance pas grand'chose à lui répondre, car c'est un homme dont toutes les résolutions sont arrêtées et qui ne s'écarte jamais de ce qu'il désire conduire à terme. Lui ayant fait observer, dans une de mes répliques, que je ne voyais pas comment Gonzalve pourrait ordonner à Bartolommeo de ne point faire son excursion, puisque son engagement était expiré le 20 du courant, il m'a répondu que c'était lui qui avait dit que l'engagement de ce dernier avec les Espagnols ne devait durer que jusqu'au 20 juillet; qu'il l'avait dit parce que la dernière fois qu'il l'avait vu, Bartolommeo, étant venu à parler de son intention de prendre du service chez les Français ou chez vous au moyen de la négociation entamée par Rucellaio, avait dit lui-même qu'à compter du 20 juillet il était libre d'agir comme il le voudrait; d'où il avait conclu que l'engagement d'Alviano devait finir à cette époque; mais qu'il avait appris, depuis, qu'il ne cesserait qu'à la fin d'octobre prochain, ce qui était d'autant plus vraisemblable qu'il n'avait commencé qu'en octobre, et que les engagements de cette espèce durent ordinairement une année entière; qu'il pourrait se faire toutefois qu'il existât quelque article qui lui permît de s'arranger avec d'autres deux ou trois mois avant l'expiration. Pandolfo m'a dit encore qu'il avait appris de Rome que le pape pressait vivement Bartolommeo de sortir du territoire de l'Église, et que, dans la crainte qu'il n'allât attaquer et dépouiller ses troupes, qui sont à Ostie, il y avait envoyé l'infanterie et la cavalerie qui se trouvaient à Rome. J'ai fait observer à Pandolfo que, puisque Gonzalve n'était point d'accord avec Bartolommeo, il ne pourrait se servir de l'infanterie qui se trouvait à Piombino ou qui pourrait y venir. Il m'a répondu que j'avais raison; mais qu'il comptait en avoir d'ailleurs, et que c'était pour cela que Bartolommeo avait cherché à parler à Jean-Paul, dans l'intention de lui demander la sienne; que Jean-Paul était allé le trouver, comme il me l'avait dit d'abord, et n'y avait point envoyé ser Pepo, comme il me l'avait dit depuis; mais qu'il ne croyait pas que Jean-Paul fût dans le dessein de l'aider; qu'il tâcherait, de son côté, de le faire persister dans cette résolution; qu'il avait donné ordre à Cornelio d'intervenir dans leur négociation afin d'en avoir connaissance; et il m'a promis de m'instruire de tout ce qu'il apprendrait.

Après tous ces longs discours et après nous être bien disputés sur toute cette affaire, j'ai cru, pour lui faire voir qu'on n'était pas dupe de tous ces détours naturels ou accidentels, devoir lui dire que toutes ces intrigues m'embrouillaient si fort que j'avais peur d'en perdre la tête avant mon départ: car un jour on apprenait que Bartolommeo s'avançait avec les troupes et l'argent de l'Espagne; un autre, qu'il manquait de l'un et de l'autre; tantôt on entendait dire que sous deux ou trois jours il voulait tenter le pas, ce qui faisait croire qu'il était assuré de tous les secours dont il avait besoin; tantôt, qu'il mendiait des soldats auprès de Jean-Paul : aujourd'hui le pape comptait entièrement sur lui ; le lendemain il paraissait tout en craindre ; tantôt ce n'était qu'un même esprit avec l'état de Sienne, tantôt on accusait ses soldats de piller les Siennois ; qu'en conséquence je désirais que sa seigneurie m'expliquât toutes ces contradictions. Pandolfo m'a répondu : « Je te « dirai ce que disait le roi Frédéric à un de mes « envoyés qui lui adressait une semblable ques« tion : c'était de me conduire au jour le jour « et de juger les événements heure par heure, si « je voulais me tromper moins souvent, parce « que les temps actuels sont plus puissants que « les projets des hommes ; et ces temps-là », a-t-il ajouté, « étaient aussi sous l'influence d'Al« viano, qui est un homme à produire chez tous « ses voisins un sentiment mêlé de crainte et « d'espérance, tant qu'on le verra ainsi sous les « armes. » Là-dessus je lui ai fait connaître les mesures que vous avez prises à l'égard de Mantoue et de Milan, pour que les autres puissent encore moins y compter.

Il n'a pas été autrement question des Vitelli, parce qu'il n'a point encore reçu de réponse à sa lettre d'hier dans laquelle il s'explique un peu plus clairement sur ses intentions, et que, de mon côté, il n'a pas été possible non plus à vos seigneuries de me répondre sur ce que je leur ai écrit. On n'a point de nouvelles des troupes d'Alviano. Je me recommande à vos seigneuries.

NICOLAS MACCHIAVELLI.

Sienne, le 21 juillet, à la vingt-unième heure.

P. S. Pandolfo m'a de nouveau recommandé son homme de Cortone : il offre de le faire comparaître devant vous si l'on fait sur son compte quelque fâcheux rapport.

LETTRE VI.

MAGNIFIQUES SEIGNEURS,

La dernière lettre de vos seigneuries, en date du 21, me parvint le même jour à la vingt-deuxième heure. Ayant lu ce qu'elles m'écrivaient touchant l'ouverture faite par Michele de' Ricci, je me rendis chez Pandolfo, et je m'acquittai comme il me parut à propos de la commission qui m'était donnée. Pandolfo me dit qu'il n'avait point raisonné précisément sur ce sujet avec Michele, et que si celui-ci avait proposé cette idée, c'était sans doute parce qu'il désirait qu'on conclût un traité et que cette manière de s'y prendre lui avait paru bonne. Lui ayant demandé ce qu'il en pensait, il me répondit qu'il fallait qu'il en parlât avec les principaux citoyens de Sienne ; mais que, s'il devait dire sur-le-champ son opinion, il ne voyait là aucune sûreté pour les Siennois. Nous entrâmes là-dessus en quelque discussion et je vis bien quel était son sentiment : cependant je ne crus pas devoir en écrire aussitôt à vos seigneuries, parce que je pensai qu'en ruminant l'idée proposée il pourrait en venir à y adhérer en quelque partie. Hier non plus je ne pus écrire, parce qu'il me fut impossible d'avoir une autre réponse de Pandolfo, qui fut occupé toute la journée avec ses concitoyens par une fête solennelle qui a lieu ici pour célébrer le retour de l'ordre des Neuf : aussi m'en fit-il ses excuses, me renvoyant à ce matin pour la réponse qu'il devait me donner.

Ce matin donc, m'étant rendu à l'église du Dôme à l'heure convenable, j'y ai trouvé Pandolfo accompagné de quatre des principaux personnages du pays, et l'ayant abordé, il m'a dit, après quelques courts propos, qu'il allait me laisser avec Antonio da Venafro qui m'instruirait de ce que l'on pensait. Demeuré seul en effet avec Antonio, celui-ci m'a dit que dans le moyen proposé par Michele on ne voyait aucune sûreté pour les Siennois, car on y trouvait pour eux deux dangers à courir : l'un que, pour quelque motif particulier, le roi ne jugeât point ou ne pût pas même juger ; l'autre, qu'en jugeant il n'attribuât Montepulciano à vos seigneuries ; qu'on croyait bien, à la vérité, que vous remettriez cette ville entre les mains du roi, dans l'idée qu'il l'adjugerait aux Siennois aussitôt que Pise serait retournée sous votre pouvoir ; mais qu'enfin il était possible que l'une de ces deux choses n'arrivât pas, et qu'en conséquence on aurait toujours ici à demeurer dans le doute ; que pour qu'on consentît à ce qui était proposé il fallait absolument que ce doute fût dissipé, et qu'il n'en voyait pas d'autre moyen que celui de traiter de la manière dont il avait d'abord été question ; car s'il fallait chercher à obtenir du roi quelque acte qui rassurât les Siennois, cela traînerait en longueur; et cependant on avait à peine le temps de prendre les mesures nécessaires pour résister à ceux qui veulent déchirer la Toscane. C'est là ce que m'a dit Antonio, mais bien plus au long et avec beaucoup plus de paroles que je ne vous le dis. De mon côté, je n'ai rien omis de ce que je pouvais alléguer pour la défense des intérêts de vos seigneuries; tout comme, du sien, il n'a rien négligé de ce qui pouvait me convaincre que Pandolfo désirait effectivement conclure son traité et que, comme il s'y portait de bon cœur, il exécuterait de meilleur cœur encore. Il a ajouté que, du reste, il voyait dans un tel traité tant d'avantages pour vous que, connaissant votre sagesse, il était étonné des difficultés que vous faisiez et ne pouvait en comprendre la source.

Puisqu'il était allé si loin sur ce sujet, je n'ai pu m'empêcher de lui faire entendre que l'obstacle venait moins de vos seigneuries que d'un autre côté, et surtout de ceux qui voulaient prendre aux choses plus de part qu'il ne leur en appartenait; que, bien qu'à détacher Montepulciano de la république de Florence il y eût à perdre et quant à l'honneur et quant à l'intérêt, la difficulté ne venait pas autant de là que des manières d'agir de divers particuliers, qui avaient fait naître chez nous dans la plupart des esprits une si grande défiance que l'on pensait qu'il ne résulterait aucun profit de la cession même de Montepulciano; car il paraissait que certaines gens voulaient nous entraîner par les injures et par la force à condescendre à leurs désirs; qu'on alléguait en preuve, entre plusieurs faits antérieurs que je ne voulais point rappeler, la rupture de l'accord avec les Lucquois, celle de l'engagement de Jean-Paul, et au moment même la marche de Bartolommeo d'Alviano, pour raison de laquelle nous étions tout à la fois priés et menacés; que lui, Antonio, savait bien que les inimitiés naissent des injures et les amitiés des bienfaits; que c'est une grande erreur de vouloir faire de quelqu'un son ami en commençant par l'injurier; qu'aussi j'avais dit pluiseurs fois à Pandolfo, à lui-même et à divers autres de ses concitoyens que, pour conclure aisément un accord, il fallait d'abord détruire cette difficulté que l'on avait fait naître, et que ceux qui devaient le plus y travailler étaient ceux qui avaient le plus de reproches à se faire; qu'il convenait aux Siennois de se montrer disposés à agir promptement et de concert pour résister à Bartolommeo, et qu'un tel service, un tel gage de bienveillance produirait bientôt l'amitié et mettrait certainement fin à toute défiance; que si l'on agissait différemment, le temps manquant pour former cette amitié d'une autre manière, je voyais les choses retomber dans une confusion capable d'effrayer tout le monde; que depuis peu j'avais vu bien des gens rire l'été et pleurer l'hiver; enfin que, comme je l'avais déjà dit et comme je le répétais, les corps les plus faibles sont pour l'ordinaire ceux qui ont le plus à craindre et le moins à espérer des désordres.

Cependant Antonio n'a point cessé de soutenir sa thèse, et il ne lui a manqué ni paroles ni raisonnements pour me faire entendre que cette ville-ci n'ayant aucun traité avec vos seigneuries, elle ne pouvait raisonnablement en désirer ni en exiger quelque service; que c'est de là qu'est venue la rupture de l'accord avec les Lucquois, ainsi que celle de l'engagement de Jean-Paul; et que c'est pour cela aussi qu'elle ne fait rien pour remédier au mal présent, car si vous ne lui servez de bouclier il n'est pas possible qu'elle tire l'épée contre un tel ennemi; mais que vous n'avez qu'à conclure le traité, et que vous deviendrez les maîtres de la Toscane. Il s'est étendu de nouveau sur les grands avantages qui en résulteraient pour vous, me disant à plusieurs reprises : « Crois-moi, Nicolas, celui « qui blâme Pandolfo avance beaucoup de rai« sons, mais il ne dit pas toutes celles qu'il a « dans le cœur. » Je l'ai combattu de mon mieux, mais sans pouvoir en tirer autre chose.

Pandolfo m'a dit qu'il n'avait reçu aucune nouvelle des troupes d'Alviano : il présume que, puisque Cornelio ne lui a pas écrit, c'est qu'elles ne sont point parties hier matin comme il le lui avait annoncé. Il a promis de me le faire savoir aussitôt qu'il en serait informé. Cela dépend entièrement de lui, car il m'est impossible d'en être instruit d'ailleurs.

Nicolas Macchiavelli

Sienne, le 23 juillet 1505.

P. S. Je vous prie de rembourser à Francesco del

Nero quinze carlins pour le port de cette lettre, datée de la dix-septième heure.

LETTRE VII.

MAGNIFIQUES SEIGNEURS,

Par ma dernière lettre, en date d'hier à la dix-septième heure, j'ai donné connaissance à vos seigneuries de la réponse qui m'avait d'abord été faite par Pandolfo et ensuite, en son nom, par Antonio da Venafro, sur la proposition de Michele Ricci, en conformité de ce que vous avez écrit le 21. Vous aurez dû voir par ma lettre qu'il ne faut plus penser à cette négociation d'arrangement, ou la conclure de la manière dont je vous l'ai indiqué dans ma première dépêche. Hier soir, vers la vingt-quatrième heure, Pandolfo me fit appeler et m'informa qu'il avait reçu de Rome et de l'armée des lettres en date du 22. Il me lut la lettre de Rome, qui était écrite en chiffres; mais dans les interlignes on l'avait déchiffrée, ainsi que cela se pratique. L'agent qu'il a dans cette ville lui mandait que le cardinal Santa-Croce avait reçu de Naples une réponse aux éclaircissements qu'il avait demandés à Gonzalve pour savoir si Bartolommeo agissait ou non à son insu; qu'on lui disait que c'était contre la volonté de ce général, qui venait d'envoyer à Bartolommeo une nouvelle défense d'exciter le moindre trouble en Toscane ou à Pise. Il ajoutait que le cardinal de Médicis avait reçu le même renseignement de l'homme de confiance qu'il entretient auprès de Gonzalve.

Quant à la lettre qu'il a reçue de l'armée, Pandolfo ne me lut que l'article qui concerne les Vitelli, qui disent qu'ils ont reçu une réponse de Giulio et de Jean, leur frère, et qui ne demandent pas mieux que de faire ce que désire Pandolfo, lui offrant en outre d'agir comme il le jugera à propos, et lui témoignant dans les termes les plus vifs et les plus énergiques tout le désir qu'ils auraient de lui être agréable. Il ajouta que cette lettre l'informait de plus que les troupes n'avaient point encore quitté San-Giovanni-della-Selva comme on le lui avait écrit dernièrement; mais qu'elles devaient partir dans la matinée et se diriger sur Capo-di-Monte, et peut-être même sur le chemin de la Maremme: que Jean-Paul s'était abouché avec Bartolommeo, qui lui avait demandé son appui; mais que Jean-Paul ne le lui avait ni promis ni refusé.

Je remerciai Pandolfo de ses nouvelles. Je glissai sur l'article des Vitelli, parce que vos seigneuries ne m'avaient pas encore répondu à ce que je leur en avais précédemment écrit, et que d'ailleurs je crus devoir en agir ainsi, Pandolfo ne m'en ayant également parlé qu'après la lecture de la lettre. Je lui dis que la conduite de Jean-Paul ne me plaisait nullement; qu'il eût été bien plus convenable à ce dernier de refuser nettement; qu'il fallait qu'il mît tout en usage pour l'engager à refuser, et que j'étais persuadé qu'il y parviendrait sans peine puisqu'il avait toute confiance de Jean-Paul et qu'il le tenait à sa solde.

Il me répondit qu'il lui avait donné l'ordre de s'approcher assez près d'ici, en revenant à Pérouse, pour qu'il pût aller le trouver, ou de venir même jusqu'à Sienne, attendu qu'il ne veut traiter cette affaire que de vive voix.

Je lui demandai ce qu'il pensait réellement de Bartolommeo, et s'il croyait qu'il marchât en avant malgré la volonté de Gonzalve, si toutefois l'avis qu'il avait reçu de Rome était vrai. Il me répondit qu'il ne pouvait rien préjuger; que la raison conseillait à Alviano de ne point avancer malgré Gonzalve à la solde duquel il se trouvait jusqu'au mois d'octobre, mais qu'il n'avait aucune lumière sur ce point; que toutefois il était près de croire qu'il avancerait s'il était vrai que l'abbé d'Alviano se fût rendu à Naples pour obtenir de l'argent ainsi qu'on le lui avait écrit; mais que dans ce cas, et quoique cette entreprise fût contraire à la raison, il pourrait n'écouter que le désespoir; et alors tout ce qu'il pouvait faire était d'engager vos seigneuries à ne négliger aucune mesure de sûreté; que, quoique sur quatre personnes qui agissent par désespoir il y en a au moins trois qui succombent ordinairement, cependant il serait à désirer qu'on ne laissât point Bartolommeo s'abandonner à cet acte de désespoir, parce qu'on ne peut remuer une chose sans en émouvoir mille autres et que les événements sont incertains. Il s'étendit de nouveau sur ce qu'il m'avait déjà dit, que c'était à vos seigneuries à mettre le pied sur ce commencement d'incendie ; qu'elles pouvaient devenir les maîtresses de la Toscane en rétablissant l'union entre toutes les parties de cette contrée; que cette union produirait des forces si imposantes qu'elle pourrait résister à quiconque tenterait de l'attaquer, et la rendrait l'objet de tous les égards; que si vous suspectiez les Orsini, vous pouviez facilement détacher de leur parti les Vitelli et les Baglioni, qui se croiraient bien plus en sûreté sous le bouclier des confédérés toscans que sous la protection des Orsini; que quant à lui, il voyait tant de facilité et de sûreté dans ce projet qu'il croyait qu'on ne le rejetait que parce que Dieu avait résolu la ruine de ce pays. Dans le cours de notre conversation, il me dit qu'il y avait un autre moyen de rabattre les prétentions d'Alviano, qui était de le rendre suspect aux Pisans, ce à quoi on pouvait réussir de mille manières. Il ne voulut entrer dans aucun détail sur ce point : mais sur le reste il me dit une foule de choses auxquelles je répondis de la manière la plus étendue; mais comme il serait sans fruit de vous répéter toute notre conversation; je n'en ennuierai pas davantage vos seigneuries.

Je vais envoyer cette lettre à la poste : on la fera partir par le premier courrier. J'aurais bien dépêché une estafette, mais je n'ai qu'un écu à y dépenser et je n'ai point encore payé l'auberge. Je prie vos seigneuries de vouloir bien me donner congé ou de quoi me soutenir ici; mais je préférerais le premier parti. Je me recommande à elles.

NICOLAS MACCHIAVELLI.

Sienne, le 24 juillet 1505

XVI.

SECONDE MISSION

A L'ARMÉE QUI ASSIÉGEAIT PISE [1]

LETTRE PREMIÈRE.

A ANTONIO GIACOMINI, COMMISSAIRE DE L'ARMÉE.

Le 19 août 1505.

Hier, immédiatement après la réception de ta lettre et l'arrivée de Luca Cavalcanti, nous t'avons écrit ce qui se présentait à nous par suite de la nouvelle de la déroute de Bartolommeo; nous te disions de lever le camp et de te porter sur la route de Pise; de sorte que nous croyons qu'à l'arrivée du présent messager tu te seras mis en marche conformément à nos ordres. Par la présente nous avons à te dire qu'ayant entendu l'opinion du gouverneur sur l'avantage qu'il y aurait à profiter de la fortune et à ne pas laisser perdre l'occasion qui nous est offerte de recouvrer la ville de Pise et de nous venger des injures que nous avons reçues de nos voisins, nous sommes très-fortement disposés à suivre ses conseils; et qu'ayant de plus obtenu ce matin dans le grand conseil une somme de cent mille ducats, nous avons résolu à tout prix d'effectuer notre entreprise contre Pise. Pour savoir mieux à quoi nous décider nous voulons que tu te rendes auprès du seigneur gouverneur, et que tu conviennes avec

[1] Après la victoire remportée sur Bartolommeo d'Alviano, dont il a été fait mention dans la note relative à la précédente mission, les Florentins crurent qu'il fallait profiter de l'ardeur qu'avait excitée cette victoire pour tenter d'emporter Pise; et, à cet effet, on prit des mesures immenses, et on donna les ordres les plus pressants à Antonio Giacomini, commissaire de l'armée, pour qu'il la conduisît sans retard devant les murs de la place. Macchiavelli fut envoyé au camp pour concerter sur les approvisionnements nécessaires pour cette entreprise, qui échoua toutefois par la lâcheté des soldats.

On donne ici quelques-unes des lettres qui rendent compte des mesures prises par la république, des ordres qu'elle donna et de la mission de Macchiavelli. *Voyez le Journal de Buonaccorsi*, p. 115.

lui de tous les objets qui pourraient être nécessaires pour l'attaque, sans rien négliger, à commencer par le plus petit jusqu'au plus grand : et tu nous enverras l'état sur-le-champ. Comme la fourniture des objets dont on pourrait avoir besoin entraînera nécessairement quelques jours de délai, nous ne voulons pas que ce temps soit inutilement perdu, et nous entendons en tirer le meilleur parti possible. La première chose à faire est de rapprocher les troupes le plus qu'il est possible de Pise et dans l'endroit qui sera jugé le plus convenable, d'employer tous les moyens que pourront fournir la force ou l'adresse pour sonder les dispositions des Pisans depuis la nouvelle de notre victoire récente, de tâcher d'exciter dans la ville quelque soulèvement, et aussi de ne négliger aucun moyen de tenter si la fortune ne pourrait pas nous procurer quelque avantage sans avoir besoin de faire une plus grande épreuve. Si, après avoir tenté une telle expérience, les Pisans persistaient dans la même obstination, vous établiriez votre camp sur leur territoire, mais dans une position à pouvoir tomber tout à coup sur celui de Lucques; car notre intention formelle est qu'avant de se présenter devant Pise pour y donner l'assaut vous attaquiez l'état de Lucques pour le piller, le ravager, le détruire et le livrer aux flammes d'une manière hostile, n'épargnant rien de ce qui pourrait leur faire quelque tort, et ayant soin surtout de démolir Viareggio et toutes les autres places de quelque importance. Pour que cette entreprise vous présente de moins grandes difficultés, notre intention est qu'en même temps que les troupes pénétreront sur le territoire de Lucques ce pays soit simultanément attaqué par les habitants de Pistoja, de Barga, de Pescia, de la Lunigiane, et par tous nos autres sujets qui avoisinent ses frontières. Comme dans de telles entreprises le secret est ce qu'il y a de plus important, et qu'il est essentiel que l'ennemi ne sache qu'il va être attaqué que lorsqu'il entendra nos trompettes retentir à ses oreilles, nous n'écrirons à nos sujets ce qu'ils ont à faire qu'un ou deux jours avant l'époque où cette entreprise doit éclater. Si tu pensais que ce fût à vous deux seuls à leur écrire, veuillez nous le faire savoir, et dans ce cas nous nous bornerons à leur mander d'agir conformément à vos ordres; mais si tu croyais convenable que nous écrivissions, indique-nous les ordres que nous avons à donner et la manière dont tu penses que nous devions diriger toute cette opération.

Pour conclure enfin et t'expliquer en peu de mots notre désir, nous voulons que tu nous adresses sur-le-champ l'état de tout ce qui t'est nécessaire pour donner l'assaut à Pise; que toutes les troupes se présentent devant cette ville pour sonder ses dispositions; et dans le cas où cette démarche n'aurait aucun résultat, que le camp soit établi dans une position qui permette d'attaquer sur-le-champ les Lucquois de la manière indiquée ci-dessus; que tu nous fasses connaître les ordres qu'il faut donner aux habitants des environs de Lucques, ou toute autre mesure à prendre pour pousser avec vigueur cette attaque contre les Lucquois, afin qu'après avoir reçu ta réponse à la présente nous puissions, dans notre première lettre, te faire connaître nos intentions sur la manière dont cette opération doit être dirigée, l'époque à laquelle on doit la commencer, et acquérir ainsi la certitude, en préludant par cette entreprise à l'attaque de Pise, que les Lucquois seront tellement occupés à guérir leurs propres blessures qu'ils n'auront pas l'envie de panser celles des autres, et qu'ils connaîtront quels sont les fruits que produit la guerre, puisqu'ils ont voulu rompre la paix. Et tous ces autres voisins, voyant, contre leur attente, que nous savons tirer une vengeance aussi éclatante de ceux qui nous offensent, y regarderont de plus près qu'ils ne l'ont fait jusqu'à présent avant de former des desseins aussi injustes contre nos États. Mais il faut agir avec la plus grande activité, et avant que notre armée ait oublié de vaincre, nos ennemis d'être vaincus, et qu'il s'élève quelque obstacle qui puisse refroidir notre ardeur.

Nous ne te recommandons point de changer la poste suivant le chemin que vous ferez, parce que nous sommes sûrs que tu as donné des ordres en conséquence.

Si parmi les prisonniers il se trouvait quelque secrétaire ou agent de Lucques, de Pandolfo, d'Alviano, ou du parti des Orsini, tu nous l'enverras; de même s'il s'y trouvait quelque Pisan, ou tout autre personnage ennemi de quelque importance.

LETTRE II.

AU MÊME.

Le 2 août 1505.

Ayant vu par le contenu de ta dernière lettre qu'il était nécessaire d'envoyer Macchiavelli près de toi, afin de pouvoir concerter entre vous les mesures qu'exige notre entreprise, nous l'avons fait partir ce matin de bonne heure, chargé de toutes les instructions nécessaires dans les circonstances. D'ailleurs nos très-hauts seigneurs, voulant agir dans cette entreprise avec maturité et de manière à satisfaire l'universalité des citoyens, quoique les fonds qu'ils ont obtenus aient dû leur donner l'assurance qu'elle était généralement approuvée et désirée, ont de nouveau, ce matin, dans le grand conseil, élevé la question de savoir si l'on devait ou non la faire. Cette proposition a été acueillie avec la faveur la plus grande et la plus extraordinaire, et il a été arrêté qu'elle aurait lieu à tout prix. Ainsi cette affaire en est venue au point que, s'il plaît à Dieu, nous sommes dans la nécessité de la tenter, et cela sera ainsi. Comme, au nombre des mesures qu'il faut mettre en vigueur les premières, la levée de l'infanterie nous paraît la plus essentielle, la plus nécessaire et celle qui réclame le plus de promptitude, c'est aussi une des premières sur lesquelles nous avons tourné nos regards; et, à cet effet, nous t'envoyons ci-incluse la note des connétables qui se trouvent là-bas, avec le nombre des soldats que chacun doit avoir. Tu les appelleras auprès de toi, et tu leur demanderas quelle est l'époque à laquelle ils pourront être au complet, et, si tu juges qu'ils puissent y être promptement, tu leur diras d'envoyer ici des gens pour recevoir de l'argent, qui leur sera remis sans le moindre retard, pour qu'ils puissent aller recruter au dehors. Voilà tout ce que nous avions à te dire en attendant le retour de Macchiavelli. Tu prendras les mêmes mesures à l'égard des connétables qui ne se trouvent point au camp mais dans les environs, tels que Livourne, Rassignano, et autres lieux; tu t'assureras avec eux du temps dont ils ont besoin pour se trouver en ordre, et tu leur recommanderas également d'envoyer quelqu'un pour recevoir de l'argent afin que la levée ait lieu promptement. Si tu croyais qu'il fût possible de réduire la paye des troupes à quatorze livres dix-sept sous, tu nous le feras savoir afin que nous puissions en augmenter la quantité à proportion.

P. S. Tu connais parfaitement le nombre des pièces d'artillerie que nous possédons, mais nous ne savons ni combien il faudrait de canonniers ni combien il s'en trouve près de toi : tu te concerteras avec le gouverneur; tu lui rappelleras cet article et toutes les mesures que tu croiras que nous devions prescrire de notre côté et tu nous en donneras connaissance sur-le-champ.

LETTRE III.

AU MÊME.

Du 24 août 1505.

Au retour de Macchiavelli, qui est arrivé hier soir, après avoir entendu le rapport qu'il nous a fait de vive voix, et pris lecture de la note des objets que vous nous demandez pour votre entreprise, nous avons résolu de nous borner à ce qui regarde Pise et de laisser de côté nos autres projets. Depuis le moment de son arrivée jusqu'à ce soir, nous ne nous sommes occupés d'autre chose que des ordres nécessaires pour qu'on vous expédie toute l'artillerie et toutes les munitions que vous nous avez demandées, et nous croyons que tout vous parviendra avant la fin de ce mois. A l'égard de l'infanterie, qui est l'objet le plus essentiel et dont le rassemblement exigera bien plus de temps, nous avons vu la manière dont tu avais réduit notre liste et nous y donnons notre approbation. Nous avons examiné en outre le reste des troupes et les lieux d'où tu proposes de les tirer, et, conformément à tes dispositions, nous avons expédié aujourd'hui les connétables bolonais avec les fonds nécessaires pour faire une levée de mille hommes. Nous avons donné des ordres pour que le marquis Galeotto Malaspina, de son côté, en lève quatre cents, dont trois cents sous son commandement et cent sous celui de son fils. Nous te laisserons en ce moment le soin de presser les marquis de Panzano et de Massa. Nous avons donné à Giannotto da Carda et à Giannesino da Sarzana de l'argent pour deux cents hommes. Nous comptons laisser de côté le comte de Carpigna, et en échange nous avons pris le marquis Carlo del Monte avec quatre cents hommes. Nous avons vu ici l'aumônier du gouverneur et le secrétaire du comte Niccolo da Bagno, qui nous a mis en doute si ce seigneur pourrait nous servir, à cause de quelques troubles qui ont éclaté à Césène. Nous avons ordonné qu'on lui expédiât quelqu'un sur-le-champ, et nous attendons sa réponse. Nous avons donné à Guido Vaini l'argent nécessaire pour quatre cents hommes; nous en avons également envoyé à messer Martino dal Borgo et à Bernardino da Carrara, pour faire à eux deux une levée de trois cent cinquante hommes. On t'enverra les douze cents ducats que tu demandes pour former un corps de deux cents hommes comme tu les veux, et nous approuvons volontiers la formation de ce corps. Nous avons expédié à Pierre Bernardo, frère de messer Vittorio da Canale, pour lever deux cents hommes, deux cents ducats en lettres de change sur Fuligno, ainsi que tu l'avais proposé. Nous avons donné à Ceccotto Tosinghi, à messer Criaco et à l'homme d'affaires du Zitolo les fonds nécessaires pour que les deux premiers puissent augmenter chacun leur troupe de cent hommes et le troisième renforcer la sienne de deux cents. Il faut maintenant que tu presses le reste de ceux dont l'engagement doit être accru, et que tu ne les envoies pas ici pour faire leurs levées, attendu que le seigneur Pierre n'y a point encore envoyé pour les siennes. Tu nous feras connaître comment tu crois que nous devions nous conduire relativement au payement des compagnies qui sont sur les lieux, et à quelle époque il faudra leur faire passer leur paye. Macchiavelli nous ayant exposé qu'il serait à propos de faire publier dans le camp et dans les environs que quiconque voudrait de l'argent n'aurait qu'à s'y rendre, afin d'ôter toute facilité à ceux qui auraient dessein de lever des troupes pour secourir les Pisans, il nous a paru convenable de le faire, mais de retarder cette publication jusqu'à ce que l'argent soit arrivé ou qu'il ne faille l'attendre qu'un ou deux jours.

Macchiavelli nous a fait observer de plus qu'il serait nécessaire d'envoyer d'ici une personne à Lucques, pour connaître les véritables intentions des habitants. Après avoir examiné cette proposition, il nous a semblé qu'il valait mieux que ce fût vous qui envoyassiez cette personne : vous lui donnerez les instructions que vous jugerez convenables pour voir si, à force de belles paroles, on pourra s'assurer d'eux dans cette entreprise.

Ce familier des Huit que tu nous as demandé pour comite est si fort occupé, qu'il ne pourra te servir : il faudra donc que tu penses à quelque autre. Fais-nous savoir si Giovanni dit Vernone te déplairait.

Nous entendons que les cinq cents pionniers que tu demandes pour les travaux du siége et les cinq cents autres destinés à ceux du camp soient tirés de Cascina, de Lari et des montagnes voisines et autres lieux d'alentour. Notre intention est de les payer de notre argent et de solder chaque soir leur salaire : nous allons donner des ordres en conséquence. De ton côté, tu prescriras aux recteurs ce qu'ils auront à faire pour trouver le nombre d'hommes suffisant pour ces travaux.

On a à peu près déjà désigné les jeunes gens destinés au service des pionniers et ceux que tu as demandés pour ton compte, et l'on est sur le point de te les envoyer ; tu nous feras savoir si, parmi les derniers, il y en a qui te conviennent plus les uns que les autres. C'est tout ce que nous avons à te dire sur cet article.

Comme nous avons à payer, pour le mois de septembre, les équipages des flûtes et des brigantins, nous voudrions que tu fisses passer au commissaire de Livourne, Zanobi Ridolfi, quatre cent cinquante ducats d'or que tu prendras sur l'argent que tu as entre les mains, et tu lui feras connaître que cette somme est destinée à la paye desdits équipages. Fais en sorte que cet envoi lui parvienne le 28 du courant.

XVII.

MISSION

DANS DIVERSES PARTIES DU DOMAINE DE L'ÉTAT [1]

LETTRE PREMIÈRE.

LA MAGISTRATURE DES DIX A NICOLAS MACCHIAVELLI, SECRÉTAIRE, etc., dans le Mugello.

Florence, le 3 janvier 1505 (1506).

Nous avons reçu la lettre en date d'hier que tu nous as fait parvenir par un exprès; nous avons payé le salaire de ton messager.

Nous sommes très-satisfaits de tout ce que tu as fait jusqu'à ce moment, et nous t'en adressons nos félicitations. Nous t'exhortons à persévérer jusqu'à la fin dans ton entreprise avec le même zèle que tu y as déployé jusqu'à cette heure, afin que nous puissions de nouveau t'en féliciter

LETTRE II.

MAGNIFIQUES SEIGNEURS,

Pour que vos seigneuries connaissent où j'en suis de leur affaire, et ne s'étonnent pas de ne point avoir reçu de mes nouvelles, elles sauront que je suis arrivé à Ponte-à-Sieve il y a eu hier au soir huit jours. Comme cette podesterie est vaste et disséminée et qu'elle manque de messagers, je n'ai pu terminer l'inscription des hommes que dimanche dernier. Le lundi suivant, je me suis transporté à Dicomano où, pour mettre le temps à profit, j'avais donné ordre aux hommes de cette podesterie de se réunir; mais cette précaution ne m'a servi à rien, car je n'y ai trouvé que ceux de la commune de Dicomano; il n'en était venu aucun de celle de San-Gaudenzio. Je m'y suis rendu en conséquence le mardi, et grâces à Dieu la majeure partie des hommes de cet arrondissement se sont trouvés présents. En conséquence, j'ai pu inscrire dans ces deux communes, c'est-à-dire dans toute la podesterie de

[1] D'après les conseils de Macchiavelli, la seigneurie de Florence résolut d'enrôler ses propres sujets pour avoir toujours des troupes à sa disposition suivant les circonstances. On commença donc à mettre en pratique le conseil du secrétaire en inscrivant dans toute l'étendue de la république les hommes propres à porter les armes; et ce fut Macchiavelli lui-même que l'on chargea en grande partie de cette opération Sa mission dura depuis le mois de décembre 1505 jusqu'en mars de l'année suivante. Dans chacune de ses tournées il était porteur de lettres de créance écrites par les Dix aux gouverneurs respectifs de chacun des lieux où il se rendait : elles étaient ainsi conçues :

« Au Vicaire du Mugello MARIOTTO DI PIERO RUCCELLAI.

« Le 13 janvier.

« Tu sais pour quels motifs nous avons envoyé ces jours « derniers N. Macchiavelli à Borgo à San-Lorenzo, et « pourquoi il revient aujourd'hui à Borgo pour terminer « son opération. S'il a besoin d'aide tu lui enverras deux « de tes cavaliers, auxquels tu prescriras de se rendre « auprès de lui jeudi matin sans faute et de manière à « être arrivés avant le lever du soleil. Macchiavelli se « trouvera à cette époque, soit au château de Borgo, « soit dans la maison d'Antoine del Robatta, qui est tout « proche du château. Fais en sorte que nos ordres reçoi- « vent leur exécution. »

« Aux PODESTA de Dicomano et de Ponte-à-Sieve.

« Le 28 janvier 1505 (1506).

« Le porteur de la présente sera N. Macchiavelli, notre « secrétaire, que nous envoyons sur les lieux pour mettre « à exécution une opération que nous lui avons confiée. « Nous voulons que, dans toutes les demandes qu'il « t'adressera, tu lui portes le même appui et la même « faveur que si c'était nous qui les réclamassions. »

Il paraît que la dernière tournée à laquelle cette mesure donna lieu fut dans le Casentino, du moins si l'on en juge par les pièces suivantes :

« Le 23 février 1505 (1506).

« Nous Dix, etc., faisons savoir à quiconque verra les « présentes, dont est porteur N. Macchiavelli, citoyen de « Florence et notre secrétaire, que nous l'avons envoyé « dans la vallée de Casentino et dépendances pour inscrire « et armer sous les drapeaux de notre ordonnance, et « selon son bon plaisir, tous les hommes qu'il jugera « propres au service militaire. En conséquence nous « ordonnons à tous nos recteurs et officiers de lui prêter « appui et à tous nos sujets de lui obéir, s'ils font quelque « cas de notre bienveillance, et s'ils redoutent notre « indignation. »

« A LAURENT CECCHI CAPPONI, Vicaire de Casentino.

« Le 26 février 1505 (1506).

« Nous envoyons sur les lieux N. Macchiavelli, notre « secrétaire, pour procéder à l'inscription des hommes, « ainsi qu'il le fera connaître plus particulièrement. Nous « t'ordonnons de lui prêter appui et faveur et de faire en « sorte que nos sujets lui obéissent en tout point. »

Dicomano, deux cents hommes, que je compte réduire en dernier résultat à cent cinquante. Deux causes ont contribué à rendre cette opération extrêmement difficile : la première est l'insubordination ancienne et invétérée de la population ; la seconde, l'inimitié qui existe entre les habitants de Petrognano et ceux de Campana, entre lesquels est située la montagne. Aucun des habitants de Petrognano et de Castagneto, qui sont également animés contre ceux de Campana, n'a voulu se faire inscrire ; mais il en a paru devant moi une quarantaine, ayant à leur tête le fils d'Andreasso, leur chef. Après avoir longtemps délibéré entre eux, ce fils d'Andreasso m'a dit qu'ils étaient déterminés à ne se rendre nulle part où leurs chefs ne pourraient point aller, mais que, s'ils étaient sûrs de les avoir pour commandants, chacun s'empresserait à l'envi d'obéir à vos ordres. Ces différents chefs, ainsi que le fils d'Andreasso, ont une ordonnance de leur commandant, et ils croient que le meilleur moyen de se faire rappeler est de se faire désirer. J'ai cru convenable de leur répondre que vos seigneuries, bien loin de vouloir contraindre personne à s'enrôler sous leurs drapeaux, voulaient plutôt qu'on les en priât, attendu les avantages que devaient en retirer ceux qui seraient inscrits. Ils se sont éloignés alors sans prendre aucune détermination. Je n'en suis pas fâché, car du moins cette compagnie sera, comme on dit, tout d'une couleur, tandis qu'elle eût été divisée, si ces gens-là y avaient été inscrits. Je suis revenu hier ici, et je m'occupe à faire les dispositions nécessaires pour passer dimanche prochain la revue de cette commune. Quoique j'y aie inscrit trois cent trente hommes, je compte les réduire à deux cents et peut-être à moins. Dimanche, aussitôt après que j'aurai terminé ici, je me rendrai à Dicomano : j'espère tout terminer là dans trois ou quatre jours ; et alors je m'en retournerai. Il est impossible de donner des armes en même temps à ces deux communes, à cause de la distance qui les sépare. Je n'ai pu agir plus promptement : si quelqu'un en doute, il n'a qu'à en faire l'essai, et il verra ce que c'est que d'avoir à réunir des paysans de cette espèce. Je me recommande à vos seigneuries.

NICOLAS MACCHIAVELLI.

Ponte-à-Sieve, le 5 février 1505 (1506)

LETTRE III.

A NICOLAS MACCHIAVELLI

6 février 1505 (1506)

Ta lettre d'hier nous a fait connaître tout ce que tu as exécuté relativement à l'inscription de ces deux podesteries. Nous sommes satisfaits de ton zèle et de ta diligence, sachant très-bien que tu n'as point perdu un moment, et que l'opération nécessaire pour rassembler tous ces hommes est plus difficile qu'elle ne paraissait d'abord. Mais on fait toujours vite quand on fait bien, et nous supposons que c'est ainsi que tu en agis. Nous n'avons d'autre recommandation à te faire là-dessus, que de continuer comme tu as commencé.

LETTRE IV.

MAGNIFIQUES SEIGNEURS,

Je suis arrivé à Poppi samedi soir, et j'ai été occupé dimanche, pendant toute la journée, à inscrire les hommes de cette podesterie ; hier ceux de Pratovecchio ; aujourd'hui ceux de Castel-San-Niccolo ; demain j'inscrirai ceux de Bibbiena, et c'est par là que je terminerai l'inscription de ce vicariat. Je mettrai sous le même connétable San-Niccolo et Poppi, et sous un autre Bibbiena et Pratovecchio. Ces quatre podesteries fourniront environ sept cents hommes de choix. Il me sera impossible d'aller outre si les connétables n'arrivent point, et si l'on ne m'envoie pas les armes. J'écris à Francesco Quaratesi pour lui faire connaître celles que je désire, et je prie vos seigneuries de vouloir bien hâter le départ des connétables. Pendant le temps que le tout mettra à arriver, j'inscrirai la podesterie de Chiusi et celle de Castel-Focagnano, et toutes deux pourront être armées et exercées sous un même chef. Toutefois vos seigneuries examineront s'il est à propos d'armer ces deux podesteries : si tel était leur avis, elles voudront bien m'en informer. Il sera nécessaire d'avoir un autre connétable, et je pense, sauf leur meilleur avis, qu'on peut choisir ou Dietaiuti da Prato ou Martinuzzo Corso. Je prie vos seigneuries de m'écrire sur cela, et d'ordonner à Francesco da m'envoyer les armes que je lui demande. Je me recommande à vous.

NICOLAS MACCHIAVELLI.

Poppi, le 3 mars 1505 (1506).

LETTRE V.

A NICOLAS MACCHIAVELLI.

Le 5 mars 1505 (1506).

Ta lettre du 3 ne nous est parvenue qu'hier soir, et nous avons employé tout aujourd'hui à faire l'envoi des lances, qui arriveront demain à l'endroit que tu as indiqué. Hier matin, avant l'heure du déjeuner, Molgante et le desservant de Citerna sont partis, et ils ont dû arriver aujourd'hui.

Nous voyons que tu as mis de la diligence à armer et à inscrire les deux podesteries de Chiusi et de Castel-Focognano. Nous approuvons hautement ta proposition et nous t'engageons à la mettre à exécution. Demain matin on prendra une résolution sur les deux connétables que tu demandes et nous les ferons partir sur-le-champ, quoique nous ignorions s'ils se trouvent ici.

On a encore envoyé aujourd'hui des armes et des bannières à Giovanni Folchi. On n'a pu parvenir à découvrir Piero di Anghiari, quoiqu'on l'ait fait chercher à sa campagne, chez lui et en beaucoup d'autres endroits. C'est pour cela que Filippo da Casavecchio se trouve encore ici : il n'a pas voulu en partir sans avoir la certitude que le connétable le suivrait immédiatement. Néanmoins nous ne négligeons rien, et nous usons de toute notre diligence.

LETTRE VI.

MAGNIFIQUES SEIGNEURS,

J'ai écrit le 3 à vos seigneuries, pour leur rendre compte qu'outre les quatres podesteries de ce vicariat j'inscrirais aujourd'hui Castel-Focognano et demain Chiusi, et que j'attendrais votre réponse pour savoir si votre intention est d'armer ces deux communes. Je vous ai priés, si tel était votre dessein, de m'envoyer un connétable de plus, outre les deux déjà désignés. Je me suis donc rendu aujourd'hui à Castel-Focognano ; mais j'ai changé de pensée parce que cette podesterie contient deux arrondissements, celui de Castel-Focognano et celui de Subbiano, tellement peuplés et étendus que j'en tirerai cent cinquante hommes. J'ai en conséquence le projet de réunir Castel-Focognano avec Poppi et Castel-San-Niccolò, et Subbiano avec Bibbiena et Pratovecchio : de cette manière les deux connétables me suffiront et il sera inutile de m'en envoyer un troisième. Mais je prie vos seigneuries de vouloir bien presser le Quaratesi de m'envoyer les armes que je lui demande, car il m'est impossible de rien faire si elles ne viennent pas et je perds mon temps inutilement. Je laisserai pour le moment Chiusi en arrière : on pourra réunir cette podesterie avec quelques autres communes du vicariat d'Anghiari, ou en former une compagnie à elle seule, car elle est vaste; mais il faut laisser passer les neiges avant d'entreprendre cette opération. Je me recommande à vos seigneuries.

NICOLAS MACCHIAVELLI.

Poppi, le 5 mars 1505 (1506).

LETTRE VII.

A NICOLAS MACCHIAVELLI, à Poppi.

Le 7 mars 1505 (1506).

Ta lettre du 5 nous est parvenue hier au soir. Comme nous nous reposons entièrement sur toi du succès de l'opération que tu diriges sur les lieux, et de ce que tu jugeras de plus avantageux à cet égard, nous approuverons toujours toutes les mesures que tu auras prises; et, d'après ton avis, nous ne t'enverrons point pour le moment un autre connétable.

On n'a jamais pu retrouver ni Piero d'Anghiari ni Martinetto Corso : toutefois, comme il nous semblait que cette recherche faisait différer trop longtemps l'organisation des levées de Firenzicola, nous avons confié ce matin cette opération à Giovanni del Mare, et demain au plus tard, dans la matinée, il partira avec Filippo pour cet endroit.

A l'arrivée de cette lettre tu auras dû recevoir les armes que tu as demandées, car le fournisseur nous a dit les avoir toutes envoyées avant-hier à l'endroit que tu avais indiqué, c'est-à-dire à Castel-San-Niccolo.

XVIII.

SECONDE LÉGATION

A LA COUR DE ROME.

INSTRUCTIONS

Données à Nicolas Macchiavelli, envoyé à Rome, en date du 25 août 1506.

Nicolas [1], tu te rendras en poste auprès de notre saint-père le pape, soit à Rome, soit en tout autre endroit où tu apprendrais qu'il se trouve, pour répondre aux demandes que le protonotaire Merino nous a présentées de sa part relativement à l'entreprise contre Bologne, et au désir qu'a Sa Sainteté que nous mettions à sa disposition le seigneur Marcantonio Colonna, notre condottiere. Voici quelle est à cet égard notre résolution et le sens dans lequel tu dois répondre. D'abord, si le temps et le lieu le permettent, tu féliciteras le souverain pontife sur sa bonne et sainte entreprise, et tu lui exposeras combien elle nous est agréable et combien d'avantages nous en espérons; ensuite, si tu le juges convenable, tu excuseras par les raisons que tu connais les délais de quelques jours que nous avons mis à lui répondre; en dernier lieu, quant à la demande que nous fait Sa Sainteté de notre condottiere et de sa compagnie, tu lui diras que cette demande était tellement nouvelle et inattendue qu'elle nous a tenus quelque temps en balance, attendu qu'ayant licencié depuis le mois de mars jusqu'à cette époque nos autres condottieri et environ deux cents hommes d'armes, pour n'en conserver à peine que ce qui nous est nécessaire, et qu'ayant à tenir la campagne pendant deux mois encore, nous ne voyons pas comment nous pourrions nous priver de ces troupes sans exposer notre sûreté. Nous parlons ainsi parce que si nous avions connu plus tôt son désir, ou nous ne les aurions pas licenciés, ou nous en aurions engagé d'autres, afin de servir Sa Sainteté, quoique cela nous eût occasionné une dépense onéreuse que nous n'aurions pu supporter.

Toutefois il n'est pas dit pour cela que nous refusions de l'aider et de mettre la main à une aussi sainte entreprise; nous avons même résolu de faire tout ce qui dépendrait de nous pour complaire à Sa Sainteté, soit pour lui être personnellement agréables, soit par l'espoir des nombreux avantages que nous devons trouver dans cette opération. Fermes dans la résolution de lui céder les troupes qu'elle nous demande, nous désirons, et nous en supplions Sa Sainteté, qu'elle veuille bien permettre que, jusqu'au moment de l'exécution et jusqu'à ce qu'elle ait pris toutes les autres mesures dont le protonotaire nous a exposé le tableau, nous nous servions de ces troupes, attendu que le seigneur Marc-Antonio est en ce moment le principal chef que nous ayons, et que s'il s'éloignait des frontières de Pise, ce pays et les troupes qui doivent y demeurer se trouveraient sans savoir que faire et sans une garde suffisante. Tandis que l'on fera les autres préparatifs l'hiver s'approchera, et nous aurons le temps de renforcer cette garde; et en effet tu peux assurer à Sa Sainteté qu'aussitôt que son entreprise sera

[1] Le pape Jules II, ayant formé le projet de chasser les Baglioni de Pérouse et les Bentivogli de Bologne et de réunir ces deux villes au domaine de l'Église, demanda à être aidé dans cette entreprise par le roi de France, qui à cette époque occupait encore la Lombardie par les Vénitiens et par les autres États secondaires de l'Italie. Il avait spécialement demandé aux Florentins de mettre à sa disposition Marcantonio Colonna, qui était à leur service. Les instructions données à cet effet à Macchiavelli et sa correspondance font connaître assez clairement quelles étaient les intentions de son gouvernement, sans qu'il soit besoin d'entrer ici dans d'autres détails. Macchiavelli suivit le pape jusqu'à l'arrivée de Francesco Pepi, ambassadeur de Florence près de Sa Sainteté, qui vint le remplacer au moment où le pape, après avoir traversé une partie du territoire de Florence pour éviter de passer par Faënza, était parvenu à Imola. On peut voir l'issue de cette guerre dans le *Journal* de Bonaccorsi, pages 122 et suivantes, dans *Guicciardini*, lib. VII.

commencée, que ses forces et celles de ses alliés seront réunies et entrées en campagne et que tous les autres secours sur lesquels le protonotaire nous a dit qu'elle comptait seront réalisés, nos troupes ne seront pas les dernières à arriver, d'autant plus qu'elles sont voisines. Tu ajouteras que nous t'avons envoyé auprès de Sa Sainteté pour l'accompagner durant toute sa route et jusqu'à ce que notre ambassadeur puisse venir la rejoindre, ce qui ne peut tarder, afin qu'elle ait auprès d'elle quelqu'un qui, suivant ses ordres, puisse nous faire connaître à quelle époque et de quel côté elle veut que nous envoyions nos troupes, ainsi que les autres mesures qu'il y aurait à prendre. Quant à toi, pendant tout le temps que tu suivras la cour tu nous tiendras avec soin au courant de tous les événements qui te paraîtront mériter d'être connus.

CORRESPONDANCE.

LETTRE PREMIÈRE.

MAGNIFIQUES SEIGNEURS,

J'arrivai hier à Nepi, où le pape s'était rendu le même jour avec toute sa cour. Il avait quitté Rome la veille, et je n'ai pu parler hier au soir à Sa Sainteté, parce qu'elle ne s'occupait plus d'affaires. Je me suis présenté aujourd'hui devant elle à l'issue de son dîner et avant qu'elle se levât de table. Elle m'a donné audience en présence des cardinaux de Volterra et de Pavie [1] et de Gabriello qui était dernièrement à Florence; et pour que vos seigneuries puissent voir en même temps et ce que j'ai dit et ce qu'on m'a répondu dans cette importante affaire, je leur répéterai mot à mot mes propres paroles et celles de Sa Sainteté.

« Très-Saint Père, Votre Sainteté sait combien « mes hauts seigneurs ont toujours été dévoués « au saint-siége, et comment ils n'ont jamais « redouté ni refusé de se jeter dans les plus « grands périls pour soutenir sa gloire ou ajou- « ter à sa dignité. Cet antique dévouement reçoit « une nouvelle force de la personne de Votre « Sainteté, parce qu'ils ont reconnu en elle, « même avant qu'elle parvînt au rang élevé « qu'elle occupe, le protecteur et le père de notre « république. Il convient donc qu'ils désirent « tout ce qui peut contribuer à l'accroissement « de sa puissance et de sa dignité; car cet agran- « dissement ne peut qu'ajouter à l'espoir qu'ils « obtiendront de Votre Sainteté tout ce qui est « dans le cas de servir au salut de leur patrie; et « il leur serait impossible de montrer une plus « grande joie de l'entreprise dont elle leur a « donné communication et de l'approuver davan- « tage qu'en l'appelant sainte et digne en tout « des vertus et de la bonté de votre béatitude.

« Il est vrai qu'une foule de circonstances et « de considérations générales et particulières, « mais toutes importantes, les ont fait balancer « un moment et ont mis quelque délai dans leurs « résolutions. En effet ils ont appris que le roi « Ferdinand se rend à Naples, et sa présence « dans ce royaume, si l'on considère ceux qu'elle « pourrait blesser, est dans le cas de donner « naissance à quelques troubles. Ils apprennent « que l'empereur se trouve avec son armée sur « les frontières de Venise, que cette république « a envoyé ses hommes d'armes dans le Frioul « et qu'elle a nommé deux provéditeurs investis « des plus grands pouvoirs. » Je lui ai dit cela parce que quelqu'un digne de foi m'avait assuré hier que ce fait était vrai. « Or, » continuai-je, « l'arrivée de l'empereur, s'il se porte en avant, est « d'une grande importance : elle peut faire naître « le trouble au sein de l'Italie et mérite d'être « prise en considération.

« D'ailleurs mes hauts seigneurs eux-mêmes « sont en guerre avec Pise; et ce fardeau est tou- « jours aussi pesant, s'il ne l'est davantage, car « les Pisans montrent chaque jour une plus « grande audace. D'un autre côté, ils ont licencié « cette année environ deux cents hommes d'ar- « mes et n'ont conservé que ceux qui sont abso- « lument nécessaires à leur défense; ils n'ont « que le seul Marcantonio pour les commander, « et ils ne pourraient sans danger se priver de « ses services. Ils ont appris que les Vénitiens « étaient mécontents de cette entreprise et que « leur ambassadeur à Rome l'avait témoigné. « Une autre considération a frappé les hauts « seigneurs, et je supplie Votre Sainteté de me « le pardonner; mais il leur semble que les af-

[1] C'était Francesco de Castel del Rio, évêque de Pavie, et cardinal. Voyez *Bonaccorsi*, page 160.

«faires de l'Église ne sont pas conduites comme «celles des autres princes : en effet on voit l'un «sortir des villes de l'Église par une porte pour «y rentrer par l'autre : c'est ce qui vient d'ar«river tout récemment aux Morattini dans «Furli, qui ont chassé de cette ville ceux qui la «gouvernaient au nom de Votre Sainteté; enfin «on ne voit aucun mouvement du côté de la «France, ce qui semble démentir tout ce que «Votre Sainteté s'en promet, même publi«quement. Néanmoins malgré ces considéra«tions dont elle doit sentir toute l'importance, «les magnifiques seigneurs ne s'écarteront en «rien de la route qu'ils ont suivie jusqu'à ce mo«ment et ne refuseront jamais leur concours «dans une aussi sainte entreprise : ils sont déci«dés à faire tout ce qui peut être agréable à «Votre Sainteté aussitôt qu'ils verront se réaliser «tous les secours dont elle leur a donné connais«sance par son envoyé. Et comme je ne crois «pouvoir mieux faire connaître les intentions de «mes magnifiques seigneurs et mieux exposer «à nu la vérité qu'en lisant à Votre Sainteté les «instructions que j'en ai reçues, je la prie d'en «entendre la lecture.» Après ce discours j'ai tiré les instructions de mon sein et je les lui ai lues *de verbo ad verbum.*

Sa Sainteté a écouté mon discours ainsi que la lecture de mes instructions avec attention et d'un air satisfait, et après quelques paroles obligeantes elle m'a répondu : «Je vois par ce «que tu viens de m'exposer que tes seigneurs «ont trois motifs de crainte : 1° que les secours «de la France ne se réalisent pas; 2° que je ne «mette de la froideur dans ma conduite; 3° que «je ne m'accorde avec messer Bentivogli et que «je ne le laisse tranquille dans Bologne, ou si je «parviens à l'en chasser, que je ne l'y laisse re«venir bientôt. Quant au premier point, je ne «saurais te donner d'autre preuve de la bonne «volonté du roi qu'une lettre de sa propre main : «sa signature me suffit et je n'en exige pas «d'autre assurance.» Elle a appelé monseigneur d'Aix, précédemment évêque de Sisteron, et lui a fait exhiber les instructions qu'il avait apportées à son retour de France; elle m'a fait voir la signature du roi, et m'en a lu elle-même deux articles qui avaient rapport à l'entreprise de Bologne : par le premier il encourageait le pape dans son projet sur cette ville, et lui offrait quatre cents et jusqu'à cinq cents lances sous la conduite de monseigneur d'Allègre ou du marquis de Mantoue, ou de tous deux à la fois si cela pouvait lui convenir; par le second il lui disait de n'attacher aucune importance aux traités qui le lient à messer Giovanni Bentivogli, attendu qu'il s'était bien engagé à lui garantir ses propres États, mais non ceux de l'Église; il encourageait en conséquence le pape à agir *vite, vite :* ce sont les propres termes de la lettre; il lui conseillait en même temps de ne point exciter la jalousie des Vénitiens qui sont à Faenza. Elle m'a lu ensuite deux autres lettres du roi : l'une, écrite au mois de mai, lui avait été apportée par l'évêque de Sisteron; l'autre, en date de ce mois et adressée au grand maître à Milan, donnait ordre à ce dernier de tenir à la disposition de Sa Sainteté quatre ou cinq cents lances dans le cas où monseigneur d'Aix lui-même ou toute autre personne chargée des pouvoirs du saint-père les requerrait.

Après la lecture des articles et des lettres, «Je ne sais,» m'a-t-elle dit, «quelle autre «preuve je puis donner de la bonne volonté du «roi : il me semble que cela devrait suffire pour «tranquilliser leurs seigneuries. Elles craignent «que je n'agisse avec froideur; mais me voilà «en route; et puisque je suis décidé à marcher «en personne, on ne peut pas douter que je ne «me comporte avec toute la chaleur possible. «Quant à leur troisième motif de crainte, «que je ne laisse Bentivogli dans Bologne ou «qu'il n'y retourne après en avoir été chassé, «je puis assurer que mon intention n'est nulle«ment de l'y laisser, parce qu'à moins d'être un «imbécile il ne voudra point y demeurer comme «un simple particulier, et je ne veux pas abso«lument qu'il y reste d'une autre manière; et «une fois chassé, mon projet est d'asseoir si «bien les choses que, tant que je vivrai du moins, «il ne pourra y revenir. Quant à ce que pourra «faire par la suite un autre pape, je ne puis ré«pondre de rien.»

Elle a fini par m'assurer qu'elle me verrait la suivre avec plaisir, et m'a dit qu'elle vous remerciait des assurances que vous lui aviez données jusqu'à ce moment : qu'elle était bien sûre que vous les tiendriez jusqu'au bout maintenant que vous étiez instruits des intentions du roi, intentions dont vous aviez paru douter; et qu'au surplus elle me ferait savoir quelque chose sous peu de jours.

Je ne vous rapporterai point ma réponse, pour ne pas vous fatiguer inutilement; mais je puis vous assurer que je ne me suis écarté en aucun point de mes instructions. Toutefois je ne veux pas vous laisser ignorer que dans le cours de notre entretien Sa Sainteté, ayant dit quelques mots à l'oreille des cardinaux de Volterra et de Pavie, s'était tournée ensuite de mon côté et avait ajouté: «J'ai annoncé que je désirais «vivement rendre un grand service à leurs sei-«gneuries, mais ce n'est point encore l'instant «de tenir ma promesse, parce que cela me serait «impossible en ce moment; mais aussitôt que je «le pourrai je promettrai, et je tiendrai sans «faute ma promesse.»

Lorsqu'elle a eu fini de parler je me suis levé des pieds de Sa Sainteté, et je me suis retiré à part avec monseigneur d'Aix, qui se trouvait présent comme je viens de vous l'exposer. Ce prélat m'a dit que toutes les difficultés qu'il avait rencontrées en France pour obtenir le consentement du roi, provenaient de ce que ce prince ne pouvait croire que le pape agît réellement; mais qu'aujourd'hui qu'il allait le voir en mouvement il sentirait redoubler son désir de le servir. Je lui ai répliqué qu'on avait été grandement surpris à Florence de voir arriver il y a quelques jours de Milan un homme envoyé par le grand maître à Giovanni Bentivogli, pour ranimer son courage et lui donner l'assurance que le roi ne l'abandonnerait pas. Il m'a répondu qu'il n'y avait là rien d'étonnant; que le grand maître avait fait cette démarche *motu proprio* pour rendre service à quelqu'un, suivant la mode de France; ou que s'il avait envoyé cet homme du consentement du roi, c'est qu'il avait vu que les affaires de Rome ne marchaient pas et que l'on ne commençait absolument rien; que pour lui, cette démarche l'étonnait d'autant moins que, se trouvant à la cour en présence du roi, même après la sign[illegible]re des articles du traité avec le pape, ce prince avait dit à haute voix devant lui à un Bolonais de rester tranquille et de ne rien craindre, attendu que le saint-père ne lui demandait son appui que pour réduire Pérouse, et que s'il le réclamait pour toute autre entreprise il n'en obtiendrait rien.

Vers la vingt-deuxième heure, comme je me trouvais à la suite du pape, qui visitait cette forteresse que l'on regarde comme une chose rare, Sa Sainteté m'ayant aperçu, m'a fait approcher d'elle, et m'a réitéré les mêmes assurances qu'elle m'avait données le matin en réponse à mon discours; elle m'a dit qu'elle croyait avoir résolu et dissipé toutes les objections qui auraient pu tenir vos seigneuries en balance: elle m'a répété alors *de verbo ad verbum* tout ce qu'elle m'avait dit dans la matinée; et je lui ai répondu, en m'en tenant à la lettre de mes instructions, que vos troupes ne seraient pas les dernières à se mettre en mouvement. Elle a ajouté alors qu'elle avait à son service trois espèces de troupes: les siennes, celles de France et les vôtres; que de son côté elle avait quatre cents hommes d'armes bien payés, qu'elle devait envoyer en avant; qu'elle attendait de plus cent stradiots qui lui arrivaient du royaume de Naples, et auxquels elle avait envoyé de l'argent; qu'elle aurait les troupes de Jean-Paul, sous le commandement de ce seigneur ou de tout autre, suivant que cela lui conviendrait; et qu'elle avait sa bourse pleine d'infanterie; de sorte que lorsqu'elle aurait rassemblé toutes ses troupes, les vôtres pourraient se mettre en mouvement, si elles ne voulaient pas arriver les dernières; que je pouvais écrire à vos seigneuries ce qu'elle venait de me dire, et qu'elle me tiendrait au courant de tout ce qui arriverait de nouveau. Elle m'a dit de plus qu'elle n'attendait ni ne voulait le secours des Vénitiens, dont le seul but était de devenir les chefs de l'entreprise en lui offrant leur appui, et qu'elle avait refusé, pour ne pas leur concéder les possessions de l'Église, dont ils se sont emparés à son grand détriment et à votre préjudice; que, quand il n'y aurait que sa résistance à consentir à cette cession, ce motif seul devrait engager vos seigneuries à s'empresser d'agir de concert avec elle, sans se laisser déterminer par aucune considération, d'autant plus que vous deviez sentir qu'elle ne s'en tiendrait pas là si ses premiers pas étaient couronnés du succès.

J'ai répondu comme je le devais, mais sans m'écarter jamais des termes généraux. Je ne puis vous apprendre, pour un premier jour, que ce que j'ai entendu dire à Sa Sainteté elle-même. Je présume, d'après sa dernière conversation, qu'il ne se passera pas beaucoup de temps sans qu'elle vous presse de mettre vos troupes en campagne, même quand celles du roi n'y seraient point encore. Ce n'est qu'à la dernière extrémité qu'elle se servira de ces dernières, car c'est une véritable charge pour elle, et elle craint, par leur présence, de s'aliéner un pays dont la bienveillance lui paraît assurée.

Ramazotto, l'un de ses capitaines, se trouve dans cette ville : il promet à Sa Sainteté de faire déclarer en sa faveur les deux tiers des habitants de la montagne, et le pape le comble de caresses.

Sa Sainteté a sans cesse à sa suite six ou sept des cardinaux dont la présence lui plaît davantage, soit pour le conseil, soit pour tout autre motif; les autres sont dispersés dans les villes du voisinage, mais tous doivent être présents à son entrée dans Viterbe.

D'après ce qu'on dit, voici son itinéraire : il sera ici demain; dimanche il se rendra à Viterbe, où il doit demeurer trois jours; de là il ira au Piegaio, puis à Pérouse. Il pourra rester dans cette dernière ville plus ou moins de temps. On ne connaît pas bien ses intentions sur les moyens d'en rétablir le gouvernement, ni sur la conduite qu'il veut tenir à l'égard de Jean-Paul. On dit que ce seigneur viendra à la rencontre du pape peut-être, même avant son départ de Viterbe. Sa Sainteté se rendra ensuite de Pérouse à Urbin, où elle veut prendre à sa solde quatre mille hommes d'infanterie. Des personnes bien au courant des affaires on dit qu'avant son arrivée à Césène, le duc de Ferrare et le marquis de Mantoue viendront au-devant d'elle. Il ne me reste plus actuellement qu'à me recommander à vos seigneuries.

NICOLAS MACCHIAVELLI.

Civita-Castellana, le 28 août 1506.

P. S. J'avais oublié d'informer vos seigneuries que le pape lui-même avait dit en plein consistoire que Ferdinand, roi de Naples et d'Aragon, avait donné l'ordre, il y a quelque temps, à son ambassadeur à Rome de ne point quitter cette ville, parce qu'il voulait qu'il vînt le trouver lorsqu'il serait dans un des ports du voisinage; que depuis il lui avait écrit de suivre la cour de Sa Sainteté; qu'il s'y était en effet rendu; qu'il était chargé par son roi de se rendre à Bologne, si cela convenait au pape, et de faire savoir à messer Giovanni et au gouvernement que, s'ils ne cédaient point à l'Église, ils eussent à le regarder comme leur ennemi le plus ardent, et que son intention était de venir en personne pour les faire rentrer dans le devoir; que si, au contraire, ils s'arrangeaient avec le pape, il voulait être le médiateur et le garant du traité, promettant que ni la personne de messer Giovanni, ni celle de ses enfants, ni leurs biens patrimoniaux ne souffriraient aucune atteinte.

LETTRE II.

MAGNIFIQUES SEIGNEURS,

J'ai écrit le 28 à vos seigneuries de Civita-Castellana; vous trouverez cette lettre ci-jointe. Je ne vous l'ai point envoyée plus tôt pour ne pas la faire partir au hasard, car comme c'est une lettre de quelque importance, et qu'elle n'est point écrite en chiffres attendu que je n'en ai point emporté avec moi, j'ai été obligé, afin qu'elle vous parvînt, d'en charger ce soir un exprès qui se met en route à la deuxième heure de nuit, et qui m'a promis d'être demain à Florence à la vingt-quatrième heure. Je lui ai donné pour son message quatre-vingts carlins, dont je prie vos seigneuries de rembourser le chancelier Biagio.

Le pape a fait aujourd'hui son entrée dans Viterbe pontificalement, et il continuera de la même manière.

On a reçu de Naples la nouvelle que les habitants du royaume se préparent à recevoir le roi avec les plus grands honneurs, et que Gonzalve se dispose à aller au-devant de lui pour lui rendre ses hommages.

On apprend que les Vénitiens lèvent en Romagne un corps de mille hommes de pied : les uns le disent destiné pour le Frioul, et les autres pour contenir Faënza, dans la crainte qu'au passage du pape cette ville ne fasse quelque extravagance. Je me recommande à vos seigneuries.

NICOLAS MACCHIAVELLI.

Viterbe, le 30 août 1506.

LETTRE III

MAGNIFIQUES SEIGNEURS,

J'écrivis hier à vos seigneuries; et à ma lettre du 28, que j'envoyais par estafette, j'en joignis une autre par laquelle je vous rendais compte fort en détail de tout l'entretien que j'avais eu avec le pape immédiatement après mon arrivée.

Depuis ce moment Sa Sainteté ne m'a rien fait savoir de nouveau, et de mon côté je n'ai fait aucune démarche pour la voir: aussi n'ai-je à vous apprendre en ce moment autre chose sinon que l'ambassadeur de Venise a excusé auprès de Sa Sainteté la levée d'infanterie que la république fait en Romagne, en disant qu'elle avait l'habitude de se mettre en armes toutes les fois que ses voisins eux-mêmes s'armaient.

La nouvelle de l'arrivée de l'empereur sur les frontières du Frioul, dont j'ai rendu compte à vos seigneuries, a été mise en avant par les Vénitiens qui sont ici, et l'on a reçu des lettres de Ferrare qui prouvent que c'est un conte. On croit que, si elle est fausse, l'ambassadeur aura eu pour la répandre l'ordre du sénat, qui veut inquiéter le pape, et qui par des bruits de cette espèce, semés dès les premiers pas de son entreprise, espère refroidir son ardeur.

Il est arrivé ici en poste aujourd'hui un envoyé du marquis de Mantoue: on n'a pas encore parfaitement pénétré le but de sa mission; on dit seulement qu'il est venu pour prier le pape de vouloir bien l'excuser s'il ne peut venir le trouver ainsi qu'il le lui avait promis. Si cela est vrai quelques personnes en concluent que le roi de France se dédit: d'autres sont persuadées qu'il ne faut s'en prendre qu'à la légèreté naturelle et à l'inconstance du marquis. Si j'apprends quelque chose de plus satisfaisant, je ne manquerai pas de vous l'écrire.

J'ai été faire visite à monseigneur de Gimel, ambassadeur du roi de France à cette cour; et, en ma qualité de serviteur de vos seigneuries, je lui ai fait tous les compliments qui me sont venus à l'esprit. Il y a répondu d'une manière extrêmement convenable; et dans le cours de notre entretien il m'a assuré que le roi avait offert au pape monseigneur d'Allègre avec cinq cents lances toutes les fois qu'il le désirerait, et qu'elles seraient toujours à sa disposition.

Quant à la vigueur avec laquelle on presse cette entreprise, je ne puis que vous répéter ce que je vous en ai écrit, c'est-à-dire que le pape s'est mis lui-même en campagne, et qu'il va en avant en faisant les séjours marqués et en suivant la route dont je vous ai déjà informés. Il ne solde pas encore d'infanterie, et son dessein n'est pas d'avoir d'autres troupes que celles dont j'ai parlé à vos seigneuries. Ses quatre cents lances, y compris deux arbalétriers par lance, sont sous les ordres du duc d'Urbin et commandées par Giovanni da Gonzaga; le préfet en a deux cents avec lui; messer Ambrogio de Landriano en a cent. Ces dernières sont toujours réunies sur les frontières de Pérouse. Giovanni Sassatello commande les soixante-quinze qui sont en Romagne; mais il a reçu l'ordre de venir au-devant du pape. Il y a ici une garde de cinquante arbalétriers à cheval qui forment vingt-cinq lances et complètent le nombre de quatre cents. Telles sont les forces effectives et propres du pape: il a ensuite les troupes de Jean-Paul et il attend les stradiots qu'il tire du royaume de Naples. On n'entend parler d'aucun autre préparatif pour cette entreprise, ni en infanterie ni en rien de ce qui y est relatif. On dit que c'est seulement à Urbin qu'il fera faire des enrôlements, ainsi que je vous l'ai écrit, et qu'il arrêtera ses dernières dispositions.

Nous avons ici des proscrits de Furli qui paraissent très-mécontents: il leur semble qu'on les renvoie d'Hérode à Pilate et ils ne voient aucun résultat; toutefois ils ont quelque espoir dans le voyage du pape. Je me recommande à vos seigneuries.

NICOLAS MACCHIAVELLI.

Viterbe, le 31 août 1506.

LETTRE IV.

MAGNIFIQUES SEIGNEURS,

Par les lettres ci-jointes vos seigneuries seront au courant de tout ce qui s'est passé jusqu'à hier; *et intercætera,* je vous ai informés que le marquis de Mantoue avait fait savoir au pape par son envoyé qu'il lui était impossible de venir à sa rencontre, attendu que les ordres du roi lui avaient défendu de s'éloigner, etc.: ce bruit s'est depuis confirmé, et l'on sait de plus que le marquis a envoyé quelqu'un à Milan pour solliciter la permission de Chaumont, avec ordre, s'il ne peut l'obtenir, d'aller la demander en France. Quoiqu'on attribue toute cette conduite à la légèreté naturelle du marquis, le pape n'en a pas été moins mécontent, et il a senti qu'il ne devait pas s'aventurer dans une pareille entreprise sans avoir pris des mesures plus solides et mieux combinées qu'il ne l'avait fait jusqu'alors. En conséquence il a envoyé messer Antonio de Montibus, auditeur de la chambre, à Bologne, pour signifier à la régence de cette ville que le pape voulait se rendre dans ses murs, et qu'elle eût à donner les ordres nécessaires pour le recevoir; qu'elle disposât en outre dans toute l'étendue du Bolonais des logements pour cinq cents lances françaises. Il a en outre prescrit à messer Antonio de se rendre ensuite à Milan pour réclamer ces troupes; et son intention est de ne pas dépasser Pérouse, ou tout au plus Urbin, avant d'avoir appris qu'elles se sont mises en marche. En conséquence il pourrait bien rester ici quelques jours de plus qu'il n'en avait l'intention, et ne partira pas demain comme c'était son premier projet. Ce qui lui fait abandonner sa résolution primitive de ne se servir de troupes qu'à la dernière extrémité, c'est la conduite du marquis et l'espoir que le mouvement des Français fera reculer les Vénitiens, qui font de nouvelles levées et qui voudraient en l'épouvantant, se mettre de moitié avec lui dans cette entreprise, l'engager à abandonner la France, et obtenir de lui par ce moyen la cession de Faënza et de Rimini. D'un autre côté il veut s'assurer l'appui des Français en leur faisant tremper les doigts dans l'encre: voilà pourquoi il a résolu depuis hier de se jeter dans cette route. Il tâche bien, avec toute l'adresse dont il est capable, de rassurer les Vénitiens; mais cela ne suffit pas à ces derniers, qui ne voudraient pas être inquiétés: voilà pourquoi ils s'efforcent sans cesse de lui barrer le chemin et d'opposer chaque jour de nouveaux obstacles à son entreprise. J'attendrai le résultat de toutes ces intrigues, et je le férai connaître à vos seigneuries.

Antonio doit traverser le domaine de la république pour se rendre à Bologne. J'ignore s'il passera par Florence ou par un autre endroit; mais je crois devoir vous en avertir respectueusement, dans le cas où vos seigneuries voudraient lui faire parler pour mieux connaître les particularités de sa mission. Je me recommande à elles.

NICOLAS MACCHIAVELLI.

Viterbe, le 1er septembre 1506.

LETTRE V.

MAGNIFIQUES SEIGNEURS,

J'ai écrit à vos seigneuries, et j'ai fait partir ma lettre avec une autre en date d'avant-hier, sous le couvert de monseigneur de Volterra, par un courrier qui allait en France. Je vous informais du projet d'envoyer l'auditeur de la chambre d'abord à Bologne et ensuite à Milan, pour requérir les troupes. Depuis, Sa Sainteté a décidé que l'auditeur entrerait à Bologne, et que monseigneur d'Aix, autrefois évêque de Sisteron, se rendrait à Milan, pour mettre les troupes en mouvement, dans l'espoir que ce prélat y réussirait facilement, comme ayant déjà traité cette affaire avec le roi lui-même. Il fera une extrême diligence et partira demain matin. L'auditeur devait se mettre en route aujourd'hui, mais nous voici arrivés à la nuit, et il n'est point encore parti. Je verrai ce qui se passera demain, et j'en informerai vos seigneuries. Il ne faut pas vous étonner de toutes ces variations, car, au milieu de tant d'intrigues, il y en a déjà eu beaucoup, et il faut s'attendre à un grand nombre encore. Tous ceux qui connaissent le pape disent qu'on ne peut fixer une chose dans un endroit pour l'y trouver le lendemain. Le pape temporisera, ainsi que je vous l'ai écrit, d'ici à Urbin, jusqu'à ce qu'il ait reçu une réponse de Milan; et l'on est dans l'idée qu'il ne commencera à prendre de nouveaux hommes à sa solde et à se jeter dans d'autres dépenses qu'après avoir reçu la réponse qu'il attend, et lorsque les troupes qu'on doit lui fournir seront mises en mouvement. L'envoyé de Giovanni Bentivogli, qui se trouve ici, a repris courage depuis qu'il voit l'entreprise traîner en longueur, et il assure que le roi lui a formellement promis de ne point lui retirer sa protection. De son côté, l'ambassadeur de Venise tâche d'effrayer le pape par l'annonce de l'approche de l'empereur, et de le séduire en lui montrant comme assurée son entreprise sur Bologne, s'il veut céder à la république Faënza et Rimini; mais le pape se moque de ces propositions, et jusqu'à ce moment il a refusé d'y prêter l'oreille. On conjecture toutefois que, si les Français venaient à lui faire faux bond, il pourrait se jeter dans ce parti. Si l'on s'en tenait aux conventions formelles que l'archevêque d'Aix a apportées avec lui on pourrait compter sur la France, mais cette hésitation du marquis de Mantoue a mis le doute dans tous les esprits. On ne dit point autre chose. Je me recommande à vos seigneuries.

NICOLAS MACCHIAVELLI.

Viterbe, le 2 septembre 1506.

P. S. Peut-être que le pape partira demain matin avec toute sa cour pour Montefiascone et Orvieto, c'est-à-dire qu'il ira de sa personne à Montefiascone avec une partie de sa suite, et que le reste de la cour se rendra à Orvieto. Je vous donne cette nouvelle comme un *peut-être* pour moins me tromper.

LETTRE VI.

MAGNIFIQUES SEIGNEURS,

Je vous ai écrit hier une lettre que vous trouverez ci-jointe. C'est aujourd'hui que monseigneur d'Aix part pour Milan. Avant son départ j'ai eu avec lui une entrevue dans laquelle je l'ai prié de me faire connaître si je n'avais rien à dire de sa part à vos seigneuries relativement à son voyage. Il m'a répondu qu'il suffisait que je vous écrivisse qu'il se rendait en poste à Milan pour y requérir, par ordre du pape, les hommes d'armes que le roi s'était engagé, suivant les traités, à mettre à la disposition de Sa Sainteté; qu'il passerait par Florence, et que, s'il avait un moment dont il pût disposer, il rendrait visite à vos seigneuries. Le saint-père, comme je vous l'ai marqué précédemment, ne prendra aucune résolution qu'il n'ait reçu une réponse; jusque-là il s'arrêtera avec sa cour dans les endroits qui lui offriront le plus de commodités.

Hier au soir il est arrivé ici des envoyés de Pérouse: parmi eux se trouve Vincenzo [1], qui a été autrefois à Florence juge de rote et podestà. Je ne lui ai point encore parlé et j'ignore le motif de leur mission. Je soupçonne qu'ils veulent terminer l'affaire de Jean-Paul: on verra dans la suite s'ils auront ou non réussi. Je vous rendrai compte de tout ce qui se passera. Je me recommande à vos seigneuries.

NICOLAS MACCHIAVELLI.

Viterbe, le 3 septembre 1506.

LETTRE VII.

MAGNIFIQUES SEIGNEURS,

Je vous ai écrit le 2 et le 3 ce qui se passait ici, et j'ai chargé de mes lettres monseigneur d'Aix, qui se rendait en diligence à Milan pour l'affaire dont je vous ai parlé. Le pape est parti hier matin de Viterbe et s'est arrêté le même jour à Montefiascone. Il est arrivé aujourd'hui à Orvieto, où il est possible qu'il séjourne jusqu'à ce que les affaires de Pérouse soient décidées; ensuite il attendra, en allant de Pérouse à Urbin, la réponse de monseigneur d'Aix d'après laquelle il doit régler toute son entreprise, aller en avant ou revenir à Rome, à moins qu'il ne cherche ailleurs quelque autre appui, ce qui ne paraît pas probable.

L'arrangement avec Pérouse, ou plutôt avec Jean-Paul et le pape, continue cependant. Les envoyés dont je vous ai parlé, et parmi lesquels se trouve Vincenzo, sont venus jusqu'ici, et avant-hier, à Viterbe, ils ont obtenu une audience du pape. Ils lui firent une harangue dont l'objet était de le féliciter sur la visite qu'il se proposait de leur faire et de l'engager à persister dans le dessein de venir voir Pérouse; ils lui offrirent ensuite leurs personnes et implorèrent sa protection pour la ville et le reste des habitants. On dit que *post multa*, le pape leur avait signifié qu'il voulait qu'on remît entre ses mains les forts que Jean-Paul a en son pouvoir ainsi que les tours des portes de la ville, et que les envoyés les lui avaient librement cédés de la part de la seigneurie de Pérouse. Depuis lors on s'est secrètement occupé à négocier cet arrangement, et l'on dit que c'est dans cette vue que le duc d'Urbin et le légat de Pérouse, qui sont arrivés ce soir, sont venus ici. Nous verrons avant deux jours la tournure que pren-

[1] Dans les archives du *Monte Comune*, parmi les actes du podestà, vol. 345, année 1502, on lit: *Vincentius de Nobilibus, miles et comes de Monte Vibbiano de Perusio.*

dra cette affaire. Il est difficile de prévoir de quelle nature seront les conventions dont on s'occupe, car jusqu'à ce moment le pape a témoigné formellement que son intention était que Jean-Paul se retirât de la ville, ou qu'il y demeurât comme simple particulier et sans hommes d'armes. Il pourrait très-bien se faire cependant qu'il changeât d'avis, en partie par nécessité et en partie par les insinuations des fauteurs de Jean-Paul, qui se trouvent en grand nombre dans cette cour. Voici quelle est la nécessité qui pourrait le déterminer : Jean-Paul se trouve à la tête d'un corps nombreux de cavalerie et d'infanterie, ce qui rend son expulsion pleine de difficultés, et le pape n'a pas de peine à s'en apercevoir; d'un autre côté on persuade à Sa Sainteté qu'il est plus avantageux pour elle de se servir de ce Jean-Paul comme d'un appui dans son entreprise sur Bologne que de chercher à le chasser de chez lui; car si elle n'y réussissait pas, ses autres projets échoueraient de même; au lieu qu'une fois maîtresse de Bologne, les moyens de remettre l'ordre dans Pérouse ne lui manqueront pas; et qu'il vaut mieux se borner à une seule entreprise que de se jeter dans deux à la fois qui pourraient se nuire mutuellement. Ces différents motifs donnent lieu de croire que pour le moment Jean-Paul pourra échapper à sa mauvaise fortune; et pour lui, gagner du temps c'est tout.

Je veillerai avec soin pour discerner la vérité, et je vous informerai de tout ce que j'aurai appris, quoique notre éloignement de la route ne me permette pas de savoir comment je pourrai vous faire parvenir mes lettres. Quant à moi, je n'ai encore reçu aucune des vôtres, et je m'imagine qu'elles seront allées jusqu'à Rome.

On n'a aucune nouvelle de l'empereur; on dit que le roi Ferdinand est attendu à Naples d'heure en heure, et que Gonzalve en montre plus de satisfaction que personne. Je me recommande à vos seigneuries.

NICOLAS MACCHIAVELLI.

Orvieto, le 5 septembre 1506.

LETTRE VIII.

MAGNIFIQUES SEIGNEURS,

C'est aujourd'hui le 6; ma lettre du 5, que vous trouverez ci-jointe, instruira vos seigneuries du point où en sont les affaires et en particulier celle qui concerne Jean-Paul, et des conjectures qu'elle faisait naître. On prétend aujourd'hui que le duc d'Urbin et le légat, qui sont arrivés hier, mènent les choses au point qu'on espérait, c'est-à-dire à sauver Jean-Paul, et qu'ils ont réduit le pape à se contenter de se servir de lui et de ses troupes dans l'expédition qu'il médite contre Bologne; non toutefois qu'il le prenne pour condottiere et qu'il lui accorde une solde : il se borne à lui donner une subvention raisonnable pour lui et pour ses troupes dans cette expédition. Il doit venir ici lui-même rendre ses hommages au pape, et si les conditions dont je viens de vous parler étaient arrêtées il pourrait fort bien arriver au premier moment. On est persuadé que le pape ne changera pas d'avis, car il a auprès de lui des gens qui sont sans cesse à ses trousses, et qui ne lui laisseront pas abandonner un parti où ils trouvent leur intérêt. On dit que Jean-Paul a cent cinquante chevau-légers et cent hommes d'armes dans le meilleur état.

D'après la tournure qu'ont prise les affaires de Jean-Paul on croit que, si elles suivent la marche dont je vous ai parlé, celles de Giovanni Bentivogli pourraient bien prendre le même chemin, et que l'arrangement avec Jean-Paul dans la vue de faciliter l'entreprise contre Bologne pourrait fort bien au contraire rendre plus aisé celui avec Giovanni, et que les fauteurs de Jean-Paul le seront également du premier, car ils ne trouveront point de moins grands avantages; et Giovanni sait fort bien que les condottieri de cette cour ne lui seront pas moins utiles que ceux de Bologne. Bentivogli a offert au pape de lui envoyer quatre de ses fils, et l'on ne doute pas que s'il consent à venir lui-même en personne l'affaire ne s'arrange sur-le-champ, et il ne manquera point ici de gens qui lui offriront de l'appui. Je sais qu'il y a quelque présomption à vouloir juger les événements avant les résultats, surtout lorsqu'il s'agit d'intrigues qui varient à chaque heure : néanmoins je ne croisrai jamais manquer à mon devoir en vous faisant connaître l'opinion des gens sages sur les événements qui se passent ici, afin que dans votre prudence accoutumée, vous puissiez en tirer les conséquences qui vous paraîtront les mieux fondées.

On ne sait rien de nouveau du royaume de Naples.

On a reçu ce matin de Venise des lettres en date du 31 du mois passé, écrites par Lascaris à l'un des prélats de cette cour pour lui donner avis de l'arrivée de quatre ambassadeurs de l'empereur à Venise, où ils sont venus tout armés jusque sur le rivage, demandant au sénat le passage et les vivres pour l'armée de leur maître qui se rend à Rome; il l'informe en outre que l'armée de ce prince se trouve sur leurs frontières, mais que de sa personne il en est encore éloigné d'environ six journées. Vos seigneuries peuvent être mieux informées de la vérité par la voie de Ferrare.

Le pape doit partir d'ici dans la semaine; j'ignore précisément quel jour. Il fera une ou deux haltes d'ici à Pérouse : il s'arrêtera ensuite quelques jours dans cette dernière ville afin d'y attendre la réponse que M. d'Aix doit lui faire de Milan, et Antonio de Montibus de Bologne. Je me recommande à vos seigneuries.

Orvieto, le 6 septembre 1506.

J'oubliais de vous informer que l'ambassadeur bolonais m'a dit ce matin que l'ambassadeur de Venise ne cessait d'offrir au pape, au nom de ses seigneurs, de remettre entre ses mains Bologne et Giovanni et de se charger à eux seuls de toute cette entreprise, pourvu que Sa Sainteté leur cédât Faënza et Rimini. Si cela est vrai on ne comprend pas comment d'un côté ils veulent se charger d'une telle entreprise, tandis que de l'autre l'empereur est sur leurs frontières.

Nicolas Macchiavelli.

P. S. Comme j'ai la possibilité de vous adresser la copie de la lettre de Venise en date du 31 août dernier, je la transcris ici.

COPIE.

« Le roi des Romains sans nul doute est dans « l'intention de passer en Italie : on le voit par « l'activité et la promptitude avec lesquelles il « prend toutes les mesures qui sont en son pou- « voir : déjà son artillerie se dirige vers l'Italie « et une partie de ses troupes est arrivée à « Villach; quelques détachements d'infanterie « se trouvent même plus rapprochés des fron- « tières de cette république. Mais ces forces sont « insuffisantes pour accomplir une entreprise « aussi difficile que celle de la réforme de toute « l'Italie, dont ce prince se vante, car elles ne « s'élèvent pas à neuf mille hommes; et quoi- « qu'elles soient *quodammodò* sur les fron- « tières, *tamen* il dit lui-même qu'il veut que « ce soit l'armée de l'empire qui entre la pre- « mière en Italie, mais sous un autre chef que « lui; et ensuite il y pénétrera avec celle-ci, « qu'il doit commander en personne. On n'entend « pas dire que l'armée de l'empire se soit en- « core mise en mouvement; on ne dit pas même « qu'elle soit entièrement rassemblée, et il ne « peut agir sans elle, ni la faire agir à sa vo- « lonté comme celle qu'il a réunie et mise sur « pied en Hongrie avec tant de promptitude. Il « ne serait pas étonnant que l'on doutât ici de « ce que là-bas on regarde comme certain. Tou- « tefois on ne cesse ici de faire des préparatifs, « et plus considérables même qu'on ne le publie.

« Il y a quatre ou cinq jours que l'on a reçu « par la poste la nouvelle que le roi des Ro- « mains se trouvait à Gratz, ville éloignée des « frontières de la république d'environ deux « cents milles.

« Samedi soir sont arrivés ici trois ambassa- « deurs de ce prince; le quatrième est resté ma- « lade dans le Frioul. Ils ont obtenu audience « aujourd'hui : d'après des bruits qui percent, ils « ont demandé le passage et des vivres pour « leur armée. Dans trois jours, lorsqu'on leur aura « répondu, on saura mieux à quoi s'en tenir. « Ils sont arrivés tout armés, eux et leur suite, « jusque sur le rivage, comme pour faire « dire : Si les ambassadeurs mêmes montrent « tant d'audace, que doit-on penser de leurs « troupes! »

Venise, le 31 août 1506.

LETTRE IX.

MAGNIFIQUES SEIGNEURS,

Les dernières lettres que j'ai adressées à vos seigneuries étaient sous la date du 5 et du 6. Je les ai transmises au capitaine de Cortone par un de mes messagers, avec prière de vous les faire parvenir sur-le-champ par un exprès. J'y entrais dans les plus petits détails; et, comme je présume qu'elles vous sont parvenues sans accident, je ne me répéterai pas. Je n'ai rien à vous dire pour le moment : je n'écris que parce que Pierre del Bene se rendant à Florence, je n'ai pas voulu manquer de lui donner une lettre.

Jean-Paul n'est point encore arrivé, mais on l'attend aujourd'hui sans faute : et ce matin plusieurs des siens sont allés à sa rencontre, car on sait qu'il s'est mis enfin en route pour venir ici. Nous verrons ce qu'enfantera sa venue : je ne négligerai pas d'en informer vos seigneuries.

Les affaires en sont toujours au même point, et les idées que l'on s'en forme sont les mêmes que lorsque je vous ai écrit ma dernière lettre : en conséquence je ne m'étendrai pas davantage sur cet article.

Le pape part demain pour Castel-della-Pieve; de là il se rendra à Pérouse, si quelque nouvel incident ne le fait changer de plan.

En ce moment (vingtième heure) arrive Jean-Paul Baglioni avec une suite d'environ cinquante chevaux.

NICOLAS MACCHIAVELLI.

Orvieto, le 8 septembre 1506.

LETTRE X.

MAGNIFIQUES SEIGNEURS,

Je vous avais écrit hier la lettre ci-jointe dans la croyance que je pourrais vous l'envoyer par Pierre del Bene, mais il partit dans le temps que j'étais allé chez le cardinal de Pavie et il ne put l'emporter avec lui. Elle vous parviendra avec celle-ci, quoiqu'elle ne renferme rien d'important.

Jean-Paul Baglioni est arrivé à Orvieto vers la vingtième heure, ainsi que je vous l'annonce par l'incluse. Il est allé immédiatement se jeter aux pieds de Sa Sainteté et a été reçu en audience solennelle. Ce matin le pape a quitté Orvieto pour venir à Castel-della-Pieve où nous nous trouvons. Quant à Jean-Paul, il a repris directement le chemin de Pérouse, accompagné de sa suite et du duc d'Urbin. Le pape doit partir d'ici demain pour aller à Castiglione-del-Lago; et avant de se rendre à Pérouse il pourrait fort bien s'amuser sur le lac pendant deux ou trois jours, et ne faire son entrée dans Pérouse que dimanche prochain.

L'arrangement avec Jean-Paul consiste, dit-on, dans les articles suivants : 1° Baglioni remettra au pape toutes les forteresses de l'État de Pérouse ainsi que les portes de la ville : cet article a déjà reçu son exécution; 2° il confiera aux mains du duc d'Urbin un ou deux de ses fils, comme gages de sa fidélité à observer les conventions qu'il vient de conclure avec le pape et à se montrer fils soumis de l'Église; 3° le pape mettra dans la ville de Pérouse une garnison de cinq cents hommes d'infanterie, et pour la garde de chaque porte de la ville un poste de cinquante hommes, ou plus s'il le veut; 4° Jean-Paul s'oblige à servir le pape dans son entreprise contre Bologne avec tous ses hommes d'armes, et le pape lui accorde pour l'entretien de ces troupes une subvention dont le montant n'est pas encore déterminé.

On va maintenant s'occuper de mettre toutes ces mesures à exécution, et le pape ne quittera pas Pérouse que tout ne soit terminé. Il a auprès de lui quelques proscrits de cette ville, parmi lesquels on remarque un fils de Grifonetto Baglioni et un fils de Pompejo degli Oddi Carlo Baglioni ne s'y trouve point. Le projet de tous est d'entrer à Pérouse avec le pape; et Sa Sainteté, malgré son arrangement avec Jean Paul, ne les a pas renvoyés.

On a reçu aujourd'hui la nouvelle que le marquis de Mantoue se rend auprès du saint-père; et au moment où je parle il pourrait fort bien être en route : cette nouvelle paraît certaine. Cette résolution du marquis a fait changer d'opinion relativement à l'entreprise contre Bologne, et l'on pense que Giovanni aura plus de peine à s'arranger avec le pape, maintenant que cette entreprise paraît offrir moins de difficultés depuis que l'on présume que les Français tiendront leurs promesses, quoiqu'on n'ait point encore reçu de lettres de monseigneur d'Aix. Ce qui donne lieu à ces conjectures, c'est que le marquis ayant fait savoir, ainsi que je vous l'ai écrit, qu'il avait envoyé quelqu'un auprès de Chaumont pour obtenir la permission de servir le pape, avec ordre, s'il éprouvait un refus, d'aller en France trouver le roi, et qu'on apprend actuellement qu'il arrive, on en conclut, attendu le peu d'intervalle qui se trouve entre cette dernière résolution et la première, que la permission est venue de Milan et non de France, et que sa démarche a été déterminée par l'ancien traité que monseigneur d'Aix avait apporté ici. Il n'y a pas de doute que, si la France soutient le pape, son entreprise contre Bologne ne reçoive son exécution, et que ceux qui voudraient l'en détourner n'échouent dans leur tentative. Il est sage d'attendre les événements que le temps renferme dans son sein et de ne prendre conseil que des circonstances.

Je ne dois pas omettre de vous dire que, me trouvant ce matin en route à côté du cardinal de Pavie, ce prélat m'a appelé et m'a dit : « Secrétaire, Philibert m'a écrit qu'à son passage à Florence quelques citoyens lui avaient dit que le pape se trompait fort s'il comptait qu'on l'aidât d'un seul cavalier dans son entreprise sur Bologne, et que la république n'y consentirait à aucun prix. » Je lui ai répondu que je ne croyais pas qu'on lui eût tenu de pareils propos, à moins que ce ne fût par quelques oisifs qui n'entendent rien aux affaires, car notre cité est accoutumée à ne jamais reculer quand elle s'est mise en avant; et si le pape ne revient point sur ses pas, s'il tient toutes ses promesses, la république ne manquera pas d'un *iota* à ses engagements. Il m'a dit alors qu'il me croyait, et qu'il n'avait pas voulu parler au pape de ce bruit, pour ne pas l'irriter.

NICOLAS MACHIAVELLI.

Castel-della-Pieve, le 9 septembre 1506.

P. S. Le pape doit séjourner vendredi et samedi à Castiglione-del-Lago, et dimanche il se rendra à Pérouse. Il pourrait toutefois se faire qu'il restât quelque temps de plus sur le lac ou sur les frontières de vos États. Je vous en donne avis afin que, si vous jugiez à propos de faire présent à Sa Sainteté de vin ou de quelques-unes des productions les plus rares du pays, vos seigneuries en soient prévenues, car je sais que cela lui serait très-agréable.

LETTRE XI.

MAGNIFIQUES SEIGNEURS,

Je vous ai envoyé par la voie de Cortone mes deux dernières lettres datées de Castel-della-Pieve, le 8 et le 9 du courant. Le 10, le pape s'est rendu à Castiglione-del-Lago; et quoiqu'il eût annoncé qu'il y demeurerait tout aujourd'hui, il est allé hier à Passignano, château situé sur le lac. En ce moment nous sommes à Corciano, château à cinq milles de Pérouse, où il fera demain son entrée pontificale.

Depuis que j'ai écrit à vos seigneuries j'ai reçu leurs dépêches en date du 7 et du 9, et comme il m'a semblé que les nouvelles que renferme celle du 9 étaient de nature à être communiquées au pape, je me suis rendu auprès de Sa Sainteté et je lui en ai donné connaissance. Elle m'a répondu qu'elle avait reçu le même avis relativement au roi d'Aragon; qu'elle croyait que Gonzalve n'irait pas au-devant de lui, mais plutôt qu'il prendrait la fuite. Elle a ajouté qu'elle n'avait pas une plus grande croyance dans les bruits qui couraient sur l'empereur, parce qu'elle était instruite d'une manière certaine qu'il n'était pas en position d'effectuer son voyage; mais que c'étaient les Vénitiens qui répandaient ces nouvelles pour en tirer profit.

Quant à ce que vos seigneuries me recommandent dans leur lettre du 7, d'avertir Sa Sainteté, etc., elles peuvent être assurées que je ne passe pas un jour sans le lui rappeler. Mais si la France la triche au jeu et si le voyage de l'empereur n'est ni certain ni prompt, il pourrait fort bien arriver qu'il n'y eût plus de remède, et qu'il fût moins frappé des dangers de l'Église et des autres alliés que de sa propre honte, qui serait immense en effet s'il retournait à Rome sans avoir rien tenté après s'être avancé si loin. C'est de quoi doutent tous ceux qui, comme vos seigneuries, connaissent son caractère; et l'on n'y voit de remède que de faire soi-même ce qu'il serait dangereux de laisser faire par d'autres.

Un assez grand nombre de personnes éclairées, ainsi que je vous l'ai écrit, ont dans l'idée que toutes ces nouvelles relatives à l'empereur sont forgées ou grossies par les Vénitiens en France et ici, soit afin de mettre obstacle aux projets du pape en le tenant sans cesse la bride en main et en troublant l'eau du côté de la France, soit afin de voir s'ils ne pourraient point amener le roi à quelque nouvel accord au moyen duquel ils gagneraient en Italie et au dehors assez de prépondérance, si ce n'est quelque chose de plus, pour se livrer à leurs projets avec plus de facilité. Le pape est entièrement dans cette opinion, et j'en ai pour preuve les propres paroles qu'il m'a adressées lorsque je lui ai communiqué les lettres de vos seigneuries: «Les Vénitiens font marcher l'empereur à leur «convenance; mais tout sera décidé si le marquis «de Mantoue arrive et si le roi va d'un bon pied.» C'est en effet sur quoi l'on comptait lorsque j'ai écrit pour la dernière fois à vos seigneuries. Depuis on n'a rien su de nouveau sur cet objet.

Dans une de mes lettres j'ai mandé à vos seigneuries que, malgré les conventions arrêtées avec Jean-Paul, le pape devait amener à sa suite tous les proscrits, à l'exception de Carlo Baglioni et de Girolamo della Penna : hier le pape les fit appeler à Passignano, où, nous étant arrêtés, il leur dit que des considérations majeures exigeaient qu'ils n'entrassent pas en même temps que lui dans Pérouse; qu'il les laissait en cet endroit; mais qu'après avoir séjourné un ou deux jours dans la ville il les enverrait chercher; qu'ils n'avaient aucune crainte à concevoir; que leur affaire s'arrangerait bien, parce que son intention formelle était d'abaisser Jean-Paul et de faire en sorte qu'ils pussent demeurer en paix dans Pérouse; que c'était dans cette vue qu'il avait ordonné qu'on relevât les fortifications et qu'on mît dans la ville une garnison à sa convenance; qu'il avait exigé que les fils de Jean-Paul demeurassent à Urbin; que son projet était de retirer les hommes d'armes de Jean-Paul du territoire de Pérouse, mais qu'il ne voulait pas lui en confier le commandement et qu'il exigeait qu'il restât sans cesse de sa personne auprès du duc. Il a ajouté que son intention n'était nullement de lui ôter la vie pour les fautes qu'il avait pu commettre antérieurement, mais qu'au moindre péché véniel il les lui ferait payer tous ensemble.

Ces bannis se plaignent de ne pouvoir entrer dans Pérouse avec le pape : ils voient que c'est une mesure imaginée par ceux qui veulent sauver Jean-Paul et qui, ne pouvant d'un seul coup faire désister le pape de son entreprise, tâchent par ce moyen à l'en détacher petit à petit. Ils croient qu'on a dû faire au pape un épouvantail du tumulte qu'occasionnerait leur rentrée : aussi ces pauvres bannis ont-ils peur que ceux qui ont amené le pape à ne pas les laisser rentrer ne parviennent à lui persuader de les laisser encore quelques années dehors. Tout l'espoir qu'ils avaient de rentrer dans Pérouse reposait sur le pape, et ils comptaient que leurs parents soutiendraient leurs intérêts. Ce qui ajoute à leurs inquiétudes, c'est de voir pour ainsi dire tout leur sort dépendre du duc d'Urbin, auquel, selon ce qu'a dit le pape, sera confiée la garde des otages et de la personne de Jean-Paul. Il leur semble que par cette mesure on a tout remis dans les mains du parti qui leur est opposé. Mais ils craignent surtout que la garnison qu'on doit mettre dans Pérouse ne se compose des troupes du duc : ils sont résolus de tout tenter pour faire changer d'avis au pape à cet égard et pour lui persuader de choisir son infanterie, soit parmi les troupes que vous avez dans le Val-di-Chiana, soit dans tout autre pays sur lequel on puisse compter. Je prie donc vos seigneuries de penser à ce qu'elles veulent faire dans le cas où elles seraient requises de permettre aux officiers de l'Église de lever des troupes dans le Val-di-Chiana.

De même que les bannis m'ont parlé de leur affaire, Vincenzo et quelques autres personnes attachées à Jean-Paul m'en ont également entretenu. Mon devoir est d'écouter tout le monde : je me tiens au large, et je dis à chacun qu'il a raison. J'en agis de la sorte parce que je ne vois pas bien clairement ce qui pourrait être avantageux pour le gouvernement de vos seigneuries, et que d'ailleurs j'ignore quelles sont leurs intentions.

On dit que le légat qui a accompagné Jean-Paul jusqu'à Pérouse, à son départ d'Orvieto, doit revenir aujourd'hui ici pour terminer avec le pape l'affaire des bannis et plusieurs autres points relatifs à cette ville.

NICOLAS MACCHIAVELLI.

Corciano, le 12 septembre 1506.

LETTRE XII.

MAGNIFIQUES SEIGNEURS,

J'ai écrit hier à vos seigneuries la lettre qu'elles trouveront ci-incluse. Le pape a fait dans la journée son entrée solennelle à Pérouse, laissant les bannis dans l'endroit que je vous marquais et avec les seules espérances dont je vous parlais.

Monseigneur de Narbonne n'a eu qu'hier son audience du pape, étant venu le trouver d'ici à Corciano, où Sa Sainteté s'est arrêtée. On n'a pas su ce qu'il lui a dit alors, mais on a bien vu que le pape n'était pas content. Aujourd'hui on a appris qu'il avait fortement engagé Sa Sainteté, de la part du roi, à abandonner son entreprise contre Bologne, appuyant ses raisons sur le voyage de l'empereur en Italie; et il lui a fait sentir que, comme le roi ne pouvait compter que sur une obéissance précaire et incertaine de la part de ses États de Milan, il n'était nullement disposé à les dégarnir pour servir les intérêts du pape. Sa Sainteté voit avec dépit toutes ces contrariétés; cependant elle a pris la ferme résolution de continuer son entreprise avec ses propres forces, quand même les appuis sur lesquels elle comptait viendraient à lui manquer. Elle a expédié aujourd'hui Ramazotto et lui a donné l'argent nécessaire pour les troupes déjà levées; elle a écrit des brefs à vos seigneuries et au duc de Ferrare; elle vous prie, ainsi que lui, de permettre à Ramazotto, comme à un officier chargé de ses pouvoirs, de tirer des soldats de vos États et pour son propre compte; elle dit qu'avant d'avoir dépassé Urbin elle veut avoir rassemblé un corps de six à huit mille hommes d'infanterie, et se diriger avec ces troupes du côté de Bologne. On croit que le marquis de Mantoue pourrait fort bien se trouver ce soir à Urbin, et l'on dit qu'il doit la servir de sa personne. Vos seigneuries voient combien tous ces bruits sont contradictoires; mais lorsqu'on est obligé d'écrire chaque jour il faut nécessairement les suivre, et cette obligation doit me servir d'excuse.

Quant aux affaires de Jean-Paul, je m'en réfère à ma lettre ci-jointe; j'ajouterai seulement que depuis que le pape est ici avec tous ses prélats, bien que les troupes de l'Église soient cantonnées à l'entour des portes et que celles de Jean-Paul soient un peu plus éloignées, néanmoins le pape et le sacré collége se trouvent bien plus à la discrétion de ce dernier que lui n'est à la leur : si donc Jean-Paul respecte celui qui est venu le trouver avec des vues hostiles, il ne faut l'attribuer qu'à sa bonté d'âme et à son humanité. J'ignore quelle issue tout ceci doit avoir: on le verra pendant les sept ou huit jours que le pape restera dans cette ville. Jean-Paul disait dernièrement qu'il avait eu deux moyens de se sauver : l'un était la force, l'autre la soumission et une entière confiance dans les conseils de ses amis; qu'il n'avait pas voulu employer le premier, mais qu'il avait préféré embrasser le second, et que c'était pourquoi il avait remis tous ses intérêts entre les mains du duc d'Urbin. C'est ce duc en effet qui l'a engagé à venir à Orvieto trouver le pape, et qui dirige encore toutes ses démarches. Ainsi que je vous l'ai dit, l'infanterie aurait dû avoir occupé la place et les portes avant l'entrée du pape dans la ville; cependant cette entrée a eu lieu sans que les troupes fussent arrivées, et cette garde a été donnée au duc d'Urbin. On dit malgré cela qu'elles seront ici dans deux jours. Voilà tout ce que j'ai à vous dire pour le moment. Je me recommande à vos seigneuries.

NICOLAS MACCHIAVELLI.

Pérouse, le 13 septembre 1506.

LETTRE XIII.

MAGNIFIQUES SEIGNEURS,

J'ai écrit hier à vos seigneuries et je vous ai envoyé ma lettre, avec une précédente datée du 12, par un homme qui retournait à Cortone, et le capitaine de cette ville aura dû vous la faire parvenir.

Je vous y rendais compte, entre autres choses que Ramazotto avait été envoyé par le pape pour lever de l'infanterie : je le croyais parti depuis hier, mais l'ayant aperçu ce matin à la cour, il m'a dit qu'il ne recevrait qu'aujourd'hui son ordre de départ et qu'il se mettrait en route demain matin : si, comme il me l'a promis, il vient me trouver, je le chargerai de cette lettre pour vos seigneuries. Il a commission de lever mille hommes d'infanterie au moins, et d'aller s'il le peut jusqu'à quinze cents.

Ainsi que je vous l'écrivais hier, le pape,

malgré l'ambassade de monseigneur de Narbonne, brûle plus que jamais de pousser avec vigueur l'entreprise de Bologne. Il ne paraît pas avoir perdu tout espoir du côté de la France, et les premiers avis qu'il a reçus de monseigneur d'Aix le tiennent encore en suspens. Quand même il viendrait de ce côté des résolutions contraires, il est homme à aller toujours en avant; et il n'y aura plus à en douter si Ramazotto reçoit aujourd'hui l'ordre de partir. Aussi tout le monde pense que son entreprise est bien audacieuse si la France lui manque, et chacun attend le résultat avec anxiété. Ainsi que je vous le marquais dans une de mes précédentes lettres, beaucoup de personnes doutent même que pour dernière ressource il ne se livre aux Vénitiens : néanmoins elles ne peuvent imaginer comment ceux-ci se montreraient ouvertement dans cette entreprise au cas où le roi ne se manifesterait pas lui-même. Elles disent : Ou le roi ne peut aider le pape, ou il ne le «veut pas : s'il ne le veut pas, est-il raisonna-«ble de croire qu'il laisse les Vénitiens se faire «aux yeux du pape un mérite qu'il ne veut pas «se faire lui-même, et qu'il souffre que dans «son mécontentement le souverain pontife s'u-«nisse étroitement avec cette république? S'il «ne le peut pas et que l'empereur en soit cause, «le même motif doit également retenir les «Vénitiens et les empêcher de se mettre en «avant.» D'autres cependant pensent que les Français n'y mettront pas tant de subtilité : qu'ils se soucient fort peu que d'autres exécutent ce qu'ils n'ont pas voulu faire eux-mêmes, et qu'ils regardent les choses sous un tout autre point de vue. Le temps, ce père des événements, nous apprendra le résultat de tout ceci. Quant à moi je ne crois pas mal faire, en vous écrivant ce qui se passe ici, de vous informer en même temps des jugements que les personnes de la cour et les hommes sages et éclairés en portent.

On n'apprend point que l'on ait pris encore un parti relativement aux bannis pérousins. Jean-Paul dit qu'on les fasse rentrer si l'on veut, mais que s'ils sont taillés en pièces il s'en lave les mains.

D'après les renseignements que j'ai obtenus il paraîtrait que la subvention qu'on avait l'idée d'accorder à Jean-Paul doit se changer en engagement, mais le pape ne voudrait pas dépasser cent hommes d'armes, et lui de son côté ne voudrait pas réduire le nombre de ceux qu'il a et qui s'élève à plus de cent cinquante : on pense que tout s'arrangera pour le mieux; que vos seigneuries n'aient aucune inquiétude à cet égard, car les affaires de Jean-Paul avec le pape, s'il faut en juger d'après ce qu'on voit, s'améliorent chaque jour.

Il n'est nullement question encore du départ du pape : on estime qu'il pourra quitter cette ville vers dimanche prochain.

NICOLAS MACCHIAVELLI.

Pérouse, le 14 septembre 1506.

LETTRE XIV.

MAGNIFIQUES SEIGNEURS,

J'ai écrit hier à vos seigneuries, et je leur ai envoyé ma lettre par la poste de Ferrare, sous le couvert de monseigneur de Volterra; et comme j'imagine qu'elle vous est parvenue sans accident, je ne vous répéterai pas ce qu'elle renferme.

Ayant reçu hier au soir votre dépêche en date du 11, je me rendis immédiatement auprès du pape et je lui lus les nouvelles que vous me donniez. Il me parut qu'il savait déjà la mort du roi de Pologne; mais il ne voulut pas ajouter foi à celle du fils du roi de Hongrie. Il est convaincu que si cette nouvelle est vraie l'empereur ne pourra effectuer son voyage en Italie, qu'il regarde toujours comme impossible dans toutes les suppositions.

J'ai communiqué en outre à monseigneur de Pavie l'article qui répond à la lettre que lui écrivait Philibert : il en a été extrêmement satisfait, et m'a donné de nouveau l'assurance qu'il n'avait parlé qu'avec le cardinal Soderini et moi. De mon côté, je l'ai encore remercié de la part de vos seigneuries.

L'infanterie du duc d'Urbin a enfin commencé à arriver ce matin : il paraît que c'est celle qui, d'après les conventions, doit former la garnison de cette ville.

Les proscrits ne sont pas encore rentrés et l'on n'entend nullement parler d'eux.

On dit que le pape part après demain par la route d'Urbin : il fera un premier séjour à Agobio et peut-être à la Fratta. Je crois à ce départ, car étant parvenu à arranger toutes les affaires dans cette ville, sa présence y devient désormais inutile.

Quant à l'entreprise de Bologne, les bruits sont toujours les mêmes et le pape semble toujours disposé à la poursuivre avec la même ardeur : Ramazotto a reçu toutes ses instructions et doit partir ce matin. Je confierai cette lettre à quelqu'un qui se rend directement à Florence.

L'envoyé de Giovanni Bentivogli, en causant ce matin avec moi, m'a dit que le pape commençait à prêter l'oreille aux Vénitiens, et qu'il n'y aurait rien d'étonnant qu'il s'entendît avec eux pour l'exécution de son entreprise. Il m'a paru d'autant plus satisfait de cela qu'il ne pouvait s'imaginer que le roi de France refusât de secourir Giovanni dans le cas où les Vénitiens manifesteraient l'intention de s'unir avec le pape contre ce seigneur, et qu'il permît que d'autres exécutassent ce que lui-même a refusé de faire.

On n'a reçu, que je sache, aucune autre nouvelle de monseigneur d'Aix.

Je me suis entretenu longtemps hier avec Hercule Bentivogli, qui est venu ici avec le duc d'Urbin : il ne sait que penser des projets du pape. Il m'a dit que le saint-père n'avait qu'un seul moyen pour réussir à chasser Giovanni, qui était de lui occasionner des dépenses continuelles, comme serait par exemple de s'arrêter à Imola, de s'étendre entre cette ville et les lieux environnants avec six ou sept cents hommes d'armes et cinq ou six mille fantassins, et de parcourir le pays pendant tout l'hiver; au printemps il faudrait ensuite rassembler des forces considérables et le menacer de ravager tout le pays : il est persuadé que Giovanni ne pourrait résister à un semblable plan de campagne, parce qu'il ne pense pas qu'il soit disposé à prodiguer, sans être sûr de se sauver, le peu d'argent qu'il possède, pour se trouver ensuite mis à la porte et ruiné. Il ne doute pas que le pape prenne ce parti, et les personnes auxquelles j'en ai parlé m'ont également assuré que le saint-père n'avait pas d'autre projet. Je me recommande à vos seigneuries.

NICOLAS MACCHIAVELLI.

Perouse, le 15 septembre 1506.

LETTRE XV.

MAGNIFIQUES SEIGNEURS,

Je vous ai écrit ce matin tout ce qui se passait ici, je vous ai envoyé ma lettre par le Zitolo qui retournait en toute hâte à Florence. Comme une autre occasion se présente en ce moment, je ne veux point négliger de dire en deux mots à vos seigneuries tout ce que l'on a appris depuis.

Les proscrits de Pérouse sont enfin rentrés ce matin, mais ce sont seulement les anciens : les nouveaux, tels que Carlo Baglioni et ses complices dans le meurtre, restent exilés. On croit même que si le pape arrangeait les choses de manière qu'il leur fût permis de demeurer dans la ville, ce serait déjà un assez grand dommage pour Jean-Paul à cause des nombreuses possessions qu'il aurait à restituer aux proscrits, et parce que ces derniers ont d'anciens amis et que les esprits des citoyens, accoutumés à ne regarder qu'un seul homme, commencent à lui retirer leur affection; mais, attendu le grand nombre de partisans de Jean-Paul, vu que son influence, loin de décroître au milieu de tous ces changements, n'a fait que s'augmenter, on croit plutôt que ces bannis se feront tailler en pièces s'ils ne sont assez sages pour se retirer d'eux-mêmes.

Le pape ce matin a publié en plein consistoire que les secours que la France met à sa disposition pour son entreprise étaient prêts; et cependant ils ne sont pas d'une autre nature que ceux que je vous ai annoncés par ma lettre de ce matin. Il a de plus ajouté que les Vénitiens lui ont fait entendre que, puisque les projets de l'empereur avaient échoué et que les craintes conçues de ce côté s'étaient évanouies en grande partie, non-seulement ils verraient son entreprise d'un œil satisfait, mais qu'ils étaient prêts à lui accorder tous les secours que lui-même réclamerait. Voilà tout ce que j'avais à écrire à vos seigneuries, auxquelles je me recommande. Les uns disent que le pape partira lundi, d'autres vendredi. Le marquis n'est point encore arrivé et nous sommes à la vingtième heure.

NICOLAS MACCHIAVELLI.

Perouse, le 16 septembre 1506.

LETTRE XVI.

MAGNIFIQUES SEIGNEURS,

Mes dernières dépêches sont du 17. Depuis je ne vous ai point écrit, faute de commodité pour vous faire parvenir mes lettres, et parce qu'il ne s'est rien passé d'assez important pour vous envoyer un exprès.

Le marquis de Mantoue est arrivé ici le 17 : toute la cour est allée à sa rencontre. Il a eu hier une longue audience du pape : on n'a rien pu savoir de l'objet qui les a occupés. J'ai parlé à plusieurs personnes de sa suite avec lesquelles j'ai quelque intimité ; je leur ai demandé ce que le marquis pensait de cette entreprise : elles m'ont répondu que le marquis étant homme de guerre, la guerre ne pouvait que lui être agréable ; mais que toutefois il ne voyait pas avec plaisir celle qui s'allumait auprès de sa maison et qui menaçait ses amis ; et elles m'ont assuré qu'il ferait tous ses efforts pour parvenir à un arrangement. On attend à chaque instant six orateurs de Bologne : à leur arrivée on verra si l'on peut compter sur un accommodement, et je ne manquerai pas d'informer vos seigneuries de tout ce qui parviendra à ma connaissance. J'ai été de votre part rendre mes devoirs au marquis : il vous remercie beaucoup et vous offre ses services.

Ainsi que je vous l'ai mandé dans une de mes dernières lettres, tous les proscrits de cette ville, à l'exception de Carlo Baglioni et des complices du dernier meurtre, sont rentrés, et l'on n'a cessé de s'occuper à concilier leurs intérêts avec ceux de Jean-Paul : il s'élève des difficultés pour trouver des répondants à donner tant d'un côté que de l'autre. Jean-Paul dit qu'il en fournira pour lui-même et pour sa famille, mais qu'il ne peut répondre ni pour les étrangers ni pour tous les habitants du pays ; et cela ne paraît pas suffisant aux bannis. De leur côté, ces derniers ne peuvent trouver personne qui se rende caution pour eux, car nul ne veut se montrer opposé à Jean-Paul. Celui-ci a usé de finesse en cette circonstance, car il a demandé à tous les amis des bannis de répondre pour lui, afin qu'ayant leur promesse, ils ne puissent répondre pour les autres. Lorsque l'on a vu toutes les difficultés auxquelles les cautionnements donnaient lieu, il a été question de restituer leurs biens aux bannis à condition qu'ils resteraient hors de Pérouse. J'ignore comment tout cela s'arrangera, mais je sais fort bien que Jean-Paul et ses amis feront tous leurs efforts pour qu'il n'en soit rien, car dans ce retour des bannis Jean-Paul ne laisse pas d'être en peine d'une foule de choses, et surtout de la restitution de leurs biens dont les revenus s'élèvent à quatre mille florins au moins.

Tandis que j'étais allé avant-hier au-devant du marquis de Mantoue, le pape m'envoya chercher chez moi par deux de ses écuyers. Immédiatement après mon retour je me montrai à la cour, où je demeurai hier toute la journée sans qu'on me dit absolument rien : je présume qu'il voulait vous engager à faire marcher vos troupes, et qu'il aura réfléchi depuis qu'il était encore à propos de différer.

Il n'est plus du tout question à la cour du voyage de l'empereur : c'est le résultat de lettres récemment arrivées de Venise et qui disent que ce projet est entièrement évanoui.

On assure que le pape doit partir d'ici à lundi ou mardi prochain pour suivre la route que je vous ai indiquée. Je me recommande à vos seigneuries.

NICOLAS MACCHIAVELLI.

Pérouse, le 19 septembre 1506.

P. S. J'oubliai de vous dire que les cent stradiots que le pape m'avait dit attendre de Naples sont arrivés. Ce sont des troupes fort belles et très-bien montées.

P. S. Aujourd'hui 20, on apprend que le pape a changé de résolution, et qu'il n'enverra plus le cardinal de Saint-Pierre *in vincula* [1] dans la Romagne ; que peut-être même il n'y fera point passer de troupes, et que, s'il les y envoyait avant lui, il les fera accompagner de l'évêque de' Pazzi [2] ou de quelque autre prélat du même rang.

On apprend de Venise, malgré ce que je

[1] Il s'agit ici de Galeotto Franciotto della Rovere, cardinal du titre de Saint-Pierre *in vincula*, lequel titre avait autrefois appartenu à Julien della Rovere, élu pape par la suite sous le nom de Jules II.

[2] C'était l'évêque d'Arezzo, qui passa en 1508 à l'archevêché de Florence, comme on le fait remarquer ailleurs.

vous ai écrit hier, que le roi de France veut agir ouvertement et à découvert avec les Vénitiens dans le cas où l'empereur voudrait effectuer son voyage, et qu'on a répondu aux ambassadeurs de Maximilien que ce prince n'avait qu'à venir sans armée. Comme ils réclamaient au nom de leur maître seize mille ducats en vertu de l'obligation que les Vénitiens avaient souscrite avec lui pendant son séjour à Livourne, on leur a dit qu'il n'était pas question de seize mille ducats mais de quatre ou cinq mille, et qu'on les payerait lorsqu'on pourrait. Les ambassadeurs s'en sont retournés *désappointés*.

Le pape part sans faute mardi pour la Fratta, et l'évêque de' Pazzi se rend en Romagne.

LETTRE XVII.

MAGNIFIQUES SEIGNEURS,

Je vous ai écrit ce matin ce qu'il y avait ici de nouveau, et j'ai adressé ma lettre au commandant de Cortone par quelqu'un qui retournait de ce côté.

Depuis on a appris que les bannis de Forli avaient tenté de rentrer dans cette ville; qu'ils s'étaient avancés jusqu'au pied des murailles, mais que se voyant découverts, ils s'etaient retirés en criant *Marco! Marco!* Ils avaient avec eux de l'infanterie et de la cavalerie tirées des États de Venise. Vos seigneuries doivent avoir sur cette nouvelle des détails plus certains et plus circonstanciés. Elle a fort irrité le pape qui a pris la résolution de porter toutes ses troupes de ce côté : cette mesure lui semble avantageuse, même pour son entreprise contre Bologne, car il n'a pas besoin d'avoir ses troupes auprès de lui jusqu'à ce qu'il soit arrivé devant cette ville; et en les envoyant en avant il est dans l'idée qu'elles donneront de l'importance à son expédition sur cette ville, et qu'elles maintiendront en même temps la tranquillité dans Forli; et afin qu'avec ses forces il y ait quelqu'un qui puisse maintenir cette ville et réorganiser son gouvernement, il a mis à leur tête le cardinal de Saint-Pierre *in vincula*, légat de la Romagne; et j'apprends en outre qu'il envoie avec lui l'évêque de' Pazzi.

On passe aujourd'hui les hommes en revue. Le cardinal partira lundi, si ce n'est demain. Le pape pourrait bien encore demeurer quelques jours de plus : comme il a envoyé ses gens d'armes en avant, il ne regarde plus cette prolongation de séjour comme une perte de temps. J'informerai vos seigneuries de tout ce qui se passera. Je me recommande à elles.

NICOLAS MACCHIAVELLI.

Pérouse, le 19 septembre 1506.

LETTRE XVIII.

MAGNIFIQUES SEIGNEURS,

J'ai écrit le 19 à vos seigneuries, et je vous ai fait parvenir ma lettre par la voie de Cortone. Je vous ai écrit une seconde fois le même jour, mais ma lettre n'est partie que le 20, et j'en ai chargé André Carnesecchi qui retournait à Florence. Nous voici à la matinée du 21, et c'est aujourd'hui que le pape, immédiatement après son dîner, si toutefois il ne change pas d'avis, se mettra en route pour la Fratta afin de continuer son voyage. Il attend toujours la résolution de la France relativement aux troupes de cette nation.

Je vous ai déjà informés qu'au nombre des difficultés qui s'étaient élevées pour rétablir le calme dans cette ville et la bonne intelligence entre les bannis et Jean-Paul, une des plus épineuses avait été celle qui concerne les cautions à donner de part et d'autre pour cimenter une paix solide : chacun enfin a fourni ses répondants, et ce matin, après une messe solennelle à laquelle assistait le pape, on a conclu cette paix. Les bannis rentrent dans la possession de leurs biens, dont la valeur en revenus, comme je vous l'ai déjà dit, s'élève à quatre mille florins du pays. Jean-Paul accompagne le pape, et ses troupes marchent avec le reste de l'armée.

Je vous ai écrit qu'on avait résolu d'envoyer le cardinal de Saint-Pierre *in vincula* à Forli avec une partie des troupes, à cause des troubles qui s'étaient manifestés, et que l'évêque de' Pazzi devait l'accompagner : on a depuis changé de résolution, et c'est l'évêque seul qui doit s'y rendre. Il y a apparence qu'on s'en tiendra là, quoique ce prélat ne soit point enrere parti. Voilà tout ce que je puis dire relativement aux affaires du pape, et je prie vos seigneuries de ne pas être surprises si elles restaient deux ou trois jours sans recevoir de mes lettres, parce que ce serait un signe qu'il ne s'est rien passé qui méritât que je leur écrivisse.

Tandis que les nouvelles de l'empereur se refroidissent du côté de Venise, elles se réchauffent d'un autre côté, si j'en crois les avis que me donnent vos seigneuries par leur lettre du 19 : il y a peu de jours, au contraire, que c'était d'ailleurs que venaient les nouvelles à la glace, tandis que celles de Venise étaient tout de feu : il est impossible d'imaginer d'où vient ce changement, et de démêler la vérité au milieu de tant de contradictions.

On n'a aucune nouvelle ni de Naples ni du roi Ferdinand.

Je me recommande à vos seigneuries.

NICOLAS MACCHIAVELLI.

Pérouse, le 21 septembre 1506.

LETTRE XIX.

MAGNIFIQUES SEIGNEURS,

J'ai écrit à vos seigneuries, de Pérouse, le 21, et j'ai envoyé ma lettre par Giulio Lapi. Le pape est parti le même jour de cette ville pour se rendre à la Fratta. Il est depuis hier à Agobio, où nous nous trouvons encore. Il va aujourd'hui à Santiano, situé à deux milles d'ici. Il doit en partir demain pour se rendre à un château dont j'ignore le nom, mais qui est à dix milles plus loin. Le jour suivant il ira à Urbin, où je ne sais combien de temps il demeurera De cette dernière ville il se transportera à Césène, en prenant le chemin des montagnes afin de ne point passer par Rimini : il s'efforcera de rétablir l'ordre dans Césène, et de là il se portera sur Forli où il y a apparence que toutes ses troupes feront halte. Ces troupes, sous les ordres de Jean-Paul et des autres généraux, traversent la Marche pour suivre cette direction; et l'évêque Pazzi est parti hier matin de Pérouse : il s'est rendu directement du côté de Forli, pour y maintenir la tranquillité jusqu'à l'arrivée du pape. A Forli il s'occupera à mettre l'ordre dans la ville, et il prendra en grande partie sa détermination sur Bologne; car à ce moment les ambassadeurs bolonais devront être arrivés. On saura également là de France si les troupes doivent s'avancer au delà de Parme; et, à moins que ce ne soit plus tôt, c'est là que l'on verra si l'on aura la paix ou la guerre. Toute la cour est dans la persuasion qu'on en viendra à quelque arrangement. Cependant tout dépend des troupes françaises, quoique le pape ait dit, comme je vous l'ai marqué plusieurs fois, que même sans ces troupes il est déterminé à poursuivre son entreprise.

J'ignore combien de temps le pape demeurera à Urbin, et combien de journées de marche il mettra jusqu'à Forli; mais vos seigneuries sont tout aussi à portée de le savoir qu'on l'est ici. Je n'ai rien à ajouter à ma lettre, attendu que nous n'avons de nouvelles d'aucune espèce. Je me recommande à vos seigneuries.

NICOLAS MACCHIAVELLI.

Agobio, le 23 septembre 1506.

LETTRE XX.

MAGNIFIQUES SEIGNEURS,

J'ai écrit d'Agobio à vos seigneuries, sous la date du 23, et je leur ai donné connaissance de la marche que devait suivre le pape pour se rendre à Forli : jusqu'à ce moment il s'y est conformé. Aujourd'hui, à la vingt-deuxième heure, il a fait son entrée dans Urbin, où l'on dit qu'il doit séjourner jusqu'à lundi, pour suivre ensuite son voyage.

Je vous ai écrit que les affaires de Pérouse ayant été arrangées de la manière dont je vous l'avais marqué dans plusieurs de mes lettres, il ne restait à penser qu'à Bologne; que cette entreprise demeurait en suspens jusqu'à l'arrivée des orateurs bolonais et de la réponse de la France sur la question de savoir si les troupes françaises devaient ou non dépasser Parme, et que c'était alors qu'on verrait si l'on doit avoir ou la guerre ou la paix : la présente lettre ne vous apprendra rien de plus, car ni la réponse de la France ni les orateurs ne sont point encore arrivés; je puis seulement assurer vos seigneuries que le pape est plus enflammé que jamais et que, parlant en secret de cette entreprise, il avait dit, il n'y a pas plus de deux jours, que son départ de Rome avait dû manifester au monde entier la ferme volonté où il était de réduire sous le joug de l'obéissance toutes les vi' de l'Église, et de les délivrer de leurs tyran e, quant à lui, il était déterminé à faire voir de nouveau que telle était sa résolution; mais que si ceux dont il avait la promesse manquaient à leur parole, ils verraient, etc. Tous ceux qui connaissent son caractère sont persuadés que, dût-il se jeter dans un précipice, c'est le moins dangereux qu'il puisse choisir dans cette circonstance; et l'on en conclut que le pape s'est tellement avancé de volonté et de fait qu'il faut nécessairement, ou qu'il réussisse selon son premier projet, ou qu'il se jette dans le parti qui présente le moins de dangers, ou qu'il s'abuse lui-même de l'espoir de quelque traité honnête, sinon en réalité, du moins en apparence; mais un traité qui paraisse honnête est difficile à trouver; on ne croit pas qu'il réussisse dans son premier plan, à cause des Français; on craint beaucoup qu'il ne tombe dans le précipice. Je me recommande à vos seigneuries.

NICOLAS MACCHIAVELLI.

Urbin, le 25 septembre 1506.

P. S. Dans une lettre précédente je vous informais que les troupes du pape et Jean-Paul avec les siennes se portaient sur Forli en traversant la Marche : elles ont en effet suivi cette route. On n'a point encore reçu la nouvelle que Jean-Paul ait quitté Pérouse de sa personne.

Les troupes du duc d'Urbin qui, en vertu du traité, étaient venues à Pérouse pour prendre la garde des portes et de la place, ne sont point restées dans cette ville, et sont allées avec le reste de l'armée du côté de la Marche.

Le marquis de Mantoue accompagne sans cesse le pape avec cent arbalétriers à cheval qu'il a amenés avec lui de Mantoue.

LETTRE XXI.

MAGNIFIQUES SEIGNEURS,

Vos seigneuries trouveront ci-jointe la lettre que je leur ai écrite hier. Il me reste à vous informer qu'Antonio de Montibus est de retour de Bologne, et rapporte que cette ville est portée à se montrer bien disposée envers la sainte Église pourvu que le pape veuille respecter ses capitulations; mais si Sa Sainteté prétend y porter atteinte elle est résolue à les défendre. S'il faut en croire Antonio, Giovanni a fait des préparatifs de défense formidables : néanmoins on regarde les mesures qu'il a prises comme plus propres à lui aliéner les cœurs qu'à les lui gagner; car il a forcé tous les habitants à s'armer à leurs propres dépens; il en est de même des autres moyens adoptés par lui, et qui sont de nature à lui faire des ennemis bien plutôt que des amis.

Je me suis entretenu ce matin avec l'envoyé de Giovanni; je lui ai demandé si les orateurs arrivaient : il m'a répondu qu'ils s'étaient mis en chemin pour venir, mais que, d'après certaines expressions dont Antonio de Montibus s'était servi, ils avaient craint en poursuivant leur route de ne point trouver de sûreté, et qu'ils avaient écrit pour que le pape leur donnât un sauf-conduit; que le saint-père voulait bien le leur donner de vive voix, mais non par écrit; que quant à lui, comme il avait une entière confiance dans la parole du pape, il leur avait écrit de venir toujours, et qu'il les croyait en chemin.

Il est arrivé hier ici des lettres de France dont le pape a paru tout réjoui : il donnait à entendre à quiconque voulait l'écouter qu'il aurait sans faute les troupes françaises, et il tenait en main la liste des officiers et des troupes qui devaient arriver. Il ne l'a communiquée à personne; de sorte que je ne puis entrer dans de plus grands détails à ce sujet.

On dit que le pape doit partir mardi pour se rendre du côté de Césène.

Je me recommande à vos seigneuries.

NICOLAS MACCHIAVELLI.

Urbin, le 26 septembre 1506.

LETTRE XXII.

MAGNIFIQUES SEIGNEURS,

J'ai écrit hier à vos seigneuries; j'ai joint à ma lettre celle que je vous avais écrite le 25, et je vous les ai adressées toutes deux par la voie de Borgo : je n'ai rien en ce moment à vous apprendre de nouveau ; mais, comme le courrier part pour Florence et qu'il serait possible qu'il y arrivât avant mes deux précédentes, je n'ai pas voulu le laisser partir sans vous écrire.

A peine, hier au soir, avais-je expédié mon paquet par le Borgo que je reçus vos lettres du 22 et du 24, avec les nouvelles de France et d'ailleurs. Je ferai de ces nouvelles l'usage que je jugerai convenable, quoique le pape ait dû en recevoir de France de semblables ; car il a reçu des lettres avant-hier, et il espère tout à fait en l'arrivée des troupes, quoique, d'après ce qu'on sait, il ne soit point encore venu de résolution formelle à ce sujet. Je vous ai parlé dans ma précédente lettre des orateurs bolonais et des causes qui retardent leur arrivée.

Le pape part d'ici mardi pour aller à Santo-Fiore, bourg d'environ cent maisons ; en sorte que je crois que la moitié ou même la plus grande partie de la cour prendra le chemin de Césène, où elle attendra Sa Sainteté. Je serai sans doute du nombre de ces derniers, attendu qu'il m'est impossible de la suivre dans une pareille bicoque, et que d'ailleurs pendant les deux jours qu'on mettra à se rendre à Césène il ne peut rien se passer de bien important. La seule chose dont il me reste, par la présente, à informer vos seigneuries, c'est que chaque jour le saint-père s'obstine davantage dans le projet d'aller en avant et de mettre à effet l'entreprise qu'il a commencée.

NICOLAS MACCHIAVELLI.

Urbin, le 27 septembre 1506.

LETTRE XXIII.

MAGNIFIQUES SEIGNEURS,

La dernière lettre que j'ai écrite à vos seigneuries, sous la date d'hier, ne contenait que les nouvelles peu importantes de ce qui se passe de ces côtés, et qui concernaient en général le voyage du pape. Je vous y annonçais, entre autres choses, que demain matin il partait pour Césène : c'est ce qu'il fera s'il ne change d'ici là. Il mettra trois jours à faire la route. Il ne passera plus par Santofiore, mais il se rendra demain à Macerata, et il poursuivra ainsi son chemin de château en château jusqu'à son arrivée à Césène, où il pourrait bien rester quelques jours et prendre une résolution définitive relativement à son entreprise, car à cette heure il aura dû recevoir la détermination de la France.

Il y a eu hier une longue conférence à laquelle ont assisté le duc d'Urbin, l'ambassadeur de Venise et l'archevêque de Pavie : rien n'a transpiré des affaires qu'on y a traitées ; mais on croit qu'il y a été question de l'entreprise contre Boulogne, et des sûretés que les Vénitiens exigent du pape par l'entremise du roi de France, voulant que Sa Sainteté s'engage à ne point les attaquer. Cela se rapporte assez avec les nouvelles que vos seigneuries ont reçues de France, et dans lesquelles on leur dit que le roi engage fortement le pape à donner quelque satisfaction aux Vénitiens, ainsi que vous m'en avez informé par votre avant-dernière lettre du 24. On dit que le pape consent à leur donner sa parole et leur promet en effet de ne point les inquiéter durant toute sa vie ; mais il paraît que les Vénitiens ne se contentent pas d'une semblable promesse, et qu'ils veulent qu'il s'oblige envers eux par un acte authentique : c'est à cela que l'on travaille. Plus le pape va en avant, plus il s'enfonce dans cette entreprise ; et ces derniers, c'est-à-dire les Vénitiens et le roi, l'attendent au défilé pour le forcer à abaisser son vol conformément à leur idée. Si le roi tient sa parole aux Vénitiens, leur projet pourrait fort bien réussir ; mais une personne au fait de toutes ces intrigues m'a fait voir que, quoique le roi comptât au moyen de ces mesures arrêter le pape, ce sera le pape qui fera baisser le roi, tant il va l'éperonner, si la résolution de mettre les troupes françaises à sa disposition n'est pas conforme à ses desseins. De quel aiguillon doit-il se servir? C'est ce que j'ignore. Vos seigneuries le devineront peut-être mieux que moi.

Vos dernières dépêches du 24 et du 26 m'ont informé du bon accord qui s'est rétabli entre Gonzalve et le roi de Naples : cette nouvelle était déjà arrivée par une autre voie ; toutefois j'ai tout communiqué au pape, qui m'en a témoigné sa satisfaction et m'a chargé de vous en remercier, en m'engageant à l'informer de tout ce que vous pourriez m'apprendre, parce qu'il a confiance en ce que m'écrivent vos seigneuries.

J'ai entendu beaucoup parler de cette réconciliation que Gonzalve vient de faire avec le roi et tout le monde s'étonne que Gonzalve puisse s'y fier : plus la générosité du roi se montre grande envers lui, plus chacun y soupçonne un piége ; car on pense que le roi n'en agit de cette manière que pour s'assurer de sa personne, et pouvoir en disposer plus à son aise en l'endormant dans une trompeuse sécurité. On fait là-dessus beaucoup d'autres raisonnements que je passe sous silence, attendu que cette affaire intéresse fort peu vos seigneuries et qu'il est difficile de juger sainement les affaires de cette nature, ainsi que toutes celles qui ne reposent que sur le caprice et la volonté des hommes. Je me recommande à vos seigneuries.

NICOLAS MACCHIAVELLI.

Urbin, le 28 septembre 1506.

LETTRE XXIV.

MAGNIFIQUES SEIGNEURS,

J'ai écrit aujourd'hui à vos seigneuries, et j'ai chargé de ma lettre le sculpteur Sansovino qui se rendait en toute hâte à Florence. Depuis, le pape m'a envoyé chercher, et, en présence du révérendissime monseigneur de Volterra, il m'a dit que le seul motif qui l'eût engagé à quitter Rome et à se jeter dans de si grands embarras était de délivrer les villes de l'Église des tyrans qui les asservissaient, de les mettre à l'abri des tentatives des ennemis du dedans et du dehors; que c'était là ce qui l'avait décidé à s'arrêter à Pérouse, et à en faire sortir Jean-Paul et à l'emmener avec lui lorsqu'il avait quitté cette ville ; qu'en conséquence il désirait vivement que les autres ne vinssent pas semer le trouble où il avait laissé la paix ; qu'il n'avait pu apprendre avec plaisir que Niccolò Savello profitât de sa position sur les frontières de Pérouse pour tenir une conduite qui inspirait aux habitants la crainte de se voir exposés à quelque coup de main, à l'instigation de Carlo Baglioni ou de tout autre. En conséquence il prie vos seigneuries, au nom de l'affection qu'elles ont toujours manifestée pour l'Église et pour sa personne, de ne pas souffrir qu'un seul des sujets de l'Église soit maltraité par vos officiers, et à la sollicitation de qui que ce soit. J'ai répondu à Sa Sainteté comme il convenait ; je lui ai fait sentir qu'il était inutile de vous en écrire, mais que cependant, pour la satisfaire, je n'y manquerais pas.

Sa Sainteté a ajouté que le préfet son neveu devant obtenir par succession le duché d'Urbin, elle regardait déjà cet état comme lui appartenant, quoiqu'il fût encore en la possession du duc actuel ; que ce motif la forçait à désirer que vos seigneuries voulussent bien réformer certains droits imposés sur les marchandises, et particulièrement sur les cuirs : que ces droits étaient extrêmement onéreux à l'état, et que le duc pourrait fort bien user de représailles en augmentant ceux auxquels sont assujetties les marchandises qui traversent son duché; que cependant il n'avait pas voulu prendre ce parti sans en prévenir vos seigneuries, ainsi qu'il l'avait déjà fait autrefois, et que rien jusqu'à présent n'eût servi qu'à produire de belles paroles; que, quoique les égards que mérite cet état et les qualités de celui qui le gouverne eussent dû suffire pour engager vos seigneuries à accueillir cette réclamation, toutefois Sa Sainteté voulait bien l'appuyer auprès de vous afin de vous avoir une obligation; car elle désirait que le préfet fût toujours uni de bonne intelligence avec vous. Je prie vos seigneuries de répondre sur ces deux articles selon qu'elles le jugeront convenable dans leur sagesse.

Le pape, afin de savoir plus promptement à quoi s'en tenir à l'égard des résolutions de la France, a expédié aujourd'hui pour Carlo Menchier, son camérier. Pour rendre honneur au roi d'Espagne il a envoyé Gabriello Merino à Rome, avec ordre de monter sur les galères qui se trouvent dans le port d'Ostie et d'aller au-devant du roi le plus loin qu'il pourrait. Sa Sainteté part demain pour Césène, ainsi que je vous l'ai annoncé par ma lettre de ce matin.

NICOLAS MACCHIAVELLI.

Urbin, le 28 septembre 1506.

LETTRE XXV.

MAGNIFIQUES SEIGNEURS,

Le 28 j'ai écrit d'Urbin à vos seigneuries deux lettres, dont la dernière se trouve jointe à la présente. Suivant l'ordre déterminé, le pape partit le lendemain et se rendit à Macerata; et moi, avec les sept huitièmes de la cour, nous fûmes à San-Marino, d'où je partis hier matin pour arriver le soir à la vingt-deuxième heure à Césène, où je me trouve en ce moment. Le pape a logé hier soir à San-Marino; il couchera aujourd'hui à Sant' Arcangiolo, et demain il fera son entrée dans cette ville.

Je trouvai hier soir ici les six ambassadeurs bolonais qui viennent de nouveau trouver le pape, et que l'on a tant attendus à la cour. Ils s'étaient remis en route dans l'intention d'aller au-devant du pape, et ils vinrent hier soir à Sant' Arcangiolo pour y passer la nuit et attendre le pape, qui doit y arriver ce matin. Ils y trouvèrent l'ancien ambassadeur bolonais ainsi que le secrétaire de Giovanni, qui devaient tous deux les attendre. Mais à peine étaient-ils descendus de cheval et avaient-ils pris leurs logements, qu'un courrier expédié par Bentivogli vint leur apporter la nouvelle que Giovanni Gonzadini, dataire du pape et bolonais, avait été assassiné dans Bologne par quelques-uns de ses ennemis particuliers; ajoutant qu'il les informait de cet accident afin que, dans la crainte que devaient inspirer et la personne du fils et le rang qu'il occupait auprès du pape, ils eussent à songer à leur sûreté. A cette nouvelle les nouveaux ambassadeurs et l'ancien s'empressèrent de remonter à cheval, abandonnant tous leurs effets, et se sauvèrent du côté de Rimini; mais les habitants de Sant' Arcangiolo s'étant aperçus de leur fuite, leur donnèrent la chasse et parvinrent à en saisir trois d'entre eux, c'est-à-dire un des nouveaux ambassadeurs et les deux anciens; les cinq autres s'échappèrent, et se trouvent en ce moment à Rimini. Les trois prisonniers ont été renfermés dans le fort de Sant' Arcangiolo, et les effets qu'ils avaient ici ainsi que dans ce dernier endroit ont été séquestrés. On prétend que le pape a envoyé dire aux orateurs qui sont à Rimini de venir sans crainte: néanmoins on n'a encore ni relâché les prisonniers ni levé le séquestre mis sur leurs effets. Un aussi triste commencement ne devra pas produire des suites moins funestes.

Il est arrivé le 28 à Urbin un certain Agostino Semenza, de Crémone, frère de ce Paolo Semenza que vous avez vu autrefois à Florence secrétaire du duc de Milan. On dit que le premier est secrétaire de l'empereur qui l'envoie auprès du pape: il est porteur d'un grand nombre de lettres de créance pour les cardinaux et autres personnages en crédit. Il annonce l'arrivée de l'empereur comme certaine. Je ne puis préciser ce qu'il dira, car je ne l'ai point entretenu: je tâcherai de lui parler, et j'informerai vos seigneuries de tout ce que j'aurai tiré de sa conversation. J'apprends qu'il dit que l'empereur envoie au pape deux ambassadeurs: l'un est le cardinal de Brixen[1], et l'autre Casimir, marquis de Brandebourg. Leur mission n'a pour objet que de donner avis au saint-père de son arrivée; ils n'ont aucune demande à lui faire. Voilà tout ce que j'avais à écrire à vos seigneuries auxquelles je me recommande.

NICOLAS MACCHIAVELLI.

Césène, le 1er octobre 1506.

LETTRE XXVI.

MAGNIFIQUES SEIGNEURS,

J'ai écrit le 1er de ce mois à vos seigneuries, et j'ai envoyé ma lettre, à laquelle en était jointe une autre en date du 28 du mois dernier, par la voie de Castrocaro. J'ai reçu hier au soir celle de vos seigneuries, également sous la date du 1er, où il est fait mention d'une de vos dépêches du 29, que je n'ai point reçue.

Cette lettre m'informait de la résolution prise par la France relativement aux troupes que le pape en réclame, et du consentement qu'avait donné le roi de les mettre à sa disposition. Cette nouvelle était déjà parvenue ici,

[1] Il est question ici de Melchior Cops, ou Copis, Allemand, créé en 1503 cardinal par le pape Alexandre VI, lorsqu'il était evêque de Brixen. Il mourut à Rome, où il avait été envoyé en qualité d'ambassadeur par l'empereur Maximilien, dans le mois de mai de l'année 1509 et fut enseveli dans l'église d'*Ara Cœli*. Voyez *Ciaconio*.

et avait inspiré une si grande ardeur au pape qu'il regardait Bologne comme domptée. Il commence à vouloir se jeter dans de plus vastes projets. On dit ici que la résolution de la France est conçue dans les termes les plus honorables pour le pape, et que le roi a repoussé publiquement l'ambassadeur bolonais et celui de Venise, qui imploraient son appui en faveur de Bologne. Je ne veux pas entrer dans de plus longs détails sur ce sujet avec vos seigneuries, parce que si ces nouvelles sont vraies votre ambassadeur près la cour de France vous en aura instruit, et si elles sont fausses il est inutile que je vous les écrive.

Dans ma dernière lettre je vous informais de l'assassinat du père du dataire, qui vient de se commettre à Bologne, et du trouble que cette nouvelle avait produit ici; je vous disais que les orateurs bolonais s'étaient sauvés de Sant' Arcangiolo et réfugiés à Rimini; que le pape les avait envoyé appeler, leur promettant sûreté : tout s'est en effet passé de la sorte, car les ambassadeurs arrivèrent ici hier avant que le pape fît son entrée dans la ville, et à peine Sa Sainteté fut-elle entrée dans son logement qu'ils furent introduits en sa présence; mais ils se bornèrent à lui baiser les pieds sans lui adresser la parole. Ce matin ils ont obtenu une nouvelle audience du pape, et ont prononcé un long discours dans lequel ils se sont efforcés de lui manifester le respect et l'obéissance que le peuple de Bologne avait toujours montrés envers l'Église : ils lui ont cité les traités faits avec un grand nombre de papes, et que ces derniers avaient confirmés : ils lui ont exposé enfin la conduite politique de cette ville et son respect religieux à se soumettre aux lois. Sa Sainteté leur a répondu que ce peuple en se montrant dévoué à l'Église ne faisait que son devoir, parce qu'il lui avait de nombreuses obligations, et que d'ailleurs l'Église était aussi bonne maîtresse qu'il pouvait se montrer sujet fidèle; qu'elle s'était mise en marche de sa personne pour venir le délivrer de ses tyrans; que quant à leurs capitulations, elle ne se souciait nullement ni de ce qu'avaient fait les autres papes ni de ce qu'elle-même avait pu faire, attendu qu'elle et les autres papes avaient été dans l'impossibilité d'agir d'une autre manière, et que c'était la nécessité et non leur propre volonté qui les avait contraints à les confirmer; mais que, puisque le temps était venu de pouvoir les amener, elle croirait, en négligeant cette occasion, se montrer sans excuse aux yeux de Dieu; que c'était dans cette vue qu'elle s'était mise en chemin; que son but était, comme on dit, de forcer Bologne à se bien gouverner; qu'elle avait voulu en conséquence venir en personne dans cette ville ; que si son gouvernement lui plaisait elle le confirmerait, mais que dans le cas contraire elle était décidée à le changer; que si, après avoir employé inutilement tous les autres moyens, elle se voyait dans la nécessité de recourir aux armes, elle avait réuni assez de forces pour faire trembler non-seulement Bologne, mais toute l'Italie. Les ambassadeurs sont demeurés stupéfaits, et se sont retirés après avoir dit seulement quelques mots.

On passe demain une nouvelle revue des hommes d'armes : ces troupes ont leurs quartiers du côté de Sant' Arcangiolo. Il me paraît qu'on donne des ordres pour lever de l'infanterie. D'après les bruits qui courent, le pape doit partir mardi prochain pour Forli, où on désire vivement sa présence; car cette ville, malgré le voisinage du saint-père, est sans cesse sous les armes, ainsi que vos seigneuries peuvent en avoir été instruites par Pier-Francesco Tosinghi [1].

Dès que Sa Sainteté a connu les résolutions de la France, elle a d'abord remis sur le tapis l'arrivée du seigneur Marcantonio et des cent hommes d'armes qu'elle avait demandés à vos seigneuries, et elle a dit qu'elle ne réclamait pas encore l'effet de vos promesses, afin d'être agréable à vos seigneuries qui l'avaient priée d'attendre le plus longtemps qu'il lui serait possible, et pour quelque autre motif encore: mais qu'elle espérait toujours que ces troupes auraient ordre de marcher aussitôt qu'elle en aurait besoin. Quant à moi, je m'attends à chaque minute à me voir appelé, et à recevoir de Sa Sainteté l'invitation de vous écrire pour

[1] Pier-Francesco Tosinghi se trouvait occuper, dans l'année 1506, la charge de commissaire général à Castrocaro : c'est par son moyen que Macchiavelli faisait parvenir ses lettres à Florence, et que de son côté la seigneurie adressait les siennes à son envoyé auprès du pape.

vous prier de faire marcher ces troupes. Je me recommande à vos seigneuries.

NICOLAS MACCHIAVELLI.

Césène, le 3 octobre 1506.

P. S. Magnifiques seigneurs, il y a déjà plusieurs jours que j'ai le plus grand besoin d'argent : je ne vous en ai pas demandé, parce que je comptais chaque jour revenir à Florence ; mais comme je vois que mon retour traîne en longueur, je vous supplie, par charité, de vouloir bien m'en envoyer ; et je me recommande de nouveau à vos seigneuries.

LETTRE XXVII.

MAGNIFIQUES SEIGNEURS,

J'ai écrit à vos seigneuries, et j'ai confié mes lettres au commissaire de la Romagne. Depuis il n'est rien arrivé ici de nouveau, et je ne vous écrirais pas s'il ne se présentait en ce moment une occasion.

On est toujours dans la persuasion que le pape partira pour Forli mardi prochain, quoique la plupart des personnes qui suivent la cour soient très-contrariées par l'incommodité du logement où l'on sera bien plus mal qu'ici ; plusieurs cardinaux sont allés même trouver le pape pour tâcher de le faire changer de résolution, en l'engageant à séjourner dans la ville avec sa cour, à envoyer le reste de ses troupes en avant et à distribuer toute son armée entre Forli et Imola : cependant ils n'ont encore rien obtenu, parce que le pape s'imagine qu'il nuirait à l'éclat de son entreprise s'il s'arrêtait si loin du but. Il y aura demain consistoire : à son issue il y a apparence que l'on saura quelle détermination on aura arrêtée relativement à cette entreprise, c'est-à-dire à la manière dont on la dirigera. J'instruirai vos seigneuries de ce que j'aurai pu apprendre.

La revue des hommes d'armes n'a point eu lieu aujourd'hui comme je vous l'annonçais hier : on dit qu'elle se fera demain. Jean-Paul Baglioni est arrivé ici aujourd'hui ; on attend demain le duc d'Urbin. Quant au marquis de Mantoue, il est présent comme à l'ordinaire, et accompagne sans cesse le pape dans sa route.

Il est arrivé un agent de Ramazotto, pour apprendre au pape que l'infanterie qu'il était chargé de lever est au complet et pour lui demander le reste de la solde. Il ne paraît pas qu'on veuille lever d'autres troupes ; quelques officiers qui s'étaient rendus ici dans l'espérance d'être employés commencent à la perdre entièrement : l'on croit que le pape se bornera à ses deux mille Italiens, parce qu'il compte d'un autre côté sur les trois mille Suisses que les Français veulent avoir avec eux ; on dit qu'il a même envoyé à Milan, pour le comte de ces Suisses, jusqu'à trente mille ducats qui doivent servir à payer trois termes de leur solde ; et, comme vos seigneuries le savent parfaitement, c'est ce qu'ils ont toujours l'habitude d'exiger avant de se mettre en marche.

Le légat de Pérouse ne cesse d'écrire au pape que cette ville se conduit de mieux en mieux ; qu'il est impossible aux habitants de témoigner plus de joie et de reconnaissance envers le ciel de ce que Sa Sainteté a bien voulu prendre la peine de les délivrer d'esclavage, et que chaque jour on prie Dieu pour sa béatitude. Il écrit en outre qu'il a engagé les Dix de l'arbitre à se démettre de leur emploi, et qu'il n'a pas permis qu'il en fût nommé d'autres : c'est ainsi qu'il est parvenu à abolir une magistrature qui maintenait la tyrannie. Il ajoute que cette opération lui a présenté de graves difficultés, et que la manière dont il l'a conduite lui a donné une grande considération ; de sorte que, pour me servir de ses expressions, l'Église introduit chaque jour dans cette ville quelques-unes de ses racines, tand[illegible] coupe à quelques-uns de ses ennemis : c'est ce que le temps éclaircira. Je me recommande à vos seigneuries.

NICOLAS MACCHIAVELLI.

Césène, le 4 octobre 1506.

LETTRE XXVIII.

MAGNIFIQUES SEIGNEURS,

Parmi les nouvelles que j'ai données à vos seigneuries dans ma lettre d'hier, je leur annonçais que le pape devait quitter cette ville demain pour se rendre à Forli : le bruit court aujourd'hui qu'il différera son départ jusqu'à après-demain. Le motif de ce retard est son désir de raffermir un peu mieux la tranquillité de cette ville et d'établir la paix entre les habitants de Césène, ce qui n'est pas aisé; mais ce qui sera bien plus difficile, ce sera de la maintenir, car ils se sont livrés entre eux au meurtre, au pillage, à l'incendie et à toutes les fureurs qu'a pu leur inspirer la haine. Le pape ne fait en ce moment que mettre un premier appareil sur ces maux; mais on est convaincu que si ses projets sur Bologne réussissent il n'aura pas de peine, s'il le veut alors, à les guérir entièrement.

La revue des hommes d'armes a eu lieu: ils s'élèvent à plus de six cents, en comptant deux chevau-légers par homme d'armes. Le duc d'Urbin a fait comparaître ses mille hommes d'infanterie, et six cents fantassins dont il avait chargé Nanni Morattini[1], de Forli, de faire la levée ainsi que les trois cents Suisses de sa garde. Les troupes de Ramazotto ne se sont pas encore montrées; il est cependant venu lui-même ici, disant qu'il a engagé jusqu'à quatre mille hommes si le pape le veut. Il se loue infiniment de vos seigneuries, qui lui ont donné la faculté de pouvoir même engager les hommes inscrits à leur service. Je ne peux pas m'empêcher de dire à vos seigneuries que si elles pouvaient voir les soldats du duc d'Urbin et de Nanni, elles ne rougiraient point de leurs troupes d'ordonnance et n'en feraient pas peu de cas.

Il y a eu ce matin un consistoire: les seules affaires d'État dont on s'y soit occupé ont eu pour objet la résolution prise de procéder contre Bologne avec les censures ecclésiastiques, et de ne point se borner à l'emploi de la force des armes que l'on a réunies contre cette ville. Il m'a semblé apercevoir que Giovanni commençait à mollir quelque peu, et à descendre de cette confiance qu'il manifestait ces jours passés.

On dit que les Français arrivent à grandes journées, et que Chaumont vient avec eux; on assure qu'il amène six cents lances, trois mille hommes d'infanterie et vingt-quatre pièces de canon.

Immédiatement après la revue, le marquis de Mantoue et le duc d'Urbin sont restés enfermés avec le pape plus de trois heures: on présume qu'ils se sont occupés de l'entreprise. On ignore les détails de leur conférence; mais quelqu'un qui a parlé avec le marquis assure qu'il met en avant mille difficultés. Je me recommande à vos seigneuries.

NICOLAS MACCHIAVELLI.

Césène, le 5 octobre 1506

—

LETTRE XXIX.

MAGNIFIQUES SEIGNEURS,

J'ai écrit hier à vos seigneuries, et je leur disais *inter cætera* que le pape devait partir demain matin: il semblerait que depuis il a changé d'avis, car il doit y avoir ce jour-là même un consistoire, auquel on ne voit d'autre motif que le dessein d'examiner quelle espèce de censure on lancera contre les Bolonais.

Au moment que je vous écris, c'est-à-dire vers la vingt-deuxième heure, l'ambassadeur du roi de Castille vient d'informer Sa Sainteté que ce prince est mort à Burgos de la fièvre appelée en Italie *mazuco*[1]; et comme cette mort pourrait déterminer le roi Ferdinand à retourner en Espagne ou occasionner d'autres mouvements, je m'empresse de vous l'annoncer par la voie de Castrocaro, parce que je doute que cette nouvelle puisse vous parvenir aussi promptement d'un autre côté.

Aujourd'hui le pape a définitivement engagé Ramazotto avec sept cent cinquante hommes d'infanterie et Nanni Morattini avec trois cents. Il a pris ses mesures pour en avoir à sa disposition cinq ou six mille, parmi lesquels sont les mille hommes de Feltre dont je vous ai déjà

[1] Ce Nanni Morattini était capitaine général d'Antoine Ordelaffo de Forli. Voyez l'*Histoire des marquis de Forli*.

[1] Cette nouvelle fut annoncée à Macchiavelli par le cardinal Soderini. La lettre qu'il lui écrivit existe encore: elle est datée de Césène, le 6 octobre, et l'on y trouve les mêmes expressions que celles dont se sert le secrétaire florentin en rendant compte à la seigneurie du genre de maladie à laquelle succomba l'archiduc Philippe. Muratori, dans ses *Annales d'Italie*, année 1528, parle du *mazuco* comme d'une fièvre épidémique qui attaqua les habitants de Padoue et les rendit furieux, en sorte qu'ils voulaient se jeter par les fenêtres, se précipiter dans les puits, dans les rivières, sans que les médecins pussent trouver un remède à ce mal. Il rapporte encore que dans la même année l'armée impériale se trouva infectée de la même maladie, qui exerça dans ses rangs les plus grands ravages, et emporta beaucoup de monde. Ce fléau se fit sentir de nouveau en 1414, en 1510, en 1558 et en 1588, année dans laquelle mourut Anne d'Au-

garie et les quatre à cinq mille que les francais amènent avec eux.

Les Bolonais ont entamé des négociations : ils demandent que l'on envoie chez eux deux cardinaux pour voir et pour réformer ; mais notre saint-père persiste dans sa résolution.

On dit que nous partons demain après dîner : cela me paraît difficile, mais après demain sans faute nous devons nous rendre à Forli.

NICOLAS MACCHIAVELLI.

Césène, le 6 octobre 1506.

LETTRE XXX.

MAGNIFIQUES SEIGNEURS,

J'ai écrit à vos seigneuries sous la date du 6; je les informais *inter cætera* de la mort du roi de Castille : cette nouvelle a paru ici avantageuse au pape, car on pense que le roi de France, sur lequel Sa Sainteté met son appui, sera bien mieux le maître maintenant de favoriser l'Église et de sauver l'Italie de l'avidité de ceux qui voulaient la dévorer. Il faudrait actuellement que Dieu permît à l'un et à l'autre de vivre, et les affaires pourraient prendre bientôt une autre couleur. Dieu fasse pour le mieux!

Dans le dernier consistoire, qui s'est tenu le 7 à Césène, on a arrêté le genre d'interdit qui serait fulminé contre les Bolonais et le gouvernement de cette ville. Depuis le pape est arrivé ici, où il a fait une entrée solennelle. Si d'abord il poursuivait son entreprise avec chaleu., maintenant il est tout feu, et il a envoyé à Rome l'évêque de Concordia[1] avec un autre prélat pour en rapporter une forte somme d'argent, attendu qu'il ne veut pas en ce moment se fier à des lettres de change.

Tous les hommes d'armes qui se trouvaient de ce côté se sont portés sur Imola : c'est là qu'ils attendront le pape, qui, d'après ce que l'on présume, partira d'ici lundi ou mardi au plus tard

On dit toujours que les Français poursuivent leur route, et l'on croit qu'ils sont actuellement sur le territoire de Modène. On n'apprend pas que les Bolonais aient fait de nouvelles démarches depuis celles dont je vous informais par ma dernière lettre.

Il y a deux jours que les habitants de Castel-Bolognèse, château appartenant à Bologne et situé entre Faënza et Imola, ont envoyé des ambassadeurs à Sa Sainteté pour se remettre entre ses mains, et les hommes d'armes du pape s'y sont logés à leur passage pour Imola. Je me recommande à vos seigneuries.

NICOLAS MACCHIAVELLI.

Forli, le 9 octobre 1506

LETTRE XXXI.

MAGNIFIQUES SEIGNEURS,

J'ai écrit hier à vos seigneuries, et parmi les nouvelles que je leur donnais je les informais de l'arrivée du pape en cette ville. Ce matin il s'est tenu un consistoire, et l'on a lu en présence du collége un projet de traité proposé par les ambassadeurs bolonais. Parmi les articles on en remarquait un où il était dit que si le pape voulait venir de sa personne à Bologne, il ne pourrait entrer dans la ville qu'avec sa garde à

triche, épouse de Philippe II, roi d'Espagne. L'historien Mariana, t. II, p. 225, en parlant de la mort de l'archiduc Philippe, s'exprime en ces termes : « Il survint au roi « don Philippe une fièvre pestilentielle qui l'enleva en peu « de jours. Quelques personnes soupçonnèrent qu'il avait « été empoisonné ; mais ses propres médecins, parmi les- « quels se trouvaient Louis Marliano Milanes qui fut par « la suite évêque de Tuy, vérifièrent que la véritable « cause de sa maladie avait été un exercice trop violent. » Il ajoute qu'il mourut le 25 septembre 1506, à une heure après midi, à l'âge de vingt-huit ans seulement.

Du reste, cette maladie est une espèce de catarrhe accompagné ordinairement d'une fièvre aiguë, et toujours de douleurs et d'une pesanteur de tête intolérables qui causent des étourdissements, des vertiges, etc., et une fluxion qui de la tête passe à la gorge, puis à la poitrine, et occasionne une toux continuelle extrêmement fatigante, avec difficulté de respirer ; des nausées, des faiblesses, et une lassitude douloureuse dans tout le corps, etc. Cette maladie est presque toujours épidémique ; elle a plusieurs fois infesté toute l'Europe, courant avec rapidité de contrée en contrée. En Italie cette fièvre a été nommée, suivant les pays, *mal galantino mal cortesino, mal de mattone, mal del montone, mal castrone ou castronaccio :* en France, on la désigne sous le nom de *coqueluche*. Ces explications sont dues au célèbre docteur Jean Targioni Tozzetti.

[1] C'était Francesco Argentino, de Venise, qui en 1491 succéda à Niccolo Donati dans l'évêché de Concordia. Au mois de mars 1511 Jules II le nomma cardinal ; et dans le mois d'avril de la même année il mourut à Rome, et fut enterré dans l'église de Sainte-Marie *in Transtevere*. Voyez *Ughelli*.

pied ordinaire qui consiste en deux cent cinquante à trois cents Suisses, et qu'il serait obligé de déterminer le temps pendant lequel il voudrait séjourner. Il y en avait encore quelques autres conçus dans le même esprit et qui contenaient des conditions peu honorables pour Sa Sainteté; de sorte qu'ils ont excité l'indignation de tout le sacré collége, et l'on a rédigé sur-le-champ contre Giovanni et ses partisans une bulle bien plus véhémente que celle que l'on avait arrêtée dans le dernier consistoire tenu à Césène le 7 : on y déclare Giovanni et ses adhérents rebelles à la sainte Église; tous leurs biens et ce qu'ils possèdent sont abandonnés à quiconque voudra s'en emparer; on les livre en servitude à ceux qui les feront prisonniers; indulgence plénière est accordée à tous ceux qui s'armeront contre eux et qui les massacreront. Cette résolution conclue, on a fait venir un certain Jacopo, secrétaire du seigneur Bentivoglio, et qui depuis mon arrivée ici n'a cessé de suivre la cour avec l'ancien ambassadeur : le pape, en présence du sacré collége, lui a dit alors que sa mauvaise conduite pendant sa mission méritait une punition exemplaire, pour avoir employé tous ses efforts à endurcir Giovanni ainsi que le peuple de Bologne dans leur obstination et dans leur rébellion envers l'Église; et que si ce n'était qu'il ne voulait pas changer de caractère ni porter atteinte aux priviléges d'un homme public, il en aurait fait un objet de pitié pour tout le monde; mais qu'il se bornait à lui ordonner de purger immédiatement les terres de l'Église de sa présence, et de bien se garder de jamais retomber entre ses mains. Le secrétaire a demandé à se justifier, mais on n'a pas voulu le lui permettre, et il s'est hâté de s'en retourner à Bologne.

A l'issue du consistoire le pape a voulu aller dîner au château : en sortant de l'appartement qu'il occupe dans le palais des prieurs, suivi de tous les cardinaux, il a trouvé la salle pleine de monde, et apercevant les orateurs bolonais parmi la foule, il est allé à eux, et, en présence de mille personnes, il a blâmé la tyrannie de Giovanni, ainsi qu'eux qui n'avaient pas rougi de venir la défendre, et il s'est exprimé d'un ton plein d'emportement et d'aigreur.

Ce matin, en consistoire, on a nommé le marquis de Mantoue lieutenant de la sainte Église dans l'entreprise contre Bologne.

Le cardinal d'Est a logé hier soir à Luco : il viendra ici demain avec une suite nombreuse pour rendre hommage au pape.

Suivant ce que disent les personnes attachées au duc de Ferrare, ce seigneur viendra faire visite au pape à Imola. Je me recommande à vos seigneuries.

On est toujours dans la persuasion que le pape partira lundi prochain pour Imola; et comme il ne veut point passer par Faënza, on ignore encore s'il prendra le chemin qui se dirige à droite vers la mer, ou celui de gauche qui va vers les montagnes.

Nicolas Macchiavelli.

Forli, le 10 octobre 1506.

LETTRE XXXII.

Magnifiques seigneurs,

Par ma lettre du 10 j'informais vos seigneuries de tout ce qui se passait. Ce matin, après la signature, le pape m'a fait appeler et m'a dit : « Je crois que tes seigneurs, en voyant « combien je me suis avancé dans mon en« treprise contre Bentivogli, doivent être éton« nés de ce qu'après leur avoir demandé il « y a déjà si longtemps Marcantonio et ses « hommes d'armes, qu'ils m'ont offert tant « de fois de mettre à ma disposition de la ma« nière que tu sais, je n'aie point insisté pour « qu'ils me les envoyassent. Sache donc, et tu « peux le leur écrire, que je n'ai tant différé « que pour satisfaire *ad plenum* au désir que « tu m'avais témoigné de leur part. Je n'ai « voulu réclamer leur promesse que lorsqu'ils « seraient convaincus que mon entreprise est as« surée et que je n'ai point compté en vain sur « les secours que j'attendais; car les Français « arrivent, et en aussi grand nombre que je « l'avais demandé, si même ils ne sont pas plus « nombreux : je leur ai donné l'argent et tout « ce qu'ils m'ont demandé. D'un autre côté, ou« tre mes quatre cents hommes d'armes j'ai ceux « de Jean-Paul, au nombre de cent cinquante; « j'ai de plus les cent stradiots que j'attendais « du royaume de Naples, et je présume que tu «dois les avoir vus. Le marquis de Mantoue est «venu me joindre avec cent chevau-légers, et «il a donné de nouveau des ordres pour qu'il «en arrivât encore autant. Le duc de Ferrare «doit venir me trouver à Imola avec plus de «cent hommes d'armes, et tous ceux qu'il a en «outre sont aussi à ma disposition. J'ai donné «de l'argent pour l'infanterie qui arrive avec «les Français et pour celle que je lève à mes «frais dans ce pays; et en dernier lieu, pour «que personne ne doute que je ne veux au-«cun traité avec Giovanni, j'ai publié contre «lui comme une croisade. Maintenant si tes «seigneurs, comme ils me l'ont promis, veulent «ne pas être les derniers, il faut qu'ils hâtent «la marche de leurs troupes; et dans cette vue «je désire que tu leur expédies sur-le-champ «un courrier, pour leur signifier de ma part le «désir que je te manifeste et les engager à «envoyer le seigneur Marcantonio Colonna avec «les cent hommes qu'il commande Tu leur «diras qué quoique je presse l'arrivée de leurs «troupes, je pourrais fort bien m'en passer; «mais que je les désire non à cause des ser-«vices que je puis en tirer, pour me faire hon-«neur, mais pour avoir un juste motif d'être «reconnaissant envers eux, et les appuyer de «mon crédit dans leurs plus grands besoins «quand l'occasion s'en présentera: et cette oc-«casion se présentera toujours tant que l'Église «se maintiendra à la hauteur à laquelle je pré-«tends l'élever.»

J'ai répondu à Sa Sainteté que j'allais m'empresser d'instruire immédiatement vos seigneuries de ses intentions, et que j'y mettrais toute la diligence possible. Elle m'a demandé alors à quelle époque je croyais que ces troupes pourraient arriver à Imola. Je lui ai dit qu'il n'était pas possible que mon messager pût arriver à Florence avant deux jours; qu'il en faudrait deux autres pour envoyer les ordres a Cascina, et que les troupes en mettraient au moins sept pour se rendre de Cascina à Imola. Ce temps lui a paru trop long, et elle m'a pressé de nouveau de vous écrire sans perdre de temps et de l'informer de votre réponse aussitôt que je l'aurais reçue.

Le cardinal d'Est est arrivé ici hier au soir. On attend le duc à Imola, ainsi que l'a annoncé le pape. Le marquis de Mantoue est en avant, sur la route d'Imola, avec toutes les troupes. Le pape se dirigera de ce côté demain ou après-demain. Hier matin on a expédié en consistoire un bref en vertu duquel le pape permet au roi de France de disposer des bénéfices du duché de Milan tout comme faisait le comte Francesco : c'est la dernière demande que le roi ait adressée au pape dans cette circonstance. On dit que les Bolonais ont abandonné Castel-San-Piero, et qu'ils ont le projet de défendre les deux petits forts qui sont plus rapprochés de la ville. Depuis que Jacopo, secrétaire de Giovanni, a été renvoyé par le pape, en plein consistoire, de la manière que je vous ai rapportée, les ambassadeurs ont fait savoir au pape qu'ils venaient d'être rappelés, et lui ont demandé la permission de s'en retourner. Le pape leur a répondu qu'il ne voulait ni la leur accorder ni la leur refuser, mais qu'il leur conseillait fort de ne point aller à Bologne s'ils ne voulaient pas être mis en pièces à cause des mauvais bruits que Jacopo avait fait courir sur leur compte. Les ambassadeurs ont compris qu'ils ne devaient point partir, et ils sont restés ici. Le pape a chargé l'évêque de' Pazzi, gouverneur de la ville, de veiller adroitement sur eux et de ne point les laisser échapper. Je me recommande à vos seigneuries.

NICOLAS MACCHIAVELLI.

Forli, le 12 octobre 1506.

LETTRE XXXIII.

MAGNIFIQUES SEIGNEURS,

J'ai écrit hier à vos seigneuries, et je les ai informées de tout ce que le pape m'avait chargé de leur dire relativement aux hommes d'armes qu'il désire qu'elles lui envoient, conformément à sa première demande. Aujourd'hui que toutes les autres dispositions sont faites, il veut que vous entriez en jeu. Depuis, j'ai reçu votre dernière lettre du 11 : mais je dois vous prévenir que je n'y ai point trouvé joint le paquet de lettres pour la France dont vous m'annoncez l'envoi; de sorte que je ne puis ni le faire parvenir à sa destination, ni vous le renvoyer, comme vous me le prescrivez. Vous désirez savoir en outre où se trouvent les troupes françaises, dont vous n'avez aucune nouvelle de votre côté : on dit ici que plus des deux tiers sont à Parme, et que le reste vient avec Chaumont, qui n'attendait pour partir que l'expédition du bref dont j'ai donné connaissance à vos seigneuries par ma dernière lettre.

On a reçu hier de l'armée la nouvelle que le marquis s'était emparé de Castel-San-Piero, et avait dévalisé cinquante chevau-légers de Bentivogli. Les hostilités qui ont commencé empêchent qu'on puisse savoir ce qui se passe dans Bologne et qu'on en reçoive des nouvelles. On disait d'abord que Giovanni n'avait pris que des mesures peu vigoureuses, et qu'il craignait de dépenser autant qu'il était nécessaire pour se défendre d'une attaque de cette nature.

Le pape n'est point parti ce matin, comme il en avait le projet, à cause d'une légère attaque de goutte qu'il a ressentie au genou, et qui l'a forcé de garder le lit toute la matinée; mais c'est un ancien mal qui ne présente aucun danger. On dit qu'il y aura demain un consistoire, et que le saint-père restera ici toute la journée pour réconcilier les deux partis qui divisent la ville. Il partira ensuite pour Imola. Je me recommande à vos seigneuries.

NICOLAS MACCHIAVELLI.

Forli, le 13 octobre 1506.

LETTRE XXXIV.

MAGNIFIQUES SEIGNEURS,

J'ai mis hier vos seigneuries au courant de tout ce qui se passait. Ce matin il y a eu consistoire, et Sa Sainteté a communiqué aux cardinaux la nouvelle de la prise de Castel-San-Piero et de Castel-Guelfo et celle de quarante chevau-légers ennemis. Elle a ajouté que, quoique Giovanni eût manifesté l'intention de tenir de ce côté-ci dans Butriano, et du côté opposé dans Castel-Franco, elle était persuadée qu'aussitôt que ses soldats se présenteraient devant ces deux places elles ne feraient aucune résistance. Elle a rapporté encore qu'elle avait appris d'un homme chargé d'un message verbal, et qui était sorti de Bologne, que Giovanni avait licencié toute son infanterie étrangère, et ne voulait pour se défendre que le concours des seuls habitants. Cela paraît bien difficile à croire, d'autant plus qu'on n'en voit pas la raison : aussi peut-être est-ce un mensonge. Quant à son départ, Sa Sainteté a annoncé qu'elle resterait ici toute la journée d'aujourd'hui et de demain, et qu'elle verrait alors ce qu'elle aurait à faire. On croit donc qu'elle ne partira que lorsqu'elle saura que les Français se sont approchés de Bologne. On n'a appris sur leur compte que ce que je vous en dis dans l'incluse. Je me recommande à vos seigneuries.

NICOLAS MACCHIAVELLI.

Forli, le 14 octobre 1506.

P. S. Pendant que j'écrivais j'ai reçu votre lettre du 12 ainsi que le paquet destiné pour la France. Je tâcherai de le faire parvenir, sinon je vous le renverrai.

J'ai appris qu'il était arrivé cette nuit des lettres de monseigneur d'Aix en date du 11. Il écrit au pape que Chaumont consent à envoyer cinq cents lanciers à Parme, avec ordre de n'en point partir sans de nouvelles instructions. Je n'ai point encore vérifié cette nouvelle : je tâcherai pour l'ordinaire prochain d'entrer à ce sujet dans de plus grands détails.

LETTRE XXXV.

MAGNIFIQUES SEIGNEURS,

Après une longue délibération sur le chemin qu'il y aurait à suivre pour se rendre de Forli à Imola sans avoir aucune obligation aux Vénitiens, Sa Sainteté, voyant que si elle se dirigeait sur la droite en longeant la mer, elle se trouverait renfermée entre les fleuves et Faënza : que d'un autre côté en prenant sa route à gauche le long des montagnes, elle passerait entre Brizighella et Faënza, a pensé que ces deux chemins offraient des dangers, et elle a résolu de ne suivre ni l'un ni l'autre, mais de se jeter tout à fait dans la montagne et de passer à travers vos États. Son intention est donc d'aller dîner demain à Castrocaro et coucher à Modigliana; le jour suivant elle s'arrêtera entre Marradi et et Palazzuolo; le lendemain elle sera à Tosignano, bourg appartenant à l'Église; et de là enfin elle arrivera à Imola. Au moment où il était question de cette résolution je reçus les lettres de vos seigneuries, en date du 14, qui m'informaient des ordres donnés au seigneur Marcantonio de monter à cheval. Je me hâtai de les lire au pape, qui, lorsque j'eus fini, appela d'un air tout joyeux le dataire et Carlo degli Ingrati, et leur dit : « Je veux que vous » sachiez quels sont les amis que possède Gio» vanni, et qui de lui ou de l'Église est le » plus estimé de ses voisins. » Outre ces deux prélats il appela alors tous ceux qui se trouvaient à table auprès de lui et voulut qu'ils entendissent votre lettre. Il s'exprima ensuite de la manière la plus affectueuse et la plus honorable sur le compte de vos seigneuries. Je dis alors à Sa Sainteté que, puisqu'elle avait formé le projet de prendre sa route à travers le domaine de Florence, j'allais monter sur-le-champ à cheval pour y rassembler toutes les provisions que pourrait fournir un pays aussi pauvre, aussi dépourvu d'habitations, et où elle devait penser qu'elle serait comme dans un camp ou dans tout autre endroit plus incommode encore. Je témoignai mon regret de n'avoir pas su cette résolution cinq ou six jours d'avance, parce que vos seigneuries auraient pu songer à faire rendre quelques honneurs à Sa Sainteté; mais je l'assurai qu'elle rencontrerait partout les démonstrations de l'affection la plus vive, car toutes les villes de la république savaient qu'en agir ainsi c'était remplir les intentions de vos seigneuries. Sa Sainteté me répondit que rien ne l'embarrassait, et qu'elle se trouverait satisfaite de tout ce qu'on ferait pour elle. Je suis donc parti sur-le-champ, et je suis arrivé à Castrocaro à la vingtième heure; ce soir je serai à Modigliana, *ut parem viam domino*. Je me recommande à vos seigneuries.

NICOLAS MACCHIAVELLI.

Castrocaro, le 16 octobre 1506.

LETTRE XXXVI.

MAGNIFIQUES SEIGNEURS,

Ainsi que j'avais annoncé à vos seigneuries que l'intention du pape était de se rendre à Imola en traversant le territoire de vos États, Sa Sainteté a exactement suivi le chemin que je vous avais indiqué; et aujourd'hui 19 nous sommes arrivés ici, à Palazzuolo, où elle fera collation; elle ira coucher cette nuit à Tasignano, bourg de sa dépendance. Un envoyé de vos seigneuries est arrivé hier au soir à Marradi. Il venait de Mugello avec six barils de vin en pièces, deux en bouteilles et une charge de fruits : il a offert le tout au pape, en le priant d'agréer les excuses que comportait la nature du présent : Sa Sainteté a paru satisfaite, et a remercié de cette attention.

Ce matin Pier-Francesco Tosenghi, commissaire général, a cru ne pas devoir accompagner le pape plus avant, et il a pris congé de Sa Sainteté. Il me serait impossible de vous exprimer toute la bienveillance avec laquelle elle lui a parlé, et combien elle a témoigné d'affection pour vos seigneuries : elle l'a tenu embrassé pendant une demi-heure en présence de toute sa cour. Je ne vous rapporterai point les particularités de cette conversation, parce que je sais que Pier-Francesco doit vous en avoir rendu un compte détaillé. Chacun ici est persuadé que si l'entreprise de Bologne réussit, le pape ne tardera point à se jeter dans de plus vastes tentatives; et l'on espère que cette fois-ci, ou jamais, l'Italie sera pour toujours délivrée de tous ceux qui ont résolu de la dévorer. Je me recommande à vos seigneuries.

NICOLAS MACCHIAVELLI.

Palazzuolo, le 19 octobre 1506.

LETTRE XXXVII.

MAGNIFIQUES SEIGNEURS,

C'est de Palazzuolo que j'ai écrit la dernière fois à vos seigneuries. Hier le pape est arrivé ici; et, comme je vous l'avais marqué en vous parlant de son voyage à travers les terres de la république, il a trouvé en surabondance dans chaque endroit du pain et des vivres de toute espèce, ainsi que des fourrages pour les chevaux.

A son arrivée ici, un homme qui venait de l'armée française lui a annoncé qu'elle devait se trouver en ce moment à Modène; qu'elle s'élevait à huit cent dix lances, cinq mille hommes d'infanterie, dont deux mille Suisses, et le reste compose de Gascons et de quelques corps d'aventuriers. On disait que Giovanni demandait à traiter par l'entremise de Chaumont, et que le marquis de Mantoue s'en mêlait également. Ce dernier est venu du camp ce matin, et est resté seul avec le pape pendant assez longtemps. Sa Sainteté est enfin sortie de sa chambre, et, en présence de plus de vingt cardinaux qui étaient à l'attendre, elle a dit que Giovanni lui proposait des conditions bien plus raisonnables que celles qu'il lui avait adressées à Forli; mais que les seules qu'elle pût accepter c'était, ou qu'il sortît de Bologne avec tous les meubles et les immeubles qui lui seraient conservés, ou qu'il vînt se remettre librement et sans réserve entre ses mains; que c'était là tous les traités qu'elle voulait faire avec lui. Ceux qui raisonnent sur cette affaire croient que si Giovanni perd l'espoir de se défendre à force ouverte, il se jettera lui et ses enfants dans les bras du pape, sous la foi de Chaumont ou de quelque autre grand personnage semblable, espérant, d'après l'exemple de Jean-Paul Baglioni, obtenir quelque arrangement qui lui permette de rester dans Bologne, et ne point perdre l'occasion de se remettre dans son premier état.

Comme je me trouvais ce matin au palais et que je m'entretenais avec les orateurs bolonais, qui sont encore ici, ils se sont plaints, mais avec modération, de l'envoi de vos troupes. Je leur ai répondu en riant que Giovanni et vos autres voisins vous avaient enseigné à vos dépens à suivre toujours le général; et que ce n'était pas de votre conduite qu'ils devaient se plaindre, mais de celle que vos seigneuries avaient apprise d'eux.

Bernardo da Bibbiena demandait ce matin à Carlo Ingrati comment allaient les affaires. Carlo lui a dit : « Bien, en dépit de ceux qui voudraient « le contraire. — Serais-je par hasard du nombre « de ceux-là ? » a répliqué Bernardo. Carlo, tout embarrassé, lui a répondu : « Je n'en sais rien; » et lui a tourné le dos.

Je me recommande à vos seigneuries.

NICOLAS MACCHIAVELLI.

Imola, le 21 octobre 1506.

LETTRE XXXVIII

MAGNIFIQUES SEIGNEURS,

Par ma lettre d'hier j'ai mis vos seigneuries au courant de tout ce qui s'était passé. On apprend ce matin que demain, dans la journée, les Français se trouveront aux environs de Castel-Franco, sur le territoire de Bologne. On attend également demain monseigneur d'Alègre, qui se rend auprès du pape pour conférer avec Sa Sainteté et les capitaines des troupes italiennes sur la manière de diriger cette entreprise. Le pape, en s'entretenant ce matin de l'arrivée de monseigneur d'Alègre, a manifesté le désir qu'au moment où il arrivera, un ambassadeur de votre part puisse se trouver présent, parce que, comme on doit s'occuper du bien-être de l'Italie, il désire que vous y interveniez : il serait donc à propos que Francesco Pepi[1] se fût mis en route dès aujourd'hui comme il en a été question.

[1] Francesco Pepi fut l'ambassadeur envoyé auprès du pape. Une lettre autographe de lui, datée de Firenzuola, le 25 octobre 1506, fait connaître l'époque de son départ de Florence et de son arrivée à Firenzuola, ainsi que son projet de se rendre immédiatement auprès du pape à Imola, pour y remplir sa mission. Voici cette lettre :

TRÈS-CHER NICOLAS,

« J'ai reçu hier la lettre que vous m'avez écrite, que « j'étais encore par-delà le Giogo; car, bien que j'aie « quitté Florence jeudi, un accident assez fâcheux qui « m'est survenu en route m'a forcé à m'arrêter et m'a « empêché d'être ici hier soir comme j'en avais le projet. « Je quitte à l'instant Firenzuola, au lever du soleil, et « je vous envoie cette lettre par mon courrier. Je vous « prie de me recommander au révérendissime monsei« gneur de Volterra; excusez-moi près de lui si je ne « lui réponds pas, et remerciez-le de toutes ses bontés « pour moi, de sa lettre, de ses nouvelles; dites-lui que « si je ne lui ai pas répondu, c'est que le temps m'a man« qué; et je vous prie de lire cette lettre à sa révérendis« sime seigneurie.

« Je voudrais bien pouvoir arriver sans cérémonie et « sans pompe, si l'on pouvait s'excuser sur les localités et « que cela ne blessât en rien la dignité de la république: « car j'attache plus de prix à un service rendu à nos très« hauts seigneurs qu'à toutes les démonstrations du « monde; et je pense qu'il suffirait que l'on sût publi« quement à Florence que, si je suis entré ainsi, c'est que « je l'ai voulu moi-même. Toutefois je suis disposé à « faire tout ce qui paraîtra convenable à sa révérendis« sime seigneurie, parce que, *in minimis et maximis*, « je ne veux suivre que ses conseils; et c'est dans ces « dispositions que je suis parti de Florence. Si l'on ne « voyait aucun inconvénient à ce que je puisse arriver ce

Les troupes papales qui se trouvent de ce côté ont parcouru hier tout le pays, jusque sous les murs de Bologne : elles ont fait un grand butin de bestiaux. Elles ont risqué d'être surprises par un corps de cavalerie bolonaise qui était sorti de la ville pour les prendre à dos, mais qui n'a pu les atteindre parce qu'il ne s'est point assez avancé. On dit que Giovanni a maltraité quelques couvents de moines qui avaient commencé à obéir à la bulle d'excommunication.

On a désigné les logements destinés au duc de Ferrare ; une grande partie de ses bagages est déjà arrivée, et l'on dit qu'il ne tardera pas lui-même à venir.

L'ambassadeur de Venise a suivi le pape jusqu'à Césène, où il est resté : il n'a encore paru ni à Forli ni ici. Je me recommande à vos seigneuries.

NICOLAS MACCHIAVELLI.

Imola, le 22 octobre 1506.

«soir accompagné d'un seul valet, j'arriverais pendant la «nuit, parce que je monterais sur-le-champ à cheval, «laissant ici tout le reste de ma suite ; à moins qu'on ne «préférât que je m'arrêtasse à Tosignano avec tous mes «domestiques, dans l'idée que si j'arrivais seul ce serait «comme si je n'y étais pas. Je mène avec moi huit va«lets à cheval, mon fils, mon gendre, un intendant, «Agostino, et j'ai auprès de moi deux laquais et un cour«rier : tous sont en bon état et bien montés. Je suis en «outre accompagné de quatre cavaliers, dont un est de la «famille des Peruzzi et un autre de celle des Venturi : ils «vont à la cour pour une affaire qui les concerne. Nous «sommes partis ensemble ; ils m'ont suivi jusqu'à présent, «et leur dessein est de continuer à loger avec moi. J'entre «dans tous ces détails pour que vous compreniez quelle «espèce de logement il me faut. Après vous avoir écrit de «Florence ainsi qu'au révérendissime monseigneur, «j'ai appris qu'Alessandro Neroni était chargé des loge«ments : en conséquence je lui ai écrit pour le prier «de m'en chercher un bon, attendu qu'il existe entre «nous quelques liens de famille. Je dînerai ce matin à «Pian-Caldoli, et mon courrier me précédera : renvoyez«le-moi, je vous prie. Je m'arrêterai à Tosignano jus«qu'à ce que vous m'ayez fait connaître la marche que je «dois suivre, d'après la communication que vous en aurez «faite à sa révérendissime seigneurie. Dites à l'archidiacre «que je ne réponds pas à sa lettre, attendu que cela est «inutile : je m'expliquerai de vive voix avec lui. Je vous «prie de me rappeler à son souvenir.»

FRANCESCO DE' PEPI, docteur et ambassadeur.

Firenzuola, le 25 octobre 1506, à la treizième heure.

L'adresse de cette lettre porte :

Spectabili viro Nicolao de Machiavellis, mandatario Florentiæ apud summum Pontificem, Imolæ.

LETTRE XXXIX.

MAGNIFIQUES SEIGNEURS,

Ma dernière lettre à vos seigneuries était datée du 12. Je dois vous rendre compte aujourd'hui qu'un courrier nommé Quattrino est arrivé cette nuit de Lombardie, annonçant avoir laissé l'avant-garde française à Modène, et le reste de l'armée, sous le commandement de monseigneur de Chaumont, à Parme. On croit que la semaine où nous allons entrer ne se passera pas sans que ces troupes se trouvent près de Bologne.

Celles du pape ont fait prisonnier cette nuit un habitant de cette ville nommé messer Carlo de' Bianchi, fils de l'un des Dix : il était envoyé en mission dans quelques bourgs qui restent encore aux Bolonais. Vos seigneuries sauront que les troupes italiennes au service du pape se trouvent à Castel-San-Piero et dans plusieurs maisons de campagne des environs, et que tous les lieux devant lesquels elles se sont présentées jusqu'à présent se sont rendus sans résistance.

Une personne que je crois digne de foi m'a rapporté qu'un prêtre sorti depuis deux jours de Bologne lui avait dit que Giovanni avait fait publier la bulle d'excommunication, mais qu'ensuite il avait fait prévenir tous les religieux qu'il ne tenait qu'à eux de rester ou de partir, et que plusieurs s'étaient éloignés. Elle m'a rapporté en outre que des ordres avaient été donnés pour faire une levée de trois mille hommes ; que l'on travaillait à élever des bastions et des terrassements ; qu'on fortifiait les endroits les plus faibles, et que l'on attendait dans la ville Tarlatino, Rinieri della Sassetta et Piero Gambacorti. J'en donne avis à vos seigneuries non comme de bruits fondés, mais comme de nouvelles qui se répètent et qui pourraient être vraies.

Monseigneur d'Alègre n'est point encore arrivé : on l'attend demain, ainsi que le duc de Ferrare.

Des lettres toutes récentes de Venise annoncent qu'à l'instant qu'on eut appris dans l'armée de l'empereur la mort de l'archiduc cette armée s'était entièrement dissoute, et que par suite de cet événement tous les projets de l'empereur s'étaient dissipés en fumée.

Je reçus hier de Pietramala, sous la date du 23

une lettre de Benedetto Pepi, qui m'informait que le seigneur Marcantonio et sa troupe seraient le lendemain à Pian-Caldoli, et qui me priait de lui faire savoir ce qu'il avait à faire. Je m'empressai de communiquer cette nouvelle au pape qui envoya sur-le-champ à Pian-Caldoli un commissaire et un de ses huissiers pour les recevoir et les amener rejoindre le reste de l'armée. Ils doivent s'y trouver ce soir.

Francesco, en m'annonçant qu'il serait ici dans la journée, m'avait prié de lui trouver un logement : ce n'est pas sans peine que j'y suis parvenu ; toutefois, avec l'autorité du pape et en faisant donner congé à d'autres personnes pour vendredi, je suis parvenu à en trouver un commode et convenable qui est à sa disposition. Cependant nous voilà au dimanche, et l'on n'entend point parler de lui. J'en informe vos seigneuries afin qu'elles le pressent de se mettre en route, dans le cas où il ne serait point encore parti ; car on désire vivement ici la présence d'un ambassadeur pour les motifs que je vous ai exposés. Je me recommande à vos seigneuries.

NICOLAS MACCHIAVELLI.

Imola, le 25 octobre 1506.

LETTRE XL.

MAGNIFIQUES SEIGNEURS,

Hier soir, dès que je vous eus écrit la lettre ci-jointe, le courrier de sa magnificence l'ambassadeur arriva, m'informa qu'il se trouvait ce soir à Tosignano, et me pria, si les localités pouvaient lui servir d'excuse, d'obtenir pour lui qu'il pût entrer sans cérémonie, attendu que la faiblesse de sa santé lui faisait désirer d'éviter cette fatigue. Il m'engageait à lui rendre compte de ce que j'aurais fait. Je me rendis sur-le-champ chez le cardinal de Pavie, et je l'informai de la prochaine arrivée de l'ambassadeur. Il fit appeler soudain le maître des cérémonies, afin de lui donner les ordres nécessaires pour que la suite des cardinaux et des autres prélats se rendît au-devant de lui selon la coutume. Je lui fis observer alors que si l'on pouvait éviter cet embarras on ferait plaisir à l'ambassadeur, qui se trouvait incommodé ; et je réussis à la satisfaction de chacun, attendu que les cardinaux n'ont avec eux qu'une suite peu nombreuse, et qu'on est ici comme à l'armée, et non pas avec toute l'étiquette de la cour de Rome. Le magnifique ambassadeur est arrivé ce matin, et Sa S[illegible]eté a fixé l'heure de son audience à dema[illegible]in, à la quinzième heure.

La [illegible]velle du jour est que le gouvernement de Bologne a écrit en date d'hier, aux ambassadeurs qu'il a envoyés ici, une lettre à laquelle se trouve jointe la copie de la proclamation que monseigneur de Chaumont adresse à cette ville au nom du roi de France, pour lui signifier que, si dans deux jours elle ne se soumet pas à Sa Sainteté et à ses ordres, il la traitera comme ennemie, et regardera comme rompues toutes les obligations qu'il aurait pu avoir contractées avec le gouvernement, la personne de Giovanni, et avec la ville elle-même. Le gouvernement a prescrit en conséquence à ses ambassadeurs de se jeter aux pieds du pape, de recommander la ville à sa clémence, et de lui donner l'assurance que les habitants sont prêts à obéir à tous ses ordres et à ceux du roi, et le conjurent de vouloir bien consentir à sauver les biens et la personne de Giovanni et de ses enfants. Le pape leur a répondu que tout ce qu'il pouvait leur dire était de se soumettre à la bulle ; et il ne veut pas sortir de là. Un courrier qui arrive apporte la nouvelle que les Français seront aujourd'hui dans les environs de Castel-Franco.

Sa magnificence l'ambassadeur, comme je vous l'ai dit plus haut, aura demain son audience du pape ; et chaque jour il vous rendra compte par écrit de tout ce qui se passera ici. Avec la permission de vos seigneuries, je m'en retournerai demain ou après-demain, s'il plaît à Dieu.

Le duc de Ferrare est arrivé aujourd'hui ; monseigneur d'Alègre n'a point encore paru, malgré ce qu'on disait : j'ignore les motifs de son retard. Je me recommande à vos seigneuries.

NICOLAS MACCHIAVELLI.

Imola, le 26 octobre 1506.

XIX.

SECOND ENVOI

AUPRÈS DU SEIGNEUR DE PIOMBINO,

JACQUES D'APPIANO [1].

LETTRE DE CRÉANCE.

Illustri et excellenti DD. Jacobo V de Aragonia, de Appiano, Plumbini domino, etc., amico nostro carissimo.

ILLUSTRIS ET EXCELLENS DOMINE,

Nous envoyons Nicolas Macchiavelli, notre citoyen et secrétaire, auprès de votre seigneurie, pour l'entretenir de quelques affaires relativement auxquelles il a reçu nos instructions. Nous la prions de lui accorder une confiance aussi entière que si c'était avec nous qu'elle traitât. Nous lui renouvelons l'assurance d'être toujours à son service dans toutes les occasions, et animés du désir de faire tout ce qui dépendra de nous pour conserver son amitié.

Priores libertatis et vexillifer justitiæ populi florentini.

MARCELLUS.

De notre palais, le 18 mai 1507.

[1] On n'a trouvé ni lettres ni autres documents relatifs à cette mission.

XX.

TROISIÈME LÉGATION

A SIENNE [2].

CORRESPONDANCE.

LETTRE PREMIÈRE

MAGNIFIQUES SEIGNEURS,

Je suis arrivé ce soir à Sienne, et, après avoir pris des renseignements touchant le légat, j'ai su de plusieurs côtés que sa seigneurie arrive ce soir à Aquapendente et qu'elle sera demain à la Paglia : qu'elle pourrait fort bien venir le jour suivant jusqu'à Buonconvento, et qu'enfin, si elle suit l'itinéraire arrêté, il serait possible qu'elle se trouvât vendredi ici, où l'on ignore combien de temps elle doit rester. On ne sait pas non plus si elle s'arrêtera pendant toute la journée de dimanche pour voir la fête, ou si elle partira auparavant. Aussitôt qu'elle sera arrivée je saurai quelle sera son intention, et j'en instruirai sur-le-champ vos seigneuries. Quant à la suite qui l'accompagne et aux honneurs qu'on lui rend, j'ai parlé aux aubergistes de la ville et à tous les gens chez lesquels on a coutume de loger dans de sembla-

[2] Cette légation est du 10 août 1507. Macchiavelli f[...] envoyé pour examiner la suite du légat que le pape en[...]voyait à l'empereur, dans la supposition ou ce prince s[e] rendrait en Italie pour se faire couronner. Le *Journal de Paris Grassis* nous apprend que ce légat était Be[...]

bles cas : tous m'ont dit que la municipalité avait envoyé au-devant du légat six habitants pour lui rendre les honneurs dus à son rang ; et voici l'ordre que l'on doit suivre : le légat, avec quarante ou cinquante cavaliers de sa suite la plus intime, seront logés ou dans le palais de Pandolfo ou à l'évêché et défrayés d'une manière honorable ; le reste de sa suite et les chevaux seront placés à l'auberge, et l'on a déjà prévenu les aubergistes de faire leurs provisions. Ils ne savent pas cependant si c'est la commune qui payera ou si les gens de l'ambassade feront eux-mêmes la dépense, parce qu'on ne leur a pas dit autre chose ; mais, vu l'importance du personnage et le désir qu'ils ont qu'il défende leurs intérêts en Allemagne, ces aubergistes croient que ce sera la commune qui payera, quoiqu'ils n'aient aucune certitude à cet égard. Ils ignorent également la manière dont on se conduira dans le reste du domaine, et je ne puis vous l'écrire. Je serai demain dans l'endroit où se trouve ce légat ; et lorsque j'aurai obtenu tous les renseignements nécessaires je vous expédierai une estafette. Je saurai dire au juste à vos seigneuries de combien d'hommes à cheval sa suite se compose ; car les uns en bornent le nombre à cent et pas davantage, tandis que les autres le font aller au delà de deux cents ; mais je crois que c'est à ceux qui en mettent le moins que l'on doit ajouter le plus de foi. En somme, ainsi que je viens de le dire, il ne se passera pas quarante heures avant que vos seigneuries soient instruites du nombre exact des chevaux, de la manière dont on le recevra ici et de l'époque à laquelle il arrivera sur votre territoire. Mon intention n'est pas de demander à son maître d'hôtel la liste des gens de sa suite, car je ne veux pas m'exposer, après avoir compté sur le petit nombre de ceux qu'elle porterait, à en voir arriver davantage et à encourir le reproche d'avoir mis vos seigneuries dans l'embarras : je les prie donc de faire en cette circonstance ce qu'elles jugeront à propos.

Aujourd'hui la balìa s'est rassemblée en tumulte, parce qu'on a reçu de Lusignano la nouvelle que ce bourg avait résolu de te-nir ses portes fermées, dans la crainte des habitants du Val-di-Chiana.

D'après ce que je vois par moi-même, l'universalité des habitants se fait une grande fête de voir l'empereur et chacun désire ardemment son arrivée. Je donne cet avis à vos seigneuries ; car dans les événements de ce genre les sentiments des peuples sont ordinairement en position avec ceux de leurs chefs.

NICOLAS MACCHIAVELLI.

Sienne, le 10 août 1507.

LETTRE II.

MAGNIFIQUES SEIGNEURS,

Avant-hier, à mon arrivée à Sienne, j'ai écrit immédiatement à vos seigneuries tous les renseignements que j'avais pu obtenir sur le légat et les honneurs qu'on voulait lui rendre ici. Je ne vous répéterai pas ce que je vous disais, parce que j'ai l'espoir que mes lettres vous sont parvenues sans accident. Ainsi que je vous le mandais, le légat a couché hier soir à Paglia. De mon côté, je me suis rendu sur-le-champ à San-Quirico ; car je n'ai pas cru devoir aller jusqu'à la Paglia, pensant qu'il me serait bien plus facile de voir au moment de l'arrivée qu'à celui du départ à combien s'élève sa suite. J'ai donc couché hier à San-Quirico, endroit par lequel les gens du cardinal devaient passer pour se rendre à Buonconvento, suivant le premier ordre fixé pour le voyage, ou dans lequel ils devaient s'arrêter ; mais le cardinal a changé l'ordre de la route : de la Paglia il s'est rendu avec quelques cavaliers à Pienza, où il a été reçu et traité par les Piccolomini, tandis que le reste de sa suite est venu à San-Quirico, où je me trouvais. Curieux de savoir à quoi m'en tenir sur le nombre exact des chevaux qu'il mène avec lui, et ayant vu ce partage de sa suite, j'ai envoyé le jour même mon courrier à Pienza pour qu'il comptât le nombre de cavaliers qui accompagnent le cardinal ; et je suis resté à San-Quirico pour m'assurer du reste. En définitive, mon messager m'a rapporté qu'il avait compté trente-neuf chevaux ; et il est resté à Pienza dix heures après que la cour y a été

nardino Carvajal ; que sa mission fut décidée le 16 juillet, et qu'il se mit en route le 4 août. On demandait pour légat le cardinal Santa-Croce. Voyez MAGLIABECCHI, *Journal ecclésiastique* du temps, page 121

arrivée. Il est venu cinquante-sept cavaliers à San-Quirico; dix environ étaient passés pour se rendre à Sienne : de sorte qu'en mettant le tout au plus haut, il peut bien y avoir cent dix chevaux. Je suis resté à San-Quirico jusqu'à la vingt-deuxième heure à attendre, si je puis m'exprimer ainsi, que tout fut égoutté ; et, s'il n'en arrive pas d'autres de Rome, il n'en a pas davantage. Ses valets de chambre et son maître d'hôtel disent qu'il mène avec lui cent cinquante cavaliers, mais c'est pour lui faire une suite plus honorable. Il a en outre trente-deux mulets de charge : je les ai comptés moi-même. Les siens disent qu'il en a quarante, mais je puis dire que loin d'en compter quarante il faudrait plutôt en rabattre. Ses palefreniers, ses valets de pied et les personnes de sa cour s'élèvent à cinquante environ : ils ont l'air pour la plupart d'échappés de la prison. Voilà ce que j'ai pu savoir de vrai sur son domestique. Persuadé que j'avais rempli ma mission sur ce point, j'ai pris la poste à la vingt-deuxième heure et j'ai quitté San-Quirico pour revenir à Sienne, afin de tenir vos seigneuries au courant des honneurs que l'on doit rendre dans cette ville au légat et de l'époque à laquelle il a fixé son départ.

Comme le cardinal se trouve ce soir à vingt-deux milles d'ici, il ne viendra point demain à Sienne et différera son entrée jusqu'à samedi. Les habitants ont arrêté qu'il serait reçu avec tout le cérémonial usité pour la réception des légats : on a préparé l'évêché pour son logement ; les gentilshommes de sa suite, qui sont au nombre d'environ cinquante, seront répartis dans les maisons des principaux habitants, suivant ce que régleront les six députés; la valetaille sera logée à l'auberge; la dépense sera payée, quoique l'on n'ait rien dit là-dessus, aux aubergistes, ce qui prouve que l'on ne logera que peu de personnes de cette manière, ou que ce ne seront que des gens de peu d'importance. Dans tout l'état de Sienne le cardinal a payé lui-même sa dépense, excepté celle qui est relative à sa personne et aux gens qui l'ont accompagné à Pienza, où ils ont été traités aux frais des Piccolomini; mais le cardinal a payé tout ce qu'avaient pris ceux qui étaient allés à la Paglia et à San-Quirico. Il fera la même chose demain, à moins qu'il ne s'écarte encore de la route avec un petit nombre de personnes, ce que j'ignore absolument. Il séjournera ici toute la journée de dimanche afin de voir la fête qu'on prépare. Lundi ou mardi au plus tard il se rendra à Poggibonsi ; et si je savais au juste le jour auquel il partira, je serais venu moi-même en informer vos seigneuries de vive voix; mais, dans l'incertitude, je resterai ici jusqu'à ce que je puisse vous le faire connaître exactement. Dans le cas où vos seigneuries auraient quelques autres ordres à me donner, elles pourront le faire encore. Je puis seulement les assurer, comme je viens de le leur dire, que lundi au plus tôt et mardi au plus tard, le cardinal sera à Poggibonsi. Je me recommande à vos seigneuries.

NICOLAS MACCHIAVELLI.

Sienne, le 12 août 1507.

P. S. J'ai différé le départ de mon estafette jusqu'à ce matin 13 du courant, afin de voir si je ne pourrais pas la faire parvenir sans frais : n'ayant pu réussir, je prends le parti de vous l'envoyer. Le porteur part à la onzième heure, et il m'a promis d'être rendu à Florence à la dix-septième heure.

LETTRE III.

MAGNIFIQUES SEIGNEURS,

J'ai écrit le 21 à vos seigneuries, et je me suis empressé de faire partir ma lettre hier matin par un exprès : je vous informais que le légat ferait son entrée aujourd'hui dans cette ville ; que pendant son passage à travers le domaine il avait payé toute sa dépense ; qu'il avait à sa suite environ cent dix cavaliers, trente à quarante mulets de transport, et à peu près quarante personnes à pied ; que l'on avait préparé dans l'évêché le logement pour lui et quarante ou cinquante de ses chevaux; que le reste devait être réparti dans les auberges de la ville, qui se chargeait de les défrayer; et enfin que j'ignorais s'il devait partir lundi ou mardi. Depuis que je vous ai écrit le légat a fait son entrée, et il a été logé de la manière dont je vous l'avais dit ; seulement au lieu de le défrayer de sa dépense, il lui a été fait un présent tout en comestibles, au nom de la seigneurie, comme on a coutume d'en user avec les ambassadeurs; mais ce présent était si copieux, qu'on dit qu'il a coûté plus de deux cents ducats. La ville ne se mêle de rien autre chose, et laisse le légat et sa suite se tirer d'affaire comme ils l'entendront. Il partira d'ici lundi matin et il ira jusqu'à Poggibonsi ; mardi il arrivera à San-Casciano, ainsi qu'il en a lui-même manifesté l'intention, et mercredi il sera sans faute à Florence ; c'est du moins ce qu'il a dit à table : on me l'a répété de plusieurs côtés, ce qui fait que je le crois. Et comme il me semble que je n'ai plus rien à faire ici maintenant, je partirai demain, et je reviendrai directement à Florence sans me presser. Si vos seigneuries avaient quelque autre commission à me donner pendant la route, je les prie de me faire connaître leurs intentions.

Pendant mon séjour dans cette ville et au milieu de ces Espagnols, j'ai été instruit de certaines choses qu'il peut être utile à vos seigneuries de ne pas ignorer : j'ai entendu dire qu'il était arrivé il y a environ un mois deux lettres de l'empereur conçues dans les mêmes termes, l'une adressée à la balià, l'autre à Pandolfo, où il était fait mention de son arrivée, et de la confiance qu'il avait en cette ville ; il conseillait en outre de ne plus rien payer à la France de ce qui lui revenait en vertu des anciennes obligations, attendu qu'on devait regarder comme rompus des traités dirigés contre lui ; la lettre à Pandolfo contenait en outre une foule de détails sur ses qualités personnelles, qu'il s'empressa de communiquer à la balià et à plusieurs autres habitants, et dont il ne tire pas une médiocre vanité. Je sais cependant que cette arrivée de l'empereur ne lui plaît en aucune manière ; car il se trouve bien comme il est, et il ne voit pas ce qu'il pourrait gagner dans de nouveaux travaux. Il disait dernièrement à un ami avec lequel il s'entretenait : « Si l'empereur vient en « Italie, il ne fera de bien à personne, excepté « aux Pisans. » Cependant il ne croit pas à ce voyage, et il fonde son opinion sur ce que les Suisses et les Vénitiens ne lui paraissent pas disposés à tenir parole à l'empereur. Néanmoins il prend toutes les mesures nécessaires, d'abord pour faire croire qu'il jouit de l'amitié de l'empereur et pour ôter aux mécontents toute espèce d'appui, et en second lieu pour agir comme s'il était sûr de son amitié, quoique hier matin il n'eût pas encore reçu de lettres de l'ambassadeur qu'il a envoyé auprès de ce monarque. Je dis hier matin, parce qu'aujourd'hui dans la matinée on annonçait qu'il en était arrivé hier soir. Si je puis savoir quelque chose de certain je vous l'écrirai sur-le-champ.

Comme je m'entretenais avec les gens du légat et quelques personnes pleines de bon sens, j'ai appris que ses instructions portaient de mettre d'abord tout en œuvre pour empêcher l'empereur de passer en Italie ; et pour lui ôter la nécessité de venir sous prétexte de se faire couronner ; le pape a donné au légat, ainsi qu'à un autre cardinal allemand, dont le nom m'est échappé, le pouvoir de le couronner en Allemagne ; mais, s'il voit ce prince déterminé à passer, il doit tâcher de lui persuader de venir sans armée, et lui promettre l'amitié de la France et toutes les sûretés qu'il pourrait exiger à cet égard. S'il échouait encore sur ce point, et que l'empereur lui parût dans la ferme résolution de passer en Italie avec toutes ses forces, il a ordre d'observer avec soin toutes les ressources qu'il a réunies, de voir si elles sont capables de surmonter les obstacles que présente une pareille entreprise, et d'en donner avis. D'un autre côté il doit entretenir l'empereur dans l'idée que Sa Sainteté est portée de la meilleure volonté envers ce prince. Je ne vous donne pas ces avis comme méritant votre croyance, mais comme m'ayant été répétés par des personnes dont le caractère a quelque poids, et que d'ailleurs, ainsi que je vous l'ai dit en commençant, il ne peut y avoir de mal à ce que vos seigneuries en soient instruites.

Pendant que j'écrivais, le frère du cardinal Ceserino est arrivé à mon auberge avec quinze chevaux ; il se rend de Rome à Bologne pour quelques affaires qui l'intéressent. Il restera ici demain toute la journée ; ensuite il viendra de notre côté avec le cardinal ; et c'est ainsi qu'à chaque instant ce fleuve grossit dans son cours.

NICOLAS MACCHIAVELLI.

Le 14 août 1507, à la vingt et unième heure.

PRÉSENTS FAITS PAR LES SIENNOIS AU LÉGAT.

2 veaux écorchés et préparés.
6 moutons *idem*.
13 sacs d'avoine, contenant chacun quatre boisseaux.
9 corbeilles de pain.
2 *idem* de mûres.
2 *idem* de melons.
12 paniers de vin, contenant chacun six couples de bouteilles.
9 paniers de volailles, contenant chacun six paires de poulets.
4 paniers, contenant chacun six paires d'oies.
3 cages de pigeons gras, contenant chacune cinq paires de pigeons.
14 plats de poissons de mer.
12 paires de torches blanches.
12 paquets de bougies, de cinq livres chacun.
16 boîtes.
24 massepains.

XXI.

LÉGATION

AUPRÈS DE L'EMPEREUR[1].

CORRESPONDANCE.

LETTRE PREMIÈRE.

MAGNIFIQUES SEIGNEURS,

J'ai écrit le 12 de ce mois à V. S., de Gabella où je me trouvais : je suis aujourd'hui 25 à Genève, et demain je pars pour Constance, qui est à sept journées d'ici : c'est ce que m'a dit Pierre de Fossan, qui fait le commerce avec les Florentins, et dont les avis m'ont guidé dans toute ma route. Je me recommande, etc.

NICOLAS MACCHIAVELLI.

Le 25 décembre 1507.

LETTRE II.

MAGNIFIQUES SEIGNEURS,

Je ne suis arrivé ici que le 11. Après mon départ de Genève mon voyage s'est trouvé retardé par la longueur de la route, le mauvais état des chemins, leur incommodité, par la dureté de la saison dans laquelle nous sommes, et surtout par les mauvais chevaux que j'ai rencontrés et le défaut de fonds. Cependant depuis Gabella, où j'ai quitté la poste, jusqu'ici, je n'aurais pas gagné trois jours sur les six cents milles que j'avais à faire, même avec un temps plus favorable et une manière de voyager plus leste. Je vous ai écrit de Gabella et de Genève, simplement pour vous donner de mes nouvelles : si elles vous sont parvenues, elles auront tiré vos seigneuries de toute inquiétude. A mon arrivée ici j'ai trouvé François Vettori bien portant et jouissant de beaucoup de considération. Je lui ai fait part des nouvelles instructions de vos seigneuries. Comme il va vous écrire tout ce qui s'est passé depuis mon arrivée, je n'en parlerai

[1] Maximilien Ier avait publié qu'il irait à Rome pour se faire couronner, et cela avec une armée si formidable, que la France et toute l'Italie seraient hors d'état de lui résister. D'un autre côté, on savait que Louis XII faisait des préparatifs qui semblaient annoncer des craintes. Maximilien se rendit effectivement à Trente, où il amena quelques troupes, et où il en annonçait de plus considérables encore. La crainte, l'incertitude des événements firent que la plupart des états d'Italie y envoyèrent des ministres, des ambassadeurs, et le pape lui députa le cardinal de Sainte-Croix, légat en Allemagne, etc. Les Florentins y députèrent Francesco Vettori; et comme la mission était délicate et difficile de conduire, ils lui donnèrent pour second Macchiavelli. Vettori était chargé d'offrir une somme plus ou moins forte à l'empereur, en plusieurs payements, mais de n'en effectuer le premier que quand l'empereur serait entré en Italie, où les Florentins craignaient qu'il n'entrât pas, quoiqu'il annonçât bien positivement le dessein où il était d'y pénétrer. On verra qu'après bien des menées, des pourparlers, quelques hostilités, beaucoup d'intrigues, ces menaces et cette attaque de l'empereur se terminèrent par une trêve avec les Vénitiens.

La correspondance est signée Vettori; mais on l'a trouvée écrite de la main de Macchiavelli qui, comme secrétaire, tenait la plume, et probablement aussi dirigeait la correspondance.

pas ici, et je me réfère à tout ce qu'il vous marque à ce sujet : je me contenterai dans celle-ci de vous communiquer tout ce que, dans ma route depuis Genève jusqu'ici, j'ai vu et entendu qui m'a paru digne de remarque, afin que vos seigneuries soient plus tôt au fait des événements de ce pays. En commençant par ce que j'ai appris je vous dirai que depuis Genève jusqu'à Constance j'ai couché quatre fois sur le territoire des Suisses, et me suis informé avec tout le soin dont je suis capable de leurs mœurs, de leurs constitutions et de ce que les deux puissances, la France et l'empire, pouvaient en attendre. Voici à cet égard ce que j'ai appris d'un habitant de Fribourg, homme instruit et qui, ayant commandé un corps de troupes suisses, connaît parfaitement les affaires d'Italie. Il m'a dit que la Suisse était composée de douze provinces qu'on appelait cantons, réunies en un seul corps; leurs noms sont : Fribourg, Berne, Zurich, Lucerne, Bâle, Soleure, Uri, Undervald, Zug, Glaris, Schwitz, Schaffouse. Ces douze cantons sont si bien réunis entre eux que ce qui a été délibéré et arrêté dans la diète générale est exécuté par tous, sans qu'aucun en particulier puisse s'y opposer. On est dans l'erreur de croire que quatre cantons sont pour la France et huit pour l'empire, parce que cette division n'a pu exister avant que la diète n'ait délibéré, et si elle se déterminait aucune des deux puissances n'y gagnerait. Ce qui a fait répandre ici ce bruit, c'est que le roi de France[1] a eu depuis huit mois et a encore auprès des cantons deux envoyés, Rochalbert et Pierre Louis; et afin que les avis qu'il pourrait en recevoir lui arrivent plus promptement, ils ont à leur disposition la poste de Gabella, en quelque endroit qu'ils aillent. Ces deux émissaires ont cherché dans ces derniers temps à faire déclarer en leur faveur tous les cantons, et par l'argent qu'ils ont répandu tant en public qu'en particulier ils ont culbuté tout le pays. C'est ainsi que jusqu'à présent ils ont éloigné et éloignent encore toutes les délibérations qui pourraient être favorables à l'empereur, et jusqu'au moment où j'y ai passé les nombreuses diètes qui s'étaient tenues n'avaient encore pris aucun parti. Il devait y en avoir encore une le jour de l'Epiphanie à Lucerne, où s'étaient rendus les deux Français ; mais on ne sait pas encore quel résultat elle aura eu. Cet habitant de Fribourg a ajouté que le roi de France avait trop d'argent pour qu'on prit un parti contre lui ; et quand même le roi des Romains en aurait moins, on ne pouvait non plus refuser de le servir ; que les Suisses cherchaient un moyen de lui être utiles, sans cependant se déclarer contre la France. Chacun pense que tant que l'empereur aura de l'argent il aura aussi les Suisses, parce que ceux-ci ne voudront pas, tant qu'il payera, refuser de marcher pour lui, et se faire ainsi un ennemi de l'empire en se montrant opposés au parti que toute l'Allemagne a embrassé, mais alors ils seraient forcés de marcher contre la France. La difficulté qu'ils ont avec l'empereur consiste donc en ce qu'ils ne voudraient pas se déclarer contre la France, offrant de le servir partout ailleurs ; mais l'empereur veut de son côté, ou qu'ils restent neutres, ou qu'il lui soit permis d'en prendre un petit nombre à son service dont il disposera comme il voudra. Les Suisses ne veulent pas de la neutralité, ils veulent être au contraire engagés en grand nombre, mais ils ne voudraient pas se battre contre les Français, à moins que ceux-ci ne leur en donnassent sujet. Ce sont toutes ces difficultés qui ont rendu inutiles toutes les diètes qu'ils ont tenues, et l'on croit que celle qui va avoir lieu pourrait bien offrir le même résultat.

Outre ces douze cantons, il y a encore en Suisse deux autres peuples, les Ligues-Grises et le Valais : ils sont tous deux voisins de l'Italie. Quelques jours avant que j'arrivasse à Fribourg, il était passé un député de l'empereur, qui allait dans le Valais pour le faire déclarer en sa faveur contre la France. Ces deux derniers peuples ne sont pas tellement réunis aux douze autres cantons qu'ils ne puissent prendre des délibérations contraires aux arrêtés des diètes générales. Ils s'entendent toujours, il est vrai, pour la défense de la liberté commune ; de sorte que ce qui manquerait d'un côté se retrouverait de l'autre. Lorsqu'il est question de défendre le pays, les douze cantons peuvent, l'un portant l'autre, mettre chacun sur pied quatre mille hommes de troupes réglées ; mais lorsque c'est pour envoyer hors du pays, ce nombre ne s'élève pas à plus de mille à quinze cents. Cette différence vient de ce que lorsqu'il

[1] Louis XII.

faut défendre la patrie, c'est le magistrat lui-même qui désigne ceux qui doivent s'armer, et quand c'est au contraire pour partir, marche qui veut. Dans le premier cas, c'est la loi qui force, dans l'autre, c'est l'argent seul qui décide.

Je rencontrai à Schaffouse deux Génois qui s'en retournaient en Italie par le même chemin que j'avais pris : je les questionnai sur l'empereur et sur ses projets. Ils me répondirent : « A ce moment, l'empereur est parti d'Augsbourg pour l'Italie, et nous ne croyons pas que vous puissiez le rejoindre avant d'arriver à Trente. » Ils me dirent encore que leur ville payait au roi cent cinquante mille écus et lui fournissait des soldats ; que ce prince avait fait un accord avec les Fugger[1], qui lui avaient avancé cent mille écus au moyen de quelques délégations qu'il leur avait données, qu'enfin il conclurait avec les Suisses, qu'il emploierait ailleurs que contre la France.

Arrivé à Constance, je m'y arrêtai quelques heures pour savoir s'il y avait quelque chose de nouveau. Je causai avec deux Milanais que je rencontrai à l'église, avec le compositeur Airège qui a sa femme à Florence, et enfin avec l'envoyé du duc de Savoie, appelé monseigneur Disviri. Je restai assez longtemps avec ce dernier, auquel je fis une visite et avec lequel je dînai. Les deux premiers ne m'apprirent que des choses générales et peu importantes ; mais monseigneur Disviri, que je questionnai soigneusement sur l'empereur et ses projets, me répondit en propres termes : « Tu veux savoir en un instant ce que j'ai eu bien de la peine à découvrir en deux mois de temps ; car ici il faut ou être instruit des conclusions qu'on a prises ou juger des résultats par les préparatifs. Le premier est très-difficile à pénétrer parce que cette nation est très-secrète, et que l'empereur emploie la même discrétion dans toutes ses affaires, de sorte que, même lorsqu'il veut changer de logement, il n'envoie personne en avant, si ce n'est lorsqu'il est déjà en route, afin que d'avance on ne sache pas où il doit aller. Quant aux préparatifs, ils ont l'air d'être immenses : il arrive des troupes d'une infinité d'endroits ; elles sont dispersées dans un espace étendu, et il faudrait avoir des espions partout pour pouvoir connaître la vérité au juste. Pour me tromper le moins possible, tout ce que je puis assurer, c'est que l'empereur se dispose à former trois attaques : l'une du côté de Trente, où il se rendra par Vérone, l'autre sur Besançon, où il se portera par la Bourgogne, et enfin la troisième sur Carabassa, où il ira par le Frioul. D'après les arrangements pris dans la dernière diète, il se rend à Constance beaucoup de troupes qui sont aussitôt dispersées dans les environs ; et je puis te certifier en dernière analyse qu'il se fait de grands mouvements, dont les résultats ne peuvent qu'être très-importants, puisqu'ils décideront ou de la paix ou de la guerre entre les deux rois. »

Voilà ce que j'appris à Constance, et d'un homme de soixante-dix ans dont tout le monde estime la prudence. Depuis mon arrivée ici je n'ai rien su de nouveau, si ce n'est qu'il doit se trouver à Trente ou aux environs quatre mille fantassins et mille cavaliers. Quant à l'argent, on ne dit pas que l'empereur en ait d'autre que les cent vingt mille écus que l'empire lui a promis dans la diète de Constance. Outre le contingent en hommes, il faut ajouter ce qui lui est compté par les villes qui ont des troupes à fournir et qui lui envoient de l'argent en échange ; de sorte qu'on prétend que sur toutes les troupes que l'empire devait mettre sur pied il n'y en aura que deux tiers d'effectif ; le dernier tiers sera fourni en argent. Il faut compter encore l'arrangement qu'il a fait avec les Fugger et ceux qu'il fera avec d'autres négociants, auxquels il engage des terres ; mais on ne sait pas au juste à quelle somme cela peut se montrer. On ignore également combien il pourra retirer de l'Italie. On dit que les Vénitiens font de grands préparatifs : ils ont fait répandre ici le bruit qu'ils avaient de quoi mettre sur pied quinze mille hommes de cavalerie.

A peine ce roi[1] fut-il arrivé qu'il fit assembler toutes les communautés du Tyrol, et leur demanda des secours pour son entreprise. On assure qu'elles ont décidé de lui accorder cinq mille hommes d'infanterie payés

[1] Négociants d'Augsbourg qui reçurent de Charles V, le 1 novembre 1530, le titre de comtes de l'empire, et par l'acte de la confédération rhénane, placé sous le protectorat de Napoléon, le 1er août 1806, le titre de princes de l'empire. Ils sont aujourd'hui médiatisés.

[1] Le roi de Bohême.

pour un certain temps ; et s'il est vrai qu'ils les lui aient accordés, c'est comme s'ils étaient déjà à Trente. On apprit samedi dernier que le roi de Bohême envoyait mille cavaliers, tous payés, et qu'ils étaient à cinq journées d'ici. En attendant le temps s'écoule : ce qu'il gagne d'un côté il le perd d'un autre ; car lorsque le contingent d'une ville arrive, la solde que l'empereur doit payer aux troupes, suivant les conventions de la diète, se consume.

Voilà tout ce que j'ai entendu dire, mais voici ce que j'ai vu. Depuis Genève jusqu'à Memmingen, dans un espace de quelques centaines de milles, je n'ai rencontré ni un fantassin ni un cavalier. Il est vrai qu'aux environs de Constance j'ai entendu quelques coups de tambour dans les villages éloignés de la grande route, mais on m'a assuré que c'était quelques racoleurs qui étaient restés dans le pays et que les paysans régalaient. Je rencontrai à Memmingen la tête des troupes que le duc de Wirtemberg envoyait à l'empereur : on dit qu'elles forment un corps de quatre cents cavaliers. Il leur avait donné l'ordre de s'arrêter dans cette ville jusqu'à ce qu'il eût été à la cour apprendre de l'empereur le lieu de leur destination. Depuis Innsbruch jusqu'ici je n'ai pas trouvé sur toute cette route plus de cent hommes d'armes. Vendredi dernier on fit ici la revue d'environ cent vingt hommes d'infanterie formant le contingent de plusieurs communes. Le roi des Romains est ici, et on ne sait pas quand il partira. On assure que depuis que le cardinal d'Amboise est arrivé il n'a plus la même ardeur pour son voyage d'Italie ; on croit qu'il ira à Trente aussitôt après son entreprise. Il ne me reste plus rien à dire qu'à me recommander à vos seigneuries. Je les prie de vouloir bien me faire dire ce qui me reste à faire : ayant communiqué leurs intentions à François Vettori, ma présence devient ici fort inutile, et je serais très-content d'être rappelé par vos seigneuries.

Nicolas Macchiavelli.

Botzen, le 17 janvier 1507 (1508).

P. S. Si par hasard vos seigneuries voulaient que je séjournasse ici quelque temps, ce que je ne crois pas, je les prierais de m'envoyer des fonds, ou bien d'ordonner à François de m'en fournir. Jusqu'à ce moment, il est vrai, il ne m'a encore rien refusé; mais c'est pour mon propre compte qu'il m'a fait toutes ces avances.

LETTRE III.

Magnifiques seigneurs,

Je vous ai envoyé ma dernière lettre par Simon : elle est datée de Memmingen, du 18 du mois passé. J'ai beaucoup couru depuis ce temps-là pour suivre tantôt le roi, tantôt le cardinal, et cela pendant l'espace de plus de cinq cents milles. Le 9 j'arrivai à Botzen où était le roi, et deux jours après, c'est-à-dire le 11, arriva Nicolas Macchiavelli[1] qui était venu par la Savoie et par la Suisse et qui, de peur de paraître suspect dans la Lombardie où on l'avait fouillé avec la dernière rigueur, avait déchiré toutes les lettres dont il était porteur. Il me fit part de vive voix des instructions qu'elles contenaient : le résultat était que vous bornez vos offres à l'empereur à la somme totale de cinquante mille ducats ; qu'il fallait commencer par en offrir trente et aller ensuite en augmentant jusqu'à cinquante, et faire tous ses efforts pour obtenir la meilleure condition ; que cette somme serait comptée en trois payements égaux : le premier lorsque l'empereur serait entré avec toute son armée, le deuxième quand il serait arrivé en Toscane, et le troisième trois mois après, soit à Rome, soit partout où il voudrait; que le roi, de son côté, devait s'engager à vous faire rendre tout ce qui vous appartenait, à vous conserver le même état dont vous jouissez aujourd'hui ; que l'on abandonnerait cependant l'article de la restitution si elle était impossible, mais qu'il fallait la demander pour faire voir à l'empereur que l'on mettait le plus grand prix aux cinquante mille ducats ; mais que c'était toute la contribution qu'on pouvait lui accorder ; que dans le traité il fallait le faire engager de telle manière que vous fussiez entièrement exempts de payer à l'avenir aucune espèce de taxe, ni directement, ni indirectement, ni à lui, ni à aucun des chefs ou soldats de son armée, ni à qui que ce fût en son nom ; que vous ne seriez troublés par lui ou

[1] On rapporte ici toutes les lettres de François Vettori, parce que la majeure partie sont de la main de Macchiavelli, et qu'elles jettent le plus grand jour sur l'objet de l'ambassade.

par aucun des siens qui viendrait en Italie ou qui pourrait l'y suivre : de manière que votre situation actuelle resterait intacte et entière, et que vous continueriez à exercer la même autorité et à gouverner également les villes, citadelles, bourgs, villages et terres qui composent votre souveraineté, sans que votre dignité, votre autorité et votre prééminence puissent jamais être attaquées par lui ou par aucun des siens. Macchiavelli ajouta beaucoup d'autres instructions particulières qui y avaient rapport. J'allai aussitôt demander une audience à l'empereur : je l'obtins le lendemain de l'arrivée de Macchiavelli. Je lui communiquai vos intentions aussi brièvement qu'il me fut possible. Je lui offris d'abord trente mille ducats en trois payements, à condition qu'il s'engagerait à la restitution et à la garantie telle que Macchiavelli me l'avait détaillée.

Collaun me répondit aussitôt en présence de l'empereur que les offres que je faisais aujourd'hui étaient bien inférieures à celles qu'on avait faites en 1502, et que mes demandes étaient cependant plus fortes ; que quant aux restitutions, il ne fallait pas en parler. Voyant que la conférence allait se rompre, et que, si je ne mettais de côté l'article de la restitution et si je n'augmentais pas la somme, il me serait peut-être ensuite bien difficile de me faire écouter, je crus devoir porter les offres à quarante mille ducats et rendre le premier payement plus fort, de manière que l'empereur, radouci par les avantages qu'il retirerait d'un premier payement, qui seul l'intéresse, finirait par se rendre, et que vos seigneuries économiseraient encore par là dix mille ducats. J'ajoutai donc aussitôt que, parfaitement instruit de vos bonnes dispositions, j'osais prendre sur moi d'offrir en votre nom quarante mille ducats, dont seize mille payables aussitôt après son arrivée en Italie, et le reste en deux payements dont on conviendrait facilement en terminant le traité ; et que, quoique l'affaire de Pise vous tînt fort à cœur et que les raisons que vous aviez à donner en votre faveur fussent très-bonnes et parussent telles à tout le monde, cependant, pour prouver à Sa Majesté que vous étiez toujours disposés à lui donner les marques les plus incontestables de votre attachement, vos seigneuries consentaient qu'il n'en fût pas question, mais qu'elles tenaient à leur conservation et à la garantie. L'empereur écouta avec complaisance tout ce que je lui disais, et, autant que j'en ai pu juger par son extérieur, il me parut n'être pas éloigné d'accepter mes propositions. Il me fit donc répondre par le même Collaun que ce que je venais de lui offrir lui faisait plaisir, et qu'il me ferait savoir le lendemain ses intentions. Avant que je m'éloignasse il prit à part Piggello, lui demanda quel était ce nouveau secrétaire qui venait d'arriver, par quel chemin il était venu, et il ajouta qu'il espérait que les Florentins se comporteraient bien à son égard.

J'eus cette audience le mercredi 12, au soir : j'aurais dû recevoir la réponse le lendemain 13, mais j'ai été renvoyé de jour en jour, de manière que je ne l'ai pas encore reçue. C'est ce qui m'a déterminé à vous écrire, pour que vous ne soyez pas inquiets sur la commission que vous aviez donnée à Macchiavelli. Je ne sais s'il ne faut pas attribuer la cause de ce retard à l'absence de Lang[1] : il est resté à Ausbourg pour y ramasser des fonds, mais on l'attend bientôt. Cependant il m'a été dit que l'empereur était fort content de ces offres, mais que ce qui le tenait en suspens, c'est qu'il craignait qu'on ne lui donnât que de belles paroles dont l'exécution n'aurait pas lieu quand il faudrait conclure, et que, lors de la conclusion, il demanderait que le premier payement fût de vingt mille ducats. On m'a encore dit que Paul de Lichtenstein et Serentano, deux hommes qui jouissent ici du plus grand crédit, comme je vous l'ai déjà marqué, avaient fait différer la réponse pour en tirer parti pour eux-mêmes, et qu'il était nécessaire de s'en faire des amis. N'ayant à cet égard ni commission ni ordre, je n'ai pu faire autre chose que de leur donner de belles paroles. Il est vrai que je les ai faites magnifiques, mais j'ignore si elles suffiront. J'ai cru devoir vous en écrire, afin que vous fussiez au courant tout aussi bien que moi, et que vous puissiez, avant que l'affaire soit conclue, décider ce qu'il y a à faire, et me répondre en conséquence. Vos seigneuries connaissent à présent la manière dont leurs instructions ont été suivies ; elles savent que l'empereur n'a pas encore répondu, comme aussi ce que je crois en être la cause ; de sorte qu'en examinant avec quel plaisir

[1] L'évêque de Gurck.

je fus écouté et ce que Sa Majesté dit à Piggello, je pense que ce qu'on m'a rapporté se trouve vrai. J'ai encore la ressource, d'après vos instructions, de pouvoir offrir dix mille ducats de plus; mais je ne crois pas que la difficulté vienne d'un peu plus ou moins d'argent, mais bien du premier payement à faire, qu'on portera le plus haut qu'il sera possible. Quant à moi, quelque réponse que l'on me fasse, je ne crois pas être forcé à aller à cinquante mille ni à promettre vingt mille ducats pour le premier payement avant d'avoir reçu une réponse de votre part, parce que je vois, à la tournure que prennent les choses, que j'aurai le temps de la recevoir; cependant si le contraire arrivait, si les choses en venaient au point qu'il fût impossible de reculer, je céderai sur l'un et l'autre objet. Comme, d'après vos instructions, il faudra effectuer le premier payement aussitôt que l'empereur sera arrivé avec toute son armée en Italie, je me suis informé de la position de Trente par rapport à ce pays proprement dit : il m'a été répondu par des habitants mêmes que les confins de l'Allemagne et de l'Italie se trouvaient un mille au delà de Trente. Je vous en donne avis pour que vous preniez vos précautions, parce que je ne crois pas que, d'après les offres que vous avez fait faire, vous puissiez éluder le payement sans chicane et sans vous mettre ce prince à dos.

Je ne puis vous dire rien de nouveau sur tout ce qui se passe ici. L'empereur s'est fait conduire à sept lieues de Trente. Là, de son propre mouvement, il a fait assembler les états du pays afin d'en obtenir quelques secours d'argent pour son entreprise; et quoique la diète n'ait encore rien décidé, on croit qu'ils l'aideront d'hommes et d'argent. Il n'y a pas encore beaucoup de troupes dans les environs, mais on en a beaucoup distribué dans toutes les villes d'ici à Trente : on assure qu'il y a mille hommes de cavalerie et quatorze mille environ d'infanterie. Mais avant qu'il soit peu il doit arriver quinze cents cavaliers, qui sont derrière nous, et beaucoup d'infanterie; quoiqu'à l'égard de celle-ci, il puisse s'en procurer tant qu'il en voudra ici, s'il a de l'argent pour la payer.

Quant aux Suisses, on pense, comme je l'ai déjà marqué à vos seigneuries, que si l'empereur leur donne de l'argent il en aura la majeure partie pour lui. Il voudrait qu'ils restassent neutres dans cette occurrence; mais les Suisses ne veulent pas le promettre, parce qu'ils prétendent ne pouvoir rester sans solde; de sorte que s'il prend le parti de les payer, il en aura tant qu'il voudra.

On est, sur les fonds, dans la même opinion où l'on a toujours été par rapport à l'empereur; savoir : qu'il n'en ramassera qu'avec peine, et c'est peut-être ce qui le forcera à faire sa paix avec la France ou avec Venise; mais, quelque parti qu'il prenne, il voudra toujours venir en Italie; et si, malgré ses efforts, il n'y a aucun moyen de rassembler le numéraire qu'il lui faut qu'en faisant sa paix ou qu'avec le secours de l'Italie, il le fera de bien bon cœur. Quoique les princes et les autres villes de l'empire eussent arrêté dans la diète que leurs troupes ne seraient payées que pour six mois, on prétend aujourd'hui qu'ils ont prolongé ce payement pour six autres mois. Il paraît que les Vénitiens garnissent leurs frontières de troupes; cependant ils laissent passer librement les lettres ainsi que tous les autres objets. On a assuré qu'ils avaient désarmé tous les soldats qui avaient été levés dans le Mantouan, mais qu'ensuite ils leur ont rendu leurs armes.

On dit le mariage du fils de l'archiduc avec la fille du roi d'Angleterre arrêté : chacun le regarde comme certain.

Il ne me reste plus rien à dire à vos seigneuries, que de me recommander à leur souvenir, etc.

François Vettori.

Botzen, le 17 janvier 1507 (1508).

LETTRE IV.

Magnifiques seigneurs,

Je vous ai écrit le 17 : mes lettres ont été confiées à Raphaël Rucellaï qui se rendait en toute hâte auprès de vous. J'ai instruit vos seigneuries de l'arrivée de Macchiavelli, de la manière dont j'avais fait leur commission auprès de l'empereur, et de l'espérance que j'avais qu'elle lui serait agréable. Je vous marquais encore qu'il m'avait promis réponse pour le lendemain 13, mais que je ne l'avais pas encore reçue, et je vous détaillais les raisons que je croyais être cause de ce retard : je vous en envoie copie avec la présente. Je n'ai d'ailleurs pas d'autre but, en gardant avec moi le Diavolaccio, que d'avoir quelqu'un que je puisse vous expédier tout de suite dans le cas où la réponse me parviendrait. Depuis ce temps-là je l'ai attendue inutilement tous les jours; je n'ai pas cru devoir la solliciter, pour ne pas avoir l'air de la trop désirer; j'ai seulement fait tout ce qu'il fallait pour n'être pas accusé de négligence dans l'exécution de vos ordres. Enfin j'ai été appelé ce matin et me suis rendu auprès de l'empereur, avec lequel j'ai trouvé Lang et Serentano. Lang m'a dit que l'empereur avait réfléchi sur l'offre que je lui avais faite en votre nom, et qu'après l'avoir bien examinée, d'après la demande que vous formiez de garantie de votre autorité, l'importance de votre république et quelques autres circonstances, il croyait que la somme qu'on lui offrait n'était pas assez considérable, qu'il n'en était pas satisfait, et qu'en conséquence il la refusait; mais qu'il allait faire une proposition que vous ne pourriez pas rejeter : S. M. I. demandait donc que vous lui prêtassiez actuellement vingt-cinq mille ducats qui lui seraient comptés sur-le-champ, et elle s'engageait, aussitôt ce payement effectué, à écrire une lettre, qu'elle signerait et revêterait du sceau de ses armes, par laquelle elle s'obligerait à la conservation et garantie de votre autorité : cette lettre elle la remettrait entre les mains des Fugger et non entre les vôtres, pour des raisons que je donnerai plus bas; qu'outre ce payement de vingt-cinq mille ducats, vous lui enverriez les ambassadeurs déjà nommés pour aller à sa rencontre, lorsque vous saurez son arrivée sur les bords du Pô, avec ordre de conclure avec lui; que lorsque tout serait terminé les Fugger vous remettraient cette lettre; au lieu que si l'accord n'avait pas lieu la lettre lui serait rendue, et l'empereur s'obligerait de vous restituer dans le cours de l'année les vingt-cinq mille ducats; si le traité s'effectuait, il veut que les vingt-cinq mille ducats soient un à-compte sur les sommes que l'on conviendra alors de lui payer. Lang s'est efforcé de nous prouver l'avantage de cette proposition : il a dit que si vous faisiez quelque cas de l'estime de l'empereur, vous ne pouviez lui refuser ce témoignage de votre attachement, et que de son côté il engageait dès ce moment la parole de Sa Majesté qu'elle vous donnerait les plus grandes preuves d'amitié.

J'ai répondu en peu de mots, suivant que les circonstances et la qualité des personnages me l'ont permis, que les offres que vous aviez faites étaient au-dessus de vos moyens; que vous aviez voulu cependant lui prouver que vous ne dégénériez pas du zèle de vos prédécesseurs, en le reconnaissant pour votre père et votre protecteur; mais qu'en examinant cette nouvelle proposition je ne voyais pas ce qui vous la ferait accepter, puisqu'il était bien certain que l'argent serait donné, mais que la garantie n'était pas aussi sûre; que mon devoir était cependant de vous en écrire, et que, pour le faire avec plus de connaissance, j'irais le lendemain déjeuner avec Lang. Je pris ce parti pour avoir l'occasion d'entretenir plus longuement ce dernier, ne pouvant le faire en présence de Sa Majesté que je craignais d'importuner.

Lang me répondit que je devais, dans l'exposé de cette affaire, dire que l'empereur était présent; qu'il serait d'ailleurs nécessaire d'envoyer mes dépêches par duplicata; que si je voulais lui en donner une copie, il se chargerait de la faire passer. Il ajouta que l'empereur prenant la route de Trente, les Vénitiens pourraient intercepter ce chemin; que je devais en conséquence vous marquer d'adresser votre réponse à Bologne, à un homme appelé le docteur Rabelar, qui avait de fréquentes occasions pour les faire parvenir sûrement, et que vous ne deviez pas oublier de vous servir de cette voie. Je remettrai donc une copie de tout ceci à Lang, où je me contenterai de vous faire part de cette proposition, mettant de côté tout ce que j'en pense.

Ayant pris congé du roi, je restai le jour suivant très-longtemps avec Lang : je ne lui dissimulai pas qu'il était impossible que vous acceptassiez la proposition qu'on faisait, parce qu'il exigeait bien un payement, mais que d'un autre côté il ne parlait pas de sécurité, et que sans celle-ci le peuple florentin ne consentirait jamais au payement. Lang me répondit que l'empereur l'avait de nouveau chargé de m'assurer qu'il traiterait avec bonté vos seigneuries. Je lui répliquai que j'en étais persuadé, et qu'il en serait de même de tout invidu qui aurait à faire à lui personnellement; mais qu'une république et un peuple entier ne se gouvernaient pas comme un particulier; qu'ils regarderaient leur argent comme perdu, sans obtenir davantage pour cela l'amitié de l'empereur; d'ailleurs qu'il n'ignorait pas comment se faisaient les prêts des souverains et comment ils les rendaient; qu'il vaudrait mieux pour avancer les affaires que le roi acceptât vos propositions, qui étaient plus raisonnables et plus proportionnées à vos moyens; que si le roi en jugeait différemment, il déclarât ce qu'il voulait en traitant ainsi, et qu'on pouvait tout terminer. Lang ne me répliqua que des choses vagues; et il se réduisit enfin à me demander ce que vous feriez en résultat pour pouvoir traiter définitivement. Je lui répondis alors que je m'étais déjà expliqué et que c'était à eux à parler : je voulais par là découvrir, s'il était possible, ce que décidément l'empereur voulait de nous. Bref, nous ne pûmes rien conclure, si ce n'est que je vous ferais part de la réponse que j'avais reçue, telle que je l'ai rapportée; qu'il y réfléchirait; que j'y penserais aussi de mon côté, et que nous en reparlerions. Lang m'avait d'abord fait entendre qu'il ne serait pas fâché de n'être pas seul chargé de vos intérêts; dans cette dernière conférence il m'a de nouveau assuré qu'il fallait qu'il fût étayé : c'est ce que je vous ai marqué dans ma dernière, au sujet de Serentano et de Paul de Lichtenstein. Vous verrez ce que vous pouvez faire sur cet article. Il m'a paru que je ne devais pas en venir encore à l'offre de cinquante mille ducats : j'ai pensé que ce serait s'avancer inutilement, et même nuire aux offres que vous pourriez faire par vos ambassadeurs. En examinant les raisons qui déterminent l'empereur à se borner à un emprunt sans en venir à aucun traité, je ne puis que penser encore à ce que je vous ai déjà écrit, qui est que, d'après les arrêtés de la diète, il ne peut s'engager avec aucune puissance de l'Italie; qu'il ne prend ce parti que parce qu'il a un grand besoin d'argent et qu'il n'a pas d'autre moyen de s'en procurer. C'est ainsi qu'il a voulu en agir avec Ferrare, sans pouvoir réussir; c'est ainsi également qu'il s'est conduit avec Sienne, où en retour de l'argent qu'il en a touché, Pandolfe n'a reçu que de belles paroles. Certainement, si ce n'était son projet, la manière dont il avait reçu vos propositions aurait fait croire ou qu'il les aurait acceptées, ou qu'il ne s'en serait pas éloigné. Il est cependant nécessaire que dans l'examen que vous ferez de cette affaire vous preniez en considération l'article de l'emprunt, parce qu'enfin si vous vous décidez à vous fier à sa parole, il devrait se contenter d'une somme moins considérable que les vingt-cinq mille ducats qu'il demande. Si au contraire vous ne voulez pas accepter ses propositions, il faut que vous me fassiez savoir comment je dois me conduire.

Je crois qu'il serait à propos que vous fissiez partir sans plus différer les ambassadeurs que vous devez lui envoyer, parce que, comme je vous l'ai déjà dit, le roi en a déjà parlé, et il ne serait pas mal qu'ils vinssent plus loin que le lieu qu'il a lui-même fixé. Lang me disait encore aujourd'hui que vous aviez voulu être trop prudents; que vous n'aviez jamais voulu croire à l'arrivée de l'empereur, parce que si vous y aviez cru, vos ambassadeurs seraient sûrement venus au-devant de lui. Quoique j'aie répondu à tout, il pourrait cependant arriver que je fisse savoir à vos seigneuries que les difficultés s'aplanissent, non que je pense qu'il change de projet, mais il pourrait se faire que la diète ne lui eût pas lié les mains comme on le prétend, et qu'il ne voulût pas signer une convention parce qu'il est dans l'intention de demander une somme d'argent que vous lui refuseriez actuellement; mais que, lorsque vous seriez entré en payement et qu'il serait vainqueur, alors vous seriez obligé, etc. etc.

Les préparatifs pour l'entreprise sont plus avancés qu'ils ne l'étaient lors de ma dernière lettre du 17 : tous les jours il arrive ici soit de l'infanterie, soit de la cavalerie, pour se rendre à Trente; il peut aussi en passer d'un autre côté qu'on ne voit pas. Il y a trois jours qu'on a fait ici la revue de cinq cents hommes d'infanterie et de quarante fusiliers; du 19 au 22 de ce mois il s'est mis en route environ trente pièces d'artillerie, tant grosse que petite : elles ont pris par le chemin qui, en traversant les Ligues-Grises, se rend dans la Valteline, quoique ce chemin paraisse les éloigner de Trente. On dit qu'il est convenu avec les Ligues-Grises qu'elles lui fourniraient dix-huit cents fantassins qu'il payerait; et il a envoyé tant d'argent dans ce pays là qu'on y a refusé celui des Français. Il arriva hier cent cavaliers envoyés par les villes d'Augsbourg et Ulm; on en attend aujourd'hui soixante-dix de Nuremberg. On a fait encore hier la revue d'environ six cents hommes d'infanterie. Tout ce qui était ici de troupes est parti, et ceux qui ont voulu de l'argent n'en ont pas reçu. Il passe chaque jour environ trois ou quatre hommes d'armes à la fois, comme aussi beaucoup de munitions en armes et en vivres. Les Vénitiens ont réuni tout ce qu'ils avaient d'infanterie et de cavalerie aux environs de Véronne et des fortifications de Roveredo; de sorte qu'il est impossible que les choses restent dans l'état où elles sont : il est très-probable, comme je vous l'ai déjà marqué, qu'il se fera tout à coup quelque changement. Que ce grand feu s'apaise ou non, vos seigneuries sentiront combien notre correspondance va devenir difficile : ce que Lang[1] m'a dit ce matin en présence de l'empereur en est une preuve; cela annonce du moins qu'il n'existe aucun accord entre le roi et les Vénitiens, soit qu'il ne veuille, soit qu'il ne puisse l'obtenir. Le général des *Humiliés* est cependant parti pour Venise : on ne sait si c'est l'empereur qui l'a envoyé, ou bien si ce sont les Vénitiens qui l'ont mandé, ou s'il s'est offert de lui-même pour faire plaisir aux Vénitiens, sur le territoire desquels ce frère a ses entrées libres. Je verrai à m'instruire de tout cela et je vous en ferai part. On ignore quand le roi partira, et il y a apparence qu'il n'y a que lui qui le sache. On ne sait pas non plus quand et de quel côté la guerre commencera, mais je ne crois pas que les hostilités commencent plus tard que le mois de février. On m'a assuré que l'empereur, n'ayant pu faire aucune espèce d'arrangement avec le duc de Ferrare, voulait congédier son ambassadeur, mais qu'il en avait été détourné; et il est encore ici.

FRANÇOIS VETTORI.

Botzen, le 24 janvier 1507 (1508).

P. S. J'ai donné à Diavolaccio trois florins du Rhin pour sa dépense.

[1] Lang était secrétaire de l'empereur. Il fut nommé évêque de Gurck.

Je rappelle à vos seigneuries que le roi me paraît tenir beaucoup à ses idées, qui sont d'ailleurs si décidées que je ne crois pas qu'on puisse faire avec lui aucune espèce d'arrangement sans argent comptant : vingt mille ducats comptés tout de suite auraient plus de valeur pour lui que la promesse de cinquante mille.

LETTRE V.

MAGNIFIQUES SEIGNEURS,

Depuis l'arrivée de Macchiavelli j'ai écrit quatre lettres à vos seigneuries, quoiqu'il y en ait trois qui contiennent à peu près la même chose. La première est du 17, et je vous l'ai adressée par Raphaël Rucellaï : elle détaillait la manière dont j'avais rempli vos ordres auprès de l'empereur, la satisfaction que vos propositions avaient paru lui faire et sa promesse de me rendre réponse le lendemain; mais il l'a retardée de jour en jour depuis le 12 jusqu'au 17, et ne connaissant pas la cause de ce retard, je n'avais pas cru devoir l'importuner. Cette lettre renfermait encore quelques détails sur la situation des affaires : je vous en enverrai copie par Diavolaccio que je vous dépêcherai le 25 avec les lettres du 24. Celles-ci renfermaient la réponse que j'avais reçue de l'empereur, qui était que Sa Majesté ne voulait pas accepter l'offre des quarante mille ducats, mais exigeait sur-le-champ un prêt de vingt-cinq mille ducats; qu'il vous donnerait la garantie que vous demandiez, laquelle serait déposée entre les mains des Fugger, à condition que lorsqu'il serait arrivé sur le Pô vous lui enverriez des ambassadeurs pour conclure définitivement. Si le traité avait lieu, les Fugger remettraient les lettres de garantie, et les vingt-cinq mille ducats prêtés entreraient en compte dans l'accord qui serait fait; si au contraire le traité n'avait pas lieu, les Fugger lui rendraient ses lettres de garantie et s'engageraient à vous rendre dans l'année les vingt-cinq mille ducats que vous lui auriez prêtés. Je joignais à cela la réponse que je lui avais faite; je vous marquais combien je m'étais étendu sur cette matière sans pouvoir rien obtenir, enfin combien les affaires du roi s'avançaient. Comme je suis sûr que cette lettre vous est parvenue, je ne m'étendrai pas davantage sur les détails qu'elle contenait : je me bornerai aux principaux articles par respect pour les ordres de l'empereur. Je vous en adressai une copie par les courriers du roi, qui l'avait désiré. Il m'avait dit que votre réponse courant quelque danger d'être interceptée, je devais vous écrire d'adresser vos lettres à Bologne au docteur Rabelar, son homme de confiance, qui avait des occasions sûres de les faire tenir; et il vous recommande de ne pas manquer cependant de les envoyer aussi par vos propres courriers. Je vous ai écrit, depuis, que j'avais su par quelqu'un, qui jouit ici de la plus grande considération, qu'il pourrait bien engager l'empereur à vous donner vos lettres de garantie, pourvu que vous comptassiez sur-le-champ vingt mille ducats à Sa Majesté et que vous vous engageassiez à payer les autres vingt mille dans trois mois; mais comme cette personne n'est pas toujours ici près de l'empereur, elle pourrait bien se tromper. Je vous ai aussi mandé que Lang avait dit à Piggello qu'à moins de cent mille ducats il ne voulait pas s'en mêler. Je vous ai également envoyé copie de cette lettre par la voie de Ferrare le 26. Afin qu'au moins une vous parvienne, j'ai ajouté à cette copie que la raison pour laquelle je croyais que l'empereur serait plus exigeant que dès le commencement, c'est que Lang était revenu d'Augsbourg et avait apporté une bonne somme d'argent, et ensuite parce que j'avais appris que les treize cantons avaient résolu de rester neutres; de sorte que l'empereur aura peu ou presque point de dépense à faire de ce côté. Depuis le 28 est arrivé ici Baccino, courrier de vos seigneuries, avec vos lettres du 19 qui m'apprennent que vous m'avez dépêché Mancino le 23 du mois passé. Il n'est pas encore arrivé : je crains qu'il ne soit tombé malade en route; car depuis l'arrivée de Macchiavelli, les dernières lettres ou les derniers ordres que j'ai reçus de vos seigneuries sont ceux parvenus par Simon, qui m'a apporté une lettre du 24 novembre. Je ne pense pas devoir faire réponse à cette lettre de Baccino, parce qu'il paraît que vos seigneuries ne me l'ont envoyée que pour que j'aie une occasion sûre de leur écrire.

On avait eu ici quelques nouvelles de la révolte de Bologne, mais on avait dit ensuite que ce n'était rien.

D'après les lettres de vos seigneuries, il paraît que ce qu'on leur a mandé de Rome et de Mantoue leur a fait croire que les esprits se refroidissaient un peu dans ce pays : cependant il me semble qu'ils n'ont jamais été plus échauffés. Je vous ai écrit d'Augsbourg, par la voie de Rome, le motif qui avait fait retourner sur ses pas l'infanterie qui allait à Mantoue, et comment elle avait été à son retour désarmée par les Vénitiens, qui avaient cependant fini par lui rendre ses armes; je vous ai également parlé de la diète que le roi avait tenue ici : ce n'était pas une diète générale de l'empire, mais seulement du comté du Tyrol, dont il voulait avoir de l'argent : elle a décidé de lui fournir sur-le-champ mille fantassins payés pour trois mois; de plus, si la guerre a lieu et s'il a besoin d'un supplément de troupes, on lui en enverra encore cinq mille, outre les dix mille qui resteront pour la garde du pays. Il arrive tous les jours de la cavalerie et de l'infanterie : depuis que je suis ici il peut être passé environ six cents cavaliers et plus; ceux du duc de Kœnigsberg, au nombre de quatre cents, ne sont pas loin d'ici. Il est encore passé depuis notre séjour plus de deux mille fantassins; mais le pays est si étendu qu'il est impossible de tout voir et de tout entendre, et il serait possible de réunir tout à coup une armée très-considérable qu'on n'aurait pas soupçonné pouvoir être répandue dans le canton. Tout cela était prévu de longue main. Le roi est venu jusqu'ici : ce matin il est sorti pour aller à un château des environs. On pense qu'il se rendra dans huit jours à Trente, où il trouvera réunies son infanterie, sa cavalerie et son artillerie. Chacun cherche à deviner ce qu'il fera ensuite, et l'on convient qu'il faudra qu'il prenne un des trois partis suivants : ou qu'il se couvre de honte et perde son crédit même jusqu'en Autriche; ou qu'il attaque l'Italie; ou qu'il fasse une paix honorable pour lui. Je ne crois pas que pour rien au monde il veuille se déshonorer; et ne pouvant pas faire son arrangement comme il le voudrait, il faudra bien qu'il prenne, et le plus tôt possible, le parti de faire la guerre. J'ignore en quels termes il en est avec les Vénitiens. Le général de Landriano est revenu ici le 28 de Venise, où il a été trois jours : j'ignore ce qu'il en a rapporté. Je l'ai demandé au chancelier qui m'a dit qu'il avait bien vu le général, mais qu'il ne lui avait rien dit. Ce silence ne m'a pas paru d'un bon augure, surtout après ce que vous me marquez, que les choses se refroidissent du côté de Rome : je crains que l'empereur, ne pouvant obtenir du pape l'argent dont il a tant besoin, ne se jette du côté des Vénitiens ; mais je n'en ai aucune certitude. Il pourra se faire que j'apprenne quelque chose à cet égard avant que je ferme ma lettre.

On m'a assuré aujourd'hui qu'il est revenu de Vérone un héraut que l'empereur y avait envoyé pour annoncer son arrivée et y retenir des logements pour vingt-cinq mille hommes. Il rapporte que les provéditeurs ont répondu que s'il avait ordre de retenir des logements pour vingt-cinq mille hommes désarmés, il le pouvait, mais qu'autrement on ne le permettrait pas ; qu'il pouvait assurer Sa Majesté que si elle désirait passer en ami elle serait reçue et fêtée mais qu'ils étaient déterminés à ne pas la recevoir autrement.

Je ne sais ni n'ai pu découvrir si le pape avait donné de l'argent à l'empereur quoiqu'on me l'ait assuré à mon arrivée à la cour ; je ne l'ai pas cru, parce que j'ai jugé que l'on ne me l'avait dit que pour vous servir d'exemple et vous encourager à l'imiter. J'ai entendu parler, il est vrai, d'une certaine somme qu'il avait fait déposer chez les Fugger et qui aurait bien pu servir à faire naître cette idée ; mais vos seigneuries ont plus de moyens de savoir ce qui en est, de Rome que de ce pays-ci. Je n'ai pas ouï dire qu'il ait été fait aucune nouvelle convention entre lui et le roi d'Aragon. On assure toujours que le mariage avec une fille d'Angleterre est certain. J'ignore s'il a tiré de l'argent de l'Italie, ailleurs que de Sienne : quoique je n'en sois pas bien sûr, j'ai cependant recueilli assez d'indices pour me le faire croire. Quant aux troupes, il y a trois corps d'armée : un dans le Frioul, composé des milices du pays ; dans le comté de Bourgogne une foule de seigneurs et une bonne armée ; enfin un troisième corps du côté de Trente, qui, autant que j'en puis juger, sera le meilleur. Il tâchera, du côté de la Valteline, d'obtenir des Ligues-Grises et du Valais, qui ne font pas partie des treize cantons, un corps de trois mille fantassins qu'il payera.

Quant à nos affaires, je n'ai rien de nouveau à vous apprendre, parce qu'il faut que j'aie reçu votre réponse ; et comme je vous l'ai déjà écrit, l'empereur vous a fait de nouvelles propositions : je ne crois pas qu'il en rabatte rien, si les bruits publics ne le forcent pas à se relâcher un peu. J'ai fait tout ce que j'ai pu pour découvrir les intentions de l'empereur, surtout sur la garantie ; mais Lang a toujours éludé la question, en me disant : « Faites-nous des offres ; » et il ajoutait, quand je lui faisais une demande *ad hoc*, que je n'avais point d'ordres, et qu'il fallait que vos seigneuries envoyassent les pouvoirs nécessaires pour terminer. Elles penseront sûrement à tout, de même qu'à envoyer leurs ambassadeurs, surtout pendant que les passages sont encore libres, parce que plus tôt ils seront ici, plus ils pourront servir avantageusement la république. Et pour vous dire tout ce que je pense, je ne crois pas que vous puissiez obtenir la garantie sans argent comptant et sans objection, parce qu'il me paraît qu'il fait plus de cas de dix écus comptant que de vingt à terme.

On ne m'a rien dit ici des lettres présentées par les Pisans à votre commissaire, à Cascina, et que celui-ci n'avait pas voulu recevoir. Sa Majesté ni personne de sa part ne m'a parlé de votre affaire avec les Génois. Il y a bien ici un Génois qui s'est plaint à moi que vos seigneuries avaient fait retenir un de ses concitoyens dans Saint-Pierre à Siève sans qu'il en sût le motif ; il a ajouté qu'il avait obtenu du roi des lettres telles que bientôt vos seigneuries m'écriraient qu'elles l'avaient rendu, et que Sa Majesté m'en ferait dire quelque chose ; mais elle ne m'a rien fait savoir, sans quoi j'en aurais parlé à vos seigneuries comme de tout ce qu'on m'a fait dire dans le temps.

L'empereur a, dit-on, dernièrement proposé cette alternative à l'envoyé de Ferrare : « Si le « duc veut me faire compter de l'argent en Allemagne, nous réglerons l'affaire de l'investiture « en Allemagne ; s'il veut différer et ne le compter qu'en Italie, nous différerons et nous ne « parlerons de l'investiture qu'en Italie. » Ainsi la chose est restée indécise.

FRANÇOIS VETTORI.

Botzen, le 1er février 1507 (1508).

LETTRE VI.

MAGNIFIQUES SEIGNEURS,

Mes dernières étaient du premier de ce mois, et je vous les ai envoyées par Baccino. Pour plus de précaution, j'y rappelais en substance tout ce que je vous avais écrit depuis le 24, ce qui regardait la réponse que l'empereur m'avait faite et ce que j'avais pu apprendre de ses projets : je crois donc inutile de revenir sur cet objet et j'attends votre réponse avec beaucoup d'impatience. Depuis ce temps-là votre courrier Coriolan est arrivé avec une lettre. Comme il l'avait mise dans ses souliers, elle est tellement altérée qu'elle en était devenue indéchiffrable. J'y ai moins de regret parce qu'en calculant que Raphaël Rucellaï ne pouvait pas encore être arrivé avec ma lettre du 27, je pensai que ce n'était qu'une copie de vos dépêches précédentes.

Deux jours après mon arrivée je reçus vos lettres du 29 en réponse à la mienne du 17. Après les avoir lues bien attentivement et les avoir bien examinées, j'y ai remarqué deux articles qui m'ont fait infiniment de peine : le premier, qu'il vous paraît que je me suis trop avancé dans mes offres : à cause du refroidissement que vous croyez être survenu depuis ; le second, que vous me chargez de pousser ces offres encore plus loin, si je m'aperçois au contraire que l'empereur pousse lui-même son entreprise avec plus d'ardeur et qu'il soit prêt à entrer en Italie. Quant au premier reproche, il me semble au contraire que je n'ai pas été aussi loin que mes instructions le portaient : quand bien même ces offres eussent dû être la base d'un traité, comme on n'aurait pas terminé, ou bien qu'en terminant on aurait fixé les lieux du payement dans une ville dépendante d'une autre puissance, les articles vous auraient toujours été soumis : c'est ce que nous avions bien soigneusement examiné, Macchiavelli et moi. Le second objet est celui dans lequel vos seigneuries donnent au contraire plus de latitude à mes devoirs en y mettant trois conditions. Il me semble que ces trois conditions seraient difficiles à remplir, je ne dis pas pour le plus sage et le plus fidèle citoyen que possède Florence, mais même pour un sénat entier qui se trouverait ici et qui verrait comme moi, autant qu'il est possible jour par jour, les événements. Aussi, quoique dans ma dernière lettre je vous aie écrit de manière à vous mettre à même de juger de tout comme moi-même, cependant je m'étendrai à l'avenir un peu plus, afin que vous puissiez sentir combien il est difficile de former des conjectures, et combien il faut être heureux pour deviner juste.

Je mettrai de côté toute autre affaire, et sans vous parler de mon arrivée dans ce pays-ci, sans vous dire combien de fois et de combien de manières les affaires tour à tour nous ont donné ou ôté l'espérance, je ne vous entretiendrai que de ce qui s'est passé depuis l'arrivée de l'empereur à Botzen jusqu'à aujourd'hui. Ce prince arriva ici environ le 6 du mois passé. Cette démarche qui semblait devoir ranimer ses projets, parut au contraire les ralentir. Il commença par assembler une diète de tous ses sujets : il demanda de l'argent de tous les côtés, et l'on sut qu'il n'y avait presque point de troupes à Trente. De sorte que si, d'un côté, il s'était trop avancé pour pouvoir revenir sur ses pas sans ruiner entièrement son entreprise, d'un autre côté, le défaut de troupes l'empêchait d'aller en avant et son ardeur se trouvait ralentie. Voilà pourquoi par ma lettre du 17 je vous marquais que j'aurais le temps de recevoir votre réponse. J'ajoutais néanmoins que les choses pouvaient réussir d'une manière inattendue, soit par les contributions qu'il tirerait du pays, soit par des menées secrètes de cette cour. Depuis le 20 jusqu'à hier les choses m'ont paru suivre une marche plus active : on a fait de nouvelles levées en infanterie ; il est arrivé des troupes de tous les côtés ; on a vu passer chaque jour une nombreuse artillerie et de la cavalerie ; et quoique l'infanterie qui a pris par Botzen ne s'élève pas à trois mille hommes et la cavalerie à mille hommes et qu'on sût très-bien que dans Trente ou ses environs il n'y eût pas plus de forces que ce que je vous ai marqué, cependant on assurait qu'il arrivait par une autre route autant de troupes que ce que nous en avions vu passer ; de manière que les plus incrédules ne doutaient pas que l'entreprise ne réussît. Voilà pourquoi dans toutes mes lettres, depuis le 24 du mois dernier jusqu'au 1er de celui-ci, je vous ai écrit que l'entreprise marchait, et que l'empereur attaquerait certainement l'Italie s'il ne voulait pas se couvrir de honte ou s'il ne faisait une paix honorable.

Depuis ce temps l'empereur a quitté Botzen, et il est resté dans les différents endroits qui se trouvent sur la route, depuis Botzen jusqu'ici, jusqu'à jeudi dernier, où il est rentré dans Trente à la vingt-troisième heure. Le lendemain on a fait une procession solennelle où il a assisté en personne, précédé par les hérauts impériaux et l'épée impériale. Rentré dans l'église, Lang harangua le peuple et lui annonça l'entreprise contre l'Italie, etc., etc. Pendant toute cette journée du vendredi les portes de la ville furent gardées : on laissait entrer tout le monde, mais personne ne pouvait sortir. Tous les habitants de cette ville qui savent manier la hache sont employés à réparer les fortifications: on a fait préparer du pain pour nourrir dix mille hommes pendant quatre jours; on a fait passer au delà de l'Adige plusieurs fourgons chargés de toutes sortes de munitions; le soir enfin les gens d'armes eurent ordre de se tenir prêts à monter à cheval au premier signal qui serait donné la nuit suivante : en effet, à neuf heures de la nuit, ils se formèrent en bataille dans le plus grand ordre. Le marquis de Brandebourg marcha du côté de Rovère à la tête de cinquante chevaux et deux mille fantassins, et l'empereur, avec environ quinze cents cavaliers et quatre mille fantassins, prit la route qui conduit à Vicence. On disait, et l'on paraissait fondé à le croire, qu'outre ces deux attaques, il avait été donné le même jour ordre aux troupes assemblées dans le Frioul de se mettre en marche, pour se réunir à l'empereur et à son armée lorsque l'occasion et les succès de l'entreprise l'exigeraient. On assurait encore qu'on avait ordonné aux trois mille fantassins fournis par les Ligues-Grises et le Valais de marcher en même temps vers la Valteline; de sorte que, d'après tout ce qu'on voyait, ou qu'on entendait dire, on devait s'attendre à apprendre que tout avait réussi.

Le marquis rentra ici le samedi au soir avec toute sa cavalerie : il annonça qu'il s'était présenté devant Roveredo; qu'il l'avait entouré et avait demandé à y être reçu; que le commandant lui avait demandé six jours pour faire sa réponse, mais qu'il ne lui en avait accordé que trois; qu'en conséquence il était revenu avec sa cavalerie et avait laissé son infanterie à la Petra, bourg à deux milles de Roveredo. L'empereur, de son côté, est allé s'emparer d'une montagne appelée le mont Siago, dont la base s'étend jusqu'à près de douze milles de Vicence. Entre la plaine et la montagne se trouve une citadelle appartenant aux Vénitiens, appelée Marostico: elle peut contenir deux mille hommes. En s'en emparant l'empereur se procurera les moyens de loger son armée très-commodément et d'assiéger tranquillement Vicence. Sur le haut de cette montagne sont quelques communes toutes composées de Vénitiens : elles sont au nombre de sept, et on les appelle les sept communes. Outre qu'elles sont défendues par leur position avantageuse, elles ont encore quelques fortifications. L'empereur s'est emparé de ces sept communes et a comblé les fossés, de manière qu'on peut actuellement y conduire de l'artillerie et qu'il y en a quelques pièces d'arrivées. On disait hier qu'il avait aussi pris le château de Marostico : on conjecturait dès lors que Vicence se révolterait, excitée par Léonard de Vicence que l'empereur a auprès de lui. Cet homme a un grand crédit dans cette ville, et il est très-mécontent des Vénitiens qui l'en ont chassé.

Au milieu de ces belles espérances le bruit se répandit hier, sur la vingt et unième heure, que l'empereur venait de passer près de Trente et était allé camper à Saint-Michel, dix milles plus loin, sur la route de Botzen, de manière que tout est changé de face, et que tout le monde a été dans l'étonnement. Chacun fait des commentaires à sa guise sur cet événement : il y en a qui pensent que ce sont les Vénitiens qui lui ont fait faire cette attaque en lui promettant d'en profiter pour faire leur paix, mais au fond pour mieux l'observer, lui ôter sa réputation et se moquer de lui; d'autres croient qu'il s'est laissé aller à cette entreprise dans l'espérance d'un mouvement qu'on lui avait promis, mais qui n'a pas réussi; quelques-uns enfin, persistant dans leur première façon de voir, croient à tout ce qu'on avait d'abord dit, et assurent que s'il revient sur ses pas, c'est pour terminer quelques arrangements qu'il a voulu finir par lui-même, suivant son usage, quoiqu'il eût pu en charger quelqu'un.

Voilà l'état des choses jusqu'à présent. Je demanderais actuellement au plus habile homme du monde, et qui serait chargé par vos seigneuries de la commission dont elles m'ont honoré, je lui demanderais, dis-je, ce qu'il ferait. J'avoue de bonne foi que si votre lettre m'était parvenue trois jours plus tôt, j'aurais promis que le premier payement serait fait non-seulement à Trente, mais à Innsbruck; et si je l'eusse fait réellement, et qu'ensuite les démarches de l'empereur se fussent ralenties, je voudrais savoir ce qu'on en eût pensé à Florence: mais sans attendre une réponse, je le soupçonne. Je présente ces observations à vos seigneuries, non pas que le courage ou la fidélité me manquent pour remplir leurs ordres, mais pour leur faire sentir la difficulté d'une commission dont, à moins d'être prophète, on ne pourrait deviner le résultat. En effet, soit dans chaque circonstance en particulier, soit dans toutes les affaires en général, on a beau voir jour par jour ce qui se passe, on ne connaît jamais que le dessus des cartes. Il est d'ailleurs bien sûr que, si on veut prévoir d'après des données raisonnables si quelqu'un réussira ou non dans une entreprise, il faut d'abord examiner le nombre et l'espèce de soldats qu'il a avec lui; s'il peut les tenir réunis longtemps; enfin sa manière de les conduire; il faut ensuite faire les mêmes observations sur son ennemi. Personne ne doute que l'empereur n'ait avec lui beaucoup de soldats et que ce ne soit de bonnes troupes; mais pourra-t-il les conserver longtemps? C'est ce dont on doute, parce qu'il ne pourra les retenir qu'à force d'argent : or, d'un côté l'empereur a peu de fonds, à moins qu'il ne s'en soit procuré par quelque moyen qu'on ne connaît pas; de l'autre il est trop généreux, ce qui élève difficulté sur difficulté. La générosité, je le sais, est une vertu dans un prince; mais cependant il ne suffit pas de bien payer mille soldats, quand il faut en payer vingt mille. La libéralité est un défaut alors qu'on n'a pas de quoi subvenir au nécessaire. Quant à sa manière de se conduire, je dirai, et on ne pourra le nier, qu'il est actif, très-expérimenté dans la guerre, infatigable, prudent et plus estimé que ne l'a été aucun de ses ancêtres depuis cent ans; mais il est si bon et si humain qu'il en est faible et crédule; d'où il arrive qu'il y a beaucoup de gens qui doutent encore de son entreprise. Ainsi, tout bien considéré, on y trouve également des sujets d'espérance ou de crainte. Mais ce qui donne le plus d'espérance sont deux considérations relatives à l'Italie, et qui ont toujours fait réussir ceux qui l'ont attaquée; savoir : que ce pays est toujours prêt à la révolte et au changement et qu'il est mal armé : c'est ce qui a causé ces conquêtes si rapides et sitôt perdues; et quoique les Français y soient et qu'ils aient de meilleures armées, néanmoins comme ils n'ont pas avec eux les Suisses, avec lesquels ils sont habitués à vaincre, et qu'ils ne sont pas sûrs de ceux qui leur sont soumis, on peut encore douter de leur succès. En considérant donc les choses en général, je reste en suspens sur le parti que je dois prendre; car pour qu'il y ait lieu à remplir votre commission, il faut que l'empereur attaque l'Italie et qu'il soit vainqueur.

Me voici à Trente, et j'ignore si le roi partira aujourd'hui ou demain de Saint-Michel. Je ne sais quel parti prendre, parce qu'il m'avait donné l'ordre de ne pas quitter Botzen; mais après que j'eus reçu votre lettre et que je fus instruit que le roi s'était déjà mis en mouvement, je m'empressai de partir pour venir terminer avec lui, craignant encore d'arriver trop tard : lorsque dans la route j'appris qu'il revenait sur ses pas, mon zèle se ralentit, et voyant qu'il n'y avait pas de raison pour changer d'avis, j'ai pris le parti d'attendre votre réponse. Quand bien même je ferais cette seconde offre, je ne promettrais le premier payement que lorsqu'il sera arrivé dans la seconde ville d'Italie, si toutefois, comme je vous l'ai dit, il ne survient pas quelque changement; car, quoique les affaires paraissent aujourd'hui dans un mauvais état, elles peuvent se relever demain; et comme l'affaire des mille fantassins envoyés dans le Mantouan a eu une issue plus heureuse qu'on ne l'avait d'abord cru, il pourrait bien en être également de celle-ci. Je ne crois pas cependant, comme je vous l'ai déjà écrit, que vingt mille ducats pour le premier payement et cinquante pour le tout suffisent pour déterminer l'empereur : il céderait volontiers si le premier payement se faisait tout de suite, par exemple d'ici à Trente, mais pour réussir il faudrait avoir les lettres de change toutes prêtes : cela seul, comme je vous l'ai déjà marqué plusieurs fois, pourrait le radoucir plus que toute autre condition. De sorte qu'ayant à prendre mon parti et à me décider sur un événement douteux, je me déterminerai pour le moins dangereux. Dans cette position je pense qu'il vaut mieux, si on doit se tromper, errer en croyant à l'entrée de l'empereur en Italie, parce que je crois que cette première erreur peut se réparer, au lieu qu'autrement je ne vois point de remède, et beaucoup de dangers. Quiconque voudrait se procurer plus d'avantage devrait courir plus de risque, mais vos seigneuries ne veulent pas que j'en coure. J'ai voulu dans cette lettre vous faire voir toutes les issues que peut avoir cette affaire et quelle est mon intention dans la manière d'y procéder, afin que vous puissiez me diriger si vous ne la croyez pas bonne. Si vous ne me donnez pas de nouveaux ordres, ne soyez pas étonnés ou fâchés si l'événement ne répondait pas au parti que j'aurai adopté.

J'ai reçu votre lettre de change : j'en ferai usage, d'après vos ordres, pour le bien de la république, suivant que je le jugerai nécessaire; mais je crains bien qu'il soit difficile de la négocier, parce que d'ici à Augsbourg il y a près de trois cents milles, et que le payement d'une somme aussi considérable ne peut se faire ici que très-difficilement, parce qu'il ne sort d'argent de l'Allemagne que par le moyen de la maison Fugger à laquelle il faudra que vous vous adressiez. Vous pourrez engager les Fugger de Rome à faire payer ici cette somme. Quoique je vous aie dit qu'elle sera difficile à négocier à cause de l'éloignement, cependant, quelque considérable que soit la somme, si le roi en était porteur je ne doute pas qu'il n'en tirât parti.

Macchiavelli a grand besoin d'argent : tant que j'en aurai, sans doute il n'en manquera pas. Je ne pense pas que pour rien au monde vous deviez le rappeler ; je prie vos seigneuries de permettre qu'il reste avec moi jusqu'à ce que l'affaire soit entièrement terminée, parce que sa présence est nécessaire ici. Si l'affaire des cinq cent cinquante-neuf florins était arrangée, son retour et son voyage ne seraient pas aussi périlleux. Dans tous les cas, je suis persuadé qu'il ne refuserait ni fatigues ni dangers pour l'amour de la république.

FRANÇOIS VETTORI.

Trente, le 8 février 1507 (1508).

LETTRE VII.

MAGNIFIQUES SEIGNEURS

Vous trouverez ci-joint copie de la lettre que je vous ai adressée de Trente, le 8, par le courrier Ortolano. Ce même jour l'empereur, ayant appris que j'étais arrivé à Trente par une lettre qu'on lui avait écrite, me fit savoir qu'il n'était qu'à deux lieues de cette ville, et de son côté Lang me fit demander si, d'après le courrier que j'avais reçu, je n'avais rien à lui communiquer. Examen fait de votre lettre, je ne crus pas devoir lui faire de nouvelles propositions, parce que je vis bien que je serais refusé si je n'offrais que cinquante mille ducats dont le premier payement n'aurait lieu que lorsqu'il serait arrivé sur le territoire ennemi : et il me parut prématuré de lui offrir de faire ce premier payement à Trente, puisque ses affaires paraissaient plutôt se détériorer que s'améliorer. Afin que vos seigneuries fussent parfaitement instruites à cet égard, je vous marquai par ma lettre du 17 que l'on m'avait assuré que Trente était en Italie, et qu'en promettant ainsi le premier payement sur un territoire entièrement italien, l'empereur aurait pu chicaner et l'exiger à Trente. Voilà pourquoi j'ai voulu que vos seigneuries y fissent attention. Cette observation du reste était de moi, et ni l'empereur ni qui que ce fût ne m'en avait parlé. Aujourd'hui vos seigneuries m'ordonnent, ne pouvant faire autrement et vu la situation des affaires, de promettre ce premier payement à Trente; et moi, qui vois que les affaires de l'empereur semblent prendre une tournure moins active et moins heureuse, je ne promettrai rien, et je donnerai à mon voyage la meilleure excuse qu'il me sera possible de trouver.

Je ne sais si vous serez contents. J'ai reçu ordre de la part de l'empereur de retourner à Botzen : ce prince y arriva deux jours après et m'engagea, ainsi que le cardinal et tous les autres envoyés, à aller nous établir à Méran, petite ville éloignée d'ici de trois milles, et cela, pour faire place aux troupes qu'on attend. L'empereur est parti aujourd'hui, les uns disent pour aller à Inspruck, d'autres à Brunecken [1], vers le Frioul, afin de faire avancer des

[1] Brunecken, dans l'évêché de Brixen.

troupes. Quant à moi, comme je vous l'ai marqué dans ma lettre dont copie est ci-jointe, je me trouve très-embarrassé par votre lettre du 29, et pour tout au monde je serais fort aise d'être délivré d'un fardeau capable d'effrayer l'homme le plus hardi. Si on me disait qu'étant sur les lieux, je suis à même de décider, je répondrais que je ne puis que me rapporter à ce que vos seigneuries ordonneront, et je n'ai eu si grand soin de leur marquer exactement tout ce que j'avais vu et entendu qu'afin qu'elles pussent déterminer elles-mêmes ce qu'il y a de plus avantageux pour la république.

Ma dernière lettre vous a appris tout ce qui se passait. Rien de nouveau jusqu'à présent, si ce n'est qu'il arrive toujours quelques gens d'armes pour Trente, quoique tous ceux qui avaient marché vers les frontières ou du côté de Roveredo soient revenus dans cette ville. On dit encore qu'il y a beaucoup de troupes dans le Frioul, dans la partie qui appartient à l'empereur. Il paraît qu'il ne manque plus rien à ce prince que de l'argent : il serait cependant très-possible qu'il s'en procurât promptement et facilement sans que l'on sût par quels moyens. Il existe en effet en Allemagne beaucoup de villes extrêmement riches qui pourraient lui en fournir plus qu'il ne lui en faut; il pourrait aussi en tirer du pape, des Vénitiens et même du roi de France, en s'arrangeant avec eux, et s'en procurer par mille autres moyens secrets qu'on ne peut pas plus deviner que ceux-là. Je n'ai pas voulu promettre de premier payement à Trente, parce que je n'ai pas vu les choses au point où vous m'avez recommandé de les laisser aller avant de rien promettre. D'un autre côté, actuellement que je m'en vais à Méran et que je m'éloigne de la cour, je ne voudrais pas que l'empereur eût d'assez grands avantages pour que je ne fusse plus à temps de lui faire mes offres, dans la crainte que vous ne me blâmiez et que vous ne m'accusiez d'être la cause de la ruine de votre ville pour n'avoir pas fait mes offres à temps. Cependant je me déciderai à prendre le parti qui me paraîtra le plus raisonnable, et quoi qu'il arrive, je ne crois pas qu'on puisse rien me reprocher.

Je désirerais bien recevoir promptement la réponse de vos seigneuries aux lettres qu'a dû leur remettre Diavolaccio, afin d'avoir toute tracée la marche sûre que je dois suivre. Vos seigneuries seules peuvent savoir la manière dont on peut traiter avec l'empereur, et obtenir la garantie qu'elles désirent : je pense donc qu'il est nécessaire qu'elles adoptent un de ces partis : le premier, pour terminer plus sûrement, serait que vos seigneuries allassent jusqu'à cent mille ducats, ou même plus, en distribuant les payements le mieux qu'il serait possible ; qu'elles promissent alors le premier payement à l'arrivée de l'empereur, dans la première ville d'Italie qui ne lui serait pas soumise : peut-être qu'il serait ébranlé par l'importance de la somme; le second moyen serait de lui promettre une somme moins considérable, mais payable sur-le-champ sans aucune condition. Dans ce cas quarante ou cinquante mille ducats en deux payements suffiraient ; mais il faudrait les offrir avant qu'il entrât en Italie et qu'il fût vainqueur, parce qu'après il ne serait plus temps. En faisant ainsi ce premier payement d'avance il pourrait se faire que le second n'eût pas lieu, et que l'empereur se laissât gagner par cette somme à cause de l'utilité dont elle lui serait pour le moment. Si par un de ces moyens on parvenait à obtenir de ce prince la garantie et un traité définitif, vos seigneuries pourraient ensuite employer un troisième moyen qui rentrerait dans les propositions que l'empereur a faites jusqu'à présent ; savoir : de lui prêter dix ou quinze mille ducats, pour capter la bienveillance de Sa Majesté et se mettre pour ainsi dire à sa disposition, s'il était vainqueur, dans l'espérance qu'il en userait bien avec vous, comme l'espère Pandolfe Petrucci. Toutes ces façons de voir ne sont fondées sur rien de certain, mais sur de simples conjectures sur lesquelles je pourrais me tromper ; et, quoique par mes dernières lettres j'aie dit à peu près la même chose à vos seigneuries, j'ai voulu les particulariser dans celle-ci, afin qu'elles pussent les examiner de nouveau et m'envoyer des ordres précis.

Si j'écris ainsi, ce n'est pas que ce soit matière à soumettre à vos délibérations, mais pour que vous connaissiez bien à fond toute l'affaire, pour qu'on ne m'accuse pas de présomption, et qu'on soit convaincu de la bonne foi et des peines que je me donne pour la terminer selon vos vœux. Je prie donc de nouveau vos seigneuries de me donner des instructions, des ordres positifs, parce que je ne puis voir ici les objets sous un autre point de vue que celui sous lequel je les présente dans mes lettres. Si j'étais le seul à voir ainsi je pourrais craindre de me tromper; mais, depuis le plus sage jusqu'au moins sensé, tout le monde pense de même. On juge quelquefois mal quand on demeure à la cour, mais je crains bien de juger plus mal encore actuellement que je vais en être éloigné. Quoique par votre lettre du 29 vous m'autorisiez à offrir le premier payement à Trente, je verrai s'il est nécessaire de me servir de votre permission, dont je n'userai qu'aux conditions que vous y mettez. L'empereur pourrait bien chercher à pénétrer en Italie par le Frioul, ou par la Valteline, ou par la Bourgogne; et si alors on lui offrait de le payer à Trente, il pourrait bien prendre cette offre pour une moquerie. Vos seigneuries ne doivent donc pas compter sur les instructions qu'elles m'ont données, et il est nécessaire qu'elles m'en donnent d'autres plus précises et plus sûres, et cela sans y mettre aucune condition : elles peuvent le faire d'autant plus aisément qu'elles sont au fait de tout ce qui se passe autant et plus que moi. Je suis bien fâché que les chemins soient fermés comme on le dit, et que vos ordres ne puissent m'arriver avec la célérité que les affaires exigeraient; mais je prie vos seigneuries d'employer tous les moyens pour qu'il m'arrive quelqu'un, soit à pied, soit à cheval. J'aurais bien envoyé Macchiavelli à la cour, comme je l'envoyai dernièrement à Trente lorsque je restai ici; mais peut-être que cela déplairait, et il ne faut pas aller contre les ordres que nous avons reçus, de peur qu'on ne nous renvoyât de l'Allemagne l'un et l'autre. Il faut d'ailleurs se conformer aux usages des pays où on se trouve.

Je pars aujourd'hui pour Méran. Je ne veux pas oublier de marquer à vos seigneuries que, causant avec quelques-uns des premiers personnages de ce pays-ci, ils voulurent me prouver que rien n'était plus avantageux que les derniers événements, et ils ajoutèrent qu'avant qu'il fût un mois on verrait que l'empereur s'était conduit avec la plus grande prudence, et qu'il en résulterait pour lui les plus grands avantages. D'autres personnes, moins considérables à la vérité, prétendaient que l'empereur n'avait fait cet essai que pour prouver à l'empire qu'il lui fallait de plus grandes forces et qu'il était de son honneur de lui fournir tout ce dont il aurait besoin. Quelques autres, en discourant sur le même objet, assurent ou qu'il aura de la peine à réussir, ou qu'il sera forcé, si le pape ne lui fournit pas d'argent, à faire sa paix avec le roi de France ou avec les Vénitiens, et qu'il n'a fait cette démarche que pour démontrer à l'empire la nécessité où il se trouve de traiter avec l'une ou avec l'autre de ces deux puissances. D'autres se bornent aux raisons détaillées dans ma précédente lettre. Actuellement, quels que soient les véritables motifs, comme vos seigneuries sont instruites, elles les examineront et en tireront le parti que leur sagesse leur dictera : elles verront s'il vaudrait mieux se mettre à découvert vis-à-vis de lui, quel que soit d'ailleurs le résultat de son entreprise, parce qu'il serait très-facile que le roi de France abandonnât tout le monde, se trouvant très-mécontent de chacun en particulier. Vos seigneuries peuvent mieux que personne peser tout ce que je viens de dire, prendre un parti à cet égard et ensuite me faire connaître leurs volontés. Je me recommande, etc.

Botzen, le 14 février 1507 (1508).

Je ne veux pas oublier de rappeler respectueusement à vos seigneuries que, dans le cas où il faudrait en venir à une conclusion quelconque, on désirerait ici que j'eusse des pleins pouvoirs.

Je croyais Simon déjà à Bologne, et il est arrivé hier au soir ici. Il m'a dit qu'il avait été forcé de revenir sur ses pas : parvenu à la Pietra, les Allemands n'ont pas voulu le laisser aller plus loin. L'empereur a mis partout des gardes qui ne laissent passer personne sans permission de sa part. Il a pris ces précautions afin qu'on ne puisse donner avis de ses préparatifs. Comme j'ignorais cette consigne au départ du courrier, je n'ai pas pu lui procurer une permission : je vais aujourd'hui le renvoyer et tâcher de lui obtenir un passe-port. Cette lettre renferme tout ce qui s'est passé jusqu'au 14 de ce mois; nous voici au 19 : rien de nouveau pendant ces cinq jours. Nous sommes à Méran, éloignés de la grande route, où nous ne voyons ni n'entendons rien dire; seulement ceux qui vienuent de Botzen et de Trente rapportent qu'il passe continuellement de l'infanterie et de la cavalerie pour cette dernière ville, et que dans ces cinq jours il est passé à Botzen plus de trois mille fantassins; qu'on y en attend continuellement, et qu'il en est encore arrivé plus de cinq cents. On dit qu'il y en a trois mille à Landrech, qui est éloigné d'ici de deux jours de marche, et qu'ils viendraient de ce côté-ci: et de sorte que les affaires paraissent plutôt se ranimer que se ralentir. L'empereur est toujours à Brixen. On ne sait ce qu'il fera, s'il viendra par ici ou s'il se retirera simplement dans le Frioul. D'un autre côté, je me trouve ici toujours dans le même embarras dont je vous ai parlé et qui est le même qu'éprouvent tous ceux qui y sont, parce qu'il n'y a personne qui puisse raisonnablement prévoir, je ne dis pas comment finira, mais même comment commencera tout ceci. Voilà pourquoi j'aurais désiré que cette lettre vous fût parvenue promptement, pour avoir plus tôt votre réponse et pour que vos instructions précises pussent me guider sûrement dans l'exécution des ordres que vous m'avez donnés. Tout cela n'a pas réussi, et ce qui m'a encore plus chagriné c'est que j'ai appris que Diavolaccio, qui devait revenir avec votre réponse à ma lettre du 29, avait été dévalisé et qu'il était retourné sur ses pas; de sorte que tous les contre-temps possibles paraissent augmenter mes embarras. Quoique je n'aie pas besoin de nouveaux ordres pour offrir cinquante mille ducats dont vingt mille payables à Trente, comme votre dernière lettre m'y autorisait, je ne puis cependant prendre sur moi de faire cette offre, d'après la recommandation que vous me faites de ne rien offrir que l'arrivée de l'empereur ne soit certaine. Aussi vous ai-je écrit que vous ne deviez pas compter que je pusse remplir une commission purement hypothétique, et que vous deviez donner des ordres positifs; et je vous le répète encore dans celle-ci. D'un autre côté j'observerai bien tout pour attendre, s'il est possible, votre réponse à ma lettre du 24, ou à celle du 8, ou à celle-ci; mais les affaires semblent prendre une telle consistance que si cette entreprise commençait avec cette fureur qui caractérise presque toutes les entreprises ultramontaines, je ne serais pas à temps. J'ignore encore si cette offre serait acceptée, et si alors même il ne serait pas dangereux de l'avoir faite. En un mot, je ne crois pouvoir me décider à rien avec les instructions que j'ai : voilà pourquoi je voudrais avant de faire aucune démarche avoir votre réponse à ma lettre du 24 s'il n'est pas possible d'en avoir d'autres. En attendant je me conduirai comme le ciel me l'inspirera ou comme je le jugerai avantageux à notre patrie, et je croirai être toujours justifié aux yeux de Dieu et des hommes.

Méran, le 19 fevrier 1507 (1508).

Ce n'est qu'aujourd'hui, 23 février, que je suis parvenu à obtenir de Paul de Lichtenstein la permission pour mon exprès : il partira demain, mais je ne sais à présent s'il pourra aller jusqu'à Rovère. Pour ne laisser passer aucune occasion, j'ai hasardé il y a deux jours une autre lettre que j'ai confiée à deux aventuriers qui s'en vont en Italie. J'y ai rappelé en peu de mots ce que renferme celle-ci. J'y demande réponse à la lettre que Diavolaccio vous a rapportée; je vous y répète, comme je l'ai fait encore ici, que sans de nouvelles instructions je ne puis exécuter les ordres que renferme votre lettre du 29 même quand le moment m'en paraîtrait favorable, parce que vous voulez que je désigne Trente, et que si par hasard l'empereur passe par le Frioul cette offre aura l'air d'une dérision. Ce prince ayant ensuite donné toute sorte de preuves qu'il désirait se faire bien payer la garantie que vous lui demandez, il n'acceptera pas ce que vous lui offrez, à moins qu'il ne soit mal dans ses affaires; et dès lors il ne sera plus en mesure de remplir vos vues. Au reste je vous détaille dans cette lettre les raisons qui empêchent de décider si ses affaires vont bien ou mal. Peut-être pourrait-il se radoucir en voyant cette somme, si d'un côté on avait les effets tout prêts et que de l'autre on lui donnât des paroles sûres; car alors, comme je vous l'ai déjà marqué, il se radoucirait à cause de la pénurie où il se trouve s'il voyait de l'argent comptant. Enfin je vous répète ici que sous tous les rapports il me faut de nouveaux ordres, et tellement propres à se prêter à toutes les circonstances et à tous les accidents qu'ils puissent me suffire, à cause de la difficulté des communications qui ne permet pas de les multiplier. L'empereur est resté jusqu'à avant-hier à Brixen, à deux journées de Trente; depuis ce temps-là, il est allé à Brunecken, sur la route du Frioul. Il est arrivé à Méran, où nous sommes, mille hommes d'infanterie qui y ont séjourné; on assure qu'il doit encore en passer trois mille qui se rendront à Trieste. On dit qu'il doit réunir dans cette ville dix mille hommes d'infanterie et quatre mille de cavalerie, et l'on croit que l'empereur, à la tête d'une force considérable, attaquera du côté du Frioul. Quant à la quantité de troupes qu'il a ou qu'il doit avoir avec lui, je ne puis pas plus le savoir que vous ne savez ce qui se passe à Naples lorsque vous n'y avez personne pour vous en instruire. Il est donc inutile de chercher à bien juger ce qui se passe ici : il faut seulement s'en remettre à la grâce de Dieu dans tout ce qu'on fera. Ce qui me tourmente le plus, c'est d'être ici comme dans une île perdue, et de n'en pouvoir sortir ni envoyer personne sans une permission. Je me recommande, etc.

FRANÇOIS VETTORI.

Méran, le 23 février 1507 (1508).

P. S. J'ai donné ordre à Simon de prendre la poste dès qu'il sera à Bologne afin d'arriver plus tôt, et pour cela je lui ai compté cinq ducats d'or que je prie vos seigneuries de faire remettre à Paul, mon jeune frère.

LETTRE VIII.

MAGNIFIQUES SEIGNEURS,

Si je croyais que Simon fût arrivé avec mes lettres des 14, 19 et 23 février, je n'aurais pas besoin de vous répondre; mais dans l'incertitude où je suis, je vais vous rappeler en peu de mots ce qui s'est passé pendant tout le mois dernier jusqu'à présent, ce qu'on conjecture devoir arriver et ce qu'on pense du résultat de cette entreprise. Je dirai ensuite un mot de l'état dans lequel se trouvent vos affaires auprès de l'empereur, et ce que nous avons à espérer d'après sa manière d'agir. Je ne reviendrai pas sur ce que j'ai écrit les 24, 25 et 26 janvier et le 1er février : je pense que ces lettres vous sont parvenues, quoique je n'en aie eu aucune réponse. Je crois aussi que vous avez reçu celle du 8 février dont j'avais chargé Ortolano, et dans laquelle je vous faisais part de toutes les difficultés que je rencontrais ici. Je vous y disais que l'empereur avait, le 5 de ce mois, fait attaquer Roveredo par le marquis de Brandebourg avec environ deux mille hommes, et qu'il était parti le même jour, à la tête de cinq mille hommes, pour aller en personne attaquer les sept communes sur la montagne de Siago, en face de Vicence, et qu'on croyait que ces deux entreprises réussiraient à cause des précautions qui avaient été prises; mais le 7, au grand étonnement de tout le monde, il s'était retiré à Botzen. Depuis ce temps-là il s'est rendu à Brixen, à deux journées de Trente, du côté d'Innsbruck, puis à Brunecken, et enfin sur la route du Frioul, à la tête d'environ six mille hommes des milices du pays : il a pillé une vallée appartenant aux Vénitiens, l'espace de quarante milles; et il est arrivé le 26 à Brunecken des lettres qui annoncent en propres termes : « L'empereur s'est emparé de la vallée de Cadauro, par laquelle on passe pour se rendre à « Venise par le Trévisan. Il a laissé derrière lui « le château de Bustauro, qui appartenait autrefois à l'église d'Aquilée; il s'est rendu maître « de celui de Saint-Martin et de plusieurs autres « endroits moins considérables, entre autres du « château della Pieva, dont le commandant a « pris la fuite dès qu'il a vu arriver l'ennemi. Il a « encore soumis la vallée de Comoligon dont les « comtes Saviniani avaient le commandement. Il a « ensuite ordonné à ses troupes de marcher contre « le Trévisan, etc. » Voilà tout ce qu'on a appris de certain de ses progrès. J'ai entendu hier quelqu'un dire que l'empereur devait être aujourd'hui, 1er mars, à Severino, et dans deux jours à Innsbruck. On croit qu'il y va pour y ramasser des fonds, y mettre ses diamants en gage, etc., etc.

Rien de nouveau du côté de Trente depuis que l'empereur n'y est plus. Il est seulement passé par ici et par Botzen environ deux mille fantassins et deux cents cavaliers qui se rendent dans ces cantons. Tel est le point où se trouve aujourd'hui l'entreprise, et vos seigneuries voient que la situation est telle qu'il n'y a personne qui ose prévoir comment elle finira; et cela, parce que tout le monde ignore si l'empereur jouit de quelque faveur en Italie. Tout ce qu'on dit, c'est que les Vénitiens manquent aussi d'argent et qu'ils ont peur. Il y a deux jours que l'empereur a fait partir, on ne sait pour où, un de ses conseillers qui était l'année dernière ambassadeur à Naples : on croit qu'il est allé à Vénise pour s'aboucher avec les Vénitiens qui l'avaient demandé. On ne doute pas que l'empereur n'accepte la paix, s'il trouve le moyen de la faire, ou avec les Vénitiens ou avec le roi de France, quoique le cardinal ait eu avis que cette dernière puissance était restée jusqu'à présent parfaitement tranquille.

On ignore comment le pape pourra faire sa paix avec l'empereur, mais on croit qu'il y a quelque irritation entre eux, parce que le cardinal se plaignait que, depuis le départ de Memmingen jusqu'ici, l'empereur ne lui avait pas adressé la parole, et que même alors il lui avait dit avec colère qu'il ferait voir à tout le monde qu'il pouvait faire la guerre sans le secours du pape et sans celui d'aucun roi. En définitive personne n'ose asseoir le moindre jugement, parce que chacun est convaincu qu'il est difficile que l'empereur fasse quelques progrès contre les Vénitiens et le roi de France sans le secours du pape, ayant surtout mis la plus grande lenteur au commencement de cette guerre, et leur ayant par là donné le temps de se préparer à la défense. D'un autre côté, les ressources de l'Allemagne sont si grandes qu'il peut en un instant faire revivre une entreprise abandonnée, et à plus forte raison redonner de la vigueur à une affaire qui est déjà en train. Tous ceux qui cherchent à deviner ce qui se passe disent que l'empereur n'a eu d'autre but en faisant cette première démarche que d'engager l'empire à lui fournir de nouveaux secours : aussi la diète lui en a-t-elle accordé pour six autres mois, avec autorisation à cinq électeurs de les prolonger pour six autres mois encore si ceux-ci ne suffisent pas ; et l'empereur a fait cette attaque pour prouver leur insuffisance.

Le cardinal reçut hier un courrier de Rome : aussitôt il se mit à écrire de fort longues dépêches et il les envoya à la cour. Quelqu'un qui était d'un certaine considération lui ayant demandé ce qu'il y avait de nouveau, il lui répondit qu'il y avait beaucoup de bonnes nouvelles, qu'on les saurait avec le temps : c'est tout ce qu'il en a pu tirer. Je puis vous dire ici quelle est la position de l'empereur vis-à-vis des puissances étrangères : le loisir dont nous jouissons tous m'a fourni l'occasion de m'en instruire. L'ambassadeur d'Aragon m'a dit que l'empereur n'avait pas entendu ses intérêts en ne cherchant pas à s'attacher le roi son maître, parce que celui-ci ne voulait se réserver que le gouvernement de Castille, à condition que son neveu hériterait de tous ses États puisqu'il mourrait sans héritier : l'empereur n'a pas voulu y consentir, et en cela ce ministre prétend qu'il a eu tort, parce que son maître l'aurait aidé et à faire la guerre et à conclure la paix.

De plus, l'ambassadeur d'Angleterre a appris depuis son arrivée que, quoique l'on pense toujours au mariage avec le fils de l'archiduc, on ne le regarde pas comme fait tant que son roi n'aura pas épousé madame Marguerite ; que l'empereur, qui ne voulait pas de ce dernier mariage, traînerait l'affaire en longueur, et que la non-réussite de ce projet pourrait bien faire manquer l'autre ; qu'en conséquence son maître ne ferait pas pour lui tout ce qu'il ferait s'il avait obtenu madame Marguerite. J'ai déjà marqué à vos seigneuries ce qui regardait les Suisses, et il y a longtemps qu'on n'en parle plus ici. Que vos seigneuries jugent donc, car personne ici n'oserait le faire, qu'elles jugent, dis-je, les motifs qui font faire les préparatifs de guerre à la France, jusqu'à quel point on y est disposé à la paix, et avec le pape, etc. : car d'ici il est impossible de rien déterminer. C'est ce qui m'a fait demander et me fait encore demander aujourd'hui que vos seigneuries veuillent bien me donner des ordres positifs, et qu'elles se décident à quelque chose. Quant à vos affaires, elles sont dans la même situation où elles étaient lors de la lettre que Diavolaccio vous a apportée, et à laquelle je demande réponse. Je crois qu'il est décidément nécessaire, d'après tout ce qui se passe, que puisque vous voulez obtenir une garantie et en finir une fois pour toutes avec l'empereur, vous preniez un de ces deux moyens : le premier, de porter la somme que vous voulez offrir à cent mille ducats et au delà, dont le premier payement se ferait dans la première ville d'Italie dont il s'emparerait, et ce serait le plus sûr ; le second moyen serait de vous obliger, sans aucune condition de sa part, à lui payer 50 ou 40 mille ducats ; de lui en donner la moitié sur-le-champ, et pour cela d'avoir les fonds tout prêts, l'autre moitié payable dans deux ou trois mois. Dans le premier cas la quotité de la somme pourrait le tenter, et dans le second il le ferait par l'utilité dont cette somme lui serait tout de suite. Ce dernier moyen est le plus dangereux, et ce serait s'exposer. Vos seigneuries pourraient en employer un autre : le suivant, par exemple, qui serait d'obtempérer à sa demande en lui prêtant une somme quelconque sans parler de garantie, en s'abandonnant ensuite à sa discrétion et à sa bonne volonté. Mais dans ce cas, au lieu des 25 mille ducats qu'il demande, on pourrait en offrir 12 ou 15 mille. Je pense qu'il est nécessaire que vos seigneuries prennent un de ces trois partis si elles veulent décidément terminer, non que j'aie à cet égard la moindre donnée ; tout ce que je dis est par conjecture, et je pourrais bien me tromper : voilà pourquoi j'ai tout mis sous les yeux de vos seigneuries, afin qu'elles puissent se décider pour ce qu'elles jugeront le plus avantageux. Je n'ai pas offert le payement de 20 mille ducats à Trente, parce que, quand je n'aurais pas eu d'autre motif, je craignais, sans en être cependant certain, que comptant sur une forte somme de votre part, il ne refusât les 20 mille ducats, à moins qu'il ne fût dans le plus grand besoin, et alors votre but ne serait pas rempli. Outre cela, en offrant de faire ce payement à Trente, et l'empereur n'y étant pas ou n'ayant pas dessein d'y aller, mais bien de pénétrer en Italie par un autre côté, j'avais peur qu'il ne prît cette offre pour une plaisanterie. J'ajoute donc qu'il me faut de nouveaux ordres, et qu'ils soient si bien calculés sur toutes les probabilités et tous les événements qu'une seule lettre suffise, à cause de la difficulté des communications qui empêche de multiplier les courriers. D'ailleurs le temps s'écoule, et un mois ne sera pas passé que l'empereur sentira la nécessité de prendre enfin un parti ou pour la paix ou pour la guerre, à moins qu'il ne veuille devenir la risée de toute l'Europe. A quelques détails près, cette lettre renferme, je pense, tout ce que je vous ai écrit par Simon. Je vais chercher les moyens de vous la faire parvenir. Outre tous les désagréments que j'éprouve, je suis contrarié par deux circonstances particulières : la première, d'être loin de la cour ; la seconde, de ne pouvoir ni vous écrire ni recevoir de vos nouvelles. Je suis toujours étonné que vos seigneuries n'aient pas encore répondu aux lettres que Diavolaccio leur a remises ; et quoique l'on m'ait dit qu'il avait été volé dans la route, cependant comme il arrive ici des lettres de Sienne et de Rome, je ne sais pourquoi je n'en reçois aucune. Comme l'empereur fait la guerre aux Vénitiens et que vos seigneuries m'ont toujours dit qu'ils étaient les seuls qui menaçassent la liberté de l'Italie, j'ai pensé que vous vouliez terminer totalement avec lui puisque vous tardez si longtemps à me faire réponse. Mais je reviens encore à mon premier dire : qu'il faut que vous m'envoyiez des instructions sur chaque objet et sur chaque pas que j'ai à faire. Si vous croyez que je doive compter l'argent ici, il faut y ajouter des lettres de change, et dans ma dernière lettre je vous ai marqué que vous pouviez pour cela prendre le moyen des Fugger de Rome. Que vos seigneuries n'aillent pas s'imaginer que la commission qu'elles m'ont donnée par leur lettre du 29 puisse me suffire ; car, comme je le leur ai marqué, je ne pourrais user de ces pouvoirs que pour Trente et quand je verrais les affaires en bon train ; mais alors l'empereur n'en voudrait plus, surtout l'argent n'étant pas prêt à être compté. On lui ferait même ces offres à Trente, comme comptant, qu'il ne les regarderait pas comme telles, puisqu'il faudrait un mois au moins pour envoyer et faire revenir des lettres de change. Il n'y a donc aucun fondement à faire sur tout cela.

Nous voici au 7 mars ; l'empereur est à Innsbruck. Il y a trois jours que le légat reçut avis de la cour que les députés de l'empire avaient consenti à proroger les secours encore pour six mois, et que l'empereur était plus content que jamais. Cette circonstance m'a empêché de faire partir ma lettre ; mais on n'a rien entendu dire. On croit que ce prince reviendra ici dans six ou huit jours, pour se transporter ensuite où il jugera nécessaire. Les troupes qui étaient à Trente, et qui sont au nombre d'environ neuf mille hommes, tant infanterie que cavalerie, sont parties il y a trois jours et ont été camper à Barco, château opposé à Roveredo, sur l'autre rive de l'Adige et sur la route qui va en Italie ; Roveredo est sur la route. Ils se sont emparés de ce château de Barco et ont forcé le commandant à se rendre à discrétion dans les trois jours pendant lesquels ils attendaient leur artillerie. La garnison, au nombre de quarante hommes, a été faite prisonnière de guerre. On ne dit pas si les troupes ont poussé plus loin; les uns prétendent qu'elles marcheront contre le castel Brettonico qui est du même côté, d'autres contre Roveredo qui est défendu, à ce qu'on assure, par quinze cents Espagnols. On n'entend plus rien dire de cette armée ni de celle qui est du côté de la Marche Trevisane, ni d'aucune autre troupe: tout ce qu'on sait, c'est que, depuis le commencement du mois, il est parti de Trente pour Roveredo quatre-vingts chariots d'artillerie, et deux chariots chargés de chaînes propres à jeter des ponts. On ne sait plus rien des projets ultérieurs de l'empereur, sinon qu'il y a deux jours que l'on annonçait que les cantons donnaient à la France deux mille cinq cents hommes. Celui qui m'apprit cette nouvelle m'a ajouté que Lang n'avait pas nié la chose, mais qu'il avait dit qu'ils en donneraient autant à l'empereur. Vos seigneuries peuvent être mieux informées de tout ceci par la voie de la Lombardie, comme aussi elles peuvent également mieux juger que nous de tout ce qui se passe entre l'empereur, la France et le pape.

François Vettori.

Botzen, le 24 février 1507 (1508).

LETTRE IX.

Magnifiques seigneurs,

J'ai joint à cette lettre le détail de tout ce qui s'était passé depuis le 24 février jusqu'au 7 de ce mois-ci. Quoiqu'elle renferme certains articles que je pourrais ou taire ou modifier dans celle-ci, cependant je l'envoie telle qu'elle a été écrite afin que vos seigneuries, connaissant exactement tout ce qui s'est passé jusqu'à présent, puissent asseoir un jugement plus sûr, être au fait des changements journaliers qui arrivent, et plaindre celui qui est forcé d'en faire la base de sa conduite. Je l'avais donc écrite le 7 au matin; je voulais la remettre à un Romain, qui n'a pas voulu s'en charger. Ce même jour, environ vers la vingt-deuxième heure, le commandant du Tyrol fit savoir à tous les ambassadeurs qu'il désirait leur parler, de la part de l'empereur, dans la maison de l'envoyé de Raguse. Quand nous y fûmes tous réunis il nous fit voir les ordres de l'empereur; il ajouta que ce prince ayant appris que les Suisses s'étaient déclarés contre l'empire en faveur de la France, et qu'ils lui avaient même déjà fourni six mille hommes, il avait résolu de leur déclarer la guerre; qu'il désirerait en conférer avec le légat et les autres députés, et que nous nous transportassions par Brixen à Innsbruck. Nous lui répondîmes que nous étions prêts à obéir, que nous allions nous rendre chez le légat et en conférer avec lui. Nous allâmes donc chez ce prélat, qui était disposé à ce voyage: il nous engagea seulement à vouloir bien différer notre départ jusqu'au lundi suivant, et nous dit qu'il enverrait un exprès au roi, pour lui faire nos excuses et lui annoncer que nous partirions tous ensemble. Je pense qu'il prit ce parti-là pour voir s'il n'y avait pas moyen de se dispenser de ce voyage. Nous nous conduisîmes d'après ses avis, et le lundi, qui était le 13, nous quittâmes Méran. Pendant ce temps-là l'on apprit que l'armée de l'empereur qui était aux environs de Roveredo n'avait fait aucun progrès, mais qu'elle était toujours près della Pietra; qu'environ treize cents fantassins faisant partie de celle qui était dans le Trévisan s'étaient détachés, sous les ordres d'un capitaine téméraire, pour aller piller et saccager et que, s'étant engagés dans une vallée sans précaution, ils avaient été assaillis à coups de pierre, cernés par les paysans et par environ six mille hommes d'infanterie et de cavalerie vénitienne; de manière qu'il n'en était échappé que trois cents qui s'étaient rendus à discrétion, et que les autres qui s'étaient défendus avaient été tous massacrés. Cette affaire a soulevé toute l'Allemagne contre les Italiens et surtout contre les Vénitiens; et le prêtre Lucas, que je vous avais dit avoir été à Venise, en est revenu et a annoncé qu'on l'avait renvoyé dès qu'on avait reçu la nouvelle de la victoire. L'empereur en apprenant cette nouvelle s'est contenté de dire qu'ils avaient mérité leur sort, parce qu'ils ne devaient pas ainsi s'éloigner de l'armée; et pour que pareil désordre n'arrivât plus il y a envoyé le duc de Brunswick, homme réputé habile dans le métier des armes. Avant notre départ de Méran, le légat reçut le 20 une lettre qui lui annonçait que l'empereur avait quitté Innsbruck et avait été en Souabe, que son projet était d'y convoquer la diète du pays, pour engager tous les habitants à se déclarer contre les Suisses, et que, lorsqu'il serait à Innsbruck, le coadjuteur de Brixen lui ferait connaître les intentions de l'empereur. Nous sommes donc arrivés ici hier avec le légat : le coadjuteur n'a rien fait dire à ce dernier, si ce n'est qu'il n'avait point d'ordre.

Nous apprîmes en route par des lettres que le légat reçut, non de l'empereur mais d'un étranger, qu'il n'était pas vrai que les Suisses se fussent déclarés contre ce prince; que simplement plusieurs milliers de Suisses étaient partis pour aller servir la France, et cela sans aucun ordre de la diète; que celle-ci avait fait arrêter les députés français qui se trouvaient là, et avait fait savoir à la France que si on ne leur renvoyait pas leurs hommes ils ne rendraient pas leurs prisonniers. Il ajoutait que les Grisons avaient fait punir de mort quelques personnes qui distribuaient de l'argent dans leur canton au nom du roi de France; que l'empereur assemblerait cette diète en Souabe pour les faire déclarer, non contre les Suisses mais contre les Vénitiens, et pour en obtenir un secours extraordinaire outre le contingent que ce pays est obligé de lui fournir avec le reste de l'empire. Actuellement vos seigneuries verront ce qu'elles doivent croire de la vérité de ces deux nouvelles. Ce matin le légat a reçu une lettre de Mariano, auditeur de rote, qu'il avait envoyé auprès de l'empereur : il lui donne avis que l'empereur est à Kempten; qu'il a donné des ordres pour que la diète se réunisse à Ulm, une des principales villes de Souabe éloignée d'ici de quatre journées; que l'ouverture devait avoir lieu dimanche prochain ; que là devaient se trouver réunis, outre les envoyés du cercle de Souabe, ceux de la Suisse, ceux des princes et tous ceux qui, dans la diète de Constance, avaient été envoyés pour accorder la prorogation des subsides pour six autres mois ; qu'enfin l'empereur désirait que le légat et les autres envoyés s'y rendissent, si cela pouvait lui être agréable. Le légat n'a encore rien décidé sur cet objet, et il doit prendre son parti ce matin : je vous le communiquerai avant de fermer ma lettre.

On prétend, comme je vous l'ai marqué plus haut, que l'insulte faite par les Vénitiens a soulevé toute l'Allemagne; qu'elle rendra chaque prince disposé à accorder et à envoyer de nouveaux secours qui renforceront encore les deux armées de l'empereur. Dans le trajet de Botzen ici nous avons rencontré quelques centaines de gens d'armes, environ six cents fantassins et quelques chariots chargés d'armes, de provisions de bouche et autres bagages et munitions de guerre.

Voilà tout ce que je puis vous apprendre de ce qui s'est passé ici jusqu'à aujourd'hui, et vos seigneuries en savent à présent autant que moi. Votre courrier Baccino est arrivé ici le 7 courant à deux heures du matin : il m'a remis une lettre assez courte de vos seigneuries en date du 19 du mois passé. Elle ne répond nullement à celle que Diavolaccio vous a remise. Dans cette lettre vos seigneuries s'en réfèrent entièrement aux instructions qu'elles m'ont envoyées le 29 janvier, en y ajoutant cependant que je puis porter la promesse du premier payement jusqu'à vingt-cinq mille ducats, s'en rapportant à cet égard à ma prudence; cependant elles ajoutent que je ne dois le faire que lorsque je jugerai qu'il y a trois à parier contre un qu'il attaquera l'Italie : je ne puis dans tout ceci voir autre chose que le désir de vos seigneuries, et je remplirai vos intentions le mieux qu'il me sera possible. Puisqu'elles me marquent d'agir quand je croirai l'entrée de l'empereur certaine, je dirai qu'il y a plus à parier pour que contre; qu'il essayera de pénétrer en Italie avec des forces plus considérables que celles qu'il a employées jusqu'à présent. Reste à savoir actuellement s'il réussira, parce qu'enfin s'il n'attaque pas ou s'il attaque sans réussir, vos seigneuries sentent bien que ce serait la même chose. Je puis d'autant moins prévoir s'il réussira ou non que j'ignore entièrement quelles sont les forces des Vénitiens et les préparatifs de la France : vos seigneuries ne m'ont jamais rien dit à cet égard dans toutes leurs lettres. Ayant donc à juger de loin, il me semble que je puis croire que les forces seules des Vénitiens sont très-considérables puisque nous voyons que des deux armées qu'avait l'empereur, composées chacune de plus de sept mille hommes, l'une a été battue et l'autre a été forcée de reculer. Si donc quatorze mille hommes n'ont pu rien faire contre les Vénitiens seuls, quelle armée faut-il donc que je suppose nécessaire pour pouvoir battre ces deux puissances réunies? Si je savais ensuite ce qui se passe dans le Milanais et quels préparatifs on y fait, si la France restera tranquille ou si elle se joindra aux Vénitiens, quelles forces ont les Vénitiens et quels sont leurs moyens pour soutenir cette dépense, enfin si la France et Venise réuniront leurs troupes ensemble, tout cela rendrait le parti que je prendrai plus sûr et me ferait moins craindre de me tromper; mais enfin je me recommanderai à Dieu, et vos seigneuries doivent croire que tout ce que je ferai je le ferai dans de bonnes intentions, et que je prendrai le parti que je croirai le meilleur. Il pourrait bien se faire encore, comme je vous l'ai déjà dit, que, sans qu'il y eût de plus grands préparatifs, il se conclût un traité dont on n'aurait jamais entendu parler jusqu'alors. Il y a environ deux jours que l'on m'a dit que l'empereur était tellement indigné contre les Vénitiens qu'il cherchait à se rapprocher de la France; que le légat et l'Aragon favorisaient ses dispositions; et on ajoutait même que le premier en avait déjà écrit en France, d'après les ordres qu'il avait reçus ici. La plus grande difficulté qui existe du côté de la France, c'est que celle-ci ne sait quel prétexte prendre pour abandonner les Vénitiens. Pour en avoir un spécieux, le légat a dit que le roi de France devait assembler un concile à Lyon, dont le résultat serait de demander aux Vénitiens un secours extraordinaire de six cent mille écus, sous prétexte que ce secours le mettrait à même non-seulement de défendre le Milanais, mais encore de battre l'empire et de faire des conquêtes honorables pour lui et pour son royaume; et si on le lui refuse, il se verra forcé de faire la paix et d'abandonner les Vénitiens. Vos seigneuries pourront apprendre directement de Lyon si tout ceci est vrai ou si ce n'est qu'une fable : je vous le dis comme on me l'a raconté sous le secret. Ceux qui cherchent à tirer des conjectures de tout ceci pensent que l'empereur se rendra plutôt à Rome, en faisant sa paix avec la France, qu'il ne continuera la guerre. Si vos seigneuries ont appris quelque chose de plus sûr elles pourront se conduire en conséquence; et je répète encore ici que l'on ne pourra jamais rien savoir de certain qu'après l'événement. Pour en revenir aux propositions que vos seigneuries me chargent de faire, je vous représenterai, comme dans la lettre ci-jointe, les difficultés que j'y trouve, surtout à les lui faire a Trente où il n'a plus intention de retourner, devant prendre par un autre côté, et à ne pouvoir lui faire sur-le-champ le premier payement, puisque je n'ai pas les lettres de change, ni l'autorisation nécessaire pour ce premier, ni aucune certitude pour le reste. Ainsi, comme je l'ai déjà fait observer, je regarde cette offre comme entièrement à son avantage et point du tout au vôtre, parce que s'il se sent en bonne posture et que ses affaires aillent bien il la refusera; si au contraire il est dans une mauvaise position il l'acceptera, et vous serez alors pris pour dupes. Si, d'un autre côté, nous voulons attendre qu'il ait repris sa supériorité, il ne sera plus temps; et comment décider tout cela? Je verrai quel parti prendra la diète qui se rassemble, et j'agirai d'après sa conduite et d'après tout ce que j'entendrai ou verrai journellement. Si le cardinal se rend à la diète j'y enverrai Macchiavelli, parce qu'il m'est survenu au bras une grande douleur qui m'empêche de monter à cheval. Je prie en conséquence vos seigneuries de me permettre de m'en retourner à mon poste, afin que si ma maladie a besoin d'être soignée longuement, je puisse le faire. Cela n'empêchera pas, si d'ici à quelques jours je puis monter à cheval, que je ne me rende à la cour. J'ai chargé Macchiavelli d'y aller, d'y observer tout ce qui s'y passerait, de m'en donner avis, afin que je puisse lui tracer la marche qu'il aura à suivre et vous faire part aussi de ses observations. On m'assure que l'empereur a trois projets sur cette diète : d'abord de terminer avec les Suisses s'il est possible; puis d'obtenir de l'empire une prolongation de six autres mois s'il se trouvait par hasard que cette prolongation n'eût pas déjà été accordée, et enfin de tirer des états de Souabe des secours plus forts que leur contingent ordinaire. Je pense que dans ce voyage on saura mieux à quoi s'en tenir sur tous ces points qu'on ne le sait ici.

J'ai gardé cette lettre jusqu'à aujourd'hui 22, parce que je voulais savoir quel parti prendrait le cardinal au sujet du voyage, qu'il voulait éviter, comme je vous l'ai déjà marqué. La réponse n'est pas encore arrivée; ainsi je ne crois pas devoir différer le départ de Baccino. Je lui ai remis onze ducats d'or : dix pour son voyage, et un pour avoir été envoyé de Méran ici afin de savoir de Jean Rustichi où se trouvait l'empereur. Je l'ai bien payé parce qu'il me semble qu'il l'a mieux mérité que tous vos autres courriers, puisque pendant un mois et demi il est le seul qui soit arrivé de l'Italie. Je prie vos seigneuries de rendre cette somme à mon frère Paul.

On dit ici pour nouvelle que le comte palatin est mort; il laisse quatre fils. Le légat m'a assuré hier que trois cantons de la Suisse avaient reçu de l'empereur huit mille ducats pour arrhes du payement de huit mille hommes d'infanterie, et que dans l'assemblée qui va se tenir, on fera tout ce qu'il est possible pour engager les autres cantons à faire revenir les troupes qu'ils ont fournies à la France. Toutes ces nouvelles de Suisse me paraissent bien peu claires, et elles le paraîtront aussi à vos seigneuries, car je ne sais comment trois cantons peuvent fournir tout seuls huit mille hommes, comment ces trois cantons peuvent vouloir une chose et les autres cantons une autre, ni comment on peut lever six mille hommes sans la permission de toute la diète, laquelle a déclaré dans le temps ne pouvoir s'y prêter. Je vous fais toutes ces observations afin que vos seigneuries puissent mieux examiner le tout. Je vais actuellement assez bien, grâce à Dieu. Il y a deux jours que le marquis de Brandebourg est passé pour se rendre à la diète. C'était lui qui commandait l'armée du côté de Trente: il a laissé le commandement à son fils Casimir.

FRANÇOIS VETTORI.

Innsbruck, le 22 mars 1507 (1508).

LETTRE X.

MAGNIFIQUES SEIGNEURS,

Je vous ai écrit le 22 par Baccino. Ma lettre, extrêmement étendue, vous instruisait de tout ce qui se passait ici, entre autres choses, de notre départ de Méran pour Innsbruck, d'après l'ordre que nous avions reçu de l'empereur, à cause du mouvement que les Suisses faisaient en faveur de la France. J'y ajoutais qu'avant notre arrivée à Innsbruck l'empereur en était parti pour la Souabe, afin d'y rassembler une diète et de faire déclarer ce pays contre les Suisses; on prétendit ensuite que c'était contre les Vénitiens, parce que les Suisses s'étaient enfin décidés à prendre le parti de l'empereur. Je vous ai envoyé une copie exacte de cette lettre par l'Allemand que vous m'aviez dépêché avec vos lettres du 4 du courant. Je vous écris celle-ci en peu de mots; j'y joins un abrégé de ma dernière, et je vous les adresse par Paul Lichtenstein, qui m'a paru désirer d'en être porteur. Ce Paul Lichtenstein est un des trois premiers personnages de la cour de l'empereur. Il m'avait fait demander à Innsbruck de venir le trouver à Botzen : il m'a dit que l'empereur étant très-occupé des affaires de la diète, il avait été chargé par ce prince de venir s'aboucher avec vous, et qu'il s'y était déterminé pour obéir à l'empereur et vous rendre service, car il n'ignorait pas que vous étiez dans une situation qui vous faisait craindre l'empereur, les Français et les Vénitiens, et que vous n'aviez par vous-mêmes aucun moyen de vous défendre; qu'il ne vous restait d'autre parti à prendre que de vous arranger avec l'empereur, qui vous défendrait si la guerre avait lieu, ou bien vous comprendrait dans le traité si l'on faisait la paix. Là-dessus, je lui ai demandé ce que l'empereur avait décidé sur les dernières offres qui lui avaient été faites. Il m'a répondu en ces termes: « Je pense qu'il faut que l'empereur vous donne « la garantie que vous lui demandez, et que « vous lui payiez soixante mille ducats en « trois payements : le premier sur-le-champ, dès « que le traité sera signé ; le second en Italie, « deux mois après le premier payement ; le « troisième également en Italie, et deux mois « après le second. » Il a ajouté que cet arrangement lui paraissait très-convenable, et que l'empereur ne pouvait le refuser. « Je vais le « proposer à ce prince, » a-t-il dit. « et vous, « écrivez-en à votre gouvernement. »

Je lui ai répondu que la demande qu'il me faisait présentait trois conditions trop dures : la première, que la somme était trop forte; la seconde, que les payements étaient trop rapprochés les uns des autres; la troisième, que le premier payement était exigé sur-le-champ, sans marquer le lieu où il s'effectuerait, point essentiel, comme je l'avais déjà prouvé. Il ne me répliqua rien, sinon que je vous en écrivisse par trois ou quatre routes différentes, et qu'il m'aiderait.

en payant, à vous faire parvenir mes lettres. Comme j'insistais toujours sur ce que les payements étaient trop rapprochés et sur les autres difficultés, il me dit qu'il ne pouvait rien changer à ces demandes; que tout ce qu'il lui était possible de faire, ce serait de reculer d'un mois le dernier payement. Il me demanda, afin de pouvoir écrire à l'empereur, de lui donner une note détaillée de ce que vous désiriez; il fut convenu que je la ferais: par ce moyen j'ai remis sous les yeux de ce prince les demandes qu'il m'avait faites et les propositions que je lui avais soumises en votre nom; et, outre toutes les instructions que vous m'aviez données, j'y ai ajouté qu'il devait comprendre votre garantie dans tous les traités qu'il ferait avec quelque puissance que ce fût.

En arrivant ici j'ai rencontré le messager allemand qui m'apportait vos lettres du 4 mars. J'y ai vu toute l'extension que vous y donniez à mes pouvoirs; et quoique les demandes que l'on vient de me faire soient sur quelques points moins considérables que les ordres que vous me donnez, je n'ai pu cependant rien conclure parce qu'il y a quelque différence dans le payement, et qu'il n'a pas été possible de les ramener à cet égard où j'aurais voulu. Vos seigneuries examineront le tout et me feront connaître leur volonté; elles savent aussi bien que moi tout ce qui se passe ici. Au total, il se trouve de huit à dix mille hommes du côté de Roveredo: dans ce nombre il faut compter deux mille cavaliers; du côté de Trévise il y a de quatre à six mille soldats: j'ignore combien il doit en arriver encore. On avait dit dans le temps qu'il devait arriver ici un corps considérable de cavalerie autrichienne et deux mille hommes d'infanterie de la Bohême, mais ils n'ont pas encore paru. Les avis sont partagés sur ce qui regarde les Suisses: les uns assurent qu'ils sont partis pour Milan pour secourir le roi de France; d'autres soutiennent le contraire.

On ne sait pas encore quel parti prendra la diète de Souabe; elle devait s'ouvrir dimanche dernier. On dit qu'elle a trois objets à traiter: le premier, de terminer entièrement avec les Suisses, dont trois cantons avaient déjà envoyé des ambassadeurs; le deuxième, de proroger encore de six mois les secours accordés à l'empereur; le troisième enfin de faire contribuer la ligue de Souabe d'une manière extraordinaire à cette guerre. Je doute que l'affaire des Suisses puisse s'arranger. Quant à la prorogation des secours de l'empire, elle ne souffrira pas de difficulté, non plus que le supplément qu'il demande à la Souabe et qu'il a déjà obtenu une fois lors de sa dernière guerre contre les Suisses. Depuis ce temps-là ils ont toujours six mille hommes sous les armes. Ce qu'ils feront à présent, et s'ils auront plus d'égard pour les Vénitiens que pour les Suisses par rapport à leurs marchandises, c'est ce qu'on ne sait pas, et il sera difficile de le savoir même après la conclusion.

Je vous ai déjà marqué la mort du comte Palatin; je vous apprends aujourd'hui celle du duc Albert de Bavière: celui-ci était plutôt porté à favoriser qu'à contrarier les opérations de l'empereur. Voilà tout ce qui regarde la guerre. Quant à la paix, elle est fort appuyée, surtout avec la France, par les rois d'Espagne et d'Angleterre et principalement par le pape; le légat a assuré qu'il en avait déjà écrit au roi de France. Il y a quelques jours qu'il est arrivé ici de Lombardie, et peut-être aussi de France, un nommé Nicolas Frigio que le cardinal avait envoyé par ordre de l'empereur pour traiter cette affaire, et l'on assure qu'il est porteur des conditions. Il pourrait bien se faire aussi qu'il y eût quelques négociations avec les Vénitiens, car le prêtre Lucas a fait plusieurs voyages dans cette ville. Quant aux dispositions des autres puissances de l'Italie, voici ce qu'on en dit: le pape n'a jusqu'ici donné que de belles paroles, et il paraît qu'il s'en tiendra là tant qu'il ne verra pas les choses plus avancées; Ferrare ne s'est pas prononcée plus qu'auparavant, et il y a longtemps que son député ici n'a reçu de nouvelles. Je pense que comme elle a beaucoup de fonds, elle aimera mieux faire un plus grand sacrifice et ne payer que lorsqu'elle verra les choses avancées au point qu'elle ne puisse plus douter des dispositions du roi de France et des Vénitiens. Je sais de bonne part que Mantoue se déclarera en faveur de l'empereur quand elle pourra le faire en toute sûreté; la république de Lucques n'a rien envoyé ici qui puisse faire préjuger ses dispositions; les Siennois sont les seuls qui lui aient donné de l'argent, et ils vont bientôt faire un autre payement. En examinant toutes ces raisons pour et contre la paix et la guerre vos seigneuries peuvent prendre leur parti, surtout en connaissant les préparatifs du roi de France et des Vénitiens, sur lesquels je n'ai aucun renseignement, car depuis l'arrivée de Macchiavelli je n'ai rien appris à cet égard ni par vos lettres ni par aucun moyen. Vos seigneuries peuvent aussi savoir s'il est vrai que les Suisses soient allés en Lombardie pour se joindre au roi de France et qu'ensuite ils soient retournés chez eux, comme on nous l'assure, ce qui serait le seul avantage que l'empereur aurait eu dans cette guerre. Vos seigneuries s'informeront aussi jusqu'à quel point le roi de France et les Vénitiens sont portés à la paix ou à la guerre, et avec quel désavantage ceux-ci se battent contre l'empereur, étant obligés de se tenir toujours sur la défensive et d'y employer tout leur argent, sans penser à l'attaquer à raison des liaisons de ce prince et de la nature du pays; de sorte que quand bien même ses affaires seraient encore plus désespérées, il pourrait encore faire une paix honorable. Enfin pour en finir, vos seigneuries me traceront la marche que j'ai à suivre si les choses restent au point où elles sont, ou si elles s'améliorent, ou si elles empirent; elles voudront bien me dire si je dois me conduire de même, soit que l'on parle de paix, soit que la guerre continue; ou bien si je dois suivre telle marche en cas de guerre et telle autre en cas de paix. Si on se décide à cette dernière vos seigneuries doivent s'empresser de m'en faire connaître les conditions, surtout celles qui les regarderont. Elles pourront me les envoyer en chiffres, et souligner les articles qui ne peuvent souffrir aucun changement; elles pourront aussi m'envoyer leur plein pouvoir en chiffre, en me faisant tenir un blanc seing signé du notaire, et j'écrirai moi-même le plein pouvoir sur le blanc seing quand je l'aurai déchiffré. Elles n'oublieront pas non plus de me faire expédier les fonds, sans lesquels on ne pourrait rien conclure; et un seul jour de délai pourrait tout gâter. Alors je pourrai facilement, au moyen du premier payement, terminer entièrement comme vos seigneuries me le recommandent par leur dernière lettre. Au reste on préfère ici la voie des Fugger à toute autre parce que cette maison, comme vous le jugez bien, a des payements à faire pour le compte de l'empereur. Dans la réponse que vos seigneuries feront à cette lettre elles voudront bien se borner à me prévenir qu'il ne vous paraît pas qu'il soit si urgent de conclure, afin que, s'il faut la faire voir à l'empereur et gagner du temps, je puisse la montrer; car il est difficile que l'on ne sache pas ici lorsque je reçois des courriers; et obligé alors de dire quelque chose, j'aurai l'air de suivre vos ordres; et vous vous bornerez pour cette raison à me communiquer tout ce qui se passe en Italie. Que vos seigneuries remarquent, dans cette demande de Paul Lichtenstein, qu'il l'a faite comme il me l'a dit, sans avoir reçu aucun ordre de l'empereur; qu'il n'avait que les pouvoirs de conférer avec moi sans avoir celui de conclure : tout cela donnera le temps à vos seigneuries de prendre le parti qu'elles jugeront le plus avantageux et de rester toujours dans les mêmes positions.

François Vettori.

Botzen, le 29 mars 1508.

LETTRE XI.

Magnifiques seigneurs,

Ma lettre du 22 mars, que Baccino vous a apportée, vous a donné les détails de tout ce qui s'était passé ici depuis le 24 février jusqu'au 22 mars suivant; j'en ai rappelé une partie dans celle du 29 dudit mois de mars que je vous ai adressée par Jocoso, l'Allemand qui m'avait apporté votre lettre du 4; j'y ai joint le récit des demandes que m'avait faites Paul Lichtenstein. Je vous ai fait passer trois différentes copies de cette dernière lettre : une par Venise, l'autre par Mantoue et la dernière par Trieste. Depuis ce temps-là il m'est arrivé, le 1er de ce mois, un exprès de la Mirandole : il m'était adressé par Simon, avec copie de votre lettre du 4 et votre plein pouvoir. Vos seigneuries doivent assurément être bien sensibles à tout ce que fait Simon, car il les sert fort bien. Je n'ai pas remis de lettre à ce courrier, parce qu'il allait à la cour et qu'il n'est pas encore revenu. Quoique ma dernière du 29 vous ait été adressée par quatre voies différentes, cependant par précaution j'en joins encore ici une copie. Hier au soir est arrivé Pierre Bergo avec votre lettre du 17 du mois passé : vous m'y demandez deux renseignements importants, savoir : à quel point se trouvent les affaires de l'empereur, soit par rapport à la guerre, soit par rapport aux négociations de paix. Si vous avez reçu mes dernières lettres vous ne devez avoir rien à désirer à cet égard ; au reste la copie qui est jointe à la présente vous mettra au fait de tout, quand bien même vous ne les auriez pas reçues. Pour vous donner connaissance de tout ce qui s'est passé depuis ce temps-là, vous saurez que le 1er de ce mois l'armée qui était campée à Caliano, près Roveredo, a attaqué trois mille hommes d'infanterie vénitienne qui gardaient une montagne appelée Brettonico, et qui étaient commandés par Jacques Corso, Denis de Naldo et Vitello Vitelli. Ils y avaient élevé quelques fortifications; cependant ils ont pris la fuite dès que les Allemands ont paru. Avant de l'abandonner ils ont mis le feu à beaucoup de maisons qui étaient sur cette montagne. L'ennemi arriva comme ils se retiraient, et le soir même ils sont rentrés dans le camp. Cette expédition terminée, l'évêque de Trente reçut l'ordre d'attaquer Riva, château appartenant aux Vénitiens sur le lac de Garda. L'évêque partit et vint camper devant la place avec environ deux mille hommes qu'il avait sous ses ordres. Sur ses demandes réitérées, ceux qui dirigent tout ici se décidèrent à lui envoyer de l'artillerie et la moitié du camp de Caliano. Ils furent là près de cinq jours; mais lorsqu'on ordonna de faire partir l'artillerie, deux mille Grisons qui étaient dans le camp commencèrent à dire qu'ils avaient servi plus de temps qu'ils ne l'avaient promis, puisqu'ils ne s'étaient engagés que pour quatre mois et qu'il y en avait quatre et demi qu'ils étaient au camp. Ils mirent le désordre dans tous les bagages ; de sorte qu'on fut honteusement obligé de se retirer. Une partie des troupes gagna cependant Caliano, d'autres revinrent ici ; il est resté environ cinq cents Grisons, les autres sont retournés chez eux. Ce corps d'armée se trouve par là fort affaibli, et je doute qu'il y ait actuellement plus de sept mille hommes. Depuis que le camp de Riva a été levé les Vénitiens ont brûlé quelques petits villages qui étaient aux environs. Le 13 ils s'avancèrent pour attaquer et brûler quelques maisons de campagne appartenant à un comte d'Agresto; ils étaient environ trois mille: deux cents hommes du pays marchèrent contre eux, les mirent en fuite et en tuèrent ou en prirent environ deux cents ; de manière que les Vénitiens furent obligés de se retirer honteusement. On ajoute encore, quoiqu'on ne puisse pas l'affirmer à cause du grand éloignement où nous nous trouvons, l'on ajoute, dis-je, que le duc de Brunswick a tué dans la vallée de Cadauro, du côté de Trévise, environ trois cents hommes aux Vénitiens ; de plus, qu'un grand corps de troupes vénitiennes étant allé attaquer Vicence, ville appartenant à l'empereur sur les bords de la mer, il a été si bien repoussé par les habitants et par quelques cavaliers qui s'y sont trouvés qu'il en est resté plus de mille sur la place. Tel est en peu de mots tout ce qui s'est passé de relatif à la guerre. Quant aux forces des deux parties belligérantes, la copie qui est ci-jointe vous instruira de ce que l'on en dit. Pour ce qui est des négociations, la diète n'est pas encore terminée, l'empereur est à Ulm, et dans l'incertitude du résultat, je ne puis rien ajouter à ce que contient ma lettre du 29, dont ci-joint une copie. Comme le parti que prendront les Suisses est ce qu'il y a de plus important dans toute cette affaire, vous êtes plus à même que moi de savoir ce qui se passe à cet égard, parce que vous devez savoir plus tôt s'ils continuent à rester dans la Lombardie au service du roi de France ou s'ils en sont partis. On assure ici que la république helvétique en est très-mécontente ; et s'ils ne quittent pas sur-le-champ, il pourrait bien se faire que le roi de France éprouvât ce qu'a éprouvé le duc de Milan, c'est-à-dire qu'ils l'abandonnassent lorsqu'il s'y attendra le moins. Enfin j'ajouterai ici ce que je vous ai déjà dit dans ma dernière lettre, que les partisans de l'empereur prétendent que trois cantons suisses lui fournissent huit mille hommes ; de manière qu'il pourrait bien se trouver des Suisses dans les deux partis.

Quant à la ligue dont vos seigneuries me parlent, je n'en ai rien entendu dire. Je vous répéterai à cet égard que l'Angleterre, l'Aragon et le légat cherchent à faire la paix avec la France; que l'empereur en est fort éloigné, et qu'il pencherait plutôt pour s'arranger avec les Vénitiens. En effet, il leur a envoyé le prêtre Lucas vers les calendes de mars [1]. Il est revenu vers le 12, et après sa conférence avec l'empereur

[1] C'était ainsi que chez les Romains on désignait les premiers jours de chaque mois.

il reçut ordre de se rendre à Trente, et d'y rester jusqu'à ce que ce prince lui fît connaître ses intentions; enfin il y a six jours qu'il est reparti pour Venise. On ignore tout ce qui se traite; mais en partant il me dit qu'avant qu'il fût vingt jours j'apprendrais de grandes nouvelles. Quelques personnes croient que si les Vénitiens le veulent ils auront bientôt fait leur paix; mais si elle se fait, on ne sait si les princes qui désirent la paix avec la France en seront bien satisfaits, et si le résultat d'un tel accommodement ne sera pas de rendre l'empereur beaucoup plus faible qu'il ne l'était auparavant. C'est peut-être ce qui a nui aux Vénitiens jusqu'à présent. Comme vos seigneuries le pensent très-bien, on ne saura rien de certain sur la paix que la diète ne soit close; et même après qu'elle aura été terminée, pour être bien sûr de la vérité il faudra encore en voir les premiers effets. On dit que le duc de Brunswick, frère de celui qui est du côté de Trévise, arrive avec mille hommes de cavalerie, et l'Allemand qui m'a apporté votre lettre du 17 dit en avoir rencontré en route environ deux cents. Tout semble donc se réunir pour donner au parti de l'empereur un nouveau crédit et un nouvel espoir. Mes dernières lettres et celle-ci renferment tout ce qui s'est passé jusqu'à présent, et vos seigneuries peuvent asseoir leur jugement; car, au fait, l'empire a de grands moyens, il n'a qu'à vouloir; et d'un moment à l'autre il peut vouloir et exécuter. Cela fait que personne ne peut rien présumer qu'il n'ait pris son parti. D'un autre côté on voit qu'il y a longtemps que ce corps ne se décide pas, ce qui fait que personne ne croit qu'il en ait jamais la volonté. Cependant on voit que dans ce moment il se pique d'honneur plus que jamais. Dieu sait comment tout cela finira! Me voici à Trente par ordre de Paul Lichtenstein : je chercherai d'ici à quelques jours les moyens d'aller à la cour. Vos seigneuries voudront bien me répondre sur-le-champ relativement aux demandes de Paul, car je pense que cette affaire ne doit souffrir aucun retard, et nous ne pouvons rien conclure sans la réponse de vos seigneuries. Je leur rappelle que sans des fonds prêts à être comptés on ne finira rien avec l'empereur.

Lucas de Monte-Vorchi, qui a été commandant à votre service, est venu ici du camp des Vénitiens. Il m'a dit que leur infanterie était en très-mauvais état, et que si jamais elle est forcée d'entrer en campagne elle n'y fera pas grande figure. En effet, on a toujours vu qu'elle a été constamment battue. On répand aujourd'hui une nouvelle, et elle vient des membres du conseil, c'est que Gênes s'est révoltée et qu'elle a renfermé les Français dans les forts. Si cette nouvelle était vraie, elle donnerait à l'empereur gain de cause sans beaucoup de peine, et peut-être que notre république le trouverait bien changé de ce qu'il a paru d'après les propositions de Paul Lichtenstein. Vos seigneuries doivent savoir à quoi s'en tenir à cet égard.

FRANÇOIS VETTORI.

Trente, le 16 avril 1508.

LETTRE XII.

MAGNIFIQUES SEIGNEURS,

Ma dernière lettre est du 16 avril dernier; je vous l'ai envoyée par Pierre Giovanni, Allemand : je vous y donnais avis de tout ce qui s'était passé depuis le 29 mars jusqu'à ce jour. Je ne reviendrai pas sur ce qu'elle renfermait, parce que c'était de peu de conséquence. Depuis ce temps-là le camp que les Allemands avaient sur la Riva a été levé, comme je vous l'ai déjà marqué; l'infanterie s'est presque totalement dissipée; la cavalerie est rentrée ici. Ce dernier corps n'a jamais été au delà de cent vingt hommes, quoiqu'on eût annoncé qu'il en arrivait un grand nombre. Le jour de Pâques, au matin, les Vénitiens ont tenté de prendre la Pietra, lieu distant d'environ six milles d'ici : ils croyaient pouvoir l'enlever au premier assaut; ils avaient même noué quelques intelligences dans la place; mais elle a été secourue par les Allemands avec leur cavalerie et environ deux mille cinq cents hommes qui leur restaient; de sorte que les Vénitiens ont été forcés de se retirer. On a essayé alors de rassembler de l'infanterie, et le 10 de ce mois on avait réuni environ six mille hommes. Les Vénitiens ont attaqué la forteresse de Cresta, qui est un poste important : les Impériaux ont aussitôt volé à son secours, mais ils sont arrivés trop tard : le commandant de la place l'avait déjà livrée. Alors ils ont placé leur camp à Caliano, village à une portée de fusil de la Pietra ; ils étaient au nombre de six à sept mille fantassins et environ mille cavaliers, parce que la troupe du duc de Wirtemberg, qui était de deux cents hommes de bonne cavalerie, est rentrée dans ses foyers au commencement de ce mois. Les Vénitiens désiraient cependant toujours de s'emparer de la Pietra : ils se sont donc mis en campagne, et sont venus camper à environ un quart de mille de cette forteresse. Ils avaient avec eux seize pièces d'artillerie, environ quatre mille hommes de cavalerie et plus de seize mille fantassins. La Pietra est une forteresse bâtie au pied d'une montagne, sur la droite du chemin qui vient de Roveredo ici. Il part de la forteresse un mur d'une portée de fusil de longueur, assez fortifié et qui s'étend jusqu'aux bords de l'Adige. Au milieu du mur il y a une porte qui sert d'ouverture au chemin. Il est difficile et même dangereux pour une armée de vouloir s'approcher de Trente sans auparavant s'être emparé de cette forteresse : aussi les Vénitiens y avaient porté toutes leurs forces. Il y avait environ un mille de distance d'un camp à l'autre ; chaque armée avait devant elle la forteresse et le mur, d'un côté l'Adige, de l'autre la montagne, et derrière elle ses propres retranchements. Comme les Impériaux étaient maîtres de la forteresse et du mur, il aurait été impossible aux Vénitiens d'éviter le combat si les premiers avaient voulu les attaquer ; et s'ils ne l'ont pas fait, c'est qu'ils n'avaient que très-peu de cavalerie et qu'ils ne pouvaient pas compter sur leur infanterie. Les Vénitiens tirèrent beaucoup de coups de canon qui tuèrent assez de monde aux Impériaux ; mais enfin ceux-ci, ayant attaqué la garde de l'artillerie, la défirent, s'emparèrent de deux pièces de canon, et enclouèrent les autres. Alors les Vénitiens prirent le parti de lever leur camp et de se retirer à Roveredo. Depuis ce temps-là jusqu'à aujourd'hui, 20 mai, on n'en a plus entendu parler. Aussitôt après le départ des Vénitiens, l'infanterie allemande commença à se débander : ceux qui sont arrivés du camp prétendent qu'il n'y reste pas plus de trois mille hommes. Quant à la cavalerie, outre celle du duc de Wirtemberg qui était déjà partie, celle de Saxe, de Nuremberg, d'Ulm, ont suivi cet exemple, ainsi que beaucoup de petits seigneurs, les uns avec huit hommes, les autres avec dix ; de sorte qu'aujourd'hui il y a six cents hommes de moins.

Voilà tout ce qui s'est passé dans ces cantons ; mais vos seigneuries ont sûrement déjà appris tout ce qui était arrivé du côté du Frioul, où les Vénitiens ont enlevé à l'empereur Goritz, Pordenone, Trieste, en un mot tout ce qu'il possédait dans le Frioul. Ce prince n'a jamais eu dans ce pays de troupes en état de tenir tête à l'ennemi : il n'a jamais pu rassembler plus de quatre cents hommes de cavalerie et plus de quatre à cinq mille fantassins, qui avaient été envoyés par l'Autriche, la Carinthie et autres pays voisins, mais qui s'en retournaient au bout de deux jours faute d'argent. Tel est l'état où se trouvent aujourd'hui et cette guerre et les forces qu'on y a employées.

Quant aux négociations, voici ce qu'on en dit. L'empereur fit l'ouverture de la diète de Souabe le troisième ou quatrième dimanche du carême : il y fit les demandes dont je vous ai déjà donné connaissance dans mes lettres. Les états répondirent qu'ils allaient s'en occuper, et que, dans l'octave de Pâque, on lui communiquerait ce qui aurait été résolu. Nous voici à l'octave : on ne sait encore rien de ce qui a été décidé : on ne sait pas même où est l'empereur : les uns disent qu'il est à Cologne pour y nommer un successeur à l'évêque qui vient, dit-on, de mourir, ce qui n'est pas bien sûr ; d'autres prétendent qu'il est à Mayence, afin d'y terminer les différends qui se sont élevés entre l'archevêque et le landgrave de Hesse à raison de leurs frontières ; quelques-uns, qu'il est allé dans la Gueldre pour y rétablir la paix ; enfin il y en a qui assurent qu'il est à Calais pour s'aboucher avec le roi d'Angleterre au sujet du mariage de la princesse Marguerite, et lui emprunter de l'argent sur ses diamants.

Je me suis rendu à Trente sur la demande que m'en fit Paul Lichtenstein, qui voulait me faire les propositions que vous savez. Depuis ce temps-là, voyant que la réponse tardait à venir, j'ai voulu en partir ou envoyer Macchiavelli, mais il n'a jamais voulu le permettre. Cela ne m'a pas empêché de faire tout ce qui dépendait de moi pour être au courant de ce qui se passait à la cour, et j'ai fini par y envoyer Baccino. Dès le commencement, j'avais adressé une autre personne à un de mes amis qui était auprès du cardinal ; elle m'écrivait également tout ce que j'aurais appris moi-même si je m'étais trouvé là. J'attends sa réponse à chaque moment : si elle m'arrive à temps, je vous en dirai le contenu dans cette lettre. Au reste, devant me trouver ou là-bas ou ici, je n'ai pas plus perdu à être ici que là, parce qu'enfin je n'ai pas été obligé de m'en rapporter aux autres sur les principaux événements dont j'ai été témoin moi-même, et peut-être qu'en étant éloigné, je n'aurais eu, au lieu de la vérité, que mille absurdes mensonges. Je crois avoir très-bien jugé les intentions de la diète quand j'ai vu les troupes de l'empire se retirer tout à fait, comme je vous l'ai dit plus haut, à l'expiration de leurs six mois, ce qui annonce clairement le refus des autres six mois demandés par l'empereur, ce que cependant je croyais si facile à obtenir, et ce que néanmoins il n'a pas encore obtenu ; comme aussi quand j'ai vu tout le poids de la guerre porter sur le seul comté du Tyrol ; et en effet, aux chevaux près, tout le reste de l'armée a été pourvu par les [illegible] du pays, tandis que le Frioul, qui n'avait pas [illegible] voisins aussi riches et aussi attachés à l'empereur, est resté sans défense. On dit que l'Autriche n'a jamais voulu envoyer un seul homme. Tout est resté jusqu'à présent dans cet état de faiblesse. Si quelqu'un pense autrement, qu'il vienne ici ou qu'il y envoie, et il verra, s'il est sage et de bonne foi, qu'on ne peut me reprocher d'avoir peint les événements autres qu'ils sont.

Il y a dix jours que les états du Tyrol se sont assemblés pour proroger encore de deux mois l'entretien des dix mille fantassins pour la défense du pays : ils avaient délibéré sur le mode, le mois de janvier dernier, pendant que l'empereur était ici, et ils sont encore assemblés. Il est arrivé ici, il y a également dix jours, une demande des Suisses aux membres du conseil pour avoir les fonds nécessaires à la solde de huit ou dix mille de leurs hommes que l'empereur demandait. Ce message a été envoyé à la diète à Botzen, en annonçant que c'était là que le payement serait ordonné; on demanda en conséquence à cette diète, outre le payement de dix mille fantassins, celui de ces Suisses pendant trois mois. On assure qu'elle accordera tout, que le Tyrol est en état de le faire, et qu'ils n'attendent pour prendre un parti que de savoir si la trêve avec Venise aura lieu ou non. Il faut que vous sachiez qu'il y a quatre jours, il est arrivé ici un secrétaire de Venise adressé au conseil, et qu'hier matin il est reparti d'ici avec l'évêque de cette ville : ils ont été du côté de Riva, pour s'y aboucher avec un provéditeur vénitien, qui s'y est rendu pour y traiter de cette trêve. Hier au soir, on apprit que les Vénitiens la demandaient pour cinq ans, au lieu que les Impériaux ne veulent l'accorder que pour quatre mois. Les Vénitiens ont demandé jusqu'à jeudi prochain pour méditer leur réponse. S'il y a quelque chose de nouveau avant le départ de cette lettre, j'aurai soin de vous en instruire.

Le dernier jour du mois dernier j'ai reçu par Paul Lichtenstein votre lettre du 15, qui m'accusait la réception de ma lettre du 29 mars dernier. Je fis part à Paul Lichtenstein des motifs qui empêchaient que je n'eusse votre réponse, et il ne m'en a pas paru trop satisfait. Depuis ce temps, Baccino est arrivé ici le 6 avec votre lettre du 12 du mois passé, laquelle n'a pas besoin de réponse, puisqu'elle ne renferme que des conseils, dont je remercie vos seigneuries. Hier sont encore arrivés ensemble Ortolano et Jean della Spada, avec votre lettre du 19 avril fermée le 26, et le plein pouvoir que j'avais déjà reçu par un exprès que Simon m'avait dépêché de la Mirandole. J'ai lu tout ce que vous m'écrivez en réponse aux propositions que vos seigneuries veulent absolument conclure, ne pouvant mieux faire ; mais, lorsque je cherche à savoir quand il faut que je conclue, vous me dites que ce soit lorsque je jugerai que l'empereur sera près d'entrer en Italie malgré l'une des deux puissances ; mais, puisque vous me laissez la liberté de juger, je dirai que je ne pense pas que cela arrive jamais, et je fonde mon opinion non sur ma seule façon de voir, mais encore sur la vôtre ; car ma lettre du 29 mars, qui renfermait les propositions de Paul Lichtenstein, vous donnait aussi en grand détail le tableau de tout ce qui se passait ici : or si vous aviez pensé, d'après ces propositions, que je dusse conclure, vous m'en auriez donné l'ordre précis ; mais si dès lors que les affaires de l'empereur étaient en bon état, vous n'avez pas cru qu'il fût pressant de conclure, je le pense encore moins aujourd'hui qu'elles ont empiré. Je sais que vos seigneuries pensent de même, d'après les avis particuliers que vous me donnez : il ne me paraît pas d'ailleurs que le comte du

Tyrol, qui jusqu'à ce moment a supporté tout le fardeau de la guerre, soit en état de faire entrer l'empereur en Italie malgré la France et les Vénitiens. Je n'imagine pas non plus que l'empire lui envoie de nouveaux secours lorsque ceux qui sont ici s'en retournent ; et si l'on me disait : « L'Allemagne a de puissants moyens, « et d'un moment à l'autre elle peut exécuter de « grandes choses, » je répondrais que vos seigneuries sont aussi bien instruites que moi de tout ce que peut faire l'Allemagne : or, si vous aviez eu l'intention de prendre cet objet en considération vous m'en auriez donné l'ordre ; mais m'ayant signifié de ne m'attacher qu'à ce qui se fait et non à ce qui pourrait se faire, je n'ai pas cru pouvoir prendre un autre parti. Quant à la difficulté qu'il y a à ce que l'empereur pénètre en Italie malgré deux ennemis, je dis que, pour n'en avoir qu'un seul, il faut qu'il fasse la paix avec l'autre : or cette paix ne peut se faire sans des négociations qui demanderaient un long temps ; et quand les longueurs pourraient être abrégées, on ne peut compter sur rien jusqu'à la conclusion. Tout ce qu'on dit ici de la prétendue trêve ne me fait pas croire la paix avec les Vénitiens aussi prochaine, parce que l'empereur n'oubliera pas de sitôt les mauvais traitements qu'il a essuyés de leur part, et ceux-ci auront toujours les mêmes moyens qui les ont aidés jusqu'à présent, et qui empêcheront la France de se réunir à l'empereur quand elle le verra si abattu. On restera donc encore plus qu'on ne pense dans l'incertitude, et l'on attendra que le temps découvre enfin tout ce qu'on ignore jusqu'à présent.

Je suis encore moins de l'opinion qu'il fera la paix avec les deux en même temps ; vos seigneuries ont raison de croire que de ce côté-là nous avons encore du temps. Elles me permettront de leur dire qu'il me paraît que les mêmes raisons qui paraissent s'opposer à la paix avec les deux s'opposent à celle avec un seul, en considérant l'augmentation de puissance que cette paix donnerait, parce qu'enfin si l'empire voulait faire son devoir, l'empereur n'aurait pas besoin de faire la paix avec qui que ce fût ; que s'il fait la paix avec un seul c'est qu'il sera abandonné, et qu'alors l'abandon où il se trouvera le forcera à chercher d'autres appuis ; mais si l'empire l'abandonne au moment où il a tant d'ennemis et où ses secours lui seraient si utiles et si précieux, il le fera encore plus lorsqu'il verra l'empereur s'étayer d'une puissance étrangère : ses soupçons augmenteront en le voyant devenir plus puissant par le secours d'un tiers, et ses états croiront qu'ils ont à se méfier de quelque chose ; de sorte que celle des deux puissances qui aura fait sa paix avec lui contractera l'obligation de le soutenir, et de le défendre toute seule, et dans ce cas-là vous aurez plus besoin des autres que de lui. Cependant je resterai tranquille et j'attendrai les événements. Paul Lichtenstein est à Botzen : s'il ne vient pas d'ici à cinq ou six jours j'irai le trouver. Je ne sais ensuite comment je ferai pour ne pas rompre entièrement avec lui, car vos seigneuries me permettront de leur dire qu'elles ont tellement tiré au fin dans cette affaire qu'il me sera bien difficile de la ramener à bien. L'empereur est toujours dans le cas d'avoir besoin d'argent : quelquefois il en manque tout à fait ; et si vous ne lui accordez pas quelque chose lorsqu'il est dans le besoin, il pourra bien se faire qu'il soit plus exigeant qu'il ne le serait aujourd'hui, où il en a besoin. Les paris sur son passage en Italie ne sont pas encore à trois quarts de perte, comme vous me marquez dans votre lettre. Il pourrait bien se faire d'ailleurs que d'un côté il manquât de fonds pour retenir ses soldats jusqu'à ce que tous ses préparatifs fussent faits, et que cependant il reprît tout à coup de nouvelles forces ; enfin, comme je vous l'ai déjà marqué, il n'est possible de connaître tous ses préparatifs que lorsqu'ils seront totalement achevés. C'est ce qui m'a fait vous écrire qu'on ne peut assurer qu'il ne passera pas malgré tout le monde, parce que l'empire peut l'y aider et qu'il n'a qu'à le vouloir ; mais, d'un autre côté, qui osera assurer qu'il passera quand on voit que l'empire n'a jamais voulu l'aider, et qu'il ne paraît pas que jusqu'à présent il y soit disposé? On ne croira pas, d'un autre côté, qu'il puisse faire tant de choses avec les seules forces du comté du Tyrol. Dès lors je me permettrai de faire observer qu'il serait enfin nécessaire de prendre un parti, ou de s'arranger avec l'empereur comme il le demande, ou du moins le mieux qu'il se pourra. En effet, s'il ne meurt pas il est très-certain qu'il ira en Italie, soit cette année, soit l'autre, soit accompagné, soit tout seul; et certainement vouloir attendre qu'il y soit arrivé, dans l'espérance qu'il aura toujours besoin de secours et qu'on y sera à temps, sans s'embarrasser d'un peu plus ou d'un peu moins de dépense, par là chercher le parti le moins dangereux et l'embrasser, c'est s'en rapporter à la Providence : mais tous ceux qui voudront mesurer, pour ainsi dire au compas, tous ces grands événements, finiront très-certainement par se tromper. Si je parle ici de ce qui ne me regarde pas, il faut en accuser la mission dont je suis chargé, mission qui embarrasserait l'homme le plus déterminé. Lorsque je parlai pour la première fois à ce même Paul Lichtenstein qui me fait aujourd'hui cette demande, et qui était alors à la tête de huit mille fantassins et de douze cents cavaliers, si je lui eusse offert de l'argent comptant et qu'il l'eût accepté, il faudrait bien payer aujourd'hui, et cependant vos seigneuries seraient étonnées en voyant les affaires de l'empereur se détériorer, bien loin de prospérer. De même, si lorsqu'il était à la tête de cette armée il avait attaqué comme il en avait l'occasion, et qu'il eût battu l'ennemi, alors ses prétentions se seraient tellement élevées qu'au lieu de vous demander soixante-dix mille ducats il en aurait exigé bien davantage : alors j'aurais été accusé de la ruine de la république, non par vos seigneuries, mais par tous les citoyens qui m'en auraient voulu, et il n'y aurait cependant pas eu de ma faute. C'est ce qui me fait encore dire aujourd'hui que, quoique les choses paraissent se ralentir et que l'armée soit dispersée, cependant tout pourrait se rétablir; la position de l'empereur pourrait s'améliorer : il pourrait attaquer alors l'ennemi victorieux, et enfin en venir au point qu'on ne pourrait rien terminer et qu'il ne serait plus temps. Observez surtout que vos seigneuries ne savent comment me faire passer les lettres de change, que je n'aurai par conséquent pas d'argent comptant à offrir tout de suite, et qu'ensuite il nous faut vingt jours avant que je puisse apprendre de vous la manière dont je dois donner, tandis qu'il ne faut à ce prince que deux jours pour pouvoir changer de position. Soyez certains, comme je vous l'ai dit plus haut, que s'il en vient jamais au point de se servir de votre argent, il aura pris son parti de pousser sa victoire contre l'Italie. Vos seigneuries considéreront aussi qu'ayant une réponse à donner qui ne peut être décisive, il serait très-possible que tout se rompît; et puisque vos seigneuries ne veulent donner que des paroles, quel qu'en soit le résultat, ma présence ici est inutile, n'ayant plus rien à vous écrire. D'un autre côté, on sait que j'ai reçu votre mandat parce que toutes les lettres qui m'arrivent passent par leurs mains : il est impossible de leur persuader que je n'aie pas reçu réponse à leurs demandes et que j'aie bonne envie de terminer. Je ne doute pas qu'ils ne m'envoient dans quelque endroit éloigné de leur séjour pour que je ne sache pas ce qui s'y passe, et que même ils ne m'empêchent de vous écrire. En conséquence vos seigneuries voudront bien, lorsqu'elles auront à m'écrire, chercher quelque Allemand ou quelqu'un bien au fait du pays, afin que les lettres me parviennent en secret et plus aisément. Je doute qu'on laisse partir ceux qui sont déjà arrivés ici. Vos seigneuries me disent que je ne leur ai pas parlé de l'offre des quarante mille ducats et de seize mille pour le premier payement : il est vrai que je n'en ai rien dit à vos seigneuries; cependant elles ont su que lorsque Paul Lichtenstein me fit ces propositions, il me demanda si j'avais eu réponse au sujet de l'emprunt des vingt-cinq mille ducats dont l'empereur m'avait parlé. Ne pouvant nier que j'avais reçu des lettres, et les choses en étant au point qu'il était important de ne pas les exaspérer tout à fait, je lui répondis que vos seigneuries ne se souciaient pas de prêter leur argent, mais qu'elles iraient volontiers jusqu'à cinquante mille ducats, dont le premier payement, qui serait de vingt mille, s'effectuerait, aussitôt l'arrivée de l'empereur en Italie, dans une ville appartenant aujourd'hui à une autre puissance. Je crus, d'après vos instructions, qu'il était plus convenable de faire cette proposition; mais je ne vous en ai pas parlé, parce que ces demandes s'élevèrent si haut, et quant au total, et quant au montant du premier payement, et quant aux autres époques, que je ne crus pas devoir vous parler des propositions moins importantes. Je vous en fais part afin que vos seigneuries sachent tout. Il est survenu à Macchiavelli un accident qui pourrait devenir dangereux : les médecins qui se trouvent ici ignorent si la difficulté qu'il éprouve d'uriner vient de la pierre ou de quelque autre cause. Si les chemins eussent été libres, il serait retourné pour se faire traiter en Italie.

FRANÇOIS VETTORI.

Trente, le 30 mai 1508.

LETTRE XIII.

MAGNIFIQUES SEIGNEURS,

Nous voici arrivés au 7 de juin : ce que nous avons de nouveau ici est la prise de Fiume par les Vénitiens; elle n'est cependant pas entièrement confirmée. Il ne reste plus ici que trois cents cavaliers : tout le reste du contingent de l'Allemagne et des autres puissances est rentré dans ses foyers à l'expiration de leurs six mois de service; encore ce matin il est parti vingt cavaliers du marquisat de Brandebourg. Il se trouve ici environ deux mille fantassins. La trêve n'est pas encore conclue : les conférences ne sont pas pour cela rompues, mais on a renvoyé à dimanche prochain pour décider sur le parti qui devait être pris jeudi passé. Je suis fort étonné de ce que Baccino et l'autre exprès que j'ai envoyés à la cour ne soient pas de retour. Le père Lucas qui en revenait est arrivé hier au soir : il y a passé la nuit, et il en est parti ce matin pour aller à Arco joindre ceux qui traitent de la trêve. Il dit avoir laissé l'empereur à Cologne : il venait de faire la guerre dans la Gueldre, où il avait assiégé Croix et où le duc lui avait donné carte blanche. Il assure que l'empereur est furieux contre les princes de l'empire; qu'il ne veut pas se trouver à la diète; qu'en conséquence il y envoie Lang; que, d'un autre côté, les princes ne veulent pas supporter cet outrage; qu'ils lui ont écrit pour l'engager à revenir qu'ils lui accorderont tous les secours qu'il désirera; mais que l'empereur a l'air de n'en plus vouloir pour les forcer à se soumettre encore davantage à sa volonté; qu'il est même fâché que les Vénitiens ne se soient pas emparés de Trente, pour que l'empire eût plus de raison d'embrasser son parti. Il convient qu'il n'a pas laissé de troupes derrière lui, mais qu'en un instant elles seraient sur pied. Il a ajouté qu'il allait à Arco pour tâcher d'obtenir qu'on y fît une trêve de trois ou quatre mois : il assure que si elle était conclue, il emploierait ce temps à de si grands préparatifs que toute l'Italie en tremblerait, et que si on ne la faisait pas il marcherait à la tête de toutes les forces de l'Allemagne. Paul Lichtenstein n'est pas venu ici, et je ne suis pas allé non plus à Botzen, parce qu'avant de lui parler je voulais savoir à quoi m'en tenir sur l'article de la trêve, et j'attendais que tous ces pourparlers fussent finis afin d'avoir de meilleures raisons pour reculer la conclusion de notre affaire. Il me semble qu'il vaut mieux que je me taise puisque je n'ai rien de satisfaisant à lui dire. Hier arriva ici Piero avec votre lettre du 17 du mois passé. Comme elle était écrite sur du parchemin et qu'il l'avait mise dans un pain, elle y avait d'abord pris beaucoup d'humidité, puis elle s'était si bien séchée qu'on n'a pu l'en arracher qu'en morceaux, et que je ne suis parvenu à en lire qu'un quart, encore est-ce par phrases détachées. Il me paraît par le peu que j'en ai déchiffré que vous vous en rapportez encore à moi sur la manière de terminer toute cette affaire; que vous croyez que toutes les troupes qui sont parties d'ici seront remplacées par d'autres qui viendront d'un autre côté; que vous doutez qu'il y ait jamais une trêve entre l'empereur et les Vénitiens. Vous y ajoutez quelques renseignements sur le pape, mais je n'ai pu les lire en entier. Quant à la trêve dont il est question, je n'en ai pas entendu dire autre chose que ce que je vous ai écrit plus haut. Je vous répéterai ici, au sujet des troupes que vous dites devoir revenir d'un autre côté, que le prêtre Lucas assure n'avoir laissé aucune troupe derrière lui; et il y a si longtemps que les premières sont parties qu'il devrait voir arriver leurs remplaçants. Je crois bien que tout est possible, que l'empire est en état de fournir des troupes et de l'argent; mais c'est un bien mauvais signe de voir toute une armée décamper au moment où elle était à la Pietra et qu'on l'attendait ici; et au moment où l'on traite de la trêve ou de la paix, n'aurait-il pas été plus honorable qu'il se trouvât ici beaucoup plus de troupes qu'il n'y en a? Leur départ dans ce moment annonce et peu d'attachement et peu de respect pour l'empereur. Quant à ma manière de juger tout cela, je vous ai déjà détaillé dans ma précédente les difficultés que j'y trouvais : je vous le répète donc, cette affaire ne peut se juger aussi aisément. J'aurais envoyé Macchiavelli à la cour, et j'y serais allé moi-même, comme je vous l'ai déjà écrit, s'il m'avait été possible; mais si j'y avais été, j'aurais moins été à portée de voir tout ce qui se passe que je ne l'ai vu ici. D'ailleurs en y allant et en laissant Macchiavelli je me serais trouvé à plus de six cents milles de lui : il m'aurait fallu un mois pour recevoir de ses nouvelles, de sorte que d'un courrier à l'autre les choses auraient bien pu changer de face. En résultat, je prétends même que ce n'est pas un malheur d'avoir été forcé de rester, parce que quand il faut prendre un parti on ne peut le faire que sur ce que l'on voit. Je ne me conduirai pas autrement, parce que je crois que c'est la raison qui m'a dirigé; et quand bien même un homme digne de foi viendrait me dire que la diète d'Ulm a décidé de soutenir les projets de l'empereur avec cent mille hommes, je ne le croirai pas à moins que je n'en aie vu les effets, car nous avons vu tout le monde trompé sur la délibération qu'avait prise l'année passée la diète qui se tint à Constance, délibération si unanime et prise avec tant de solennité ! Eh bien cependant nous n'avons jamais vu plus de quatre mille hommes rassemblés. On sait que toutes les autres troupes qui se sont réunies, soit ici, soit dans le Codorin, ont été fournies par les pays circonvoisins, et le peu que l'empire a envoyé s'est retiré dans le moment où l'empereur en avait plus besoin. Je vois que les événements actuels prennent exactement la même tournure. En conséquence je répéterai à vos seigneuries que je ne déciderai rien sur ce qu'on me dira, mais sur ce que je verrai de mes propres yeux; car, s'il s'agit de juger les objets de loin, vos seigneuries sont tout aussi bien placées que moi pour cela. J'ajouterai que si l'empereur reprenait le dessus, vous ne seriez plus à temps de conclure sur le même pied et aux mêmes conditions, parce que vous devez considérer que l'empereur, se voyant alléché, s'est décidé à prendre ce parti et à envoyer même vos lettres à ses dépens; que lorsque ses affaires allaient bien, il voulait obtenir de vous quelques milliers de ducats et ne s'obliger à rien : tant qu'il a été dans la même position ou qu'il avait l'air d'y être, il n'a pas changé d'avis, et les demandes du cardinal de Brixen font juger jusqu'où il les portait. Depuis ce temps, à mesure que ses affaires sont allées en décadence, ses demandes ont aussi diminué. Voilà pourquoi je vous ai dit qu'il serait nécessaire que vous vous arrêtassiez à un des deux partis dont je vous ai parlé dans la dernière lettre dont j'ai remis l'original à Giovanni della Spada, qui s'en retournait par le même chemin qu'il était venu. J'ai attendu un jour de plus avant de faire partir cette lettre, pour voir s'il n'y aurait rien de nouveau aux conférences qui se tiennent pour la trêve : on apprit hier au soir qu'elle venait d'être conclue pour trois ans, entre l'empereur d'un côté, les Vénitiens et les Français de l'autre, et entre leurs alliés respectifs, mais seulement ceux d'Italie, que chaque partie est obligée de nommer dans les trois mois qui suivront la trêve. On prétend qu'on n'a parlé que des alliés italiens pour en exclure le duc de Gueldre. Elle a été publiée hier dans le camp des Allemands, et l'on assure qu'elle n'a lieu qu'entre l'empereur, les Vénitiens et leurs alliés, sans faire mention de la France.

On dit qu'elle sera publiée ici; et de là à Vérone dimanche prochain. Voilà la trêve signée. Quant aux particularités, je pourrais bien me tromper, mais je les connaîtrai sûrement avec le temps et je les ferai passer à vos seigneuries, qui se trouveront avoir plus de moyens de se guider dans leurs délibérations : l'ouverture des passages leur permettra d'envoyer leurs ambassadeurs et de prendre un parti éclairé. Dans deux ou trois jours Macchiavelli partira pour aller se faire traiter chez lui : il m'est impossible de le retenir plus longtemps. Pour moi, je me rendrai auprès du roi en attendant mon congé, que je prie en grâce vos seigneuries de m'accorder à cause de ma mauvaise santé, et de l'inutilité de ma présence dans ce pays-ci; car si vos seigneuries désirent traiter avec ce prince, elles peuvent le faire d'une manière plus honnête et même plus avantageuse par la voie des ambassadeurs, qui sont déjà nommés : au lieu que si elles n'ont pas envie de pousser plus loin cette négociation, plus je resterai ici, plus je donnerai de paroles, et plus nous perdrons. N'occupant à la cour qu'une position tout-à-fait incertaine, vos seigneuries ne peuvent compter sur aucune autre nouvelle de moi : ainsi, tout bien considéré, mon séjour ici devient inutile, et en conséquence je me recommande à vos seigneuries. J'ai remis au porteur six ducats d'or : je l'ai fait pour qu'il pût prendre la poste et aller plus vite, et je lui ai dit que cette avance lui serait comptée.

FRANÇOIS VETTORI.

Trente, le 8 juin 1508.

LETTRE XIV.

MAGNIFIQUES SEIGNEURS,

François Vettori a écrit le 8 du présent à vos seigneuries, et il vous a fait tenir ses lettres par Pierre de' Giovanni l'Allemand. Celui-ci a promis d'être rendu chez vous hier au soir. Cette lettre vous apportait la nouvelle de la trêve qui vient d'être signée, et vous instruisait de tout ce qui s'était passé jusqu'alors. Pour plus grande précaution, je viens d'en donner une copie à l'Ortolano, porteur de la présente. Ne pouvant aller aussi vite que je le désirerais à cause de mon indisposition, j'ai pris le parti de vous envoyer cet exprès pour vous écrire ce que Vettori m'avait chargé de vous dire de bouche. Je suis parti samedi dernier, 10 du courant, de Trente. La veille je me présentai chez Serentano pour en obtenir un laissez-passer : il me fit dire d'engager l'ambassadeur à venir le trouver le lendemain matin. Nous y allâmes ensemble comme il l'avait désiré : il apprit à Vettori que la trêve était signée [1], que les parties avaient trois mois pour faire connaître leurs alliés ; et il nous demanda si vos seigneuries désiraient être nommées par l'empereur. Vettori répondit qu'il ne pouvait pas répondre pour vos seigneuries, mais qu'il s'empresserait de prendre leurs ordres, et qu'il lui ferait connaître leur réponse ; que d'avance, il était bien sûr que vos seigneuries seraient très-satisfaites de tout l'honneur que voulait leur faire l'empereur. Serentano l'engagea à écrire sur-le-champ et à lui faire connaître vos intentions, parce qu'il savait que les Pisans, lorsque vous les aviez attaqués, avaient demandé du secours à la France, et qu'il pensait qu'il fallait empêcher que les Français fissent marcher des troupes contre vous. Je me recommande à vos seigneuries.

Voici à peu près tout ce qu'on a pu savoir sur les articles de la trêve : c'est qu'elle était signée pour trois années entre l'empereur et les Vénitiens, entre leurs partisans et alliés respectifs, et entre les partisans et alliés des puissances qui seraient nommées d'abord dans le traité, les autres devant l'être dans les trois mois suivants ; que chacun garderait ce qu'il avait et pourrait en disposer comme il lui plairait ; que les communications redeviendraient libres ; que dans cette trêve étaient compris toutes les dominations impériales et alliés de l'empire ; qu'enfin cette trêve aurait lieu seulement pour les affaires d'Italie et pour leurs alliés italiens, et non pour les autres.

NICOLAS MACCHIAVELLI.

Bologne, le 14 juin 1508.

P. S. Les alliés compris sur-le-champ dans la trêve sont, pour l'empereur : le pape et le roi d'Aragon ; pour les Vénitiens : le roi de France et celui d'Aragon.

[1] La trêve entre l'empereur et les Vénitiens fut signée le 6 juin 1508, et non le 20 avril comme le prétend Guicciardini.

XXII.

SECONDE MISSION

DANS L'INTERIEUR DE L'ETAT [1].

PATENTE.

Nous, Dix de la liberté et balià de la république de Florence,

Nous signifions à quiconque verra nos présentes lettres patentes que celui qui les exhibera est le recommandable et éclairé Nicolas, fils de Bernardo Macchiavelli, notre secrétaire, que nous envoyons pour lever et conduire un certain nombre d'hommes d'infanterie sur le territoire de Pise. En conséquence, nous commandons à vous tous, qui êtes inscrits sur les rôles de l'ordonnance militaire de notre république, d'obéir audit Macchiavelli de la même manière que vous le feriez à notre magistrature; et à vous, recteurs, officiers et sujets, de lui prêter tous les secours dont il aurait besoin, et dont il vous requerrait pour l'exécution de sa mission. *Mandantes, etc.*

NICOLAUS MACLAVELLUS.

Datum in palatio florentino, die 16 augusti 1508.

XXIII.

TROISIÈME COMMISSION

A L'ARMÉE QUI ASSIÉGEAIT PISE [2].

CORRESPONDANCE.

LETTRE PREMIERE.

MAGNIFIQUES SEIGNEURS [3],

Vous trouverez ci-joint une lettre que je vous prie de faire passer à Florence avec toute la célérité possible. Rien de nouveau à vous apprendre si ce n'est que nous sommes campés au Moulin de Quosi, pour veiller à ce qu'il n'arrive aucun convoi et l'empêcher de passer, comme nous avons fait de l'autre. Je recommanderai seulement à vos seigneuries de nous envoyer tous les jours du pain, ainsi qu'elles l'ont fait jusqu'à présent; nous nous en rapportons

[1] On n'a point trouvé de lettres appartenant à cette mission.

[2] Les Florentins mettaient le plus grand intérêt à s'emparer de Pise. On a vu, dans la première légation de Macchiavelli en France, que cette entreprise avait manqué les années précédentes par la désertion des troupes, ou plutôt par la corruption des chefs : pour cette fois l'entreprise, mieux combinée, réussit. Les Florentins durent leurs succès à leur courage, à leurs efforts, aux conseils de Macchiavelli, et surtout à la perfidie des deux rois d'Aragon et de France : Ferdinand abandonna pour de l'argent une ville qu'il avait plusieurs fois et hautement assurée de sa protection; Louis XII, malgré toutes les promesses qu'il avait faites, tantôt aux Florentins, tantôt aux Pisans, vendit aux premiers, et à vil prix, la liberté des seconds. En effet cent mille ducats donnés au roi, et vingt-cinq mille aux ministres des deux princes, furent le prix de cette trahison; le cardinal d'Amboise devait être chargé de la distribution. Le bon Louis XII, le père du peuple, aimait l'argent, comme on sait, et il paraît que son honneur et celui de ses favoris se vendait à peu près à sa valeur, c'est-à-dire à bien bas prix.

[3] Cette lettre est adressée aux commissaires du camp.

entièrement à leurs soins à cet égard. Il ne me reste plus rien à leur marquer, que de me rappeler à leur souvenir.

NICOLAS MACCHIAVELLI.

Au camp, le 20 février 1508 (1509).

LETTRE II.

MAGNIFIQUES SEIGNEURS,

Nous sommes tous partis lundi matin de Paolo da Parrano, et excepté deux cents fantassins qui sont restés pour la garde du camp, toute l'armée s'est rendue à la Figuretta. Notre premier soin en arrivant a été de chercher à pratiquer un gué sur l'Osole avec trois petites barques que le seigneur Franceso, à la tête d'environ cent fantassins, avait été enlever jusqu'aux portes de Pise. Antonio da Certaldo arriva ensuite vers midi. Comme il était déjà tard, et que nous n'avions ni pieux ni autres ustensiles propres à une entreprise de ce genre, nous ne pûmes ce jour-là travailler à piloter et l'opération fut renvoyée au lendemain. Nous revînmes donc hier matin avec les mêmes forces, et dans le cours de la journée nous parvînmes, avec l'aide de Dieu, à élever notre palissade et à placer nos barques au-dessous de la Figuretta, à environ un mille de l'embouchure de la rivière morte. Nous avons placé trois rangées de pieux, quinze par rangée : ils sont attachés avec des bandes de fer afin que les Pisans ne puissent ni les arracher ni les couper; le fer se trouve totalement sous l'eau, de sorte que nous ne pensons pas qu'ils cherchent jamais à les déranger, car ils n'en viendraient pas aisément à bout. Ils pourraient, il est vrai, transporter leurs petites barques par terre, mais cela leur prendrait tant de temps qu'il serait facile de s'en apercevoir et de les en empêcher. Le gué est tel actuellement que le seigneur Jacopo est déjà passé de l'autre côté du fleuve : il en est revenu deux fois avec huit cavaliers; et toutes les fois qu'il l'a fait ses gens portaient avec eux chacun cinquante fascines. Je crois que l'armée de Xerxès pourrait y passer. Si les ennemis essayaient de les couper, ils ne pourraient en venir à bout qu'avec beaucoup de temps, et ils ne le feraient pas tranquillement en présence de deux armées. Nous allons voir à présent comment ils se conduiront.

Nous n'avons rencontré aucun ennemi dans toutes ces montagnes : vous pouvez être sûrs que nous ne manquons ni ne manquerons d'exactitude pour les chercher. Je n'entends plus parler de Jean-Baptiste : je me persuade qu'il est en route, et en vérité il est temps qu'il arrive. Quant à l'infanterie, les compagnies sont très-bien tenues; elles n'ont pas l'air de se dégoûter du service; du moins les compagnies d'Antoine et de Morgante ne m'ont donné aucun sujet de plainte : seulement les soldats levés à Pescia me demandent souvent la permission d'aller jusque chez eux. J'attribue cette envie au voisinage où ils se trouvent de leurs familles. Je n'ai accordé cette permission qu'à peu d'entre eux, et ils ont tous été fort exacts à rentrer au camp le jour que j'avais fixé. De cinq cents qu'ils étaient je les ai réduits à trois cents : on peut conserver ce nombre encore le temps de deux payes parce que la majeure partie n'a pas besoin de s'éloigner avant cette époque, mais alors il faudra les réduire à cent ou à quatre-vingts, parce que la récolte des vers à soie obligera la majeure partie à rentrer dans leurs foyers. Je conseillerais même de les licencier tous alors; mais je craindrais que cela ne fît tort au connétable, qui est un brave homme, ainsi qu'à ses soldats. Je serais fâché que l'entreprise de Pise, dont ils espèrent tirer quelque profit, se terminât sans lui et sans ses troupes. On pourra dans ce moment-là laisser aux soldats la liberté de rester ou de s'en aller, et ils n'auront pas alors à se plaindre d'avoir été retenus ou licenciés malgré eux. Si on peut conserver la compagnie en totalité, ce n'en sera que mieux, car c'est une fort belle troupe. Voilà huit jours d'écoulés depuis leur dernière paye; le onzième jour, qui sera dimanche prochain, il leur en sera dû une autre : ainsi il faudra sans faute faire une nouvelle distribution lundi. Je prie vos seigneuries de faire en sorte qu'il nous arrive des fonds; ma dernière lettre vous en donnait les raisons, et je renouvelle ici mes plus pressantes instances.

Un nommé Bastiano enrôlé par Jacopo Orland, caporal dans la compagnie de Pescia, m'a demandé son congé lorsque le temps de sa paye a été fini, en m'assurant qu'il était indisposé. Je le lui ai accordé parce que je me voyais forcé de licencier deux cents fantassins. Il s'en est allé à Pescia, y a enrôlé dix à douze hommes, et est passé au service des Vénitiens malgré la défense portée dans vos édits. J'ai appris qu'il avait cherché à soulever toute la compagnie, et voulu corrompre cinq à six chefs en leur promettant quatre ducats comptant et quatre autres à leur arrivée à Faënza. Je donne avis de tout ceci à vos seigneuries pour qu'elles déclarent qu'à son retour il sera mis en prison, et qu'elles prennent enfin tous les moyens capables de retenir leurs soldats dans la subordination. Si elles ne le font pas, je les préviens que personne ne fera aucun cas de leurs ordonnances.

Il y a plusieurs jours que Bandino nous amena les bestiaux. Comme je l'ai marqué à vos seigneuries, Thomas Baldovini paya entièrement les premières levées faites à Pescia, moyennant 300 ducats; depuis il y en eut encore 183 de dépensés. Il a fallu acheter de la paille tous les jours, et cette dépense s'est élevée à plus de 40 ducats. On a payé les prisonniers pris à Pistoja, excepté cependant les trois premiers jours. On s'est procuré des pieux, des bèches; on a fait forger le fer nécessaire pour les ferrer. Les soldats qui ont été blessés ont coûté plus de dix ducats pour être soignés et ramenés chez eux. On a un peu gaspillé le pain qui avait été acheté à Lucques; de sorte que nous voilà sans argent, et il faut cependant que nous vivions: il est donc nécessaire que vos seigneuries fassent passer au moins deux cents ducats à Tommasso; car, outre les dépenses extraordinaires qui peuvent nous survenir d'un moment à l'autre, il nous faut quatre ducats d'or par jour: trois pour la paye des soldats, et un pour les vingt prisonniers que nous avons conservés sur les cent qui nous étaient venus de Pistoja.

Agostino Bernardi, habitant de Lucques, est venu me trouver aujourd'hui de la part des magistrats de cette république: il était chargé de me faire part d'une lettre un peu dure que vos seigneuries leur avaient écrite, et qui paraissait être le résultat des avis que je vous avais donnés. Ils m'ont fait assurer qu'ils étaient disposés à prendre tous les moyens possibles pour que les Pisans ne reçussent aucun secours, et que s'ils ne l'ont pas fait jusqu'à présent, c'est qu'ils croyaient que vos seigneuries s'étaient mises en mesure pour ôter aux Pisans la liberté d'aller et venir. Ils m'ont prié enfin de vous écrire de manière à empêcher que la bonne harmonie entre les deux républiques fût troublée. Je leur ai répliqué que vos seigneuries avaient été portées par deux motifs à traiter avec eux: le premier, pour rendre la prise de Pise plus facile; le second, pour vivre en bon accord et en paix avec leurs voisins; qu'en conséquence de ce traité, il fallait que vos seigneuries fussent convaincues que les Pisans ne profitassent pas du territoire de Lucques et de ses produits; que la première chose à faire après le traité signé était de leur fermer toute communication; qu'on pouvait y parvenir aisément; qu'il suffisait d'interdire toute espèce de relation entre les deux villes; qu'en conséquence vos seigneuries ne seraient jamais satisfaites qu'elles ne les vissent prendre un parti sérieux à cet égard; que ce parti était de ne plus les recevoir dans leur ville, de punir le premier citoyen qui les y recevrait et leur fournirait ou leur vendrait quelques provisions; que nous ne pouvions pas faire cette défense nous-mêmes; qu'il n'y avait d'autres moyens à prendre que ceux-là; que ceux que nous pourrions employer nous-mêmes devaient être inutiles et sans succès, parce que leurs sujets avaient parfaite connaissance du traité fait entre nous, mais le violaient à cause de l'impunité sur laquelle ils comptaient de leur part; que d'ailleurs nous avions à garder une étendue de pays de plusieurs milles; qu'il fallait donc en définitive qu'ils envoyassent à l'avenir des commissaires sur cette partie de la frontière, qu'ils en fermassent l'entrée aux Pisans, qu'ils sévissent contre ceux qui les recevraient; qu'alors vos seigneuries seraient satisfaites, que j'écrirais du bien d'eux, et que d'eux seuls dépendait le bien ou le mal que j'avais à dire dans mes lettres. Ils m'ont promis merveille; ils ont ajouté que leur officier avait été cause de tous les désagréments qu'ils venaient d'essuyer; que c'était un homme fort indiscret et sans talent; qu'on pouvait bien revêtir un homme d'une charge, mais qu'on ne pouvait lui donner également la capacité et la discrétion; que pour remédier à cet inconvénient ils avaient nommé des commissaires. Ils m'ont prié, dans le cas où j'apprendrais quelque chose de défavorable, d'écrire à leurs magistrats plutôt qu'à vos seigneuries, pour ne pas donner lieu à de mauvaises impressions, et afin de leur fournir les moyens de remédier au mal plus promptement et sans violence. Je leur promis de le faire et ils se retirèrent. Je me recommande, etc.

NICOLAS MACCHIAVELLI.

Au camp de Quosi, le 7 mars 1508 (1509).

COMMISSION

Délivrée à NICOLAS MACCHIAVELLI par le conseil des Dix, le 10 mars 1508 (1509) [1].

Macchiavelli, nous t'ordonnons, aussitôt le reçu de la présente, de quitter le camp et de te rendre à Piombino. Nous donnons en même temps avis de cet ordre aux commissaires pour qu'ils pourvoient à ton remplacement, soit par l'un d'eux, soit par quelque autre qui leur paraîtra plus convenable. Voici les raisons qui nous portent à te donner ces ordres. Tu auras su que le seigneur de Piombino nous envoya il y a environ trois semaines un jeune homme de sa maison nommé Cola : il nous donnait avis qu'il s'était aperçu que les Pisans n'étaient pas bien éloignés de traiter avec nous; qu'il demandait en conséquence un sauf-conduit pour quelques-uns d'entre eux, afin qu'ils pussent venir s'aboucher, etc., etc., et qu'il nous engageait à lui envoyer ensuite quelqu'un d'ici pour terminer cette négociation. Nous lui avons accordé les sauf-conduits qu'il demandait, et trois citoyens de Pise en ont profité pour sortir avec lui ; tu trouveras ci-joint le nom des trois citoyens. Cola est revenu hier ici, et nous a demandé avec instance de vouloir bien prolonger jusqu'à la fin du mois les sauf-conduits qui sont près d'expirer : ce n'est qu'avec peine que nous avons consenti à leur accorder un nouveau délai jusqu'au 20. A cette demande ils en ont ajouté une autre par laquelle ils nous ont priés avec instance d'envoyer à Piombino un homme de confiance, prétendant que les Pisans ne voulaient pas s'expliquer ouvertement avec lui, et qu'ils ne diraient rien de positif qu'en présence d'un envoyé de Florence. Toutes ces menées ne nous paraissent avoir d'autre but que d'obtenir de nouveaux délais. Pour savoir enfin à quoi nous en tenir, et pour confier nos intérêts à quelqu'un de sage et y mettre le moins d'éclat possible, nous avons décidé que tu t'y rendrais le plus promptement que tu pourras. Aussitôt que tu seras arrivé muni des lettres de créance que tu trouveras ci-jointes, tu diras au seigneur de Piombino que nous t'envoyons, comme il l'a lui-même désiré, pour savoir si les Pisans qui sont auprès de lui sont munis de pouvoirs suffisants pour conclure la paix. Si ce seigneur en a eu communication tu demanderas à les voir, sinon tu diras que tu as les ordres les plus précis pour t'en retourner sur-le-champ; et en effet tu repartiras aussitôt sans entrer dans aucune autre explication. Si au contraire ce seigneur juge leur mission fondée et que tu le penses aussi, tu entreras alors en pourparler avec lui : tu lui demanderas particulièrement quelle est la nature des demandes des Pisans, et tu entreras à cet égard dans le plus de détail qu'il sera possible; et tu lui prouveras qu'il ne peut y avoir d'indécis que leurs prétentions, parce que de notre côté nous ne désirons qu'une seule chose, savoir : la liberté de Pise telle qu'elle était avant sa rébellion, avec les mêmes prérogatives et les mêmes possessions; et, suivant ce qui se passera, tu avanceras ainsi petit à petit, ayant soin de nous faire part exactement et promptement de tout ce qui s'ensuivra. Enfin notre intention est d'essayer de ce moyen, pour ne rien laisser échapper de ce qui peut être avantageux. Cependant, d'un autre côté, nous ne voulons pas compromettre l'honneur de la république et notre dignité, ni faire croire aux Pisans que nous recherchons la paix; car dans le fait nous soupçonnons très-fort que la démarche qu'ils font aujourd'hui n'a pour but que de gagner du temps et de mettre à profit ce nouveau délai.

Au moyen de la liste que nous t'envoyons tu pourras savoir si tous les Pisans qui sont sortis de la ville avec les sauf-conduits se trouvent à Piombino : s'ils n'y sont pas tous ce sera une preuve qu'ils n'ont voulu sortir de Pise que pour se sauver ailleurs, et tu pourras le faire observer au seigneur de Piombino comme une preuve bien claire qu'ils ne cherchent pas à faire

[1] Pendant que Macchiavelli était au camp qui tenait Pise assiégée, il reçut l'ordre de se porter à Piombino pour traiter de la paix avec les Pisans. Le gouvernement de Pise s'était ménagé adroitement ces conférences par l'entremise du seigneur de Piombino, pour apaiser les habitants de la campagne qui voulaient qu'on se rendît et qui commençaient à se soulever.

la paix. Si on te presse pour obtenir une nouvelle prorogation du sauf-conduit, tu leur feras positivement comprendre qu'ils n'en obtiendront pas même pour deux heures après que ce dernier délai sera expiré.

Les décemvirs de la liberté et de la balià.

Moi MARCELLUS VIRGILIUS.

LETTRE III.

MAGNIFIQUES SEIGNEURS,

Je suis parti du camp lundi dernier, et je suis arrivé à Piombino hier à la vingtième heure du jour. Une demi-heure après je me suis rendu chez sa seigneurie, et lui ai fait part du sujet de ma commission d'après les ordres portés dans vos instructions. Il m'a répondu qu'il n'avait prolongé ses intelligences avec les Pisans que pour tâcher de les accorder avec vos seigneuries, ne désirant rien tant que la tranquillité de la Toscane, et en particulier le bonheur de vos seigneuries auxquelles il était dévoué; que pour remplir son vœu à cet égard, il avait par l'entremise de Jean Cola, son homme de confiance, encouragé les Pisans à envoyer des députés qui s'aboucheraient avec le vôtre afin d'opérer un rapprochement; qu'il avait bien recommandé à ceux qui viendraient, de se munir de pouvoirs nécessaires pour conclure définitivement, parce qu'il n'ignorait pas que sans cette précaution il était impossible de rien entamer; qu'il avait ensuite engagé vos seigneuries à leur accorder un sauf-conduit et à envoyer ici leur député; que le sauf-conduit avait été accordé, mais pour si peu de temps et en des termes si obscurs qu'il était plus propre à rompre qu'à nouer une négociation; qu'ensuite votre envoyé n'étant pas arrivé et le temps porté par le sauf conduit se trouvant expiré, il n'avait pas voulu que la négociation fût rompue; qu'en conséquence il avait demandé la prorogation du sauf-conduit et l'envoi du député, mais que vous aviez accordé cette prorogation pour si peu de temps qu'il était impossible de rien conclure pendant ce court espace. Il s'est plaint que dans toute cette affaire vos seigneuries avaient toujours eu l'air de se méfier de lui. Il a fini par m'assurer qu'il ignorait si ces Pisans étaient munis de pouvoirs suffisants ou ne l'étaient pas; qu'ils n'avaient jamais voulu lui dire autre chose sinon qu'ils avaient de grands moyens pour se concerter, et pour traiter avec vos seigneuries, même, à ce qu'ils prétendaient, relativement à la reddition de Pise et à tout autre différend qui pourrait exister entre eux et vos seigneuries; que jamais ils n'avaient voulu lui faire connaître les propositions dont ils se disaient porteurs, ni lui donner aucun détail à cet égard. Il m'a assuré avec serment la vérité de ce qu'il venait de me dire, ajoutant que leur silence sur ce point l'avait tellement irrité qu'il avait été sur le point de les renvoyer. Enfin il a voulu me persuader qu'il fallait les entendre, et que pour cela je ne perdrais pas grand temps ni ne compromettrais pas vos intérêts.

Je lui ai répondu qu'obligé de me conformer exactement aux ordres de vos seigneuries, il ne me restait plus qu'à monter à cheval et à m'en retourner. Je l'aurais fait bien certainement, si dans leurs instructions vos seigneuries ne m'avaient recommandé de chercher à savoir le plus particulièrement qu'il me serait possible quelles étaient les demandes des Pisans, si je croyais qu'ils en eussent réellement à faire. Il me parut donc, puisque le seigneur de Piombino ignorait tout, qu'il me serait impossible ni de rien savoir de positif, ni de juger du fondement qu'il fallait faire sur leur demande, à moins que je ne les visse. Je sentis d'ailleurs la justesse de ce que m'avait dit le seigneur de Piombino, qu'en les écoutant je ne leur donnerais ni plus de temps ni plus d'espoir, puisque leur sauf-conduit n'expirait que le 20; que d'un autre côté je leur ôtais d'abord tout sujet de se plaindre à tout le monde, et même à leurs concitoyens; que l'envoyé de vos seigneuries n'avait pas voulu écouter l'ambassade solennelle qu'ils avaient adressée; ensuite que je pourrais profiter de ce prétexte pour les animer à se défendre en leur représentant les mauvaises dispositions où vous êtes à leur égard, seul motif qui retienne aujourd'hui les Pisans armés. Je fis donc semblant de céder aux instances du seigneur de Piombino, je consentis à les voir, et ils arrivèrent aussitôt.

Ils commencèrent d'abord par un long préambule dans lequel ils se plaignaient qu'on leur avait promis d'envoyer à Piombino deux ou trois citoyens pour traiter avec eux, et qu'au lieu de cela il n'était venu qu'un seul secrétaire, lequel encore n'arrivait pas de Florence. Venant ensuite au fait, ils me dirent que les habitants de Pise étaient disposés à faire tout ce que désireraient vos seigneuries pour le bien de la paix, pourvu que leur vie, leurs biens et leur honneur fussent sains et saufs; qu'au fait c'était là tous les pouvoirs qu'ils avaient, et que quand ils prendraient mille détours il n'était pas moins vrai, vu l'importance majeure de cette affaire, qu'il leur était impossible de rien conclure sans de nouveaux ordres de leurs supérieurs.

Je répondis à la première partie de leur discours, qui me regardait personnellement, ce que je crus convenable. Quant à la seconde, je me retournai vers le seigneur de Piombino, et je lui dis que je n'avais rien à répondre puisque l'on ne m'avait rien dit: que si l'on voulait que je répondisse, on n'avait qu'à me faire une demande positive. Ils répliquèrent que ce qu'ils m'avaient dit concernant la sûreté de leur vie, de leurs biens et de leur honneur leur paraissait assez positif. Je leur demandai de quelle sûreté ils voulaient parler: si c'était une sûreté raisonnable et honorable elle ne leur serait pas refusée, puisque vos seigneuries ne demandaient que leur soumission et qu'elles n'en voulaient ni à leur vie, ni à leurs biens, ni à leur honneur. On disputa longtemps sur la nature de cette sûreté, et voici ce qu'ils dirent à cet égard de plus réel : qu'ayant réfléchi sur l'espèce de sûreté qu'ils exigeaient, ils n'avaient pas trouvé d'autre moyen pour l'obtenir sinon que vos seigneuries leur abandonnassent tout ce qui se trouvait compris dans l'enceinte des murs de Pise, et prissent pour elles-mêmes tout ce qui était hors des murs; que ce serait assurément une cession bien importante, puisque vos seigneuries posséderaient, avec un titre légal, beaucoup plus que jamais leurs ancêtres n'avaient possédé. Je me retournai alors du côté du seigneur de Piombino, et je lui dis : « Vous « voyez clairement à présent que ces députés « se sont moqués et se moquent encore de nous, « car je suis persuadé que, s'ils vous eussent « tout de suite fait part de ces propositions ou « si vous vous en étiez douté, vous n'auriez pas « voulu vous charger des soins que vous vous « êtes donnés, ni vous mêler d'une affaire dont « l'issue ne pouvait pas être heureuse. Puisque « cela est ainsi, afin que votre seigneurie et « tous les citoyens de Pise connaissent nos in- « tentions, et que vous sachiez ainsi qu'eux de « quelle manière il est possible de traiter avec « nous, je vous préviens que tant que vous ne « serez pas dans l'intention de rendre à Pise « sa liberté, son existence politique, son au- « torité telle qu'elle était avant la rébellion, il « est inutile que vous preniez la peine de venir « ici ou ailleurs pour traiter de la paix, ni que « vous employiez pour cela l'entremise du sei- « gneur de Piombino ou de tout autre. Quant à « la sûreté que vous avez l'air de vouloir exiger « pour votre vie, vos biens et votre honneur, « puisque vous ne voulez pas vous en rapporter « à la parole de nos seigneuries, vous pouvez « vous épargner le soin d'aller fatiguer qui que « ce soit de vos propositions, parce que la parole « de mes souverains n'a jamais eu besoin de ga- « rant jusqu'à présent, car si elle avait besoin de « caution aucune caution ne pourrait suffire. La « plus ferme, la plus sûre garantie que vous puis- « siez vous procurer, c'est votre bonne foi, votre « entier abandon dans les bras de mes seigneurs. » Je leur fis cette réponse dans les termes les plus capables de les convaincre, et me tournant ensuite du côté des gens de la campagne, je leur dis que j'étais fâché de les voir pris pour dupes dans tout ceci, puisqu'ils jouaient un jeu auquel ils n'avaient rien à gagner; car si les Pisans étaient vainqueurs, ils ne voudraient jamais les regarder comme leurs concitoyens, mais bien comme leurs esclaves, et les renverraient à leur charrue; et d'un autre côté si Pise était prise, ce qui pouvait avoir lieu tous les jours, ils s'exposaient à perdre leurs biens, leur vie et tout ce qu'ils possédaient.

A ces mots Frédéric del Vivajo s'écria que je cherchais à jeter la désunion parmi eux, et que ce n'était pas dans les conventions. Les gens de la campagne ne répondirent rien : il me parut qu'ils avaient été frappés de ce que je venais de leur dire, et qu'ils le furent surtout de ce que j'ajoutai dans la suite de la conversation : « Vous ne voulez pas la paix? Eh bien « vous aurez la guerre, et plus que vous ne vou- « drez. » Jean de Vico s'écria à deux reprises et très-haut : « Nous voulons la paix, nous voulons « la paix, monsieur l'ambassadeur ! » Le seigneur de Piombino leur parla alors tout bas et d'un air fort animé, leur reprochant de l'avoir trompé, etc., etc. Je quittai l'assemblée en prévenant que je partirais le lendemain de grand matin, et que si la nuit n'était pas survenue pendant toutes ces discussions je serais parti le soir même.

Le seigneur de Piombino resta avec eux : il y fut près de deux heures. Environ la troisième heure de la nuit, il me fit dire qu'il voulait me parler le lendemain matin avant mon départ. Ce matin il m'a envoyé chercher à la deuxième heure du jour, et il m'a dit qu'après mon départ il avait traité les envoyés comme il convenait : qu'ils avaient assuré qu'ils allaient cette nuit s'occuper à chercher quelques moyens d'obtenir la sûreté et qu'ils tâcheraient d'en venir à bout; que ce matin ils étaient venus lui dire qu'ils croyaient avoir trouvé ce qu'ils cherchaient, et que ce qu'ils avaient à proposer plairait à vos seigneuries et aux habitants de Pise; mais qu'ils ne voulaient pas en parler qu'ils n'en eussent auparavant conféré avec Pise; que même, à cet effet, ils allaient partir ou tous ensemble ou au moins la moitié à son choix, afin de revenir avec une conclusion définitive; qu'il leur avait conseillé d'y envoyer seulement la moitié d'entre eux, parce qu'il croyait nécessaire que le fil de la négociation ne se rompît pas, mais qu'au reste il leur conseillerait ce que je désirerais moi-même. Je lui ai répondu que mon avis était qu'il fallait les faire partir tous, parce que j'étais sûr que vos seigneuries ne voudraient pas accorder une nouvelle prolongation du sauf-conduit. « Mais qu'ils s'en retournent, » ajoutai-je, « qu'ils communiquent à « leurs concitoyens ce que je leur ai dit hier, « qu'ils fassent prendre la délibération convenable, qu'ils l'envoient à leurs seigneuries « après l'avoir fait approuver, alors on les croira « bien certainement, et cela produira le meilleur « effet. »

Le seigneur de Piombino persistait cependant dans son opinion, parce qu'il craignait que vos seigneuries ne voulussent pas que la négociation eût lieu chez lui, ce qui lui fit ajouter : « Va détromper les ambassadeurs : dis-leur, ou « que ce traité n'aura pas lieu, ou qu'il se « conclura ici. Je vois bien pourquoi tu es d'avis « qu'ils partent tous : c'est pour les éloigner « de chez moi. » Je fis tous mes efforts pour le détromper, et je le quittai décidé à les faire partir tous.

Revenu à mon logement, au moment où j'allais monter à cheval arriva Jean Cola : il m'assura que le seigneur de Piombino avait fait entendre aux Pisans qu'il vaudrait mieux qu'ils s'éloignassent tous ensemble; qu'ils ont eu l'air de ne pas vouloir y consentir; qu'ils ont voulu que deux d'entre eux pussent rester, savoir : Frédéric de Vivajo et Philippe de Pucciarello. Je lui dis alors : « Vous voyez bien que mes seigneurs se « sont aperçus tout de suite que ces députés ne « cherchaient qu'à amuser votre maître, puisqu'il « veulent, même malgré lui, continuer leurs « menées dans Pise; et ce n'est que pour mettre « au jour leur véritable projet que j'ai conseillé « au seigneur de Piombino de les renvoyer tous. » Il me répliqua que son maître en était très-fâché; qu'il leur avait assuré qu'ils ne devaient plus attendre de nouveaux délais de vos seigneuries, et que pour lui il ne les demanderait pas; qu'alors les députés avaient répondu qu'ils verraient ce qu'ils auraient à faire. Je suis alors parti, et dimanche ou lundi je serai auprès de vos seigneuries. Pour que vous fussiez promptement instruits de tout ce qui s'était passé je vous ai écrit la présente; le courrier m'a promis d'être arrivé samedi matin à l'heure du dîner : s'il est arrivé vos seigneuries voudront bien lui faire donner un florin, que je lui ai promis.

Quant à ce que vous me marquiez de savoir relativement au nombre de ceux qui étaient avec les députés, le peu de temps que j'ai passé à Piombino ne m'a pas fourni l'occasion de m'en instruire. J'en ai causé avec Rubertino : il m'a assuré qu'ils y étaient tous, et mes domestiques (qui attendaient hors de la salle d'audience avec ceux des députés) m'ont assuré qu'ils étaient au moins cent soixante-un. Je me recommande, etc.

Nicolas Macchiavelli.

Piombino, le 15 mars 1508 (1509).

LETTRE IV.

MAGNIFIQUES SEIGNEURS,

C'est hier qu'est partie ma dernière lettre à vos seigneuries, et elle renfermait le compte rendu de tout ce qui se passait ici. Finochietto de Casentino est arrivé ce matin de Pise : c'est un de ceux qui ont été faits prisonniers avec Canaccio. Tous les prisonniers se recommandent à vous. Ils m'ont fait dire qu'ils s'étaient ressentis dans Pise de la délibération de vos seigneuries au sujet du jeune frère d'Alphonse [1], et qu'on les avait assurés qu'ils seraient tous massacrés si Raphaël était pendu. Ils me priaient en outre de vouloir bien leur envoyer de l'argent pour vivre, parce qu'ils manquaient de tout. Je l'ai renvoyé à Pise, je lui ai remis de l'argent autant qu'il en fallait pour subsister plusieurs jours; et quant à la peur qu'ils avaient, je leur ai fait dire tout ce que j'ai cru capable de les rassurer. Depuis ce temps-là le prédicateur qui a prêché le carême à Pise en est sorti : il est arrivé aux barrières avec quelques autres moines que j'ai tous renvoyés : je n'ai excepté que lui, et cela pour de bonnes raisons. Il m'a rendu un compte détaillé de tout ce qui s'est passé dans cette ville depuis qu'il y est entré pour y prêcher, et voici en substance les renseignements que j'en ai tirés : que les Pisans sont réduits à la dernière extrémité, et que la misère y est beaucoup plus grande qu'ils n'en veulent convenir; qu'ils sont trop divisés entre eux pour faire le bien, parce que les scélérats sont les plus forts; qu'une partie des chefs les plus honnêtes soupire après la paix; qu'à son départ quatre d'entre eux, dont les noms seront joints à cette lettre, l'ont engagé à voir s'il n'y aurait pas moyen de faire quelque arrangement; qu'ils insistaient sur trois points principaux : amnistie pour tout le passé, sûreté pour l'avenir, et le troisième, qu'en vous abandonnant la ville et son territoire et jurant une fidélité à toute épreuve, serments auxquels ils prétendent que leurs ancêtres n'ont jamais été soumis, il leur soit permis de conserver une autorité semblable à celle qui existe dans quelques autres villes soumises à votre obéissance; qu'enfin, si dans peu de jours on leur donnait quelques espérances, ils enverraient leurs députés aux pieds de vos seigneuries. Il a fini par me prier de leur faire connaître par écrit ce que je pensais de leurs demandes : je l'ai refusé absolument, me fondant sur ce que les Pisans n'avaient pas voulu accepter leur grâce lorsque vos seigneuries la leur avaient offerte, et sur ce que par leurs mauvais procédés à votre égard ils n'avaient cessé d'accumuler leurs torts ; et je l'ai assuré qu'ils n'avaient plus qu'à se livrer de plein gré, s'ils ne voulaient être réduits de force à la discrétion de vos seigneuries, et que ce dernier parti ne pouvait être long.

Lorsque le prédicateur eut entendu ma réponse il me dit : « Puisque c'est le parti arrêté « par vos seigneuries, faites en sorte qu'elles « l'exécutent plus tôt que plus tard, car les as-« siégés sont réduits à la dernière extrémité. » Hier au soir plus de trois cents habitants se sont portés au palais des Anziani en criant : « Nous « mourons de faim; les secours que vous atten-« dez n'arrivent pas : il est impossible que nous « patientions plus longtemps. » On les a congédiés avec de belles promesses, en les assurant qu'avant quatre jours on prendrait un parti qui les satisferait tous. On a donné des ordres pour qu'on apportât aujourd'hui au marché du pain et du blé, qui avait manqué hier et qui est à douze livres le boisseau. J'ai cru devoir donner avis de tout ceci à vos seigneuries. Par tout ce que j'ai appris d'un autre côté il me paraît que les Pisans ne peuvent pas tenir encore longtemps. Lorsqu'on mettra de la suite à les resserrer, comme on a commencé, et qu'on leur prouvera qu'on peut atteindre à coups de fusil tous ceux qui voudront sortir, il ne sera plus besoin d'employer d'autres moyens, et vos seigneuries parviendront enfin à terminer d'une manière honorable pour notre ville une guerre

[1] Cet Alphonse était un Pisan qui, se trouvant prisonnier à Florence, fit semblant de traiter avec les Florentins pour leur livrer Pise. Il fut en conséquence échangé avec un Florentin prisonnier à Pise. De retour dans cette dernière ville, il fit approcher des murs de la ville, à un signal convenu, une compagnie de soldats, et il commença à les introduire dans la ville un à un en les hissant sur les murs au moyen d'une corde. Il en avait fait monter ainsi dix-neuf lorsque le vingtième, du haut de la muraille où il était parvenu, jeta les yeux dans la ville et vit tous ses camarades arrivés avant lui ou massacrés ou enchaînés. Il jeta alors un cri d'alarme et découvrit ainsi la trahison d'Alphonse. Au même instant les Pisans firent une décharge générale de leur artillerie, qui blessa mortellement Paul de Parrano dont il est question dans cette lettre; ils cherchèrent même à attaquer le reste des troupes de Florence, mais ils furent repoussés.

longue et désastreuse. Si les assiégés me font faire des propositions je refuserai de les entendre, à moins que vos seigneuries ne m'ordonnent le contraire. On m'a assuré qu'il y avait quatre jours qu'il n'était entré de blé dans la ville, et que c'est ce qui les réduit au désespoir; de notre côté, nous continuerons toujours, avec notre cavalerie et notre infanterie, à empêcher que rien n'y puisse entrer.

Nous venons d'apprendre la mort de Paul de Parano [1] : que Dieu veuille avoir son âme, puisqu'il a sacrifié sa vie pour le service de son pays! Je recommande à votre générosité ses petits enfants: je lui promis, lorsqu'il fut blessé, de remplir ce triste devoir si Dieu disposait autrement de lui. Sa douceur et sa fidélité le font regretter de tout le camp. Il ne me reste plus rien à dire à vos seigneuries. Je me recommande, etc.

Antoine de Filicaja, commiss. gén. [2]

Du camp de Saint-Jacques, le 14 avril 1509.

P. S. Macchiavelli est parti aujourd'hui pour aller faire la revue de l'autre camp. Je lui ai ordonné de revenir ici tout de suite, car, comme me le marquent vos seigneuries, je ne dois désirer effectivement rien tant que de l'avoir auprès de moi.

LETTRE V.

MAGNIFIQUES SEIGNEURS,

Je vais d'abord répondre à la lettre de vos seigneuries du 12 courant : elles désirent savoir le nombre de fantassins qu'il y a dans chaque camp; quelles sont les troupes, soit dans l'infanterie, soit dans les autres corps, que je crois qu'il faut changer, et veulent que je leur donne mon avis sur le tout.

Je leur dirai d'abord que depuis que j'ai quitté Florence il m'a été impossible d'aller au camp de Saint-Pierre in Grado : ainsi je ne pourrai vous en rien dire, mais je vais vous rendre compte de l'état où se trouvent les deux autres. Voici l'infanterie qui est dans le camp de la vallée de Cerchio [3], dont Antoine de Filicaja est commissaire : 1° le prêtre de Citerna avec deux cents cinquante fantassins de Fivizano; 2° Agnolo de Monterchi forme un corps de cent cinquante avec ceux de Castiglione de Fivizano; 3° Giannesino de Serezzana a cent trente hommes de Casentino : ils étaient cent cinquante, mais il en a péri vingt lors de la trahison d'Alphonse; 4° cent hommes de la vallée de Cecina sont sous les ordres de Morgante da Borgo; 5° Antoine de Castello a sous lui ceux de Firenzuola au nombre de cent. Tout cela réuni forme un corps de sept cent trente hommes. Ajoutez encore à cela Giannone de Librafatta et Giannotto da Garda avec soixante hommes, et les seigneurs François et Julien del Caccia avec cent fantassins. Bernard de Carrara garde la citadelle; en sorte que, non compris Bernardino, il reste encore à la disposition d'Antoine huit cent quatre-vingt-neuf fantassins. Antoine avait encore avec lui Dietaiuti avec cent hommes du Val-di-Nievole, au lieu de mille qu'il devait fournir; mais Nicolas Capponi, ne se trouvant pas assez fort, a demandé à Antoine un colonel avec des troupes de son camp; on lui a envoyé Dietaiuti qui était ici. Je crois que Nicolas lui renverra à la place un des nouveaux colonels qu'on dit près d'arriver et qu'il gardera Dietaiuti, parce qu'il connaît bien le pays et que sa troupe le connaît aussi beaucoup mieux que les autres, qui n'y sont jamais venues et qui ne font que d'arriver, au lieu que tous ceux qui sont avec Antoine le connaissent bien parce qu'ils ont déjà passé deux mois dans ce poste. En résultat, je doute qu'il se trouve aujourd'hui en Italie une infanterie meilleure et mieux tenue que celle qui est avec Antoine. Il y a ici, outre Dietaiuti, qui n'est pas encore bien sûr d'y rester, la troupe d'Anghiari qui n'a point de commandant : elle a déclaré qu'elle ne voulait pas quitter ce camp; d'un autre côté, Alamanno ne veut pas envoyer Ronzino ici. Je tâcherai d'arranger tout cela le mieux qu'il me sera possible lorsque les troupes destinées pour ce camp seront arrivées à Cascina. La compagnie d'Anghiari est d'environ cent dix hommes. Il se trouve encore dans ce camp l'infanterie de la Pieve, formant cent quatre-vingts hommes; celle de Bibbiena, cent quatre-vingt-six; celle de Ponta-

[1] C'est lui qui fut blessé mortellement lors de la trahison d'Alphonse de Mutolo.

[2] Cette lettre et quelques-unes des suivantes sont signées par les commissaires du camp, mais elles sont pour la majeure partie écrites par Macchiavelli.

[3] On peut voir dans Guicciardini, livre VIII, les détails exacts de la position de l'armée de Florence pour bloquer entièrement Pise.

sieve sous le commandement d'Agnolona, cent douze hommes; de plus, quatre-vingts prisonniers, ce qui fait un total de six cent soixante-huit fantassins d'ordonnance, non compris ceux de Dietaiuti. Les troupes qui sont sous les ordres des capitaines particuliers sont celles de Charles de Crémone avec cent hommes, de Daino et Gattamelata avec soixante, de Morello avec quarante, et du fils de Saniccia Corso avec quarante, lesquels, joints au premier total, font neuf cent huit, toujours sans compter Dietaiuti; de sorte que si les deux cents hommes déjà annoncés arrivent ici, il s'y trouvera sans Dietaiuti plus de mille hommes; et en renvoyant à Antoine, soit Dietaiuti, soit tout autre capitaine, il aura aussi près de mille soldats. Pour empêcher la diminution d'hommes dans ces compagnies d'ordonnance il faudra, toutes les fois qu'il en manquera huit ou dix pour cause de maladie ou autrement, ordonner au commandant et au chancelier du pays qui a fourni la troupe d'en renvoyer le même nombre qui manquera, et qu'il emploie pour cela non-seulement son adresse, mais même son autorité, la vôtre et celle des recteurs, il faudra ordonner ensuite à vos commissaires de ne donner aucun congé que pour maladie, et que le premier qui désertera ou désobéira soit puni sévèrement ici ou dans son pays. Avec une pareille conduite les compagnies resteront entières et complètes sans qu'il vous en coûte beaucoup de peine. J'ignore de mon côté quels sont ceux qu'il faut licencier, ou ceux qu'il faut appeler pour les remplacer, si ce n'est en cas de besoin et de la manière que je viens de dire; mais je ferai en sorte, pourvu que vos seigneuries m'envoient des fonds, de leur épargner toute inquiétude à cet égard.

Vos seigneuries m'ont encore écrit une lettre le 14 par laquelle elles me prescrivent, si je fixe ma résidence à Cascina, d'ordonner qu'il y ait toujours huit ou dix hommes d'élite avec un capitaine, des provisions pour quinze jours au moins, et que j'y fasse déposer toutes les balles et le plomb qui sont en magasin. Cette lettre a été remise à François Serragli à Cascina: il l'a lue, et me l'a renvoyée hier ici, où je me trouve actuellement, et non à Cascina. Ainsi vos seigneuries voient bien qu'il m'est impossible d'exécuter les ordres qu'elle renferme. J'en ai fait part à Nicolas Capponi, qui s'est chargé de répondre à vos seigneuries. Il me paraît par cette lettre que vos seigneuries désireraient que je m'établisse tout à fait à Cascina: cela ne me paraît pas convenable, parce qu'on peut y envoyer le premier venu, quel que soit son grade. Si j'y allais, je ne pourrais plus être utile ni à l'infanterie ni à toute autre chose. Je sais bien que ce poste est moins dangereux et moins fatigant, mais si j'avais voulu éviter le danger ou la fatigue je ne serais pas sorti de Florence. Que vos seigneuries me laissent donc dans ce camp partager les travaux des commissaires et les événements de la guerre: j'y serai du moins bon à quelque chose, au lieu qu'à Cascina je ne serais bon à rien, et j'y mourrais d'ennui. Je les prie de nouveau, dans le cas où Serragli ne voudrait pas y rester, de jeter les yeux sur quelque autre qui y sera mieux placé que moi.

Je vous rappelle ici qu'on doit la paye de Paul Antoine et de sa troupe, qui défendent Cascina et La Verruca.

Lorsque j'aurai fini de payer toutes les troupes d'ordonnance qui sont ici au camp, je vous en ferai passer le compte. Il ne me reste plus rien à dire à vos seigneuries, parce que Leurs Excellences les commissaires du camp vous auront fait part de ce qui se passe ici de plus important: je m'en rapporte entièrement à elles. Cependant, au premier moment que j'aurai de libre, j'en profiterai pour m'entretenir longuement avec vos seigneuries.

NICOLAS MACCHIAVELLI.

Mezzana, le 16 avril 1509.

LETTRE VI.

MAGNIFIQUES SEIGNEURS,

Il y a environ trois jours que je suis parti de Mezzana et que j'ai été au camp du Val-di-Cerchio avec Arcangiolo di Castiglione, qui sert sous les ordres d'Antoine à la place de Dietaiuti; en sorte que vos seigneuries rayeront Dietaiuti des états de revue du camp de Nicolas, et mettront Castiglione sur celui d'Antoine. Celui-ci s'y rend afin que le camp d'Antoine soit complet. Il manque au contraire au camp de Nicolas, pour qu'il soit comme il le désire, que Cerchio s'y rende avec les troupes qu'il a sous ses ordres et qu'il conserve le reste de la compagnie d'Anghiari. En arrivant ici ce matin avec cent hommes du Val-di-Chiana, après avoir conféré avec le commissaire sur le nombre des soldats qu'il avait ici, il m'a répondu qu'il pouvait à peine réunir ici sept cent cinquante hommes d'ordonnance, et que par conséquent il ne voyait pas comment il pourrait envoyer Cerchio à Mezzana, puisqu'avec Cerchio il pouvait à peine compléter ce nombre de sept cent cinquante : car Agnolo le Citerna, en comptant les adjoints, n'en a pas plus de cent quatre-vingt-neuf; Sana quarante-cinq, le reste étant à Livourne; Cerchio quatre-vingt-quatorze; le capitaine Pierre soixante-dix; Bastien le Gras quatre-vingts; Bastien le Maigre trois cents : total, sept cent soixante-dix-huit. En ôtant de ce total les quatre-vingt-quatorze de Cerchio, il lui en resterait à peine six cents. En supposant qu'il fût forcé d'envoyer Cerchio à Nicolas, que le reste de sa troupe n'éprouvât aucune diminution et que Livourne pût se garder elle-même, sa seigneurie pense qu'on pourrait arranger le tout de la manière suivante : faire rentrer ici toute la compagnie de Sana qui sera alors de quatre-vingts hommes; envoyer à Livourne quarante hommes de la compagnie de Bastien le Gras, et licencier les autres qui, pour la majeure partie, demandent à retourner chez eux; joindre à Sana, soixante-dix hommes qu'il enverra lever à Mugello par un de ses capitaines, ce qui portera sa troupe à cent-cinquante; porter à cent les fusiliers de Pierre qui en a déjà soixante-dix et qui enverra pour cela son chancelier faire des levées. Agnolo de Citerno restera ici avec ses cent quatre-vingt-neuf hommes et Bastien le Maigre avec ses trois cents. Alors on enverra Cerchio à Nicolas Capponi, de sorte que ce dernier étant parti, dès que les soixante-dix de Sana et les trente du capitaine Pierre seront arrivés il restera encore sept cent trente-neuf hommes d'infanterie. Si vos seigneuries veulent expédier promptement les ordres nécessaires pour Sana et le capitaine Pierre, cette affaire sera bientôt terminée. Cette opération renforcera le camp et donnera un peu de courage aux troupes qui s'y trouvent. A la première paye le commissaire licenciera quarante hommes de Bastien le Gras et en enverra quarante autres à Livourne. Cette troupe qui se trouve sans capitaine sera beaucoup mieux là, et celles qui y sont rejoindront alors leurs drapeaux. Je ne vois pas d'autre moyen de satisfaire tous ces commissaires. En conséquence Alamanno adressera ceux qui sont chargés de faire de nouvelles levées à votre conseil avec une lettre, et vos seigneuries voudront bien l'expédier promptement.

Je resterai ici deux jours ; je retournerai ensuite au camp d'Antonio, puis je me rendrai au camp de Nicolas pour être présent quand on y fera la seconde paye, qui, d'après la note que j'ai laissée à Nicolas, doit avoir lieu dans la journée du 27 parce qu'il faut que toutes les compagnies soient payées du 28 au 30 du courant. Je vous enverrai bientôt, et ce sera j'espère avant quatre jours, le compte des payements que j'ai faits : c'est le défaut du temps qui m'en a empêché jusqu'à présent. Je me recommande, etc.

NICOLAS MACCHIAVELLI.

Du camp de Saint-Pierre in Grado, le 21 avril 1500.

LETTRE VII.

MAGNIFIQUES SEIGNEURS,

Cette lettre n'a d'autre objet que de vous prévenir que la paye des quatre-vingt-treize fantassins de Fojano qui sont arrivés dernièrement commence le 14 et finit le 25. En conséquence il est nécessaire que vos seigneuries envoient promptement, non seulement cette paye qui doit être arrivée au plus tard le 25, mais encore celle des artilleurs et des soldats du colonel qui ne font pas partie des troupes d'ordonnance; de sorte qu'il nous manque environ trois cents ducats pour le premier payement. Si vos seigneuries veulent faire suivre ce payement par la troisième paye, il est nécessaire qu'elles envoient la somme entière pour solder toutes les troupes; je la distribuerai ensuite quand il sera temps; car il résulte toujours quelques erreurs et quelques désordres de n'envoyer ainsi la paye que par tiers, parce qu'ils se présentent aussitôt qu'il leur est dû quelque chose; qu'il faut avoir toujours la plume à la main; qu'il y en a qui demandent des à-compte, et souvent lorsqu'il n'y a plus de fonds. Je prie donc vos seigneuries de m'envoyer d'abord ce qu'il faut pour les nouveaux arrivés, et ensuite une paye entière pour toutes les troupes afin d'éviter tous ces désagréments. Il nous faut encore pour demain quelques pionniers. Je vous enverrai par le premier courrier le compte de tous les fonds que j'ai eus jusqu'à présent à ma disposition, et je vous détaillerai ce qu'il faut pour la dépense de cette partie de l'armée. On croyait d'abord avoir assez de deux cents pionniers; mais depuis on a pensé qu'il valait mieux en avoir quatre cents pour pouvoir terminer toute la besogne en deux soirées, et pouvoir ainsi sortir plus tôt de ce poste, ce qui est très-important puisqu'on peut laisser le camp presque dégarni; car plus on va rapidement dans ces sortes d'affaires, plus on agit avec sûreté, parce que l'on est obligé de s'avancer sous les murs de la ville, dont l'artillerie fait courir quelques dangers à nos soldats. Je me recommande, etc.

ALAMANNO SALVIATI, commiss. gén.

Du camp de Saint-Pierre, le 25 avril 1509.

LETTRE VIII.

MAGNIFIQUES SEIGNEURS,

Je suis arrivé hier ici pour m'entretenir avec Son Excellence le commandant sur nos provisions de pain : celui-ci me fit parler aux préposés des magistrats chargés des subsistances et à un Betto Baroni auquel ceux-ci ont affermé cette fourniture. Les députés m'assurèrent qu'ils avaient donné trente ducats à Betto pour la fourniture du mois; qu'il s'est chargé de faire la provision du camp à ses risques, périls et fortunes ; qu'ils ignorent d'où provient la disette, parce qu'ils sont sûrs que Betto a rempli les conditions du marché. Ce dernier, qui était présent, ajouta qu'il était convenu avec Antoine d'envoyer au camp de trente à quarante mesures de pain par jour et qu'il l'avait fait, mais que le déficit qui se trouvait venait des habitants de Val-di-Nievole, dans lesquels le commissaire du camp avait eu trop de confiance; qu'actuellement si le commissaire voulait qu'on fournît au camp cent sacs par jour, il les fournirait au prix et du poids convenu, mais qu'il fallait que le commissaire ordonnât, ou qu'on n'apportât plus de pain d'un autre côté, ou que si l'on en apportait il défendît de le vendre, quoique le sien ne fût pas encore arrivé, parce qu'il ne voulait pas être ensuite forcé de le reprendre et de le jeter. Je crois en effet que si on n'envoie d'ici au camp que trente à quarante sacs de pain par jour, et qu'on compte pour le reste sur les habitants de Val-di-Nievole, le camp se trouvera souvent au dépourvu, parce que je sais comment se conduisent les communes, qui envoient aujourd'hui et n'envoient pas demain. Il faut convenir qu'elles ne peuvent faire autrement, n'ayant point de provisions de blé et étant forcées de s'en procurer. Je crois que ce qui a empêché Antoine de laisser faire la fourniture en totalité par Betto, c'est qu'il lui a paru que les pains n'avaient pas le poids arrêté; mais nos députés m'ont promis d'y pourvoir en fixant à ce fournisseur un poids convenable. Je crois encore que le commissaire chargé des subsistances du camp, ne tirant rien de celui-ci tandis qu'il perçoit six deniers pour livre de l'autre côté, a persuadé à Antoine de se pourvoir plutôt par la voie de Pescia que par celle de Pistoja. Demain je me rendrai auprès d'Antoine et j'en causerai avec lui. J'ai cru devoir envoyer tous ces détails à vos seigneuries pour qu'elles voient que cette commune a fait tout ce qu'elle devait faire, et que s'il y a du désordre elles sachent du moins d'où il provient. Le fournisseur Betto m'a assuré avoir eu hier des nouvelles de son correspondant, qui lui marquait que le camp était abondamment pourvu; mais un ordre de choses qui donne aujourd'hui l'abondance et demain la disette ne peut pas être avantageux. Je me recommande, etc.

NICOLAS MACCHIAVELLI.

Pistoja, le 18 mai 1509[1].

LETTRE IX.

MAGNIFIQUES SEIGNEURS,

Nous voici aujourd'hui tous trois réunis, en partie pour nous communiquer nos idées, en partie pour voir ce qu'il y aura à faire lors de la reddition de la place, qu'on peut regarder comme

[1] Cette lettre est datée dans l'original du 18 mai 1508; mais ce doit être une erreur de la part de Macchiavelli, parce que bien certainement au mois de mai 1508 Macchiavelli était avec Vettori à la cour de l'empereur.

assurée. Quand on a su dans Pise notre réunion, Tartalino nous a écrit que, si nous voulions y consentir, les assiégés nous enverraient pour traiter avec nous quatre habitants, savoir : François del Torto, Mathieu di Gaddo, Antoine del Oste et Charles Bandella. Nous avons cru devoir y consentir et aussitôt ils sont arrivés : nous leur avons fait un accueil honnête et gracieux. Après s'être un peu reposés, François de Torto a pris la parole au nom des quatre [1], et nous a dit que les magistrats et le peuple de Pise avaient nommé douze habitants pour aller à Florence se jeter aux pieds de vos seigneuries et arranger tous les différends qui pourraient exister entre Pise et elles; qu'ils étaient venus pour nous communiquer cette délibération et nous demander des sauf-conduits pour leurs concitoyens. Nous leur avons répondu dans les termes les plus propres à leur faire connaître toute la bonne disposition de notre ville à leur égard ; nous leur avons dit ensuite que ce qui avait jusqu'à présent irrité contre eux, c'était qu'ils cherchaient toujours à gagner du temps ; que s'ils s'étaient conduits différemment ils auraient pu sauver leur récolte et n'auraient pas perdu leur été ; que si la nouvelle démarche qu'ils faisaient aujourd'hui avait encore le même objet, elle pourrait bien encore une fois, contre leur espérance, leur être comme les autres plus nuisible qu'avantageuse; que s'ils voulaient véritablement avancer leurs affaires ils pourraient, sans cependant conclure définitivement, les entamer plus facilement avec nous; qu'il ne fallait qu'un jour pour cela puisque nous n'étions qu'à un pas de Pise, et qu'ils auraient bien plus de peine en allant à Florence à cause des difficultés qui pourraient s'élever sur les différentes propositions; qu'au reste nous leur offrions tous les sauf-conduits qu'ils désireraient; qu'ils étaient maîtres de choisir le parti qui leur conviendrait le mieux, mais que le premier nous paraissait le meilleur parce qu'il était le plus court. Ils nous ont répondu que notre avis leur était agréable, mais que cependant, comme ils n'avaient pas reçu d'autre ordre, ils ne pouvaient que demander les sauf-conduits : qu'ils allaient retourner à Pise, qu'ils communiqueraient notre observation, et qu'ils viendraient ou nous redemander des passe-ports ou conférer avec nous sur toute l'affaire. C'est à ce dernier parti que l'on s'est arrêté.

On a ensuite beaucoup discuté sur différents sujets, et tout ce que nous avons pu conclure de leurs discours et de leurs actions, c'est qu'ils paraissent être dans de bonnes dispositions : il est probable que s'ils reviennent ici ou s'ils vont à Florence on pourra conclure définitivement, au cas où leurs propositions seraient raisonnables. Ils nous dirent de n'être pas étonnés si la journée de demain ou même celle d'après se passaient sans que nous entendissions parler d'eux, parce qu'ils voulaient faire les meilleures dispositions. Nous les y exhortâmes et fîmes tout ce qu'il nous fut possible pour leur persuader qu'ils trouveraient chez nous plus de bonté, plus de sûreté et plus d'avantages qu'ils n'en demanderaient peut-être. Ils nous assurèrent qu'ils en étaient convaincus, et qu'ils tâcheraient d'en convaincre ceux qui paraissaient encore incrédules et d'une opinion contraire. Les choses en restèrent là. Nous ne pouvons penser de cette démarche que ce que vos seigneuries elles-mêmes en penseront. Nous allons voir actuellement quel parti ils vont prendre, et nous aurons soin d'en instruire sur-le-champ vos seigneuries. Nous ne vous envoyons pas ici le nom des douze députés, puisque notre collègue Nicolas vous les a fait passer ce matin. Toutes ces circonstances ne ralentissent pas notre vigilance, et nous continuerons de même jusqu'à ce que nous soyons bien convaincus que leur soumission est certaine. Cependant tout ce qu'ils nous ont dit, soit à nous trois en commun, soit à chacun de nous en particulier, nous donne assez bonne opinion d'eux, à moins que tout ne se brouille de nouveau, ce dont Dieu nous préserve !

ANTOINE DE FILICAJA, ALAMANNO DE SALVIATI, NICOLAS DE CAPPONI, commiss. gén.

Au camp du Val-di-Cerchio, le 20 mai 1509.

LETTRE X.

MAGNIFIQUES SEIGNEURS,

J'ai écrit ce matin à vos seigneuries tout ce qui se passait ici. Depuis ce temps-là, sur la

[1] Ce fut là la première fois que les Pisans cherchèrent à traiter sérieusement avec les Florentins, qui entrèrent ensuite dans Pise en conséquence du traité signé le 8 juin 1509.

vingt-deuxième heure, j'ai reçu une lettre de Tarlatino par laquelle il m'instruit que les Pisans ont résolu de diminuer le nombre des députés de la campagne, c'est-à-dire de huit de les réduire à cinq, et que tout cela s'est fait d'accord avec eux : on leur a prouvé qu'il était peu honorable pour la ville qu'il y eût tant de gens de la campagne dans la députation. En conséquence on a décidé d'envoyer demain au camp les cinq habitants de la campagne avec les quatre bourgeois pour demander des sauf-conduits. Nous les verrons venir. Nous avons ici Simon de Pontremoli, comme vos seigneuries en sont instruites : il sollicite beaucoup pour Tarlatino; celui-ci s'est aussi occupé de ses intérêts, et il a enfin demandé qu'il lui fût permis de faire sortir son lit et ses autres gros meubles, ce qui prouve qu'en voulant ainsi faire sortir tous ses effets, même son lit, son projet est d'aller s'établir ailleurs; mais il ne serait pas étonnant qu'il cherchât encore à nous amuser quelques jours, et qu'en donnant quelque éclat à cette conduite il ne voulût nous persuader que sa résolution est prise ou près de l'être, et par là faire contracter à son égard quelque obligation par vos seigneuries. En l'examinant bien on verra que toute sa conduite est la suite naturelle de ce principe; je n'ai jamais voulu le croire ni ne le croirai autrement, et si nous nous trompions, ce serait du moins avec quelque fondement. Simon de Pontremoli ne peut être venu que pour travailler à la sortie de Tarlatino : on n'a qu'à voir qui l'a envoyé, l'argent et les lettres qu'il a apportés, et sa conduite, et ses sollicitations dans toutes les lettres que Tarlatino m'écrit : elles sont toutes de sa propre main, et il me dit toujours qu'on peut compter sur sa fidélité, et qu'il mourra plutôt que de changer. Il est certain que plus les hommes de cette espèce sont élevés en grade, plus ils tiennent à leur parole. Quoi qu'il arrive, si Tarlatino venait à quitter Pise, cela ne pourrait qu'être très utile à vos seigneuries et très-dangereux pour les Pisans. On ne pouvait pas employer d'autres moyens que ceux que l'on a employés pour l'en tirer; mais il faudra qu'il sorte à la dérobée, et il ne peut le faire avec tous ses effets.

Voici les noms des cinq habitants de la campagne nommés décidément pour venir vous trouver : Tommeo da Calci, Matteo di Gaddo, Antoine dell' Oste ou dell' Zana, ce qui est tout un; Carlo Bandella; Thomaso del Malasoma. Les bourgeois sont les mêmes que ceux que Nicolas Capponi vous a déjà nommés. Rien de nouveau.

ANTOINE FILICAJA, commiss. gén.

Du camp de Saint-Jacques, le 21 mai 1509.

LETTRE XI.

MAGNIFIQUES SEIGNEURS,

Nous voici à la dix-huitième heure; je viens de recevoir une lettre de vos seigneuries : elle n'a pas besoin de réponse, parce qu'il n'y a pas encore quatre heures que je leur ai écrit tout ce qui se passait ici.

Je viens de recevoir de Pise la lettre ci-jointe de la part de Tarlatino: vos seigneuries verront ce qu'il me marque. Il me semble que l'affaire marche, surtout d'après une lettre particulière que Tarlatino écrit au seigneur Muzio, par laquelle il lui annonce que les ambassadeurs partiront ce soir ou demain matin. Dieu veuille que ce soit pour le bonheur de notre ville! En partant pour Florence je laisserai à ma place, avec les instructions les plus précises, Raphaël Fedini : il me suppléera parfaitement; ce sera comme si j'étais présent moi-même, vu surtout les bonnes dispositions et la bonne volonté des chefs ; de sorte que vos seigneuries peuvent être tranquilles et n'avoir aucune inquiétude.

ALAMANNO SALVIATI, commiss. gén.

Du camp de Saint-Pierre in Grado, le 23 mai 1509.

LETTRE XII.

MAGNIFIQUES SEIGNEURS,

Je suis parti du camp ce matin, sur la dixneuvième heure du jour, avec les neuf ambassadeurs Pisans. Nous voici actuellement à la vingtquatrième heure et nous sommes à San-Miniato. Nous partirons demain matin, et j'espère arriver le soir sur la vingt-deuxième heure à Legnaia, chez Capponi, comme vous me le prescrivez dans votre dernière lettre : là j'attendrai les ordres que vous devez m'y faire tenir.

Je rappelle à vos seigneuries de vouloir bien ordonner que les fonds pour la paye de l'infanterie des contingents soit sans faute à Saint-

Pierre dans la journée du 26 ; qu'on ne l'oublie pas afin de prévenir les murmures des soldats.

ALAMANNO SALVIATI, commiss. gén.

San-Miniato, le 24 mai 1509.

LETTRE XIII.

MAGNIFIQUES SEIGNEURS,

J'ai reçu cette nuit à cinq heures votre lettre, par laquelle vous me marquez de faire assez de diligence pour arriver à l'heure du dîner, et qu'en entrant à Florence je conduise sans m'arrêter nullement les ambassadeurs au logement qui leur est destiné. Je ferai observer à vos seigneuries qu'il m'est impossible de conduire l'ambassade à Florence tout d'un trait, sans la faire rafraîchir en route : quelques-uns d'entre eux sont âgés, d'autres malades. En conséquence je me propose de leur faire boire un coup à la maison de campagne de François Antinori, d'entrer dans Florence à la vingt-unième heure du jour, et de les conduire par la route la plus courte à Saint-Pierre Scheraggio, où vous me marquez que leurs logements sont assignés.

ALAMANNO SALVIATI, commiss. gén.

De San-Miniato, le 25 mai 1509.

LETTRE XIV.

MAGNIFIQUES SEIGNEURS,

Je suis parti hier matin de Florence avec les six ambassadeurs, et le soir nous sommes arrivés ici si tard qu'il nous a été impossible d'aller plus loin. Je croyais que cette députation n'était pas dans de bonnes dispositions; aussi j'avoue que je le leur témoignais par mon accueil : cependant, m'étant entretenu pendant la route assez longuement avec chacun d'eux en particulier, ils m'ont tous paru d'aussi bonne foi qu'il est possible; quelques-uns ont même offert de donner leur enfant en otage à ceux qui douteraient de leur fidélité; de sorte que si les faits répondent aux paroles, on peut dire que nous sommes dans Pise. Les six ambassadeurs sont actuellement, qu'il est onze heures, partis pour rentrer dans Pise et bien disposés comme je viens de le dire. Nous allons attendre le succès de leur démarche et nous aurons soin d'en instruire vos seigneuries. Pour conduire toute cette affaire plus sûrement et pouvoir écrire à vos seigneuries je vais me rendre, d'après l'avis de mes collègues, à Mezzana, près de Nicolas Capponi : j'ai écrit à Antonio de s'y transporter s'il le trouve convenable : nous pourrons conférer tous trois ensemble sur cette affaire, et voir la manière dont nous devons nous conduire à l'avenir. Je ne me rappelle plus rien à dire à vos seigneuries. Je me recommande, etc.

ALAMANNO SALVIATI, commiss. gén.

Casaua, le 31 mai 1509.

LETTRE XV.

MAGNIFIQUES SEIGNEURS,

Nous n'avons pas écrit à vos seigneuries depuis notre dernière d'hier au soir, parce qu'il n'est rien arrivé et que nous voulions au moins avoir quelque résultat à vous mander. Ce soir il est arrivé un exprès de Pise : il nous a appris que les habitants de la ville et ceux de la campagne avaient passé toute la journée en délibération sur leurs intérêts particuliers; que les derniers paraissaient décidés à vouloir et à accepter la paix; que pour ne pas souffrir plus longtemps ils désiraient que les bourgeois se rangeassent à leur avis; que ceux-ci au contraire, après beaucoup de débats, voulaient remettre la décision au lendemain; mais que les habitants de la campagne, voyant qu'on cherchait à traîner la délibération en longueur, leur ont fait entendre qu'ils ne sortiraient pas de la salle qu'ils n'eussent pris un parti; qu'on avait en conséquence fermé le palais pour que la délibération fût terminée ce soir, parce qu'ils ne pouvaient plus résister. Au fait, on prétend qu'ils ne peuvent plus tenir, et si on leur ôtait tout espoir de faire la paix la moitié de la ville mourrait de faim, parce que chacun renfermerait le peu de vivres qui lui reste. Nous croyons que demain matin on nous fera donner quelque réponse positive, et nous aurons soin d'en instruire aussitôt vos seigneuries.

Tarlatino nous a écrit aujourd'hui deux lettres par lesquelles il nous demande si on s'occupe de ce qu'on lui doit : par la dernière il a envoyé son mémoire à son frère qui est arrivé aujourd'hui ici. Nous ne lui avons fait qu'une réponse vague : que vos seigneuries étaient bien disposées en sa faveur, mais qu'Antoine n'étant pas ici, et qu'ignorant quelle sera l'issue de ce qui se passe à Pise, nous ne pouvions lui rien dire de positif. Nous imaginons qu'il n'a l'air si pressé que parce qu'il connaît assez bien les Pisans pour croire qu'ils prendront de bonnes mesures. Se trouvant d'un autre côté sollicité par Simonetto, il voudrait faire ses conditions avant de s'éloigner, espérant en tirer meilleur parti. Pour nous, nous voudrions qu'il fût dehors pour n'être pas obligé de lui rien donner. S'il quittait Pise il ne pourrait plus brouiller les affaires, comme il serait capable de le faire et comme il le ferait s'il s'y trouvait et qu'il vît qu'on ne lui donnât que de belles paroles. Nous avons écrit à Antoine de le faire presser par Simonetto : nous verrons quel effet cela produira.

Tout Pise aurait voulu venir aujourd'hui ici, soit parce qu'on regarde l'affaire comme terminée, soit pour montrer qu'ils ne sont plus nos ennemis. Si cependant on n'a pas pris un parti dans la journée de demain, nous signifierons à tous ceux d'entre eux qui voudraient venir au camp que nous les traiterons en ennemis : cela les engagera à conclure. Il n'y a pas grand mal de leur avoir fourni pendant quelques jours l'occasion d'apprivoiser et d'adoucir en quelque sorte cette férocité de courage. On assure que toutes les difficultés ne viennent que de quelques bourgeois qui ne sont pas au nombre de vingt-cinq, qui ont tenu bon et qui ont empêché que la paix ne fût conclue.

Nous avons reçu ce soir le courrier que vos seigneuries nous ont envoyé ce matin. Nous avons été instruits de ce qu'on disait encore des cinquante fantassins pisans qui sont partis de Lombardie pour se rendre à Pise : nous avons donné tous les ordres qui dépendaient de nous pour leur fermer le passage. Et quant à Tarlatino et Simonetto, nous vous avons dit plus haut tout ce qui se passe : nous y ajouterons qu'à l'heure qu'il est, environ la troisième heure du jour, nous recevons une lettre d'Antoine, qui nous marque que Tarlatino lui a demandé un sauf-conduit pour lui et pour tous les Pisans qu'il pourra emmener avec lui : or comme il veut partir demain, il demande notre avis. Nous lui avons répondu de donner le sauf-conduit, tant pour lui que pour tous les Pisans qui sortiraient avec lui, pourvu que ce fussent des soldats ; et que si Tarlatino demandait quelque récompense, il répondît qu'il ne pouvait rien faire sans nous consulter.

Moi, Nicolas, je rappelle à vos seigneuries l'argent qui est dû à Dorino et à Gattamelata : voilà aujourd'hui trente-six jours qu'ils n'en ont reçu.

ALAMANNO SALVIATI, NICOLAS CAPPONI,
commiss. gén.

Du camp de Mezzana, le 1er juin, à quatre heures de la nuit.

LETTRE XVI.

MAGNIFIQUES SEIGNEURS,

Par ma dernière lettre d'hier j'ai écrit à vos seigneuries ce qui s'était passé ici. Quelques instants après je reçus une lettre d'Alamanno Salviati, datée de Cascina, qui m'apprenait qu'il avait envoyé les ambassadeurs à Pise, pour faire examiner et accepter à ses habitants les articles qui avaient été arrêtés à Florence ; qu'ensuite il se rendrait à Mezzana, où il resterait parce que c'était l'endroit le plus commode, soit pour les Pisans s'ils voulaient nous donner quelques avis, soit même pour nous trois s'il était nécessaire que nous nous concertassions pour quelque opération. Je me suis transporté sur-le-champ au lieu désigné, et le préfet Alamanno me fit part de tout ce qui avait été fait avec ses ambassadeurs : je n'ai à cet égard rien à ajouter. Nous sommes à présent à attendre la fin de tout ceci. On m'a assuré qu'à l'arrivée des ambassadeurs dans Pise tout le peuple avait témoigné la plus grande joie ; qu'ils s'étaient rendus aussitôt au palais avec les principaux de la ville pour examiner les articles de la capitulation, et qu'il avait été donné ordre au conseil de s'assembler aujourd'hui pour les revêtir de sa sanction, ce qui terminera, s'il plaît à Dieu, tous nos embarras. Nous n'avons pas encore entendu parler de la nouvelle qu'a donnée le capitaine Fivizano : si cependant l'ordre était vrai on en aurait entendu parler. Nous n'avons jamais manqué et nous ne manquerons pas de veiller exactement nuit et jour, et de suivre les ordres qui nous ont été donnés pour cela. Il ne me reste plus rien de nouveau à vous marquer. Je me recommande, etc.

ANTOINE DE FILICAJA, commiss. gén.

Au camp, le 1er juin 1509.

LETTRE XVII.

MAGNIFIQUES SEIGNEURS,

Nous avons écrit hier à vos seigneuries tout ce qui s'était passé jusqu'à la quatrième heure de la nuit. Ce matin, à environ une heure et demie du jour, nous est arrivé un courrier de Tarlatino, avec une lettre par laquelle il nous disait que les ambassadeurs arrivés de Florence ayant rapporté que tous les arrangements relatifs à la troupe étaient laissés à la décision des trois commissaires du camp, les soldats l'avaient nommé, lui et quatre d'entre eux, pour venir régler tous ces objets avec nous; mais nous, craignant que ces soldats ne voulussent terminer avant que l'on eût connaissance de ce qui était décidé dans le conseil, et pour avoir une meilleure composition, nous avons tâché d'amuser l'envoyé de Tarlatino, sous prétexte qu'avant de lui répondre nous voulions savoir ce qui avait été décidé dans le conseil: en gagnant ainsi du temps, la seizième heure du jour a sonné, et en même temps est arrivé André de Puccerello, frère de Philippe, de la part duquel il venait nous dire que les ambassadeurs se disposaient à partir pour venir nous trouver avec les articles acceptés et signés, et que tout était arrangé. Nous avons cru devoir vous envoyer un exprès pour en donner avis à vos seigneuries, afin qu'elles sachent exactement et successivement à quel point en sont les affaires. Nous tâcherons d'arranger le mieux qu'il sera possible l'affaire de Tarlatino et des soldats, et nous vous en donnerons avis sur-le-champ. Au reste tout ce que nous vous marquons ici n'est que d'après le rapport d'André: ainsi il faut encore attendre ce que nous diront les ambassadeurs à leur arrivée. Aussitôt que nous les aurons vus nous enverrons un autre exprès à vos seigneuries.

ALAMANNO SALVIATI, NICOLAS CAPPONI, commiss. gén.

Du camp de Mezzana, la 15e heure du 2 juin 1509.

LETTRE XVIII.

MAGNIFIQUES SEIGNEURS,

La dernière lettre que j'ai reçue de vos seigneuries est du 30 du mois dernier; je n'en ai plus reçu depuis ce temps-là. Nous nous sommes réunis hier tous trois au camp de Mezzana, où se sont rendus aussi les ambassadeurs de Pise: nous avons causé longuement sur le traité: la conclusion fut qu'ils se rendraient à Florence pour la ratification; et avec eux est parti Alamanno, qui instruira entièrement vos seigneuries de tout ce qui s'est passé. Je n'ai donc rien à ajouter ici que de recommander à vos seigneuries d'expédier promptement cette affaire, parce que la position actuelle des choses est plus avantageuse aux Pisans qu'à nous et qu'il serait peut-être actuellement bien difficile d'y apporter remède: hier il n'y avait pas moins de trois cents Pisans dans le camp de Mezzana; et si je n'avais tenu ce matin nos troupes à leur poste, de manière qu'on ne laissait passer personne, le camp se serait trouvé rempli, tant il s'en est présenté: or tous ceux qui sont venus s'en sont retournés avec des provisions.

La paye des troupes fournies par contingent tombe le 5 du courant; ce jour-là il sera encore dû celles des seigneurs François del Monte, Gianotto da Garda, Gianonne de Librafatta et Auzino. Quoique cette guerre tire à sa fin, jusqu'à ce que je la voie entièrement terminée je croirai de mon devoir de rappeler à vos seigneuries ce qui est dû aux soldats, parce que d'abord les Pisans n'ont pas l'oreille basse, et que d'un autre côté, quand les troupes de trois communes ne reçoivent pas leur paye au jour de l'échéance, elles sont tout en rumeur. Vos seigneuries verront quelle est la marche que je dois suivre, et elles m'ordonneront ce qu'elles jugeront nécessaire. C'est tout ce qui me reste à vous écrire. Je me recommande, etc.

ANTOINE FILICAJA, commiss. gén.

Au camp de Saint-Jean, le 3 juin 1509.

LETTRE XIX.

MAGNIFIQUES SEIGNEURS,

J'ai reçu ce soir la lettre que vos seigneuries m'ont écrite ce matin à la quinzième heure, par laquelle elles m'apprenaient l'arrivée à Florence d'Alamanno et des ambassadeurs, sur quoi je n'ai rien à répondre à vos seigneuries. Il nous est arrivé hier de Pise un grand nombre d'habitants : ils avaient l'air de bonne foi, et de si bonne volonté que je ne crus pas devoir refuser de leur laisser emporter un peu de pain. Aujourd'hui ils sont encore venus, mais en moindre quantité, et je ne leur ai pas laissé emporter autant de pain. Demain je les resserrerai encore davantage : je leur ferai beaucoup d'honnêtetés, mais personne n'entrera dans le camp ni n'emportera de provisions. Vos seigneuries pensent bien que tout cela ne peut avoir lieu sans beaucoup de peine, comme Alamanno peut leur en rendre compte; enfin les choses en sont au point qu'il est à désirer qu'elles finissent bientôt. Les troupes des contingents ne sont pas payées depuis vingt-cinq jours, et Duccio et Gattamelata depuis trente-sept : je prie vos seigneuries de donner des ordres pour y pourvoir. Pendant que les hostilités duraient encore j'écrivis à vos seigneuries au sujet de deux chevaux qu'avaient perdus Giovanni Capoccia et deux autres gens d'armes de Marc-Antoine, et que le service ayant été extraordinaire et fatigant, il serait bon de leur accorder quelque gratification : vos seigneuries me répondirent que je leur fisse connaître tous ceux qui en auraient perdu, parce qu'elles étaient dans l'intention de les dédommager. J'ai différé jusqu'à présent d'en parler à vos seigneuries pour voir si quelque autre n'aurait pas de pareille réclamation, mais puisque les hostilités sont finies je crois devoir les en faire souvenir, parce que j'ai donné, d'après leurs lettres, quelque espérance. Le cheval de Giovanni Capoccia était le meilleur qu'il eût : il valait au moins cent ducats; les deux autres valaient ensemble soixante-dix à quatre-vingts ducats. Je les recommande à vos seigneuries, parce que cela donnera du courage aux autres et parce que d'ailleurs, comme vos seigneuries le savent très-bien, la perte d'un cheval de ce prix peut ruiner un homme. Il ne me reste qu'à me recommander, etc.

NICOLAS CAPPONI, commiss. gén.

Du camp devant Mezzana, le 3 juin 1509, quatre heures de la nuit.

P. S. Quoique je sois convaincu que vos seigneuries ont l'intention de renvoyer tous les prisonniers pisans dès que le traité sera signé, cependant je serais bien aise qu'elles me marquassent si je dois me conduire à l'égard du frère d'Alphonse comme avec tous les autres.

Je pense que lorsqu'on sera entré dans Pise vos seigneuries voudront que l'on répare la citadelle le plus tôt possible : il faudrait donc d'avance pourvoir à tout ce qui sera nécessaire pour cela, surtout à la chaux, qui ne se trouve pas dans ce pays-ci, excepté cependant au four qui est à Vico, où j'ai ordonné de faire cuire. Vos seigneuries voudront bien donner des ordres pour s'en procurer, parce qu'il n'y a pas de temps à perdre.

LETTRE XX.

MAGNIFIQUES SEIGNEURS,

J'ai écrit hier au soir à vos seigneuries, et quoique je sois bien certain qu'il est inutile de le leur rappeler, cependant je ne puis que les engager à terminer avec les ambassadeurs, car les besoins des Pisans sont si grands et leur sécurité si parfaite, ils ont l'air si bien disposé pour vos seigneuries et si résolus de tenir leur traité, que je ne puis venir à bout de les empêcher d'entrer dans le camp ni d'emporter quelque chose d'ici. J'ai mis des gardes à toutes les issues, mais comme ils ne se rendent pas aux bonnes raisons qu'on leur donne, je n'ose pas employer la force au moment où tout va se terminer. Je continuerai donc de les empêcher d'entrer et de leur laisser emporter le moins possible. Dans cette position j'attends avec impatience la conclusion du traité. Je me recommande, etc.

NICOLAS CAPPONI, commiss. gén.

Du camp de Mezzana, le 4 juin 1509.

LETTRE XXI.

MAGNIFIQUES SEIGNEURS,

Dans ma lettre d'hier à vos seigneuries je leur fis part de tout ce qui se passait ici. Le soir j'en reçus une de vos seigneuries que me donna Nicolas Capponi auquel elle était commune : je n'ai rien à répondre sinon que j'ai fait et ferai exactement tout ce que vos seigneuries m'ordonnent. Je vous répéterai ici de nouveau ce que je vous ai écrit hier, qu'elles fassent en sorte de terminer promptement avec les ambassadeurs parce que les choses, au point où elles sont, sont très-avantageuses aux Pisans et très-contraires à nos intérêts; et quoique l'on dise généralement que les Pisans et surtout les habitants des campagnes se portent avec plaisir à ce traité de paix, je ne cacherai pas à vos seigneuries que je crains qu'il n'y ait quelque anguille sous roche, car dans le dernier conseil qu'il y a eu, et qui occasionna le retour des ambassadeurs au camp, ce fut plutôt de guerre lasse qu'ils cédèrent; et sans les habitants de la campagne, qui s'y trouvèrent et qui tinrent bon, ils seraient sortis du palais sans avoir rien conclu. Ce n'est pas d'ailleurs sans raison qu'ils continuent depuis ce temps-là d'empêcher qu'aucune lettre puisse en sortir ou y entrer. Tout ce que je vous écris m'a été communiqué par quelqu'un de sûr qui désire la fin de tout ceci.

J'ai rappelé hier à vos seigneuries la paye de l'infanterie; j'ai oublié d'y comprendre Bernardino di Carrara qui est à Librafatta, parce que sa paye échoit le même jour que celle du connétable. Vos seigneuries prendront aussi cet objet en considération pour hâter la conclusion: en finissant tout de suite elles épargneront encore de l'argent. Je n'ai plus rien à dire à vos seigneuries, si ce n'est, etc.

Antoine de Filicaja, commis. gén.

Au camp de Saint-Jacques, le 4 juin 1509.

LETTRE XXII.

MAGNIFIQUES SEIGNEURS,

Nous voici aujourd'hui réunis tous trois au camp de Mezzana: nous y avons mandé tous les chefs de l'armée, pour y convenir de la manière dont on entrera dans Pise et comment y resteront ceux qui garderont cette ville: nous donnerons avis à vos seigneuries par notre premier courrier du parti qui aura été pris. Moi, Alamanno je suis parti ce matin de San-Miniato: arrivé à Cascina, j'ai envoyé par le chemin le plus droit les ambassadeurs qui étaient revenus avec moi. Ils nous faisaient si bonne mine, et avaient l'air si satisfaits d'avoir enfin conclu, qu'ils n'ont fait que redoubler nos bonnes dispositions à leur égard. Macchiavelli rapporte la même chose de ceux qui sont revenus avec lui, et qui avaient couché hier à Cascina. Ce matin, au lever du soleil, ils ont dû entrer dans Pise. Nous voici à la dix-huitième heure du jour, et on ne sait encore rien de ce qui se passe dans cette ville. Nous avons vu, il y a trois heures, trois habitants de Pise: ils nous ont dit que dans les différentes conférences particulières que les ambassadeurs avaient eues ils avaient rendu le meilleur compte de leur mission, mais qu'ils n'avaient pas encore fait leur rapport à l'assemblée générale. Dès que nous apprendrons quelque chose nous le ferons aussitôt savoir à vos seigneuries. Nous leur écrivons ceci pour les tirer d'inquiétude, et pour qu'elles soient instruites de la situation exacte des affaires.

Nous apprenons en outre que, grâces à Dieu, Tarlatino est sorti de Pise: qu'il a pris la route de Lucques et qu'il est actuellement en Lombardie.

Nous attendons avec impatience la fourniture de pain, qui est aujourd'hui l'objet le plus essentiel: et après cela il ne nous reste qu'à nous recommander, etc.

Antoine de Filicaja, Alamanno Salviati, Nicolas Capponi, commiss. généraux.

Au camp de Mezzana, le 6 juin 1509, à 18 heures et demie.

P. S. Nous recevons à l'instant votre courrier de ce matin: nous ne répondrons pas autre chose à la lettre qu'il nous apporte de votre part sinon que, dans tout ce qu'elles nous recommandent, nous mettrons tous nos soins pour que vos seigneuries soient contentes; que nous veillerons de près sur les soldats et sur tout ce qui arrivera dans Pise: que nous y entrerons le plus tôt qu'il nous sera possible; que nous suivrons les ordres que vos seigneuries nous donnent pour cela et le plan qui a été tracé. Une personne qui sort de cette ville nous apprend que le conseil se rassemble et que le peuple s'y porte en foule.

LETTRE XXIII.

MAGNIFIQUES SEIGNEURS,

J'ai reçu hier au soir une lettre de vos seigneuries et cette nuit une seconde. Je ne compte pas leur répondre actuellement, parce que j'attends ce matin Alamanno pour dîner : Antoine arrivera après dîner, et s'il survient quelque chose de pressé nous en donnerons avis à vos seigneuries...... Les trois ambassadeurs n'ont pu arriver hier au soir jusqu'à Pise ; ils se sont arrêtés à Cascina, et ils en sont partis ce matin de très-bonne heure. Je présume qu'ils avanceront si fort les affaires aujourd'hui, que nous pourrons y entrer demain matin. Tout me paraît bien disposé, et je ne vois plus de difficultés. Depuis deux jours il n'a plus été possible d'empêcher les Pisans de venir au camp, mais nous sommes sûrs que tout est terminé : aussi ne les avons-nous empêchés que le plus honnêtement qu'il nous a été possible. Tarlatino est sorti ce matin, et a pris la route de Lucques. Voilà tout ce que j'ai à marquer à vos seigneuries, auxquelles je me recommande.

NICOLAS CAPPONI, commiss. gén.

Du camp, le 6 juin 1509.

LETTRE XXIV

MAGNIFIQUES SEIGNEURS,

Nous avons mandé à vos seigneuries ce qui s'était passé aujourd'hui jusqu'à la vingt-unième heure du jour : environ sur la vingt-troisième, sont arrivés François del Lante et Thomas de Calci : ils nous ont appris qu'ils étaient venus nous trouver pour nous dire que, depuis leur arrivée à Pise, ils avaient communiqué les articles de paix à leurs magistrats ; qu'ils avaient été fort contents de tout ce qui avait été fait : que, pour le prouver, ils avaient convoqué le conseil, auquel ils avaient adjoint beaucoup de citoyens, afin que cette affaire qui intéressait tout le monde fût sanctionnée par la plus grande majorité possible ; que, malgré tous leurs efforts, ils n'avaient pu rassembler tous ceux qu'ils désiraient, parce qu'une partie était occupée à préparer les logements destinés à recevoir nous et nos troupes, et que beaucoup d'habitants de la campagne étaient à leurs travaux ou occupés d'autres affaires ; en sorte qu'ils ont été forcés de renvoyer à demain matin la sanction du traité de paix ; que, ce soir, à une heure de la nuit, on fera avertir tout le monde pour demain de très-bonne heure ; qu'on n'ouvrira pas les portes avant que tout ne soit définitivement arrangé ; qu'ils espèrent être ici avant le dîner avec la ratification de la capitulation. Ils nous ont paru très-satisfaits, parce qu'ils ont trouvé tout le monde fort content et fort bien disposé, même ceux qui jusqu'à présent étaient d'un avis opposé. Nous les attendons donc demain matin comme ils nous l'ont promis. Nous tâcherons de nous mettre en possession ce jour-là de toute la ville, ou du moins d'une bonne partie ; nous nous emparerons de l'artillerie, de quelque endroit fortifié, et nous aurons soin d'en donner successivement avis à vos seigneuries.

Tous les chefs ont été réunis ici toute la journée pour l'objet dont nous vous avons entretenus dans notre dernière lettre : il a été décidé que dans le commencement il fallait avoir mille hommes dans Pise, que l'on prendrait pour cela six cents hommes dans les troupes des contingents et le reste parmi les vieux soldats. Il ne nous reste qu'à nous recommander, etc.

ANTOINE DE FILICAJA, ALOMANNAS SALVIATI.
NICOLAS CAPPONI, commiss. gén. [1]

Du camp de Mezzana, le 6 juin 1509, à quatre heures de la nuit.

[1] Les Florentins entrèrent dans Pise le 8 juin 1509. Parmi toutes les lettres que nous venons de rapporter, on n'a pas pu trouver celle des commissaires qui annonçait leur entrée. On peut voir dans Guicciardini, Biagio Buonaccorsi et autres, l'histoire du siége et de la prise de Pise, et l'extrémité à laquelle les habitants furent réduits.

XXIV

LÉGATION A MANTOUE.

INSTRUCTIONS

Données le 10 novembre 1509, à Nicolas Macchiavelli, envoyé à Mantoue, et ce qui y donna lieu.

Macchiavelli, tu te rendras à Mantoue. Tu prendras avec toi deux ou trois cavaliers, et tu emporteras les fonds nécessaires pour y faire à l'empereur ou à son fondé de pouvoirs le payement du second terme de l'engagement contracté avec lui lors de notre dernier traité [1]. Il est nécessaire que vous vous arrangiez pour arriver, sinon tous ensemble, au moins toi dans la journée du 14 ou au plus tard dans celle du 15; et pour que tu le fasses plus aisément tu porteras avec toi des lettres de créance pour l'illustre marquise de Mantoue, dans lesquelles on te tracera tout ce que tu auras à faire. Tu la remercieras d'abord aussi honnêtement qu'il te sera possible des témoignages de bonté et d'intérêt dont elle a honoré nos envoyés, en insistant sur cet article autant que tu le jugeras convenable. La personne chargée de recevoir l'argent de la part de l'empereur sera sûrement arrivée alors à Mantoue avec tous les pouvoirs suffisants pour toucher la somme convenue. Pour te mettre plus au fait, il faut que tu saches que sur l'argent que tu emportes tu dois donner mille ducats d'or à Lante-Bonifazio de Sarego, gentilhomme véronais, comme on en est convenu dans le traité; tu remettras tout le reste à celui qui se présentera de la part de l'empereur. Il est nécessaire, puisque c'est une affaire publique, que tu emploies tous tes soins à bien t'assurer de la réalité et de la légitimité des personnes auxquelles il faut que tu remettes cette somme; tu seras moins difficile pour ce qui regarde le payement à Bonifazio. La personne qui viendra de la part de l'empereur doit être munie de tous les pouvoirs nécessaires. Celle à qui a été fait le premier payement avait des lettres de Sa Majesté qui ordonnaient de ne payer qu'à elle : il en doit être de même cette fois-ci. Nous t'ordonnons de retirer une quittance et un reçu de la main de cette personne, et outre cela qu'il soit passé un acte public de ce payement comme on a fait la dernière fois. Comme il y a apparence qu'à moins de raisons contraires tu iras loger chez Giovanni Borromei, celui-ci pourra t'indiquer le même notaire qui a dressé ce premier acte. Le payement effectué, tu nous renverras par un des cavaliers qui t'accompagnent les quittances et l'autre pièce authentique. Tu nous instruiras aussi par eux de tout ce que tu auras entendu dire des affaires de l'empereur et de son entreprise. Tu te rendras ensuite à Vérone et dans tous les endroits où tu jugeras être plus à portée d'être instruit de tout ce qui se passe : tu n'en partiras pas que nous ne t'en ayons donné l'ordre, parce qu'une fois arrivé là pour faire ce payement, tu seras moins remarqué en y restant que si nous y envoyions quelqu'un exprès. Pendant ton séjour dans ce pays tu pourras aller et venir d'un endroit à l'autre suivant que tu le trouveras convenable. Tu nous écriras exactement tout ce que tu croiras digne de remarque, et quoique tu puisses écrire par la poste, tu nous enverras des exprès à cause du risque qu'il y aurait.

Nous te recommandons, ainsi qu'à ceux de ta suite, de vous conduire avec beaucoup de modestie et de discrétion et de marquer le moins qu'il vous sera possible.

Tu seras aussi porteur d'une lettre de créance pour monseigneur de Gurck au sujet du payement que tu vas faire; et, en cas de besoin, tu t'en serviras, soit avant, soit après le payement, suivant que tu le jugeras nécessaire.

[1] Ce traité fut signé à Vérone entre l'empereur et les Florentins : ce prince y garantit à ces derniers toutes leurs possessions et s'engage à ne jamais attaquer, directement ou indirectement, leur existence politique ou leur liberté. D'un autre côté, les Florentins s'obligent à lui payer quarante mille ducats en quatre payements : un dans le mois d'octobre; l'autre le 25 novembre, qui était le payement dont il est ici question; le troisième dans le mois de janvier; le quatrième dans le mois de février.

Tu auras également avec toi copie de la lettre royale dont nous te parlons plus haut, afin de pouvoir en faire la comparaison, ainsi que des signatures, avec celle que l'on te présentera.

Celui qui vint recevoir le dernier payement était un secrétaire de Sa Majesté appelé Wolfgang Hemesle : c'était un petit homme d'environ trente à trente-deux ans, assez replet, la barbe et les cheveux roux et un peu crépus. Le notaire qui reçut la première quittance fut Gabriel, fils de Saint-Bartholomeo d'Albo, Mantouan : il pourra modeler celle-ci sur l'acte précédent. Nous croyons inutile de t'en donner une copie ; il faudra seulement ajouter à celui-ci que c'est pour le second payement.

CORRESPONDANCE.

LETTRE PREMIÈRE.

MAGNIFIQUES SEIGNEURS,

Je suis arrivé ici jeudi, 15, en très-bonne santé. Ce même jour était aussi arrivé Piggello Portinari, et avec lui Antimaco, qui a été jadis secrétaire du marquis de Mantoue et qui est devenu, depuis que ce dernier l'a renvoyé, chargé d'affaires de l'empereur. Cet Antimaco était porteur des lettres de ce prince qui le chargeaient de recevoir ce payement : en conséquence hier, après dîner, je lui ai compté les neuf mille ducats, et j'en ai reçu la lettre de l'empereur et une quittance de sa propre main. De toute cettte opération il a été dressé procès-verbal par le même notaire qui avait dressé le dernier. Il avait amené avec lui un jeune Véronais, qui s'est présenté pour recevoir les autres mille ducats, d'après les ordres de vos seigneuries ; mais comme il n'avait ni plein pouvoir ni lettre de celui à qui cette somme est due, et qu'il ne pouvait produire en sa faveur que le témoignage d'Antimaco, je n'ai pas voulu la lui compter : je lui ai seulement dit que lorsqu'il me présenterait un plein pouvoir je le payerais. Il m'a répondu qu'il allait s'en procurer un, et qu'il reviendrait aujourd'hui. Je l'attends donc, et lorsque j'aurai reçu la quittance de ce dernier payement, j'enverrai toutes les pièces à vos seigneuries par un exprès, comme elles me l'ont recommandé.

Si j'avais pu terminer hier tous ces payements et que j'eusse pu vous faire passer toutes ces quittances, je vous les aurais adressées avec la présente et avec les lettres de François Pandofilni, que Giovanni Borromei vous envoie en toute diligence par un exprès, ainsi qu'il en a reçu l'ordre, et je serais parti ce matin avec Antimaco et Piggello pour aller au-devant de l'empereur ; mais je suis resté ici à cause de ce payement qui n'était pas effectué, et parce que vous m'aviez défendu de le faire ailleurs. Dès que tout sera terminé je vous renverrai les actes, et j'irai trouver l'empereur. Antimaco m'a assuré l'avoir laissé le 12 à Roveredo : il en devait partir ce jour-là pour aller à Bassano, éloigné de vingt-cinq milles de Vérone, du côté du Frioul. Il a ajouté que Sa Majesté se proposait d'attaquer les Vénitiens de ce côté, à la tête d'une armée considérable, tandis que d'un autre on devait faire une tentative sur Lignago, et qu'il devait s'arrêter ici quelques jours avec ces fonds afin de tout préparer pour cet objet. Il me dit enfin que l'empereur s'était rapproché encore une fois du roi de France, à qui il envoyait une ambassade solennelle.

Dans cet entretien, qui fut assez long, il me parla comme à l'ordinaire de l'empereur en termes très-avantageux. Environ sur la vingt-deuxième heure du jour, pendant que l'on comptait l'argent, il leur arriva un courrier dépêché par l'évêque de Trente qui, comme vous le savez, est gouverneur de Vérone, avec des lettres pour Antimaco. Après les avoir lues, Piggello et lui m'accostèrent, et me dirent qu'ils recevaient la nouvelle que Vicence s'était déclarée hier en état de révolte : que les Vénitiens y étaient entrés, et qu'ils recevaient l'ordre de se transporter aussitôt qu'ils le pourraient à Vérone, avec les fonds qu'ils venaient de toucher. Ils ne me dirent pas d'autres particularités. A peine le payement fut fini, que j'appris en sortant que la nouvelle était déjà publique : mais les versions étaient différentes : les uns disaient que tous les soldats qui y étaient avaient été dépouillés ; que Fracassa et le marquis de Brandebourg avaient été faits prisonniers; d'autres au contraire prétendaient que le peuple, ayant tout à coup pris les armes, il avait renvoyé toutes les troupes sans leur faire le moindre mal; en sorte qu'on ne sait pas à quoi s'en tenir précisément.

J'imagine que François Pandolfini dans la lettre qu'il vous envoie aujourd'hui vous marque au juste ce qui s'est passé à cet égard. Plusieurs personnes craignent que Vérone ne se déclare aussi, et l'on dit que si elle ne le fait pas, c'est qu'elle sera retenue par la présence des Français, qui sont campés dans le voisinage, et par plusieurs forteresses qui sont bien approvisionnées. C'est tout ce que je puis dire à vos seigneuries; mais quand je serai arrivé sur les lieux et que je serai à portée d'être mieux instruit, je pourrai donner des nouvelles plus sûres.

Je me suis présenté hier pour faire ma cour à la marquise; mais comme elle est dans l'habitude de se lever très-tard, on me dit qu'elle ne recevait personne avant dîner. Il ne me fut pas possible d'y retourner dans la soirée, parce que les payements que je fus obligé de faire m'occupèrent jusqu'à la nuit. Je ferai tout ce que je pourrai aujourd'hui pour arriver jusqu'à elle. Je me recommande, etc.

NICOLAS MACCHIAVELLI.

Mantoue, le 17 novembre 1509.

P. S. Je ne vous envoie pas la présente par un de mes courriers, parce que j'en destine un à vous porter les quittances, et je veux garder l'autre, en cas d'événement quand j'irai plus avant.

LETTRE II.

MAGNIFIQUES SEIGNEURS,

Je croyais pouvoir faire aujourd'hui le payement des mille ducats et vous envoyer ensuite les quittances et les procès-verbaux de ces deux soldes de compte; mais celui qui devait les recevoir est venu ce soir avec un acte dressé de manière que le notaire d'ici m'a assuré qu'on ne pouvait sur une pareille pièce faire ni payement ni contrat; de sorte qu'il a été forcé de renvoyer tous ses papiers à Vérone pour les faire mettre en règle. Voyant ce nouveau délai, j'ai cru devoir dépêcher Ardingo avec la quittance des neuf mille ducats payés à Antimaco comme je vous l'avais marqué dans ma lettre d'hier. Vous trouverez donc ci-jointe la lettre de l'empereur qui autorise le payement des neuf mille ducats entre les mains d'Antimaco, la quittance de ce dernier, et l'acte qui justifie le payement, passé par le même notaire qui a déjà passé celui du payement fait par vos ambassadeurs. J'ai eu encore quelques difficultés à cet égard : Antimaco n'a jamais voulu dire dans sa quittance que ce fût pour le second payement; il prétendait qu'il n'avait aucune connaissance du premier et qu'il n'avait rien qui pût lui en annoncer d'autre; il a voulu simplement mettre : « Pour le payement de ce qui est dû à l'empereur « pour le mois de novembre. » On a cependant bien spécifié et répété plusieurs fois dans le contrat que c'était pour le second payement. Je resterai ici jusqu'après demain pour pouvoir compter au Véronais ses mille ducats; je partirai ensuite pour Vérone si rien ne s'y oppose; et comme je veux emmener avec moi Zerino, je laisserai ici à Louis Guicciardini la quittance et l'acte de ce payement, avec ordre de les porter avec lui à vos seigneuries quand il s'en retournera.

J'ai vu aujourd'hui la marquise de Mantoue : je l'ai bien remerciée au nom de vos seigneuries de tout ce qu'elle a fait en faveur de vos députés, et lui ai offert mes hommages, etc. Elle m'a répondu avec beaucoup de bonté et m'a chargé de faire mille compliments à vos seigneuries. Passant ensuite à l'événement de Vicence, elle m'a dit qu'elle n'avait reçu aucun détail particulier, mais qu'elle avait entendu dire que les troupes et les gens de l'empereur avaient été renvoyés sans qu'on leur fît du mal; que c'était tout ce qu'elle en savait.

On mande de Vérone que l'évêque de Trente fait entrer dans la forteresse environ mille cinq cents Espagnols, et que l'on y marque des logements pour les Français. On ignore quel sera le résultat de tous ces événements : on pense, il est vrai, que les habitants de Vérone ont grande envie de suivre l'exemple de Vicence, mais on croit aussi avec raison que les forteresses et la présence des Français les retiendront. Il est vrai que bien souvent le peuple se décide à prendre un parti sans trop réfléchir sur les suites. Ils le prendraient d'ailleurs d'autant plus volontiers que l'empereur est, dit-on, à Trente, et qu'on assure qu'il part pour Botzen afin d'y convoquer une diète. Je vous écris tout ceci sans l'assurer, mais comme nouvelles qui arrivent de Vérone; et si elles ne sont pas vraies elles sont au moins probables.

Giovanni Borromei espérait trouver ici hier un homme pour porter les lettres de Pandolfini, comme celui-ci le lui avait recommandé : n'en ayant point trouvé, il a cru devoir ordonner à Ardingo de mettre autant de diligence qu'y aurait mis un exprès; en conséquence il lui a donné quatre ducats afin qu'il fût arrivé en deux jours et demi. Vos seigneuries voudront bien faire rembourser le tout à Léonard Nasi; elles lui rendront aussi un florin trois quarts en or, que j'ai payé au notaire qui a passé l'acte que je vous envoie. Je me recommande, etc.

NICOLAS MACCHIAVELLI.

Mantoue, le 18 novembre 1509.

P. S. Vos seigneuries voudront bien aussi faire compter à Léonard Nasi un demi-ducat, que Giovanni Borromei a donné à l'exprès qui a apporté les lettres de Pandolfini, comme celui-ci l'avait ordonné.

LETTRE III.

MAGNIFIQUES SEIGNEURS,

Le courrier Ardingo est parti hier matin d'ici : il est porteur de mes deux lettres des 17 et 18, où je faisais part à vos seigneuries de tout ce qui se passait et de tous les papiers concernant le payement des neuf mille ducats. J'écris aujourd'hui à vos seigneuries, parce que je n'ai pas voulu laisser partir, sans lui rien donner, un exprès que Giovanni Borromei vous expédie par ordre de Pandolfini. J'espère que le Véronais arrivera aujourd'hui pour recevoir ses mille ducats : aussitôt que ce payement sera effectué je partirai pour Vérone, afin de me trouver en lieu où naissent, ou pour mieux dire, où pleuvent les mensonges, genre de denrée plus abondante encore à la cour que sur les places publiques.

On disait ce matin, et même on l'assurait, que l'empereur était entré dans Padoue au moment que les Vénitiens en étaient sortis, pour se rendre à Vicence; et tout le monde croit ici à cette nouvelle. Dès que j'aurai fait ce payement je me rendrai, comme je l'ai dit, à Vérone, ensuite le plus près de l'empereur qu'il me sera possible, si toutefois les chemins sont assez praticables pour qu'on puisse voyager. Voilà tout ce qui me reste à dire à vos seigneuries. Je me recommande, etc.

NICOLAS MACCHIAVELLI.

Mantoue, le 20 novembre 1509.

LETTRE IV.

MAGNIFIQUES SEIGNEURS,

Ce fut hier, et non avant-hier, que j'ai quitté Mantoue et que je suis arrivé ici. J'ai effectué le payement des mille ducats; j'ai laissé à Guicciardini la quittance de celui qui a touché, les pièces justificatives de la procuration et l'acte de payement : je l'ai chargé de vous apporter toutes ces pièces quand il retournera auprès de vos seigneuries, à moins qu'il ne reçût à cet égard des ordres contraires.

L'empereur est dans ce moment-ci à Ac..., lieu éloigné de quelques milles de Roveredo. On dit qu'il a requis dans le comté de Tyrol, un homme par maison pour marcher au secours de cette place ; on l'attend en conséquence de jour en jour. J'ai donc cru devoir m'arrêter dans cette ville; le peu de sûreté des routes m'y a également engagé. On parle de dix cavaliers qui allaient trouver l'empereur, et qui ont été faits prisonniers par les Vénitiens. J'ai pris le parti de l'attendre ici où il doit naturellement s'établir pour tout le temps de la guerre.

Voici quelle est la situation actuelle de cette ville. Les nobles qui se sentent coupables ne sont pas pour les Vénitiens; mais les bourgeois et le peuple sont tout dévoués à ces derniers. Cependant le jour où les Vénitiens se sont emparés de Vicence on ne s'aperçut ici d'aucun mouvement extraordinaire; il arriva même par hasard qu'au moment où cette nouvelle arrivait, il s'éleva une dispute sur la place entre quelques Espagnols : en un moment tout le monde fut sous les armes. Quelques voix partant de la foule, s'étant écriées que les Vénitiens étaient entrés dans la ville, aucun habitant ne sortit de sa maison ni ne donna la moindre preuve de regret. Il existe dans la ville quelques postes séparés que l'on garde :

ils seraient en état de faire bonne résistance s'ils étaient bien garnis de troupes. C'est dans ces différents postes que l'infanterie allemande monte la garde : elle ne s'élève pas à mille hommes. Il y a environ trois mille cinq cents hommes d'infanterie, tant Espagnols qu'Italiens, et mille à douze cents hommes de cavalerie. Vous avez sûrement su que toute l'infanterie et toute la cavalerie allemandes, à l'exception du petit nombre resté ici avec l'évêque, étaient reparties : il est seulement resté deux cents cavaliers bourguignons et les soldats italiens qu'il avait enrôlés. Nous avons aussi à Vérone environ quatre cents cavaliers français que le grand maître a envoyés dès qu'il a appris la prise de Vicence. Il a encore fait passer aujourd'hui cent cinquante cavaliers commandés par un comte Jean-François de Bergame. Les Vénitiens sont campés à Saint-Martin, à environ cinq milles d'ici. Ils ont avec eux cinq mille soldats enrôlés, une multitude incroyable de paysans furieux et toute leur cavalerie. Ils ont aujourd'hui battu toute la campagne et toute la grande route jusqu'aux portes de la ville, en sorte que je me regarde comme fort heureux d'être arrivé hier plutôt qu'aujourd'hui. On croit que les Vénitiens feront l'impossible pour s'emparer de cette ville. Ils rôdent sans cesse autour pour avoir occasion de sonder le peuple, et voir s'il ne surviendrait pas quelque événement qui leur en ouvrit les portes : s'ils s'aperçoivent que cette conduite ne leur réussit pas, on craint qu'ils n'emploient leur artillerie, parce qu'ils sont persuadés qu'ils n'auront à faire qu'aux soldats qui se trouvent ici, et que si le peuple n'est pas pour eux, au moins il ne sera pas contre eux. S'ils se décident à cette démarche elle aura sûrement lieu dimanche, parce qu'ils n'ont pas de temps à perdre. Au reste s'ils ne s'emparent pas de Vérone, la prise de Vicence leur sera peu avantageuse. La possession de cette première ville les mettrait à même de couper toute communication aux Français et aux Allemands, avantage que ne peut pas leur procurer Vicence. On dit ici que cette dernière ville est si peu fortifiée qu'on la reprendra avec la même facilité qu'on l'a perdue. Les habitants de Vérone qui veulent conserver leurs anciens maîtres, et les Allemands, ont mis toute leur espérance dans les Français : ils ne parlent plus des secours qu'ils attendaient de l'Allemagne, mais ils annoncent que le grand maître arrive en personne; qu'il a ordonné à Jacopo et à toute la gendarmerie que le roi de France a dans la Lombardie de se mettre en marche; qu'ils ont enrôlé quatre mille volontaires et demandé dix mille Suisses; qu'enfin avec toutes ces troupes ils espèrent reprendre Vicence et repousser jusqu'au golfe l'armée des Vénitiens. Vos seigneuries sauront plus sûrement par Pandolfini si tous ces préparatifs sont vrais. On m'a assuré ici que le grand-maître a envoyé ce petit nombre de troupes pour donner l'espoir de secours plus considérables, mais que d'un autre côté il a dépêché au roi de France un courrier qui sera de retour dans neuf jours, pour savoir de Sa Majesté comment elle désire qu'il se conduise. On ignore quelle sera la réponse du roi, et s'il n'aimera pas mieux travailler pour son compte que de défendre les possessions d'autrui. Cependant cette démarche est trop importante pour que chacun ne croie pas qu'elle est faite pour produire une guerre générale.

J'ai vu ce matin l'évêque : je lui ai fait part des motifs de mon arrivée et du projet que j'avais de séjourner à Vérone, etc. Il a eu l'air de me voir avec plaisir, et a donné beaucoup d'éloges à la fidélité de vos seigneuries à remplir leurs engagements. Il m'a été assuré, et cela par plusieurs personnes de marque, que les neuf mille ducats ont conservé Vérone à l'empereur, et elles sont prêtes à le certifier quand on voudra. Vos seigneuries peuvent tenir note de ce rapport, pour pouvoir s'en servir au besoin quand il sera question d'un autre payement; et je ne vous écris ici que parce qu'on m'a assuré que c'est de la plus exacte vérité.

Je ne vous dépêche pas Zerino : il ne me paraît pas à propos de rester seul avec Marcone. Il est cependant bien vrai que je dépense par jour plus du ducat que l'on m'a accordé pour ma dépense. Néanmoins je serai toujours comme auparavant très-satisfait de tout ce que vos seigneuries feront pour moi. Je me recommande, etc.

NICOLAS MACCHIAVELLI.

Vérone, le 22 novembre 1509.

LETTRE V.

MAGNIFIQUES SEIGNEURS,

J'ai écrit avant-hier, qui était le vingt-deux courant, tout ce que j'avais appris sur les affaires de ce pays-ci, et j'ai envoyé ma lettre à Giovanni Borromei à Mantoue; mais ayant résolu ce matin de vous envoyer *Zerino*, je lui ai ordonné de passer par Mantoue, de prendre ma lettre chez Borromei et de vous la porter avec celle-ci. Comme je suis sûr qu'elle vous parviendra, je ne reviendrai pas sur ce qu'elle renferme.

Le camp des Vénitiens, qui était à Saint-Martin, à cinq milles de Vérone, comme je vous le marquais, vient de se replier du côté de Vicence. On dit que c'est la tranquillité qu'ils ont vu régner dans la ville et la crainte des Français qui les ont empêchés de s'avancer davantage. Quoiqu'il n'y en ait ici qu'un très-petit nombre, comme je vous l'ai déjà écrit, ils n'ont cependant voulu rien entreprendre sur une ville où ceux-ci se trouvent, pour ne pas irriter le roi de France, et le décider par là à entrer dans les entreprises que l'on forme contre eux.

Quant à ce qui doit résulter de tout ceci, il n'y a personne qui ose se hasarder à le conjecturer. Il est bien vrai que l'on ne peut douter que le roi de France n'ait grande envie d'être maître de cette ville; que les bourgeois et les nobles n'aient aussi le même désir; que l'empereur ne soit en état ni de la défendre ni de la garder; que les choses ne peuvent pas rester dans cette situation, parce qu'avant qu'il soit peu la disette se fera sentir ici, et qu'il faudra nécessairement que la France lui fournisse des secours en hommes et en vivres. Ce n'est que par le résultat qu'on pourra savoir au juste quelles sont les intentions du roi de France, mais on ne pourra jamais le deviner par ce qui se passe ici. Vos seigneuries peuvent avoir des nouvelles plus sûres par Pandolfini.

L'empereur est toujours à Acci comme je l'ai marqué à vos seigneuries. Cet endroit est du côté de Roveredo : et l'on assure qu'il n'attend plus que ses troupes pour avancer. Sans l'événement de Vicence il serait à Innsbruck. L'éloignement des Vénitiens pourrait peut-être bien l'engager à faire ce voyage, dont tout le monde ignore le motif. Cependant on attend ici Sa Majesté et sa suite d'un moment à l'autre. Si vos seigneuries ne me donnent pas d'ordre contraire je ne m'éloignerai pas, parce qu'il n'a jamais voulu auprès de lui ni ambassadeurs, ni envoyés, ni qui que ce soit, excepté cependant ceux de France et d'Aragon, qui ne l'ont pas quitté. Il vient de les envoyer à Trente où ils sont actuellement. J'imagine que s'il avait dû faire le voyage de Vérone, ils auraient mieux fait de venir ici que d'aller à Trente. Une seule chose m'engagerait à l'aller trouver : ce serait l'espérance de pouvoir obtenir de lui les priviléges que vous n'avez pas encore reçus; mais vos seigneuries ne m'ayant rien dit lors de mon départ, ni par écrit ni de vive voix, je ne sais si je ferais bien ou mal de les demander. Je ne crois pas avoir rien de plus à vous dire; il ne me reste qu'à me recommander, etc.

NICOLAS MACCHIAVELLI.

Vérone, le 24 novembre 1509.

LETTRE VI.

MAGNIFIQUES SEIGNEURS,

J'ai écrit deux fois à vos seigneuries depuis mon arrivée ici : l'une le 22, l'autre le 24, et Zerino est porteur de ces deux lettres. Rien de nouveau depuis ce moment-là si non que le nombre des troupes augmente chaque jour : hier arrivèrent de Peschiera mille Gascons; aujourd'hui sont entrés deux cents hommes d'armes, tous Français; on dit qu'il y a à Peschiera beaucoup de troupes tant à pied qu'à cheval, lesquelles seront ici dans deux jours avec le grand maître. C'est à peu près le jour auquel on attend l'empereur. On dit qu'on marchera sur Vicence aussitôt après son arrivée pour punir les habitants de leur conduite. Le soldat attend ce moment avec impatience à cause du butin considérable qu'il espère obtenir sans fatigue et sans danger, vu la faiblesse de cette place. On n'entend pas dire que les Vénitiens la fortifient ni qu'ils y fassent des provisions extraordinaires; seulement leur armée est campée alentour dans de petites forteresses. Ceux d'ici s'attendent à battre le pays et à le saccager. Chaque jour on est témoin de choses véritablement étonnantes, et telles qu'on n'en a jamais ouï de semblables. Les habitants de la campagne sont si animés et si déterminés à se venger, et même à mourir, qu'ils sont devenus plus enragés et plus furieux contre les ennemis des Vénitiens que n'étaient les Juifs contre les Romains ; et il arrive tous les jours que ceux d'entre eux qui se laissent prendre aiment mieux se faire tuer que de renoncer au nom de Vénitiens. Hier au soir on en conduisit devant l'évêque un qui s'écria qu'il était *Marchesco*[1], qu'il voulait mourir *Marchesco* et qu'il ne voulait vivre que *Marchesco*. L'évêque le fit charger de fers; mais ni la promesse de le sauver ni toute autre offre ne purent le faire changer d'opinion ; de sorte que tout bien considéré, il est impossible que l'empereur conserve ce pays tant que tous ces paysans existeront. J'ignore s'ils changeront d'idée lorsque Vicence sera repris, ou à quelle condition le roi de France lui donnera des secours : je m'en remets sur le tout à ce que vous aura écrit François Pandolfini : il est depuis plus longtemps dans ce pays ; il est auprès d'individus qui s'ouvrent plus volontiers que ceux-ci, et certainement il doit en avoir obtenu quelques renseignements plus particuliers. J'ai appris que l'évêque de Gurck n'était plus avec l'empereur, qu'il était allé en Allemagne pour y ramasser des fonds. Je me recommande, etc.

NICOLAS MACCHIAVELLI.

Vérone, le 26 novembre 1509.

P. S. J'envoie cette lettre à Mantoue à Giovanni Borromei, pour qu'il vous la fasse tenir avec les premières dépêches qu'il vous adressera.

LETTRE VII.

MAGNIFIQUES SEIGNEURS,

Ma dernière lettre était datée du 26 ; je l'ai adressée à Borromei à Mantoue, avec ordre de vous la faire passer par la première occasion : celle-ci suivra la même marche. A peine ma dernière était-elle partie qu'il arriva ici environ deux cents hommes d'armes envoyés par de Chaumont : il y avait des Français et des Italiens; Carlatino et sa compagnie en faisaient également partie. On croit à présent que cette armée sera considérablement augmentée. Il devait y avoir hier une entrevue entre l'empereur et le grand maître, qui depuis trois jours se trouve à Peschiera : ils doivent dans cette conférence décider les moyens à employer et la marche à suivre dans cette guerre. J'ai fait tout ce que j'ai pu pour savoir ce que la France exige et ce qu'elle obtiendra de l'empereur pour dédommagement des frais de la guerre, ou bien si elle la fera sans autre profit que celui, assez grand du reste, de tenir son ennemi éloigné de ses frontières, et d'ôter par là à ses sujets peu soumis les occasions de se soulever : je n'ai encore rien pu savoir à cet égard et je suis sûr que personne n'en sait rien. Lorsque j'en ai causé avec les partisans de l'empereur, ils m'ont toujours répondu d'un ton très-sérieux que Maximilien ne céderait pas au roi de France un pouce de terrain dans ces cantons; que celui-ci était trop heureux que les États de l'empereur lui servissent de boulevard et qu'il fallût les traverser pour aller jusqu'à lui; qu'en conséquence la France était intéressée à embrasser cette défense, pour pouvoir elle-même défendre ses propres possessions avec plus d'avantage et de sûreté en tenant son ennemi éloigné qu'en le laissant s'approcher de ses frontières. Ils sont donc convaincus que la France n'a que ce parti à prendre : reste à savoir à présent si elle en jugera de même. Tout ce que je puis dire à vos seigneuries, c'est qu'il est impossible que ce pays reste dans la situation violente où il se trouve : plus ces princes mettront de lenteur dans cette guerre, plus le désir des habitants du pays de retourner a leurs anciens maîtres augmentera. De plus, les habitants de la ville sont vexés dans leurs murs par ceux qu'ils sont obligés de loger, et s'ils se hasardent à sortir ils sont pillés et massacrés par les paysans. Les Vénitiens, instruits de ces dispositions, se conduisent bien autrement : ils ménagent les bourgeois et au dedans et au dehors, et cela d'une manière incroyable avec une si grande foule armée ; de sorte que si ces deux souverains continuent à rester là sans rien faire et s'ils ne poussent pas cette guerre avec vigueur, il pourrait en résulter qu'ils perdissent ce pays plus lestement qu'ils ne l'ont acquis.

L'empereur était encore il y a deux jours au même endroit que j'ai indiqué à vos seigneuries par ma dernière lettre. Fracassa est arrivé hier : il sera, dit-on, capitaine général des troupes

[1] Autrement dit : attaché à Saint-Marc.

de l'empereur en Italie à la place de Constantin. Celui-ci s'en retourne à Rome à cause d'un différend qu'il a eu avec monseigneur de la Palisse : les choses ont été poussées si loin que celui-ci lui a envoyé un cartel, de sorte que pour ne pas se trouver avec les Français il s'en retourne à Rome. Il faut convenir qu'il ne laisse pas ici une grande opinion de lui.

Les Vénitiens occupent avec leurs troupes l'espace de douze milles. Leurs coureurs viennent jusqu'à près de deux milles d'ici : ils ont enlevé encore hier plus de deux cents chevaux aux fourrageurs ; en sorte que ceux-ci sont sortis aujourd'hui avec une escorte de plus de cinq cents cavaliers. Il y a ici environ quatre mille cinq cents fantassins et deux mille cinq cents cavaliers, dont environ deux mille pour le compte de la France. On attend demain quatre mille hommes d'infanterie allemande, et enfin l'empereur lorsqu'il se sera abouché avec le grand maître. Il n'y a plus rien de nouveau ici. Je me recommande, etc.

NICOLAS MACCHIAVELLI.

Vérone, le 29 novembre 1509.

LETTRE VIII.

MAGNIFIQUES SEIGNEURS,

J'ai écrit à vos seigneuries le 29 du mois passé, et j'ai adressé la lettre à Mantoue au sieur Giovanni Borromei ; je vous ai encore écrit hier deux mots par un courrier du pape qui se rendait en Toscane : je vous instruisais de l'arrivée d'un envoyé de l'empereur avec le seigneur Constantin. Celle d'aujourd'hui vous sera remise par François de Santa-Fiore, secrétaire de Pandolfe Petrucci, qui s'en retourne à Florence : j'en profite pour vous donner la nouvelle que l'entrevue de l'empereur avec le grand maître n'a pas eu lieu. Cependant le grand maître était hier à Peschiera, et l'empereur est parti d'Arco pour aller à Trente, ce qui me paraît être un mauvais chemin pour se rendre ici.

Il est arrivé aujourd'hui à Vérone environ trois mille soldats allemands : on dit qu'ils sont du nombre de ceux qui étaient à Vicence. Il ne paraît pas qu'il arrive d'autres troupes : des personnes venant d'Innsbruck m'ont assuré qu'il n'y avait point de troupes dans ces cantons, et qu'elles n'avaient pas entendu dire qu'il dût en venir. Hier l'évêque de Trente, gouverneur de la ville, pour soulager les habitants qui l'en avaient prié, croyant qu'il y avait assez de troupes pour les faire camper sans danger en pleine campagne et leur faire occuper quelques-unes des petites forteresses qui sont aux environs, où elles pourraient tenir l'ennemi plus éloigné des murs et donner un peu plus de liberté à la ville, a proposé aux Français qui sont ici de se charger de cette corvée ; mais ceux-ci lui ont répondu qu'ils ne pouvaient pas s'éloigner de Vérone sans un ordre exprès du grand maître. Il arriva par hasard que l'on apprit en même temps que l'empereur avait fait faire la même demande au maréchal de Chaumont et que celui-ci avait également répondu que sans un ordre du roi il ne pouvait faire avancer ses troupes plus loin que Vérone. Cela fait tenir beaucoup de propos par les Impériaux sur le compte des Français, jusqu'au point de dire que l'empereur fera la paix avec les Vénitiens et qu'il chassera les Français de l'Italie. Ceux-ci ont passé toute la nuit dernière sous les armes, et quelques habitants craignaient qu'ils ne s'en retournassent ce matin à Peschiera et que demain on ne vît arriver les Vénitiens. Cependant tout paraît aujourd'hui arrangé sans qu'on sache comment : tous les chefs des troupes françaises ont eu une longue conférence avec l'évêque, mais on ignore encore tout ce qui s'y est passé. On voit au reste très-clairement que de ces deux princes l'un peut faire la guerre et ne la veut pas, l'autre la veut mais n'a pas les moyens de la faire ; celui qui peut ne la fait que mollement. Dieu veuille qu'ils s'accordent ; car s'ils sentaient combien est forte l'aversion naturelle de tous les habitants de cette ville, ils ne penseraient qu'à leur ôter de devant les yeux cette armée qui fait tout leur espoir : en se conduisant autrement ils entretiennent la haine des habitants et donnent gain de cause aux Vénitiens. On craint, comme je vous l'ai déjà marqué, qu'il n'arrive au moment où on s'y attendra le moins des événements qui pourraient bien faire repentir le roi de France, le pape et même nous de ne nous être pas conduits comme nous aurions dû le faire.

La ville a envoyé ce matin deux ambassadeurs à l'empereur pour lui mettre sous les yeux les dangers qu'ils courent et ceux qu'ils ont à craindre : on attend leur retour d'un moment à l'autre, quoiqu'il ne doive changer en rien la face des affaires. On assure qu'il doit y avoir une diète à Kempten, ville éloignée de trois journées d'Innsbruck, et l'on croit que l'empereur veut y assister.

Les Vénitiens pillent à leur gré tous les châteaux des environs. On rapporte qu'ils ont commis et qu'ils commettent encore beaucoup de dégâts sur le territoire de Ferrare; mais je suis convaincu que vous avez des nouvelles de ce pays-là : ainsi je ne vous en parlerai pas. On faisait courir le bruit aujourd'hui qu'ils avaient fait remonter le Pô à quelques galères, mais que le duc de Ferrare avait fait couler bas quelques barques derrière ces galères, de manière qu'elles sont pour ainsi dire perdues, et qu'on n'attendait plus que les Français pour s'en emparer.

Si l'empereur continue à séjourner à Trente je pousserai peut-être jusque-là, à moins que vos seigneuries ne me rappellent auparavant, ce dont je les prie bien instamment, parce que ce même prince ne veut avoir aucun envoyé auprès de lui, et que, si je suis obligé de rester à Vérone, autant vaut que je sois à Florence. Vos seigneuries ont d'ailleurs à deux pas d'ici François Pandolfini, qui peut facilement les tenir au courant de tout puisqu'il est en relation avec la plupart des chefs.

Nicolas Macchiavelli.

Vérone, le 1er décembre 1509.

LETTRE IX.

Magnifiques seigneurs,

Je vous ai fait passer par François de Santa-Fiore, secrétaire de Pandolfe Petrucci, qui s'en retournait à Florence, la lettre que je vous écrivis hier : vous y avez vu qu'avant-hier on était assez mal disposé contre les Français, parce qu'ils avaient refusé de marcher quand on le leur avait proposé; qu'ils s'étaient tenus sur pied presque tout le jour, et qu'enfin le lendemain l'affaire s'était un peu arrangée. On m'a dit ce matin que ce qui avait donné lieu à ce différend avait été la demande faite par le grand maître de la forteresse de Valleggio, qui, placée sur le bord du Mincio, se trouve, ainsi que Peschiera, maîtriser le cours de ce fleuve. Pour se procurer ce poste qu'ils ont jugé, comme il l'est en effet, très-important, les Français ont voulu essayer s'ils ne pourraient pas profiter de la circonstance pour s'en emparer. On dit que l'affaire est arrangée; mais on varie beaucoup sur les promesses que les Français ont pu faire pour obtenir cette forteresse : les uns prétendent qu'ils se sont engagés à la garder pour l'empereur, ne voulant s'en servir que pour pouvoir aller plus avant; d'autres disent qu'ils promettent de servir l'empereur avec cinq mille Suisses et huit cents lances dans l'entreprise contre Vicence. J'ignore laquelle de ces deux opinions est la vraie. Tout ce qu'il y a de certain, c'est que cet accord a été fait entre eux : nous verrons quels en seront les résultats. Il ne me reste plus rien à vous écrire. On n'entend plus dire sur l'empereur que ce que renferme ma dernière lettre à vos seigneuries, auxquelles je me recommande, etc

Nicolas Macchiavelli

Vérone, le 2 décembre 1509.

LETTRE X.

Magnifiques seigneurs,

Il y a deux jours que j'ai écrit à vos seigneuries; je leur ai fait passer ma lettre par Giovanni Borromei, auquel j'adresserai également celle-ci : je vous marquais qu'il paraissait constant que les Français voulaient qu'on leur cédât le château de Valleggio pour les services qu'ils allaient rendre à l'empereur.

(*Quelques lignes écrites en chiffres dont on n'avait pas la clef.*)

Les deux ambassadeurs qui avaient été envoyés à l'empereur, comme je vous l'ai écrit, sont arrivés hier. Ils ont donné ici à tout le monde les plus belles espérances : ils ont rapporté de la part de ce prince qu'on n'avait qu'à se bien défendre, parce qu'il serait bientôt ici avec une armée considérable avec laquelle il espérait terminer en peu de jours cette guerre. Ces nouvelles ont rendu les habitants bien contents et leur ont fait concevoir l'espoir le plus brillant. Les ambassadeurs ont ajouté qu'ils avaient laissé l'empereur entre Saint-Michel et Botzen, environ à dix-huit milles de Trente. Cependant on assure aujourd'hui qu'il est à Botzen et qu'il fait tout ce qu'il peut pour tout terminer.

(*Quelques lignes chiffrées.*)

Les Vénitiens continuent à parcourir et piller tout le pays, et l'on veille ici exactement à la défense de cette ville. Le grand maître est retourné ces jours derniers à Brescia, mais on le dit revenu aujourd'hui à Peschiera pour l'objet en question. Il ne me reste qu'à me recommander à vos seigneuries. On dit que les Vénitiens font peindre dans tous les endroits dont ils s'emparent, un saint Marc qui tient dans ses mains une épée au lieu d'un livre, ce qui semblerait prouver qu'ils ont enfin appris à leurs dépens que pour bien gouverner un État les livres et l'étude ne suffisent pas.

NICOLAS MACCHIAVELLI.

Vérone, le 7 décembre 1509.

P. S. J'oubliais de dire à vos seigneuries qu'il y a quatre jours, sur la vingtième heure environ, quelques Espagnols ayant voulu forcer une maison dans un des faubourgs de cette ville appelé San-Zeno, ceux qui étaient dans la maison se défendirent; un des habitans du faubourg courut à une petite cloche, et se mit à sonner le tocsin, de manière que toute la troupe fut en un instant sous les armes. La position de la ville fut critique un moment, parce qu'on craignait qu'on ne profitât de cette occasion pour opérer un mouvement, mais dès qu'on en connut le sujet tout s'apaisa, et l'homme qui avait sonné le tocsin fut arrêté et pendu. Tous les Allemands furent aussi en un instant sous les armes et réunis au même point. On put alors voir quel était leur nombre : je comptai dix-huit compagnies; ces compagnies sont d'environ trois cents hommes. Dès que le trouble fut apaisé les troupes rentrèrent dans leur quartier. Il y en eut qui avaient été jusque-là campées hors de la ville, qui avaient épuisé leurs provisions, et qui furent logées dans le quartier de Saint-Étienne, dans l'intérieur des murs, sous la forteresse de Saint-Pierre. Au total on n'est pas du tout tranquille dans cette place, surtout par rapport aux habitants de la campagne : ils se réunissent tous les jours en troupes, et à une heure fixée ils se présentent devant l'évêque.

LETTRE XI.

MAGNIFIQUES SEIGNEURS,

Ma dernière lettre, datée d'hier, sera jointe à celle-ci. Il n'y a pas encore.... (*chiffres.*) Ainsi il m'est impossible de dire à vos seigneuries comment cela s'est passé. Ce qu'il y a de sûr c'est qu'elle est terminée. Cependant leur intérêt exigerait qu'ils se missent en mouvement, ayant surtout intention de soulager cette ville, de procurer quelques avantages à leurs soldats et de faire du mal à leurs ennemis; car il y a ici beaucoup de troupes, et il en vient tous les jours. Hier au soir encore arrivèrent quelques centaines de soldats gascons qui venaient de Peschiera, et les Espagnols qui sont ici ont été payés par les Français. Ceux-ci ne demandent pas mieux que d'aller en avant, mais il faut qu'ils reçoivent des ordres; et, comme je vous l'ai marqué, il est nécessaire que ce soit promptement, parce que l'on apprend tous les jours de nouveaux dégâts faits par les Vénitiens. Il serait d'autant plus important de les arrêter que les gens instruits des affaires de ce pays prétendent qu'il serait très-difficile d'aller pendant l'hiver attaquer Vicence. D'ailleurs le duc de Ferrare doit avoir besoin que les Vénitiens soient serrés de près de ce côté, afin qu'ils ne puissent pas l'aller attaquer aussi tranquillement qu'ils l'ont fait dans ces derniers temps. On a parlé diversement de cette affaire; mais, comme je sais que l'ambassadeur de vos seigneuries auprès du duc les tient au courant de tout ce qui se passe là, je n'en parlerai pas à vos seigneuries.

J'ai causé aujourd'hui avec un homme qui a quitté avant-hier Botzen : il m'a dit y avoir laissé l'empereur, qui se disposait à partir pour Innsbruck. Tous les étrangers qui étaient dans l'usage de suivre la cour sont restés à Trente, avec ordre d'y attendre Sa Majesté, et de ne pas quitter cette ville qu'ils n'aient reçu des ordres ultérieurs.

J'espère, si le maréchal de Chaumont vient à Vérone, que François Pandolfini viendra avec lui; alors, comme il pourra tenir vos seigneuries au courant de tout ce qui se passera ici, mon séjour y deviendra inutile, et mon voyage à Innsbruck auprès de l'empereur, quand même Pandolfini ne se chargerait pas de tout, se serait d'aucune utilité pour elles ; car il paraît clair qu'il ne veut auprès de lui personne qui observe ce qui se passe; et quant aux payements qui restent à faire, l'empereur aura sûrement négocié vos engagements à Trente : alors celui qui doit les toucher se rendra auprès de vos seigneuries. Ainsi, de toute manière, mon séjour ici est inutile. J'attends donc par votre première lettre l'indication de la marche que j'ai à suivre, et avec d'autant plus de plaisir que, depuis que je suis parti de Florence, vous ne m'avez jamais rien dit à cet égard. Je me recommande, etc.

NICOLAS MACCHIAVELLI.

Vérone, le 8 décembre 1509.

LETTRE XII.

MAGNIFIQUES SEIGNEURS,

Entre autres lettres, j'ai écrit à vos seigneuries les 2, 7 et 8 courant; et comme ces lettres se trouvent encore chez Giovanni Borromei, elles vous parviendront avec celle-ci. Le porteur des ordres de l'évêque revint de Valleggio le 9 du courant : il rapporta avoir remis cette place entre les mains des Français, avec promesse de leur part de la rendre à la première demande que leur en ferait l'empereur. Il a dressé l'inventaire en double de l'artillerie et des munitions qui s'y trouvaient : il en a laissé un aux Français et il a porté l'autre avec lui. Actuellement on tourmente les Français pour qu'ils se mettent en marche : ils répondent qu'ils attendent leur infanterie, et ils ont pris quelques mesures pour conduire leur artillerie. J'ai encore entendu dire par une personne bien informée que, pour être plus tranquilles sur la sûreté de cette ville qu'ils laissaient derrière eux, ils ont demandé qu'on leur livrât une des forteresses, et que selon toutes les apparences l'évêque leur remettra la citadelle. Pour que vos seigneuries en entendant parler de Vérone comprennent bien tout ce qu'on en dira, elles sauront que Vérone ressemble beaucoup à Florence. Ses murs renferment une portion de colline; et le fleuve de l'Adige qui, sortant des montagnes de l'Allemagne, se jette dans le lac au lieu de s'étendre dans la plaine, tourne à gauche, suit le pied des collines et partage Vérone, de manière qu'une petite portion de plaine avec toutes les collines sont au delà de l'Adige du côté de l'Allemagne, et que tout le reste de la ville est en deçà de l'Adige du côté de Mantoue. Au sortir de la ville le fleuve s'éloigne des montagnes et se rend dans le lac à travers la campagne. Vérone a sur la montagne, comme qui dirait à la porte Saint-Georges, une forteresse appelée Saint-Pierre. Ensuite un peu plus haut, à une distance de deux portées de fusil, sur la cime de la montagne, il y en a encore une autre appelée Saint-Félix. Ce sont les Allemands qui ont la garde de ces deux postes. S'ils étaient jamais pris Vérone resterait sans ressource. Ils doivent au reste leur force plutôt à leur situation avantageuse qu'aux fortifications dont ils sont revêtus. En deçà de l'Adige, du côté de Mantoue où la plaine s'étend, il y a également deux forteresses, une sur le chemin de Peschiera, qu'on appelle la Vieille Forteresse, l'autre sur la route de Vicence, appelée la Citadelle : elles sont à trois portées de fusil l'une de l'autre, et entourées par le mur extérieur de la ville qui forme en cet endroit un demi-cercle. Il existe une autre muraille qui va droit de la Citadelle à la Vieille Forteresse et est bâtie entre deux grands fossés, et entre ces deux murs et les deux forteresses se trouvent aussi quelques maisons : tout ce quartier réuni s'appelle le faubourg San-Zeno. C'est là que sont logés en grande partie les Français; mais peu contents de ce poste, ils ont encore demandé la Citadelle, où étaient logés les Espagnols. Par cette description rapide vos seigneuries comprendront de quelle partie de Vérone les Français se trouvent les maîtres. Les gentilshommes de cette ville sont toujours dans les mêmes dispositions que j'ai déjà indiquées à vos seigneuries. Ils voient que leur position est mauvaise, et ils s'attendent à la voir empirer parce qu'ils savent qu'on n'a ici aucun plan fixe, que les Vénitiens vont toujours en avant et qu'ils se partagent leurs propriétés. Aussi ils ne soupirent qu'après le moment de pouvoir faire sortir de Vérone leurs meubles, leurs femmes, leurs enfants, et les conduire à Mantoue. Ils espèrent cependant beaucoup de la présence du grand maître qui, comme je vous l'ai déjà dit, attend son infanterie et sa cavalerie, après quoi il promet d'arriver.

Je crois avoir déjà marqué à vos seigneuries que l'empereur était parti de Botzen pour

Innsbruck : depuis ce temps-là on a eu des nouvelles sûres qu'il était à Augsbourg, où il avait convoqué une diète afin de pouvoir faire marcher au printemps les secours qu'elle lui aura accordés. A cette nouvelle tous les courtisans qui sont à Vérone ont été dans l'incertitude pour savoir où ils le trouveraient et ce qu'ils avaient à faire : ils sont tous partis pour cette ville. D'après cela j'ai cru aussi devoir revenir à Mantoue, où je suis arrivé hier, et en prévenir par un exprès vos seigneuries. Pour le faire sans que cela leur fût onéreux j'ai choisi Marcone, mon secrétaire, afin qu'elles me fissent connaître par lui les ordres qu'elles ont à me donner; car les prédécesseurs de vos seigneuries m'avaient recommandé de vive voix que si l'empereur s'en allait en Allemagne je revinsse à Mantoue : cependant je désire connaître sur tout cela les intentions de vos seigneuries. Je les conjure instamment de vouloir bien me rappeler, parce que je crois fort inutile d'aller à Augsbourg attendre la délibération d'une diète qui bien certainement n'aura pas un résultat différent de celui des précédentes. L'empereur d'ailleurs n'aime pas plus que les autres princes à avoir auprès de lui des envoyés des autres puissances; et ceux qui s'y trouvent, ou il les congédie, ou bien il les relègue dans des villes dont il leur défend de sortir sans sa permission : il vient même de laisser à Trente tous ceux qu'il avait auprès de lui, avec ordre de n'en pas sortir. Quant à mon séjour dans ce pays-ci pour vous instruire de tout ce qui s'y passe, il est également inutile puisque François Pandolfini, qui est auprès du maréchal de Chaumont qui dirige tout, vous instruira de ce qui se passe plus promptement et mieux que tout autre. Je vous prie donc encore une fois de vouloir bien me rappeler. Je pourrai d'ailleurs facilement retourner ici, soit que l'empereur y revienne, soit que ma présence y fût nécessaire pour quelque autre affaire. Si vos seigneuries en ordonnent autrement je les prierai de me renvoyer Marcone qui vous apporte celle-ci, et avec lui le courrier Ardingo, afin d'avoir avec moi quelqu'un qui connaisse le pays et que je puisse vous expédier dès que le résultat de la diète sera connu; car vous attendriez en vain de mes nouvelles et vous ne recevriez aucune de mes lettres, à moins que vos seigneuries ne veuillent faire la même dépense que du temps de François Vettori, et avoir sur la route des courriers qui iraient et viendraient continuellement. Elles auront aussi soin de m'envoyer des fonds suffisants pour payer au moins pendant deux ou trois mois la dépense de trois cavaliers que nous serons, et pour troquer ou acheter un cheval dans le cas où j'en perdrais un; car dans ce pays-là on ne trouverait pas de quoi emprunter un écu. Je me recommande encore à vos seigneuries. Je les prie de me répondre et de me renvoyer aussitôt Marcone. J'oubliais de vous dire que des cinquante ducats que j'avais emportés il ne m'en reste que huit, et que c'est là tout l'argent que je possède.

NICOLAS MACCHIAVELLI.

Mantoue, le 12 décembre 1509.

LETTRE XIII.

MAGNIFIQUES SEIGNEURS,

Je vous ai écrit le 12 et je vous ai envoyé Marcone, mon secrétaire : j'attends votre réponse. Aujourd'hui Zerino est arrivé ici de Brescia : il nous a appris que le grand maître se disposait à partir mercredi prochain pour Milan, ce qui est tout le contraire de ce qu'on croyait quand je suis parti de Vérone. Il me paraît qu'on ne mettra pas dans cette affaire la célérité qui serait si nécessaire, puisque ni lui ni l'empereur ne se trouvent ici. J'ignore comment en son absence on pourra ouvrir la campagne; et, d'un autre côté, si elle ne s'ouvre pas j'ignore comment toutes ces troupes pourront tenir plus longtemps dans Vérone; car si elles y restent toutes elles mourront de faim, et si on en retire la ville courra des dangers. Il n'est donc pas sûr d'y rester, surtout si on a à craindre tout ce que vos seigneuries semblent redouter dans leurs lettres du 8 et du 9. Au reste j'irai partout où vos seigneuries désireront, et j'attends qu'elles veuillent bien me tracer la marche que je dois suivre. Si à l'arrivée de Zerino Marcone n'est pas encore parti, vos seigneuries pourront délibérer de nouveau sur ce que j'ai à faire. Je me recommande, etc.

NICOLAS MACCHIAVELLI.

Mantoue, le 16 décembre 1509.

XV.

TROISIÈME LÉGATION

A LA COUR DE FRANCE[1].

INSTRUCTIONS

Données par Pierre Soderini, gonfalonier, à Nicolas Macchiavelli, le 2 juin 1510.

Après avoir rempli toutes les instructions que le conseil des Dix te donnera, tu diras au roi de ma part que je ne désire dans ce monde-ci que trois choses : la gloire de Dieu, le bonheur de ma patrie, la prospérité et l'honneur de Sa Majesté le roi de France; et que comme je suis convaincu que ma patrie ne peut être heureuse que par le bonheur et la gloire de la couronne de France, je ne sépare jamais ces deux vœux; et tu peux assurer Sa Majesté que mon frère a la même opinion et la même façon de voir que moi, et que s'il n'a pas rempli un de ses devoirs en allant voir Sa Majesté, c'est qu'il n'a jamais pu en obtenir la permission de Sa Sainteté, pour laquelle il est nécessaire qu'il ait la plus grande déférence, le regardant comme son premier seigneur. Le saint-père est d'ailleurs si entier et si absolu dans toutes ses volontés que les princes eux-mêmes sont forcés de s'y soumettre. Sa Majesté voudra donc bien agréer ses excuses, et tu auras soin en les lui présentant de le recommander particulièrement. Tu lui diras ensuite que je ne désire rien tant que de voir le crédit et la puissance de la France maintenus et même augmentés en Italie; que pour y parvenir il est essentiel que le roi tienne toujours les Vénitiens dans un état d'abaissement, qu'il reste uni avec l'empereur comme il a fait jusqu'à présent; et que, si cela était possible, ce serait une bonne politique de leur faire déclarer la guerre en Dalmatie par le roi de Hongrie, parce que s'ils venaient à perdre cette province ils seraient si affaiblis que le roi n'aurait plus à craindre de résistance de leur part.

Si ce projet ne pouvait réussir, tu lui diras qu'il est important qu'il les tienne toujours en échec de ce côté-ci en continuant de les menacer d'une invasion prochaine; que par ce moyen on les minera petit à petit; que toute l'attention de Sa Majesté doit se porter sur deux objets principaux s'il veut jouir en paix de ses possessions en Italie : le premier de rester uni avec l'empereur, et le second de tenir les Vénitiens dans cet état d'inquiétude; que par ce moyen le pape et l'Espagne resteront tranquilles, le premier parce qu'il n'a point de troupes, et l'autre parce qu'il est trop loin pour l'attaquer. Tu représenteras surtout à Sa Majesté combien je suis fâché que le pape ait les Suisses pour ainsi dire à sa disposition, et qu'elle devrait tout employer pour lui ôter cette influence, afin de pouvoir le tenir à sa place et l'amuser tant qu'on voudrait; car si le pape réunit les Suisses aux immenses ressources qu'il possède, son caractère ardent le rendra entreprenant, d'où il ne résultera rien de bon. Tu ajouteras cependant que je pense que Sa Majesté doit se conduire de manière à ne pas se brouiller avec le saint-père, parce que si l'amitié

[1] Cette mission auprès de Louis XII, en France, est relative aux premiers mouvements du pape Jules II contre les Français. Ce pontife, qui aimait fort à guerroyer, ayant profité d'un moment favorable, avait fait attaquer Gênes et y avait soulevé le parti anti-français. Les Florentins, quoique alliés du roi, avaient donné passage à Marc-Antoine Colonna qui avait commandé cette expédition. Il s'agissait d'apaiser la cour de France, irritée de la facilité avec laquelle Florence avait laissé passer Marc-Antoine : on dépêcha donc Macchiavelli, qui parvint avec beaucoup d'adresse à excuser son gouvernement. Louis XII avait le projet de passer en Italie au printemps à la tête d'une puissante armée. Cependant le pape avait attaqué Modène, Ferrare, etc. : le roi exigeait, en attendant son arrivée, que les Florentins fournissent des secours à cette dernière place. L'intérêt des Florentins était de ne pas trop se prononcer : Macchiavelli avec beaucoup d'art parvint à persuader au conseil du roi et au roi lui-même que, vu la position des États de Florence par rapport à ceux du pape, il était utile pour le roi que Florence ne se dégarnît pas de troupes. Tel est le motif de cette légation. Les instructions de Macchiavelli de la part de leurs seigneuries sont perdues; on n'a retrouvé que celles données par le gonfalonier.

du pape est peu avantageuse, son inimitié est très-dangereuse à cause de la grande influence que l'église lui donne; car lorsqu'il ne peut faire la guerre par lui-même il vous suscite des ennemis dans tout l'univers. Il est donc avantageux qu'il le ménage, ce qui ne lui sera pas difficile puisque le pape a peu d'amis sur lesquels il puisse compter; et si l'inimitié du pape ne lui faisait pas d'autre mal, elle le constituerait du moins en beaucoup de dépenses.

Quant à l'empereur, je t'ai déjà dit qu'il conviendrait que le roi continuât à être bien avec lui; et comme je crois que Sa Majesté, après avoir tout fait pour ce prince, désirait en récompense obtenir la possession de Vérone, tu l'assureras que ce serait aussi mon avis, parce que par là il raffermirait ses possessions d'Italie; mais s'il ne peut parvenir à l'obtenir pour lui, mon avis serait qu'il prît le parti moyen de faire remettre cette ville entre les mains d'une autre puissance, de manière qu'elle ne fût ni à l'un ni à l'autre : par là le roi de France pourrait en disposer plus facilement, parce que celui qui en serait le dépositaire serait toujours porté à se plier à la volonté de ses voisins les plus puissants. Tu instruiras le roi que l'on travaille beaucoup aux fortifications de Serezana. Rien de mieux si c'est par ses ordres; mais s'il en était autrement, j'ai cru important de l'en avertir. Enfin, tu profiteras de toutes les occasions de me rappeler au souvenir de Sa Majesté.

CORRESPONDANCE.

LETTRE PREMIÈRE

MAGNIFIQUES SEIGNEURS,

Je suis arrivé aujourd'hui à Lyon. J'y ai trouvé deux lettres de vos seigneuries, une du 26, l'autre du 29 du mois passé : elles contiennent plusieurs avis sur les affaires de là-bas. Je les communiquerai, aussitôt après mon arrivée, à la cour, et j'en tirerai le parti que vos seigneuries m'indiquent dès que j'y serai arrivé. J'espère y être dans huit jours. Les choses auront plus ou moins changé. Aussitôt mon arrivée j'aurai soin de vous instruire en détail de tout ce que j'y apprendrai.

On m'a dit qu'il y a environ deux jours l'évêque de Tivoli, envoyé du pape, était parti de cette ville pour la cour. Sa Sainteté lui a recommandé de s'y rendre en toute diligence pour communiquer au roi les raisons qui l'ont engagé à soutenir monseigneur d'Auch. Quelqu'un que j'ai rencontré en route m'a assuré qu'il n'allait à la cour qu'à contre-cœur, parce qu'il est convaincu que la commission dont il est chargé ne sera pas agréable au roi. Il a ajouté que le roi d'Espagne avait envoyé une flotte considérable en Sicile avec plus de dix mille hommes de troupes, et qu'elle y restait, dans le cas où sa présence serait nécessaire pour lui ou pour ses alliés d'Italie. Vos seigneuries peuvent s'assurer d'un autre côté si cette nouvelle est vraie ou fausse : je n'y aurais point ajouté foi si j'avais vu le pape moins décidé à s'opposer aux volontés de la France. Il faut que la hardiesse qu'il montre soit appuyée sur d'autres moyens que les siens et que les préparatifs que l'on annonce soient faits ou prêts à l'être.

Il ne me reste plus rien à dire sur mon voyage à la cour qu'il soit nécessaire de répéter à vos seigneuries, excepté cependant ce qui regarde les présents qu'elles ont promis lors de la dernière paix qu'elles ont faite avec le roi, comme elles se le rappelleront peut-être. J'ai eu à ce sujet une longue conversation avec Alexandre Nasi, que j'ai rencontré en chemin, pour savoir où en étaient les affaires et comment il fallait me conduire : nous avons réglé le tout ensemble. Comme il a instruit vos seigneuries de toutes les particularités de cet entretien, je ne les répéterai pas ici; je me contenterai seulement de dire en peu de mots que, d'après les ordres qu'il avait reçus, il avait promis à Robertet et à Chaumont[1] de leur payer ce qui leur revenait à l'époque de la foire prochaine d'août, et qu'il était d'avis qu'il fallait tenir sa parole. Il ajouta qu'il ne croyait pas que nous dussions épargner à notre république cette demande de dix mille ducats qui ont été remis ici pour le compte du cardinal d'Amboise, et qui ne lui ont pas été payés à cause de sa mort survenue ici, comme vos seigneuries en ont été instruites[2];

[1] Robertet était un secrétaire des finances sous Louis XII; et l'autre était Charles d'Amboise, maréchal de Chaumont.

[2] Le cardinal de Rouen était mort à Lyon le 25 mai.

qu'il ne voyait qu'un seul moyen de les épargner, ou du moins d'en reculer le payement pendant quelque temps : c'était de les employer à donner un premier à-compte à Robertet et à Chaumont sur ce qu'on leur a promis, ce qui d'abord les satisferait, et ce qui ensuite leur ôterait de devant les yeux cette espèce d'appât qui les tiendra toujours ici [1]. Il est nécessaire que vos seigneuries m'écrivent la manière dont je dois me conduire dans cette affaire, quoiqu'elles m'en aient déjà parlé. Je compte partir dans deux jours pour la cour, et de là j'écrirai plus en détail tout ce qui se passera à vos seigneuries, auxquelles, etc.

NICOLAS MACCHIAVELLI.

Lyon, le 7 juillet 1510.

LETTRE II.

MAGNIFIQUES SEIGNEURS,

Je suis arrivé ici hier au soir. Comme il était fort tard, je ne m'empressai pas d'annoncer mon arrivée. Ce matin je me suis présenté chez Robertet : je lui ai fait part des motifs de mon voyage et lui ai témoigné tous les sentiments que méritait un ami de votre république. Il m'a répondu qu'il était enchanté de mon arrivée; que je ne pouvais venir plus à propos, Sa Majesté étant dans l'intention d'envoyer quelqu'un à Florence pour connaître les dispositions de vos seigneuries à son égard. Il ajouta que le roi avait été un peu fâché du passage donné à Marc-Antoine, et du départ de votre envoyé sans en avoir accrédité un autre; qu'il était donc nécessaire de tout employer pour dissiper ce nuage; qu'au reste j'apprendrais du roi lui-même ce qu'il en pensait; qu'il faudrait envoyer exprès un de mes gens pour en instruire vos seigneuries.

J'ai représenté à Robertet tout ce qu'il fallait pour justifier vos seigneuries, etc. Pour lui prouver qu'elles ignoraient encore le 26 du mois dernier tout ce qui regarde Marc-Antoine, je lui ai communiqué la lettre que vous m'avez écrite ce jour-là, et il me fut facile de vous justifier en lui disant la vérité. J'ajoutai que quant au passe-port, vous l'aviez accordé pour aller à Bologne, et je lui expliquai les raisons qui vous avaient porté à le faire. Il me répliqua aussitôt que ce général ne voulait pas aller à Bologne mais bien à Gênes [1]. Je lui dis que je l'ignorais entièrement, quoique par votre lettre du 10 du courant vous m'en eussiez donné connaissance, car s'il eût su que vos seigneuries avaient été en suspens pour accorder ou refuser ce passe-port à Marc-Antoine ou aux troupes du pape, il aurait pu deviner les intentions de vos seigneuries à cette époque. C'est pourquoi j'ai préféré qu'on sût ici en même temps la demande et la réponse, parce que vos seigneuries, quel que soit le parti qu'elles adoptent, auront plus de facilité à répondre à ce qui sera dit ci-après.

Nous allâmes ensuite chez le roi : je lui présentai mes lettres de créance, et aussi respectueusement et aussi affectueusement qu'il me fut possible je lui détaillai les raisons de mon voyage, et lui annonçai l'arrivée de votre ambassadeur, qui serait ici aussi vite que la saison, la longueur du chemin et sa santé le lui permettraient. J'ajoutai que je priais Sa Majesté de vouloir bien ne mettre à cette circonstance particulière que le peu de prix qu'elle vaut, et je lui fis observer qu'une simple permission accordée à Marc-Antoine ne méritait pas que Sa Majesté en voulût à vos seigneuries, leur conduite passée les mettant d'ailleurs à l'abri d'un pareil soupçon. Sa Majesté me reçut avec beaucoup de bonté : elle me dit qu'elle était assurée de votre fidélité et de votre atttachement pour sa personne, parce qu'elle vous avait toujours fait beaucoup de bien et rendu beaucoup de services; mais que c'était le moment où elle voulait en acquérir une plus grande certitude; et alors elle ajouta : « Monsieur le secrétaire, je « ne suis brouillé ni avec le pape ni avec aucune « autre puissance; mais comme il arrive très- « souvent qu'on est ami aujourd'hui et ennemi « demain, j'exige que sans plus différer vos sei- « gneuries déclarent ce qu'elles ont l'intention de « faire et d'entreprendre en ma faveur dans le cas

[1] On voit que les présents ou *donatives* étaient d'usage aussi à la cour des rois; que des cardinaux, des ministres, des maréchaux de France les aimaient, en recevaient et en accordaient le prix. On voit également que tout se sait, et que l'histoire même se charge quelquefois de transmettre de pareilles turpitudes.

[1] Marc-Antoine Colonna fut envoyé par le pape pour faire soulever Gênes contre le roi de France, mais il ne put y réussir; au contraire, il fut pris et dépouillé.

« où le pape ou quelque autre souverain attaque-« rait ou voudrait attaquer mes États en Italie. « Vous voudrez bien leur envoyer sur-le-champ « un courrier pour que je reçoive aussitôt leur ré-« ponse; et qu'ils me la fassent soit de vive voix, « soit par écrit, peu m'importe, mais je veux enfin « savoir quels sont mes amis et quels sont mes « ennemis. Vous pouvez en outre leur marquer « de ma part que pour leur conserver leurs pos-« sessions je leur offre toutes les forces de mon « royaume, et de marcher même en personne pour « les défendre. » Il a fini en me recommandant de nouveau de vous communiquer sans retard ce qu'il venait de me dire, de vous demander une prompte réponse, et d'aller avec Robertet faire les dépêches. J'ai fait à Sa Majesté la seule réponse que je pusse faire à tout ce que je venais d'entendre, c'est-à-dire que j'allais vous écrire avec toute la diligence qu'elle exigeait; et que cependant je pouvais assurer le roi que vos seigneuries ne manqueraient jamais en rien à ce qu'elles lui devaient, et qu'on pouvait compter d'avance qu'elles feraient tout ce qui était raisonnable et possible. Il me dit qu'il en était bien sûr, mais qu'il voulait encore en avoir une plus grande certitude. J'ai parlé à Sa Majesté de la mission de Thomas à Venise et de ce qui y avait donné lieu : elle ne m'a pas paru y mettre un grand prix. Je me suis retiré alors avec Robertet que j'ai accompagné jusqu'à son logement, où je suis resté quelque temps. Il m'a répété à peu près ce que je viens de vous dire; il m'a recommandé de lui porter mes lettres, parce qu'il les enverrait à Lyon par le courrier du roi, et que je n'oubliasse pas d'ordonner qu'on vous les fît passer par un exprès; de sorte que je viens d'écrire à Barthélemi Panciatichi pour le prévenir, et vos seigneuries voudront bien lui tenir compte de ce qu'il déboursera pour cela. Robertet m'a encore parlé de l'affaire de votre ambassadeur et de Marc-Antoine, et quoiqu'il fût très-convaincu que je ne lui avais rien dit que de vrai, néanmoins il a avoué que vous avez ici beaucoup d'ennemis qui ne laissent point échapper la plus légère occasion de vous calomnier, et qu'il fallait dans ce moment éviter tout ce qui pourrait la leur fournir : c'est pourquoi il serait nécessaire qu'on apprît ici par le premier courrier que votre ambassadeur est parti, et que vous vous conduisez avec Marc-Antoine de manière à prouver que c'est sans votre consentement qu'il a traité avec le pape et qu'il est actuellement à Lucques ou ailleurs. Il m'a entretenu ensuite de l'affaire de Gênes, m'a rappelé les secours que la république de Lucque avait donnés aux bannis, et combien elle les avait aidés pour faire une révolution dans Gênes; que le roi était dans l'intention de l'en punir; qu'il ne fallait pas perdre de vue cet objet, parce qu'il y avait toujours quelque chose à gagner dans tous ces différends. Il m'a assuré qu'il ne fallait pas douter qu'aussitôt que les affaires commenceraient à devenir plus sérieuses, le roi ne se rendît en Italie aussi vite que le ferait un simple particulier, quand même ce serait au milieu de l'hiver; qu'il n'entendrait à aucun arrangement avec ceux qui se seraient déclarés contre lui, que l'épée à la main; qu'il était temps de se décider, surtout après avoir éprouvé tant de fois la grande supériorité de Sa Majesté pendant la guerre, la puissance de son royaume, la rapidité de ses conquêtes, et les bonnes dispositions qui l'ont toujours animée pour votre ville et votre autorité; que ceux que la passion n'aveugle pas au point de se tromper peuvent voir clairement que rien ne peut arrêter la prospérité de ce royaume et le succès de ses armes que la mort seule du roi, sur laquelle il n'est heureusement pas raisonnable de compter de sitôt. « Je ne « saurais donc trop vous recommander, » a-t-il ajouté en finissant, « d'écrire à vos souverains « que c'est le moment ou jamais de se rendre « agréable et de gagner beaucoup. » J'ai trouvé ici une ambassade nombreuse du roi d'Angleterre qui va à Rome [1], mais j'ignore pourquoi. Robertet m'a dit, et d'autres me l'ont également assuré, qu'ils ont fait au roi des propositions pour une pacification générale. Sa Majesté les a reçus en présence des principaux seigneurs de sa cour et des ambassadeurs qui étaient ici. Dans leur discours ils ont beaucoup appuyé sur la grande intimité qui existe entre les deux rois; ils ont été jusqu'à dire que leur maître faisait un si grand cas du roi de France qu'il le regardait comme son père [1].

[1] C'est de Henri VIII qu'il s'agit ici. Il venait de perdre son père Henri VII; et ce prince, qui retirait un subside annuel du roi de France, avait en mourant recommandé à son fils de vivre en paix avec ce prince.

Après cette longue conférence j'ai quitté Robertet. Vos seigneuries désireraient savoir, suivant ce qu'elles me marquent par leur lettre du 19, ce qui peut donner au pape la hardiesse de traiter la France avec tant de hauteur. D'après le peu que j'ai appris depuis mon arrivée, il paraît qu'on n'en sait pas davantage dans ce pays-ci. Aussi y doute-t-on de tout et se méfie-t-on de tout le monde. Voyez, d'après ce qu'on fait pour s'assurer de vous, ce qu'ils doivent chercher à savoir sur le compte des autres. Un de mes amis, qui ne parle au reste que par conjecture, m'a assuré que les plus grands secours sur lesquels le pape appuie toutes ses démarches sont son argent et les Suisses. Il espère ensuite avoir assez d'autorité pour faire déclarer l'Espagne et l'empereur. Il y a apparence que la première lui a fait de grandes promesses. Ne l'avons-nous pas vu au reste, dans l'entreprise contre Bologne, partir de Rome sans avoir rien fini avec les Français, sans être assuré de rien, et cependant réussir par sa seule audace et sa seule autorité.

On regarde ici comme à peu près certaine la rupture entre le pape et le roi de France, surtout quand on fait attention combien le saint-père s'est mis à découvert dans l'affaire de Gênes et qu'on réfléchit à ce qui se dit ici tout bas, etc., etc. Quant à ce qui regarde les Suisses, je sais pour certain que le pape leur a envoyé trente-six mille ducats pour avoir six mille hommes, et il voulait qu'on en fît sur-le-champ la levée. Les Suisses ont d'abord reçu l'argent, et ils disent aujourd'hui qu'ils ne feront aucune levée à moins qu'ils n'aient reçu trois payes; qu'il faut pour cela encore dix-huit mille ducats; et il y a environ onze jours qu'on envoya un courrier de Gênes à Rome pour réclamer les dix-huit mille ducats restants. Quelqu'un pensait que le pape avait dessein de se servir de ces Suisses pour envahir l'État de Gênes, mais on ignore si le duc de Savoie leur accordera le passage. Aussi personne ne se hasarde à vouloir deviner comment tout ceci doit ou peut se terminer : il vaut mieux attendre les résultats qu'on apprendra de jour en jour. Le roi avait ordonné de rappeler l'ambassadeur qu'il a à Rome, mais l'ordre n'est pas encore parti.

Je prie vos seigneuries de vouloir bien prendre un parti sur ce que je leur ai écrit de Lyon. Je puis avec raison dire aujourd'hui que j'ai supporté pour vous *le poids du jour et de la chaleur.*

NICOLAS MACCHIAVELLI.

A Blois, le 18 juillet 1510.

LETTRE III.

MAGNIFIQUES SEIGNEURS,

J'ai écrit le 18 à vos seigneuries une lettre que Robertet se chargea de faire passer à Lyon, et que j'adressai à Barthélemi Panciatichi avec ordre de vous la faire passer par un exprès : je présume qu'elle vous est parvenue. On en attend ici la réponse avec impatience. Je suis allé hier faire visite à monseigneur de Paris, un des hommes le plus en crédit : je lui ai parlé avec toute la mesure que la qualité du personnage et les circonstances exigeaient. Ce prélat a beaucoup d'esprit, de prudence et de sagesse : on ne peut s'exprimer avec plus de discrétion qu'il ne l'a fait. En m'entretenant et de vos seigneuries et des affaires qui s'élèvent aujourd'hui et qui paraissent se brouiller, « le pape, » a-t-il dit, « a tort « de vouloir sans aucun motif quelconque chercher à faire du mal aux autres, et mettre en « danger non-seulement lui, mais toute l'Italie. « Si cette guerre recommence elle sera la plus terrible et la plus opiniâtre qu'on ait vue depuis « longtemps, parce que plus le roi a accablé le « pape de bienfaits, plus il a recherché son amitié, et plus il se montrera son ennemi, plus il le « poursuivra dans sa personne et dans ses États, « et il est sûr qu'il ne sera blâmé ni par Dieu « ni par les hommes. » Il a ajouté, en parlant de vos seigneuries en particulier, qu'aux yeux de Dieu et des hommes vous ne pouviez qu'être bons Français; que le roi en était persuadé; que vous verriez arriver en Italie une armée si considérable pour défendre ses intérêts et ceux de ses amis que vous n'auriez rien à craindre; et que quand bien même le pape se déclarerait votre ennemi vous en devez être peu inquiets, puisque le roi n'a pas hésité à se déclarer contre le pape pour sauver votre autorité dans l'affaire d'Arezzo et obliger son fils à venir le trouver pour ainsi dire la corde au cou [1];

[1] Ceci fait allusion à la révolte d'Arezzo, suscitée par le duc de Valentinois. Le roi lui ordonna impérieusement

qu'il fallait aujourd'hui vous montrer reconnaissants et vous déclarer de bonne heure, afin que vos offres eussent plus de mérite et tournassent à votre avantage; faisant allusion par là à l'affaire de Lucques.

Je lui ai répondu comme il convenait. Je suis sorti de chez ce prélat et me suis rendu chez le chancelier [1]. Celui-ci est une tête plus chaude et il est fort irascible : il a fait une vigoureuse sortie et sur le départ de notre ambassadeur et sur Marc-Antoine, prétendant que vous vous étiez en cela mal conduits et exposés à être soupçonnés. Quoiqu'il eût parlé avec beaucoup de volubilité et que j'eusse à peine eu le temps de l'entendre, cependant quand je le quittai il était un peu calmé. Voici à peu près ce qu'il me dit de plus précis : que vos seigneuries étant alliées de la France, elles devaient, quand le pape leur communiquait quelque chose de contraire aux intérêts de cette puissance, en donner aussitôt avis à la cour, et d'un autre côté déclarer au pape qu'elles n'avaient rien à démêler avec lui; mais que vous, vous n'aviez rien fait de tout cela. Je lui ai répondu qu'à mon départ de Florence il n'y avait pas un seul habitant qui soupçonnât même qu'il pût exister la plus petite désunion entre le pape et le roi, et que dans cette position il était inutile d'employer les moyens dont il me parlait; que depuis mon départ j'ignorais entièrement ce que le pape avait dit ou fait avec vos seigneuries; que tout ce qu'elles avaient appris dans l'affaire de Marc-Antoine elles s'étaient empressées de le faire savoir au roi; que si elles avaient entendu dire quelque autre chose d'intéressant elles l'auraient également écrit. Je l'ai quitté alors et l'ai laissé, comme je vous l'ai déjà dit, un peu plus calme. Il me reste encore à voir monseigneur d'Amiens et monseigneur de Boucicaut, deux autres membres du conseil. Je n'ai pu les joindre jusqu'à présent, parce qu'on les trouve rarement chez eux : ils sont souvent assemblés dans ces circonstances, et on ne peut que difficilement les voir en particulier. Je leur ai bien parlé à tous ensemble le jour de mon arrivée, et lorsque je fus présenté au roi. J'ai fait une visite à l'ambassadeur d'Espagne : il m'a assuré qu'il avait ordre du roi son maître de vous faire dire mille choses honnêtes et obligeantes dont il m'a chargé. Je suis allé aussi chez l'ambassadeur de l'empereur. Ils sont deux ici, l'un qui y est depuis longtemps, et l'autre qui est arrivé en poste il y a peu de jours : il est venu, dit-on, pour empêcher les Français d'abandonner la guerre de Venise. Après les cérémonies d'usage j'ai appris de ces ambassadeurs, qui m'en ont donné les assurances les plus positives, que l'empereur et le roi de France étaient dans la plus grande intimité; que le premier était loin d'avoir le projet de se brouiller avec celui-ci. Le temps seul découvrira s'ils m'ont dit la vérité. Je me suis présenté après cela chez l'ambassadeur du pape : c'est un prélat très-respectable, très-sage et très-versé dans les affaires. Je l'ai trouvé très-fâché de tous ces mouvements, et tout étonné que les affaires soient poussées au point qu'il faille tirer l'épée. Il me paraît, si toutefois il ne m'a pas trompé, qu'il est plus mal instruit des intentions et des ordres du pape : il m'a assuré qu'il n'était au courant de rien, et m'a demandé si vos seigneuries ne m'avaient rien fait dire. Il m'a dit assez sensément, quand je lui ai demandé ce qu'il pensait de cette guerre, comment elle finirait et comment se ferait l'attaque et la défense, qu'il en était totalement effrayé; qu'il était au désespoir des erreurs dans lesquelles on tombait en Italie et en France, erreurs dont les pauvres peuples et les petits princes seraient les premières victimes; que quant à lui, il avait fait tous ses efforts pour maintenir la paix, mais qu'il n'y croyait plus; qu'il était cependant tout étonné de la conduite du pape, parce qu'il ne lui connaissait pas de forces suffisantes pour appuyer ces mouvements; qu'il ne voyait pas ce qu'il pouvait y gagner; que d'un autre côté il ne croyait pas à tous ces récits, parce qu'il connaissait la sagesse et la prudence du pape; qu'il ne pouvait imaginer qu'il se mît en avant aussi légèrement, étant aussi instruit qu'il l'était des véritables intérêts de l'église et des siens propres. C'est tout ce que j'en ai pu tirer. Au fait, on ne sait ici rien de certain sur les intentions du pontife, et, comme je vous l'ai déjà dit dans mon autre lettre, ne sachant rien, on craint tout et on se méfie de tout le monde.

de l'abandonner ; et le duc se rendit à Milan, où était le roi, pour se justifier.

[1] C'était alors Jean de Ganai.

On répand ici la nouvelle qu'on a vu dans nos parages vingt-deux galères vénitiennes. On ne sait comment elles auront pu passer de ce côté-ci sans le consentement du roi d'Espagne. Chaumont a écrit aujourd'hui que le marquis de Mantoue était libre et qu'il allait à Rome pour voir le pape : Robertet en a fait part ce matin à son ambassadeur qui se trouve ici. On a aussi appris que quelques bannis de Gênes s'étaient réunis à la Spezzia et s'étaient approchés à quelques milles de Gênes. Ce matin Robertet m'a dit d'un air d'assez mauvaise humeur que Marc-Antoine s'était rendu de ce côté également ; et l'on assure que l'on a pris ici la résolution, si toutefois elle ne change pas, de lever le camp qui est du côté de Venise, de laisser cinq cents lances avec les Impériaux pour remplir les engagements qu'on a contractés avec eux, d'envoyer à Ferrare trois cents lances avec quelque infanterie, et de faire passer tout le reste de l'armée, tant cavalerie qu'infanterie, dans le Parmesan, pour servir dans l'affaire de Gênes et du côté de la Toscane, quoique ce côté-là soit fort tranquille. Je soupçonne que toutes ces troupes pourraient bien aller camper sur le territoire de Lucques, pour s'en emparer et ôter cette ressource aux bannis de Gênes qui en sont sortis, et vous donner plus de courage pour vous déclarer en faveur du roi. Voilà tout ce que j'ai appris jusqu'à présent ; car vos seigneuries doivent imaginer tout ce qu'on dit ici du pape : lui refuser obéissance, assembler un concile contre lui, détruire son autorité temporelle et spirituelle sont les moindres choses dont on le menace. Je ne me rappelle plus rien, si ce n'est de me recommander, etc.

NICOLAS MACCHIAVELLI.

Blois, le 21 juillet 1510.

LETTRE IV.

MAGNIFIQUES SEIGNEURS,

La première lettre que j'ai écrite à vos seigneuries depuis mon arrivée à la cour était datée du 18 courant. L'importance des objets qu'elle renfermait me la fit adresser à Lyon, par l'entremise de Robertet, à Barthélemi Panciatichi, lequel, d'après les ordres du roi que je lui avais fait connaître, a dû vous la faire passer par un exprès. Quoique je sois bien persuadé qu'elle vous est parvenue, cependant pour ne rien négliger et pour plus grande précaution, je vous en envoie une copie avec la présente. Je n'ai pas pu la joindre à la lettre que j'ai écrite hier à vos seigneuries, parce que la poste est partie avant que je l'eusse copiée ; de manière que j'ai été obligé de ne vous l'envoyer qu'avec celle-ci. Je n'avais d'ailleurs pas d'autres raisons pour vous écrire, puisque par ma lettre d'hier, que j'ai adressée à Lyon par la poste royale, je vous ai instruits de tout ce qui se passait ici. Je ne vous dirai donc rien si ce n'est que ce matin, après une messe solennelle, le roi, en présence de toute la cour et des ambassadeurs d'Angleterre, a juré et ratifié avec serment les articles du traité conclu le mois dernier entre lui et le roi d'Angleterre, traité que ce dernier avait déjà ratifié. On assure à présent que ces ambassadeurs n'iront pas à Rome comme je vous l'avais d'abord écrit, mais qu'ils s'en retourneront en Angleterre. Il est vrai que l'envoyé de Rome m'a assuré ce matin qu'il n'était pas vrai, comme on le disait, qu'ils dussent y aller ; qu'ils n'étaient venus ici que pour la ratification du traité.

Depuis que ceci est écrit j'ai vu Robertet : il m'a encore assailli de plaintes contre vos seigneuries. Il m'a dit que le roi s'était hier au soir beaucoup récrié contre vos seigneuries, qui dans un si grand mouvement dirigé contre lui ne lui ont donné connaissance de rien ni aucun avis. Le roi est convaincu que vous êtes au courant de tout ce qui se passe en Italie mieux que personne ; de sorte que cette sortie ne vient pas d'autre chose que de ce que vous n'avez pas témoigné toute votre indignation en sa faveur. Robertet a encore ajouté beaucoup d'autres reproches à ce sujet, que je ne rapporte pas ici pour ne pas ennuyer vos seigneuries. Je vous ai excusés et j'ai combattu cette idée le plus qu'il m'a été possible ; cependant, comme vous savez qu'il arrive toujours, ils ne veulent rien entendre. Si vos seigneuries ne veulent donc pas se brouiller avec cette puissance, il est nécessaire qu'elles se déclarent publiquement ses amies ; qu'elles n'oublient pas, si elles ne peuvent faire mieux, de le répéte dans toutes leurs lettres, dans toutes leurs instructions sans laisser passer un seul courrier, et de me tenir au courant de tout ce qui se passe en Italie pour que je puisse le montrer ici. J'engage vos seigneuries à tenir compte de ce que je leur écris ici.

La levée de boucliers que le pape vient de faire contre la France est d'une nature si grave, et le roi y met tant d'importance, que je puis hardiment prévoir, ou qu'il en tirera une vengeance éclatante et glorieuse, ou qu'il perdra le reste de ses possessions en Italie. Il va passer les Alpes avec des forces deux fois plus considérables que celles de l'année passée, et chacun est convaincu qu'il fera encore plus qu'il ne dit puisque l'Angleterre et l'empereur restent tranquilles, du moins selon toutes les apparences.

On m'a dit qu'on a levé pour l'affaire de Gênes dix mille hommes d'infanterie, outre les gens d'armes qu'ils envoient de ce côté-là et dans nos cantons. Au reste vos seigneuries, avec leur prudence ordinaire, verront qu'il faut prendre un prompt parti afin que leur résolution soit plus agréable. Je me recommande, etc.

NICOLAS MACCHIAVELLI.

Blois, le 22 juillet 1510.

LETTRE V.

MAGNIFIQUES SEIGNEURS,

François Pandolfini vient de me remettre les deux lettres de vos seigneuries du 12 du présent.... J'écrirai plus au long à vos seigneuries dans les premiers moments que j'aurai de libres; je vous envoie seulement ce peu de mots par un courrier qui va à Milan, et sans autre but que de vous accuser réception de vos lettres, et je les mets dans une lettre de François Pandolfini. J'ai écrit fort au long à vos seigneuries depuis que je suis ici, les 18, 21 et 22 : j'espère que ces lettres vous sont parvenues. On a reçu ici de bonnes nouvelles de Gênes et tout le monde paraît fort content.

NICOLAS MACCHIAVELLI.

Blois, le 25 juillet 1510.

LETTRE VI.

MAGNIFIQUES SEIGNEURS,

Vos lettres du 12 du courant, que vos seigneuries m'ont fait tenir par François Pandolfini, étaient remplies d'excellentes nouvelles.... Gênes est en sûreté, car j'ai eu hier des lettres qui m'annonçaient qu'il y était entré trois mille fantassins, de plus le fils de Jean-Louis de Fiesque avec six cents hommes, et le neveu du cardinal del Finale avec un pareil nombre de troupes; que les bannis s'étaient retirés avec les soldats qu'ils avaient emmenés, et que les galères de Gênes, avec ses autres vaisseaux, étaient sorties pour aller au-devant des Vénitiens qui sûrement ne les attendaient pas; de sorte que Sa Majesté regarde Gênes comme sauvée, et toute la cour était hier dans la plus grande joie. On m'a assuré que les Vénitiens ne pouvaient, d'après cet événement, faire des progrès de leur côté ou entreprendre quelque chose d'important, parce qu'il restait encore assez de troupes, tant françaises qu'impériales et espagnoles, non-seulement pour les tenir en échec, mais encore pour les combattre. Venant alors à ce qui concerne l'Espagne.... Voilà tout ce que j'ai pu tirer du roi et de ses ministres relativement aux nouvelles que vous m'avez données. Je n'ai rien entendu de plus sur les affaires de Gênes, si ce n'est ce que le roi a annoncé. Ceci était écrit le 25.

Nous voici au 26. On a reçu aujourd'hui des nouvelles de Gênes : elles confirment ce qui a été dit hier, et elles ajoutent de plus que dans un conseil qui s'y était tenu, où s'étaient trouvés trois cents habitants, on avait proposé d'employer l'argent de la banque Saint-Georges pour conserver Gênes à Sa Majesté, et que lorsqu'on était allé aux voix on n'avait trouvé que huit boules contre la proposition. Le roi causait encore ce matin avec l'ambassadeur d'Angleterre, et il a répété publiquement que les Florentins n'avaient pas voulu donner passage aux troupes du pape pour aller à Gênes, et qu'il les regardait comme ses meilleurs amis.

Je suis allé voir l'envoyé de Mantoue pour savoir ce qu'il pensait de la liberté donnée à son maître [1]. Il m'a dit qu'il croyait que sa

[1] Le marquis de Mantoue avait été fait prisonnier dans la guerre contre les Vénitiens le 7 août 1509.

délivrance était due aux espérances que le pape pouvait avoir conçues de s'en servir dans tous ces mouvements, et aux promesses que le marquis lui avait sûrement faites. Quand je lui ai dit que si c'était cette dernière considération, le marquis se trouverait dans la nécessité, ou de manquer aux promesses qu'il avait faites au roi de France lorsqu'il avait reçu ses ordres, ou de violer la parole qu'il venait de donner au pape, il m'a répondu que l'on n'était pas tenu de remplir les promesses que l'on faisait en prison; que le marquis ne se déclarerait jamais contre le roi, et que si pour sortir de prison il était forcé de servir en personne contre la France, il ne marcherait jamais avec ses troupes, parce que son petit État était toujours à la disposition du roi.

Je n'ignore pas, comme vous me l'avez fait dire, que vous désireriez savoir quel parti prendront les Espagnols et les Impériaux, et je voudrais bien pouvoir à cet égard vous apprendre quelque chose de certain; mais il n'est guère possible de s'en informer, car il n'est pas probable que ces puissances fassent connaître les desseins qu'elles forment à leurs ambassadeurs en France, et ceux-ci sont pour ainsi dire dans les ténèbres. On ne peut du reste parler de tout cela que par conjecture, et il m'est impossible d'en fonder sur cet objet aucune qui soit digne de vos seigneuries. Je vous dirai seulement, pour ce qui concerne l'Angleterre, que dimanche dernier, comme je l'ai déjà marqué à vos seigneuries, on a juré solennellement la paix entre les deux rois en présence des ambassadeurs et de toute la cour; et lorsque je dis au roi de France que le pape comptait cependant sur l'Angleterre, il me répondit en riant: « Tu « as entendu toi-même notre serment sur la « paix, etc. »

Cette conduite du pape déplaît beaucoup à tout le monde dans ce pays-ci: chacun croit qu'il veut jeter le trouble dans toute la chrétienté et ruiner l'Italie. Cependant comme son entreprise sur Gènes n'a pas réussi, on espère que si le saint-père ne persiste pas dans ses projets et s'il ne veut pas donner le mouvement à tant de maux, les affaires pourront s'arranger. On est d'autant plus fondé à le croire que quoique l'insulte que le pape a voulu faire à cette couronne soit très-grave, cependant comme il n'a pu réussir, et que d'un autre côté il serait peut-être dangereux de vouloir s'en venger, parce qu'il est impossible d'avoir une raison plus plausible de se déclarer contre un prince que celle de vouloir défendre l'église, si Sa Majesté veut l'attaquer ouvertement elle a à craindre que tout le monde ne se mette contre elle; de sorte qu'on croit qu'elle se laisserait facilement gagner, et que l'attaque même de Ferrare ne pourrait gâter les affaires. Reste ensuite à savoir si le pape voudrait la paix. Il ne devrait pas la rejeter, à cause du peu de succès de son entreprise sur Gènes, qui devrait le rendre plus circonspect: cette première démarche lui ayant mal réussi, et y ayant trouvé plus de difficulté qu'il ne croyait, il doit être plus prudent et chercher à se mettre à l'abri de tout soupçon, surtout lorsque l'occasion est si belle. Un grand personnage qui a ici beaucoup d'influence m'a chargé de prier vos seigneuries de conduire toute cette négociation, et d'employer tous leurs moyens pour mettre sous les yeux du pape tout ce qu'il est possible de lui présenter pour réussir, ajoutant qu'il ne serait pas sans espoir de voir couronner vos efforts. J'ai cru devoir marquer tout ceci à vos seigneuries, parce qu'il me semble que je ne sors pas du cercle qu'elles m'ont tracé en leur écrivant tout ce que j'apprends et tout ce que j'entends dire dans cette cour.

NICOLAS MACCHIAVELLI.

Blois, le 26 juillet 1510.

LETTRE VII.

MAGNIFIQUES SEIGNEURS,

Ma dernière lettre est du 26: elle répondait à votre lettre du 12, et renfermait tout ce qui s'était passé ici jusqu'à ce jour-là, en vous instruisant du plaisir que vos lettres avaient fait au roi. J'ai reçu hier celle que vos seigneuries m'ont écrite le 16, et quoique les nouvelles qu'elle renferme soient un peu anciennes, cependant pour prouver à Sa Majesté que vous ne laissiez passer aucune occasion de lui rendre tout ce que vous lui deviez, je suis allé ce matin chez le roi: je lui ai tout communiqué et il m'en a paru très-satisfait. Il m'a dit que le grand maître lui avait écrit que vos seigneuries avaient soin de le tenir au courant de tout ce qui se passait. Sa Majesté m'a annoncé que Chaumont lui avait appris que ses troupes avaient emporté Monselice le plus glorieusement du monde, parce qu'après s'être emparées d'assaut de la ville basse, elles avaient du même coup attaqué et pris la citadelle; qu'on y avait tué plus de six cents hommes et que personne n'avait échappé ; sur quoi il ajouta en riant : « On m'a regardé pendant un an « comme un méchant homme, lors de la ba- « taille où je me suis trouvé et où il y eut tant « de monde de tué : actuellement M. de Chau- « mont va avoir la même réputation. » Il me dit que l'on avait pris un homme de Berzighella dont il ne savait pas le nom, et que lors du combat de Monselice tous les soldats criaient : Jules ! Jules ! Il avait infiniment de plaisir à raconter toutes ces nouvelles.

Il dit n'avoir rien de nouveau sur Gênes, et que cette ville reprenait sa tranquillité. Comme Barthélemi Panciatichi m'a écrit de Lyon que l'on ouvre toutes les lettres dans la Lombardie, même celles de vos seigneuries, et que vos dernières me furent rendues ouvertes, j'en ai parlé au roi, et l'ai prié de vouloir bien faire donner des ordres à cet égard aux employés des postes. Sa Majesté me dit qu'elle le ferait et que je n'avais qu'à le dire de sa part à Robertet; que cet ordre avait été donné pour tout le monde avant mon arrivée, mais qu'il allait faire une exception en faveur de vos seigneuries. J'en ai dit un mot à Robertet, qui m'a assuré que par le premier courrier il enverrait les ordres nécessaires.

L'ambassadeur de Ferrare m'a dit ce matin que les troupes du pape, après avoir pris les deux châteaux dont vos seigneuries me parlent dans leur lettre du 16, sont encore allées assiéger un autre château dont je ne vous dirai pas ici le nom, qu'il avait oublié. A leur arrivée la garnison du château a fait une sortie et a fait prisonniers vingt-trois soldats de l'armée du pape, ce qui a fait ici grand plaisir au roi. Je lui ai demandé combien le pape avait de troupes à employer à cette entreprise : il n'a pu me le dire, et il s'est beaucoup plaint de son souverain qui le tenait si peu au courant des affaires. Il a ajouté qu'il faisait tout son possible pour engager le roi à envoyer un secours d'infanterie, et qu'il le lui avait promis. Nous verrons ce qui s'ensuivra.

J'ai appris, comme je vous l'ai marqué par ma dernière lettre, que le marquis de Mantoue était à Bologne. Son envoyé ici commence à craindre que sa délivrance ne rende sa condition encore pire par rapport à ses États. On verra quelle conduite il va tenir, et on sera ensuite plus en état d'asseoir un jugement.

Au moment où j'écris ceci, à la vingt-troisième heure du jour, il vient d'arriver un ambassadeur du duc de Wirtemberg; c'est un seigneur allemand qui a dix cavaliers à sa suite. On a envoyé au-devant de lui et on lui a rendu ici toutes sortes d'honneurs. J'aurai soin de faire connaître à vos seigneuries, quand je les saurai, les motifs de son départ et de son arrivée. Je me recommande, etc.

NICOLAS MACCHIAVELLI.

Blois, le 29 juillet 1510.

P. S. Les ambassadeurs d'Angleterre, après avoir été bien fêtés et comblés de présents, s'en retourneront dans deux jours chez eux.

Nous voici au 30, et l'on vient d'apprendre que les troupes qui étaient allées par terre pour faire révolter Gênes, se voyant poursuivies, se sont embarquées sur la flotte des Vénitiens : on a mis six chevaux dans chaque galère avec leurs capitaines, et environ cent cavaliers se sont réunis ensemble pour tâcher de se faire jour et de se sauver. On n'est pas ici sans espérance qu'il n'arrive quelque malheur à la flotte vénitienne.

On répand aussi la nouvelle que le marquis de Mantoue a envoyé chercher son fils pour le mettre entre les mains du pape. Le roi a fait dire à son envoyé de faire en sorte que la marquise n'y consentît pas : l'envoyé est persuadé que celle-ci ne le lui enverra pas, et il pense qu'au fond le marquis n'en sera pas fâché.

Les raisons qui ont fait arriver ici l'ambassadeur du duc de Wirtemberg sont que le roi, voyant la conduite que tiennent les Suisses et l'espoir que le pape fonde sur eux, pour leur donner de l'occupation et les empêcher de servir le saint-père aussi tranquillement qu'ils le voulaient, a pris le parti de leur donner de l'inquiétude et de les faire menacer par ce duc qui est leur ennemi naturel. Cet ambassadeur a été aujourd'hui toute la journée admis au conseil, et a pris part aux délibérations sur les moyens à prendre dans cette circonstance.

Sa Majesté a encore envoyé vers les cantons les commandants de ses gardes suisses pour tâcher de gagner, sinon tous, au moins une partie d'entre eux, et voir s'il pourra, ou par la douceur ou par les menaces, les détacher du parti du pape.

LETTRE VIII.

MAGNIFIQUES SEIGNEURS,

Vos seigneuries savent, comme je le leur ai marqué il y a quelques jours, que le pape n'a pu réussir à faire soulever Gènes et que le roi de France en a été quitte de ce côté-là pour la peur; que le pape s'est déclaré par là ennemi de la France, et que loin d'avoir pu lui faire le moindre mal, il a au contraire augmenté son influence en raffermissant par cette démarche l'autorité du roi dans Gènes; que Sa Sainteté voit aujourd'hui que tous les autres secours sur lesquels elle comptait lui manquent à la fois. D'après tous ces événements, les gens sensés et prudents qui se trouvent ici ont cru qu'on pourrait espérer la paix s'il se trouvait un médiateur assez accrédité pour vouloir se charger de la ménager pour le bien de la chrétienté, et surtout pour celui de l'Italie. Il serait en effet très-facile de faire voir au roi de France à quoi il s'expose en voulant faire la guerre au pape, les dangers qui en résulteraient pour lui, les dépenses certaines qu'il serait obligé de faire, et enfin l'issue douteuse que cette guerre pourrait avoir. On ferait aussi facilement sentir au pape quels maux cette guerre entraînera, non-seulement pour lui personnellement et pour ses États temporels, mais encore pour toute la chrétienté et pour sa puissance spirituelle. Les choses en étaient à ce point et j'en avais souvent causé avec l'envoyé du pape, qui est intérieurement au désespoir de tous ces mouvements, lorsque Robertet envoya chercher un soir Jean Girolami, qui est chargé ici des affaires de l'évêque de Volterra comme l'était Alexandre Nasi: après l'avoir entretenu de beaucoup d'objets il passa tout à coup aux troubles qui éclatent de tous les côtés, se plaignit hautement de tous ces mouvements, lui prouva qu'ils étaient également nuisibles aux vainqueurs et aux vaincus. De raisonnement en raisonnement et de parole en parole, il conclut que le pape serait certainement imité s'il voulait rester en repos; que c'était le seul parti qu'il e. . à prendre si Dieu ne l'avait pas destiné à être par son entêtement la ruine du monde; mais qu'il croyait que cette idée se réaliserait très-difficilement si un tiers ne s'en mêlait pas, parce que le roi ne se déciderait jamais à faire les premières avances, et que malheureusement le pape ne les ferait pas davantage. Après avoir bien cherché quel moyen on pourrait employer, ils ne virent pour cette médiation que vos seigneuries et le cardinal de Volterra, parce que les autres princes gâteraient plutôt l'affaire qu'ils ne l'accommoderaient à cause des avantages que pourrait leur procurer cette brouillerie. Il fit alors entendre à Jean qu'il serait très-bien à lui de faire le voyage d'Italie pour cet objet. Jean s'est offert de bien bon cœur, mais il a déclaré en même temps qu'il ne voulait rien faire sans que vos seigneuries vissent clairement dans quelle affaire on allait les embarquer, et qu'elles fussent positivement assurées des intentions du roi, afin d'être sûres de ne tromper ni d'être trompés ni les uns ni les autres; que dans ce cas il pouvait assurer que vos seigneuries interviendraient très-volontiers, à cause du désir que vous aviez de voir la paix régner entre ces deux princes et de la crainte que vous causait leur brouillerie, dont il ne pourrait résulter rien d'avantageux pour vous. On ne conclut rien ce jour-là, mais on convint de se réunir le lendemain. Jean me fit part aussitôt de tout ce qui s'était passé. Ne voulant pas rompre une pareille négociation, mais au contraire la faire avancer autant qu'il me serait possible, j'allai communiquer le tout à l'envoyé du pape, non comme à une partie intéressée, mais comme à un intermédiaire utile capable de bien guider dans toute cette affaire. Tout ce que Robertet avait dit lui parut d'un bon augure, et dans le dessein de tout conduire à bien il résolut d'aller trouver le roi, et il s'y rendit aussitôt. Il représenta à Sa Majesté les dangers auxquels elle allait s'exposer, et toutes les intrigues qu'on avait mises secrètement en jeu pour conduire le pape à cette levée de boucliers. Il lui démontra les soupçons que l'Espagne avait tout de suite conçus de leur alliance, puisque deux mois après que le traité eut été signé, cette puissance, craignant aussitôt que ce fût à son désavantage, avait envoyé sous un autre prétexte une flotte en Sicile; que depuis, dès qu'on eut connaissance des troubles arrivés à Ferrare, il était arrivé en France un envoyé d'Espagne qui engageait le roi à ne pas abondonner Ferrare, tandis qu'un autre ambassadeur de la [illegible]me couronne représentait au pape, à Rome. [illegible] c'était fort mal au roi de vouloir défendre le duc; de sorte qu'ils ont poussé les choses au gré de leur désir: qu'en conséquence Sa Majesté devait bien examiner ce qu'elle allait entreprendre; qui si le pape avait voulu l'attaquer il n'avait pu y réussir, et qu'il fallait plutôt l'oublier que lui fournir l'occasion de chercher à être plus heureux dans un autre moment. Il ajouta beaucoup d'autres raisons que je ne détaille pas ici pour ne pas vous ennuyer. Le roi l'écouta très-patiemment; ensuite il lui répondit en ces termes : « Je conviens de la vérité de tout ce « que vous venez de me dire; mais que voulez- « vous que je fasse? Je ne puis pas m'expliquer « plus clairement que je m'explique. Le pape a « voulu me faire du mal : je suis disposé à tout « souffrir, hors ce qui attaquera mon honneur et « mon autorité. Soyez convaincu que si le pape « me fait des avances de l'épaisseur de l'ongle, « moi j'en ferai de la longueur du bras, mais ja- « mais je ne commencerai. » L'envoyé crut que ce que le roi venait de lui dire suffisait pour lui faire connaître ses intentions : il se retira donc, et resta ensuite plus d'une heure avec Robertet. Ils discutèrent ensemble sur les moyens de faire réussir leurs projets; et d'après ce qui s'était passé avec Jean Girolami, ils restèrent convaincus qu'il fallait nécessairement persuader à vos seigneuries de prendre sur elles le rôle de médiatrices entre le pape et le roi; qu'il était nécessaire que vous eussiez l'air de faire cette démarche de votre propre mouvement, et que vous deviez envoyer en poste un ambassadeur ou deux députés à Rome, chargés seulement de cette commission. Dès qu'on me fit part de cette résolution je répondis que s'ils voulaient que vos seigneuries remplissent leur projet avec plus d'empressement, il était nécessaire que je pusse leur écrire qu'une pareille démarche était agréable au roi, et qu'il serait très-satisfait s'ils la faisaient; que si le roi ne voulait pas me donner cette assurance lui-même, il fallait au moins qu'elle me fût donnée par quelqu'un de son conseil. Les choses en restèrent là. Robertet communiqua le tout au roi, et le départ de Jean, et votre intervention et les moyens de vous y engager : Sa Majesté approuva le tout. Ce matin, étant allé au déjeûner du roi, monseigneur de la Trémouille, qui depuis quinze jours assiste à tous les conseils, me fit appeler; il était avec Robertet et le chancelier. Après quelques propos assez durs sur la conduite du pape ils ajoutèrent que malgré cette conduite, puisque Jean Girolami s'en retournait en Italie, ils étaient chargés par le roi de me dire que Sa Majesté serait contente et verrait avec plaisir que vos seigneuries voulussent s'entremettre entre le pape et lui; qu'elles envoyassent pour cela des ambassadeurs à Rome, et qu'elles se conduisissent comme elles jugeraient convenable.

Tout se trouvant ainsi arrangé, Jean, porteur de la présente, part en poste pour l'Italie, et il répétera de vive voix à vos seigneuries tout ce que je leur écris ici, et de plus tous les détails dont vos seigneuries auront besoin d'être instruites. Pour qu'elles n'ignorent pas la manière de terminer cette affaire à la satisfaction de la France, Robertet a dit que si le pape laissait à des arbitres à décider des troubles de Ferrare le roi en serait très-satisfait, et qu'il s'embarrasserait peu qui serait chargé de la décision. Mais ceci regarde la conclusion de l'affaire : pour l'entamer il faudrait que le pape mît fin à toutes les intrigues qu'il dirige contre le roi, par exemple en cherchant à soulever les Suisses et les autres puissances; qu'il donnât de vive voix à vos ambassadeurs l'assurance qu'il se conduirait vis-à-vis du roi en bon père s'il voulait, lui, se montrer un bon fils, et qu'il en adressât un bref au roi. A la réception de ce bref le roi enverrait aussitôt un ambassadeur à Rome, et une fois cette première démarche faite, on ne doute pas que tout le reste ne s'arrangeât.

Actuellement, comme je connais la prudence de vos seigneuries, elles examineront avec soin ce que je leur écris ici et ce que leur rapportera Jean. Elles emploieront les moyens qu'elles jugeront le plus convenables, mais il faut surtout de la célérité. Je n'ai pas cru devoir rejeter les propositions que l'on m'a faites, parce que j'ai pensé qu'il ne pouvait arriver rien de pire pour notre ville que l'inimitié de ces deux puissances, pour les raisons que vos seigneuries ont bien comprises depuis le commencement; et tous les moyens qui se présentent pour les mettre d'accord je les juge bons, parce que j'ai vu que vos seigneuries se trouvant les médiatrices, elles ne peuvent qu'y gagner; car ou la négociation réussira ou elle échouera : si elle réussit nous aurons la paix, qui est l'objet de tous nos désirs, et nous éviterons tous les dangers que la guerre nous aurait attirés, et plus on sera ici content de vous, plus vous obtiendrez, et vous vous attacherez le roi et le pape pour lesquels vous aurez autant agi que pour vous; si au contraire la négociation échoue, le roi de France vous aura l'obligation d'avoir fait ce qu'il avait désiré, et de lui avoir donné l'occasion de justifier aux yeux du monde entier sa conduite envers le pape; celui-ci de son côté ne pourra pas se plaindre de vous, quand bien même vous seriez contre lui dans cette guerre, puisque vous lui aurez porté des paroles de paix qu'il aura rejetées.

Telles sont les raisons qui m'ont engagé à me prêter à tous ces arrangements : je serai très-satisfait si vos seigneuries m'approuvent. Dans le cas contraire elles voudront bien m'excuser, parce que dans la position où je me trouve je ne pouvais pas juger différemment. En attendant le roi fait des préparatifs et prend ses précautions avec beaucoup d'activité : il a convoqué un concile de tous les prélats de son royaume à Orléans pour le mois de septembre; il s'est arrangé avec le duc de Wirtemberg pour avoir de l'infanterie allemande et pour empêcher les Suisses de remuer; il a envoyé, d'un autre côté, son capitaine des gardes en Suisse pour essayer de les gagner en totalité ou en partie; il a ordonné à tous les capitaines de ses troupes de dresser leurs rôles pour que les levées se fassent promptement; il a commandé le ban et l'arrière-ban de son royaume pour la défense du pays, et pour former un supplément de cavalerie s'il en a besoin; il a prescrit à ses généraux une nouvelle manière de se procurer de l'argent pour cette guerre sans toucher à son épargne.

On attend ici monseigneur de Gurck, le premier personnage de la cour de l'empereur. Le roi veut lui proposer d'engager l'empereur à se mettre en marche au printemps prochain avec peu ou point de monde, parce qu'il l'accompagnerait lui-même en personne jusqu'à Rome avec deux mille cinq cents lances et trente mille fantassins. Il a juré sur son âme ou qu'il y perdrait son royaume, ou qu'il ferait couronner l'empereur et ferait un pape à sa guise. Le roi d'Espagne a écrit ici une lettre pleine d'amitié pour le roi de France : il se plaint de l'entreprise faite par le pape sur Gênes, et lui offre douze de ses galères tout armées pour en disposer contre qui il voudrait. Ces lettres contiennent les assurances les plus favorables pour la France et ne font nullement mention du pape.

Le roi a ordonné également qu'on équipât au printemps prochain une flotte aussi considérable que son armée de terre. Vos seigneuries doivent à présent voir quel mérite acquerrait aux yeux de Dieu et des hommes celui qui apaiserait tous ces grands mouvements et dont la prudence remédierait à tout.

L'importance des objets que renferme cette lettre m'a fait oublier de vous parler d'un envoyé de la ville de Lucques qui est arrivé ici depuis deux jours : je ne vous en dirai rien de plus pour ne pas vous ennuyer; mais Jean Girolami qui en est instruit vous informera de tout en détail.

NICOLAS MACCHIAVELLI.

Blois, le 3 août 1510.

P. S. J'ai donné à Jean Girolami une instruction particulière où j'ai nommé l'ambassadeur du pape : j'y annonce que c'est par son ordre que l'on a entrepris cette affaire, et qu'il l'exhorte à entrer adroitement en matière avec le pape, en lui mettant d'abord sous les yeux que la guerre qu'il fait aujourd'hui au roi de France a deux motifs : le premier, les soupçons qu'il a contre lui; le second, l'affront qu'il croit avoir reçu dans l'affaire de Ferrare; que quant aux soupçons, il fallait avoir l'air de les partager, mais qu'il fallait lui représenter qu'il devait auparavant prendre des moyens assurés pour les soutenir; que ses forces et les nôtres ne pouvaient pas suffire, et qu'il était difficile de se fier à celles des autres. Alors on lui mettra sous les yeux tout ce que l'Espagne a écrit de satisfaisant pour la France sans seulement faire mention du pape, et ce que le duc de Savoie a également fait; on ajoutera qu'il pourrait bien arriver que les autres ne lui fissent pas des promesses aussi magnifiques que celles que le roi lui ferait, et qu'il vaudrait mieux que cela se terminât ainsi sans être forcé de soulever le monde.

LETTRE IX.

MAGNIFIQUES SEIGNEURS,

Depuis le départ de Jean Girolami avec les détails les plus étendus de ce qui se passe ici, et avec les projets dont vos seigneuries auront eu connaissance par ma lettre sur les moyens d'accorder le roi et le pape, j'ai reçu avant-hier vos deux lettres du 26 du mois passé. Comme le roi était allé faire une partie de chasse à trois lieues d'ici, j'allai voir Robertet et lui communiquai vos lettres. Je lui fis remarquer surtout l'article relatif aux soldats qui, partis de Gênes, s'étaient réfugiés à Camajore, terre appartenant aux Lucquois. Il me répondit aussitôt qu'il avait reçu de Gênes des nouvelles bien différentes, qui portaient que la cavalerie de Marc-Antoine s'était réfugiée à Pise où les paysans l'avaient dépouillée, mais que vos seigneuries leur avaient fait rendre tous leurs effets; ce qui avait fort déplu au roi, parce que ce zèle pour ses ennemis prouvait que vous ne lui étiez pas bien attachés. Je lui répondis que mes lettres disaient tout le contraire; qu'il n'était pas probable que ces cavaliers, pouvant se mettre entièrement à l'abri dans le territoire de Lucques, se fussent réfugiés sur le territoire de vos seigneuries. Il conviendrait que vous m'écrivissiez ici à ce sujet et que vous me marquassiez comment la chose s'est passée. Je crus devoir aller hier chez le roi. A peine en sa présence, je lui dis ce que vos seigneuries écrivaient; que vous ne faisiez pas réponse à la lettre de Sa Majesté parce que vous la receviez au moment où vous alliez m'écrire, mais qu'au fait vous y répondiez d'avance par toutes les assurances d'attachement que celle que je recevais renfermait pour Sa Majesté, ce qui annonçait que la réponse ne pourrait qu'être favorable. Sa Majesté me dit qu'elle le croyait; mais aussitôt elle me répéta tout ce que Robertet m'avait déjà dit au sujet des cavaliers dépouillés et dédommagés par votre ordre. Je lui fis la même réponse; et ensuite elle me dit: « A l'heure qu'il est le grand maître a « fait demander de ma part à leurs seigneuries « de tenir leurs troupes prêtes pour que je puisse « m'en servir quand l'occasion s'en présentera; « et je vous charge de leur communiquer vous-« même ces intentions, parce que dans tout ce « qui se passe je pense autant à leurs intérêts « qu'aux miens. » Aussitôt je pris congé parce que Sa Majesté, étant montée à cheval presque toute la journée, ne put me donner une plus longue audience.

Magnifiques seigneurs, je suis parti d'ici hier matin avec Robertet pour aller trouver le roi, comme je viens de vous le dire. Pendant les trois lieues que nous fîmes ensemble nous causâmes et nous nous entretînmes de toutes les affaires d'Italie, et de tout ce que l'on pouvait dire sur l'événement actuel sans cependant trop se livrer. Je dis sans trop se livrer parce que, quant aux projets qu'on a ici à l'égard du pape, il ne me communiqua que ce qu'on veut bien dire à quelqu'un auquel on ne se fie pas beaucoup. Il faut convenir qu'ils ne se fieront entièrement à vos seigneuries que lorsqu'ils les verront entièrement décidées, et leurs troupes réunies à celles de la France. Ils sont ici naturellement soupçonneux, et ils se défient d'autant plus de vous qu'ils vous connaissent beaucoup de prudence, et savent que vous êtes incapables d'exposer témérairement vos intérêts. Cette conversation m'engage à vous répéter ici ce que je vous ai dit dans ma lettre du 18 et que tout ceci n'a fait que confirmer: c'est que vos seigneuries doivent croire, comme elles croient l'Évangile, que si jamais la guerre éclate entre le roi et le pape, elles ne pourront s'empêcher de se déclarer pour l'un des deux partis et d'abandonner toute espèce de ménagement pour le parti contraire. La demande que l'on vous fait aujourd'hui en est une preuve évidente. La nécessité où vous vous trouverez alors exposera votre ville à quelque danger: c'est à ceux qui vous sont attachés à juger si vous devez vous y exposer sans espoir de quelque dédommagement. Vous voyez ce que le roi m'a dit: qu'il ne perdait pas de vue vos intérêts. Robertet m'a souvent répété: « Vous ne me parlez jamais « de Lucques: ce serait cependant bien le mo-« ment de s'en occuper. » Encore même aujourd'hui, tout en causant avec moi il est revenu sur le même sujet; et de plus il a ajouté que le duché d'Urbin vous conviendrait bien. J'ai détourné la conversation comme je le fais ordinairement, parce que j'ignore à cet égard les intentions de vos seigneuries; mais je vois que ma réserve augmente leurs soupçons, et les porte à vous presser davantage de vous déclarer en leur faveur. Je doute que l'observation stricte des traités puisse vous suffire : ils exigeront certainement davantage; car si les traités portent seulement que vous vous teniez sur la défensive, ils exigeront que vous soyez agresseurs pour vous attacher davantage à leurs intérêts. De sorte que l'on croit ici que vous devez faire de manière ou d'autre la déclaration, ou de marcher avec eux, ou de vous ranger parmi leurs ennemis. N'allez pas vous imaginer que rien ici puisse les arrêter, ou croire qu'ils ne puissent rien faire sans vous; que leur orgueil et leur puissance puissent s'abaisser, ou qu'ils abandonnent le parti qu'ils ont une fois embrassé. Aussi tous ceux qui vous sont attachés ici pensent que vos seigneuries ne doivent pas attendre que le temps les presse ou que la nécessité les y oblige; qu'elles doivent bien examiner toutes les circonstances actuelles. Qu'elles délibèrent et qu'elles marchent vers le but qu'elles se seront proposé; et que, quoi qu'il arrive, elles tiennent à leurs résolutions. Si vous jugez qu'il est absolument nécessaire que vous vous déclariez en faveur du roi, vous ferez bien de faire tourner cette démarche au profit de vos intérêts; car enfin si vous vous exposez à perdre vos amis et vos États, vous devez au moins avoir un dédommagement en vue; et si vous jugez qu'il est avantageux de courir les mêmes chances que la France, en retour il faudrait qu'on vous laissât disposer de la majeure partie de la Toscane à votre gré, et que vous ne soutinssiez les entreprises des autres que moyennant une redevance annuelle pendant un certain nombre d'années. Cette occasion ne durera pas longtemps : il faut donc que votre résolution soit prompte. Comme je ne suis pas en mesure pour suivre une affaire aussi importante, il conviendrait que vous fissiez passer vos ordres à l'ambassadeur qui est en route, et que vous fissiez hâte, de manière qu'il sache ce qu'il a à faire et qu'il n'arrive pas ici sans être au fait de rien, sans savoir quelles sont vos intentions, et sans pouvoir dire si cela sera prompt ou si cela traînera en longueur, parce qu'ils ne veulent plus attendre.

Pour être plus sûrs de leurs affaires ils se sont attachés en même temps à deux projets : le premier est la paix avec le pape, si Sa Sainteté veut toutefois faire les premières démarches, et Robertet m'a encore assuré qu'ils étaient toujours dans les mêmes intentions; l'autre, si la paix n'a pas lieu, de s'attacher entièrement à l'empereur. C'est tout ce qu'on croit ici avoir de mieux à faire. Quant à la paix, j'y croirai lorsque ceux qui disent la désirer n'y mettront plus d'obstacles : car pour réduire le pape à faire tout ce qu'ils désirent, il ne fallait pas envoyer de si prompts secours à Ferrare; il ne fallait pas annoncer qu'on voulait changer le gouvernement de Bologne : tout cela n'a servi qu'à le rendre plus soupçonneux et plus incrédule. Ils ont promis d'avoir égard à tout cela lorsqu'ils ont envoyé Jean; mais ils ne comptent pas beaucoup là-dessus, et ils forment d'autres projets si celui-ci venait à manquer. Quant à l'empereur, ils lui offriront un parti plus ou moins avantageux, suivant qu'on jugera avoir plus ou moins besoin de lui. Le roi disait à un homme qui n'est pas fait pour en imposer que l'empereur lui avait souvent proposé de partager ensemble l'Italie; que le roi n'avait jamais voulu y consentir; mais que pour cette fois-ci Sa Majesté s'y prêterait, et que le pape la forcerait à écouter ses propositions. Vos seigneuries courent donc, dans cette guerre entre le roi de France et le pape, deux dangers : le premier, de perdre l'amitié de l'un des deux : le second, de voir l'empereur et le roi de France s'arranger à vos dépens. Tout cela rend nécessaire l'arrivée de votre ambassadeur avant monseigneur de Gurck. Tous les Italiens qui sont ici, et qui n'ont qu'à perdre dans tous ces différends, croient que pour conjurer l'orage qui les menace il faut employer tous les moyens nécessaires pour engager le pape à s'accommoder avec le roi; et si on ne peut en venir à bout, qu'il faut faire voir au roi de France que pour mettre un pape à la raison il n'est pas besoin de tant de préparatifs, ni d'avoir recours aux Impériaux; que les rois de France qui ont autrefois fait la guerre au saint-père et l'ont vaincu, comme Philippe le Bel par exemple, l'ont fait enfermer dans le château Saint-Ange par ses propres barons; que ces barons ne sont pas si endormis que l'on ne puisse les réveiller. C'est sur cette base-là que j'appuyai beaucoup, en m'entretenant hier avec Robertet lorsque nous fîmes route ensemble; je lui ai encore rappelé tous les anciens exemples, et je lui dis entre autres choses qu'en déclarant ouvertement la guerre au pape ils ne pouvaient, même étant vainqueurs, que courir des dangers, parce que s'ils la faisaient seuls ils savaient tous les risques qu'ils avaient à courir; si au contraire ils s'associaient quelque autre puissance, il faudrait partager avec elle les conquêtes qu'ils feraient, et finir par soutenir contre elle une guerre encore plus dangereuse que celle qu'ils avaient à faire contre le pape. Il tomba d'accord de tout ce que je lui disais, et il ne serait peut-être pas difficile de bien lui mettre ces exemples dans la tête, s'il se trouvait ici plusieurs Italiens jouissant d'une grande considération qui voulussent lui en parler. Je n'ai rapporté tout ceci à vos seigneuries que pour qu'elles sussent tous les discours qui se tiennent ici, et dans lesquels elles pourraient trouver quelque chose d'avantageux pour la république. Vos seigneuries voudront bien donner des instructions promptes à votre ambassadeur afin que, revêtu de toute votre autorité, il puisse traiter ici plus avantageusement, et de la manière que vos seigneuries jugeront le plus utile à la liberté de la république.

NICOLAS MACCHIAVELLI.

Blois, le 9 août 1510.

LETTRE X

MAGNIFIQUES SEIGNEURS,

J'ai reçu votre réponse à ma lettre du 18, et ce matin je suis venu ici, à Chambord, où se trouve le roi, pour la lui communiquer, ce que j'ai fait comme je l'écrirai plus au long et lorsque j'aurai plus de temps, car je vous écris celle-ci sur mes genoux à cause du départ de la poste, et je vous l'adresse par Ferrare. J'ai parlé longtemps au roi. J'ai reçu vos lettres du 3 : je suis bien fâché du malheur arrivé à mes lettres en Lombardie. Voilà plus de dix jours que j'ai prié le roi et Robertet d'y pourvoir, et ils me l'ont promis. J'ai renouvelé mes plaintes à Robertet : il en a été étonné et m'a promis d'écrire avec beaucoup d'instance. Pour que vous voyez s'il n'y en a pas d'égarées, je vous ai écrit les 18, 21, 22, 26, 29 du mois dernier et le 3 courant par Jean Girolami; et le 9, pour ne pas manquer au devoir qui m'est imposé...... Il m'a écrit assez longuement là-dessus. J'ai répondu que je vous en informerais, me rejetant sur les difficultés qui se rencontreraient, comme je vous le détaillerai dans ma prochaine. Je me recommande, etc.

NICOLAS MACCHIAVELLI.

Du château de Chambord, le 12 août 1510.

LETTRE XI.

MAGNIFIQUES SEIGNEURS,

Comme je l'ai marqué à vos seigneuries par ma lettre de lundi dernier dont fut chargé l'envoyé de Mantoue, je fus longtemps avec le roi et Robertet lorsque je lui communiquai votre lettre du 28 en réponse à celle du 18. Ils me parurent très-satisfaits de ce qu'elle contenait et le roi ajouta : « Le chancelier Robertet et mes autres « ministres te communiqueront mes volontés. »

A peine l'eus-je quitté que je reçus votre lettre du 3, qui me donnait avis des malheurs arrivés à mes lettres et aux vôtres dans la Lombardie. Je retournai sur-le-champ chez Robertet, et je lui exposai les dangers que vos négociants avaient courus sur la simple nouvelle que le pape avait eue des demandes que le roi m'avait faites à mon arrivée. Quant au premier objet, il fut étonné et m'assura qu'il allait donner de nouveaux ordres; quant au second, il me dit qu'il ignorait comment le pape avait pu le savoir, et qu'il recommanderait au roi d'avoir un peu plus de circonspection. Le roi est revenu aujourd'hui à Blois aussitôt après déjeuner. Monseigneur de L'Oratellis [1] et cinq autres membres du conseil m'ont fait appeler, et le chancelier, après s'être beaucoup étendu sur les services rendus à Florence par les Français, à commencer par Charlemagne jusqu'au dernier roi et même à celui-ci, a ajouté que le roi était instruit que le

[1] Je ne puis redresser ce nom. Macchiavelli estropie souvent les noms français en italien. Dans la lettre précédente il avait fait de Chambord *Saibourg*.

pape, possédé par quelque esprit diabolique, voulait encore une fois essayer de soulever Gênes; que dans une semblable circonstance il serait très-possible que Chaumont eût besoin de vos troupes pour défendre le pays; qu'en conséquence il désirait que vous les tinssiez sur pied, afin que lorsque Chaumont les demanderait elles se missent en marche; qu'ils savaient que vous aviez sur cette frontière plusieurs milliers de soldats; qu'il fallait les tenir prêts à marcher, et que cette démarche de votre part vous attacherait à jamais le roi et la maison de France. Je lui répondis par le contenu de votre lettre du 28, qui répond elle-même à la mienne du 18; je leur exposai qu'ils devaient considérer que les possessions de vos seigneuries étaient entièrement environnées de celles du pape; que sur un simple soupçon le souverain pontife avait failli faire piller tous les marchands florentins, et qu'à la moindre démarche de vos seigneuries il le ferait faire bien certainement; qu'il serait homme à abandonner tout pour venir vous attaquer; que puisqu'il leur était facile de terminer cette affaire sans vous y mêler, ils devaient avoir quelques ménagements pour votre position; que quant aux troupes que vous avez sur ces frontières, elles se réduisaient à bien peu de chose, mais qu'il fallait toujours les payer quand on les faisait marcher, et qu'il vous était impossible, au milieu de tant d'autres dépenses, de faire encore celle-là. Ils répliquèrent presque tous ensemble à tout ce que je venais de leur dire que ces troupes ne serviraient que quelques jours, et seulement pour repousser une attaque; que vos seigneuries devaient croire que le roi s'occupait de votre bonheur et de vos intérêts comme des siens propres, et que Sa Majesté faisait des préparatifs si considérables qu'elle bouleverserait toute l'Italie, punirait ses ennemis et récompenserait ses amis; qu'il fallait donc que je vous en écrivisse et que je donnasse ma lettre à Robertet, etc. Je promis de le faire.

J'ai écrit le 9 à vos seigneuries et les ai longuement entretenues de tout cela. Si j'en ai le temps je joindrai ici copie de cette lettre, parce que je vois avec peine que les choses prennent la tournure que j'ai annoncée, c'est-à-dire que ces gens-ci veulent absolument vous entraîner dans cette guerre, ce qui doit vous engager à bien réfléchir sur ce que je vous écris, et à chercher à gagner là où l'on veut vous faire perdre.

L'empereur a envoyé un héraut au camp du pape, avec injonction au duc d'Urbin et aux autres généraux de ne pas attaquer Ferrare; mais ceux-ci se sont moqués de ses ordres. Les nouvelles qui viennent de ce pays-là sont très-favorables au pontife : on dit qu'il a pris Cotignola et assiégé Luco. Monseigneur de Gurck n'est pas encore arrivé; on l'attend tous les jours.

Je vous ai écrit les 18, 21, 22, 26, 30, 3, 9, 12 : vos seigneuries doivent actuellement voir celles de mes lettres qui sont restées en route.

On suit ici la marche que je vous ai tracée dans ma lettre du 3; et si d'un côté ils ne refusent pas la paix, d'un autre côté ils font de grands préparatifs de guerre.

NICOLAS MACCHIAVELLI.

Blois, le 13 août 1510.

P. S. Je vous envoie avec cette lettre copie de celle du 9; vous la trouverez ci-incluse.

LETTRE XII.

MAGNIFIQUES SEIGNEURS,

Je vous ai écrit le 13 courant; et persuadé que ma lettre vous est parvenue, je ne répéterai pas ici son contenu. Hier arrivèrent vos lettres du 7 a[illegible] co[illegible] de celles que vous avez reçues de R[illegible] [illegible]demi Panciatichi m'écrit que celles [illegible] 4 que portait Reino, sont restées en Lombardie : ce n'est pas faute d'avoir fait auprès du roi et de son conseil toutes les démarches nécessaires. Sa Majesté m'a dit qu'elle avait donné des ordres pour qu'on les laissât passer, et les ministres m'ont assuré avoir transmis ces ordres. Comme ce retard les étonne tous, je ne puis faire autre chose que de leur en parler de temps à autre et je ne l'oublierai pas. Aussitôt après la réception de votre lettre du 7, je me suis transporté chez le roi et lui ai communiqué tout ce qu'elle contenait : comme ces nouvelles étaient agréables, Sa Majesté les a écoutées avec beaucoup de plaisir. Il m'a paru que je devais profiter de ce que disait cet envoyé, que le pape trouvait bon le plan de réunion contenu dans ma lettre du 3, pour exhorter Sa Majesté à profiter, avec sa prudence ordinaire, de l'échec que venait de recevoir le pape pour faire avec lui une paix avantageuse; j'ajoutai que puisque Sa Sainteté se soumettait, il valait mieux traiter que de chercher à lui faire une guerre dont on ne verrait plus la fin; qu'il ne devait pas oublier que de telles attaques n'offrent aucun avantage à des chrétiens, ni à quelqu'un qui, comme Sa Majesté, a vu tous ses désirs accomplis. Le roi me répondit avec une énergie qu'il serait difficile de rendre, et me jura que, comme ce n'était pas lui qui avait le premier déclaré la guerre au pape, ce ne serait pas lui non plus qui mettrait obstacle à la paix. Il s'est ensuite plaint infiniment de la conduite du pontife, qu'il n'avait jamais pu adoucir depuis la défaite des Vénitiens. Il a dit que, comme il était tout disposé à la paix, il était aussi préparé à la guerre; qu'il venait encore d'envoyer en Italie trois cents lances parties de Bourgogne et trois mille hommes d'infanterie; qu'il voulait être en état, non-seulement de se défendre lui et ses amis, mais encore d'attaquer ses ennemis. Ce prince m'a chargé de remercier vos seigneuries des nouvelles qu'elles lui ont données, et il m'a témoigné qu'il ne serait pas fâché qu'elles voulussent bien le tenir ainsi au courant. En quittant Sa Majesté je crus que je ferais bien de passer au conseil, qui était alors assemblé : j'y fis les mêmes communications que celles que j'avais faites au roi. Je ne puis vous exprimer avec quel plaisir tous les membres les ont écoutées. Ils se sont réunis à dire que vos seigneuries remplissaient le devoir d'un bon et véritable allié.

Je n'ai rien de nouveau à ajouter ici, si ce n'est que l'envoyé de Ferrare m'a dit que le grand maître avait reçu l'ordre qui lui permettait d'employer toutes les forces qu'il avait à sa disposition pour défendre Ferrare, et que d'ici à peu de jours je verrais qu'il s'y était conformé.

Il est arrivé ici un envoyé secret du marquis de Mantoue : depuis son arrivée on est ici mieux disposé en faveur du marquis. On croit qu'il aura voulu se servir de la circonstance ainsi que l'a fait le roi d'Espagne.

Le roi a annoncé ce matin que Jean-Paul Baglioni avait été tué d'un coup d'arquebuse : vos seigneuries doivent savoir ce qu'il en est.

Depuis que toutes ces nouvelles sont rendues publiques l'ami dont je vous ai parlé dans ma lettre du 3 espère beaucoup que le traité se réalisera, surtout si vos seigneuries s'y emploient chaudement, parce qu'il a reçu de son côté des lettres de Rome qui lui donnent le même espoir Lui et Robertet ont beaucoup d'impatience d'apprendre quel parti vos seigneuries auront pris sur ma lettre du 3 et sur l'arrivée de Jean. Ce même ami eut hier un long entretien avec le roi : il lui a communiqué les mêmes nouvelles qu'il avait reçues de Rome et lui a répété à peu près tout ce que je lui avais dit. Le roi lui a fait la même réponse. Mon ami lui a de plus prouvé que c'étaient les mêmes individus par lesquels le pape et le roi avaient été forcés à prendre les armes qui faisaient l'impossible pour les empêcher de les quitter, en voulant persuader au roi que le pape ne consentirait jamais à aucun arrangement, et au pape qu'il ne pouvait plus se fier à la parole du roi; et que tant que ces différends ne seront pas apaisés, les uns s'imagineront pouvoir être assurés de leur état et les autres avoir quelque chose à gagner. Il a ajouté qu'il savait que monseigneur de Gurck arrivait ici avec son thème tout fait; que si on lui offrait bonne composition il accepterait, et que si au contraire il n'était pas satisfait, il se retournerait du côté qui lui offrirait les meilleures conditions. Le roi sentit la force des vérités qu'on lui disait, il en convint; mais il se borna à dire : « Que voulez-vous que je fasse? « Je ne veux pas me laisser battre par le pape. » Il est clair par ces propos et plusieurs autres que c'est à contre-cœur que le roi prend les armes : mais si on l'y force, il est disposé à faire la plus terrible guerre qu'on ait jamais faite en Italie. Son projet est de traîner en longueur pendant tout l'hiver, et de faire des arrangements solides avec l'Angleterre et l'Empire : s'il réussit il laissera l'Espagne de côté. Il répète à qui veut l'entendre qu'il ne regarde ce prince que comme roi de la Castille. Pour mieux gagner les deux premiers et ne rien épargner, il a ordonné un concile de l'Église gallicane : il y a déjà beaucoup de prélats d'arrivés qui n'attendent plus que de nouveaux ordres pour se rendre à Orléans, où on dispensera de l'obéissance due au pape. Lorsque l'Empire et l'Angleterre y auront adhéré on nommera un nouveau pontife, et au printemps il marchera avec une si forte armée contre l'Italie qu'on croit que ce ne sera pas une guerre, mais un simple voyage jusqu'à Rome. Tel est son plan si la paix n'a pas lieu et si les deux autres puissances lui prêtent la main. Fasse le ciel que ce soit pour le mieux! Ce serait au reste bien à désirer si vos seigneuries étaient placées différemment, afin que nos prêtres, si insolents, goûtassent aussi un peu de l'amertume de ce monde.

Je prie en grâce vos seigneuries, si elles ne veulent pas que je vende mes chevaux et que je m'en retourne à pied, d'ordonner à Barthélemi Panciatichi de vouloir bien me compter cinquante écus, car j'ai toujours eu ici trois chevaux. A mon retour je donnerai le compte de ma dépense, et vos seigneuries le régleront avec leur bonté ordinaire.

NICOLAS MACCHIAVELLI.

Blois, le 18 août 1510.

LETTRE XIII.

MAGNIFIQUES SEIGNEURS,

Ma dernière lettre était du 18 courant : j'y détaillais très-longuement à vos seigneuries tout ce qui se passait ici, et j'y répondais à celles que vous m'aviez écrites jusqu'alors. Depuis ce temps-là j'ai reçu vos dépêches du 10 et du 11 ; et comme le roi se trouvait incommodé d'un rhume qui a couru tout le pays, j'ai communiqué à Robertet les articles de vos dépêches que j'ai cru nécessaire qu'il connût, et je lui en ai même donné la note afin qu'il les montrât au roi, etc., etc.

Quoique vos seigneuries aient appris de Rome que le pape commençait à ne plus compter sur les Suisses, cependant on s'aperçoit qu'on en a ici beaucoup de jalousie et beaucoup de défiance, avec d'autant plus de raison que, suivant ce que j'entends dire, ce peuple a un passage toujours ouvert par les Alpes, qu'on ne peut lui fermer, et qu'en portant leurs vivres avec eux, comme ils font ordinairement, ils peuvent descendre jusque près de Gênes et se rendre par la rivière du Levant dans le pays de Lucques sans qu'on puisse les combattre. On convient ensuite qu'on ne peut les arrêter ni les empêcher d'arriver jusqu'à Bologne, où ils se réuniront aux troupes du pape. Comme je ne connais pas bien la carte de ce pays-là, je puis me tromper. Il y a des gens qui regardent ce chemin comme bien long. Quoi qu'il en soit, il est toujours vrai qu'on est ici fort inquiet à cet égard; j'irai même jusqu'à dire que si l'on parvenait à se rendre les Suisses favorables, on s'embarrasserait fort peu des autres puissances.

On était également un peu intrigué au sujet de l'empereur, parce qu'on n'entendait pas parler de l'arrivée de monseigneur de Gurck. Cependant on reçut hier la nouvelle qu'il était parti le 13 de ce mois-ci; de sorte qu'on est un peu plus tranquille sur ce point et qu'on a repris un peu de confiance : car si l'empereur abandonnait les Français, ceux-ci seraient forcés de rentrer chez eux parce qu'ils n'auraient point d'infanterie allemande.

Je vous ai déjà marqué que l'envoyé de Ferrare était très-content des secours que le roi avait ordonné de fournir au duc; mais depuis je l'ai trouvé tout changé : il se plaint que ce que l'on ordonne un jour est contremandé le lendemain. Il me paraît qu'il craint beaucoup qu'il n'arrive malheur à son maître. Il prétend que les Français semblent tout renvoyer au printemps prochain, et s'imaginent que la présence du roi et son armée formidable remédieront à tout, sans faire attention que pendant ce temps-là leurs alliés peuvent essuyer bien des revers.

J'ai appris de bonne part que le marquis de Mantoue avait promis au pape de le servir en personne et de toutes ses forces dans la conquête de Ferrare, et qu'après cela il lui serait permis de rester neutre.

Il ne me reste plus rien à dire à vos seigneuries que de me recommander de nouveau à leur souvenir, et de les prier de vouloir bien ordonner à Barthélemi Panciatichi les cinquante écus dont je leur ai parlé dans ma lettre du 13 et dont je désirerais pouvoir me servir : sans cela je serais peut-être forcé de m'en retourner pour soigner ma santé; car j'ai eu encore une autre attaque de ce maudit rhume, qui m'a laissé une telle faiblesse d'estomac que j'en suis véritablement inquiet. J'ajouterai que la mortalité est si grande dans Paris qu'il y meurt plus de mille personnes par jour. Dieu nous fasse la grâce de ne pas nous abandonner!

NICOLAS MACCHIAVELLI.

Blois, le 24 août 1510.

P. S. Il a été question dans les conseils du roi d'envoyer un ministre pour résider au nom du roi auprès de vos seigneuries ; et pour qu'il y fût plus tôt on avait intention de charger Chaumont de le nommer : j'ignore ce qu'ils ont fait à cet égard, étant retenu depuis cinq jours dans ma chambre par mon rhume.

LETTRE XIV.

MAGNIFIQUES SEIGNEURS,

Les dernières lettres que j'ai eues de vos seigneuries sont du 11 du courant ; vous avez dû en recevoir de moi des 3, 9, 12, 13, 24 de ce mois, et si elles vous sont parvenues elles vous auront complétement instruits de tout ce qui se passe ici.

On apprit hier la prise de Modène. Cette nouvelle a donné lieu à la tenue de plusieurs conseils qui ont duré tout hier et tout aujourd'hui ; j'ignore quel en a été le résultat. J'ai revu l'ambassadeur de Ferrare qui allait au conseil. Il paraissait fort mécontent : il m'a répété ce que je vous ai marqué dans ma dernière lettre, qu'on lui avait promis ici de grands secours ; que l'ordre en avait été donné, et ensuite révoqué sous prétexte que le duc était assez fort pour se défendre tout seul ; que, d'un autre côté, on se fie trop aux grands préparatifs qu'on fait, sans songer à tout ce qui peut arriver pendant ce temps-là ; et que ceux qui succombent n'en sont pas moins victimes des malheurs déjà arrivés.

Robertet a été fort incommodé du rhume, comme je vous l'ai déjà marqué. J'allai le voir un de ces jours et, nous trouvant seuls, nous parlâmes beaucoup des affaires d'Italie. Comme j'en avais l'occasion, je crus que je pouvais lui dire que si la guerre entre le pape et le roi avait lieu, il fallait que Sa Majesté veillât particulièrement à ses intérêts et aux vôtres dans la manière dont elle emploierait les forces de vos seigneuries ; que lorsqu'il serait question de cet objet il ne fallait pas perdre de vue ce que vous pouviez, de quelle manière vos possessions étaient situées et de quelle utilité vous pouviez être au roi ; que la première considération à laquelle il fallait avoir égard était le peu de numéraire que vous possédiez ; que la grande guerre que vous aviez eue à soutenir, les dépenses énormes que vous aviez été obligés de faire, dépenses que vous n'aviez pas encore tout à fait acquittées, tout cela devait empêcher qu'on ne vous regardât comme riches ; qu'il fallait ensuite faire attention à la situation de vos possessions ; que vous étiez environnés par le pape et ses alliés ; que celui-ci, sans beaucoup d'efforts et de dépenses, pouvait vous attaquer sur plusieurs points, vous exposer à de grands dangers et à des dépenses considérables ; que la seule expédition de la flotte vénitienne vous avait forcés de mettre sur pied à Pise plusieurs centaines de fantassins que vous n'aviez pu lever sans dépenser encore beaucoup d'argent ; qu'il était donc nécessaire, tout bien examiné, que le roi n'oubliât pas, dans ses demandes à vos seigneuries de secours contre le pape, d'examiner s'ils seraient plus profitables que nuisibles ; qu'ils ne leur seraient pas d'une grande utilité s'ils ne servaient qu'à vous susciter une guerre de plus et à forcer le roi, non-seulement à rendre à vos seigneuries les secours qu'elles auraient fournis, mais peut-être à y joindre de ses propres troupes, et que si, ayant à pourvoir aujourd'hui Ferrare, Gênes, le Frioul et la Savoie, il lui fallait encore pourvoir la Toscane, alors les résultats d'une pareille demande seraient certainement plus préjudiciables qu'avantageux à Sa Majesté ; qu'en conséquence je le priais d'y prendre bien garde, de discuter la chose mûrement ; que j'étais sûr, s'ils voulaient mettre beaucoup d'impartialité dans leurs délibérations, qu'ils se convaincraient que si la guerre avec le pape avait lieu, les Florentins seraient d'un bien grand secours pour le roi en les laissant se défendre comme ils le pourraient et l'entendraient eux-mêmes, et cela à cause de leur situation topographique, et de la facilité avec laquelle le pape peut les attaquer par plusieurs points différents ; que quand on délibérerait sur ce sujet dans le conseil, s'il était question de faire mettre en avant les Florentins, je le priais de vouloir bien demander que le parti que l'on prendrait sur eux fût bien examiné et bien mûri, parce que la décision ne pouvait être alors que sage et prudente ; que ce rôle convenait mieux à lui Robertet qu'à tout autre à cause de la connaissance particulière qu'il avait des affaires d'Italie, connaissance qui manquait aux autres membres du conseil.

Il m'a paru que mon discours lui avait été agréable, et il m'a assuré qu'il ne l'oublierait pas. Je conserve cependant toujours l'opinion que je vous ai communiquée dans ma précédente lettre, savoir : qu'ils veulent vous mêler ouvertement dans cette guerre si elle a lieu. Cela ne m'empêchera pas de tenir le même langage aux autres, mais je le ferai de manière à ce qu'ils ne croient pas que je parle ainsi pour éluder l'exécution des traités qui existent entre vous. Il ne devrait cependant pas y avoir le moindre soupçon dans une affaire dans laquelle, comme dans celle-ci, les raisons sont si claires et si palpables.

Le roi partira d'ici samedi ou lundi pour se rendre à Tours, où se tiendra le concile qui devait s'assembler à Orléans. Il a renvoyé ses projets à cet égard à la saison prochaine. Au reste, comme je vous l'ai déjà écrit, tous ses desseins ne réussiront pleinement que lorsque l'Angleterre et l'empereur se réuniront à lui; mais s'ils lui manquaient de parole et si les Suisses se déclaraient décidément en faveur du pape, il se bornerait à rester sur la défensive dans ses États.

On a ici fort bonne opinion de l'arrivée de Gurck. On a dit qu'il devait partir le 13, et depuis on n'en a plus entendu parler. Les ambassadeurs de l'empereur qui sont ici n'ont pas la moindre crainte qu'il puisse s'élever quelque différend entre leur maître et la France, et ils ont dit qu'avant qu'il soit peu le pape aurait des occupations qui lui donneraient à penser à autre chose qu'à faire la guerre à Ferrare. Ils assurent qu'il marche par le Frioul, contre les Vénitiens, un corps de trois mille hommes d'infanterie fournis par la Bohême et deux mille cavaliers allemands. Le temps nous apprendra ce qu'il en est.

Depuis que ceci est écrit j'ai vu l'ambassadeur de Ferrare, qui m'a dit qu'il avait été arrêté que le grand maître enverrait sans retard à Parme trois cents lances et deux mille fantassins, qui se joindraient aux mille quatre cents hommes que le duc avait à Reggio. Son projet est, si l'armée du pape s'avance pour attaquer la Mirandole, d'aller reprendre Modène; mais si les troupes du pape restent à Modène, et que cette armée d'un côté, et de l'autre celle de M. de Châtillon [1], les y attaquent, il ne doute pas, si ces ordres ne sont pas changés et si le pape ne grossit pas considérablement son armée, que les troupes de l'église ne soient forcées de se retirer.

On a publié aujourd'hui de la part du roi, tant ici que dans le reste du royaume, défense à qui que ce soit de s'adresser à Rome pour aucune affaire ecclésiastique ou pour quoi que ce soit, à peine de punition corporelle et de confiscation des biens; en un mot, il a relevé ses sujets de l'obéissance au pape. On sait que le pontife ne cesse de dire qu'il est le maître de faire quand il voudra la paix avec la France : tous ces propos ne font qu'animer ici encore davantage. Le pape a peut-être raison aujourd'hui, mais s'il laisse le roi traiter avec l'empereur il pourrait bien se tromper. Quiconque lui tiendrait ce langage lui dirait la vérité, car s'il ne tire pas parti de cette occasion pour son propre avantage, il s'en repentira certainement. L'espoir qu'il a de détacher l'empereur du roi de France peut être fondé; mais il faut qu'il lui offre et qu'il lui donne plus que ne le font ceux-ci : or, comme je vous l'ai déjà marqué, le roi de France est disposé à accorder à l'empereur tout ce qu'il exigera, car il n'y a ni agression ni mauvais traitement qu'il ne regarde comme plus supportable et moins humiliant que ceux qu'il éprouve de la part du pape. Il ne songe jour et nuit qu'aux injures qu'il croit avoir reçues de Sa Sainteté, il ne respire que vengeance. Il m'a été encore une fois assuré par un personnage d'un grand poids que l'empereur ne tend à rien moins qu'à engager le roi de France à partager avec lui l'Italie.

Voilà tout ce qu'il y a ici de nouveau. Je me recommande, etc.

NICOLAS MACCHIAVELLI.

Blois, le 27 août 1510.

[1] Maréchal de France.

LETTRE XV.

MAGNIFIQUES SEIGNEURS,

Ma dernière lettre, datée du 27, vous a instruits de tout ce qui se passait ici. Vos lettres du 17, et la copie de celle que vous aviez écrite à Pandolfini et qui y était jointe, sont arrivées hier après dîner : elles m'ont instruit de la délibération que vous aviez prise au sujet de l'arrivée de Jean Girolami; je les ai communiquées à Robertet, mais je n'en ai pas parlé au roi qui n'avait jamais voulu s'en ouvrir avec moi, et je n'ai pas eu occasion d'en faire part à d'autres. Votre délibération a fait plaisir à Robertet; cependant il a dit qu'il craignait qu'il ne fût plus temps quand bien même le pape consentirait à tout; mais que la poursuite de la négociation ne pouvait nuire, en ayant soin de ménager toujours l'honneur de Sa Majesté. Il m'apprit que les troupes du pape s'étaient portées du côté de la Mirandole, mais qu'elles avaient été forcées de se retirer avec une perte considérable; il me dit aussi qu'il était arrivé un courrier d'Allemagne, lequel entre autres nouvelles apporte celle du départ de Gurck le 13. . . . .

Je suis fâché que vos seigneuries motivent le refus qu'elles font d'envoyer leurs troupes sur ce que . . . . de Rome, parce que le roi ne voudrait pas que l'on sût qu'il a fait des démarches pour avoir la paix. Voilà pourquoi il n'a jamais voulu m'en parler ni permis à aucun des siens d'en écrire, et voilà pourquoi il voulait que vous ne fissiez des démarches que comme de vous-mêmes. Vous avez donc eu tort de l'écrire à Chaumont, quoique ce ne soit pas à mauvais dessein. Il me recommanda de n'en pas parler au conseil, comme je le rapporterai plus bas. J'eus cette conférence avec lui hier, à une heure de la nuit, après tout ce que je vais vous rapporter.

Aussitôt que j'eus reçu votre lettre, et que je connus par celle de François votre résolution relativement aux troupes que Chaumont vous avait demandées, je me présentai chez le roi, mais je ne pus lui parler, parce que Sa Majesté était encore enrhumée et qu'elle était chez la reine. Pour ne pas perdre de temps je me transportai chez le chancelier où le conseil était assemblé, et ayant été introduit, je leur dis qu'avant que vos seigneuries eussent reçu les trois lettres que je leur avais écrites d'après leurs propres instructions, et par lesquelles le roi demandait que vos seigneuries tinssent leurs troupes prêtes à marcher à la première réquisition du grand maître si le pape faisait de nouveaux efforts pour soulever Gênes, le grand maître avait envoyé un exprès à vos seigneuries pour les engager à envoyer leurs troupes en Lombardie pour le service du roi; que vous désiriez bien sincèrement observer les articles du traité signé avec la France; qu'en conséquence vous aviez donné des ordres pour mettre vos troupes en état de marcher; mais que comme vous aviez du temps devant vous, vous aviez cru que le bien du roi et le vôtre exigeaient que vous missiez sous les yeux de Sa Majesté et de Chaumont l'importance de la démarche que vous alliez faire, et qu'il était de leur devoir de prévenir tous les malheurs qui pourraient en résulter; que le roi devait considérer que son premier ennemi était le pape, dont les forces cernent et assiégent pour ainsi dire tout le territoire de Florence, et qu'exiger aujourd'hui que vos seigneuries envoient dehors toutes leurs troupes, ce n'était autre chose que vouloir les laisser sans défense au milieu de tant d'ennemis qui peuvent les attaquer à chaque instant; d'où nécessairement il résulterait un des deux maux suivants: ou la défaite de vos seigneuries, ou bien que le roi serait bientôt forcé, non-seulement de vous renvoyer vos troupes, mais encore d'y joindre des siennes; et qu'aux dépenses que Sa Majesté est obligée de faire pour défendre Ferrare, soutenir l'empereur, maintenir les Suisses et garder Gênes, elle serait obligée d'y ajouter encore la protection onéreuse qu'il faudrait donner à la Toscane et à Florence, à moins de les exposer à une perte certaine; qu'en conséquence, vos seigneuries priaient les membres du conseil de Sa Majesté de vouloir bien examiner, d'un côté combien petit sera l'avantage qu'elle retirera de leurs troupes hors de leur pays, et d'un autre côté quel tort elles peuvent lui faire, et quel serait le danger auquel une pareille démarche exposerait vos seigneuries; qu'on ne pouvait donc pas prendre un parti plus inutile et plus dangereux sous tous les rapports; que cependant vos seigneuries avaient désiré, puisqu'elles en avaient encore le temps, que je leur misse ce tableau sous les yeux, afin qu'ils pussent le prendre de nouveau en considération, et qu'elles ne doutaient pas que le conseil ne sentît la justesse de cette vérité et ne fût convaincu que les troupes de Florence, en restant dans la Toscane, tiendraient plutôt le pape en échec que partout ailleurs; que je leur renouvelais ici l'assurance que je leur avais donnée ces jours derniers, que si décidément la guerre avait lieu avec le pape, le roi tirerait plus de parti de vos seigneuries en ne se chargeant pas de les défendre, eu égard à la position de leurs domaines, à leur faiblesse et à leur état de détresse. Quant aux fonds, je crus devoir surtout insister sur la dépense et sur les dangers qu'une pareille démarche ferait courir et à vous et à la France, sans parler des autres inconvénients; car si j'avais mis en avant quelques obstacles qu'il eût dépendu d'eux de lever, loin de les gagner, ce motif n'aurait peut-être servi qu'à les indisposer, car. Girolami le sait bien, il n'y a que Robertet qui soit au courant de tout; et comme ce n'est qu'avec le consentement du roi qu'ils ont entrepris l'affaire dont il est chargé, et que les autres l'ignorent entièrement, il fallait mettre beaucoup de discrétion à en parler, et ne pas instruire des démarches faites par ordre du roi les membres du conseil qui les ignorent. Ils m'écoutèrent tous très-attentivement, et dès que j'eus fini de parler ils me dirent que tout ce que j'avais dit était très-sage; qu'ils verraient le roi ce matin, et qu'ils espéraient avoir une réponse satisfaisante à me donner, parce que, loin de vous exposer au danger, ils sentaient la nécessité de vous mettre à l'abri.

Ce matin après la messe, comme le roi se promenait dans le jardin, j'ai abordé Sa Majesté, et pour abréger je lui ai répété tout ce que j'avais dit hier au soir au conseil, et j'y ai ajouté tout ce que j'ai cru capable de donner encore plus de force à vos raisons. Sa Majesté m'a dit qu'elle réfléchirait sur tout cela, et qu'ensuite elle me ferait connaître ses intentions. J'allai voir ensuite tous les conseillers, chacun en particulier: je les engageai à terminer cette affaire le plus promptement qu'ils pourraient, en leur montrant combien un long délai serait dangereux. Ils me dirent tous que tout ce que je leur avais dit leur paraissait très-raisonnable. Je sollicitai surtout Robertet pour qu'il me fît rendre réponse aujourd'hui, parce que le grand maître l'attendait pour demander que ces troupes se missent enfin en marche. Il me dit de me rendre aujourd'hui au conseil. Je m'y suis rendu après dîner, et après avoir attendu fort longtemps j'ai été enfin introduit. Le chancelier alors m'a dit qu'ils avaient tous compris ce que j'avais représenté de la part de vos seigneuries; qu'ils étaient convaincus que vos raisons étaient fondées à cause du pape et de la situation de nos États, et qu'ils croyaient aux bonnes dispositions de vos seigneuries autant que si elles avaient fait partir leurs troupes; qu'ils consentaient donc qu'elles restassent en Toscane: qu'il fallait seulement que vos seigneuries les missent sur pied, et tinssent prêtes surtout celles qu'elles ont dans la Lunigiana, afin que si le pape voulait encore attaquer Gênes elles pussent s'y rendre sans retard pour soutenir le parti du roi; que ce n'était pas la réponse à votre lettre, mais simplement le résultat de leur délibération; que demain je n'avais qu'à me rendre chez le roi, et que j'aurais une réponse définitive.

Je ne crus pas devoir faire d'observation sur cette réponse, parce que d'un côté il vous est impossible de refuser des secours à Gênes, et que d'un autre côté, ce qu'ils vous demandent aujourd'hui ne doit pas beaucoup vous inquiéter, parce que si l'armée du roi est plus forte que celle du pape et si les Suisses ne se montrent pas, je ne sais ce que le pape irait faire à Gênes.

Je me retirai donc pour attendre cette réponse, qui sera sûrement conforme à celle qu'ils m'ont faite aujourd'hui, à moins que les lettres qui pourront arriver de Chaumont ne la fassent changer par quelques fâcheuses interprétations. Je ne manquerai pas de faire tout ce qui dépendra de moi pour l'obtenir aujourd'hui, mais je crains bien de n'en pas venir à bout. Nous voilà au 30 au soir.

C'est aujourd'hui le 31, et ce matin avant la messe, ayant rencontré monseigneur de Paris et Robertet qui sortaient de chez le roi, le trésorier me dit que Sa Majesté avait confirmé la réponse telle qu'elle m'avait été donnée hier au conseil, c'est-à-dire que vos troupes resteraient en Toscane, mais qu'il fallait que vous les tinssiez prêtes, ainsi que celles que vous aviez dans la Lunigiana, pour pouvoir secourir Gênes dans le cas où quelque événement l'exigerait.

On a publié ici il y a deux jours défense à toutes personnes de s'adresser à Rome pour aucune affaire concernant le pape ou la chambre apostolique, et cela sous peine de punition corporelle et confiscation de biens. Un de mes amis m'a assuré que l'armée française avait ordre de chercher à s'emparer de Piombino et de le saccager: si cette nouvelle est vraie, l'ordre est sûrement exécuté à l'heure qu'il est.

Le roi partira lundi prochain pour Tours, où se rassemble le concile.

NICOLAS MACCHIAVELLI

Blois, le 30 et 31 août 1510.

P. S. Je rappelle à vos seigneuries ce que je leur ai demandé dans mes dernières lettres, de vouloir bien me faire passer par Panciatichi les cinquante écus en question.

LETTRE XVI.

MAGNIFIQUES SEIGNEURS,

Ma dernière lettre était des 30 et 31 du mois dernier; je vous l'ai fait passer par duplicata. J'en ai adressé une copie par Lyon à Barthélemi Pantiatichi, et l'autre par la poste royale à François Pandolfini. Elles contenaient en bref comment, après beaucoup de discussions, j'avais obtenu du roi que vos troupes resteraient en Toscane, mais qu'elles se tiendraient prêtes à marcher, ainsi que l'infanterie qui est dans la Lunigiana, pour aller au secours de Gênes s'il était nécessaire. Girolami est arrivé hier au soir: il m'a remis les lettres que vos seigneuries m'ont écrites le 22, et m'a appris de vive voix ce que vous m'aviez écrit le 17, concernant les affaires de Rome et vos troupes. Quant à ce qui regarde vos troupes, cette affaire étant terminée, je n'en parlerai plus.

J'ai communiqué à Robertet ce que vous m'apprenez de Rome, comme je lui avais déjà fait part de vos autres nouvelles, et il m'a fait la même réponse : qu'il fallait attendre. J'ai vu ce matin le roi : je lui ai dit qu'on faisait des levées à Pérouse et à Sienne pour grossir l'armée du pape, et que ce pontife, par l'acquisition qu'il venait de faire de Modène, cernait encore plus toutes vos possessions et vous menaçait tous les jours; que vos seigneuries me le faisaient dire pour que je prisse conseil de Sa Majesté et lui demandasse des secours en cas de besoin. Il m'a répondu de vous écrire que vous prissiez pour vous défendre tous les moyens qui seraient en votre pouvoir, et qu'il ne vous abandonnerait pas, ainsi qu'il vous l'avait promis. Il ajouta qu'il avait jusqu'à présent quinze mille hommes d'infanterie à ses ordres; qu'il fallait qu'il en fournît sur beaucoup de points, mais qu'il pourvoirait à tout tout à la fois; que je visse Robertet, et que je lui demandasse à voir ce qu'il avait ordre d'écrire à Chaumont.

J'allai donc voir Robertet qui me communiqua les ordres que le roi donnera à Chaumont en ces termes : « Le commandant de Gênes me fait « savoir que le pape voulait opérer une révolution « à Florence: cela nous engage à vous ordonner, « comme nous l'avons déjà fait, de ne pas « prendre aux Florentins leurs troupes, dont « ils ne peuvent se passer. Vous leur écrirez « qu'ils se mettent en bon état de défense, et « que vous ne les abandonnerez pas s'ils ont be- « soin de votre secours. »

Je n'ai pas manqué de jouer mon rôle auprès de Robertet, et de lui rappeler que si le cas arrivait il fallait absolument que les faits suivissent les paroles; qu'il était enfin temps qu'on se montrât ouvertement contre le pape; que sans cela les affaires iraient mal, et que si Ferrare succombait, ce serait un grand déshonneur pour le roi et un grand malheur pour ses alliés. Il m'a répondu qu'il le sentait tout comme moi, et qu'il était temps de travailler Sa Sainteté comme il faut. Alors il s'est mis à rire et m'a donné un petit coup sur l'épaule, comme s'il voulait me dire que ce ne serait pas long. Voilà tout ce que j'ai pu en tirer. Il est bien d'avis que l'on fasse passer l'Apennin à deux cents lances, mais il m'a dit qu'il fallait les laisser rassembler et voir quel parti prendraient les Suisses.

Vos seigneuries doivent à présent comprendre quels sont les projets du roi; mes dernières lettres vous l'ont assez dit. Sa Majesté attend une autre saison, que les arrangements avec l'empereur soient entièrement terminés, et que tous ses autres préparatifs soient faits. Elle voudrait jusque-là temporiser et dépenser le moins qu'il sera possible, car tout ce qu'on dépense en détail lui donne de l'humeur. Ce sont toutes ces raisons et la persuasion où l'on était que le duc pouvait se défendre tout seul qui sont cause du malheur de Modène, et qui pourraient bien encore en causer quelques autres, parce qu'il espère toujours que dès qu'il arrivera en Italie il remettra toutes les affaires sur leur ancien pied, et ce qu'on dépense avant ce moment lui paraît perdu. Il est cependant vrai qu'il pourrait envoyer sans beaucoup de dépense deux cents lances à Ferrare, ce qui sauverait cette ville. Ce n'est pas sa faute si cela s'est passé ainsi, mais bien celle de ceux qui dirigent les affaires ici et en Lombardie, et Dieu fasse qu'avec le temps ou ne s'aperçoive pas que c'est au grand détriment du roi et de ses alliés. Il est bien malheureux que monseigneur de Rouen soit mort, car s'il eût encore existé Ferrare ne serait pas dans l'embarras où elle se trouve. Le roi, peu accoutumé à entrer dans tous les détails des affaires, les laisse aller, et ceux qui gouvernent aujourd'hui ne prennent pas assez sur eux, je ne dis pas pour y porter remède, mais simplement pour représenter ce qu'il y a à faire; et lorsque le roi n'y songe pas, le mal empire et le malade meurt.

Comme j'étais avec Robertet aujourd'hui, il est venu chez lui un peintre qui lui a apporté le portrait du légat[1] qui vient de mourir. Après l'avoir regardé il a dit, en soupirant: « O mon cher maître, si tu étais encore vivant notre armée serait aujourd'hui aux portes de Rome. » Ce peu de mots n'a fait que me confirmer dans les idées que je vous ai communiquées plus haut. J'avais écrit ceci lorsque Robertet m'a fait dire qu'il désirerait que Jean Girolami s'entretînt lui-même avec Sa Majesté de ce que vos seigneuries ont fait depuis son arrivée relativement à la négociation dont on les avait chargées pour Rome. Cette entrevue a eu lieu, et le roi a été très-content de tout ce que vous aviez fait jusqu'à présent: et puisque Sa Majesté a l'air de s'expliquer plus ouvertement qu'elle ne l'avait fait encore sur ces démarches, il me semble qu'on peut s'en occuper avec plus de facilité et à Rome et ici. Dieu veuille qu'il nous arrive de Rome quelques bonnes nouvelles avant que l'on change ici d'opinion et d'avis.

Je n'ai plus rien de nouveau à dire à vos seigneuries que de leur confirmer ce que je leur ai écrit par ma dernière lettre. Quant aux Suisses, on met ici tout en pratique pour les gagner, et je tiens de bonne part qu'on a déjà gagné huit cantons. On aura une preuve certaine qu'on a entièrement réussi lorsqu'on verra le grand maître abandonner leurs frontières; tant qu'il y restera, vous pouvez être sûr qu'ils seront toujours dans de nouvelles inquiétudes. Vos seigneuries auront, par Pandolfini, la nouvelle de son départ plus promptement et plus sûrement.

Je vous ai entretenus dans ma dernière des préparatifs de Ferrare: je ne me répéterai pas ici. Il ne doit pas être vrai qu'elle soit prise comme il y a des gens qui le prétendent, car on n'en a pas de nouvelles ici. Il me paraît cependant qu'on le craint.

Le roi partira demain pour Tours où doit se tenir le concile; et Dieu veuille que ce soit pour le mieux!

NICOLAS MACCHIAVELLI.

Blois, le 2 septembre 1510.

[1] Le cardinal d'Amboise.

LETTRE XVII.

MAGNIFIQUES SEIGNEURS,

Il y a deux jours que je vous ai écrit pour la dernière fois: je vous donnais avis comment, le 31 du mois passé, je vous avais écrit que le roi avait enfin décidé que vos troupes resteraient en Toscane pour votre propre défense, et qu'ensuite il avait arrêté, comme vous l'aviez demandé, que deux cents lances passeraient l'Apennin pour venir à votre secours s'il était nécessaire, et que ce passage aurait également lieu dès que ses troupes auraient quitté, en tout ou en partie, les frontières de la Suisse. J'y ai joint beaucoup d'autres détails sur tout ce qui se passait ici, et je m'en réfère à leur contenu. J'ai reçu ensuite hier vos deux lettres des 24 et 25, avec la copie de celles du 22, auxquelles je n'ai pas d'autre réponse à faire que ce que je vous ai mandé par mes précédentes. Cependant, comme vos lettres renfermaient quelques nouvelles importantes, et que le roi n'était pas ici, étant parti pour Tours, j'allai tout de suite chez Robertet et lui communiquai le tout. Il m'a chargé de bien remercier vos seigneuries, quoiqu'il sût déjà la nouvelle d'un autre côté. Je lui rappelai qu'il était nécessaire que le roi veillât aux intérêts de ses alliés d'Italie plus particulièrement qu'il ne l'avait fait jusqu'alors. Il me répondit, comme il l'avait déjà fait, que le roi ne s'occupait pas aujourd'hui d'autre chose: qu'il avait sous les armes plus de seize mille fantassins; que les Suisses, ou par force ou par des arrangements particuliers, seraient bientôt obligés d'abandonner le parti de l'église, ce qui rendrait le roi un peu plus libre et le mettrait en état de pourvoir à tout; que jusque-là il n'avait pu faire tout ce qu'il aurait désiré parce qu'il avait été forcé de s'occuper d'eux, et que leur décision déterminerait la faiblesse de l'intrigue papale et la sûreté des alliés de Sa Majesté. Il a parlé ensuite du pape : il a dit que c'était une vraie moquerie que cette guerre qu'il voulait faire au roi ; qu'avant un mois il verrait où il en serait ; que monseigneur de Gurck était déjà arrivé en Bourgogne, et que si le roi vivait seulement encore un an, on verrait de plus grands événements qu'on n'en avait jamais vu.

Je ne puis, magnifiques seigneurs, vous rien [illegible] autre chose sur ces événements et sur tout [illegible] qu'il m'a dit que ce que je vous ai écrit dans mes dernières lettres, savoir : que si l'empereur et l'Angleterre ne l'abandonnent pas et s'il ne meurt pas, vous pouvez l'attendre au mois de mars à Florence. Il faudra que ces princes lui fassent des conditions bien dures pour qu'il ne les accepte pas. Comme le roi est décidé à renvoyer tout au printemps, il pourrait bien se faire que Ferrare et quelques autres en pâtissent, parce que le roi répugne à toutes les dépenses qu'on fait pour cela et qu'elles lui paraissent entièrement inutiles. Comme vos seigneuries, par leur lettre du 27, me préviennent que je ne dois ni m'endormir ni rien oublier, je leur dirai que certainement j'ai bien rempli vos intentions ; que je me suis donné tous les mouvements nécessaires, et même trop ; que, sur la nouvelle de la prise de Modène, je me rendis au conseil, je m'y plaignis hautement de cet événement malheureux, j'y exposai le danger que courait Ferrare, la nécessité qu'il y avait d'y pourvoir, et je finis en les assurant que si Ferrare succombait la Toscane était perdue, ainsi que tout ce qu'ils avaient d'alliés dans ce canton-là ; et tout ce que je leur avais dit n'a pas manqué d'arriver. Mais je vous ai écrit déjà, et surtout dans ma lettre du 2, les raisons qui avaient tout retardé jusqu'à présent. J'ai su d'un ami que, le roi délibérant avec son conseil sur toutes les affaires d'Italie et sur ses nouveaux projets, ils finirent par tomber tous d'accord qu'il était nécessaire, s'ils voulaient avoir plus de sûreté et plus de tranquillité dans ce pays, qu'on rendît vos seigneuries plus puissantes et plus prépondérantes ; et ce propos m'a été déjà répété de plusieurs côtés ; de sorte que lorsqu'il arrivera en Italie, comme on l'annonce et comme on le croit, si vos seigneuries ont su se maintenir dans leur situation actuelle, elles peuvent espérer d'en être abondamment dédommagées. Si elles ont fait quelque perte et quelque dépense, et si enfin dans tout ce bouleversement elles courent quelque danger, elles sont trop sages pour ignorer qu'on ne parvient pas à de grands résultats sans courir quelques risques. J'attends lundi ou mardi prochain votre ambassadeur à Tours : quand je l'aurai mis au courant de toutes les affaires, ce qui pourra nous occuper deux jours, [illegible] en retournerai à Florence avec la permission de vos seigneuries.

Lors du départ du roi pour Tours, on a fait entendre à l'envoyé du pape de ne pas se rendre dans cette dernière ville, et qu'il pouvait rester ici ou s'en retourner où il voudrait : il a donc pris le parti de se retirer à Avignon. Ceci dérange sérieusement les démarches qu'on a faites à Rome, car c'est lui qui les a dirigées jusqu'à présent, et je crains bien que sans lui on ne fasse rien de bon. Je ne puis cependant m'empêcher de faire remarquer à vos seigneuries qu'il pourrait bien y avoir quelques difficultés sur le passage du roi en Italie, qui auraient pour principe ces trois causes : la première, que tout le royaume de France ne voudra peut-être pas être surchargé d'une dépense aussi forte ; la seconde, que toute la noblesse française pourrait bien refuser de marcher contre un pays où la plupart, lors de la dernière expédition, ont laissé ou la vie ou leurs équipages ; la troisième enfin, que la reine et les premiers princes du royaume s'opposeront à ce que Sa Majesté quitte le royaume et expose ainsi sa personne. On peut répondre à cela qu'il y a dix ans qu'on disait la même chose, et que cependant il est allé en Italie et en est revenu comme il a voulu, parce que quand il veut bien une chose, les autres finissent par vouloir également tout ce qui lui plaît.

NICOLAS MACCHIAVELLI.

5 septembre 1510.

P. S. Le roi mettra quatre ou cinq jours pour se rendre à Tours, parce qu'il y va en chassant dans les environs. Ainsi votre envoyé sera alors arrivé ; et ne pouvant en attendant rien savoir de nouveau ni rien faire à la cour, ce sera, selon toutes les apparences, la dernière lettre que j'écrirai à vos seigneuries sur tout ceci, parce que dès que votre ambassadeur sera arrivé, je m'en rapporterai entièrement à ce que Son Excellence vous écrira.

Je prie vos seigneuries de vouloir bien, si elles ne l'ont pas encore fait, ordonner à Panciatichi de me payer cinquante écus pour mon retour, et d'en faire rembourser trente à Nicolas Alamanni qui me les a prêtés.

LETTRE XVIII.

MAGNIFIQUES SEIGNEURS,

Il est arrivé hier ici deux lettres de vos seigneuries, l'une du 26 qui m'était adressée, et l'autre du 27, adressée à Robert Acciaiuoli. Comme je n'entendais point parler de lui, j'ai cru devoir la lire. Son Excellence n'aura pas besoin de se servir des moyens que renferme votre lettre pour parvenir à vous dispenser d'envoyer vos troupes en Lombardie, ni pour empêcher qu'il en soit encore question, puisque cette affaire a été entièrement décidée le dernier du jour du mois passé, et qu'il a été résolu que vos troupes resteraient en Toscane : qu'on a en outre ici le projet de faire passer l'Apennin à deux cents lances, comme vos seigneuries le demandent, lorsque les Suisses ne les occuperont plus, ou qu'on aura assez de troupes en Italie pour remplir les deux objets à la fois. Ils devraient cependant pouvoir actuellement tenir leur promesse, puisqu'ils ont envoyé trois cents lances de plus qui doivent être arrivées et cent pensionnaires du roi, qui forment un corps de plus de cent cinquante lances. Je vais solliciter pour qu'on vous fasse passer les deux cents lances promises, et j'engagerai votre envoyé à ne pas perdre cet objet de vue. Si elles vous sont adressées, vos seigneuries en tireront tous les services qu'elles détaillent dans leurs lettres ; dans le cas contraire, cela ôtera l'idée d'en demander des vôtres quand on verra que vous en sollicitez au contraire des leurs, et de toute manière ces sollicitations feront du bien.

Depuis ma lettre du 31, je vous ai écrit le 2 et le 5 du courant pour vous donner avis de tout ce qui se passait ici : rien de nouveau depuis ce temps-là. Les ambassadeurs de l'empire ont eu aujourd'hui audience du roi : ils ont eu une longue conférence ensemble. On attend monseigneur de Gurck. Le concile continue à tenir ses séances et, suivant qu'on me l'a assuré, ils ont déjà arrêté quelques articles à discuter, parmi lesquels on cite ceux-ci : « S'il est permis « au pape de déclarer la guerre à un roi chré- « tien sans l'en prévenir et l'entendre.... S'il est « permis au pape de déclarer la guerre au Roi « Très-Chrétien, même en l'en prévenant.... Si « un pape qui a acheté la papauté et vendu des « bénéfices peut être regardé comme pape... Si « on peut regarder comme pape celui qui s'est « couvert de tant d'ignominie... » Tels sont, avec beaucoup d'autres, les articles qui seront discutés dans le conseil, puis on exécutera ce qui leur semblera le plus déshonorant pour le pape et le plus avantageux pour eux. Quant aux autres articles de votre lettre, touchant la nouvelle confédération que l'on doit former et qui doit procurer de nouveaux avantages, Robertet m'a promis de ne pas l'oublier, et il se conduira suivant que vous le désirez et d'après sa prudence ordinaire.

On n'a appris jusqu'à présent aucune nouvelle de Ferrare qui ait fait perdre ici l'espoir où l'on est de la secourir.

Malgré la démarche que les Suisses ont faite, il paraît que les Français se flattent toujours ou de les gagner ou de les empêcher d'agir.

Nous voici à la vingtième heure du jour, et il vient de me parvenir un mot de Robertet, qui arrive ce soir.

NICOLAS MACCHIAVELLI.

Tours, le 10 septembre 1510.

XXVI.

TROISIÈME COMMISSION

DANS L'INTÉRIEUR DE L'ÉTAT

PATENTE.

Nous, Dix de la liberté et balià de la république de Florence,

Faisons savoir à quiconque verra nos présentes lettres patentes que celui qui les exhibera sera Nicolas Macchiavelli, fils de Bernardo, secrétaire de nos très-hauts seigneurs, lequel, par ordre de notre magistrature, est envoyé pour inscrire ceux qui doivent servir dans la cavalerie à notre solde.

En conséquence, nous ordonnons à tous les recteurs auxquels ledit Macchiavelli se présentera de lui prêter foi et appui pour toutes les choses dont ils seraient requis par lui relativement à cet objet;

Et à nos sujets de lui porter obéissance, s'ils font cas de notre bienveillance et s'ils craignent de s'attirer notre indignation.

NICOLAUS MACLAVELLUS secretarius.

Ex palatio florentino, die 12 novembris 1510.

XXVII.

QUATRIÈME COMMISSION

POUR SIENNE

PATENTE ET PASSE-PORT.

Nous, Dix de la liberté et balià de la république de Florence,

Signifions à quiconque verra les présentes lettres patentes, que nous envoyons à la magnifique seigneurie de Sienne, pour les affaires de notre république, le recommandable Nicolas Macchiavelli, notre secrétaire et citoyen.

A ces causes, nous prions nos amis et nos confédérés, et nous ordonnons à tous nos sujets, de le recevoir amicalement par amour pour nous, et de lui prêter appui et secours opportun afin qu'il puisse parvenir sans difficulté au lieu de sa destination. Ce qui nous sera très-agréable, et nous obligera à rendre la pareille à tous nosdits amis lorsque l'occasion s'en présentera; et nous en saurons gré à nos sujets.

MARCELLUS.

Ex palatio florentino, die 2 decembris 1510.

XXVIII.

ENVOI

AUPRÈS DU SEIGNEUR DE MONACO

PATENTE ET PASSE-PORT.

Nous, Dix de la liberté et balià de la république de Florence,

Signifions à quiconque verra les présentes lettres patentes que celui qui les exhibera est le recommandable Nicolas Macchiavelli, notre citoyen et secrétaire très-chéri, lequel, pour affaires de notre république, nous envoyons à l'illustre seigneur de Monaco.

A ces causes, nous vous prions tous, amis, confédérés et protégés de notre république; et vous, sujets, nous vous ordonnons de donner tout appui au susdit Macchiavelli pour qu'il puisse remplir sa commission. En conséquence de quoi nous vous rendrons grâce à vous tous, amis, confédérés et protégés; et vous, sujets, nous vous en saurons beaucoup de gré.

Ex palatio florentino, die 12 maii 1511.

CONVENTION

Conclue avec Luciano Grimaldi, seigneur de Monaco.

Art. I. Il y aura entre la haute république florentine, d'une part, et ledit seigneur prince de Monaco, de l'autre, une bonne et sincère amitié, durable pour le temps et le terme des dix années prochaines, durant lequel espace de temps lesdits parties contractantes devront se traiter mutuellement, c'est-à-dire l'une et l'autre, et *è converso*, relativement à leurs hommes et sujets, vaisseaux, biens, marchandises, et à toute autre chose, en bons et vrais amis et comme de bons et vrais amis ont coutume de se conduire entre eux.

Art. II. Tous vaisseaux ou embarcations, sujets, effets dudit prince, pourront, durant ledit espace de temps, venir, entrer et séjourner librement dans un des ports quelconques de ladite haute république de Florence, et sans sauf-conduit : y faire échelle, et embarquer du pain, de l'eau et des vivres, et toute autre chose dont ils auraient besoin, comme si c'étaient des vaisseaux ou des sujets florentins, sous la seule condition d'acquitter les droits imposés aux autres Florentins, et de payer les gabelles dues comme les payent les autres Florentins. De même, *è converso*, ledit seigneur sera tenu d'observer pareilles mesures dans ses ports à l'égard des vaisseaux, effets et hommes de ladite haute république de Florence, ainsi que pour ses sujets, en tout et pour tout.

Art. III. Il est bien entendu qu'aucune des deux parties contractantes, ou que nul de leurs sujets, ne pourra s'emparer dans lesdits ports de vaisseaux, hommes ou effets autres que ceux appartenant aux ennemis de la puissance dans le port de laquelle une telle prise aurait lieu; et il est entendu, pour plus ample explication, que l'on comprend par le port de Livourne tout ce qui se trouve en dedans de la rade de la Miloria.

Art. IV. Aucune des deux parties ne pourra entrer ni séjourner dans les ports appartenant à l'une ou à l'autre avec des vaisseaux, des hommes ou des effets enlevés à d'autres qu'aux ennemis de la puissance à laquelle ledit port appartient, ni ne pourra y décharger et porter à terre lesdits navires, hommes ou effets, de quelque manière que ce soit; et, dans le cas où ces vaisseaux y viendraient, y séjourneraient et y débarqueraient comme il est dit, alors n'aurait plus lieu la permission qu'a chacune desdites parties de venir, d'entrer et de séjourner dans lesdits ports lui appartenant, et d'y faire échelle, d'y embarquer du pain, de l'eau et des vivres, et toute autre chose dont elle aurait besoin; et dans ce cas seulement aucune des deux parties ne sera tenue d'observer la présente amitié.

XXIX.

QUATRIÈME LÉGATION

A LA COUR DE FRANCE.

LETTRES DE CRÉANCE.

Les décemvirs de la liberté et de la paix de la république florentine à tous ceux qui verront les présentes, salut.

Nous faisons part à tous ceux qui reconnaissent notre autorité que nous envoyons Nicolas Macchiavelli, citoyen de Florence et notre cher et féal secrétaire, auprès du Roi Très-Chrétien. Nous leur recommandons en conséquence, lors de son passage, de l'aider de tout leur pouvoir dans tout ce dont il aura besoin pour accélérer son voyage et le faire avec sûreté. Ils rempliront par la un devoir honorable pour eux et agréable pour nous. Nous engageons et prions même tous nos amis et tous les alliés de notre république, s'ils attachent quelque prix à notre amitié, de favoriser et d'aider sa marche autant qu'ils pourront, afin qu'il puisse arriver sain et sauf et promptement en France, où nous l'envoyons au Roi Très-Chrétien. Ce nous sera d'abord très-agréable, et nous nous en souviendrons toujours avec reconnaissance.

Moi MARCELLUS VIRGILIUS.

Marqué du sceau du conseil des Dix, de la liberté et de la paix.

INSTRUCTIONS

Données à NICOLAS MACCHIAVELLI, envoyé en Lombardie et en France par le conseil des Dix, et délivrées le 10 septembre 1511.

Macchiavelli, tu es instruit à fond de tout ce qui s'est passé jusqu'à présent au sujet du concile de Pise, et sur quel fondement et à quelle occasion, à la première nouvelle de sa convocation, nous nous proposâmes d'offrir Pise pour y tenir le concile, et que bientôt après nous en prîmes l'entière résolution. Mais voyant que cette assemblée est privée de la majeure partie de ses membres, et la plus intéressante; que le pape en est offensé et que nous nous sommes exposés à un grand danger, nous nous croyons obligés de t'envoyer en poste, et avec toute la diligence dont tu seras capable, d'abord auprès de Leurs Éminences les cardinaux et de l'illustre lieutenant du roi à Milan, et puis à la cour du Roi Très-Chrétien en France. L'intérêt de tous les Florentins et le but de ta mission s'étend à ce seul point, savoir : de mettre tous tes soins pour obtenir la dissolution de ce concile, dont les commencements si faibles et si dangereux ne peuvent avoir une issue heureuse et durable. Si on ne peut parvenir à le faire dissoudre, tu te borneras à demander que le siége en soit transporté dans une autre ville, ce qui peut être facile, les fondés de pouvoirs de ces cardinaux ayant fait à Pise tout ce qu'ils avaient à faire et prononcé la validité du concile. Enfin si cette demande ne pouvait encore être obtenue, tu exigeras du moins une suspension de quelques mois, pendant laquelle toutes les difficultés existantes pourraient s'aplanir. Enfin il nous serait très-avantageux d'obtenir ce délai de deux ou trois mois, quand bien même il ne devrait en résulter aucun autre avantage. Nous ne croyons pas que cette dernière demande puisse nous être refusée, en mettant sous les yeux des cardinaux et de la France la position dans laquelle nous nous trouvons et l'état actuel des affaires qui doivent occuper cette assemblée.

Il paraît sûr que les prélats qui ne sont pas arrivés n'arriveront pas actuellement avant le printemps prochain, et quand même ils voudraient s'y rendre, ceux de France ne pourraient être à Pise avant deux mois. En conséquence, en faisant toute la diligence possible, tu prendras la route de Milan; et avant d'arriver à Bologne, tu t'informeras avec soin où peuvent se trouver actuellement les cardinaux de Sainte-

Croix, Narbonne, Saint-Malo et Cosenza, que l'on assurait, il y a trois ou quatre jours, être au bourg de Saint-Donnino, et qui devaient passer ici pour se rendre à Pise. Quand tu sauras où ils sont, tu iras les trouver : tu les engageras par toutes les raisons possibles à ne pas se rendre, pour quoi que ce soit, à Florence, leur représentant combien leur présence nous serait nuisible, et à quels dangers elle exposerait à Rome nos marchands et leurs effets; tu les prieras et les conjureras de ne pas prendre ce chemin, et leur diras que tu vas à Milan pour apprendre au grand maître le bruit et les soupçons qui se répandent. Tu ajouteras que les Espagnols vont arriver à Piombino; que l'on prépare une armée à Naples; que le pape a déjà pris à sa solde le duc de Termini qu'il a nommé son général, et enfin tout ce que tu te rappelleras des instructions que nous t'avons données de vive voix. Si tu ne trouves pas les cardinaux en route et qu'ils aient pris un autre chemin, tu te rendras en droite ligne à Milan et en France.

Nous ne croyons pas que tu aies besoin auprès des cardinaux d'autre lettre de créance que les patentes dont tu es porteur : elles doivent suffire pour faire ajouter foi et à tes paroles et à ta mission. Cette première commission remplie, tu te rendras en diligence à Milan où tu trouveras François Pandolfini, et tu lui remettras les instructions ci-jointes. Tu verras le vice-roi, et tu te borneras à lui représenter qu'en t'envoyant à la cour du Roi Très-Chrétien, nous avons voulu que Son Excellence fût instruite des motifs de ce voyage, et tu lui raconteras, sans entrer dans aucun détail, ce qui est arrivé à Rome, les dangers que courent tous les jours nos marchands, soit à Rome, soit ailleurs, enfin les bruits qui se répandent sur Piombino et sur l'Espagne, comme nous l'avons déjà remarqué plus haut. Tu n'entreras pas avec lui dans de plus grands détails, afin qu'il ignore le véritable sujet de ton voyage jusqu'à ton arrivée à la cour. Nous désirons cependant que tu communiques le tout à François, tant ce que nous t'avons dit de vive voix que ce que contiennent tes instructions, afin qu'il puisse en tout se conduire conformément à tes vues, et se diriger dans tout ce qu'il fera d'après les mêmes principes. Dès que tu seras sorti de Milan tu te rendras avec la même diligence à la cour de France, auprès du Roi Très-Chrétien. Aussitôt après ton arrivée, et après avoir conféré avec Robertet sur les présentes instructions et sur ce que nous t'avons dit de vive voix, tu te rendras auprès du roi. Tu lui représenteras d'abord que lorsque nous avons accordé la ville de Pise pour tenir le concile, nous ne l'avons fait que pour lui plaire; tu lui détailleras les malheureux résultats de cette complaisance, tout ce qui s'en est suivi et s'ensuivra à Rome, les dangers qui en résultent pour la ville, pour toute la nation et pour toutes nos marchandises, les menaces d'interdit, de censure, de guerre, et d'abandon de nos corps et de nos biens en quelque lieu qu'ils se trouvent; tu indiqueras la cause de ces événements et le remède qu'il faut y apporter. A l'occasion des dangers que nous courons, tu ajouteras qu'il paraît que l'empereur s'occupe peu ou presque point de ce concile; que nous pensions que ce prince avait déjà fait quelques progrès en Italie, qu'il s'approchait d'ici, mais qu'il est encore auprès de Trente, peu disposé à agir cette année et plus près au contraire de s'en retourner; qu'il entretient de continuelles communications avec les Vénitiens, et qu'il a convoqué une diète générale en Allemagne pour le jour de Saint-Gall; que tout annonce enfin qu'il est bien loin de prendre intérêt à cette assemblée, ce qui est démontré pour qui voit qu'il n'y a pas un seul évêque dans un si grand empire, qui fasse le moindre mouvement pour se rendre à Pise.

Tu feras observer aussi qu'on a remarqué même dans les prélats français qui devaient venir une lenteur qui ferait croire qu'ils s'y rendent à contre-cœur. Comme cet article, au reste, pourrait ne pas faire plaisir au roi, si tu en parles, n'en dis qu'un mot en passant, pour ne pas lui causer la moindre peine. Tu as des observations plus importantes à lui faire : l'une, que presque tous les cardinaux nommés dans l'édit de convocation font semblant de l'ignorer, et emploient toutes sortes de prétextes pour ne pas se rendre à Pise; l'autre, c'est que trois personnes seulement (ce qui nous a beaucoup étonnés) aient osé faire l'ouverture du concile. Tu diras que les moyens qu'ils ont employés, les prétentions qu'ils ont mises en avant de vouloir être mis en possession de la citadelle, en assurant que la ville serait bientôt remplie de gens armés, ont été cause des plus grands désordres; que la ville se trouve déjà sous l'interdit, et que les chefs de l'église se sont déjà déclarés contre ce concile. Tout cela vient de ce qu'il a commencé d'une manière aussi faible, et de ce qu'il ne s'y est trouvé personne en état de soutenir sa validité et son autorité dans une semblable circonstance : une fois perdue, il sera très-difficile de la lui rendre. De toutes ces contrariétés il est arrivé que le pape, voyant cette assemblée sans considération, sans crédit et sans force, a cherché à en profiter avec empressement; et n'ayant personne sur qui s'en venger, il s'est rejeté sur nous. De là tous les dangers que nous avons courus et que bien tu connais, dangers qui iront toujours en augmentant. Il est impossible que ce concile reprenne jamais faveur, ayant montré d'abord tant de faiblesse : chacun croit sans peine que la fin répondra au commencement; et si personne ne veut aujourd'hui ajouter foi aux raisons qui parlent en sa faveur, y a-t-il apparence qu'on soit plus crédule dans la suite?

Nous jugeons qu'il y a peu de moyens de remédier à tous ces maux. Cependant la paix arrangerait tout d'une manière honorable, et chacun sortirait alors de cette situation critique; mais nous voulons que tu ne parles de ce moyen extrême qu'à la dernière extrémité. Dans la conversation que tu auras avec Sa Majesté sur le peu d'espoir qu'il y a de faire quelque chose de cette assemblée, et sur les résultats dangereux d'une si grande faiblesse, la plus grande difficulté sera de lui persuader de la dissoudre à cause du peu de bien qu'on doit en retirer. Si, par quelques raisons que nous ignorons, Sa Majesté ne veut pas accorder cette demande, prie-la, au nom des dangers et des périls que nous courons et que nous pouvons courir, de nous en ôter du moins l'embarras, en lui faisant voir que puisque l'assemblée a fait ses premiers actes à Pise, il serait très-facile de la transporter ailleurs et de la faire changer de siége. Et comme ce point de ta mission est celui dont nous désirons le plus de succès, dans le cas où tu n'obtiendrais pas le premier nous t'engageons à traiter celui-ci avec tout l'intérêt possible, et à ne rien oublier de tout ce qui pourrait engager Sa Majesté à y consentir. Tu ne manqueras pas de raisons pour cela, parce que laisser tenir le conseil à Pise c'est le laisser pour ainsi dire sous la main du pape, qui sans aucun doute va susciter une nouvelle guerre et par mer et par terre, à laquelle il faudra nécessairement que Sa Majesté prenne part, puisqu'elle ne voudra pas que ses alliés périssent pour avoir voulu faire ce qui lui était agréable; au lieu qu'on n'aurait pas cela à craindre si le concile se tenait dans une ville où ni les armées du pape ni celles de ses adhérents ne pourraient parvenir; qu'il paraît que l'empereur n'a jamais été content qu'il ait siégé dans cet endroit, et que c'est peut-être la raison qui a empêché les évêques de l'empire de s'y rendre. On peut encore ajouter les raisons qu'on a écrites si souvent à Robertet sur la mauvaise situation de Pise, sur la stérilité du pays, sur le peu de récolte de cette année, et sur la facilité avec laquelle ce pays peut être envahi par une armée. Enfin il faudra surtout insister sur la première raison, que la présence du concile à Pise va donner naissance à une guerre dangereuse à laquelle il faudra que tous les souverains prennent part, les uns pour le pape, les autres contre, et ajouter que Sa Majesté doit bien penser que dans une semblable position elle sera obligée de la faire en entier, ou du moins en majeure partie, à ses dépens. Il est enfin nécessaire que par toutes ces raisons, et autres que tu sauras trouver, tu viennes à bout de persuader à Sa Majesté qu'elle permette que nous refusions au concile Pise et tout ce qui en dépend. Si tu ne pouvais encore obtenir ce dernier article il faudrait pour dernière ressource obtenir qu'il suspendît au moins pour deux ou trois mois tout acte ultérieur de cette assemblée, sans qu'il pût être pris aucune autre délibération entre les cardinaux et les moteurs du concile. Tu diras qu'il serait très-possible qu'ils ne pussent rien arrêter, les cardinaux se trouvant encore en Lombardie; qu'il n'est arrivé aucun évêque ni aucun abbé. Tu feras observer combien cette suspension nous serait avantageuse, puisque nous profiterions de ce temps-là pour mettre ordre à nos affaires et à celles de la nation; que d'ailleurs il ne serait pas étonnant que ce délai produisît quelque bon effet et disposât les esprits à la paix; que le pape doit raisonnablement la désirer et que Sa Majesté s'est toujours disposée à la faire. Il est surtout essentiel, pour ne rien oublier des devoirs de ta mission, que tu insistes sur cette paix, priant et exhortant Sa Majesté, tant pour éviter les dépenses de cette guerre que pour mille autres raisons, à saisir toutes les occasions de faire la paix si elles se présentaient; tu lui diras de notre part que nous sommes prêts à faire, à souffrir et à entreprendre tout ce qui sera nécessaire. Tu manœuvreras pour connaître la situation exacte des affaires, les difficultés qui peuvent s'y trouver, non-seulement pour nous en donner avis, mais encore pour te guider ensuite dans ce que tu auras à faire. Enfin sur ce dernier objet tu te conduiras de manière que non-seulement Sa Majesté, mais encore tous les autres connaissent combien nous désirons la paix, sachant que nous ne voulons obtenir, que nous ne demandons autre chose, et que pour en venir à bout nous sommes prêts à entreprendre tout ce qui sera convenable et possible dans la situation où nous nous trouvons.

Nous te recommandons surtout que dès que tu seras à Milan et en France, tu aies soin de nous écrire promptement ce que tu auras fait, et de nous instruire de ce que nous avons à espérer sur l'objet de nos demandes, et enfin quel parti sera pris sur tout ce qui regarde le concile.

Les décemvirs de la liberté et de la république de Florence.

Au palais florentin, le 10 septembre 1511.

CORRESPONDANCE.

LETTRE PREMIÈRE.

MAGNIFIQUES SEIGNEURS,

Je suis arrivé ici hier au soir: j'y ai trouvé les cardinaux Sainte-Croix, Saint-Malo, Saint-Severin et Cosenza. Les trois derniers sont logés dans la forteresse et le premier dans la ville. J'ai cru d'abord devoir m'adresser au cardinal Sainte-Croix plutôt qu'aux autres parce qu'il est pour ainsi dire leur chef, ensuite parce que je le crois plus attaché à vos intérêts. J'ai eu avec lui un long entretien au sujet du concile, et il lui a paru nécessaire que nous en allassions l'un et l'autre conférer avec les trois autres cardinaux. Comme nous allions sortir, sont arrivés les cardinaux de Cosenza et de Saint-Severin. Ils se sont renfermés tous trois ensemble et sont restés ainsi près de trois heures: au bout de ce temps-là ils ont fait partir un courrier avec des dépêches. On m'a fait ensuite appeler: j'ai répété en présence des trois tout ce que j'avais dit au cardinal de Sainte-Croix. Ils m'ont encore fait sortir, et après avoir longtemps conféré ensemble ils m'ont dit de les suivre dans la citadelle. On s'est rendu chez le cardinal de Saint-Malo, qu'une attaque de goutte retenait au lit; et après avoir été quelque temps renfermés, ils m'ont rappelé et fait répéter tout ce que j'avais déjà dit. Tout mon discours a roulé principalement sur la colère du pape contre vos seigneuries: j'ai dit combien elle avait été grande en apprenant les actes du concile, le danger qu'avaient couru et que couraient encore nos marchands à Rome, les menaces qu'il avait faites de vous attaquer avec les armes spirituelles et temporelles; qu'en conséquence vos seigneuries m'avaient ordonné d'aller en diligence à Milan trouver le vice-roi, pour lui faire connaître les projets du pape, ses préparatifs, vos dangers et le remède qu'il fallait y apporter; qu'elles m'avaient de plus recommandé, si je trouvais Leurs Éminences en route, d'avoir une conversation avec elles et de leur dire la même chose; que vos seigneuries voyaient dans tout ceci deux dangers à courir: l'un présent et réel, et l'autre futur: le présent dans le pillage de vos marchands et l'interdiction de votre ville, le futur dans la guerre; que pour remédier au premier elles priaient Leurs Éminences de ne plus s'avancer du côté de Florence, pour donner à vos marchands le temps de mettre ordre à leurs affaires; qu'elles pouvaient accorder ce qu'on leur demandait sans nuire au concile, puisque rien de ce qu'il fallait n'était prêt, et qu'il n'était pas en mesure pour repousser les armes spirituelles ou temporelles qu'on dirigeait contre lui. J'ajoutai ici sur l'un et l'autre danger tout ce qui pouvait se dire, et je les suppliai de nouveau au nom de vos seigneuries de vouloir bien suspendre leur voyage, ce qu'ils pouvaient très-bien faire sans nuire à leur projet. Pour les gagner je n'oubliai rien de ce qui pouvait se dire sur cet article. Je leur parlai encore des préparatifs du pape; je leur rapportai combien ils étaient considérables, et quel était son espoir d'être soutenu par le roi d'Espagne. Dès que je me fus expliqué pour la dernière fois en présence de monseigneur de Saint-Malo je me retirai. Après une longue conférence je fus rappelé, et monseigneur de Saint-Severin me répondit au nom des quatre. Il tâcha principalement dans cette réponse de justifier leur projet : il représenta combien il devait être agréable à tous les chrétiens et à Dieu, et combien il devait procurer de gloire à ceux qui y concourraient le plus activement ; il ajouta que vos seigneuries, depuis six mois que le concile avait été convoqué à Pise, devaient s'être préparées à tout ce qui pouvait en résulter, et qu'après avoir eu tant de temps pour cela, ils ne savaient pas à quoi pourrait servir le nouveau délai qu'elles demandaient. Il voulut ensuite me prouver que nous n'avions rien à craindre du côté des armes, puisque le roi de France n'avait jamais eu tant de troupes en Italie qu'il en avait aujourd'hui. Il chercha beaucoup à me faire valoir leur plan, et il conclut enfin qu'ils ne prendraient pas le chemin de Florence, mais qu'ils se rendraient à Pise par le chemin de Pontremoli ; qu'ils seraient au moins dix à douze jours sans se mettre en route parce qu'ils attendaient les évêques de France, qui seraient ici avant ce temps-là ; qu'ils devaient emmener avec eux beaucoup de docteurs et de prédicateurs pour pouvoir lever les excommunications, et qu'on déclarerait hérétique quiconque serait contre eux. Ils me dirent qu'en 1409, pendant les trois ans que vos seigneuries possédèrent Pise, elles y reçurent un concile contre un pape respectable ; que ce concile fut assemblé par des cardinaux ; que vous le fîtes sans avoir toutes les craintes que vous témoignez aujourd'hui, quoique leur cause fût moins juste et que vous eussiez alors des secours moins considérables que ceux que vous donnait le roi de France. Alors le cardinal Sainte-Croix prit la parole et confirma ce que celui de Saint-Severino venait de dire, ajoutant que pour l'amour de Jésus-Christ et pour le bien de l'Église vos seigneuries devaient se charger avec plaisir d'un tel fardeau ; que le concile de Bâle avait été ouvert par un seul abbé : qu'il y aurait à Pise un si grand nombre de cardinaux et de prélats qu'ils seraient en état de former bien d'autres entreprises, et qu'ils lèveraient tous les interdits et réduiraient le pape à une position telle qu'il aurait bien autre chose à penser qu'à lancer des excommunications ou à faire la guerre. Je répondis à tout cela tout ce que je crus nécessaire pour leur persuader de ne pas aller plus avant ; mais je n'en tirai pas d'autre réponse, savoir : qu'ils resteraient là jusqu'au premier courrier, et qu'ils se rendaient à Pise par Pontremoli.

Je me rappelle que lorsque je parlai au cardinal Sainte-Croix tout seul, il me dit qu'ils seraient déjà arrivés à Pise s'ils avaient vu vos seigneuries plus décidées ; mais que l'indécision dans laquelle elles étaient leur avait aussi donné quelque inquiétude. Si cela est ainsi, j'espère que tout ce que je leur ai dit ici ne servira qu'à augmenter encore cette disposition à cause des craintes que je leur ai inspirées sur leur propre sûreté, et produira un effet qui aura peut-être les mêmes résultats ; car ils ont toujours désiré d'avoir avec eux l'armée française, et aujourd'hui ils le désirent bien davantage. Je sais qu'ils ont envoyé ce matin un courrier au vice-roi à Milan, pour le solliciter et le prier de vouloir bien venir lui-même, avec trois cents lances, les accompagner quand ils se rendront à Pise. Je compte être ce soir à Milan, et je verrai avec François quel moyen nous prendrons pour parer à tout cela. Le cardinal Sainte-Croix dit encore, dans la réponse qu'il m'a faite en présence des autres cardinaux, qu'il fallait tenir encore à Pise deux ou trois sessions et qu'ensuite pour satisfaire vos seigneuries, on pourrait lever le concile et l'ajourner dans une autre ville.

On m'a dit hier au soir que le cardinal Saint-Severin devait partir ce matin pour se rendre en Allemagne auprès de l'empereur : le motif de son voyage est de persuader à ce prince d'envoyer ses évêques à Pise, avec la promesse formelle qu'aussitôt que l'on y aurait fait l'ouverture du concile on le transférerait là où Sa Majesté désirerait. On dit encore que c'est pour lui proposer en mariage une princesse française, et enfin pour recouvrer quelques domaines que son père possédait auprès de Vérone. Nous sommes à deux heures du jour, et l'on dit que le cardinal Saint-Severin va partir pour son voyage. Je me recommande, etc.

NICOLAS MACCHIAVELLI.

Au bourg de San-Donnino, le 13 septembre 1511.

LETTRE II.

MAGNIFIQUES SEIGNEURS,

J'ai écrit samedi dernier à vos seigneuries du bourg de San-Donnino, et je leur ai donné connaissance de l'entrevue que j'avais eue avec les cardinaux. Je donnai ma lettre à Jean Girolami, qui me promit de vous la faire passer par la poste royale. J'espère qu'elle vous est parvenue : ainsi je ne la transcrirai pas ici. Je suis ensuite arrivé à Milan et j'ai exposé ma commission au vice-roi : je laisse à François Pandolfini le soin de vous faire connaître la manière dont vos instructions ont été remplies et la réponse qui nous a été donnée. Comme c'est sous sa direction que tout a été fait, je m'en rapporte à cet égard-là entièrement à Son Excellence. Nous voici à la vingt-deuxième heure, et je pars à l'instant pour la cour de France, pour remplir le reste de la commission dont vos seigneuries m'ont chargé. Je me recommande, etc.

NICOLAS MACCHIAVELLI.

Milan, le 15 septembre 1511.

LETTRE III.

MAGNIFIQUES SEIGNEURS,

Ma dernière lettre était du 17 : je l'ai envoyée par la poste royale et l'ai adressée à Pandolfini. Depuis ce temps-là est arrivé ici avant-hier matin Macchiavelli, en fort bonne santé : il m'a remis la lettre que vos seigneuries lui avaient remise pour moi et m'a communiqué les motifs de son voyage. Robertet était ici, mais le roi était éloigné de trois lieues. Je n'ai pas cru devoir l'aller trouver ce jour-là : j'ai attendu au lendemain matin, afin que Robertet fût auprès de lui et présent à notre entrevue, dans le cas où il serait nécessaire d'expédier quelques ordres. En conséquence je me suis rendu à la cour le lendemain matin, après avoir auparavant bien étudié les instructions que vous m'aviez adressées, et avoir fait un abrégé de toutes vos raisons pour mieux convaincre le roi de la justice de vos demandes. Nous sommes allés chez le roi, et après que Macchiavelli lui a eu présenté ses hommages suivant l'usage, je lui ai lu un écrit tracé d'après vos instructions et fort des raisons qui m'ont paru les plus convaincantes en votre faveur, afin qu'il pût les mieux examiner et mieux sentir ce qu'on désirait. Il l'a écouté très-attentivement et avec plaisir, en témoignant le cas important qu'il fait de votre souvenir et de vos avis.

Vos demandes ont trois objets principaux en vue. Le premier est que le roi fasse la paix et que le concile soit dissous sous un honnête prétexte; et vous vous offrez à cet effet pour médiateurs, etc., etc. Il nous a répondu : « Plaise « à Dieu que vos seigneuries puissent y réussir ! « c'est l'unique objet de mes vœux, et je vous « saurai un gré infini de tout ce que vous ferez « pour cela. » Il a enfin témoigné sur cet article le même désir qu'il a toujours eu; il a dit qu'il n'aurait pas pensé à ce concile, si ce n'est pour forcer le pape à faire cette paix; et il a ajouté : « Si nous supprimons le concile, le pape ne vou- « dra plus en entendre parler (de paix). » Je lui ai répliqué qu'il était à cet égard dans l'erreur, puisque le concile était plutôt fait pour faire naître la guerre que la paix, à cause des intentions qu'il laissait apercevoir, et que le pape, dans cette crainte, aimait mieux s'exposer au hasard des armes que de demander la paix. Sur le second objet de vos demandes, qui était de transférer le concile dans une autre ville, il a répondu aussitôt d'un air décidé : « Cela est en- « core impossible; » et il a ajouté : « Je ne vois « pas comment on pourrait faire, parce qu'il « est nécessaire que les cardinaux et les prélats « se rendent à Pise pour y faire quelques actes « importants. On cherchera cependant les moyens « de les y laisser le moins de temps possible, et « je les y engagerai. Je ne puis actuellement dire « quels sont ces actes, parce que j'ignore les noms « dont on se sert dans ces sortes d'affaires. » Il a ajouté ensuite : « Nous avons pensé ces jours « derniers à tout cela, et à vous soulager de ces « embarras et de ces troubles. On a résolu de « revenir sur cet objet et de l'examiner de nou- « veau, afin d'éloigner le concile de Pise; mais « comme il a été convoqué dans cette ville, on « n'a pas pensé qu'on pût le révoquer sans « nuire aux motifs de sa convocation. Si on l'avait « pu, on l'aurait volontiers transporté à Verceili, « où se seraient rendus les cardinaux et les autres « prélats, après avoir tenu à Pise leur première « et leur seconde session, comme ils disent. « Ainsi je ne vois pas que cela soit possible ac-

« tuellement. Je ne puis ensuite rien décider sans « le consentement du roi des Romains et des « cardinaux, sans lesquels je suis convenu de ne « rien faire; et puisqu'on a ordonné a ces derniers « de se rendre à Pise, que j'ai fait prendre cette « route à l'Église gallicane, je ne crois pas qu'il « soit possible de se dédire. » Lorsque je lui ai démontré que la présence de ce concile à Pise, non-seulement mettait en danger et exposait à des représailles les personnes et les marchandises de nos négociants, mais encore qu'elle allumerait une guerre d'une nature telle que notre république ne pourrait y résister, et qui exposerait Sa Majesté à beaucoup de dangers et de dépense, il m'a répliqué qu'il fallait que les marchands se tinssent plus renfermés que jamais, quoiqu'il fût persuadé que le pape n'en viendrait pas à ces extrémités. Quant à la guerre que vos seigneuries craignent, il paraît qu'il n'en a pas grand'peur parce qu'il ne croit pas que l'Espagne y donne jamais les mains : il a reçu des lettres très-amicales et plusieurs ambassades de cette puissance, et il a l'air de n'avoir aucun doute à cet égard. Telle est la réponse que nous avons reçue sur cet article du roi et de Robertet, et c'est tout ce que nous avons pu en tirer. Il a conclu en nous assurant que sa volonté et son intention étaient bien que l'on fît ce que désiraient vos seigneuries, mais que les choses poussées au point où elles se trouvaient, il était impossible d'y rien changer. Tout ce que ses discours, son maintien, ses gestes et ceux de Robertet purent nous faire comprendre, c'est que c'est bien malgré elle que Sa Majesté a rejeté cette dernière partie de votre demande; que pour contenter vos seigneuries, et en considération des dangers que vous courez, de ceux qui le menacent lui-même, et des dépenses dans lesquelles il va se trouver entraîné comme vous, il l'aurait accordée s'il avait pu prononcer tout seul. Mais les raisons que nous avons dites plus haut paraissent l'arrêter et l'empêcher de vous satisfaire; et ces raisons sont : les conventions faites avec l'empereur et les cardinaux, le départ de l'Église gallicane pour Pise, l'annonce qui a été faite publiquement de cet endroit, et enfin la crainte qu'on ne profitât de ce changement pour refuser entièrement de s'assembler.

Outre toutes ces raisons, il en existe encore une qu'il ne nous a pas dite mais que nous avons apprise de Robertet, et qui ne mérite pas moins de considération que toutes celles que nous venons de rapporter, savoir : que Sa Majesté craint que quelques cardinaux, et même tous, ne soient fâchés de ce changement; que la suite de ce mécontentement ne les porte à s'adresser au roi des Romains, naturellement inconstant, et qui n'a jusqu'à présent déployé qu'un caractère assez faible. Après avoir beaucoup causé sur cet objet, et nous être assurés qu'il était impossible de rien tirer de plus sur les deux premiers articles de vos demandes, nous nous sommes retranchés sur le troisième, qui était de retarder l'ouverture du concile pendant deux ou trois mois, dans l'espérance que pendant ce temps on pourrait ménager quelque accommodement; qu'on saurait à quoi s'en tenir sur la maladie du pape; qu'on serait plus proche de l'hiver, et que par conséquent la guerre serait plus difficile; et enfin que pendant ce temps vos seigneuries pourraient prendre les précautions nécessaires à leur sûreté. Le roi y a consenti, et nous a promis qu'il allait tout mettre en œuvre pour que personne n'arrivât à Pise avant la Toussaint. Il a été convenu qu'on écrirait aux cardinaux de suspendre leur voyage, et il a ordonné qu'on écrivît les lettres et tout ce qui était nécessaire; mais comme je ne crois pas que Sa Majesté veuille que les cardinaux sachent positivement les raisons de ce retard, on l'obtiendra sous différents prétextes. Le premier dont on se servira sera qu'on ne leur enverra pas encore copie du sauf-conduit qu'ils ont demandé; car on m'a assuré qu'ils ne veulent pas du tout aller à Pise s'ils ne sont pas munis de ce sauf-conduit, soit en original, soit par copie collationnée. En conséquence on ne leur écrira pas ce courrier-ci, pour mettre plus de retard dans la réponse : par la poste prochaine on fera la réponse convenue. Ce délai leur a paru venir à propos, car Leurs Éminences n'iront pas plus avant si elles n'ont pas toutes leurs sûretés. Vos seigneuries peuvent actuellement juger tout ce qu'on a fait et obtenu jusqu'à présent. Nous n'oublierons rien à l'avenir, non-seulement pour solliciter l'exécution de ces promesses, mais encore pour tâcher de faire revenir sur ce qu'on nous a refusé jusqu'à ce jour.

Il ne paraît pas qu'on puisse élever le moindre doute sur les dispositions de l'Angleterre; on a l'air d'être ici fort tranquille : on a reçu du roi et de son conseil des lettres qui rendent bien contents. Il n'y a rien de nouveau ni d'important du côté de l'empereur : seulement il y a quatre jours qu'on a eu avis que ce prince s'en retournait du côté de Trente. On a pris aussitôt le parti d'envoyer en poste l'ambassadeur de l'empereur, pour se rendre auprès de ce prince. La seule raison qui les y décide, c'est qu'ils craignent que l'empereur ne change d'avis : il n'y va donc que pour le faire tenir à ses premiers projets et prendre encore quelques arrangements avec lui. Cependant au moment où il allait partir, il est arrivé d'autres courriers qui ont fait abandonner ce projet, à cause des nouvelles rassurantes qui sont parvenues. N'ayant plus rien de nouveau à dire, je me recommande, etc.

ROBERT ACCIAIOLIS, ambassadeur.

Blois, 24 septembre 1511.

P. S. En causant avec le roi sur la paix, il m'a chargé d'écrire à vos seigneuries dans le plus grand secret d'agir non pas d'après les ordres de Sa Majesté, mais comme de vous-mêmes, et de tâcher par tous les moyens possibles d'amener cette paix. Il m'a souvent répété qu'on n'employât et qu'on ne mît dans le secret que le moins de monde possible. Et pour que vos seigneuries y mettent plus de confiance, elles sauront que le roi catholique a fait dire au roi de France que, pour faciliter l'accommodement, autant qu'il serait en lui, il consentait que Bologne restât comme il est. Nous avons communiqué à monseigneur de Tivoli quelques-uns des motifs du voyage de Macchiavelli : il en a été très-content, et il a promis d'employer ses bons offices auprès du pape pour faire réussir les demandes de vos seigneuries.

LETTRE IV.

MAGNIFIQUES SEIGNEURS,

Je suis arrivé ici dans la matinée de lundi dernier. Je n'ai pu arriver plus tôt à cause des trois jours que j'ai passés au bourg Saint-Donnino et à Milan. Nous avons été à pied chez le roi avec l'ambassadeur de vos seigneuries, et il s'est passé tout ce qu'il vous a détaillé dans sa lettre, à laquelle je me réfère totalement. Je resterai ici aussi longtemps qu'il plaira à Sa Majesté, et je pense que ce sera tant qu'elle croira ma présence nécessaire à l'objet de ma mission : je ne pense pas que cela puisse aller à plus de sept à huit jours. Je m'en retournerai ensuite à Florence avec sa permission et l'agrément de vos seigneuries, auxquelles je me recommande toujours.

NICOLAS MACCHIAVELLI.

Blois, le 24 septembre 1511.

XXX.

MISSION

A PISE, DANS LE TEMPS DU CONCILE[1].

LETTRE UNIQUE.

MAGNIFIQUES SEIGNEURS,

Les lettres des seigneurs commissaires vous auront instruits de la manière dont les choses se sont passées ici jusqu'à cette heure. Par la présente vous saurez que j'ai été ce matin rendre visite au cardinal de Sainte-Croix, avec lequel j'ai eu un long entretien. Mon unique objet a été de lui faire sentir toutes les difficultés qu'entraînaient après eux et les lieux et les temps, difficultés qui ne feraient que s'accroître

[1] Les deux précédentes légations en France et la présente mission sont relatives aux célèbres différends qui eurent lieu entre le pape Jules II et le roi Louis XII, à l'instigation duquel un concile s'était ouvert à Pise. Ces faits sont trop connus pour qu'il soit nécessaire de m'y arrêter ici davantage : je me bornerai à dire que la

à mesure que le séjour des cardinaux se prolongerait et qu'il y viendrait plus de monde; qu'en conséquence vos seigneuries le priaient de vouloir bien les excuser, etc. Il m'a répondu relativement à cet article que, quoiqu'il n'y eût pas abondance, cependant la cherté était supportable; que ses collègues ne se plaignaient pas; qu'ils savaient bien que les palais n'étaient pas aussi beaux qu'à Milan ni la vie aussi agréable qu'en France; que toutefois si, à cause d'eux ou de vos seigneuries, il était à propos de changer de lieu, il serait très-possible de le faire. Je lui ai répliqué que je lui dirais franchement là dessus ce que je pensais en mon particulier; que j'étais persuadé qu'en s'éloignant d'ici on prendrait un parti sage; que d'abord on se délivrerait ainsi de tous les embarras du logement; qu'en second lieu le pape, voyant le concile s'éloigner de son voisinage, se refroidirait sans doute, et se montrerait moins empressé à s'y opposer ou par les armes ou par d'autres moyens; qu'en troisième lieu, si on transportait le concile dans une ville, soit de France, soit d'Allemagne, on trouverait des peuples plus disposés à l'obéissance que ne le sont les habitants de la Toscane, parce qu'il est plus aisé à l'empereur et au roi de contraindre leurs sujets que ne le voudraient ou ne le pourraient jamais faire vos seigneuries. L'occasion me paraissant favorable, je l'ai pressé de vouloir bien ne pas consentir à ce que vos seigneuries fussent requises de faire ce qu'elles ne pouvaient ni ne devaient. J'ai ajouté qu'à mon avis une seule personne venue volontairement à ce concile lui donnait plus d'autorité que vingt autres forcées de s'y rendre. J'ai appuyé sur cet article le plus que j'ai pu, dans l'espoir de le persuader; et j'ai conclu par lui proposer encore de s'éloigner d'ici, lui faisant sentir, comme si cela venait de moi-même, que c'était un parti sage, utile et propre à produire le meilleur effet.

Il m'a répondu qu'il parlerait de cela avec ses collègues; mais qu'il était indispensable d'écrire à ce sujet au roi et à l'empereur. Je lui ai rappelé alors que lui et les autres cardinaux m'avaient assuré, à San-Donnino, qu'après deux ou trois séances ils quitteraient Pise pour se transférer ailleurs[1]. Il a reparti que cela était vrai; qu'il réfléchirait à ce qu'ils devaient faire.

république de Florence, outre les divers commissaires qu'elle avait envoyés à Pise à l'occasion du concile, chargea aussi Macchiavelli d'y conduire un corps de troupes destiné à faire la garde du concile. Il avait ordre en même temps de veiller aux intérêts de l'État, et surtout de déterminer les prélats à quitter cette ville, qu'on ne leur avait donnée qu'à contre-cœur pour y tenir leurs séances.

[1] On croit faire plaisir au lecteur en rapportant ici la relation des séances du concile de Pise auxquelles Macchiavelli s'est trouvé présent, tirée des lettres des commissaires, qui, en écrivant à la seigneurie, disent qu'ils s'en rapportent à la sagesse de Macchiavelli lui-même, plus expérimenté qu'eux dans ces sortes d'affaires.

« Ce matin, 5 novembre, le révérendissime cardinal monseigneur de Sainte-Croix a célébré dans l'église du Dôme une messe solennelle à laquelle ont assisté les trois autres cardinaux, monseigneur de Lautrec, et les archevêques, évêques et prélats, tous assis dans le plus grand silence et le plus profond recueillement. Après la messe le diacre, qui était l'abbé Zaccaria, a dit deux fois à haute voix : *Que les laïques s'éloignent du chœur!* Alors tous les évêques se sont couverts la tête de leur mitre, et monseigneur de Sainte-Croix s'est assis devant l'autel, et, se tournant vers les prélats et le peuple, a entonné le psaume de David, *Deus qui glorificatur in concilio sanctorum, magnus et terribilis super omnes qui in circuitu ejus sunt.* Il a exhorté vivement tous les prélats à se disposer à ce saint concile par la prière et par les veilles; et il est même allé, en parlant, jusqu'à répandre des larmes, etc. Après ce discours, monseigneur de Sainte-Croix a prononcé très-dévotement trois oraisons; puis le diacre précité a crié à haute voix : *Orate;* et tout le monde s'étant jeté trois fois à genoux, chacun a prié dans le plus grand silence, après avoir ôté sa mitre. Les chantres ont ensuite chanté les litanies avec beaucoup de dévotion; et lorsqu'elles ont été terminées et qu'on en est venu à ce passage, *Ut ecclesiam tuam sanctam*, le président, c'est-à-dire monseigneur de Sainte-Croix, s'est tourné du côté des prélats et du peuple en leur donnant sa bénédiction et en chantant à haute voix : *Ut hanc sanctam synodum benedicere, regere et observare digneris;* à quoi tous les prélats ont répondu : *Te rogamus audi nos.* Ensuite l'évêque de Lodève, fils du cardinal de Saint-Malo, revêtu de la chape et la mitre en tête, est monté en chaire et a publié quatre décrets arrêtés dans la première séance du concile. Par le premier on a déclaré que ledit saint concile de Pise, par les motifs allégués dans les lettres de convocation, était légitimement convoqué et réuni; que la ville de Pise avait paru propre à recevoir ledit concile, s'il ne survenait point de nouveaux événements qui en nécessitassent la translation dans un autre endroit. Par le second on a déclaré que tous les interdits, censures et destitutions faites ou à faire par le pape Jules II contre ledit concile, ses adhérents et ceux qui lui prêteraient appui, étaient de nulle valeur, et que comme de fait elles avaient été prononcées, elles étaient déclarées nulles, et on défendait d'y obéir en aucune manière. Par le troisième on a déclaré que tous ceux qui auraient été cités eussent à comparaître; et s'ils ne comparaissaient pas on passerait outre sans eux et il m'a donné l'assurance qu'ils n'adresseraient à vos seigneuries aucune demande inconvenante : « Dans le fait, a-t-il ajouté, leurs seigneuries ne nous verraient pas avec plaisir destituer « des prêtres qui ne voudraient pas nous obéir, « et elles ne nous favoriseraient pas. » J'ai répliqué que j'ignorais l'appui qu'ils pouvaient attendre de vous ; que quant à la destitution, vous n'aviez pas à vous en mêler, et que c'était une affaire qui les regardait entièrement. Sa révérendissime seigneurie ne s'est point étendue davantage ; mais je soupçonne qu'on ne tardera pas à vous faire quelque nouvelle demande de nature à vous contrarier un peu. J'ai tout communiqué aux seigneurs commissaires : ils l'ont examiné avec attention, et ils en font un rapport particulier à vos seigneuries.

NICOLAS MACCHIAVELLI.

Pise, le 6 novembre 1511.

« comme de raison, à la continuation dudit saint concile. « On a fulminé en même temps des peines nombreuses « contre tous ceux qui mettraient obstacle par quelque « moyen, ou qui feraient injure ou tort d'une manière « quelconque à ceux qui adhéreraient ou prêteraient appui « au présent concile ; déclarant en outre le concile indiqué « par le pape Jules nul par la prévention, par le peu de « sûreté du lieu, par les péchés dont il avait scandalisé « l'Église de Dieu et qui, étant tous imputés au chef de « cette Église, ne lui donnaient pas le droit de convoquer « le concile. Par le quatrième on a constitué officiers du « saint concile, savoir : monseigneur de Sainte-Croix, « président, quoiqu'il ait déclaré qu'il n'acceptait que pour « un mois ; monseigneur de Lautrec, gardien ; et quatre « protonotaires, par allusion aux quatre évangélistes, « pour revoir et rectifier toutes les écritures qui se feront « pendant la durée du concile ; enfin on a encore procédé « à la nomination de quelques autres officiers. Après cette « cérémonie l'abbé Zaccaria, avec la chape et la mitre, « est allé demander d'abord aux révérendissimes cardinaux « et ensuite à chaque prélat, l'un après l'autre, si les dé- « crets qu'on venait de lire avaient leur approbation ; et « quoiqu'il eût obtenu le *oui* de tous, il est retourné à « l'autel et a recommencé à haute voix sa demande en « disant : *Placet ?* Tous ont répondu unanimement : *Ita* « *nobis placet*. Ambrogio, dont nous avons déjà « parlé à vos seigneuries comme procureur de Sa Ma- « jesté Impériale, a demandé qu'on dressât un procès- « verbal authentique de tous ces différents actes, et a « indiqué la première séance pour vendredi prochain, à « tierce...

« Hier matin, 7 novembre, les révérendissimes cardi- « naux et les autres prélats ont tenu leur seconde séance « dans l'église du Dôme. C'est monseigneur de Saint-Malo « qui a chanté la messe ; et l'on a répété les mêmes céré- « monies que dans la première session. Après la messe « l'abbé Zaccaria a chanté l'évangile *Homo quidam fecit* « *cœnam magnam, et invitavit multos*, etc. ; ensuite, « étant monté en chaire, il a fait un sermon où il avait « choisi pour texte ces paroles de saint Jean : *Lux venit* « *in mundum, et magis dilexerunt homines tenebras* « *quam lucem*. Son discours a roulé sur la réforme de « l'église, et sa péroraison a été que tous les révéren- « dissimes cardinaux et prélats devaient commencer par « se réformer eux-mêmes avant de réformer l'église. Dès « qu'il a eu fini, monseigneur d'Autun, ambassadeur de « S. M. T. C., est monté en chaire et a publié, 1° un dé- « cret du concile de Tolède sur le profond silence qu'il « faut observer dans le concile, où chacun ne doit parler « que lorsque c'est son tour, et qui excommunie pour trois « jours ceux qui y contreviendraient ; 2° un décret qui sus- « pend toutes les causes des adhérents au concile, les- « quelles ne pourront être expédiées ailleurs que dans « ledit concile ; 3° un décret qui désigne quatre évêques « pour écouter les causes *fidei et reformationis eccle-* « *siæ, et ad examinandos testes, et ad referendum* « *sacro concilio*, qui procéderait ensuite à la sentence « définitive ; 4° un décret qui nomme les scrutateurs des « voix, et les messagers pour annoncer et pour convoquer. « La troisième séance a été indiquée pour le 14, qui sera « vendredi. »

Cette troisième séance n'eut point lieu le 14 ; elle fut tenue le 12, comme on peut le voir par la lettre ci-après des commissaires. Après cette séance les prélats se disposèrent à quitter Pise, où ils étaient tombés dans le plus grand discrédit auprès du peuple, et où les Florentins ne les toléraient qu'avec la plus mauvaise volonté.

« MAGNIFIQUES SEIGNEURS,

« Notre dernière lettre à vos seigneuries est sous la « date d'hier : nous vous y rendions compte de tout « ce qui se passa. Ce matin a eu lieu la troisième séance « avec toutes les formalités ordinaires. Ensuite on a nom- « mé commissaires du concile deux des cardinaux et « quatre évêques, sans les lettres desquels, ou des deux « tiers au moins, aucun prélat ne peut abandonner le « concile ; puis on a publié qu'après la cérémonie de la « séance de ce jour chacun serait libre de partir à sa com- « modité, sous la condition toutefois de se trouver le 10 « du mois de décembre prochain à Milan ; et ils ont choisi « le 13, jour de sainte Luce, pour tenir leur quatrième « séance dans la cathédrale, annonçant que durant cet « *interim* on demanderait au pape un sauf-conduit pour « envoyer un ambassadeur à Sa Sainteté, afin de convenir « avec elle de transférer le concile en lieu neutre et sûr « pour les deux parties. Tel a été l'objet de la séance de « ce matin. Il doit y avoir à la vingtième heure une « assemblée générale chez le cardinal de Sainte Croix, et « l'on a recommandé ce matin à Rosso d'inviter les rec- « teurs à s'y trouver, afin de pouvoir prendre congé « d'eux. Nous ne pensons pas qu'ils veuillent leur dire « autre chose.

« ROSSO RIDOLFI et ANTONIO PORTINARI.

« Pise, le 12 novembre 1511. »

XXXI.

COMMISSION

POUR LEVER DES TROUPES.

PATENTE.

Nous, les Neuf de l'ordonnance et milice florentine [1],

Signifions à quiconque verra nos présentes lettres patentes, dont le porteur sera Nicolas Macchiavelli, fils de Bernardo, secrétaire de la haute seigneurie, que nous l'envoyons dans la province de Romagne pour enrôler et choisir les hommes propres à porter les armes et à faire partie de la milice à pied de notre ordonnance sous les bannières que nous placerons dans cette province.

En conséquence, nous commandons à vous tous, nos sujets dans cette province, de lui rendre obéissance, et à vous, recteurs et officiers, de lui prêter tout appui et faveur dont il aurait besoin pour inscrire et enrôler lesdits hommes.

Datum in palatio florentino, 2 die decembris 1511.

LETTRE UNIQUE

MAGNIFIQUES SEIGNEURS,

J'ai donné le prêt à cent nouveaux hommes pour servir dans la cavalerie, et je les ai répartis sous les trois mêmes bannières, c'est-à-dire de Val-d'Arno, de Val-di-Chiana et de Casentino. J'ai trouvé les deux cents fantassins déjà enrôlés dans la plus belle tenue. Les nouvelles levées seront équipées dans le courant du mois, et vos seigneuries pourront se servir de ces trois cents hommes de cavalerie partout où elles le jugeront à propos. Je pars aujourd'hui pour me rendre à Val-di-Bagno, afin d'y remplir les ordres des Neuf.

NICOLAS MACCHIAVELLI.

Bibbiena, le 5 décembre 1511.

XXXII.

MISSIONS

A PISE ET AUTRES LIEUX.

AU DEHORS ET AU DEDANS DU DOMAINE DE FLORENCE.

CORRESPONDANCE.

LETTRE PREMIÈRE.

MAGNIFIQUES SEIGNEURS,

Je suis arrivé ici hier au soir, comme j'avais écrit de Poggibonsi que je devais le faire. J'ai trouvé les lettres par lesquelles vos seigneuries m'annoncent qu'elles doivent demain m'envoyer de l'argent. Il est indispensable de n'y pas manquer si elles veulent que la citadelle ne reste point entièrement dégarnie. Je me suis entretenu ce matin avec les connétables de la citadelle et le capitaine général. Après beaucoup de dif-

[1] *Les Neuf de l'ordonnance* étaient un conseil établi dans la république lorsqu'on y créa les milices nationales. Macchiavelli avait eu la plus grande part à cette institution, comme on peut le voir dans les deux provisions pour établir une milice nationale, dans la république de Florence, qui se trouvent dans ce volume à la suite de l'Art de la guerre.

ficultés, nous avons retenu environ quatre-vingts hommes de leurs anciennes compagnies : ce sont tous des hommes qui ont fait assez longtemps les dernières guerres de Pise ; ils sont de bonne qualité et l'on peut compter sur eux. Pour compléter leur nombre j'ai envoyé enrôler quarante hommes à Pescia, et j'ai employé pour faire cette levée quarante ducats provenant des chevaux que j'avais avec moi : ils seront ici demain soir ; et après demain j'espère avoir réorganisé toute cette affaire. Vos seigneuries trouveront peut-être que j'ai gardé trop d'anciens soldats : cependant j'ai cru devoir en agir ainsi, d'abord parce qu'il me semble inhumain de licencier des hommes qui vous ont si longtemps servis ; et, d'un autre côté, les connétables ont crié que sans cela ils ne sauraient que faire ni que dire de leurs anciennes compagnies. Je crois que lorsque l'on confie à quelqu'un la garde d'un poste aussi important que l'est celui-ci, il faut tâcher de le satisfaire le plus qu'il est possible, et lui laisser le moins qu'on peut l'excuse des événements. Qu'il vous suffise qu'entre les anciennes troupes et les nouvelles on vous fasse une bonne garnison, et qu'il soit impossible de vous tromper. A cet effet je donnerai des ordres pour que l'on paye toujours sur les anciens contrôles dont vous aurez un double entre les mains, et qu'on ne puisse en effacer ni y ajouter personne sans un ordre exprès de vos seigneuries.

Nicolas Macchiavelli.

Pise, le 7 mai 1512.

P. S. L'argent ordonnancé suffira pour le nombre d'hommes désignés ; je crois même qu'il en restera.

LETTRE II.

Magnifiques seigneurs,

Par votre lettre d'hier j'ai vu de nouveau quelles étaient les intentions de vos seigneuries relativement à la garde de la nouvelle citadelle et des portes de Pise. Comme vous m'en aviez déjà parlé de vive voix, et que je désirais me trouver à peu près en mesure lorsque vos ordres me parviendraient, j'ai enrôlé cinquante hommes dans le vicariat de San-Miniato et cinquante dans celui de Pescia : ils feront d'excellents soldats, et ils veulent bien se contenter d'être payés pour quarante-cinq jours, mais il est nécessaire que le trésorier de Pise les paye et qu'ils ne soient point obligés d'attendre leur argent de Florence, parce que les quarante-cinq jours deviendraient aisément cinquante, et que la forteresse un beau matin pourrait fort bien se trouver seule. Il est donc essentiel de penser à cet inconvénient afin d'y parer.

Je me trouve en ce moment à Fucecchio, et j'ai terminé aujourd'hui tout ce que j'avais à faire dans ce vicariat. Je me serais rendu demain matin à Pise afin d'y remplir vos intentions, si vos seigneuries m'eussent envoyé l'argent nécessaire pour payer les soldats nouvellement enrôlés ; mais comme vous ne me l'avez point fait parvenir, ma présence à Pise pourrait produire du mal plutôt que du bien, attendu que je serais forcé de ne rien dire jusqu'à l'arrivée de cet argent, et que ce serait du temps perdu. Si je disais ce qui se passe, et que je n'eusse pas de quoi remplacer immédiatement la garnison, je m'exposerais à voir les postes abandonnés. En conséquence j'irai demain à Pescia : je resterai quatre jours dans ce vicariat, et vos seigneuries voudront bien m'envoyer l'argent dont j'ai besoin pour y lever des soldats et payer des autres. Je me hâterai ensuite d'aller remplir les ordres qui m'ont été donnés. Vos seigneuries dans leurs instructions verbales m'ont dit que dans le cas où parmi les trente vieux soldats que l'on garde il s'en trouverait qui méritassent une paye moins forte que.... et Giannetto et plus élevée que les soldats ordinaires, je leur donnasse trente livres ; mais comme vous ne m'en avez plus dit mot dans votre lettre, j'ignore si vous n'avez pas changé d'idée et je vous prie de vouloir bien me réitérer vos intentions. Il ne me reste plus qu'à me recommander à vos seigneuries.

Nicolas Macchiavelli.

Fucecchio, le 29 mai 1512.

LETTRE III

Magnifiques seigneurs,

J'arrivai à Sienne conformément aux ordres que j'avais reçus de vos seigneuries ; mais je ne pus obtenir audience de la balia que vendredi matin. Je lui exposai tout ce dont vous m'aviez chargé, et je la quittai pour aller parler à Borghèse. Tout le monde me répondit de la manière la plus gracieuse, et me témoigna toute sa satisfaction de l'intérêt que vos seigneuries voulaient bien leur marquer. Borghèse, en particulier, m'assura que vous pouviez compter sur la république comme sur une de vos villes; qu'il voulait suivre en tout notre fortune, et qu'il rendait des grâces infinies à vos seigneuries de la bienveillance qu'elles lui montraient. D'après ce que j'ai appris, le cardinal ne sera pas à Sienne avant mercredi prochain. Comme vous ne m'en aviez rien dit, je ne crois pas devoir différer, afin d'être en mesure d'exécuter les autres ordres que vous m'avez prescrits.

L'état de Sienne est fort tranquille. La seule chose qui agite les esprits est l'assassinat du Bargello, tué ces jours derniers sous les yeux mêmes de Borghèse, dont les assassins sont tous parents ou amis; car laisser cette mort impunie ce serait peut-être trop accroître l'autorité de ce dernier; et la venger, donner lieu à quelque désordre. Je me suis entretenu avec quelques-uns des premiers personnages du gouvernement, qui m'ont assuré que s'ils peuvent compter sur votre amitié il n'y a point à craindre que l'état soit troublé. Une fois rassurés sur ce point, ils montreront la meilleure volonté. Ils ont ajouté qu'ils désiraient que vous écrivissiez aux recteurs voisins de leur état que s'ils entendaient dire qu'il se formât des rassemblements, soit de leurs bannis, soit de tous autres, ils eussent à le défendre et à vous en prévenir. J'ai promis de faire part de cette demande à vos seigneuries, auxquelles je me recommande.

Je me trouve à Poggibonsi; demain je serai à Pise.

NICOLAS MACCHIAVELLI.

Poggibonsi, le 5 juin 1512.

LETTRE IV.

MAGNIFIQUES SEIGNEURS,

Avant-hier est arrivé le courrier Dominico avec l'argent destiné à payer les gardes de la citadelle et des portes: j'ai acquitté la solde hier de la manière que je le rapporterai verbalement à vos seigneuries. Je compte être de retour à Florence sept ou huit jours après avoir terminé tout ce dont j'ai été chargé par les recommandables Neuf relativement à l'ordonnance de la cavalerie. Je me recommande à vos seigneuries.

NICOLAS MACCHIAVELLI.

Pise, le 10 juin 1512.

PATENTE.

Nous, Dix de la liberté et balià de la république de Florence,

Faisons savoir à quiconque verra nos présentes lettres patentes que le porteur en sera Nicolas Macchiavelli, fils de Bernardo, et notre citoyen et secrétaire, lequel nous envoyons en qualité de notre commissaire dans toute l'étendue du Val-di-Chiana, pour y exécuter les ordres que nous lui avons donnés.

En conséquence nous commandons à vous tous, condottieri de gens d'armes, préposés aux chevau-légers de l'ordonnance, connétables de l'infanterie de ladite ordonnance, d'obéir audit Macchiavelli en tout ce qu'il vous ordonnera, de la même manière que vous le feriez envers notre magistrature si elle vous commandait elle-même;

Et à vous, commissaires, recteurs, officiers et sujets, en quelque lieu de ladite province que vous soyez établis, nous vous commandons de lui prêter main forte et appui en tout ce dont il vous requerra de notre consentement et par notre ordre, si vous attachez quelque prix à la satisfaction de notre magistrature.

MARCELLO VIRGILIO.

Ex palatio florentino, die 23 junii 1512.

LETTRE V.

MAGNIFIQUES SEIGNEURS,

Par notre dernière lettre du 25 nous avons donné connaissance à vos seigneuries de tout ce que nous avons appris et ordonné jusqu'à ce moment. Il nous a paru convenable à tous égards, surtout à cause des personnes qui se montrent ici nos partisans, et spécialement des gens de campagne qui craignaient beaucoup qu'on ne leur causât du dommage, de faire venir Aurelio da Castello avec trois cents de ses fantassins; et il s'est hâté en effet d'arriver avec une partie de sa troupe. Il en est venu ensuite pendant la nuit plus de six cents encore, quoique nous n'eussions point donné d'ordre. Cependant ce renfort nous a paru à propos, d'abord parce que quiconque aurait voulu remuer a vu que cela n'est pas aisé, et ensuite que ceux qui désirent rester tranquilles ont repris confiance en voyant que vos seigneuries ne sont pas dans l'intention de les abandonner. Macchiavelli aussi nous est venu fort à propos. A peine arrivé, j'ai cru convenable qu'il parlât aux prieurs. Ceux-ci ont voulu que le conseil fût présent; et, comme vous le pensez bien, Macchiavelli les a exhortés, avec une extrême sagesse et par les raisons les plus puissantes et les plus convaincantes, à n'avoir aucune crainte, soit dans cette circonstance, soit en toute autre plus difficile encore, parce que vos seigneuries étaient remplies d'affection pour eux et qu'elles étaient incapables de les abandonner jamais, etc., etc. Aussi grâces à ces deux mesures tout ici paraît arrangé pour le moment; et pour ne pas vous induire en de trop grandes dépenses nous avons renvoyé toutes les troupes, à la réserve de cent cinquante ouvriers des meilleurs soldats. Ce matin nous en envoyons cinquante à Valiano, où se trouve encore la compagnie de Malatesta et où nous faisons élever quelques retranchements, comme je vous l'ai dit dans une de mes précédentes lettres. Nous avons donné dix *barili* [1] à chaque chef de bannière que nous avons gardé, et à l'avenant à chaque chef de compagnie; à chacun de ceux que nous renvoyons nous avons accordé un *barile*, quoique Macchiavelli et le seigneur comte fussent d'avis qu'on dût m'en réserver davantage. Néanmoins, pour ne pas vous occasionner de plus fortes dépenses, et, d'un autre côté, comme je suis convaincu que ce nombre suffit en ce moment, nous nous en sommes tenus là: si vos seigneuries pensent différemment elles voudront bien faire connaître leurs intentions.

Les troupes papales qui se trouvaient à Pienza et dans le val d'Orcia se sont mises en mouvement hier matin de bonne heure, et ont occupé Torrita, Asinalunga, Rigomagno et Lucignano, où elles veulent, dit-on, rester tout aujourd'hui. Elles sont au nombre de deux cent trente-huit cavaliers, comptés par Ricasolo, capitaine des chevau-légers du seigneur comte. Nous avons envoyé de bonne heure cet officier à la tête de vingt-cinq chevaux, et il a toujours été sur le dos des ennemis jusqu'à ce qu'ils aient été passés, afin de les empêcher de débaucher nos troupes comme ils ont fait dans le Siennois. Cette précaution ne leur a pas permis de s'approcher de notre territoire. Hier également le seigneur comte est monté à cheval avec vingt-cinq hommes d'armes environ et a été loger sur la frontière, où le seigneur Jean Corrado s'est rendu de son côté. Suivant ce qu'on rapporte, ils ont eu ensemble une longue conférence. Il me semble, ainsi qu'au seigneur comte, qu'il n'a pu tirer de Corrado toute la vérité à l'égard des intentions du pape et de ce qu'on a le projet d'exécuter; mais il a été vivement pressé par lui de traiter avec Sa Sainteté. Le comte lui a répondu comme il convenait, et m'a engagé d'écrire à vos seigneuries de vouloir bien lui dicter la conduite qu'il doit tenir, parce que, dût-il perdre dix fois tous ses États, il ne veut prendre aucune détermination sans vous avoir consultés; et véritablement tout ce qu'il dit et tout ce qu'il fait montre l'affection profonde qu'il a pour notre république, et il ne regarde ni aux peines ni aux dépenses pour lui rendre service.

Les troupes qui étaient à Orvieto se sont portées hier au soir au Pont-à-Centino, et ce matin nous ignorons si elles en sont reparties: nous le croyons; mais nous le saurons définitivement dans quelques heures: c'est la seule compagnie du seigneur Giulo, composée de deux cent cinquante chevaux. Nous avons appris, depuis, que Pierre et Antoine Sainte-Croix et Orsino da Mugnano se trouvaient en ce moment dans Acquapendente avec deux cents autres chevaux environ. Le comte Alessandro da Marzano, accompagné de quatre cavaliers seulement, est arrivé avant-hier soir à Orvieto, où il s'est abouché avec le commissaire du pape. On présume qu'il se portera en avant avec sa compagnie, qui était restée sur les derrières, et qui est composée de vingt-cinq hommes d'armes; il en est de même du comte d'Anguillara, qui en a soixante.

Voilà tout ce que je sais de nouveau jusqu'à

[1] *Barile*, pièce de monnaie anciennement appelée ainsi, du droit qui était exigé pour chaque baril de vin. Aujourd'hui on la nomme *Jules*.

ce moment. Ces capitaines ont répandu le bruit qu'ils avaient envoyé demander il y a deux jours le passage à vos seigneuries ; et ils ont dit en secret à quelqu'un qu'ils étaient venus pour effectuer le projet dont je vous ai entretenus dans ma dernière lettre.

Macchiavelli est parti d'ici hier matin : il est allé à Valiano pour inspecter les retranchements. Il se rendra ensuite à Monte-San-Savino pour établir un point de défense entre ce lieu et Fojano, comme je vous l'ai précédemment écrit.

Nous nous occupons ici avec la plus grande diligence à faire une bonne garde, et au moyen des dispositions, de la prudence et des mesures du seigneur comte, nous ne craignons pas qu'il nous arrive malheur. Si j'apprends quelque chose de nouveau j'en donnerai sur-le-champ connaissance à vos seigneuries, auxquelles je ne cesse de me recommander.

Jean-Baptiste de' Nobili,
podestà et capitaine.

Montepulciano, le 27 juin 1512.

P. S. En ce moment, c'est-à-dire à la dixième heure environ, je reçois votre lettre du 25 du courant, à laquelle il n'y a d'autre réponse à faire que ce que je vous ai écrit ci-dessus. Nous sommes bien aises d'apprendre qu'on ait envoyé demander le passage, et nous présumons que vos seigneuries ne l'auront pas refusé. Quoique cela soit peut-être bien hardi de ma part, je les prie très-respectueusement de vouloir bien leur faire prendre un autre chemin que celui du Mugello, afin d'ôter toute occasion à ceux qui voudraient faire quelque acte hostile. Si je m'explique trop ouvertement, c'est mon amour pour la patrie et mon affection pour son gouvernement qui me font parler ainsi, et vous voudrez bien me le pardonner.

LETTRE VI.

Magnifiques seigneurs [1],

En ce moment, c'est-à-dire à la dix-huitième heure, Macchiavelli vient de partir pour Firenzuola. On a ordonnancé les sommes qui sont dues à toute l'infanterie de cette vallée ainsi qu'à celle de Marradi. Il a été ordonné que ces troupes se rendissent dans le plus bref délai à Firenzuola ; et il a été donné avis de tout à Pierre-François Tosinghi, à Barberino, dans l'idée qu'il devait être arrivé en cet endroit. Macchiavelli donne connaissance à vos seigneuries de toutes ces dispositions dans la lettre qu'il vous écrit et que vous trouverez ci-jointe.

Depuis ma dernière je n'ai rien appris sinon qu'on répète ce que je vous ai déjà dit : le porteur de la présente, qui a été hier à Bologne, vous en fera le rapport verbal. Je joins à ma lettre deux avis écrits.

Francesco Zati, vicaire et commissaire.

Scarperia, le 21 août 1512.

LETTRE VII.

Magnifiques seigneurs,

Ce matin, vers la quatorzième heure, j'ai écrit à vos seigneuries pour leur rendre compte de tout ce qui se passait de ce côté. Lamberto Cambi est arrivé quelque temps après, et je l'ai mis au courant de ce que j'avais exécuté et de tout ce que je voulais faire. Comme il vous écrit en détail là-dessus, je crois inutile de répéter ici la même chose.

J'ai reçu par les mains du courrier Ceccotto quinze cents ducats; c'est du moins ce que me marque le Quaratesi, car je ne les ai pas comptés. Je payerai demain la solde aux troupes ; je leur accorderai un tiers de paye à chacun; et après avoir terminé cette opération, je viendrai rejoindre vos seigneuries pour qu'elles m'emploient à quelque autre chose.

Nicolas Macchiavelli.

Firenzuola, le 22 août 1512.

LETTRE VIII.

Magnifiques seigneurs,

Ce soir, grâce à Dieu, vers une heure et demie de la nuit, nous sommes arrivés ici sans accident. Ayant demandé au seigneur commissaire et à Macchiavelli en quelle position et en quels lieux

[1] Cette lettre et les suivantes sont relatives aux mesures que prenait la république pour s'opposer aux progrès des Espagnols, qui s'avançaient dans le dessein de changer le gouvernement de Florence et d'y établir les Médicis, ainsi que cela arriva en effet. *Voyez* le *Journal de Bonaccorsi*, page 179 et suivantes

se trouvaient l'armée espagnole et sa seigneurie le vice-roi, ils m'ont dit qu'ils avaient reçu plusieurs avis différents et qu'ils en avaient donné ample connaissance à vos seigneuries, ainsi que j'en ai eu la preuve par leurs registres. En conséquence je ne vous redirai pas tous les renseignements qu'ils m'ont fournis sur ce point ; je me bornerai à vous faire le résumé de leur rapport, savoir : que si on recevait bientôt de la part de vos seigneuries l'ordre de réunir un grand nombre de troupes à pied et à cheval pour former un point de défense, nous aurions assez de temps pour opérer cette réunion ; et lors même que nous ne pourrions empêcher le passage, néanmoins, grâces aux troupes que Macchiavelli emmènera d'ici, au nombre de plus de deux mille hommes d'élite, pour les réunir au corps principal chargé de le défendre, vous pourrez espérer de voir les choses tourner à bien et selon votre désir, pourvu que la ville soit bien en ordre, comme on l'espère. Puisse le ciel nous faire cette grâce!

Demain matin je partirai à temps, s'il plaît à Dieu, pour arriver à Fojano. Cette route ne paraît pas trop sûre à cause des troupes du Sassatello, et autres Italiens qui s'y trouvent dans l'intention de se réunir à l'armée espagnole du côté de Bruscoli : j'aurai soin de m'entendre avec le seigneur commissaire et Macchiavelli pour avoir en avant une escorte qui éclaire le chemin afin de voir s'il est libre ou non, et d'arriver à Fojano où nous espérons être informés exactement du lieu où se trouve le seigneur vice-roi. Aussitôt que je l'aurai appris je me rendrai en toute hâte, et avec la sûreté qu'il sera possible à sa seigneurie de me procurer, pour donner un commencement à la commission dont vos seigneuries m'ont chargé. Que Dieu, dans sa bonté, veuille qu'elle ait une heureuse issue!

BALDASSARE CARDUCCI,
ambassadeur de la république de Florence [1].

Firenzuola, le 22 août 1512.

[1] Baldassare Carducci fut une des personnes envoyées au vice-roi de Naples, généralissime de l'armée espagnole, pour obtenir un arrangement. *Voyez Bonaccorsi*, page 181.

LETTRE IX.

MAGNIFIQUES SEIGNEURS,

Au moment même, c'est-à-dire à la quatorzième heure et demie, il vient d'arriver des lettres de Macchiavelli que vous trouverez ci-jointes. A l'égard de ce qu'il dit d'Alessandro del Nero, vous pouvez tenir pour certain qu'on en a eu avis. Il en est de même de l'artillerie. Enfin je suis informé par les gens que j'ai envoyés de mon côté de tout ce que contient sa lettre. Il me semble que les choses vont un peu plus lentement qu'on n'avait lieu de le penser ; de sorte qu'en vous hâtant vous pourrez les retenir encore au delà du Stale. Toutefois, Pierre Tosinghi vous dira mieux le véritable état des choses.

Ce matin, voyant que les habitants de cette ville se plaignaient d'être dépourvus de tout moyen de défense, je les ai fait réunir et je les ai exhortés à garder la place. Je prie vos seigneuries, dans le cas où ils viendraient vous demander quelques pièces de canon et de la poudre pour se défendre, de vouloir bien accueillir leur prière. De plus j'ai offert aux habitants, comme il est de mon devoir, de courir le même sort qu'eux. Voilà tout ce qui se passe ici. Je me recommande à vos seigneuries ; et que Dieu les garde.

FRANCESCO ZATI, vicaire et commissaire.

Scarperia, le 22 août 1512.

LETTRE X.

MAGNIFIQUES SEIGNEURS,

Ma dernière lettre à vos seigneuries a été écrite hier au soir pour les informer de tout ce que j'avais pu apprendre jusqu'à ce moment touchant les ennemis, et leur dire qu'il n'était pas resté un seul homme ici. Depuis j'ai reçu dans la nuit deux de vos lettres écrites, l'une à la vingtième heure, l'autre à la fin du jour. Par cette dernière vous m'ordonnez d'envoyer du monde pour faire couper les chemins par lesquels les ennemis doivent passer : vos seigneuries sauront qu'il m'est impossible de faire exécuter ici cette mesure ou toute autre semblable, parce que, comme je vous l'ai dit, nous n'avons pas seulement un homme à envoyer d'un lieu à l'autre ; et cette nuit même nous sommes restés sans escortes et comme il a plu à Dieu, n'ayant personne pour nous en servir. Il ne faut donc pas penser à faire ici la moindre défense : les ennemis sont en pouvoir de courir partout où ils voudront. Cet endroit est entièrement abandonné ; et, d'après ce que j'ai appris hier soir, le podestà et le douanier se disposent à partir également. D'ailleurs, quand nous aurions des hommes, il ne servirait à rien de faire couper les chemins, parce que de ce côté la montagne est si ouverte que dans cette saison l'artillerie peut aisément la passer. D'un autre côté, les ennemis se sont si fort avancés que les habitants ne peuvent aller où leur présence serait nécessaire ; et déjà tous ceux qui demeurent sur cette montagne prennent la fuite de toutes parts. J'apprends que cent cinquante chevaux espagnols sont venus se loger à Bruscoli, qui n'est qu'à quelques milles d'ici : ils vont pillant partout, et ils se sont emparés de plusieurs des habitants du lieu. Il faut donc penser à d'autres mesures. J'agirai d'après ce que j'apprendrai d'heure en heure.

Il m'est arrivé cette nuit trois habitants envoyés par les communes de Ronta et de Pulciano m'informer qu'il se trouvait sur les confins de Marradi un corps considérable d'infanterie sous le commandement de Vincenzio di Naldo de Berzighella, qui menaçait de venir en avant par le chemin de Marradi : ils m'ont pressé de leur fournir de l'artillerie et des munitions, se montrant on ne peut mieux disposés envers vos seigneuries et ne demandant qu'à être appuyés ; car ils avaient tous été pillés au point de n'avoir plus par eux-mêmes aucun moyen de faire la moindre résistance. Je les ai exhortés à prendre courage, et je leur ai promis d'en écrire à vos seigneuries : c'était tout ce que je pouvais faire ; et je vous en donne avis.

J'ai écrit hier à Macchiavelli, qui se trouve à Firenzuola, d'établir un bon corps d'infanterie à la défense de cette place et du Stale, afin de rabattre un peu la confiance de l'ennemi. Je n'ai point encore de réponse ; mais cette nuit j'ai reçu du même endroit une lettre de Lamberto Cambi, qui ne me dit pas si Macchiavelli s'y trouve ou si la troupe qui y était en est partie. Si elle avait évacué cet endroit, il serait facile à un petit nombre de cavaliers ennemis de parcourir tout le pays ; tandis que s'il s'y trouvait un poste, ils y regarderaient à deux fois. Lamberto dans cette même lettre me donne avis de ce que lui rapportent deux messages de Macchiavelli sur les ennemis ; et pour que vos seigneuries en aient également connaissance, elles trouveront cette lettre jointe à la mienne.

PIER-FRANCESCO TOSINGHI, commissaire général.

Barberino-di-Mugello, le 23 août 1512.

LETTRE XI.

MAGNIFIQUES SEIGNEURS,

Hier soir, à la vingt-troisième heure, j'ai écrit à vos seigneuries tout ce que jusqu'à ce moment j'avais pu recueillir de tous côtés sur l'ennemi. Cette nuit deux des nôtres sont revenus : ils nous ont dit que les choses étaient toujours dans le même état et que les ennemis ne s'étaient point avancés davantage. S'ils venaient à le faire il faudrait penser à d'autres mesures. Je ne manquerai pas d'informer vos seigneuries de tout ce que j'apprendrai de neuf d'heure en heure.

Ce matin j'ai examiné les lieux ; après quoi je me suis rendu au palais et j'ai ordonné toutes les mesures qu'il a été possible de prendre jusqu'à ce moment. Le vicaire, Macchiavelli et moi ne cessons de penser et de pourvoir d'un commun accord à tout ce qui est nécessaire. Ce matin, tous trois ensemble nous avons réuni une partie de l'infanterie et nous avons distribué un ducat à chaque soldat ; maintenant nous réunissons le reste. Nous ignorons encore à quel nombre juste ils s'élèvent, mais nous nous accordons à penser qu'ils seront plus de mille. Aussitôt qu'ils seront tous rassemblés vos seigneuries en seront informées.

L'ambassadeur Baldassare est parti de bonne heure ce matin : nous lui avons fourni une escorte pour qu'il fît route en sûreté, conformément aux ordres que vous nous aviez donnés.

Si nous avions pu avoir pour la défense de ce lieu trois ou quatre canonniers de plus, cela nous aurait bien fait plaisir ; néanmoins nous sommes dans les meilleures dispositions et nous ne craignons rien. Dieu veuille que tout aille pour le mieux ! Il ne me reste qu'à me recommander à vos seigneuries, que le ciel rende heureuses !

LAMBERTO CAMBI, commissaire.

Firenzuola, le 23 août 1512.

XXXIII.

LÉGATION

AU CHAPITRE DES FRÈRES MINEURS, A CARPI

INSTRUCTIONS

Des Huit de pratique, délibérée le 11 mai 1521 [1].

Nicolas, tu te rendras sur-le-champ à Carpi, et tu feras en sorte d'y être rendu sans faute jeudi prochain dans la journée. Aussitôt après ton arrivée tu te présenteras devant le révérend père général et les définiteurs de l'ordre des Frères mineurs qui tiennent dans cette ville leur chapitre général, et tu leur remettras notre lettre de créance. Tu exposeras ensuite de notre part à leurs révérences qu'elles doivent être persuadées que cette cité a été, est, et sera toujours portée à favoriser les lieux pieux et ecclésiastiques, comme le prouve cette quantité d'hôpitaux, de monastères et de couvents fondés par nos ancêtres, œuvres saintes auxquelles rien ne les a plus portés autrefois que les exemples édifiants de mœurs et de doctrine que donnaient sans cesse les religieux, dont la conduite, si puissante sur les âmes, excitait nos aïeux à les exalter et à les secourir. Tu ajouteras que, parmi tous ceux qui ont été l'objet de l'affection de notre république et qui ont reçu d'elle le plus de bienfaits, on distingue surtout les frères de leur ordre, parce que l'honnêteté et la sainteté de leur vie méritaient cette distinction. Il est malheureusement vrai que depuis un certain temps il a semblé, et il semble encore aux meilleurs et aux plus vertueux d'entre nos citoyens, que les frères ont laissé perdre cet esprit qui seul les mettait en bonne odeur, et que les laïques de leur côté ont manqué de cette ardeur de charité qui les portait à répandre leurs bienfaits sur les frères. En cherchant d'où cela provenait, nous avons vu sans peine qu'on ne pouvait l'attribuer qu'au relâchement qui s'est introduit dans la discipline. Nous avons également cherché un remède à ce mal, et nous avons pensé que leur ordre ne pouvait recouvrer son ancienne réputation qu'autant que l'on ferait du domaine de Florence une province à part. En adoptant ce parti les frères se connaîtraient plus facilement, ils finiraient par se réformer et ils craindraient davantage de faillir. Convaincus qu'il n'y a pas de meilleur moyen à prendre que celui-là, nous voulons que tu exhortes de notre part ces révérends pères à consentir à la grâce que sollicite notre république, en faisant du domaine de Florence une province à part séparée du reste de la Toscane. S'ils prennent cette détermination, et nous ne doutons nullement qu'ils ne s'y décident, ils feront une chose agréable à toute cette cité, laquelle, par les services anciens et récents qu'elle a rendus à leur religion, mérite d'obtenir ce qu'elle désire. Ils seront cause ainsi qu'on verra se rallumer au sein des couvents qu'ils possèdent dans nos États le zèle d'autrefois, et dans notre ville l'antique charité, et feront disparaître ainsi tous les prétextes au scandale qui pourrait éclater si nous n'obtenions pas cette grâce. Tu t'efforceras par tous les moyens de persuader à leurs révérences que tel est notre désir. Tu leur présenteras en outre la lettre de l'illustrissime et révérendissime légat,

[1] Après neuf années d'une vie entièrement privée, Machiavelli reparut dans les affaires publiques par l'influence du cardinal Jules de Médicis, qui fut depuis le pape Clément VII, et il fut envoyé par la magistrature des Huit de pratique, en qualité de nonce ou d'orateur, au chapitre des Frères mineurs qui se tint à Carpi en 1521. L'objet de sa mission était d'obtenir que ces moines fissent du domaine de Florence une province à part. Les religieux le désiraient eux-mêmes, surtout un certain frère Hilarion, membre de cet ordre, qui jouissait de la confiance du cardinal de Médicis et qui l'engagea à faire cette démarche. Macchiavelli ne resta que peu de jours à Carpi. Pendant le séjour qu'il y fit il reçut des consuls de l'art de la laine la commission de procurer à l'église métropolitaine de Florence un bon prédicateur pour le carême suivant. On verra dans les *lettres familières* qui suivent la correspondance qui eut lieu à cette occasion entre lui et Francesco Guicciardini, auquel le pape avait à cette époque confié le gouvernement de Modène.

monseigneur le cardinal de Médicis, et, ainsi que sa révérendissime seigneurie t'en a donné l'ordre verbal, tu les prieras de sa part de vouloir bien nous rendre ce service. Nous ne pouvons croire que nos prières, l'amour de la religion, et l'autorité de monseigneur le légat ne les touchent point ; mais tu leur feras entendre poliment que, dans le cas où ils ne l'accorderaient pas, nous sommes déterminés à ne point abandonner notre projet, et que nous ne croyons pas que, de son côté, monseigneur le révérendissime cesse de nous appuyer jusqu'à ce que, d'une manière ou d'une autre, nous parvenions à voir nos désirs accomplis.

Octo viri practicæ civitatis Florentiæ,

NICOLAUS MICHELOZZI.

Datum Florentiæ, in loco solitæ residentiæ, sub die 11 maii 1521.

AUTRE INSTRUCTION

DE FRÈRE HILARION.

In primis, vous vous présenterez à moi, à Carpi, et je vous ferai connaître les frères auxquels vous aurez à parler; et faites en sorte d'être à Carpi dans la journée du 16, avant vêpres.

Je désirerais que vous pussiez remettre avant tout la lettre au frère Franscesco da Potenza, auquel vous avez à exposer, de la part de l'illustrissime et révérendissime légat, que sa révérendissime seigneurie désirerait que l'on pourvût à ce que notre province fût divisée, par les motifs qui seront expliqués plus bas; et comme sa seigneurie sait que ce frère est opposé à la division, vous tâcherez de l'engager à changer d'idée et à l'appuyer, parce qu'elle ne doute pas que s'il le veut il ne réussisse infailliblement; au lieu qu'en faisant le contraire, il déplairait extrêmement à sa révérendissime seigneurie, qui est incapable de manquer, soit aux citoyens, soit aux frères; et vous ajouterez qu'elle sent bien qu'il ne manifeste de l'opposition que parce qu'il en veut aux frères florentins; mais qu'elle aura pour agréable, dans le cas où cela serait, qu'il veuille bien, dans tout ce qui est raisonnable, être l'ami de ses amis; que lorsque monseigneur apprendra qu'il est également l'ami de sa seigneurie, etc., etc. Vous emploierez enfin pour le convaincre ces belles paroles qui vous sont si naturelles.

A l'égard de la lettre de la seigneurie et du cardinal au conseil et aux définiteurs, vous êtes chargé de les prier en leur nom de consentir à ce qu'il soit formé une province séparée des couvents et des frères qui se trouvent dans le domaine de Florence, par la raison que depuis un certain temps on voit et on entend dire que les frères s'écartent beaucoup de la vie édifiante et exemplaire à laquelle leur règle les oblige; et comme ils pensent que ce désordre vient de la mauvaise manière de gouverner, ils ont jugé avec tous les autres gens de bien que ce moyen était le seul remède opportun; et vous tâcherez de les amener à ce point par les raisons suivantes :

1° Ils désirent voir les frères en bonne et non en mauvaise odeur, comme ils l'ont été jusqu'à présent;

2° Cette mesure est désirée par un grand nombre de citoyens auxquels leurs seigneuries entendent satisfaire;

3° Ils voient clairement que si cette mesure n'a pas lieu, il peut en résulter des inconvénients dont ils ne veulent *nullo pacto* entendre parler, et auxquels au contraire ils prétendent remédier;

4° Ils savent que les frères de leur domaine, et surtout les hommes de bien, réclament cette mesure comme nécessaire à leur réforme, et qu'ils ne peuvent ni ne veulent la négliger;

5° Enfin leurs seigneuries souhaitent que ce projet suive le cours ordinaire de leurs révérences, qu'elles engagent à se déterminer par leur seul amour de la religion, parce qu'elles ne voudraient pas recourir à d'autres moyens.

Vous pourrez appuyer toutes ces raisons, excepté la dernière, de l'autorité du révérendissime cardinal, et vous les engagerez de sa part à consentir à satisfaire à la très-haute seigneurie et aux citoyens. Vous ajouterez dans la conversation que le révérendissime cardinal, *vivæ vocis oraculo*, a tâché deux fois ces jours derniers d'y engager le vicaire de la religion, qui a voulu s'en remettre au chapitre général; qu'il prie et conjure leurs paternités d'y consentir; qu'il juge convenable pour écarter tous les inconvénients de prendre ce parti; qu'il les engage à y bien penser; que s'ils ne le font pas, sa révérendissime seigneurie aura du moins rempli son devoir; et que si par la suite les ci-

...iens veulent employer un autre expédient, elle n'abandonnera jamais ni ses concitoyens ni ces religieux. Vous leur donnerez l'assurance de toutes ces choses de la manière que vous jugerez la plus convenable et la plus convaincante.

LETTRE UNIQUE.

Au révérendissime et illustrissime cardinal Jules de Médicis.

RÉVÉRENDISSIME PÈRE,

Ces religieux n'ayant ouvert leur chapitre que samedi dernier, je n'ai pu avant ce moment remplir ma commission. Ce jour-là ils nommèrent pour ministre général le Soncino, qui était auparavant vicaire général. Le dimanche suivant ils établirent douze assesseurs : c'est le nom qu'on leur donne actuellement, parce que les frères d'au delà les monts n'ont pas voulu que, suivant l'usage antique d'Italie, on créât des définiteurs avec pouvoir d'arrêter et de prononcer sur les affaires de la religion. Ils ont désiré au lieu de cela qu'on choisit ces assesseurs, lesquels, avec le ministre général, auront le pouvoir d'entendre et d'examiner les affaires, et, après les avoir ouïes et traitées, d'en faire le rapport au chapitre, auquel est réservée l'autorité de les décider. Je me présentai donc hier au ministre et aux assesseurs italiens : je leur remis mes lettres et je leur exposai ma commission de la manière et avec les paroles que je crus les plus propres à les amener aux résultats que l'on désire, et je ne négligeai aucune des raisons que votre révérendissime seigneurie m'avait recommandées à mon départ et que le frère Hilarion m'avait ensuite rappelées.

Dès que j'eus exposé l'objet de ma mission ces pères eurent entre eux une longue conférence, à l'issue de laquelle ils me firent appeler, et ils s'étendirent d'abord sur les grandes obligations qu'ils avaient contractées envers notre république et votre très-illustre maison, et en dernier lieu encore envers votre révérendissime seigneurie. Ils ajoutèrent qu'ils voudraient, non-seulement en pensées mais par des actions, faire quelque chose qui fût agréable à tous; qu'ils n'ignoraient pas que les démarches des Huit de pratique et les désirs de votre révérendissime seigneurie n'avaient rien que de bon, et que vous étiez tous mus par des causes justes et raisonnables; mais que ce qu'on leur demandait était d'une aussi grande importance qu'aucune des affaires qu'ils eussent eues à traiter depuis plus de deux cents ans; qu'en conséquence il était nécessaire de ne point embrasser de parti sans l'examen approfondi le conseil et l'avis des autres pères du chapitre, n'ayant pas à eux seuls l'autorité suffisante; qu'ils feraient en sorte de prendre avant la dissolution du chapitre une conclusion quelconque qui pût être agréable aux hauts seigneurs et à votre révérendissime seigneurie; que comme cette affaire était difficile et scabreuse et de nature à ne pas être décidée à la légère, pour prouver aux seigneurs et à votre révérendissime seigneurie les bonnes dispositions dont ils étaient animés et ne pas me retenir inutilement plusieurs jours, ils leur écriraient ce qu'ils venaient de me dire et que je pourrais partir avec leur réponse.

Durant toute cette conférence ils manifestèrent, d'un côté le désir qu'ils avaient de rendre service à ceux qui leur adressaient cette prière, et de l'autre l'importance et la difficulté de l'affaire, alléguant ces mêmes raisons que votre révérendissime seigneurie peut avoir déjà entendues. Je ne manquai pas de leur répondre le plus chaudement que je pus, et je les engageai à laisser de côté toutes ces difficultés pour en venir franchement au résultat. Je leur dis entre autres choses que je n'avais pas été envoyé par les seigneuries pour discuter cette matière qu'elles avaient depuis longtemps suffisamment examinée et discutée, mais pour leur faire connaître leur désir et les prier de le satisfaire, ce qui ne pouvait avoir lieu qu'en faisant ce qu'elles désiraient; que je voyais dans leur réponse deux choses qui devaient particulièrement déplaire aux seigneurs : l'une, la lenteur de la résolution; l'autre, l'intention de vouloir traiter l'affaire en la remettant à la décision du chapitre; qu'ils n'ignoraient pas que lorsqu'un petit nombre de personnes seulement ne veut point faire une chose et cherche à élever des difficultés, on en remet la décision à la multitude; que l'on avait pensé à cela, et que l'on y avait pourvu de manière que non-seulement leurs révérences réunies, mais le ministre général à lui seul, eussent l'autorisation suffisante du pape de conclure cette séparation sans avoir à la soumettre au chapitre. Alors je leur présentai les deux brefs, suivant les instructions particulières de frère Hilarion, dans l'idée qu'ils me répondraient, comme ils le firent en effet.

Les pères prirent lecture des brefs, et me dirent ensuite qu'il leur était impossible, sans un reproche et une honte éternelle, de faire une semblable division avant d'en référer au chapitre; que les brefs eux-mêmes leur en imposaient le devoir en disant : *Habito priùs maturo examine, et super hoc onerando conscientias vestras;* mais que l'on ne leur en voulût pas, parce qu'ils tâcheraient par tous les moyens de faire ce qu'on leur demandait; et après beaucoup de répliques de part et d'autre, nous finîmes sans avoir rien conclu.

Avant de parler à tous les pères réunis j'avais vu en particulier le frère Francesco da Potenza, auquel je présentai la lettre de votre révérendissime seigneurie, de la part de laquelle je le pressai vivement de se montrer favorable dans cette affaire; et je lui fis sentir adroitement que la sagesse des hommes consistait à savoir donner ce qu'ils ne pouvaient ni vendre ni garder. Il est impossible de montrer un désir plus chaud que le sien de favoriser la chose. Il ajouta qu'il était le serviteur de votre révérendissime seigneurie, dont le moindre signe était un ordre pour lui. J'entretins ensuite en particulier chacun des pères, employant des paroles plus vives et plus pressantes que je ne l'avais fait en leur parlant à tous ensemble, ainsi que votre révérendissime seigneurie me l'avait recommandé. Tous insistèrent sur les difficultés que présentait la réussite et sur le désordre qui en résulterait lorsque l'affaire serait terminée, mais chacun d'eux conclut que votre révérendissime seigneurie serait satisfaite. Je crois, d'après les termes dont ils se sont servis, que leur intention est de charger de cette affaire le ministre général, qui se rendrait en Toscane avec trois ou quatre autres pères pour examiner et terminer la chose sur les lieux. Si l'on prend ce parti, frère Hilarion ne doute pas que ce ne soit pour conclure à notre satisfaction.

Lorsque j'eus terminé toutes les démarches dont je viens de rendre compte à votre révérendissime seigneurie, et les lettres de leurs paternités m'ayant été remises, frère Hilarion a pensé que je devais sur-le-champ remonter à cheval, et faire assez de diligence pour être de retour à Florence mercredi soir, afin que les seigneurs Huit de pratique pussent écrire une autre lettre qui arrivât ici avant la dissolution du chapitre, laquelle doit avoir lieu samedi ou dimanche prochain. Cette lettre devra porter que l'on n'est point du tout satisfait de la lenteur que les pères mettent à se décider, et conclure en peu de mots, mais avec fermeté, que toute détermination qui n'opérerait point effectivement une séparation de notre province ne satisferait en aucune manière. Je suis arrivé ce soir à Modène avec cette commission; mais j'ai éprouvé que courir ainsi la poste à franc étrier ne me réussit pas du tout, à cause d'une certaine indisposition dont je suis atteint. D'ailleurs je me suis souvenu que votre révérendissime seigneurie m'avait prescrit de m'arrêter un ou deux jours dans cette ville : en conséquence j'ai pensé qu'il suffisait de lui donner par écrit connaissance du tout, pensant que ce serait la même chose que de venir moi-même; d'autant plus qu'il y aura moins de temps perdu si l'on veut récrire ici avant la dissolution du chapitre. Gismondo dei Sali, homme d'affaires du seigneur Alberto, m'a rendu de grands services dans cette occurrence. J'ai voulu lui donner ce témoignage devant votre révérendissime seigneurie, envers laquelle il se montre tout à fait dévoué et par ses paroles et par ses actions, et à laquelle à mon tour je me recommande.

NICOLAS MACCHIAVELLI.

XXXIV.

LÉGATION A VENISE

LETTRE DE CREANCE.

Serenissimo principi et excellentissimo domino ANDREÆ GRITTI, Dei gratia duci Venitiarum patr. observ.

SÉRÉNISSIME PRINCE ET TRÈS-EXCELLENT SEIGNEUR,

Nous envoyons devant votre sérénité Nicolas Macchiavelli, notre citoyen, lequel en notre nom lui rendra compte de l'extorsion et de la violence exercées, hors de toute attente et au mépris de ce qu'exige la sincère amitié qui existe entre son illustrissime république et la nôtre, par un homme, dans un port et une ville de son illustrissime domaine, contre trois de nos jeunes compatriotes revenant de Raguse avec une somme d'argent qu'ils rapportaient du Levant, comme c'est l'usage.

Nous prions votre sérénité de vouloir bien prêter foi à tout ce que notre envoyé lui exposera en notre nom; nous la prions avec instance de vouloir bien accueillir sa réclamation et faire restituer à nos marchands ce qui leur a été arraché par la violence. C'est ce que nous espérons de l'intégrité et de la haute justice de votre très-illustre sérénité, à laquelle nous nous recommandons très-humblement, et que nous prions le bon Dieu de conserver heureusement.

LES CONSULS DE L'ART DE LA LAINE, ET LES CONSULS DE LA RÉPUBLIQUE FLORENTINE EN ROMAGNE.

Datum Florentiæ, ex officio nostro, die 19 mensis augusti 1525.

COURTE INSTRUCTION.

Sur ce que toi, NICOLAS MACCHIAVELLI, tu auras à faire dans le voyage à Venise que tu vas entreprendre par notre ordre, délibérée par nous ce 19 août 1525.

Très-cher Nicolas, nous n'emploierons pas de longues paroles avec toi, parce que tu es rempli de prudence; que l'on a souvent reconnu l'expérience que tu as montrée dans des affaires bien autrement difficiles que celle-ci, et que tu as parfaitement compris l'intention pour laquelle nous croyons devoir t'envoyer à Venise; mais, pour ne pas manquer au devoir de qui charge quelqu'un d'une mission, nous avons rédigé ce peu de lignes relativement à ce que nous entendons que tu fasses en notre nom dans ton voyage à Venise. Tu te transporteras donc le plus promptement et le plus commodément que tu pourras à Venise, où notre seigneur Dieu te fasse arriver sain et sauf. Immédiatement après ton arrivée, la première chose que tu feras sera d'aller trouver l'évêque de Feltre, nonce du pape auprès de cette république, pour lequel tu as des lettres de Rome; et lorsque tu les lui auras remises nous désirons d'abord que tu tâches, avec toute l'adresse que tu sauras y mettre, de lui tirer des mains une lettre qui se trouve incluse dans la sienne: c'est celle que Benedetto Inghirami nous a écrite d'Ancône et où il nous rapporte en détail l'affaire qui s'est passée: nous l'avions envoyée à Rome afin que l'on vît mieux ce dont il s'agit, et à Rome on l'a jointe à la dépêche que tu portes au nonce. Nous te donnons cet avis parce que cette lettre offre quelques différences avec la déposition des témoins, ce qui pourrait plutôt porter ombrage et élever des difficultés sur ce que nous demandons que nous servir.

Aussitôt qu'il aura pris lecture de cette lettre tu la lui demanderas, en disant qu'elle est inutile attendu que les jeunes gens eux-mêmes qui l'ont écrite se trouvent ici; que comme ils ont été les victimes du fait, ils sauront beaucoup mieux et moins longuement l'exposer de vive voix. Venant ensuite à raisonner sur ce qu'il y a à faire, tu prendras conseil de sa seigneurie. Tu te rendras ensuite avec elle, parce que nous présumons qu'elle voudra t'accompagner, ou seul, en présence des très-illustres doge et seigneurs vénitiens, pour lesquels tu auras un bref de Sa Sainteté et une lettre de nos très-hauts seigneurs, et tu les leur présenteras avec les formalités accoutumées. Lorsque tu auras obtenu audience et permission de parler, tu exposeras de notre part à leurs seigneuries le vol et le guet-apens exercés, hors de toute attente et de ce qu'exige la sincère amitié qui existe entre les deux républiques, dans un port vénitien et par un de leurs concitoyens, envers trois de nos jeunes gens qui revenaient avec l'argent qu'ils avaient gagné dans le Levant ainsi qu'il est d'usage. Tu réclameras la restitution de ce qui leur a été enlevé dans les termes les plus forts et les plus persuasifs que tu sauras employer et que, dans ta sagesse accoutumée, tu jugeras les plus propres à obtenir le résultat que nous désirons et à ravoir ce qui nous a été volé et arraché par la violence.

Tu auras aussi avec toi les dépositions des témoins faites à Ancône et ailleurs, dépositions dont tu feras usage en temps et lieu suivant que tu le jugeras à propos ; et pour affirmer la vérité tu seras accompagné de deux des jeunes gens qui ont été volés, pour pouvoir chaque jour faire entendre comment les choses se sont exactement passées, et te prévaloir d'eux dans l'occasion pour faire face hardiment à quiconque voudrait nier les faits.

Voilà tout ce que nous avions à te dire pour le moment. Nous croyons même que tout cela était superflu; car, persuadés comme nous le sommes que tu as compris notre intention, tu sauras mieux faire ce qui convient que nous n'avons pu te le dire ci-dessus. Nous avons toute confiance en toi et nous espérons, soit d'après ce que nous avons appris, que le très-illustre doge, mu par une extrême justice, a déjà fait mettre le coupable en prison, soit par ton habileté, que tu reviendras bientôt avec la satisfaction que nous réclamons. Que Dieu t'accompagne en tout!

Les Consuls de l'Art de la laine
de la ville de Florence.

REPRÉSENTATION.

Sérénissime prince et très-excellent seigneur,

Certains marchands, nos compatriotes, arrivés récemment de Constantinople, nous ont rapporté un événement dont l'indignité nous a profondément déplu; et nous avons l'espoir que votre sérénité elle-même, dans sa bienveillance envers nous et dans sa justice innée, n'en sera pas plus satisfaite.

Voici le fait. Un brigantin, sur lequel se trouvaient les marchands dont il s'agit avec une assez forte somme d'argent, fit voile de Raguse pour Ancône. Arrivés à Lesina, l'un des ports de votre très-illustre république, ils y trouvèrent le brigantin commandé par Jean-Baptiste Donati, votre citoyen, qui accompagnait l'ambassadeur du Grand Turc. Ce Donati, ayant fait venir devant lui lesdits marchands, les menaça sous divers prétextes iniques de leur arracher la vie, quoiqu'il n'y eût nullement de leur faute; et après leur avoir fait supporter mille outrages que nous rougirions de répéter, il les força en définitive à se racheter moyennant quinze cents ducats d'or, somme énorme qu'il parvint à leur extorquer sous mille prétextes tous également frivoles. Cette injure nous a paru d'autant plus grave et plus profonde, que nous l'avons reçue d'une personne que nous n'avons jamais offensée, du moins à notre connaissance, et dans les États d'une nation dont nous avons toujours recherché à mériter la bienveillance par des services de toute espèce; et combien nous devons l'avoir sur le cœur et de quelle manière elle doit être envisagée par quiconque l'apprendra, nous croyons inutile, attendu la haute sagesse de votre sérénité, de nous étendre en longs discours pour le démontrer. Nous avons voulu par la présente en donner connaissance à votre sérénité, qui, nous en sommes entièrement persuadés, ne voudra démentir en cette circonstance ni ce qui convient à notre amitié ni ce que nous attendons de cette illutre république, lorsque nous la prierons d'avoir quelques égards pour une cité qui lui est aussi sincèrement attachée que la nôtre, et que nous réclamerons une indemnité pour nos marchands, qui, pour ne pas nous servir d'expressions plus fortes, n'ont point été traités du tout en amis et ont reçu un outrage hors de toute raison. Nicolas Macchiavelli, notre très-cher concitoyen, qui à cet effet se rend à Venise en notre nom et en celui des marchands, vous exposera bien mieux cette affaire en vous disant de vive voix la manière dont les faits se sont passés.

Nous désirons ardemment que votre sérénité soit convaincue qu'elle ne peut rien faire en ce moment qui nous soit plus agréable que d'ordonner la restitution de l'argent qui a été si injustement extorqué à nos marchands, restitution qu'exige le devoir afin qu'il reste démontré à chacun que l'injure que nous avons reçue nous a été faite contre votre volonté. Si la justice accoutumée de votre sérénité ainsi que son ancienne bienveillance pour nous nous accordent cette grâce, elle fera une action tout à fait digne d'elle et qui nous sera infiniment agréable : nous la regarderons comme un bienfait, et si l'occasion de la reconnaître se présente jamais nous nous ferons un devoir de nous en souvenir.

XXXV.

MISSION

A L'ARMÉE DES CONFÉDÉRÉS QUI FAISAIT LE SIÉGE DE CRÉMONE.

INSTRUCTIONS

Données à NICOLAS MACCHIAVELLI par F. GUICCIARDINI, lieutenant du pape à l'armée des confédérés [1].

Je vous envoie à Crémone pour deux objets : le premier est de savoir de la manière la plus certaine possible les espérances que l'on peut avoir de cette opération; le second, de mettre tout en œuvre pour qu'on l'abandonne si dans cinq ou six jours la ville ne se rend pas. En conséquence, outre les autres démarches que vous aurez à faire pour vous instruire sur le premier objet, je vous remettrai une lettre de créance pour le provéditeur vénitien, auquel vous conférez la première partie de votre mission : vous le presserez vivement de vous faire connaître son opinion ainsi que celle du duc [1], et vous lui donnerez à entendre qu'il peut s'expliquer aussi librement avec vous qu'avec moi-même.

Quant au second objet, prenant pour base la réponse du provéditeur, vous lui demanderez de ma part ce qu'il pense faire dans le cas où l'on ne prendrait pas la ville au bout de cinq à six jours, et vous lui direz que Sa Sainteté est d'avis, ainsi que la très-illustre seigneurie de Venise et les capitaines de l'armée, que le temps que l'on perd à l'entour de Crémone est très-préjudiciable parce qu'on laisse échapper l'occasion de s'emparer de Gênes, ce qui est l'objet important de l'opération; qu'on ne peut la prendre tant que l'armée est devant Crémone, parce que la flotte ne suffit point à elle seule pour s'en rendre maîtresse et que les quatre mille hommes du marquis de Saluces sont une bien faible ressource, surtout aujourd'hui qu'on a la certitude que les Espagnols qui se trouvaient à Alexandrie sont entrés dans Gênes; outre que nous ne croyons pas que le marquis veuille y aller avec des forces aussi peu considérables. Représentez-lui que nous avons rassemblé beaucoup de Suisses et que nous nous sommes obligés de faire venir deux mille Grisons; que le

[1] La guerre qui à cette époque désolait l'Italie, et dans laquelle le pape, les Vénitiens et la France s'étaient ligués contre Charles-Quint, eut pour la ligue l'issue la plus malheureuse. C'est un des sujets d'histoire les plus intéressants et les plus féconds en événements. Les plus remarquables sont le sac de Rome, la captivité du pape et le changement de la république de Florence en monarchie.

Le célèbre historien François Guicciardini était commissaire du pape auprès de l'armée, et Macchiavelli fut envoyé près de lui par les Florentins. La correspondance officielle et particulière qui eut lieu en cette occasion entre ces deux hommes illustres et François Vettori fait partie de cette traduction, et donne des renseignements précieux sur les intrigues les plus secrètes des affaires du temps.

Il semblerait résulter des instructions de Guicciardini que Macchiavelli se trouvait près de lui, soit volontairement, soit en vertu d'une commission du gouvernement de Florence, mais que cette commission était antérieure à celle qui fait l'objet de la mission ci-après, puisque le siége de Crémone, dont il est question dans ces instructions, eut lieu au mois d'août 1526.

[1] Francesco Maria della Rovere, duc d'Urbin, capitaine général des Vénitiens.

fait seul d'un aussi grand rassemblement d'hommes devenu inutile, serait la cause d'un désordre irréparable, surtout à l'égard des Suisses, qui, se trouvant extrêmement nombreux, ne passent pas un jour sans se mutiner et sans qu'un grand nombre d'entre eux désertent; que cependant la dépense reste toujours la même, si même elle n'augmente pas chaque jour, tandis que l'armée diminue. Voici l'hiver qui approche; nous allons avoir bientôt sur les bras les renforts que l'Espagne envoie et qui, d'après les nouvelles, doivent mettre à la voile sous peu de jours. Si tout cela arrive avant que nous ayons pris Gênes ou chassé l'ennemi de Milan, notre entreprise risque fort d'échouer. Engagez en conséquence sa seigneurie à faire tous ses efforts pour qu'on lève le siége dans le cas où la ville ne pourrait être prise dans cinq ou six jours. Si sa seigneurie juge à propos que vous parliez au duc vous le ferez, mais avec plus de précaution, sans lui rien dire de mon opinion ni de celle des capitaines, lui exposant seulement que notre saint-père m'a écrit que par tous les motifs exposés précédemment il pense qu'on ne doit pas perdre plus de temps, mais que toutefois il abandonne cette détermination à la sagesse de Son Excellence; que de mon côté j'ai cru qu'il était convenable de lui donner connaissance des intentions de Sa Sainteté. Toutefois vous ne direz rien que d'après l'avis du provéditeur, et de manière à ne donner au duc aucun prétexte de se fâcher.

Vous écrirez par la poste, et vous donnerez vos lettres au provéditeur.

XXXVI.

MISSION

AUPRÈS DE FRANÇOIS GUICCIARDINI.

INSTRUCTION

Donnée, le 30 novembre 1526, à NICOLAS MACCHIAVELLI, envoyé par les SEIGNEURS HUIT DE PRATIQUE à FRANÇOIS GUICCIARDINI, lieutenant pour le pape, à Modène.

Lorsque autrefois la république et ses magistrats devaient confier une mission semblable à celle-ci à un citoyen, ils commençaient d'abord par le choisir doué des qualités nécessaires pour remplir dignement sa mission; ensuite ils l'informaient de vive voix de ce qu'il avait à faire et de la manière dont il devait se conduire, et on ne jugeait nécessaire de lui donner des instructions par écrit que lorsque l'avantage de la ville l'exigeait, ou pour récapituler en peu de mots tous les ordres qu'on lui avait donnés de vive voix. En conséquence, connaissant tes talents, nous t'avons choisi, Macchiavelli, et cette instruction ne te sera pas donnée pour te servir de leçon, mais simplement pour suivre l'ancien usage, et te remettre en peu de mots sous les yeux tout ce qui fait l'objet de ta commission.

D'abord, tu te transporteras avec toute la promptitude possible auprès de François Guicciardini auquel tu exposeras, quoiqu'il le sache bien déjà, dans quelle triste position se trouve notre ville, sans soldats, sans argent, et combien l'arrivée des lansquenets a fait voir qu'il restait peu de remèdes à nos maux, et cela pour mille raisons qui sont connues et de toi et de lui. Cependant nous n'hésiterions pas de faire tête à l'orage, si nous étions convaincus que nos forces actuelles sont suffisantes et que celles que nous attendons sont telles que nous ne périssions pas dans la seule attente de les voir arriver. Nous nous occupons sans cesse des moyens de prévenir notre ruine: nous avons envoyé aujourd'hui François-Antoine Nori au comte Pierre Navarre, pour lui offrir le commandement de nos troupes et rassembler tous les moyens qu'il croit propres à notre défense, si nos alliés ou tous ceux qui doivent nous secourir ne nous abandonnent pas. Mais comme, d'un côté, la république de Florence doit faire bonne contenance aux yeux même des plus pénétrants et donner toujours bonne opinion d'elle ; que de l'autre, témoins de l'indécision, de la faiblesse de celui-ci, de la fermeté de celui-là, nous voulons éviter un plus grand mal, nous avons cru devoir t'envoyer à Son Excellence comme à un bon citoyen toujours attaché à sa patrie, afin de t'entendre avec lui sur notre situation, et d'en recevoir les avis que lui suggérera sa propre prudence et la connaissance personnelle qu'il a des succès qu'obtient tous les jours l'ennemi. S'il pense comme nous qu'il nous reste peu d'espoir et qu'il n'y a plus de salut, il faut que tu l'assures que notre intention est d'employer tous les moyens possibles pour faire la paix plutôt que de laisser empirer notre état au point de ne pouvoir plus y porter remède. Comme nous voulons laisser entièrement ce soin à Son Excellence en lui faisant part du désir que nous avons à cet égard, et qui ne saurait être plus grand, tu lui diras que nous le laissons maître de négocier cette affaire le plus avantageusement qu'il pourra. Tu ne reviendras que quand tu connaîtras à fond sa façon de penser, les projets de nos ennemis, la marche des lansquenets, ce que fait le duc de Ferrare, ce que projettent les Espagnols de Milan et de Pavie, ce qu'on pense d'eux, quelles espérances on peut avoir sur le marquis de Saluces, sur l'armée des Vénitiens, enfin tous les plans de la confédération et tout ce qui peut intéresser nos alliés, nous et les ennemis. Nous donnons au reste audit François la permission de négocier, et le prions d'être bien convaincu que c'est notre intention et notre désir, et que nous l'engageons à le faire suivant que les circonstances l'exigeront.

CORRESPONDANCE.

LETTRE PREMIÈRE.

MAGNIFIQUES SEIGNEURS,

Je suis arrivé ici aujourd'hui de très-grand matin. Je me suis rendu aussitôt chez le lieutenant, lui ai présenté les lettres de vos seigneuries et lui ai détaillé les motifs de mon arrivée. Sa seigneurie m'a répondu : « Pour « tranquilliser leurs seigneuries je vais t'ap« prendre d'abord où sont nos troupes et celles « de l'ennemi ; je te dirai ensuite ce que nous « avons à craindre de nos ennemis et à espérer « de nos amis ; et enfin je te communiquerai « quelle est ma façon de voir sur la manière dont « il faut que vous vous conduisiez. Les lans« quenets étaient hier à Quisitello, village dans « le Mantouan en deçà de la Secchia ; aujourd'hui « ils ont passé ce fleuve et marchent vers Re« zuolo et Gonzaga, ce qui prouve qu'ils pren« nent le chemin de Milan pour aller se joindre « aux Espagnols. Cette troupe allemande forme « un corps de quinze à seize mille hommes ; c'est « du moins ce que dit la voix publique, quoi« qu'un de mes amis m'ait assuré qu'ils n'étaient « pas plus de dix mille. Les Espagnols sont en« core à Milan, mais ils ont l'air de vouloir en « partir, puisqu'ils ont conclu avec les habitants « de cette ville un arrangement par lequel ceux« ci se sont engagés à leur fournir trente mille « florins à condition qu'ils s'en iraient. Ce bruit « s'accorde assez avec les démarches que font les « lansquenets.

« Le duc d'Urbin, qui devait avec toutes les « forces qu'il a ramassées se mettre au service « des Allemands, est encore dans le Mantouan et « n'a pas l'air de vouloir remuer de sitôt, quoi« que je l'aie vivement sollicité. Il est vrai qu'il a « envoyé un de ses capitaines avec mille hommes « pour se jeter dans Plaisance ; il y arrivera de« main. Le marquis de Saluces est à Vaure « village du territoire de Bergame situé à qua« torze milles de Milan et seize de Bergame ; il a « avec lui, outre ses propres troupes, plus de « trois cents hommes d'armes vénitiens et en« viron mille fantassins. L'infanterie du sei« gneur Jean, forte de trois mille hommes, sera « demain à Parme. Outre ces différents corps, « on peut encore compter sur environ quatre « mille fantassins ; de sorte que, tout réuni, on « peut croire que la ligue a environ vingt mille « hommes sous les armes dans cette province. Si « le pape ne refuse pas de fonds et s'ils se réu« nissent en un seul corps d'armée, on pourra « être tranquille ; mais si Sa Sainteté refuse ses « secours le zèle des autres se refroidira, et alors « il y aura beaucoup à craindre. Il n'y a pas de « doute qu'en réunissant toutes ces troupes et

« les payant bien, les ennemis, soit qu'ils restent « où ils sont, soit qu'ils s'avancent, ne puissent « former de grandes entreprises; mais le défaut « d'argent peut seul les leur faire encore aban- « donner. Si on continue à être ainsi divisé, sans « aucun ensemble, et au contraire en proie à la « méfiance et aux soupçons les uns envers les au- « tres, il n'y a rien à espérer. Puisque les ennemis « cherchent à se rapprocher, je pense qu'ils vont « bientôt nous mettre à même de juger s'ils veu- « lent la paix ou la guerre, car, une fois réunis, « il n'est pas vraisemblable qu'ils perdent leur « temps ; alors ils attaqueront ou le territoire des « Vénitiens ou celui de l'Église, ou ils cherche- « ront à pénétrer en Toscane. Dans les deux « premiers cas nous aurons le temps de penser à « nous défendre, dans le troisième je ne puis « vous offrir de secours qu'environ six à sept « mille hommes d'infanterie que l'Église a dans « ces cantons; car, d'après la connaissance que « l'on a des dispositions des Vénitiens, on ne « peut rien espérer d'eux. Quant aux Français, « je ne sais pas s'ils suivront l'exemple des Vé- « nitiens ou s'ils auront égard aux besoins que « vous aurez; je ne me hasarderai à rien dire : « c'est le résultat qui prouvera tout. Écris donc « à leurs seigneuries tout ce que je viens de te « dire. Assure-les que je ferai pour le bien com- « mun tout ce qui dépendra de moi, et que je « sollicite tous les jours pour que les armées se « réunissent, et pour que Rome et Venise ne « se découragent pas et suivent le plan que je « viens de te tracer. »

Quant à la paix, le seigneur lieutenant m'a dit qu'il ne fallait pas y penser; que ce serait une tentative inutile; qu'on ne réussirait pas à gagner les Allemands ni à traiter avec eux, parce qu'ils n'avaient qu'un seul intérêt avec les Espagnols; qu'il fallait donc s'adresser pour cet objet à ceux qui ont l'aveu de l'empereur; qu'il ne croyait pas que ce fût le duc de Bourbon ou quelque autre général de cette armée, mais bien le vice-roi et don Hugues qui sont de l'autre côté; qu'il avait appris que le vice-roi avec une partie de la flotte était arrivé à San-Stefano, port du pays de Sienne, et que les négociations réussiraient mieux auprès d'eux; qu'il croyait même que le pape avait déjà fait quelques propositions dont le résultat ne pourrait qu'être heureux. Enfin il pense que ces différents mouvements donneront le temps de songer à se préparer ou à la paix ou a la guerre, et il m'a engagé à en instruire vos seigneuries.

Tels sont en substance les renseignements que m'a donnés le seigneur lieutenant. J'ai cru devoir les communiquer aussitôt par la présente à vos seigneuries afin qu'elles soient au courant de tout. Je resterai encore ici deux jours, pour voir s'il n'arrivera rien de nouveau et pouvoir me rendre auprès de vous avec des informations plus particulières. Je me recommande, etc.

NICOLAS MACCHIAVELLI.

Modène, le 2 décembre 1526.

P. S. Vos seigneuries auront été sûrement instruites de la mort du seigneur Jean [1], qui est ici regretté de tout le monde.

LETTRE II.

MAGNIFIQUES SEIGNEURS,

J'ai rendu compte hier au soir à vos seigneuries de tout ce que le lieutenant m'avait appris, et il n'est rien survenu de nouveau depuis ce temps-là : je ne puis que vous répéter en peu de mots le résultat de notre conversation d'hier, c'est-à-dire que si l'ennemi marchait de votre côté vous pourriez disposer des forces de l'église, qui se trouvent ici au nombre d'environ sept mille hommes d'infanterie. Il est vrai que vous ne pourriez pas tout prendre, parce qu'il en faudrait laisser pour la garde du pays. Vous pouvez peut-être aussi compter sur les Français, mais le lieutenant en doute. Quant aux Vénitiens, il paraît bien certain qu'ils ne veulent pas sortir de leur pays. A l'égard des capitaines que vous désireriez prendre à votre service, soit tout seuls, soit avec les troupes, vos seigneuries sauront qu'il y en a ici trois principaux sur lesquels on peut compter, savoir : le comte Guido, Paul Luzzasco, capitaine du contingent de Mantoue, et Guido Vaina. Vos seigneuries peuvent avoir un de ces trois-là à demeure chez elles.

On a reçu ce soir de plusieurs côtés des nouvelles des lansquenets : ils sont campés entre Guastalla et Verceil, qui est le chemin par le-

[1] Jean de Médicis, capitaine des bandes noires.

quel on se rend à Plaisance et à Parme. Quoique ces nouvelles ne soient pas ce qu'on appelle officielles, elles nous viennent de tant de côtés qu'on peut y ajouter foi.

Rien de nouveau des Espagnols de Milan que ce que je vous ai marqué hier au soir.

Le duc de Ferrare ne remue pas encore; cependant on croit ici avoir deux signes d'après lesquels on pourrait conjecturer qu'il se dispose à attaquer tout ce pays-ci : le premier est qu'il y a au moins quelques mois les habitants de ces cantons conclurent une trêve avec ceux de Carpi, par laquelle ils convinrent que les habitants des deux pays ne se battraient pas les uns contre les autres : cette trêve se trouve expirée, et ceux de Carpi n'ont pas voulu la renouveler; d'un autre côté, le duc avait ici les relais de la poste qui se rendaient de Ferrare à Reggio : il les a fait supprimer en recommandant au courrier de ne pas quitter son territoire.

Le lieutenant, voyant que le théâtre de la guerre s'éloigne et qu'il se porte vers Plaisance et Parme, est monté aujourd'hui à cheval sur la vingt-deuxième heure, et, suivi du comte Guido et de Guido Vaina, il est allé du côté de Parme. En conséquence je partirai demain matin, et me rendrai auprès de vous à petites journées pour ne pas me fatiguer inutilement. Je n'ai d'ailleurs rien de nouveau à apprendre à vos seigneuries que ce que je leur ai écrit; car quant à la paix ou à toute autre espèce d'engagement que l'on pourrait provoquer de ce côté-ci, le lieutenant regarde toutes les tentatives que l'on ferait à cet égard comme inutiles, même dangereuses et de nul profit. Je me recommande, etc.

Nicolas Macchiavelli.

Modène, le 5 décembre 1526.

XXXVII.

SECONDE MISSION

AUPRÈS DE FRANÇOIS GUICCIARDINI.

INSTRUCTIONS

Données à Nicolas Macchiavelli, le 3 février 1526 (1527).

Macchiavelli, tu te rendras en toute diligence auprès de François Guicciardini. Tu lui diras en notre nom quel effet terrible a fait dans notre ville la lettre par laquelle le légat nous marque que les Espagnols, les lansquenets, les Italiens, enfin tous nos ennemis se sont réunis en un seul corps d'armée et marchent contre Rome en traversant la Toscane. Tu lui représenteras que nous avons compté pour notre défense sur les troupes de la ligue, et qu'en conséquence nous désirerions que Son Excellence voulût bien nous faire savoir si ces secours sont tels que nous ne puissions rien craindre. Nous le croirions assez si les troupes de nos alliés arrivaient de notre côté quelques jours avant celles de nos ennemis et pouvaient se rendre promptement à Bologne : il leur serait alors très-facile de se porter dans tous les endroits qui seraient menacés. Tu persuaderas pour cet effet à François que de ce moyen seul dépend notre sûreté, au lieu qu'il verra aussi bien que nous les grands dangers qu'il y aurait à se contenter de marcher sur leurs traces. Si les troupes de nos alliés arrivent les premières, nous pourrions les augmenter en y joignant les nôtres, ce qui sera plus tranquillisant et pour eux et pour nous. Tu les prieras d'engager le duc d'Urbin, le marquis de Saluces et tous les autres chefs de la ligue à vouloir bien se transporter ici promptement et avant l'arrivée des ennemis; et si Son Excellence voit de la difficulté à les y résoudre, qu'elle nous fasse part au moins de tous ses projets afin que nous sachions sur quoi compter, quoique nous soyons trop sûrs de l'exactitude des secours des Français et des Vénitiens ainsi que des bonnes dispositions des généraux pour craindre d'être négligés, surtout quand nous avons la raison pour nous, que notre cause est commune avec les Français et les Vénitiens, et qu'ils doivent considérer que si nous périssons les premiers, leur ruine suivra nécessairement la nôtre de très-près.

CORRESPONDANCE.

LETTRE PREMIERE.

MAGNIFIQUES SEIGNEURS,

Il m'a été impossible d'arriver ici avant ce matin, à cause des dangers dont l'ennemi a semé cette route. J'ai eu un long entretien avec le lieutenant : il m'a prouvé qu'il avait déjà de lui-même cherché à convaincre tous les généraux, et surtout le duc d'Urbin, de la nécessité de se transporter tout de suite en Toscane puisque les ennemis prenaient ce chemin. Il a ajouté que le duc d'Urbin avait embrassé ce projet avec beaucoup de chaleur, et qu'ils ne différaient que sur les moyens d'exécution. Le duc voulait que ce fût le marquis de Saluces qui entrât le premier en Toscane à la tête de l'avant-garde, au lieu que François Guicciardini voulait que ce fût le duc lui-même, persuadé que de cette manière la démarche aurait bien plus de succès. Il a exigé que j'en parlasse ce soir même au duc. Je l'ai fait en sa présence : je lui ai prouvé par les raisons qui m'ont paru les plus convaincantes la nécessité que ces secours arrivassent promptement; je lui ai fait observer que les ennemis avaient déjà pris la route de Toscane; je lui ai rappelé la confiance que toute la ville avait dans son courage et dans son affection pour elle; en un mot, je n'ai rien oublié de tout ce que j'ai cru capable de le toucher et que le lieutenant m'avait confié, mais il est resté fixe dans sa résolution. Cependant il fut convenu qu'on se réunirait demain matin et que, la plume à la main, on tracerait tous les plans et ce qu'il y aurait à faire dans chaque circonstance. Je ne vous dirai donc plus rien à cet égard : j'attendrai pour voir ce qui sera décidé demain matin, et j'aurai soin d'en instruire vos seigneuries.

On a reçu aujourd'hui des nouvelles de Plaisance : elles ne disent rien autre chose sinon que les ennemis sont toujours campés au même endroit. Ils se bornent à rassembler beaucoup de munitions et de vivres, et l'endroit où sont placés leurs magasins n'indique pas qu'ils aient intention d'aller en Toscane plutôt qu'ailleurs. Le lieutenant met tout en œuvre pour être au courant de leurs projets, et vos seigneuries sauront aussitôt tout ce qu'il apprendra. Je leur souhaite toute sorte de bonheur.

NICOLAS MACCHIAVELLI.

7 février 1526 (1527).

LETTRE II.

MAGNIFIQUES SEIGNEURS,

J'ai écrit hier au soir à vos seigneuries tout ce qui se passait. Voici les nouvelles d'aujourd'hui. Une partie des lansquenets a quitté Ponte-Nuovo et s'est rapprochée des Espagnols; on ignore comment et pourquoi ce départ a eu lieu: les uns prétendent qu'ils veulent attaquer Lodi, d'autres Crémone. Le comte Guido, qui est à Plaisance, a écrit qu'un parti de cavalerie ennemi ayant poussé jusqu'à la ville, il avait envoyé à sa rencontre Paul Luzzasco et le comte Claude Rangoni, qui le culbuta si bien qu'ils ont fait prisonniers trois fameux capitaines, Zuccaro, Scalengo et Gragno, et que peu s'en est fallu qu'ils ne prissent aussi le prince d'Orange. Ils ont aussi fait prisonniers quatre-vingts cavaliers et cent fantassins. Toutes ces escarmouches enhardissent de plus en plus nos troupes, tandis que celles de l'ennemi se découragent de jour en jour. Il est cependant impossible que les choses continuent à rester dans cette position, et que les ennemis ne se décident enfin à attaquer quelque ville : si c'est dans ces cantons, comme on commence à le croire actuellement, nous serons délivrés de nos craintes; si au contraire ils marchent de nos côtés, on suivra le plan que je vous ai communiqué hier, et même il sera amélioré dans quelques-unes de ses parties.

On espère que le comte Guido pourra obtenir de ses prisonniers quelques renseignements sur les projets des ennemis, et sur le motif qui les fait changer si souvent de plan et qui les arrête.

C'est surtout de Scalengo qu'il pourra le plus savoir, parce que c'est un homme très-agréable au vice-roi et qui jouit de sa confiance : si le comte sait le prendre il pourra acquérir des renseignements sûrs, et dès que je les aurai j'aurai soin de les faire passer à vos seigneuries, auxquelles je me recommande, etc.

NICOLAS MACCHIAVELLI.

Parme, le 9 février 1526 (1527).

LETTRE III.

MAGNIFIQUES SEIGNEURS,

Je n'ai pas écrit hier à vos seigneuries, parce je n'avais rien d'important à leur apprendre; et dans l'intime persuasion que le comte Guido arracherait quelque nouvelle de ses prisonniers, j'espérais avoir aujourd'hui quelque chose de sûr à vous écrire; mais comme il n'a rien fait dire, il y a apparence qu'il n'a rien appris.

Il se répand différents bruits sur les ennemis. Je vous avais écrit que les lansquenets qui étaient dans Milan en étaient sortis pour se joindre à ceux qui sont dehors : on dit aujourd'hui qu'ils ne sont pas encore sortis, mais qu'ils se disposent à sortir. On prétend qu'ils ont fait provision d'échelles et de crocs et l'on imagine qu'ils veulent faire un coup de main, et qu'avec leurs crocs ils veulent s'emparer tout à coup de quelque ville dont ils ne pourraient pas venir à bout avec leur artillerie, et faire comme le duc d'Urbin a fait à Crémone. On a appris ce matin que dix compagnies espagnoles qui étaient en deçà du Pô l'ont repassé, mais on ne savait pas pourquoi. Ce soir on nous a appris que les ennemis avaient approvisionné Pizzighitone, et que ces dix compagnies avaient servi d'escorte; mais les nouvelles sur leur compte varient à chaque instant : les uns cependant prétendent qu'ils se rendront en Toscane, d'autres au contraire qu'ils formeront quelque entreprise dans ces cantons. Il est impossible de savoir quels sont ceux qui conjecturent le plus juste; cependant tout le monde s'accorde à croire que, si les ennemis peuvent attaquer et prendre quelque ville dans ces environs, ils commenceront par là parce qu'ils en ont un grand besoin; et que s'ils ne l'essayent pas d'abord, c'est qu'ils craignent de ne pas réussir. Dès lors il paraît peu vraisemblable qu'un ennemi qui n'ose pas attaquer une ville, comme Plaisance par exemple, se décide à attaquer la Toscane où il lui sera si difficile, s'il y pénètre, de se maintenir et de combattre. Il n'y a donc que Dieu qui puisse savoir ce qu'ils feront, car en vérité ils ne le savent pas eux-mêmes : s'ils le savaient ils auraient tenté l'exécution; il y a bien longtemps qu'ils auraient pu se réunir. On présume donc qu'il n'y a pas grande chose à redouter de leur part, à moins que notre désunion ne les sauve. Tous les gens un peu instruits qui se trouvent ici sont persuadés que nous aurons le dessus si notre pusillanimité ou le défaut d'argent ne nous fait pas perdre nos avantages; car nous avons ici tout ce qu'il faut pour soutenir la guerre, et l'on peut remédier à ces deux sujets de crainte, d'abord en prenant des partis fermes et décidés, et ensuite en engageant le pape à ne pas nous abandonner. Si je ne suis pas encore parti, c'est que je voulais savoir quelle route prendrait ce t rent. S'il s'était porté de nos côtés, je serais retourné aussitôt avec la connaissance et les moyens nécessaires pour l'arrêter. Je resterai donc encore ici deux ou trois jours, après quoi je m'en retournerai avec le bon plaisir de vos seigneuries, auxquelles je me recommande, etc.

NICOLAS MACCHIAVELLI.

Parme, le 11 février 1526 (1527).

LETTRE IV.

MAGNIFIQUES SEIGNEURS,

Depuis que j'ai eu l'honneur d'écrire à vos seigneuries il s'est passé ici peu de choses dignes d'être remarquées : cependant je vais les écrire à vos seigneuries, afin qu'elles sachent au juste l'exacte situation des affaires. Les généraux français et le duc d'Urbin se sont décidés à faire la nuit dernière une reconnaissance à la tête d'un corps de cavalerie, d'abord pour prouver à l'ennemi qu'on était sur ses gardes, ensuite pour parcourir un peu le pays. Ils sont donc partis. Arrivés au point du jour à Carpineto, ils y ont trouvé Camillo della Staffa, capitaine de cavalerie, et lui ont enlevé soixante cavaliers. Ils se sont présentés ensuite aux ennemis et les ont tenus tout le jour sous les armes. Ceux-ci avaient pris il y a environ trois jours un château fort nommé Busse, éloigné d'ici de vingt milles; cette citadelle tenait cependant encore : le duc y a envoyé cette nuit de l'infanterie : elle y est entrée et elle a fait prisonnier un capitaine nommé Folco, de Mantoue; les deux cents hommes qui formaient sa compagnie ont été entièrement pris ou massacrés.

Monseigneur de Bourbon est venu hier au camp des Allemands : on croit que c'est pour voir ce qu'il y a à faire. On ignore s'il en est reparti et quels sont les projets qu'on a formés. Il est vrai que le comte Guido nous a écrit que le marquis del Guasto lui avait fait dire d'être tranquille, que l'on n'attaquerait pas Plaisance: en sorte que nous voilà aussi incertains que le premier jour sur les projets de nos ennemis. Il est impossible que d'ici à trois ou quatre jours ils ne prennent un parti, et on se réglera sur leur conduite. Si le duc d'Urbin veut faire son devoir et si on fait tout ce que vos seigneuries désirent, on croit que l'ennemi gagnera bien peu à marcher de nos côtés. Je me recommande, etc.

NICOLAS MACCHIAVELLI.

Parme, le 12 février 1526 (1527).

LETTRE V.

MAGNIFIQUES SEIGNEURS,

Je n'ai pas écrit hier à vos seigneuries, parce que je n'avais rien à leur dire. Aujourd'hui même nous n'avons encore rien de nouveau; cependant pour suivre la marche que j'ai adoptée jusqu'à présent j'ai cru devoir vous écrire deux mots, et vous marquer que l'armée impériale n'a pas encore fait le moindre mouvement, quoique le comte Guido nous ait écrit ce matin que les ennemis doivent se mettre en marche aujourd'hui. On croit que cette nouvelle n'était pas fondée, car si elle eût été vraie, à l'heure qu'il est (deux heures de la nuit) on le saurait positivement; mais si les ennemis n'ont pas levé leur camp il est à croire qu'ils ne tarderont pas; tout fait présumer que ce ne sera pas long et qu'ils se mettront enfin en marche. Au fait, on est persuadé en Lombardie qu'ils ne pourront s'emparer d'aucune des villes qu'ils avaient le projet d'attaquer. Tous les habitants paraissent partout être bien résolus à se défendre : ils ont réparé en peu de temps les fortifications et fait tous les préparatifs nécessaires. Je suis sûr qu'ils y joindront la constance, à cause de l'exemple qu'ils ont sous les yeux de ce qui s'est passé à Milan et dans d'autres villes, où, quoiqu'on eût reçu l'ennemi à l'amiable et qu'on eût traité avec lui, il a cependant d'abord rançonné et ensuite pillé, ce qui a jeté une telle épouvante parmi les habitants de ce pays qu'ils aiment mieux périr que de s'exposer à un pareil traitement. S'ils viennent en Toscane ils trouveront le peuple animé du même esprit, et ils y auront non-seulement les mêmes difficultés à vaincre, mais encore de plus grandes à cause du peu de ressources qu'offre ce pays-là pour la nourriture des gens de guerre. Le moindre obstacle qu'ils rencontreront et qui les tiendra en échec est capable de les faire changer de résolution : c'est ce dont nous ont assurés quelques Espagnols pris dernièrement à Lodi par Ludovico. Ils lui ont dit que leur armée était si forte et si bien disciplinée qu'ils ne conseilleraient pas à celle de la ligue de chercher à la combattre, mais que les chefs étaient dans un tel embarras pour savoir quelle entreprise ils formeraient qui leur pût réussir, et dans un tel dénûment de toute ressource, que si nos troupes voulaient patienter il était très-possible qu'elles eussent encore le dessus. On se contentera donc de les surveiller, et je donnerai avis jour par jour à vos seigneuries de tous leurs mouvements, et des ordres qui seront donnés de notre côté pour traîner l'affaire en longueur et pour les harceler; je vous ferai savoir comment on s'y prendra pour fournir à ce duc d'Urbin occasion de donner de bons conseils, et de les exécuter sans s'exposer à des événements dont le résultat ne pourrait qu'être déshonorant et dangereux. J'ai été instruit que Son Excellence le lieutenant avait écrit à Rome et à Florence : je n'ai pas voulu laisser passer l'occasion de vous écrire, et de vous dire comme dans ma dernière que, quand je verrai les ennemis en mouvement et que je saurai la marche qu'ils auront prise, je retournerai avec les plans et les ordres nécessaires, et les meilleurs pour la défense de notre pays. Je me recommande, etc.

NICOLAS MACCHIAVELLI.

14 Parme, le 14 février 1526 (1527).

LETTRE VI.

MAGNIFIQUES SEIGNEURS,

J'ai fait part à vos seigneuries par ma lettre d'hier au soir de tout ce qui se passait. Celle-ci vous instruira que le comte de Cajazzo est arrivé ce matin au bourg de Saint-Donnino avec toute sa compagnie. Le reste de l'armée n'a encore fait aucun mouvement, mais on croit que ce sera pour demain ou après demain, et il paraît certain qu'ils ne s'arrêteront ni à Plaisance ni à Parme : on croit que leur projet est d'aller camper à Modène ou de se diriger sur Bologne, pour se répandre de là ou dans la Toscane ou dans la Romagne. De notre côté on suivra, d'après leur marche, le plan que je vous ai mandé il y a peu de jours, savoir : que la majeure partie de nos forces se portera en Romagne ou en Toscane avant que l'ennemi y pénètre, et que le reste se mettra sur leurs traces; le duc d'Urbin restera avec ces derniers. J[illegible] à présent nous n'avons pas pu lui persuader de se mettre lui-même à la tête de l'avant-garde; mais ce qui a déplu encore davantage, c'est qu'il est parti d'ici il y a quelques jours et s'est retiré à Casal-Maggiore avec la fièvre et la goutte. Son départ a fait le plus mauvais effet parce que, comme je vous l'ai marqué dans ma dernière lettre, chacun est persuadé que nos affaires ne peuvent être dérangées que par le manque de tête et d'argent. Certainement le duc est le meilleur officier qu'il y ait ici, et son absence, comme se l'imagineront très-bien vos seigneuries, ne peut que contrarier tous ceux qui s'intéressent au succès de la ligue; mais ce qu'il y a de pis, c'est que le duc est parti plus malade d'esprit que de corps. Quant à ses infirmités corporelles, c'est à Dieu seul que nos prières doivent s'adresser pour obtenir sa guérison; mais c'est vos seigneuries qui doivent se charger de dissiper la maladie de son esprit : tous ceux qui sont ici le pensent du moins, et si tous ceux qui sont à Florence étaient à Parme ils penseraient de même, et ne croiraient pas que les victoires remportées à Rome ne sont pas une raison pour vaincre en Lombardie. Vous saurez jour par jour le résultat de tout ce que nos ennemis ou nos alliés feront, et tout ce que vos seigneuries doivent faire.

NICOLAS MACCHIAVELLI.

Parme, le 28 février 1526 (1527).

P. S. Le seigneur lieutenant m'a chargé d'écrire à vos seigneuries que la paye de l'infanterie devait échoir le 23 courant, et de vous engager à prendre vos arrangements pour qu'elle soit exactement payée : car si le payement n'avait pas lieu il ne faudrait plus s'occuper de rien autre chose parce que tout serait perdu sans ressource. Il m'a bien recommandé de l'écrire à vos seigneuries, auxquelles, etc.

LETTRE VII.

MAGNIFIQUES SEIGNEURS,

Je vous ai écrit tant de fois et d'une manière si diverse sur cette armée impériale que j'ai honte de vous en entretenir davantage. Je sens cependant combien il est nécessaire que je vous en donne connaissance : je pense donc qu'il faut que je vous écrive tout ce qui se dit, et qu'ensuite je vous marque quelle est la véritable version. Je vous écrivais avant-hier que l'ennemi allait décamper d'un moment à l'autre : nous voici au 18, et il n'a pas encore fait le moindre mouvement. Il est vrai que nous recevons à l'instant des lettres du comte Guido, datées du 16, qui nous apprennent que les impériaux s'étaient réunis ce jour-là; qu'on avait envoyé vingt-cinq mille florins aux lansquenets pour qu'il en fût distribué deux à chacun; que certainement ils se mettraient en marche lundi ou mardi, qui est demain ou après demain; qu'il ignorait le chemin qu'ils devaient prendre, mais qu'il était en mesure pour être en route aussitôt qu'eux, et les précéder à Modène supposé qu'ils prissent cette route; que la première journée déciderait quel était leur but, s'ils allaient à Bologne ou à Pontremoli. J'aurai soin de tenir vos seigneuries au courant de tout cela, soit de la route qu'ils prendront, soit des moyens qui seront employés pour la défense de la Toscane, en supposant que ce soit là qu'ils se dirigent; mais il serait inutile de vouloir que toute l'armée des alliés marchât ensemble et essayât de leur livrer bataille : outre qu'il n'y a aucun préparatif pour cela, ce serait peut-être un parti fort dangereux.

J'avais déjà marqué à vos seigneuries que le comte de Cajazzo se trouvait, avec mille hommes d'infanterie italienne et cent hommes de troupes légères, au village de San-Donnino : le seigneur lieutenant est entré en pourparler avec lui, et a essayé de l'engager à passer au service du pape : il est venu à bout de son projet, et demain toute cette troupe, tant infanterie que cavalerie, se rendra dans cette ville. Cette réunion ne peut que nous faire et nous fait beaucoup d'honneur, tandis qu'elle semble jeter de la défaveur sur l'ennemi : car tous ceux qui connaissent la prudence du comte pensent que c'est la mauvaise opinion où il est des affaires des Impériaux qui le porte à les abandonner. Je me recommande, etc.

NICOLAS MACCHIAVELLI.

Parme, le 28 février 1526 (1527).

LETTRE VIII.

MAGNIFIQUES SEIGNEURS,

Si vos seigneuries n'avaient été journellement mises au courant de tout ce qui se passe ici par les lettres du lieutenant au respectable légat, elles auraient pu s'étonner de ce que j'ai laissé passer plusieurs jours sans leur écrire, et même m'accuser de négligence ; mais j'ai cru inutile de vous écrire les mêmes choses que le lieutenant disait et écrivait ; et je n'ai pu cependant m'en retourner auprès de vous quoique les ennemis aient pris les devants, parce que le lieutenant a voulu qu'avant de partir je visse quelle entreprise ils formeraient. Au fait, avant leur départ et même depuis on croyait toujours qu'ils se porteraient en Toscane ; on savait que le duc de Ferrare les en sollicitait vivement, et qu'ils en avaient bien bonne envie parce qu'ils regardaient ce pays comme plus propre à être pillé, les habitants étant peu accoutumés à voir l'ennemi chez eux. On a conservé cette opinion jusqu'à hier au soir : on s'imaginait toujours que pour se rendre en Toscane ils pouvaient prendre, ou le chemin de Pontremoli, ou la Garfagnana ; on remarquait que ces deux routes conduisaient également à Lucques, où ils espéraient trouver des vivres pour quelques jours, et où on pouvait leur en conduire, soit de quelque pays allié, soit de Ferrare ; on disait qu'une fois arrivés là, ils attaqueraient la Toscane ; que si l'attaque réussissait ils pousseraient leur pointe, ou qu'ils pourraient se rejeter sur le pays de Sienne ; mais aujourd'hui qu'ils sont du côté de Modène, et même au delà, personne ne peut croire qu'ils puissent se porter en Toscane ; car ils n'ont que quatre chemins pour s'y rendre : le Sasso, la Dirritta, le Val-di-Lamona en passant la montagne de Crespin, ou Val-di-Montone en passant celles de Saint-Benoît ; mais aucune de ces routes n'est sûre, car outre les difficultés qu'ils trouveraient à passer ces montagnes, chacune de ces routes les conduirait dans le Mugello, où ils mourraient de faim en deux jours s'ils ne s'emparaient ou de Pistoja ou de Prato ; et comme ils ne peuvent pas espérer de les prendre, ils ne choisiront pas ces chemins. Il y en aurait bien un autre qui les conduirait en Toscane : ce serait de se diriger au-dessus de Césène, d'entrer dans la Marche et de venir au bourg de San-Sepolcro. Ce chemin est assez facile, mais il est dangereux de conduire une armée par Césène : toutes les villes de la Romagne sont fortifiées et le pays est sans vivres. Au reste s'ils se décidaient à prendre cette route, il a été donné des ordres pour que l'armée alliée arrive en Toscane avant eux, comme le seigneur lieutenant l'a écrit au légat. D'ailleurs le duc d'Urbin serait sur leur dos : on vient d'apprendre aujourd'hui qu'il était entièrement rétabli, et qu'il avait passé le Pô à la tête de toute l'armée vénitienne. Puisqu'il est vrai que l'ennemi doit rencontrer toutes ces difficultés pour gagner la Toscane, il sentira dès lors la nécessité de faire quelque opération plus à sa portée, plus aisée, et qui lui ouvre le chemin à de nouvelles conquêtes et à la prise de toutes les autres villes. Hier on croyait qu'ils attaqueraient Ravenne, et on y a en conséquence envoyé aujourd'hui six cents hommes ; ce matin, au contraire, on craint qu'ils n'attaquent Bologne. S'ils se décident pour Ravenne, c'est que les fortifications en sont en très-mauvais état ; au lieu que s'ils attaquent Bologne, c'est qu'ils imaginent que dans cette immense population il y en a peut-être une partie qui n'est pas décidée à soutenir un siége. On saura bientôt le parti qu'ils prendront : si c'est pour Bologne, on peut dire que les plus beaux coups de cette partie se joueront sous ses murs, derrière lesquels je suis convaincu qu'on peut rester en toute sûreté puisqu'il s'y trouve une garnison de dix mille hommes, de bonnes fortifications et des habitants nombreux, bien unis et bien résolus à se défendre. Je me recommande, etc.

NICOLAS MACCHIAVELLI.

Bologne, le 4 mars 1526 (1527).

P. S. J'avais écrit hier à vos seigneuries la lettre ci-dessus, mais le courrier n'a pu sortir de la ville à cause du désordre qui y régnait. Les ennemis n'ont fait aujourd'hui aucun mouvement, et ne sont pas même venus au château San-Giovanni comme on s'y attendait. Cependant les opinions sont changées depuis hier ; car il paraissait certain que les ennemis n'iraient pas en Toscane, mais qu'ils attaqueraient cette ville : aujourd'hui on a l'air d'en douter, à cause des avis qu'on a reçus que leur dessein était d'aller en Toscane, mais qu'ils feraient d'abord semblant d'attaquer Bologne afin que toutes les forces des alliés se portassent de ce côté et que, vous trouvant dégarnis et arrivant les premiers, ils pussent vous accabler tout de suite. C'est pour cela que le lieutenant vous a écrit de ne pas envoyer votre infanterie dans la Romagne, et qu'il a ordonné à la compagnie de Jean, s'il est placé avantageusement, de venir de ce côté. Peut-être conduira-t-il lui-même à Loglano un corps nombreux d'infanterie afin de pouvoir les devancer, soit qu'ils prennent le parti de camper, soit qu'ils se portent vers nous. Je dis que l'on prendra peut-être ce dernier parti, car les raisons que je vous ai détaillées dans ma lettre pour croire qu'ils ne chercheront pas à pénétrer en Toscane avant de s'être auparavant emparés de Bologne sont si frappantes, que malgré les avis qu'on nous a donnés nous pensons toujours de même. Mais ce qui embarrasse le plus, c'est qu'un de nos capitaines nommé Betti, ayant été aujourd'hui au camp des ennemis, a rapporté que Bourbon lui avait dit de nous faire entendre que si les Bolonais voulaient donner le passage, des vivres, et se déclarer pour les Impériaux, on n'exigerait rien d'eux, et qu'on les traiterait en amis; mais que s'ils refusaient ils pouvaient s'attendre à voir toute l'armée à leur porte. Le moyen qu'emploie par là l'ennemi nous paraît très-dangereux : le peuple est ici très-nombreux, et il est à craindre qu'il ne se décide à échapper à aussi bon marché à tous les dangers qui le menacent. Il est donc nécessaire d'avoir ici des forces assez considérables pour en imposer au peuple, lui prouver qu'on le trompe et qu'il lui est très-facile de se défendre. Pour suivre ce plan il faut renoncer à pouvoir envoyer des troupes à Loglano, à moins que Bologne ne soit entièrement dégagée; en sorte que ce qui nuit à l'un profite à l'autre, et que ce qui profite à celui-ci nuit à celui là. Il est possible cependant de pourvoir à tout, car en n'envoyant pas votre infanterie dans la Romagne vous vous trouverez avoir cinq mille hommes, plus les trois mille de Jean, qui en cas de besoin pourront se porter de ce côté ; et tout le reste de l'armée, excepté ce qui est avec le duc d'Urbin, restera ici et veillera sur tout ce que l'ennemi entreprendra; car, quoi qu'il fasse, il faut qu'il prenne la route de Sasso ou celle de la Dirritta : alors nous prendrons celle qu'il n'aura pas choisie et nous arriverons toujours avant lui, parce que nous marcherons sans artillerie et qu'il est obligé de traîner la sienne. Tels sont les divers projets qu'on a répandus aujourd'hui : vous verrez le parti que vous pourrez en tirer. Le seigneur lieutenant donne sur tous ces objets des détails plus clairs et plus longs dans la lettre qu'il écrit au légat.

NICOLAS MACCHIAVELLI.

Ce 5 mars 1526 (1527).

LETTRE IX.

MAGNIFIQUES SEIGNEURS,

Si je ne reçois pas aujourd'hui des nouvelles de vos seigneuries du 10 courant, je commencerai à croire, ou que celles que je leur ai écrites sont perdues, ou que vous les avez jugées inutiles, comme elles l'étaient en effet. D'un autre côté si je ne suis pas encore parti d'ici, c'est que le seigneur lieutenant a désiré que je restasse jusqu'à ce que les Impériaux eussent enfin pris un parti qui assurât qu'ils ne veulent pas passer en Toscane : car s'ils prenaient celui-là je me chargerais alors de ce qu'il y aurait à faire, suivant l'ordre que vos seigneuries m'ont donné lors de mon départ. D'ailleurs pendant mon séjour ici j'ai fait quelques affaires dont vos seigneuries m'avaient également chargé. Telles sont les raisons qui m'ont empêché de vous écrire tous les jours et de m'en retourner à Florence. Aujourd'hui donc, plus pour obéir à vos seigneuries que par nécessité, je leur dirai que les Impériaux sont venus jusqu'au château San-Giovanni, à dix milles d'ici; qu'ils y séjournent depuis plusieurs jours sans faire le moindre mouvement, quoique nos troupes soient allées quelquefois les provoquer et les inviter à escarmoucher : elles n'ont pu venir à bout de les faire mouvoir. Leurs généraux se sont occupés de négocier avec Ferrare, et enfin ce matin on a appris par une voie très-sûre qu'ils ont conclu avec le duc un traité par lequel celui-ci s'engageait à leur fournir six mille sacs de pain et de farine, deux cents chevaux de trait pour l'artillerie, vingt mille livres de grosse poudre à canon et cinq mille livres de poudre fine, et que leurs troupes ainsi réunies, ils marcheront contre la Toscane par le chemin le plus court. Quant à l'armée de la ligue, il y a ici dix mille fantassins : six cents sont à Ravenne, quatre mille à Pianoro ainsi que toute la troupe de Jean, et le comte de Guido en a trois mille avec lui dans Modène. La majeure partie de l'armée vénitienne est avec le seigneur Malatesta Baglioni entre Reggio et Parme. Le duc d'Urbin avec le reste de l'armée est de l'autre côté du Pô, qu'il doit passer dans deux jours. L'armée des alliés est ainsi divisée sur différents points, pour que l'ennemi ne forme aucun projet que ceux-ci ne puissent prévenir : on croit de la sorte être avant lui dans la Romagne, dans la Toscane, et pouvoir défendre ces pays, même Modène, s'il les attaque l'un ou l'autre; et quoique jusqu'à présent on soit assez divisé sur le parti qu'ils veulent prendre, cependant les dernières nouvelles qu'on a reçues, et que j'ai rapportées plus haut, portent à croire fortement qu'ils en veulent à la Toscane. Ce qui le fait croire davantage, c'est la quantité prodigieuse de vivres qu'ils ramassent et qu'ils font venir de tous côtés, et que d'ailleurs on ne voit faire aucun mouvement aux habitants des contrées qui sont situées au-dessous de Ferrare, par où ils auraient à passer s'ils voulaient aller dans la Romagne.

Le marquis de Guasto, qui est malade, a envoyé demander aujourd'hui un sauf-conduit pour pouvoir se rendre avec sa famille dans le royaume de Naples en passant par la Romagne: il n'est pas présumable qu'il veuille passer par un pays que la crainte d'être attaqué par son armée après qu'il l'aurait passé pourrait rendre dangereux pour lui à traverser. D'un autre côté le chemin le plus court est celui de Sasso, que les gens qui connaissent le pays regardent comme le plus difficile. Frédéric de Bozzolo pense de même, comme le prouve une lettre qu'il a écrite au lieutenant; et je crois que les ennemis savent bien que des deux côtés la route a été rompue et rendue encore plus impraticable. Il ne paraît pas probable qu'ils cherchent à passer les montagnes de Crespin et de Saint-Benoît; de manière qu'il y a des gens qui croient fermement qu'ils reviendront sur leurs pas, et qu'ils se rendront par la Garfagnana sur le territoire de Lucques : ce chemin, quoique difficile, l'est encore moins que les autres, et après l'avoir passé ils se trouveraient dans un pays très-abondant où ils ne rencontreraient aucun ennemi à combattre. La route par la Marche et par le bourg de San-Sepolcro, pour laquelle il paraît qu'on a quelque penchant, est certainement plus aisée que celle de la Garfagnana; mais cependant elle est beaucoup plus désavantageuse qu'on ne voudrait le croire; car, puisqu'ils font tant que de revenir sur leurs pas, il vaut beaucoup mieux pour eux retourner en arrière de trois jours, pour passer tout de suite sur le territoire de Lucques où ils seront bien reçus, que d'avoir à parcourir sept à huit jours de marche sur les terres ennemies et arriver ensuite pour combattre. Il y a encore un autre chemin qu'on s'est rappelé depuis deux jours et auquel on n'avait pas pensé auparavant : ce chemin prend à quatre milles au-dessous de Bologne, du côté d'Imola, passe sur l'Idice, se rend à Cavrenno, puis à Pietra-Mala, et de là à Stale et à Barberino; c'est le chemin que prenait Valentinois en venant vous voir : cette route est regardée comme moins rude à suivre que celle de Sasso. Il s'est trouvé ici à Bologne un habitant de Firenzuola, qui y est venu pour prendre des renseignements sur les provisions qu'il faudrait à nos troupes dans le cas où elles iraient de ce côté-là : le seigneur lieutenant s'est entretenu avec lui sur cette route et il en a reçu les mêmes renseignements. Il est vrai qu'il a ajouté qu'à environ quatre milles de Stale il y avait un endroit appelé Covigliano où se trouve un pas très-dangereux, qu'on peut encore rendre plus difficile, et qu'il en est de même dans un autre endroit, à un mille plus loin, appelé Castro. Le seigneur lieutenant a aussitôt écrit à Firenzuola pour qu'on y fît travailler. Vos seigneuries peuvent faire reconnaître ce chemin et prendre les mêmes précautions. On pense qu'avant que les ennemis se mettent en marche toutes les provisions qu'ils ont rassemblées prendront les devants : on les garde ici à vue. Le légat et le lieutenant ne manquent pas de vigilance pour observer leurs démarches et pour pouvoir les prévenir dans toutes les occasions. Voilà tout ce que j'avais à écrire à vos seigneuries auxquelles, etc.

NICOLAS MACCHIAVELLI.

Bologne, le 12 mars 1526 (1527).

LETTRE X.

MAGNIFIQUES SEIGNEURS,

J'ai écrit hier à vos seigneuries fort longuement : je leur ai marqué comment le mauvais temps avait été cause que les ennemis ne s'étaient pas mis en marche. Le froid a commencé samedi dans la nuit, et depuis ce temps-là jusqu'à aujourd'hui, la vingt-quatrième heure, il a toujours ou plu ou tombé de la neige : il y a un pied de neige dans les rues et il en tombe encore. Ce nouvel obstacle que nous étions loin de pouvoir présenter à l'ennemi, c'est Dieu qui le lui a envoyé. Depuis ce temps-là nous n'avons pu avoir aucune nouvelle de lui : nos trompettes n'ont pu passer la rivière pour aller de son côté ni les siens venir du nôtre. Nous pensons qu'il est dans une mauvaise position ; et si Dieu avait voulu nous favoriser tout à fait, il aurait différé ce mauvais temps jusqu'au moment où ils se seraient enfournés dans le mauvais chemin de Sasso au milieu des montagnes; et sûrement cela leur serait arrivé s'ils étaient partis le jour qu'ils avaient fixé ; mais la révolte de leur infanterie, qui leur parut alors si dangereuse, les arrêta et les a sauvés de ce danger. Cependant, je vous le répète, nous les croyons dans une position critique, parce qu'ils sont campés dans un lieu bas et marécageux et qui n'est cultivé et habité qu'à force de travail. On a cherché ici à accroître leurs embarras en rompant la digue de la Samoggia et dirigeant son cours de leur côté. On a envoyé hier au soir des hommes pour y travailler, mais, après avoir fait deux ou trois milles, ils n'ont pu aller plus avant, et ils ont rapporté à leur retour que tout le pays était inondé. Cependant on ne s'est pas découragé, et on a essayé encore une fois de mettre ce plan à exécution : on a écrit aux habitants de Castel-Franco, et on a envoyé des hommes exprès avec la promesse des plus grandes récompenses. Nous verrons s'ils réussiront.

On n'a plus rien entendu dire de la maladie de Georges Fronsberg après ce que je vous en ai marqué ; mais il mourra certainement si la fortune veut enfin se déclarer pour nous, car cette mort serait aussi avantageuse pour nous que malheureuse pour l'ennemi.

J'ajouterai encore pour vos seigneuries que, si ce mauvais temps avait pu surprendre les ennemis dépourvus de toute provision, ils étaient perdus sans ressource; mais les préparatifs immenses qu'ils avaient faits pour aller en Toscane les sauveront. Sans cela, et s'ils eussent été obligés de vivre au jour le jour, il leur aurait été impossible d'y tenir. Si on pouvait faire changer d'idée au duc de Ferrare et si ce mauvais temps durait encore deux jours, on pourrait aisément terminer cette guerre sans danger et sans fatigue : il faudrait donc employer tous les moyens possibles pour réussir auprès de lui.

Je vous ai marqué hier que, pour tirer parti du contre-temps qu'éprouvait l'ennemi, il était nécessaire de bien employer ce nouveau répit que le hasard nous donnait ; car si le beau temps revenait nous nous trouverions au même point qu'auparavant, et ce retard que les ennemis avaient mis à passer en Toscane nous aurait été plus préjudiciable qu'utile. Pour que nous soyons plus en mesure, il faudrait que les Vénitiens payassent leur infanterie et réunissent toute leur armée à celle-ci ; autrement nous ne serions pas en meilleure posture qu'auparavant, parce que chacun juge que les Impériaux, une fois entrés en Toscane, quand bien même ils n'entameraient pas votre territoire, pourraient se rendre sur celui de Sienne ; et alors il n'y aurait plus d'autre moyen pour terminer cette guerre que de livrer une bataille, dont le résultat serait fort douteux. Le seigneur lieutenant a reçu ce matin des lettres de Venise, une du nonce, l'autre du magistrat. Il est impossible d'en écrire de plus satisfaisantes en apparence et qui donnent de meilleures espérances : elles portaient, entre autres choses, que le duc les avait assurés que c'était une affaire terminée, et qu'il avait les moyens de ruiner entièrement l'armée ennemie. Mais le lieutenant, voyant le peu de rapport qu'il y avait entre toutes ces belles paroles et les effets, leur a écrit une lettre de quatre pages : il y récapitule toutes les fautes qu'ils ont commises jusqu'à présent, et montre combien, depuis, leur conduite a été différente de ces belles promesses qu'on faisait à Venise ; il leur détaille tous les points en quoi ils blessent la vérité, et sur les grands préparatifs qu'ils annoncent, et sur les belles espérances que le duc leur donne de la victoire. On ne sait quel effet produira cette lettre, mais au moins on n'aura point à se reprocher d'avoir négligé de les avertir, et on leur prouvera qu'on ne se laisse pas ici facilement abuser et qu'on ne se contente pas de belles paroles. J'engage encore vos seigneuries, comme je le leur ai marqué hier, à continuer de les importuner, et à ne leur laisser aucun repos que leur armée ne soit payée et réunie à la nôtre, ou qu'ils n'aient avoué qu'ils ne veulent pas y consentir.

NICOLAS MACCHIAVELLI.

Bologne, le 18 mars 1526 (1527).

LETTRE XI.

MAGNIFIQUES SEIGNEURS,

Je n'ai pas écrit à vos seigneuries depuis la nouvelle de la trêve qui a été faite, ou plutôt promise, parce que je voulais savoir comment elle serait acceptée. Fieramosca nous a écrit hier du camp, que le marquis del Guasto ne s'y trouvant pas, mais bien à Ferrare, on n'avait pu rien conclure : qu'ils avaient trouvé M. de Bourbon bien disposé, et qu'il demandait qu'on lui envoyât les 40 mille ducats qu'on avait promis de compter hier. Il a encore écrit aujourd'hui : vos seigneuries verront ce que contient sa lettre par la copie que le lieutenant en fait passer au légat. Il y marque que l'affaire va son train ; mais il prie qu'on lui envoie la somme entière de 60 mille ducats, afin que ceux qui ne voient pas cet accord de bon œil n'aient aucun moyen à faire valoir contre. Actuellement, magnifiques seigneurs, si vous avez mais eu le désir de sauver votre patrie et de délivrer des dangers imminents et extraordinaires qui la menacent, vous ferez ce dernier effort pour réunir cette somme : car, ou la trêve aura lieu, et vous évitez ou plutôt vous éloignez le péril qui vous menace ; ou elle n'aura pas lieu, et alors vous aurez des fonds pour continuer cette guerre, ou plutôt pour la soutenir. Ainsi dans tous les cas jamais argent ne fut plus nécessaire et plus utile, parce que de manière ou d'autre cela nous donnera du temps ; et si jamais le proverbe fut vrai, que c'est tout gagner que de gagner du temps, on peut dire que c'est dans cette occasion. Je me recommande, etc.

NICOLAS MACCHIAVELLI.

Bologne, le 23 mars 1527.

LETTRE XII.

MAGNIFIQUES SEIGNEURS,

J'ai instruit hier vos seigneuries de tout ce qui s'était passé depuis le départ de Fieramosca. Depuis l'on n'a reçu aucune nouvelle, quoiqu'on lui en ait demandé par deux exprès qu'on lui a envoyés depuis hier au soir. On croit que son refus a pour cause quelque difficulté qu'il aura eue avec ces capitaines allemands qu'il est nécessaire de contenter, et il doit y éprouver encore plus de peine que si le capitaine Giorgio s'y trouvait ; mais celui-ci s'est retiré tout malade à Ferrare, de sorte que d'ici à quelque temps, quand même il ne mourrait pas, il n'y a rien à espérer ni à craindre de lui. Le lieutenant est assez fâché du long séjour qu'il y fait, et cela pour plusieurs raisons, mais surtout parce qu'il voit que les Français et les Vénitiens se débandent de jour en jour. Il a mis tout en usage pour les en empêcher, et il a si bien assuré le marquis qu'il ne risquait rien et qu'il l'accompagnerait partout, que celui-ci a promis de ne pas s'en aller que la trêve ne fût signée. On a reçu également ici des lettres de Rinaldo Calimberto, que le lieutenant tient auprès du duc d'Urbin, par lesquelles il annonce que le duc lui a assuré qu'il ne renverrait aucun soldat avant d'être instruit si la trêve avait lieu ;

qu'il les retiendra tant qu'il pourra pourvu qu'on se dépêche, parce qu'il est très-possible que demain ou après-demain il n'ait plus d'argent à leur donner. On raisonne ici beaucoup sur la question de savoir si les Impériaux accepteront la trêve : quelques-uns en doutent en voyant l'affaire traîner en longueur et l'ennemi arranger les routes comme s'il voulait venir à Bologne. Ils ont encore commandé des chariots et des pionniers; mais ce qui inquiète le plus, c'est qu'environ trois mille Espagnols se sont présentés hier devant Castel-Franco et ont sommé par un trompette la ville de se rendre; mais quand ils ont vu qu'on ne leur répondait qu'à coups de fusil, ils se sont retirés et ont marché en bataille contre San-Cesario. Ne pouvant s'en emparer, ils en ont brûlé les faubourgs et enlevé dans les environs tous les bestiaux qu'ils ont trouvés. Tout cela fait plus croire à la guerre qu'à la paix. Cependant il y a des personnes qui prétendent qu'une pareille conduite est assez ordinaire quand on traite de la trêve. Je voudrais bien savoir à quoi m'en tenir. J'aurai soin d'en instruire vos seigneuries.

NICOLAS MACCHIAVELLI.

Bologne, le 24 mars 1527, à trois heures de la nuit.

LETTRE XIII.

MAGNIFIQUES SEIGNEURS,

Voilà deux jours que je n'ai écrit à vos seigneuries, parce que j'ai été à Pianora pour y passer en revue l'infanterie qui y est en garnison. Je suis revenu ici ce matin, et j'ai trouvé les affaires dans la même situation où je les avais laissées en partant. On ne sait pas encore si Fieramosca a terminé quelque chose, quoique le lieutenant lui ait écrit tous les jours et l'ait engagé, avec toute la prudence nécessaire en pareil cas, à terminer le plus tôt possible. Le temps a toujours été et est encore très-mauvais, ce qui a retenu les Espagnols dans leur camp et les a empêchés de courir le pays. On parle cependant beaucoup de guerre, car on sait, du même endroit d'où nous sont arrivées les dernières nouvelles, qu'ils ont abandonné le projet d'aller en Toscane par le Sasso ou par tout autre chemin à portée de ces cantons. Ils sont effrayés du temps et des mauvais chemins; mais ils veulent aller par la Romagne, et puis entrer en Toscane par la Marche. Ils espèrent en prenant cette route pouvoir s'emparer de quelque ville importante, et pour y parvenir plus sûrement ils pensent qu'ils doivent devancer les troupes de l'église. Voici comment ils comptent s'y prendre : ils se proposent d'aller d'abord camper à Ponte-a-Reno; et quand bien même cette ville leur résisterait et les arrêterait, ils pourront cependant de là se décider entre plusieurs routes et former plusieurs autres entreprises; ils partageraient ensuite leur armée : une partie resterait ici et ferait toujours mine de vouloir attaquer cette ville; une autre partie passerait sous Bologne et irait camper entre cette ville et Imola. Ils s'imaginent pouvoir prendre tous ces arrangements sans courir aucun risque, parce qu'ils se croient beaucoup plus forts que nous et qu'ils espèrent pouvoir se réunir quand ils le voudront. En arrivant ainsi dans la Romagne avant les alliés, ils se flattent de surprendre quelque ville, et, une seule ville prise, ils s'imaginent que les autres ne résisteront pas. Quant à moi, il me semble que nous sommes à leur égard dans la même position; car depuis que nous sommes ici, quand on apprend un jour un de leurs projets, on peut être sûr que le lendemain on en apprend un tout contraire. Ainsi il faut ajouter à tous ces bruits qui courent aujourd'hui la même créance qu'à tout ce qu'on a dit et écrit jusqu'à présent. Il ne faut pas non plus abandonner tout espoir de trêve : mais il est très-nécessaire qu'on prenne un parti prompt pour ou contre, et cela pour plusieurs raisons : la principale, pour retenir les Vénitiens et ranimer le courage des Français, et ne pas être exposés à nous trouver tout seuls : car s'il est vrai de dire que de cette trêve dépend notre salut, il faut convenir qu'elle nous ruinerait si elle traînait en longueur et qu'en définitive elle n'eût pas lieu; et je suis bien sûr qu'il y a peu de monde qui ne pense comme moi. Mais lorsque le ciel veut cacher ses desseins, il amène les hommes au point de ne pouvoir prendre aucun parti raisonnable. Je n'ai plus rien à marquer à vos seigneuries, si ce n'est de me recommander, etc.

NICOLAS MACCHIAVELLI.

Bologne, le 27 mars 1527.

LETTRE XIV.

MAGNIFIQUES SEIGNEURS,

J'ai écrit avant-hier à vos seigneuries. Depuis ce temps-là il nous est arrivé des nouvelles concernant la trêve. Jean del Vantaggio, qui était allé au camp avec Fieramosca, en est revenu hier au soir : il nous a rapporté qu'il y règne une grande division entre les chefs et les soldats; que ceux-ci ne veulent pas de la trêve; que les chefs et surtout les généraux la désirent, et qu'il est revenu pour faire taire la malveillance, et pour vous communiquer à quel point en était la négociation. Cette nuit, environ sur les cinq heures, est arrivée la nouvelle que les ennemis se mettaient en marche et se portaient du côté de Ponte-a-Reno, pour opérer la division dont j'ai donné connaissance à vos seigneuries dans ma dernière lettre. Ce matin cependant on a su qu'ils étaient toujours campés au même endroit, mais on assure que ce n'est différé que jusqu'à demain; qu'ils veulent revenir sur leurs pas et entrer en Toscane par la Garfagnana, et cela à cause des motifs que j'ai déjà expliqués à vos seigneuries; de sorte qu'on est encore fort incertain sur ce qu'ils feront. Aujourd'hui, vers midi, est arrivé un trompette envoyé par M. de Bourbon avec une lettre pour notre légat : il lui témoigne combien il aurait désiré la paix; il parle des soins qu'il s'est donnés pour faire consentir les soldats à la trêve, de son regret de n'avoir pu réussir, et il lui fait entendre qu'il faudrait pour cela avoir plus d'argent, mais il ne fixe pas la somme. En conséquence, il prie Son Éminence de n'être pas étonnée si les troupes se mettent en marche le lendemain matin; il proteste qu'il lui est impossible de faire autrement; il engage le légat à écrire tout ce qui se passe à Rome, afin que le pape et le vice-roi prennent de nouveaux arrangements qui satisfassent les troupes, et il annonce qu'il va écrire de son côté. D'après cela, magnifiques seigneurs, chacun est ici persuadé que la trêve est rompue et qu'il faut songer à la guerre. Puisse le ciel venir à notre secours en leur inspirant un peu de modération! car pendant que cette nouvelle négociation aura lieu il faudra employer tout l'argent qui est ici au payement de nos troupes; et si on veut ensuite que les autres acceptent la trêve, il sera nécessaire d'avoir en réserve, outre leur solde, au moins 100 mille florins. Comme cela n'est pas possible, c'est une véritable folie que de perdre son temps à vouloir s'occuper d'un marché que le défaut de fonds empêchera ensuite de conclure : il faut donc que vos seigneuries se préparent à la guerre, qu'elles en reviennent aux Vénitiens, et qu'elles les gagnent de manière que leurs troupes, qui ont repassé le Pô, reviennent sur leurs pas. Vos seigneuries ne doivent pas perdre un seul instant de vue que cette même trêve, qui pouvait faire votre salut, vous ruine entièrement si elle est rompue, ou du moins si elle traîne en longueur.

NICOLAS MACCHIAVELLI.

Bologne, le 29 mars 1527.

LETTRE XV.

MAGNIFIQUES SEIGNEURS,

Malgré ce que je vous ai écrit hier, les ennemis n'ont fait aucun mouvement. On croit qu'ils ont été arrêtés par la pluie et la neige qu'on a vu encore tomber toute la nuit dernière. On ignore donc s'ils partiront demain : tout ce qu'on sait, c'est que ce n'est qu'avec peine qu'ils restent où ils sont; qu'il est impossible qu'ils y séjournent plus longtemps; et ce qui devrait les effrayer, c'est qu'ils ne peuvent pas changer de position pour en prendre une meilleure. Il n'y a pas de doute qu'ils ne fussent perdus si nous pouvions un peu ajouter aux embarras qui les tourmentent, mais nous sommes nous-mêmes si malheureux que nous ne pouvons rien faire qui réussisse. Le lieutenant se donne une peine infinie; il rétablit tout, il remédie à tout ce qu'il peut; trop heureux s'il pouvait tout ce qu'il veut! On n'entend plus parler de Fieramosca ni de la trêve : ainsi je ne vous en parlerai pas. Tout le monde est ici bien convaincu qu'il faut se préparer à la guerre, puisque la perfidie des autres a empêché la réussite de cette paix qui devait nous être si utile et si salutaire. Il ne faut donc pas différer plus longtemps de prendre votre parti, de prouver à tout le monde que vous ne pensez plus à la paix, enfin d'employer tous les moyens possibles auprès des Vénitiens et du roi de France pour leur persuader qu'il ne sera conclu aucun arrangement que de concert avec eux. Si vous venez à bout de convaincre le roi, et que vous réussissiez à gagner les Vénitiens de manière qu'ils viennent promptement à votre secours, l'obstacle que le temps met aujourd'hui à la marche des ennemis nous aura été fort utile, puisqu'il nous aura donné le temps de nous réunir et de nous mettre en mesure de résister. Vos seigneuries voient bien qu'il y a aujourd'hui quinze jours que les ennemis devaient se mettre en marche, et qu'ils n'ont pu y réussir; et il pourrait bien se faire sans miracle qu'ils fussent encore retenus par les mêmes motifs pendant quinze autres jours, si ce n'est dans le même endroit où ils sont aujourd'hui, du moins en deçà des monts; mais il faut employer ce temps d'une manière utile : autrement ce ne serait que différer notre perte, et elle serait d'autant plus inévitable que les corps attaqués par une longue maladie sont moins capables de résister, lorsqu'il leur arrive une rechute, qu'ils ne l'étaient auparavant.

NICOLAS MACCHIAVELLI.

Bologne, le 30 mars 1527.

LETTRE XVI.

MAGNIFIQUES SEIGNEURS,

Je n'ai pas écrit depuis trois jours à vos seigneuries, parce qu'aussitôt que l'ennemi fut parti de San-Giovanni le seigneur lieutenant m'envoya ici pour préparer le logement des troupes qui devaient y venir. Vos seigneuries auront appris par une de ses lettres que les ennemis allèrent camper avant-hier à Ponte-a-Reno, et qu'ils y séjournèrent hier. Le seigneur président avec le marquis de Saluces et le comte de Cajazzo s'y transportèrent aussitôt; il n'est resté dans Bologne que l'infanterie de Jean et la garnison ordinaire. On n'a pas entendu dire aujourd'hui que les ennemis se soient mis en marche; du moins ils ne sont pas allés bien loin, puisqu'il leur faut deux journées pour arriver jusqu'ici. Comme on craint qu'ils n'y viennent, on y laissera quinze cents hommes. Le comte de Cajazzo avec toute son infanterie a été envoyé à Ravennes, et il les suivra ainsi pour veiller à ce qu'ils ne s'emparent pas de quelque poste important. S'ils ne réussissent pas dans cette tentative, il faut nécessairement qu'ils succombent ou que le traité qu'on leur propose soit accepté par eux; et puisque notre mauvaise étoile a voulu qu'il ne l'ait pas été, il vaut encore mieux le proposer les armes à la main que d'avoir l'air de le désirer; car nous connaissons leurs mauvais desseins contre l'Italie, et surtout contre votre ville, dont on leur a promis le pillage; et jusqu'à ce qu'ils soient complétement rassasiés ils ne se tiendront pas pour satisfaits. Aussi regarderont-ils tout autre projet comme déraisonnable, si l'autorité du vice-roi ne parvient à les décider par quelque moyen que je ne peux deviner. On est persuadé que ce dernier, Fieramosca et le marquis del Guasto sont de très-bonne foi, le premier étant venu à Rome et Fieramosca ayant fait l'impossible, du moins suivant qu'il nous l'a écrit. On raconte au reste du marquis qu'ayant demandé un sauf-conduit pour se rendre à Naples par la Romagne et n'étant pas encore parti, il en a fait demander un autre pour Florence, et pour Rome où il veut aller trouver le pape et se concerter avec lui, se plaignant hautement de ceux qui entravent ainsi la conclusion de la paix.

Toutes ces apparences sont bonnes, et peuvent contribuer à faire réunir toutes les forces si la guerre continue à avoir lieu. Autrement on ne peut pas prudemment s'attendre à en obtenir des conditions raisonnables, car quelle paix pouvez-vous espérer d'un ennemi qui, lorsque les Apennins se trouvent encore entre vous et lui, lorsque vous avez encore une belle armée sur pied, ose vous demander cent mille florins dans trois jours et cent cinquante mille dans dix? Lorsqu'ils seront parvenus à leur but ils exigeront tout ce que vous possédez: car il n'y a pas de doute, et ils ne seraient pas partis sans cela, qu'ils n'y viennent attirés par l'espoir du pillage. Il n'y a d'autre moyen d'échapper à tous ces malheurs que de satisfaire promptement à leurs demandes; et il vaut mieux le faire lorsqu'ils sont encore en deçà des monts que lorsque vous n'aurez que vos seules murailles pour vous défendre. Il faut donc que vous déployiez ici toutes vos forces pour les y retenir; et si vous réussissez à les arrêter pendant quelques jours, il faut nécessairement qu'ils se séparent; car nous avons été prévenus par des gens bien instruits que si tout ce mois-ci se passe sans qu'ils se soient emparés de quelque ville forte, ce qui ne manquera pas d'arriver si on veut faire quelque résistance, il est absolument nécessaire qu'ils se retirent. D'ailleurs, dans le cas où vous ne pourriez vous défendre au delà des monts, vous pourrez toujours faire revenir vos forces auprès de vous. Je me rappelle que dans la guerre de Pise les Pisans, fatigués de sa longueur, commencèrent à chercher les moyens de faire leur paix avec vous, et que Pandolfe Petrucci, l'ayant appris, leur envoya Antoine de Venafre pour les encourager. Antoine les harangua publiquement, et, entre autres choses, il leur dit, qu'après avoir traversé une mer orageuse ils voulaient se noyer dans un ruisseau. Si je rapporte ceci, ce n'est pas que je croie que la république soit découragée, mais pour vous donner l'espoir d'une prochaine délivrance, et vous prouver qu'il vaut mieux dépenser dix florins pour être délivrés de tout danger que d'en donner quarante dont le sacrifice ne servirait qu'à vous subjuguer et vous ruiner.

Nicolas Macchiavelli.

Bologne, le 2 avril 1527.

LETTRE XVII.

MAGNIFIQUES SEIGNEURS,

Ma dernière lettre a mis vos seigneuries au courant de tout ce qui se passe. Vous apprendrez par celle-ci que les ennemis n'ont pas quitté hier le camp qu'ils avaient dressé la veille entre Imola et Faënza; en sorte qu'on craint encore qu'ils ne veuillent prendre la route de Toscane. Ils ont envoyé à Faënza un trompette qui a fait aux habitants trois demandes au nom du connétable de Bourbon : la première, qu'on les laissât passer tranquillement sous les murs de la ville; la seconde, qu'on leur fournît des vivres en payant, et la troisième qu'on voulût bien recevoir les malades dans la ville pour y être traités. On leur a refusé leurs trois demandes; et quoique les habitants de cette ville eussent d'abord fait difficulté de recevoir nos troupes en garnison chez eux, cependant ils les ont reçues et ils se montrent bien décidés à se défendre. Ce matin l'ennemi s'est mis en marche et s'est approché à la portée du canon des murs de Faënza; il a ensuite pris sur la gauche et a gagné le chemin creux du côté de Ravennes; de sorte que nous sommes actuellement bien sûrs qu'il ne veut pas pénétrer dans la Toscane. Nous sommes aussi à peu près certains qu'on ne pourra s'emparer d'aucune des villes de la Romagne, car on pourvoira à la défense de Ravennes, Césène et Rimini comme on a pourvu à celle d'Imola, de Faënza et de Forli. Les villes qui ne pourront être ravitaillées par terre le seront par mer; en sorte qu'on peut être tranquille, à moins d'un événement extraordinaire. A l'heure qu'il est le comte Guido est à Modène avec sa troupe; il doit arriver bientôt à Imola avec toute l'infanterie de Jean, qu'on avait laissée à Bologne. Nous voici à Forli avec les Suisses et les Français, qui ne marchent qu'avec répugnance. Les chefs de ces troupes, depuis qu'ils sont éloignés du lieutenant, ne suivent qu'avec peine et exécutent mal les ordres qu'on leur donne. Leurs soldats sont intraitables, et les habitants en sont si effrayés que ce n'est qu'avec peine qu'ils peuvent se résoudre à les recevoir. Les troupes des alliés se ralentissent parce qu'elles comptent sur une trêve, et le bruit de l'arrivée du vice-roi les aurait totalement découragées si le lieutenant ne les avait convaincues que cette arrivée ne servira à rien. On a dit que le duc d'Urbin avait demandé à venir de ce côté; mais on craint que son ardeur ne se ralentisse lorsqu'il croira que la présence du vice-roi va renouveler les pourparlers pour la trêve [1]. Cependant la marche des ennemis vers ses possessions devrait au contraire le ranimer. Il résulte de ceci que tous les avantages que nous trouvions dans la possession des places fortes et d'un pays ouvert, dans l'argent que nous avions amassé, dans nos troupes et dans nos négociations, se sont évanouis, parce que nous nous trouvons disséminés et que nous avons peu de confiance les uns dans les autres; tandis que d'un autre côté les contrariétés

[1] Cette trêve, dont il est tant parlé dans ces lettres, est celle qui fut conclue par Clément VII, le vice-roi de Naples et les autres ministres de l'empereur, et qui ne fut acceptée ni par l'armée impériale, qui arrivait de Lombardie, ni par le connétable de Bourbon qui la commandait. Le pape se reposa tellement sur cette suspension d'armes qu'il licencia toutes ses troupes, et se trouva par conséquent tout désarmé quand Bourbon tourna tout à coup sur Rome

considérables qu'éprouvent les ennemis de trouver toutes les villes fermées, d'être exposés à mourir de faim, d'être sans argent, ne sert qu'à les rendre plus unis et plus d'accord, et, contre toute opinion probable, encore plus acharnés. Si l'arrivée du vice-roi peut vaincre cette obstination, ce sera un événement très-intéressant et très-heureux.

Nicolas Macchiavelli

Forli, le 8 avril 1527.

P. S. J'avais oublié de marquer à vos seigneuries que les ennemis sont entrés hier dans Berzighella, qu'ils ont trouvé cette ville déserte et qu'ils y ont mis le feu. La forteresse s'est rendue par capitulation, mais les ennemis n'ont pas tenu les conditions.

LETTRE XVIII.

Magnifiques seigneurs,

J'ai écrit avant-hier à vos seigneuries. Les ennemis n'ont fait hier aucun mouvement. Ils se sont emparés par composition de Bussi et de Cotignola : ils y ont trouvé des vivres pour se soutenir pendant quelques jours. Ils n'ont pas encore décidé quelle ville ils attaqueront : ils balancent entre Forli, Faënza et Imola. Nous voici à la douzième heure : rien de nouveau : on ne sait encore ce qu'ils feront aujourd'hui. On attend avec impatience ce traité, et il y a peu de personnes ici qui ne le regardent comme une très-grande affaire. Je me recommande, etc.

Nicolas Macchiavelli.

Forli, le 10 avril 1527.

LETTRE XIX.

Magnifiques seigneurs,

Ma lettre d'avant-hier a instruit en peu de mots vos seigneuries de tout ce qui se passait : je n'ai rien de nouveau à leur marquer aujourd'hui si ce n'est que l'ennemi a passé aujourd'hui le fleuve Lamone et qu'il se dirige vers la Marche : il fera peu de chemin suivant son usage. On est bien persuadé qu'il ne s'emparera d'aucune ville dans la Romagne, parce que nous sommes en mesure de les pourvoir de garnisons; mais on ne croit pas pouvoir faire la même chose pour les villes de la Marche, parce que c'est un fort mauvais plan que celui de campagne que nous avons adopté, n'ayant point des forces imposantes qui nous permettent de toujours devancer l'ennemi de manière à jeter des troupes dans les villes qu'on laisse derrière soi et à en garder pour celles qu'on a en avant. La méthode adoptée ici, et qui nous force à dégarnir les villes qu'on laisse derrière pour mettre garnison dans celles en avant, a des inconvénients : ou on n'arrive pas à temps, ou il en résulte des désordres capables de perdre une armée. C'est par les ordres du duc d'Urbin qu'on a commencé à disséminer l'armée à Parme; et de là nous sommes venus jusqu'à Forli, toujours en suivant l'ennemi et distribuant ainsi les troupes; mais ici il n'y en a plus assez pour en garnir la ville et pour aller avec le surplus à Césène et à Rimini. On a envoyé le comte de Cajazzo à Ravennes, et les Suisses qui sont restés ici ne veulent pas se séparer. S'ils avaient voulu se diviser en deux corps, on en aurait laissé un ici et l'autre aurait été à Césène. D'après leur refus, il a fallu se servir des troupes qu'on avait laissées derrière, dans des villes qu'on n'avait pas voulu dégarnir jusqu'à ce que l'ennemi fût assez éloigné pour qu'on n'eût pas à redouter qu'il voulût revenir sur ses pas. Il faut donc être bien sur ses gardes et exécuter ponctuellement le plan qu'on vous donne, si l'on veut éviter une infinité de désordres, soit en avant, soit en arrière de l'armée; et comme cette ponctualité est presque impossible, il l'est aussi qu'il n'en arrive pas quelques-uns. De là les changements, les contradictions qui existent dans la marche, et dans les ordres qui ont été donnés, tantôt d'envoyer les troupes qui sont en Toscane, tantôt de suspendre leur marche; de là l'évacuation prématurée d'Imola et les soupçons qu'on a formés à cet égard sur Bologne; de là résultera enfin qu'avec toutes ces contrariétés il sera impossible de défendre la Marche par les mêmes moyens. Ajoutez à cela que les villes de ce canton sont moins fortes que celles de ce pays-ci. Ce plan qu'on a adopté prouve bien par ses imperfections, et le prouvera encore mieux tous les jours, combien celui que Pierre Navarra proposait était préférable. Il l'envoya aux généraux, mais le duc d'Urbin le fit rejeter. Ce plan consistait à réunir toute l'armée en un seul corps de troupes sous les murs de Plaisance. Les ennemis n'auraient pu pénétrer alors ni en Toscane ni ici. On se serait contenté d'envoyer un nombre suffisant de soldats pour garnir les murailles, et certainement l'ennemi ne se serait pas hasardé à attaquer une place, ayant sur le dos une forte armée qui l'aurait affamé. La vérité est que, s'il faut faire la guerre, tout est perdu, à moins que l'armée des alliés ne se réunisse, ou que quelqu'un de ces événements rares qui changent tout à coup la face des affaires n'arrive et force l'ennemi à se séparer ; mais l'opiniâtreté dont il donne des preuves ne fait pas trop espérer que cela puisse arriver. Les choses en sont au point qu'il faut ou faire des miracles ou conclure la paix ; et puisque l'on réussit mal aux premiers, il ne faut pas rejeter celle-ci pour peu qu'elle soit supportable ; car, je le répète, si la guerre continue et que l'armée ne se réunisse pas, que l'on ne contente pas les chefs, que les Français et les Vénitiens ne se prononcent pas mieux, que le pape ne donne pas des fonds, vous pouvez compter sur la ruine la plus complète.

NICOLAS MACCHIAVELLI.

Forli, le 11 avril 1527.

LETTRE XX.

MAGNIFIQUES SEIGNEURS,

Les ennemis, suivant ce qu'on assure à cette heure, qui est la quinzième heure du jour, ont décampé, ont passé par Montone, et sont venus se poster sous la route de Ravennes et de Césène. Ils y ont séjourné hier toute la journée, et les avis sur leurs projets et sur les moyens de les mettre à exécution ont varié tout le jour. On en a eu plusieurs nouvelles, que je fais passer à vos seigneuries non pas comme certaines, mais comme des conjectures formées d'après les marches et contre-marches d'une armée qui ne sait pas encore trop bien elle-même ce qu'elle doit faire. A travers ces variations on voit toutefois que les ennemis ont un but et un désir : c'est celui de venir tenter la fortune en Toscane; mais par où, comment et quand l'exécuteront-ils? Il paraît qu'ils n'en savent rien eux-mêmes et qu'ils n'ont encore pris aucun parti. On avait cru jusqu'à aujourd'hui qu'avant de s'éloigner ils auraient voulu faire de ce côté quelques prises qui leur auraient servi comme d'échelons pour passer les montagnes. Ce qui augmentait cette opinion, c'était le bruit qui s'était répandu généralement qu'ils attendaient dix canons de Ferrare pour attaquer une de ces places. Cependant on prétendait que les chefs ennemis ne faisaient courir ce bruit que pour suspendre le départ des troupes, afin de pouvoir continuer les pourparlers sur la trêve ou attendre les autres munitions; mais on y ajoutait foi, tant ce bruit était général. On balançait sur le choix de la ville qu'ils attaqueraient : on craignait pour cette ville, dont la garnison est presque entièrement composée de Suisses, qui se voient avec peine renfermés entre quatre murs; on craignait aussi pour Faënza, d'après l'opinion où l'on était que l'ennemi connaissait l'imprudence des habitants, qui n'avaient voulu recevoir chez eux qu'une très-faible garnison, qu'ils maltraitaient encore de manière à la forcer à se retirer; les craintes se sont également portées sur Ravennes à cause de son étendue, et parce qu'il ne s'y trouve dans ce moment-ci que deux mille hommes de garnison, qu'on aurait pu il est vrai augmenter au besoin.

Toutes ces différentes nouvelles ont été démenties ce matin par un nouveau rapport fait par des hommes arrivés du camp et sur lesquels on peut compter. Ils ont rapporté que les ennemis venaient de faire partir pour Lucques les quatre canons qu'ils avaient avec eux, et qu'ils avaient entendu dire au duc de Bourbon, en s'entretenant avec d'autres chefs, qu'il fallait sans différer passer en Toscane, et qu'ils y arriveraient ou par la Marche, ou par un autre chemin peu éloigné de celui-là et qui passe également par Borgo-San-Sepolcro. On tâchera de savoir s'il est vrai que les canons sont à Lucques, car si cela est, la nouvelle paraîtrait sûre. Ceux qui passent de notre côté confirment de plus en plus le besoin que les ennemis ont de prendre un parti et la difficulté qu'ils éprouveront de faire quelques progrès dans la Romagne. On assure encore qu'ils sont vivement sollicités par les Siennois, qui leur promettent, suivant une lettre qu'on a interceptée, des vivres pour plus d'un an s'ils veulent venir chez eux. Toutes nos troupes sont de votre côté, et tous les chemins leur étant ouverts, elles seront en Toscane avant l'ennemi; et si vos seigneuries ont donné des ordres pour que les postes importants de Val-di-Tevere et de Val-di-Chiana fussent bien gardés, et que l'on abandonnât les autres, les ennemis en arrivant chez vous ne feront pas plus de progrès qu'ils n'en ont fait ici, parce qu'ils ne conduisent point avec eux de grosse artillerie; de sorte que l'on peut espérer que leur présence en Toscane, jusqu'à leur entrée dans le pays de Sienne, ne leur sera d'aucune utilité; et elle sera si prolongée que les troupes qui sont ici auront le temps de garnir les frontières. S'il est vrai qu'il faille faire de nécessité vertu, il faut convenir aussi que si on réunit le courage à la nécessité, le premier devient alors si grand qu'il est impossible de le vaincre. Vos seigneuries et notre république ont sauvé par leur seul courage la Lombardie et la Romagne: il est hors de doute, aujourd'hui que la nécessité de se défendre va se joindre à leur courage naturel, qu'elles réussiront à repousser l'ennemi.

Nous voici à deux heures de la nuit, et les ennemis sont logés sur les bords du fleuve Montone, presque sous Strada. Tous les avis se réunissent pour dire qu'ils prennent la route de la Toscane et qu'ils ont envoyé leur grosse artillerie à Lucques. Le lieutenant, avant de rien faire, attend qu'ils se soient mis en marche et qu'ils aient pris une première position; et quand il saura au juste quel est le chemin qu'ils se déterminent à prendre, il commencera par faire partir le comte Guido, avec une partie des troupes qui se trouvent à Imola, du côté qu'ils n'auront pas pris, et tout le reste de l'armée le suivra pour être arrivé avant eux [1]. Comme c'est un événement auquel on s'attendait, vos seigneuries ne doivent pas en être effrayées, parce qu'on a toujours été bien convaincu qu'il n'y aurait pas moyen de les empêcher de pénétrer en Toscane quand ils le voudraient. Tout ce qui reste à faire c'est de leur y susciter le plus d'obstacles qu'il sera possible, de sorte qu'ils y arrivent avec une réputation détruite. Or tout semble concourir à notre projet, car n'ayant pu parvenir à s'emparer d'aucune ville dans ce canton, ils n'ont pu se procurer l'appui qu'ils auraient désiré, et ils ne jouissent pas de la réputation que quelque succès éclatant leur aurait donnée; en sorte qu'on peut dire qu'ils ressemblent à ces fameuses bandes qui, il y a cent cinquante ans, parcouraient les campagnes, les ravageaient, et n'osaient jamais s'approcher des villes. On ne doute pas que la Toscane n'ait autant de moyens de défense que la Romagne: ainsi les secours que l'ennemi tirera de Sienne ne lui seront pas plus avantageux pour attaquer la première que ne lui ont été, pour soumettre la seconde, les secours qu'il a tirés de Ferrare. Vos seigneuries auront sûrement appris que le duc d'Urbin a envoyé deux mille hommes de ses troupes dans son duché, ce qui a fait craindre qu'il ne permît sous main à quelques-uns des siens de fournir des vivres aux Impériaux: si cela était il leur rendrait le passage plus libre. Il faut s'en rapporter à ce qui suivra. Vos seigneuries jugeront s'il est possible de faire quelques provisions de ce côté-ci par le moyen de l'envoyé de Venise.

NICOLAS MACCHIAVELLI.

Forli, le 13 avril 1527

[1] Le duc de Bourbon entra effectivement en Toscane: on ne sait si ce fut à dessein d'endormir le pape trop crédule, ou bien parce qu'il vit qu'il ne pouvait faire aucun progrès. Ce qu'il y a de certain, c'est qu'après être resté quelques jours sur le territoire d'Arezzo il tourna tout à coup et lestement vers Rome, où le pape se trouva pris au dépourvu sans qu'il fût possible à l'armée des alliés de le secourir.

LETTRE XXI.

Au seigneur lieutenant.

Le capitaine André [1] a répondu à ce que je lui ai dit de la part de votre seigneurie que toute sa flotte était ici, à l'exception d'une galère et d'un petit brigantin qu'il avait laissés à Livourne; qu'il ne pouvait disposer d'aucun vaisseau, à cause de tout ce qui se passait, parce que d'un moment à l'autre le pape pourrait avoir besoin de lui, et que s'il se trouvait occupé ailleurs cela lui ferait grand tort; mais que la galère et le brigantin allaient revenir de Livourne, et qu'alors on pourrait se servir du brigantin. Il nous a appris que le marquis de Mantoue devait arriver le lendemain et s'en aller à Livourne sur trois galères, et que nous pourrions nous en servir également. Enfin nous nous sommes décidés à nous en retourner sur le premier de

[1] André Doria

ces bâtiments qui partirait, soit le brigantin, soit la galère. Nous nous sommes entretenus des objets renfermés dans votre lettre de ce matin : il nous a dit que tout lui faisait plaisir, pourvu que vous fissiez votre second campement ou à Monte-Mari ou dans la Vigne du pape; et il a insisté pour que l'on ne cherchât à livrer bataille qu'avec avantage, parce qu'il craint qu'à nombre égal on ne fût battu [1].

Nous lui avons fait également part des nouvelles que nous recevions de France et de Florence : il en a paru très-satisfait. En écoutant celle de Florence il a ajouté que si le pape avait pris ce parti il y a un an, il n'en serait pas où il en est.

NICOLAS MACCHIAVELLI.

Civita-Vecchia, le 22 mai 1527.

[1] Il veut parler ici de la marche de l'armée des alliés pour aller délivrer le pape assiégé dans le château Saint Ange, avec toute sa cour, depuis la prise de Rome arrivée le 6 du mois de mai 1527. On peut voir dans *Guicciardini* le détail des lenteurs affectées du duc d'Urbin, commandant général de l'armée confédérée, qui laissa d'abord à l'armée impériale la liberté de marcher contre Rome et de la prendre, et refusa ensuite de secourir le château Saint-Ange, quoiqu'il eût eu toujours des forces suffisantes, non-seulement pour arrêter l'ennemi, mais encore pour le battre.

CORRESPONDANCE.

LETTRES

SUR DIFFÉRENTES AFFAIRES DU GOUVERNEMENT

AU NOM DE LA RÉPUBLIQUE FLORENTINE.

LETTRE PREMIÈRE.

Au seigneur Marco, prieur de Castel-Franco di Sotto, vicaire de l'évêque de Lucques.

Il nous est revenu qu'un certain prêtre nommé Antonio, fils de Simone da San-Pietro, inquiète à main armée, et de fait, le possesseur de quelques propriétés situées dans le vicariat de Lari, qui ont été restituées, il y a déjà quelques mois, à une certaine Marie Tidda, veuve d'un nommé Piero, fils dudit Simone, en vertu des conventions faites avec la ville de Pise. Cette conduite ne peut que nous déplaire infiniment; car nous ne voulons pas que, sur le territoire de la république, personne, même un prêtre, puisse employer la contrainte. Si toutefois il croit avoir de justes prétentions sur la totalité, ou sur une partie de ces biens, qu'il les réclame par la voie ordinaire, comme il est du devoir de tout honnête homme. C'est pourquoi nous croyons devoir exhorter votre révérendissime seigneurie à faire venir devant elle ledit prêtre Antonio, qui se trouve sous son obéissance, et à lui ordonner de mettre fin à cette conduite violente; l'obligeant en outre à donner caution à cette dame, à ses travailleurs, et à ses hommes d'affaires, qu'il ne leur fera personnellement aucun tort à l'avenir, à raison de ces biens, ou de portion d'entre eux : car nous avons appris qu'il marche continuellement armé; ce qui ne convient en aucune manière à un ministre de l'église. Vous lui intimerez cet ordre sous les censures et les peines que votre révérendissime seigneurie jugera convenable de lui infliger.

Vous ferez une chose agréable à notre sérénissime république, et digne en même temps de vous-même. Et si cet individu poussait l'impudence et l'audace jusqu'à refuser d'obéir, et que votre seigneurie voulût permettre à notre vicaire de Lari, où sont situés ces biens, de mettre la main sur lui, nous lui écrirons de mettre cet ordre à exécution, afin de forcer ledit Antonio à obéir aux commandements de votre révérendissime seigneurie, *quæ benè valeat.*

13 julii 1510.

LETTRE II.

Aux Consuls de mer.

Messer Cristofano di Marco, Portugais, a comparu devant nous et nous a dit que, venant dans ce pays pour se rendre aux écoles de Pise, où il a dessein d'étudier le droit canonique, il avait apporté avec ses habillements et ses autres effets, de l'argenterie dont il se sert pour boire et pour manger; que cette argenterie, qui se trouvait au fond de ses malles, lui avait été enlevée à la porte de la ville, et qu'on avait exigé qu'il payât pour ces objets un droit de 12 ducats. Il nous assure qu'il vient ici pour étudier, et qu'il a dans son pays le rang de gentilhomme; que partout où ses études l'appellent, il porte avec lui cette argenterie pour boire et pour manger, et qu'il ne croyait pas que des effets de ce genre fussent assujettis au payement de quelque droit. C'est pourquoi nous estimons qu'il serait à propos qu'on lui rendît son argent, afin qu'il n'ait pas lieu de se plaindre qu'on lui ait fait une semblable violence dans notre pays, et qu'on n'en prenne pas le prétexte dans le sien de payer nos négociants de la même monnaie:

car si la vérité est que cette argenterie ait déjà été employée, qu'elle lui serve en effet pour boire et pour manger, et qu'il la porte, non pour en faire commerce mais en qualité de gentilhomme, il faut avoir égard à sa demande; et nous sommes persuadés que vous vous conformerez à notre invitation. *Benè valete.*

23 julii 1510.

LETTRE III.

Au capitaine de Campiglia, ALAMANNO PETRUCCI.

Nous pensons que tu pourras bientôt connaître que la récolte des grains n'a point été aussi abondante qu'on l'espérait; et, pour que nos sujets n'éprouvent cette année aucune difficulté relativement aux subsistances, nous voulons et nous t'ordonnons, qu'avec ta diligence et ton zèle tu mettes tes soins à faire en sorte que tous les grains et le froment qui se trouveraient dans le pays et dans la Maremme de Campiglia ne pussent sortir du territoire sous aucun prétexte, punissant de la confiscation des grains et du blé, pour la première fois, quiconque serait surpris le portant hors du pays; et, en cas de récidive, de la perte même de ses bêtes de somme: ayant soin de mettre à ces exécutions le moins d'éclat possible; car, comme nous avons une grande quantité d'autres marchandises à exporter, nous ne voudrions pas que cette mesure pût apporter quelque gêne à notre commerce.

Tu es prudent; tu comprends nos intentions: exécute nos ordres avec ta sagesse ordinaire. Quant aux grains, laisse amener sans obstacle à Florence tous ceux qu'on voudrait y apporter. *Benè vale.*

14 augusti 1510.

LETTRE IV.

Au Vicaire de la République à Pise et à San-Miniato, et aux podestà de Buggiano et de Fucecco.

Nous avons été informés que des blés récoltés dans les terres de votre juridiction ont été transportés hors du territoire de nos États: nous ne pouvions rien apprendre qui nous fût plus désagréable; car la récolte cette année n'a point été aussi abondante qu'on avait lieu de l'espérer. Et, comme nous ne voulons pas que nos peuples puissent souffrir du manque de subsistance, nous voulons et ordonnons que, par une proclamation, ou par tout autre acte de publicité, vous fassiez savoir que toute personne, de quelque rang, état ou condition que ce soit, qui serait trouvée porter des grains, des blés, n'importe de quelle espèce, hors des domaines de l'État, sera punie par la confiscation des bêtes et de leur charge, et qu'aucune excuse ne sera admise. Après la publication de cette défense, vous ferez garder soigneusement jour et nuit tous les passages, et vous confisquerez à tous ceux qui seraient trouvés en faute les bêtes de somme et leur charge. Nous connaissons votre sagesse; vous n'aurez pas de peine à saisir notre intention. Mettez à l'exécution de cet ordre toute la diligence qui vous est ordinaire afin de remédier aux inconvénients qui pourraient en résulter.

23 augusti 1510.

LETTRE V.

A Buonaccorso SERRAGLI, podestà de Palaggio.

Tommaso d'Antonio di Pagno, habitant de la ville de Pise, a comparu devant nous, et, comme citoyen de cette ville, a humblement imploré notre pardon; et nous, en vertu de la loi que nous avons rendue en faveur des Pisans qui rentreraient, nous lui avons librement pardonné, et l'avons réintégré dans tous les biens qu'il possédait, à ce qu'il dit, antérieurement à l'année 1494, dans la commune de Marti, lesquels consistent en maisons, oliviers et vignes. En conséquence, nous voulons et commandons que, lorsqu'il sera revenu habiter dans Pise comme à l'ordinaire, tu lui fasses restituer tous les biens qu'il dit lui appartenir dans la commune de Marti, en en faisant sortir quiconque les aurait maintenant en sa possession; et à l'avenir tu le traiteras et le feras traiter avec amitié, et comme un homme entièrement revenu à nous en vertu de la loi précitée. Fais en sorte que ce que nous te commandons ne manque pas d'avoir lieu. *Benè vale.*

26 augusti 1510.

LETTRE VI.

A Francesco Bramanti, podestà de Cascina, près Pise.

Nous ne doutons point qu'il ne soit venu à ta connaissance que, pendant la guerre de Pise et avant que cette république fût rentrée sous notre puissance, une foule d'habitants de la campagne et du district de Pise, qui se trouvaient dans ce pays, ont souffert des nombreux pillages et des fréquents assassinats dont ils ont été victimes pendant tout le temps qu'a duré cette guerre, de manière que la majeure partie d'entre eux ont été ruinés. Nous avons appris tout récemment que les habitants de la *Potesteria* de Cascina sont de nouveau inquiétés par les gens de son tribunal, et sont recherchés pour dettes contractées par eux antérieurement à l'année 1494. Il est évident que s'ils sont exposés à de telles vexations pour des dettes d'une date aussi ancienne, ils se verront forcés de quitter le pays, s'ils n'ont d'autre alternative que de payer ou de mourir en prison. Notre sérénissime république, loin d'avoir conçu un semblable désir, n'a rien de plus à cœur que d'empêcher ces citoyens de quitter le pays. En conséquence, nous voulons et te commandons, si quelque créancier des habitants de la *Potesteria* de Cascina en appelait à ton tribunal pour le payement de dettes contractées avant l'année 1494, d'examiner avec la plus sévère attention quelle est la nature de ces dettes, et, d'après ce qu'il t'en semblera, de prêter, autant que tu le pourras sans blesser l'équité, l'appui de ta faveur aux habitants de Cascina; ayant surtout pitié de leur pauvreté et des malheurs dont ils ont été victimes, afin de les engager, le plus qu'il te sera possible, à ne pas quitter le pays. Tu connais nos intentions: efforce-toi de servir ces malheureux autant que tu le jugeras convenable à leurs besoins. *Benè vale.*

27 augusti 1510.

LETTRE VII.

A Raffaello Antenori, vicaire de la République, à Certaldo.

Dans les circonstances où nous nous trouvons, quoique rien n'annonce une guerre imminente, néanmoins, dans la vue de pourvoir à notre sûreté, nous avons établi un poste de soldats au *Poggio imperiale*; mais cette précaution ne remplit pas encore le but que nous nous étions proposé: en conséquence, ce que nous avions projeté de faire dans l'espace d'un mois ou deux, nous désirerions qu'on l'exécutât, s'il est possible, dans cinq ou six jours. C'est pourquoi nous voulons que tu te rendes sans délai sur les lieux, sans faire semblant de rien, et comme sous prétexte de te promener, et que tu examines les murailles: tu verras de quel côté il serait nécessaire en ce moment de faire des fossés, et en quel endroit il faudrait creuser pour mettre ce lieu entièrement à l'abri d'un coup de main. Si tu pouvais en outre engager les habitants du vicariat de concourir volontairement et à l'amiable à ces travaux particulièrement ceux qui demeurent le plus près de *Castel Fiorentino in Sù*, il ne faudrait rien négliger pour que cet ouvrage fût terminé en cinq ou six jours. S'il était nécessaire, pour accélérer les travaux, qu'un de tes cavaliers y restât de planton, et que tu y allasses toi-même une fois tous les deux jours, ne manque pas de le faire. Mais si tu voyais trop de difficultés dans ces travaux, ou une mauvaise volonté trop prononcée parmi les habitants, tu différeras, et tu nous feras un rapport où tu nous donneras connaissance de tout ce que tu auras pu apprendre sur les lieux.

29 augusti 1510.

LETTRE VIII.

Aux Commissaires et aux Officiers des canaux et des digues de la commune et du district de Pise

Nous avons ici deux députés, l'un de la paroisse de San-Cassiano, et l'autre de San-Lorenzo alla Corte, dans le bailliage de Cascina, qui nous ont exposé que vous leur aviez donné l'ordre d'envoyer des hommes pour travailler aux canaux et aux digues que l'on fait sur le territoire de Pise, et que, comme ils avaient refusé d'obéir, vous les aviez condamnés à l'amende pour cette contravention à vos ordres. De leur côté, ils soutiennent qu'en vertu des conventions avec notre république, ils sont libres et exempts des charges de cette nature, ainsi que vous pouvez le voir vous-mêmes par la teneur de cet acte que nous vous envoyons, et dont ils réclament la stricte observation. Comme vous le savez, les engagements que l'état contracte envers ses sujets doivent être inviolablement observés. En conséquence, examinez avec attention leurs capitulations ; et si en effet elles les exemptent de ces charges, nous voulons que vous teniez la main à leur exécution, et que vous les fassiez exécuter à leur égard d'une manière scrupuleuse. Et si les condamnations qu'ils ont encourues pour cet objet sont en opposition avec lesdites capitulations, vous les abolirez, et vous les annulerez comme illégalement prononcées, d'après la teneur de ces traités. Ayez soin que tout ce que nous vous ordonnons reçoive une prompte exécutions.

20 augusti 1510.

LETTRE IX.

A messer Bernardino Dini, de Colle, vicaire de la République à Monte-Castelli.

Il est venu devant nous deux envoyés de la commune de Sant-Almazio, qui nous ont exposé qu'il y a une rivière nommée le Pagone, qui coule entre le territoire de la commune de Sant-Almazio et celui de la commune de Monte-Castelli, et que quand les habitants de Sant-Almazio vont abreuver leurs bestiaux, si quelque bête traverse la partie de la rivière qui est du côté de Monte-Castelli, les habitants de ce dernier village les font dénoncer par leurs gardes pour dommages causés ; et *versâ vice,* les habitants de Sant-Almazio se conduisent de la même manière envers les bestiaux de ceux de Monte-Castelli lorsque ces derniers vont les mener boire. Ces accusations se sont multipliées et se multiplient encore à un tel point, que les habitants se ruinent eux-mêmes par le tort que leur font mutuellement les fréquentes condamnations qu'ils encourent chaque jour. Ces accusations réciproques nous paraissent bien peu raisonnables ; car chacun doit pouvoir se servir des rivières de cette espèce sans être sujet à aucune peine. En conséquence, nous voulons et nous te commandons qu'au reçu de la présente, qui te sera remise par les habitants de la commune de Sant-Almazio, tu fasses paraître devant toi les représentants de la commune de Monte-Castelli, et que tu prennes connaissance, *hinc indè*, de tous les désordres qu'occasionnent ces condamnations pour le fait de mener boire les bestiaux à la rivière ; et lorsque tu te croiras suffisamment instruit, tu tâcheras, tout en évitant d'employer la contrainte, de les décider, par la douceur, à examiner si, même dans l'intérêt de la justice, ils ne feraient pas mieux de s'arranger entre eux à l'amiable. Ce serait une œuvre digne de louange. Si, malgré toutes tes démarches, tu ne pouvais réussir, tu renverrais cette cause devant nous, avec tous les éclaircissements nécessaires, et un plan de la rivière à l'endroit où elle traverse le territoire de ces deux communes. Nous entendrons les parties en même temps, et nous userons de toute notre diligence pour que la justice ait son cours. Dans ce dernier cas, et pour te mettre en règle, tu donneras connaissance des ordres qui te sont donnés, au jour et de la manière qui te paraîtront le plus convenable.

2 septembr. 1510.

LETTRE X.

Aux Consuls de mer.

Quoique nous eussions désiré que les travaux des canaux se conduisissent avec le plus de célérité possible, à cause de la richesse, des ressources et de la salubrité qu'ils peuvent procurer au pays ; considérant néanmoins qu'un grand nombre de communes et de paroisses, en vertu de leurs capitulations, ne sont point tenues à de semblables travaux ; que les autres, quoique n'ayant pas de capitulations qui les en préservent, sont cependant tellement accablés de misère, par suite des événements passés de la guerre de Pise, et par le défaut de récolte, qui a été presque nulle cette année, qu'elles se trouvent sans ressource, et qu'elles ne peuvent implorer que notre miséricorde : voulant en conséquence ne point les pousser au désespoir et leur ôter tout motif d'abandonner le pays, nous voulons, à l'égard de celles qui refusent de concourir aux travaux par suite des priviléges que leur accordent les capitulations, que vous les observiez et les fassiez observer dans toute leur étendue ; car il ne convient pas qu'on puisse reprocher à cette noble république de manquer à ses engagements. Quant à celles que l'on peut contraindre à ces travaux, attendu qu'elles n'ont ni conventions ni priviléges qui les en exemptent, nous voulons par les raisons que nous vous avons fait connaître, que vous les traitiez avec ménagement, et que vous ne vous hâtiez pas de les condamner et de les accabler d'amendes pour avoir refusé de travailler à ces canaux, mais que vous vous conduisiez en cette circonstance envers elles avec une telle douceur, qu'elles semblent plutôt obéir à leur propre volonté qu'à la contrainte. Nous sommes persuadés que votre sagesse saura mettre à profit et le lieu et le temps.

A l'égard des travaux des canaux, s'ils ne pouvaient être terminés dans le courant de l'année en employant les moyens indiqués, on les achèvera l'année prochaine; car, comme vous comprenez fort bien, nous avons et nous devons avoir bien plus à cœur le bonheur de ces communes et de ces paroisses que ne peut l'être en ce moment l'entreprise des canaux.

Vous avez entendu nos intentions. Usez, en cette circonstance, de votre sagesse ordinaire, de façon que ces travaux marchent de la manière la plus convenable et la plus prompte, mais en même temps la plus douce, afin de ne point jeter des malheureux dans le désespoir, etc.

5 septembr. 1510.

LETTRE XI.

A Filippo Arrigucci, podestà de Colle.

Il paraît qu'un certain Alessandro di Mariano, natif de Colle, et qui se trouve maintenant dans les prisons de Florence à la requête des respectables Huit de la garde et balia de notre ville, a abusé, par force, d'une de ses servantes, âgée seulement de onze ans, de manière qu'il l'a blessée; il paraît en outre que cet événement est parvenu à la connaissance de la femme de Cristofano, huissier de ton tribunal, de celle du serrurier Lazzaro, et d'une autre femme nommée la Parvola, qui se trouvaient, nous a-t-on dit, avec cette jeune fille, à laver du linge à une fontaine située hors de la porte Passerina de Colle.

Comme nous désirons avoir actuellement une pleine connaissance de toute cette affaire, nous voulons et nous te commandons de faire comparaître devant toi les trois femmes ci-dessus nommées, ainsi que la jeune fille; et, sous la foi du serment, de les faire interroger soigneusement, et chacune en particulier, par ton procureur et ton notaire, sur toutes les circonstances de ce fait, avec le plus de décence et de retenue qu'il sera possible, pourvu toutefois que nous ayons une exacte connaissance de l'affaire. Après leur interrogatoire, tu nous feras parvenir une copie de leur déposition, close et cachetée de ton sceau, par une personne de confiance; tu nous enverras en même temps la jeune fille, bien accompagnée, et de manière que son honneur ne coure aucun danger.

Ne manque pas d'exécuter ce que nous t'ordonnons avec toute la célérité possible, ayant soin de nous instruire de la personne par laquelle tu nous envoies ces dépositions, et quelle est celle que tu charges d'accompagner la jeune fille.

11 septembr. 1510.

LETTRE XII.

A Francesco Tommaso Caposacchi, trésorier de San-Giovanni.

Un député de la commune de Lannolina a comparu devant nous, et nous a exposé que les fréquents orages qui ont eu lieu cette année ont entièrement détruit les récoltes des grains, des vins et des châtaignes; de sorte que les habitants sont réduits cette année à mourir de faim, et qu'ils ne savent où donner de la tête. Ils se recommandent à nous avec instance et nous prient d'avoir pitié d'eux, parce que si on les met en prison pour ne pouvoir payer la taille ni la dîme, ils ne pourront qu'y expirer de besoin.

Comme rien n'est plus convenable que d'avoir pitié des pauvres et des malheureux, si tu acquérais la certitude que ces gens ont en effet perdu cette année tout ce qu'ils possédaient par suite desdits accidents, tu aurais pour eux, dans ce cas, lors de la perception de la taille et de la dîme, la compassion et les égards que demande une pareille infortune; car c'est agir cruellement que de vouloir tirer quelque chose là où il n'y a rien. Tu es sage et discret, tu pénétreras sans peine nos intentions : comporte-toi donc envers ces malheureux, relativement à ce que nous venons de te dire, de manière à mériter notre approbation.

5 octobr. 1510.

LETTRE XIII.

Au magnifique Capitaine et Commissaire de la ville de Pise, le seigneur Giov. Battista BARTOLINI.

Nous avons vu, par les lettres que tu as écrites dernièrement au conseil des Dix, qu'il était arrivé près de toi un médecin et quelques individus du Portugal, munis d'un sauf-conduit du dernier conseil des Dix, lesquels passent pour Maures et pour professer une fausse croyance, et que par cette raison tu avais résolu de les renvoyer. De notre côté, considérant que l'on doit [illegible] d'égards à ceux qui viennent sous la foi d'une autorité publique (quoique cette autorité n'existe plus dans le moment), et qu'il est extrêmement difficile de juger les sentiments religieux, bons ou mauvais, des hommes; désirant d'ailleurs attirer dans Pise le plus grand nombre possible d'habitants, nous voulons que le susdit médecin et les autres Portugais, qui passent, suivant ce que tu nous mandes, pour Maures, soient tolérés à Pise, et qu'ils puissent y demeurer tranquillement, un, deux et même trois ou quatre mois, durant lequel temps on pourra mieux connaître leurs sentiments et la conduite qu'ils tiendront; et, au bout de ce temps, si l'on reconnaît que leur séjour est nuisible, on sera toujours en mesure de les renvoyer. *Benè vale.*

22 décembr. 1510.

LETTRE XIV.

Au précédent.

Par ta lettre du 24 du présent, en réponse à la nôtre, relative aux Maures, nous avons compris tout ce que tu nous marques de leur caractère et de leurs habitudes; et nous ne pouvons que louer tes bons et salutaires avis. Maintenant, nous avons à cœur de pouvoir connaître ce qu'il convient de faire. Nous croyons donc qu'il serait à propos de surveiller attentivement leurs mœurs et leurs habitudes, et de tolérer ceux qui se conduiraient en honnêtes gens et en bons chrétiens, surtout si leur séjour dans Pise pouvait être avantageux à la ville. Ceux qui, au contraire, se conduiraient mal, et dont le séjour n'offrirait aucun avantage à la ville, ou qu'on y verrait à contre-cœur, il faudrait leur donner congé sans balancer : c'est une chose que l'on peut mieux juger sur les lieux que nous ici. C'est pourquoi tu surveilleras avec soin leur conduite, et tu te détermineras selon que tu la trouveras conforme à ce que l'on t'a dit. Pour ce qui est de la maladie, s'il était certain que quelqu'un d'entre eux vînt d'un pays infecté, tu le forceras sur-le-champ à s'éloigner, pour ne pas exposer à la contagion toute une ville si renommée par sa salubrité. *Benè vale.*

30 décembr. 1510.

LETTRE XV.

A Giov. SERRAGLI, podestà de Piccioli.

Tu verras, d'après la loi rendue au mois d'août 1492, par les conseils alors existants à Florence, que quiconque à l'avenir ira s'établir avec sa famille dans la campagne et banlieue de Pise, sera exempt, pendant les vingt années qui suivront la promulgation de la loi, de toute imposition ordinaire et extraordinaire, tant dans le territoire et la banlieue de Florence que dans le territoire de Pise, excepté qu'il sera tenu de contribuer à la réparation, au rétablissement et à l'entretien des canaux, chemins, ponts et ponceaux, contigus à la commune sur laquelle il habiterait, mais seulement pour une portion égale à celle à laquelle sont taxés les autres habitants de la même commune, ainsi que tu pourras le voir plus en détail dans la loi dont il est question.

Or, quelques habitants de la commune de Fabrica ont comparu devant nous, tant en leur propre nom qu'en celui de plusieurs autres étrangers qui sont venus s'établir en famille dans ladite commune, et ils se sont plaints de ce que ces jours passés tu leur avais imposé l'obligation de fournir des étoffes et d'autres objets à l'instance de la commune de Fabrica, qui veut même que ces étrangers contribuent aux frais de la paille des soldats, et à d'autres dépenses extraordinaires de ladite commune. Ils disent pour leur défense qu'en vertu de la loi qu'ils invoquent ils ne sont point tenus à ces fournitures : ils en réclament l'entière exécution, attendu qu'ils ne seraient point venus s'établir dans le pays de Pise sans la loi dont il s'agit, et sans le privilége qu'elle accorde à ceux qui viennent habiter ledit pays.

En conséquence, nous te prescrivons qu'aussitôt que cette lettre t'aura été remise par ceux qui se plaignent d'avoir été illégalement imposés, tu fasses venir devant toi les membres du conseil de la commune de Fabrica; que tu examines la loi et que tu la fasses scrupuleusement observer, restituant à tous, et à chacun en particulier, les impositions dont ils auraient été grevés en contravention avec la teneur de cette loi, sans leur faire payer de frais; parce que nous entendons que quiconque viendrait s'établir dans le pays de Pise jouisse pleinement pendant vingt ans du privilége de ladite loi, afin de repeupler ce pays en y attirant le plus d'habitants qu'il est possible. Conduis-toi de manière que nos ordres reçoivent leur exécution.

18 febr. 1510 (1511).

LETTRE XVI.

Au Capitaine et Commissaire de la ville de Pise, et à son futur successeur; au vicaire de Lari, au vicaire de Vico-Pisano, et au capitaine de Campiglia, à chacun en particulier, et à leurs futurs successeurs.

Nous avons été informés que l'on exporte des terres de votre juridiction, pour la transporter hors du territoire de l'État, une quantité considérable de tan, et d'autres matières propres à la préparation des cuirs : d'où il résulte un grand tort pour la république, attendu qu'il n'en reste pas suffisamment pour la préparation de nos propres cuirs. Pour prévenir cet inconvénient, et afin que le tan et les autres matières semblables servent pour nos cuirs et non pour ceux des étrangers, nous voulons qu'au reçu de la présente vous fassiez proclamer publiquement, dans tous les lieux de votre juridiction, la défense à tout individu, quels que soient son état, son rang, ou sa condition, d'oser ou de tenter, par soi-même ou par autrui, et sous aucun prétexte, d'exporter à l'avenir, ou de faire extraire de nos États, aucune espèce d'airelle, soit en herbe, soit en poudre, ou autres ingrédients propres à la préparation des cuirs, sous peine de perdre les bêtes de somme et la marchandise, ou les barques et les navires. Vous enverrez cet ordre dans tous les lieux de votre juridiction, et vous le ferez afficher sur toutes les places publiques, afin que personne ne puisse prétendre cause d'ignorance. Vous mettrez toute votre diligence à punir des peines déterminées le premier habitant de l'intérieur qui contreviendrait à cette défense. Vous sentez tout le dommage que peut nous causer un semblable désordre. Veuillez donc employer tous vos soins à ce qu'on puisse obvier à de si graves inconvénients.

25 febr. 1510 (1511).

LETTRE XVII.

Aux précédents.

PATENTE.

Priores libertatis et Vexilifer justitiæ perpetuus populi florentini, Capitaneo et Commissario civitatis Pisarum, nec non Potestati et Consulibus civitatis ejusdem, in quos hæc nostræ inciderint, SALUTEM.

(Les Prieurs de la liberté et le Gonfalonier perpétuel de la justice de la République de Florence, au Capitaine et au Commissaire de la ville de Pise, au Podestà et aux Consuls de ladite ville, et à tous ceux qui ces présentes verront, SALUT.)

Nous avons lieu de croire que vous n'ignorez pas toutes les peines et tous les soins que s'est donnés et qu'a mis depuis longtemps en usage la république, et particulièrement la chambre des seigneurs de la monnaie de notre ville, pour refondre, remettre au titre, ou prohiber, dans toute l'étendue du territoire de la république, les monnaies de mauvais aloi, défendues ou rognées, et le succès qui a presque partout couronné leurs efforts.

Or, nous sommes informés que, sans aucune crainte des règlements, on commence, à Pise, à voir reparaître dans le commerce toute cette mauvaise monnaie. Nous en éprouvons une véritable peine; car vous devez sentir dans votre sagesse combien il en résulte de pertes, non-seulement pour le trésor public, mais même pour les particuliers, surtout maintenant que nous avons répandu dans la majeure partie de l'état des monnaies courantes ayant leur titre et leur valeur, et conformes aux ordonnances relatives à cet objet.

En conséquence, et dans la vue de remédier à cet inconvénient, que nous regardons comme de la dernière importance, voulons et ordonnons qu'au reçu de la présente vous vous réunissiez tous trois, et preniez ensemble toutes les dispositions que vous jugerez convenables en cette circonstance, pour empêcher le cours des monnaies fausses, prohibées et rognées, et pour tâcher de les rejeter hors des États de la république. Nous comptons sur vos lumières. Vous n'aurez pas de peine à saisir nos intentions, et à comprendre combien l'abus qui existe est nuisible à l'État et aux particuliers. Prenez vos mesures, ainsi que nous vous le recommandons, pour tâcher de parer à de si graves inconvénients. *Benè valete.*

15 martii 1510 (1511).

LETTRE XVIII.

A Galeotti Leoni, capitaine et commissaire de Borgo.

Messer Jacopo Venuto, docteur à Borgo, marié il y a environ quatre ans avec Giacopa, fille de feu Cristofano Pechi, du même endroit, laquelle, d'après ce qu'on nous a dit, jouit de la meilleure réputation et sort d'une des premières familles de Borgo, nous a été dénoncé pour s'être comporté et se comporter encore envers elle d'une manière tellement odieuse, en entretenant sous ses yeux et dans sa propre maison, une femme dont il a eu plusieurs enfants, qu'elle s'est vue dans la nécessité, à raison de cette conduite indécente et coupable, de quitter la maison conjugale et de retourner auprès de ses parents, où son mari la laisse manquer de tout, de manière que la malheureuse n'a pas même un morceau de pain; tandis que lui, de son côté, dissipe avec sa maîtresse la dot et les biens de sa femme. Cette conduite nous paraît d'un mauvais exemple, digne d'encourir tous nos reproches, et capable de causer le plus grand scandale. On nous a requis d'y apporter un remède prompt et efficace.

En conséquence, nous voulons et ordonnons qu'au reçu de cette lettre tu fasses comparaître devant toi ledit Jacopo : sa femme ou un de ses parents se trouvera présent au reçu de cette lettre. Tu tâcheras de démêler si ce qu'on nous a rapporté est vrai; et si les choses sont comme on le dit, tu adresseras audit Jacopo les reproches que tu croiras les plus propres à lui faire sentir l'indignité de sa conduite envers sa femme; tu lui feras sentir que ce ne sont point là les actions que l'on est en droit d'attendre de sa profession, et que, s'il persiste dans sa faute, la seigneurie ne manquera pas de moyens de le remettre dans le bon chemin et de le faire repentir de son erreur; tu auras soin en même temps de lui donner l'ordre de fournir à sa femme la nourriture et l'habillement convenable à la décence et au rang qu'elle occupe, et de remettre en ses mains, et sans qu'il y manque rien, la portion des biens à laquelle elle a droit. Tu auras pénétré nos intentions : fais en sorte que ta sagesse accoutumée obtienne les résultats que nous en espérons. Si cependant le docteur persistait dans son inconduite, pour te mettre en règle tu nous adresseras un rapport particulier de toute cette affaire; car nous serons toujours là pour y appliquer le remède convenable. *Benè vale.*

15 martii 1510 (1511).

LETTRE XIX.

A Bartolommeo Macini, vicaire de la République à Pescia.

Nous sommes informés que la commune et les habitants de Monte-Catini, attendu que l'époque en est arrivée, désirent, d'après leurs règlements, procéder au renouvellement de leurs autorités municipales. Plusieurs particuliers de cette commune viennent de comparaître devant nous, tant en leur propre nom qu'en celui de plusieurs autres habitants, pour nous faire part du désir qu'ils auraient d'être mieux gouvernés. Ils exposent que la commune de Monte-Catini contient environ cinq cents hommes; mais que son administration a été en quelque sorte envahie par un nombre de trente ou quarante personnes, qui ne quittent jamais leur emploi que pour y être remplacées, ou par leur fils, ou par leur frère, ou par quelque autre proche parent; de manière qu'elles restent continuellement en charge, et qu'elles ne transmettent les places qu'à ceux qui leur conviennent; et, comme ce petit nombre d'individus veulent les honneurs pour eux seuls, par une conséquence naturelle ils se partagent entre eux tous les revenus de la commune, que les plaignants évaluent par année à quatre mille livres; et quoiqu'ils ne portent d'un autre côté la dépense annuelle qu'à deux mille cent livres, il se trouve cependant qu'au commencement de chaque année la commune se trouve toujours endettée. Ils se plaignent donc d'être mal gouvernés; et ils en accusent l'usage qu'ont usurpé leurs officiers municipaux, de se remplacer ainsi mutuellement dans leurs charges, et de n'en sortir que pour y faire entrer un de leurs parents. Ils demandent en conséquence que l'on applique à ces abus un remède prompt et efficace, car il est impossible d'être plus mal gouverné qu'ils le sont.

C'est pourquoi nous te chargeons, toi ou ton juge, de vous transporter, sous le plus bref délai, jusqu'à Monte-Catini, afin d'examiner l'ordre et la manière dont on procédera au renouvellement des autorités, et de veiller à ce que les capitaines défenseurs et les conseillers de l'endroit, qui doivent choisir les administrateurs, ne puissent, selon les statuts, admettre ni leurs parents, à moins qu'ils ne le soient qu'au quatrième degré, ni aucun des membres du *cercle*, c'est-à-dire de ceux qui font aujourd'hui partie du corps municipal, comme il paraît que cela a eu lieu jusqu'à ce jour. Cette disposition est indispensable pour que chacun puisse participer aux emplois, et que les nominations s'opèrent avec justice dans ce qui touche à la distribution des places et des honneurs; car ils appartiennent surtout à ceux dont la conduite a toujours été irréprochable et dont le grand âge a mûri l'expérience. Quant à ceux que leur mauvaise conduite en aurait privés, ou qui auraient été flétris par quelque jugement infamant, ils doivent en être absolument écartés. En résumé, tu prescriras à ton juge de tenir sévèrement la main à ce que ce renouvellement ait lieu généralement, de bonne volonté, sans partialité, et conformément à la justice qui est due au mérite de chacun en particulier; et en tout et pour tout, conformément aux ordres émanés de nous. Et si les autorités de la commune de Monte-Catini croyaient leurs droits blessés par ce qu nous t'écrivons, nous entendons qu'ils puissent adresser librement leurs réclamations à la haute seigneurie. *Benè vale*.

26 martii 1511.

LETTRE XX.

A Giovanni Popoleschi, capitaine et commissaire de la ville de Pistoja.

Les députés des deux factions de la ville de Pistoja [1], qui sont venus dernièrement ici en ton nom, relativement au choix de trois bourses d'écoliers qui sont sur le point de vaquer, se sont présentés devant nous. Les Panciatichi se sont plaints surtout du petit nombre de gradués qu'ils ont dans leur quartier, et de n'avoir point obtenu dans ce partage l'importance et le crédit auxquels ils croyaient avoir droit. Après avoir écouté plusieurs fois avec attention toutes les raisons et les circonstances alléguées par les deux parties; après nous être fait présenter et avoir entendu la lecture du testament du révérendissime cardinal di Trano; après avoir pris connaissance des règlements qui déterminent l'ordre et la forme de ces élections, nous avons cru que nous ne pouvions, sans nous compromettre, porter la moindre atteinte aux dernières volontés dudit cardinal. En conséquence nous voulons que le choix des trois écoliers dont il s'agit ait encore lieu cette fois de la manière et dans l'ordre exact que le prescrit ledit testament; et si les Panciatichi n'ont point autant de gradués que ceux de l'autre parti, qu'ils prennent patience cette fois-ci.

Tu donneras donc les ordres nécessaires pour que cette élection ait lieu, et qu'il n'y intervienne que ceux qui, suivant les dispositions du testament, peuvent et doivent y concourir, sans aucun égard pour toutes les réclamations qui pourraient être faites, attendu que notre intention est que la volonté du testateur soit observée dans tous ses points.

[1] Les Cancellieri et les Panciatichi.

Mais, d'un autre côté, tu feras entendre aux Panciatichi de penser dorénavant à un arrangement, et de tâcher de trouver quelque mesure pour que leur parti ne se trouve pas peu à peu exclu de cette faveur; car l'intention du cardinal n'a pu être qu'un des deux partis soit plus favorisé que l'autre. Tu apporteras toute ton attention à terminer cette affaire pour qu'il n'en résulte aucun désordre; tu exhorteras ceux qui doivent assister à cette élection à se comporter de manière à mériter l'approbation de la haute seigneurie. *Benè vale.*

18 aprilis 1511.

LETTRE XXI.

A Giovanni Compagni, podestà de Barga.

Ta lettre du 22, à laquelle se trouvait jointe la copie de celle que tu avais reçue de la seigneurie de Lucques, nous est parvenue hier. Après avoir attentivement tout examiné, nous voulons qu'au reçu de la présente, et le plus secrètement qu'il est possible, mais d'un autre côté en prenant les mesures les plus efficaces pour obtenir un heureux résultat, tu ordonnes à ces hommes, et surtout à ceux pour qui de semblables mesures sont particulièrement nécessaires, que, sous aucun prétexte et s'ils attachent quelque prix à la faveur de la seigneurie, ils se gardent de rien innover ou de rien changer sur le Monte di Gragnio, et dans tous les endroits qui sont un sujet de querelle entre eux et les habitants de Gallicano, afin qu'on n'en vienne point aux armes; d'où il pourrait résulter les plus graves inconvénients. Tu leur feras comprendre qu'il doit leur suffire, comme autrefois, de ne laisser personne user de cette montagne, puisque les Lucquois disent en avoir interdit l'usage à leurs gens et que ceux de Gallicano n'en jouissant pas il est juste que cette jouissance leur soit également interdite. Et bien que nous soyons persuadés que cet arrangement ne soit pas aisé, néanmoins, comme il a déjà eu lieu une autre fois, on peut encore le rétablir aujourd'hui. Quant à la seigneurie de Lucques, il suffira de lui écrire que tu trouves les plus grandes difficultés à contenir ces hommes, et qu'il serait urgent qu'elle prît une autre voie pour parvenir à les surmonter, préparant ainsi une espèce d'excuse à tes administrés s'il arrivait quelque désordre. Mais, par-dessus toutes choses, tu auras le plus grand soin qu'on ne sache point que cette défense est émanée de nous; car il ne serait pas à propos qu'on en eût connaissance.

26 aprilis 1511

LETTRE XXII.

A Francesco Pitti, vicaire de la République et commissaire à San Miniato.

Il paraît, par le rapport qui nous en a été fait, que dimanche prochain, 11 du présent mois, le chapitre des Frères mineurs de la province de Toscane doit se reunir à San-Miniato pour procéder au remplacement du ministre de l'ordre. D'après ce que nous pouvons conjecturer, les religieux de la ville de Sienne voudraient de tout leur cœur qu'on nommât un ministre de leur nation; mais comme notre ville est la capitale de la Toscane, il nous semble plus convenable que ce ministre soit de préférence tiré de nos États; et si les deux partis pouvaient s'accorder pour que Francesco de' Ghinucci de Monte-Varchi, ministre actuel dudit ordre, homme docte et administrateur éclairé, restât en place, ce qui, d'après ce que nous pouvons conjecturer, entrerait dans les vues du père général, nous pensons qu'un tel choix serait utile, à cause des qualités que ce religieux possède.

En conséquence, nous voulons et ordonnons que tu prêtes l'appui le plus efficace et le plus pressant à notre nation et au ministre actuel, en ayant grand soin qu'il ne résulte aucun trouble de cette mesure. Tu comprends nos intentions : conduis-toi à cet effet le plus discrètement qu'il te sera possible, sans rien faire pressentir de notre présente volonté, et sans que le conseil des Frères puisse se croire exposé à quelque scrupule de conscience. *Bene vale.*

30 maii 1511.

LETTRE XXIII.

Au révérendissime seigneur Girolamo PANDOLFINI, évêque de la ville de Pistoja.

Plusieurs habitants de la paroisse de San-Piero-Maggiore de Pistoja ont comparu devant la haute seigneurie, et ont exposé qu'en vertu d'une bulle du pape Eugène, obtenue depuis 1433, les marguilliers et la chapelle de San-Piero sont les maîtres de cette église et des autels privilégiés qu'elle renferme; ils ajoutent que votre révérendissime seigneurie ayant désiré voir cette bulle et les écritures qui constatent ce patronage, on les lui a remises volontairement, et que maintenant elle refuse de les leur rendre. Nous vous dirons franchement que cette conduite nous déplaît, d'autant plus qu'il paraîtrait que vous aviez refusé avec colère d'écouter leurs réclamations; ce qui nous semble indigne, si cela est, du caractère de votre révérendissime seigneurie. C'est pour ce motif que nous croyons devoir l'inviter et l'exhorter à vouloir bien, au reçu de la présente, restituer aux plaignants la bulle et les écritures en question, et apporter dans toute cette affaire la modération et la justice nécessaires, pour qu'il ne s'élève point de troubles dans la ville, intimement convaincu que votre seigneurie trouve bien plus de satisfaction à les apaiser qu'à les faire naître; car elle ne doit pas ignorer qu'un déni de justice, accompagné de violence, ne pourrait qu'irriter profondément ces paroissiens. La haute sagesse dont votre révérendissime seigneurie est douée nous est un sûr garant qu'elle emploiera les mesures les plus propres pour que tout se passe avec ordre, et sans préjudicier aux justes réclamations de qui que ce soit. Lorsque nous apprendrons que tout s'est passé de cette manière nous en serons d'autant plus satisfaits, que nous verrons disparaître tout motif de désordre dans Pistoja.

7 junii 1511.

LETTRE XXIV.

Au seigneur Matteo NICCOLINI, vicaire de la République à San-Giovanni.

La cure de San-Piero à Presciano, étant venue à vaquer il y a quelques jours, par la mort de Andrea, qui en a été le dernier recteur, et cette cure étant à la nomination de la seigneurie; après une délibération, pour laquelle on avait passé aux voix, elle avait été donnée et conférée à Francesco Fagiuoli, notre concitoyen et prêtre d'un véritable mérite. La seigneurie avait déjà envoyé Dommoro di Domenico, son huissier, pour entrer dans le susdit bénéfice, et en prendre possession pour le compte dudit Francesco.

Actuellement notre huissier vient de nous écrire qu'on lui a fermé la porte au nez après l'avoir chassé: qu'on lui a dit de s'en aller au diable; qu'on entendait garder la maison; qu'on l'a menacé avec des arbalètes chargées, et qu'on lui a enjoint de s'éloigner: ce qu'il a fait aussitôt, afin d'éviter toute esclandre; et il est revenu au château de Presciano, situé dans le voisinage de cette paroisse, et c'est là qu'il attend nos ordres.

Comme il s'agit ici de l'honneur de notre haute seigneurie, nous te dépêchons un messager exprès, et nous voulons que, sans perdre un instant, au reçu de la présente tu envoies dans cette paroisse ton sergent, accompagné de tous tes gens suffisamment armés, et que tu en donnes avis à notre huissier qui se trouve dans le château de Presciano, afin qu'il puisse entrer dans ladite paroisse, en prendre possession, s'y maintenir au nom de la seigneurie, et en chasser tous les laïques qui pourraient s'y être introduits. Il prendra les noms et surnoms de chacun, ainsi que du lieu où ils demeurent, pour pouvoir nous donner connaissance exacte de tout ce qui s'est passé; et si, dans le nombre de ceux qui se sont introduits dans la paroisse, il se trouvait quelque prêtre ou quelque religieux, il l'y laissera sans rien lui faire ni lui dire, car il n'est ni de notre charge ni de notre devoir de mettre la main dans la maison d'autrui.

Tu ordonneras ensuite au père de Cristofano da San-Leolino di Valambra, s'il existe encore, ou à ses frères, à ses neveux, et à tous ses plus proches parents, que dans deux jours, à compter de celui où l'ordre leur aura été signifié (ce qu'il faut faire le plus tôt possible), ils aient à se présenter en personne devant nous, et qu'ils se gardent d'y manquer, sous peine de deux cents ducats d'amende pour chacun d'entre ceux qui refuseraient d'obéir. Tu auras soin de nous donner avis des personnes auxquelles tu auras intimé nos ordres, et du jour de la signification.

Ne néglige rien de ce que nous te prescrivons; agis avec vigueur et avec la plus grande célérité; car c'est une affaire qui touche de trop près à l'honneur de la haute seigneurie.

25 junii 1511.

LETTRE XXV.

Au précédent.

Nous avons eu connaissance, par ce que tu nous as écrit hier relativement à l'affaire de la paroisse de Presciano et aux hommes armés qui s'y étaient introduits, du peu de cas que l'on a fait de nos ordres et de la personne de ton sergent.

Or, comme il s'agit ici de l'honneur de cette haute république, voulons et ordonnons que, au reçu de la présente et sans perdre une minute, tu envoies ton sergent avec tous tes familiers et tous ceux qui se trouvent dans l'étendue de ton vicariat; que tu leur donnes l'ordre formel d'aller brûler et raser jusqu'en ses fondements la maison de Matteo di Simone, surnommé Finocchino, habitant de ladite paroisse, et de même celle de Fruosino da San-Leolino, demeurant dans ton vicariat; ensuite tu ordonneras et feras ordonner aux susdits Matteo et Fruosino d'avoir à se présenter en personne devant nous, durant toute la journée du 29 du courant, sans qu'ils puissent y manquer sous aucun prétexte; car, s'ils ne comparaissent pas dans le délai fixé, ils seront regardés comme rebelles, et bannis en conséquence, après avoir vu tous leurs biens confisqués.

Quant aux autres qui se sont également introduits dans ladite paroisse, tu les rechercheras et en feras faire la recherche, en ayant soin de prendre leurs noms et surnoms comme nous te l'avons prescrit par notre précédente; tu nous les transmettras sur-le-champ : à cet effet, nous t'envoyons le présent messager, car rien ne nous pèse plus que cette affaire.

Que les ordres que nous te donnons s'exécutent dans tous leurs points. *Benè vale.*

27 junii 1511.

LETTRE XXVI.

Au Capitaine, et au Commissaire et Podestà de la ville de Pistoja, conjointement et en particulier

Nous avons appris, non sans un grand déplaisir, que le 2 du courant les choses en sont venues à tel point, dans la ville de Pistoja, qu'il était impossible, même avec de l'argent, de se procurer du pain chez les boulangers. Nous en sommes d'autant plus étonnés que nous ne nous trouvons cette année ni dans de telles circonstances, ni dans une telle disette de grains, qu'il doive en résulter de pareils désordres sur les lieux où vous commandez; et nous ne pouvons nous empêcher d'être surpris que l'un de vous au moins ne nous ait pas informé de ce qui se passait; car nous y aurions pourvu sur-le-champ. C'est pourquoi nous voulons que vous vous concertiez ensemble, que vous mettiez tous vos soins à savoir s'il existe du blé sur les lieux; et, dans le cas où il y en aurait, que vous fassiez en sorte que celui qui en a l'envoie au marché et le vende à un prix honnête et raisonnable. Nous avons la conviction que ceux qui en possèdent trouveront leur avantage à faire ce que nous demandons attendu l'abondance de la récolte qui est sur pied. Si au contraire vous acquérez la certitude qu'il n'en existe pas, vous nous en donnerez avis sur-le-champ, afin que nous puissions pourvoir aux besoins des habitants. Il nous semble cependant bien mal vu que, dans une ville de cette importance, on ne puisse se procurer du pain pour son argent, surtout dans une année aussi abondante que l'année actuelle; et que, d'un autre côté, vous ayez souffert qu'on ait vendu le stajo de blé quarante sous, tandis que, dans notre ville et dans tout le domaine de l'État, il coûte beaucoup moins. Veillez donc à ce que rien de ce que nous vous ordonnons ne soit mis en oubli. *Benè valete.*

8 julii 1511.

LETTRE XXVII.

A Lionardo Ridolfi, podestà de Pistoja.

Le révérend père Agostino Filippo d'Antonio, Florentin, de l'ordre de Sainte-Marie des Servites de notre ville, a paru en notre présence, et nous a exposé qu'il existe à Pistoja un couvent du même ordre, nommé également Sainte-Marie des Servites, dans lequel il se trouve, dit-il, quelques frères indisciplinés et rebelles à l'obéissance envers ledit vicaire, et à la règle que l'on vous fera connaître sur les lieux; il a ajouté que, voulant les réduire aux termes et à la soumission qu'exigent le devoir et l'ordre de leur religion, il avait reconnu n'avoir point assez de force pour les réprimer et les faire obéir, et qu'en conséquence il s'était vu forcé d'implorer l'appui du bras séculier.

Nous te commandons, lorsque ledit vicaire provincial ou son mandataire t'aura fait voir qu'il a été autorisé par son supérieur à corriger lesdits frères, pour les faire rentrer sous le joug de l'obéissance, et à requérir le bras séculier, de t'empresser de leur prêter et de leur faire prêter main-forte une fois et plus, et toutes les fois que tu en seras requis par eux, afin d'obtenir les effets pour lesquels ils la réclament; ayant grand soin qu'il n'en résulte ni désordre, ni blessures, ni autre tumulte. Ta sagesse te fera facilement entrer dans nos vues. Conduis-toi de manière que nous puissions t'approuver; car il s'agit ici de l'honneur de Dieu, et de faire en sorte que des moines indisciplinés rentrent dans l'obéissance qu'ils doivent à leur supérieur. *Benè vale.*

20 julii 1511.

LETTRE XXVIII.

PATENTE.

Priores libertatis et Vexilifer justitiæ perpetuus populi florentini, singulis atque universis Rectoribus et officialibus nostris, tam præsentibus quàm futuris, et eorum cuilibet, in quos literæ nostræ patentes inciderint, SALUTEM.

(Les Prieurs de la liberté et le Gonfalonier perpétuel de justice du peuple florentin, à tous et à chacun en particulier des Recteurs et des Officiers de la République, tant présents que futurs, et à tous ceux qui ces présentes verront, SALUT.)

Vous recevrez avec la présente une proclamation relative à la publication et à la notification de l'amitié, de la paix, de la confédération et de la ligue, qui ont été stipulées et conclues le 2 de ce mois entre notre puissante république et l'illustre commune de Sienne, avec oubli de toutes les injures et de tous les dommages. Le traité renferme en outre plusieurs autres articles et conventions, tels que l'on a coutume de les stipuler dans les actes de cette nature. En conséquence, nous ordonnons à vous tous, en général, et à chacun de vous en particulier, de faire proclamer publiquement, et notifier dans tous les lieux de votre juridiction respective, l'édit que nous vous transmettons, afin qu'à l'avenir les sujets de l'une et de l'autre république puissent librement et en toute sûreté venir dans les villes ou traverser le territoire des deux États, trafiquer, contracter des engagements, et en agir enfin en tout et pour tout entre eux comme ont coutume de le faire de bons amis et de loyaux voisins. *Benè valete.*

9 augusti 1511.

LETTRE XXIX.

Aux Consuls de mer.

Nous sommes informés que notre puissante république ayant eu, il y a déjà quelques années, le projet de diriger le cours de l'Arno contre la ville de Pise, pour la contraindre de se mettre à notre merci; à cet effet on commença les travaux, et l'on creusa les tranchées nécessaires pour détourner le fleuve, de manière que les eaux s'étant déjà répandues du côté vers lequel on leur donnait une nouvelle direction, elles ont tellement inondé et dégradé la commune de Fagiana et les terrains qui en dépendent, que l'on n'y reconnait plus ni confins ni limites, et que l'on n'aperçoit partout que des broussailles, du sable et des marais. Les possesseurs desdits terrains désireraient reconnaître ceux qui leur appartiennent, et en reprendre possession afin de recommencer à les cultiver; et ils ne pourront y parvenir, si l'on n'assigne à chacun la portion de terre qui lui appartient. Quelques-uns de ces propriétaires, qui se sont présentés devant nous, ont témoigné le désir que vous puissiez, par vous-même ou par les employés de votre office, voir et examiner toute la plaine où se trouve située la commune de Fagiana, à l'effet que chacun reconnaisse ses biens et s'en remette en possession, afin de pouvoir en tirer le plus tôt possible quelque produit. Cette demande nous ayant paru conforme à l'équité, nous voulons que vous mettiez soudain la main à l'œuvre. Faites venir devant vous les propriétaires et les fermiers de ces terrains, et, après avoir entendu les raisons de chacun, consignez-leur la portion de biens qu'ils y possédaient, en ayant soin de la désigner par le nombre, le nom, l'étendue, les limites et les confins; en sorte qu'on puisse toujours remonter à l'origine de ces consignations et reconnaître à qui et par quels motifs elles ont été faites. Néanmoins, lorsque vous aurez terminé cette répartition, nous entendons que quiconque croirait avoir à se plaindre des partages arrêtés par vous, puisse en tout temps librement recourir à la haute seigneurie; car notre intention n'est pas que l'on prive personne de son bien, et que l'on n'accorde des terrains à ceux qui n'en possédaient pas. Nous vous faisons connaître clairement nos intentions : agissez dans cette affaire avec la justice et la sagesse qui vous distinguent.

19 augusti 1511.

LETTRE XXX.

A Giovanni Barducci, capitaine et commissaire de la République à Fivizzano.

Nous avons été informés que l'illustre marquis Gian Lorenzo da Trespie se comporte d'une manière intolérable avec l'illustre marquis Morello, son parent et le protégé de la haute seigneurie; qu'il se permet de l'insulter de fait, et d'employer la force pour l'attaquer dans ses biens; conduite véritablement indigne et d'un parent et de ce qu'il doit à l'élévation de son rang. En conséquence nous voulons, en conservant néanmoins toute ta dignité à l'égard du marquis Gian Lorenzo, que tu aies une conférence avec lui, et que tu lui fasses entendre, de la part de la haute seigneurie, qu'il ait à se désister de cette conduite violente et peu convenable; et s'il persistait dans sa manière d'agir, la seigneurie est disposée à prêter au marquis Morello, son protégé, toutes les faveurs et tous les appuis légaux qui sont en sa puissance, pour qu'aucune violence ne soit plus commise envers lui. Tu emploieras dans cette circonstance les discours les plus propres à réussir que te dictera ta sagesse. Mais s'il croyait avoir des prétentions fondées, qu'il réclame par les voies ordinaires afin que le marquis Morello puisse se défendre devant la justice; car nous ne souffrirons jamais que personne se fasse satisfaction par lui-même.

18 septembr. 1511.

LETTRE XXXI.

Aux Consuls de mer.

Bartolomeo di Francesco Grassolini, citoyen de Pise, a comparu en présence de la haute seigneurie, et lui a exposé qu'il a quitté, il y a environ dix mois, la ville de Rome où il habitait depuis quinze ans, pour revenir fixer son séjour à Pise; il a ajouté que, ces jours derniers, ses effets et ses meubles lui ayant été renvoyés par eau à Pise, ainsi qu'il l'avait recommandé à l'un de ses compagnons qui demeure à Rome et avec lequel il est lié d'une étroite amitié, il s'est trouvé parmi ses effets, et surtout parmi les ustensiles de cuisine, près d'une quinzaine de livres de sel, que l'on y a placées par inadvertance, et sans penser au préjudice que ce sel pouvait occasionner au fisc; car il paraîtrait que les femmes de son ami, dans leur empressement à lui envoyer tout ce qui lui appartenait, y ont mis jusqu'à ce sel, qui se trouvait parmi les ustensiles de cuisine.

Or, il paraîtrait que lorsqu'on a ouvert cette caisse cachetée, afin de voir si elle ne contenait rien de sujet aux droits, les visiteurs y ont découvert, entre autres, le sel dont il est question, et ont voulu sévir selon ce que prescrivent les lois rendues sur ces matières. Ledit Bartolomeo nous a demandé une exemption, se fondant sur ce qu'en cette occasion il n'y a de sa part aucune mauvaise intention attendu qu'il n'en avait nulle connaissance. Si ce qu'il avance est exact en effet, il nous semble qu'il mérite notre indulgence. C'est pourquoi nous voulons que, dans le cas où vous trouveriez que cette affaire se fût passée de la manière dont on nous l'a rapportée, vous y apportiez les égards et la douceur que mérite un événement où le hasard a seul eu part; et quoique les lois sur le sel soient extrêmement sévères, cependant il nous semble que, dans les cas imprévus, il faut agir avec circonspection et faire la part aux circonstances. Maintenant que vous connaissez nos intentions, nous abandonnons cette affaire à votre sagesse et à votre indulgence.

28 septembr. 1511.

LETTRE XXXII.

A Pietro Compagni, vicaire de la République à Pise.

Nous pensons que toi et les sujets de ton vicariat vous avez eu connaissance de l'interdit que Sa Sainteté le pape a fulminé contre nous, interdit que nous et presque toute la ville avons regardé et regardons comme illusoire par mille et mille raisons, et spécialement parce que Sa Sainteté ayant été citée devant le sacré concile, elle n'a pu ni ne peut, d'après les saints canons, procéder à un tel interdit; que d'ailleurs de notre côté nous avons également appelé, dans la forme légitime, audit sacré concile ou à tout autre tribunal compétent: car l'appel est toujours permis, attendu que c'est la seule défense de l'appelant; et comme la défense est de droit naturel, on ne peut l'interdire à qui que ce soit. De plus, cet interdit a été lancé par Sa Sainteté, sans citation préalable, quoique cependant cette formalité soit absolument nécessaire dans un acte qui peut causer tant de malheurs. Nous avons même pour nous l'exemple de Dieu: car lorsqu'il appela Adam après son péché, en lui disant: *Adam, Adam, ubi es?* il l'avait averti avant de le chasser du paradis. Il y aurait encore une foule de raisons pour combattre la validité de l'interdit; mais nous les omettons pour ne point paraître trop prolixes. C'est pourquoi excités par tous ces motifs, et par l'intention et le désir de vivre en chrétiens et de ne point être privés de l'office divin, nous avons fait et faisons dire la messe par les religieux qui, de temps immémorial, sont accoutumés à desservir le palais en y célébrant continuellement la messe et l'office divin; tels que sont les servites et les religieux de Santa-Maria-Novella, Santa-Croce, Santa-Spirito, il Carmine et Ognissanti. Quant aux autres prêtres réguliers et à l'église du Duomo, nous les laissons se conformer à l'interdit autant qu'ils le jugent convenable, et aussi pour ne pas les mettre dans le cas de se voir privés de leurs bénéfices et de leurs revenus. Cette lettre n'est à d'autre fin que de te donner connaissance du présent interdit, et de la manière dont nous nous conduisons dans cette circonstance, afin que nos fidèles de Pise en puissent être informés.

1 octobr. 1511

LETTRE XXXIII.

Au même.

Nous ne ferons point d'autre réponse à ta lettre du 30, que de te faire connaître que ce qu'on appelle *l'interdit* a été regardé comme tout à fait nul, attendu qu'il ne renferme aucune des qualités nécessaires: 1° parce que le pape a été cité, il y a plus de six mois, devant le concile; 2° parce que nous en avons appelé; 3° parce que l'on a négligé les informations et les citations ordinaires et accoutumées; et enfin par une foule d'autres raisons qu'il est inutile de rappeler en ce moment. C'est pourquoi nous avons pourvu à ce que les religieux qui n'ont pas de bénéfices à perdre, et qui ont été employés de tout temps pour célébrer le culte divin dans le palais, continuent à dire la messe, afin d'apporter quelques consolations parmi les fidèles de Florence. Nous n'avons pas voulu compromettre ceux qui possèdent des bénéfices, parce qu'en ce moment les précédents religieux suffisent aux besoins de notre ville, et que nous espérons, avec le secours de la grâce divine, que cet état de choses ne durera que quelques jours. Tu vois ce que nous avons fait ici; c'est à toi de juger ce qu'il conviendra de faire dans ton vicariat.

1 octobre 1511.

LETTRE XXXIV.

PATENTE.

Priores libertatis et Vexilifer justitiæ perpetuus populi florentini, singulis atque universis in quos hæ nostræ inciderint, SALUTEM.

(Les Prieurs de la liberté et le Gonfalonier perpétuel de justice du peuple florentin, à tous et à chacun qui ces presentes verront, SALUT.)

Savoir faisons à tous, en général et à chacun en particulier, que réunis à nos vénérables collèges, aux respectables Dix de liberté et de paix, et au très-prudent conseil des quatre-vingts de cette cité, et conformément à ses statuts, nous avons choisi et élu d'un commun accord, pour général de toute la province de la Romagne, notre magnifique et très-cher concitoyen Giovanni di Tommaso di Luigi di Lorenzo Ridolfi, avec l'autorité la plus ample et la plus entière pour veiller à la sûreté, a l'administration et à la prospérité de ladite province. En conséquence, voulons et ordonnons à tous, en général et à chacun en particulier, de lui prêter et faire prêter obéissance dans tout et pour tout ce qu'il pourrait commander, de la même manière que si la haute seigneurie donnait personnellement ses ordres; vous conduisant de manière que nous puissions vous féliciter de votre soumission à ses commandements. *Benè valete.*

3 novembr. 1511.

LETTRE XXXV.

Au révérend seigneur Donato DE' CHIANNI, vicaire de l'évêque d'Arezzo.

Nous venons d'apprendre une chose qui ne pouvait nous être plus désagréable, attendu que, touchant à l'honneur et à la dignité de nos recteurs, elle attaque et blesse en même temps la haute seigneurie dont ils sont membres. Il paraîtrait, d'après ce qu'on nous a rapporté, que Guasparri di Meo di Checco, chapelain de la paroisse de Faltona, a poussé la folie si loin, le jour de Saint-Simon passé, qu'outre une foule d'injures et de paroles grossières, indignes de son caractère, qu'il prodigua au podestà de Castel-Focagnano, Carlo Macigni, notre très-amé concitoyen, il s'était laissé emporter jusqu'à le menacer de ses armes. Votre révérence, dont la sagesse est si connue, peut juger par elle-même si une telle conduite est convenable à un religieux; et comme il est juste qu'un tel excès ne reste pas impuni, nous exhortons votre révérence à prendre connaissance du fait, à poursuivre le coupable avec vigueur, et à lui infliger un châtiment capable de servir d'exemple à ceux qui voudraient l'imiter, et de manière que réparation soit faite à la dignité publique. Si votre révérence ne le punissait pas selon l'exigence du cas, nous serions contraints d'avoir recours à des mesures propres à réparer l'injure faite à l'un de nos officiers publics. Nous avons trop de confiance en votre vertu et en votre justice, pour n'être pas convaincus que vous agirez dans cette affaire de manière que ce prêtre recevra la juste punition de ce délit et de tous ceux dont nous savons qu'il s'est rendu coupable.

8 novembr. 1511.

LETTRE XXXVI.

A Giovanni BARDUCCI, capitaine et commissaire à Fivizzano.

Mercato di Jacopo, de Batignano, village du ressort du tribunal de Fivizzano, obtint, nous a-t-on dit, il y a environ douze ans un sauf-conduit de la seigneurie de Lucques pour pouvoir librement et sans être inquiété traverser avec tous ses bestiaux le territoire de Lucques, pour les conduire dans la Maremme, et les en ramener. Il arriva depuis que, voulant revenir chez lui de ce dernier endroit, et parvenu avec ses bestiaux aux environs des portes de Lucques, les Lucquois s'emparèrent de toutes ses bêtes dont la valeur s'élevait, d'après ce qui nous a été dit, à plus de trois cents ducats. Ce malheureux, à la vue de ce manque de foi, et se trouvant ainsi dépouillé de tout ce qu'il possédait presque aux portes de Lucques, se vit dans l'obligation de porter plainte devant la haute seigneurie du tort qu'il avait reçu. La seigneurie, après avoir pris connaissance du fait, crut son honneur intéressé à indemniser un de ses sujets; en conséquence elle écrivit au commissaire, qui à cette époque commandait sur les lieux, de saisir et de mettre à l'amende autant d'habitants de la juridiction de Lucques, les plus voisins du bailliage de Fivizzano, qu'il serait nécessaire pour couvrir ledit Mercato notre citoyen, des pertes qu'il avait éprouvées. Nous savons que ledit commissaire, après avoir reçu les lettres de la seigneurie, s'y était conformé, et que ledit Mercato était parvenu à retirer des mains des Lucquois pour une valeur d'environ cent ducats. Cependant la seigneurie de Lucques, ayant eu connaissance de cette mesure, mit soudain au ban trois des principaux habitants du territoire de Fivizzano, savoir : Piero del Maestro, Piero Agnolo Berni et Lazzerotto di Cristofano; ce dernier, le seul qui ait survécu, se trouve encore compromis dans le ban dont il est question : on l'a guetté pendant longtemps pour pouvoir le saisir ; et comme il n'a mérité en aucune manière cette punition, il lui semble dur d'avoir toujours à trembler : il a supplié la seigneurie de vouloir porter remède à sa triste position.

En conséquence nous vous ordonnons, au reçu de la présente, de faire connaître à quatre des principaux habitants du bailliage de Minuzzano, juridiction de Lucques, qui vous seront désignés par ledit Lazzerotto, que si, dans l'espace de vingt jours à compter de celui où la notification leur en sera faite, ils n'ont pas réussi auprès de la seigneurie de Lucques, ou de toute autre autorité que cela concernerait, à faire lever la condamnation et le ban prononcés contre ledit Lazzerotto, aussitôt après l'expiration de ces vingt jours, vous mettrez au ban les quatre habitants désignés par ledit Lazzerotto, lesquels encourront les mêmes dommages que ce dernier, par les motifs que nous venons d'exposer. Vous comprenez nos intentions : conduisez-vous dans cette affaire avec votre justice et votre sagesse accoutumées, et faites en sorte que ledit Lazzerotto ne soit plus exposé au préjudice dont il est depuis si longtemps victime.

27 novembre 1511.

LETTRE XXXVII.

A Bernardo Vettori, vicaire de la République et commissaire à Pescia.

Le prêtre Lodovico degli Onesti, député de la commune de Petra-Bona, a comparu devant nous et nous a exposé que, dans le mois de septembre dernier, les habitants de ladite commune ayant trouvé plusieurs chèvres appartenant à des paysans lucquois, qui faisaient du dégât sur les terres de Petra-Bona, ils les avaient saisies et consignées à la garde de l'aubergiste, afin que, dans le cas où leur maître viendrait les réclamer, il fût forcé de réparer le tort qu'elles avaient pu causer; que Pietro di Cante, ton prédécesseur, avait fait comparaître les parties en sa présence; qu'il était parvenu à les arranger à l'amiable, comme tu pourras le voir par l'accord précité.

Or, nous sommes informés que ces paysans lucquois ayant rapporté au podestà de Lucques le fait d'une manière entièrement opposée à celle dont il s'est passé, afin de mettre tout le tort sur nos sujets de Petra-Bona, l'office et le tribunal dudit podestà ont prononcé contre eux un ban qui les condamne à la potence et à la confiscation des biens, et qui promet cinquante ducats de récompense à quiconque les livrera morts ou vifs. Certes, nous ne saurions trop nous étonner que ces malheureux se trouvent, sans aucun motif légitime, exposés à un si grand péril : et comme une pareille conduite ne peut que nous irriter justement, pour l'honneur et la dignité de notre suprême république, nous voulons et ordonnons qu'au reçu de la présente tu mettes au ban de ton tribunal douze individus de la famille des Giusti du château de Medicina, dans la juridiction de Lucques, choisis parmi les chefs les plus distingués et les plus riches de ladite famille, sous les mêmes peines prononcées contre nos sujets de Petra-Bona que ledit podestà a mis à son ban; le tout afin que les Lucquois reconnaissent leur faute, et qu'ils voient qu'on use de représailles envers eux. Fais en sorte que tout ce que nous te commandons soit exécuté, et le plus promptement possible.

16 décembr. 1511.

LETTRE XXXVIII.

A Lorenzo Acciajuoli, capitaine et commissaire à Castrochiaro.

Nous avons été informés, par une lettre que tu as écrite à Son Excellence le Gonfalonier, qu'il s'est élevé, sur les lieux où tu commandes, des différends du caractère le plus fâcheux, entre quelques individus de la famille de Casa Nuova et de celle des Fabri, d'une part, et quelques membres de la famille des Tassinari, de l'autre; que les effets en sont suspendus en ce moment par suite d'une trêve avec dédit: et comme chacune des parties adverses renferme un grand nombre de personnes dont la plupart ont des alliances très-étendues, il en résulte qu'elles ont entraîné dans leurs animosités la plus grande partie des habitants de l'endroit où elles habitent. C'est pourquoi nous désirerions, pour ôter toute matière à de plus grands troubles, que les parties en vinssent à un accommodement sincère, surtout en ce moment où personne n'a encore perdu la vie, et où tout s'est borné à quelques légères blessures.

En conséquence nous voulons et ordonnons qu'au reçu de la présente tu appelles auprès de toi, mais en prenant toutes les précautions que te suggérera la prudence, les principaux chefs de l'un et de l'autre parti, et que tu les engages, par les discours les plus affectueux et les plus persuasifs que te dictera ta sagesse, à consentir, pour leur avantage et pour leur propre sûreté, à conclure entre eux une paix solide et sincère, les assurant, s'ils ne s'y opposent point, de l'approbation de la haute seigneurie. Tu leur feras sentir les fruits et les avantages qui naissent de la paix, et, au contraire, les maux, les infortunes et malédictions que les discordes entraînent à leur suite.

Si, après avoir employé la douceur seulement pour les exhorter à faire la paix, tes efforts n'avaient aucun succès, tu ordonneras alors aux chefs du parti qui montrerait le plus d'éloignement pour la paix, d'avoir à comparaître personnellement en notre présence, dans quatre jours à dater de celui où tu leur signifieras cet ordre, et de se garder d'y manquer, sous peine d'encourir notre colère; tu engageras en outre les chefs de l'autre parti à s'y trouver en même temps, afin de pouvoir conclure entre eux quelque arrangement, et savoir d'eux-mêmes qui veut bien ou mal vivre. Tu ne manqueras pas de nous informer, pour te mettre en règle, de l'ordre que tu auras donné et du jour où il aura été signifié. Tu auras soin en outre que, dans le voyage que ces gens seront obligés d'entreprendre pour venir nous trouver, il ne puisse en résulter aucun désordre sur la route.

11 februar. 1511 (1512).

LETTRE XXXIX.

A Filippo Lorini, capitaine et commissaire à Fivizzano.

Il s'est élevé il y a déjà quelque temps un différend d'un caractère très-fâcheux entre les habitants de la commune de Vinca, située dans ta capitainerie, d'une part, et ceux de Fornole, dans la juridiction du marquis de Massa, de l'autre, à raison des montagnes de Rutaja. La seigneurie a déjà écrit plusieurs fois à ce sujet, et dernièrement encore à ton prédécesseur, Giovanni Barducci, sous la date du 19 janvier dernier; et il se pourrait même que cette dernière lettre eût été enregistrée de cette manière. Toutefois ce différend n'a point encore été apaisé; mais ce n'est point par nos gens qu'il a été entretenu et qu'il subsiste encore: c'est le marquis qui traîne l'affaire en longueur et qui se soucie fort peu que la chose s'arrange. C'est pourquoi ses sujets de Fornole, pour faire croire qu'ils ont des droits réels sur ces montagnes, y sont venus et y viennent chaque jour chercher querelle à nos gens de Vinca, s'emparent par force de leurs terrains, et les accablent de coups de poings et de bâton. Il nous semble que cette manière de se rendre maître des terrains d'autrui n'est ni juste ni raisonnable, ni de gens qui veulent vivre en bonne intelligence avec leurs voisins. Quant à nous, nous ne refuserons jamais notre juste appui pour conserver leurs droits et leurs possessions à nos sujets; car c'est bien le moins que mérite la fidélité toute de cœur qu'ils ont toujours témoignée et qu'ils portent encore à notre suprême république.

Désirant donc mettre un terme à cet état de choses, nous voulons, aussitôt qu'il te sera possible, que tu écrives au seigneur marquis de Massa, pour l'informer que nous te chargeons de prendre en main les intérêts de nos sujets de Vinca, et de te transporter avec lui sur le lieu du différend; et là, lorsque tu auras vu de tes propres yeux, et entendu par toi-même les raisons de nos sujets, tu t'efforceras de ramener le calme, en ayant soin toutefois de veiller à la conservation et au maintien des droits de nos sujets afin qu'il ne leur soit fait aucun tort. Mais si tu t'apercevais que le marquis voulût encore traîner l'affaire en longueur, comme il a fait jusqu'à ce jour; qu'il refusât de la part de ses sujets de Fornole toute espèce d'arrangement; que lesdits sujets en vinssent aux voies de fait et employassent la violence envers les nôtres, ainsi qu'ils l'ont déjà fait plusieurs fois; comme il est permis de repousser la force par la force, tu te serviras de Giannesino, chef du bataillon de Castiglione, et des troupes qu'il commande, pour empêcher qu'on ne foule aux pieds les justes droits de nos sujets de Vinca, mais en annonçant que tu n'en agis ainsi que pour les mettre à l'abri de l'injure et non pour faire tort à qui que ce soit. Tu emploieras, pour parvenir à ce but, tous les moyens et tous les discours que tu croiras les plus propres dans ta sagesse à amener la fin de ce différend et une paix convenable et conforme à la raison.

7 martii 1511 (1512).

LETTRE XL.

PATENTE.

Priores libertatis et Vexilifer justitiæ perpetuus populi florentini, Potestati terræ Prati, Capitaneo et Commissario civitatis Pistorii, nec non Vicario et Commissario Psciæ, Juliano de Orlandinis, Pellegrino de Lorinis, et Bernardo de Victoriis, et eorum cuilibet, in quos hæ nostræ patentes inciderint, SALUTEM.

(Les Prieurs de la liberté, et le Gonfalonier perpétuel de justice du peuple de Florence, au Podestà de Prato, au Capitaine et Commissaire de la ville de Pistoja ainsi qu'au Commissaire de Piscia, Giuliano Orlandini, Pellegrino Lorini, et Bernardo Vettori, et à tous ceux qui les présentes patentes verront, SALUT.

Pietro Paolo, l'un des huissiers de la suprême république, vous remettra les présentes. Nous l'envoyons en toute hâte vers vous, afin de faire préparer à Prato un logement magnifique et convenable à monseigneur l'ambassadeur de Sa Majesté le roi très-chrétien auprès de notre gouvernement, lequel s'en retourne auprès de son souverain, conformément à ses instructions. Nous voulons que ce seigneur et toute sa suite soient reçus par vous, et par les principaux citoyens et le peuple, avec les égards et l'affection qu'il mérite et que vous vous concertiez ensemble pour lui préparer un logement convenable et magnifique, et tel que doit l'attendre l'ambassadeur d'une aussi glorieuse majesté. Comme ce seigneur désire voir dans votre ville *la ceinture* de Prato, nous te recommandons particulièrement à toi, podestà de Prato, de prendre toutes les mesures pour qu'elle lui soit montrée avec toute la pompe, la dignité et la dévotion qu'exige cet objet sacré. Vous ferez en sorte qu'on fasse à ce seigneur l'accueil et qu'on lui rende les honneurs qu'il mérite, ainsi que l'huissier, porteur des présentes, relatives aux honneurs à lui rendre, vous le dira et vous le prescrira de vive voix. *Benè valete.*

18 martii 1511 (1512).

LETTRES

ÉCRITES AU NOM DE LA SEIGNEURIE.

A ANTONIO GIACOMINI.

AVERTISSEMENT

Qui se trouve dans l'édition de Philadelphie (Livourne, *Masi*, 1795), et dans celles des Classiques de Milan.

Les lettres suivantes, qui furent publiées pour la première fois à Lucques, en 1763, sous la date d'Amsterdam, ne se trouvent point dans l'édition in-4° faite à Florence en 1782. Nous avons cru devoir en enrichir la nôtre, par les mêmes motifs qui nous ont déterminés à y insérer les précédentes.

LETTRE PREMIÈRE.

MAGNIFIQUE COMMISSAIRE GÉNÉRAL,

Le porteur de la présente sera Bernardo, fils de Criato. Il va vous rejoindre avec la compagnie de son père, et nous lui avons remis deux cents ducats d'or. Vous les lui ferez compter, et vous exigerez qu'il vous amène deux cent cinquante hommes, selon la note qu'a en main le provéditeur; et vous veillerez à ce que ce soient tous des hommes tels que l'exige le service. *Benè valete.*

Ex palatio Florent., die 17 maii 1503.
Decemviri libertatis et baliæ reip. Florentinæ.

LETTRE II.

MAGNIFICE VIR GEN. COMMIS., ETC.,

Nous avons ordonné que la présente lettre, en réponse à la tienne de ce matin, t'attende à Monte-Carlo, où tu nous as écrit que tu avais donné l'ordre que l'on réunît les approvisionnemens nécessaires pour l'armée, afin de reprendre ensuite ton expédition. De notre côté, nous avons pris, relativement aux vivres et aux mulets, toutes les mesures que tu verras en arrivant sur les lieux; on te remettra en outre, avec cette lettre, la somme de deux cents ducats, qui te serviront à rembourser le gouverneur et Piero Pitti, des dépenses relatives au matériel, ou à tous les autres achats qui auraient eu lieu pour le compte de l'armée : tu feras tenir compte du tout au provéditeur. A ton arrivée à Monte-Carlo, tu trouveras les troupes de Savelli, et tu t'en serviras pour achever cette entreprise de la manière que tu le jugeras bon. Nous ne leur avons fait prendre cette route que pour vous trouver plus en force lors que vous reviendrez dans la Val-di-Cerchio, parce que nous désirons que cette expédition soit complète, et ait tous les résultats que nous en attendons : il vaut même mieux que l'on prenne un peu plus de peine : car si on laissait de quoi vivre aux ennemis, l'entreprise serait manquée et la dépense jetée aux vents. Outre les troupes de Savelli, qui se trouveront au lieu désigné lorsque l'armée arrivera à Monte-Carlo, celles de Gonzague seront également à Val-di-Nievole, samedi ou dimanche prochain au plus tard. En conséquence tu prescriras au vicaire de Pescia la conduite que doivent tenir ces troupes ; et, dans le cas où tu aurais ou non l'intention de t'en servir, tu écriras à Francesco Ridolfi, qui les accompagne, de les conduire par le chemin del Sasso, de Barberino, de Poggio, à Cajano, et de là sur la route de Pescia : ces troupes ont ordre de faire tout ce que tu leur prescriras. Nous finissons ici notre lettre, n'ayant rien autre de nouveau à te dire. Nous t'exhortons seulement à conduire ton entreprise à son terme : car il n'est personne de nous qui ne le désire. *Vale.*

Ex palatio Florent., 29 maii 1503.
Decemviri libertatis et baliæ reip. Florentinæ.

LETTRE III.

MAGNIFICE VIR, ETC.,

Nous t'avons écrit hier par la voie de Pescia, et nous avons joint à cette dépêche deux cents ducats, avec ordre que la lettre et l'argent te fussent remis immédiatement à ton arrivée à Monte-Carlo. Quoiqu'il ne soit rien arrivé de nouveau depuis ce que nous t'avons écrit hier, cependant, comme nous ne voulons pas passer un jour sans t'écrire, la présente est pour te répéter que tu trouveras à Pescia, ou dans les environs, vingt-six hommes d'armes et seize mousquetaires à cheval de la compagnie des Savelli, dont tu pourras disposer comme bon te semblera à ton arrivée à Monte-Carlo. Quant aux autres hommes d'armes, au nombre de quarante, les ordres sont donnés pour qu'ils suivent immédiatement les précédents, et qu'ils fassent halte à Fucecchio. A leur arrivée tu prendras les mesures que tu jugeras les plus convenables à leur égard, et tu les feras rejoindre par le chemin le plus commode. Nous te disions, et nous te répétons que les troupes de Gonzague arriveront à Val-di-Nievole dans la journée de samedi ou de dimanche prochain, au plus tard : elles ont ordre de faire tout ce que tu leur prescriras; et, en conséquence, tu laisseras au vicaire de la république à Pescia les instructions relatives à ce qu'elles doivent faire. Quant aux mulets, il y a déjà plusieurs jours que nous avions donné les ordres pour qu'on en fournît cent soixante-cinq en tout, et nous ne pouvons que nous étonner qu'à ton départ de la Cascina ils n'eussent point encore paru. Nous avons lieu de présumer qu'ils seront arrivés depuis, et que Pier Francesco Tosinghi leur aura donné une destination ultérieure. Outre lesdits mulets, nous avons prescrit d'en lever cinquante autres, qui seront à Bientina dans la journée de mercredi, ainsi que nous l'a demandé Pier Francesco Tosinghi. A l'égard du pain, nous avons pressé Gio. Battista del Nero et Tosinghi. Nous avons écrit à Prato: nous avons écrit aussi au vicaire de Pescia de faire tous leurs efforts pour envoyer le pain nécessaire à Monte-Carlo, et de prendre leurs mesures pour qu'il y soit arrivé mercredi soir. Tu pourras te servir pour les autres approvisionnements des chevaux ou mulets qui l'apporteront, attendu que nous avions prescrit au vicaire de Pescia de te fournir le plus grand nombre de bêtes de somme qu'il pourrait trouver dans l'étendue de sa juridiction.

Nous n'avons rien d'important à te mander, si ce n'est que nous venons d'être informés, par des lettres de nos commissaires dans le pays d'en haut, que les troupes du duc se sont en grande partie retirées ou dispersées. Il est vrai que nous avons eu vent ce matin qu'il est arrivé à Piombino deux cents hommes d'infanterie venant de Pise. Si nous obtenons des renseignements plus exacts, nous te le ferons savoir par une autre lettre. *Benè vale.*

Ex palatio Florent., die 30 maii 1503.
Decemviri libertatis et baliæ reip. Florentinæ.

LETTRE IV.

MAGNIFICE VIR, ETC.,

Convaincus que les approvisionnements de pain sont ce qui importe par-dessus tout à l'armée, outre ceux qui ont déjà été faits pour cet objet, nous avons cru nécessaire de t'envoyer seize à vingt charges de pain, que nous avons commandées à Antonio d'Ubertino, qui te remettra la présente. Nous voulons en conséquence que tu donnes l'ordre aux troupes de faire usage de ce pain; et afin que le trésor public n'éprouve aucune perte, tu feras en sorte qu'à l'arrivée dudit Antonio ceux à qui l'approvisionnement du pain est confié dans le camp acquittent, en un seul payement, toute la valeur de notre envoi, au prix ordinaire; ou plutôt, si tu pouvais croire que cela valût mieux, tu prescrirais audit Antonio de le vendre lui-même, ainsi que font les autres, et d'en retirer la valeur par sa propre main. *Benè vale.*

Ex palatio Florent., 31 maii 1503.
Decemviri libertatis et baliæ reip. Florentinæ.

LETTRE V.

Priores libertatis et Vexilifer justitiæ perpetuus populi florentini.

MAGNIFICE VIR, ETC.,

Un des devoirs des princes et de ceux qui, dans une république, se trouvent à la tête du gouvernement, est d'instruire leurs sujets et leurs alliés de tous les événements qui peuvent accroître la splendeur et la gloire de l'État, et contribuer à son bonheur, afin que, s'ils partagent leurs chagrins dans les revers, ils puissent prendre part également à ce qui leur arrive d'heureux. C'est dans cette considération que nous nous empressons de t'annoncer l'heureuse nouvelle que nous avons reçue aujourd'hui, que hier matin, avec la grâce de Notre-Seigneur Dieu tout-puissant, Sa Sainteté le pape a élevé au rang de cardinal le révérend monseigneur Francesco Soderini, évêque de Volterra. Ce rare présent, que notre république désirait avec tant d'ardeur, est regardé par nous comme le commencement de son bonheur et de la ruine des rebelles et de nos ennemis. Nous n'avons donc pas cru devoir négliger de t'en donner connaissance. Nous verrions avec plaisir que l'on employât quelque moyen de faire parvenir cette nouvelle jusque dans Pise, afin que les habitants pressés par nous d'un côté, et fondant leur espoir sur les secours d'autrui, connaissent enfin jusqu'où leur espérance peut désormais s'étendre. Tu le communiqueras en même temps aux seigneurs gouverneur, condottieri et autres chefs de l'armée, et tu en feras rendre ensuite des actions de grâces à Dieu, dont la bonté infinie a daigné donner un tel lustre à notre république, et accorder à l'un de ses enfants un rang digne de notre grandeur, de ses vertus et de sa sagesse. *Benè valete.*

Ex palatio Florent., die prima junii 1503.

LETTRE VI.

MAGNIFICE VIR, ETC.,

Depuis hier jusqu'à ce matin nous avons reçu deux de tes lettres d'avant-hier, toutes deux datées de Filetto, l'une à la douzième heure du matin, et l'autre à la deuxième heure du soir. Après avoir examiné d'abord le chemin que tu as dû parcourir pour arriver à ce campement, et toutes les opérations que tu as faites dans le courant de cette journée, nous n'avons pu qu'en être satisfaits, et nous t'en louons bien sincèrement, et comme tu nous as marqué qu'il te reste encore pour deux jours à opérer de ce côté du Cerchio, nous présumons qu'il n'est pas certain que tu te trouves aujourd'hui à Monte-Carlo, comme il avait été d'abord convenu; mais nous avons l'espoir que tu surmonteras en quelque sorte par ta prudence les difficultés relatives aux vivres. De notre côté, nous n'avons pas manqué de faire tout notre possible pour que tu trouves à Mont-Carlo des rafraîchissements en abondance : outre les approvisionnements ordinaires, nous avons ordonné des réquisitions de vivres à Prato et à Pescia; et l'on nous a répondu de ces deux endroits que l'on prendrait toutes les mesures pour nous satisfaire. Mais tout cela ne nous ayant point paru suffisant, nous y avons envoyé d'ici vingt charges de pain; et quoique nous ayons fait espérer aux voituriers qui les portent qu'ils seraient congédiés immédiatement après leur arrivée sur les lieux, nous voulons que tu les emploies, selon l'occurrence, à tous les besoins du camp : de cette manière nous comptons que tu ne manqueras pas de mulets, puisque nous avons d'abord ordonné qu'on en envoyât cent soixante-cinq; qu'ensuite nous en avons ajouté cinquante autres, qui ont dû arriver hier à Bientina; plus les vingt qui viennent avec le pain, et qui doivent être ce soir à Pescia; et qu'enfin le vicaire nous a promis en outre de t'en procurer quarante à cinquante autres tirés de son pays. Tu pourras encore retenir les bêtes de somme qui t'apporteront des vivres de Prato. Nous sommes donc assurés maintenant qu'au moyen de ce pain et des bêtes de transport, tu pourras former un convoi assez considérable pour pouvoir continuer ton expédition pendant cinq ou six jours; ce que nous désirons bien vivement, et à quoi nous t'engageons de faire tout ton possible. D'ailleurs, tu dois avoir des forces suffisantes, puisque le duc Savelli doit t'avoir déjà rejoint avec le quart de ses troupes. Tu les emploieras avec les autres dans ton expédition; et si le duc te touchait quelques mots de la solde, prétextant de ne l'avoir pas reçue et de ne pouvoir par conséquent marcher en avant, comme il est d'usage parmi ses pareils, tu sauras que jusqu'à ce jour il a reçu mille ducats d'or, et qu'aujourd'hui même on lui en envoie trois cent cinquante, laquelle somme dépasse ce qui lui revient, puisqu'il n'a avec lui que vingt-quatre hommes d'armes et seize mousquetaires; tandis qu'il devrait avoir pour remplir ses engagements quarante hommes d'armes et vingt mousquetaires. Nous lui écrivons, et tu pourras le lui dire de ton côté, qu'aussitôt que sa troupe sera au complet il peut être certain que nous ne manquerons pas à nos engagements, et que nous ne craignons pas non plus qu'il puisse manquer aux siens envers nous. Les troupes de Gonzague sont aujourd'hui à Barberino; demain elles suivront la route du côté de Val-di-Nievole; en conséquence tu laisseras au vicaire les ordres relatifs à ce que tu veux qu'elles fassent, et à l'endroit où ton intention est qu'elles te rejoignent. Si tu croyais avoir d'abord quelque chose à leur communiquer, tu l'écriras à Pierre Francesco Ridolfi qui les commande.

Nous avons reçu hier une lettre de Pier Antonio Carnesecchi en date du 29 du mois passé, par laquelle il nous mande qu'il se trouvait sur le territoire de Lombardie; qu'il s'était rencontré à Borgo-San-Donnino avec le bailli d'Occam, qui conduit quarante archers, et qu'ils étaient convenus ensemble de venir de ce côté par la route de Pontremoli; se proposant de te rejoindre, soit au camp, soit à Cascina, selon qu'ils y trouveront plus de facilité et plus de sûreté. Nous t'en donnons avis afin que tu puisses tirer profit de son arrivée; et lorsque tu apprendras de ses nouvelles tu feras préparer les étapes sur le chemin qui te paraîtra le plus à propos pour t'aboucher avec lui. Nous avons adressé au vicaire de Pescia une lettre pour Pier Antonio Carnesecchi, avec ordre de la lui faire parvenir par la voie où il croira pouvoir le rencontrer. Cette lettre lui indique ce que nous désirons qu'il fasse. Tu trouveras à Monte-Carlo deux cents ducats, dont tu pourras te servir en partie pour les dépenses du matériel : tu prescriras à Pier Pitti d'en débiter les communes pour le compte desquelles ces payements seront faits, afin que nous ayons la faculté de pouvoir leur en faire l'abandon ou d'en exiger le remboursement. *Benè vale.*

Ex palatio Florent., die primâ junii 1503, horâ 18.
Decemviri libertatis et baliæ reip. Florentinæ.

P. S. Pour plus de sûreté nous croyons devoir t'envoyer également une lettre adressée à Pier Antonio Carnesecchi, de la même teneur que celle que nous avons adressée au vicaire de Pescia. Tu feras tout ton possible pour la lui faire parvenir par le chemin où tu présumeras qu'on peut le rencontrer; et si tu croyais devoir lui écrire de ton côté, ou lui donner quelques instructions particulières, tu en es entièrement le maître.

Avec la présente lettre tu recevras un paquet ficelé et cacheté, contenant cinq cents ducats d'or. Nous avions déjà ordonné au vicaire de Pescia de t'en remettre deux cents à ton arrivée de Monte-Carlo. Notre intention est que, sur ces sept cents ducats, tu en donnes trois cent cinquante au seigneur Luca Savello; quant aux trois cent cinquante autres, tu les emploieras aux dépenses du matériel, et à tous les autres achats nécessaires pour les besoins courans. Tu feras entendre en outre à Savello ce que nous t'avons dit précédemment: c'est-à-dire, que lorsque sa compagnie sera au complet, on lui payera le reste de son prêt.

Quant à l'argent qui te restera entre les mains après le payement du seigneur Luca Savello, tu pourras, si tu le juges à propos, en donner une partie au seigneur gouverneur.

LETTRE VII.

MAGNIFICE VIR, ETC.,

Nous avons reçu ta dernière lettre, en date d'hier soir, par laquelle nous sommes informés que tu as terminé l'opération que tu avais entreprise de l'autre côté du Cerchio, et que tu devais revenir aujourd'hui à Monte-Carlo pour y faire rafraîchir l'armée. Nous devons croire que tu y es arrivé maintenant, et que tu y auras trouvé de l'argent, des mulets et du pain; de même que tu auras vu, par plusieurs de nos lettres adressées à Monte-Carlo, les dispositions que nous avons prises et les ordres que nous avons donnés pour satisfaire à tous les besoins de l'armée. Nous n'aurions donc qu'à te répéter ce qu'elles contiennent, et ce serait te faire perdre le temps, ainsi qu'à nous. Il ne nous reste qu'à te féliciter, ainsi que le gouverneur et les autres condottieri, de l'opération qui vient d'avoir lieu, et de vous exhorter à montrer, dans ce qui reste encore à exécuter, le même courage que vous avez déployé jusqu'à présent. Chacun ici a la même confiance et espère le même succès.

Quant à l'avis de l'arrivée du bailli d'Occam, tu auras sans doute pris connaissance de ce que contenait notre dernière lettre. A l'égard des demandes que t'adresse Pier Antonio Carnesecchi, relativement à l'escorte et aux logements, tu n'es point tenu de faire l'impossible; et ce seigneur, en arrivant, ne pourra se plaindre d'être logé comme on l'est à l'armée. Nous nous bornons à te rappeler de bien recommander à Pier Antonio de faire attention au chemin qu'il doit prendre pour te rejoindre sans danger; et s'il n'y avait pas sûreté pour lui à venir au camp, tu lui écriras de se diriger par la route de Cascina. Ne manque pas surtout, quel que soit le lieu dans lequel tu entres en conférence avec lui, de lui rendre les honneurs qui conviennent à un personnage de son caractère et à un gouverneur général de toutes nos armées. Tu donneras avis de tout à Ercole, afin qu'il n'en résulte de sa part ni trouble ni ressentiment.

Monseigneur de la Trémouille est parti le 26 du mois passé, de Lyon, pour venir en Italie, et l'on nous a informés de Milan que le bailli de Dijon a déjà réuni sous ses ordres six mille Suisses. On attend à Gênes trois mille hallebardiers gascons, et l'on a donné des ordres pour l'équipement d'une flotte considérable. On croit qu'avant la fin du mois toute l'armée française aura traversé la Toscane pour se diriger sur le royaume de Naples. *Vale.*

Ex palatio Florent., 2 junii 1503.
Decemviri libertatis et baliæ reip. florentinæ.

P. S. Ainsi que nous te l'avons dit, nous croyons que tu trouveras à Monte-Carlo des approvisionnements suffisants: néanmoins, au moment de la levée du camp, tu nous informeras du lieu où tu veux aller l'établir, et tu nous donneras connaissance de ce qui te manque, de l'endroit où le besoin se fait sentir, du chemin par lequel nous devons t'envoyer ce qui t'est nécessaire, et enfin du point sur lequel il faudra diriger les vivres, afin que, de notre côté, nous prenions toutes les mesures qui dépendront de nous.

LETTRE VIII.

MAGNIFICE VIR, ETC.,

Ta lettre d'hier au soir nous a causé un véritable chagrin; car nous étions persuadés qu'il te restait assez de vivres pour le temps que doit encore durer ton expédition. Jean Baptiste del' Nero étant arrivé ici aujourd'hui, nous l'avons fait venir devant nous, et lui avons donné lecture de ta lettre : il en a également témoigné son étonnement, et il assure qu'en comparant le second approvisionnement de pain avec le premier, ce second est au moins du double plus considérable, et que si l'un a suffi pour quatre jours, il ne peut croire que l'autre n'en puisse durer cinq. Nous lui avons répondu qu'il était nécessaire de faire des efforts et de veiller sur ce que, dans de semblables circonstances, l'abondance régnât; nous l'avons fait sur-le-champ monter à cheval, afin de faire arriver le plus de pain qu'il sera possible à Monte-Carlo, en exécution des ordres que tu as donnés. Il nous a promis de s'y conformer, et nous a dit qu'il en avait une certaine quantité à Fucecchio et dans les autres lieux environnants. Nous sommes tombés d'accord sur ce point avec lui, et nous nous en reposons entièrement sur ses promesses, attendu que le temps nous presse, et que nous ne pouvons prendre d'autres mesures. Tu donneras des ordres, ainsi que tu nous l'as écrit, pour qu'il trouve une escorte à Monte-Carlo.

Quant au bailli d'Occam, on a insinué à Pier Antonio Carnesecchi de tâcher de le conduire à Cascina : cette mesure nous paraît la plus convenable, attendu que sa compagnie a eu beaucoup à souffrir de la chaleur, et qu'elle pourra prendre là quelques jours de repos. Si tu avais à récrire à Pier Antonio, répète-lui la même chose. Quant à la lettre que le bailli t'a envoyée, nous voyons avec plaisir que tu aies envoyé à Lucques un de tes secrétaires pour y vérifier les plaintes des Lucquois. Il est nécessaire d'en agir toujours de même à l'avenir, et de constater les plaintes qui pourraient s'élever des deux côtés, sans rien négliger de tout ce que tu jugerais honorable et utile pour notre république et sans te laisser arrêter par aucune considération; car nous savons que Sa Majesté très-chrétienne ne voit qu'avec déplaisir que nous soyons contrariés et maltraités par nos voisins. *Benè vale.*

Ex palatio Florent., 4 junii 1503.
Decem viri libertatis et baliæ reip. florentinæ.

P. S. Le seigneur Giov. Gonzague est arrivé hier à Prato. Emploie-le de la manière que tu croiras la plus convenable.

LETTRE IX.

MAGNIFICE VIR, ETC.,

La dernière lettre que nous avons reçue de toi est sous la date du 4 du présent mois, à la vingt-deuxième heure. C'est avec une bien vive satisfaction que nous avons appris la fuite des ennemis et les dispositions que tu avais prises pour l'expédition ordonnée. Comme nous n'avons cessé de prescrire que l'on dirigeât continuellement sur Monte-Carlo des approvisionnements de pain, nous n'en disons pas davantage sur cet objet; d'ailleurs, nous espérons que tu as dû en être abondamment fourni, selon la promesse de Jean-Baptiste del' Nero. Estimant toutefois que toutes tes opérations pourront être terminées dans trois ou quatre jours, nous croyons devoir penser maintenant à quoi l'armée sera employée, afin de ne point perdre un temps inutile; et, bien que nous réclamions avec instance là-dessus tes conseils, ainsi que ceux du gouverneur et des autres chefs de l'armée, néanmoins, après un examen approfondi, nous avons pensé qu'il conviendrait de s'emparer de Vico, ou de Librafatta et de la Verrucola. Si l'on se décidait à faire une de ces entreprises, nous voudrions savoir de toi ce qui te serait spécialement nécessaire, c'est-à-dire le temps dans lequel tu croirais pouvoir la terminer; la quantité de poudre, de canons, munitions, et autres objets indispensables pour faire le siége d'une place telle que Vico, par exemple, ou telle autre de celles désignées, en ayant soin de ne rien oublier.

D'après un passage de ta lettre, il semblerait que l'on a laissé les blés trop longtemps sur pied, et que les Pisans pourraient en tirer quelque parti. Dans cette circonstance, nous avons dû examiner s'il ne vaudrait pas mieux différer un peu notre entreprise sur Vico, et s'arrêter avec nos troupes dans la Val-di-Cerchio, en les mettant à même de recueillir ces grains et les faire tourner au profit de notre pays. La conduite à suivre en cette circonstance mérite la plus sérieuse attention; car rien ne serait plus honteux ni plus désavantageux pour nous que de voir les Pisans profiter du blé que nous aurions coupé pour eux. Examine donc cette affaire, et consulte-toi pour savoir s'il y aurait du profit à s'arrêter quelque part dans cette dernière vue. Et si tu étais d'avis qu'on pût et qu'on dût suivre ce parti, instruis-nous de ce que nous aurons à faire de notre côté, des mesures à prendre et des lieux sur lesquels il faudra faire transporter les vivres. Tu ne négligeras point, dans ton examen, de considérer ce projet sous toutes ses faces, et tu nous donneras sur-le-champ connaissance de ta détermination. Comme nous désirons qu'on ne perde pas une heure de temps, tu nous instruiras en détail de tout ce qu'il conviendra d'entreprendre lorsque cette opération sera terminée.

Nous joignons à notre dépêche une lettre pour Pier Antonio Carnesecchi, et une autre pour le bailli : tu les leur feras remettre s'ils sont auprès de toi. S'ils étaient allés à Cascina, tu garderas ces lettres, parce que nous leur en avons envoyé un duplicata dans cette direction. Si le bailli se trouvait avec toi, comme nous le pensons, tu lui communiquerais tout ce que nous venons de te dire, et tu prendrais son avis, ainsi que celui de nos autres condottieri. *Benè vale.*

Ex palatio Florent., die 6 junii 1503.
Decem viri libertatis et baliæ reip. florentinæ.

LETTRE X.

MAGNIFICE VIR, ETC.,

Nous avons écrit hier dans deux directions : nous te demandions ton avis sur ce qu'il conviendrait de faire de l'armée après qu'on aurait ravagé le pays; nous attendions ta réponse lorsque nous avons reçu ta lettre en date du 6, à la troisième heure de la nuit. Nous y avons vu avec plaisir la grande opération que tu as exécutée, mais d'un autre côté nous avons éprouvé quelque peine, pour deux raisons : d'abord, en apprenant que les Pisans ont versé dans Pise la majeure partie des grains de Barbericina et de Saint-Rossore, et que l'ennemi pourra, suivant toi, tirer facilement parti des blés coupés par nous. Nous sommes persuadés qu'il n'a pas été en ton pouvoir de prévenir le premier de ces accidents, en empêchant les grains d'entrer dans Pise; car nous pensons que tu ne saurais ignorer combien il en résulte pour nous de dommages Mais, puisqu'on n'a pu y mettre obstacle, nous désirons du moins qu'on remédie au second; c'est-à-dire qu'on ne laisse point les Pisans profiter des blés coupés : car, à notre avis, outre les graves inconvénients que nous en éprouverions, nous en retirerions encore une honte véritable. Comme nous désirons ardemment que l'on remédie à cet inconvénient par tous les moyens possibles, nous t'ordonnons de tout employer pour que l'armée ne s'éloigne pas des lieux où elle se trouve actuellement sans avoir rempli le double objet que nous t'imposons : l'un est de ravager tout le territoire ennemi, sans rien épargner; l'autre est de faire en sorte que les Pisans ne puissent en aucune manière profiter du blé coupé : et, pour y parvenir, tu emploieras les moyens que tu jugeras les plus opportuns, comme de faire rentrer ces blés dans des lieux où nous en tirions parti nous-mêmes, ou de les mettre en tas et de les brûler, ou de les détruire par toute autre voie qui pourrait s'offrir à toi et dont il nous serait impossible de te donner l'ordre. Nous sommes convaincus seulement qu'instruit, ainsi que les seigneurs condottieri, de notre désir, tu n'épargneras aucun effort pour nous satisfaire; et si tu avais besoin, comme nous le croyons, de vivres frais, tu n'as qu'à envoyer l'escorte à Monte-Carlo, où Jean Baptiste del' Nero nous annonce avoir conduit de nouveau vingt moggia de pain. Tu feras en sorte également que le bailli presse les Lucquois de permettre le libre passage sur leur territoire aux vivres qu'il faut porter de votre côté. Si l'on peut obtenir cette permission, tu prescriras la manière dont on devra se conduire, et tu nous en donneras avis. Et si, en envoyant nos mulets à Monte-Carlo pour y porter des vivres, tu jugeais à propos de les charger de ces blés coupés, nous te conseillons de le faire. Tu exhorteras enfin les troupes à continuer de donner à la république les mêmes marques d'amour, afin que nous puissions les en récompenser quand le temps sera venu; et leur espérance ne sera pas trompée. Quant à la satisfaction que nous attendons de leur part, elle consiste à ne rien épargner sur le territoire ennemi, et à opérer de manière que les Pisans ne puissent mettre à profit ni le blé déjà coupé, ni celui qui doit l'être. *Vale.*

Ex palatio Florent., die 7 junii 1503, horâ 2 noctis.
Decemviri libertatis et baliæ reip. florentinæ.

LETTRE XI.

MAGNIFICE VIR, ETC.,

Le porteur de la présente sera Raffaello Rovai, notaire pour le recrutement: il vient te trouver avec un maréchal, que nous envoyons pour passer en revue les hommes d'armes qui restent encore. Nous n'avons pas cru devoir faire une plus grande dépense pour passer cette revue, dans la juste confiance que tu la feras faire en présence de l'un de vous, et que vous n'admettrez que des hommes et des chevaux propres au service. *Benè valete.*

Ex palatio Florent., 13 junii 1503.
Decemviri libertatis et baliæ reip. florentinæ.

LETTRE XII.

MAGNIFICE VIR, ETC.,

Cette lettre te sera remise par maestro Luca del Caprina, que nous envoyons vers toi pour l'affaire de la Verruca. Lorsqu'il sera arrivé, tu examineras tout ce qui est nécessaire pour une telle opération. Quant aux choses dont tu pourrais avoir besoin, tâche de t'en procurer de ton côté le plus qu'il te sera possible afin de nous donner moins d'embarras: ce qu'on ne pourra te fournir là-bas pour notre compte, tu nous en donneras avis, et nous nous efforcerons sur-le-champ d'y pourvoir. Tu examineras encore cette affaire avec ceux des condottieri en qui tu as le plus de confiance, et tu commenceras l'opération avec tout ce que tu pourras trouver sur les lieux afin de profiter du temps; car dans cette circonstance, une des choses auxquelles nous attachons le plus d'importance, c'est de ne point perdre un moment, et tu feras en sorte que l'on n'en laisse point échapper un seul. S'il te semblait que maestro Luca eût les qualités nécessaires pour bien conduire cette opération, ainsi qu'il nous l'a assuré, tu ne nous le renverrais pas, mais tu mettrais sans délai la main à l'œuvre. Tu nous donneras une connaissance particulière de tout ce qui pourrait te manquer. *Benè valete.*

Ex palatio Florent., die 27 junii 1503.
Decem viri libertatis et baliæ reip. florentinæ.

LETTRE XIII.

MAGNIFICE VIR, ETC.,

Nous n'aurions rien eu à t'écrire ce soir, tes lettres ne nous étant point encore parvenues, si nous ne venions d'apprendre que quatre cents hommes d'infanterie sont partis de Rome, se dirigeant vers Pise. Cette nouvelle pourrait être exacte, s'il était vrai, ainsi que tu nous l'as écrit plusieurs fois, que les Pisans s'entendent avec le duc: aussi avons-nous voulu t'en donner avis, afin que tu puisses prendre les mesures capables d'empêcher l'entrée de ces troupes si elles arrivaient par terre, être sur tes gardes si elles venaient par mer et nous en informer, pour que nous prenions ensemble nos précautions contre cet accroissement de forces. Quant à toi, tu écriras, dans tous les lieux des environs, qu'on s'oppose à leur passage si elles avaient l'audace de le tenter.

Jugeant qu'il était inutile à l'avenir de conserver le service des postes, nous les avons levées ce soir.

Quant à toi, Antonio, nous te disons de nouveau que sous deux jours, sans faute, nous t'enverrons ton changement; ainsi tu peux être sans inquiétude. *Benè valete.*

Ex palatio Florent., die 9 julii 1503, horâ 2 noctis.
Decemviri libertatis et baliæ reip. florentinæ.

LETTRE XIV.

Les respectables Dix de la liberté et baliâ de la république de Florence, considérant que, dans les capitulations conclues entre la haute seigneurie de Florence, d'une part, et la commune de Pise, de l'autre, sous la date du 4 juin 1509, le dix-septième article est conçu de la manière suivante:

« Que toute dette contractée, soit par la com-
« mune de Pise, soit personnellement par les

« particuliers de cette ville, ou les habitants de « la campagne résidant actuellement à Pise, en- « vers la commune de Florence, ses administra- « teurs ou ses magistrats, soit par la commune « seule de Pise, envers les administrateurs, ma- « gistrats ou simples citoyens de Florence, sera « définitivement annulée, et ne pourra donner « lieu par la suite à aucune réclamation. »

Désirant ôter tout prétexte aux discussions et aux difficultés que cet article pourrait faire naître, et en éclaircir le sens autant qu'il dépend d'eux, ils ont délibéré de leur côté, et, par suite de leur délibération, ils ont déclaré et déclarent avoir entendu casser et annuler toutes les dettes que, durant l'espace de temps prescrit par lesdites capitulations, auraient contractées un citoyen ou un paysan, ou plusieurs citoyens ou paysans de la commune de Pise, avec quelque administration, recteur ou magistrat de la commune de Florence, par suite de condamnation ou amende; et ils ne veulent pas qu'on puisse réclamer le montant de ces condamnations ou de ces amendes; comprenant sous le nom de citoyen ou de paysan pisan tous ceux qui habitaient la ville de Pise antérieurement au jour de ladite capitulation. C'est pourquoi nous voulons et ordonnons que chacun observe religieusement ces clauses, s'il attache quelque prix aux témoignages de notre satisfaction.

Mandantes, etc.

Ex palatio Florent., die 13 julii 1503.

PATENTE D'OLIVIERI GUADAGNI.

Nous, Dix de la liberté et balià de la république florentine, signifions à quiconque verra les présentes lettres patentes, que, pleins de confiance dans la vertu, l'expérience et les bonnes qualités de notre respectable et très-cher concitoyen Olivieri, fils de Simone Guadagni, actuellement vicaire de la république à Val-d'Arno, l'avons choisi pour notre commissaire dans toute l'étendue de ladite juridiction, avec les pouvoirs les plus amples dans toutes les affaires relatives à la guerre ou qui en dépendent. En conséquence, commandons et ordonnons à tous ceux qui habitent dans ledit vicariat, d'obéir audit Olivieri, dans toutes les susdites affaires, de la même manière que si c'était nous-mêmes qui commandassions.

Mandantes, etc. Datum, etc.

In palatio Florent., die 4 augusti 1505.

PATENTE DE RAFFAELLO MAZINGHI.

Nous, Dix de la liberté et balià de la république florentine, faisons savoir à tous ceux qui les présentes lettres patentes verront, que, pleins de confiance dans les vertus, l'expérience et les bonnes qualités de notre respectable et très-cher concitoyen Raffaello, fils de Giovanni Mazinghi, lequel se trouve en ce moment podestà de Modigliana, l'avons élu et député en qualité de notre commissaire dans ladite ville et dans toute l'étendue de sa juridiction, avec les pouvoirs les plus amples pour toutes les affaires relatives à la guerre et qui en dépendent. En conséquence, voulons et ordonnons que chacun, dans toutes les susdites affaires, obéisse audit Raffaello de la même manière que si nous leur donnions nos ordres en personne, sous peine d'encourir notre animadversion.

Mandantes, etc. Datum, etc.

In palatio Florent., die 15 novembr. 1510.

LETTRES FAMILIÈRES.

LETTRE PREMIÈRE.

A un Prélat romain.

Nous savons, par expérience, que toutes les choses que possèdent les hommes dans ce monde proviennent le plus souvent, ou, pour mieux dire, toujours de deux sources différentes : nous les devons d'abord à Dieu, juste dispensateur de tous les biens ; nous les devons ensuite, soit à des parents qui nous les ont transmises par héritage, soit à des amis qui nous les ont données, soit à un gain légitime, tel que les intérêts d'un argent prêté par des marchands à des agents de bonne foi. D'ailleurs, plus la cause d'où procède le bien que l'on possède est respectable, plus ce bien doit nous être précieux. Ainsi donc votre révérendissime seigneurie nous ayant privés, en vertu d'une dérogation pontificale, des droits que nous tenions de nos ancêtres à la possession de la cure de Fagna [1], il arrive que, comme elle trouve l'occasion de mettre dans tout son jour sa bonté, sa générosité et sa bienveillance envers nous, qui nous regardons comme ses fils très-respectueux, de même nous trouvons celle de reconnaître que nous tiendrons désormais les droits dont il s'agit d'une source bien plus digne de vénération que celle des ancêtres dont nous les avons reçus. Qu'y a-t-il en effet de plus digne de votre révérendissime seigneurie, que de donner libéralement ce qu'elle a eu le pouvoir d'enlever, et de le donner surtout à des personnes qui cherchent avec autant de soin à maintenir son honneur et ses intérêts, qu'à sauver ce qui leur appartient ; à des personnes qui, d'ailleurs, ne paraissent inférieures ni en noblesse, ni en qualités personnelles, ni en richesses, ni en quoi que ce soit, à celles qui s'efforcent, qui espèrent obtenir, qui se vantent même d'avoir déjà obtenu de votre seigneurie cette possession que nous réclamons ; et si l'on voulait en effet, *justo lance perpendere*, mettre dans une juste balance notre famille et celle de' Pazzi, on trouverait que si elles sont égales en beaucoup de points, nous l'emportons infailliblement en générosité et en grandeur d'âme.

Nous nous prosternons en conséquence devant votre seigneurie, et la supplions bien humblement de ne point souffrir que nous puissions voir des hommes moins méritants que nous, et que nous avons juste raison de regarder comme nos ennemis, se montrer revêtus de nos dépouilles et triomphants à notre honte. Daignez, révérendissime seigneur, daignez consentir que, moyennant les mêmes avantages que nos ennemis vous promettent, notre famille soit décorée de tout l'honneur que nous attachons à tenir de votre justice la possession que nous sollicitons, et veuillez ne pas souffrir que nous ayons jamais à essuyer l'ignominieux affront de nous voir ravir un bien que, jusqu'ici, nous nous sommes tant efforcés de conserver. Mais si le refus d'interposer votre clémence nous le faisait perdre effectivement, comme cette perte ne pourrait avoir lieu sans nous déshonorer, nous serions contraints d'en chercher un dédommagement, quelque mal qui pût en résulter pour autrui. Nous espérons donc, ainsi que nous l'avons toujours fait, en la bonté de votre illustrissime seigneurie, comme peut vous l'attester Francesco, votre domestique, que nous avons choisi pour notre intercesseur, et auquel nous avons donné plein pouvoir pour traiter cette affaire.

MACLAVELLORUM FAMILIA, *cives florentini.*

Ex Florentia, 4 non. decembris 1497

Verùm ego [1], *valetudine oppressus, tibi rescribendi vicem præstare non potui. Nunc verò, recuperatâ salute, nihil est quod scribam, nisi te hortari orare non desistas, donec noster hic conatus felicem habeat exitum. In hoc te virum exhibeas rogo, to*

[1] Fagna est une des cures les plus considérables et les plus riches du diocèse de Florence : elle est située dans la province du Muggello, et est passée de la famille des Macchiavelli, qui en étaient les patrons, dans celle des marquis Rangoni, de Modène.

[1] C'est à François, ou à quelque autre personnage qui s'occupait à Rome de l'affaire de la cure de Fagna, qu[illegible] adressée ce peu de lignes écrites en latin.

tasque effundas vires. Nam si pigmei gigantes adgredimur, multò magis nobis quàm illis paratur victoria. Illis, enim sicut contendere turpe est, sic erit cedere turpissimum; nos non tantùm vinci ignominiosum, quàm decorum contendisse ducimus, ipsum competitorem habentes, cujus nutu istic omnia fiunt: propterea quâcumque fuerimus usi fortunâ, talibus non hujusce modi excidisse ausis non pœnitebit.

Kal. decembris 1497.

LETTRE II.

A un Ami.

Puisque vous désirez connaître en détail tout ce qui ce passe ici relativement à Frà Girolamo Savonarola, vous saurez qu'après les deux sermons qu'il a prononcés, et dont vous avez déjà copie, il prêcha de nouveau le dimanche de carnaval, et invita, entre autres choses, ses auditeurs à communier le jour du mardi gras dans l'église de Saint-Marc. Il ajouta qu'il voulait prier Dieu que si ses prédictions ne lui étaient pas inspirées d'en haut, le ciel le fit connaître par quelques signes évidents. Il fit tout cela, à ce que l'on prétend, pour établir l'union parmi ses partisans, et leur donner plus de moyens de le défendre dans le cas où, comme il le craignait, la seigneurie qui venait d'être créée nouvellement, mais qui n'était pas encore publiée, lui aurait été contraire. Cette publication ayant eu lieu le lundi suivant, ainsi que vous avez dû en être pleinement informé, et jugeant que plus des deux tiers de ses membres étaient ses ennemis, et qu'ils obtempéraient au bref par lequel le pape le mandait à Rome sous peine d'interdiction, il résolut, suivant sa propre idée, ou d'après le conseil de ses amis, de cesser de prêcher dans Santa-Liperata, et d'aller faire ses prédications à San-Marco. En conséquence, le jeudi matin, jour où la seigneurie entra en exercice, il annonça dans Santa-Liperata que, pour éviter tout prétexte de trouble, et conserver l'honneur de Dieu intact, il ne voulait plus se mettre en avant; qu'il prêcherait pour les hommes seulement à San-Marco, et que les femmes n'avaient qu'à aller à San-Lorenzo entendre Frà Domenico. Notre moine se trouva donc chez lui. Tous ceux qui auront été témoins de l'audace avec laquelle il commença ses prédications, et les continue, ne peuvent qu'en être grandement émerveillés : en effet, il craint beaucoup pour lui-même; il est persuadé que la nouvelle seigneurie est disposée à lui nuire, et, résolu en conséquence d'entraîner dans sa propre ruine un grand nombre de citoyens, il commença son discours par des prédictions effrayantes et par des raisonnements tout-puissants sur quiconque ne les approfondit pas, avançant que ceux qui avaient embrassé son parti étaient les meilleurs citoyens, et qu'il n'avait pour adversaires que les plus vils scélérats : il n'oublia aucune des raisons propres à affaiblir le parti qui lui est opposé, et à donner de nouvelles forces au sien. Comme j'ai été témoin de toutes ces choses, je vous en rapporterai quelques échantillons.

Il prit pour texte de son premier sermon à San-Marco les paroles suivantes, tirées de l'Exode : *Quantò magis premebant eos, tantò magis multiplicabantur et crescebant.* Avant d'en venir au développement de son texte, il exposa les raisons pour lesquelles il avait reculé, et ajouta : *Prudentia est recta ratio agibilium.* Il dit là-dessus que tous les hommes ont et doivent avoir une fin, mais qu'elle est différente de celle du chrétien, dont le Christ est l'unique fin, tandis que celle des autres hommes, tant passés que futurs, diffère suivant l'esprit de leur secte; que nous, qui sommes chrétiens, nous devons tous aspirer à cette fin, qui est Jésus-Christ, et conserver son honneur par une conduite prudente, et en nous conformant aux temps; que lorsque le temps exige que nous exposions notre vie pour lui, il ne faut pas balancer; que lorsqu'il est nécessaire que l'homme se cache, il faut se cacher, comme on lit que le firent saint Paul et Jésus-Christ lui-même. C'est ainsi, ajouta-t-il, que nous devons nous conduire, et que nous nous sommes conduits : car, lorsqu'il a été nécessaire de nous opposer à la fureur de nos adversaires, nous nous sommes précipités en avant, comme on l'a vu le jour de l'Ascension; mais l'honneur de Dieu et les circonstances l'exigeaient ainsi. Aujourd'hui que l'honneur de Dieu veut que nous cédions aux coups de la colère, nous avons cédé. Après ce court préambule il fit des fidèles deux troupes, dont l'une, composée de ses partisans, combattait sous les ordres de Dieu; et l'autre, commandée par le diable, offrait la réunion de tous ses adversaires. Il s'étendit longuement sur cet article, et entra enfin dans le développement des paroles de l'Exode qu'il avait prises pour texte de son discours. Il dit que, par les persécutions, les bons croissaient de deux manières, en esprit et en nombre : en esprit, parce que l'homme s'unit davantage à Dieu lorsque l'adversité l'environne, et qu'il y puise de nouvelles forces, comme s'approchant davantage de son moteur; c'est ainsi, dit-il, que l'eau chaude, lorsqu'on la met près du feu, devient bouillante parce qu'elle se rapproche de l'agent qui excite la chaleur; ils croissent en nombre, parce qu'il existe trois espèces d'hommes : d'abord les bons, et ce sont ceux-ci qui me suivent; puis les pervers et les obstinés, et ceux-là sont mes adversaires. Il y a encore une autre espèce d'hommes : ce sont ceux qui suivent une large voie, qui s'abandonnent aux voluptés, qui n'ont ni endurcissement dans le mal ni penchant décidé pour la vertu, parce qu'ils ne savent discerner ni l'un ni l'autre. Mais comme, dans le fait, il existe une différence réelle entre les bons et les méchants, *quia opposita justa se posita magis elucescunt*, ils ne peuvent s'empêcher de reconnaître la méchanceté des pervers et la simplicité des bons : ils se rapprochent donc de ces derniers, et s'éloignent des premiers avec empressement; car naturellement chacun fuit volontiers le mal pour suivre le bien; et voilà pourquoi dans l'adversité le nombre des méchants diminue et celui des bons multiplie; *et ideò quantò magis, etc.* Je me bornerai à vous exposer le reste en peu de mots, car la brièveté épistolaire ne me permet pas de m'étendre longuement. Il aborda donc ensuite une foule de sujets, suivant sa coutume ordinaire, afin d'affaiblir le plus qu'il pourrait ses adversaires; et, dans le dessein de trouver une transition à son prochain discours, il dit que nos discordes pourraient donner naissance à un tyran qui ruinerait nos maisons et ravagerait nos villes; que ce qu'il annonçait n'était pas en contradiction avec ce qu'il avait déjà prédit; que Florence devait être heureuse, et étendre sa domination sur toute l'Italie, car ce tyran ne régnerait que peu de temps et finirait bientôt par être chassé. C'est ainsi qu'il termina sa prédication.

Le matin suivant il continua à parler sur l'Exode à ses auditeurs. Lorsqu'il en vint à ce passage où il est dit que Moïse tua un Égyptien, il s'écria que l'Égyptien représentait les méchants, et Moïse le prédicateur qui les tue en découvrant leurs vices : « O Égyptien! dit-il, je « veux te donner un coup de poignard. » Et il commença alors à déchirer vos livres et vos prêtres, et à vous traiter de manière que les chiens n'en voudraient pas manger. Il ajouta ensuite, et c'est là principalement qu'il voulait en venir, qu'il prétendait faire à l'Égyptien une autre grande blessure. Et il annonça que Dieu lui avait dit qu'il existait dans Florence un homme qui cherchait à usurper la tyrannie, qui intriguait et cabalait pour réussir, et que vouloir chasser le *frère*, excommunier le frère, persécuter le frère, ne signifiait autre chose sinon que nous voulions faire un tyran, mais que l'essentiel était d'observer les lois. Il en dit tant enfin que pendant tout le reste du jour chacun jeta publiquement ses soupçons sur un homme qui est aussi éloigné de la tyrannie que vous pouvez l'être du ciel. Mais, depuis, la seigneurie ayant écrit au pape en sa faveur, il a vu qu'il n'avait plus rien à craindre des ennemis qu'il a dans Florence. Il avait d'abord cherché à réunir ses partisans, en versant l'odieux sur ses adversaires, et en cherchant à les effrayer par le nom de tyran; mais aujourd'hui que ces moyens violents lui sont devenus inutiles, il a changé d'allure : il exhorte chacun à la concorde; il ne parle plus ni de tyran ni de la scélératesse de ses rivaux; il cherche à exciter tous les partis en général, et chacun en particulier, à se soulever contre Sa Sainteté et ses agents, qu'il traite comme on ne traiterait pas les plus vils et les derniers des hommes. C'est ainsi, selon moi, qu'il s'accommode au temps, et qu'il tâche de colorer ses mensonges. Je sais combien vous êtes prudent; c'est donc à vos lumières que je laisse à juger de ce que l'on dit dans le public, et de ce que l'on peut espérer ou craindre d'un pareil homme. Vous pouvez d'autant mieux asseoir votre opinion, que vous connaissez mieux que moi les divers partis qui divisent notre ville, les circonstances qui gouvernent le temps actuel, et que vous êtes, pour ainsi dire, à Rome l'âme du souverain pontife. Je vous prie seulement, si la lecture de ma lettre ne vous a pas trop fatigué, de ne point regarder comme une tâche pénible de me répondre, et de me faire connaître le jugement que vous portez et de l'esprit des temps et de celui que nous apportons dans nos propres affaires.

NICOLAS MACCHIAVELLI.

Florence, le 8 mars 1498.

LETTRE III.

A FRANCESCO TOSINGHI.

MAGNIFICO VIRO PATRO FRANCESCO TOSINGHO, COMMISSARIO GENERALI IN AGRO PISANO; MAJORI SUO HONORANDO.

Je vous envoie copie des nouvelles reçues par des lettres de Milan, que l'ambassadeur de Milan à Venise a fait parvenir. Je commencerai par une lettre du 13. Il y est dit :

1° Que les Vénitiens avaient confié le commandement de leur flotte au procurateur Antonio Grimani, qui a offert à la république vingt mille ducats de son propre bien, dans l'idée d'obtenir par là le dogat; que la flotte devait être composée de quarante à cinquante galères, légères de vingt-deux galéasses, et de dix-huit autres bâtiments; qu'un certain Grippo était arrivé du Levant, annonçant que les Turcs pressaient vivement l'armement de leur flotte, qui devait être composée de cent cinquante voiles, et se diriger vers la Syrie; que comme elle devait passer devant Chypre, la seigneurie voulait envoyer sa flotte dans ces parages, pour qu'on n'exigeât pas qu'elle fournît des points de relâche; et que, par suite de cette disposition des Turcs, on ne songeait nullement à donner de l'argent au roi de France, et qu'on avait entièrement mis en oubli les affaires de Pise.

2° Que le doge, depuis l'arrangement qui avait eu lieu avec les Pisans, continuait à montrer de plus en plus à l'ambassadeur de Milan les meilleures dispositions envers le duc : qu'il exhortait chacun à faire tous ses efforts pour maintenir la paix en Italie, et en tenir éloignés tous les ultramontains; que le roi de France souffrait extrêmement d'une violente attaque de goutte, et qu'il était obligé de faire marcher du côté de la Bourgogne les troupes qu'il avait eu le dessein d'envoyer en Italie, parce qu'il avait appris que l'archiduc était dans l'intention de seconder les projets de son père; de sorte que si le roi ne vient pas dans ces contrées, les Vénitiens auront un prétexte plausible pour ne pas lui payer cent mille ducats dont ils ont eux-mêmes le plus grand besoin.

3° Que l'on parle du pape (Alexandre VI) de la manière la plus outrageante.

4° Qu'enfin le roi de Naples Frédéric vient d'avoir un enfant mâle, et que tout le monde s'en est réjoui.

Les lettres du 25 portent :

1° Que chaque jour on voyait augmenter dans Venise la meilleure intention d'observer l'arbitrage.

2° Que la frayeur inspirée par les Turcs ne faisait d'un autre côté que s'accroître; que ces ennemis étaient déjà aux frontières, et qu'outre leur flotte ils fortifiaient et approvisionnaient Chypre, Corfou, et les villes qu'ils possèdent dans la Pouille; que l'on craignait, lors même qu'ils n'attaqueraient pas les Vénitiens, que ces derniers n'en fussent pas moins forcés de continuer leurs grandes dépenses, s'ils ne voulaient pas rester à la discrétion du premier venu.

3° Que les Vénitiens envoyaient deux nouveaux ambassadeurs en France, non pas tant pour remplacer ceux qui sont rappelés que pour tâcher de justifier, sous le prétexte des Turcs, le refus de payer l'argent qu'ils doivent, et pour faire entendre au roi que, dans les circonstances présentes, c'est à bien autre chose qu'aux affaires d'Italie qu'il est nécessaire de songer; que ce détour leur paraît valoir mieux que de refuser positivement que ce prince vienne en Italie.

4° Qu'il était arrivé à Venise un agent du préfet, dans le dessein de faire avec la seigneurie un arrangement pour trois cents hommes d'armes; que cet agent avait dit que la seigneurie, par son traité avec le roi de France, s'était engagée à entretenir jusqu'à la fin de la guerre quinze cents hommes d'armes, c'est-à-dire ceux du préfet, tous les Orsini, etc., etc.; et qu'il n'avait pas encore reçu de réponse.

5° Que le duc de Milan a fait écrire à Gênes, et dans toutes les villes qui défendent les passages, que s'il y arrivait des Pisans se rendant en France, on les envoyât près de lui, parce qu'il veut empêcher cette émigration, et rester maître d'ordonner ce qu'il voudra.

6° Que ce prince est mieux disposé que jamais envers notre république; et que si aujourd'hui il rappelle ses troupes, c'est pour se conformer à l'arbitrage; mais que dans le besoin il est incapable de nous abandonner.

7° Que ce prince a su, à n'en pouvoir douter, que dans la confédération qui vient d'être conclue entre le roi de France et les Suisses, il est dit que le roi leur payera quatre-vingt mille ducats par an, leur fournira l'artillerie dont ils auraient besoin, et les secourra lorsqu'ils seront attaqués; mais que les Suisses, de leur côté, s'obligent à faire la guerre à tous ses ennemis, et nominativement au duc de Milan, toutes les fois qu'ils en seront requis.

Magnifice vir, je vous envoie ces extraits pour la satisfaction de votre magnificence, à laquelle je ne cesse de me recommander.

NICOLAS MACCHIAVELLI.

29 avril 1499

LETTRE IV.

Au même.

MAGNIFICE VIR,

Il y a déjà quelques jours que le duc de Milan a écrit à la seigneurie qu'il ne voulait plus agir avec nous dans les ténèbres; qu'il voulait prendre avec nous des engagements positifs, pourvu que nous en fissions autant de notre côté; qu'il demandait que toutes les fois qu'il aurait besoin de notre secours nous fussions tenus de lui fournir trois cents hommes d'armes et deux mille hommes d'infanterie; et que nous n'avions qu'à lui faire connaître ce que nous désirions de lui pour recouvrer Pise. Après avoir délibéré quelque temps sur ces propositions, la seigneurie lui a répondu que, pourvu qu'il nous aidât en effet à nous rendre maîtres de Pise, nous nous obligerions à tout ce qu'il demanderait; que toutefois la chose en étant au point que cela ne pouvait avoir lieu, on regardait comme dangereux, eu égard à notre position avec la France, et comme sans utilité pour sa seigneurie elle-même, de se déclarer; qu'en conséquence on se reposait entièrement sur elle du soin de trouver un moyen de pourvoir à sa sûreté sans mettre nos états en danger. Cette réponse n'a nullement satisfait le prince. Il a répondu à nos ambassadeurs d'un ton irrité; et c'est pourquoi nos magnifiques seigneurs ont jugé convenable de lui envoyer un ambassadeur spécial pour se disculper plus facilement à ses yeux. C'est Antonio da Colle qui doit être envoyé: on l'a fait revenir de Sienne tout exprès, et il partira probablement après demain.

Voilà tout ce qui se passe d'important en ce moment. Chaque jour on entend se renouveler le bruit de l'armement des Turcs. Quelques personnes ont dans l'idée qu'ils se dirigeront sur la Sicile. Il est vrai qu'ils ont fait de si grands efforts pour s'armer sur terre et sur mer que tout le monde est pour ainsi dire en alerte. Le duc de Milan craint plus du côté de la France que de tout autre; et comme il y a déjà quelque temps qu'il n'est arrivé de lettres de ce pays, on croit que ce prince les a interceptées.

Si j'ai mis quelque interruption dans ma correspondance, malgré le désir que j'aurais eu de vous écrire chaque jour, je vous prie de ne l'attribuer qu'à mes nombreuses occupations et au défaut de nouvelles intéressantes.

Il ne me reste actuellement qu'à me recommander à votre magnificence.

NICOLAS MACCHIAVELLI.

Le 5 juin 1499.

LETTRE V.

Au même.

MAGNIFICE VIR,

Les nombreuses occupations dont je suis accablé m'ont seules empêché de vous écrire, et j'espère qu'elles me serviront d'excuse à vos yeux.

Voici dans quelle position nous nous trouvons à l'égard du duc de Milan: ce prince, il y a déjà assez longtemps, nous a requis de nous déclarer son allié, de nous obliger à lui fournir, toutes les fois qu'il en aurait besoin, trois cents hommes d'armes et deux mille fantassins par mois, s'engageant de son côté à nous donner tous les secours que nous lui demanderions pour nous rendre maîtres de Pise. Il n'a pas paru utile aux magnifiques seigneurs de se déclarer, et ils ont cru dangereux de rompre entièrement toute négociation avec Milan. On a donc pris le parti de le nourrir d'espérance, afin de ne point s'exposer à quelque péril de la part de la France; c'est pourquoi l'on a envoyé à Milan Antonio da Colle. Les affaires sont toujours dans la même fluctuation. Le duc insiste pour que nous nous déclarions; et nous, de notre côté, nous faisons tous nos efforts pour éloigner ce moment, par la crainte des dangers dans lesquels il pourrait nous précipiter.

La position de la seigneurie à l'égard de la France offre les mêmes difficultés. Sa Majesté nous presse de nous réunir à elle, sous la condition que nous lui fournirons cinq cents lances pendant tout le temps que durera la guerre de Milan; elle s'oblige en retour à nous fournir durant un an mille lances dans toutes nos entreprises, et promet en outre de faire en sorte que les Vénitiens et le pape s'engagent à nous défendre. Nous avons fait à ces propositions notre réponse ordinaire, c'est-à-dire que nous ne pouvions prendre un semblable parti sans nous exposer au danger le plus manisfeste. Nous tâcherons donc d'amuser ces deux princes pour gagner du temps. Si pendant ces entrefaites nous parvenions à recouvrer Pise, et Dieu le veuille! nos ennemis se trouvant diminués, nous pourrions nous décider avec moins de risque, ou du moins n'ayant pas à craindre d'être obligés de nous déclarer, demeurer neutres et voir un peu les autres entrer en jeu. On est persuadé que si le pape n'ordonne pas à la flotte française de mettre obstacle à notre entreprise contre les Pisans, rien ne pourra nous empêcher d'atteindre le but que nous nous proposons depuis si longtemps.

Telles sont les affaires importantes qui se traitent en ce moment, et qui occupent exclusivement les ambassadeurs de France et de Milan. Je vous ai rendu compte des nouvelles que nous avons reçues de Venise, par ma lettre officielle d'hier. Je me recommande à vous.

NICOLAS MACCHIAVELLI.

Florence, le 6 juillet 1499.

LETTRE VI.

A GIOVANNI RIDOLFI.

MAGNIFICO GENERALI COMMISSARIO IN ROMANDIOLA JOANNE RIDULFO PATRONO SUO, CASTROCARO.

Je me réserve le soin de vous écrire lorsqu'il se passera quelque chose d'important, et que vous n'en serez point officiellement informé.

On a reçu ici la nouvelle que le 25 du mois dernier Bartolommeo d'Alviano est parti de Naples avec deux cent cinquante hommes d'armes et trois mille hommes d'infanterie; qu'il a pris la route de Rome pour descendre en Toscane et venir attaquer Florence. On dit que Gonzalve lui a donné l'ordre de changer notre gouvernement, et de mettre la Toscane à la dévotion de l'Espagne. On présume que Lucques et Sienne l'aideront dans cette entreprise, qu'ils lui fourniront même de l'argent; et l'on a des raisons de le craindre.

Les opinions sont, du reste, extrêmement variables sur ce point : les uns n'y voient qu'un simple épouvantail, les autres croient la chose réelle. Toutefois la ville reste en suspens, et l'on ne prend à l'égard de Pise aucune de ces résolutions vigoureuses, que l'on n'eût pas manqué d'adopter si l'on n'avait été retenu par cette circonstance. Mais quand même Bartolommeo viendrait en Toscane, pour peu que nous voulussions résister il n'est pas homme à nous faire grand mal avec son armée, surtout si, comme nous l'écrit Niccolo Vittori, il doit dans tout le courant du mois arriver des troupes françaises en Lombardie.

L'entreprise sur Librafatta a parfaitement réussi; et Antonio Giacomini nous promet une victoire certaine si nous voulons aller en avant. Mais je crains que l'on ne s'endorme, ou par excès de crainte ou par excès de fatigue.

NICOLAS MACCHIAVELLI.

Florence, le 1er juin 1504.

LETTRE VII.

Au même.

SEIGNEUR COMMISSAIRE,

Si je ne vous ai donné aucune nouvelle dans ma dernière lettre, j'espère que celle-ci et celles que je vous écrirai par la suite vous dédommageront.

Les lettres de France du 15 au 30 du mois dernier disent que l'empereur et le roi de Hongrie sont d'accord, et que l'empereur ne songe plus qu'à ses préparatifs pour passer en Italie. Toute son armée n'a pas d'autre désir; elle est forte de dix mille hommes d'infanterie et de quatre mille chevaux : il a déjà rappelé une bonne partie de l'artillerie qu'il veut amener avec lui ; il a de plus donné l'ordre de renforcer l'armée de Gonzalve de quatre mille hommes de pied.

L'archiduc s'est arrangé avec le roi d'Aragon : ils ont eu une entrevue en Galice, et la plus grande union paraît régner entre eux. Les Français étaient loin de s'attendre à cet événement, qui paraît leur causer un véritable déplaisir.

Le roi d'Angleterre est d'accord aussi avec l'archiduc ; car, dans le voyage que ce dernier prince vient de faire en Espagne, il lui a fourni de l'argent et deux mille hommes d'infanterie.

Les barons napolitains qui se trouvent en Espagne, c'est-à-dire ceux qui ont été bannis et qui espéraient que par les traités entre la France et l'Espagne on les remettrait en possession de leurs biens, se voyant trompés dans leur attente, ont envoyé un homme de confiance au roi de France pour réclamer de nouveau son appui. Le duc de Valentinois, qui se trouve également prisonnier en Espagne, a aussi envoyé auprès du roi pour implorer son secours ; et le roi a nommé un ambassadeur chargé d'appuyer les réclamations des barons et du prince.

Le pape cherche à prendre des Suisses à sa solde ; il demande des hommes d'armes à la France, et annonce vouloir tenter la conquête de Bologne et de Pérouse. Les Français, qui voudraient se venger de Pandolfo Petrucci, promettent de favoriser le saint-père dans ses entreprises contre Pérouse, pourvu qu'il ne prenne à sa solde qu'un petit nombre de Suisses et qu'il consente à laisser Bologne en repos : mais s'il en veut beaucoup, les Français tâcheront de l'empêcher *juxtà posse;* car ils regardent cette résolution comme d'une tout autre importance que la conquête de Bologne et de Pérouse, et ils craignent qu'elle ne cache le dessein secret de favoriser les projets de l'empereur.

Le roi de France a envoyé, ou du moins est sur le point d'envoyer un ambassadeur aux Suisses. On le nomme le grand juge de Provence. Après s'être efforcé de maintenir les Suisses dans la résolution de ne prendre de l'argent que du roi, il doit se rendre d'abord à Venise, pour engager les Vénitiens à observer, sans se laisser ébranler, les conditions des traités ; puis en Hongrie, pour tâcher de semer la discorde entre les Hongrois et l'empereur.

Le bailli de Dijon est de retour à la cour, où il passe pour être en grande faveur : on en donne pour raison la parfaite connaissance qu'il a des affaires d'Allemagne.

D'Argenson est envoyé avec quatre gentilshommes sur les frontières de l'Allemagne, pour tâcher de soustraire à l'obéissance de l'empereur quelques ligues allemandes qui ne fournissent en faveur de ce prince ni hommes ni argent.

Le roi de France n'observe pas les conditions du traité conclu dernièrement avec l'empereur par le cardinal de Rouen (d'Amboise). En effet, il y a peu de temps qu'il est venu à la cour un ambassadeur pour réclamer, en vertu des traités, des troupes et de l'argent. Le roi n'a voulu accorder ni l'un ni l'autre ; mais il lui a donné congé en lui disant qu'il enverrait de son côté des ambassadeurs à l'empereur, pour lui faire entendre, etc.

Le roi de France a donné sa fille en mariage au duc d'Angoulême, et fait jurer à tous les grands du royaume d'être fidèles à ce prince, dans le cas où lui-même viendrait à mourir sans enfant mâle. Il lui a donné pour dot le comté de Blois, et cent mille ducats ; et la reine lui a fait don, de son côté, de la même somme, et du duché de Bretagne, dans le cas où elle ne laisserait pas d'enfant mâle en mourant.

Les Vénitiens et le roi n'ont conclu aucun nouvel arrangement ; ils continuent à se faire bon visage et à vivre sur leur ancienne amitié.

Le roi de France a chargé monseigneur....., qui a rempli les fonctions d'ambassadeur du pape et qui retourne en Italie, de visiter Ferrare, Mantoue, Bologne et Florence ; de leur promettre de sa part monts et merveilles, et de tâcher de les maintenir dans son intérêt pendant le séjour de l'empereur, dans le cas toutefois où ce prince viendrait en effet dans ce pays.

Il ne me suffit pas de vous donner ces nouvelles ; il faut encore vous rapporter les commentaires qu'elles font naître, même parmi nos plus sages citoyens ; et quoique vous soyez au nombre des sages, et que vous puissiez les commenter aussi bien qu'eux, je crois qu'il vous sera agréable de savoir ce qu'ils disent.

Ces avis étant vrais, il y a plus lieu de croire que le roi des Romains viendra en Italie que d'imaginer le contraire; et voici comment ils raisonnent. Lorsque l'on veut juger si un homme agira d'une certaine manière, il faut considérer d'abord s'il en a la volonté; ensuite quelles sont les circonstances qui peuvent favoriser ou contrarier ses entreprises. Or tout prouve que l'empereur a le désir de se rendre en Italie. D'abord, il doit raisonnablement l'avoir pour son propre honneur et pour assurer sa dignité sur la tête de son fils; en second lieu, pour se prévaloir... et des Italiens, et recouvrer son honneur, qu'il a perdu lorsqu'il est venu la première fois en Toscane [1]. Il est donc évident que sa volonté est de venir dans ce pays. Maintenant, si l'on considère quels sont les obstacles capables de le retenir, ou les secours qui peuvent le favoriser, il suffit de jeter un coup d'œil sur l'état des affaires tant à l'intérieur qu'à l'extérieur. On ne comprend pas trop bien ici sur quel pied se trouvent les premières; toutefois on le croit plus puissant qu'autrefois, depuis qu'il a dompté le comte Palatin, et que l'on a déjà fixé le contingent que doivent lui fournir les villes et les seigneurs pour passer avec lui en Italie. Les États qui l'environnent sont, l'archiduc, la France et l'Angleterre; ceux qui existent en Italie, où il prétend venir, sont, le pape, les Vénitiens, l'Espagne, les Florentins, et une foule d'autres petites principautés. Si, encore une fois, ces bruits sont fondés, on voit que l'archiduc, l'Espagne et l'Angleterre, sont d'accord; et s'ils sont d'accord il faut bien qu'ils fassent cause commune avec l'empereur, puisque l'archiduc est son fils, et qu'il s'agit d'un avantage qui est commun à tous deux. Le pape, quoiqu'il négocie avec la France pour en obtenir des troupes, paraît devoir être plus favorable aux affaires de l'empereur; car telle est la force de la raison et de sa position. En effet, la fortune de la France est désormais fatiguée, surtout en Italie, depuis les derniers événements qui viennent de s'y passer; au lieu que celle de l'empereur est pour ainsi dire toute fraîche; et le souverain pontife doit vouloir tirer aujourd'hui de l'empereur les mêmes avantages qu'Alexandre VI obtint autrefois de la France. Une fois que les États les plus puissants d'Italie sont d'accord entre eux, il devient inutile de s'occuper des petits. Quant aux plus puissants, les seuls que la présence de l'empereur serait dans le cas de mécontenter, et qui, en se réunissant, pourraient s'y opposer, sont les Français et les Vénitiens: mais tous deux n'agiront qu'avec circonspection, se méfieront mutuellement l'un de l'autre; et il reste à savoir s'ils tenteront d'arrêter l'empereur ou par adresse ou par force. Il est probable qu'ils feront jouer tous les ressorts pour troubler son entreprise, comme le marquent les nouvelles que l'on reçoit de France: mais on ne croit pas que l'art suffise, et que, s'il faut en venir à la force, on veuille user de ce moyen; car il n'est pas à présumer que le roi de France s'expose, contre le gré de l'Angleterre, de l'archiduc et de l'Espagne, à faire la guerre à l'empereur. On ne croit pas non plus que les Vénitiens, dont le territoire deviendrait le théâtre de la guerre, voulussent en venir là; car ils auront toujours peur que les Français ne les abandonnent au plus fort du danger. Voilà ce qui donne lieu de penser que l'intrigue et l'adresse ne pouvant empêcher l'empereur de se rendre en Italie, on le laissera venir, et que chacun se contentera de bien garder ce qui lui appartient; et, si l'on est obligé d'en venir aux mains avec lui, on attendra qu'il soit entièrement passé, comme firent le duc de Milan et les Vénitiens lorsque le roi Charles VIII donna ce premier exemple.

L'empereur, de son côté, sera satisfait si on le laisse entrer sans obstacles; car il sera plus avantageux pour lui de faire la guerre par la suite que de la faire d'abord. La raison en est qu'il est conduit en Italie par deux motifs: le premier est le désir de recevoir la couronne; le second, de venger son affront. S'il faisait la guerre avant d'avoir reçu la couronne, et qu'il fût vaincu, il ne pourrait jamais espérer de l'obtenir. Mais une fois couronné, que la guerre ait pour lui une issue heureuse ou malheureuse, la couronne ne pourra plus lui être enlevée, et il ne s'en retournera jamais qu'avec la moitié de sa honte. Il lui importe d'ailleurs fort peu de faire la guerre d'un côté ou de l'autre, s'il a pour lui l'amitié du pape et de cette foule de princes que l'autorité d'un tel exemple aura entraînés.

[1] En 1496.

Je viens de vous faire perdre bien du temps, je le sais : mais vous voudrez bien me pardonner. Si vous désirez toutefois un supplément à cette *bible*, vous n'avez qu'à parler.

NICOLAS MACCHIAVELLI.

Florence, 12 juin 1506.

LETTRE VIII.

A une dame.

TRÈS-ILLUSTRE DAME,

Puisque votre seigneurie désire connaître les changements qui ont eu lieu ces jours derniers dans notre Toscane, je me ferai un plaisir d'autant plus grand de vous en rendre compte, qu'en satisfaisant à vos désirs je vous montrerai le triomphe de vos amis et celui de mes protecteurs; deux circonstances qui suffisent pour effacer tous les motifs de tristesse, quelque nombreux qu'ils soient, que la suite de mon récit va mettre sous vos yeux.

Lorsque la diète de Mantoue eut arrêté que les Médicis seraient rétablis dans Florence, et que le vice-roi fut parti pour retourner à Modène, on craignit fortement à Florence que l'armée espagnole ne pénétrât en Toscane : néanmoins, comme on n'avait aucune certitude sur ce point, à cause du secret dont la diète avait enveloppé toutes ses résolutions; comme, d'un autre côté, beaucoup de personnes ne pouvaient se persuader que le pape laissât les Espagnols venir mettre le désordre dans les états de la république, et que d'ailleurs les lettres de Rome annonçaient qu'il ne régnait pas un parfait accord entre les Espagnols et Sa Sainteté, chacun resta dans le doute, et l'on ne prit aucune mesure, jusqu'à ce que la certitude de tout ce qui s'était passé nous arriva par la voie de Bologne. L'ennemi n'étant déjà plus qu'à une journée de nos frontières, toute la ville, à la nouvelle de cette attaque soudaine et inattendue, fut saisie d'épouvante. On délibéra sur ce qu'il fallait faire; et lorsqu'on eut senti qu'il était trop tard pour garder le passage des montagnes, on résolut d'envoyer deux mille hommes d'infanterie à Firenzuola, château situé sur la frontière, entre Florence et Bologne, dans l'espoir que les Espagnols, pour ne pas laisser sur leurs derrières un corps de troupes aussi nombreux, se détourneraient de leur marche pour former le siége de ce château, et nous donneraient ainsi le temps de grossir notre armée et de résister avec plus d'avantage à leur attaque. On crut de la prudence de ne pas faire tenir la campagne à nos troupes, mais de se borner à défendre la position de Prato, place très-forte, située dans la plaine, au pied des montagnes par où l'on descend dans le Mugello, et éloignée seulement de Florence de dix milles. Cette place paraissait assez vaste pour contenir toute notre armée en sûreté, et sa position, voisine de Florence, semblait la rendre susceptible d'être secourue facilement si les Espagnols se portaient de ce côté.

Lorsqu'on eut pris cette résolution, toutes nos forces se mirent en mouvement pour aller occuper les points désignés. Cependant le vice-roi, dont l'intention n'était pas de s'arrêter devant les places fortes, mais de se porter immédiatement sur Florence, pour y changer le gouvernement, à la faveur du parti sur lequel il comptait, laissa derrière lui Firenzuola, et, franchissant l'Apennin, descendit à Barberino di Mugello, château éloigné de Florence de dix-huit milles, et s'empara sans obstacle de toutes les bourgades du pays qui, dépourvues de tout secours, furent contraintes de recevoir ses ordres et de fournir des vivres à son armée selon leurs moyens.

Cependant on avait réuni à Florence un assez grand nombre de troupes; et, dans un conseil des condottieri d'hommes d'armes, on délibéra pour savoir de quelle manière on pourrait résister à cette attaque. L'avis général fut qu'il ne fallait point songer à se défendre à Prato mais bien à Florence; ne croyant pas, si l'on se renfermait dans cette première place, pouvoir résister au vice-roi, dont on ne connaissait pas précisément les forces, mais dont on pouvait croire, en voyant l'ardeur avec laquelle elles se précipitaient sur la Toscane, qu'il était impossible à notre armée de leur résister. Ils regardaient donc comme une mesure beaucoup plus sûre de se réunir dans Florence même, où, avec le secours du peuple, l'armée suffirait pour garder la ville et pour la défendre; cette mesure même permettait de tenter de garder le Prato en y laissant un corps de trois mille hommes. Cet avis obtint l'assentiment général, et surtout celui du gonfalonier, qui se crut d'autant plus à l'abri contre les tentatives du parti ennemi, que les forces qu'il aurait autour de lui seraient plus considérables.

Telle était la situation des affaires lorsque le vice-roi envoya ses ambassadeurs. Ils exposèrent à la seigneurie que les Espagnols ne venaient pas comme ennemis dans les états de la république; qu'ils ne voulaient porter aucune atteinte à ses libertés ni à son gouvernement, et qu'ils n'avaient d'autre but que de s'assurer par eux-mêmes que l'on abandonnerait le parti des Français pour se réunir à la ligue commune qui ne pouvait nullement compter sur le gouvernement et sur ses promesses tant que Pierre Soderini resterait gonfalonier, parce qu'on le connaissait pour un partisan des Français; qu'en conséquence ils demandaient sa déposition, et consentaient à ce prix que le peuple de Florence nommât pour le remplacer celui d'entre ses concitoyens qu'il en croirait le plus digne. Le gonfalonier répondit à ce discours qu'il n'était arrivé à cette place ni par artifice ni par force, mais par la seule faveur du peuple; qu'en conséquence, quand tous les rois de la terre s'uniraient pour lui ordonner de déposer sa dignité, il n'y consentirait jamais; mais que si le peuple désirait qu'il la quittât, il le ferait aussi volontiers qu'il l'avait acceptée quand on lui confia une dignité que son ambition n'avait point sollicitée. Pour mieux connaître l'esprit du peuple, à peine l'ambassadeur fut-il éloigné qu'il convoqua tout le conseil et lui donna connaissance de la proposition qu'on venait de lui faire; et il offrit, si tel était le bon plaisir du peuple, et que sa démission fût jugée nécessaire pour le rétablissement de la paix, de se retirer chez lui sur-le-champ; car, n'ayant jamais eu d'autre mobile de toutes ses actions que le bonheur de la cité, il aurait trop de chagrin qu'elle s'exposât à la moindre disgrâce par amour pour lui. Chacun, d'une voix unanime, refusa sa démission, et tous s'offrirent à le défendre au péril de leur vie.

Sur ces entrefaites, l'armée espagnole s'était présentée devant Prato, et lui avait livré un vigoureux assaut; mais, comme elle n'avait pu s'en emparer, le vice-roi commença à entamer des négociations d'arrangement avec l'ambassadeur florentin, qui repartit pour Florence avec un des envoyés de Son Excellence. Elle offrait de se contenter d'une certaine somme d'argent et consentait à ce que la cause des Médicis fût remise entre les mains de Sa Majesté catholique, qui pourrait employer la prière et non la force pour engager les Florentins à les recevoir dans leurs murs. Lorsque les envoyés furent arrivés avec ces nouvelles propositions, que l'on connut la faiblesse des Espagnols, que l'on eut répandu le bruit qu'ils mouraient de faim, que Prato était susceptible d'une vigoureuse défense, la confiance du gonfalonier et du peuple par lequel il se laissait gouverner s'accrut au point que, malgré le conseil de tous les gens sages de faire la paix, le gonfalonier mit tant de lenteur dans ses résolutions, que l'on apprit bientôt que Prato était pris. Les Espagnols, après avoir fait une brèche aux remparts, avaient commencé à repousser ceux qui les défendaient, et les avaient si fort effrayés qu'après quelques instants de résistance ils les avaient forcés à prendre tous la fuite. Alors les ennemis s'étaient précipités dans la ville, l'avaient livrée au pillage, massacrant tous ceux qui s'offraient à leurs coups, et se livrant à mille scènes d'horreur. J'en épargnerai les détails à votre seigneurie, pour ne point affliger sa sensibilité : je vous dirai seulement qu'il y eut plus de quatre mille habitants de massacrés; les autres furent pris et obligés de se racheter aux conditions les plus dures; les vierges, qu'auraient dû défendre les asiles sacrés, ne furent point épargnées, et les autels furent souillés d'infamies et de sacriléges.

Cette nouvelle jeta l'épouvante dans Florence; le gonfalonier seul n'en fut point effrayé. Plein de confiance dans je ne sais quelles espérances et dans le dévouement que le peuple lui avait témoigné quelques jours auparavant, il se flatta de conserver Florence, et de contenter les Espagnols en leur prodiguant l'argent, à condition néanmoins que les Médicis demeureraient exclus.

Les envoyés chargés de faire ces propositions remplirent leur mission; mais ils rapportèrent pour toute réponse qu'il fallait absolument recevoir les Médicis, ou s'attendre à la guerre. Chacun alors commença à craindre pour le sort de la ville, en songeant à la lâcheté que nos soldats avaient montrée dans le siége de Prato: la noblesse, de son côté, augmenta cette frayeur en témoignant ouvertement son intention de changer le gouvernement; de sorte que le lundi soir, 30 août, à la dernière heure de la nuit, nos envoyés eurent ordre de conclure avec le vice-roi, à quelque prix que ce fût. L'épouvante fut au comble : les habitants qui gardaient le palais et les autres postes de la ville les abandonnèrent avec précipitation, et la seigneurie, désormais sans défense, fut contrainte de relâcher une foule de citoyens, qui depuis quelques jours avaient été renfermés au palais sous bonne garde parce qu'ils étaient suspects de favoriser les Médicis. Ces prisonniers, joints à un grand nombre des principaux de la noblesse qui désiraient recouvrer leur crédit dans l'État, s'enflammèrent de tant d'audace que le mardi matin ils se rendirent en armes au palais, occupèrent toutes les portes, et forcèrent le gonfalonier à le quitter; et ce ne fut que sur les instances de plusieurs personnes moins emportées que l'on consentit à le laisser s'éloigner sans lui faire violence. C'est ainsi que le gonfalonier retourna à sa maison sous l'escorte de ces mêmes hommes; et la nuit suivante il partit pour Sienne en nombreuse compagnie, et du consentement de la seigneurie.

Au milieu de tous ces événements le gouvernement avait pris une autre forme; mais comme le vice-roi ne voyait dans ce changement une garantie suffisante ni par la famille des Médicis ni par la Ligue, il signifia aux seigneurs l'ordre de rétablir l'État sur le même pied que du vivant du magnifique Laurent. Les nobles ne demandaient pas mieux que d'obéir à cet ordre; mais ils craignaient que la multitude ne voulût point y concourir; et tandis qu'on discutait sur la manière de se conduire dans la circonstance, le légat fit son entrée à Florence, accompagné d'un assez grand nombre de troupes, composées en partie d'Italiens. Le 16, les seigneurs ayant réuni au palais une certaine quantité de citoyens, parmi lesquels se trouvait le magnifique Giuliano, délibéraient sur la réforme du gouvernement, lorsqu'il s'éleva par hasard un peu de tumulte sur la place. Ramazotto et sa troupe saisirent ce prétexte pour prendre les armes, et s'emparèrent du palais en criant : *Les balles! les balles !* Soudain toute la ville fut en armes, et le même cri retentit de toutes parts. Les seigneurs se virent contraints alors de convoquer l'assemblée du peuple, que nous appelons *parlement;* et l'on y promulgua une loi qui rétablissait les Médicis dans tous les honneurs et dignités qu'avaient possédés leurs ancêtres. C'est ainsi que le calme le plus parfait fut rétabli dans la ville. Elle espère ne pas vivre moins honorablement sous leur protection que dans les temps passés, lorsque leur père, le magnifique Laurent, de glorieuse mémoire, les gouvernait.

Telles sont, très-illustre dame, les circonstances particulières de cette grande révolution. Je n'ai pas voulu m'appesantir sur certains détails qui auraient pu vous déplaire, ou comme affligeants ou comme de peu d'importance; je me suis étendu sur tout le reste autant que peuvent le permettre les limites d'une lettre. Si j'ai satisfait aux désirs de votre illustrissime seigneurie, je suis assez récompensé; dans le cas contraire, je réclame mon pardon de votre indulgence. *Quæ diù et felix valeat* [1].

NICOLAS MACCHIAVELLI

LETTRE IX.

A FRANCESCO VETTORI, ambassadeur de la république de Florence près du saint-siége, à Rome.

Ainsi que Paolo Vettori vous l'aura appris, je suis enfin sorti de prison, à la satisfaction de toute la ville [2]; et quoique ma sortie ait précédé les bons offices que j'attendais de vous et de Paolo en cette circonstance, je ne vous en ai pas moins d'obligation. Je ne vous rappellerai pas la longue histoire de mes malheurs : il suffit de vous dire que la fortune semble s'être fait un plaisir de m'accabler. Mais, grâces à Dieu, mes maux sont enfin terminés. J'espère d'ailleurs ne plus me voir exposé aux mêmes dangers. Je serai désormais plus avisé; et il faut espérer que

[1] La date de cette lettre manque, ainsi que le nom de la personne à laquelle elle est adressée. La copie s'en trouve rapportée ainsi dans les manuscrits de Julien de' Ricci, neveu de l'auteur. Quant à sa date, elle doit être du mois de septembre 1512; quant à la personne, Julien conjecture que c'est madame Alfonsine, mère de Laurent de Médicis qui fut par la suite duc d'Urbin.

[2] Macchiavelli avait été arrêté comme soupçonné d'avoir trempé dans le complot formé pour tuer le cardinal Jean de Médicis, pendant qu'il se rendait à Rome pour assister au conclave. On l'appliqua à la torture. Il fut mis en liberté, lui et les autres conjurés, lors de l'élévation du cardinal Jean au trône pontifical sous le nom de Léon X. Son exil devait également finir dans le cours de l'année.

le gouvernement, délivré de ses soupçons, se montrera plus libéral.

Vous savez dans quel état se trouve notre pauvre Totto : je vous le recommande, ainsi qu'à Paolo. Son désir particulier ainsi que le mien serait d'obtenir une place dans la maison du pape, d'être inscrit sur le contrôle et d'en recevoir le brevet : c'est de quoi nous vous prions tous deux instamment.

Rappelez-moi, je vous prie, au souvenir de notre saint-père, et tâchez qu'il m'emploie, s'il est possible, lui ou les siens, dans quelques affaires ; je suis convaincu que je vous ferais honneur, et cela me serait fort utile.

NICOLAS MACCHIAVELLI.

Florence, le 13 mars 1512 (1513).

LETTRE X.

A NICOLAS MACCHIAVELLI [1].

HONORABLE COMPÈRE,

Depuis huit mois j'ai éprouvé les plus vifs chagrins que j'aie jamais ressentis dans aucun temps de ma vie, sans compter encore ceux que vous pouvez ignorer. Cependant rien ne m'a plus profondément affligé que la nouvelle de votre arrestation ; car j'ai pensé sur-le-champ que, sous le moindre prétexte, vous seriez exposé à la torture ; et malheureusement je ne me suis pas trompé. J'éprouve un véritable regret de n'avoir pu vous servir comme le méritait la confiance que vous aviez en mon amitié ; et j'ai eu bien du regret lorsque votre fidèle Totto m'a envoyé votre estafette et que je me suis vu dans l'impossibilité de rien faire pour vous. Cependant, à peine le pape avait-il été élu que je m'étais adressé à lui, lui demandant pour toute faveur votre délivrance : je n'en suis pas moins charmé que mes désirs aient été prévenus. Maintenant, mon cher compère, tout ce que je vous conseille, c'est d'opposer un cœur ferme à la persécution, comme vous l'avez fait dans toutes les circonstances de votre vie. Prenez espoir que, puisque tout est tranquille et que la fortune de ceux-ci (les Médicis) a triomphé de toutes les volontés et de tous les discours, vous ne serez pas condamné à rester éternellement par terre, et que vous jouirez enfin d'une entière liberté. Si je dois demeurer ici, ce que j'ignore absolument, j'exige que vous veniez passer auprès de moi tout le temps que vous pourrez me donner. Lorsque j'aurai l'esprit un peu plus tranquille, je vous écrirai pour vous dire si je reste. J'en doute un peu, car je crois que ce seront des gens d'une autre importance que moi qui voudront me remplacer. Quoi qu'il arrive, je prendrai mon mal en patience.

FRANCESCO VETTORI, ambassadeur à Rome.

Le 15 mars 1512 (1513).

[1] Les éditeurs italiens ayant formé le dessein de publier les lettres de Macchiavelli à ses amis, ont cru devoir rapporter également quelques-unes de celles que ces derniers, entre autres Vettori et François Guicciardini, lui adressaient. Outre l'intérêt général qu'elles présentent, elles ont le mérite de donner des lumières sur la vie de l'auteur et sur ses ouvrages, et d'éclaircir en même temps plusieurs passages de ses lettres, qui sans ce secours auraient été inintelligibles ou du moins très-obscurs. C'est la raison qui nous a déterminés à les conserver dans la traduction française.

LETTRE XI.

A FRANCESCO VETTORI.

MAGNIFIQUE AMBASSADEUR,

La lettre pleine d'affection que vous m'avez écrite m'a fait oublier tous mes chagrins passés ; et quoique je fusse convaincu de votre tendresse pour moi, rien ne pouvait m'être plus agréable que les assurances qu'elle m'en donne. Je vous en remercie autant qu'il dépend de moi, et je prie Dieu qu'il m'accorde de pouvoir vous en témoigner ma reconnaissance par quelque service, car je puis dire que tout ce qui me reste de vie, c'est au magnifique Giuliano et à votre cher Paolo que je le dois. Vous voulez que j'oppose un cœur ferme aux coups de la fortune : apprenez donc avec quelque satisfaction que dans mon malheur je les ai supportés avec tant de fermeté, que je m'en veux du bien à moi-même, et qu'il me semble que je vaux mieux que je ne l'aurais cru. Si nos nouveaux maîtres ne veulent point me laisser de côté, j'en ressentirai la plus vive satisfaction, et je crois que je me conduirai de manière à leur donner l'occasion de s'en applaudir. S'ils croient devoir me refuser cette faveur, je vivrai comme lorsque je vins au monde. Je suis né pauvre, et j'ai appris à souffrir bien plus qu'à jouir. Si vous demeurez quelque temps à Rome, j'irai, suivant le conseil que vous me donnez, passer quelque temps auprès de vous. Pour en finir en peu de mots, je me recommande à vous et à Paolo, à qui je n'écris pas, parce qu'il me serait impossible de lui dire autre chose.

J'ai communiqué l'article concernant Filippo à quelques amis communs, qui se sont réjouis de ce qu'il avait pu réussir ainsi à se sauver; ils se plaignent cependant du peu d'estime et de cas qu'en a fait Giovanni Cavalcante. En réfléchissant d'où cela pouvait provenir, ils ont découvert que le Brancaccio avait informé ce dernier que Filippo avait été chargé par son frère de recommander au pape Giovanni, fils d'Antonio, et que c'est par ce motif qu'il a refusé de le recevoir. Si cela est faux, ils blâment beaucoup Giuliano d'avoir donné lieu à tout ce scandale; mais si cela est vrai, Filippo a grand tort de s'être chargé de cures désespérées. Conseillez-lui donc d'être une autre fois plus prudent; et dites à Filippo que Nicolas degli Agli le publie dans tout Florence. J'ignore d'où cela peut naître; mais il le poursuit avec si peu de ménagement et de considération, et son acharnement est si grand que chacun en est émerveillé. Avertissez en conséquence Filippo, et dites-lui que s'il sait d'où peut provenir cette inimitié, il tâche d'y remédier par quelque moyen. Hier Nicolas est venu me trouver avec une liste à la main, où se trouvent toutes les mauvaises langues de Florence; et il m'a dit qu'il les payait afin qu'elles dissent du mal de Filippo, dont il voulait à toute force se venger. Je n'ai pas voulu vous laisser ignorer toute cette intrigue, afin que vous puissiez l'en avertir et me recommander à lui.

Toute notre société se rappelle à votre souvenir, depuis Tommaso del Bene jusqu'à notre Donato. Nous allons tous les jours chez quelque fille pour reprendre des forces. Hier nous nous sommes amusés à aller voir passer la procession dans la maison de la Sandra di Pero. C'est ainsi, que je me livre à tous les amusements possibles, tâchant de goûter encore les plaisirs d'une vie que je regarde comme un rêve.

NICOLAS MACCHIAVELLI.

Florence, le 18 mars 1512 (1513).

LETTRE XII.

A NICOLAS MACCHIAVELLI.

Nicolas, mon cher compère, j'ai reçu dans huit jours deux de vos lettres; et quoique je vous eusse dit que je ne voulais plus ni plaisanter ni parler raison, cependant les événements qui viennent de se passer m'avaient fait changer de résolution; mais je ne puis l'exécuter encore aujourd'hui, à cause du départ du courrier, qui ne me laisse pas le temps d'écrire: je me réserve donc pour un autre moment. Je me bornerai seulement à vous dire que si la trêve entre la France et l'Espagne a lieu réellement, il faut nécessairement en conclure que le roi d'Espagne n'est pas cet homme plein de finesse et de prudence qu'on ne cesse de nous vanter, ou que l'on machine quelque chose, ou que ce que nous avons dit si souvent est enfin entré dans la cervelle de ces princes; c'est-à-dire que l'Espagne, la France et l'empereur s'entendent entre eux pour partager notre malheureuse Italie. Et si quelqu'un de ceux qui épluchent cette affaire me disait qu'il n'en est rien, je ne le croirais nullement: je serais plutôt tenté de me rapprocher de ceux qui la mesurent à la grosse, car de nos jours cette manière de mesurer les événements est celle qui réussit le plus souvent.

Si je ne pensais à vos affaires je ne songerais point aux miennes; et vous pouvez être persuadé que s'il vous arrivait quelque chose d'agréable ou d'avantageux, je n'en aurais pas moins de satisfaction que si ce bonheur m'arrivait à moi-même. J'ai mûrement réfléchi s'il serait utile que je parlasse pour vous au cardinal Soderini: il me semble que non; car, bien qu'il se donne beaucoup de mouvement et que, suivant les apparences, il soit assez avant dans la confiance du pape, comme il a contre lui un grand nombre de Florentins, je ne sais trop s'il serait bien à propos qu'il vous mît en avant. J'ignore d'ailleurs s'il le ferait avec plaisir; car vous savez combien sa conduite est méticuleuse. Je ne sais pas non plus si je suis bien propre à être médiateur entre vous et lui. Il m'a bien fait quelques avances d'amitié, mais elles n'ont pas été telles que j'aurais dû m'y attendre; et, d'un autre côté, la conservation de Pierre Soderini m'a mis fort mal dans l'esprit d'un parti, et l'autre m'en a su très-peu de gré. N'importe, il me suffit d'avoir satisfait à ce que je devais à la république, à l'amitié, et surtout à moi-même.

Si je reste ici, comme Paolo sera des Huit [1], il vous sera aisé d'obtenir la permission de venir auprès de moi; et nous verrons s'il sera possible de tant ramer, que nous puissions aborder quelque part. Si nous ne réussissons pas, nous saurons trouver sans peine dans mon voisinage une jeune fille avec laquelle nous pourrons passer le temps. Voilà la route que nous devons prendre, et nous saurons bientôt à quoi nous en tenir.

FRANCESCO VETTORI, ambassadeur à Rome.

Le 9 avril 1513.

LETTRE XIII.

A FRANCESCO VETTORI.

MAGNIFIQUE AMBASSADEUR,

Lorsque j'eus aperçu la pâleur de son front, je m'écriai: Comment veux-tu que je vienne si tu t'épouvantes, toi qui as coutume de me rassurer au milieu de mes craintes? [2]

Votre lettre m'a fait plus d'impression que la torture [3], et je vois avec peine que vous ayez l'idée que je puisse me laisser affecter pour ce qui me concerne, car j'ai pris le parti de tout supporter avec indifférence; et ce n'est que pour ce qui vous regarde que je suis sensible. Je vous engage à imiter les autres, qui font leur chemin par l'effronterie et la ruse plutôt que par le talent et la prudence. Quant à la nouvelle de Totto, il suffit qu'elle vous soit désagréable pour qu'elle le soit également pour moi. Je n'y pense plus autrement; et si vous ne pouvez réussir, il n'y a qu'à laisser cette affaire suivre son cours. Je vous répète, une fois pour toutes, que quelle que soit la demande que je vous adresse, vous ne devez point vous en affecter, car je la verrais échouer sans m'en émouvoir.

S'il vous déplaît de parler d'affaires, parce que la plupart du temps vous en voyez les résultats tout différents des conjectures que vous avez formées, vous avez bien raison : pareille chose m'est arrivée. Si pourtant je pouvais m'entretenir avec vous, je ne saurais m'empêcher de vous remplir la tête de mes châteaux en Espagne; car la fortune ayant voulu que je ne puisse raisonner ni sur l'art de la soie ni sur l'art de la laine, ne sachant parler ni de gains ni de pertes, je suis forcé de m'occuper des affaires de l'État; et il faut me décider à me taire ou à parler politique. Si je pouvais sortir des limites de la république [1], je viendrais aussi demander si le pape est chez lui : mais parmi toutes les grâces que l'on accorde, la mienne, par ma propre négligence, est restée en terre : j'attendrai donc jusqu'au mois de septembre.

J'entends dire partout que le cardinal Soderini se démène le plus qu'il peut auprès du pape. Je désire savoir de vous si vous jugez à propos que je lui écrive pour le prier de me recommander à Sa Sainteté, ou s'il vaut autant que vous fassiez de vive voix cette démarche en ma faveur auprès du cardinal, ou s'il n'est pas mieux encore de ne faire ni l'un ni l'autre. Veuillez me répondre deux mots sur ce point.

Vous me faites rire avec votre cheval; vous me le payerez quand je m'en souviendrai et non auparavant.

A l'heure qu'il est notre archevêque doit être mort : Dieu veuille avoir son âme ainsi que celle de tous les siens!

NICOLAS MACCHIAVELLI.

Florence, le 9 avril 1513.

LETTRE XIV.

Au même.

MAGNIFIQUE AMBASSADEUR,

Je vous ai écrit samedi dernier; et quoique je n'aie rien de plus à vous dire aujourd'hui, je ne veux point laisser passer ce samedi sans vous écrire.

Vous connaissez notre société; elle ressemble à une chose égarée: pauvres oiseaux effarouchés, le même colombier ne nous rassemble plus, et le délire semble en avoir saisi tous les princi-

[1] Ancienne magistrature de Florence pour les affaires criminelles. Macchiavelli ne pouvait s'éloigner du lieu fixé pour son ban sans qu'elle le lui eût permis.

[2] Traduction d'un *terzetto* du Dante.

[3] Macchiavelli parle ici de la torture à laquelle il fut appliqué.

[1] Il désigne le lieu de son exil.

paux membres. Tommaso est devenu bizarre, fantasque, ennuyeux, et si avare, qu'à votre retour il vous semblera un autre homme. Je veux vous raconter ce qui m'est arrivé. La semaine dernière il avait acheté sept livres de veau, qu'il envoya chez Marione : bientôt après il trouva qu'il avait fait une trop grande dépense ; et voulant la faire partager à quelqu'un, il se mit à mendier un convive qui voulût venir dîner avec lui. Touché de compassion, j'y menai deux personnes que je lui recrutai moi-même. Nous dînâmes; et lorsqu'on en vint à faire le compte, chacun fut taxé à quatorze sous. Je n'en avais sur moi que dix : je restai donc lui en devoir quatre. Depuis ce moment il me les redemande chaque jour; et hier soir il me fit presque une scène à ce sujet sur le *Ponte-Vecchio*. Je ne sais si vous trouvez qu'il a raison; mais ce n'est qu'une bagatelle auprès de toutes les autres choses qu'il fait.

La femme de Girolamo del Garbo est morte, et son mari est resté trois ou quatre jours étourdi comme un poisson hors de l'eau. Mais depuis il est tout ragaillardi : il veut à toute force se remarier; et chaque soir, sur le banc de' Capponi, il n'est question entre nous que de ce nouveau mariage. Le comte Orlando s'est laissé éprendre de nouveau d'un jeune garçon de Raguse, et l'on ne peut plus en jouir. Donato a ouvert une autre boutique, où il fait couver des pigeons : il court toute la journée de l'ancienne à la nouvelle, et il semble un imbécile. Il va tantôt avec Vincenzo, tantôt avec une béguine, tantôt avec un de ses garçons, tantôt avec un autre; toutefois je n'ai point vu qu'il se soit encore mis en colère avec Riccio. Je ne sais d'où cela provient. Quelques personnes pensent que c'est parce qu'il lui convient plus qu'un autre. Quant à moi je ne saurais former aucune conjecture. Pier Filippo di Bastiano est de retour à Florence : il se plaint terriblement du Brancaccino, mais en général et sans avoir articulé encore aucun fait particulier. S'il en vient là, je vous en informerai afin que vous puissiez l'avertir.

Quant à moi, si quelquefois je ris, si quelquefois je chante, c'est que je n'ai que cette voie pour exhaler mes douleurs et mes larmes.

S'il est vrai que Jacopo Salviati et Matteo Strozzi aient obtenu leur congé, vous résiderez à Rome avec un caractère public; et puisque Jacopo nous reste, je ne vois pas qui l'on pourrait garder de tous ceux qui sont là-bas pour vous renvoyer : mon avis est donc que vous pourrez demeurer à Rome aussi longtemps que vous le voudrez. Le magnifique Giuliano doit bientôt se rendre dans cette ville : vous trouverez ainsi naturellement le moyen de m'être utile; il en est de même à l'égard du cardinal Soderini. Il est donc difficile de penser que je ne puisse réussir si mon affaire est conduite avec quelque adresse et que je ne parvienne à être employé, sinon pour le compte de Florence, du moins pour celui du pape ou des États de l'Église; auquel cas je devrais être moins suspect. Dès que je saurai que vous êtes à poste fixe à la cour du souverain pontife, et qu'il ne vous paraîtra pas que je doive faire d'autres démarches, j'irai vous trouver si vous n'y voyez pour moi aucun danger. J'ai l'intime conviction que si Sa Sainteté commence une fois à se servir de moi, outre le bien que j'y trouverai, je pourrai faire honneur et me rendre utile à tous ceux qui ont de l'amitié pour moi.

Je vous écris ceci, non que cette affaire me tienne fort à cœur, ni que je veuille que vous vous mettiez pour moi dans l'embarras ou la dépense, ou que vous preniez mes intérêts avec trop d'ardeur, mais uniquement pour que vous connaissiez mes intentions, et que, s'il est en votre pouvoir de me servir, vous sachiez que mon unique bonheur est de vous devoir tout ainsi qu'à votre famille, à qui j'avoue que je suis redevable du peu que j'ai pu sauver du naufrage.

NICOLAS MACCHIAVELLI.

Florence, le 16 avril 1513.

LETTRE XV.

Je ne veux point négliger de vous faire connaître la manière dont le magnifique Lorenzo s'est conduit jusqu'à ce jour; elle est telle qu'elle a fait naître les plus heureuses espérances dans toute la cité, et tout semble rappeler en lui le souvenir des grandes qualités de son aïeul. En effet, sa magnificence apporte un grand zèle dans les affaires; elle se montre affable et pleine de générosité dans les audiences, et ne répond jamais qu'après de mûres réflexions. Bien éloigné d'imiter les autres, sa manière d'accueillir tous les citoyens est si aimable qu'on ne saurait y voir percer le moindre orgueil; cependant il ne se mêle point assez familièrement avec tout le monde pour que son affabilité nuise à sa dignité : avec les jeunes gens d'une naissance égale à la sienne, il se conduit de façon à ne s'en aliéner aucun, mais aussi à ne leur permettre jamais aucun des écarts de leur âge; en un mot, il se fait aimer et respecter plutôt que craindre; et cette conduite est d'autant plus glorieuse qu'elle offre de plus grandes difficultés.

L'ordre de sa maison est on ne peut mieux réglé; et quoiqu'on y remarque du luxe, et même de la somptuosité, rien cependant ne s'y écarte de la manière de vivre d'un simple citoyen; de sorte que, dans toute sa conduite intérieure et extérieure, il ne laisse rien voir qui puisse blesser ou qui mérite le blâme. Aussi tout le monde paraît en être extrêmement content. Quoique ce détail ne puisse manquer de vous être donné par une infinité de personnes, j'ai cru devoir vous en rendre compte moi-même, afin que sur mon témoignage vous ressentiez la même satisfaction que nous ne cessons d'éprouver chaque jour, et que, si l'occasion s'en présente, vous puissiez en donner de ma part l'assurance à notre saint-père le pape [1].

LETTRE XVI.

A Nicolas Macchiavelli.

Levé ce matin de bonne heure, je me suis mis à réfléchir que quatre florins [2], auxquels on nous a imposés à Florence, mes frères et moi, ainsi que les quatre autres auxquels notre Bernardo a été taxé, sont une charge trop considérable, surtout lorsque l'on considère combien sont peu élevées les taxes de beaucoup d'autres particuliers bien plus riches que nous : aussi, quand j'examine ma position, je ne sais que penser à cet égard. Je ne fais de commerce d'aucune espèce; mes revenus suffisent à peine pour me faire vivre : j'ai des filles à marier qui exigent une dot; dans toutes les charges publiques que j'ai exercées je me suis conduit de manière à ne rien amasser : je n'étale de luxe ni dans mon habillement ni dans ma façon de vivre; on pourrait même y trouver de la mesquinerie, quoique cependant on ne puisse m'accuser d'être serré au point d'avoir pu faire de fortes économies; car si j'ai quelques dépenses à payer, je ne veux pas qu'on vienne m'en réclamer le payement; et si j'achète quelque chose, c'est toujours plus cher que les autres. On me dira peut-être que j'ai été taxé ainsi sur l'opinion que Bernardo est riche et sans enfants, et d'après les affaires qu'on voit entreprendre à mes frères. Ce n'était point un motif pour me faire tort; et si l'on avait cette idée, il fallait au moins partager l'imposition. Je n'ai jamais offensé qui que ce soit, ni en paroles, ni en actions, ni en public, ni en particulier; j'avais même tant de confiance dans les officiers du fisc, que je m'en serais remis à leur justice pour tout ce qui touche mes intérêts. La seule idée à laquelle je puisse m'arrêter, c'est que les efforts que nous avons faits, Paolo [1] et moi, lui pour tirer le gonfalonier sain et sauf du palais, et moi pour le faire sauver de la ville, nous ont causé le plus grand mal : car tous ceux qui aimaient l'ancien état de choses ne peuvent pardonner à Paolo sa conduite; en quoi certainement ils ont tort si l'on veut bien l'examiner. Tous ceux, au contraire, qui sont partisans du gouvernement actuel m'en veulent, parce qu'ils s'imaginent que si Soderini avait cessé de vivre, il ne leur causerait plus

[1] Ce fragment de lettre a été trouvé dans les papiers écrits de la main de Macchiavelli; il manque de date et d'adresse. Il y est question de Laurent de Médicis, surnommé Lorenzino, qui fut par la suite duc d'Urbin, et qui, à cause de sa jeunesse, n'avait pas encore été l'objet des faveurs de son oncle Léon X. On a placé ce fragment à cet endroit, parce qu'il y a apparence que cette lettre était adressée à Vettori.

[2] C'est une espèce d'amende qui lui avait été imposée à Florence.

[1] Paolo Vettori, frère de l'auteur de cette lettre, fut un de ceux qui, en se réunissant aux partisans de Médicis, tirèrent le gonfalonier Soderini du palais. Il semblerait, d'après ce que dit Francesco Vettori, que son frère ne serait entré dans ce parti que pour sauver le gonfalonier, et non par inimitié. Quoi qu'il en soit, il est certain que Soderini trouva un asile dans la maison des Vettori, et qu'il en partit le lendemain matin de sa déposition, pour se réfugier à Raguse, accompagné d'une nombreuse troupe d'amis qui veillaient à sa sûrte.

aucune inquiétude. A force de rêver là-dessus, je me suis convaincu que je serais continuellement maltraité, et pour mes contributions et pour tout ce qui concerne mes intérêts. J'ai donc pris le parti de secouer ces idées; et je me suis mis à réfléchir sur tous ces changements d'intérêts, sur tous ces accords, sur toutes ces trêves qui ont eu lieu ces jours passés, et dont je ne puis combiner les résultats dans ma tête, en partant des deux points ci-après :

1° Qu'il ait été conclu entre la France et Venise un traité par lequel les Vénitiens auraient sur pied, au milieu du mois de mai, mille lances, douze cents chevau-légers et dix mille hommes d'infanterie; et qu'à la même époque le roi de France enverrait en Italie mille lances et dix mille fantassins pour faire la guerre au duché de Milan; que cet État une fois conquis il appartiendrait à la France, et que les Vénitiens auraient pour leur part Brescia, Crème et Bergame, et même, par la suite, Mantoue en échange de Crémone.

2° Que la France et l'Espagne soient convenues d'une trêve d'une année, et seulement pour les frontières des Pyrénées, avec promesse de la part de l'Espagne d'obtenir, dans l'espace de deux mois, la ratification de l'Angleterre et de l'empereur.

Si ces conve·tions et cette trêve ont eu lieu véritablement, je voudrais bien pouvoir faire avec vous une promenade dans la rue des Bardi, depuis le Ponte-Vecchio jusqu'à Cestello, en cherchant ensemble quelle a pu être en tout ceci la fantaisie de l'Espagne. Il me semble, en effet, que dans ces arrangements tout est à l'avantage de la France, et que, vu les termes où ils en sont, il en est de même pour les Vénitiens. Il est vrai que, par rapport à ces derniers, on peut avancer avec une égale certitude que le roi de France réussira dans l'entreprise qu'il va tenter sur le duché de Milan, ou qu'il y échouera. S'il échoue, les Vénitiens éprouveront les mêmes pertes; s'il réussit, devenu tout-puissant par son succès, il fera ce qu'il a déjà fait précédemment, c'est-à-dire qu'il leur manquera de parole. Mais on peut répondre à cela que si le roi ne réussit point, les Vénitiens se réduiront, selon leur coutume, à défendre Padoue et Trévise, ce qu'ils comptent pouvoir faire; et que s'il réussit, peut-être tiendra-t-il sa parole, ou qu'en tout cas ils auront toujours la ressource de défendre également Padoue et Trévise contre lui. D'ailleurs ils se consument de jour en jour, ou, comme nous disons, ils meurent d'étisie : or quiconque est accoutumé à vivre dans les grandeurs ne demeure pas volontiers dans l'humiliation, et s'expose sans hésiter à tous les périls pour remonter à son premier rang. Dans cet état de choses, il est très-possible qu'en peu de temps les Vénitiens parviennent à recouvrer, outre les États qu'ils ont perdus, et leur honneur et leur réputation; au lieu que, se laissant abattre par cette fièvre qui depuis trois ans entiers les dévore, ils marcheraient indubitablement à la mort. Enfin, si le roi devient assez puissant pour dédaigner de tenir ses promesses, il est à présumer que le reste de l'Italie partagera le même sort que les Vénitiens, et le malheur commun leur rendra le leur propre plus supportable. Mais venons au roi d'Espagne.

Ce prince s'est emparé de tout le royaume de Navarre, il a défendu Pampelune, et a paru plutôt supérieur qu'inférieur aux Français; de plus, il leur a fait la guerre en Italie sans le concours de la confédération et dans la seule crainte, a-t-il dit, qu'ils ne s'emparassent du royaume de Naples et ensuite de toute l'Italie; et néanmoins après cela, lui qui passe pour un homme habile et rusé, il conclut avec eux une trêve dans laquelle il ne peut trouver que du désavantage. Et comme nous n'avons ici que des lettres rares et des rapports incertains, nous ne savons pas bien si en ce moment il se trouve fort ou faible. Quoi qu'il en soit, on peut dire que s'il est fort il joue bien mal son jeu, en laissant reprendre des forces à un ennemi qu'il avait réduit à la nécessité de recevoir la loi qu'il voudrait lui imposer; si, au contraire, il est faible et hors d'état de soutenir la guerre, si l'Angleterre et l'empereur l'abandonnent, il devrait s'arranger définitivement avec la France, lui céder volontairement le duché de Milan, qui, vu l'armée qu'il a dans le pays, est effectivement entre ses mains : la France aurait reçu de lui cette cession comme un bienfait : elle n'aurait eu besoin ni de s'allier avec les Vénitiens, ni d'envoyer en Lombardie des troupes qui épouvantent toute l'Italie, ni de se jeter dans de nouvelles dépenses; et d'ailleurs elle se serait engagée sans peine à ne point aller plus avant. Mais au contraire par la manière dont on s'y est pris, voilà que le roi de France amène une armée en Italie; qu'il s'empare du duché de Milan par la force ; que la victoire le rend insolent ; qu'il ne se croit lié par aucune obligation envers le roi d'Espagne; qu'il ne se souvient que des injures qu'il a reçues ; qu'il n'est engagé envers lui par aucune promesse ; qu'à l'expiration de la trêve il peut justement l'attaquer et se venger ; qu'il peut le dépouiller du royaume de Naples, et par suite de celui de Castille.

On m'objectera peut-être que dans le cours de cette guerre le roi catholique a gagné le royaume de Navarre, conquête qui faisait l'objet de tous ses désirs, et qui est comme un rempart pour tout le reste de l'Espagne ; qu'au lieu d'avoir toujours à trembler comme auparavant, de voir les Français venir tomber sur lui au moyen de ce royaume, ce sont eux aujourd'hui qui doivent craindre, car il pourrait attaquer la France à son plaisir ; que d'ailleurs il faut considérer qu'il n'est point assez puissant pour suffire à l'entretien de deux armées, l'une en France et l'autre en Italie ; qu'il a voulu au moyen de cette trêve se délivrer d'une guerre intérieure ; qu'il pourra désormais porter sur un seul point la dépense qu'il était obligé de partager en deux, et qu'en conséquence son armée d'Italie va se trouver sur un pied formidable. Ajoutez à cela que le duc de Milan, les Suisses, le pape et ses adhérents, à l'aspect du péril qui les menacerait si les Français étaient vainqueurs en Lombardie, s'empresseront d'aider l'armée espagnole de leur argent et de leurs troupes; de sorte que les Français ne recueilleront que de la honte de cette entreprise ; qu'il parviendra ainsi à consolider sa conquête de Navarre, et qu'on en viendra enfin à quelque arrangement. Si c'était ainsi que le roi catholique entendit les affaires, je vous avoue que je ne verrais plus en lui cette prudence dont il m'a paru doué jusqu'à ce jour. Il peut fort bien avoir appris, par l'expérience qu'il en a faite l'année dernière, que son armée n'est point en état de soutenir une bataille contre les Français, surtout lorsqu'ils ont à leur solde un corps d'Allemands aussi fort que celui qu'ils possèdent ; il ne doit pas non plus ignorer que le duché de Milan a été parcouru, ravagé, brûlé et pillé par les Suisses et par ses propres troupes : il peut juger que le peuple en a conservé un profond ressentiment, et qu'il soupire après un changement de domination.

Il doit comprendre par ces raisons qu'il existe dans le pays fort peu d'argent, et que ce peu ne saurait être recueilli par le duc de Milan, qui, tout jeune encore, ne gouverne que depuis un petit nombre d'années un état dans lequel il n'est pas bien affermi. Quant aux Suisses, ils ne bougeront qu'autant qu'on leur donnera de l'argent. A l'égard du pape et de ses adhérents, en apprenant cette trêve, sans en connaître les motifs, ils demeureront en suspens, perdront leur confiance en Sa Majesté catholique, et rechercheront plutôt l'amitié de la France. On peut penser de plus que, de leur côté, les Vénitiens attaqueront le duché de Milan, dont les meilleures places sont encore gardées pour la France ; que les Génois sont fort mécontents ; et qu'en conséquence il est à croire qu'à peine les Français tourneront le visage vers l'Italie, l'armée espagnole au premier bruit de leur marche sera forcée de décamper : tous les pays de la Lombardie se soulèveront, et le nouveau duc n'aura plus qu'à prendre la fuite. D'ailleurs il ne faut pas compter sur l'empereur pour contenir les Vénitiens; car il a donné tant de preuves de son incapacité, que non-seulement le roi d'Espagne, qui passe pour habile, mais que l'homme le moins pénétrant doit savoir à quoi s'en tenir sur ce qu'on peut attendre de Sa Majesté Impériale.

Ainsi donc, mon cher compère, il faut nécessairement qu'il y ait sous jeu quelque chose que nous ne savons pas ; et j'ai passé dans mon lit deux heures de plus qu'à l'ordinaire, tout occupé à chercher ce que ce pouvait être, sans m'arrêter à rien de satisfaisant. Aussi ai-je pris le parti de me lever et me suis-je mis à vous écrire, afin que, si cela ne vous déplaît pas, vous me disiez quelle a été selon vous l'idée de l'Espagne en concluant cette trêve : je m'en rapporterai à votre jugement ; car, à vous parler sans flatterie, je l'ai trouvé sur ces matières plus solide que celui d'aucun autre homme avec lequel j'aie conversé. Je me recommande à vous.

Francesco Vettori, ambassadeur à Rome.

Le 21 avril 1513.

LETTRE XVII.

A Francesco Vettori, à Rome.

MAGNIFICE ORATOR MIHI PLURIMUM HONORANDE,

Au milieu de mes plaisirs les plus vifs, rien ne m'a jamais charmé davantage que vos entretiens, parce que j'y apprenais toujours quelque chose. Aujourd'hui que je suis privé de tout autre bonheur, pensez donc combien votre lettre a dû me sembler agréable : il n'y manque que votre présence et le son de votre voix. Pendant que je la lisais j'ai oublié bien des fois les malheurs qui m'accablent, et j'ai cru avoir à traiter encore ces affaires qui m'ont donné tant de peines et fait perdre tant de temps. Quoique j'aie fait le vœu de ne plus m'occuper de l'État, ni même d'en parler, comme le prouve la retraite dans laquelle je vis à la campagne et le soin avec lequel j'évite toute société, néanmoins, pour répondre à vos demandes, je me vois contraint de rompre mon vœu ; car les engagements de l'ancienne amitié qui m'unit avec vous me paraissent plus sacrés que tous ceux que j'ai pu contracter avec d'autres personnes, surtout lorsque vous vous exprimez sur mon compte d'une manière aussi honorable que vous le faites à la fin de votre lettre. A vous dire vrai, je n'ai pu me garantir d'un peu de vanité; car, *quod non parùm sit laudari à laudato viro*.

J'ai bien peur que mes raisonnements ne vous paraissent un peu sentir le radotage. Mais vous m'excuserez en pensant que j'ai totalement cessé de penser aux affaires, et que depuis je n'ai rien appris en particulier de tout ce qui se passe. Vous savez comme on peut bien juger des objets dans les ténèbres, et surtout ceux de ce genre. Cependant ce que je vais vous dire aura pour fondement ou vos propres raisonnements ou mes conjectures; et si elles sont fausses, je viens de vous en donner l'excuse.

Vous voudriez connaître mon opinion sur les motifs qui ont pu engager le roi d'Espagne à faire avec la France une trêve dans laquelle, après l'avoir examinée sous toutes ses faces, vous ne voyez pas qu'il trouve son intérêt ; de sorte que, d'un côté, jugeant ce prince fort sage, et de l'autre, trouvant que ce qu'il vient de faire est une faute, vous êtes obligé d'imaginer qu'il y a dessous jeu quelque puissant motif qui, dans le moment, n'est connu ni de vous ni des autres. J'avoue que votre raisonnement est on ne peut plus juste et plus concluant ; et je ne crois pas qu'on puisse mieux parler sur ce sujet. Cependant, pour donner encore quelques signes de vie, et surtout pour vous obéir, je vais vous dire ce que je pense.

Il me semble que ce qui vous tient surtout dans le doute, c'est l'idée que vous vous êtes formée de la sagesse du roi d'Espagne : or je vous répondrai sur cela, que ce prince m'a toujours paru plus rusé et plus heureux qu'habile et prudent. Sans remonter si haut, je m'arrêterai à cette entreprise que nous lui avons vu faire contre la France en Italie, avant que l'Angleterre se mît en mouvement, ou même avant qu'on fût certain qu'elle s'y mettrait. Quoique cette entreprise ait eu une issue contraire à mes conjectures, il m'a toujours semblé, et il me semble encore, qu'il a risqué sans nécessité le sort de tous ses États; ce qui est une très-grande témérité de la part d'un prince : je dis sans aucune nécessité, car ayant dû voir par tout ce qui s'était passé l'année précédente, que quoique le pape eût insulté la France de toutes les manières, qu'il eût attaqué ses alliés, qu'il eût entrepris de faire révolter la ville de Gênes; quoiqu'il eût lui-même provoqué ce royaume bien des fois, notamment en joignant ses troupes à celles du pontife pour attaquer les États qu'il avait sous sa protection, néanmoins cette même France, toute victorieuse qu'elle était, quoiqu'elle eût mis le pape en fuite, qu'elle l'eût dépouillé de toutes ses armées, et qu'elle pût chasser Sa Sainteté de Rome, et arracher le royaume de Naples des mains de l'Espagne, non-seulement n'avait point voulu profiter de tous ces avantages, mais s'était bornée à offrir la paix, il devait bien juger qu'il n'y avait rien à craindre.

Si l'on alléguait qu'il ne s'est déterminé à son entreprise que pour mieux s'assurer du royaume de Naples, ce serait un motif indigne d'un homme habile ; car il voyait que la France ne s'était arrêtée qu'à cause de l'épuisement où elle se trouvait et des ménagements qu'elle était obligée de garder. Et si l'on disait qu'en effet la France avait été retenue par telle ou telle considération qu'elle pourrait négliger une autre fois, il serait facile de répondre que les mêmes obstacles qu'elle a trouvés alors, elle les rencontrerait toujours, parce que toujours le pape s'opposerait à ce qu'elle reprît le royaume de Naples; qu'elle aurait toujours à craindre le souverain pontife, et à appréhender que les autres puissances en voyant son ambition ne se réunissent contre elle.

Si l'on disait encore : Le roi d'Espagne devait craindre qu'en refusant de se joindre au pape pour faire la guerre à la France, Sa Sainteté irritée ne s'unît à cette dernière puissance pour l'attaquer lui-même, et que c'était la connaissance du caractère emporté et *endiablé* du pape qui l'avait déterminé à prendre ce parti, je répliquerais que si, dans le temps, la France avait pu s'arranger, soit avec le pape, soit avec l'Espagne, elle aurait préféré s'entendre avec cette dernière, parce qu'alors elle était plus sûre de la victoire, même sans employer les armes; et parce qu'en effet elle avait bien moins à se plaindre de l'Espagne que du pape, qu'elle aurait toujours volontiers abandonné, soit pour se venger des insultes qu'elle en avait reçues, soit pour donner à l'Église la satisfaction du concile. Le roi d'Espagne pouvait donc alors se rendre médiateur d'une paix solide, ou conclure pour lui-même un accord qui aurait pourvu à sa sûreté. Au lieu de cela, et au mépris de toutes les considérations, il se détermine pour une guerre dans laquelle il avait à craindre d'exposer le sort de tous ses États au hasard d'une seule bataille, comme il le craignit effectivement lorsqu'il perdit celle de Ravenne, et qu'après avoir reçu la nouvelle de cette défaite, il donna l'ordre subit à Gonzalve de se rendre à Naples; car dans ce moment il regardait ce royaume comme perdu pour lui, et dans la Castille il voyait son autorité ébranlée de toutes parts. Si les Suisses le vengèrent, le rassurèrent, et lui rendirent la réputation qu'il avait perdue, ce fut un événement auquel sans doute il ne devait nullement s'attendre. Si donc vous examinez la conduite de ce prince, et la manière dont toutes ces affaires ont été menées, vous verrez en lui de la ruse et du bonheur, plutôt que de l'habileté et de la prudence : or, comme lorsque je vois un homme commettre une faute, je le tiens capable d'en faire mille, et je ne pourrai jamais croire que dans le parti qu'il vient de prendre il y ait autre chose que ce qu'on y voit; car en pareille matière je ne suis point homme à me repaître de chimères, et je ne cède qu'à l'empire de la raison. Je conclus donc que le roi d'Espagne s'est trompé, qu'il a mal vu les choses et qu'il s'est déterminé plus mal encore.

Mais allons plus loin : supposons que ce prince ait agi avec prudence, et examinons sa conduite sous ce point de vue. Dans cette supposition, pour trouver la route j'aurai besoin de savoir si la trêve dont il s'agit a été conclue avant ou après la nouvelle de la mort du dernier pape et l'exaltation de son successeur; car il y aurait peut-être quelques différences entre les deux hypothèses. N'en sachant rien, je raisonnerai comme si elle avait été conclue avant. Cela posé, si je vous demandais ce que devait faire le roi d'Espagne dans la position où il se trouvait, vous me répondriez sans doute ce que vous m'avez écrit : Que s'il pouvait faire la paix avec la France, il devait ne pas en laisser échapper l'occasion, et lui restituer le duché de Milan, soit pour faire d'elle son obligée, soit pour ne lui laisser aucun motif d'envoyer des troupes en Italie. Or je réponds, qu'à bien examiner les choses, il faut faire attention que quand le roi d'Espagne fit son entreprise contre la France, ce fut dans l'espoir d'en triompher, et en comptant peut-être sur le pape, sur l'Angleterre et sur l'empereur, un peu plus qu'il ne devait le faire, ainsi qu'il s'en aperçut par la suite. Il se flattait en effet que le pape lui donnerait beaucoup d'argent, que l'empereur de son côté attaquerait vigoureusement la France, et que le roi d'Angleterre, jeune, riche et naturellement avide de gloire, une fois embarqué dans cette entreprise, y déploierait toutes ses ressources; il espérait en conséquence qu'en tout et partout, en Italie comme dans ses propres États, le roi de France aurait à subir la loi qu'il voudrait bien lui imposer. Mais rien de tout cela pourtant ne lui réussit. D'abord le pape ne lui fournit quelque argent qu'à grand'peine; ensuite au lieu de lui en donner, il travailla journellement à lui nuire et entretint des intelligences contre lui. L'alliance avec l'empereur se borna à l'envoi de monseigneur de Gurck, à des discours arrogants et à des irritations. Quant au roi d'Angleterre, il n'envoya que des troupes faibles, et qu'on ne peut comparer à celles de l'Espagne ; de sorte que si le roi n'eût conquis la Navarre avant que les Français se fussent mis en campagne, ses propres troupes et celles de l'Angleterre seraient restées couvertes d'ignominie ; et encore même, malgré la conquête, elles ne recueillirent guère que de la honte de leur entreprise, car les dernières ne sortirent jamais des broussailles de Fontarabie, et les autres se réfugièrent dans Pampelune, qu'elles eurent toutes les peines du monde à défendre [1] : de sorte que le roi d'Espagne s'est trouvé véritablement épuisé, malgré cette foule d'amis dont il n'avait, du reste, rien à attendre de mieux, et dont il pouvait même chaque jour se trouver plus mal ; car tous entretenaient avec le roi de France les intelligences les plus étroites. Il voyait d'un autre côté que ce dernier prince pouvait faire face à toutes les dépenses, qu'il avait resserré les nœuds de l'amitié avec les Vénitiens, et qu'il fondait de grandes espérances sur les Suisses : il a jugé qu'il valait mieux se rapprocher de lui comme il pourrait, que de rester dans l'embarras et l'incertitude, et dans la nécessité de fournir à des dépenses dont il ne pouvait plus supporter le fardeau ; car j'ai appris de bon lieu que quelqu'un qui est en Espagne a écrit qu'il n'y avait dans ce royaume ni argent ni moyen de s'en procurer; que l'armée n'était composée que d'hommes enrôlés par force, qui déjà même commençaient à ne plus obéir. Je pense donc qu'il a songé principalement à éloigner la guerre de chez lui, et à se délivrer d'une dépense aussi considérable; car si au printemps on fût parvenu à lui enlever Pampelune, il perdait infailliblement la Castille ; et il semble peu raisonnable qu'il veuille s'exposer deux fois au même danger.

Quant à ce qui regarde l'Italie, il se pourrait qu'il ait eu un peu trop de confiance en ses propres forces : mais je ne pense pas qu'il compte à l'avenir plus qu'il ne convient, sur les Suisses, ou sur le pape, ou sur l'empereur lui-même, ni qu'il s'imagine que d'avoir mangé puisse lui apprendre à boire, ainsi qu'aux autres Italiens ; je suis persuadé, d'ailleurs, que s'il ne s'est point lié plus étroitement avec la France, et ne lui a pas fait l'abandon du duché de Milan, comme vous dites qu'il aurait dû faire, c'est que l'idée ne lui en est pas venue, ou qu'il n'a pas jugé que ce fût le parti le plus avantageux : je pense même que la France n'y eût pas consenti, soit à cause des conventions qu'à cette époque elle devait déjà avoir conclues avec les Vénitiens, soit qu'elle se fût défiée de la parole du roi ou de ses armées, et qu'elle eût cru qu'il ne voulait pas sérieusement se rapprocher d'elle, mais seulement la brouiller avec ses alliés. Je ne vois point, en outre, quel avantage l'Espagne elle-même aurait pu retirer de cet arrangement ; car de quelque manière que le roi de France eût été rétabli dans le duché de Milan, il en devenait toujours beaucoup plus puissant en Italie. Quand les forces espagnoles eussent suffi pour s'emparer du Milanais, il aurait toujours fallu y envoyer des troupes françaises en grand nombre pour le garder ; et ces troupes auraient inspiré aux Italiens et aux Espagnols eux-mêmes toutes les inquiétudes que donneront celles qui viendront pour faire la conquête de ce duché ; car aujourd'hui qui peut compter encore sur la bonne foi et la reconnaissance?

Ainsi, d'un côté, le roi d'Espagne, en faisant vraiment la paix avec la France, n'aurait point pourvu à sa sûreté ; et de l'autre, il aurait pu y trouver un désavantage manifeste. Il fallait en effet qu'il fît cette paix avec ou sans le consentement de ses confédérés : or la première de ces hypothèses lui paraissait sans doute impossible; car, d'imaginer qu'on pût mettre d'accord le pape et la France, les Vénitiens et l'empereur, pour faire la paix d'un consentement unanime, c'eût été vraiment se bercer d'un vain songe. Il devait donc conclure sans ses confédérés ; et alors, à combien de dangers s'exposait-il ! D'abord il se serait lié avec un roi dont il aurait lui-même accru la puissance, et qui, toutes les fois qu'il en aurait trouvé l'occasion, se serait montré plus sensible au souvenir d'anciennes injures qu'à de récents bienfaits. En second lieu, il aurait irrité contre lui tous les princes de l'Italie et du reste de l'Europe ; car les abandonner après les avoir seul excités et provoqués contre la France, c'eût été leur faire une injure trop sanglante. En un mot, en faisant la paix comme vous voudriez qu'il l'eût faite, le roi d'Espagne ne pouvait y voir que l'accroissement infaillible de la France, l'indignation certaine des confédérés contre lui, et peu d'assurance dans la fidélité du roi de France

[1] Voyez sur ces événements l'*Histoire d'Angleterre* de Hume, chapitre XXVII, règne de Henri VIII

fidélité cependant sur laquelle il aurait fallu qu'il se reposât ; car, après avoir accru la puissance de ce prince et indisposé tous ses alliés, il ne pouvait plus compter que sur lui. Or il n'y a que l'extrême nécessité qui puisse engager un prince sage à se remettre à la discrétion d'autrui.

Je dis donc que le roi d'Espagne a jugé que le parti le plus sûr pour lui était de conclure la trêve dont il s'agit. En effet, par cette trêve il a fait voir à ses alliés l'erreur de leur conduite sans qu'ils aient aucune raison de se plaindre. D'ailleurs, en promettant qu'ils la ratifieront, il leur a donné la faculté de la rompre quand ils voudront si elle ne leur plaît pas ; il éloigne la guerre de ses États ; il met de nouveau en querelle et en confusion toutes les affaires d'Italie, qu'il jette devant ses ennemis comme une proie dont il espère tirer quelque profit, qu'il regarde comme un os bon à ronger encore, et où, comme je l'ai dit plus haut, il espère qu'après avoir mangé, tout le monde apprendra à boire. Du reste, il y a lieu de croire que le pape, l'empereur et les Suisses ne voient pas d'un œil satisfait la grandeur des Vénitiens et de la France en Italie ; et il juge que si ces trois puissances ne suffisent pas à elles seules pour empêcher les Français d'être maîtres de la Lombardie, elles suffisent du moins avec lui pour les tenir en respect, de manière qu'ils n'aillent pas plus avant. Il juge aussi que, par cette raison, il ne reste plus au pape d'autre ressource que de se jeter dans ses bras, car il n'est pas à présumer que les affaires de la Romagne permettent au saint-père de s'entendre avec les Vénitiens et leurs adhérents. Il lui semble en conséquence, qu'au moyen de cette trêve le triomphe de la France devient douteux ; qu'il n'a plus besoin de compter sur elle, et qu'il n'a point à craindre que ses autres confédérés ne soient indisposés contre lui ; car enfin, ou l'empereur et le roi d'Angleterre la ratifieront, ou ils ne la ratifieront pas : s'ils la ratifient, c'est qu'ils sont convaincus qu'elle sert les intérêts de tous, et qu'elle n'en blesse aucun ; s'ils ne la ratifient pas, ils devront redoubler d'activité pour faire la guerre et agir contre la France avec des forces plus nombreuses et mieux organisées qu'ils ne l'ont fait l'année dernière ; et dans l'un comme dans l'autre cas l'Espagne trouve son avantage. Je suis également persuadé que tel a été le véritable objet de ce prince, et qu'il s'est imaginé que, par suite de cette trêve, il obligerait l'empereur et l'Angleterre à faire sérieusement la guerre, ou qu'il parviendrait, à l'aide de la prépondérance qu'une telle alliance doit lui procurer, à terminer à son avantage tous les différends par une autre voie que par celle des armes. Il a cru voir un égal danger dans tous les autres partis, soit en continuant la guerre, soit en faisant la paix contre la volonté de ces princes : il a donc pris un terme mitoyen, d'où pût également s'ensuivre ou la guerre ou la paix.

Si vous avez bien examiné toute la conduite de ce roi, vous serez beaucoup moins étonné de cette trêve. C'est d'une fort médiocre fortune qu'il s'est élevé à ce point de grandeur où nous le voyons parvenu, et il a toujours eu affaire avec des États nouvellement fondés, ou qui ne lui appartenaient point en propre : or un des moyens les plus sûrs pour s'affermir dans les États nouveaux, pour assurer les esprits incertains, pour les tenir en suspens ou dans l'irrésolution, c'est de les occuper sans cesse de l'attente des grands événements que doivent produire les résolutions extrêmes ou les entreprises nouvelles. Le roi d'Espagne a parfaitement senti cette nécessité, et il en a profité avec beaucoup d'adresse. C'est à cela aussi qu'on doit attribuer la conquête de Grenade, la descente en Afrique, l'entrée dans le royaume de Naples, et tant d'entreprises différentes qu'il a hasardées sans qu'on en prévît l'issue ; car il ne se proposait point pour objet telle ou telle victoire, mais bien d'acquérir de la considération aux yeux de son peuple, et de fixer sans cesse son attention par la multiplicité de ses entreprises. Dans cette vue, il commençait avec ardeur beaucoup de choses, qu'il terminait ensuite selon que la fortune lui en fournissait les moyens, ou que la nécessité l'exigeait ; en quoi, au reste, il n'a eu à se plaindre jusqu'à ce jour ni du sort ni de son audace. Je puis prouver ce que j'avance ici par le partage du royaume de Naples qu'il a fait avec la France ; partage dont il prévoyait indubitablement qu'il résulterait une guerre, mais dont il était à mille lieues de prévoir l'issue ; car certainement il ne pouvait s'imaginer qu'il serait vainqueur des Français dans la Pouille, dans la Calabre, sur le Garigliano : mais il lui suffisait de faire les premiers pas pour se donner de la considération : et il espérait, comme cela est arrivé, que son adresse et la fortune le tireraient d'affaire. Or ce qu'il a fait jusqu'à ce jour, il consentira à le faire encore ; et le résultat de tout ce jeu vous prouvera la vérité de ce que j'avance.

Dans tous les raisonnements que j'ai faits jusqu'ici, j'ai supposé que le pape Jules II vivait encore lorsque la trêve avait été conclue : mais quand même la nouvelle de sa mort aurait été connue, le roi ne se serait pas conduit autrement ; car s'il ne pouvait se confier à Jules, à cause de l'inconstance, de la violence, de l'impétuosité et de l'avarice de ce pape, il ne peut pas non plus se confier au nouveau pontife parce que c'est un homme dont la sagesse est connue. Et si le roi d'Espagne a la moindre lueur de sagesse, il ne comptera ni sur les services qu'il a pu rendre au nouveau pape lorsqu'il était encore *in minoribus,* ni sur les liaisons qu'ils ont eues ensemble ; car alors le pape obéissait, tandis qu'il commande aujourd'hui ; jadis il jouait pour le compte d'autrui, maintenant c'est pour le sien qu'il joue : alors il pouvait chercher son avantage dans les troubles de l'Italie, maintenant il le trouve tout entier dans la paix...

Le reste manque.

LETTRE XVIII.

Au même.

MAGNIFIQUE AMBASSADEUR,

Il y a quelques semaines que je vous ai écrit en réponse à vos raisonnements touchant la trêve qui a été conclue entre la France et l'Espagne. Depuis, je n'ai reçu aucune de vos lettres ; et j'ai moi-même gardé le silence, parce que le bruit s'était répandu que vous deviez revenir ; et je vous attendais pour m'entretenir avec vous de vive voix. Mais comme j'apprends que votre retour est différé, et qu'il est possible que vous restiez encore quelque temps à Rome, il m'a paru convenable de vous faire au moins une visite par écrit, et de raisonner un peu avec vous sur les événements qui se passent, comme je le ferais si vous étiez ici. Il semble que je devrais ne plus m'en occuper, puisque je ne suis plus au courant des secrets et des affaires : mais, quoi qu'il en puisse être de mon opinion, je ne pense pas qu'il y ait le moindre mal, soit de ma part à vous la communiquer, soit de la vôtre à m'écouter.

Vous savez quelle issue vient d'avoir l'entreprise faite par les Français en Italie, et combien elle a été [illegible]férente de ce que l'on croyait, ou du [illegible] de ce que le plus grand nombre redouta[illegible] on peut même regarder cet événement comme un des plus grands bonheurs qui pouvaient arriver à Sa Sainteté et à sa magnifique maison. Et comme il est du devoir d'un prince sage de prévoir en tout temps ce qui pourrait lui nuire, de prévenir les choses de loin, de favoriser celles qui peuvent lui être utiles, et de s'opposer de bonne heure à celles qui lui seraient contraires, je me suis mis pour un moment à la place du pape, et j'ai examiné avec une attention scrupuleuse tout ce que j'aurais à craindre moi-même, et les expédients que je pourrais employer. C'est le résultat de cet examen que je vais vous écrire, me soumettant toutefois à l'avis de ceux qui, plus exactement instruits que moi, pourraient en mieux juger.

Il me semble donc que si j'étais le pape, je ne compterais que sur la fortune, en attendant qu'il survînt quelque accord qui fît poser les armes à tous les combattants, ou du moins à la plus grande partie ; je ne me tiendrais pour bien assuré, ni des Espagnols s'ils avaient à garder en Italie moins de ménagements qu'il n'en ont eu jusqu'à ce jour, ni des Suisses s'ils n'avaient pas à ménager la France ou l'Espagne, ni enfin d'aucune autre puissance qui fût prépondérante en Italie. Par la raison contraire, je ne craindrais rien du roi de France tant qu'il serait au delà des monts, ni même quand il rentrerait en Lombardie avec mon assentiment. Ainsi, lorsque je considère l'état actuel des choses, un nouvel accord ne me semble pas plus dangereux qu'une nouvelle guerre. Il n'existe qu'un seul cas en ce moment où je pourrais appréhender une guerre qui réveillât les mêmes alarmes que celles où j'étais plongé il y a seulement quelques jours : ce serait si la France remportait une victoire décisive sur l'Angleterre. Quant à un nouvel accord, il ne pourrait me nuire qu'autant qu'il serait conclu entre la France, l'Angleterre et l'Espagne sans ma participation.

Pour moi, lorsque j'examine si un accord avec l'Angleterre serait aisé ou difficile à faire, je pense que, quelle qu'en fût la difficulté, il serait fort possible et fort raisonnable avec l'Espagne; si bien que, si l'on n'y a sans cesse l'œil ouvert, on pourrait bien en apprendre la conclusion, et au moment où on s'y attendrait le moins, comme cela est arrivé pour la trêve. Voici à ce sujet le raisonnement sur lequel je me fonde.

J'ai toujours cru, et je crois encore, que l'Espagne éprouverait une grande satisfaction si elle voyait jamais le roi de France chassé de l'Italie; autant toutefois qu'elle obtiendrait ce succès, soit par la force de ses armes, soit par son influence : mais je n'ai jamais cru, et je ne puis croire encore, qu'elle ait jamais vu d'un bon œil la victoire que les Suisses ont remportée sur les Français l'année dernière. Mon opinion à cet égard est fondée non-seulement sur la raison que cette victoire rendit le pape et les Suisses trop puissants en Italie, mais encore sur ce que j'ai appris que l'Espagne avait élevé des plaintes contre le pape, jugeant qu'il avait donné trop d'ascendant aux Suisses. C'est là aussi, je crois, un des motifs les plus puissants qu'elle ait eus pour conclure la trêve avec la France. Or si cette première victoire des Suisses lui déplut, celle qu'ils viennent de remporter maintenant doit sans doute lui déplaire encore davantage. En effet, l'Espagne se voit seule en Italie; elle y voit les Suisses en grand crédit; elle y voit un pape jeune, riche, naturellement avide de gloire et jaloux de se montrer digne de ses prédécesseurs: elle le voit d'ailleurs entouré de frères et de neveux qui n'ont point encore d'États : elle doit donc raisonnablement l'appréhender, et craindre qu'en s'unissant avec les Suisses il ne lui enlève quelque partie de ce qu'elle possède; et rien ne serait plus aisé si le pape y donnait les mains. Le plus sûr moyen qu'elle ait de se garantir d'un pareil événement est de s'accommoder avec les Français; accommodement qui lui faciliterait le gain de la Navarre, qui n'attribuerait à la France qu'un pays dont le voisinage des Suisses rendra toujours la conservation difficile, qui ôterait à ceux-ci le moyen de passer facilement en Italie, et au pape celui de se prévaloir de leurs services; qui, enfin, vu l'état dans lequel se trouve la France, devrait être non pas seulement accepté, mais recherché par elle avec empressement.

Ainsi donc, si j'étais à la place du pape, prévoyant qu'un semblable arrangement pourrait avoir lieu, je m'efforcerais ou de le traverser ou d'en être le premier moteur. Il me semble aussi que les affaires en sont actuellement au point qu'il serait facile d'amener la France, l'Espagne, le pape et les Vénitiens à conclure la paix. Je n'y fais entrer ni les Suisses, ni l'empereur, ni l'Angleterre, parce que je suppose que celle-ci se laissera conduire par l'Espagne, et que je ne vois aucune possibilité de mettre l'empereur d'accord avec les Vénitiens, ou de concilier la France avec les Suisses : voilà pourquoi je les laisse de côté, pour ne m'occuper que de ceux qu'on peut espérer voir faire la paix. Il me semble, au surplus, que cette paix conviendrait également à chacune de ces quatre puissances; car elles pourraient être fort satisfaites, savoir : les Vénitiens, de posséder Vérone, Vicence, Padoue et Trévise; la France, d'obtenir la Lombardie; le pape, de conserver les États de l'Église, et l'Espagne, d'avoir le royaume de Naples. Il n'y aurait de blessés par cet arrangement qu'un duc postiche, les Suisses et l'empereur, qui tous seraient laissés sur les bras de la France; de sorte que pour se défendre de leurs attaques, elle serait obligée d'avoir sans cesse la cuirasse sur le dos. De là aussi il résulterait qu'elle ne serait plus autant à craindre pour les autres puissances, et que celles-ci se contiendraient les unes les autres. Une paix semblable me paraît aussi sûre et aussi avantageuse que facile, parce que chacune des parties contractantes aurait également à craindre l'Allemagne, et que cette crainte serait le ciment de leur union : elle ne donnerait lieu à aucun sujet de plainte, excepté peut-être de la part des Vénitiens; mais il faudrait bien qu'ils prissent patience.

Si, au contraire, on suit une autre route, je n'y vois plus aucune espèce de sûreté; car je ne crois pas me tromper en avançant que jusqu'à sa mort, et même après, le roi de France songera à reconquérir la Lombardie; et voilà une source de guerres continuelles. D'ailleurs je suis convaincu que quoi qu'il arrive l'Espagne pliera enfin devant les Français; et si une première victoire des Suisses l'a engagée à conclure une trêve, une seconde la déterminera à faire la paix. Quelque intrigue qu'elle forme, quelques discours qu'elle tienne, quelque promesse qu'elle fasse, je n'y attache aucune importance; et du reste cette paix, si elle la concluait sans la participation des autres puissances, serait très-dangereuse pour elle.

NICOLAS MACCHIAVELLI.

Florence, le 20 juin 1513.

LETTRE XIX.

A GIOVANNI DI FRANCESCO VERNACCIA, à Pera.

TRÈS-CHER GIOVANNI,

J'ai reçu plusieurs de tes lettres, et dernièrement une du mois d'avril passé, par laquelle tu te plains de n'en point recevoir de moi. Depuis ton départ j'ai essuyé tant de traverses qu'il n'est point étonnant que je n'aie pu t'écrire; que dis-je? je regarde comme un miracle d'être encore vivant. On m'a privé de ma charge, et j'ai été sur le point de perdre la vie: Dieu et mon innocence m'ont heureusement sauvé. J'ai supporté tous mes maux, même ceux de la prison, et, grâce à Dieu, je me porte bien; je vis comme je puis, jusqu'à ce que le ciel se montre pour moi plus favorable.

NICOLAS MACCHIAVELLI.

Florence, le 26 juin 1513.

LETTRE XX

A NICOLAS MACCHIAVELLI.

TRÈS-CHER COMPÈRE,

Je n'ai point répondu à une lettre que j'ai reçue de vous il y a environ un mois et demi, parce que je comptais de semaine en semaine partir d'ici et pouvoir m'entretenir avec vous à mon retour, sur ce que vous m'avez écrit et sur beaucoup d'autres choses dont je désirais vous parler. Je suis encore dans la même incertitude; et vous verrez que je ne m'étais point trompé dans ce que je vous mandai aussitôt après l'exaltation du nouveau pape. Je me suis souvenu bien des fois de vous, et de ce que vous me disiez quand nous parlions de cet ami commun, dont vous me conseilliez de me défier, et même de m'éloigner en le fuyant autant qu'il me serait possible. Peut-être aurais-je bien fait de suivre vos conseils: mais, comme vous le savez, et comme vous l'avez éprouvé par vous-même, il est difficile de changer son naturel. Pour moi, il m'est impossible de faire du mal à qui que ce soit, quoi qu'il puisse en arriver.

Je resterai donc ici tant qu'il plaira au pape, et quand il le désirera j'en partirai plus volontiers encore. Tant que Jacopo n'a point parlé de s'en aller, il ne s'est pas passé une seule semaine sans que j'aie demandé mon congé au pape. Maintenant qu'il annonce ne vouloir plus rester, et que cependant il ne part point, il ne m'est plus permis de réitérer ma demande; de sorte que je reste ici sans la moindre occupation, et que je m'amuse à faire les beaux bras comme je les faisais à Trente. La seule chose qui me chagrine, c'est que vous ne soyez pas ici; nous jouirions du moins encore de quelque bon temps, et triomphe après qui voudra des Français ou des Suisses! Si ce n'est assez, vienne encore le Turc avec toute l'Asie, et qu'ainsi toutes les prophéties s'accomplissent! car, à dire le vrai, je voudrais que ce qui doit arriver arrivât sur-le-champ; et, après ce que j'ai vu, j'aimerais à voir encore au delà.

Mais, pour revenir à votre ancienne lettre et à celle que vous m'avez écrite depuis, je confesse que dans la première vous avez deviné juste, et que c'était moi qui me trompais. Je croyais, en effet, que l'Espagne n'avait pas conclu tout simplement une trêve, et qu'il y avait quelque mystère sous jeu: mais cela n'était point vrai; et l'expérience a fait voir que vous aviez raison: aussi je goûtai alors votre lettre; mais elle me plaît, et je l'approuve aujourd'hui bien davantage. Je conviens également qu'on ne peut mieux raisonner que dans votre dernière lettre; et je partagerais tout à fait votre opinion si je ne faisais autant de cas des Suisses que j'en fais: la dernière bataille qu'ils ont livrée les a mis si avant dans mon estime, que je ne sais quelle armée pourrait leur résister. Je conviens de ce que vous dites, que la paix entre la France et l'Espagne est désormais bien plus facile à faire: car la

France a une soif incroyable de la Lombardie, et l'Espagne une très-grande peur de perdre le royaume de Naples. D'ailleurs il doit paraître à l'une et à l'autre que les Suisses sont devenus trop puissants en Italie; et elles doivent craindre que le pape ne devienne trop grand aussi en s'unissant avec eux : il n'y a donc pas de traité qu'elles ne se déterminent à faire entre elles. Mais, pour ce qui est d'unir, comme vous le voulez, le pape, la France, l'Espagne et les Vénitiens, je vois d'abord que le pape hésitera à se fier à la France et à se détacher de l'alliance des Suisses; car il craindra qu'irrités de se voir abandonnés par lui, qu'ils regardaient comme leur obligé, ils ne se jettent entièrement dans les bras des Français, et que ceux-ci, aussi peu soucieux qu'ils le sont de garder leur parole, ne pensent, avec un pareil appui, à se rendre maîtres non-seulement de la Lombardie, mais encore de l'Italie entière. Mais, supposons que le pape veuille effectivement se confier à la France, ne vous semble-t-il pas toujours nécessaire de chasser le duc de Milan de ses États? Or ce prince n'a pas besoin d'armée : au premier bruit d'une attaque on verra les Suisses se précipiter du haut de leurs montagnes pour venir le défendre contre qui que ce soit. J'ajouterai de plus que, quoique la paix se fasse entre la France et l'Espagne, il me semble qu'elle est plus difficile à faire avec l'Angleterre, dont je ne crois pas que l'Espagne puisse ainsi disposer à son gré. Je ne vois point non plus que l'on parvienne si promptement à rapprocher l'empereur des Vénitiens; car le premier se tient au milieu de ses montagnes, du sein desquelles, sans avoir rien à craindre pour sa propre sûreté, il menace perpétuellement tout le monde : d'ailleurs il est peu fidèle à ses engagements.

Si vous me dites : Que voudriez-vous maintenant que fît le pape? je répondrais : Tout le contraire de ce qu'il fait; car il ne cesse de dépenser; et je voudrais qu'il ne cessât d'amasser, par tous les moyens et de tous les côtés; je voudrais qu'il contentât les Suisses par des réalités, et les autres par des paroles; et j'en donnerais à tous autant et d'aussi bonnes qu'il me serait possible; je voudrais, s'il se tramait quelque accord entre la France et l'Espagne, qu'il fît tous ses efforts pour le rompre; et enfin qu'il n intervînt dans aucune négociation de paix qu'autant qu'il s'agirait d'une paix générale, qui au surplus ne me paraît pas difficile à faire, car, j'en suis certain, si le roi de France ne peut être content à moins qu'il n'ait la Lombardie, on pourrait très-bien la lui céder, à condition qu'il payerait une pension aux Suisses, qui, comme vous devez bien le penser, ayant déjà commencé à recevoir un tribut de ce pays, ne souffriraient point patiemment d'en être privés : d'ailleurs ils ne sauraient imaginer que la France soit jamais assez puissante pour manquer impunément à ses obligations. Ils sont devenus si fiers et si confiants dans leurs propres forces, qu'ils se flattent de triompher de quelques princes et de quelques troupes que ce soient; et l'expérience a si bien démontré ce qu'ils sont capables de faire, que je ne conseillerais jamais au pape de conclure aucun traité sans eux.

Mais, mon cher compère, nous voilà tout occupés des chrétiens, et nous ne songions nullement au Turc, qui, tandis que tous les autres princes s'amusent entre eux à négocier, fera peut-être des choses auxquelles on est loin de s'attendre en ce moment. Ce doit être un grand homme de guerre et un général très-habile; il se montre entièrement appliqué à régner; la fortune paraît le favoriser; il a des troupes qu'il tient sans cesse en haleine; son trésor est bien fourni, son pays d'une vaste étendue; rien ne s'oppose à ses projets; il est uni avec le Tartare : je ne serais donc point du tout étonné qu'avant un an d'ici il eût donné une bonne bastonnade à l'Italie, et fait perdre la mesure à nos prêtres; sur quoi je ne veux pas pour le moment en dire davantage.

J'espère qu'il ne se passera pas quinze jours sans que nous nous entretenions enfin à notre aise sur ce sujet et sur beaucoup d'autres; et comme vous et moi nous n'aurons plus à nous occuper d'affaires, j'imagine que nous trouverons quelque plaisir à en parler.

FRANCESCO VETTORI, ambassadeur à Rome.

Le 27 juin 1513.

LETTRE XXI

Au même

Mon cher compère, quoique souvent, ainsi que je vous l'ai écrit, les choses aillent de travers, et qu'en conséquence il me paraisse superflu d'en parler, d'en discourir, d'en disputer, toutefois, comme lorsqu'on s'est occupé durant quarante ans de certains objets, il est difficile de les perdre de vue et de porter ses réflexions sur d'autres idées, je voudrais être à portée de m'entretenir avec vous, non pas seulement pour le plaisir que j'y trouverais, mais encore et surtout pour que nous cherchassions ensemble si l'on pourrait mettre en paix ce monde-ci, sinon en totalité du moins dans la partie qui nous intéresse. Si j'ai tant de peine à arranger dans ma tête ce qui n'est qu'un simple projet, que sera-ce quand il faudra en venir à l'exécution? Ce sera la chose impossible.

Nous avons d'abord à considérer que chacun de nos princes a un objet particulier : et comme nous ne pouvons savoir leurs secrets, nous ne pouvons juger cet objet que par leurs paroles, par leurs actes extérieurs, ou par les conjectures que nous formons. Or, à commencer par le pape, nous dirons que son objet est de maintenir l'Église dans le degré de puissance où il l'a trouvée, et de lui conserver intact tout le domaine qu'elle possède, à moins que ce qui en serait retranché ne soit accordé à sa famille, c'est-à-dire à Julien et à Laurent auxquels il est tout à fait déterminé à donner des États. Quant à son intention de maintenir l'Église dans la possession de ses domaines et dans sa prééminence, j'en juge et par ce que je lui ai entendu dire, et par les preuves extérieures qu'il en a données : car aussitôt qu'il est devenu pape, sa première pensée a été de ravoir Parme et Plaisance, dont son prédécesseur, Jules II, s'était emparé sans aucun juste titre, et qui avaient été reprises par le duc de Milan pendant la vacance du saint-siége. En cela il me semblait qu'il s'exposait à perdre, comme je le lui ai dit plusieurs fois, et que c'était une chose à laquelle il devait mûrement réfléchir, attendu que ces villes ayant été reprises pendant la vacance il n'en pouvait résulter pour lui aucune honte; au lieu que c'en serait une véritable de les avoir reprises et de se voir ensuite contraint, ou par force ou par convention, à les restituer, comme cela est inévitable. En effet, et c'est ce que je lui disais, ou la trève entre la France et l'Espagne n'est qu'une simple trève pour les pays au delà des monts, ainsi que nous le pensons, ou c'est un accord, un traité qui embrasse toutes choses; dans ce dernier cas, il est impossible de concevoir que la France n'obtienne pas de nouveau le duché de Milan : or, si l'Espagne a souscrit à cette condition sans votre aveu, il s'ensuit qu'elle a consenti également à ce qu'il reprenne Parme et Plaisance; et si le roi de France vient à réclamer ces pays, il faudra bien que vous les rendiez de gré ou de force, car l'Espagne le voudra ainsi. Si cette trève est toute simple et que les Français viennent en Italie, les Espagnols voudront sans doute s'y opposer et défendre le duché de Milan; dans ce conflit, ils seront ou vainqueurs ou vaincus : s'ils sont vainqueurs, ils exigeront à toute force les pays dont il s'agit; et affectant contre vous du mécontentement, ils diront que quand le duc était près de périr vous leur aviez mis le pied sur la gorge, et qu'en le dépouillant de cette partie de ses États, vous l'aviez décrédité aux yeux de ses sujets. Si au contraire ils sont vaincus, le roi de France réclamera certainement ces mêmes pays; et alors vous les rendrez de plein gré, ce qui sera déshonorant; ou vous voudrez les défendre, et par là vous vous mettrez en guerre avec la France, à laquelle il est difficile de croire que vous puissiez résister. C'est là ce que je disais au pape. Il écoutait mes raisons, mais il n'en suivait pas moins son idée.

En second lieu, quant au désir qu'il a de former des États à ses parents, ce qui porte à le croire, c'est l'exemple donné par ses prédécesseurs, les papes Calixte, Pie, Sixte, Innocent, Alexandre VI et Jules II; et si quelques-uns n'ont point agi de même, c'est qu'ils ne l'ont pas pu. D'ailleurs, on voit que les siens s'occupent peu de Florence; ce qui montre qu'ils ont en vue des États tout établis, et où ils ne soient pas sans cesse à gagner les habitants. Je ne chercherai point, au surplus, sur quel État on a jeté les yeux; car en cela le pape ne s'en tiendra point à un plan tout arrêté, et se décidera selon les circonstances.

Après le pape, venons à l'empereur; il n'a pas montré jusqu'à présent qu'il eût une grande force; cependant il a obtenu tant de crédit auprès des autres princes, que je suis obligé de soumettre mon cerveau à en juger comme les autres. Je dis donc que sa fantaisie et son objet est d'intriguer sans cesse, d'intervenir dans toutes les guerres, d'être aujourd'hui d'accord avec l'un, demain avec l'autre, tantôt de favoriser le concile, tantôt de le contrarier; tant qu'enfin, par quelque voie qu'il n'a pas encore déterminée, il parvienne à son but, qui est d'être maître de Rome et de tous les États de l'Église, auxquels son titre d'empereur lui donne selon lui des droits légitimes. J'en juge du moins par les discours qu'il a tenus devant moi et devant plusieurs autres personnes, et par sa conduite, puisqu'on voit qu'il a fait à ce sujet plusieurs démarches auprès du roi de France, qu'il a prêté son appui au concile, et que, craignant bientôt après que la France ne parvînt à faire nommer un pape dans ses intérêts, il a changé de résolution, et s'est rapproché de Jules II : aussi me paraît-il que quant à ce prince on peut se former une opinion arrêtée.

A l'égard des intentions du roi d'Espagne, personne je crois ne peut s'y méprendre. Il est évident qu'il veut se maintenir dans le gouvernement de la Castille et empêcher qu'on ne lui enlève le royaume de Naples; et comme pour l'une et pour l'autre chose il lui faut de l'argent, il tâche à se faire tellement considérer et craindre en Italie, qu'il puisse en tirer de toutes les puissances de cette contrée pour le faire servir à ses desseins.

Quant au motif qui a poussé le roi d'Angleterre à déclarer la guerre à la France, c'est, selon moi, la crainte qu'elle ne devînt trop puissante; et puisqu'une fois il l'a attaquée, il voudrait l'affaiblir au point de n'avoir plus rien à redouter à l'avenir; et il voudrait bien encore, si cela était possible, lui arracher la Normandie.

Pour les Suisses, que j'estime au-dessus de tous les rois, ce qu'ils désirent c'est de pouvoir entrer en Italie quand il leur plaira, de tenir en quelque sorte le duc de Milan sous leur dépendance, d'en tirer chaque année une grosse pension, et d'avoir pour voisins, non des gens qu'ils craignent, mais des gens au contraire dont ils soient craints: d'ailleurs ils sont animés de l'amour de la réputation et de la gloire. Je ne m'arrête point à exposer sur quoi je fonde ce que je viens de dire des desseins de l'Espagne, de l'Angleterre et des Suisses; la chose me paraît si évidente qu'il serait superflu d'en parler.

Venise, Ferrare, Mantoue, Florence, Sienne, Lucques, et les autres États pareils ont un but bien connu : ils veulent conserver ce qu'ils possèdent et recouvrer ce qu'ils ont perdu; mais dans le fait ils ne peuvent pas grand'chose.

Maintenant, mon cher compère, je voudrais que, tout cela posé, vous eussiez la bonté de prendre la plume, et de me tracer le plan d'une paix solide. Je sais bien que si chacun des princes dont je viens de parler s'obstinait dans les desseins que je leur ai supposés, Dieu seul pourrait les mettre d'accord. Mais si l'un faisait une concession sur un point, si un second en faisait autant sur un autre, il y aurait peut-être moyen de s'arranger : mais c'est ce que je ne puis déterminer et sur quoi je demande votre avis.

Il se pourrait, au reste, que vous jugeassiez des vues et des desseins des divers princes dont j'ai parlé tout autrement que moi; et dans ce cas je serais charmé que vous voulussiez me faire part de votre opinion. S'il vous était trop pénible de répondre à tant de questions en une seule fois, faites-le en deux, en trois; car vos lettres me seront toujours agréables et me feront doucement passer le temps. Songez d'ailleurs que ma plus grande affaire maintenant est de rester oisif : la lecture même est devenue pour moi une fatigue; car depuis que je suis ici j'ai lu tous les livres que possédait un gros libraire, qui me les a prêtés les uns après les autres.

A l'avenir, et pour l'ordinaire, un ambassadeur aura peu de chose à faire ici. Autrefois il fallait voir et entretenir une foule de cardinaux : aujourd'hui cela n'est plus nécessaire : c'est de la bouche du pape lui-même que l'on apprend ce qu'il veut dire. D'un autre côté il y a eu ici, et il y a encore tant d'ambassadeurs, que pour moi, qui suis le plus jeune, je n'ai qu'à voir ce qui se fait; et vous savez que, par caractère, j'évite autant que je puis les cérémonies.

Francesco Vettori, ambassadeur à Rome.

Rome, le 12 juillet 1513.

LETTRE XXII.

Au même.

Mon cher compère, si je gardais copie des lettres que j'écris, j'y aurais eu recours aussitôt que j'ai reçu votre réponse, et je serais resté bien ébahi d'avoir été assez étourdi pour omettre précisément le principal objet qui m'avait mis la plume à la main. Je me souviens pourtant d'avoir bien distingué dans mon esprit les divers intérêts qui font mouvoir en ce moment tous nos princes chrétiens, et d'avoir supposé au roi de France le même objet que vous lui attribuez, me fondant sur ce qu'ayant pu plusieurs fois s'emparer, à son bon plaisir, de toute l'Italie, il ne l'avait pas fait. D'où est donc venue cette omission? Est-ce de ma mauvaise fortune, ou de ma négligence, ou du peu de solidité de ma tête? Quoi qu'il en soit, nous sommes d'accord, et nous pensons tous deux que le dessein de ce prince est de recouvrer la Lombardie, et ensuite de se tenir tranquille. Sur tout cela vos raisonnements sont aussi concluants et aussi sages qu'ils pouvaient l'être, et votre plan de pacification me plaît infiniment. Je vois en effet qu'il pourrait avoir lieu entre le pape, la France, l'Espagne, et même les Vénitiens : mais j'y trouve de grandes difficultés quant à l'Angleterre; et je ne puis me persuader qu'un roi jeune, courageux et riche, se soit lancé dans une entreprise aussi grande, qu'il ait fait passer la mer à des troupes aussi nombreuses, dépensé des trésors aussi considérables en soldats et en vaisseaux, pour se déterminer ensuite, à la simple insinuation du pape et de l'Espagne, à se retirer honteusement avec une pension. Je crois bien que si l'Espagne l'y engageait sérieusement, en lui déclarant d'une manière positive que s'il ne consentait à se retirer il l'aurait pour ennemie, il ne fût dans le cas de céder : mais je ne pense pas qu'elle songe jamais à prendre ce parti ; car il y a tant de motifs d'inimitié, tant de dissentiments entre elle et la France, qu'il n'est guère possible que le roi catholique consente à se détacher entièrement de l'Angleterre. Il ne voudra point sans doute se fier aux Français; il ne comptera pas non plus assez sur la puissance et l'autorité du pape, pour croire qu'elles puissent le défendre contre eux ; ajoutons même qu'il pourrait lui tomber dans l'esprit quelque soupçon que le pape eût formé des desseins sur le royaume de Naples, et ne pensât à les mettre à exécution avec le secours de la France. En considérant bien toutes les circonstances, je ne vois pas qui pourrait faire retirer les Anglais, qui sont en état de tenir la campagne cette année, puis l'année prochaine, et puis une autre encore. Les Suisses seuls en auraient le pouvoir : mais ils sont plutôt disposés à se déclarer pour la France dès le moment qu'elle voudra renoncer à la Lombardie; car il serait contre leur intérêt de ruiner un royaume dont ils ont tiré et dont ils tireront toujours tant d'avantages. Lors même que le pape, la France, l'Espagne et les Suisses, parviendraient à s'entendre, le roi d'Espagne n'en serait que plus prêt à se déclarer pour l'Angleterre, puisqu'à l'égard de cette dernière les Suisses seuls suffiraient : d'ailleurs, par sa liaison avec les Suisses, il se croirait plus en sûreté par rapport à la France, et même par rapport au pape; car les Suisses lui paraîtraient en état de tenir la balance entre toutes les parties, et d'arrêter celle qui voudrait manquer à ses engagements. Quant aux Vénitiens, ils seraient plus que satisfaits s'ils recouvraient Brescia et Bergame. Pour ce qui regarde l'empereur, Vérone lui resterait; et comme il demeurerait seul et sans appui, il faudrait bien qu'il prît patience. Le duc de Milan recouvrerait toutes ses places, même Parme et Plaisance. Il en serait de même pour le duc de Ferrare. Les Suisses, au surplus, ne seraient plus à craindre; car, d'un côté, ils auraient la France, et de l'autre toute l'Italie, avec les nombreuses troupes espagnoles que le roi catholique sera toujours obligé d'y entretenir à cause du caractère changeant des habitants du royaume de Naples. On ne peut d'ailleurs former le moindre doute sur ce que m'écrit le Casa, que c'est une chimère d'imaginer que les Suisses veuillent jamais s'unir avec les autres Allemands; car, sans compter l'inimitié qui les en sépare, et les injures qu'ils ont faites à la maison d'Autriche, ils ont trop de bon sens pour ignorer jusqu'où va la puissance de l'empereur, et pour consentir jamais à l'agrandir encore. Il n'y a point à appréhender non plus qu'ils pensent à former des colonies, car leur population, comme vous le savez, n'est point assez nombreuse pour cela : il leur suffit de donner un *coup de rateau*, de toucher de l'argent et de s'en retourner chez eux. Si vous m'objectez qu'on peut avoir un nouvel empereur, et que les Suisses peuvent s'instruire aux dépens d'autrui, j'en conviendrai bien volontiers; mais les choses de ce monde sont fort peu stables : voilà pourquoi je pense à faire une paix seulement pour quelques années et non pour une plus longue durée de temps, car on ne pourrait en venir à bout. Si vous me dites, comme je le crois, que le roi de France ne consentira pas de bon cœur à renoncer à Milan, je vous répondrai que, de leur côté, l'Angleterre et les Suisses ne lui laisseront pas un moment de repos; que l'Espagne travaillera sous l'eau contre lui, et que le pape, quelque bien qu'il veuille et qu'il puisse lui faire, ne pourra remédier à rien.

Enfin si le roi très-chrétien veut bien se résoudre à abandonner la Lombardie, je vois toute l'Italie jouir soudain de la paix; je vois, à la mort du roi catholique, le royaume de Naples retourner à un fils du roi Frédéric; je vois l'Italie rentrer dans son ancien état. Mais si l'on n'en vient pas là, je ne connais aucun arrangement qui ne soit également nuisible à la France et à l'Italie. Je crains bien que Dieu ne veuille nous châtier, nous malheureux chrétiens, et que, tandis que tous nos princes sont irrités les uns contre les autres, et qu'on ne peut les mettre d'accord, le nouveau souverain des Turcs ne tombe sur nous par terre et par mer, ne fasse sortir ces prélats-ci de l'ordure dans laquelle ils se vautrent, et les autres hommes du sein des lâches voluptés où ils sont plongés. Plus tôt ce moment arrivera, mieux cela vaudra; car vous ne sauriez vous imaginer combien j'ai de peine à supporter le dégoût que ces prêtres inspirent. Je ne parle point du pape, qui, s'il n'était prêtre, serait un grand prince.

Je ne vous en dis pas plus long pour cette fois; seulement je me recommande à vous, et je vous prie de me répondre : la moindre petite nouvelle de votre part me sera infiniment agréable. Que Dieu vous ait en aide!

Francesco Vettori, ambassadeur à Rome.

Le 5 août 1513.

LETTRE XXIII.

A Francesco Vettori.

Seigneur ambassadeur,

Vous ne voulez pas que ce pauvre roi de France recouvre la Lombardie, et moi je le voudrais : il se peut toutefois que ces volontés opposées viennent d'un même principe, c'est-à-dire d'une affection naturelle, ou d'une passion qui nous porte, vous, à dire non, et moi, à dire oui. Pour couvrir votre *non* d'un prétexte honnête, vous établissez que la paix offrirait de plus grandes difficultés si le roi devait rentrer dans la Lombardie; et moi, pour colorer mon *oui*, je prétends que vous êtes dans l'erreur, et qu'en faisant la paix selon mon système elle serait plus solide et plus durable.

Abordant de nouveau les points particuliers, voici comme je réponds à votre lettre du 5. Je conviens avec vous que le roi d'Angleterre ne pourra se faire à l'idée d'être venu en France avec un si grand appareil, et d'avoir à s'en retourner sans aucun résultat; il faut donc qu'il y soit déterminé par quelque nécessité. Or je pensais que, pour lui imposer cette nécessité, il suffisait de l'Espagne et du pape; je jugeais, et mon sentiment est encore le même, que, d'un côté, trouvant son entreprise difficile, et de l'autre, connaissant le désir de ces deux puissances, il se déciderait sans peine pour la retraite. Il pourrait, à la vérité, en concevoir du mécontentement; mais il me semble que ce mécontentement même serait utile, puisqu'il contribuerait à affaiblir la France, qui, placée entre les Suisses et les Anglais, également ennemis ou suspects, ne pourrait former d'entreprise contre les États d'autrui, et aurait même besoin de chercher des appuis pour se maintenir dans les siens. Il me paraissait d'ailleurs que, dans cette supposition, le roi d'Angleterre atteignait son but; car je suis convaincu qu'outre son désir d'assurer ses États, il avait encore celui de demeurer, au moyen de ses armées, comme le coq de l'Italie : c'est en effet ce qui arriverait, puisque la France ne pouvant, soit à cause des craintes que lui inspirerait l'Angleterre, soit à cause de l'inimitié qui existe entre elle et les Allemands, envoyer des troupes nombreuses en Lombardie, serait dans la nécessité de recourir aux armes espagnoles.

Je ne vois pas, au surplus, comment vous entendez qu'il n'y ait que les Suisses capables de contraindre le roi d'Angleterre à céder; car je ne pense pas qu'ils puissent ni qu'ils veuillent jamais servir la France autrement que comme stipendiaires : or, à raison de leur pauvreté et de l'éloignement où ils sont de l'Angleterre, il faudrait qu'elle les payât grassement; car enfin elle peut tout aussi bien solder des lansquenets, dont elle retirerait le même service et qui ne seraient pas moins à craindre pour l'Angleterre. Si vous me dites que celle-ci peut décider les Suisses à attaquer les Français du côté de la Bourgogne, je réponds que c'est là un moyen de nuire à la France, et que pour forcer les Anglais à céder, il faut trouver celui de nuire à l'Angleterre.

Je ne veux pas dire, toutefois, que le roi d'Espagne et le pape aient à prendre les armes contre elle : il suffit qu'ils l'abandonnent, et qu'en même temps ils lui représentent qu'on ne faisait la guerre à la France que pour soutenir les intérêts de l'Église, motifs qui n'existent plus aujourd'hui. Je ne crois pas qu'il faille des mesures plus violentes pour déterminer le roi d'Angleterre à se retirer, surtout maintenant que, comme je l'ai dit plusieurs fois, il a vu et voit que le succès de son entreprise contre la France est un peu aventuré : du reste il a dû réfléchir que s'il en vient à une bataille et qu'il soit battu, il court risque, tout aussi bien que le roi de France, de perdre son royaume. Vous m'objecterez que ce prince enverra de grosses sommes en Allemagne, et qu'il fera attaquer la France sur un autre point. Il me sera aisé de répondre, par l'opinion généralement répandue, que, pour satisfaire tout à la fois son orgueil et sa gloire, il ne voudra jamais dépenser son argent que pour ses propres troupes ; que d'ailleurs celui qu'il donnerait à l'empereur serait jeté en pure perte ; et enfin que, quant aux Suisses, ils en exigeraient beaucoup trop. Je crois, au reste, que la bonne intelligence entre l'Espagne et la France pourrait facilement renaître ; car il ne peut être avantageux à la première de détruire ainsi l'autre. Et n'a-t-on pas vu aussi que, lorsque la France s'est trouvée au milieu des plus grands dangers, l'Espagne a aussitôt posé les armes ? Ainsi, que le roi de France se voie rétabli dans la Lombardie, il en sera beaucoup plus disposé sans doute à la réconciliation ; car les bienfaits récents font pour l'ordinaire oublier les anciennes injures. D'un autre côté, que peut craindre l'Espagne d'un roi vieux, fatigué et infirme, placé entre l'Angleterre et l'Allemagne c'est-à-dire entre deux pays, dont l'un lui est suspect, et l'autre ouvertement ennemi? En tous cas elle n'aurait pas besoin pour se défendre d'employer l'autorité du pape ; il lui suffirait d'entretenir ces soupçons et cette inimitié.

Je ne crois donc pas que mon plan de pacification présente plus de difficultés que le vôtre ; il me semble même que si l'un des deux offre quelque avantage, c'est le mien : en effet, je ne trouve dans le vôtre aucune sorte de sûreté ; au lieu que le mien en présente au moins quelqu'une, sinon bien bonne, au moins telle qu'on peut l'espérer dans les temps où nous vivons.

Quand on veut juger si une paix sera solide et durable, il faut, entre autres choses, examiner quelle est la partie intéressée qui peut en être mécontente, et quels sont les résultats probables de ce mécontentement.

Or, en examinant votre projet de paix, je vois qu'il mécontente l'Angleterre, la France et l'empereur, parce qu'aucune de ces trois puissances n'a atteint le but qu'elle se proposait ; au lieu que dans le mien les mécontents sont l'Angleterre, les Suisses et l'empereur. Par les mêmes motifs, je crois, en outre, que les mécontentements produits par votre plan peuvent aisément causer la ruine de l'Italie et de l'Espagne ; et quoique la France l'ait approuvé, et que l'Angleterre ne l'ait point rejeté, ces deux puissances changeront soudain d'idée et de dessein. La France voulait se rétablir en Italie, l'Angleterre voulait soumettre la France : toutes deux ayant manqué leur but, on les verra s'unir pour ne plus songer qu'à se venger tout à la fois de l'Italie et de l'Espagne. Il y a lieu de croire en effet qu'il se formera entre elles un nouvel accord au moyen duquel elles n'éprouveront plus aucun obstacle dans leurs projets, quelque chose qu'elles entreprennent : il suffit que la France déclare ouvertement ses intentions. En effet, favorisé par l'Angleterre, l'empereur saute... [1], passe en Italie à son gré, repasse en France ; et ainsi ces trois puissances, une fois d'accord, peuvent en un clin d'œil tout réunir, et changer la face des affaires ; et ni les armes des Espagnols, ni celles des Suisses, ni l'argent du pape ne suffiraient pour opposer une digue à ce débordement, car elles auraient à elles trois trop d'argent et trop de forces. L'Espagne, sans doute, voit ces dangers, et il est naturel qu'elle cherche à les écarter : elle ne peut manquer de

[1] Il y a ici une lacune qu'il serait difficile de remplir.

comprendre que dans cette paix le roi de France n'aurait aucune raison de la ménager; qu'il y trouverait au contraire une superbe occasion de lui nuire, et qu'il entend trop bien ses intérêts pour la laisser échapper. Ainsi donc si elle est assez sage pour prévoir l'avenir, elle n'acquiescera point, elle ne donnera point les mains à un plan de pacification d'où il résulterait une guerre plus importante et plus dangereuse. Mais dans mon plan, au contraire, les parties mécontentes seraient l'Angleterre, l'empereur et les Suisses; et celles-ci n'auraient nullement la facilité de nuire aux autres, attendu qu'en deçà et en delà des Alpes elles trouveraient la France, qui, appuyée par ses alliés, opposerait une barrière insurmontable; elles ne hasarderaient pas même de tenter une entreprise, parce qu'elles y verraient trop de difficultés. Il ne resterait d'ailleurs à ces alliés aucun motif de se défier l'un de l'autre, puisqu'ils auraient rempli chacun leur but, et que, d'un autre côté, la puissance de leurs ennemis et la crainte d'en être à tout moment attaqués suffiraient pour les tenir enchaînés.

Votre projet de paix présente, au surplus, pour l'Italie un danger extrêmement grave : c'est que toutes les fois que Milan aura pour duc un prince faible, la Lombardie ne lui appartiendra pas, mais appartiendra aux Suisses. Et quand, mille fois pour une, les trois parties qu'il laisse mécontentes resteraient tranquilles, je trouve toujours que le voisinage des Suisses est une chose trop importante pour que l'Italie ne doive pas y apporter une attention plus sérieuse qu'elle ne l'a fait jusqu'à présent. Je ne crois pas, comme vous le dites, qu'ils ne remueront point, parce qu'ils craindront la France, qu'ils auraient contre eux le reste de l'Italie, et qu'ils ne veulent que donner un coup de râteau et s'en aller. D'abord, comme je l'ai dit précédemment, la France ayant eu à se plaindre de l'Italie, nourrira sans cesse contre elle des projets de vengeance; elle éprouvera une véritable satisfaction à la voir ruinée; de sorte qu'au lieu de contenir les Suisses, elle se cachera sous le manteau pour leur donner de l'argent, et se plaira à exciter l'incendie qui nous menace. En second lieu, parler de l'union des autres Italiens, c'est se moquer; car il ne faut nullement s'attendre entre eux à un accord qui produise quelque bien. Et quand même les chefs s'entendraient, qu'en résulterait-il? Hors les troupes espagnoles, qui sont en trop petit nombre pour suffire, toutes les autres de l'Italie ne valent pas un liard; et, d'ailleurs, les queues ne sont point d'accord avec les têtes. Que les Suisses fassent un pas, n'importe pour quel motif, et vous verrez chacun se précipiter à l'envi l'un de l'autre pour se soumettre à eux.

Enfin, quant à ce que vous dites, qu'ils ne veulent donner qu'un coup de râteau et s'en retourner aussitôt chez eux, ne vous y fiez pas, et ne conseillez à personne de s'endormir dans une semblable idée. Considérez, je vous prie, la marche des affaires d'ici-bas, et comment procèdent et comment s'accroissent les puissances du monde, et surtout les républiques. Vous verrez que, d'abord, il suffit aux hommes de pouvoir se défendre eux-mêmes et de maintenir leur indépendance, mais qu'ensuite ils en viennent à attaquer leurs voisins et à vouloir dominer. Ainsi il suffit jadis aux Suisses de résister aux ducs d'Autriche, et cette résistance les fit respecter chez eux; plus tard il leur suffit encore de se défendre contre le duc Charles le Téméraire, et la défaite de ce prince étendit leur réputation au delà de leurs montagnes; depuis, ils se contentèrent de se mettre à la solde des autres puissances, et cela dans le seul objet d'acquérir de l'honneur et d'entretenir parmi la jeunesse l'esprit militaire : c'est ainsi qu'ils ont augmenté leur réputation, et que la connaissance qu'ils ont acquise d'un plus grand nombre d'hommes et de pays a redoublé leur audace, et leur a inspiré l'ambition et le désir de combattre pour leur propre compte. Pellegrino Lorini me disait que, lorsqu'ils vinrent à Pise avec Beaumont, ils lui parlaient souvent de la force de leur milice, qu'ils comparaient à celle des Romains, et demandaient ce qui les empêcherait d'obtenir un jour les mêmes succès que ces derniers; ils se vantaient que la France leur devait toutes les victoires qu'elle avait remportées jusqu'à ce jour; et ils ajoutaient qu'ils ne voyaient pas pourquoi ils ne pourraient point enfin combattre pour leur propre compte. Aujourd'hui cette occasion s'est présentée, et ils ne l'ont pas laissée échapper. Ils sont entrés en Lombardie sous prétexte d'y rétablir l'ancien duc, mais en effet pour être le duc eux-mêmes. A la première occasion ils s'en rendront entièrement maîtres, et éteindront la race ducale, et avec elle toute la noblesse du pays; à la seconde, ils se répandront dans toute l'Italie, qu'ils traiteront de la même manière. Ainsi donc je conclus qu'ils ne sont point gens à se contenter de donner un coup de râteau et à s'en retourner chez eux, mais qu'il y a prodigieusement à craindre de leur part.

Je sais que j'aurai contre moi la funeste habitude où sont les hommes de vivre au jour le jour, et de ne pouvoir croire que ce qui ne s'est point encore vu puisse arriver jamais, et, en second lieu, de ne voir jamais quelqu'un qu'avec les mêmes yeux et sous le même rapport. Voilà pourquoi personne ne conseille, personne ne songe à chasser les Suisses de la Lombardie pour y remettre les Français, parce qu'on ne veut pas courir les périls auxquels exposerait une pareille tentative, parce qu'on ne croit point à ce qui est à craindre pour l'avenir, et que l'on n'ose se fier à la bonne foi de la France. Mon cher compère, ce torrent d'Allemands est tellement grossi dans son cours, qu'il faut pour s'opposer à son passage une bien grande et bien forte digue. Si les Français n'étaient jamais venus en Italie, si vous n'aviez pas le sentiment encore tout récent de leur insolence, de leur cupidité et de leurs exactions, sentiment qui vous trouble maintenant dans vos délibérations, vous auriez déjà couru vers la France pour la prier de venir en Lombardie, afin de détourner l'inondation qui vous menace. C'est pourtant ce qu'il faut faire avant que ces Suisses aient pris racine dans ce pays, et commencé à goûter les douceurs de la domination. C'en est fait de toute l'Italie s'ils se mettent à l'envahir; car tous les mécontents s'empresseront de les favoriser, et serviront ainsi d'échelons à leur agrandissement et à la ruine des autres peuples. Pour moi, c'est d'eux seuls que j'ai peur, et non pas, comme vous l'a écrit le Casa, d'eux et de l'empereur, quoique cependant il fût très-possible qu'ils se réunissent : car, par la même raison que l'empereur a souffert qu'ils ravageassent la Lombardie et se rendissent maîtres de Milan, ce qui paraissait contraire aux plus simples règles du bon sens d'après les considérations que vous m'avez exposées, de même, et malgré ces considérations, les Suisses, de leur côté, pourraient trouver bon que lui aussi fît quelques progrès en Italie.

Seigneur ambassadeur, c'est plutôt pour satisfaire à vos désirs que je vous écris tout ceci que dans la persuasion de bien savoir ce que je dis moi-même. Veuillez donc, la première fois que vous me répondrez, me faire connaître où en sont les choses de ce monde, ce qui se trame, ce que l'on espère, et ce que l'on redoute, si vous voulez que je vous tienne tête sur des matières aussi graves; sinon vous n'aurez de moi que des sottises pareilles au *Testament de l'Ane*, et dans le goût de celles du Brancaccio. Je me recommande à vous.

NICOLAS MACCHIAVELLI.

A la campagne, le 10 août 1513.

LETTRE XXIV.

A NICOLAS MACCHIAVELLI.

Mon cher compère, quoique tout ce que vous pourrez m'écrire sur quelque sujet que ce soit, ou grave ou plaisant, me fasse toujours plaisir, afin de satisfaire à vos désirs, je commencerai par répondre à la dernière partie de votre lettre où vous me priez de vous faire connaître l'état actuel des choses de ce monde, les intrigues qui sont sur le tapis, et les espérances ou les craintes que l'on doit concevoir. Pour ce qui est de l'état des choses, vous devez, ce me semble, en être instruit, si, étant à la campagne, vous allez quelquefois à San-Casciano [1]. Je ne laisserai pas néanmoins de vous en parler d'abord; je vous dirai ensuite ce que je sais que l'on trame. Mais quant à ce qu'on espère ou à ce que l'on craint, je n'en parlerai pas, car nous pouvons craindre ou espérer, moi une chose, vous une autre, Philippe, une autre encore; je crois d'ailleurs que tous les princes sont dans le même cas : voilà pourquoi il est impossible de se former à cet égard une opinion bien arrêtée.

Commençant donc par le pape, disons ce qu'il fait et ce qu'il trame. Son métier n'est point de se mêler dans les guerres, mais bien de s'offrir comme médiateur pour calmer et apaiser celles qui se sont élevées entre les princes; et c'est aussi la conduite qu'il a tenue depuis son éléva-

[1] Bourg situé sur la route de Rome, à dix milles environ de Florence.

tion au saint-siége jusqu'à ce moment. Et si le roi de France avait voulu faire seulement en parole ce qu'il a fait en actions, Sa Sainteté serait allée jusqu'à employer les censures contre ceux qui auraient attaqué ce prince : mais tandis qu'il a envoyé pour la provision des bénéfices, il n'a ni sollicité son absolution, ni déclaré qu'il renonçait à son concile de Pise et qu'il adhérait à celui de Latran ; de sorte que toutes les fois que le pape a voulu parler de ce monarque, tous les cardinaux, tous les ambassadeurs ont élevé des réclamations, en disant que tant qu'il serait schismatique il ne devait être question de rien en sa faveur ; que c'étaient ceux qui avaient pris la défense de l'Église qui méritaient d'être appuyés par elle ; qu'il était de son intérêt de donner cet exemple, afin de pouvoir aussi trouver au besoin quelqu'un qui la protégeât.

Le pape n'a rien pu répliquer à cela ; et maintenant il ne cesse de solliciter l'ambassadeur de France qui se trouve à Rome, pour qu'enfin le roi fasse ce que l'on désire et que toute l'affaire n'échoue pas complétement. De plus, il a travaillé et il continue à faire ses efforts pour que les Vénitiens fassent avec l'empereur une trêve qui empêche la guerre d'ensanglanter l'Italie, et qui, délivrant pour le moment le duc de Milan de la crainte des Français et des Vénitiens, permette aux Espagnols de retourner dans le royaume de Naples : mais il n'a pu encore rien obtenir sur ce point : d'ailleurs il n'a contracté ni alliance ni accord quelconque ; seulement, voyant à quel degré de puissance les Suisses se sont élevés, il continue à leur payer une subvention annuelle de vingt mille ducats, comme le faisait le pape Jules II.

Quant au roi d'Espagne, depuis sa trêve avec la France il a eu peur, d'un côté, que celle-ci ne recouvrât sa puissance en Italie ; de l'autre, que l'Angleterre et les Suisses ne fissent également une trêve avec elle, et qu'après avoir abandonné ces deux puissances dans le moment le plus important, il eût maintenant à les voir se liguer contre lui : c'est pourquoi aussi il n'a jamais voulu rappeler ses troupes de la Lombardie tandis que celles de la France y venaient, affectant toujours de dire qu'il voulait rompre avec les Français, et qu'il n'y avait plus de trêve puisqu'ils avaient été les premiers à l'enfreindre ; et en effet si les affaires de la France allaient mal, il se pourrait bien qu'il tentât quelques démarches pour se remettre d'intelligence avec l'Angleterre.

Le roi de France a maintenant contre lui une armée de quarante mille Anglais qui font le siége de Térouenne, qu'il ne peut secourir, parce que ses troupes ne forment pas en tout le tiers de celles de l'Angleterre, parce qu'il ne veut pas exposer son royaume aux hasards d'une bataille et qu'il attend tout du temps. D'ailleurs les Suisses doivent se mettre en marche le 20 de ce mois, au nombre de vingt mille, pour aller faire une attaque du côté de la Bourgogne ou du côté de Lyon : ils ont une artillerie nombreuse et mille chevaux fournis par l'empereur. Dans ces circonstances, le roi cherche à négocier avec eux et promet de leur remettre les forteresses de Milan : mais jusqu'à présent ils ont fermé l'oreille à ses propositions ; et comme il n'a pas de troupes à leur opposer, il les laisse ravager la campagne et se borne à défendre les places. L'argent nécessaire aux Suisses est fourni par l'empereur, qui en conséquence du traité fait cette année avec l'Angleterre en a reçu trente-cinq mille ducats pour qu'il rompît avec la France.

L'Angleterre n'épargne ni argent ni peine ; le roi lui-même est en personne devant Térouenne, et tous ses efforts tendent à triompher de la France.

Les Suisses ont fait décapiter environ quatorze des leurs, qui tenaient le parti de la France ; il s'en est enfui à peu près trente autres dont on a brûlé les maisons et confisqué les biens. On voit clairement qu'ils veulent s'emparer d'une partie de la France comme ils se sont emparés de l'Italie. Ils reçoivent du duc de Milan un subside de soixante mille ducats, et le pape leur en paye un autre de vingt mille.

L'empereur, selon sa coutume, passe de guerre en guerre et de négociations en négociations. Aujourd'hui il veut recouvrer la Bourgogne et envoie ses troupes contre la France. Il voulait de plus prendre Padoue, devant laquelle, comme vous le savez, le cardinal de Gurck et le vice-roi ont été camper pendant quelques jours ; mais la difficulté que leur présente cette entreprise les a empêchés de la faire sérieusement : ils pensent même à se retirer, ce qu'ils ne feront pas sans y laisser quelques lambeaux de leur poil; et ils se proposent de s'arrêter quelque temps à Vicence. Toutefois l'empereur négocie un arrangement avec la France et les Vénitiens, comme je vous l'ai dit, suivant sa méthode ordinaire, qui est d'entreprendre une guerre et de commencer en même temps à négocier avec l'ennemi pour la paix et la réconciliation.

Si le duc de Milan a la moindre apparence de bon sens, il doit se regarder, selon moi, comme ces véritables rois de fêtes, qui devraient penser qu'ils ne sont rien de plus le soir que ce qu'ils étaient le matin [1]; cependant il se laisse porter par sa fortune, et il attend ce que feront les autres : il se flatte maintenant que le pape lui rendra Parme et Plaisance. Le duc de Ferrare espère aussi en obtenir Reggio, et les Florentins se promettent que les Lucquois leur restitueront Pietrasanta. Chacun là-dessus intrigue, négocie et se creuse la cervelle.

Voilà tout ce que je sais : votre habileté suppléera aux omissions que j'aurais pu commettre; car je suis bien sûr que quand vous m'avez interrogé, ce n'était point par ignorance, mais pour voir si ce que je vous dirais s'accorderait avec ce que vous saviez.

Maintenant, compère, je vais répondre à l'article de votre lettre dans lequel vous semblez craindre qu'une affection naturelle ou la passion ne nous induise vous et moi en erreur. Sur cela, je vous dirai que je n'ai nulle affection pour le parti contraire à la France, et que je ne me laisse entraîner par aucune sorte de passion. Vous savez qu'avant qu'il fût question du concile de Pise, je me suis toujours montré partisan des Français, parce que j'étais convaincu qu'avec leur appui les affaires de l'Italie s'en trouveraient mieux et que notre patrie demeurerait en repos; ce qui m'a toujours paru préférable à toutes choses. Je suis en effet un homme tranquille, aimant mes fantaisies et mes plaisirs; et parmi les plaisirs je n'en trouve pas de plus grand que celui de voir notre patrie heureuse : en général j'en aime tous les citoyens, j'en aime les lois, les mœurs, les murailles, les maisons, les rues, les églises, la campagne, et je ne connais pas de plus vif chagrin que de voir la patrie en désordre, et tous les objets que je viens de vous indiquer s'en aller en ruines. Aussi lorsque je vis avec quelle imprudence nous nous conduisions dans l'affaire du concile et combien les Français s'étaient retirés mécontents, je commençai à craindre que leur triomphe ne fût la cause de notre perte, et qu'ils ne voulussent nous traiter comme une autre Brescia; je craignis surtout la jeunesse et la cruauté du duc de Foix, et je conçus dès lors d'autres sentiments. Néanmoins toutes les fois qu'il était question d'être bien avec eux, comme j'y voyais le plus sûr moyen de nous garantir du danger, j'y consentais et j'y exhortais tout le monde. Les choses se sont ensuite passées comme vous l'avez vu; et je pourrais vous montrer un écrit que j'adressai au pape Léon X peu de jours après son élection, et dans lequel je concluais que, pour assurer le repos de l'Italie et rendre la paix certaine, il n'y avait rien de mieux à faire que de laisser les Français se rendre maîtres du duché de Milan; c'est à quoi aussi je l'engageais à coopérer par tous ses moyens. Vous voyez donc que ce n'est nullement la passion qui a déterminé mon opinion; et je crois bien qu'il en est de même de la vôtre, car je vous ai toujours vu ne pas vous obstiner dans vos idées, mais savoir céder à la fortune et vous rendre à la raison. Et si vous me dites : «Tu étais il y a quatre mois «d'une telle opinion, pourquoi donc en avoir «changé?» je vous répondrai qu'à cette époque je n'avais pas vu les Suisses résolus à toute force à défendre Milan; je n'avais pas vu l'Angleterre armer à si grands frais contre la France des troupes aussi formidables; je n'avais pas vu, en un mot, tant de choses qui sont arrivées; d'ailleurs, alors aussi, je ne pensais pas à tranquilliser toute l'Italie à la fois, mais je trouvais moins d'inconvénients dans mon plan : aujourd'hui même encore je ne crois pas que mon projet puisse remettre toutes choses en ordre, mais il me semble qu'il en remettrait du moins une partie.

Venons maintenant à vos raisonnements. Il vous semble, dites-vous, que l'Angleterre devrait obtempérer à l'autorité du pape et de l'Espagne, si l'un et l'autre lui prouvaient que la chose proposée est convenable. Je partagerais cette opinion si, dans la guerre qu'elle fait à la

[1] Allusion à une ancienne coutume de Florence, où les classes inférieures, divisées par quartiers, se nommaient des empereurs et des rois qui se montraient en grande pompe dans les fêtes solennelles.

France, l'Angleterre était aidée par l'une de ces deux puissances ; mais puisqu'elle en porte seule tout le poids, pourquoi voudriez-vous que leur autorité suffît pour la détourner de son entreprise? Un prince qui fait la guerre peut se trouver obligé de s'en désister, soit parce que ses alliés l'abandonnent, soit parce que, non contents de l'abandonner, ils se déclarent contre lui et favorisent ses adversaires. Or, dans cette guerre, l'Angleterre n'a pour alliés ni l'Espagne ni le pape, mais bien l'empereur et les Suisses : je conviens que si ces derniers venaient à l'abandonner, son entreprise offrirait tant de difficultés qu'il lui conviendrait de s'en désister; si même ils faisaient plus, et qu'après avoir abondonné ce roi, ils se déclarent contre lui, il n'y a pas de doute qu'il ne fût forcé de rentrer dans son île. C'est pour cela aussi qu'en les ayant pour elle, la France gagnerait bien plus qu'à avoir des lansquenets; car, outre qu'elle augmenterait ainsi le nombre de ses soldats, elle enlèverait des alliés à son ennemi. Il ne lui serait guère possible d'ailleurs d'avoir à sa solde autant d'Allemands que vous le pensez ; car l'empereur, les princes de l'Empire, et même les villes libres, n'ont garde de laisser ainsi leurs sujets aller servir à l'étranger : une preuve de cela, c'est qu'au milieu des craintes et des embarras qui ont assailli la France, quelque dépense que vous pensiez qu'elle ait faite, elle n'a pu rassembler plus de dix mille hommes, parmi lesquels il se trouvait très-peu d'Allemands, et encore étaient-ils presque tous tirés des Pays-Bas, où les soldats ne sont ni aussi bien disciplinés ni aussi aguerris que les lansquenets. Soyez convaincu, du reste, que le roi d'Angleterre, tout brillant de jeunesse et qui croit faire une guerre juste, se déterminera difficilement à se désister, sur de simples paroles, d'une entreprise pour laquelle il montre tant d'ardeur, que, venant ces jours derniers de Calais pour aller rejoindre son armée à Térouenne, accompagné d'un corps de huit mille hommes d'infanterie et de dix-neuf cents chevaux, et passant à une lieue environ de l'armée française, dont la force s'élevait à dix mille fantassins et à quinze cents lances, il lui envoya proposer la bataille à laquelle cette armée se refusa. Vous savez aussi bien que moi que ce n'est pas une petite affaire que d'avoir la guerre chez soi, où, comme l'expérience le fait voir chaque jour, le moindre événement suffit pour intimider et faire perdre courage. Si, comme vous le dites, une bataille met ce prince en danger de perdre son royaume, il pense de son côté qu'elle pourrait tout aussi bien le rendre maître d'une partie de la France. Peut-être se trompe-t-il en cela. Quoi qu'il en soit, on voit clairement qu'il est obstiné dans son projet, qu'il n'épargne rien pour réussir, et qu'il a l'orgueil de vouloir tout faire par lui-même avec son propre argent, et qu'il offre encore d'en donner aux Suisses.

Il ne me paraît nullement, au surplus, que l'Espagne puisse compter sur le roi de France et s'en tenir à dire : « Je lui ai rendu les plus « grands services, par conséquent les injures « passées doivent être oubliées. » Cela arriverait peut-être s'il pouvait obliger effectivement ce prince sans déplaire à personne, et acquérir son amitié sans perdre celle des autres. Mais, comme on ne pourrait le remettre en possession de la Lombardie sans blesser à la fois les intérêts de l'Angleterre, des Suisses et de l'empereur, je ne vois pas où l'Espagne trouverait sa sûreté. Le roi de France pourrait bien s'abstenir de l'attaquer lui-même; mais il se soucierait fort peu qu'un autre l'attaquât; et il aimerait au contraire à la voir s'affaiblir, dans l'espoir de reprendre par la suite le royaume de Naples, qu'il ne peut se consoler d'avoir perdu ; il ne serait même pas fâché qu'il s'élevât quelque trouble dans la Castille.

Je pense tout comme vous, que quand on veut juger si une paix est solide et durable, il faut surtout examiner quelles sont les puissances qui en seront mécontentes, et quelles pourront être les conséquences de ce mécontentement. Il me semble donc que mon projet de pacification ferait moins de mécontents que le vôtre, et que les suites du mécontentement seraient moins fâcheuses. En effet, si l'objet de l'Angleterre n'était pas entièrement rempli, il le serait du moins en partie, et son jeune roi, qui dans sa première expédition a surtout ambitionné la gloire, devrait regarder comme un résultat assez beau qu'on dît partout qu'il a contraint le roi de France à abandonner la Lombardie, qui paraissait tenir au cœur de ce prince autant que Paris même. Voilà pourquoi je ne saurais penser qu'il s'unît jamais avec la France, puisque, d'une part, il ne se trouverait pas mécontent, et que, de l'autre, quand il le serait, cette alliance ne lui présenterait aucun avantage. En effet, ses États se trouvant séparés du continent, il comprend bien que s'unir avec la France ce serait travailler à l'agrandissement de celle-ci sans aucun profit pour lui; d'ailleurs voulût-il cette alliance, ses sujets ne la lui permettraient pas, tant est forte la haine qui règne entre les deux nations. N'avons-nous pas vu l'année dernière qu'ils n'ont pu s'entendre avec les Espagnols, qu'ils ne haïssent pas autant. Jugez par là combien il serait difficile qu'ils s'entendissent avec les Français.

Mon projet ne ferait donc réellement que deux mécontents, savoir, le roi de France et l'empereur. Or le premier de ces monarques est vieux, infirme et découragé par les revers; l'empereur est un prince léger, inconstant, sans argent et presque sans considération: il a bien toujours ses vues sur le temporel de l'Église, mais il rencontrerait tant de difficultés qu'il n'y a pas lieu d'en concevoir des craintes sérieuses, lors même qu'il serait aidé par le roi de France, qui doit réfléchir, après toutes les dépenses qu'il a faites, combien il lui serait difficile de satisfaire au besoin d'argent sans cesse renaissant de l'empereur, surtout dans une entreprise de cette importance. D'ailleurs il aurait à surmonter la résistance des Suisses, des Espagnols et du restant de ces Italiens qui, malgré les preuves trop réitérées qu'ils ont données de leur lâcheté, pourraient cependant faire encore une fois preuve de courage, vu la vicissitude des choses humaines. En effet, n'avons-nous pas vu les troupes françaises, jusque-là si intrépides et si invincibles en Italie, fuir sans combattre dans leur dernière déroute? Ne voyons-nous pas encore aujourd'hui ces mêmes Français, qui sont sous les armes depuis vingt ans, trembler devant les Anglais, qui depuis vingt-cinq ans ne font plus la guerre? Enfin, Ferrare, Mantoue, Bartolommeo d'Alviano, les Colonna...... ne doivent pas être considérés comme de vieux fers brisés......[1] En supposant qu'on leur laisse le duché de Milan, ce qui me paraît ne devoir jamais être, pour peu qu'on veuille opposer une digue à leur inondation.....; et si de plus, on fait attention que les Français sont si peu avisés, et ont traité les peuples avec tant de dureté et de mépris, que, même lorsque leur puissance était au plus haut point, vingt mille Suisses sans argent ont suffi pour les chasser de cet état. Je suis un de ceux qui ont grande peur des Suisses; mais je ne crois pas qu'ils puissent jamais devenir de nouveaux Romains, comme ils s'en vantaient à Pellegrino. Si vous réfléchissez, en effet, sur les principes de la politique et sur l'histoire des républiques qui ont existé, vous trouverez impossible qu'une république, partagée comme l'est celle des Suisses, fasse jamais de grands progrès. Il me semble qu'ils viennent eux-mêmes d'en donner une preuve frappante, puisque pouvant sans peine se rendre maîtres de la Lombardie ils ne l'ont point fait, prétendant que cette conquête ne leur était nullement utile. Vous voyez effectivement que jusqu'à présent ils ont fait de tous les pays qu'ils ont conquis des associés et non des sujets. Or ils ne désirent pas un plus grand nombre d'associés, parce qu'ils ne se soucient nullement de partager avec tant d'autres les pensions qu'ils reçoivent; ils ne souhaitent pas non plus de sujets, parce que la manière de les gouverner serait pour eux une source de discorde, et que d'ailleurs ils ne pourraient les contenir qu'à grands frais. En conséquence ce qu'ils préfèrent, c'est d'avoir des subsides. Du reste on remarque déjà parmi eux, comme je vous l'ai dit, des commencements de désunion. Toutefois, mon cher compère, je ne laisse pas pour cela de les craindre beaucoup; car les événements ne suivent pas toujours l'ordre de la raison; et je ne vois d'ailleurs aucun remède contre ce que je redoute. Le temps, au surplus, peut en amener quelqu'un; et il arrive souvent que l'union qui se montre dans une république lorsqu'elle est petite, cesse d'y régner lorsqu'elle s'est agrandie.

Pour conclure enfin je ne vous écris cette longue lettre que pour vous donner sujet de me répondre, bien fâché de ne pouvoir pas m'en entretenir avec vous de vive voix comme je le désirerais; et je finis en me recommandant à vous.

FRANCESCO VETTORI, ambassadeur.

Rome, le 20 août 1513.

[1] Il y a dans le texte des lacunes qui empêchent d'entendre clairement la phrase.

LETTRE XXV.

A FRANCESCO VETTORI.

Votre lettre du 20 m'a tout à fait déconcerté : l'ordre des idées, la multitude des raisonnements, et tout ce qu'elle renferme de remarquable, m'ont tellement étourdi, que j'en suis resté d'abord confondu et découragé : et si je ne me fusse rassuré un peu en la relisant, j'allais la jeter dans mes cartons, et je vous répondais sur un tout autre sujet. Mais à force de me familiariser avec elle, il m'est arrivé ce qui arriva au renard quand il aperçut le lion : la première fois il fut sur le point de mourir de peur, la seconde il s'arrêta, la troisième il entra en conversation avec lui. Ainsi donc, ayant repris courage avec votre lettre, je vais vous répondre.

De tout ce que vous me dites de l'état des choses de ce monde, voici la conclusion que je tire : c'est que nous sommes aujourd'hui gouvernés par des princes qui, naturellement ou accidentellement, ont les qualités suivantes : Nous avons un pape sage, grave et respecté, un empereur léger et changeant, un roi de France irritable et craintif, un roi d'Espagne brouillon et avare, un roi d'Angleterre riche, audacieux et avide de gloire ; nous avons des Suisses brutaux, victorieux et insolents ; et, quant à nous autres Italiens, nous sommes pauvres, ambitieux et avilis. Pour ce qui est des autres princes, je ne les connais pas. De sorte que, tout cela considéré, et voyant les événements qui couvent en ce moment, je crois à ce moine qui criait : *Pax ! pax ! et non erit pax !* Et tout projet de paix, autant le vôtre que le mien, me présente de grandes difficultés. Si vous persistez à soutenir qu'il y en a davantage dans le mien, à la bonne heure ; mais je veux que vous m'entendiez patiemment vous dire, et en quoi je pense que vous êtes dans l'erreur, et en quoi il me paraît certain que vous y êtes.

D'abord, ce dont je doute, c'est que vous ayez raison de réduire si tôt à rien le roi de France, et de tant exalter le roi d'Angleterre. Je ne puis croire que le premier n'ait pas plus de dix mille hommes d'infanterie, lorsque sans recourir aux Allemands il peut en lever dans ses États un grand nombre, qui, s'ils ne sont pas aussi aguerris que les Allemands, le sont du moins autant que les Anglais. Ce qui me confirme dans mon opinion, c'est de voir que le roi d'Angleterre, venu avec tant d'ardeur à la tête d'une armée aussi formidable, et enflammé d'un si grand désir de détruire son ennemi, n'ait pu parvenir encore à s'emparer de Térouenne, place qui ne vaut pas mieux que celle d'Empoli, et qui devait être emportée à la première attaque, surtout dans un temps où les troupes agissent avec tant d'impétuosité. Cela seul me suffit pour ne pas tant craindre l'Angleterre, et ne pas faire si peu de cas de la France. Je suis convaincu que si les Français mettent tant de lenteur dans leurs démarches, c'est plutôt par calcul que par crainte. On espère que si l'hiver survient avant que les Anglais aient pris pied en France, ils se verront forcés ou de retourner dans leur île, ou de séjourner avec grand danger sur le territoire français, attendu que le pays qu'ils occupent est marécageux et tout à fait dénué d'arbres, de manière que déjà même ils doivent commencer à beaucoup souffrir ; c'est encore pourquoi je pensais que le pape et l'Espagne détermineraient sans peine le roi d'Angleterre à se désister. Ce qui d'ailleurs me confirme de plus en plus dans mon opinion, c'est de voir le roi de France obstiné à ne point renoncer à son concile : s'il se trouvait aussi affaibli que vous le dites, il aurait besoin de tout le monde, et il voudrait être bien avec tout le monde.

Je ne doute pas que l'Angleterre ne donne de l'argent aux Suisses : mais que ce soit par les mains de l'empereur, cela me semble prodigieux ; car je pense qu'il aimerait bien mieux le dépenser pour les siens que pour les Suisses. Je ne puis surtout me mettre dans la tête que l'empereur soit assez imprudent, et l'Allemagne assez négligente, pour laisser les Suisses acquérir tant de prépondérance. Et quand je vois que les choses se passent ainsi, je tremble de porter mon jugement sur quoi que ce soit, tant ce qui arrive est contraire à ce que tout homme doit raisonnablement penser. Je ne puis non plus concevoir comment il se fait que les Suisses n'aient pas pu, ou n'aient pas voulu avoir la citadelle de Milan : il me semble que par l'acquisition de cette place ils atteignaient leur but, et que cela valait bien mieux que d'aller conquérir la Bourgogne pour le compte de l'empereur.

En second lieu, et en quoi il me paraît que

vous êtes entièrement dans l'erreur, c'est l'idée que vous avez des Suisses et de la crainte plus ou moins grande que l'on doit en avoir. A mon avis il y a lieu de les craindre excessivement. Le Casa, et grand nombre de mes amis avec lesquels j'ai l'habitude de raisonner sur ces matières, savent que je faisais très-peu de cas des Vénitiens, même au temps de leur plus grande prospérité, et que j'avais toujours vu dans l'élévation et la conservation de leur puissance un plus grand miracle que dans leur perte. Il m'a paru aussi qu'on leur a fait trop d'honneur par la manière dont l'on s'y est pris pour les ruiner : ce qui a été fait par un roi de France aurait pu l'être tout aussi bien par un duc de Valentinois, ou par tout autre capitaine de quelque renom qui se serait trouvé en Italie à la tête de quinze mille hommes. Ce qui me faisait penser ainsi, c'était de voir les Vénitiens faire la guerre sans chefs et sans soldats qui leur appartinssent : or si ces motifs me portaient à ne point les craindre, les raisons contraires me font redouter les Suisses. Je ne sais ce que dit Aristote des républiques partagées en plusieurs États; mais je pense que ce qui a été, que ce qui est, peut fort bien être encore; et je me souviens d'avoir lu que les Lucumoniens tinrent sous leur domination toute l'Italie, jusqu'aux Alpes, et jusqu'au temps où ils furent chassés de la Lombardie par les Gaulois. Si les Achéens et les Étoliens ne firent pas de grands progrès, cela tient uniquement aux circonstances : ils furent toujours contenus, d'abord par un roi de Macédoine tout-puissant, et ensuite par les Romains; de sorte que s'ils ne s'étendirent jamais au delà des limites du pays qui fut leur berceau, ce ne fut point par défaut de courage ou de détermination, mais parce qu'une force extérieure les arrêta. Oh! dites-vous, ils ne veulent point acquérir de sujets, parce qu'ils ne trouvent pas que ce soit un avantage pour eux. Ils parlent ainsi aujourd'hui, parce qu'aujourd'hui en effet ils ne voient pas cet avantage; mais, comme je vous l'ai dit dans ma précédente lettre, les événemens ici-bas n'arrivent que successivement; souvent les hommes sont engagés par la nécessité à faire ce qui d'abord n'entrait pas dans leurs vues, et enfin les peuples procèdent habituellement avec lenteur. En considérant l'état actuel des choses, on voit que les Suisses ont déjà pour tributaires en Italie un duc de Milan et un pape, et que ces tributs ont été mis par eux au rang de leurs revenus fixes dont ils ne consentiront point à être privés. Si donc il arrive une époque à laquelle l'un de ces deux débiteurs ne veuille plus payer, ils regarderont son refus comme une révolte; ils prendront aussitôt les armes, et, en cas de victoire, ils songeront à pourvoir à leur sûreté; et pour y parvenir ils chercheront à maintenir par quelque nouveau frein celui qu'ils auront dompté; et c'est ainsi que peu à peu ils mettront tout sous le joug. Et ne comptez nullement sur les troupes qui, selon vous, pourraient agir en Italie avec quelque succès; cela est impossible : d'abord, à cause de leur composition, on ne verrait que plusieurs chefs désunis, sans qu'on sût qui mettre à leur tête pour les contenir; et, en second lieu, à cause de la nature des troupes suisses, car vous saurez que les meilleurs soldats qu'il puisse y avoir sont ceux que lèvent les peuples armés, et qu'il n'y a que des troupes de même espèce qui puissent leur résister. Rappelez-vous les armées qui ont acquis de la renommée : vous trouverez les Romains, les Lacédémoniens, les Athéniens, les Étoliens, les Achéens, et des essaims d'ultramontains; vous verrez que tous ceux qui ont fait de grandes conquêtes avaient armé et employé leurs propres peuples : c'est ainsi que Ninus se servit des Assyriens, Cyrus, des Perses, et Alexandre, des Macédoniens. Je ne vois d'exemples contraires que ceux d'Annibal et de Pyrrhus, qui firent de grandes choses avec des armées composées de soldats pris de toutes parts : mais il faut en rapporter toute la gloire à l'extrême habileté et à la réputation des chefs, qui surent inspirer à ces armées, mélangées de tant de peuples, l'ardeur et la discipline qui distinguent les troupes nationales. Examinez d'où sont venues les pertes et les victoires du roi de France, vous verrez qu'il a été victorieux tant qu'il a combattu contre les Italiens et les Espagnols, dont les troupes étaient semblables aux siennes; mais qu'aujourd'hui qu'il a affaire avec des peuples armés, c'est-à-dire avec les Suisses et les Anglais, il a déjà éprouvé des revers, et est en danger d'en éprouver de plus grands encore. Les revers étaient prévus par tous les hommes éclairés; et ils en trouvaient la cause dans ce que le roi n'avait point de troupes nationales, et avait désarmé ses propres peuples, ce qui est contraire aux idées et à la conduite de tout prince réputé sage et grand : mais cette faute est particulière au roi Louis, et n'avait pas été commise par ses prédécesseurs.

Encore une fois donc, ne comptez point sur les armées italiennes, et n'attendez pas que, soit simples, soit mixtes, elles fassent jamais un corps uni comme celui des Suisses.

Quant aux mésintelligences, aux divisions dont vous parlez, n'en espérez pas beaucoup non plus : elles ne peuvent avoir de grandes conséquences tant que les lois seront observées; et elles le seront sans doute au moins pendant quelque temps. En cet état, il ne peut exister, il ne peut naître aucune tête qui ait des queues, et une tête sans queue ne peut rien et est bientôt détruite. Quant à ces individus qu'ils ont fait mourir, ce sont probablement des gens qui, placés dans quelque magistrature, ou autrement, auront voulu favoriser le parti français par des moyens extraordinaires : qu'ils aient été découverts, condamnés et exécutés, cela n'aura pas plus de conséquence pour l'État, que la mort de quelques voleurs qu'on aurait pendus comme tels.

Ainsi que vous, je ne pense pas que les Suisses parviennent jamais à fonder un empire semblable à l'empire romain : mais il ne me paraît pas hors de possibilité qu'ils deviennent les arbitres de l'Italie, soit par une conséquence du voisinage, soit par une suite des désordres et de la corruption qui règnent dans cette contrée; c'est là ce qui m'épouvante et à quoi je voudrais qu'on pût remédier. Si la France n'y suffit pas, je n'y vois point de ressource; et je commencerai dès à présent à pleurer avec vous la ruine et la servitude de notre patrie : si elles n'ont lieu ni aujourd'hui ni demain, nous les verrons malheureusement de notre vivant; et c'est une obligation que l'Italie aura eue, soit au pape Jules II, soit à ceux qui n'aident point à la sauver, si toutefois il en est temps encore.

NICOLAS MACCHIAVELLI.

Florence, le 26 août 1513.

LETTRE XXVI.

Au même.

MAGNIFIQUE AMBASSADEUR,

Tarde non furon mai grazie divine. Je dis cela parce que je craignais d'avoir, non pas perdu mais égaré vos bonnes grâces; vous aviez été si longtemps sans m'écrire que je ne pouvais en imaginer la raison. J'attachais peu d'importance, il est vrai, à toutes celles qui me passaient par la tête; j'avais peur seulement qu'on ne vous eût écrit que j'étais un mauvais ménager de vos lettres, et que cela vous eût décidé à rompre notre correspondance : j'étais certain cependant qu'à l'exception de Philippo et de Paolo, je ne les avais montrées à personne. J'ai été tout ranimé par votre dernière, du 23 du mois passé. J'ai bien du plaisir à voir avec quelle tranquillité d'esprit vous traitez les affaires. Je vous engage à continuer : quiconque abandonne ses aises pour les aises d'autrui, perd les siennes sans qu'on lui en sache aucun gré. Et puisque la fortune veut se mêler de tout, il faut la laisser faire, se tenir en repos, ne lui causer aucun embarras, et attendre qu'elle permette aux hommes d'agir un peu : alors vous pourrez prendre plus de peine, surveiller davantage ce qui se passe; alors vous me verrez quitter la campagne et venir vous dire : *Me voilà.* En attendant, pour vous rendre une grâce pareille à celle que j'ai reçue de vous, je ne puis que vous dire dans cette lettre le genre de vie que je mène; et si vous jugez qu'elle vaille la vôtre, je consens avec un véritable plaisir à la poursuivre.

J'habite donc ma *villa* [1]; et depuis les derniers malheurs que j'ai éprouvés, je ne crois pas, en tout, avoir été vingt jours à Florence. Jusqu'à présent je me suis amusé à tendre de ma main des piéges aux grives : me levant avant le jour, je disposais mes gluaux, et j'allais chargé d'un paquet de cages sur le dos, semblable à Geta [2] lorsqu'il revient du port chargé des livres d'Amphitryon. Je prenais ordinairement deux grives, mais jamais plus de sept. C'est ainsi que j'ai passé tout le mois de septembre. Cet amusement, tout sot qu'il est, m'a enfin manqué, à mon grand regret; et voici comment j'ai vécu depuis : je me lève avec le soleil, je vais dans un de mes bois que je fais couper, j'y demeure deux heures à examiner l'ouvrage qu'on a fait la veille, et à m'entretenir avec les bûcherons qui ont

[1] Santa-Maria in Percussina, près de San-Casciano, bourg distant de Florence d'environ dix milles, sur la route de Rome.

[2] Valet de comédie.

toujours quelque maille à partir, soit entre eux, soit avec leurs voisins. J'aurais à vous dire sur ce bois mille belles choses qui me sont arrivées, soit avec Frosino de Panzano, soit avec d'autres qui en voulaient. Frosino, particulièrement, avait envoyé chercher une certaine quantité de *cataste*[1] sans m'en rien dire; et, lorsqu'il s'agit de payer, il voulut me retenir dix livres qu'il prétendait m'avoir gagnées, il y a quatre ans, en jouant à *cricca,* chez Antonio Guicciardini. Je commençai d'abord par faire le diable; je voulais m'en prendre au voiturier qui était allé le chercher, comme à un voleur; mais Jean Macchiavelli s'interposa dans cette affaire et nous remit d'accord. Battista Guicciardini, Filippo Ginori, Tommaso del Bene, et quelques autres personnes, m'en prirent chacun une *catasta,* lorsque nous avons eu ces grands vents du nord. Je promis à tous, et j'en envoyai une à Tommaso, qui en transporta la moitié à Florence, parce qu'il s'y trouvait avec sa femme, sa servante et ses enfants pour la recevoir; on aurait dit le Gaburro, lorsque avec ses garçons il vient le jeudi pour assommer un bœuf. M'étant alors aperçu qu'il n'y avait rien à gagner, j'ai annoncé aux autres qu'il ne me restait plus de bois: ils en ont tous fait la moue, surtout Battista, qui met ce refus au nombre de ses plus grandes mésaventures d'État.

Lorsque je quitte le bois, je me rends auprès d'une fontaine, et de là à mes gluaux, portant avec moi soit le Dante, soit Petrarca, soit un de ces poëtes appelés *minores,* tels que Tibulle, Ovide, et autres. Je lis leurs plaintes passionnées et leurs transports amoureux; je me rappelle les miens, et je jouis un moment de ce doux souvenir. Je vais ensuite à l'hôtellerie qui est située sur le grand chemin, je cause avec les passants, je leur demande des nouvelles de leur pays, j'apprends un grand nombre de choses, et j'observe la diversité qui existe entre les goûts et les imaginations de la plupart des hommes. Sur ces entrefaites arrive l'heure du dîner; je mange en famille le peu de mets que me fournissent ma pauvre petite villa et mon chétif patrimoine. Le repas fini, je retourne à l'hôtellerie; j'y trouve ordinairement l'hôte, un boucher, un meunier et deux chaufourniers : je m'encanaille avec eux tout le reste de la journée, jouant à *cricca,* à *tric-trac*[1]; il s'élève mille disputes; aux emportements se joignent les injures; et le plus souvent c'est pour un liard que nous nous échauffons et que le bruit de nos querelles se fait entendre jusqu'à San-Casciano.

C'est ainsi que, plongé dans cette ignoble existence, je tâche d'empêcher mon cerveau de se moisir; je donne ainsi carrière à la malignité de la fortune qui me poursuit : je suis satisfait qu'elle ait pris ce moyen de me fouler aux pieds, et je veux voir si elle n'aura pas honte de me traiter toujours de la sorte. Le soir venu, je retourne chez moi, et j'entre dans mon cabinet; je me dépouille sur la porte de ces habits de paysan, couverts de poussière et de boue; je me revêts d'habits de cour ou de mon costume, et, habillé décemment, je pénètre dans le sanctuaire antique des grands hommes de l'antiquité: reçu par eux avec bonté et bienveillance, je me repais de cette nourriture qui seule est faite pour moi et pour laquelle je suis né. Je ne crains pas de m'entretenir avec eux, et de leur demander compte de leurs actions. Ils me répondent avec bonté; et pendant quatre heures j'échappe à tout ennui, j'oublie tous mes chagrins, je ne crains plus la pauvreté, et la mort ne saurait m'épouvanter : je me transporte en eux tout entier. Et comme le Dante a dit : *Il n'y a point de science si l'on ne retient ce qu'on a entendu*, j'ai noté tout ce qui dans leurs conversations m'a paru de quelque importance; j'en ai composé un opuscule *de Principatibus*, dans lequel j'aborde autant que je puis toutes les profondeurs de mon sujet, recherchant quelle est l'essence des principautés, de combien de sortes il en existe, comment on les acquiert, comment on les maintient et pourquoi on les perd; et si mes rêveries vous ont plu quelquefois, celle-ci ne doit pas vous être désagréable; elle doit surtout convenir à un prince, et spécialement à un prince nouveau : voilà pourquoi je dédie mon ouvrage à la magnificence de Giuliano. Filippo Casavecchia l'a vu; il pourra vous rendre compte de la chose en elle-même et des discussions que nous avons eues ensemble; toutefois je m'amuse encore à l'augmenter et à le polir.

[1] Sorte de mesure usitée à Florence.

[1] Jeu différent de celui qui en France porte le même nom.

Vous voudriez, magnifique ambassadeur, que j'abandonnasse ma manière de vivre pour venir partager la vôtre : je le ferai certainement; je ne suis retenu en ce moment que par certaines petites affaires personnelles qui seront finies d'ici à six semaines. Ce qui me tient aussi en suspens, c'est que les Soderini sont à Rome, et que si je venais je serais forcé de les visiter et de leur parler. J'aurais tout lieu de craindre qu'à mon retour, au lieu de mettre pied à terre chez moi, on ne me fît descendre chez le *Bargello ;* car bien que ce gouvernement soit assis sur les fondements les plus solides et jouisse de la plus profonde sécurité, cependant, comme il est récemment établi, tout doit lui être suspect, et il ne manque pas d'importants qui, pour paraître semblables à Paolo Bertini, se feraient valoir à mes dépens, et me laisseraient me tirer d'affaires comme je pourrais. Je vous en prie, délivrez-moi de cette crainte, et je viendrai vous rejoindre au temps marqué, sans que rien ne m'en empêche.

J'ai parlé avec Filippo de mon opuscule, pour savoir s'il était bien de le publier ou de ne pas le publier, et, dans le premier cas, s'il conviendrait de le porter moi-même ou de vous l'envoyer. En ne le publiant pas, j'ai à craindre non-seulement que Giuliano ne le lise pas, mais que cet Ardinghelli ne se fasse honneur auprès de lui de mes dernières fatigues. C'est le besoin auquel je suis en butte qui me force à le publier; car je me consume, et je ne puis rester longtemps encore dans la même position, sans que la pauvreté me rende l'objet de tous les mépris. Ensuite je voudrais bien que ces seigneurs Médicis commençassent à m'employer, dussent-ils d'abord ne me faire que retourner des pierres : si je parvenais une fois à me concilier leur bienveillance, je ne pourrais me plaindre que de moi ; quant à mon ouvrage, s'ils prenaient la peine de le lire, ils verraient que je n'ai employé ni à dormir ni à jouer les quinze années que j'ai consacrées à l'étude des affaires de l'État. Chacun devrait tenir à se servir d'un homme qui a depuis longtemps acquis de l'expérience. On ne devrait pas non plus douter de ma fidélité; car si jusqu'à ce jour je l'ai scrupuleusement gardée, ce n'est point aujourd'hui que j'apprendrais à la trahir: celui qui a été probe et honnête homme pendant quarante-trois ans (et tel est aujourd'hui mon âge) ne peut changer de nature; et le meilleur garant que je puisse donner de mon honneur et de ma probité, c'est mon indigence.

Je désirerais donc que vous m'écrivissiez ce que vous pensez sur cette matière; et je me recommande à vous.

NICOLAS MACCHIAVELLI.

Florence, le 10 décembre 1513.

LETTRE XXVII.

Au même.

MAGNIFIQUE AMBASSADEUR,

Il y a huit ou dix jours que je vous ai écrit en réponse à votre lettre du 23 du mois passé; je vous y disais ce qui rendait incertain mon projet d'aller à Rome. J'attends de savoir ce que vous en pensez, après quoi je suivrai les conseils que vous me donnerez.

Je vous écris la présente en faveur de notre Donato dal Corno. Vous connaissez sa position, ainsi que la lettre qu'il avait d'abord obtenue de sa magnificence Giuliano pour le magnifique Lorenzo. Depuis lors, la mort a enlevé Francesco Pepi, qui avait pris cette affaire à cœur; de sorte que Donato a perdu presque toutes ses espérances. Cependant, pour ne pas tout abandonner, nous avons été, Donato et moi, trouver Jacopo Gianfigliazzi, qui nous a promis de le servir chaudement. Il y a deux jours que, profitant de votre lettre, nous lui avons reparlé de cette affaire. Il nous a fait de plus belles promesses que jamais ; mais il a fini par dire qu'il demeurerait en repos jusqu'au mois de janvier, époque à laquelle les noms des nouveaux candidats doivent être mis dans les bourses. Comme nous lui demandions s'il croyait nécessaire d'avoir une nouvelle lettre de Giuliano, il nous a répondu que rien ne serait plus convenable, mais qu'il fallait attendre jusqu'au moment d'agir, parce que si on l'obtenait immédiatement elle serait déjà vieille lorsqu'on voudrait s'en servir, et qu'il faudrait encore tout recommencer. En conséquence il sera nécessaire de tâcher d'avoir cette lettre en temps opportun; et si par hasard vous n'avez point encore obtenu celle dont vous avez parlé dernièrement à Donato, vous pourrez n'en plus dire mot. Si vous l'avez, nous verrons ce qu'il y aura à faire lorsque le moment sera arrivé.

Il nous semble que, fondés sur la sagesse de cette...... Et jugez si Donato n'est pas digne d'être mis au nombre des serviteurs les plus affectionnés de la très-illustre maison des Médicis, puisque, quand ils rentrèrent dans Florence, il porta au magnifique Giuliano cinq cents ducats, qu'il lui prêta sans intérêts et sans qu'ils lui eussent été demandés. On ne lui a pas encore remboursé cette somme. Je ne vous dis pas ce fait pour que vous en parliez à personne, mais pour que cela vous porte à favoriser cette affaire avec une plus grande chaleur.

Il y a maintenant dans cette ville, qui est un aimant pour tous les charlatans du monde, un moine de Saint-François, à moitié ermite, qui, pour donner plus de poids à ses prédications, fait le métier de prophète. Hier, dans l'église de Santa-Croce où il a prêché, il dit *multa, magna et mirabilia;* savoir, qu'avant qu'il s'écoulât beaucoup de temps, et de manière que ceux qui ont aujourd'hui quatre-vingt-dix ans pourraient en être témoins, il y aurait un pape illégitime, créé en opposition au pape légitime, qui aurait ses faux prophètes, qui ferait des cardinaux et diviserait l'Église; de plus, que le roi de France devait être anéanti, et qu'un des membres de la famille d'Aragon prédominerait en Italie; que notre ville serait la proie des flammes et du pillage; que les églises seraient abandonnées et ruinées, les prêtres dispersés, et que pendant trois ans les fidèles seraient privés de l'office divin; qu'il régnerait dans la ville une peste et une famine très-grandes; qu'il ne resterait pas dix hommes dans les campagnes, où pendant dix-huit ans un diable sous la forme humaine dirait la messe; qu'il y avait plus de deux milliers de diables déchaînés pour servir de ministres à ces calamités; qu'ils entreraient dans le corps d'une multitude d'individus qui mourraient; mais qu'ils ne laisseraient pas ces corps se corrompre, afin que les faux prophètes et les faux religieux pussent ressusciter les morts et fortifier ainsi la croyance en leur mission. Toutes ces choses, que j'ai apprises hier, me frappèrent d'un si grand étonnement que j'en oubliai d'aller chez la Riccia, où je devais passer la matinée: mais je ne sais trop si j'aurais fait la même attention à ce sermon si j'avais dû passer mon temps avec le Riccio. Du reste je ne l'ai point entendu moi-même, parce que je n'ai point l'habitude d'assister à de semblables prédications; mais il m'a été répété par tout Florence.

Je me recommande à vous, et je vous prie de saluer le Casa de ma part; dites-lui que s'il ne se conduit autrement qu'il l'a fait jusqu'à présent, il perdra tout son crédit auprès des garçons de Rome, comme il l'a déjà perdu auprès de ceux d'ici.

NICOLAS MACCHIAVELLI.

Florence, le 19 décembre 1513.

LETTRE XXVIII.

Au même.

MAGNIFIQUE AMBASSADEUR,

Ce n'est point une chose sans agrément d'examiner jusqu'à quel point les hommes sont aveugles sur les fautes qu'ils commettent, et combien ils sont prompts et ardents à blâmer les défauts qu'ils croient ne point avoir. Je pourrais vous en citer une foule d'autorités, grecques, latines, hébraïques et chaldéennes; je pourrais au besoin, aller en chercher jusque dans les pays du sophi de Perse ou du prêtre Jean, si les seuls exemples domestiques et récents ne suffisaient pas. Je crois que Persano aurait pu venir dans votre maison, d'un jubilé à l'autre, sans que jamais Filippo se doutât qu'il vous fût à charge : je pense qu'il aurait imaginé au contraire que vous auriez aimé à vous en servir, et que ç'aurait été une intrigue tout à fait convenable pour un ambassadeur, qui, obligé par son rang à de grands ménagements, doit au moins pouvoir s'en dédommager par quelques plaisirs et quelques distractions; il aurait cru que ce Persano vous conviendrait parfaitement; il aurait loué votre prudence devant tout le monde et porté votre choix jusqu'au ciel. D'un autre côté, quand tout le b..... de la Valenza se serait établi dans votre maison, Brancaccio n'aurait jamais pu vous en faire un crime : bien loin de là, il vous en eût loué plus fortement que s'il vous avait entendu parler au pape avec plus d'éloquence que Démosthène. Si vous vouliez la preuve de ce que j'avance, il suffirait, sans que l'un ne sût rien des avis que vous aurait donnés l'autre, de faire semblant de les croire et de vouloir suivre leurs conseils. Il fallait fermer la porte aux ...., chasser Persano, vous enfoncer dans les affaires sérieuses, vous renfermer dans vous-même, d'un air préoccupé, et avant quatre jours Filippo n'aurait pu s'empêcher de vous dire : « Que devient donc « Persano ? d'où vient qu'on ne le voit plus ? « c'est à tort qu'il ne vient pas. A mon avis, c'est « un brave garçon ; je ne sais quels contes on « s'avise de faire courir sur lui ; il me parait « tout à fait au ton de cette cour, et je le regarde « comme une agréable distraction : ambassadeur, « vous devriez bien l'envoyer chercher. » Je n'ai pas besoin de vous dire si le Brancaccio se serait plaint et étonné de l'absence des dames ; s'il ne vous l'eût pas dit en se chauffant le derrière au feu, comme aurait fait Filippo, il vous en aurait parlé tête à tête dans votre chambre. Et pour vous éclaircir davantage, supposez que je fusse arrivé au milieu de vos dispositions austères, moi qui ne suis amateur que des femmes, je me serais bientôt aperçu de la chose, et je vous aurais dit : « Ambassadeur, vous allez tomber « malade ; il me semble que vous ne prenez « aucun amusement. Il n'y a pas ici plus de gar- « çons que de femmes ; quelle maison de c..... « est-ce donc que celle-ci ? Magnifique ambassa- « deur, il ne s'y trouve donc que des fous ? Il y « a bien peu de gens qui connaissent le monde et « qui sachent que lorsqu'on veut se conduire à la « mode d'autrui on ne fait rien de bon ; car autant « d'hommes autant d'avis différents. Ces gens-là « ignorent que celui que l'on regarde comme sage « dans le jour ne passera pas pour fou dans la nuit, « et que quelques plaisirs, quelques divertisse- « ments, loin de nuire à sa réputation, ne pour- « ront que lui faire honneur si elle est solidement « établie ; et au lieu de s'entendre reprocher les « gitons ou les catins, on dira que c'est un homme « universel, à la main et bon compagnon. Ils ne « savent pas non plus qu'il communique ses qua- « lités sans jamais perdre celles d'autrui ; sem- « blable au moût quand il est en fermentation, « qui donne l'odeur du vin aux vases qui sen- « taient le moisi, et qui ne prend jamais l'odeur « du moisi des vases. »

En conséquence, seigneur ambassadeur, ne craignez ni la moisissure de Persano ni l'odeur de mona Smaria, et suivez votre manière de vivre : laissez dire le Brancaccio, qui ne s'aperçoit pas qu'il ressemble à ces oisillons qui sont les premiers à piauler et à crier, et qui, lorsque paraît la chouette, sont aussi les premiers pris. Filippo, de son côté, ressemble au vautour, qui vole jusqu'à cent milles de distance pour trouver une charogne lorsqu'il n'en trouve pas près de lui, et qui, lorsqu'il a le ventre plein, se perche sur un pin, et se moque des aigles, des éperviers, des faucons et des autres oiseaux de proie, qui meurent de faim la moitié de l'année parce qu'ils ne veulent pas de mets corrompus. Ainsi donc, magnifique, laissez l'un piauler et l'autre se remplir le gésier, et conduisez-vous à votre fantaisie.

NICOLAS MACCHIAVELLI.

Florence, le 5 janvier 1513 (1514.)

LETTRE XXIX.

Au même.

MAGNIFIQUE AMBASSADEUR,

Je suis revenu hier de la campagne, et votre Paolo m'a remis votre lettre du 23 du mois passé en réponse à une des miennes dont je ne me rappelle plus la date. J'y ai vu avec une véritable satisfaction que la fortune vous a été si favorable, qu'elle est parvenue à ne faire de vous, de Filippo et du Brancaccio, qu'une âme en deux corps, ou plutôt deux âmes en un corps, si je ne me trompe. Lorsque je réfléchis, du commencement à la fin, sur leur histoire et sur la vôtre, en vérité si je n'avais perdu le recueil de mes rêveries je les aurais insérées l'une et l'autre dans les mémoires des grands événements de nos jours ; et je les crois dignes d'être lues à un prince comme une des choses les plus remarquables que j'aie entendues cette année. Il me semble voir le Brancaccio tout ramassé sur une chaise basse, afin de mieux contempler le visage de la Costanza, et, par ses paroles, ses gestes, ses actions, ses ris et les contorsions de sa bouche et de ses yeux, se fondre pour ainsi dire et se consumer, comme suspendu aux paroles, au souffle, au regard, à la douce odeur, aux manières aimables et aux minauderies féminines de la Costanza

Me tournant alors à droite, j'aperçois le Casa, qui, la joue enflammée et la tête rasée, et plus près de ce jeune homme, approchait davantage du but.

Je le vois gesticuler, se pencher tantôt d'un côté, tantôt de l'autre; je le vois quelquefois secouer la tête aux réticences ou aux paroles pleines de honte du jeune homme: je le vois lui parlant, et faisant ou le rôle de père, ou celui de précepteur, ou celui d'amoureux, sans que le pauvre jeune homme comprenne ce qu'il veut de lui, et tantôt craignant pour son honneur, tantôt se reposant sur la gravité du personnage, tantôt témoignant son respect pour son air vénérable et la maturité de son âge. Quant à vous, seigneur ambassadeur, je vous vois en venir aux mains avec cette veuve et son frère, tenir un œil (le droit sans doute) attaché sur le jeune garçon, et l'autre sur la jeune fille, prêter une oreille aux paroles de la veuve, et l'autre au Casa et au Brancaccio; je vous vois leur répondre au hasard, et être comme l'écho de leurs dernières paroles; puis enfin mettre un terme à toutes ces conversations, en vous approchant vivement du feu à petits pas précipités, et le dos un peu courbé. A votre approche, je vois Filippo, le Brancaccio, le jeune garçon et la jeune fille, se lever soudain; et vous leur dites: « Asseyez-vous, ne vous dérangez pas, poursuivez votre conversation; » et après quelques cérémonies un peu familières et libres, chacun se remettre en place et recommencer une conversation pleine de gaieté. Mais il me semble voir surtout Filippo à l'arrivée de Piero del Bene: si je savais peindre, je vous enverrais son portrait, parce que l'écriture ne peut rendre certains gestes qui lui sont familiers, non plus que certain regard de côté, et certaines postures dédaigneuses. Je vous aperçois ensuite à table, je vous vois prendre le pain, les verres, les plats et les assiettes, chacun de vous se livrer à la joie, ou, pour mieux dire, la distiller, et enfin vous plonger tous bientôt dans un déluge de plaisirs; je vois enfin *Jupiter enchaîné au devant du char;* je vous vois tout transporté d'amour; et comme lorsque le feu parvient à s'emparer d'un bois vert, son activité éclate avec plus de force, de même la flamme d'amour a d'autant plus de pouvoir sur vous, qu'elle a trouvé d'abord de plus grands obstacles. Il me serait permis ici de m'écrier avec Térence :

O cœlum, ô terram, ô maria Neptuni!

Je vous vois combattre entre vous,

Et qua
Non bene conveniunt nec una in sede,
Morantur majestas et amor,

vous voudriez devenir cygne, pour déposer un œuf dans le sein de votre maîtresse, ou bien devenir or, pour qu'elle pût vous emporter dans sa poche; vous voudriez être tantôt un animal, tantôt un autre, pourvu que vous ne fussiez point forcé de vous éloigner de ses beaux yeux. Et pour que vous ne vous étonniez pas que je vous cite mon propre exemple lorsque je vous parle de tout ce que m'ont fait souffrir les flèches de l'amour, je me crois dans l'obligation de vous dire comment je me suis conduit avec lui. Je l'ai en effet laissé faire ce qu'il a voulu: je l'ai suivi à travers les vallons, les bois, les montagnes et les plaines, et j'ai trouvé qu'il m'a accordé plus de douceurs que si je l'eusse maltraité. Otez-lui donc les entraves, délivrez-le du frein, fermez les yeux, et dites-lui: « Amour, « fais ce que tu voudras; sois mon guide, con« duis-moi: si je tombe bien, que la louange « t'en revienne; si je tombe mal, que le blâme « soit ton partage : je suis entièrement ton « esclave, tu ne peux rien gagner en me faisant « souffrir; tu ne saurais qu'y perdre puisque je « t'appartiens. » C'est par de semblables paroles, capables de percer un mur, que vous parviendrez à toucher son cœur. Ainsi donc, mon cher maître, vivez en joie : ne vous étonnez de rien, opposez un front calme aux coups de la fortune, et abandonnez-vous au cours des événements, tels que les ont réglés l'ordre des sphères célestes, la situation des temps, et les passions des hommes; et ne doutez pas que vous ne parveniez ainsi à briser toutes les entraves et à surmonter toutes les difficultés. Et si vous voulez lui donner une sérénade, je m'offre de venir vous trouver avec quelque belle invention propre à la rendre sensible à votre amour.

Voilà tout ce que j'ai à répondre à votre lettre. Quant à ce qui se passe ici, il n'est question que de prophéties et d'annonces sinistres; si ce sont des mensonges, Dieu veuille les détruire; si ce sont des vérités, puisse-t-il les convertir en bien.

Quand je vais à Florence, je partage mon temps entre la boutique de Donato dal Corno et la Riccia; et il me semble que je commence à les ennuyer tous deux : l'un m'appelle *Gêne-boutique*, et l'autre *Gêne-maison*. Je me fais valoir cependant auprès d'eux comme un homme de conseil; et cette réputation m'a si bien servi jusqu'à ce jour, que Donato me laisse chauffer à son feu, et que l'autre me laisse parfois prendre quelques baisers, mais à la dérobée. Je crois bien que cette faveur ne durera pas longtemps, parce qu'aucun des conseils que je leur ai donnés n'a jamais réussi : aussi, aujourd'hui même, la Riccia, dans une conversation qu'elle faisait semblant d'avoir avec sa servante, disait-elle : « Ces sages, ces sages, je « ne sais où ils ont la tête; mais il me semble « qu'ils prennent toutes les choses au rebours. »

Magnifique ambassadeur, vous voyez où diable je me trouve. Je voudrais cependant me maintenir auprès d'eux; mais, de ma part, je n'en vois pas le moyen. Si vous, ou Filippo, ou le Brancaccio, vous en trouviez un, vous me rendriez service de me l'écrire.

NICOLAS MACCHIAVELLI.

Florence, le 4 février 1513 (1514).

LETTRE XXX.

Au même.

MAGNIFIQUE AMBASSADEUR.

J'ai reçu une lettre de vous la semaine dernière; et si j'ai tardé jusqu'à ce moment à vous faire réponse, c'est que je voulais être plus certain de la vérité d'une nouvelle que je vais vous raconter d'abord, et puis je répondrai comme je le dois au reste de votre lettre.

Il est arrivé une aventure extrêmement plaisante, ou plutôt, pour l'appeler par son véritable nom, une métamorphose ridicule et digne d'être notée dans les anciennes chroniques. Mais comme je ne veux pas que personne ait à se plaindre de moi, je vous la raconterai en termes de paraboles.

Un tel, que j'appellerai par exemple Giuliano Brancaccio, curieux d'aller à la chasse de nuit un des soirs de ces jours passés, n'eût pas plutôt entendu sonner l'*Angelus* de vêpres et vu le ciel obscur, le vent qui soufflait et la pluie qui tombait faiblement, tous symptômes d'un temps tel que peuvent le désirer les oiseaux, qu'il se hâte de rentrer au logis, se fourre aux pieds une paire de gros souliers, se met une carnassière sur le dos, prend une lanterne en main, une clochette au bras, et une bonne raquette à attraper des oiseaux. Il traverse le Ponte-alla-Carraja, et suit la rue du coin de' Mozzi jusqu'à Santa-Trinita. Parvenu dans le faubourg Sant-Apostolo, il rôde pendant quelque temps au milieu de toutes les ruelles qui s'y croisent, et n'ayant point trouvé d'oiseaux qui l'attendissent, il se tourne du côté de votre batteur d'or, traverse le marché du côté des Guelfes, puis Calimala Francesca, et s'abrite enfin sous le Toit des Pisans; et, regardant attentivement tous les coins et recoins, il trouve un jeune tourde, qu'il arrête avec la raquette, la lanterne et la sonnette : il le conduit avec adresse tout à fait au fond de l'égoût qui se trouve au-dessous de la maison où demeurait le Panzano; et s'entretenant avec....., il lui arrache deux plumes de la queue; et enfin, suivant le rapport le plus général, il le met tout droit dans la carnassière. Mais comme le reste de mon histoire me force actuellement à ne plus parler à mots couverts, et que la parabole ne peut plus me suffire non plus que la métaphore, vous saurez donc que ce Brancaccio voulut savoir qui était notre oiseau, qui lui répondit qu'il était (supposons) Michele, neveu de Consiglio Corsi. « J'en suis bien aise, lui dit « alors le Brancaccio, tu es le fils d'un homme « de bien, et si tu es sage tu as trouvé la for- « tune : sache que je suis Filippo de Casavecchio; « ma boutique est à tel endroit; et comme je n'ai « pas d'argent sur moi, viens toi-même, ou en- « voie demain matin quelqu'un au magasin, et « je te paierai ce que je te dois. » Le matin venu, Michele, qui était plutôt un parfait mauvais sujet qu'un imbécile, chargea un certain Zanni d'aller trouver Filippo, avec un billet de sa part, pour réclamer ce qui lui était dû, lui rappelant la promesse qu'il lui avait faite. Filippo, à cette demande, ne put s'empêcher de faire une laide grimace et de s'écrier : « Qui est celui-ci? « et que veut-il? Nous n'avons rien à démêler « ensemble; dis-lui de ma part qu'il vienne me « trouver. » Le Zanni étant alors retourné vers Michele, lui raconta toute l'affaire. Le jeune homme, sans se déconcerter, alla trouver hardiment Filippo, lui reprocha les services qu'il lui avait rendus, et finit par lui dire que, puisqu'il ne craignait pas de le tromper, lui, de son côté, n'épargnerait rien pour le couvrir de honte. Filippo, se voyant ainsi dans l'embarras, fit entrer le jeune homme dans sa boutique et lui dit : « Michele, on s'est moqué de toi : je suis « un homme de bonnes mœurs, et je ne me livre « point à ces vilenies : il vaut bien mieux cher« cher à découvrir cette tromperie..... que de « t'y prendre de cette manière, et de m'accuser « sans aucun profit pour toi. Ainsi laisse-toi « conduire par mes conseils ; retourne chez toi, « et reviens me trouver demain, je te dirai ce « que j'aurai imaginé. » L'enfant s'éloigna tout confus ; cependant, comme on lui avait dit de revenir, il ne perdit pas entièrement patience. Filippo, resté seul, et tourmenté par la nouveauté de son aventure, ne savait quel parti prendre, et paraissait agité comme la mer de Pise lorsque le vent d'Afrique souffle à l'entrée du golfe : « Si je reste tranquille, disait-il en « lui-même, et si j'apaise Michele avec un florin, « je deviens pour lui une vache à lait : je me « constitue son débiteur, j'avoue le péché, et « d'innocent je deviens coupable. Si je le refuse « sans avoir découvert le fond de la chose, je « vais me voir en présence d'un enfant ; il faudra « me justifier devant lui ou devant les autres ; « tous les torts seront de mon côté. Si je « cherche à trouver le coupable, il faut néces« sairement que j'accuse quelqu'un ; je puis très« fort me tromper : voilà donc un ennemi que « je me fais sans pouvoir parvenir à me justifier. » Au milieu de cette anxiété, il crut enfin que ce dernier parti était le moins dangereux ; et, par un coup du ciel, la fortune lui fut tellement propice, qu'au premier soupçon qu'il forma il eut le bonheur de mettre le doigt sur le mal : il pensa que c'était le Brancaccio qui lui avait joué ce mauvais tour ; il réfléchit que c'était un de ces chasseurs de nuit, et qu'il lui avait déjà joué plusieurs tours, comme par exemple lorsqu'il le voua aux Servites. Plein de ces idées, il alla trouver sur-le-champ un de ses amis, que nous appellerons Alberto Lotti : après lui avoir raconté toute son aventure et communiqué ses soupçons, il le pria de faire venir en sa présence Michele dont il était parent, afin de voir s'il serait possible de découvrir la vérité. Alberto, qui ne manquait ni de finesse ni d'expérience, jugea que Filippo avait eu bon œil : il lui promit de l'aider franchement, envoya chercher Michele, et, après l'avoir tourné en tous sens pendant quelques minutes, il finit par lui dire : « Aurais-tu bien l'esprit, si tu entendais parler « celui qui t'a dit qu'il était Filippo, de le re« connaître à la voix ? » L'enfant lui ayant répondu que oui, il le mena alors avec lui à Santa-Maria où il savait que le Brancaccio allait souvent ; et l'ayant aperçu débitant des nouvelles à plusieurs citoyens au milieu desquels il était assis, ils s'approchèrent derrière lui, assez près pour que l'enfant pût l'entendre parler. Il se mit alors à tourner alentour ; et le Brancaccio l'ayant aperçu se hâta de s'éloigner tout confus. La chose alors parut évidente à chacun ; de sorte que Filippo est demeuré blanc comme neige, et que le Brancaccio en est pour sa honte. Et pendant tout ce carnaval, on n'a entendu dans Florence répéter que ces paroles : « Es-tu le Bran« caccio ? ou es-tu le Casa ? »

Et fuit in toto notissima fabula cœlo.

Je présume que vous aurez reçu cette nouvelle d'une autre main ; cependant j'ai voulu vous la donner plus en détail, parce que j'ai cru que c'était de mon devoir.

Je n'ai rien à répondre à votre lettre, sinon que vous devez suivre l'amour *totis habenis*. Le plaisir que vous prendrez aujourd'hui, vous n'aurez pas à le poursuivre demain. Si la chose est comme vous me l'écrivez, je vous porte plus d'envie qu'au roi d'Angleterre. Suivez votre étoile, je vous en prie, et ne laissez pas perdre un iota de sa faveur, parce que je crois, j'ai cru et je croirai sans cesse que Boccaccio avait bien raison lorsqu'il disait : « Il vaut bien « mieux faire et se repentir, que se repentir et « ne rien faire. »

NICOLAS MACCHIAVELLI.

Florence, le 25 février 1515 (1514)

LETTRE XXXI.

A FRANCESCO VETTORI, à Rome.

Sera-ce un crime si, après mille ans, je vous écris autre chose que des contes ? Je ne le pense pas ; et, mettant de côté toute appréhension déraisonnable, je crois devoir vous prier de m'éclaircir une difficulté qui m'occupe l'esprit.

Depuis que le roi d'Espagne est entré en Italie, il a toujours été le premier moteur de tous les troubles de la chrétienté; et je le vois placé aujourd'hui au milieu d'une foule de difficultés. D'abord il ne me paraît pas qu'il trouve son profit dans la situation actuelle de l'Italie, ni qu'il doive souffrir que l'Église et les Suisses y acquièrent une aussi grande puissance; car il doit voir que l'on a bien plus de peur en ce moment du royaume de Naples qu'on n'en avait des Français lorsqu'ils étaient en Italie. En effet, le pape alors se trouvait placé entre Naples et Milan : il était de son intérêt d'empêcher les Français de se rendre maîtres du royaume, afin de ne pas avoir à les redouter de deux côtés; mais maintenant aucun intermédiaire n'existe entre le pape, les Suisses et lui-même. Il me semble aussi que la guerre se faisant en delà des monts, cela ne lui est nullement avantageux; car on ne peut toujours faire une guerre sans résultats décisifs, comme l'année dernière : il faut nécessairement, à la longue, que le roi de France triomphe ou succombe. Dans l'un et l'autre cas il n'y a nulle sûreté pour l'Espagne; il pourrait même arriver une troisième chose, c'est-à-dire qu'on se fatiguât, et que tout le monde s'entendît pour tomber sur l'auteur de tous ces maux : car on doit croire que l'on connaît toutes ses trames, et qu'elles ont déjà commencé à faire naître le dégoût et la haine dans le cœur de ses ennemis. Je conclus que les affaires, dans leur situation actuelle, ne lui offrant aucun avantage il doit travailler à en changer la face. Pour changer les affaires d'Italie avec toute sûreté pour lui, il faut qu'il expulse les Suisses de Milan, sans toutefois y établir les Français. Mais ceci présente deux difficultés : la première est de savoir comment il pourra chasser les Suisses sans le secours de la France, et l'autre, quelle est la puissance à laquelle il abandonnera la Lombardie. En examinant le premier point, je ne crois pas que le roi de France consente jamais à venir avec toutes ses forces en Lombardie s'il ne doit pas en rester le maître : et quand bien même il existerait des traités, et qu'il voudrait le duché, soit pour le donner au second fils du roi Philippe, qu'il prendrait pour gendre, soit pour le donner à tout autre, je ne puis concevoir comment, se trouvant supérieur en forces, ce prince, à moins de se conduire toujours comme un enfant, consentirait à observer les traités; et je ne vois pas la confiance que le roi d'Espagne pourrait avoir en ses promesses.

Tout le monde conviendra, je pense, que les Suisses ne peuvent être chassés sans le concours de la France : si l'on considère ce qu'ils sont, où ils sont, combien ils sont, et l'audace qu'ils ont prise, on sentira qu'il est impossible de les contenir sans les forces de ce roi.

Quant à la seconde difficulté qui concerne la Lombardie, je ne crois pas qu'il en fasse don à l'Église; il la donnera encore moins aux Vénitiens; et il ne peut s'en emparer pour son propre compte. Il pourrait, dit-on, la céder à son petit-fils : ce parti serait le plus raisonnable; cependant il n'a rien de sûr pour lui; car ce serait réellement la livrer à l'empereur. En effet, si ce prince se voyait une fois gouverneur de Milan, il voudrait aussitôt devenir empereur de toute l'Italie, et il commencerait par Naples, où les Allemands ont eu des droits avant les Espagnols. D'ailleurs, en s'emparant de la Lombardie pour l'abandonner à l'archiduc malgré les Suisses, il serait difficile de la garder, surtout sans les armes de la France : car si les Suisses ne peuvent résister à l'orage lorsqu'il éclatera, ils le laisseront se dissiper; et aussitôt qu'il aura disparu, ils reviendront, parce qu'ils savent qu'un duc ne peut leur résister s'il n'a continuellement sur pied vingt mille hommes d'infanterie et six mille de cavalerie au moins : or l'empereur et l'Espagne réunis sont hors d'état d'entretenir ce nombre de troupes. De là vient que les Suisses, malgré toutes les pratiques qu'on dit qui se tiennent pour donner ce duché à l'archiduc, ferment l'oreille à la France et paraissent ne se soucier nullement de toutes ces intrigues, sachant fort bien que le roi de France lui seul peut se montrer dans ce duché malgré eux : voilà pourquoi ils s'opposent à la France et se moquent des autres.

Je désirerais donc, seigneur ambassadeur, que vous voulussiez me dire si mes objections vous paraissent fondées : si vous les trouvez telles, ayez la bonté de les résoudre; et si vous désirez connaître ensuite ma conclusion, je vous en écrirai volontiers tout au long.

Le magnifique Lorenzo Strozzi, Lorenzo Pitti, Roberto de' Ricci et Matteo Cini, ont été nommés officiers du *monte*. On leur a laissé la composition des officiers de vente, que l'on n'a point encore nommés. Je dois tomber entre leurs mains pour une dîme de dix florins, et pour quatre et demi d'arbitre; je tâche de m'en tirer le mieux que je puis. Si vous jugez à propos d'écrire une lettre à quelqu'un de ces officiers pour certifier l'impossibilité où je suis de payer, je m'en repose entièrement sur vous. Il est inutile d'écrire au magnifique : il ne se trouve point à leurs assemblées; et il suffit de s'adresser à l'un des autres.

NICOLAS MACCHIAVELLI.

Florence, le 16 avril 1514.

LETTRE XXXII.

A NICOLAS MACCHIAVELLI.

J'approuve entièrement quelques-unes de vos suppositions; quelques autres diffèrent un peu de ma manière de voir. Je suis de votre avis sur la première, que le roi d'Espagne, depuis son entrée en Italie, a été cause de toutes les guerres qui ont dévasté cette belle contrée, et de tout ce qui s'y est fait. Ne se croyant pas bien étayé dans le royaume de Naples, il n'a pas plutôt vu en Italie quelqu'un plus puissant que lui, qu'il a craint qu'on ne lui enlevât ce royaume : il a semé partout les soupçons afin d'avoir des associés et d'abaisser celui qu'il voyait trop grand. Mais je ne vois pas qu'il ait à craindre le pape et les Suisses autant, ou même davantage, que les Français; car ces derniers ont des armées nombreuses et aguerries; et tant qu'ils seront en armes ils auront un pied dans le royaume de Naples. Comme il ne le leur a enlevé que par fraude et par astuce, il doit penser qu'ils songeront toujours à le ravoir, même quand le pape se trouverait au milieu : voilà pourquoi il serait dangereux que le royaume de Naples et le duché de Milan se trouvassent dans les mêmes mains. On peut présumer que le pape n'aurait pas été fâché d'accroître les États de l'Église, et l'on a eu assez de raisons manifestes de croire qu'il se serait aisément entendu avec les Français pour qu'ils l'aidassent à s'emparer de ce royaume; d'ailleurs la haine que ces derniers ont pour les Espagnols donnait lieu de croire qu'ils auraient prêté l'oreille à ses propositions. Aujourd'hui le pape ne peut chasser les Espagnols du royaume de Naples par lui-même : il a besoin des Suisses, qui exigent beaucoup d'argent; il faut qu'il les conduise d'une extrémité de l'Italie à l'autre, et il ne peut le faire sans qu'on voie ses préparatifs : il n'a aucun parti dans le royaume; il ne désire d'ailleurs rien tant que la tranquillité; il n'a point de troupes à lui, et il faut qu'il s'en repose sur autrui. Il est vrai qu'il a le magnifique Giuliano; mais jusqu'à présent ce dernier n'a point encore acquis d'expérience : il n'a point de soldats en propre, et il faut nécessairement qu'il emploie des troupes mercenaires. S'il prend les Colonna, ils ne s'empareront jamais pour lui du royaume parce qu'ils ne le voudront pas; s'il se sert des Orsini, les Colonna, qui combattront pour leur faction, lui opposeront une résistance si opiniâtre qu'il lui sera impossible de faire aucun progrès. De tout cela, je conclus que l'Espagne avait plus peur de la France quand elle était maîtresse de Milan, qu'elle n'en doit avoir actuellement de la Suisse et du pape.

J'abonde tout à fait dans votre sens, qu'il n'est pas de l'intérêt du roi d'Espagne que la France et l'Angleterre se fassent la guerre au delà des monts, et qu'il désire la faire cesser par les motifs que vous alléguez et que je trouve extrêmement plausibles. Je crois aussi qu'il voudrait que les affaires d'Italie, surtout celles du duché de Milan, prissent une autre face, et qu'il ne demanderait pas mieux que d'en expulser le nouveau duc; car ce serait en chasser les Suisses sans y mettre la France. Je vois bien qu'il ne voudrait ni en venir à une rupture ouverte avec les Suisses, ni entrer en possession de Milan avec le secours de la France, parce qu'il craindrait le danger que vous signalez, que la France, devenue plus puissante que jamais par la conquête de cet État, ne voulût le garder pour elle-même. Il n'y a pas lieu de penser non plus qu'il veuille que cet état passe, soit dans les mains de l'Église, soit dans celles des Vénitiens, ni qu'il songe à le prendre et à le garder pour lui; non qu'il n'en ait pas le désir, mais il sait qu'il soulèverait les Suisses, l'empereur et tous les autres peuples. Il compte que le roi de France donnera sa seconde fille à Ferdinand, son petit-fils, en lui abandonnant pour dot ses droits sur le duché de Milan, et qu'il s'obligera à lui fournir un certain nombre de troupes pour en chasser le duc actuel; il s'imagine que l'empereur ne peut s'empêcher d'approuver cet arrangement, et il est presque certain de réussir. Il croit de plus que, si cette intrigue vient à être découverte, le duc régnant prendra l'épouvante; que ses ministres, qui sont tous des créatures de l'empereur, lui persuaderont de traiter, et que ce dernier, sans attendre la guerre et sans qu'il soit nécessaire de faire venir de France aucune troupe, remettra toutes les places fortes du duché entre les mains dudit Ferdinand; que les habitants recevront ses propres troupes, et qu'ainsi, sans avoir la guerre, il deviendra maître du pays. Il lui semble qu'il le sera de fait si son petit-fils le prend, car ce jeune prince n'a que dix ans: c'est lui-même qui l'a élevé; il n'a jamais mis autour de lui que des Espagnols, et il s'imagine en conséquence le gouverner entièrement jusqu'à ce qu'il ait atteint sa vingtième année. Je présume que comme le duc actuel achète l'amitié des Suisses à grands frais, il fera la même chose, et que le jeune prince aura pour lui les factions des Guelfes et des Gibelins: les premiers, parce qu'il sera soutenu par le roi de France dont il doit épouser la fille; et les seconds, parce qu'il est neveu de l'empereur. Quoiqu'il n'ignore pas que l'esprit de ce dernier monarque soit porté à la guerre et toujours inconstant, quoiqu'il sache que s'il gouvernait un jour Milan, le désir de s'emparer de Naples lui viendrait aussitôt, il ne croit pas que cela arrive jamais, parce qu'il compte mener seul cet enfant, qui, ayant été nourri près de lui, ne peut raisonnablement s'entourer que de ministres espagnols, qui le maintiendront dans cette idée jusqu'à ce qu'il sache gouverner par lui-même. Il ne craint rien du côté des Suisses; car, pour de l'argent, il s'entendra avec eux. Ce nouvel État, en outre, sera appuyé par la France dont il est voisin, et par la partie de l'Allemagne soumise à l'empereur. Maintenant, mon cher compère, si vous me demandiez jusqu'à quel point je crois que ces projets de l'Espagne sont raisonnables, je vous dirais qu'ils ne le sont nullement. Mais je me souviens très-bien que vous m'avez écrit l'année dernière que ce roi catholique, malgré tous ses grands succès, doit être regardé comme un prince plutôt heureux que sage; et, afin de mieux voir ce qu'il en est, examinons un peu sa conduite publique; et, laissant ce qu'il a fait en Espagne et contre les Maures, parce que je n'en suis pas bien instruit, ne parlons que de ce qui est à votre connaissance et à la mienne.

En 1494 il fit la paix avec le roi Charles VIII pour recouvrer Perpignan, ne se souciant ni de la parenté ni de l'honneur de la maison d'Aragon, exposée à perdre un royaume; il ne vit pas qu'en agrandissant le roi de France d'un royaume aussi puissant que celui de Naples, il le mettait dans la possibilité de reprendre Perpignan, et plus encore. Il s'aperçut enfin de sa faute, et à peine la France se fut-elle rendue maîtresse de Naples que sans se soucier de ses promesses il s'allia avec l'empereur, le pape, le duc de Milan et les Vénitiens, sans réfléchir à ce qui arriva, que ces puissances pourraient s'entendre et que le fardeau de la guerre retomberait en entier sur lui: ce qui eut lieu en effet. Mais la fortune vint à son secours: le roi Charles mourut. Il arriva ensuite que le roi actuel voulut venir pour s'emparer du Milanais; ce qui était s'ouvrir une des portes du royaume de Naples. Le roi d'Espagne ne s'opposa nullement à son entreprise; il ne s'en plaignit même pas en paroles. Les Français occupèrent Milan, et pouvaient aisément se rendre maîtres de toute l'Italie; il affecta de ne se mêler de rien, même quand le pape tyrannisait Rome, et que le duc de Valentinois troublait et ravageait toute l'Italie. La fantaisie de s'emparer de Naples entra dans la tête du roi de France, et il s'entendit avec ce prince pour en obtenir la moitié, quoiqu'il dût bien penser cependant que si les Français affermissaient leur puissance en Italie, ils le chasseraient de la portion qu'il s'était réservée. La conduite imprudente des Français et l'habileté de Gonzalve amenèrent des résultats tout différents: et par ses ruses, sa perfidie et ses promesses, il sut faire à ses ennemis le mal que ceux-ci ne surent pas lui faire. Depuis, il les laissa prendre Gênes dans un moment où, si lui-même avait su agir, il aurait pu devenir le maître de Naples et de tout le reste de l'Italie. La ligue de Cambrai eut lieu; l'Espagne y donna son consentement : il lui était cependant aisé de s'apercevoir que si la France triomphait, elle pourrait tout ce qu'elle voudrait ; que si, au contraire, les Vénitiens étaient victorieux, les résultats en étaient également funestes pour lui. Ce ne fut que lorsque la France eut vaincu, qu'il se crut alors en danger, et contre toute raison, puisque cette puissance lui avait donné des preuves évidentes de sa volonté de ne point s'étendre au delà de ce qu'elle possédait. Il n'en persista pas moins dans son idée : il excita les soupçons du pape et offrit de le soutenir. Il commença à l'aider en ne mettant d'abord que trois cents lances à sa disposition : et par cette conduite il blessa le roi de France sans être d'une utilité réelle pour le pape. Ce dernier fut vaincu ; et si Jean-Jacob Trivulzio avait poursuivi sa victoire, tout le royaume de Naples était perdu. Il traite de nouveau alors avec le pape, et la défaite de Ravennes en est le résultat : rien ne pouvait sauver le royaume. La fortune et les discordes qui éclataient entre San-Severino et Trivulzio lui furent favorables : néanmoins, non content de cela, et éloigné de plus de mille milles du théâtre de la guerre, il choisit un chef qui était plutôt un homme de cabinet qu'un homme de guerre, et s'en reposa entièrement sur le vice-roi, qui deux fois joua la fortune de son armée; car s'il eût été vaincu il perdait indubitablement tous ses États : d'abord, en venant par exemple à Florence, démarche dangereuse et contraire aux intérêts du roi, auquel il importait bien peu en effet de ramener chez lui un cardinal qui, après tout, n'était qu'un individu dépendant du pape; secondement, en venant l'année dernière attaquer Vicence, et en mettant son armée dans une position telle que l'impatience seule de Bartolommeo d'Alviano pouvait la sauver. L'année dernière encore en concluant sa trêve, ne mit-il pas une autre fois l'Italie entre les mains du roi de France, dont il ne sut jamais être ni l'ami ni l'ennemi ? Si l'on examine donc sa conduite, on le regardera comme un homme heureux auquel toutes ses entreprises ont réussi ; mais une personne qui aura quelque bon sens ne pourra dire qu'il eût consulté la prudence avant de les commmencer.

Je sais, mon cher compère, que ce roi et tous ces princes sont des hommes comme vous et moi; je sais de plus que nous laissons au hasard un grand nombre de nos actions, même de celles qui nous importent le plus : il faut croire qu'ils sont tout comme nous. Le roi d'Espagne chérit Ferdinand, son petit-fils, et il voudrait lui former un État en Italie : ce désir le transporte au point qu'il ne voit pas tous les dangers dans lesquels il se précipite; d'ailleurs il s'imagine que celui qui est accoutumé à triompher ne peut jamais être vaincu. Une autre erreur qu'il a commise me revient à la mémoire : il avait fait tous ses efforts pour que le pape Léon X fût nommé, lorsqu'il apprit la maladie de Jules II; il avait donné à ses ministres des ordres en conséquence, sans s'apercevoir qu'il faisait un pape des plus nobles, des plus puissants et des plus renommés qu'il y eût à la cour, et que le royaume de Naples avait toujours été agité par les papes. Il devait s'efforcer, il est vrai, à faire un pape de son parti : mais choisir un homme sans importance! Et à peine est-il parvenu à le faire nommer, qu'il conclut sa trêve avec la France, sans l'en avertir en aucune manière; procédé par lequel il commença à perdre le prix du service qu'il lui avait rendu. Et si l'on voulait poursuivre cet examen, on découvrirait une multitude d'autres fautes qui ne me reviennent point en ce moment à la mémoire.

Si vous voulez enfin savoir ce que je pense de tout ceci, il me semble que ce projet de mariage n'offre à l'Espagne aucun avantage réel. D'abord, elle n'a point en ce moment la main sur le Milanais, qui est occupé par le nouveau duc : il faut donc qu'elle s'entende avec la France, si elle veut en obtenir les secours nécessaires pour reprendre ce duché, car elle n'en est pas capable par elle-même; et l'expérience a prouvé que les Suisses ont su le défendre contre des armées plus puissantes que les siennes. L'appui qu'elle attend de l'empereur ne peut lui donner l'espoir de s'assurer de la possession de cet État; car ce prince, bien loin d'avoir assez d'argent et de troupes pour venir au secours d'autrui, n'en a pas même suffisamment pour s'opposer aux Vénitiens, accablés et ruinés. Si le roi de France vient à son aide, comme il a des partisans dans le pays il s'en rendra maître; et, à moins que d'être un enfant, il le gardera pour lui, ainsi que vous le dites, sans se tourmenter de ce qu'on dit, que l'Espagne exigera pour sûreté qu'il remette sa fille entre ses mains, sachant très-bien qu'on ne peut que caresser et rendre des honneurs à un enfant de cinq ans : ainsi, il se vengera de l'Espagne avec les mêmes armes dont elle l'a blessé tant de fois. Il n'est pas même bon pour l'Espagne de répandre le bruit de ce mariage, qui ne sert qu'à jeter l'effroi dans toute l'Italie; et si cette contrée renfermait la moindre étincelle de courage, elle n'est point tellement dépourvue de soldats, d'armes et d'argent, qu'avec l'appui de six mille Suisses qu'elle prendrait à sa solde, ce qui serait bientôt fait, elle ne pût détruire cette armée espagnole, qui, de fait, n'a pas plus de trois mille hommes d'infanterie et de six cents lances; et cette armée une fois détruite, rien ne serait plus facile que de chasser de Naples le roi d'Espagne, qui ne pourrait y opposer un empêchement assez prompt, tandis que la France, dont les armées sont en bon ordre, resterait spectatrice du jeu et s'en moquerait.

Il est notoire également que le roi d'Espagne a toujours eu une extrême affection pour son vice-roi; car, quelques fautes que ce dernier ait commises, bien loin de l'en punir, il l'a toujours rendu plus puissant; ce qui peut donner quelque fondement au bruit généralement répandu qu'il est son père, et qu'il a le projet de lui laisser le royaume de Naples. Or, s'il met son petit-fils dans le duché de Milan, il ne peut plus exécuter cet autre projet; car ce jeune prince deviendra si puissant, qu'il lui sera facile de s'emparer non-seulement de Naples, sur laquelle il a mille droits, mais même du reste de l'Italie. Je ne veux point examiner si ce mariage est avantageux ou non pour la France; car elle m'y paraît entraînée par la nécessité : depuis un grand nombre d'années ses dépenses ont été si exorbitantes, la fortune l'a accablée de tant de maux, qu'il doit lui tarder, à mon avis, de sortir enfin de toutes ces guerres.

Francesco Vettori.

Rome, le 16 mai 1514.

LETTRE XXXII.

A Francesco Vettori.

Magnifique ambassadeur,

J'étais à ma villa, où je suis établi avec tout mon ménage, lorsque j'ai reçu deux de vos lettres, qui m'ont été envoyées par Donato de la part du Brancaccio. J'avais répondu d'une manière convenable relativement à mes affaires particulières, et à ce qui concerne votre amour et les autres articles; mais j'ai oublié ma lettre en venant, il y a deux jours, à Florence : il serait trop fatigant de la récrire, et je vous la ferai parvenir une autre fois. Je me contenterai de vous faire savoir par la présente que vos lettres sont arrivées sans accident; et je vous dirai en peu de mots que si je ne suis point venu vous trouver, c'est que j'ai été retenu par les raisons dont vous me donnez aujourd'hui l'éclaircissement, et que j'avais déjà comprises de moi-même.

Je resterai donc dans ma misère, sans trouver une âme qui se souvienne de mon dévouement, ou qui s'imagine que je puisse être bon à quelque chose. Mais il est impossible que je demeure longtemps dans cet état : je vois toutes mes ressources se consumer; et à moins que Dieu ne vienne à mon secours, je serai forcé d'abandonner ma maison et de me faire substitut ou greffier de quelque podestà, si je ne puis trouver un autre moyen de vivre, ou bien de me fourrer dans quelque endroit désert, pour apprendre à lire aux enfants, laissant ici ma famille, qui me regardera comme un homme mort. Elle se passera d'autant mieux de moi, que je lui suis continuellement à charge, ayant contracté l'habitude de la dépense et ne pouvant m'astreindre à l'économie. Ce n'est point pour que vous fassiez la moindre démarche pour moi, ou pour vous affliger, que j'entre dans ces détails pénibles : c'est seulement afin de soulager mon cœur, et de n'avoir plus à vous écrire sur un sujet auquel je ne puis penser sans une extrême répugnance.

De amore vestro, je me rappelle fort bien que ceux-là sont en butte aux vengeances de l'amour, qui, lorsqu'il vole dans leurs bras, cherchent ou à lui arracher les plumes ou à l'enchaîner. Comme il est enfant et plein de caprices, il se plaît à leur déchirer et les yeux, et le sein, et le cœur. Mais ceux qui, lorsqu'il arrive, se réjouissent de sa venue, le laissent libre quand il veut s'éloigner, le reçoivent avec le même plaisir lorsqu'il lui plait de revenir, sont toujours sûrs d'obtenir ses faveurs et ses caresses, et de triompher sous l'empire de ses lois. Ainsi donc, mon cher compère, ne cherchez point à fixer un objet qui voltige sans cesse, ni à arracher les plumes à celui qui, pour une qu'il aura perdue, en voit renaître mille : c'est là le seul moyen de jouir. Adieu.

NICOLAS MACCHIAVELLI.

LETTRE XXXIV.

Au même.

Mon cher compère, les différents rapports que vous m'avez faits sur vos amours de Rome m'ont tout à fait réjoui le cœur ; vous avez banni de mon esprit une foule d'inquiétudes, en me faisant participer, par la lecture et la réflexion, à vos plaisirs et à vos colères ; car l'un ne va pas bien sans l'autre. La fortune en effet m'a mis en situation de pouvoir vous rendre la pareille ; car, comme j'étais à la campagne, je me suis trouvé embarqué dans une aventure si aimable, si délicate, si noble tout à la fois, et par elle-même et par l'incident qui l'a fait naître, que je ne puis tant m'en féliciter, ni tant la chérir, qu'elle ne mérite encore davantage. Je devrais, à votre exemple, vous apprendre les commencements de cet amour, vous dire avec quels filets il me prit, où il les tendit, et combien ils étaient fortement tissus : vous verriez que ce sont des filets dorés, tendus, au milieu des fleurs, par la main de Vénus ; filets si agréables et si doux que, quoiqu'un cœur un peu ferme aurait eu la force de les rompre, je ne cherchai pas même à le tenter ; je goûtai même si longtemps la douceur de m'y trouver pris, que ces filets, d'abord si délicats, se sont consolidés, et ont formé des nœuds que rien ne peut plus défaire. Ne vous imaginez pas que l'amour se soit servi, pour me prendre, de moyens vulgaires ; il savait trop bien qu'ils auraient été insuffisants : il a employé des voies extraordinaires, dont je ne sus ni ne voulus me préserver. Qu'il vous suffise de savoir que, quoique j'approche de la cinquantaine, je ne suis ni sensible aux ardeurs du soleil, ni rebuté par la rudesse des chemins, ni effrayé par l'obscurité des nuits : tout me semble simple et naturel ; et les désirs, même les plus étrangers et les plus opposés à ceux que je devrais éprouver, trouvent en moi un hôte commode. Je sens que je me prépare de grands chagrins ; mais j'y trouve tant de douceur, soit par le plaisir que m'inspire l'aspect si rare et si doux de celle que j'aime, soit parce qu'ils bannissent de mon esprit le souvenir de mes malheurs, que, pour tout au monde, je ne voudrais pas briser mes chaînes quand même je le pourrais. J'ai donc laissé de côté les pensées graves et sérieuses ; je ne trouve plus aucun plaisir à lire les hauts faits de l'antiquité, ni à raisonner sur les événements contemporains : toute ma vie n'est plus qu'un enchaînement de conversations pleines de délices, dont je ne cesse de remercier Vénus et tout Cythère. Ainsi donc, si vous avez à m'écrire quelque chose touchant les dames, ne vous en faites pas faute. Pour les affaires sérieuses, parlez-en avec ceux qui les aiment ou qui les entendent mieux que moi : je n'y ai jamais trouvé que des désagréments ; tandis que les autres ne me font éprouver que bonheur et plaisir.

NICOLAS MACCHIAVELLI.

Florence, le 3 août 1514.

LETTRE XXXV.

A NICOLAS MACCHIAVELLI.

Mon bien cher compère, ne soyez point étonné si, bien que vous soyez *spectatus satis, et donatus jam rude, quæram iterum te antiquo includere ludo ;* car mon seul but, en agissant ainsi, est d'essayer si je puis vous être bon à quelque chose. Vous pourrez me dire que depuis longtemps vous n'avez eu de moi que de belles paroles, auxquelles les faits ont toujours été loin de répondre. Mon excuse sera facile. N'ayant pu moi-même être utile à mes intérêts, vous auriez tort de trouver étrange que je n'aie pu servir les vôtres. Vous me connaissez assez pour être persuadé que ce n'est pas la bonne volonté qui m'a manqué.

Je demande maintenant que vous répondiez aux questions que je vais vous faire. D'abord, je pose en fait que le pape veut maintenir l'Église dans la dignité spirituelle et temporelle où il l'a trouvée, et lui conserver une puissance qu'il prétend même étendre plutôt que restreindre.

Je suppose ensuite que le roi de France veuille faire tous ses efforts pour recouvrer la principauté de Milan, et que les Vénitiens se réunissent à lui de la même manière que l'année passée; je suppose en outre que l'empereur, le roi catholique et les Suisses, s'accordent ensemble pour défendre ce duché : je vous demande ce que, selon vous, le pape devrait faire dans cette hypothèse. S'il s'unit avec la France, qu'a-t-il à en espérer dans le cas où elle triompherait? Que peut-il redouter de ses adversaires s'ils demeurent vainqueurs? S'il garde la neutralité, que doit-il craindre de la France victorieuse, ou de ses adversaires si la victoire les favorise? Croyez-vous que dans le cas où il se rapprocherait de l'empereur et du roi d'Espagne, ils eussent intérêt à le tromper en s'accordant avec la France? Enfin, seriez-vous d'avis que si les Vénitiens abandonnaient le parti de la France pour traiter avec les autres princes, il fût avantageux pour le pape d'entrer dans cette coalition pour empêcher les Français de remettre les pieds en Italie? Les questions que je vous adresse sont, je le sais, difficiles à résoudre, et je crains de ne pas m'être expliqué d'une manière assez claire : mais votre sagesse, votre pénétration et votre expérience vous feront comprendre ce que j'ai voulu vous dire, mieux que je n'ai su m'expliquer. Je désirerais que vous traitassiez cela de manière que je pusse mettre votre lettre sous les yeux du pape. N'allez pas vous imaginer que je veuille m'en faire honneur; je vous promets de la lui montrer comme étant de vous : je n'ai jamais trouvé plaisir à ravir à personne son honneur et son bien; à plus forte raison à vous, que je chéris comme un second moi-même. Vous remarquerez, sur ce que je viens de dire, que la trêve entre la France et l'Espagne expire au commencement d'avril, et que, quoique la paix et le mariage entre l'Angleterre et la France soient maintenant conclus, on peut conjecturer, sans en avoir cependant la certitude, que la première de ces puissances ne verrait pas d'un œil satisfait l'agrandissement de l'autre en Italie [1]. Faites un examen bien approfondi de tous ces intérêts. Je connais assez l'étendue de votre esprit pour être convaincu que, bien qu'ayant fermé boutique depuis plus de deux ans, vous n'avez point encore oublié votre métier. Rappelez-moi au souvenir de Donato, et dites-lui que le chevalier de Vespucci m'a plusieurs fois recommandé son affaire; que je vais tenter encore une nouvelle démarche, et qu'il veuille bien m'excuser si je ne réussis pas. Que le Christ vous garde! Plus votre réponse sera prompte, mieux cela vaudra.

FRANCESCO VETTORI, ambassadeur à Rome.

Le 3 décembre 1514.

[1] La paix entre la France et l'Angleterre fut conclue le 9 août 1514, et le mariage entre Louis XII et la princesse Marie, sœur de Henri VIII, le 9 octobre suivant.

LETTRE XXXVI.

A FRANCESCO VETTORI.

MAGNIFIQUE AMBASSADEUR,

Un de mes amis, Niccolo Tafani, vous remettra cette lettre. Ce sont les intérêts de sa sœur qui le déterminent à ce voyage. Étant devenue veuve, il la remaria à Jean; mais ce dernier après avoir fait la cérémonie des fiançailles s'est transporté à Rome, au mépris de ses serments et des lois du mariage : il s'y est fixé depuis longtemps, et il y habite encore, sans plus se souvenir de son mariage ni de sa femme. Mon ami désire en conséquence faire un de ces deux arrangements : ou que Jean vienne désormais habiter avec sa femme, ou qu'il divorce légalement, après lui avoir restitué la portion de la dot qu'il a reçue. Il pense qu'il obtiendra tout cela facilement à Rome, où réside le vicaire de Jésus-Christ lui-même. J'ai recours, en conséquence, à votre appui et à votre crédit; je vous prie d'appeler ce mari, et de le presser par toute l'autorité que vous pouvez avoir sur lui, de manière à faire plaisir aux deux Nicolas. Ce qui m'engage à vous adresser cette prière, c'est la justice de notre cause, et le désir de rendre la joie à un ami et à toute une famille qui seule me rend agréable le séjour de la campagne.

Mais en voilà assez sur l'affaire de Tafani. Quant à ce qui me concerne, si vous voulez savoir comment je passe ma vie, Tafani pourra vous en rendre un compte exact; et si vous continuez à m'aimer comme vous le faisiez, vous ne pourrez pas apprendre sans indignation la vie obscure et sans gloire que je mène. Mais ce qui m'irrite et m'afflige davantage, c'est de voir qu'au milieu de toutes les félicités qui sont le partage de la magnifique famille de Médicis et de notre cité, je reste seul parmi les ruines de Pergame.

NICOLAS MACCHIAVELLI.

De Pergame, 4 décembre 1514.

LETTRE XXXVII.

Au même.

Vous me demandez quel parti devrait prendre Sa Sainteté pour maintenir l'Église dans la réputation où elle l'a trouvée, au cas que la France, appuyée de l'Angleterre et des Vénitiens, voulût à toute force recouvrer les États de Milan, et que ces États fussent défendus d'un autre côté par les Suisses, l'Espagne et l'empereur. C'est la plus importante de toutes vos questions; toutes les autres n'en sont que les accessoires, et il n'est nécessaire de les examiner que pour mieux éclaircir celle-là. Je ne crois pas que depuis vingt ans on en ait agité une plus grave, et je ne connais aucune affaire, parmi celles qui sont passées, plus difficile à comprendre, plus incertaine à juger, et sur laquelle il soit plus dangereux de se résoudre et de prendre un parti. Toutefois, puisque vous m'y forcez, j'entrerai en matière, et je la discuterai du moins de bonne foi, si ce n'est de manière à vous contenter.

Lorsqu'un prince veut connaître le sort qui attend deux adversaires qui se font la guerre, il faut d'abord qu'il balance leurs forces et leur valeur respectives. Les forces des rois de France et d'Angleterre consistent dans les préparatifs qu'on dit qu'ils font pour recouvrer le Milanais, combattre les Suisses en Bourgogne avec une armée de vingt mille hommes, se jeter sur Milan avec une armée plus considérable, et attaquer la Navarre avec un bien plus grand nombre de troupes encore, afin de la soulever et d'opérer quelque révolution dans les autres provinces de l'Espagne; ils veulent encore équiper une flotte nombreuse pour se porter sur Gênes, sur le royaume de Naples, partout enfin où ils trouveront quelque avantage. Ces préparatifs ne présentent rien d'impossible à ces deux rois, et ils sont indispensables pour vaincre : par conséquent je les crois réels. Et quoique vous ayez réservé pour votre dernière question celle de savoir si l'Angleterre se détacherait de la France, en supposant qu'elle vît de mauvais œil son agrandissement en Italie, je veux la discuter en ce moment, parce que si en effet l'Angleterre s'en détachait, toute la question serait résolue.

Je pense que le motif pour lequel le roi d'Angleterre s'est réconcilié avec le roi de France est venu du désir de se venger sur l'Espagne des offenses qu'il en a reçues pendant qu'il faisait la guerre à la France : ce ressentiment est raisonnable ; et je ne vois rien qui puisse l'éteindre sitôt, et détruire l'amitié qui a rapproché ces deux monarques. Je ne me laisse point éblouir par cette haine antique qui a toujours divisé les Français et les Anglais, et qui paraît un motif si puissant à tous les yeux, parce que les peuples se conforment toujours aux volontés des rois, et non les rois à celles des peuples. Quant à l'ombrage que pourrait lui causer l'agrandissement de la France en Italie, il ne peut naître que de l'envie ou de la crainte. Il pourrait y avoir de l'envie, si l'Angleterre ne pouvait acquérir de gloire d'un autre côté et qu'elle dût forcément languir dans l'oisiveté ; mais comme l'Espagne peut devenir pour elle une source de gloire, tout motif de jalousie s'évanouit. Quant à la crainte, il faut que vous sachiez qu'on peut augmenter ses États sans acquérir des forces; et si vous faites attention, vous verrez que, par rapport à l'Angleterre, la France en acquérant des possessions en Italie agrandit, il est vrai, ses États, mais n'augmente pas ses forces ; car elle peut combattre cette île avec des moyens également considérables, qu'elle possède ou non des États en Italie. Quant aux diversions auxquelles pourrait donner lieu la possession du duché de Milan, elles sont surtout à redouter pour la France, obligée de se maintenir dans un pays sur la fidélité duquel elle ne peut compter, et qui n'a pu, même à prix d'argent, détourner les Suisses de l'attaquer. Ces derniers, en effet, réellement offensés par la France, deviendraient des ennemis véritables et non tels qu'ils se sont montrés jusqu'à ce moment. Comme, d'un autre côté, il pourrait fort bien arriver que si la France acquérait le Milanais, l'Angleterre renversât le gouvernement de Castille, par cette conquête elle nuirait bien plus à la France que la France ne pourrait lui nuire par l'acquisition de Milan. Je ne vois donc pas pourquoi l'Angleterre, dès les premiers pas de cette guerre, séparerait ses intérêts de ceux de la France ; et je soutiens que l'union entre les deux peuples et les préparatifs que j'ai indiqués sont possibles et nécessaires.

Il reste maintenant les Vénitiens, dont je regarde le concours avec ces deux rois comme ayant la même importance que les forces du duc de Milan pour leurs adversaires, c'est-à-dire que je regarde leurs ressources comme extrêmement faibles, peu nombreuses et susceptibles d'être arrêtées par la moitié des troupes qui se trouvent en Lombardie.

Si nous passons aux défenseurs du duc de Milan, je vois les Suisses en état de mettre sur pied deux armées capables de s'opposer aux Français qui viendraient par la Bourgogne, et à ceux qui marcheraient sur l'Italie ; parce que si tous les Suisses s'unissaient dans cette circonstance, et que les Grisons et les Valaisans s'armassent en même temps que les autres cantons, ils pourraient former de chaque côté une armée de plus de soixante-dix mille hommes.

A l'égard de l'empereur, comme on n'entend rien à tout ce qu'il fait, je ne veux par rechercher ce qu'il serait en état d'opérer aujourd'hui : mais en réunissant ensemble l'Espagne, l'empereur, Milan et Gênes, je ne crois pas qu'ils puissent mettre sous les armes plus de quinze mille hommes; car l'Espagne, qui s'attend à soutenir la guerre dans ses foyers, ne peut fournir de nouvelles troupes.

Du côté de la mer, je crois bien que, si l'argent ne leur manque pas, Gênes et l'Espagne pourront armer une flotte assez nombreuse pour balancer sur quelques points les forces de leurs adversaires.

Voilà, je crois, la situation exacte de chacun des deux partis. Si l'on veut examiner maintenant de quel côté la victoire peut pencher, je ferai remarquer que les rois de France et d'Angleterre sont abondamment pourvus d'argent, et peuvent par conséquent tenir longtemps leurs armées sur pied ; ce que ne sauraient faire les autres à cause de leur pauvreté. Ainsi donc, en considérant les armées, les dispositions et l'argent de chacun des deux partis, on peut avancer, ce me semble, que si l'on en vient immédiatement aux mains, la victoire sera pour celui qui occupe l'Italie; mais que si la guerre se prolonge, elle passera de l'autre côté. On dit, et cela est assez vraisemblable, que les Suisses, connaissant cette difficulté et pour en venir à une prompte bataille, se proposent d'aller à la rencontre des Français sur les montagnes de la Savoie, afin de les obliger à se battre s'ils veulent effectuer leur passage, ou à retourner sur leurs pas s'ils refusent le combat à cause de la difficulté des lieux et de la disette des vivres. Pour savoir si ce projet est praticable, il faudrait connaître parfaitement la nature du pays et être entendu dans l'art de la guerre. Je dirai seulement que je n'ai jamais vu dans l'histoire ancienne que l'on ait tenté avec succès de défendre un passage; tandis qu'on y trouve au contraire une foule d'exemples de passages abandonnés, et d'ennemis attendus dans un lieu ouvert, où l'on peut plus aisément se défendre, où l'on craint moins le désordre, et où il semble moins dangereux de tenter les chances de la guerre. Peut-être devrais-je faire voir d'où cela provient : mais comme il n'est point indispensable d'entrer ici dans une semblable discussion, je m'abstiendrai de l'aborder. Tout bien considéré, je vois que de ce côté notre seule espérance est d'en venir promptement à une bataille qu'il est encore possible de perdre; du côté des Français, je vois qu'ils peuvent remporter également une victoire qui ne saurait leur échapper s'ils traînent la guerre en longueur. Je vois en outre, dans la continuation des hostilités, deux périls manifestes pour leurs adversaires : le premier, est que la flotte française entre de gré ou de force dans le pays de Gênes ou dans la Toscane; car à peine y serait-elle arrivée, que toute la Lombardie se déclarerait pour eux, et que les autres peuples de l'Italie, les uns par peur, les autres par mécontentement, iraient les joindre; de sorte que les Français, se trouvant favorablement accueillis, pourraient traîner les choses en longueur et fatiguer les Suisses à leur convenance.

L'autre danger est que les cantons qui touchent à la Bourgogne, et sur lesquels retomberait tout le poids de la guerre qui se ferait de ce côté, n'obligent les autres à s'arranger avec la France s'ils voient la guerre se prolonger trop longtemps. Ce qui me le fait craindre, c'est l'exemple du duc Charles (le Téméraire), qui, en les harcelant et en ravageant leur pays de ce côté, les avait harassés au point qu'ils lui envoyèrent carte blanche: et il les aurait indubitablement écrasés, s'il ne se fût mis lui-même dans la nécessité de leur livrer bataille. Quelques personnes craignent que les Suisses, guidés par la mauvaise foi, ne viennent à changer de parti, et à faire la paix avec le roi, en lui abandonnant leurs autres alliés comme une proie; d'autres l'espèrent : pour moi, je n'ai aucun doute là-dessus, parce qu'ils ne combattent que pour satisfaire leur ambition; et si, pour cette fois, ils ne se trouvent point pressés par quelque extrême nécessité, je crois qu'ils feront la guerre de bonne foi.

Si donc Sa Sainteté est forcée de prendre un parti, et qu'elle embrasse celui de l'Espagne, je vois la victoire incertaine par les motifs que j'ai avancés : d'ailleurs son accession ne peut l'assurer entièrement; et si elle enlève à la France quelques avantages et un peu de sa prépondérance, elle ne procure point à ses alliés des forces suffisantes pour la contenir. En effet le roi ayant en mer une flotte formidable, et les Vénitiens pouvant de leur côté faire quelques armements, Sa Sainteté serait obligée de garder contre eux une si grande étendue de côtes, que ses troupes et celles de ses alliés suffiraient à peine pour les défendre. Il se peut que le pape évite un danger présent si l'on a besoin de s'assurer de lui, et qu'il y trouve même l'avantage actuel de pouvoir être utile à sa famille : mais si Sa Sainteté embrasse les intérêts de la France, et qu'elle se conduise avec assez de prudence et d'adresse pour pouvoir attendre les Français sans danger, je regarde la victoire comme infaillible pour elle; car pouvant par le moyen de sa flotte réunir un grand nombre de ses troupes à celles qui sont déjà sur pied en Toscane, il mettrait toute la Lombardie en combustion avec les troupes qu'y ont les Vénitiens, de sorte qu'il en résulterait que les Suisses et les Espagnols ne pourraient résister à deux armées différentes qui les attaqueraient de deux côtés, et se défendre du soulèvement général et subit des habitants du pays : je ne vois donc pas ce qui pourrait arracher la victoire des mains du roi de France.

Vous désirez savoir en outre quel serait le fardeau le moins lourd pour Sa Sainteté, de l'amitié de la France ou de celle des Suisses, si l'un de ces deux peuples parvenait à triompher au moyen de cette amitié. Je suis persuadé que si les Suisses étaient vainqueurs, eux, leurs confédérés et leurs amis, observeraient pour le moment les promesses qu'ils lui auraient faites et lui donneraient les États qui lui ont été promis. Mais, d'un autre côté, il aurait à supporter tout l'orgueil des vainqueurs; et comme il n'y aurait pour moi d'autres vainqueurs que les Suisses, il faudrait qu'il endurât leurs outrages, qu'ils se hâteraient de lui faire sentir de deux manières : la première, en le dépouillant de ses trésors; l'autre, en lui enlevant ses amis; car soyez bien convaincu que l'argent dont les Suisses disent qu'ils ne veulent point en faisant la guerre, ils ne manqueront pas de l'exiger dès qu'elle sera terminée. Ils commenceront par demander un forte contribution; et comme elle paraîtra légitime, et que d'ailleurs on craindra de les irriter lorsqu'ils seront encore tout bouillants de leur victoire, on ne la leur refusera pas. Je crois, je suis même certain, que le duc de Ferrare, les Lucquois, et autres États du même rang, courront au devant d'eux pour se mettre sous leur protection; et aussitôt qu'il y en aura un de soumis, *actum erit de libertate Italiæ :* chaque jour, en effet, sous mille prétextes différents, ils taxeront, ils voleront, ils changeront la face de tous les États, se bornant seulement à remettre à des temps plus favorables ce qu'ils ne croiront pas pouvoir exécuter immédiatement. Ne vous fiez pas à l'idée qu'ils n'ont point ce projet : il faut nécessairement qu'ils l'aient; et si le hasard voulait qu'ils n'y eussent point pensé, la force des choses les y amènerait : la conquête fait naître le désir des nouvelles conquêtes, et la victoire allume la soif de la victoire. Il ne faut pas s'étonner de ce qu'ils ne se sont point emparés ouvertement de Milan et de ce qu'ils n'ont pas été aussi loin qu'ils pouvaient, parce que leur système de gouvernement étant chez eux tout à fait opposé à celui des États voisins, leur conduite extérieure doit également offrir les mêmes différences : on en trouve des exemples dans toutes les histoires anciennes. Jusqu'à présent ils se sont bornés à se faire des compagnons; à l'avenir ils voudront se faire des protégés et des censitaires, ne se souciant ni de les commander ni de les gouverner en détail :

il leur suffira de les avoir pour eux dans leurs guerres et de toucher leur pension annuelle. Ils maintiendront ce système par la réputation que leurs armes ont acquise et par le châtiment qu'ils infligeront à quiconque voudra s'écarter de cette route. Et soyez sûr que s'ils soutiennent cette guerre, ils feront aussitôt la loi à vous, au pape, et à tous les princes d'Italie; et du moment que vous les verrez se faire un protégé, *sciatis quia propè est æstas.*

Vous me répondrez peut-être : «Il y a un «remède à cet inconvénient; nous nous réunirons contre eux.» Craignez de vous laisser aveugler par cette seconde erreur; vous en seriez les victimes : car l'union de plusieurs États contre un seul ne peut se maintenir que bien difficilement. Voyez ce qui est arrivé à la France : toute l'Europe était conjurée contre elle; et aussitôt l'Espagne conclut une trêve avec elle, les Vénitiens deviennent ses amis, les Suisses ne l'attaquent que faiblement, l'empereur ne se montre nulle part, et enfin l'Angleterre s'unit avec elle : car si la puissance contre laquelle on conjure est assez forte pour que ses efforts ne se dissipent point d'abord en fumée, comme il est arrivé aux Vénitiens, elle trouvera toujours un préservatif dans la diversité des intérêts de ses ennemis, comme en effet la France l'a éprouvé, et comme les Vénitiens l'auraient éprouvé à leur tour, s'ils avaient pu seulement supporter pendant deux mois le poids de la guerre : mais leur faiblesse ne leur permit pas d'attendre que la discorde se fût introduite parmi leurs ennemis. Les Suisses n'ont rien de pareil à craindre; car ils trouveront toujours dans la France, dans l'empereur, dans l'Espagne, et dans les princes italiens, un moyen d'empêcher une coalition générale, ou si elle venait à avoir lieu, d'y introduire la désunion. Je sais que beaucoup de personnes se moquent de cette opinion; mais, pour ma part, j'en suis si bien convaincu, que si les Suisses peuvent opposer une digue à ce débordement qui les menace, et que nous vivions six ans seulement, je vous rappellerai ce que je viens de vous prédire.

En définitive, si vous voulez savoir mon opinion sur les dangers que court le pape de la part des Suisses vainqueurs et alliés avec lui, je vous dirai qu'il doit redouter d'abord les contributions soudaines, puis son prochain asservissement et celui de toute l'Italie, *sine spe redemptionis;* car c'est une république, et une république armée comme ne l'a jamais été aucun autre peuple et aucun monarque de ce temps.

Mais si Sa Sainteté était l'amie de la France et qu'elle triomphât, je crois qu'on observerait à son égard les conditions du traité si elles étaient raisonnables, et si le grand désir de la paix n'avait pas porté le pape à trop demander et le roi de France à trop accorder. Je crois qu'il n'imposerait point l'Église; mais il n'en serait pas de même de Florence, parce qu'il est contraint envers la première à des égards que lui commandent son alliance avec l'Angleterre, la crainte des Suisses qui ne seraient pas tous détruits, et le roi d'Espagne enfin qui, lors même qu'il serait expulsé du royaume de Naples, n'en serait pas moins à craindre tant qu'il vivrait. Il paraîtrait donc raisonnable qu'il désirât que l'Église fût regardée comme son alliée; il en serait de même des Vénitiens. En somme, de quelque côté que se déclare la victoire, l'Église restera à la discrétion d'autrui : je pense donc qu'il vaut mieux rester à la discrétion de ceux qui seront le plus raisonnables, et qui se sont déjà fait connaître en d'autres circonstances, que de ceux que l'on ne connaît pas bien encore et dont on ignore tout à fait les intentions. Si le parti auquel Sa Sainteté se serait alliée venait à succomber à sa place, je craindrais de me voir réduit à la triste nécessité de fuir ou de m'exiler, ou à toute autre fâcheuse extrémité que peut redouter un pape. Or, lorsque entre deux partis on est forcé d'en choisir un, il faut considérer, entre autres choses, où peut conduire la mauvaise fortune qui nous menace, et choisir toujours celui dont le résultat, toutes chances égales d'ailleurs, s'il doit être malheureux, soit pourtant le moins funeste. Il n'y a pas de doute qu'il serait moins amer de succomber avec la France pour amie qu'avec l'amitié des autres princes, parce que si Sa Sainteté s'allie avec la France et qu'elle vienne à être vaincue, il lui reste toujours l'État qu'elle possède dans ce royaume et dans lequel un souverain pontife peut vivre d'une manière honorable; et sa fortune, avec les secours d'une aussi puissante monarchie, peut renaître de mille manières : il est chez lui, et dans un pays où un grand nombre de papes ont tenu leur siége. S'il s'attache à l'autre parti et qu'il succombe, il faut qu'il aille en Suisse mourir de faim, ou en Allemagne pour être un objet de dérision, ou en Espagne pour être écorché ; de sorte qu'il n'y a nulle comparaison à faire entre le malheur dont le sort peut le menacer de l'un ou de l'autre côté.

Quant au parti de rester neutre, je ne sais à qui il a jamais été bon, lorsque celui qui l'embrasse est dans une position à être moins puissant que ceux qui font la guerre, et que ses États se trouvent situés au milieu de ceux des combattants ; car vous saurez d'abord qu'il est indispensable qu'un prince se conduise à l'égard de ses sujets, de ses alliés et de ses voisins, de manière à n'en être haï ni méprisé ; et s'il doit choisir nécessairement, qu'il se moque de la haine, mais qu'il évite le mépris. Le pape Jules II s'est toujours fort peu soucié de la haine, pourvu qu'il fût craint et respecté : c'est par la crainte qu'il inspira qu'il bouleversa le monde, et qu'il a élevé l'Église au degré de puissance où nous la voyons aujourd'hui. Quiconque reste neutre s'attire nécessairement la haine du vaincu et le mépris du vainqueur. Et comme lorsqu'une fois on a commencé à ne plus tenir compte d'un prince, on ne voit plus en lui qu'un inutile ami, ou un ennemi peu formidable, il doit craindre à chaque instant qu'il ne lui soit fait quelque nouvel outrage, ou que sa ruine ne résulte du mépris dont il est l'objet : les vainqueurs ne manquent jamais de prétexte légitime ; et ses États étant mêlés aux leurs et à ceux de leurs ennemis, il est forcé d'entrer en traité, tantôt avec les uns, tantôt avec les autres, de les recevoir chez lui, de leur fournir des logements, des vivres ; et malgré ces services, chacun de son côté se croit trompé : il survient une foule d'incidents qui donnent naissance à des plaintes continuelles ; et quand même il n'en naîtrait aucune dans tout le cours de la guerre, ce qui est impossible, il en viendrait après la victoire, car les États les moins puissants et qui ont peur de vous, courraient auprès du vainqueur et lui donneraient l'occasion de vous faire tort. Si l'on me disait : « Tout ce que vous avancez est vrai, on pourrait « perdre ceci et conserver cela », je répondrais : Il vaut mieux tout perdre avec courage que d'être dépouillé honteusement d'une partie seulement de ce qu'on possède ; car on ne perd jamais une partie que le tout ne menace ruine. Si l'on jette les yeux sur les États de Sa Sainteté, sur leur position, sur les princes moins puissants qui y sont enclavés, et sur ceux qui font la guerre, on verra clairement que le pape est un de ces souverains qui ne peuvent en aucune manière garder la neutralité, et que s'il prenait un semblable parti, il resterait l'ennemi du vainqueur et du vaincu, et les verrait s'efforcer de lui nuire, l'un par esprit de vengeance et l'autre par soif du gain.

Vous me demandez encore si, dans le cas où le pape s'accorderait avec les Suisses, l'empereur et l'Espagne, ces deux dernières puissances trouveraient quelque intérêt à le tromper et à se réunir à la France. Je crois impossible un rapprochement entre la France et l'Espagne, à moins qu'il ne se fît avec le consentement de l'Angleterre : cette dernière puissance ne pourrait y consentir qu'au détriment de la France, qui est hors d'état d'y penser ; car le roi d'Angleterre, jeune, et avide de faire la guerre, ne peut diriger ses armes que contre la France ou contre l'Espagne ; et comme la paix avec la France porterait la guerre en Espagne, de même la paix avec l'Espagne allumerait la guerre en France. Ainsi donc le roi de France, soit pour conserver l'amitié de l'Angleterre et ne point s'attirer sur les bras une guerre aussi formidable, soit pour avoir mille raisons de haïr l'Espagne, ne prêtera point l'oreille à des propositions de paix. Et soyez sûr que s'il avait voulu ou pu la faire, elle serait déjà conclue ; car sans doute ce roi a dû lui proposer déjà beaucoup d'arrangements aux dépens d'autrui : de sorte que, pour ce qui regarde l'Espagne, je crois que le pape aurait tout à craindre ; au lieu que si elle dépend de la France, je ne vois pas ce qu'il aurait à redouter. Quant à l'empereur, comme ses résolutions ne sauraient jamais se fixer, on doit s'attendre à chaque instant à le voir changer, que ce changement lui soit avantageux ou non ; car c'est un homme qui n'a jamais vécu, et qui ne s'est jamais, pour ainsi dire, nourri que de changements.

Si les Vénitiens se joignaient au parti d'en deçà les monts, il y aurait beaucoup à réfléchir, non pas tant par l'accession de leurs forces, que parce que ce parti mettrait davantage à découvert son inimitié contre la France, et que le pape, en s'en rapprochant également, offrirait aux Français, soit à leur descente, soit à leur premier pas en Italie, des difficultés presque insurmontables. Mais je ne puis croire que les Vénitiens se conduisent ainsi. Je suis convaincu qu'ils ont obtenu des Français des conditions bien plus avantageuses que celles qu'ils pourraient espérer de leurs ennemis; et puisqu'ils sont restés fidèles à la fortune de la France lorsqu'elle était sur le point d'expirer, il n'est pas raisonnable de présumer qu'ils l'abandonnent, maintenant qu'elle semble prête à reprendre son ancienne vigueur; et je crains que ce ne soient des bruits qu'ils font courir à dessein.

Pour terminer enfin cette longue dissertation, je conclus que, comme le parti de la France offre plus de chances de succès que l'autre, et que le pape, en se réunissant à elle, lui assure la victoire; que la France, en la supposant victorieuse est moins à craindre et plus facile à supporter que ses adversaires; que des revers avec la France pour alliée sont moins funestes qu'ils ne le seraient avec les autres; qu'il est d'ailleurs impossible au pape de conserver la neutralité : il faut donc que Sa Sainteté s'accorde avec les Français ou avec ses ennemis, dans le cas seulement où les Vénitiens s'uniraient également avec eux.

NICOLAS MACCHIAVELLI.

LETTRE XXXVIII.

Au même.

MAGNIFIQUE AMBASSADEUR,

Puisque c'est vous qui m'avez mis en train, si je vous fatigue de mes lettres, dites-vous, tant pis pour moi, qui lui ai écrit. Je crains que vous n'ayez jugé, à la réponse que j'ai faite à vos demandes, que j'ai passé un peu légèrement sur l'article de la neutralité, ainsi que sur celui où je devais examiner ce qu'il y aurait à craindre du vainqueur, dans le cas où le parti qu'embrasserait le pape viendrait à succomber; car l'un et l'autre de ces points renferme une multitude de considérations importantes. En conséquence je me suis remis à vous écrire sur cette matière.

Quant à la neutralité, quoique ce parti me semble obtenir l'approbation du plus grand nombre, je ne saurais y donner la mienne. Je ne me souviens pas d'avoir vu, ni dans ce qui s'est passé de nos jours, ni dans ce que j'ai lu, que ce parti ait jamais été bon : bien loin de là, il a toujours été extrêmement nuisible; car il ne peut conduire qu'à une perte certaine. Quoique vous en sentiez les raisons bien mieux que moi, je crois nécessaire toutefois de vous les remettre en mémoire.

Vous savez que le premier devoir d'un prince est de se préserver d'être haï ou méprisé ; *fugere in effectu contemptum et odium* : évite-t-il ce double écueil, tout doit nécessairement lui réussir. Mais il faut qu'il observe cette règle envers ses alliés comme envers ses sujets: car toutes les fois qu'un prince *non fugit saltem contemptum*, c'en est fait de lui. Il me semble que vouloir conserver la neutralité au milieu de deux états qui se font la guerre, ce n'est autre chose que de chercher à se faire haïr et mépriser. Il arrive, en effet, qu'aux yeux de l'un des deux, le souvenir des services qu'il vous a rendus, les liens d'une ancienne amitié, tout vous oblige à suivre sa fortune; et si vous vous éloignez de lui, il ne peut s'empêcher de vous haïr : l'autre, à son tour, vous méprise, parce qu'il découvre toute votre faiblesse et votre irrésolution; et vous êtes regardé soudain comme un inutile ami, ou comme un ennemi peu redoutable; de sorte que, quel que soit le vainqueur, il vous accable sans ménagement. Tite-Live exprime en peu de mots la même pensée, lorsqu'il met les paroles suivantes dans la bouche de Titus Flaminius pour dissuader les Achéens de rester neutres, comme Antiochus les en pressait : *Nihil magis alienum rebus vestris est, sine gratiâ, sine dignitate, præmium victoris eritis.* D'ailleurs, pendant que les deux ennemis se font la guerre, il doit survenir une foule d'événements qui sont une cause de haine; car le plus souvent celui qui garde la neutralité se trouve placé dans une situation à pouvoir favoriser ou desservir l'un ou l'autre des deux partis; et bientôt après que la guerre a commencé, vous êtes amené à cette inévitable nécessité de faire en secret, et sans qu'on vous en sache gré, les démonstrations que vous auriez pu faire ouvertement et de manière à en avoir tout le mérite; et quand même vous ne les feriez pas, vous ne pourriez empêcher l'un et l'autre de croire que vous les avez faites. Je veux même que la fortune soit si favorable à celui qui garde la neutralité, que pendant tout le cours de la guerre il ne donne aucune juste raison de le haïr : il en naîtra infailliblement quand la guerre sera terminée, parce que tous ceux qui ont eu à se plaindre de cette neutralité, ou qui en ont eu peur, iront se soumettre au vainqueur et lui fourniront mille occasions de troubles et de haine.

Si l'on m'objectait que le pape, par le respect qu'inspire sa personne et par l'autorité que lui donne l'Église, se trouve dans une tout autre position ; qu'il lui sera toujours possible d'avoir le moyen de se sauver, je répondrais que cette objection ne manque pas de solidité, et qu'on pourrait un peu y compter; néanmoins il ne faut pas trop s'y fier; et je crois même qu'un bon conseil à donner serait de ne point du tout y songer, dans la crainte qu'une semblable espérance ne fît prendre une détermination funeste; car tout ce qui est arrivé une fois peut arriver encore. Ne sais-je pas que l'on a vu des papes mis en fuite, exilés, persécutés, *extrema pati*, tout comme des princes temporels, et dans un temps encore où l'Église exerçait sur le spirituel une autorité bien plus révérée que de nos jours? Si donc Sa Sainteté veut réfléchir sur la position qu'occupent ses États, sur la puissance de ceux qui combattent, sur ceux qui après la victoire pourront se jeter dans les bras du vainqueur, je suis persuadé qu'elle ne pourra s'arrêter au parti de garder la neutralité, et qu'il vaut beaucoup mieux pour elle de se déclarer ouvertement.

Ainsi, quant à la neutralité, qui est le point que je voulais éclaircir un peu plus longuement, il ne me reste rien à ajouter : ce que j'ai dit précédemment doit suffire.

Je crains que ma première lettre ne m'ait fait passer à vos yeux pour un partisan des Français, et que ceux qui la liront n'aient lieu de croire que mon affection naturelle me porte d'un côté plutôt que de l'autre. Un pareil soupçon m'affligerait beaucoup; car, dans des affaires de cette importance, je me suis toujours efforcé de tenir mon jugement sain et de ne me point laisser entraîner par de vaines affections, comme le font beaucoup de personnes ; et si j'ai penché du côté de la France, je crois avoir eu raison de le faire. Je veux examiner de nouveau avec vous ce qui m'a déterminé : ce sera, pour ainsi dire, l'épilogue de ce que je vous ai écrit.

Quand deux souverains puissants se font la guerre, si l'on veut juger quel est celui qui restera vainqueur, il faut, outre un examen approfondi de leurs forces respectives, examiner de combien de manières la victoire peut se déclarer pour l'un ou pour l'autre. Il me semble que le parti qui existe en deçà des Alpes n'a de chance que dans une prompte bataille; tandis que le parti de la France a pour lui toutes les autres manières d'agir dont je vous ai parlé dans ma dernière lettre. Voilà d'abord un premier motif qui me fait pencher pour la France plutôt que pour ses ennemis. Ensuite, si j'avais à me déclarer l'ami de l'un des deux, et que je visse clairement qu'en m'alliant avec l'un je lui assurerais la victoire, tandis qu'en m'unissant à l'autre elle deviendrait incertaine pour lui, je crois qu'il faudrait toujours adopter le parti dans lequel cette victoire ne saurait être douteuse, laissant de côté tous les services, tous les intérêts, toutes les craintes, et enfin tout ce qui pourrait me déplaire. Je suis persuadé que si le pape se rapprochait du roi de France, il ne s'élèverait entre eux aucune difficulté; tandis que s'il s'unissait aux autres, on en verrait naître une foule dont je vous ai dit les raisons dans le temps. D'ailleurs, quand il le peut, un homme sage évite toujours d'exposer au jeu tout ce qu'il possède; et mettant tout au pire, il choisit dans le mal ce qui présente le moins de mal; et comme les événements qui dépendent de la fortune n'offrent qu'incertitude, il ne doit pas balancer à se conformer à ceux qui, en offrant l'issue la plus défavorable, en ont cependant une moins funeste. Sa Sainteté possède deux demeures, l'une en Italie, l'autre en France : si elle se rapproche des Français, elle n'en expose qu'une au jeu; si elle s'unit aux autres, elle les joue toutes deux. Si elle se déclare contre la France, et que cette puissance triomphe, elle sera réduite à suivre la fortune de ses alliés et à aller en Suisse mourir de faim, ou en Allemagne vivre dans le désespoir, ou en Espagne pour être dépouillée et vendue à denier comptant. Si elle embrasse le parti de la France et qu'elle soit vaincue, ses États dans ce royaume lui restent : elle y trouve un asile qui vaut à lui seul une papauté, et elle conserve l'appui d'un prince qui a mille moyens de se relever de sa chute, soit par des traités, soit par la guerre. Je me recommande à vous mille fois.

NICOLAS MACCHIAVELLI.

Florence, le 20 décembre 1514.

LETTRE XXXIX.

Au même.

MAGNIFIQUE AMBASSADEUR,

Je venais d'écrire la lettre ci-jointe lorsque j'ai reçu la vôtre du 15. Je ne répondrai qu'à l'article qui concerne Donato : je le lui ai lu, et son cœur s'est aussitôt gonflé de tant d'espérance que sa chemise ne lui touchait plus la peau. Il est décidé, pour obtenir cette grâce, à n'épargner aucune dépense; il a fait refaire une lettre de change de six cents ducats payables à votre ordre, à six mois de date : il m'a dit qu'outre cette somme, s'il y avait besoin de plus encore, il ne fallait rien ménager, ni regarder à rien. Vous trouverez ces lettres de change ci-jointes, pour vous en servir au besoin, comme il est d'usage pour de semblables effets. Quant à l'article d'économiser plus ou moins, Donato ne voulait pas que je vous en parlasse : aussi n'est-ce que comme venant de moi que je vous en dis deux mots, d'autant mieux qu'il me semble que l'on n'a plus besoin que l'ami s'entremette. Puisqu'il est inutile d'écrire à ce sujet, il me semble que cela ne peut lui nuire ni lui être utile. Cependant Donato ne veut pas que l'on s'occupe de cette économie, ni qu'on se laisse arrêter par aucune considération, pourvu qu'il sorte une fois de la classe plébéienne.

Je vous remercie de nouveau de tout ce que vous avez fait et de toutes les peines que vous vous êtes données pour l'amour de moi. Je ne promets pas de le reconnaître convenablement, car je ne crois pas pouvoir jamais être utile ni à moi ni aux autres. Si le sort avait voulu que les Médicis m'eussent employé, soit à Florence, soit au dehors, soit dans leurs affaires particulières, soit dans celles de la république, cela m'aurait suffi : cependant je ne désespère point encore entièrement. Si cela arrivait, et que je ne susse pas me maintenir, c'est de moi seul que j'aurais à me plaindre : mais que ce qui doit arriver arrive. Je reconnais chaque jour la vérité de ce que, dites-vous, le Pontano a écrit : Que quand la fortune veut..... de nous, elle nous offre ou un bien présent, ou une crainte présente, ou l'un et l'autre à la fois; deux choses que je regarde comme les plus opposées à l'opinion que j'ai entrepris de défendre dans mes lettres.

NICOLAS MACCHIAVELLI.

Florence, le 20 décembre 1514.

LETTRE XL.

Au même.

L'enfant-archer avait déjà tenté bien des fois de me percer le sein de ses flèches acérées; car le cruel ne se plaît que dans la douleur et les larmes de ses victimes.

Mais quoique assez fortes et assez aiguës pour vaincre l'obstacle qu'aurait pu leur opposer le diamant, cependant elles trouvèrent une résistance si invincible que tout leur pouvoir ne servit de rien.

Le dieu, outré de fureur et enflammé de dépit, pour donner un signe manifeste de sa haute puissance changea de carquois, de flèches et d'arc.

Et il me décocha un trait avec tant de vigueur, que je ressens encore toute l'amertume de ma blessure, et que je suis forcé de reconnaître et de confesser son pouvoir[1].

Je ne saurais répondre à votre dernière lettre sur votre ardeur amoureuse, par des paroles qui me paraissent plus à propos que ce sonnet, qui vous fera connaître avec quelle adresse ce fripon d'Amour a su m'enchaîner de nouveau. Les chaînes dont il m'a chargé sont si solides, que je désespère absolument de ma liberté; il m'est impossible même d'imaginer comment je pourrais les briser. D'ailleurs, quand le destin, ou quelque événement humain, m'ouvrirait un chemin pour sortir d'esclavage, je ne voudrais pas y mettre le pied, tant ces chaînes, toutes pesantes qu'elles sont, me semblent tantôt agréables, tantôt légères, et le mélange de tous ces sentiments donne une si grande activité à mon existence, que je ne croirais plus vivre heureux si je ne vivais de cette manière.

[1] Sonnet italien

J'éprouve un véritable regret que vous ne soyiez pas présent, pour vous voir quelquefois vous moquer de mes pleurs et de mes ris. Tout le plaisir que vous en ressentiriez, c'est notre Donato qui l'éprouve : lui et l'amie dont je vous ai parlé il y a quelque temps sont l'unique port ouvert à mon faible esquif, que les tempêtes continuelles ont presque laissé sans gouvernail et sans voiles. Et, il n'y a pas encore deux jours, je me suis trouvé dans une position à pouvoir dire comme Apollon à Daphné :

> Nympha, precor, Penei, mane ; non insequor hostis,
> Nympha, mane : sic agna lupum, sic cerva leonem,
> Sic aquilam pennâ fugiunt trepidante columbæ,
> Hostes quisque suos.

Et quemadmodùm Phœbo hæc carmina parùm profuere, sic mihi eadem verba apud fugientem nihil momenti, nulliusque valoris fuerunt.

Mon honorable compère, celui qui lirait nos lettres et qui verrait leur diversité serait bien étonné des différences qu'elles présentent : nous lui semblerions tantôt des hommes graves, occupés seulement de grandes affaires, et dans l'esprit desquels il ne peut tomber que des pensées graves et vertueuses; et en tournant seulement le feuillet, nous lui paraîtrions légers, inconstants et livrés exclusivement à des bagatelles. Si cette conduite paraît blâmable aux yeux de quelques censeurs, moi, au contraire, je la trouve digne d'éloge, car nous imitons la nature, toujours variée dans sa marche : quiconque se règle sur un pareil modèle ne peut encourir de reproche. Nous n'avons, il est vrai, jusqu'à présent déployé cette variété que dans des lettres différentes : mais je veux en donner l'exemple dans une même lettre, comme vous le verrez vous-même, si vous lisez l'autre feuillet. Toussez donc et crachez.

Votre frère Paolo est venu à Florence avec le magnifique Julien[1]; et, dans un entretien que nous avons eu ensemble sur ses espérances, il m'a dit que sa seigneurie lui avait promis de le faire gouverneur d'une des villes dont elle va se trouver maîtresse. J'ai appris, non par Paolo, mais par la voix publique, que Julien devenait seigneur de Parme, Plaisance, Modène et Reggio; ce qui me semble une souveraineté belle et forte, qu'il pourra conserver, quels que soient les événements, si dans les commencements il se conduit avec sagesse. Pour y parvenir, il faut en bien connaître la nature. Les États nouveaux, occupés par un prince nouveau, présentent, lorsqu'on veut s'y maintenir, un grand nombre de difficultés; et si déjà il est difficile de se maintenir dans ceux qui depuis longtemps ne forment qu'un seul corps, comme par exemple, le duché de Ferrare, à combien plus forte raison cela n'est-il pas plus difficile dans ceux qui sont composés tout récemment de divers membres, tel que celui du seigneur Julien, dont une partie a été démembrée du duché de Milan et l'autre de celui de Ferrare. Quiconque devient prince doit donc songer à ne faire de ses États qu'un seul corps, et chercher les moyens d'accoutumer ses sujets à ne reconnaître qu'une seule autorité. Il peut y parvenir de deux manières : ou en y demeurant lui-même, ou en y établissant un lieutenant qui commande à tous, afin que ses sujets, quoique de différentes villes et d'opinions diverses, s'habituent à ne reconnaître qu'un seul prince et à le regarder comme leur maître. Si sa seigneurie, pour ne pas s'éloigner de Rome, envoie quelqu'un qui soit bien au fait de la nature des choses et des intérêts des diverses localités, elle fera un grand pas pour l'affermissement de ses nouveaux États : mais si elle établit un gouverneur dans chaque ville, sans y aller demeurer elle-même, ses États seront toujours désunis, sans que son influence s'y fasse sentir et sans que les sujets portent au prince ou crainte ou respect. Le duc de Valentinois, dont je citerai toujours l'exemple lorsqu'il s'agira d'un prince nouveau, avait reconnu cette nécessité; et en conséquence il établit monseigneur.... président de la Romagne. Cette mesure fit régner l'union dans les diverses parties de ses États, inspira à ses sujets la crainte de son autorité et l'amour de sa puissance, qu'ils reconnaissaient capable de les défendre; et toute l'affection vraiment excessive pour un prince nouveau qu'ils lui portèrent, il la dut au parti qu'il avait adopté. Je crois qu'il serait facile de faire sentir l'utilité d'une pareille conduite parce qu'elle est réelle. Si le choix tombait sur Paolo, ce serait un moyen pour lui de se faire connaître, non-seulement du magnifique Julien, mais de toute l'Italie; et en travaillant pour la gloire et l'avan-

[1] Julien de Médicis, frère de Léon X, qui épousa la petite Philiberte de Savoie, tante de François Ier.

tage de sa seigneurie, il pourrait s'honorer lui-même, ainsi que vous et votre famille. Je lui ai parlé dans ce sens; ma façon de penser lui a souri, et il songera à en faire son profit. J'ai cru devoir vous écrire ce qu'il en était, afin que vous connaissiez le sujet de notre conversation, et que vous puissiez dans l'occasion aplanir les chemins qui conduisent à ce but.

Et l'orgueilleux coquin, tout en succombant, n'oublia pas d'implorer Mahomet.

Donato se rappelle à votre souvenir.

NICOLAS MACCHIAVELLI.

Florence, le 31 janvier 1514 (1515).

LETTRE XLI.

A PIERO SODERINI, à Raguse.

On m'a fait voir mystérieusement une de vos lettres; et quoique l'écriture en fût contrefaite, je n'eus pas besoin d'en lire dix lignes pour vous reconnaître. Comme je sais qui vous êtes, je suis persuadé de vos fréquents rapports avec Piombino, et des empêchements que vous éprouvez vous et Filippo, parce que je sais que l'un s'offense du trop de lumière et que l'autre s'afflige de l'excès du bien. Mais je ne m'embarrasse pas de janvier, pourvu que nous atteignions février [1]. Je me plains seulement des soupçons de Filippo, et j'en attends la fin dans l'anxiété. Votre lettre est bien courte: mais j'ai su l'allonger en la relisant plusieurs fois. Je l'ai lue avec d'autant plus de plaisir, qu'elle m'a donné l'occasion de faire ce que j'hésitais d'entreprendre, et ce dont vous m'aviez engagé vous-même à m'abstenir. Voilà le seul point où vous m'ayez paru agir sans réflexion; et je m'en étonnerais si le sort, en me rendant témoin de tant d'événements divers, ne m'avait accoutumé à ne plus m'étonner de rien; ou il faut que j'avoue que tout ce que j'ai lu, tout ce que j'ai vu, ne m'a nullement appris à goûter les actions des hommes, et les motifs qui dirigent leur conduite.

Je vous connais ainsi que la boussole qui dirige votre navigation; et quand on la blâmerait, ce que je ne crois pas possible, je ne pourrais la condamner, en voyant à quelle élévation elle vous a conduit, et quelles espérances elle vous laisse encore. Je crois donc que ce n'est pas dans votre miroir, qui ne réfléchit que la sagesse, mais dans celui du plus grand nombre, qu'il faut, lorsqu'il s'agit des affaires, examiner comment elles se trouvent faites et non comme on les fait. Ce qui me confirme dans cette idée, c'est de voir une même chose réussir de mille manières différentes, comme on parvient au même endroit par des chemins divers et un nombre infini de personnes obtenir le même résultat en agissant diversement. Si quelque chose peut ajouter à ce qui manque pour appuyer cette opinion, c'est la conduite du pape et les résultats qu'elle a obtenus.

Annibal et Scipion possédèrent au plus haut degré les talents militaires: mais l'un, malgré sa cruauté, sa perfidie et son impiété, sut maintenir ses armées en Italie et se faire admirer des peuples qui se soulevèrent contre les Romains pour le suivre; l'autre, plein d'humanité, d'honneur et de religion, obtint en Espagne les mêmes marques d'attachement de la part des habitants: tous deux enfin se rendirent célèbres par d'innombrables victoires. Mais comme il n'est plus d'usage d'alléguer les Romains, Laurent de Médicis désarma le peuple pour demeurer maître de Florence: tandis que Giovanni Bentivoglio l'arma pour contenir Bologne; les Vitelli dans Castello, et le duc d'Urbin dans son duché, démantelèrent les forteresses pour conserver leurs États; et le comte Francesco, et une foule d'autres, en élevèrent pour se maintenir. L'empereur Titus croyait qu'un jour passé sans faire du bien était un jour perdu; et mille autres princes croiraient perdre leurs États le jour où ils rendraient service à quelqu'un.

Beaucoup de personnes, en agissant avec

[1] Cette lettre, quoique sans date et mutilée, paraît devoir être placée ici. Le gonfalonier Pierre Soderini, forcé par Paul Vettori, et plusieurs autres jeunes Florentins que le cardinal Jean de Médicis, depuis Léon X, avait gagnés à se démettre de sa place, s'était réfugié à Raguse. Jules II, irrité contre Florence, avait d'abord favorisé le parti des Médicis; mais, effrayé de l'influence que cette famille acquérait en Italie, il se repentit de l'appui qu'il lui avait prêté, se rapprocha de Soderini, et lui permit de revenir à Rome, où le cardinal son frère avait conservé son crédit. Soderini aurait éprouvé un plus grand changement dans sa fortune si la mort ne lui eût ravi son nouveau protecteur, qui cessa de régner au mois de février 1513, et qui eut pour successeur un Médicis dans la personne de Léon X. Cet événement renversa de nouveau toutes les espérances de Soderini, et peut-être même de Macchiavelli; et c'est à quoi cette phrase paraît faire allusion

poids et mesure, ont vu réussir leurs desseins; et ce pape, qui n'a ni poids ni mesure, obtient par le hasard, et désarmé, ce que la prudence et les armes lui auraient procuré difficilement. On a vu, et l'on voit encore tous les jours, ceux dont je viens de citer l'exemple, et une infinité d'autres que l'on pourrait alléguer en pareille matière, acquérir des royaumes et des souverainetés, ou succomber au gré des événements, être loués dans la prospérité et blâmés dans les revers; et souvent encore, lorsqu'ils viennent à tout perdre après un long bonheur, ne pas en être accusés, tandis que c'est le ciel et les caprices du sort que l'on inculpe.

Mais d'où vient que quelquefois des actions différentes nuisent ou servent également? Je l'ignore; et c'est un point que je voudrais pouvoir éclaircir. Pour savoir donc quelle est votre opinion sur ce sujet, je prendrai la hardiesse de vous dire la mienne. De même que la nature a donné à chaque homme une physionomie différente, de même, selon moi, elle leur a fait don d'un esprit et d'un caractère différents. Il en résulte que chacun se conduit d'après son esprit et son caractère. Comme, d'un autre côté, les temps ne se ressemblent pas, et que l'ordre des choses varie sans cesse, celui dont la manière d'agir se trouve conforme au temps, voit tous ses vœux réussir et le bonheur lui sourire; tandis que celui, au contraire, dont les actions s'écartent des temps et de l'ordre de choses est toujours malheureux. D'où il peut fort bien arriver que deux hommes, en agissant d'une manière diamétralement opposée, obtiennent le même résultat, parce que chacun peut se conformer à ce qui lui est propre: car il y a autant d'ordre de choses que de provinces et d'empires. Mais, comme les temps et les choses, soit en général, soit en particulier, sont sujets à de fréquents changements tandis que les hommes gardent le même caractère et la même manière d'agir, il arrive qu'un homme réussit dans un temps et échoue dans un autre. Et en effet si quelqu'un était assez sage pour connaître les temps et l'ordre des événements et qu'il s'y conformât, il serait heureux dans toutes ses entreprises, ou du moins il éviterait la mauvaise fortune; et l'on verrait se vérifier cette sentence, « que le sage commande « aux astres et aux destins. » Mais, comme on ne trouve point de pareils sages, d'abord parce que tous les hommes ont la vue courte, et qu'ensuite ils ne peuvent commander à leur propre caractère, il en résulte que la nature change et commande aux hommes, et les tient sans cesse asservis sous son joug. Je n'ai besoin, pour prouver ce que j'avance, que des exemples que j'ai cités: ils m'ont servi à fonder mon opinion; je désire qu'ils se prêtent un mutuel appui.

La cruauté, la perfidie et l'impiété suffisent pour assurer la nomination d'un maître nouveau, dans les pays où l'humanité, la bonne foi et la religion ont été longtemps en honneur; de même, la clémence, la loyauté et le respect pour les dieux sont le plus puissant auxiliaire dans les pays où règnent depuis longues années la cruauté, la perfidie et l'impiété; car, comme les amers corrompent le goût et les douceurs l'émoussent, de même les hommes se dégoûtent du bien et se plaignent du mal. Telles furent, entre autres causes, celles qui ouvrirent l'Italie à Annibal et l'Espagne à Scipion: chacun d'eux trouva les temps et les événements conformes à sa manière d'agir. Un homme semblable à Scipion n'eût point alors obtenu d'aussi grands résultats qu'en Espagne, un capitaine pareil à Annibal n'eût point fait ce que l'un et l'autre firent dans ces deux contrées.

Nicolas Macchiavelli.

LETTRE XLII.

A Giovanni Vernaccia, à Péra.

Mon bien cher Giovanni, si je ne t'ai pas écrit jusqu'à présent, n'en accuse ni moi ni personne; ne t'en prends qu'aux temps, qui ont été et qui sont tels encore qu'ils m'ont pour ainsi dire fait perdre jusqu'au souvenir de moi-même. Ne crois pas cependant qu'ils aient eu le pouvoir de m'obliger à t'oublier: je ne cesserai de te regarder comme mon fils; et ma personne et tout ce que je possède seront toujours à ton service. Tâche de te bien porter: conduis-toi en honnête homme; car ton bonheur ne peut que contribuer au bonheur de ceux qui te veulent du bien.

Nicolas Macchiavelli.

Florence, le 17 août 1515.

LETTRE XLIII.

Au même.

Très-cher Giovanni, depuis quatre mois voilà deux lettres que je t'écris : je suis vraiment affligé que tu ne les aies pas reçues. Ma crainte est que tu ne t'imagines que je néglige de t'écrire par oubli ou par indifférence; garde-toi bien de le croire. La fortune ne m'a laissé que des parents et des amis; je compte entièrement sur eux : mais j'ai plus de confiance encore en ceux qui, comme toi, me touchent de plus près; et j'espère que si la fortune t'envoyait quelque emploi honorable, tu t'acquitterais envers mes enfants de l'amitié qu'il m'a toujours été si doux de te témoigner.

NICOLAS MACCHIAVELLI.

Florence, le 19 novembre 1515.

LETTRE XLIV.

Au même.

Mon bien cher Giovanni, me voilà devenu inutile à moi-même, à mes parents et à mes amis : c'est ainsi que l'a voulu mon malheureux sort. La santé est le seul bien qui me soit resté, ainsi qu'à tous les miens. Je prends mon mal en patience en attendant que je puisse ressaisir la bonne fortune, si jamais elle se présente : si elle ne veut pas venir, je tâcherai de m'en consoler. Mais, quel que soit mon sort, tu auras toujours dans mon cœur la place que tu y as occupée jusqu'à ce moment. Je suis tout à toi. Le Christ te garde.

NICOLAS MACCHIAVELLI.

Florence, le 15 février 1515 (1516).

LETTRE XLV.

Au même

Très-cher Giovanni, je t'ai déjà dit de ne point t'étonner si je ne t'écris pas, ou si je suis paresseux à te répondre : ce n'est pas que je t'aie oublié, ou que je ne fasse plus le même cas de ton amitié : je te prise d'autant plus que tu es un de ces hommes dont l'estime se mesure au mérite; et comme tu as fait tes preuves de brave et honnête homme, je dois t'aimer chaque jour davantage. Il entre même un peu de vanité dans mon amitié pour toi, car c'est moi qui t'ai élevé : c'est dans ma maison que tu as commencé la fortune que tu possèdes et celle que tu peux être dans le cas d'espérer. Mais contraint, par les malheurs que j'ai éprouvés et que j'éprouve, de me retirer à la campagne, je suis quelquefois des mois entiers sans me retrouver moi-même : il n'est donc pas étonnant que je néglige de te répondre. Mais lorsque tes affaires seront terminées et que tu pourras revenir, ma maison te sera toujours ouverte, comme par le passé, quoique désormais pauvre et disgraciée.

NICOLAS MACCHIAVELLI.

De ma Villa, le 8 juin 1517.

LETTRE XLVI.

A LODOVICO ALAMANNI, à Rome.

Mon cher et respectable Lodovico, je sais qu'il ne me faudra pas beaucoup de peine pour vous prouver à quel point j'aime Donato del Corno, et combien je désirerais faire quelque chose qui lui fût agréable. Vous ne vous étonnerez donc pas si je vous importune par amour pour lui; et je me gênerai d'autant moins, que je crois pouvoir en agir ainsi avec vous, et que d'ailleurs son affaire est juste, et *quodammodo pia*.

Ledit Donato, un mois environ après le retour des seigneurs Médicis à Florence, soit comme ancien serviteur du seigneur Julien, soit qu'il y fût excité par la bonté de son cœur, porta audit seigneur, et de son propre gré, cinq cents ducats d'or, en lui disant de s'en servir, et de les lui rendre quand il en aurait la facilité. Cinq années se sont écoulées depuis; et malgré la haute fortune où se sont élevés ces seigneurs, il n'a point encore été remboursé. Comme il se trouve aujourd'hui un peu gêné, et qu'il a appris que ces jours passés des dettes de ce genre avaient été acquittées, il a osé faire une réclamation, et a écrit en conséquence à Domenico Buonensegni, en lui envoyant copie de la cédule que Julien lui-même a écrite. Mais comme en confiant une semblable commission aux soins d'un homme qui comme Domenico doit être accablé d'affaires, on court risque de la voir mourir dans l'oubli lorsque l'on n'a personne à côté qui la fasse revivre, j'ai pris la hardiesse de vous en écrire deux mots, et de vous prier de vouloir bien prendre la peine d'en dire deux mots à Domenico, et de voir ensemble comment on pourrait ressusciter cette obligation. Veuillez, par amitié pour moi, mettre cette affaire au nombre des vôtres : outre que c'est un acte d'humanité et de justice, elle ne sera pas sans utilité pour vous. Je vous prie de me répondre quelques lignes là-dessus.

J'ai lu ces jours derniers l'*Orlando Furioso* de l'Arioste : c'est véritablement d'un bout à l'autre un très-beau poëme, dans lequel il se trouve une foule de passages admirables. Si l'auteur est à Rome, recommandez-moi à lui, et dites-lui que je me plains seulement de ce qu'ayant consacré le souvenir de tant de poëtes, il m'ait laissé de côté comme un ......; et de ce qu'il a fait à mon égard dans son Orlando, ce que je ne ferai pas pour lui dans mon *Ane d'or*.

Je sais que vous passez toutes vos journées avec le révérendissime de' Salviati, Filippo Nerli, Côme Rucellaï, Christophe Carnesecchi, et quelquefois Antonio-Francesco degli Albizzi; que vous ne songez qu'à faire bonne chère, sans vous souvenir de nous, pauvres malheureux, qui mourons ici de froid et de sommeil. Cependant, pour paraître encore vivants, nous nous réunissons quelquefois, Zanobi Buondelmonte, Amerigo Morelli, Battista della Palla, et moi, et nous parlons de notre projet de voyage en France avec tant d'ardeur, que nous croyons être en chemin, et que nous avons déjà usé à moitié les plaisirs que nous en espérons. Or, pour y mettre un peu plus d'ordre, nous avons résolu d'en entreprendre un moins long en guise d'essai, et d'aller passer le carnaval à Venise : mais nous sommes incertains si nous n'anticiperons pas un peu notre voyage, et si nous ne ferons point un détour pour aller à Rome, ou si nous attendrons au retour, et si nous n'irons pas d'abord tout droit. Je désirerais que vous consultassiez Côme là-dessus, et que vous pussiez m'écrire ce qu'il y aurait de mieux à faire. Je suis tout à votre service. Que le Christ vous garde!

Recommandez-moi à Piero Ardinghelli; j'avais oublié de vous le dire.

NICOLAS MACCHIAVELLI.

Le 17 décembre 1517.

LETTRE XLVII.

A GIOVANNI VERNACCIA, à Péra.

Très-cher Giovanni, ainsi que je te l'ai dit plusieurs fois, ne sois pas étonné si je t'écris si rarement; car depuis ton départ j'ai éprouvé des chagrins si vifs et si multipliés, que je me vois dans l'impossibilité d'être utile aux autres, et encore moins à moi-même. Cependant, le peu qui me reste est tout à ton service; car, à l'exception de mes enfants, il n'y a personne au monde que j'aime autant que toi.

NICOLAS MACCHIAVELLI.

Florence, le 5 janvier 1517 (1518).

LETTRE XLVIII.

A NICOLAS MACCHIAVELLI, à Carpi.

Très-cher Macchiavelli, certes c'est une bien belle résolution que celle qu'ont eue nos très-hauts consuls de l'Art de la laine de vous confier le soin de choisir un prédicateur : c'est comme si l'on avait chargé Pacchierotto, tandis qu'il était encore en vie, de trouver une femme belle et galante pour un ami. Je crois que vous les servirez selon leur attente; et votre propre honneur, qui ne manquerait pas d'être obscurci, si à l'âge où vous êtes parvenu vous vous livriez .....[1]; car, ayant manifesté pendant tout le cours de votre vie des sentiments contraires, on l'attribuerait bien plutôt à la faiblesse de l'âge qu'à vos bons sentiments. Je vous engage donc à terminer le plus tôt possible, parce qu'en restant trop longtemps vous vous exposeriez à deux grands dangers : l'un que ces.......; l'autre, que l'air de Carpi ne vous rendît hâbleur. En effet cette propriété, qu'on lui attribue depuis des siècles, est

[1] Le manuscrit de ces lettres ayant passé des mains de celui qui les avait recueillies dans celles d'une personne trop scrupuleuse, il s'y est trouvé un grand nombre de passages effacés, que l'on aura trouvés trop libres ou trop mordants; et comme l'écriture en avait été grattée, il a été impossible de rétablir le texte.

encore la même aujourd'hui ; et si par malheur vous étiez logé dans la maison de quelque habitant de Carpi, votre danger serait sans remède.

Si vous avez rendu visite à l'évêque gouverneur, vous aurez vu un homme de la meilleure mine, et capable de vous enseigner mille bons tours. Je me recommande à vous.

FRANCESCO GUICCIARDINI.

Modène, le 17 mai 1521.

LETTRE XLIX.

A FRANCESCO GUICCIARDINI.

MAGNIFIQUE ET RESPECTABLE SEIGNEUR,

J'étais sur la garde-robe lorsque votre messager m'est arrivé. Je réfléchissais en ce moment sur les bizarreries de ce monde ; et j'étais entièrement occupé à me figurer pour Florence un.... .. à ma façon : je le voulais tel qu'il pût me plaire ; et même dans ce choix je voulais montrer que j'étais ferme, ainsi que dans toutes mes autres opinions. Comme je n'ai jamais manqué à ce que je devais à la république, et que toutes les fois que j'ai pu la servir je l'ai fait, si ce n'est par mes actions, du moins par mes paroles et mes avis, ce n'est point dans cette occasion que je voudrais lui faire faute. Je sais, il est vrai, qu'en cette occurrence, comme en beaucoup d'autres, ma façon de voir diffère de celle de mes concitoyens : ils voudraient un prédicateur qui leur enseignât le chemin du paradis ; et je voudrais en trouver un qui...... : ils désireraient de plus que ce fût un homme sage, sincère et loyal ; et je voudrais en trouver un plus..... J'avoue qu'il serait beau, et tout à fait digne de l'excellence de nos temps, de rencontrer dans un seul moine toutes les qualités que nous sommes accoutumés à trouver dans un grand nombre ; car j'imagine que le vrai moyen d'apprendre le chemin du paradis serait de connaître parfaitement celui de l'enfer, afin de l'éviter. Voyant en outre quel est le crédit d'un..... qui se cache sous......, il est aisé de conjecturer combien en obtiendrait un bon qui marcherait dans la vertu et non dans la simulation...... Cette idée m'a séduit. J'ai donc résolu de choisir le Rovajo ; et je pense que s'il ressemble à ses frères et sœurs il sera bien notre fait. Je serais bien aise que vous m'en dissiez votre façon de penser, si vous êtes dans le cas de m'écrire.

Je suis ici dans l'oisiveté : je ne puis exécuter ma commission que l'on n'ait nommé le général et les définiteurs ; et je vais ruminant de quelle manière je pourrais mettre parmi eux tant de ...... qu'ils fissent ici ou ailleurs...... ; et si je ne perds pas la tête, je compte réussir sans faute. Je pense que les conseils et l'appui de votre seigneurie me seraient extrêmement utiles. Si donc vous pouviez venir jusqu'ici sous prétexte de vous promener, cela ne ferait pas de mal ; ou du moins en écrivant servez-moi d'un coup de maître. S'il vous était possible de m'envoyer chaque jour quelque exprès, comme vous l'avez fait aujourd'hui, vous produiriez plusieurs avantages : d'abord, vous m'éclaireriez sur ce qu'il est à propos que je fasse ; et en second lieu vous augmenteriez l'estime que l'on a pour moi dans la maison en voyant les messagers se multiplier. Vous saurez qu'à l'arrivée de votre courrier, et en le voyant me saluer jusqu'à terre, et me dire qu'il avait été envoyé exprès en toute hâte, chacun se leva soudain, avec un air si respectueux et un si grand fracas, que toute la maison manqua d'aller sens dessus dessous. On s'empressa de me demander s'il y avait quelque chose de nouveau : et moi, de répondre gravement que l'empereur était attendu à Trente ; que les Suisses avaient convoqué de nouvelles diètes ; que le roi de France, dont le dessein était d'aller trouver ce prince pour avoir une entrevue avec lui en avait été détourné par son conseil : de sorte que chacun restait bouche béante et le bonnet en main. Tandis que j'écris ils forment un cercle autour de moi ; ils sont émerveillés de me voir griffonner aussi longtemps, et me regardent comme un possédé ; et moi, pour ajouter à leur étonnement, j'arrête ma plume, je me rengorge ; et alors ils ouvrent une grande bouche, qu'ils ouvriraient plus grande encore s'ils pouvaient deviner ce que je vous écris. Votre seigneurie sait que......

Quant aux mensonges des habitants de Carpi, je suis en état de leur tenir tête à tous ; il y a déjà quelque temps que je me suis rendu si habile dans cette science, que je ne voudrais pas de Francesco Martelli pour manœuvre : en effet, depuis un certain temps je ne dis plus ce que je crois...... ; et si même on me dit quelquefois la vérité, j'ai bien soin de la cacher là où il est difficile de la retrouver.

Je n'ai point parlé au gouverneur : il m'a paru inutile de le faire, puisque j'avais trouvé mon logement. Il est bien vrai que ce matin je l'ai lorgné un instant à l'église pendant qu'il s'occupait à examiner des tableaux. Il m'a paru de fort bonne mine ; et je dois croire que chez lui tout y répond, et qu'il est ce qu'il paraît être : aussi j'étais sur le point d'en prendre tout mon soûl si j'avais eu votre lettre sur moi. Je n'ai cependant renoncé à rien encore ; j'attends demain que vous me conseilliez la manière de me conduire en cette circonstance en m'envoyant un de vos archers : mais il faut qu'il ne cesse de courir, et qu'il arrive ici essoufflé et tout en eau afin que tout le monde en soit stupéfait. Agir ainsi, c'est me faire honneur ; et d'ailleurs cela donne un peu d'exercice à vos archers, ce qui, dans cette saison tempérée, est fort sain pour les chevaux. Je vous écrirais encore quelque autre petite chose si je ne craignais de me fatiguer l'esprit, que je veux avoir demain le plus reposé qu'il soit possible. Je me reccomande à votre seigneurie.

NICOLAS MACCHIAVELLI.

LETTRE L.

A NICOLAS MACCHIAVELLI, à Carpi.

MON TRÈS-CHER MACCHIAVELLI,

Lorsque je lis dans vos titres ceux d'ambassadeur de république et de moines, et que je songe avec combien de rois, de ducs et de princes vous avez autrefois négocié, je me rappelle Lysandre, à qui, après tant de victoires et de trophées, on donna le soin de distribuer la viande aux mêmes soldats qu'il avait si glorieusement commandés ; et je me dis alors : Vous le voyez, quoique la physionomie des hommes change et que la même couleur ne fasse point partie de leur élément, toutefois les mêmes événements reviennent sans cesse, et il n'en arrive aucun que l'on ne l'ait vu autrefois ; mais, comme tout change de nom et de couleur, ce ne sont que les sages qui les reconnaissent. Voilà en quoi l'histoire est bonne et utile, en remettant devant nos yeux, et en nous faisant connaître et voir ce que nous n'avons jamais ni vu ni connu. Il en résulte ce syllogisme de moine : Que l'on ne saurait trop louer celui qui vous a commandé d'écrire nos annales, ni trop vous exhorter à exécuter avec soin l'office qui vous a été confié. Je crois que l'ambassade dont vous êtes chargé en ce moment ne vous sera pas inutile ; car, dans ce loisir de trois jours, vous aurez exprimé tout le suc de ces gens à sandales, et vous pourrez vous en servir comme d'un modèle, en le comparant ou en l'appareillant à quelques-unes de vos formes. Pour vous être utile, j'ai cru ne pas devoir perdre de temps, ni repousser la fortune tandis qu'elle vous est favorable ; et en conséquence j'ai suivi le style de vous dépêcher un messager qui, s'il n'est pas bon à autre chose, servira du moins demain soir à vous faire manger une tourte de plus à votre souper.

Je ne suis point émerveillé de votre prédicateur Rovajo : autant que je puis le comprendre, il ne boit pas du même vin que vous. Je ne puis donc louer votre choix qui ne me paraît répondre ni à votre jugement accoutumé ni à celui des autres : d'autant plus que vous étant toujours montré éloigné de l'opinion commune et inventeur de choses nouvelles et inusitées, je suis persuadé que vos seigneurs les consuls, ainsi que tous ceux qui ont connaissance de votre mission, s'attendent que vous allez leur ramener un de ces frères, qui, comme on dit, sont introuvables. Toutefois il vaut bien mieux conclure sans délai et terminer la plaisanterie de la séparation, que de retarder encore votre retour ici où vous êtes attendu avec la plus vive impatience. Je me recommande à vous.

FRANCESCO GUICCIARDINI, gouverneur.

Modène, le 18 mai 1521.

LETTRE LI.

A FRANCESCO GUICCIARDINI, à Modène.

Je puis vous assurer que la fumée en est montée jusqu'au ciel : il n'est personne dans la maison ni dans le voisinage à qui la mine hors d'haleine de votre messager et l'énorme paquet de lettres dont il était chargé n'ait pour ainsi dire fait perdre l'esprit. Pour ne point paraître ingrat envers Gismondo, je lui ai montré le traité conclu entre les Suisses et le roi : cet événement lui a paru extrêmement important. Je lui ai parlé de la maladie de l'empereur et de la principauté qu'il voulait acheter en France : il en est devenu tout ébahi. Malgré tout cela, je crois qu'il se doute qu'on se moque un peu de lui ; car il garde son quant à soi, et il ne comprend point comment on peut écrire des lettres longues comme des bibles, dans ces déserts d'Arabie où il ne se trouve que des moines. Je ne dois pas, j'en suis certain, lui sembler cet homme rare sur le compte duquel vous avez écrit de si belles choses, car je ne bouge pas du logis, et je ne fais que dormir, lire ou me taire. Je pense qu'il s'aperçoit que vous vous moquez de moi et de lui. En conséquence il va me tâtant, et moi, je lui lâche quelques mots qui n'ont aucun rapport à ses demandes ; je me jette sur le déluge que l'on nous annonce, sur le Turc qui doit passer en Italie ; je lui demande s'il serait à propos de faire une croisade, et autres fariboles semblables de nos vieux radoteurs ; je crois qu'il meurt d'impatience de s'expliquer de vive voix avec vous, afin de mieux savoir à quoi s'en tenir, ou de vous quereller de ce que vous lui avez mis entre les mains une poix aussi tenace, car j'embarrasse toute sa maison, et je le tiens pour ainsi dire cloué chez lui. A mon avis cependant il compte que ce jeu ne saurait durer ; il continue en conséquence à me faire faire bonne chère ; il m'empâte, et moi je m'en donne pour six chiens et pour trois loups, et je dis, quand je dîne : « Ce matin je gagne « six jules [1] » ; et quand je soupe : « Ce soir j'en « gagne quatre. » Cependant je ne lui en ai pas moins d'obligation, non plus qu'à vous ; et s'il vient jamais à Florence, je veux le régaler à mon tour : en attendant vous voudrez bien le lui dire de ma part.

Ce traître de Rovajo se fait tirer la manche, et s'amuse à faire des façons : il craint, dit-il, de ne pouvoir venir, parce qu'il ne sait comment s'y prendre pour prêcher, ayant peur d'aller en galères comme le pape Angélique ; il ajoute qu'on ne lui a fait honneur à Florence de rien de ce qu'il avait dit ; que la dernière fois qu'il y avait prêché, il avait ordonné à toutes les catins de ne se montrer dans la ville qu'avec un voile jaune, et que sa sœur lui écrit qu'elles continuent à se montrer comme bon leur semble, et qu'elles remuent la queue plus que jamais ; ce dont il se plaint beaucoup. J'ai tâché de le consoler, en lui disant de ne pas s'étonner, parce qu'il est d'usage dans les grandes villes de ne jamais garder constamment une même résolution, de faire aujourd'hui une chose, et de la défaire le lendemain : je lui ai cité l'exemple de Rome et d'Athènes ; et je l'ai si bien endoctriné qu'il m'a presque promis. Ma prochaine lettre vous dira ce qui en est résulté.

Ce matin ces moines ont enfin nommé leur général : c'est le Soncino, qui jusqu'à présent passe pour un honnête homme et pour un moine éclairé et vertueux. Je serai présenté ce soir à leurs paternités, et j'espère terminer ma négociation demain dans la journée : jusqu'à cet heureux moment, chaque heure va me paraître longue comme mille. A mon retour, je resterai tout un jour avec votre seigneurie. *Quæ vivat et regnet in sæcula sæculorum.*

NICOLAS MACCHIAVELLI.

[1] Monnaie de Toscane.

LETTRE LII.

Au même.

C..., il faut être sur ses gardes avec cet homme-ci : il est fin comme trente mille diables, et il me semble qu'il s'est aperçu que vous en vouliez faire votre jouet ; car, lorsque votre messager est arrivé, il m'a dit : « Peste ! « il doit y avoir quelque affaire importante, car « les messagers se multiplient ; » puis, lorsque j'ai eu lu votre lettre, il a ajouté : « Je crois que le « gouverneur me promène, aussi bien que vous. » J'ai fait semblant de ne pas le comprendre, et je lui ai dit qu'il s'agissait d'une affaire que je n'avais pu terminer avant mon départ de Florence, et qui vous concernait, ainsi que moi ; que je vous avais prié de m'informer si vous en entendiez parler à Modène, et que c'était pour cela que vous m'écriviez. Maintenant, je tremble de tout mon corps, tant j'ai peur qu'il ne lui prenne une lubie, et qu'il ne me renvoie à l'auberge. Veuillez chômer demain, afin que cette plaisanterie ne tourne point à mal. Cependant on ne pourra m'arracher du corps le bien que j'ai reçu, tels que les bons repas, les lits somptueux, et mille autres douceurs, qui depuis trois jours m'ont entièrement restauré.

J'ai entamé ce matin l'affaire de la division : aujourd'hui je dois en venir aux mains; demain je tâcherai de l'expédier.

Quant au prédicateur, je ne crois pas en venir à mon honneur : il fait le récalcitrant. Le père supérieur dit qu'il l'a promis ailleurs; et je crains de m'en retourner avec ma courte honte. Je m'en veux assez de mal, ne sachant plus comment me présenter devant Francesco Vettori et Francesco Strozzi, qui m'ont écrit en particulier sur ce sujet, en me priant de faire tout mon possible pour qu'ils puissent goûter pendant ce carême une nourriture spirituelle dont leur âme profite; et ils ne manqueront pas de dire que je les sers toujours de la même manière : car l'hiver passé me trouvant un samedi soir avec eux à la villa de Giovanni Francesco Ridolfi, ils me chargèrent de trouver un prêtre pour leur dire la messe le lendemain matin. Vous devez bien penser que la chose alla de sorte que ce bienheureux prêtre n'arriva que lorsqu'ils eurent dîné : aussi tout ce qui s'y trouvait alla sens dessus dessous, et chacun d'eux m'en sut très-mauvais gré. Si, dans cette circonstance, j'ajoute un nouveau mauvais tour au premier, songez quelle mine de possédés ils vont me faire. Je compte donc que vous leur écrirez deux lignes, et que vous m'excuserez du mieux que vous pourrez.

A l'égard de l'histoire et des républiques de gens à sandales, je crois que je n'aurai rien perdu à ce voyage, car j'ai vu une foule de contestations et de règlements qui contiennent d'excellentes choses, dont je compte me servir dans l'occasion, surtout comme sujet de comparaison. Ainsi, lorsque j'aurai à parler du silence je dirai : *Ils étaient plus silencieux que des moines quand ils mangent;* et ainsi de suite j'amènerai à propos mille autres belles découvertes que m'a apprises une expérience de quelques jours seulement.

NICOLAS MACCHIAVELLI.

A Carpi, le 19 mai 1521.

LETTRE LIII.

Au même, en Romagne.

(*Fragment.*)

...Je me suis appliqué, et je me livre encore pendant que j'habite la campagne, au travail de mon histoire. Je donnerais volontiers dix sous, pour ne pas dire plus, pour que vous fussiez près de moi et que je pusse vous montrer où j'en suis; car étant sur le point d'aborder certaines particularités, j'aurais besoin de savoir de vous si je ne cours pas risque de déplaire, soit en rehaussant, soit en rabaissant les événements. Toutefois je tâche de me conseiller moi-même, et de faire en sorte que, tout en disant la vérité, personne ne puisse se plaindre de moi.

NICOLAS MACCHIAVELLI.

Le 10 août 1524.

LETTRE LIV.

A NICOLAS MACCHIAVELLI.

SPECTABILIS VIR TANQUAM FRATER,

J'ai reçu votre lettre du 24 du mois dernier; et après l'avoir lue, je l'ai montrée à Sa Sainteté qui a vu avec plaisir ce qu'elle contenait, ainsi que celle du seigneur président : mais ni dans le moment, ni depuis, la multiplicité de ses occupations ne lui a permis d'y répondre; elle m'a dit seulement qu'elle voulait y penser plus sérieusement, et que je vous écrivisse de prendre patience. Je lui en ai parlé de nouveau depuis ce moment, et Sa Sainteté m'a répondu qu'elle n'avait pas encore pris de détermination, et qu'il fallait attendre encore un peu. Attendez donc; et s'il arrive quelque chose qui mérite que vous nous en informiez, écrivez-le-moi afin que je le fasse voir à Sa Sainteté, pour la décider à prendre une meilleure résolution. Tout ce qui me reste à vous dire, c'est que je continue à vous aimer, et que je n'ai rien tant à cœur que de vous être agréable. Je m'offre entièrement à vous, et je me recommande à votre souvenir.

JACOPO SADOLETO, secrétaire de Sa Sainteté.

Rome, le 8 juillet 1525.

LETTRE LV.

A Nicolas Macchiavelli.

RESPECTABLE CITOYEN,

L'obligation où je suis de vous envoyer l'incluse, qui m'est arrivée sous mon pli, me fournit l'occasion de vous écrire, ce que je n'eusse point fait sans cela, n'ayant rien de particulier à vous dire. C'est avec la plus vive impatience que j'attends de vos nouvelles ; car, encore une fois, de mon côté je n'ai rien qui mérite de vous être écrit.

Je ne dois pas vous laisser ignorer que j'ai appris qu'après votre départ la Mariscotta a parlé de vous d'une manière fort honorable, et s'est fort louée de vos procédés envers elle ; ce qui m'a tout réjoui le cœur, car je ne désire que votre satisfaction ; et je puis vous assurer que si vous revenez ici, vous serez très-bien reçu, et peut-être même mieux caressé.

J'ai écrit à Rome comme le cas l'exigeait, mais je n'ai reçu aucune réponse touchant cette affaire. Si j'apprends quelque chose, je ne manquerai pas de vous en informer. Je me recommande à vous.

Francesco Guicciardini.

Faënza, le 25 juillet 1525.

LETTRE LVI.

A Nicolas Macchiavelli.

Très-cher Macchiavelli,

J'ai reçu votre lettre du 3, et je dois surtout vous dire que si vous continuez à orner celles que vous m'écrivez du mot d'*Illustre*, j'honorerai les miennes de celui de *Magnifique;* et par ces beaux titres réciproques nous nous rassasierons d'un plaisir mutuel, qui se convertira en chagrin, lorsqu'à la fin nous trouverons tous, je dis tous, sans exception, que nous n'avons attrapé que des mouches. En conséquence si vous êtes résolu à me donner des titres, mesurez-les à ceux que vous aurez plaisir que l'on vous donne.

Quant aux nouvelles, je n'entends parler de rien qui mérite attention ; je crois que nous marchons tous *in tenebris*, et avec les mains liées derrière le dos, afin de ne pouvoir éviter les coups.

Francesco Guicciardini.

Faënza, le 7 août 1525.

LETTRE LVII.

A Francesco Guicciardini.

SEIGNEUR PRÉSIDENT,

J'ai reçu hier votre lettre du 12, et je vous dirai pour réponse que Capponi revient. C'est votre Jacopo qui a voulu se charger de le questionner ; mais, comme vous dites, je le crois parfaitement au fait. De toute manière on peut lui faire des offres qui prouveront du moins que vous êtes instruit de la chose ; mais il ne faut pas qu'elles s'éloignent des convenances. Il me semble, ainsi qu'à Girolamo, qu'on ne peut lui offrir moins de trois mille ducats : mais là-dessus nous lui donnerons les instructions que vous jugerez nécessaires.

Je vois avec satisfaction que Nicia [1] vous plaît : si vous le faites jouer pendant ce carnaval, nous viendrons pour vous aider. Je vous remercie de vos recommandations, et je vous prie de nouveau de ne point m'oublier.

Les provéditeurs chargés des affaires du Levant ont l'intention de m'envoyer à Venise pour réclamer le remboursement de certaines sommes qu'ils ont perdues. Si je dois y aller, je partirai dans quatre jours, et à mon retour je viendrai de votre côté, pour rester une soirée avec votre seigneurie et revoir un instant mes amis.

Je vous envoie vingt-cinq pilules, faites à votre intention il y a déjà quatre jours : vous en trouverez la recette à la fin de ma lettre. Je vous dirai qu'elles m'ont ressuscité. Commencez à en prendre une après le souper : si elle fait quelque effet, vous cesserez ; sinon vous en prendrez deux ou trois, mais pas au-delà de cinq. Quant à moi, deux m'ont toujours suffi, et une seule fois par semaine, excepté quand je me sens la tête lourde ou l'estomac chargé.

Il y a deux jours que j'ai parlé de l'affaire en question avec mon ami, en le priant de m'excuser si j'entrais trop avant dans des intérêts

[1] Le personnage ridicule de *la Mandragore*.

aussi importants pour lui : mais que c'était lui-même qui m'y avait excité : je l'ai prié de me dire formellement quelle était son intention relativement au projet de marier son fils. Après quelques façons, il m'a répondu qu'il ne croyait pas que cette affaire fût bien emmanchée ; que les jeunes gens regardaient comme un déshonneur de ne point avoir une dot extraordinaire, et qu'il ne croyait pas pouvoir décider son fils à se contenter d'une dot ordinaire. Puis, ayant réfléchi quelque temps en lui-même, il s'est écrié : « Je suis presque sûr de « deviner pour qui tu me parles, car je sais où « tu es allé ; et cet arrangement m'a déjà été « proposé d'un autre côté. » Je lui ai répondu que je ne savais s'il devinait bien ou mal, mais que je pouvais l'assurer qu'il n'avait jamais été question de cette proposition entre vous et moi, ce dont il m'a été facile de le convaincre ; j'ai ajouté que je n'avais agi que de moi-même en cette circonstance, et seulement pour le bien que je lui voulais, ainsi qu'à moi. Ici j'ai levé la visière, et je lui ai parlé nettement sur ce qu'il était et sur ce que vous étiez vous-même, sur votre position dans le monde, sur votre situation présente et vos espérances dans l'avenir ; enfin je lui en ai tant dit, que je l'ai rendu tout perplexe, et qu'il a fini par convenir que si le Magnifique se décidait à prendre pour femme une Florentine, il serait bien mal conseillé de ne pas la prendre dans votre famille ; que je ne voyais pas comment un homme de sens comme lui pourrait marchander avec un de vos pareils pour deux ou trois mille ducats, d'autant mieux qu'il pourrait fort bien arriver que, n'ayant point de fils et que votre femme ayant cessé de faire des enfants, la dot pourrait devenir plus considérable que celle de toute autre femme qu'il prendrait et dont il n'aurait jamais à espérer que la dot. Tout en causant ainsi nous arrivâmes aux Servites [1] ; je m'arrêtai sur la porte, et je lui dis : « Je choisis ce « lieu, pour que mes paroles restent gravées « dans votre mémoire. Dieu veuille que vous « n'ayez pas à vous repentir, et que votre fils « ne soit pas en droit de se plaindre de vous. » Il me répondit : « Au nom de Dieu ! voilà la « première fois qu'il est question entre nous de « cette affaire ; mais nous en parlerons plus « d'une fois encore. » Je lui dis alors que je ne lui en soufflerais plus le mot, et qu'il me suffisait d'avoir payé ma dette. J'ai dirigé ma lance de cette manière, et je n'ai pu cacher ce que j'étais certain que l'on découvrirait tôt ou tard. Maintenant je puis le voir venir : je ne laisserai échapper aucune occasion ; et, soit en général, soit en particulier, je tirerai toujours à mon but. Mais revenons-en à la recette des pilules.

NICOLAS MACCHIAVELLI.

Florence, le 17 août 1525.

Recipe [1] :		
Aloès hépatique	drachme	1 1/2
Carman. deos	»	1
Safran	»	1/2
Myrrhe choisie	»	1/2
Bétoine	»	1/2
Pipinelle	»	1/2
Bol d'Arménie	»	1/2

LETTRE LVIII.

A NICOLAS MACCHIAVELLI, à Venise [2].

Très-cher Nicolas, après que vous nous avez quittés, Lodovico Alamanni m'a remis une lettre écrite par vous en faveur d'un moine qui devait prêcher à Modène au mois de janvier dernier.

Celui qui devait profiter de votre lettre n'a pas voulu, en personne bien entendue, la présenter sans y avoir donné créance, tant il connaissait vos bonnes dispositions envers les moines. Il suffit que, de ce côté, vous soyez trop galant homme ; et je ne m'amuse pas à éplucher des nèfles. Mais en voilà trop pour un moine.

Quant aux nouvelles, le monde depuis quelque temps change si souvent de face, qu'il me paraît inutile de répondre à celles que vous m'avez mandées. A l'égard de ce qui se passe actuellement, je ne saurais que vous dire, si je ne vous apprenais que les montagnards de Luc-

[1] C'est le nom de l'église des pères Servites à Florence.

[1] Telle était la médecine dont Macchiavelli faisait ordinairement usage, et que Paul Jove, à son ordinaire, par une interprétation maligne, qualifie de potion enchantée, disant que Macchiavelli, après l'avoir prise, mourut en se moquant de Dieu, et en prétendant qu'il était pour ainsi dire devenu immortel.

[2] Cette lettre a été écrite dans le temps que Macchiavelli était en mission à Venise.

ques ont pillé dernièrement le Bagno-alla-Villa; mais, comme ils n'étaient point soutenus par d'autres forces que celles que vous leur connaissez, ils se sont retirés avec leur butin, se conduisant plutôt en voleurs qu'en gens qui veulent recouvrer leurs États.

Je suis bien aise que vous ayez été mis dans les bourses du scrutin [1], que l'on vous ait fait des avances, et que les *accopiatori* [2] aient fermé les yeux. Il n'a été question que de cela pendant tout le temps que j'ai été ici. Je suis charmé d'apprendre d'où vous est venue cette faveur; et puisque cela dépend de Barberia et de quelque autre gentillesse de votre part, comme votre lettre même l'atteste, vous m'en apprenez chaque jour davantage.

Je ne comprends pas ce que vous me dites de vos enfants mâles; et s'ils sont, *sive ancilla, et de libera*, ou seulement de votre maîtresse, c'est à quoi je vous laisse penser. Si j'en avais su d'abord quelque chose, par vous ou par d'autres, je m'en serais soudain réjoui. Grand bien vous fasse! Que Dieu, en temps et lieu, vous accorde d'y trouver des consolations, et pleurez-en de tendresse si vous le trouvez bon!

L'absence que vous faites pour la Barbogeria a démontré clairement à chacun que vous étiez la cause de tout le mal: on a vu que vous avez en tout hérité des mœurs et coutumes de Tommaso del Bene; car, maintenant que vous êtes éloigné, on n'entend plus parler ni de jeu, ni de taverne, ni de quelques autres peccadilles; et voilà comme on s'est aperçu d'où provenait tout le mal. Donato a pris les habits de la Cricca. On ne voit plus Baccino. Giovanni ferait bien quelque chose, et je ne resterais pas en repos de mon côté: mais la plupart du temps nous n'avons pas d'endroit convenable; il nous manque ou les invitations ou un tiers; mais toute la bande manque toujours de..., parce que vous nous manquez.

Je me trouve encore à Florence; je n'en partirai que deux ou trois jours après la foire. Je m'arrêterai à Modène; et là, tout à mon aise, et sans avoir besoin d'écrire, je vous informerai de mille choses qui peut-être vous feront quelque plaisir. Cependant dépêchez-vous, car ces marchands font grand bruit: ils se plaignent que vous vous amusiez à vivre là-bas à leurs dépens, avec vos lettrés: ils ont besoin de bien autre chose que de chanteurs de fables; et sachez que toutes ces belles conversations ne sont pas du goût de tout le monde, quoique vous en ayez peut-être la bouche pleine. Maintenant tâchez d'avaler ce morceau.

Je ne laisse pas, toutefois, de me réjouir avec vous de tout le bien qui vous arrive, car vous savez que l'ancienne amitié qui nous unit me le fait partager. Vous avez longtemps lutté contre le sort; mais vous êtes enfin sorti de votre paresse, et vous avez secoué votre vermine au feu: voilà du moins ce que nous apprennent les lettres que l'on reçoit de Venise. On dit que vous avez gagné à la loterie deux ou trois mille ducats; tous vos amis s'en sont réjouis sincèrement, et ils ont vu dans cet événement une juste récompense accordée par le sort à votre mérite, que les hommes avaient laissé dans un injuste oubli: mais, quoique ce soit une bien faible compensation à ce que vous valez, cependant trois mille ducats qui viennent de cette manière, et surtout sans qu'on en ait d'obligation à personne, ne laissent pas de nous mettre parfaitement dans nos affaires. Grand bien vous fasse! Mais vous avez fait tort à vos amis, à vos parents, et à tous ceux qui vous veulent du bien, de ne pas nous avoir instruits de votre bonheur, et de nous avoir réduits à l'apprendre par des lettres d'étrangers et par des voies détournées: aussi le comte de' Mozzi ne sait plus ni que penser, ni s'il doit ajouter foi à ce bruit: cependant il commence à le croire depuis qu'il a vu toutes les lettres écrites de dessus les lieux par des marchands tout à fait dignes de foi; il a confiance en outre dans les enchantements que vous avez appris en Romagne; et sans la ferme conviction où il est de votre profonde science sur ce point, on aurait beaucoup de peine à le persuader. Quant à moi, je n'ai pas le moindre doute, ne pouvant m'imaginer que les personnes qui nous ont écrit cette nouvelle, et qui ne

[1] Ce sont les bourses dans lesquelles on déposait les noms des citoyens susceptibles d'être extraits pour exercer une magistrature. Macchiavelli avait été exclu de cette faveur par le décret qui l'avait privé de son emploi et exilé.

[2] C'est le nom que l'on donnait à ceux dont l'emploi était de reconnaître les citoyens capables d'être admis dans les bourses de scrutin. C'était, à proprement parler, des *scrutateurs*. On appelait *ammoniti* les citoyens qui étaient exclus de ces bourses.

sont pas gens à s'amuser, se fussent permis de mentir à ce point : je m'en réjouis donc de nouveau; et que grand bien vous fasse, encore une fois! Je vous prie en outre, pour la satisfaction de vos amis, de vouloir bien, lorsqu'il vous arrivera un semblable bonheur, les en informer afin que nous ne soyons pas réduits à l'apprendre de nos voisins : mais faites-le avec assez d'adresse pour qu'on ne le publie pas par toute la ville, ainsi que cela est arrivé pour les trois mille ducats que vous venez de gagner; et comme il est question de changer certaines impositions et d'établir de nouvelles taxes, on pourrait bien, dans cette persuasion, vous imposer quelque charge qui vous ferait suer les oreilles bien autrement que Nicia.

Donato s'est mis en fureur contre vous depuis que je lui ai dit que je vous avais fait connaître par écrit celui qui avait donné les cierges; il a protesté devant toute la compagnie. Voilà comme vous perdez tous vos amis : c'est un malheur. Du reste, je n'ai rien autre chose à vous apprendre. Que la loterie vienne à votre secours, et que Francesco del Nero et ses camarades réussissent tout aussi bien!

Filippo de' Nerli.

Florence, le 6 septembre 1525.

LETTRE LIX.

A Francesco Guicciardini.

Seigneur président,

Aussitôt après mon arrivée je me suis hâté d'aller à la campagne, où j'ai trouvé mon Bernardo malade de la fièvre tierce; voilà ce qui m'a empêché de vous écrire. Mais ce matin, à mon retour de la villa, que j'avais quittée pour parler au médecin, j'ai trouvé une lettre de votre seigneurie, en date du 13, qui m'instruit de l'état d'anxiété dans lequel vous a jeté la simplicité de Nicia et l'ignorance de tous ceux qui l'environnent. Quoique je sois persuadé que les passages obscurs soient nombreux, puisque vous vous bornez à vous contenter de deux explications, je m'efforcerai de vous satisfaire.

Fare a' sassi de' forni, tailler des pierres pour faire des fours, signifie tout simplement se conduire comme un fou. Ainsi, lorsque mon personnage dit que si nous étions tous comme Nicia, nous taillerions des pierres pour faire des fours, c'est comme s'il disait que nous ne ferions que des sottises. En voilà assez sur ce premier point.

Quant au crapaud et à la herse, ceci a besoin de plus longs éclaircissements, je l'avoue. En effet, j'ai feuilleté, comme Frà Timotteo, une multitude de livres pour trouver l'origine de cette *herse,* et enfin j'ai trouvé dans le Burchiello ce texte, qui présente une grande autorité en ma faveur; c'est lorsqu'il dit dans un de ses sonnets :

« Craignant que l'empire ne succombât, on envoya pour « ambassadeur une paire de poignées de fil, et l'on chassa la « pelle et la pincette : on trouva bon qu'il en manquait au « moins quatre écheveaux ; mais la herse de Fiesole y con« duisit. »

Le sens de ce sonnet me paraît extrêmement mystérieux; et je crois que, si l'on veut bien l'examiner, c'est une légère satire de nos temps; voici seulement la différence : c'est qu'alors on envoyait une paire de poignées de fil, et qu'aujourd'hui au lieu de fil on envoie des macaronis. Il me semble donc que les mêmes temps reviennent toujours, et que nous-mêmes ne changeons jamais. La herse est une machine de bois carrée et armée de plusieurs dents de fer ou de bois, dont les laboureurs se servent pour aplanir la terre lorsque les semailles sont terminées. Le Burchiello cite la herse de Fiesole, parce que c'est la plus ancienne qui existe en Toscane, les Fiesolaniens, au dire de Tite-Live dans sa *seconde Décade,* ayant été les inventeurs de cet instrument. Un jour qu'un laboureur aplanissait un champ, un crapaud qui n'était point accoutumé à voir un si grand travail, et qui s'émerveillait et regardait avec ses gros yeux ce qui se passait au-dessus de lui, fut atteint par la herse, qui lui chatouilla le dos d'une telle manière qu'il fut obligé d'y passer sa patte plus de deux fois; et l'animal sur le dos duquel la herse venait de passer, en se sentant si fortement blessé, se mit à crier : « Du moins « n'y reviens plus. » Ces mots ont donné lieu au proverbe que l'on adresse à ceux que l'on ne veut pas qui reviennent : *Comme dit le crapaud à la herse.* Voilà ce que j'ai trouvé de plus satisfaisant sur ce point. Si votre seigneurie ne se trouvait pas suffisamment éclairée, avisez-m'en.

Tandis que vous vous donnez là-bas bien du mouvement, nous ne nous endormons point de notre côté. Lodovico Alamanni et moi nous avons soupé un de ces soirs avec la Barbera : nous avons parlé de la comédie, si bien qu'elle s'est offerte d'aller avec ses chanteurs exécuter les chœurs pendant les entr'actes. Je lui ai offert à mon tour de composer les paroles de ces intermèdes, et Lodovico lui a promis de la loger à Modène, dans la maison de' Buosi, elle et ses chanteurs. Vous voyez bien que nous faisons tout notre possible pour qu'il ne manque rien à cette fête. Je me recommande à vous, etc.

NICOLAS MACCHIAVELLI.

LETTRE LX.

Au même.

SEIGNEUR PRÉSIDENT,

Je ne me rappelle jamais votre seigneurie, et je me la rappelle à toute heure, sans penser à ce qu'il faudrait faire pour accomplir vos désirs relativement à ce que je sais qui vous intéresse le plus. Parmi toutes les fantaisies qui me sont venues en tête, il en est une sur laquelle j'ai résolu de vous écrire, non pour vous donner des conseils, mais pour vous indiquer un chemin dans lequel vous saurez marcher mieux qu'un autre. Filippo Strozzi se trouve chargé de fils et de filles; et de même qu'il cherche à faire honneur à ses fils, il lui a paru convenable de chercher à établir honorablement ses filles : il a pensé, comme tous les hommes sages, que c'était à l'aînée à montrer aux autres le chemin. Parmi les jeunes gens de sa connaissance, il jeta ses vues sur un fils de Giuliano Capponi, et voulut la lui donner en mariage avec quatre mille florins de dot. Ce projet ne put lui réussir, parce que Giuliano n'avait pas cru devoir y consentir. N'espérant plus alors faire rien de bon par lui-même, s'il se présentait d'abord avec une dot qu'il ne pourrait pas réaliser, il eut recours aux bontés et aux grâces du pape; et d'après les conseils de Sa Sainteté, il entra en pourparler avec Lorenzo Ridolfi, et conclut l'affaire au moyen de huit mille ducats de dot, dont le pape paya quatre mille, et lui les quatre mille autres. Paolo Vettori voulant conclure un mariage honorable, et tout son bien ne suffisant pas pour former une dot convenable, il eut également recours au pape, qui, pour faire plaisir à Paolo, lui fit présent de dix mille florins du sien.

Mon cher président, si vous étiez le premier à rompre la glace pour cheminer de ce côté, je serais sans doute un de ceux qui hésiteraient à vous conseiller ce parti : comme la route vous a été déjà tracée par deux hommes qui, par leur qualité, leur mérite, et toutes les considérations humaines, ne vous sont supérieurs en rien, je vous engagerai sans cesse à faire hardiment, et sans nulle considération, ce qu'ils ont fait eux-mêmes. Filippo a gagné au service du pape cent cinquante mille ducats, et il n'a pas craint de prier le pape de venir à son secours dans les embarras où il s'est trouvé : vous avez bien moins de craintes à avoir, vous qui n'en avez pas gagné vingt mille. Paolo a été aidé une infinité de fois, et par une infinité de moyens, non-seulement en emplois, mais de la propre bourse du pape; et malgré cela il ne s'est point gêné pour demander à Sa Sainteté de venir à son secours dans cette circonstance : vous devez être bien moins arrêté dans votre demande, puisque tout ce que vous avez fait a toujours tourné à l'avantage et à l'honneur du pape sans lui avoir jamais rien coûté. Je ne veux vous rappeler ni Palla Ruccellaï, ni Bartolomeo Valori, ni une foule d'autres, au secours desquels est venue la bourse du pape. Je voudrais que ces exemples vous excitassent à demander avec confiance, et à compter sur le succès. Ainsi donc, si j'étais à votre place, j'écrirais une lettre à votre homme d'affaires à Rome, pour qu'il la lût au pape, ou j'écrirais à Sa Sainteté même, et je ferais présenter ma lettre par mon agent, auquel j'en enverrais secrètement une copie en le chargeant de tâcher d'obtenir une réponse. Je désirerais que cette lettre portât que vous vous êtes fatigué dix années pour vous faire honneur et vous rendre utile, et que vous vous flattez d'avoir assez bien réussi sur ces deux points, quoique vous n'y soyez parvenu cependant qu'au prix de travaux multipliés et de très-grands dangers; de quoi vous rendez grâces à Dieu, d'abord, puis à l'heureuse mémoire du pape Léon X, et enfin aux bienfaits de Sa Sainteté, auxquels vous vous reconnaissez redevable de tout ce qui vous est arrivé. D'ailleurs vous savez fort bien que quoiqu'un homme se soit tiré heureusement de dix affaires honorables, il lui suffit d'échouer dans une, surtout lorsqu'elle est de quelque importance, pour lui faire perdre le fruit de toutes les autres; persuadé en conséquence que vous avez rempli tous les devoirs d'un homme de bien, vous ne voudriez pas échouer dans l'un des plus essentiels. Après ce préambule, je ferais connaître à Sa Sainteté quelle est votre position; je lui dirais que vous n'avez point d'enfants mâles; que votre famille se borne à quatre filles; que le temps est venu de marier l'aînée, et que si vous ne l'établissez pas d'une manière qui réponde à toutes vos autres actions, vous croirez n'avoir rien fait de bien jusqu'à ce moment. Faites-lui sentir que la seule chose qui s'oppose à votre juste désir, ce sont les mœurs corrompues et les usages pervers du temps qui ont amené les choses au point que, plus un jeune homme est noble ou riche, plus il exige une dot considérable, et qu'il regarde comme un déshonneur de ne pas en obtenir une immense et hors de toute proportion; de sorte que vous ne savez comment surmonter cette difficulté, tout ce que vous pouvez faire étant de donner une dot de trois mille florins: or pour quatre filles il vous en coûterait douze mille, ce qui est tout le fruit des économies que vous avez amassées à vos risques et périls, et au prix de vos sueurs; que ne pouvant aller au delà, vous avez reconnu que ce n'est que la moitié de la dot qu'exigent aujourd'hui les jeunes gens; et que ne voyant pas d'autre moyen de sortir d'embarras, vous avez pris la hardiesse de tenter ce que ses serviteurs les plus dévoués et les plus fidèles au nombre desquels vous vous comptez, n'avaient pas craint de faire, c'est-à-dire de recourir aux bienfaits de Sa Sainteté, persuadé qu'elle ne voudra pas vous refuser une grâce qu'elle a accordée à tant d'autres. Je lui découvrirais ici quel est le jeune homme que vous avez en vue, comment vous savez que le seul obstacle qui s'oppose à ce mariage est la dot, obstacle que Sa Sainteté peut seule surmonter; je la supplierais, et je la presserais dans les termes les plus puissants, que vous savez si bien trouver, pour lui faire sentir quel prix vous attachez à cette affaire; et je suis intimement convaincu que si à Rome l'on conduit cette négociation de la manière qu'on le peut, il est impossible de ne pas réussir.

Ne vous manquez donc pas à vous-même. Je vous engagerais même, si le temps et la saison le permettaient, à envoyer à Rome votre Girolamo: car toute la difficulté consiste à demander avec hardiesse, et à montrer du mécontentement en cas de refus. Les princes accordent volontiers de nouveaux services à ceux auxquels ils en ont déjà rendu d'anciens: ils ont si peur de perdre par un refus l'avantage des bienfaits passés, qu'ils s'empressent d'en prodiguer de nouveaux lorsque l'on s'y prend de la manière dont je voudrais que vous vous y prissiez. Je m'en repose sur votre sagesse.

Le Morone [1] s'est laissé prendre, et le duc de Milan est à bas: or, comme ce prince a vainement attendu le chapeau, tous les autres l'attendront de même: c'est maintenant une chose inévitable: *Sic datum desuper.*

Je vois revenir les fleurs de lis d'Alagna[2] et son vicaire, etc.: *Nosti versus, cætera per te ipsum lege.*

Pour nous, passons encore une fois un joyeux carnaval; préparez un logement à la Barbera au milieu de ces moines; et s'ils n'y perdent point la tête, je n'en veux pas un denier. Recommandez-moi à la Maliscotta. Voyez à quel point en est la comédie, et quand vous avez le projet de la jouer.

On a porté jusqu'à cent ducats mes honoraires

[1] Jérôme Morone, né vers l'an 1450, était le chancelier des derniers ducs de Milan et l'un des plus habiles négociateurs de son temps. Après avoir favorisé de tout son pouvoir le rétablissement des Sforza dans Milan et fait soulever le Milanais contre les Français, il s'aperçut qu'il n'avait fait que favoriser l'ambition de Charles-Quint. Il résolut de secouer le joug des impériaux: il proposa en conséquence aux Vénitiens et au pape de s'unir à la France. Il voulut aussi gagner Pescaire, général de l'empereur, dont on soupçonnait la fidélité, et lui offrit de le rendre maître du royaume de Naples. Pescaire eut l'air d'entrer dans ces projets; et Morone s'étant rendu près de lui, il le fit arrêter et jeter dans une prison à Pavie. C'est de cet événement que Macchiavelli parle en cet endroit. Par la suite, le connétable de Bourbon délivra Morone pour vingt mille florins, lui donna sa confiance, et le prit pour secrétaire et premier conseiller. Il fut l'un des principaux médiateurs du traité qui rendit la liberté au pape Clément VII, après la prise de Rome. En 1528, il fut élu duc de Bovino, dans le royaume de Naples, et mourut subitement au siége de Florence, en 1529, à l'âge de quatre-vingts ans.

[2] Dante, *Purg.*, c. xx, v. 80.

pour écrire l'histoire. Je commence à me remettre en train d'écrire, et je soulage mon cœur en accusant les princes qui ont tout fait pour nous conduire au terme où nous sommes parvenus. *Valete.*

NICOLAS MACCHIAVELLI.

LETTRE LXI.

Au même

SEIGNEUR PRÉSIDENT,

J'ai retardé jusqu'à ce jour de répondre à votre dernière lettre, parce que je ne croyais pas que cela vous importât beaucoup, et que je suis resté fort peu de temps à Florence. Aujourd'hui que j'ai vu votre maître d'écurie et que je puis vous adresser mes lettres sans rien craindre, je ne différerai pas davantage. Je ne puis nier que les considérations qui vous font balancer s'il est bien ou non de tenter l'affaire en question, comme je vous l'ai indiqué, ne soient puissantes et parfaitement raisonnées; toutefois je vous dirai ma façon de penser: c'est que l'on échoue aussi bien par excès de délicatesse que par excès d'indiscrétion, et que même ce dernier défaut est bien souvent le plus avantageux. Si Filippo et Paolo avaient eu ces scrupules, ils n'auraient pu faire ce qu'ils voulaient; et si Paolo n'a plus de filles qui montrent l'exemple aux autres, Filippo en a encore; et il n'a même pas cru que l'on eût traité la première comme il le méritait. Je ne sais d'ailleurs si ce que vous dites est fondé: que ce serait placer la première en paradis pour mettre les autres en enfer; puisqu'une fois cet établissement fait, je ne vois pas en quoi votre condition avec une fille de moins serait pire qu'elle ne l'est maintenant avec toutes. Je crois qu'elle serait meilleure; car vos gendres futurs, outre qu'ils vous auraient, posséderaient un beau-frère qui leur ferait honneur; vous pourriez même en trouver de moins intéressés et d'un rang plus honorable: lors même que vous n'en trouveriez pas de cette espèce pour les autres (et soyez assuré que vous en trouverez), vous n'auriez rien à craindre du moins pour l'aînée. Enfin j'attaquerais le pape dans tous les sens; et si je n'en venais pas à une demande formelle du premier coup, je m'en expliquerais en gros: je lui dirais généralement l'objet de mes sollicitudes; je le prierais de venir à mon aide; je verrais dans quelles dispositions il se trouverait, et je m'avancerais ou je reculerais, selon qu'il se conduirait avec moi. Je me contenterai de vous rappeler le conseil que Roméo donna au duc de Provence qui avait quatre filles: il l'engagea à marier la première d'une manière honorable, en lui disant qu'elle servirait de règle et d'exemple pour les autres; de sorte que le duc la maria au roi de France, et lui donna pour dot la moitié de la Provence. Par ce moyen il parvint à unir les autres à trois rois, sans être obligé de leur donner une dot considérable; c'est ce qui a fait dire au Dante:

Il eut quatre filles, qui furent toutes reines; et il dut cet avantage à Roméc, pèlerin obscur et inconnu.

Je suis charmé d'entendre les querelles de ces moines: je ne veux pas les décider ici, mais sur les lieux; et nous nous entendrons ensuite avec ceux qui nous conviendront le mieux. Mais je saurai bien vous dire que si sur leur renommée on se met déjà en discorde, leur présence fait qu'on se prend aux cheveux.

Je n'ai rien à vous dire des affaires de ce monde. Chacun semble glacé par la mort du duc de Pescaire: en effet il était question de nouveaux accords et d'autres choses semblables; mais depuis sa mort, il paraît que l'autre (le pape) s'est un peu rassuré; or, comme il semble qu'il a gagné du temps, il en laisse prendre également à son ennemi; et j'en tire la conséquence que de ce côté-ci on ne prendra aucune résolution honorable et courageuse pour se défendre, ou du moins pour mourir avec honneur, tant est grande la terreur que je vois régner parmi nos citoyens, et tant je les vois peu disposés à faire la moindre résistance à quiconque voudra les engloutir! Tous sont de même; et qui essayerait d'agir d'accord avec eux n'obtiendrait d'autres résultats que ceux qu'on a vus jusqu'à ce jour.

NICOLAS MACCHIAVELLI.

Florence, le 19 décembre 1525.

LETTRE LXII.

A Nicolas Macchiavelli.

Je commencerai par vous répondre sur l'article de la comédie, qui, à ce qu'il me semble, n'est pas l'affaire la moins importante que nous ayons entre les mains : c'est du moins une négociation qui est en notre pouvoir, et nous ne risquons pas de perdre notre temps en nous en occupant : d'ailleurs, je pense qu'au milieu des troubles qui nous environnent un peu d'amusement est plus nécessaire que jamais. J'apprends que les acteurs sont partis : en conséquence je les verrai sous peu de jours. Comme ils ne sont pas d'accord sur l'argument, qu'ils ne peuvent comprendre, ils en ont fait un autre que je ne connais point encore : mais je le connaîtrai bientôt ; et comme je désire qu'il ne soit point à l'eau froide, je suis d'avis que vous ne feriez pas mal d'en composer un autre un peu plus à portée de l'intelligence des acteurs et dans lequel ils seront plutôt dépeints que vous. Mon intention étant qu'il soit achevé avant le carnaval, il serait nécessaire que vous vinssiez avant la fin du mois de janvier, et que votre projet fût de rester ici jusqu'au carême ; les logements pour votre compagnie seront tous disposés : mais, de grâce, faites-moi connaître votre résolution et sérieusement ; car ce ne sont pas là des choses à négliger ; je vous avoue même que je ne me serais point embarqué dans cette nouvelle entreprise, si je n'avais regardé votre arrivée comme une chose certaine.

Je ne sais que dire des affaires publiques : j'ai perdu entièrement la carte ; et comme j'entends crier de tous côtés contre le plan que je désapprouve, il est vrai, mais qui n'en est pas moins nécessaire, je n'ose plus parler. Si je ne me trompe, chacun sentira mieux les inconvénients de la paix lorsque le moment de faire la guerre sera passé. Je n'ai jamais vu personne qui, à l'approche du mauvais temps, ne cherche à se mettre à l'abri : il n'y a que nous qui voulions l'attendre au milieu du chemin et à découvert. En conséquence *si quid adversi acciderit,* on ne pourra pas dire que l'on nous ait arraché la souveraineté, mais que *turpiter elapsa sit de manibus.*

Vous êtes cause que j'ai cherché un Dante par toute la Romagne, afin de trouver le conte, ou plutôt l'histoire de Romée. Enfin je suis parvenu à trouver le texte, mais je n'ai pu découvrir la glose. Je pense que c'est une de ces choses dont vous avez les mains pleines ; *sed ad rem nostram*, vos conseils sont *apud me tanti ponderis* qu'ils n'ont pas besoin d'une autorité étrangère. D'ici à un mois ou deux le temps ne me paraît nullement propre à ces sortes d'affaires ; je crois, et je suis même convaincu, que les cerveaux ne sont pas plus solides que les armes : j'aurai donc le temps d'y réfléchir mûrement. En attendant, s'il se présentait quelque occasion favorable je sais que vous n'oublieriez pas les devoirs de l'amitié : et je me recommande à vous en attendant réponse.

Francesco Guicciardini.

Faënza, le 26 décembre 1525.

LETTRE LXIII.

A Francesco Guicciardini.

Seigneur président,

J'espérais commencer en joie cette lettre en réponse à la dernière de votre seigneurie ; et il faut que je la commence dans la douleur. Chacun avait vu avec la plus vive satisfaction la naissance de votre neveu ; et il faut que sa mère meure presque dans le même instant ! Elle ne pouvait s'attendre à ce coup ; et Girolamo ne méritait pas d'en être frappé. Mais, puisque telle est la volonté de Dieu, tâchons de nous résigner, et ne pensons que le moins que nous pourrons aux malheurs qui sont sans remède.

A l'égard de la lettre de votre seigneurie, en commençant par l'endroit où vous dites que vous voulez vivre joyeux au milieu de toutes les tracasseries, etc., je vous dirai d'abord que je viendrai sans faute, et que rien ne peut m'en empêcher qu'une maladie, dont Dieu me garde ; que j'arriverai à la fin de ce mois et à l'époque que vous m'indiquerez. Quant à la Barbera et aux chanteurs, si vous n'y voyez pas d'inconvénient, je crois pouvoir vous les emmener à bon compte : je vous en préviens, parce qu'elle a certains amants qui pourraient l'en empêcher ; mais si l'on use de diligence ils resteront tranquilles. La preuve que nous avons pensé à vous, c'est que nous avons fait cinq nouvelles chansons relatives à la comédie : on les a mises en musique pour les chanter dans les entr'actes. Je vous en envoie les paroles avec la présente afin que vous puissiez les examiner [1]; nous vous porterons la musique tous ensemble, ou j'irai moi seul. Il ne serait pas mal si la Barbera se décidait à venir, que vous envoyassiez ici un de vos valets avec deux ou trois bêtes de somme. Voilà tout ce qui concerne la comédie.

J'ai toujours été d'avis que si le projet de l'empereur était de devenir *dominus rerum*, il n'était pas homme à laisser jamais le roi sortir de prison, parce qu'en le retenant il affaiblit ses propres adversaires, qui, pour ce motif, lui donnent et lui donneront tout le temps nécessaire pour se mettre en mesure; car, leurrant tantôt la France et tantôt le pape, de l'espoir d'un accommodement, il peut continuer ses négociations sans être obligé de les rompre; et s'il voit que l'Italie soit sur le point de s'unir à la France, il se rapproche de cette dernière puissance de manière à l'empêcher de conclure: il trouve son profit à cette conduite; et c'est avec ces bagatelles qu'il a gagné Milan et qu'il a été près d'acquérir Ferrare; car s'il s'en était donné la peine, il n'est point douteux qu'il n'eût réussi. Si ce malheur était arrivé, c'en était fait de toute l'Italie. Mais que vos chers Espagnols me le pardonnent, ils ont fait une grande faute en laissant le duc traverser la Lombardie pour se rendre dans ses États: ils devaient l'arrêter et l'envoyer par mer en Espagne, et ne pas compter qu'il irait de lui-même; car on pouvait aisément prévoir qu'il arriverait mille événements, comme on l'a vu en effet, qui le décideraient à ne point s'y rendre.

Il y a quatre jours qu'il était fortement question de rapprochements entre l'Italie et la France: l'on y croyait d'autant plus, que, Pescaire étant mort, Antonio da Leva malade, le duc de Ferrare de retour dans ses États, les citadelles de Milan et de Crémone encore occupées, les Vénitiens libres de toute obligation, et tout le monde parfaitement éclairé sur l'ambition de l'empereur, il semblait naturel que chacun désirât de s'en mettre à l'abri; et il était impossible de trouver une meilleure occasion: mais sur ces entrefaites est arrivée la nouvelle que l'empereur et le roi de France s'étaient accordés; que ce dernier cédait la Bourgogne et épousait la sœur de l'empereur, auquel il laissait les quatre cent mille ducats de dot de cette princesse, qu'il dotait lui-même d'une somme pareille; qu'il livrait pour otages ses deux plus jeunes fils, ou le Dauphin, et qu'il faisait l'abandon de tous ses droits sur Naples, Milan, etc. Ceux qui ajoutent foi à cet arrangement sont en aussi grand nombre que ceux qui n'y croient pas; et je vous en ai dit les raisons. Quant à moi, je suis persuadé qu'il ne s'est arrangé avec le roi de France que pour empêcher tout rapprochement de ce prince avec l'Italie; il fera ensuite des difficultés, et finira par rompre entièrement. Nous verrons ce qui résultera de tout ceci.

Je comprends tout ce que vous me dites de votre affaire, et comme quoi il vous semble avoir le loisir d'y penser, attendu que les temps ne sont point favorables. Je vous répondrai en deux mots et avec cette franchise que me commandent l'amour et le respect que j'ai pour vous. Autant que je me souviens on a toujours fait la guerre, ou l'on en a toujours parlé: en ce moment on se contente d'en parler; dans peu de temps on la fera; et lorsqu'elle sera terminée, on en parlera de nouveau: ainsi il ne sera jamais temps de penser à rien. Il me semble même que ces temps-ci sont plus favorables qu'aucun autre pour votre affaire; car si le pape a le projet d'agir, ou s'il craint d'être inquiété, il ne peut nullement se passer de vous; et en conséquence il doit désirer de vous faire plaisir.

NICOLAS MACCHIAVELLI.

Florence, le 3 janvier 1525 (1526).

LETTRE LXIV.

Au même.

MAGNIFIQUE ET RESPECTABLE FRANCESCO,

J'ai tant tardé à vous écrire que votre seigneurie m'a prévenu. Le motif de mon retard

[1] Ces *canzoni* ou chansons, qui se trouvaient jointes à cette lettre, ont été placées en leur lieu dans *la Mandragore*, pour laquelle elles avaient été composées. Quelques-unes de ces chansons se trouvent répetées dans *la Clizia*. Ce n'est que dans l'édition en 6 vol. in-4°, faite à Florence en 1783, qu'elles ont été insérées dans *la Mandragore*.

est que, croyant la paix conclue, je pensais que vous étiez sur le point de retourner dans la Romagne; et je me réservais à vous parler de vive voix, quoique j'eusse la tête remplie de rêveries dont j'ai exhalé une partie, il y a cinq ou six jours avec Filippo Strozzi; je lui écrivais sur toute autre chose, lorsqu'il me prit fantaisie d'entrer en danse avec lui sur ces matières. Je discutai les trois hypothèses suivantes : la première, que malgré l'accord qui venait d'être conclu, le roi n'obtiendrait pas sa liberté; la seconde, que si le roi devenait libre, il garderait sa parole; la troisième, qu'il ne la tiendrait pas. Je ne dis pas quel était mon sentiment sur ces trois hypothèses; je conclus seulement que, dans tous les cas, l'Italie aurait la guerre; et je n'ai pas proposé sur cette guerre aucune mesure. Maintenant que votre lettre m'a fait connaître votre désir, je vous dirai ce que j'ai cru devoir lui taire, et avec d'autant plus de plaisir que vous me le demandez vous-même.

Vous voulez savoir quelle est celle de ces trois suppositions que j'adopte. Je vous répondrai que je ne puis m'ôter de l'idée la ferme persuasion où je suis que le roi ne recouvrera pas sa liberté; car chacun est convaincu que si ce prince était homme à faire ce qu'il peut, il fermerait à l'empereur tous les chemins pour parvenir à ce degré d'élévation que ce dernier ne cesse d'avoir en vue. Je ne vois ni d'occasion ni de motif pour décider l'empereur à laisser le roi en liberté; et, selon moi, il n'aurait pu consentir à le délivrer qu'autant que son conseil eût été corrompu (et l'on sait que les Français sont passés maîtres dans l'art de corrompre), ou qu'il eût vu entre l'Italie et la France un rapprochement infaillible, auquel il n'eût pu s'opposer qu'en délivrant le roi, dans la croyance qu'en le délivrant ce prince tiendrait ses engagements. De son côté, le roi n'aura pas épargné les promesses; et pour mieux assurer l'empereur qu'il les observerait, il aura dû lui montrer toutes les raisons qu'il a de se plaindre des Italiens et tous les autres motifs qu'il pouvait alléguer pour le convaincre de sa fidélité. Cependant, malgré tout ce qu'on pourrait dire, l'empereur n'en sera pas moins un fou si le roi sait être sage; mais je doute qu'il veuille l'être. D'abord, jusqu'à présent, j'ai vu que tous les mauvais partis que prend l'empereur n'ont pu lui nuire, et que tous les bons qu'a pris le roi ne lui ont servi à rien. Je veux bien, comme je viens de le dire, que le parti de délivrer le roi soit mauvais pour l'empereur, et que celui de tout promettre pour obtenir la liberté soit avantageux pour le roi : néanmoins, si le roi adopte ce parti, il deviendra mauvais pour lui, tandis que celui de l'empereur sera bon. J'ai déjà écrit à Filippo les motifs qui détermineront le roi à tenir sa parole : ils consistent dans l'obligation où il est de laisser son fils prisonnier; car s'il venait à la rompre, il faudrait qu'il achevât d'épuiser son royaume, qui ne l'est déjà que trop; qu'il accablât sa noblesse, qu'il l'envoyât en Italie, et qu'il se jetât de nouveau dans des entreprises que l'expérience du passé ne peut lui faire envisager qu'avec effroi; et d'ailleurs ces mesures n'auraient pour but que de venir au secours de l'Église et des Vénitiens, qui n'ont cessé de travailler à sa ruine.

J'avoue, comme je vous l'ai déjà écrit et vous l'écris encore, que le roi doit avoir de grands motifs d'irritation contre les Espagnols, mais que ceux qui l'animent contre les Italiens ne sont guère moins puissants. Je sais bien qu'on pourrait dire là-dessus avec fondement que si, par ce motif de haine, il laissait ruiner l'Italie, il courrait risque de perdre son royaume. Mais la question est de savoir comment il entendra la chose; car à peine sera-t-il libre qu'il va se trouver entre deux difficultés : l'une de se voir enlever la Bourgogne et l'Italie et de rester à la merci de l'empereur; l'autre, pour éviter cet inconvénient, de devenir parjure et pour ainsi dire parricide. Et il s'exposerait à ce double danger pour être utile à des alliés infidèles ou inconstants, qui, fût-il même vainqueur, ne manqueraient pas de saisir le plus léger prétexte pour lui faire perdre le fruit de sa victoire. Je m'en tiens donc à l'opinion, ou que le roi restera prisonnier, ou que, s'il devient libre, il gardera sa parole; car la crainte de perdre son royaume, après avoir perdu l'Italie, doit agir sur cette cervelle française autrement que sur une autre. D'ailleurs il ne pourra s'imaginer que tout s'évanouisse en fumée, et il se persuadera sans doute pouvoir être encore de quelque utilité à l'Italie, lorsqu'elle aura expié un peu ses péchés, et que lui, de son côté, aura recouvré son fils et réparé ses forces. Du reste, si ces deux princes étaient convenus entre eux de partager leur proie, ce serait un motif de plus pour que le roi gardât sa parole; mais alors l'empereur serait d'autant plus fou de remettre en Italie celui qu'il en aurait chassé, pour que ce dernier l'en chassât à son tour.

Je vous dis ce que je crois qui est; mais je ne dis pas que ce soit le meilleur parti que le roi puisse prendre; car il faudrait qu'il mît de nouveau en péril, lui, ses enfants et son royaume, pour abaisser un puissance aussi odieuse, aussi effrayante et aussi dangereuse. Je crois cependant qu'on pourrait opposer à ce danger les remèdes suivants : faire en sorte qu'aussitôt le roi libre, il se trouvât auprès de lui un personnage qui, par son rang, ses conseils et l'autorité de ceux qui l'enverraient, dût lui faire perdre le souvenir de ce qui s'est passé et l'engager à songer aux événements qui se préparent; qui lui montrât le concours de toute l'Italie, et lui fît voir la partie gagnée dès le moment qu'il voudrait se montrer un roi indépendant, tel qu'il lui convient d'être. Je crois que la persuasion et les prières seraient utiles, mais les faits le seraient bien davantage.

Voici là-dessus ce que je pense. Je suis convaincu que, de quelque manière que tournent les choses, la guerre ne tardera pas à éclater en Italie; conséquemment il faut que les Italiens tâchent d'avoir les Français de leur côté : s'ils n'y peuvent réussir, ils doivent penser à la manière dont ils ont à se conduire. Il me semble que dans ces circonstances il n'y a qu'un des deux partis suivants à prendre : ou de rester à la merci du premier venu, et d'aller à sa rencontre avec de l'or afin de se racheter; ou de s'armer réellement, et de s'appuyer du mieux possible sur la force des armes. Quant à moi, je ne crois pas qu'il suffise de se racheter et d'offrir son argent : si ce moyen était suffisant, je dirais, arrêtons-nous-y, et ne pensons point à autre chose; mais à quoi cela peut-il servir ? Ou je suis tout à fait aveugle, ou ils nous prendront d'abord notre argent, et ensuite la vie, de manière que, lors même que nous ne parviendrions pas à nous défendre, ce serait du moins une espèce de vengeance pour nous de ne laisser au vainqueur qu'un pays ruiné et ravagé.

Ainsi donc je juge qu'il n'y a pas un moment à perdre pour prendre les armes, et qu'il ne faut point attendre que la France se déclare, car l'empereur a déjà en Italie ses têtes d'armée; ses autres troupes sont placées de manière qu'il peut faire la guerre à son aise et lorsqu'il lui plaît. Mais si nous voulons lui résister, il nous convient également de faire une tête d'armée, ou simulée ou réelle, sans quoi nous nous éveillerons un beau matin tout déconcertés. J'approuverais beaucoup de faire une tête d'armée simulée, et je vous dirai là-dessus une chose qui vous paraîtra folle : c'est un projet qui peut être téméraire ou ridicule; mais les temps actuels réclament des résolutions audacieuses, inusitées, étranges; tous ceux qui connaissent les affaires de ce monde savent jusqu'où va l'inconstance et la sottise des peuples; et cependant, quoiqu'ils sachent comment ils sont bâtis, on entend dire souvent que l'on a fait ce qu'on devait faire.

Il y a quelques jours qu'il n'était bruit dans Florence que du projet qu'avait le seigneur Giovanni de Médicis de lever une compagnie d'aventuriers pour faire la guerre du côté où ils trouveraient le plus d'avantages. Ce bruit m'a montré que le peuple indiquait le parti qu'il convenait de prendre. Je crois que tout le monde est persuadé qu'il n'y a parmi les Italiens aucun capitaine que les soldats suivissent plus volontiers, et que les Espagnols redoutent tout à la fois et estiment davantage. Chacun, en outre, regarde le seigneur Giovanni comme un guerrier plein d'audace, d'activité, de vastes conceptions, et qui sait mieux que personne prendre une résolution grande et généreuse. On pourrait donc, en renforçant secrètement sa troupe, l'aider à lever cette compagnie, et y enrôler le plus de cavaliers et de fantassins qu'il serait possible. Les Espagnols s'imagineront que c'est une ruse, et ils se méfieront du roi aussi bien que du pape, puisque Giovanni est à la solde du roi; et si ce projet s'exécutait, il ferait bientôt tourner la tête aux Espagnols et donner le change à leurs projets; car ils s'imaginent peut-être ruiner sans obstacles la Toscane et les États de l'Église. D'un autre côté, cela pourrait déterminer le roi à changer d'idée, à rompre son traité et à recommencer la guerre, en voyant qu'il a à s'entendre avec des forces réelles et qui appuient leurs conseils par des actions.

Si, en cas de guerre, ce remède est sans effet, je ne sais plus ce qu'il faut faire. Quant à moi, je n'en connais pas d'autre; et tenez-vous pour sûr que si le roi n'est pas poussé par force, par nécessité et par des faits bien réels, il observera les traités, et vous laissera dans la détresse, parce qu'étant venu plusieurs fois en Italie, et vous ayant vus toujours vous déclarer contre lui, ou rester spectateurs de sa querelle, il ne voudra pas que la même chose lui arrive une autre fois [1].

La Barbera doit se trouver à Modène; de quelque manière que vous puissiez lui faire plaisir, je vous la recommande, car j'en suis beaucoup plus occupé que de l'empereur.

NICOLAS MACCHIAVELLI.

Le 15 mars 1525 (1526).

LETTRE LXV.

A NICOLAS MACCHIAVELLI [2].

Mon cher Nicolas, je ne voudrais pas pour rien au monde que vous pussiez vous imaginer que, parce que je vous réponds tard, ou que je ne vous réponds pas du tout, je ne fais aucun compte de votre amitié. C'est une chose toute naturelle; c'est même un devoir d'estimer ceux dont on sait que l'on possède l'estime; et ceux-là encore méritent qu'on fasse d'eux le plus grand cas, qui, à l'amitié et à l'affection profonde qu'ils vous portent, ajoutent des qualités et des vertus telles que ceux qui ont le bonheur d'être leurs amis doivent chercher à obtenir leur intimité: or, vous tenez à mes yeux le premier rang parmi les hommes de cette espèce. Mais l'intimité qui règne entre nous me paraît devoir bannir toutes ces cérémonies; et c'est pourquoi je prends ou je quitte la plume pour vous répondre, selon que j'y trouve mes aises. Si vous acceptez mon excuse comme je vous la présente, je continuerai à en agir de même lorsque je recevrai de vous de semblables lettres : si je croyais le contraire, je m'arrangerais pour devenir plus diligent; mais je ne manquerais pas de vous dire et de vous répéter que, chaque fois qu'il sera question de vous rendre service, vous me trouverez aussi actif et aussi zélé que qui que ce soit; et je vous avoue que j'ai toutes les peines du monde à me décider à faire des façons avec les personnes qui, comme vous, j'en suis convaincu, ne le prennent pas en mauvaise part.

Mais pour que la préface ne soit pas plus longue que l'ouvrage, j'en viens à mon récit; et vous saurez que j'ai lu votre dernière lettre du 10 du courant à notre saint-père le pape [1], qui l'a écoutée avec une profonde attention et en a approuvé plusieurs passages. Il lui a apparu que vous aviez touché tous les points essentiels qui pouvaient tomber en considération d'un homme qui n'avait pas d'ailleurs des notions particulières sur toutes ces matières, et il m'en a témoigné sa satisfaction. Il ne m'a pas semblé d'avis de la première supposition, c'est-à-dire que le roi n'obtiendrait pas sa liberté, malgré le traité conclu. Il pense qu'il sera libre, quoique l'opinion contraire puisse avoir aujourd'hui plus de partisans, attendu que n'ayant point encore appris la nouvelle de sa délivrance, on peut croire qu'elle n'a pas encore eu lieu. D'ailleurs plusieurs causes pourraient l'avoir retardée sans l'avoir entièrement empêchée. Quant à l'avantage que trouve l'empereur à la prolonger d'un mois, afin d'être mieux en mesure et de nous trouver plus au dépourvu pour empêcher son passage, il ne paraît pas compenser la perte qu'il ferait dans l'opinion du roi en ajoutant aux offenses et aux mauvais traitements dont il l'a déjà accablé cette dernière extravagance; de manière que l'on croit ici volontiers que ce retard a une cause toute autre que celle que vous imaginez.

Si le roi est une fois en liberté, tout le monde sent fort bien ce qu'il aurait soudain à faire s'il voulait jouer suivant la véritable marche du jeu: mais sa réputation de légèreté fait craindre qu'il ne veuille justifier votre seconde supposition, c'est-à-dire qu'il ne s'attache à observer fidèlement les traités, surtout dans le premier moment : rien ne serait plus funeste aux intérêts

[1] Dans cette lettre, ainsi que dans la précédente, il est fait allusion à l'arrangement que François Ier, fait prisonnier à la bataille de Pavie, conclut à Madrid avec l'empereur Charles-Quint, pour obtenir sa liberté.

[2] Philippe Strozzi, l'auteur de cette lettre, après avoir été dans l'intimité des Médicis et du pape Clément VII, prit ensuite les armes contre Côme Ier, grand duc de Florence. Fait prisonnier à Montemarlo, il fut trouvé mort, ou plutôt assassiné dans son cachot. Son fils, Pierre Strozzi, maréchal de France, mourut d'un coup de canon sous les murs de Thionville.

[1] Cette lettre du 10 est la même que celle qui a été citée dans la précédente à Guicciardini.

de l'Italie et aux nôtres; et le péril qui en résulterait frappe les yeux du moins clairvoyant.

Quant aux remèdes, je ne connais encore personne qui soit dans l'idée que les Vénitiens, le pape, Ferrare et nous, nous puissions être jugés capables de nous opposer au passage de l'empereur si le roi garde la neutralité. J'ai vu la proposition que vous faites dans une lettre à Guicciardini; car il me l'a communiquée comme je lui avais communiqué la mienne; mais ce parti ne vaut rien : agir de cette manière, ou faire déclarer ouvertement notre saint-père, c'est absolument la même chose; car que peut faire sans argent un capitaine d'aventuriers, avec des obstacles de l'espèce de ceux qu'il rencontrerait en Lombardie? Si Sa Sainteté lui avance de l'argent, l'entreprise devient la sienne; et il vaudrait mieux aller avec l'étendard déployé au haut du mât, pour donner de la considération à l'entreprise et engager les Vénitiens à entrer également en danse. Enfin, si le roi manque de prudence, les partis qu'il y aurait à prendre sont peu nombreux; il ne resterait pour nous sauver que la supposition que l'empereur ne connût pas une occasion aussi belle et aussi grande : ainsi donc notre sort dépend des dés; mais il faut convenir qu'il nous vient de mauvais coups.

Ce n'est pas dans un jour comme celui-ci que je dois vous entretenir d'affaires importantes : je passerai donc au dernier article de votre lettre, dans lequel vous me recommandez la Barbera de tout votre cœur, en m'imposant l'obligation de l'embrasser par amour pour vous, pourvu toutefois que la belle le permette : or, comme je n'ai pu encore obtenir cette permission, je ne suis point parvenu à l'embrasser. Depuis, j'ai mieux réfléchi là-dessus, et j'ai vu que vous ne vouliez point que j'en vinsse à bout, puisque vous y aviez mis une si dure condition : aussi je vous sais peu de gré de cette libéralité depuis que j'ai découvert qu'elle cache une avarice aussi subtile. Toutefois je vous pardonne volontiers, car je sais maintenant malgré moi ce que c'est que de vouloir du bien aux demoiselles des autres. Je lui ai lu l'article de votre lettre, et je lui ai fait en votre nom les offres les plus étendues, avec l'intention bien sincère de les remplir autant qu'il dépendrait de moi. Ayant appris le motif de son voyage, j'ai commencé à parler de cette affaire avec Giov. Francesco de' Nobili, l'un de mes plus intimes amis et beau-frère de Camillo; mais nous n'avons pu trouver grand'chose à faire; et d'ailleurs Camillo est allé à Florence : de sorte que, s'il n'est question que de cette affaire, le mieux pour elle, comme je l'ai dit il y a quelques jours à Lorenzo Ridolfi, l'un de ses grands partisans, c'est de partir quand elle voudra. Elle verra s'il se trouve assez d'amateurs de musique pour qu'on lui fasse un traitement fixe, comme quelqu'un le lui a fait espérer. Je doute qu'elle réussisse : je pense qu'elle sera de retour à Florence dans peu de jours. Voilà toutes les nouvelles que je sais.

FILIPPO STROZZI.

Rome, le dernier jour de mars 1526.

LETTRE LXVI.

A FRANCESCO GUICCIARDINI [1].

MAGNIFIQUE ET TRÈS-HONORABLE AMI,

Aujourd'hui, vers la vingt-deuxième heure, j'ai reçu votre lettre du 1er de ce mois, en l'absence de Roberto Acciajoli, qui était allé à Monte-Grifoni. Je me suis rendu en hâte chez le cardinal, auquel j'ai fait connaître les intentions de Sa Sainteté relativement aux travaux concertés avec Pietro Navarra; ajoutant qu'elle voulait qu'on traçât un plan si fort, qu'il donnât du courage même à un peuple tel que le nôtre et lui inspirât l'espoir de pouvoir se défendre d'une attaque quelque vigoureuse et imprévue qu'elle pût être. Son éminentissime seigneurie m'a assuré qu'elle le verrait encore ce soir, et qu'elle le prierait, qu'elle lui ordonnerait même, de la manière la plus pressante, de faire ce qui lui était demandé. Toutefois, en causant ensemble des dessins qui ont été dressés, il nous a semblé que si l'on voulait conserver l'ancienne enceinte, il était impossible d'améliorer la défense, mais que, d'un autre côté, on ne pouvait faire autrement que de s'y tenir; car en voulant s'étendre plus loin, il serait nécessaire ou d'agrandir Florence de la manière dont le sait Sa Sainteté, ou d'abattre entièrement le quartier de

[1] Dans cette lettre, et dans les suivantes, il est question du plan de fortifier Florence, en exécution des ordres de Clément VII. *Voy.* dans ce volume la lettre officielle écrite à ce sujet au nom du gouvernement.

San-Spirito, et de borner la ville à la partie qui se trouve située dans la plaine. Le grand nombre de gardes qu'exigerait le premier projet est ce qui fait sa faiblesse, car il faudrait une population plus nombreuse que celle du Caire. A la faiblesse, le second joindrait la cruauté : il serait faible si on laissait subsister sur pied les maisons de ce quartier, puisque ce serait fournir à l'ennemi une ville plus forte que la vôtre, où il aurait plus de facilité que vous à se prévaloir des ressources de la campagne, et d'où il vous inquiéterait bien plus facilement que vous ne pourriez l'inquiéter vous-mêmes. Quant au projet de renverser ce quartier, il n'est personne qui n'en sente les difficultés et les dangers. Il faut donc le fortifier tel qu'il est. Mais je ne vous écrirai point encore quel est le plan qu'on veut suivre là dessus, parce qu'il n'y a rien de décidé, et que je ne veux point prévenir mes supérieurs : qu'il vous suffise de savoir que, des murs de ce quartier au delà de l'Arno, partie est abattue, partie laissée en dehors, et partie en dedans. Il me semble, et c'est aussi l'avis du seigneur Vitello, qui est venu ici pour cet objet, que cette position sera extrêmement forte, et bien plus même que la partie de la plaine : c'est ce que dit et affirme également le comte Pietro, et il jure que si l'on fortifie la ville de cette manière elle deviendra la plus forte de l'Italie. Nous devons nous réunir demain matin pour tout examiner de nouveau, particulièrement le grand plan ; ensuite les députés tiendront conseil pour discuter tout ce qui a été ordonné : ils feront un rapport par écrit, auquel on joindra les plans, et le tout sera envoyé à Sa Sainteté. Je suis convaincu qu'elle sera satisfaite surtout du projet de défense de la hauteur sur laquelle on propose de faire des travaux extraordinaires. Le projet relatif à la partie de la plaine ne s'écarte pas de l'ordinaire : comme tout le monde sait la manière de défendre de semblables positions, on y attache moins d'importance. Le comte Pietro restera ici demain et après demain ; nous tâcherons de tirer de lui toutes les lumières que nous pourrons. Je m'applique à écouter, pour qu'il ne m'arrive pas la même chose qu'à ce Grec avec Annibal. Je vous remercie, etc.

NICOLAS MACCHIAVELLI.

Le 4 avril 1526

LETTRE LXVII.

Au même.

Je ne vous ai point écrit depuis que je suis parti de Florence, car j'ai la tête si remplie de fortifications qu'il n'a pu y entrer autre chose. La loi pour l'ordinaire a passé de la manière et suivant les instructions prescrites ici par notre saint-père. On attend, pour proclamer les magistrats et pousser plus avant l'entreprise, que l'on ait de là-bas remplacé Chimenti Sciarpelloni, à qui son indisposition ne permet pas en ce moment de s'occuper de semblables affaires. Il faudra aussi que l'on ait remplacé Antonio Filicaja, qui a éprouvé avant-hier une attaque de goutte dont il se trouve sérieusement incommodé. Le cardinal s'étonne de ne point recevoir de réponse de Chimenti : il commence à soupçonner quelque croc-en-jambe ; toutefois il ne peut le croire, attendu que l'affaire est trop avancée.

J'ai appris les troubles de la Lombardie, et l'on voit de tous côtés combien il serait facile de chasser tous ces brigands de ce pays. Au nom de Dieu, ne laissons pas perdre une semblable occasion, et rappelez-vous que le sort, nos résolutions imprudentes, et des ministres pires encore, ont seuls conduit en prison, non le roi mais le pape. S'il en est sorti, c'est par les mauvais conseils de ses ennemis et par la même fortune. Pour l'amour de Dieu, prenez aujourd'hui des mesures pour que Sa Sainteté ne retombe pas dans les mêmes dangers, dont vous ne serez jamais à l'abri tant que les Espagnols ne seront pas chassés de la Lombardie de manière à n'y pouvoir rentrer. Il me semble voir l'empereur, apprenant que le roi manque à ses engagements, faire au pape les plus belles offres du monde ; mais elles devraient trouver vos oreilles bouchées, si vous vous rappelez seulement les maux que vous avez endurés et les menaces qu'il vous a prodiguées par le passé. Souvenez-vous aussi de ce que le duc de Sessa répétait partout : *Quod pontifex serò Cæsarem ceperat timere.* Je sais bien qu'aujourd'hui les choses en sont revenues au point que le pape a le moyen de l'arrêter, à moins que vous ne laissiez échapper l'occasion. Vous savez combien de fois on l'a perdue ; ne perdez point encore celle-ci : ne vous confiez plus dans l'inaction, en vous en remettant à la fortune et au temps :

car le temps ne ramène pas toujours des événements pareils, et la fortune n'est pas sans cesse la même. Je vous en dirais davantage si je ne parlais pas avec un homme qui entend le secret des affaires et qui connaît le monde. *Liberate diuturnà curà Italiam; extirpate has immanes belluas, quæ hominis, præter faciem et vocem, nihil habent.*

On a pensé ici que si les fortifications se poursuivaient, on devrait me confier l'emploi de provéditeur et de chancelier, et que je pourrais me faire aider par un de mes fils : c'est Daniello de' Ricci qui tiendrait la caisse et les écritures.

NICOLAS MACCHIAVELLI.

Le 17 mai 1526.

LETTRE LXVIII.

A NICOLAS MACCHIAVELLI.

Mon très-cher Nicolas, vous aurez vu, par la publication des magistrats qui doit avoir eu lieu à cette heure, que la crainte que vous aviez du côté de Rome, et qui fait l'objet de votre lettre du 17, était entièrement vaine; que notre saint-père est toujours dans les mêmes intentions, et qu'à mon avis il n'est point disposé à se refroidir. Le remplacement d'Antonio de Filicaja, qu'il a ordonné, en est la preuve incontestable : toutefois suivez cette affaire, et une fois pour toutes mettez-la en train.

De rebus universalibus, je pense ce que vous en pensez et ce que vous en dites. Personne ici n'ignore où gît le mal, et que les affaires dans lesquelles doivent intervenir plusieurs princes puissants entraînent toujours beaucoup plus de lenteur qu'il ne faudrait. J'espère cependant que chacun fera son devoir, et que si l'on n'y met pas toute la promptitude nécessaire, on n'y apportera point non plus assez de lenteur pour laisser entièrement échapper le moment favorable.

FRANCESCO GUICCIARDINI.

Rome, le 22 mai 1526.

LETTRE LXIX.

A FRANCESCO GUICCIARDINI.

Quoique je sois instruit que votre frère Luigi vous a écrit son opinion relativement au projet de comprendre dans l'enceinte à fortifier les hauteurs de San-Miniato, comme ce projet me paraît de la plus grande importance, je ne veux pas négliger de vous en dire deux mots. La mesure la plus nuisible que puisse adopter une république, c'est d'élever dans son enceinte un lieu fort, ou que l'on puisse du moins fortifier à l'instant. Si vous vous faites mettre sous les yeux les plans que l'on a envoyés à Rome, vous verrez qu'en comprenant San-Miniato dans l'enceinte, et en y élevant une redoute, vous en faites à l'instant une citadelle; car de la porte de San-Miniato à celle de San-Niccolò il y a si peu de distance, que cent hommes en cent jours peuvent, en escarpant le terrain, mettre ce point dans un tel état de défense, que s'il arrivait jamais que, par suite de nos désordres, quelque prince puissant vînt à Florence, comme le roi de France en 1494, vous deviendriez ses humbles serviteurs sans le moindre obstacle, car vous ne pourriez lui interdire l'entrée d'un lieu qu'il trouverait ouvert; et comme il pourrait s'y renfermer aisément, vous voudriez en vain l'en empêcher. Considérez la chose avec attention, et employez toute votre adresse à y obvier; conseillez la coupure : elle n'est pas moins forte et ne présente aucun inconvénient. Il est à craindre, si le plan de San-Miniato reçoit son exécution, qu'il n'excite du mécontentement. Je vous ai écrit ces trois lettres en particulier, afin que vous puissiez vous en servir si le cas se présente.

NICOLAS MACCHIAVELLI.

Le 2 juin 1526.

LETTRE LXX.

Au même.

MAGNIFIQUE SEIGNEUR PRÉSIDENT,

Voilà plusieurs jours que j'ai laissé passer sans vous parler des fortifications; je vais vous écrire maintenant ce que j'ai à en dire. Nous voyons ici que le pape est revenu à l'idée de fortifier les hauteurs, décidé par l'opinion de Giovanni del Bene, qui lui a écrit que le projet de comprendre dans la ligne de défense toutes les collines offrait plus de force et moins de dépense. Quant à la force, aucune vaste cité n'est jamais bien forte, car son étendue même déconcerte ceux qui sont chargés de sa défense et il peut arriver mille accidents que l'on n'a point à craindre dans celles d'une médiocre grandeur

A l'égard de la diminution des dépenses, c'est une vraie charlatanerie; car del Bene fait une foule de suppositions dont aucune n'est fondée. D'abord il dit que l'on peut escarper toutes les hauteurs, depuis l'endroit où se trouvent les propriétés de Bonciano jusqu'à celles de Matteo Bartoli: il évalue cette distance à mille brasses, tandis qu'il y en a seize cents, et qu'il suffit pour les autres d'y élever une muraille. Il dit que les escarpements pourront tenir lieu de murailles, et qu'il suffira d'y élever un retranchement haut de quatre brasses et épais de huit. Cela n'est point vrai: il y a une infinité d'endroits situés en plaine qu'on ne peut tailler à pic; d'un autre côté, tout ce qu'on escarperait ne pourrait se soutenir: le terrain s'éboulerait, et il faudrait l'appuyer par un mur: d'ailleurs les remparts qu'il faudrait élever coûteraient un monde: ils seraient un objet de blâme pour la république, et dans peu d'années il faudrait nécessairement les refaire. Ainsi la dépense serait énorme et continuelle, et n'offrirait rien qui fît honneur à Florence. Il prétend que l'État gagnerait en terrain plus de quatre-vingt mille ducats; mais c'est un véritable conte: il ne sait ce qu'il dit; et il serait fort en peine d'indiquer la source de ces améliorations prétendues; aussi personne n'y pense: toutefois on va faire dresser le plan que le pape a demandé, et on le lui enverra. Tant qu'on n'assignera pas des fonds particuliers pour cette entreprise, il faudra employer l'argent que l'on a: en conséquence, dans la loi qui vient d'être faite, il y a une disposition portant que le trésorier de la seigneurie payera avec les fonds de l'État qu'il peut avoir en main, quelle que soit leur destination ou leur origine, sur l'ordonnance des seigneurs et des autres officiers. Cependant Francesco del Nero fera des difficultés pour payer, si Sa Sainteté ne lui en donne pas l'ordre par écrit: le conseil en a informé l'ambassadeur. Je vous prie d'aider à la chose de manière que le pape le lui écrive.

NICOLAS MACCHIAVELLI.

Le 2 juin 1526.

LETTRE LXXI.

Au même.

Ce n'est que samedi dernier que j'ai pu trouver l'occasion de parler à L. S. Enfin, me trouvant avec lui, nous nous mîmes à causer de choses diverses. Il fit tomber la conversation sur son fils: je saisis ce moment pour me plaindre à lui de ce qu'il avait tenu aussi peu de compte de l'ouverture que je lui avais faite, et je lui dis que j'étais certain qu'ayant déjà manqué un riche mariage, il en laisserait échapper un autre très-honorable et qui n'était point à dédaigner sous le rapport de la fortune; ajoutant que je ne croyais pas, puisqu'il voulait donner une Florentine à son fils, qu'il pût trouver mieux ailleurs. Il m'avoua franchement que je disais la vérité; que vous l'aviez fait sonder à cet effet; que rien ne pouvait lui faire plus de plaisir; qu'il en était charmé au point que si ce mariage ne se faisait pas dans le moment, il espérait toujours être à temps d'obtenir une de vos filles puisque vous en aviez quatre.

Ce qui l'avait fait penser à marier son fils, c'était le peu de conduite de ce fils et la mauvaise santé de sa femme: mais comme cette dernière se portait beaucoup mieux et que la conduite du jeune homme s'était améliorée, qu'il fréquentait la société des savants et qu'il s'était mis sérieusement à l'étude, il avait cru pouvoir différer de le marier. Il ajouta qu'un autre motif était sa fille, qu'il aurait désiré pouvoir établir la première; que toutefois cette affaire lui était si agréable, qu'il s'était entretenu plusieurs fois de vous avec le jeune homme, et que, profitant d'un voyage de deux jours qu'il avait fait dans la Romagne avec votre Jacopo à son retour de l'Oretto, il lui avait fait voir la grandeur de la charge que vous remplissiez, la dignité avec laquelle vous aviez soutenu votre rang, le nom que vous portiez, et l'élévation où vous avaient placé vos rares qualités; que cet entretien n'avait eu pour but que de les disposer à cette alliance, s'il venait à en être question, craignant qu'il ne tînt à une dot considérable. En un mot, il me parla sur toute cette affaire de la manière que je pouvais le désirer. Je ne manquai pas de lui faire voir que toutes ces considérations n'étaient point fondées, parce que sa fille était d'âge à pouvoir attendre encore quatre ou cinq ans; que cela même lui faciliterait les moyens de la marier, parce que celui qui veut une dot considérable doit en donner une semblable de son côté. Je le combattis ainsi quelque temps; et je suis convaincu que s'il n'avait pas déjà contracté quelque engagement, nous pourrions fonder sur lui les plus grandes espérances.

NICOLAS MACCHIAVELLI.

Le 2 juin 1526.

LETTRE LXXII.

A NICOLAS MACCHIAVELLI.

Je ne veux vous parler ni de ce qui vient d'arriver ni de ce qui est sur le point de se passer où vous êtes ; je me bornerai à vous dire que la fortune de l'empereur est montée trop haut ; et, sans parler des événements des dernières années, c'est cette même fortune qui nous a fait apporter tant de retards à notre entreprise et qui est cause que le peuple de Milan a été battu ; c'est elle qui nous a conduits trop tard, et tout en désordre, sous les murs de Milan, et qui nous en a chassés sans qu'on ait pu soupçonner la cause de notre fuite ; c'est elle qui, après de longues délibérations, vous a fait prendre le parti de secourir le château, et vous a fait mettre tant de lenteur dans l'exécution, qu'il se vit réduit auparavant à capituler ; c'est elle qui est cause que les Génois, qui devraient être les ennemis les plus acharnés que l'empereur dût avoir en Italie, n'écoutent qu'Antoniotto Adorno, et aident de leur argent et de tous leurs moyens les entreprises de César ; c'est elle qui, depuis que l'empereur a pris pour femme une autre princesse que la fille du roi d'Angleterre, a fait oublier à ce prince ce qu'un pareil outrage a de honteux pour lui, et qui a forcé le cardinal, qui jusqu'alors avait paru l'homme du monde le plus abandonné à son orgueil, à en devenir le plus humble ; c'est elle qui plonge plus que jamais le Roi Très-Chrétien dans les désordres et l'insouciance, et qui porte le pape et les Vénitiens à attribuer à la mauvaise volonté de ce roi ce qui ne tient qu'à son caractère et à son impuissance ; c'est elle encore qui porte tous les Espagnols à exalter l'empereur avec enthousiasme, tandis que lui, d'un autre côté, se conduit en Espagne, en tout et pour tout, selon le désir des Flamands, et enlève ce qu'il peut aux Espagnols pour le donner aux premiers ; c'est elle qui fait que le duc de Ferrare ne s'arrange point avec le pape ; et c'est pourquoi dernièrement les hommes (je ne veux pas dire les armées du pape et de Florence) ont été mis en déroute seulement par quatre cents Siennois de réquisition, tandis que de leur côté ils étaient au nombre de cinq mille fantassins soldés, et de trois cents chevaux de guerre, tant bons que mauvais [1].

Vous savez que je ne suis pas homme à croire facilement aux miracles; mais cette défaite me paraît aussi extraordinaire, pour ne pas dire prodigieuse, que quelque autre événement qui ait eu lieu dans la guerre, depuis 94 jusqu'à ce jour : je la trouve semblable à certaines histoires que j'ai lues dans la Bible, où l'on voit la terreur s'emparer de toute une armée, et chacun prendre la fuite sans qu'on puisse en deviner la cause. Quatre cents fantassins, tout au plus, parmi lesquels il y avait un quart de nos bannis et de nos exilés, étaient sortis de Sienne, soutenus seulement par cinquante chevau-légers; et ils ont obligé cinq mille hommes d'infanterie et trois cents cavaliers à s'enfuir jusqu'à la Castellina! Si les fuyards s'étaient ralliés, après leur première surprise, au nombre de mille fantassins et de cent chevaux, ils auraient pu reprendre en moins de huit heures toute l'artillerie : mais quoiqu'ils n'aient pas été poursuivis au delà d'un mille, ils ne se sont arrêtés qu'au bout de dix. J'ai souvent ouï dire qu'il n'y avait pas de maître plus fort que la peur; et je crois en voir la preuve complète dans cet événement. Je sais aussi que la fortune dure parfois quelque temps et change tout à coup sans que nous en sachions l'instant. Le pape a eu raison de commencer cette entreprise; et s'il échoue, personne ne pourra lui reprocher d'avoir agi par ressentiment. Je ne prétends pas préjuger ce qui doit arriver, car je suis un peu trop défiant ; mais je ne veux pas vous cacher une idée que j'ai en tête, et qui est peut-être une erreur : c'est que je regarderais comme une excellente nouvelle d'apprendre que les Turcs se sont emparés de la Hongrie et marchent sur Vienne; que les

[1] Les événements indiqués ici par Vettori se trouvent rapportés également dans les historiens du temps, et principalement dans Guicciardini. Les lettres que nous rapportons jettent sur ces événements des lumières qu'on trouverait difficilement ailleurs.

luthériens ont le dessus en Allemagne, et que les Maures, que l'empereur veut chasser d'Aragon et du royaume de Valence, ont réuni des forces considérables, et qu'ils sont en état non-seulement de se défendre mais d'attaquer.

Il est arrivé ici quelques individus de Milan et de Crémone, qui ont fait des rapports si terribles sur les Impériaux, tant espagnols qu'allemands, qu'il n'est personne qui ne préférât recevoir le diable plutôt qu'eux.

Mon cher compère, je ne puis approuver la marche de l'armée vers le royaume de Naples, quand la ligue a fait tant de préparatifs pour secourir la citadelle de Milan, et que, loin d'y réussir, elle l'a laissée capituler sous ses yeux; quand le roi et le pape ont mis en mer une flotte pour s'opposer à l'arrivée de Bourbon, qu'elle n'a pu empêcher; quand une partie de la ligue a voulu s'emparer de Sienne, et que les troupes qu'on a envoyées, au lieu de vaincre, ont été complétement battues : je ne crois plus qu'il lui soit possible, au milieu de tous ces revers et avec aussi peu de crédit, de se rendre maître même d'un four. Mais je serais tenté d'approuver que, pour exciter le roi à agir, on lui offrît Milan, et quelques autres choses. Je ne veux pas me fatiguer plus longtemps le cerveau à la poursuite des rêveries qui m'affligent.

Je n'ai plus autre chose à vous dire, sinon que je vous prie de me recommander à Francesco ainsi qu'à vous-même.

FRANCESCO VETTORI.

Florence, le 5 août 1526.

LETTRE LXXIII.

Au même.

Mon cher compère, j'ai répondu hier à deux de vos lettres du 31 du mois passé. On m'en a apporté hier au soir une autre, du 2, par laquelle vous me donnez une connaissance particulière de la force respective des armées de la ligue et de l'Empire : je les ai montrées au cardinal Hippolyte [1], qui les a infiniment louées; et, à dire vrai, si l'argent ne manque point, je suis persuadé que la guerre aura une heureuse issue : mais c'est là le nœud de l'affaire. Je sais bien ici jusqu'où l'on peut aller; mais j'ignore ce qu'à Rome il est possible de faire.

Vous désirez savoir d'une manière précise comment s'est passée l'affaire de Sienne : je tâcherai de vous l'écrire, *quanquam animus meminisse horret.*

Les Siennois avaient envoyé cinq cents hommes d'infanterie et cinquante chevau-légers avec du canon, pour s'emparer de Monterifra, forteresse appartenant à Giovanni Martinozzi. Le pape, en apprenant cette tentative, crut que s'il laissait cette place se rendre, ces gueux-là prendraient trop d'audace et pourraient en venir jusqu'à insulter nos frontières et nous jeter, pour les défendre, dans des dépenses considérables. Or, comme les troupes de Florence s'étaient éloignées de Milan, et qu'il prévoyait que la guerre tirerait en longueur, il voulut essayer s'il pourrait se rendre maître de Sienne à peu de frais, en y rétablissant les bannis, qui l'assuraient qu'une fois rentrés dans la ville toute la province se soumettrait. Il forma le projet d'envoyer le comte del' Anguillara avec cent chevaux, tant bons que mauvais, et huit cents hommes d'infanterie à demi-solde; le comte de Pitigliano et Gentile Baglioni devaient se joindre à lui, chacun avec le même nombre d'hommes. Il ordonna à Florence qu'on fît mine de lever quelques troupes et de mettre en campagne quelques pièces d'artillerie, et qu'on envoyât un commissaire à Montepulciano. Cette résolution ayant été connue ici, on ne put rien y objecter; mais, dans un petit nombre de conseils qui s'y tinrent, Luigi Guicciardini, comme le plus habile, ou peut-être le plus sage, dit que nous courions à notre perte; que ce n'était plus le temps où l'on pouvait faire la guerre avec des soldats de réquisition, qui n'étaient bons qu'à mettre tout en désordre en pillant les vivres, et qui seraient ensuite les premiers à prendre la fuite : cependant on se conforma aux ordres reçus. Il s'agissait de battre l'infanterie siennoise, qui se trouvait à Monterifra : les soldats de Gentile s'y rendirent sous la conduite de quelques bons officiers, suivant l'usage de ces compagnies; mais lorsqu'ils furent en présence de l'ennemi, ils commencèrent à demander la paye entière : comme il n'y avait personne pour satisfaire à leurs prétentions, leur révolte permit aux troupes de

[1] C'est le cardinal Hippolyte de Médicis, frère d'Alexandre, qui fut depuis duc de Florence.

Monterifra de se retirer avec l'artillerie. Les autres troupes qui arrivaient, apprenant ce désordre, commencèrent à piller le pays, et le manque de vivres se fit fortement sentir. On se détermina alors à essayer de s'emparer de Montalcino : on s'en approcha sans canons et sans échelles; mais on en fut honteusement repoussé avec perte. Le pape ayant appris cette nouvelle, et de plus que la désunion régnait parmi les bannis, songea à faire un accommodement par le moyen du seigneur Vespasiano Colonna, ce parti lui paraissant le moins honteux : mais à peine les bannis en eurent-ils entendu parler, qu'ils commencèrent à se plaindre hautement; de sorte que le pape avait recommandé de ne pas pousser plus loin cet arrangement. Ils envoyèrent ici Domenico Placidi, et à Rome, Aldello, pour signifier leur mécontentement de cet accord, et exposer qu'il ne présentait aucune possibilité ni aucune sûreté pour leur retour, tandis que si l'on continuait à conduire l'armée sous les murs, on était assuré de vaincre. Le pape commença à leur prêter l'oreille; et, cédant aux exhortations du dataire, fortement porté pour le rétablissement des bannis, il donna l'ordre d'envoyer d'ici de l'artillerie et des troupes; et afin que les Siennois, tant ceux qui étaient restés que ceux qui étaient sortis, eussent moins de soupçons et plus de sécurité puisqu'il s'agissait de traiter, on envoya à l'armée Roberto Pucci, homme plus propre aux négociations qu'à la guerre, dont on avait confié la conduite à un commissaire parmesan qui passait pour un homme habile : outre une foule d'officiers de réquisition, deux de nos connétables, Jacopo Corso et le seigneur Francesco dal Monte, qui ne manquent pas de réputation à la guerre, se trouvaient présents. On établit une batterie de treize pièces de canons de tous calibres du côté qui regarde Florence, dans une position où elle ne pouvait faire grand mal aux murs de Sienne; l'armée était logée dans tout le faubourg d'une manière fort commode pour elle. En vain les nombreux Florentins qui se rendaient au camp pour jouir du spectacle qu'il présentait s'accordaient tous à dire que cette position était très-dangereuse; Roberto, lorsqu'on le lui écrivait d'ici, repondait que beaucoup de personnes lui avaient fait la même observation, mais que, lorsqu'il réunissait les officiers en conseil, tous en général, et Jacopo Corso en particulier, soutenaient que l'armée était parfaitement en sûreté, et qu'il n'y avait pas la moindre crainte à concevoir. Cependant, comme le même avis arrivait de tous les côtés, on avait pris la résolution de retirer l'artillerie, et dans cette vue on avait fait partir Gherardo Bartolini; mais il n'était point encore parvenu à Poggibonsi, qu'il commença à rencontrer des fuyards qui lui racontèrent leur déroute, qui s'était passée de la manière suivante :

Comme je vous l'ai dit, les nôtres étaient logés dans le faubourg qui regarde Florence, lequel est fort long et dont la rue a environ vingt brasses de largeur. Les commissaires, dans leur imprévoyance, avaient permis aux marchands qu'attiraient les besoins de l'armée de construire des boutiques sur tous les points du faubourg, de sorte que l'espace de la rue resté libre n'avait pas huit brasses de large. Le poste commis à la garde de l'artillerie fut attaqué le 25, à la dix-neuvième heure : les Siennois étaient sortis au nombre d'environ deux cents par la porte de Fontebranda; deux cents autres, par la poterne de la même porte où se trouvait le poste le plus fort. Les sentinelles, ou pour mieux dire toute la garde, les virent sortir : mais ils étaient à peine aux prises, que la compagnie de Jacopo Corso, et quelques autres Corso qui étaient venus sous la conduite du comte dell' Anguillara, commencèrent à prendre la fuite. A peine avaient-ils tourné le dos, que tous les vendeurs se disposèrent à les suivre, et encombrèrent le chemin de mulets, d'ânes, de tonneaux, de paniers, et il devint impossible à qui que ce fût de faire tête à l'ennemi. Les chevaux du comte dell' Anguillara, qui n'étaient accoutumés, ainsi que leurs cavaliers, qu'à voir des buffles, se mirent à prendre la course; et si quelque infanterie voulait tenir pied, ils jetaient le désordre dans les rangs en courant à toute bride. Le seul Braccio Baglioni, avec à peu près cinquante chevau-légers, courut vers l'artillerie, mit en fuite les Siennois, qui venaient pour s'en emparer, et fit prisonnier un neveu du seigneur Giulio Colonna, qu'il emmena avec lui à la Castellina; mais comme personne ne le suivait, il fallut bien qu'il cédât à la fortune. Le seigneur Francesco del Monte fut cause d'un très-grand désordre : il avait avec lui un de ses fils, tout jeune encore ; au premier moment de l'attaque, comme il craignait pour l'issue du combat, il le confia à deux de ses premiers officiers pour qu'ils le fissent sauver. Ils commencèrent à s'éloigner avec lui : leur exemple entraina tout le reste de la compagnie, qui se mit également à se sauver à toutes jambes : les autres voyant fuir l'infanterie du seigneur Francesco, qui passait pour la meilleure et la plus brave de toute l'armée, prirent aussi la fuite à leur tour. Ce seigneur, ainsi abandonné, parvint pendant quelques instants, avec cinq ou six des siens, à tenir tête aux ennemis, mais sans aucun résultat, car cette foule confuse de cavaliers et de fantassins, dans le desordre de sa fuite, et sans que l'ennemi continuât à la poursuivre, ne s'arrêta enfin que lorsqu'elle fut arrivée à la Castellina ; et là encore elle ne se crut en sûreté que quand les portes furent fermées. On perdit toute l'artillerie et quelques effets qui se trouvaient dans les maisons : mais cette dernière perte fut peu considérable, chacun dans sa fuite s'étant efforcé de sauver le plus qu'il put d'effets. Et, comme je vous l'ai dit dans ma précédente, je crois bien qu'il est quelquefois arrivé qu'une armée se soit laissé mettre en fuite par des cris ; mais qu'elle ait fui l'espace de dix milles, sans que personne la poursuivît, c'est sans doute ce qu'on n'a jamais vu ni lu. Cela vient, je pense, de la facilité qu'eurent nos troupes de se sauver ; car, si elles avaient été obligées de traverser un pays ennemi, elles n'auraient jamais pris la fuite. J'en conclus que vous avez grandement raison en disant que les Impériaux de Milan ont été rendus audacieux par leurs victoires passées et par la nécessité : cependant je pense encore que, grâces aux mesures rigoureuses qu'ont prises les généraux qui sont là, les choses pourront tourner à bien.

Les Français sont si lents à envoyer les renforts qu'ils ont promis, que l'on commence ici à douter sérieusement de la bonne volonté du roi, malgré les lettres à tout brûler que nous écrit Roberto : comme on ne voit pas les effets y répondre, on ne croit guère à ses promesses ; mais on ajoutera toute confiance à vos paroles lorsque vous écrirez que les Suisses et les lances que Sa Majesté nous promet commencent à paraître.

On a reçu ce matin des lettres d'Espagne ; mais elles sont déjà bien anciennes, car je les crois du 9 juin. L'empereur était à Grenade, avec très-peu d'argent : il régnait dans toutes les opérations beaucoup de froideur et d'irrésolution.

J'ai adressé vos autres lettres à Rome, mais je n'ai point envoyé celle-ci. J'ai fait remarquer ici le passage qui est écrit en chiffres.

Il ne s'est rien passé de plus à Sienne. Nous gardons avec soin nos frontières, mais il nous en coûte beaucoup d'argent. Aussitôt après leur victoire, les Siennois ont publié des proclamations pour défendre à tous leurs sujets de rien dérober aux Florentins. Andrea Doria leur a enlevé Porto-Ercole, Talamone et sa citadelle, et quelques autres petits forts situés sur les bords de la mer.

Je vous prie de me recommander à Francesco. Je suis tout à vous. Que Dieu vous garde.

FRANCESCO VETTORI.

Florence, le 7 août 1526.

LETTRE LXXIV.

A un ami [1].

Si le pape a commencé la guerre avant que le roi de France eût fait passer des troupes en Italie et dirigé une armée contre l'Espagne conformément aux traités, ou avant que les Suisses fussent entièrement arrivés, c'est qu'il comptait sur les habitants de Milan et qu'il espérait que les six mille Suisses engagés par la république de Venise et par lui-même, lors des premiers troubles du duché, se rassembleraient assez promptement pour être réunis à son armée en même temps que les Vénitiens. Il s'imaginait de plus que si les troupes du roi n'étaient point entièrement prêtes alors, elles le seraient du moins à temps pour l'aider à triompher dans son entreprise. A ces différents motifs se joignait la nécessité de secourir la citadelle. Voilà ce qui détermina le pape à se hâter, joint à l'idée que vint fortifier encore la prise de Lodi, que cette guerre ne durerait pas plus de quinze jours. En

[1] Cette lettre, dont l'original existe parmi les papiers de l'ancienne secrétairerie d'État de Florence, n'a ni date ni adresse. C'est sans doute une minute de la main de Machiavelli.

conséquence, les armées de Venise et celles du pape se réunirent; mais des suppositions que l'on avait faites, les deux plus importantes manquèrent : les Suisses n'arrivèrent pas, et les habitants de Milan ne servirent à rien.

En effet, lorsqu'on se présenta devant la ville, le peuple ne bougea pas; et l'absence des Suisses, en nous ôtant le courage de rester devant la ville, nous décida à nous retirer à Marignano. L'on ne retourna à Milan qu'après l'arrivée de cinq mille Suisses; mais leur venue fut aussi funeste alors qu'elle aurait pu d'abord être utile : elle nous excita à retourner à Milan pour délivrer la citadelle, que l'on ne put secourir. Nous nous obstinâmes à rester dans cette position, parce que notre première retraite nous ayant couverts de honte, personne n'osait en proposer une seconde. Voilà pourquoi l'attaque de Crémone ne put se faire qu'avec une partie de l'infanterie et non avec toute, comme on l'eût fait si, après la perte de la citadelle, nous nous fussions trouvés tous à Marignano. C'est par ces motifs, et parce que l'on espérait pouvoir réussir facilement dans cette entreprise, que l'on attaqua mollement Crémone; ce qui est contraire à l'une de mes maximes, que c'est manquer de sagesse que d'exposer toute sa fortune sans employer toutes ses forces. On s'imagina qu'au moyen de la citadelle il suffirait de quatre mille hommes pour emporter la place : mais cette attaque, soutenue par des forces trop faibles, rendit la prise de Crémone plus difficile; car on ne combattit pas, on ne fit qu'indiquer les endroits faibles de la place, que les habitants, loin d'abandonner, se hâtèrent de fortifier. Cette inconstance les encouragea à se défendre : aussi, quoique le duc d'Urbin fût venu ensuite rejoindre l'armée et qu'on se trouvât alors au nombre de quatorze mille, tous les efforts échouèrent; au lieu que si la première fois l'armée entière se fût présentée, on aurait pu établir en même temps un plus grand nombre de batteries, et la ville aurait été contrainte de se rendre en moins de six jours. Le succès de la campagne nous aurait peut-être été assuré, car, à la considération que nous aurait donnée la prise de Crémone, se serait jointe une armée rendue formidable par l'arrivée de treize mille Suisses; nous aurions recouvré ou Milan ou Gênes, et peut être ces deux villes à la fois, tandis que l'ennemi restait sans ressources; les désordres qui ont eu lieu dans Rome n'auraient pas éclaté, et les secours qu'il attendait ne seraient point venus à temps, puisqu'ils ne sont point arrivés encore. Au lieu de tout cela, nous nous sommes amusés pendant cinquante jours à regarder Milan; nous avons conduit avec lenteur le siége de Crémone, et tout nous est tombé sur le corps. Nous avons donc perdu deux fois l'occasion de triompher dans cette guerre : la première, en allant à Milan pour nous en retirer aussitôt, la seconde, lorsqu'au lieu d'aller à Crémone, nous nous sommes contentés d'y envoyer. Le peu de succès de la première entreprise fut causé par la timidité du duc, celui de la seconde par notre fol orgueil à tous, qui, nous reprochant la honte d'une première retraite, empêcha aucun de nous d'être assez hardi pour en conseiller une seconde. De son côté, le duc sut très-bien faire le mal malgré la volonté générale, et ne sut pas faire le bien lorsque tout le monde le voulait.

Voilà les fautes qui nous ont fait manquer la victoire; je dis manquer, pour n'avoir pas vaincu d'abord; car nous aurions pu différer notre entreprise et ne pas échouer, s'il n'était pas survenu deux grands désordres : le premier, ce fut que le pape n'eût pas amassé plus d'argent, lorsque son influence le lui permettait encore et en suivant la route que lui avaient indiquée les papes ses prédécesseurs; l'autre, d'être resté à Rome et de s'être laissé prendre comme un enfant, événement qui a tellement embrouillé la quenouille que le diable ne la démêlerait pas, car le pape a retiré de l'armée et ses troupes et Francesco.

Le duc d'Urbin doit être arrivé aujourd'hui au camp. Il y est resté une multitude de condottieri, qui tous pensent différemment, mais qui tous sont également orgueilleux et insupportables; et comme il n'est point de chef capable de s'opposer à leurs prétentions et de maintenir l'union parmi eux, c'est un vacarme de chiens, d'où résulte la plus grande négligence pour les affaires même les plus importantes : aussi déjà le seigneur Giovanni ne veut pas rester plus longtemps, et je crois qu'il partira dans la journée. Jusqu'à présent Francesco seul avait pu mettre un frein à tous ces désordres, par ses soins et son zèle assidu;

de plus, si l'argent arrivait avec tant de peine de Rome, aujourd'hui il va manquer entièrement; de sorte que je ne vois guère de remède à nos maux. Si Dieu ne nous aide pas du côté du midi, comme il l'a fait du côté du nord, il nous reste bien peu d'espérances, car de même qu'il a empêché l'ennemi de recevoir les secours de d'Allemagne en bouleversant la Hongrie, de même il faudrait qu'il empêchât ceux de l'Espagne en détruisant sa flotte. Nous aurions grandement besoin que Junon allât trouver Éole, et le priât pour nous en lui promettant la comtesse et toutes les dames que renferme Florence, pour l'engager à donner la liberté aux vents en notre faveur. Et il n'y a pas de doute que, sans la crainte des Turcs, les Espagnols seraient venus célébrer la Toussaint avec nous.

Quant à moi, lorsque j'ai vu la porte de la citadelle et que j'ai fait attention comment les Espagnols s'étaient établis dans trois ou quatre de nos villes, dont ils s'étaient assurés des habitants, j'ai jugé que cette guerre devait traîner en longueur, et que c'était là ce qui devait la rendre dangereuse; car je sais combien il est difficile de prendre une ville lorsque ceux qu'elle renferme sont résolus de se défendre. On s'empare d'une province dans un jour, il faut des mois et même des années pour se rendre maître d'une ville : l'histoire ancienne nous en offre une foule d'exemples; nous avons chez les modernes ceux de Rhodes et de Belgrade. Voilà pourquoi j'ai écrit à Francesco Vettori que je ne croyais pas qu'on pût supporter le poids de cette entreprise, si l'on ne parvenait à engager le roi de France à la regarder comme son affaire personnelle en lui donnant l'état de Milan, si l'on ne faisait faire une diversion, c'est-à-dire si l'on ne laissait nos frontières gardées de manière à empêcher les Espagnols de faire des progrès, et si l'on n'allait avec toutes nos forces attaquer le royaume de Naples, dont je crois qu'il est plus aisé de s'emparer que d'une seule des villes de ce pays; car il ne s'y trouve ni défenseurs bien opiniâtres ni peuples mécontents... D'un autre côté, la guerre nourrissait... Avec les secours qu'on aurait reçus des villes, on se serait procuré des subsides, et la fertilité d'un pays que la guerre n'a point ravagé aurait permis de les prolonger. Le pape, sans être contraint à de nouvelles dépenses, aurait pu vivre tranquille à Rome, et l'on aurait vu clairement ce que l'empereur estimait le plus, de la Lombardie ou du royaume de Naples. Si cela ne se fait pas, je ne vois plus aucune chance de succès; car la durée de la guerre était certaine et devait entraîner à sa suite des périls inévitables, causés, ou par le manque d'argent, ou par mille accidents semblables à ceux qui sont arrivés. Il me semble que c'est un étrange parti que de se consumer à tenir la campagne, tandis que l'ennemi est fort à l'aise dans les villes, et d'agir de manière que, lorsque les secours arrivent, il nous trouve exténués et nous détruit comme il l'a fait de l'amiral et du roi.

LETTRE LXXV.

A mon cher Nicolas Macchiavelli, que j'honore comme un père, à l'armée.

Mon respectable Nicolas, je vous ai écrit le 6, et je vous ai envoyé ma lettre sous le couvert de quelques autres que j'écrivais au Guidetto. Je n'en ai point encore entendu parler; et quoique je n'aie aujourd'hui rien de particulier à vous apprendre et que je ne voie pas des motifs de vous rompre inutilement la tête, je ne puis m'empêcher de vous écrire de nouveau : j'aime mieux que vous m'accusiez d'importunité que de paresse. Si, comme je le crois, vous avez reçu ma lettre du 6, vous aurez vu avec quelle ardeur je désire les vôtres et de quelle nature je voudrais qu'elles fussent. Je suis convaincu, et par votre obligeance et par l'amitié que vous avez pour moi, que vous ne manquerez pas, comme vous n'y avez pas manqué jusqu'à ce jour, de satisfaire, toutes les fois que vous en aurez la commodité, à mes désirs, qui s'accroissent d'autant plus que je suis plus attentif à suivre la marche de cette entreprise.

Vous avez quitté Crémone, et je voudrais de tout mon cœur que vous fussiez aussi content d'y être allé que je me suis réjoui de vous en voir revenir sain et sauf. Mais, de toutes les manières, je suis extrêmement satisfait que vous ayez été..... et que vous ayez relevé le courage de l'armée qui s'y trouvait, en même temps que vous nous avez confirmés ici dans l'espoir de voir réussir cette entreprise, dont vous aurez sans doute découvert et signalé les vices, afin de les corriger plus facilement et de remédier et pourvoir au mal qui pourrait en résulter. Nous voyons bien ici combien il serait avantageux de pousser le siége; mais nous ne savons imaginer ce qui arriverait si cette entreprise venait à échouer, tant nous découvrons de danger de tous côtés. Certes, le non succès nous apportera un mal général; et pour moi je ne sais pas même de quelle utilité générale serait la prise de cette ville. Toutefois l'argent n'aura pas été inutilement dépensé, surtout celui des Vénitiens.

Les Français doivent s'être enfin retrouvés, à moins qu'ils n'aient entièrement perdu la tête; ce que je ne crois pas; car l'on apprend aujourd'hui que leurs troupes se trouvent à Tortone: Dieu les fasse arriver au camp, et de tant d'espérances en réalise au moins quelques-unes!

Giovanni Serristori vous envoie mille salutations, ainsi qu'Averardo. Lellio de Massimi, qui part pour Rome demain matin, se recommande infiniment à vous; il vous est tout dévoué.

J'attends de vos lettres avec une extrême impatience; et si elles sont telles que je l'espère, je vous promets de me mettre un beau jour en train et de remplir une feuille tout entière.

BARTOLOMEO CAVALCANTI.

Florence, le 18 septembre 1526.

LETTRE LXXVI.

Au même.

MON BIEN CHER NICOLAS,

J'ai reçu des lettres que vous m'avez écrites de Modène, ainsi que le long rapport sur l'événement arrivé le jour de votre départ. Comme vous savez qu'il n'est pas dans mon caractère de vouloir moi seul décider dans des affaires de cette importance, je fis convoquer le conseil, auquel assistèrent particulièrement l'évêque de Casal et le trésorier. Le vice-légat, qui connaît l'homme, voulut bien y assister; il s'y trouva aussi l'ambassadeur du duc de Milan et le lieutenant du marquis de Mantoue, et enfin tant d'autres personnages importants, que le camp des Vénitiens ne renferme pas un conseil aussi nombreux. Je lus votre lettre: tout en fut attentivement considéré; et on discourut aussi bien que le jour où nous décidâmes de ne point secourir la citadelle. Je ne veux point entrer dans les détails, parce que je n'ai pas en ce moment l'esprit tourné à la plaisanterie; et d'ailleurs j'ai été forcé de tenir compagnie à Filicciaro, qui a eu la fantaisie de passer toute la journée avec moi. Mais toute la question a roulé sur deux points: d'abord si la conduite de Giannozzo doit s'appeler vengeance ou trahison; et ensuite, dans le cas où ce serait une vengeance, si elle est honorable ou non pour un homme de son rang.

Mais laissons là les vains propos. L'ami est venu hier ici; il s'est plaint tout sérieusement de ce que pendant votre séjour vous n'avez jamais daigné le nommer commissaire, lui donnant toujours du podestà; et il vous accuse de vous être ainsi comporté avec lui pour vous en moquer et lui ôter toute sa considération; et, en vérité, il vous en sait très-mauvais gré. Mais il n'avait pas encore terminé toutes ses plaintes, que je reçus une lettre du maître de poste, qui me donnait avis que ce vénérable personnage prétendait avoir dépensé pour votre compte au moins cinq ducats, tant pour ce que vous aviez mangé que pour ce qui avait été perdu la veille au soir, à cause de vous: il demandait à être remboursé de sa dépense par la commune, alléguant qu'il n'avait rien à voir avec vous; que c'était par mon ordre qu'il vous avait logé; que je vous avais envoyé à la procession pour le service de Sa Sainteté. Voyant alors qu'on me mêlait dans cette histoire, et qu'on mettait ces marchandises sur mon compte, je commençai à me fâcher contre lui. Comme il niait effrontément, je vis qu'il était nécessaire de lui laver la tête; et je lui donnai un savon qui n'était pas moins vigoureux que celui que j'avais donné à son frère. Voyez quelle belle histoire nous avons là! vous l'avez commencée en comédie, et je l'ai presque terminée en tragédie; et c'est ainsi que j'ai perdu tout l'amusement que je comptais tirer de ses faits et gestes. *Et benè valete.*

FRANCESCO GUICCIARDINI.

Plaisance, le 30 octobre 1526.

LETTRE LXXVII.

A FRANCESCO GUICCIARDINI.

Seigneur lieutenant de Modène, j'ai écrit à votre seigneurie une lettre plus propre à égayer Filicciafo qu'à toute autre chose. Celle-ci vous instruira de ce qui s'est passé depuis. Commençant donc par Modène, à peine y arrivais-je que Filippo vint à ma rencontre et me dit: «Est-il possible que je n'aie jamais pu rien faire «de bon?» Je lui répondis en riant: «Seigneur «gouverneur, ne vous en étonnez pas, ce n'est «point votre faute, c'est celle du temps présent; «car il n'y a personne qui ait fait quelque chose «de bien, ou qui ait pris les choses du bon «côté: l'empereur ne pouvait se conduire plus «mal; il n'a pas su envoyer à temps du secours «à ses partisans, tandis que rien ne lui était «plus facile: les Espagnols ont eu plusieurs fois «l'occasion de nous faire de bonnes niches, et «ils n'ont pas su s'y prendre: nous aurions pu «être vainqueurs, et nous n'avons pas su l'être: «le pape a cru davantage à la puissance d'une «plumée d'encre qu'à celle de mille soldats qui «suffisaient pour le défendre: les Siennois «seuls se sont bien comportés; et il ne faut pas «crier merveille si, dans un temps de folie, ce «sont les fous seuls qui se montrent raisonnables. «Ainsi, mon cher gouverneur, ce serait plutôt «mauvais signe d'avoir agi raisonnablement, «que d'avoir fait quelque sottise. Puisqu'il en «est ainsi, me répondit Filippo, je ne veux pas «m'en mettre plus longtemps en peine; et je «suis satisfait de ce que vous venez de me dire.»

C'est ainsi que finit le premier acte de cette comédie. Peu de temps après arriva le comte Guido. A peine m'eut-il vu qu'il s'écria: «Hé «bien! le lieutenant est-il encore fâché?» Je lui dis que non, attendu que celui qui le mettait en colère n'était plus auprès de lui. Et sans entrer dans tous les détails, nous parlâmes quelque peu de votre bienheureuse fâcherie; et il me dit qu'il s'exilerait en Égypte plutôt que de commander une armée dans un endroit où vous seriez. Je répondis à ces reproches de la manière qu'il convenait. On discuta particulièrement sur le bien et le mal qu'avait pu produire votre présence; et chacun convint enfin qu'elle avait fait plus de bien que de mal.

Je suis resté deux jours à Modène, et je suis entré en relation avec un prophète qui me cita les témoins qui lui avaient entendu prédire la fuite du pape et l'inutilité de notre entreprise, et il ajouta que tous les mauvais jours n'étaient pas passés, pendant lesquels le pape et nous nous avions encore bien des maux à endurer. Nous sommes arrivés enfin à Florence, où les plus grands reproches dont je vous ai entendu charger sont d'avoir, par les lettres que vous avez écrites au cardinal, fait voir la facilité de l'entreprise et la certitude de la victoire. J'ai répondu que cela n'était pas possible, attendu que je croyais avoir vu toutes les lettres un peu importantes de votre seigneurie, qui toutes renferment une opinion contraire à celle d'une victoire assurée.

NICOLAS MACCHIAVELLI.

Le 5 novembre 1526.

LETTRE LXXVIII.

A NICOLAS MACCHIAVELLI.

TRÈS-CHER MACCHIAVELLI,

J'ai reçu votre lettre du 5. L'histoire de Borgo à San-Donnino est une vraie comédie, celle de Modène tient de la tragédie, ce qui vous est arrivé à Rome ressemble à un opéra. Tout ce que je puis vous dire, c'est que Cesare m'a mandé qu'aussitôt qu'il eut parlé au pape de ce que je lui écrivais à l'égard de... Sa Sainteté lui avait répondu: «Écrivez-lui qu'il «vienne, je le verrai avec plaisir.» Il m'a fait savoir depuis qu'on lui avait ordonné de différer, et voilà pourquoi, au moment où les troupes se hâtaient de quitter Rome sous la conduite du seigneur Vitello, on avait été obligé d'employer une autre personne pour l'affaire en question. Je lui ai écrit de nouveau que j'étais persuadé qu'ils changeraient d'avis, et que je le désirais bien plus par rapport à moi que par rapport à vous, car, à dire vrai, je crois que vous n'avez pas trouvé une grande satisfaction dans ces bicoques des Colonna où vous avez dû vous arrêter. Si j'apprends quelque chose de particulier, je ne manquerai pas de vous en informer et je tâcherai d'en savoir davantage.

Je vous prie de m'écrire; j'en ferai autant de mon côté. Je ne vous dis rien de neuf, parce qu'il ne se passe rien en ce moment, et que Filicciafo est mon commensal assidu.

En repassant avec scrupule tous les comptes relatifs aux dépenses que j'ai faites à l'armée, je n'en vois aucune dont le pape puisse me faire un reproche, excepté peut-être l'argent donné au Guidetto; et cependant j'apprends qu'au moment où il a quitté ce pays, il s'est plaint à toute la maison que je lui avais bien peu donné; il aura sans doute fait la même chose là-bas. Il ne me manquait que cela pour connaître à fond son caractère et ses qualités. Je suis tout à vous.

FRANCESCO GUICCIARDINI.

Plaisance, le 12 novembre 1526.

LETTRE LXXIX.

A mon cher fils GUIDO.

Guido, mon bien cher enfant, j'ai reçu une de tes lettres qui m'a fait le plus grand plaisir, surtout en m'apprenant que tu es parfaitement guéri. Je ne pouvais recevoir une plus importante nouvelle; et si Dieu te prête vie, ainsi qu'à moi, j'ai l'espoir de faire de toi un homme de bien, si tu veux faire de ton côté ce que le devoir te prescrit : car, outre les amis puissants que j'avais déjà, je viens de contracter une amitié toute récente avec le cardinal Cibo, mais si intime, que je ne puis m'empêcher d'en être émerveillé moi-même. Elle peut te procurer de grands avantages; mais il faut pour cela que tu étudies. Maintenant que tu n'as plus l'excuse de la maladie, il faut te donner la peine d'apprendre la littérature et la musique; tu vois l'avantage que j'ai retiré du peu de talents que j'ai acquis. Ainsi, mon cher enfant, si tu veux me rendre heureux et travailler en même temps à ton bonheur et à ta gloire, conduis-toi bien et instruis-toi; car si tu t'aides toi-même, chacun te prêtera un appui.

Puisque le petit mulet est devenu tout à fait fou, il faut le traiter d'une manière opposée aux autres fous : on les lie lorsqu'ils sont dans leur accès; et je veux que tu le délies. Tu le donneras à Vangelo, auquel tu diras de le mener à Montepugliano : là, après lui avoir ôté la bride et le licol, il le laissera aller gagner sa vie comme il l'entendra et se guérir de sa folie. Le lieu est vaste, l'animal est petit : il ne peut causer aucun dommage, et de cette manière, sans s'embarrasser de rien, on verra ce qu'il prétend faire, et dans le cas où il viendrait à guérir, tu seras toujours à temps de le reprendre. Faites des autres chevaux ce que vous a prescrit Lodovico, que je remercie Dieu d'avoir guéri : je suis charmé qu'il les ait vendus; je suis persuadé qu'il aura fait une bonne affaire, puisqu'il vous a remis l'argent, mais je suis étonné et fâché en même temps qu'il n'ait pas écrit.

Salue de ma part Mona Marietta [1]; dis-lui que chaque jour j'ai été au moment de partir, et que je me trouve encore dans la même position. Je n'ai jamais tant désiré de me trouver à Florence que dans le moment actuel; mais je ne puis faire ce que je voudrais. Je lui recommande seulement d'être sans inquiétude, quelque chose qu'on lui dise; j'arriverai à Florence avant qu'il survienne quelque embarras. Embrasse la Baccina, Piero et Totto; j'aurais bien désiré d'apprendre si ses yeux sont guéris. Vivez contents, et tâchez de dépenser le moins que vous pourrez. Recommande à Bernardo de se bien conduire. Voilà depuis quinze jours deux lettres que je lui écris, et je n'en ai point encore reçu de réponse. Que le Christ vous garde tous!

NICOLAS MACCHIAVELLI.

Imola, le 2 avril 1527.

LETTRE LXXX.

A FRANCESCO VETTORI, à Florence.

Mon cher et honorable Francesco, quand la trêve eut été conclue à Rome, et que l'on eut vu

[1] On voit par cette lettre que Marietta Corsini, femme de Macchiavelli, vivait encore à cette époque, qui précède de bien peu de temps la mort de son mari. Ainsi l'aventure de cette femme qu'il rencontre et qu'il épouse, comme on peut le voir dans la *Description de la peste*, qui se trouve dans ce volume, n'est qu'une fiction. Les autres personnes que Macchiavelli nomme dans cette lettre sont ses fils Bernardo, Piero et Guido, et sa fille Bartolomea.

que les impériaux n'étaient pas dans l'intention de la respecter, Francesco écrivit dans cette ville qu'il fallait se décider pour l'un des trois partis suivants : le premier était de revenir à la guerre, mais de manière que tout le monde vît clairement qu'il ne pouvait plus être question de paix, et que la France, Venise et chacun enfin, sans crainte ou sans égard, pût faire son devoir ; et il fit voir que ce parti offrait encore beaucoup de remède, pourvu que le pape voulût s'aider lui-même ; le second, dans le cas où le premier ne plairait pas, était absolument contraire, c'est-à-dire qu'il consistait à tirer droit à la paix en toute hâte, à se jeter sans réserve dans les bras du vice-roi, et à se laisser ainsi aller à la fortune ; ou plutôt, si l'on se trouvait fatigué de la guerre, ou déshonoré par la paix, il fallait en embrasser un troisième, qu'il n'est pas besoin que je dise en ce moment.

Aujourd'hui Francesco a reçu une réponse de Rome, qui lui annonce que le pape est disposé à prendre le second parti, c'est-à-dire à se jeter sans réserve dans les bras du vice-roi et à faire la paix. S'il réussit, ce sera pour le moment notre salut ; mais s'il échoue, nous allons nous trouver abandonnés de tout le monde. Vous êtes à portée, aussi bien que nous, de juger s'il doit réussir ou non : ainsi je me borne à vous dire que Francesco a résolu, à tout événement, d'aider aux affaires de la Romagne, tant qu'il verra qu'on peut encore les défendre à raison, comme on dit, de 80 pour 100 ; mais dès qu'il en verra l'impossibilité, il les abandonnera sans réserve, et viendra en Toscane avec toutes les forces italiennes qu'il pourra amener et tout l'argent qui lui restera encore, pour sauver en quelque sorte la ville et les États de Florence. Soyez tranquilles sur ce point, car il se défendra à tout prix.

Cette armée impériale est forte et nombreuse ; néanmoins, si elle ne trouve point des gens qui lâchent pied, elle ne pourra même s'emparer d'un four. Mais il est à craindre que, par faiblesse, une ville ne commence à se soumettre : or, si une seule donne l'exemple, toutes les autres s'en iront en fumée ; et cette crainte est un des périls qui rendent dangereuse la défense de la Romagne. Néanmoins, quand on la perdrait, si vous ne vous trahissez pas vous-mêmes, vous pouvez encore vous sauver : en défendant Pise, Pistoja, Prato et Florence, vous pouvez obtenir de l'ennemi des conditions qui, quelque pesantes qu'elles soient, ne seront point tout à fait mortelles.

Comme la résolution du pape est encore tenue secrète par rapport aux alliés, et pour quelques autres motifs, je vous prie de ne communiquer ma lettre à personne.

NICOLAS MACCHIAVELLI.

Forli, le 5 avril 1527.

LETTRE LXXXI.

Au même.

MAGNIFIQUE CITOYEN,

Ici nous avons toujours conseillé la paix, par les mêmes motifs qui vous la faisaient juger nécessaire ; car en voyant la conduite des Français et des Vénitiens, le peu d'ordre qui régnait parmi nos troupes, la perte de toute espérance que le pape pût supporter le poids de la guerre dans le royaume de Naples, la puissance et l'opiniâtreté de l'ennemi, tout le monde sentait bien que la guerre était perdue pour nous : tel était même notre avis lorsque je quittai Florence. Voilà pourquoi on a toujours conseillé de faire un arrangement : mais on entendait un accord solide et non un traité à double entente et embrouillé, comme celui que l'on a conclu à Rome et que l'on n'a jamais observé en Lombardie. En effet, nous devons penser qu'il nous reste peu d'argent, et qu'il faut, ou le conserver pour obtenir un traité douteux à la suite duquel nous resterons désarmés, ou le dépenser également pour rester armés et nous trouver sans le sou pour faire la paix : d'où il suit que, quand nous comptions sur un traité franc et sincère pour nous sauver, un arrangement équivoque devient funeste et cause notre ruine.

On nous écrit de Florence que l'accord est presque arrêté, et que, comme le premier payement de soixante mille écus va échoir, on compte principalement sur l'argent qui se trouve ici. Or, ici nous n'avons en tout que treize mille ducats en espèces et sept mille en créances sur Venise : si l'ennemi pousse en avant pour pénétrer en Toscane, il faudra les dépenser pour retenir les troupes et les engager à préserver notre pauvre cité. Si donc vous vous appuyez sur le traité, faites-en un qui arrête aussitôt ces armements et ces dépenses; autrement, si l'on s'en tient à un traité embrouillé, qui exige que l'on pourvoie tout à la fois à la paix et à la guerre, on ne pourra suffire ni à l'une ni à l'autre : il en résultera notre malheur et le bien de nos ennemis, qui, tout en s'avançant, s'occupent sérieusement de la guerre et nous laissent nous embrouiller dans les embarras de la guerre et de la paix.

Je suis tout à vous.

NICOLAS MACCHIAVELLI.

Forli, le 14 avril 1527.

LETTRE LXXXII.

Au même.

MAGNIFIQUE CITOYEN,

Monseigneur de La Motte s'est rendu aujourd'hui au camp des Impériaux avec la ratification du traité conclu à Florence, portant que si Bourbon l'approuve, il fera faire halte à l'armée; s'il la fait marcher en avant, ce sera un signe qu'il le rejette. Demain doit être un jour décisif pour nous. Voilà pourquoi si l'ennemi s'avance, on a pris ici la résolution de se déclarer franchement pour la guerre et de n'avoir plus un seul cheveu qui pense à la paix; s'il reste tranquille, on ne songera qu'à la paix et on laissera là toutes les idées de guerre. Il faut donc que vous naviguiez avec le même vent; et que si l'on se résout pour la guerre, vous tranchiez dans le vif toute démarche pacifique, et que vous fassiez en sorte que tous les alliés marchent en avant sans qu'aucune considération les retienne; car ici il ne faut plus boiter, mais agir en déterminés : souvent le désespoir donne des ressources que la réflexion n'eût jamais fait trouver.

L'ennemi s'avance de ce côté sans artillerie et par un pays difficile : si nous accourons avec le peu de vie qui nous reste et les forces de la ligue qui se trouvent présentes, il s'éloignera avec honte de cette contrée, ou se réduira à des conditions raisonnables. J'aime Francesco Guicciardini, j'aime ma patrie; et, croyez-en à l'expérience que m'ont acquise mes soixante ans, je ne pense pas qu'il y ait jamais eu de position plus difficile que celle dans laquelle nous nous trouvons : la paix nous est nécessaire; nous ne pouvons toutefois renoncer à la guerre; et de plus nous avons affaire à un prince qui ne peut qu'avec toutes les peines du monde suffire seul, soit à la paix, soit à la guerre.

Je me recommande à vous.

NICOLAS MACCHIAVELLI.

Forli, le 16 avril 1527.

LETTRE LXXXIII

Au même

HONORABLE FRANCESCO,

Les troupes françaises viennent de se conduire à Berzighella d'une manière miraculeuse, et ce sera aussi un miracle si le duc d'Urbin arrive demain à Pianora, comme il paraît que l'a écrit le légat de Bologne; on attendra, à ce que je crois, que l'on sache ce qu'il a fait. Pour l'amour de Dieu, puisque l'arrangement ne peut point avoir lieu, cessez sur-le-champ toutes négociations, et, par vos lettres et par vos démarches, forcez vos alliés à venir à votre secours. Autant la paix, si on l'observe, serait pour nous une chance certaine de salut, autant, si on la négocie sans la conclure, nous devons y voir la certitude de notre ruine. Si elle ne se conclut pas, c'est alors qu'on verra combien elle était nécessaire; et si le comte Guido Rangone parle autrement, c'est un fou. Je veux seulement discuter ce point avec lui. Demandez-lui : Pouvait-on empêcher l'ennemi de venir en Toscane? Il vous dira que non, s'il répond comme il n'a jamais cessé de le faire et comme parlait le duc d'Urbin. S'il est vrai qu'on ne pouvait mettre d'obstacle à leur marche, demandez-lui comment on pouvait les chasser sans en venir à une bataille, et comment notre ville était en état de soutenir à la fois le poids de deux armées organisées de manière que nos amis étaient encore plus insupportables que nos ennemis. S'il peut résoudre cette difficulté, dites-lui alors qu'il a raison. Mais ceux qui tirent leur existence de la guerre, comme les militaires de cette espèce, seraient bien fous de vanter la paix. Mais Dieu fera qu'ils auront plus à guerroyer que nous ne le voudrions nous-mêmes.

NICOLAS MACCHIAVELLI.

Berzighella, le 18 avril 1527.

FIN DES OEUVRES DE NICOLAS MACCHIAVELLI.

[library stamp]

TABLE DES MATIÈRES

CONTENUES DANS CE VOLUME.

OUVRAGES DRAMATIQUES.

POÉSIES DIVERSES.

OEUVRES DIVERSES EN PROSE.

LÉGATIONS ET MISSIONS.

CORRESPONDANCE.

LETTRES SUR DIFFÉRENTES AFFAIRES DU GOUVERNEMENT, AU NOM DE LA RÉPUBLIQUE FLORENTINE.

FIN DE LA TABLE.

Paris. — Imprimerie de P.-A. Bourdier et Cie, rue des Poitevins, 6.

BIBLIOTHÈQUE
NATIONALE

CHÂTEAU
de
SABLÉ
1989

www.ingramcontent.com/pod-product-compliance
Lightning Source LLC
Chambersburg PA
CBHW071131270326
41929CB00012B/1715

* 9 7 8 2 0 1 2 5 9 5 1 5 6 *